해커스경찰

허정

형사법

기출문제집 | 2권 형법각론

해커스경찰

허 정

약력

상해푸단대학교 법학과 졸업

현 | 법률사무소 예건 공동대표변호사
해커스 변호사 형사법 전임(해커스 변호사 강사 콘테스트 1위)
해커스 경찰간부 형사법 전임
대법원 국선변호인
서울고등법원 소송구조변호사
국방부 군범죄 및 유족 국선변호인
서울행정법원 소송구조 변호사
서울남부지방법원 논스톱 국선변호인 및 국선변호인
서울북부지방법원 논스톱 국선변호인 및 국선변호인
서울시 공익변호사
대한변호사협회 장애인법률지원변호사단 단원
대한변호사협회 사회복지시설 무연고 사망자 유류금 신속처리
-법률지원단 단원
서울지방변호사회 중대재해처벌법 대응 TF 자문위원
서울 강서경찰서 형사당직변호사
네이버지식iN 전문가 답변 상담변호사
서울명덕여자중학교 및 서울화곡초등학교 명예교사
9988병원 고문변호사
로메디 주식회사 고문변호사
P2P 플랫폼 사건 고소대리인
가상화폐 브이글로벌 사건 고소대리인
전 | 조선일보 G20 기자

저서

해커스경찰 허정 형사법 기출문제집 1권 형법총론
해커스경찰 허정 형사법 기출문제집 2권 형법각론
해커스경찰 허정 형사법 기본서 1권 형법총론
해커스경찰 허정 형사법 기본서 2권 형법각론
해커스경찰 허정 형사법 기본서 3권 형사소송법
해커스변호사 형사소송법 신체계 암기장
해커스변호사 형법 신체계 H 암기장
해커스변호사 로스쿨 신체계 형법강의
해커스변호사 형법 신체계 최근 3개년 중요판례
해커스변호사 형사소송법 신체계 최근 3개년 중요판례
해커스변호사 변호사시험 핵심기출 형사법 선택형

서문

본 교재는 경찰직을 포함하여 변호사시험, 법원직 등 각종 국가시험의 기출문제를 반영하여 구성하였다.

시중에 출간된 문제집들이 선별 없이 기출문제들을 단순 나열한 것에 반하여 본 교재는 중복지문을 최대한 지양하고 최소한의 문제 풀이를 통해 최대한의 효율적인 법리학습을 할 수 있도록 문제를 수록하였고, 수험생들이 정확하게 법리를 소화할 수 있도록 법리에 맞춰 정확하게 해설하였다.

본 교재는 2023년도에 시행된 경찰간부, 경찰채용, 변호사시험 등 최근 국가고시의 기출문제까지 모두 반영하였고, 강제추행과 관련된 전원합의체 판결을 포함하여 2024년 1월까지 선고된 판례를 반영하여 이와 관련된 문제들을 수정하였다.

최근 3년간의 중요판례는 시험에서 자주 출제되므로 반드시 정리해 두어야 고득점을 할 수 있을 것이다.

더불어 경찰공무원 시험 전문 해커스경찰(police.Hackers.com)에서 학원강의나 인터넷 동영상강의를 함께 이용하여 꾸준히 수강한다면 학습효과를 극대화할 수 있다.

본 교재가 출간되기까지 도움을 주신 관계자 분들께 감사드리며 아울러 독자들이 합격을 하는 데 본 교재가 큰 도움이 되기를 기원한다.

2024년 3월

허정

목차

제1편 개인적 법익에 관한 죄

제2편 사회적 법익에 관한 죄

제1장 공공의 평안에 관한 죄

제2장 공공의 신용에 관한 죄

제3장 공공의 도덕에 관한 죄

제3편 국가적 법익에 관한 죄

제1장 국가존립에 관한 죄

제2장 국가기능에 관한 죄

해커스경찰
police.Hackers.com

제1편

개인적 법익에 관한 죄

제1장 | 생명 · 신체에 관한 죄

제1절 | 살인의 죄

01 **살인죄에 관한 설명 중 가장 적절하지 않은 것은? (다툼이 있으면 판례에 의함)** [16 경찰승진]

① 인체의 급소를 잘 알고 있는 무술교관 출신의 피고인이 무술의 방법으로 피해자의 울대를 가격하여 피해자를 사망케 한 행위에 살인의 범의가 있다.

② 피고인이 7세, 3세 남짓된 어린 자식들에 대하여 함께 죽자고 권유하여 물속에 따라 들어오게 하여 결국 익사하게 하였다면, 비록 피해자들을 물속에 직접 밀어서 빠뜨리지는 않았다고 하더라도 자살의 의미를 이해할 능력이 없고 피고인의 말이라면 무엇이나 복종하는 어린 자식들을 권유하여 익사하게 한 이상 자살교사죄에 해당한다.

③ 살인의 고의는 확정적 고의뿐만 아니라 미필적 고의로 충분하다.

④ 제왕절개 수술의 경우 '의학적으로 제왕절개 수술이 가능하였고 규범적으로 수술이 필요하였던 시기'를 분만의 시기로 볼 수 없다.

해설

① [○] 인체의 급소를 잘 알고 있는 무술교관 출신의 피고인이 무술의 방법으로 피해자의 울대(聲帶)를 가격하여 사망케 한 경우 살인의 범의가 인정된다(대판 2000.8.18. 2000도2231).

② [×] 7세, 3세 남짓 된 어린 자식들에게 함께 죽자고 권유하여 물속으로 따라 들어오게 하여 어린 자식들을 익사하게 한 경우 피고인에게 살인의 범의가 인정된다(대판 1987.1.20. 86도2395). ▶ 피고인은 살인죄의 간접정범으로 처벌된다.

③ [○] 살인죄에 있어서의 범의는 반드시 살해의 목적이나 계획적인 살해의 의도가 있어야 인정되는 것은 아니고, 자기의 행위로 인하여 타인의 사망의 결과를 발생시킬 만한 가능 또는 위험이 있음을 인식하거나 예견하면 족한 것이고 그 인식이나 예견은 확정적인 것은 물론 불확정적인 것이라도 소위 미필적 고의로도 인정되는 것이다(대판 2000.8.18. 2000도2231).

④ [○] [1] 사람의 생명과 신체의 안전을 보호법익으로 하고 있는 형법의 해석으로는 규칙적인 진통을 동반하면서 분만이 개시된 때(소위 진통설 또는 분만개시설)가 사람의 시기라고 봄이 타당하다.
[2] 제왕절개 수술의 경우 '의학적으로 제왕절개 수술이 가능하였고 규범적으로 수술이 필요하였던 시기'는 판단하는 사람 및 상황에 따라 다를 수 있어 분만개시 시점 즉, 사람의 시기도 불명확하게 되므로 이 시점을 분만의 시기로 볼 수는 없다(대판 2007.6.29. 2005도3832).

정답 ②

02 **살인죄에 관한 다음 설명 중 가장 적절하지 않은 것은? (다툼이 있으면 판례에 의함)** [15 경찰채용]

① 제왕절개 수술의 경우 '의학적으로 제왕절개 수술이 가능하였고 규범적으로 수술이 필요하였던 시기'를 분만의 시기로 볼 수 없다.

② 사람을 살해한 다음 이를 은폐하기 위하여 사체를 유기한 경우에는 살인죄와 사체유기죄의 경합범에 해당한다.

③ 강도가 베개로 피해자의 머리부분을 약 3분간 누르던 중 피해자가 저항을 멈추고 사지가 늘어졌음에도 계속 눌러 사망하게 한 경우 살인죄의 고의가 인정되지 않는다.

④ 간첩이 간첩행동을 저해하는 자를 살해할 의도로 권총을 휴대하고 남하하였다 하더라도 살해대상인물이 결정되지 않은 이상 살인 예비죄로 처단할 수 없다.

해설

① [○] [1] 사람의 생명과 신체의 안전을 보호법익으로 하고 있는 형법의 해석으로는 규칙적인 진통을 동반하면서 분만이 개시된 때(소위 진통설 또는 분만개시설)가 사람의 시기라고 봄이 타당하다.
[2] 제왕절개 수술의 경우 '의학적으로 제왕절개 수술이 가능하였고 규범적으로 수술이 필요하였던 시기'는 판단하는 사람 및 상황에 따라 다를 수 있어 분만개시 시점 즉, 사람의 시기도 불명확하게 되므로 이 시점을 분만의 시기로 볼 수는 없다(대판 2007.6.29. 2005도3832).

② [○] 사람을 살해한 다음 이를 은폐하기 위하여 사체를 유기한 경우에는 살인죄와 사체유기죄의 경합범에 해당한다(대판 1997.7.25. 97도1142).

③ [×] 강도가 베개로 피해자의 머리부분을 약 3분간 누르던 중 피해자가 저항을 멈추고 사지가 늘어졌음에도 계속하여 누른 결과 피해자가 사망한 경우, 범행 당시 피고인이 단순히 위협할 목적으로 피해자의 몸을 누르고 있었다고 볼 수는 없고 살해의 고의가 있었다고 봄이 상당하다(대판 2002.2.8. 2001도6425).

④ [○] 살해의 용도에 공하기 위한 흉기를 준비하였다고 하더라도 그 흉기로서 살해할 대상자가 확정되지 아니한 경우 살인예비죄로 다스릴 수 없다(대판 1959.9.1. 4292형상387).

정답 ③

03 살인의 죄와 관련한 다음 설명 중 가장 옳지 않은 것은? (다툼이 있으면 판례에 의함)

[13 경찰간부]

① 사람을 살해한 후에 그 사체를 다른 장소로 옮겨 유기하였다면 살인죄 외에도 사체유기죄가 성립한다.

② 조산원이 분만이 개시된 후 분만 중인 태아를 질식사에 이르게 한 경우에는 업무상 과실치사죄가 성립한다.

③ 채무의 존재가 명백할 뿐만 아니라 채권자의 상속인이 존재하고 그 상속인에게 채권의 존재를 확인할 방법이 확보되어 있는 경우라도 그 채무를 면탈할 의사로 채권자를 살해하면 강도살인죄가 성립한다.

④ 교사자가 피교사자에 대하여 상해 또는 중상해를 교사하였는데 피교사자가 이를 넘어 살인을 실행한 경우에, 교사자에게 피해자의 사망이라는 결과에 대하여 과실 내지 예견가능성이 있는 때에는 상해치사죄의 죄책을 지울 수 있다.

해설

① [○] 사람을 살해한 후에 그 사체를 다른 장소로 옮겨 유기하였다면 살인죄 외에도 사체유기죄가 성립한다(대판 1997.7.25. 97도1142).

② [○] 조산원이 분만이 개시된 후 분만 중인 태아를 질식사에 이르게 한 경우에는 업무상 과실치사죄가 성립한다(대판 1982.10.12. 81도2621). ▶ 분만이 개시된 후 분만 중인 태아는 '사람'에 해당한다. 따라서 업무상과실치사죄가 성립한다.

③ [×] 채무의 존재가 명백할 뿐만 아니라 채권자의 상속인이 존재하고 그 상속인에게 채권의 존재를 확인할 방법이 확보되어 있는 경우에는 비록 그 채무를 면탈할 의사로 채권자를 살해하더라도 일시적으로 채권자 측의 추급을 면한 것에 불과하여 재산상 이익의 지배가 채권자 측으로부터 범인 앞으로 이전되었다고 보기는 어려우므로 이러한 경우에는 강도살인죄가 성립할 수 없다(대판 2004.6.24. 2004도1098).

④ [○] 교사자가 피교사자에 대하여 상해 또는 중상해를 교사하였는데 피교사자가 이를 넘어 살인을 실행한 경우에 교사자에게 피해자의 사망이라는 결과에 대하여 과실 내지 예견가능성이 있는 때에는 상해치사죄의 교사범의 죄책을 지울 수 있다(대판 2002.10.25. 2002도4089).

정답 ③

04 다음의 설명 중 가장 적절한 것은? (다툼이 있으면 판례에 의함)

[21 경찰승진]

① 피고인이 범행 당시 살인의 범의는 없었고 단지 상해 또는 폭행의 범의만 있었을 뿐이라고 다투는 경우에 피고인에게 범행 당시 살인의 범의가 있었는지 여부는 피고인이 범행에 이르게 된 경위, 범행의 동기, 준비된 흉기의 유무 · 종류 · 용법, 공격의 부위와 반복성, 사망의 결과발생 가능성 정도 등 범행 전후의 객관적인 사정을 종합하여 판단할 수밖에 없다.

② 「형법」 제250조 제2항 존속살해죄의 직계존속은 법률상 존속뿐만 아니라 사실상의 존속을 포함한다.

③ 피고인이 인터넷 사이트 내 자살 관련 카페 게시판에 청산염 등 자살용 유독물의 판매광고를 한 행위가 단지 금원편취 목적의 사기행각의 일환으로 이루어졌고, 변사자들이 다른 경로로 입수한 청산염을 이용하여 자살한 사정 등이 있다고 하더라도 피고인의 행위는 자살방조에 해당한다.

④ 제왕절개 수술의 경우 '의학적으로 제왕절개 수술이 가능하였고 규범적으로 수술이 필요하였던 시기'를 분만의 시기로 볼 수 있다.

해설

① [○] 피고인이 범행 당시 살인의 범의는 없었고 단지 상해 또는 폭행의 범의만 있었을 뿐이라고 다투는 경우에 피고인에게 범행 당시 살인의 범의가 있었는지 여부는 피고인이 범행에 이르게 된 경위, 범행의 동기, 준비된 흉기의 유무 · 종류 · 용법, 공격의 부위와 반복성, 사망의 결과발생 가능성 정도 등 범행 전후의 객관적인 사정을 종합하여 판단할 수밖에 없다(대판 2009.2.26. 2008도9867).

② [×] 형법 제250조 제2항의 직계존속이란 법률상의 개념으로서 사실상 혈족관계가 있는 부모관계일지라도 법적으로 인지절차를 완료하지 아니한 한 직계존속이라 볼 수 없고, 아무 특별한 관계가 없는 타인 사이라도 일단 합법한 절차에 의하여 입양관계가 성립한 뒤에는 직계존속이라 할 것이다(대판 1981.10.13. 81도2466).

③ [×] 피고인이 인터넷 사이트 내 자살관련 카페게시판에 청산염 등 자살용 유독물의 판매광고를 한 행위가 단지 금원편취 목적의 사기행각의 일환으로 이루어졌고, 변사자들이 다른 경로로 입수한 청산염을 이용하여 자살한 사정 등에 비추어 피고인의 행위는 자살방조에 해당하지 않는다(대판 2005.6.10. 2005도1373).

④ [×] 제왕절개 수술의 경우 '의학적으로 제왕절개 수술이 가능하였고 규범적으로 수술이 필요하였던 시기(時期)'는 판단하는 사람 및 상황에 따라 다를 수 있어 분만개시 시점 즉, 사람의 시기(始期)도 불명확하게 되므로 이 시점을 분만의 시기(始期)로 볼 수는 없다(대판 2007.6.29. 2005도3832).

정답 ①

05 다음 설명 중 가장 적절하지 않은 것은? (다툼이 있으면 판례에 의함)

[13 경찰채용]

① 피고인이 격분하여 피해자를 살해할 것을 마음먹고 밖으로 나가 낫을 들고 피해자에게 다가서려고 하였으나 제3자가 이를 제지하여 그 틈을 타서 피해자가 도망함으로써 살인의 목적을 이루지 못한 경우, 피고인이 낫을 들고 피해자에게 접근함으로써 살인의 실행행위에 착수하였다고 할 것이므로 이는 살인미수에 해당한다.

② 살해의 목적으로 동일인에게 일시 · 장소를 달리하고 수 차에 걸쳐 공격을 하였으나 미수에 그치다가 그 목적을 달성한 경우, 살해의 목적을 달성할 때까지의 행위는 모두 실행행위의 일부로서 이를 포괄적으로 보고 단순한 한 개의 살인기수죄로 처단할 것이지 살인예비 내지 미수죄와 동 기수죄의 경합범으로 처단할 수 없는 것이다.

③ 혼인 외의 출생자가 인지하지 않은 생모를 살해하면 존속살해죄가 성립한다.

④ 제왕절개 수술의 경우 임산부의 상태변화, 의료진의 처치경과 등 제반 사정을 토대로 '의학적으로 제왕절개수술이 가능하였고 규범적으로 수술이 필요하였던 시기'를 사후적으로 판단하여 분만의 시기로 볼 수 있다.

해설

① [○] 피고인이 격분하여 피해자를 살해할 것을 마음먹고 밖으로 나가 낫을 들고 피해자에게 다가서려고 하였으나 제3자가 이를 제지하여 그 틈을 타서 피해자가 도망함으로써 살인의 목적을 이루지 못한 경우, 피고인이 낫을 들고 피해자에게 접근함으로써 살인의 실행행위에 착수하였다고 할 것이므로 이는 살인미수에 해당한다(대판 1986.2.25. 85도2773).

② [○] 살해의 목적으로 동일인에게 일시·장소를 달리하고 수 차에 걸쳐 공격을 하였으나 미수에 그치다가 그 목적을 달성한 경우, 살해의 목적을 달성할 때까지의 행위는 모두 실행행위의 일부로서 이를 포괄적으로 보고 단순한 한 개의 살인기수죄로 처단할 것이지 살인예비 내지 미수죄와 동 기수죄의 경합범으로 처단할 수 없는 것이다(대판 1965.9.28. 65도695).

③ [○] 혼인외의 출생자와 생모간에는 그 생모의 인지나 출생신고를 기다리지 않고 子의 출생으로 당연히 법률상의 친족관계가 생기는 것이라 해석된다(대판 1980.9.9. 80도1731).

④ [×] [1] 규칙적인 진통을 동반하면서 분만이 개시된 때(소위 진통설 또는 분만개시설)가 사람의 시기(始期)라고 봄이 타당하다. [2] 제왕절개 수술의 경우 '의학적으로 제왕절개 수술이 가능하였고 규범적으로 수술이 필요하였던 시기(時期)'는 판단하는 사람 및 상황에 따라 다를 수 있어, 분만개시 시점 즉, 사람의 시기(始期)도 불명확하게 되므로 이 시점을 분만의 시기(始期)로 볼 수는 없다(대판 2007.6.29. 2005도3832).

정답 ④

06 다음 설명 중 가장 적절한 것은? (다툼이 있으면 판례에 의함)

[17 경찰채용]

① 甲이 乙을 살해하기 위하여 丙, 丁 등을 고용하면서 그들에게 대가의 지급을 약속한 경우, 甲에게 살인예비죄가 성립하지 않는다.

② 상해를 입힌 행위가 동일한 일시, 장소에서 동일한 목적으로 저질러진 것이라면 피해자를 달리하고 있더라도 포괄하여 일죄를 구성한다.

③ 피해자(女)가 버려진 영아인 피고인을 주어다 기르고 그 부와의 친생자인 것처럼 출생신고를 하였으나 입양요건을 갖추지 아니하였다면 피고인이 동녀를 살해하였더라도 존속살인죄로 처벌할 수 없다.

④ 상해죄와 폭행죄는 피해자의 명시한 의사에 반하여 공소를 제기할 수 없다.

해설

① [×] 甲이 乙을 살해하기 위하여 丙, 丁 등을 고용하면서 그들에게 대가의 지급을 약속한 경우, 甲에게는 살인죄를 범할 목적 및 살인의 준비에 관한 고의뿐만 아니라 살인죄의 실현을 위한 준비행위를 하였음이 인정되므로 살인예비죄가 성립한다(대판 2009.10.29. 2009도7150).

② [×] 상해를 입힌 행위가 동일한 일시, 장소에서 동일한 목적으로 저질러진 것이라 하더라도 피해자를 달리하고 있으면 피해자별로 각각 별개의 상해죄를 구성한다고 보아야 할 것이고 1개의 행위가 수개의 죄에 해당하는 경우라고 볼 수 없다(대판 1983.4.26. 83도524).

③ [○] 피해자 A가 그의 문전에 버려진 영아인 피고인 甲을 주어다 기르고 그 부(夫)와의 친생자인 것처럼 출생신고를 하였으나 입양요건을 갖추지 아니하였다면 甲과의 사이에 모자관계가 성립될 리 없으므로 甲이 A를 살해하였다고 하여도 존속살인죄로 처벌할 수 없다(대판 1981.10.13. 81도2466).

④ [×] 폭행죄는 반의사불벌죄이지만, 상해죄는 반의사불벌죄가 아니다.

정답 ③

07 자살교사·방조죄에 관한 다음의 설명 중 가장 옳지 않은 것은? (다툼이 있으면 판례에 의함) [14 경찰간부]

① 피고인이 7세, 3세 남짓된 어린자식들에 대하여 함께 죽자고 권유하여 물속에 따라 들어오게 하여 결국 익사하게 하였다면, 비록 피해자들을 물속에 직접 밀어서 빠뜨리지는 않았다고 하더라도 자살의 의미를 이해할 능력이 없고 피고인의 말이라면 무엇이나 복종하는 어린 자식들을 권유하여 익사하게 한 이상 자살교사죄에 해당한다.

② 피고인과 말다툼을 하다가 죽고 싶다 또는 같이 죽자고 하며 피고인에게 기름을 사오라는 말을 하였고, 이에 따라 피고인이 피해자에게 휘발유 1병을 사다주었는데 그 직후에 피해자가 몸에 휘발유를 뿌리고 불을 붙여 자살하였고 피해자의 자살경위가 피고인과 피해자 사이의 가정불화 등이었다면, 피고인이 휘발유를 이용하여 자살할 수도 있다는 것을 충분히 예상할 수 있었으므로 자살방조죄가 성립한다.

③ 자살방조죄가 성립하기 위해서는 그 방조 상대방의 구체적인 자살의 실행을 원조하여 이를 용이하게 하는 행위의 존재 및 그 점에 대한 행위자의 인식이 요구된다.

④ 피고인이 인터넷 사이트 내 자살 관련 카페 게시판에 청산염 등 자살용 유독물의 판매광고를 하였더라도 그것이 단지 금원 편취 목적의 사기행각의 일환으로 이루어졌고, 변사자들이 다른 경로로 입수한 청산염을 이용하여 자살하였다면, 피고인의 행위는 자살방조에 해당하지 않는다.

해설

① [×] 비록 피해자들을 물 속에 직접 밀어서 빠뜨리지는 않았다고 하더라도 자살의 의미를 이해할 능력이 없고 피고인의 말이라면 무엇이나 복종하는 어린 자식들을 권유하여 익사하게 한 이상 살인죄의 범의는 있었음이 분명하다(대판 1987.1.20. 86도2395). ▶ 피고인은 살인죄의 간접정범의 죄책을 진다.

② [○] 피해자가 피고인과 말다툼을 하다가 '죽고 싶다' 또는 '같이 죽자'고 하며 피고인에게 기름을 사오라고 하자 피고인이 휘발유 1병을 사다주었는데 피해자가 몸에 휘발유를 뿌리고 불을 붙여 자살한 경우, 자살방조죄가 인정된다(대판 2010.4.29. 2010도2328).

③ [○], ④ [○] [1] 자살방조죄가 성립하기 위해서는 그 방조 상대방의 구체적인 자살의 실행을 원조하여 이를 용이하게 하는 행위의 존재 및 그 점에 대한 행위자의 인식이 요구된다.

[2] 피고인이 인터넷 사이트 내 자살관련 카페게시판에 청산염 등 자살용 유독물의 판매광고를 한 행위가 단지 금원편취 목적의 사기행각의 일환으로 이루어졌고, 변사자들이 다른 경로로 입수한 청산염을 이용하여 자살한 사정 등에 비추어 피고인의 행위는 자살방조에 해당하지 않는다(대판 2005.6.10. 2005도1373).

정답 ①

08 다음의 설명 중 가장 적절하지 않은 것은? (다툼이 있으면 판례에 의함) [21 경찰승진]

① 학대죄의 학대는 육체적으로 고통을 주거나 정신적으로 차별대우를 하는 행위를 가리키고, 이러한 학대행위는 단순히 상대방의 인격에 대한 반인륜적 침해만으로는 부족하고 적어도 유기에 준할 정도에 이르러야 한다.

② 유기죄의 보호의무는 법률이나 계약뿐만 아니라 사무관리·관습·조리에 의해서도 발생할 수 있다.

③ 헌법재판소는 임신한 여성의 자기낙태를 처벌하는 「형법」 제269조 제1항(자기낙태죄 조항)과 의사가 임신한 여성의 촉탁 또는 승낙을 받아 낙태하게 한 경우를 처벌하는 같은 법 제270조 제1항 중 '의사'에 관한 부분(의사낙태죄 조항)이 각각 임신한 여성의 자기결정권을 침해하는지 여부와 관련하여 헌법에 합치되지 아니한다고 선언하되, 2020.12.31.을 시한으로 입법자가 개선입법을 할 때까지 계속적용을 명하였다.

④ 태아를 사망에 이르게 하는 행위가 임산부 신체의 일부를 훼손하는 것이라거나 태아의 사망으로 인하여 그 태아를 양육, 출산하는 임산부의 생리적 기능이 침해되어 임산부에 대한 상해가 된다고 볼 수는 없다.

해설

① [○] 형법 제273조 제1항에서 말하는 '학대'라 함은 육체적으로 고통을 주거나 정신적으로 차별대우를 하는 행위를 가리키고, 이러한 학대행위는 형법의 규정체제상 학대와 유기의 죄가 같은 장에 위치하고 있는 점 등에 비추어 단순히 상대방의 인격에 대한 반인륜적 침해만으로는 부족하고 적어도 유기에 준할 정도에 이르러야 한다(대판 2000.4.25. 2000도223).
② [×] 유기죄의 죄책을 인정하려면 구성요건이 요구하는 법률상 또는 계약상 보호의무를 밝혀야 하고 설혹 동행자가 구조를 요하게 되었다 하여도 일정거리를 동행한 사실만으로서는 피고인에게 법률상 계약상의 보호의무가 있다고 할 수 없다(대판 1977.1.11. 76도3419).
③ [○] 헌재 2019.4.11. 2017헌바127의 결정내용에 해당한다.
④ [○] 형법은 태아를 임산부 신체의 일부로 보거나, 낙태행위가 임산부의 태아양육, 출산기능의 침해라는 측면에서 낙태죄와는 별개로 임산부에 대한 상해죄를 구성하는 것으로 보지는 않는다고 해석된다. 따라서 태아를 사망에 이르게 하는 행위가 임산부 신체의 일부를 훼손하는 것이라거나 태아의 사망으로 인하여 그 태아를 양육·출산하는 임산부의 생리적 기능이 침해되어 임산부에 대한 상해가 된다고 볼 수는 없다(대판 2009.7.9. 2009도1025).

정답 ②

09 살인의 죄에 대한 설명 중 가장 적절한 것은? (다툼이 있는 경우 판례에 의함)

[23 경찰승진]

① 사람의 시기(始期)는 규칙적인 진통을 동반하면서 분만이 개시된 때를 말하는데, 제왕절개 수술의 경우에는 '의학적으로 제왕절개 수술이 가능하였고 규범적으로 수술이 필요하였던 시기'를 분만의 시기로 볼 수 있다.
② 살인죄의 고의는 살해의 목적이나 계획적인 의도가 있어야만 인정되고, 사망의 결과에 대한 예견 또는 인식이 불확정적인 경우에는 살인의 범의가 인정될 수 없다.
③ 혼인 외의 출생자와 생모 간에는 생모의 인지나 출생신고를 기다리지 않고 당연히 법률상의 친족관계가 성립하므로 혼인 외의 자가 생모를 살해한 때에는 존속살해죄가 성립한다.
④ 살인예비죄가 성립하기 위해서는 살인죄의 실현을 위한 준비행위가 있어야 하는데, 이때 준비행위는 객관적으로 보아 살인죄의 실현에 실질적으로 기여할 수 있는 외적 행위일 필요는 없고, 단순한 범행의 의사 또는 계획이면 족하다.

해설

① [×] 제왕절개 수술의 경우 '의학적으로 제왕절개 수술이 가능하였고 규범적으로 수술이 필요하였던 시기(時期)'는 판단하는 사람 및 상황에 따라 다를 수 있어, 분만개시 시점, 즉 사람의 시기(始期)도 불명확하게 되므로 이 시점을 분만의 시기(始期)로 볼 수는 없다(대판 2007.6.29. 2005도3832).
② [×] 살인죄에서 살인의 범의는 반드시 살해의 목적이나 계획적인 살해의 의도가 있어야 인정되는 것은 아니고, 자기의 행위로 인하여 타인의 사망이라는 결과를 발생시킬 만한 가능성 또는 위험이 있음을 인식하거나 예견하면 족한 것이며 그 인식이나 예견은 확정적인 것은 물론 불확정적인 것이라도 이른바 미필적 고의로 인정되는 것이다(대판 2006.4.14. 2006도734).
③ [○] 혼인 외의 출생자와 생모 간에는 생모의 인지나 출생신고를 기다리지 않고 당연히 법률상의 친족관계가 성립하므로 혼인 외의 자가 생모를 살해한 때에는 존속살해죄가 성립한다(대판 1980.9.9. 80도1731).
④ [×] 형법 제255조, 제250조의 살인예비죄가 성립하기 위하여는 형법 제255조에서 명문으로 요구하는 살인죄를 범할 목적 외에도 살인의 준비에 관한 고의가 있어야 하며, 나아가 실행의 착수까지에는 이르지 아니하는 살인죄의 실현을 위한 준비행위가 있어야 한다. 여기서의 준비행위는 물적인 것에 한정되지 아니하며 특별한 정형이 있는 것도 아니지만, 단순히 범행의 의사 또는 계획만으로는 그것이 있다고 할 수 없고 객관적으로 보아서 살인죄의 실현에 실질적으로 기여할 수 있는 외적 행위를 필요로 한다(대판 2009.10.29. 2009도7150).

정답 ③

10 **살인 및 폭행 상해의 죄에 관한 설명 중 가장 적절하지 않은 것은? (다툼이 있는 경우 판례에 의함)**

[23 경찰채용]

① 살인예비죄가 성립하기 위하여는 살인죄를 범할 목적 외에도 살인의 준비에 관한 고의가 있어야 한다.

② 자살의 의미를 이해할 능력이 없고 자신의 말은 무엇이나 복종하는 어린 자식을 권유하여 익사하게 하였다면, 물속에 직접 밀어서 빠뜨린 것이 아니더라도 형법 제253조의 위계에 의한 살인죄가 성립한다.

③ 시간적 차이가 있는 2인 이상의 독립된 상해행위가 경합하여 사망의 결과가 일어난 경우에 그 원인된 행위가 판명되지 아니한 때에는 공동정범의 예에 의하여야 한다.

④ 단순폭행, 존속폭행의 범행이 동일한 폭행 습벽의 발현에 의한 것으로 인정되어 상습존속폭행죄로 처벌되는 경우 피해자의 명시한 의사에 반하여도 공소를 제기할 수 있다.

해설

① [○] 살인예비죄가 성립하기 위하여는 살인죄를 범할 목적 외에도 살인의 준비에 관한 고의가 있어야 한다(대판 2009.10.29. 2009도7150).

② [×] 피고인이 7세, 3세 남짓 된 어린 자식들에 대하여 함께 죽자고 권유하여 물속에 따라 들어오게 하여 결국 자신은 살고 자식들은 익사하게 하였다면, 비록 피해자들을 물속에 직접 밀어서 빠뜨리지는 않았다고 하더라도 자살의 의미를 이해할 능력이 없고 피고인의 말이라면 무엇이나 복종하는 어린 자식들을 권유하여 익사하게 한 이상 살인죄의 범의는 있었음이 분명하다(대판 1987.1.20. 86도2395). ▶ 자살의 의미를 이해할 수 있는 능력이 없는 자(예 유아, 정신병자)를 교사·방조하여 자살하게 한 경우에는 살인죄의 간접정범이 성립한다. 다만, 자살의 의미를 이해할 수 있는 능력이 있는 자라도 위계·위력에 의하여 자살하게 한 때에는 위계·위력에 의한 살인죄가 성립한다.

③ [○] 시간적 차이가 있는 2인 이상의 독립된 상해행위가 경합하여 사망의 결과가 일어난 경우에 그 원인된 행위가 판명되지 아니한 때에는 공동정범의 예에 의하여야 한다(대판 2000.7.28. 2000도2466). ▶ 이시의 독립행위가 경합한 경우에도 제263조가 적용될 수 있다.

④ [○] … 단순폭행, 존속폭행의 범행이 동일한 폭행 습벽의 발현에 의한 것으로 인정되는 경우, 그중 법정형이 더 중한 상습존속폭행죄에 나머지 행위를 포괄하여 하나의 죄만이 성립한다고 봄이 타당하다. 그리고 상습존속폭행죄로 처벌되는 경우에는 형법 제260조 제3항이 적용되지 않으므로, 피해자의 명시한 의사에 반하여도 공소를 제기할 수 있다(대판 2018.4.24. 2017도10956). ▶ 상습존속폭행죄는 반의사불벌죄가 아니다.

정답 ②

제2절 I 상해 · 폭행의 죄

11 **상해와 폭행에 관련된 설명으로 옳은 것은? (다툼이 있는 경우 판례에 의함)** [22 경찰간부]

① 甲이 자신의 차를 가로막는 A를 부딪치지는 않은 채 부딪칠 듯이 차를 조금씩 전진시키는 것을 반복하는 행위는 A에 대해 위법한 유형력을 행사한 것으로 보기 어렵다.

② 특수폭행치상의 경우 「형법」 제258조의2(특수상해)가 신설되었으므로 특수상해죄의 예에 의하여 처벌해야 한다.

③ 甲과 乙이 공동하여 A를 폭행한 경우 A의 명시한 의사에 반하여 甲과 乙에 대한 공소를 제기할 수 없다.

④ 강간범죄의 피해자가 겪은 불안, 불면, 악몽, 자책감, 우울감정, 대인감정 회피 등의 증상은 외상 후 스트레스 장애(PTSD)로서 강간치상죄의 상해에 포함된다.

해설

① [×] 폭행죄에서 말하는 폭행이란 사람의 신체에 대하여 육체적 · 정신적으로 고통을 주는 유형력을 행사함을 뜻하는 것으로서 반드시 피해자의 신체에 접촉함을 필요로 하는 것은 아니다. 따라서 자신의 차를 가로막는 피해자를 부딪친 것은 아니라고 하더라도, 피해자를 부딪칠 듯이 차를 조금씩 전진시키는 것을 반복하는 행위 역시 피해자에 대해 위법한 유형력을 행사한 것이라고 보아야 한다(대판 2016.10.27. 2016도9302). ▶ 특수폭행죄가 인정된 사안이다.

② [×] 형벌규정 해석에 관한 법리와 폭력행위 등 처벌에 관한 법률의 개정 경과 및 형법 제258조의2의 신설 경위와 내용, 그 목적, 형법 제262조의 연혁, 문언과 체계 등을 고려할 때, 특수폭행치상의 경우 형법 제258조의2(특수상해)의 신설에도 불구하고 종전과 같이 형법 제257조 제1항(상해)의 예에 의하여 처벌하는 것으로 해석함이 타당하다(대판 2018.7.24. 2018도3443).

③ [×] 2인 이상이 공동하여 폭행한 경우 '폭력행위 등 처벌에 관한 법률'이 적용되며 반의사불벌죄에 해당하지 아니한다(동법 제2조 제4항).

④ [○] 정신과적 증상인 외상 후 스트레스 장애는 성폭력범죄의처벌및피해자보호등에관한법률 제9조 제1항 소정의 상해에 해당한다(대판 1999.1.26. 98도3722).

정답 ④

12 **상해의 죄에 관한 설명으로 가장 적절하지 않은 것은? (다툼이 있는 경우 판례에 의함)** [23 경찰간부]

① 甲이 강간하려고 A의 반항을 억압하는 과정에서 주먹으로 A의 얼굴과 머리를 몇 차례 때려 A가 코피를 흘리고 콧등이 부은 경우라도, A가 병원치료를 받지 않아도 일상생활에 지장이 없고 또 자연적으로 치료될 수 있는 것이라면, 甲의 행위로 인해 A의 신체의 완전성이 손상되고 생활기능에 장애가 왔다거나 건강상태가 불량하게 변경되었다고 보기 어려워 강간치상죄의 '상해'에 해당하지 않는다.

② 상해죄에서 '상해'는 피해자의 신체의 완전성을 훼손하거나 생리적 기능에 장애를 초래하였는지를 객관적 · 일률적으로 판단할 것이 아니라 피해자의 신체 · 정신상의 구체적인 상태나 신체 · 정신상의 변화와 내용 및 정도를 종합적으로 고려하여 판단하여야 한다.

③ 피고인으로부터 왼쪽 젖가슴을 꽉 움켜잡힘으로 인하여 왼쪽 젖가슴에 약 10일간의 치료를 요하는 좌상을 입고, 심한 압통과 약간의 종창이 있어 그 치료를 위하여 병원에서 주사를 맞고 3일간 투약을 한 경우, 피해자는 위와 같은 상처로 인하여 신체의 건강상태가 불량하게 변경되고 생활기능에 장애가 초래되었다 할 것이어서 이는 강제추행치상죄에 있어서의 '상해'의 개념에 해당한다 할 것이다.

④ 오랜 시간 동안의 협박과 폭행을 이기지 못하고 실신한 피해자가 범인들이 불러온 구급차 안에서야 정신을 차리게 되었다면, 비록 외부적으로 어떤 상처가 발생하지 않았다고 하더라도 생리적 기능에 훼손을 입어 신체에 대한 '상해'가 있었다고 봄이 상당하다.

해설

① [×] 피고인이 강간하려고 피해자의 반항을 억압하는 과정에서 주먹으로 피해자의 얼굴과 머리를 몇 차례 때려 피해자가 코피를 흘리고 콧등이 부었다면 비록 병원에서 치료를 받지 않더라도 일상생활에 지장이 없고, 또 자연적으로 치료될 수 있는 것이라 하더라도 강간치상죄에 있어서의 상해에 해당한다(대판 1991.10.22. 91도1832).
② [○] 피해자에게 이러한 상해가 발생하였는지는 객관적, 일률적으로 판단할 것이 아니라 피해자의 연령, 성별, 체격 등 신체·정신상의 구체적인 상태, 약물의 종류와 용량, 투약방법, 음주 여부 등 약물의 작용에 미칠 수 있는 여러 요소를 기초로 하여 약물 투약으로 인하여 피해자에게 발생한 의식장애나 기억장애 등 신체, 정신상의 변화와 내용 및 정도를 종합적으로 고려하여 판단하여야 한다(대판 2017.6.29. 2017도3196).
③ [○] 피해자가 강제추행 과정에서 가해자로부터 왼쪽 젖가슴을 꽉 움켜잡힘으로 인하여 왼쪽 젖가슴에 약 10일간의 치료를 요하는 좌상을 입고, 심한 압통과 약간의 종창이 있어 그 치료를 위하여 병원에서 주사를 맞고 3일간 투약을 한 경우, 피해자는 위와 같은 상처로 인하여 신체의 건강상태가 불량하게 변경되고 생활기능에 장애가 초래되었다 할 것이어서 이는 강제추행치상죄에 있어서의 상해의 개념에 해당한다(대판 2000.2.11. 99도4794).
④ [○] 오랜 시간 동안의 협박과 폭행을 이기지 못하고 실신하여 범인들이 불러온 구급차 안에서야 정신을 차리게 되었다면, 외부적으로 어떤 상처가 발생하지 않았다고 하더라도 생리적 기능에 훼손을 입어 신체에 대한 상해가 있었다고 봄이 상당하다(대판 1996.12.10. 96도2529).

정답 ①

13 **폭행의 죄에 관한 설명으로 가장 적절하지 않은 것은? (다툼이 있는 경우 판례에 의함)** [23 경찰간부]

① 폭행죄에서 말하는 '폭행'이란 사람의 신체에 대하여 육체적·정신적으로 고통을 주는 유형력을 행사함을 뜻하는 것으로서 반드시 피해자의 신체에 접촉함을 필요로 하는 것은 아니다.
② 폭행죄는 피해자의 명시한 의사에 반하여 공소를 제기할 수 없는 반의사불벌죄로서, 피해자가 사망한 경우, 그 상속인이 피해자를 대신하여 처벌불원의 의사표시를 할 수 없다.
③ 甲이 전화기를 이용하여 전화하면서 고성을 내거나 그 전화 대화를 녹음 한 후 A에게 듣게 한 경우, 甲이 A의 청각기관을 자극하거나 고통을 느끼게 할 정도의 특수한 방법을 사용하였다는 특별한 사정이 없는 한 신체에 대한 유형력을 행사한 것으로 볼 수 없다.
④ 상대방의 시비를 만류하면서 조용히 얘기나 하자며 그의 팔을 2, 3회 끌은 행위는, 사람의 신체에 대한 불법한 공격으로 「형법」 제260조 제1항 소정의 폭행죄에 해당한다.

해설

① [○] 폭행죄에서 말하는 폭행이란 사람의 신체에 대하여 육체적·정신적으로 고통을 주는 유형력을 행사함을 뜻하는 것으로서 반드시 피해자의 신체에 접촉함을 필요로 하는 것은 아니다. 따라서 자신의 차를 가로막는 피해자를 부딪친 것은 아니라고 하더라도, 피해자를 부딪칠 듯이 차를 조금씩 전진시키는 것을 반복하는 행위 역시 피해자에 대해 위법한 유형력을 행사한 것이라고 보아야 한다(대판 2016.10.27. 2016도9302).
② [○] 폭행죄는 피해자의 명시한 의사에 반하여 공소를 제기할 수 없는 반의사불벌죄로서 처벌불원의 의사표시는 의사능력이 있는 피해자가 단독으로 할 수 있는 것이고, 피해자가 사망한 후 그 상속인이 피해자를 대신하여 처벌불원의 의사표시를 할 수는 없다고 보아야 한다(대판 2010.5.27. 2010도2680).
③ [○] [1] 형법 제260조에 규정된 폭행죄는 사람의 신체에 대한 유형력의 행사를 가리키며, 그 유형력의 행사는 신체적 고통을 주는 물리력의 작용을 의미하므로 신체의 청각기관을 직접적으로 자극하는 음향도 경우에 따라서는 유형력에 포함될 수 있다.
[2] 피해자의 신체에 공간적으로 근접하여 고성으로 폭언이나 욕설을 하거나 동시에 손발이나 물건을 휘두르거나 던지는 행위는 직접 피해자의 신체에 접촉하지 아니하였다 하더라도 피해자에 대한 불법한 유형력의 행사로서 폭행에 해당될 수 있는 것이지만, 거리상 멀리 떨어져 있는 사람에게 전화기를 이용하여 전화하면서 고성을 내거나 그 전화 대화를 녹음 후 듣게 하는 경우에는 특수한 방법으로 수화자의 청각기관을 자극하여 그 수화자로 하여금 고통스럽게 느끼게 할 정도의 음향을 이용하였다는 등의 특별한 사정이 없는 한 신체에 대한 유형력의 행사를 한 것으로 보기 어렵다(대판 2003.1.10. 2000도5716).

④ [×] 상대방의 시비를 만류하면서 조용히 얘기나 하자며 그의 팔을 2, 3회 끌은 사실만 가지고는 사람의 신체에 대한 불법한 공격이라고 볼 수 없어 형법 제260조 제1항 소정의 폭행죄에 해당한다고 볼 수 없다(대판 1986.10.14. 86도1796).

정답 ④

14 **상해와 폭행의 죄에 대한 설명으로 가장 적절하지 않은 것은? (다툼이 있으면 판례에 의함)** [21 경찰승진]

① 상해죄의 성립에는 상해의 원인인 폭행에 대한 인식이 있으면 충분하고 상해를 가할 의사의 존재까지는 필요하지 않다.

② 폭행죄의 폭행이란 소위 사람의 신체에 대한 유형력의 행사를 가리키며, 그 유형력의 행사는 신체적 고통을 주는 물리력의 작용을 의미하므로 신체의 청각기관을 직접적으로 자극하는 음향도 경우에 따라서는 유형력에 포함될 수 있다.

③ 폭행죄는 피해자의 명시한 의사에 반하여 공소를 제기할 수 없는 반의사불벌죄로서 처벌불원의 의사표시는 의사능력이 있는 피해자가 단독으로 할 수 있는 것이고, 피해자가 사망한 후 그 상속인이 피해자를 대신하여 처벌불원의 의사표시를 할 수는 없다고 보아야 한다.

④ 「형법」 제263조(동시범)는 '독립행위가 경합하여 상해의 결과를 발생하게 한 경우 공동정범의 예에 의한다'고 규정하고 있다.

해설

① [○] 상해죄의 성립에는 상해의 원인인 폭행에 대한 인식이 있으면 충분하고 상해를 가할 의사의 존재까지는 필요하지 않다(대판 2000.7.4. 99도4341).

② [○] 폭행죄의 폭행이란 소위 사람의 신체에 대한 유형력의 행사를 가리키며, 그 유형력의 행사는 신체적 고통을 주는 물리력의 작용을 의미하므로 신체의 청각기관을 직접적으로 자극하는 음향도 경우에 따라서는 유형력에 포함될 수 있다(대판 2003.1.10. 2000도5716).

③ [○] 폭행죄는 피해자의 명시한 의사에 반하여 공소를 제기할 수 없는 반의사불벌죄로서 처벌불원의 의사표시는 의사능력이 있는 피해자가 단독으로 할 수 있는 것이고, 피해자가 사망한 후 그 상속인이 피해자를 대신하여 처벌불원의 의사표시를 할 수는 없다고 보아야 한다(대판 2010.5.27. 2010도2680).

④ [×] 형법 제263조에 의하면 독립행위가 경합하여 상해의 결과를 발생하게 한 경우에 있어서 '원인된 행위가 판명되지 아니한 때에 한하여' 공동정범의 예에 의한다. 따라서 원인된 행위가 판명되면 형법 제263조가 적용될 수 없다.

정답 ④

15 **상해와 폭행의 죄에 관한 설명으로 가장 적절한 것은? (다툼이 있으면 판례에 의함)** [19 경찰채용]

① 피해자의 신체에 대한 접촉이 없다 하더라도 부딪칠 듯이 자동차를 조금씩 반복적으로 전진시키는 행위는 폭행죄의 폭행에 해당한다.

② 상해죄의 동시범 특례(형법 제263조)는 상해의 결과가 발생하였으나 그 상해가 어느 사람의 가해행위로 인한 것인지가 분명치 않은 경우뿐만 아니라 가해행위를 한 것 자체가 분명치 않은 경우에도 적용된다.

③ 상해는 신체의 완전성을 훼손하거나 생리적 기능에 장애를 초래하는 것을 의미하므로, 피고인의 협박과 폭행으로 피해자가 실신하였더라도 외부적으로 어떤 상처가 발생하지 않았다면 상해가 있다고 볼 수 없다.

④ 피고인이 폭력행위 당시 과도를 범행현장에서 호주머니 속에 지니고 있었더라도 그 사실을 피해자가 몰랐다거나 실제로 범행에 사용하지 않았다면 '위험한 물건의 휴대'에 해당하지 않는다.

해설

① [○] 폭행죄에서 말하는 폭행이란 사람의 신체에 대하여 육체적 · 정신적으로 고통을 주는 유형력을 행사함을 뜻하는 것으로서 반드시 피해자의 신체에 접촉함을 필요로 하는 것은 아니다. 따라서 자신의 차를 가로막는 피해자를 부딪친 것은 아니라고 하더라도, 피해자를 부딪칠 듯이 차를 조금씩 전진시키는 것을 반복하는 행위 역시 피해자에 대해 위법한 유형력을 행사한 것이라고 보아야 한다(대판 2016.10.27. 2016도9302).

② [×] 상해죄에 있어서의 동시범은 두사람 이상이 가해행위를 하여 상해의 결과를 가져올 경우에 그 상해가 어느 사람의 가해행위로 인한 것인지가 분명치 않다면 가해자 모두를 공동정범으로 본다는 것이므로 가해행위를 한것 자체가 분명치 않은 사람에 대하여는 동시범으로 다스릴 수 없다(대판 1984.5.15. 84도488).

③ [×] 오랜 시간 동안의 협박과 폭행을 이기지 못하고 실신하여 범인들이 불러온 구급차 안에서야 정신을 차리게 되었다면, 외부적으로 어떤 상처가 발생하지 않았다고 하더라도 생리적 기능에 훼손을 입어 신체에 대한 상해가 있었다고 봄이 상당하다(대판 1996.12.10. 96도2529).

④ [×] [1] 범행 현장에서 범행에 사용하려는 의도 아래 흉기 등 위험한 물건을 소지하거나 몸에 지닌 이상 그 사실을 피해자가 인식하거나 실제로 범행에 사용하였을 것까지 요구되는 것은 아니다(대판 2007.3.30. 2007도914).
[2] 과도를 범행현장에서 호주머니 속에 지니고 있었던 이상 이는 위험한 물건을 휴대한 경우에 해당한다(대판 1984.4.10. 84도353).

정답 ①

16 **상해죄에 관한 다음 설명 중 가장 옳지 않은 것은? (다툼이 있으면 판례에 의함)** [13 경찰간부]

① 태아를 사망에 이르게 하는 행위는 임산부 신체의 일부를 훼손하는 것이라거나 태아의 사망으로 인하여 그 태아를 양육, 출산하는 임산부의 생리적 기능이 침해되어 임산부에 대한 상해가 된다고 볼 수는 없다.

② 1~2개월간 입원할 정도로 다리가 부러진 상해 또는 3주간의 치료를 요하는 우측흉부자상이 중상해에 해당하지 않는다.

③ 피해자가 소형승용차 안에서 강간범행을 모면하려고 저항하는 과정에서 피고인과의 물리적 충돌로 인하여 입은 '우측 슬관절 부위 찰과상' 등이 강간치상죄의 상해에 해당한다.

④ 피해자의 음모의 모근 부분을 남기고 모간 부분만을 일부 잘라냄으로써 음모의 전체적인 외관에 변형이 생겼다면 강제추행치상죄의 상해에 해당한다.

해설

① [○] 형법은 태아를 임산부 신체의 일부로 보거나, 낙태행위가 임산부의 태아양육, 출산기능의 침해라는 측면에서 낙태죄와는 별개로 임산부에 대한 상해죄를 구성하는 것으로 보지는 않는다고 해석된다. 따라서 태아를 사망에 이르게 하는 행위가 임산부 신체의 일부를 훼손하는 것이라거나 태아의 사망으로 인하여 그 태아를 양육 · 출산하는 임산부의 생리적 기능이 침해되어 임산부에 대한 상해가 된다고 볼 수는 없다(대판 2009.7.9. 2009도1025).

② [○] [1] 형법상의 중상해는 사람의 신체를 상해하여 생명에 대한 위험을 발생하게 하거나, 신체의 상해로 인하여 불구 또는 불치나 난치의 질병에 이르게 한 경우에 성립한다.
[2] 1~2개월 간 입원할 정도로 다리가 부러진 상해 또는 3주간의 치료를 요하는 우측흉부자상은 중상해에 해당하지 않는다(대판 2005.12.9. 2005도7527).

③ [○] 피해자가 소형승용차 안에서 강간범행을 모면하려고 저항하는 과정에서 피고인과의 물리적 충돌로 인하여 입은 '우측 슬관절 부위 찰과상' 등은 강간치상죄의 상해에 해당한다(대판 2005.5.26. 2005도1039).

④ [×] 피해자의 음모의 모근(毛根) 부분을 남기고 모간(毛幹) 부분만을 일부 잘라냄으로써 음모의 전체적인 외관에 변형만이 생겼다면, 이로 인하여 피해자에게 수치심을 야기하기는 하겠지만, 병리적으로 보아 피해자의 신체의 건강상태가 불량하게 변경되거나 생활기능에 장애가 초래되었다고 할 수는 없을 것이므로 강제추행치상죄의 상해에 해당한다고 할 수는 없다(대판 2000.3.23. 99도3099).

정답 ④

17 다음 중 형법상 상해가 인정되지 않는 것은 모두 몇 개인가? (다툼이 있으면 판례에 의함)

[10 경찰채용]

> ㉠ 강간과정에서 피해자가 손바닥에 약 2cm 정도로 긁힌 가벼운 상처를 입은 경우
> ㉡ 자동차 사고로 약 1주일간의 치료를 요하는 요추부 통증상으로 진단받고 주사 및 물리 치료 등은 받지 않았으나 약을 처방받아 2번 복용한 경우
> ㉢ 폭행으로 인해 보행불능, 수면장애, 식욕감퇴 된 경우
> ㉣ 8세인 미성년자에 대한 추행행위로 인해 피해자의 외음부에 염증이 발생한 경우
> ㉤ 오랜 시간 동안의 폭행·협박으로 실신하였다가 구급차 안에서 정신을 차린 경우

① 1개
② 2개
③ 3개
④ 4개

해설

㉠ [불인정] 피고인이 피해자를 강간하려다가 미수에 그치고 그 과정에서 위 피해자의 왼쪽 손바닥에 약 2cm 정도의 긁힌 가벼운 상처가 발생한 경우라면 … 강간치상죄의 상해에 해당된다고는 할 수 없다(대판 1987.10.26. 87도1880).

㉡ [불인정] 교통사고로 인하여 피해자가 입은 요추부 통증이 굳이 치료할 필요가 없이 자연적으로 치유될 수 있는 것으로서 '상해'에 해당한다고 볼 수 없다(대판 2000.2.25. 99도3910).

㉢ [인정] 타인의 신체에 폭행을 가하여 보행불능 수면장애 식욕감퇴 등 기능의 장해를 일으킨 때에는 형법상 상해를 입힌 경우에 해당한다(대판 1969.3.11. 69도161).

㉣ [인정] 미성년자에 대한 추행행위로 인하여 그 피해자의 외음부 부위에 염증이 발생한 것이라면, 그 증상이 약간의 발적과 경도의 염증이 수반된 정도에 불과하다고 하더라도 그로 인하여 피해자 신체의 건강상태가 불량하게 변경되고 생활기능에 장애가 초래된 것이 아니라고 볼 수 없으니, 이러한 상해는 미성년자의제강제추행치상죄의 상해의 개념에 해당한다(대판 1996.11.22. 96도1395).

㉤ [인정] 오랜 시간 동안의 협박과 폭행을 이기지 못하고 실신하여 범인들이 불러온 구급차 안에서야 정신을 차리게 되었다면, 외부적으로 어떤 상처가 발생하지 않았다고 하더라도 생리적 기능에 훼손을 입어 신체에 대한 상해가 있었다고 봄이 상당하다(대판 1996.12.10. 96도2529).

정답 ②

18 폭행죄에 대한 설명으로 가장 적절하지 않은 것은? (다툼이 있으면 판례에 의함)

[20 경찰채용]

① 흉기 기타 위험한 물건을 휴대하여 폭행을 저지르는 경우 그 범죄와 전혀 무관하게 우연히 이를 소지하게 된 경우까지를 포함하는 것은 아니지만, 범행현장에서 범행에 사용하려는 의도 아래 흉기 등 위험한 물건을 소지하거나 몸에 지닌 이상 그사실을 피해자가 인식하거나 실제로 범행에 사용하였을 것까지 요구되지 않는다.

② 특수폭행죄에서 다중의 위력을 보인다는 것은 위력을 상대방에게 인식시키는 것을 말하고 상대방의 의사가 현실적으로 제압될 것을 요하지 않으며 상대방의 의사를 제압할 만한 세력을 인식시킬 정도에 이르지 않아도 족하다.

③ 단순폭행, 존속폭행의 범행이 동일한 폭행 습벽의 발현에 의한 것으로 인정되는 경우, 그중 법정형이 더 중한 상습존속폭행죄에 나머지 행위를 포괄하여 하나의 죄만 성립한다.

④ 甲은 경륜장 사무실에서 소화기들을 던지며 소란을 피웠는데 특정인을 겨냥하여 던진 것으로는 보이지 아니하는 점, 피해자 들이 상해를 입지 않은 점 등의 여러 사정을 종합하면, 이때 '소화기'는 '위험한 물건'에 해당하지 않는다.

해설

① [○] 흉기 기타 위험한 물건을 휴대하여 폭행을 저지르는 경우 그 범죄와 전혀 무관하게 우연히 이를 소지하게 된 경우까지를 포함하는 것은 아니지만, 범행현장에서 범행에 사용하려는 의도 아래 흉기 등 위험한 물건을 소지하거나 몸에 지닌 이상 그 사실을 피해자가 인식하거나 실제로 범행에 사용하였을 것까지 요구되지 않는다(대판 2007.3.30. 2007도914).

② [×] 다중의 '위력'이라 함은 다중의 형태로 집결한 다수 인원으로 사람의 의사를 제압하기에 족한 세력을 지칭하는 것으로서 그 인원수가 다수에 해당하는가는 행위 당시의 여러 사정을 참작하여 결정하여야 할 것이며, 이 경우 상대방의 의사가 현실적으로 제압될 것을 요하지는 않는다고 할 것이지만 상대방의 의사를 제압할 만한 세력을 인식시킬 정도는 되어야 한다(대판 2008.7.10. 2007도9885).

③ [○] 폭행죄의 상습성은 폭행 범행을 반복하여 저지르는 습벽을 말하는 것으로서, 동종 전과의 유무와 그 사건 범행의 횟수, 기간, 동기 및 수단과 방법 등을 종합적으로 고려하여 상습성 유무를 결정하여야 하고, 단순폭행, 존속폭행의 범행이 동일한 폭행 습벽의 발현에 의한 것으로 인정되는 경우, 그중 법정형이 더 중한 상습존속폭행죄에 나머지 행위를 포괄하여 하나의 죄만이 성립한다고 봄이 타당하다(대판 2018.4.24. 2017도10956).

④ [○] 피고인이 경륜장 사무실에서 술에 취해 소란을 피우면서 '소화기'를 집어던졌지만 특정인을 겨냥하여 던진 것이 아니라면 이는 '위험한 물건'에 해당하지 않는다(대판 2010.4.29. 2010도930).

정답 ②

19 '상해와 폭행의 죄'에 대한 설명으로 가장 적절한 것은? (다툼이 있으면 판례에 의함)

[18 경찰승진]

① 지하철 공사구간 현장안전업무 담당자인 甲이 공사현장에 인접한 기존의 횡단보도 표시선 안쪽으로 돌출된 강철빔 주위에 라바콘 3개를 설치하고 신호수 1명을 배치하였는데, 피해자가 위 횡단보도를 건너면서 강철빔에 부딪혀 상해를 입은 경우 업무상 과실치상죄가 성립한다.

② 속칭 '생일빵'을 한다는 명목으로 甲이 A를 폭행하였다면 폭행죄에 해당하나, '생일빵'은 사회상규에 위배되지 아니하는 정당행위에 해당하므로, 폭행죄에 대한 위법성이 조각된다.

③ 甲이 자신의 차를 가로막고 서 있는 A를 향해 차를 조금씩 전진시키고 A가 뒤로 물러나면 다시 차를 전진시키는 방식의 운행을 반복하였다면 甲은 특수폭행죄에 해당한다.

④ 상해죄의 성립에는 상해의 원인인 폭행에 관한 인식 및 상해를 가할 의사가 필요하다.

해설

① [×] 피고인이 안전조치를 취하여야 할 업무상 주의의무를 위반하였다고 보기 어렵고, 일부 도로 지점에서 기존의 횡단보도 표시선이 제대로 지워지지 않고 드러나 있었다거나 라바콘을 3개만 설치하고 신호수 1명을 배치하는 외에 별다른 조치를 취하지 아니하였다고 하더라도 그것과 사고 발생 사이에 상당인과관계에 있다고 보기도 어렵다(대판 2014.4.10. 2012도11361).

② [×] 피고인의 행위는 위법성이 조각되지 않으며 폭행죄가 성립한다(대판 2010.5.27. 2010도2680).

③ [○] 폭행죄에서 말하는 폭행이란 사람의 신체에 대하여 육체적·정신적으로 고통을 주는 유형력을 행사함을 뜻하는 것으로서 반드시 피해자의 신체에 접촉함을 필요로 하는 것은 아니다. 따라서 자신의 차를 가로막는 피해자를 부딪친 것은 아니라고 하더라도, 피해자를 부딪칠 듯이 차를 조금씩 전진시키는 것을 반복하는 행위 역시 피해자에 대해 위법한 유형력을 행사한 것이라고 보아야 한다(대판 2016.10.27. 2016도9302).

④ [×] 상해죄의 성립에는 상해의 원인인 폭행에 대한 인식이 있으면 충분하고 상해를 가할 의사의 존재까지는 필요하지 않다(대판 2000.7.4. 99도4341).

정답 ③

20 다음 설명 중 가장 옳지 않은 것은? (다툼이 있으면 판례에 의함)

[15 법원9급]

① 위험한 물건을 '휴대하여'라는 말은 소지뿐만 아니라 널리 이용한다는 뜻도 포함한다.

② 피고인이 폭력행위 당시 위험한 물건인 과도를 호주머니 속에 지니고 있었던 이상 피해자가 과도의 존재를 인식하지 못하였더라도 위험한 물건을 휴대한 경우에 해당한다.

③ 피고인이 청산염 2그램을 협박편지에 동봉 우송하여 피해자에게 도달케 하였다는 것만으로는 위험한 물건의 휴대라고 할 수는 없다.

④ 甲, 乙, 丙이 흉기를 휴대하여 타인의 건조물에 침입하기로 공모한 다음, 甲, 乙은 건물로부터 30 내지 50미터 떨어진 차량에서 흉기를 보관한 채 망을 보고, 丙은 흉기를 소지하지 아니하고 건조물에 침입한 경우, 甲, 乙, 丙에 대하여 흉기 기타 위험한 물건을 휴대하여 타인의 주거 등에 침입함으로서 성립하는 폭력행위 등 처벌에 관한 법률 제2조 제1항 소정의 특수주거침입죄가 성립한다.

해설

① [○] 위험한 물건을 '휴대하여'라는 말은 소지뿐만 아니라 널리 이용한다는 뜻도 포함하고 있다(대판 2002.9.6. 2002도2812).

② [○] 피고인이 과도를 범행현장에서 호주머니 속에 지니고 있었던 이상 이는 위험한 물건을 휴대한 경우에 해당한다(대판 1984.4.10. 84도353).

③ [○] 청산염 2g 정도를 협박편지에 동봉 우송하여 피해자에게 도달케 하였다는 것만으로는 위험한 물건의 휴대라고 할 수 없다(대판 1985.10.8. 85도1851).

④ [×] [1] 수인이 흉기를 휴대하여 타인의 건조물에 침입하기로 공모한 후 그중 일부는 밖에서 망을 보고 나머지 일부만이 건조물 안으로 들어갔을 경우에 있어서 특수주거침입죄의 구성요건이 충족되었다고 볼 수 있는지의 여부는 직접 건조물에 들어간 범인을 기준으로 하여 그 범인이 흉기를 휴대하였다고 볼 수 있느냐의 여부에 따라 결정되어야 한다.
[2] 흉기가 보관되어 있던 차량은 피고인 등이 침입한 건물로부터 약 30 내지 50m 떨어진 거리에 있었고, 차량 안에 남아 있던 다른 피고인들은 만약의 사태에 대비하면서 차량 안에 남아서 유심히 주위의 동태를 살피다가 피고인 등이 도망치는 모습을 발견하고서는 그대로 차를 운전하여 도주한 사실을 인정할 수 있는바, 그렇다면 건물 안으로 들어간 피고인 등 범인들을 기준으로 할 경우에 그들이 건조물에 들어갈 때 30 내지 50여 m 떨어진 거리에 세워진 차 안에 있던 흉기를 휴대하고 있었다고는 볼 수 없다(대판 1994.10.11. 94도1991).

정답 ④

21 다음 중 '위험한 물건'에 관한 설명으로 옳지 않은 것은 모두 몇 개인가? (다툼이 있으면 판례에 의함)

[13 법원행시]

> ㉠ 견인료납부를 요구하는 교통관리직원을 승용차 앞범퍼 부분으로 들이받아 폭행한 경우, 그 승용차는 위험한 물건에 해당한다.
> ㉡ 피고인이 甲과 운전 중 발생한 시비로 한차례 다툼이 벌어진 직후 甲이 계속하여 피고인이 운전하던 자동차를 뒤따라온다고 보고 순간적으로 화가 나 甲에게 겁을 주기 위하여 자동차를 정차한 후 4 내지 5m 후진하여 甲이 승차하고 있던 자동차와 충돌한 경우, 그 자동차는 위험한 물건에 해당한다.
> ㉢ 자동차를 이용하여 다른 사람의 자동차 2대를 손괴한 경우, 그 자동차의 소유자 등이 실제로 해를 입거나 해를 입을 만한 위치에 있지 아니하였다면, 그 자동차는 위험한 물건에 해당하지 아니한다.
> ㉣ 피고인이 이혼 분쟁 과정에서 자신의 아들을 승낙 없이 자동차에 태우고 떠나려고 하는 피해자들 일행을 상대로 급하게 추격 또는 제지하는 과정에서 소형승용차(라노스)를 사용하게 되었고, 그 범행은 소형승용차(라노스)로 중형승용차(쏘나타)를 충격한 것이며, 충격할 당시 두 차량 모두 정차하여 있다가 막 출발하는 상태로서 차량 속도가 빠르지 않았고 상대방 차량의 손괴 정도가 그다지 심하지 아니하였으며, 이 사건 자동차의 충격으로 피해자들이 입은 상해의 정도가 비교적 경미하였을 경우, 상해 및 손괴행위에 있어 그 소형승용차(라노스)는 위험한 물건에 해당하지 아니한다.
> ㉤ 청산염 2그람 정도를 협박편지에 동봉 우송하여 피해자에게 도달케 하였다면 이는 우체부를 통하여 간접정범의 형태로 위험한 물건을 휴대한 경우에 해당한다.

① 1개
② 2개
③ 3개
④ 4개
⑤ 5개

해설

㉠ [○] 견인료납부를 요구하는 교통관리직원을 승용차 앞범퍼 부분으로 들이받아 폭행한 행위를 '위험한 물건을 휴대한' 행위로 처벌하는 것은 유추해석금지원칙에 반하지 않는다(대판 1997.5.30. 97도597).

㉡ [○] 甲은 물론 제3자라도 피고인의 자동차와 충돌하면 생명 또는 신체에 살상의 위험을 느꼈을 것이므로, 피고인이 자동차를 이용하여 甲에게 상해를 가하고, 甲의 자동차를 손괴한 행위는 '위험한 물건'을 휴대하여 이루어진 범죄라고 봄이 상당하다(대판 2010.11.11. 2010도10256).

㉢ [×] 피고인이 자동차를 이용하여 다른 사람의 자동차 2대를 손괴한 이상, 그 자동차의 소유자 등이 실제로 해를 입거나 해를 입을 만한 위치에 있지 아니하였다고 하더라도 '위험한 물건'을 휴대하여 이루어진 범죄에 해당한다(대판 2003.1.24. 2002도5783).

㉣ [○] 피고인의 범행이 소형승용차(라노스)로 중형승용차(쏘나타)를 충격한 것이고, 충격할 당시 두 차량 모두 정차하여 있다가 막 출발하는 상태로서 차량 속도가 빠르지 않았으며 상대방 차량의 손괴 정도가 그다지 심하지 아니한 점 등을 종합하면 피고인의 자동차 운행으로 인하여 사회통념상 상대방이나 제3자가 생명 또는 신체에 위험을 느꼈다고 보기 어렵다(위험한 물건의 휴대에 해당하지 아니한다)(대판 2009.3.26. 2007도3520).

㉤ [×] 청산염 2g 정도를 협박편지에 동봉 우송하여 피해자에게 도달하게 하였다는 것만으로는 위험한 물건의 휴대라고 할 수 없다(대판 1985.10.8. 85도1851).

정답 ②

22 **다음 중 甲의 행위가 '위험한 물건을 휴대'한 경우라고 볼 수 있는 것은 모두 몇 개인가? (다툼이 있으면 판례에 의함)**

[20 해경채용]

> ㉠ 甲이 이혼 분쟁 과정에서 자신의 아들을 승낙 없이 자동차에 태우고 떠나려고 하는 피해자들을 상대로 급하게 추격 또는 제지하던 중 소형승용차로 중형승용차를 충격한 경우
> ㉡ 국회의원인 甲이 국회 본회의 심리를 막기 위하여 의장석 앞 발언대 뒤에서 최루탄 1개를 터뜨리고 최루탄 몸체에 남아있는 최루분말을 국회부의장에게 뿌린 경우
> ㉢ 甲이 경륜장 사무실에서 술에 취해 소란을 피우면서 소화기를 집어던졌지만 특정인을 겨냥하여 던진 것이 아닌 경우
> ㉣ 甲이 피해자가 거짓말을 하였다는 이유로 당구큐대로 피해자의 머리 부위를 3회 4회 가볍게 톡톡 때리고 배 부위를 1회 밀어 폭행한 경우

① 0개
② 1개
③ 2개
④ 3개

해설

㉠ [×] 피고인의 범행이 소형승용차(라노스)로 중형승용차(쏘나타)를 충격한 것이고, 충격할 당시 두 차량 모두 정차하여 있다가 막 출발하는 상태로서 차량 속도가 빠르지 않았으며 상대방 차량의 손괴 정도가 그다지 심하지 아니한 점 등을 종합하면 피고인의 자동차 운행으로 인하여 사회통념상 상대방이나 제3자가 생명 또는 신체에 위험을 느꼈다고 보기 어렵다(위험한 물건의 휴대에 해당하지 아니한다)(대판 2009.3.26. 2007도3520).

㉡ [○] 국회의원인 피고인이 한미FTA 비준동의안의 국회 본회의 심리를 막기 위하여 의장석 앞 발언대 뒤에서 최루탄을 터뜨리고 최루탄 몸체에 남아 있는 최루분말을 국회부의장에게 뿌린 경우, 최루탄과 최루분말은 위험한 물건에 해당한다(대판 2014.6.12. 2014도1894).

㉢ [×] 피고인이 경륜장 사무실에서 술에 취해 소란을 피우면서 소화기를 집어던졌지만 특정인을 겨냥하여 던진 것이 아닌 점 등 피해자들이나 제3자가 생명 또는 신체에 위험을 느꼈던 것으로는 보기 어렵다면 소화기는 '위험한 물건'에 해당하지 아니한다(대판 2010.4.29. 2010도930).

㉣ [×] 피해자가 거짓말을 하였다는 이유로 피고인이 당구큐대로 피해자의 머리 부위를 3~4회 가볍게 톡톡 때리고 배 부위를 1회 밀어 폭행한 것이라면, 피고인의 위와 같은 폭행으로 인하여 피해자나 제3자가 생명 또는 신체에 위험성을 느꼈으리라고 보여지지는 아니하므로 당구큐대는 위험한 물건에 해당하지 아니한다(대판 2004.5.14. 2004도176).

정답 ②

23 다음 설명 중 옳지 않은 것은 몇 개인가? (다툼이 있으면 판례에 의함) [17 경찰간부]

> ㉠ 상해죄에서 상해는 피해자의 신체의 완전성을 훼손하거나 생리적 기능에 장애를 초래하였는지 객관적 · 일률적으로 판단하여야 한다.
>
> ㉡ 피고인이 피해자를 폭행하여 비골 골절 등의 상해를 가한 다음 강제추행한 사건에서, 폭력행위 등 처벌에 관한 법률 위반죄로 처벌한 상해를 다시 결과적 가중범인 강제추행치상죄의 상해로 처벌할 수 있다.
>
> ㉢ 의료사고에 있어서 의사의 그 과실의 유무를 판단함에는 같은 업무와 직무에 종사하는 보통인의 주의정도를 표준으로 하여야 하며, 이에는 사고 당시의 일반적인 의학의 수준과 의료환경 및 조건, 의료행위의 특수성 등이 고려되어야 하나, 이러한 법리는 한의사의 경우에는 적용되지 않는다.
>
> ㉣ 「특정강력범죄의 처벌에 관한 특례법」이 2010.3.31. 개정되기 전에 단순 강간행위에 의한 강간 등 상해 · 치상죄가 이루어진 경우, 위 죄는 위와 같이 개정된 같은 법 제2조 제1항 제3호에 규정된 '특정강력범죄'에 해당하지 않았으나, 같은 법이 2011.3.7. 다시 개정되면서 2010.3.31. 개정 전과 같은 내용이 되었다면 '특정강력범죄'에 해당한다.

① 1개 ② 2개

③ 3개 ④ 4개

해설

㉠ [×] 상해죄에 있어 피해자의 신체의 완전성을 훼손하거나 생리적 기능에 장애를 초래하였는지는 객관적, 일률적으로 판단할 것이 아니라 피해자의 연령, 성별, 체격 등 신체, 정신상의 구체적 상태 등을 기준으로 판단하여야 한다(대판 2016.11.25. 2016도15018).

㉡ [×] 강제추행치상죄에서 상해의 결과는 강제추행의 수단으로 사용한 폭행이나 추행행위 그 자체 또는 강제추행에 수반하는 행위로부터 발생한 것이어야 한다. 따라서 상해를 가한 부분을 고의범인 상해죄로 처벌하면서 이를 다시 결과적 가중범인 강제추행치상죄의 상해로 인정하여 이중으로 처벌할 수는 없다(대판 2009.7.23. 2009도1934).

㉢ [×] 의료사고에서 의사에게 과실이 있다고 하기 위하여는 의사가 결과 발생을 예견할 수 있고 또 회피할 수 있었는데도 이를 예견하지 못하거나 회피하지 못하였음이 인정되어야 하며, 과실의 유무를 판단할 때에는 같은 업무와 직종에 종사하는 일반적 보통인의 주의정도를 표준으로 하고, 사고 당시의 일반적인 의학의 수준과 의료환경 및 조건, 의료행위의 특수성 등을 고려하여야 한다. 이러한 법리는 한의사의 경우에도 마찬가지이다(대판 2014.7.24. 2013도16101).

㉣ [×] 범죄행위시와 재판시 사이에 여러 차례 법령이 개정되어 형의 변경이 있는 경우에는 형법 제1조 제2항에 의하여 직권으로 그 전부의 법령을 비교하여 그 중 가장 형이 가벼운 법령을 적용하여야 하므로, 2010.3.31. 법률 제10209호로 특강법 개정 전에 이루어진 단순 강간행위에 의한 상해 · 치상의 죄는 2011.3.7. 법률 제10431호 개정에도 불구하고 여전히 '특정강력범죄'에 해당하지 않는다(대판 2012.9.13. 2012도7760).

정답 ④

24 **상해와 폭행의 죄에 관한 설명으로 가장 적절하지 않은 것은? (다툼이 있는 경우 판례에 의함)** [22 경찰채용]

① 형법은 태아를 임산부 신체의 일부로 보거나, 낙태행위가 임산부의 태아양육, 출산 기능의 침해라는 측면에서 임산부에 대한 상해죄를 구성하는 것으로 보지는 않는다고 해석된다.

② 다방 종업원 숙소에 이르러 종업원들 중 1인이 자신을 만나주지 않는다는 이유로 시정된 탁구장문과 주방문을 부수고 주방으로 들어가 방문을 열어주지 않으면 모두 죽여 버린다고 폭언하면서 시정된 방문을 단순히 수회 발로 찬 甲의 행위도 종업원들의 신체에 대한 유형력의 행사로 볼 수 있어 폭행죄에 해당한다.

③ 식당의 운영자인 甲이 식당 밖에서 당겨 열도록 표시되어 있는 출입문을 열고 음식 배달차 밖으로 나가던 중 이웃 가게 손님으로 마침 위 식당 출입문 앞쪽 길가에 서 있던 A의 오른발 뒤꿈치 부위를 위 출입문 모서리 부분으로 충격하여 상해를 입게 한 행위는 업무상과실치상죄의 성립을 인정할 수 없다.

④ 甲이 상습으로 A를 폭행하고, 어머니 B를 존속폭행하였다는 내용으로 기소된 사안에서, 甲에게 폭행 범행을 반복하여 저지르는 습벽이 있고 이러한 습벽에 의하여 단순폭행, 존속폭행 범행을 저지른 사실이 인정된다면 단순폭행, 존속폭행의 각 죄별로 상습성을 판단할 것이 아니라 포괄하여 그중 법정형이 가장 중한 상습존속폭행죄만 성립할 여지가 있다.

해설

① [○] 우리 형법은 태아를 임산부 신체의 일부로 보거나, 낙태행위가 임산부의 태아양육, 출산 기능의 침해라는 측면에서 낙태죄와는 별개로 임산부에 대한 상해죄를 구성하는 것으로 보지는 않는다고 해석된다. 따라서 태아를 사망에 이르게 하는 행위가 임산부 신체의 일부를 훼손하는 것이라거나 태아의 사망으로 인하여 그 태아를 양육, 출산하는 임산부의 생리적 기능이 침해되어 임산부에 대한 상해가 된다고 볼 수는 없다(대판 2007.6.29. 2005도3832).

② [×] 공소외인이 피고인을 만나주지 않는다는 이유로 시정된 탁구장문과 주방문을 부수고 주방으로 들어가 방문을 열어주지 않으면 모두 죽여 버린다고 폭언하면서 시정된 방문을 수회 발로 찬 피고인의 행위는 재물손괴죄 또는 숙소 안의 자에게 해악을 고지하여 외포케 하는 단순 협박죄에 해당함은 별론으로 하고, 단순히 방문을 발로 몇 번 찼다고 하여 그것이 피해자들의 신체에 대한 유형력의 행사로는 볼 수 없어 폭행죄에 해당한다 할 수 없다(대판 1984.2.14. 83도3186).

③ [○] 식당 운영자인 甲이 식당 밖에서 당겨 열도록 표시되어 있는 출입문을 열고 음식 배달차 밖으로 나가던 중 이웃 가게 손님으로 위 식당 출입문 앞쪽 길가에 서 있던 A의 오른발 뒤꿈치 부위를 위 출입문 모서리 부분으로 충격하여 상해를 입게 한 행위는 업무상과실치상죄의 성립을 인정할 수 없다(대판 2009.10.29. 2009도5753).

④ [○] 폭행죄의 상습성은 폭행 범행을 반복하여 저지르는 습벽을 말하는 것으로서, 동종 전과의 유무와 그 사건 범행의 횟수, 기간, 동기 및 수단과 방법 등을 종합적으로 고려하여 상습성 유무를 결정하여야 하고, 단순폭행, 존속폭행의 범행이 동일한 폭행 습벽의 발현에 의한 것으로 인정되는 경우, 그중 법정형이 더 중한 상습존속폭행죄에 나머지 행위를 포괄하여 하나의 죄만이 성립한다고 봄이 타당하다.
그리고 상습존속폭행죄로 처벌되는 경우에는 형법 제260조 제3항이 적용되지 않으므로, 피해자의 명시한 의사에 반하여도 공소를 제기할 수 있다(대판 2018.4.24. 2017도10956).

정답 ②

제3절 | 과실치사상의 죄

25 **과실범에 관한 설명 중 옳지 않은 것은? (다툼이 있는 경우 판례에 의함)** [14 사시]

① 인턴이 응급실로 이송되어 온 환자를, 담당의사로부터 이송 도중 환자에 대한 앰부 배깅(ambu bagging)과 진정제 투여 업무만을 지시받고, 구급차에 태워 다른 병원으로 이송하던 중 산소통의 산소잔량을 체크하지 않아 산소 공급이 중단된 결과 환자가 폐부종 등으로 사망에 이르게 된 경우 특별한 사정이 없는 한 인턴에게 업무상 과실이 인정되지 않는다.

② 택시운전기사가 심야에 밀집된 주택 사이의 좁은 골목길이자 직각으로 구부러져 가파른 비탈길의 내리막에서 그다지 속도를 줄이지 않고 진행하다가 내리막에 누워 있던 피해자의 몸통 부위를 택시 바퀴로 역과하여 그 자리에서 사망에 이르게 한 경우 그에게 업무상 주의의무 위반을 인정할 수 없다.

③ 의사의 과실을 인정하려면 결과발생을 예견할 수 있고 또 회피할 수 있었음에도 이를 하지 못한 점이 인정되어야 하며, 의사의 과실 유무를 판단함에는 동일 업종에 종사하는 일반적 보통인의 주의정도를 표준으로 하여, 사고 당시의 일반적인 의학 수준과 의료 환경 및 조건 등을 고려하여야 한다.

④ 골프경기를 하던 중 골프공을 쳐서 아무도 예상하지 못한 자신의 등 뒤편으로 보내어 경기보조원에게 상해를 입힌 행위는 사회적 상당성의 범위를 벗어난 행위로서 과실치상죄가 성립한다.

⑤ A가 처음 찜질방에 들어갈 당시에는 목욕장의 정상적 이용이 곤란한 정도로 술이 취한 상태는 아니었지만 그 이후 후문으로 나가 술을 더 마신 다음 찜질방 직원 몰래 후문으로 다시 들어와 발한실에서 잠을 자다가 사망하였다면 찜질방 직원에게 업무상 과실이 인정되지는 않는다.

해설

① [○] 병원 인턴인 피고인이, 응급실로 이송되어 온 익수환자 甲을 담당의사 乙의 지시에 따라 구급차에 태워 다른 병원으로 이송하던 중 산소통의 산소잔량을 체크하지 않아 산소 공급이 중단된 결과 甲을 폐부종 등으로 사망에 이르게 하였다고 하더라도, 乙에게서 이송 도중 甲에 대한 앰부 배깅(ambu bagging)과 진정제 투여 업무만을 지시받은 피고인에게 일반적으로 구급차 탑승 전 또는 이송 도중 구급차에 비치되어 있는 산소통의 산소잔량을 확인할 주의의무가 있다고 보기는 어려우므로 업무상 과실치사죄가 성립하지 아니한다(대판 2011.9.8. 2009도13959).

② [×] 택시 운전자인 피고인이 심야에 밀집된 주택 사이의 좁은 골목길이자 직각으로 구부러져 가파른 비탈길의 내리막에 누워 있던 피해자의 몸통 부위를 택시 바퀴로 역과하여 그 자리에서 사망에 이르게 하고 도주한 사안에서, 위 사고 당시 시각과 사고 당시 도로상황 등에 비추어 자동차 운전업무에 종사하는 피고인으로서는 평소보다 더욱 속도를 줄이고 전방 좌우를 면밀히 주시하여 안전하게 운전함으로써 사고를 미연에 방지할 주의의무가 있었는데도, 이를 게을리한 채 그다지 속도를 줄이지 아니한 상태로 만연히 진행하던 중 전방 도로에 누워 있던 피해자를 발견하지 못하여 위 사고를 일으켰으므로, 사고 당시 피고인에게는 이러한 업무상 주의의무를 위반한 잘못이 있었는데도, 이와 달리 판단하여 피고인에게 무죄를 선고한 원심판결에 업무상과실치사죄의 구성요건에 관한 법리오해의 위법이 있다고 한 사례(대판 2011.5.26. 2010도17506).

③ [○] 의료사고에 있어서 의사의 과실을 인정하기 위해서는 의사가 결과발생을 예견할 수 있었음에도 불구하고 그 결과발생을 예견하지 못하였고 그 결과발생을 회피할 수 있었음에도 불구하고 그 결과발생을 회피하지 못한 과실이 검토되어야 하고, 그 과실의 유무를 판단함에는 같은 업무와 직무에 종사하는 일반적 보통인의 주의정도를 표준으로 하여야 하며, 여기에는 사고 당시의 일반적인 의학의 수준과 의료환경 및 조건, 의료행위의 특수성 등이 고려되어야 하고, 이러한 법리는 한의사의 경우에도 마찬가지이다(대판 2003.1.10. 2001도3292).

④ [○] 골프경기를 하던 중 골프공을 쳐서 아무도 예상하지 못한 자신의 등 뒤편으로 보내어 등 뒤에 있던 경기보조원(캐디)에게 상해를 입힌 경우에는 주의의무를 현저히 위반하여 사회적 상당성의 범위를 벗어난 행위로서 과실치상죄가 성립한다(대판 2008.10.23. 2008도6940).

⑤ [○] 찜질방 직원 및 영업주에게 손님이 몰래 후문으로 나가 술을 더 마시고 들어올 경우까지 예상하여 직원을 추가로 배치하거나 후문으로 출입하는 모든 자를 통제·관리하여야 할 업무상 주의의무가 있다고 보기 어렵다(대판 2010.2.11. 2009도9807).

정답 ②

26 **업무상과실치사상죄에 관한 설명으로 가장 적절하지 않은 것은? (다툼이 있는 경우 판례에 의함)** [23 경찰간부]

① 초등학교 6학년생이 수영장 안에 엎어져 있는 것을 수영장 안전요원이 발견하여 인공호흡을 실시한 뒤 의료기관에 후송하였으나 후송 도중 사망한 경우, 그 사망의 원인이 구체적으로 밝혀지지 않은 상태에서 수영장 안전요원과 수영장 관리책임자에게 업무상주의의무를 게을리 한 과실이 있다고 볼 수 없다.

② 화물차주 甲이 화물차를 주차하고 적재함에 적재된 토마토 상자를 운반하던 중 적재된 상자 일부가 떨어지면서 지나가던 A에게 상해를 입힌 경우, 「교통사고처리 특례법」에 정한 '교통사고'에 해당하여 업무상과실치상죄가 성립한다.

③ 내과의사가 신경과 전문의에 대한 협의진료결과와 환자에 대한 진료경과 등을 신뢰하여 뇌혈관계통 질환의 가능성을 염두에 두지 않고 내과 영역의 진료행위를 계속하다가 환자의 뇌지주막하출혈을 발견하지 못하여 식물상태에 이르게 한 경우, 업무상주의의무위반이 인정되지 않는다.

④ 간호사가 의사의 처방에 의한 정맥주사(Side Injection 방식)를 의사의 입회 없이 간호실습생에게 실시하게 하여 의료사고가 발생한 경우, 그 사고에 대한 의사의 과실은 부정된다.

해설

① [○] 파도수영장에서 물놀이하던 초등학교 6학년생이 수영장 안에 엎어져 있는 것을 수영장 안전요원이 발견하여 인공호흡을 실시한 뒤 의료기관에 후송하였으나 후송 도중 사망한 사고에 있어서 그 사망원인이 구체적으로 밝혀지지 아니한 상태에서 수영장 안전요원과 수영장 관리책임자에게 업무상 주의의무를 게을리 한 과실이 있고 그 주의의무 위반으로 인하여 피해자가 사망하였다고 인정한 원심판결을 업무상과실치사죄에 있어서의 과실 및 인과관계에 관한 법리오해 및 심리미진 등의 위법을 이유로 파기한 사례(대판 2002.4.9. 2001도6601).[1]

② [×] 화물차를 주차하고 적재함에 적재된 토마토 상자를 운반하던 중 적재된 상자 일부가 떨어지면서 지나가던 피해자에게 상해를 입힌 경우, 교통사고처리 특례법에 정한 '교통사고'에 해당하지 않아 업무상과실치상죄가 성립한다고 한 사례(대판 2009.7.9. 2009도2390).

③ [○] 내과의사가 신경과 전문의에 대한 협의진료 결과 피해자의 증세와 관련하여 신경과 영역에서 이상이 없다는 회신을 받았고, 그 회신 전후의 진료 경과에 비추어 그 회신 내용에 의문을 품을 만한 사정이 보이지 않자 그 회신을 신뢰하여 뇌혈관계통 질환의 가능성을 염두에 두지 않고 내과 영역의 진료 행위를 계속하다가 피해자의 증세가 호전되기에 이르자 퇴원하도록 조치한 경우, 피해자의 지주막하출혈을 발견하지 못한 데 대하여 내과의사의 업무상 과실을 부정한 사례(대판 2003.1.10. 2001도3292).

④ [○] [1] 간호사가 '진료의 보조'를 함에 있어서는 모든 행위 하나하나마다 항상 의사가 현장에 입회하여 일일이 지도·감독하여야 한다고 할 수는 없고, 경우에 따라서는 의사가 진료의 보조행위 현장에 입회할 필요 없이 일반적인 지도·감독을 하는 것으로 족한 경우도 있을 수 있다 할 것인데, 여기에 해당하는 보조행위인지 여부는 구체적인 경우에 있어서 그 행위의 객관적인 특성상 위험이 따르거나 부작용 혹은 후유증이 있을 수 있는지, 당시의 환자 상태가 어떠한지, 간호사의 자질과 숙련도는 어느 정도인지 등의 여러 사정을 참작하여 개별적으로 결정하여야 한다.
[2] 간호사가 의사의 처방에 의한 정맥주사(Side Injection 방식)를 의사의 입회 없이 간호실습생(간호학과 대학생)에게 실시하도록 하여 발생한 의료사고에 대한 의사의 과실을 부정한 사례(대판 2003.8.19. 2001도3667).

정답 ②

1) 대법원은 "공소사실이 유죄로 인정되기 위하여는 우선 피해자의 사망원인이 밝혀져야 하고, 그 사인에 따라 그와 상당인과관계가 있는 피고인들의 과실이 있는지 여부가 심리·판단되어야 한다."고 전제한 후 사망의 원인이 밝혀지지 아니한 상태에서 원심이 피고인의 과실과 사망 사이의 인과관계를 인정한 것은 위법하다고 판시하였다.

27 과실범에 관한 설명 중 가장 적절하지 않은 것은? (다툼이 있으면 판례에 의함)

[20 경찰채용]

① 의료과오사건에서 의사의 과실을 인정하려면 결과 발생을 예견할수 있고 또 회피할 수 있었는데도 예견하거나 회피하지 못한 점을 인정할 수 있어야 하는데, 의사의 과실이 있는지는 같은 업무 또는 분야에 종사하는 평균적인 의사가 보통 갖추어야 할 통상의 주의의무를 기준으로 판단하여야 한다.

② 택시운전자인 피고인이 심야에 밀집된 주택 사이의 좁은 골목길이자 직각으로 구부러져 가파른 비탈길의 내리막에 누워 있던 피해자의 몸통 부위를 자동차 바퀴로 역과하여 사망에 이르게 하고 그 자리에서 도주한 경우, 위 사고 당시 시각과 사고 당시 도로 상황 등에 비추어 자동차 운전업무에 종사하는 피고인으로서는 평소보다 더욱 속도를 줄이고 전방 좌우를 면밀히 주시하여 안전하게 운전함으로써 사고를 미연에 방지할 주의의무가 있다.

③ 야간에 고속도로에서 차량을 운전하는 자는 주간과는 달리 노면상태 및 가시거리상태 등에 따라 고속도로상의 제한최고속도 이하의 속도로 감속·서행할 주의의무가 있으므로, 야간에 선행사고로 인하여 전방에 정차해 있던 승용차와 그 옆에 서있던 피해자를 충돌한 경우 운전자에게 제한속도 이하로 감속운전하지 않은 과실이 있다.

④ 안전배려 내지 안전관리사무에 계속적으로 종사하지 않았더라도 건물의 소유자로서 건물을 비정기적으로 수리하거나 건물의 일부분을 임대한 자는 건물의 화재가 발생하는 것을 미리 막아야 할 업무상 주의의무를 부담한다.

해설

① [○] 의료과오사건에서 의사의 과실을 인정하려면 결과 발생을 예견할수 있고 또 회피할 수 있었는데도 예견하거나 회피하지 못한 점을 인정할 수 있어야 하는데, 의사의 과실이 있는지는 같은 업무 또는 분야에 종사하는 평균적인 의사가 보통 갖추어야 할 통상의 주의의무를 기준으로 판단하여야 한다(대판 2018.5.11. 2018도2844).

② [○] 택시 운전자인 피고인이 심야에 밀집된 주택 사이의 좁은 골목길이자 직각으로 구부러져 가파른 비탈길의 내리막에 누워 있던 피해자의 몸통 부위를 택시 바퀴로 역과하여 그 자리에서 사망에 이르게 하고 도주한 사안에서, 위 사고 당시 시각과 사고 당시 도로상황 등에 비추어 자동차 운전업무에 종사하는 피고인으로서는 평소보다 더욱 속도를 줄이고 전방 좌우를 면밀히 주시하여 안전하게 운전함으로써 사고를 미연에 방지할 주의의무가 있었는데도, 이를 게을리한 채 그다지 속도를 줄이지 아니한 상태로 만연히 진행하던 중 전방 도로에 누워 있던 피해자를 발견하지 못하여 위 사고를 일으켰으므로, 사고 당시 피고인에게는 이러한 업무상 주의의무를 위반한 잘못이 있었는데도, 이와 달리 판단하여 피고인에게 무죄를 선고한 원심판결에 업무상과실치사죄의 구성요건에 관한 법리오해의 위법이 있다고 한 사례(대판 2011.5.26. 2010도17506).

③ [○] 야간에 고속도로에서 차량을 운전하는 자는 주간에 정상적인 날씨 아래에서 고속도로를 운행하는 것과는 달리 노면상태 및 가시거리상태 등에 따라 고속도로상의 제한최고속도 이하의 속도로 감속·서행할 주의의무가 있으므로, 야간에 선행사고로 인하여 전방에 정차해 있던 승용차와 그 옆에 서 있던 피해자를 충돌한 경우 운전자에게는 고속도로상의 제한최고속도 이하의 속도로 감속운전하지 아니한 과실이 있다(대판 1999.1.15. 98도2605).

④ [×] [1] 업무상과실치상죄에 있어서의 '업무'란 사람의 사회생활면에 있어서의 하나의 지위로서 계속적으로 종사하는 사무를 말하고, 여기에는 수행하는 직무 자체가 위험성을 갖기 때문에 안전배려를 의무의 내용으로 하는 경우는 물론 사람의 생명·신체의 위험을 방지하는 것을 의무내용으로 하는 업무도 포함된다.

[2] 안전배려 내지 안전관리 사무에 계속적으로 종사하여 위와 같은 지위로서의 계속성을 가지지 아니한 채 단지 건물의 소유자로서 건물을 비정기적으로 수리하거나 건물의 일부분을 임대하였다는 사정만으로는 업무상과실치상죄에 있어서의 '업무'로 인정될 수 없다(대판 2009.5.28. 2009도1040).

정답 ④

28 과실범에 관한 설명으로 가장 적절한 것은? (다툼이 있는 경우 판례에 의함)

[23 경찰채용]

① 「형법」 제14조에 따르면 정상적으로 기울여야 할 주의(注意)를 게을리하여 죄의 성립요소인 사실을 인식하지 못한 행위는 정당한 이유가 있는 때에 한하여 벌하지 아니한다.

② 의료과오사건에 있어서 의사의 과실을 인정하려면 결과 발생을 예견할 수 있고 또 회피할 수 있었음에도 이를 하지 못한 점을 인정할 수 있어야 하고, 위 과실의 유무를 판단함에는 사회적 평균인의 주의 정도를 표준으로 하여야 하며, 이때 사고 당시의 일반적인 의학의 수준과 의료환경 및 조건, 의료행위의 특수성 등을 고려하여야 한다.

③ 과실범의 주의의무는 반드시 개별적인 법령에서 일일이 그 근거나 내용이 명시되어 있어야만 하는 것이 아니며, 결과 발생에 즈음한 구체적인 상황에서 이와 관련된 제반 사정들을 종합적으로 평가하여 결과 발생에 대한 예견 및 회피 가능성을 기준으로 삼아 그 결과 발생을 방지하여야 할 주의의무를 인정할 수 있는 것이다.

④ 「형법」 제364조에 따른 업무상과실장물취득죄는 업무상과실에 의하여 「형법」 제362조 제1항에 따른 단순과실장물취득죄보다 형이 가중되는 가중적 구성요건이다.

해설

① [×] 정상적으로 기울여야 할 주의(注意)를 게을리하여 죄의 성립 요소인 사실을 인식하지 못한 행위는 법률에 특별한 규정이 있는 경우에만 처벌한다(형법 제14조).

② [×] 의료사고가 발생한 경우에 의사의 과실을 인정하기 위해서는 의사가 결과 발생을 예견할 수 있었음에도 불구하고 그 결과 발생을 예견하지 못하였고, 그 결과 발생을 회피할 수 있었음에도 불구하고 그 결과 발생을 회피하지 못한 과실이 검토되어야 한다. 의사의 이와 같은 주의의무의 내용과 정도 및 과실의 유무는 의료행위를 할 당시 의료기관 등 임상의학 분야에서 실천되고 있는 의료행위의 수준을 기준으로 삼되 그 의료수준은 같은 업무와 직무에 종사하는 통상의 의사에게 의료행위 당시 일반적으로 알려져 있고 또 시인되고 있는 의학의 수준, 진료환경과 조건, 의료행위의 특수성 등을 고려하여 규범적인 수준으로 파악되어야 한다(대판 2022.12.1. 2022도1499).

③ [○] 과실범의 주의의무는 반드시 개별적인 법령에서 일일이 그 근거나 내용이 명시되어 있어야만 하는 것이 아니며, 결과 발생에 즈음한 구체적인 상황에서 이와 관련된 제반 사정들을 종합적으로 평가하여 결과 발생에 대한 '예견 및 회피 가능성'을 기준으로 삼아 그 결과 발생을 방지하여야 할 주의의무를 인정할 수 있는 것이다(대판 2009.4.23. 2008도11921).

④ [×] 업무상과실장물취득죄는 기본적 구성요건(보통과실에 의한 장물죄 규정)이 존재하지 않으므로 가중적 구성요건에 해당하지 않는다.

정답 ③

29 다음 사례 중 甲에게 업무상 과실이 인정되는 것은 모두 몇 개인가? (다툼이 있는 경우 판례에 의함)

[22 경찰채용]

> ㉠ 지하철 공사구간 현장안전업무 담당자 甲은 공사현장에 인접한 기존의 횡단보도 표시선 안쪽으로 돌출된 강철빔 주위에 라바콘 3개를 설치하고 신호수 1명을 배치하였는데, A가 그 횡단보도를 건너면서 강철빔에 부딪혀 상해를 입은 경우
>
> ㉡ 병원 인턴 甲은 응급실로 이송되어 온 익수환자 A를 담당 의사 乙의 지시(이송 도중 A에 대한 앰부 배깅과 진정제 투여 업무만을 지시)에 따라 구급차에 태워 다른 병원으로 이송하던 중 산소통의 산소잔량을 체크하지 않아 산소 공급이 중단되어 A가 폐부종 등으로 사망한 경우
>
> ㉢ 골프장의 경기보조원 甲은 골프 카트에 A를 태우면서 출발에 앞서 안전 손잡이를 잡도록 고지하지 않고, 이를 잡았는지 확인하지도 않은 채 출발 후 각도 70°가 넘는 우로 굽은 길에서 속도를 줄이지 않고 급하게 우회전하여 A가 골프 카트에서 떨어져 상해를 입은 경우
>
> ㉣ 담당 의사가 췌장 종양 제거수술 직후의 환자 A에 대하여 1시간 간격으로 4회 활력징후를 측정하라고 지시하였는데, 일반병실에 근무하는 간호사 甲이 중환자실이 아닌 일반병실에서는 그러할 필요가 없다고 생각하여 2회만 측정한 채 3회차 이후 이를 측정하지 않았고, 甲과 근무를 교대한 간호사 乙 역시 자신의 근무시간 내 4회차 측정시각까지 이를 측정하지 아니하여, A는 그 시각으로부터 약 10분 후 심폐정지 상태에 빠졌다가 이후 약 3시간이 지나 과다출혈로 사망한 경우
>
> ㉤ 건축자재인 철판 수백 장의 운반을 의뢰한 생산자 甲이 절단면이 날카롭고 무거운 철판을 묶기에 매우 부적합한 폴리에스터 끈을 사용하여 철판 묶음 작업을 한 탓에 철판 쏠림 현상이 발생하였고, 이로 인하여 철판을 차에서 내리는 과정에서 철판이 쏟아져 내려 화물차 운전자 A가 사망한 경우

① 1개　　② 2개
③ 3개　　④ 4개

해설

㉠ [×] 지하철 공사구간 현장안전업무 담당자 피고인이 공사현장에 인접한 기존의 횡단보도 표시선 안쪽으로 돌출된 강철빔 주위에 라바콘 3개를 설치하고 신호수 1명을 배치하였는데, 피해자가 위 횡단보도를 건너면서 강철빔에 부딪혀 상해를 입은 사안에서, 제반사정 상 피고인이 안전조치를 취하여야 할 업무상 주의의무를 위반하였다고 보기어려운데도, 업무상과실치상죄를 인정한 원심판결에 법리오해의 위법이 있다(대판 2014.4.10. 2012도11361).

㉡ [×] … 乙에게서 이송 도중 A에 대한 앰부 배깅(ambu bagging)과 진정제 투여 업무만을 지시받은 피고인에게 일반적으로 구급차 탑승 전 또는 이송 도중 구급차에 비치되어 있는 산소통의 산소잔량을 확인할 주의의무가 있다고 보기는 어렵다(대판 2011.9.8. 2009도13959).

㉢ [○] 골프 카트는 안전벨트나 골프 카트 좌우에 문 등이 없고 개방되어 있어 승객이 떨어져 사고를 당할 위험이 커, 골프 카트 운전업무에 종사하는 자로서는 골프 카트 출발 전에는 승객들에게 안전 손잡이를 잡도록 고지하고 승객이 안전 손잡이를 잡은 것을 확인하고 출발하여야 하고, 우회전이나 좌회전을 하는 경우에도 골프 카트의 좌우가 개방되어 있어 승객들이 떨어져서 다칠 우려가 있으므로 충분히 서행하면서 안전하게 좌회전이나 우회전을 하여야 할 업무상 주의의무가 있다(대판 2010.7.22. 2010도1911).

㉣ [○] 1시간 간격으로 활력징후를 측정하였더라면 출혈을 조기에 발견하여 수혈, 수술 등 치료를 받고 환자가 사망하지 않았을 가능성이 충분하다고 보일 뿐 아니라, 甲과 乙은 의사의 지시를 수행할 의무가 있음에도 3회차 측정 시각 이후 4회차 측정시각까지 활력징후를 측정하지 아니한 업무상과실이 있다(대판 2010.10.28. 2008도8606).

㉤ [○] 무게가 무겁거나, 날카로운 형상을 가지고 있는 등 상·하차 과정이나 운반 과정에 위험을 초래할 우려가 있는 물품을 출고하여 운반을 의뢰함에 있어서는 그 물품의 특성에 맞게 적절한 단위로 서로 단단히 묶거나 포장하여 운반 과정 등에 장애를 발생시키지 않도록 할 주의의무가 있다 할 것이고, 그러한 주의의무를 게을리 함으로써 물품의 묶음이나 포장이 쉽게 풀어지거나 파손되게 하여 물품의 상 · 하차 과정에서 당해 물품이 추락하는 사고가 발생하였다면, 그 사고와 위 주의의무 위반과 사이에는 상당인과관계가 있다 할 것이다(대판 2009.7.23. 2009도3219).

정답 ③

30 **과실치사상의 죄에 관한 설명으로 가장 적절하지 않은 것은? (다툼이 있는 경우 판례에 의함)** [23 경찰채용]

① 4층 건물의 2층 내부 벽면에 설치된 분전반을 통해 3층과 4층으로 가설된 전선이 합선으로 단락되어 화재가 나 상해가 발생한 사안에서, 단지 4층 건물의 소유자로서 위 건물 2층을 임대하였다는 사정만으로는 업무상과실치상죄에 있어서의 '업무'로 보기 어렵다.

② 고속도로를 무단횡단하는 보행자를 충격하여 사고를 발생시킨 경우라도 운전자가 상당한 거리에서 보행자의 무단횡단을 미리 예상할 수 있는 사정이 있었고, 그에 따라 즉시 감속하거나 급제동하는 등의 조치를 취하였다면 보행자와의 충돌을 피할 수 있었다는 등의 특별한 사정이 인정되는 경우에는 자동차 운전자의 과실을 인정할 수 있다.

③ 야간 당직간호사가 담당 환자의 심근경색 증상을 당직의사에게 제대로 보고하지 않음으로써 당직의사가 필요한 조치를 취하지 못한 채 환자가 사망하였다면 병원의 야간당직 운영체계상 당직의사에게도 업무상 과실이 있다.

④ 의사가 환자에 대하여 주된 의사의 지위에서 진료하는 경우라도, 자신은 환자의 수술이나 시술에 전념하고 마취과 의사로 하여금 마취와 환자 감시 등을 담당토록 하는 경우처럼 서로 대등한 지위에서 각자의 의료영역을 나누어 환자 진료의 일부를 분담하였다면, 진료를 분담받은 다른 의사의 전적인 과실로 환자에게 발생한 결과에 대하여는 주된 의사의 책임을 인정할 수 없다.

해설

① [O] 4층 건물의 2층 내부 벽면에 설치된 분전반을 통해 3층과 4층으로 가설된 전선이 합선으로 단락되어 화재가 나 상해가 발생한 사안에서, 단지 4층 건물의 소유자로서 위 건물 2층을 임대하였다는 사정만으로는 업무상과실치상죄에 있어서의 '업무'로 보기 어렵다(대판 2009.5.28. 2009도1040).

② [O] 고속도로를 무단횡단하는 보행자를 충격하여 사고를 발생시킨 경우라도 운전자가 상당한 거리에서 보행자의 무단횡단을 미리 예상할 수 있는 사정이 있었고, 그에 따라 즉시 감속하거나 급제동하는 등의 조치를 취하였다면 보행자와의 충돌을 피할 수 있었다는 등의 특별한 사정이 인정되는 경우에는 자동차 운전자의 과실을 인정할 수 있다(대판 2000.9.5. 2000도2671).

③ [X] 야간 당직간호사가 담당 환자의 심근경색 증상을 당직의사에게 제대로 보고하지 않음으로써 당직의사가 필요한 조치를 취하지 못한 채 환자가 사망한 경우, 병원의 야간당직 운영체계상 당직간호사에게 환자의 사망을 예견하거나 회피하지 못한 업무상 과실이 있고, 당직 의사에게는 업무상 과실을 인정하기 어렵다고 한 사례(대판 2007.9.20. 2006도294).

④ [O] 의사가 환자에 대하여 주된 의사의 지위에서 진료하는 경우라도, 자신은 환자의 수술이나 시술에 전념하고 마취과 의사로 하여금 마취와 환자 감시 등을 담당토록 하는 경우처럼 서로 대등한 지위에서 각자의 의료영역을 나누어 환자 진료의 일부를 분담하였다면, 진료를 분담받은 다른 의사의 전적인 과실로 환자에게 발생한 결과에 대하여는 주된 의사의 책임을 인정할 수 없다(대판 2022.12.1. 2022도1499).

정답 ③

제4절 | 낙태의 죄

31 **생명과 신체에 관한 죄에 대한 설명 중 옳지 않은 것은? (다툼이 있는 경우에는 판례에 의함)** [12 사시]

① 공휴일 또는 야간에 구치소 소장을 대리하는 당직간부에게는 구치소에 수용된 수용자들의 생명·신체에 대한 위험을 방지할 법령상 내지 조리상의 의무가 있고, 이와 같은 의무를 직무로서 수행하는 교도관들의 업무는 업무상과실치사죄에서 말하는 업무에 해당한다.

② 낙태죄는 태아를 자연분만기에 앞서서 인위적으로 모체 밖으로 배출하거나 모체 안에서 살해함으로써 성립하고, 그 결과 태아가 사망하였는지 여부는 낙태죄의 성립에 영향이 없다.

③ 양친자관계를 창설하려는 명백한 의사가 있고 기타 입양의 실질적 요건이 구비되었음에도 입양신고를 하지 아니한 채 친생자 출생신고를 한 이후 계속하여 자신을 양육하여 온 사람을 살해한 경우 존속살해죄가 성립한다.

④ 인터넷 사이트 내 자살 관련 카페 게시판에 청산염 등 자살용 유독물의 판매광고를 한 행위가 단지 금원 편취목적의 사기행각의 일환으로 이루어졌고, 자살자들이 다른 경로로 입수한 청산염을 이용하여 자살하였다면 자살방조에 해당하지 않는다.

⑤ 형법의 해석상 태아는 임산부 신체의 일부에 해당된다고 볼 수 있어, 낙태행위는 임산부 신체의 일부에 대한 훼손이나 임산부의 태아 양육·출산 기능의 침해 측면에서 낙태죄와는 별개로 임산부에 대한 상해죄를 구성한다.

해설

① [○] 행형법 및 교도관직무규칙의 규정과 구치소라는 수용시설의 특성에 비추어 보면, 공휴일 또는 야간에는 소장을 대리하는 당직간부에게는 구치소에 수용된 수용자들의 생명·신체에 대한 위험을 방지할 법령상 내지 조리상의 의무가 있다고 할 것이고, 이와 같은 의무를 직무로서 수행하는 교도관들의 업무는 업무상과실치사죄에서 말하는 업무에 해당한다(대판 2007.5.31. 2006도3493).

② [○] 낙태죄는 태아를 자연분만기에 앞서서 인위적으로 모체 밖으로 배출하거나 모체 안에서 살해함으로써 성립하고, 그 결과 태아가 사망하였는지 여부는 낙태죄의 성립에 영향이 없다(대판 2005.4.15. 2003도2780).

③ [○] [1] 당사자가 입양의 의사로 친생자 출생신고를 하고 거기에 입양의 실질적 요건이 구비되어 있다면 그 형식에 다소 잘못이 있더라도 입양의 효력이 발생하고, 이 경우의 허위의 친생자 출생신고는 법률상의 친자관계인 양친자관계를 공시하는 입양신고의 기능을 하게 되는 것이다.
[2] 피고인을 친생자로 한 출생신고는 피해자와 피고인 사이에서도 입양신고로서 효력이 있으므로 피고인은 피해자의 양자라고 할 것이고, 피고인이 피해자를 살해한 경우 존속살해죄가 성립한다(대판 2007.11.29. 2007도8333).

④ [○] 피고인이 인터넷 사이트 내 자살관련 카페게시판에 청산염 등 자살용 유독물의 판매광고를 한 행위가 단지 금원편취 목적의 사기행각의 일환으로 이루어졌고, 변사자들이 다른 경로로 입수한 청산염을 이용하여 자살한 사정 등에 비추어 피고인의 행위는 자살방조에 해당하지 않는다(대판 2005.6.10. 2005도1373).

⑤ [×] 우리 형법은 태아를 임산부 신체의 일부로 보거나, 낙태행위가 임산부의 태아양육, 출산기능의 침해라는 측면에서 낙태죄와는 별개로 임산부에 대한 상해죄를 구성하는 것으로 보지는 않는다고 해석된다. 따라서 태아를 사망에 이르게 하는 행위가 임산부 신체의 일부를 훼손하는 것이라거나 태아의 사망으로 인하여 그 태아를 양육·출산하는 임산부의 생리적 기능이 침해되어 임산부에 대한 상해가 된다고 볼 수는 없다(대판 2007.6.29. 2005도3832; 동지 대판 2009.7.9. 2009도1025).

정답 ⑤

32 살인죄나 낙태죄에 관련된 설명으로 옳지 않은 것은 몇 개인가? (다툼이 있으면 판례에 의함) [14 법원9급]

㉠ 사람의 생명과 신체의 안전을 보호법익으로 하고 있는 형법의 해석으로는 규칙적인 진통을 동반하면서 분만이 개시된 때(소위 진통설 또는 분만개시설)가 사람의 시기(始期)라고 봄이 타당하다.
㉡ 제왕절개 수술의 경우에는 '의학적으로 제왕절개 수술이 가능하였고 규범적으로 수술이 필요하였던 시기(時期)'를 분만의 시기(始期)로 보아야 한다.
㉢ 태아를 사망에 이르게 하는 행위는 태아의 사망으로 인하여 그 태아를 양육, 출산하는 임산부의 생리적 기능이 침해되어 임산부에 대한 상해가 된다.
㉣ 낙태시술을 하였으나 살아서 출생한 미숙아가 정상적으로 생존할 확률이 적은 경우, 그 미숙아에게 염화칼륨을 주입하여 사망에 이르게 하였다면 이는 낙태행위의 완성일 뿐 별개의 살인행위를 구성하지 않는다.
㉤ 소위 타격의 착오가 있는 경우라 할지라도 행위자의 살인의 고의 성립에 방해가 되지 아니한다.

① 1개 ② 2개
③ 3개 ④ 4개

해설

㉠ [○] 사람의 생명과 신체의 안전을 보호법익으로 하고 있는 형법의 해석으로는 규칙적인 진통을 동반하면서 분만이 개시된 때(소위 진통설 또는 분만개시설)가 사람의 시기라고 봄이 타당하다(대판 2007.6.29. 2005도3832).
㉡ [×] [1] 규칙적인 진통을 동반하면서 분만이 개시된 때(소위 진통설 또는 분만개시설)가 사람의 시기라고 봄이 타당하다.
[2] 제왕절개 수술의 경우 '의학적으로 제왕절개 수술이 가능하였고 규범적으로 수술이 필요하였던 시기)'는 판단하는 사람 및 상황에 따라 다를 수 있어, 분만개시 시점 즉, 사람의 시기(始期)도 불명확하게 되므로 이 시점을 분만의 시기(始期)로 볼 수는 없다(대판 2007.6.29. 2005도3832).
㉢ [×] 형법은 태아를 임산부 신체의 일부로 보거나 낙태행위가 임산부의 태아양육, 출산 기능의 침해라는 측면에서 낙태죄와는 별개로 임산부에 대한 상해죄를 구성하는 것으로 보지는 않는다고 해석되므로 태아를 사망에 이르게 하는 행위가 임산부 신체의 일부를 훼손하는 것이라거나 태아의 사망으로 인하여 그 태아를 양육, 출산하는 임산부의 생리적 기능이 침해되어 임산부에 대한 상해가 된다고 볼 수는 없다(대판 2007.6.29. 2005도3832).
㉣ [×] 피고인이 낙태시술을 하였으나 태아가 살아서 미숙아 상태로 출생하자 그 미숙아에게 염화칼륨을 주입하여 사망하게 하였다면 업무상촉탁낙태죄에 외에 별도의 살인죄가 성립한다(대판 2005.4.15. 2003도2780).
㉤ [○] [1] 소위 타격의 착오가 있는 경우라 할지라도 행위자의 살인의 고의 성립에 방해가 되지 아니한다.
[2] 피고인이 형수 A를 향하여 살의를 갖고 몽둥이를 힘껏 후려친 가격으로 마당에 고꾸라진 A녀와 등에 업힌 조카 B의 머리 부분을 몽둥이로 내리쳐 B를 현장에서 사망하게 한 소위를 살인죄로 의율한 원심조처는 정당하게 긍인된다(대판 1984.1.24. 83도2813).

정답 ③

제5절 | 유기 · 학대의 죄

33 **유기와 학대의 죄에 관한 설명 중 가장 적절한 것은? (다툼이 있으면 판례에 의함)** [17 경찰승진]

① 현행 형법은 부조를 요하는 자를 보호할 법률상 또는 계약상 의무 있는 자만을 유기죄의 주체로 규정하고 있다.

② 甲은 호텔 객실에서 애인인 乙女에게 성관계를 요구하였는데 乙女는 그 순간을 모면하기 위하여 甲이 모르는 사이에 7층 창문으로 뛰어내리다가 중상을 입었다. 그러나 이 사실을 모르는 甲이 빈사상태의 乙女를 방치하고 혼자서 호텔을 나온 경우 甲에게 유기죄가 성립한다.

③ 형법 제271조 제1항의 죄를 범하여 사람의 생명 · 신체에 대한 위험을 발생하게 한 때에는 중유기죄로서 가중처벌된다.

④ 유기죄는 형법상 상습범에 관한 가중처벌 규정이 있다.

해설

① [○] 제271조 제1항.

② [×] [1] 유기죄에 있어서는 행위자가 요부조자에 대한 보호책임의 발생원인이 된 사실이 존재한다는 것을 인식하고 이에 기한 부조의무를 해태한다는 의식이 있음을 요한다.
[2] 피고인이 피해자에게 성관계를 요구하다가 같은 피해자가 그 순간을 모면하기 위하여 7층 창문으로 뛰어내렸다고 하더라도, 피해자가 뛰어내린 여부를 피고인이 전혀 알지 못하였다면 피고인의 범의를 인정할 수 없다(대판 1988.8.9. 86도225).

③ [×] 형법 제271조 제1항의 죄(유기죄)를 범하여 사람의 생명에 대한 위험을 발생하게 한 때에는 중유기죄로서 가중처벌된다(제271조 제3항).

④ [×] 유기죄는 형법상 상습범에 관한 가중처벌 규정이 없다.

정답 ①

34 **유기와 학대의 죄에 관한 다음 설명 중 가장 옳지 않은 것은? (다툼이 있으면 판례에 의함)** [17 경찰간부]

① 학대죄는 자기의 보호 또는 감독을 받는 사람에게 육체적으로 고통을 주거나 정신적으로 차별대우를 하는 행위가 있음과 동시에 범죄가 완성되는 상태범 또는 즉시범이다.

② 형법은 유기죄에 있어서 법률상, 계약상 또는 사회상규상 의무 있는 자를 유기죄의 주체로 규정하고 있다.

③ 형법 제273조 제1항에서 말하는 '학대'라 함은 육체적으로 고통을 주거나 정신적으로 차별대우를 하는 행위를 가리키고, 이러한 학대행위는 단순히 상대방의 인격에 대한 반인륜적 침해만으로는 부족하고 적어도 유기에 준할 정도에 이르러야 한다.

④ 강간치상의 범행을 저지른 자가 그 범행으로 인하여 실신상태에 있는 피해자를 구호하지 아니하고 방치하였다고 하더라도 그 행위는 포괄적으로 단일의 강간치상죄만을 구성한다.

해설

① [○] 학대죄는 자기의 보호 또는 감독을 받는 사람에게 육체적으로 고통을 주거나 정신적으로 차별대우를 하는 행위가 있음과 동시에 범죄가 완성되는 상태범 또는 즉시범이라 할 것이다(대판 1986.7.8. 84도2922).

② [×] 현행 형법은 유기죄에 있어서 구법과는 달리 보호법익의 범위를 넓힌 반면에 보호책임 없는 자의 유기죄는 없애고 법률상 또는 계약상의 의무 있는 자만을 유기죄의 주체로 규정하고 있어 명문상 사회상규상의 보호책임을 관념할 수 없다고 하겠으니 유기죄의 죄책을 인정하려면 보호책임이 있게된 경위 · 사정 · 관계 등을 설시하여 구성요건이 요구하는 법률상 또는 계약상 보호의무를 밝혀야 하고, 설혹 동행자가 구조를 요하게 되었다 하여도 일정거리를 동행한 사실만으로서는 피고인에게 법률상 · 계약상의 보호의무가 있다고 할 수 없으니 유기죄의 주체가 될 수 없다(대판 1977.1.11. 76도3419).

③ [○] 형법 제273조 제1항에서 말하는 '학대'라 함은 육체적으로 고통을 주거나 정신적으로 차별대우를 하는 행위를 가리키고, 이러한 학대행위는 형법의 규정체제상 학대와 유기의 죄가 같은 장에 위치하고 있는 점 등에 비추어 단순히 상대방의 인격에 대한 반인륜적 침해만으로는 부족하고 적어도 유기에 준할 정도에 이르러야 한다(대판 2000.4.25. 2000도223).
④ [○] 강간치상의 범행을 저지른 자가 그 범행으로 인하여 실신상태에 있는 피해자를 구호하지 아니하고 방치하였다고 하더라도 그 행위는 포괄적으로 단일의 강간치상죄만을 구성한다(대판 1980.6.24. 80도726).

정답 ②

35 **유기죄와 학대죄에 대한 설명으로 옳은 것만을 모두 고르면? (다툼이 있으면 판례에 의함)** [21 국가9급]

㉠ 유기죄에서 '계약상 의무'는 계약에 기한 주된 급부의무가 부조를 제공하는 것인 경우에 한정된다.
㉡ 술에 만취된 피해자가 경찰지구대로 운반되어 의자 위에 눕혀졌을 때 숨을 가쁘게 쿨쿨 내뿜고 자신의 수족과 의사도 자제할 수 없는 상태에 있음에도 불구하고 경찰관이 3시간여 동안이나 아무런 구호조치를 취하지 아니한 경우 유기죄의 범의를 인정할 수 있다.
㉢ 강간치상의 범행을 저지른 자가 그 범행으로 인하여 실신상태에 있는 피해자를 구호하지 아니하고 방치하였더라도 유기죄는 성립하지 않는다.
㉣ 학대죄의 '학대'란 육체적으로 고통을 주거나 정신적으로 차별대우를 하는 행위를 가리키는 것으로, 단순히 상대방의 인격에 대한 반인륜적 침해만으로는 부족하지만 유기에 준할 정도에 이를 것은 요하지 않는다.

① ㉠, ㉢　② ㉠, ㉣
③ ㉡, ㉢　④ ㉡, ㉣

해설

㉠ [×] 유기죄에 관한 형법 제271조 제1항의 '계약상 의무'는 간호사나 보모와 같이 계약에 기한 주된 급부의무가 부조를 제공하는 것인 경우에 반드시 한정되지 아니하며, 계약의 해석상 계약관계의 목적이 달성될 수 있도록 상대방의 신체 또는 생명에 대하여 주의와 배려를 한다는 부수적 의무의 한 내용으로 상대방을 부조하여야 하는 경우를 배제하는 것은 아니다(대판 2011.11.24. 2011도12302).
㉡ [○] 국민의 생명과 신체의 안전을 보호하기 위한 응급의 조치를 강구하여야 할 직무를 가진 경찰관인 피고인으로서는 술에 만취된 피해자가 향토예비군 4명에게 떠메어 운반되어 지서 나무의자 위에 눕혀 놓았을 때 숨이 가쁘게 쿨쿨 내품고 자신의 수족과 의사도 자제할 수 없는 상태에 있음에도 불구하고 근 3시간 동안이나 아무런 구호조치를 취하지 아니한 것은 유기죄에 대한 범의를 인정할 수 있다(대판 1972.6.27. 72도863).
㉢ [○] 강간치상의 범행을 저지른 자가 그 범행으로 인하여 실신상태에 있는 피해자를 구호하지 아니하고 방치하였다고 하더라도 그 행위는 포괄적으로 단일의 강간치상죄만을 구성한다(대판 1980.6.24. 80도726).
㉣ [×] 학대죄에서 말하는 '학대'라 함은 육체적으로 고통을 주거나 정신적으로 차별대우를 하는 행위를 가리키고, 이러한 학대행위는 단순히 상대방의 인격에 대한 반인륜적 침해만으로는 부족하고 적어도 유기에 준할 정도에 이르러야 한다(대판 2000.4.25. 2000도223).

정답 ③

36 유기죄에 대한 설명으로 옳지 않은 것은? (다툼이 있으면 판례에 의함) [21 경찰간부]

① 유기죄에서의 '계약상 의무'는 반드시 계약에 기한 주된 급부 의무에 한정되지 아니하며, 계약 상대방의 신체 또는 생명에 대한 주의와 배려라는 부수적 의무의 한 내용으로 상대방을 부조하여야 하는 경우를 배제하는 것은 아니다.

② 강간치상의 범행을 저지른 자가 그 범행으로 인하여 실신 상태에 있는 피해자를 구호하지 아니하고 방치한 경우, 강간치상죄만 성립하고 유기죄는 성립하지 아니한다.

③ 유기죄의 법률상 보호의무 가운데는 민법상 부부간의 부양 의무도 포함되며, 법률상 부부는 아니지만 사실혼 관계에 있는 경우에도 당사자 사이에 주관적 혼인의사와 객관적 혼인생활의 실체가 존재한다면 보호의무가 인정될 수 있다.

④ 유기죄를 범하여 사람의 생명 또는 신체에 대하여 위험을 발생하게 한 때에는 중유기죄로 가중처벌된다.

해설

① [○] 유기죄에 관한 형법 제271조 제1항의 '계약상 의무'는 간호사나 보모와 같이 계약에 기한 주된 급부의무가 부조를 제공하는 것인 경우에 반드시 한정되지 아니하며, 계약의 해석상 계약관계의 목적이 달성될 수 있도록 상대방의 신체 또는 생명에 대하여 주의와 배려를 한다는 부수적 의무의 한 내용으로 상대방을 부조하여야 하는 경우를 배제하는 것은 아니다(대판 2011.11.24. 2011도12302).

② [○] 강간치상의 범행을 저지른 자가 그 범행으로 인하여 실신상태에 있는 피해자를 구호하지 아니하고 방치하였다고 하더라도 그 행위는 포괄적으로 단일의 강간치상죄만을 구성한다(대판 1980.6.24. 80도726).

③ [○] 형법 제271조 제1항에서 말하는 법률상 보호의무 가운데는 민법 제826조 제1항에 근거한 부부간의 부양의무도 포함되며, 나아가 법률상 부부는 아니지만 사실혼 관계에 있는 경우에도 위 민법 규정의 취지 및 유기죄의 보호법익에 비추어 위와 같은 법률상 보호의무의 존재를 긍정하여야 하지만, 사실혼에 해당하여 법률혼에 준하는 보호를 받기 위하여는 단순한 동거 또는 간헐적인 정교관계를 맺고 있다는 사정만으로는 부족하고, 그 당사자 사이에 주관적으로 혼인의 의사가 있고 객관적으로도 사회관념상 가족질서적인 면에서 부부공동생활을 인정할 만한 혼인생활의 실체가 존재하여야 한다(대판 2008.2.14. 2007도3952).

④ [×] 중유기죄는 유기죄를 범하여 사람의 생명에 대한 위험을 발생하게 한 경우에 성립한다(제271조 제3항).

정답 ④

37 유기와 학대의 죄에 관한 설명 중 가장 적절하지 않은 것은? (다툼이 있으면 판례에 의함) [16 경찰승진]

① 유기죄는 행위자가 요부조자에 대한 보호책임의 발생 원인이 된 사실이 존재한다는 것을 인식하고 이에 기한 부조의무를 해태한다는 의식이 있음을 요한다.

② 甲이 乙에게 강간치상의 범행을 저지르고 그 범행으로 인하여 실신상태에 있는 乙을 구호하지 않고 방치하였다고 하더라도 유기죄가 성립하지 않는다.

③ 유기죄의 보호의무는 법률이나 계약에 제한되지 않고 사무관리 · 관습 · 조리에 의해서도 가능하다는 것이 판례의 태도이다.

④ 술에 취한 甲과 乙이 우연히 같은 길을 가다가 개울에 떨어져 甲은 가까스로 귀가하고 乙은 머리를 다쳐 앓다가 추운 날씨에 심장마비로 사망한 경우 甲은 무죄이다.

해설

① [○] 유기죄는 행위자가 요부조자에 대한 보호책임의 발생 원인이 된 사실이 존재한다는 것을 인식하고 이에 기한 부조의무를 해태한다는 의식이 있음을 요한다(대판 2008.2.14. 2007도3952).

② [○] 강간치상의 범행을 저지른 자가 그 범행으로 인하여 실신상태에 있는 피해자를 구호하지 아니하고 방치하였다고 하더라도 그 행위는 포괄적으로 단일의 강간치상죄만을 구성한다(대판 1980.6.24. 80도726).

③ [×] 유기죄의 죄책을 인정하려면 구성요건이 요구하는 법률상 또는 계약상 보호의무를 밝혀야 하고 설혹 동행자가 구조를 요하게 되었다 하여도 일정거리를 동행한 사실만으로서는 피고인에게 법률상 계약상의 보호의무가 있다고 할 수 없다(대판 1977.1.11. 76도3419).

▶ 유기죄의 보호의무는 법률이나 계약에 제한되며, 사무관리 · 관습 · 조리에 의한 것은 인정되지 아니한다.

④ [○] 현행 형법은 유기죄에 있어서 구법과는 달리 보호법익의 범위를 넓힌 반면에 보호책임 없는 자의 유기죄는 없애고 법률상 또는 계약상의 의무 있는 자만을 유기죄의 주체로 규정하고 있어 명문상 사회상규상의 보호책임을 관념할 수 없다고 하겠으니 유기죄의 죄책을 인정하려면 보호책임이 있게된 경위 · 사정 · 관계 등을 설시하여 구성요건이 요구하는 법률상 또는 계약상 보호의무를 밝혀야 하고, 설혹 동행자가 구조를 요하게 되었다 하여도 일정거리를 동행한 사실만으로서는 피고인에게 법률상 · 계약상의 보호의무가 있다고 할 수 없으니 유기죄의 주체가 될 수 없다(대판 1977.1.11. 76도3419).

정답 ③

38 학대의 죄에 관한 설명 중 가장 적절하지 않은 것은? (다툼이 있는 경우 판례에 의함)

[22 경찰채용]

① 아동학대범죄의 처벌 등에 관한 특례법 (2014.1.28. 제정, 2014.9.29. 시행)은 제34조 제1항(공소시효의 정지와 효력)의 소급적용에 관하여 명시적인 경과규정을 두고 있지 않지만, 동법 시행일 당시 범죄행위가 종료되었으나 아직 공소시효가 완성되지 않은 아동학대범죄에 대해서도 적용된다.

② 아동복지법 제71조 제1항에 따라 처벌되는 동법 제17조 제2호 금지행위(아동에게 음란한 행위를 시키거나 이를 매개하는 행위 또는 아동에게 성적 수치심을 주는 성희롱 등의 성적 학대행위)의 처벌대상은 아동의 복지를 보장하는 동법의 취지에 비추어 성인에게만 한정된다.

③ 친아버지가 자신의 아들(만 1세)을 양육하면서 집안 내부에 먹다 남은 음식물 쓰레기, 소주병, 담배꽁초가 방치된 상태로 청소를 하지 않아 악취가 나는 비위생적인 환경에서 제대로 세탁하지 않아 음식물이 묻어있는 옷을 입히고, 목욕을 주기적으로 시키지 않아 몸에서 악취를 풍기게 하는 등의 행위를 한 경우, 생존에 필요한 최소한의 보호를 하였거나 아들에게 애정을 표현했다는 사정이 있더라도 이는 아들에 대한 방임행위에 해당한다.

④ 어린이집 보육교사가 아동(만 4세)이 창틀에 매달리는 등 위험한 행동을 한다는 이유로 그를 안아 바닥에서 약 78cm 높이의 교구장(110cm×29cm×63cm) 위에 올려둔 후 교구장을 1회 흔들고, 아동의 몸을 잡고는 교구장 뒤 창쪽으로 흔들어 보이는 등 약 40분 동안 앉혀둔 경우, 이는 비록 안전을 위한 조치라 할지라도 아동에 대한 학대행위에 해당한다.

해설

① [○] 아동학대범죄의 처벌 등에 관한 특례법(2014.1.28. 제정, 2014.9.29. 시행)은 제34조 제1항(공소시효의 정지와 효력)의 소급적용에 관하여 명시적인 경과규정을 두고 있지 않지만, 동법 시행일 당시 범죄행위가 종료되었으나 아직 공소시효가 완성되지 않은 아동학대범죄에 대해서도 적용된다(대판 2021.2.25. 2020도3694).

② [×] 아동복지법은 제3조 제7호에서 '아동학대'를 '보호자를 포함한 성인이 아동의 건강 또는 복지를 해치거나 정상적 발달을 저해할 수 있는 신체적 · 정신적 · 성적 폭력이나 가혹행위를 하는 것과 아동의 보호자가 아동을 유기하거나 방임하는 것'이라고 정의하면서, 제3장 제2절에서 아동학대의 예방 및 방지에 관한 각종 규정을 두고 있다. 한편 아동복지법은 제17조에서 '누구든지 다음 각호의 어느 하나에 해당하는 행위를 하여서는 아니 된다'고 하면서, 제2호로 '아동에게 음란한 행위를 시키거나 이를 매개하는 행위 또는 아동에게 성적 수치심을 주는 성희롱 등의 성적 학대행위'를 금지행위로 규정하고, 제71조 제1항에서 '제17조를 위반한 자를 처벌한다'고 규정하고 있다. 이러한 아동복지법 규정의 각 문언과 조문의 체계 등을 종합하여 보면, 누구든지 제17조 제2호에서 정한 금지행위를 한 경우 제71조 제1항에 따라 처벌되는 것이고, 성인이 아니라고 하여 위 금지행위규정 및 처벌규정의 적용에서 배제된다고 할 수는 없다(대판 2020.10.15. 2020도6422).

③ [○] 친아버지가 자신의 아들(만 1세)을 양육하면서 집안 내부에 먹다 남은 음식물 쓰레기, 소주병, 담배꽁초가 방치된 상태로 청소를 하지 않아 악취가 나는 비위생적인 환경에서 제대로 세탁하지 않아 음식물이 묻어있는 옷을 입히고, 목욕을 주기적으로 시키지 않아 몸에서 악취를 풍기게 하는 등의 행위를 한 경우, 생존에 필요한 최소한의 보호를 하였거나 아들에게 애정을 표현했다는 사정이 있더라도, 이는 아들에 대한 방임행위에 해당한다(대판 2020.9.3. 2020도7625).

④ [○] … 피고인이 강압적이고 부정적인 태도를 보이며 4세인 甲을 높이 78cm에 이르는 교구장 위에 약 40분 동안 앉혀놓은 것은 그 자체로 위험한 행위일 뿐만 아니라 그 과정에서 甲은 공포감 내지 소외감을 느꼈을 것으로 보이고, 실제로 甲이 정신적 고통 등을 호소하며 일주일이 넘도록 어린이집에 등원하지 못한 점 등 여러 사정에 비추어 피고인이 甲을 정서적으로 학대하였다고 보아 유죄를 인정한 원심판단을 수긍한 사례(대판 2020.3.12. 2017도5769).

정답 ②

제2장 | 자유에 관한 죄

제1절 | 협박의 죄

01 **협박죄에 관한 설명 중 가장 적절한 것은? (다툼이 있으면 판례에 의함)** [15 경찰승진]

① 친권자가 자(子)에게 야구방망이로 때릴 듯한 태도를 취하면서 "죽여 버린다"고 말한 경우에는 이를 교양권의 행사라고 볼 수 있으므로 협박죄를 구성하지 않는다.

② "앞으로 수박이 없어지면 네 책임으로 한다"는 말은 정당한 훈계의 범위를 벗어났으므로 해악의 고지에 해당하여 협박죄가 성립한다.

③ 협박에 의하여 상대방이 현실적으로 공포심을 일으킨 경우에 비로소 구성요건이 충족되어 협박죄는 기수에 이른다.

④ 해악의 고지가 있다 하더라도 그것이 사회의 관습이나 윤리관념 등에 비추어 볼 때에 사회통념상 용인할 수 있을 정도의 것이라면 협박죄는 성립하지 아니한다.

해설

① [×] 스스로의 감정을 이기지 못하고 야구방망이로 때릴 듯이 피해자에게 "죽여 버린다"고 말하여 협박하는 것은 그 자체로 피해자의 인격 성장에 장해를 가져올 우려가 커서 이를 교양권의 행사라고 보기도 어렵다(대판 2002.2.8. 2001도6468).
▶ 위법성이 조각되지 않으므로 협박죄가 성립한다.

② [×] "앞으로 수박이 없어지면 네 책임으로 한다"고 말하였다고 하더라도 이를 해악의 고지라고 보기 어렵고, 가사 다소간의 해악의 고지에 해당한다고 가정하더라도 정당한 훈계의 범위를 벗어나는 것이 아니어서 사회상규에 위배되지 아니하므로 위법성이 없다(대판 1995.9.29. 94도2187).

③ [×] 일반적으로 사람으로 하여금 공포심을 일으키게 하기에 충분한 해악을 고지함으로써 상대방이 그 의미를 인식한 이상, 상대방이 현실적으로 공포심을 일으켰는지 여부와 관계없이 협박죄는 기수에 이른다(대판 2010.7.15. 2010도1017).

④ [○] 해악의 고지가 있다 하더라도 그것이 사회의 관습이나 윤리관념 등에 비추어 용인할 수 있는 정도의 것이라면 협박죄가 성립하지 아니한다(대판 2010.7.15. 2010도1017).

정답 ④

02 **협박죄에 대한 다음 설명 중 가장 옳지 않은 것은? (다툼이 있으면 판례에 의함)** [14 법원9급]

① 법인도 협박죄의 객체가 될 수 있다.

② 협박의 경우 행위자가 직접 해악을 가하겠다고 고지하는 것은 물론, 제3자로 하여금 해악을 가하도록 하겠다는 방식으로도 가능하다.

③ 피고인이 공중전화를 이용하여 경찰서에 여러 차례 전화를 걸어 전화를 받은 각 경찰관에게 경찰서 관할구역 내에 있는 甲 정당의 당사를 폭파하겠다는 말을 한 경우에는 각 경찰관에 대한 협박죄를 구성하지 아니한다.

④ 피고인이 피해자의 장모가 있는 자리에서 서류를 보이면서 "피고인의 요구를 들어주지 않으면 서류를 세무서로 보내 세무조사를 받게 하여 피해자를 망하게 하겠다."라고 말하여 피해자의 장모로 하여금 피해자에게 위와 같은 사실을 전하게 하고, 그 다음날 피해자의 처에게 전화를 하여 "며칠 있으면 국세청에서 조사가 나올 것이니 그렇게 아시오."라고 말한 경우, 협박죄에 해당한다.

해설

① [×] 협박죄는 사람의 의사결정의 자유를 보호법익으로 하는 범죄로서 협박죄는 자연인만을 그 대상으로 예정하고 있을 뿐 법인은 협박죄의 객체가 될 수 없다(대판 2010.7.15. 2010도1017).

② [○] 협박죄에 있어서의 협박이라 함은 사람으로 하여금 공포심을 일으킬 수 있을 정도의 해악을 고지하는 것을 의미하고, 행위자가 직접 해악을 가하겠다고 고지하는 것은 물론 제3자로 하여금 해악을 가하도록 하겠다는 방식으로도 해악의 고지는 가능한바, 고지자가 제3자의 행위를 사실상 지배하거나 제3자에게 영향을 미칠 수 있는 지위에 있는 것으로 믿게 하는 명시적·묵시적 언동을 하였거나 제3자의 행위가 고지자의 의사에 의하여 좌우될 수 있는 것으로 상대방이 인식한 경우에는 고지자가 직접 해악을 가하겠다고 고지한 것과 마찬가지의 행위로 평가할 수 있다(대판 2007.6.1. 2006도1125).

③ [○] 피고인이 공중전화를 이용하여 경찰서에 여러 차례 전화를 걸어 전화를 받은 각 경찰관에게 경찰서 관할구역 내에 있는 한나라당의 당사를 폭파하겠다는 말을 하였더라도, 한나라당 정당에 대한 해악의 고지가 각 경찰관 개인에게 공포심을 일으킬 만큼 서로 밀접한 관계에 있다고 보기 어려우므로 각 경찰관에 대한 협박죄를 구성한다고 할 수 없다(대판 2012.8.17. 2011도10451).

④ [○] 피고인이 피해자의 장모가 있는 자리에서 서류를 보이면서 "요구를 들어주지 않으면 서류를 세무서로 보내 세무조사를 받게 하여 피해자를 망하게 하겠다"라고 말하여 피해자의 장모로 하여금 피해자에게 위와 같은 사실을 전하게 하고, 그 다음날 피해자의 처에게 전화를 하여 "며칠 있으면 국세청에서 조사가 나올 것이니 그렇게 아시오"라고 말한 경우, 피고인의 각 행위는 협박죄에 있어서의 해악의 고지에 해당한다(대판 2007.6.1. 2006도1125).

정답 ①

03 협박죄에 대한 설명 중 가장 옳지 않은 것은? (다툼이 있으면 판례에 의함)

[20 경찰간부]

① 해악의 고지가 있다 하더라도 그것이 사회의 관습이나 윤리관념 등에 비추어 볼 때 사회통념상 용인할 수 있을 정도의 것이라면 협박죄는 성립하지 않는다.

② 제3자에 대한 법익 침해를 내용으로 하는 해악을 고지하더라도 피해자 본인과 제3자가 밀접한 관계에 있어 그 해악의 내용이 피해자 본인에게 공포심을 일으킬 만한 정도의 것이라면 협박에 해당한다.

③ 협박죄는 사람의 의사결정의 자유를 보호법익으로 하는 위험범이라 봄이 상당하므로, 해악의 고지가 상대방에게 도달은 하였으나 상대방이 이를 지각하지 못하였거나 고지된 해악의 의미를 인식하지 못한 경우라도 협박죄의 기수를 인정할 수 있다.

④ 형법 제284조(특수협박죄)에 대하여는 형법 제283조 제3항(반의사불벌규정)이 적용되지 않는다.

해설

① [○] 해악의 고지가 있다 하더라도 그것이 사회의 관습이나 윤리관념 등에 비추어 용인할 수 있는 정도의 것이라면 협박죄가 성립하지 아니한다(대판 2010.7.15. 2010도1017).

② [○] 피해자 본인이나 그 친족뿐만 아니라 그 밖의 '제3자'에 대한 법익 침해를 내용으로 하는 해악을 고지하는 것이라고 하더라도 피해자 본인과 제3자가 밀접한 관계에 있어 그 해악의 내용이 피해자 본인에게 공포심을 일으킬 만한 정도의 것이라면 협박죄가 성립할 수 있다. 이때 '제3자'에는 자연인뿐만 아니라 법인도 포함된다 할 것이다(대판 2010.7.15. 2010도1017).

③ [×] 협박죄는 사람의 의사결정의 자유를 보호법익으로 하는 위험범이라 봄이 상당하고, 형법 제286조의 미수범 처벌조항은 해악의 고지가 현실적으로 상대방에게 도달하지 아니한 경우나 도달은 하였으나 전혀 지각하지 못한 경우 혹은 고지된 해악의 의미를 상대방이 인식하지 못한 경우 등에 적용된다(대판(전) 2007.9.28. 2007도606).

④ [○] 특수협박죄는 반의사불벌죄에 해당하지 아니한다.

정답 ③

04 협박죄에 대한 설명 중 가장 적절하지 않은 것은? (다툼이 있으면 판례에 의함) [18 경찰채용]

① 협박죄는 자연인만을 그 대상으로 예정하고 있을 뿐 법인은 협박죄의 객체가 될 수 없다.

② 협박죄의 미수범 처벌조항은 해악의 고지가 현실적으로 상대방에게 도달하지 아니한 경우나 도달은 하였으나 상대방이 이를 지각하지 못하였거나 고지된 해악의 의미를 인식하지 못한 경우 등에 적용될 뿐이다.

③ 피고인이 혼자 술을 마시던 중 甲 정당이 국회에서 예산안을 강행처리하였다는 것에 화가 나서 공중전화를 이용하여 경찰서에 여러 차례 전화를 걸어 전화를 받은 각 경찰관에게 경찰서 관할구역 내에 있는 甲 정당의 당사를 폭파하겠다는 말을 한 경우, 피고인의 행위는 각 경찰관에 대한 협박죄를 구성한다.

④ 피해자 본인이나 그 친족뿐만 아니라 그 밖의 제3자에 대한 법익 침해를 내용으로 하는 해악을 고지하는 것이라고 하더라도 피해자 본인과 제3자가 밀접한 관계에 있어 그 해악의 내용이 피해자 본인에게 공포심을 일으킬 만한 정도의 것이라면 협박죄가 성립할 수 있다. 이때 제3자에는 자연인뿐만 아니라 법인도 포함된다.

해설

① [○] 협박죄는 사람의 의사결정의 자유를 보호법익으로 하는 범죄로서 협박의 행위 개념 등에 비추어 볼 때, 협박죄는 자연인만을 그 대상으로 예정하고 있을 뿐 법인은 협박죄의 객체가 될 수 없다(대판 2010.7.15. 2010도1017).

② [○] 협박죄는 사람의 의사결정의 자유를 보호법익으로 하는 위험범이라 봄이 상당하고, 형법 제286조의 미수범 처벌조항은 해악의 고지가 현실적으로 상대방에게 도달하지 아니한 경우나 도달은 하였으나 전혀 지각하지 못한 경우 혹은 고지된 해악의 의미를 상대방이 인식하지 못한 경우 등에 적용된다(대판(전) 2007.9.28. 2007도606).

③ [×] 피고인이 공중전화를 이용하여 경찰서에 여러 차례 전화를 걸어 전화를 받은 각 경찰관에게 경찰서 관할구역 내에 있는 한나라당의 당사를 폭파하겠다는 말을 하였더라도, 한나라당 정당에 대한 해악의 고지가 각 경찰관 개인에게 공포심을 일으킬 만큼 서로 밀접한 관계에 있다고 보기 어려우므로 각 경찰관에 대한 협박죄를 구성한다고 할 수 없다(대판 2012.8.17. 2011도10451).

④ [○] 피해자 본인이나 그 친족뿐만 아니라 그 밖의 '제3자'에 대한 법익 침해를 내용으로 하는 해악을 고지하는 것이라고 하더라도 피해자 본인과 제3자가 밀접한 관계에 있어 그 해악의 내용이 피해자 본인에게 공포심을 일으킬 만한 정도의 것이라면 협박죄가 성립할 수 있다. 이때 '제3자'에는 자연인뿐만 아니라 법인도 포함된다 할 것이다(대판 2010.7.15. 2010도1017).

정답 ③

05 다음 설명 중 가장 적절하지 않은 것은? (다툼이 있으면 판례에 의함) [16 경찰채용]

① 조상천도제를 지내지 아니하면 좋지 않은 일이 생긴다는 취지의 해악의 고지는 길흉화복이나 천재지변의 예고로서 행위자에 의하여 직접·간접적으로 좌우될 수 없는 것이고 가해자가 현실적으로 특정되어 있지도 않으며 해악의 발생가능성이 합리적으로 예견될 수 있는 것이 아니므로 협박으로 평가될 수 없다.

② 폭행죄는 미수범 처벌규정이 없으나, 협박죄의 미수범은 처벌된다.

③ 甲정당의 국회 예산안 강행처리에 화가 나서 경찰서에 전화를 걸어 전화를 받은 경찰관에게 관할구역에 있는 甲정당의 당사를 폭파하겠다고 말한 행위는 공무집행방해죄뿐만 아니라 그 경찰관에 대한 협박죄를 구성한다.

④ "앞으로 수박이 없어지면 네 책임으로 한다"고 말한 것은 해악의 고지라고 보기 어렵고, 가사 다소간의 해악의 고지에 해당한다고 가정하더라도 위법성이 없다.

해설

① [○] 조상천도제를 지내지 아니하면 좋지 않은 일이 생긴다는 취지의 해악의 고지는 길흉화복이나 천재지변의 예고로서 행위자에 의하여 직접·간접적으로 좌우될 수 없는 것이고 가해자가 현실적으로 특정되어 있지도 않으며 해악의 발생가능성이 합리적으로 예견될 수 있는 것이 아니므로 협박으로 평가될 수 없다(대판 2002.2.8. 2000도3245).
② [○] 폭행죄는 미수범 처벌규정이 없으나, 협박죄의 미수범은 처벌된다(제286조).
③ [×] 피고인이 공중전화를 이용하여 경찰서에 여러 차례 전화를 걸어 전화를 받은 각 경찰관에게 경찰서 관할구역 내에 있는 한나라당의 당사를 폭파하겠다는 말을 하였더라도, 한나라당 정당에 대한 해악의 고지가 각 경찰관 개인에게 공포심을 일으킬 만큼 서로 밀접한 관계에 있다고 보기 어려우므로 각 경찰관에 대한 협박죄를 구성한다고 할 수 없다(대판 2012.8.17. 2011도10451).
④ [○] "앞으로 수박이 없어지면 네 책임으로 한다"고 말하였다고 하더라도 이를 해악의 고지라고 보기 어렵고, 가사 다소간의 해악의 고지에 해당한다고 가정하더라도 정당한 훈계의 범위를 벗어나는 것이 아니어서 사회상규에 위배되지 아니하므로 위법성이 없다(대판 1995.9.29. 94도2187).

정답 ③

06 협박죄에 관한 설명 중 가장 옳은 것은? (판례에 의함)

[11 경찰승진]

① 술에 취한 상태에서 경찰서에 연행되어 경찰로부터 빰까지 맞자 흥분하여 항의조로 "내가 너희들의 목을 자른다, 내 동생을 시켜서라도 자른다"라는 취지의 말을 하였다면 피고인에게는 협박죄를 구성하는 해악을 고지할 의사가 있었다고 볼 수 있다.
② 친권자가 자에게 야구방망이로 때릴 듯한 태도를 취하면서 "죽여 버린다."고 말한 경우에는 이를 교양권의 행사라고 볼 수 있으므로 협박죄를 구성하지 않는다.
③ "앞으로 수박이 없어지면 네 책임으로 한다."는 말도 해악의 고지에 해당하여 협박죄가 성립한다.
④ 정보보안과 소속 경찰관이 자신의 지위를 내세우면서 타인의 민사분쟁에 개입하여 빨리 채무를 변제하지 않으면 상부에 보고하여 문제를 삼겠다고 말한 경우, 객관적으로 상대방이 공포심을 일으키기에 충분한 정도의 해악의 고지에 해당하므로 현실적으로 피해자가 공포심을 일으키지 않았다 하더라도 협박죄의 기수에 이르렀다고 할 수 있다.

해설

① [×] 피고인이 술김에 흥분하여 항의조로 "내가 너희들의 목을 자른다. 내 동생을 시켜서라도 자른다"라고 말하였다 하여 당시 피고인에게 협박죄를 구성할 만한 해악을 고지할 의사가 있었다고 볼 수 없다(대판 1972.8.29. 72도1565).
② [×] 스스로의 감정을 이기지 못하고 야구방망이로 때릴 듯이 피해자에게 "죽여 버린다"고 말하여 협박하는 것은 그 자체로 피해자의 인격 성장에 장해를 가져올 우려가 커서 이를 교양권의 행사라고 보기도 어렵다(대판 2002.2.8. 2001도6468).
③ [×] "앞으로 수박이 없어지면 네 책임으로 한다"고 말하였다고 하더라도 그것만으로는 구체적으로 어떠한 법익에 어떠한 해악을 가하겠다는 것인지를 알 수 없어 이를 해악의 고지라고 보기 어렵다(대판 1995.9.29. 94도2187).
④ [○] 정보보안과 소속 경찰관이 자신의 지위를 내세우면서 타인의 민사분쟁에 개입하여 빨리 채무를 변제하지 않으면 상부에 보고하여 문제를 삼겠다고 말한 경우, 객관적으로 상대방이 공포심을 일으키기에 충분한 정도의 해악의 고지에 해당하므로 현실적으로 피해자가 공포심을 일으키지 않았다 하더라도 협박죄의 기수에 이르렀다고 할 수 있다(대판(전) 2007.9.28. 2007도606).

정답 ④

07 다음 중 옳은 것은 모두 몇 개인가? (다툼이 있으면 판례에 의함) [11 경찰간부]

> ㉠ 고지된 해악의 내용이 일반적으로는 사람으로 하여금 공포심을 일으키기에 충분하였으나 피해자가 그 의미를 인식한 후 현실적으로 공포심을 일으키지 않았다면 실행의 착수는 인정되므로 협박죄의 미수범이 성립한다.
> ㉡ 신체의 완전성을 침해하는 행위는 모두 상해에 해당한다는 견해에 의하면 사람의 신체에 상처를 입힌 경우뿐만 아니라 눈썹, 머리카락을 절단하는 행위도 상해에 해당한다고 한다.
> ㉢ 제3자에 대한 법익 침해를 내용으로 하는 해악을 고지하는 것도 피해자 본인과 제3자가 밀접한 관계에 있어 그 해악의 내용이 피해자 본인에게 공포심을 일으킬만한 정도의 것이라면 협박죄가 성립할 수 있는데 이때 제3자에는 자연인은 포함되나 법인은 포함되지 않는다.
> ㉣ 고지된 해악을 실현할 진정한 의사가 없으면서도 그런 의사가 있는 것처럼 가장하여 고지하는 기망적 협박은 협박죄의 협박에 해당하지 않는다.

① 1개
② 2개
③ 3개
④ 4개

해설

㉠ [×] 협박죄가 성립되려면 고지된 해악의 내용이 일반적으로 사람으로 하여금 공포심을 일으키게 하기에 충분한 것이어야 할 것이지만, 상대방이 그에 의하여 현실적으로 공포심을 일으킬 것까지 요구되는 것은 아니며, 그와 같은 정도의 해악을 고지함으로써 상대방이 그 의미를 인식한 이상 상대방이 현실적으로 공포심을 일으켰는지 여부와 관계없이 그로써 구성요건은 충족되어 협박죄의 기수에 이른다(대판(전) 2007.9.28. 2007도606).

㉡ [○] 신체의 완전성을 침해하는 행위는 모두 상해에 해당한다는 견해에 의하면 사람의 신체에 상처를 입힌 경우뿐만 아니라 눈썹, 머리카락을 절단하는 행위도 상해에 해당한다.

㉢ [×] 피해자 본인이나 그 친족뿐만 아니라 그 밖의 '제3자'에 대한 법익 침해를 내용으로 하는 해악을 고지하는 것이라고 하더라도 피해자 본인과 제3자가 밀접한 관계에 있어 그 해악의 내용이 피해자 본인에게 공포심을 일으킬 만한 정도의 것이라면 협박죄가 성립할 수 있다. 이때 '제3자'에는 자연인뿐만 아니라 법인도 포함된다(대판 2010.7.15. 2010도1017).

㉣ [×] 협박죄에 있어서의 고의는 일반적으로 보아 사람으로 하여금 공포심을 일으킬 수 있는 정도의 해악을 고지하는 것에 대한 인식 내지 인용을 말하며, 고지한 해악을 실제로 실현할 의도나 욕구는 필요로 하지 않는다(대판 2006.8.25. 2006도546). 따라서 고지된 해악을 실현할 진정한 의사가 없으면서도 그런 의사가 있는 것처럼 가장하여 고지하는 기망적 협박도 협박죄의 협박에 해당한다.

정답 ①

08 협박의 죄에 대한 설명 중 가장 적절하지 않은 것은? (다툼이 있는 경우 판례에 의함) [23 경찰승진]

① 협박죄에서 고의는 행위자가 해악을 고지한다는 것을 인식 또는 인용하는 것을 내용으로 하고, 고지한 해악을 실제로 실현할 의도나 욕구까지 요구하는 것은 아니다.

② 협박죄와 존속협박죄는 피해자의 명시한 의사에 반하여 공소를 제기할 수 없는 반의사불벌죄이다.

③ 피해자와 언쟁 중에 "입을 찢어 버릴라"라고 말한 것이 단순한 감정적인 욕설인 경우, 이러한 폭언이 형법상 협박에 해당하는 것은 아니다.

④ 협박죄는 사람의 의사결정의 자유를 보호법익으로 하는 위험범이라고 파악하는 것이 상당하므로, 해악의 고지가 상대방에 도달하였으나 상대방이 이를 지각하지 못하였거나 그 의미를 인식하지 못한 경우라도 협박죄의 기수를 인정할 수 있다.

해설

① [○] 협박죄에서 고의는 행위자가 해악을 고지한다는 것을 인식 또는 인용하는 것을 그 내용으로 하고, 고지한 해악을 실제로 실현할 의도나 욕구까지 요구하는 것은 아니다(대판 1991.5.10. 90도2102).
② [○] 협박 및 존속협박의 죄는 피해자의 명시한 의사에 반하여 공소를 제기할 수 없다(형법 제283조 제3항).
③ [○] 피해자와 언쟁 중에 "입을 찢어 버릴라"라고 말한 것이 단순한 감정적인 욕설인 경우, 이러한 폭언이 형법상 협박에 해당하는 것은 아니다(대판 1986.7.22. 86도1140).
④ [×] 협박죄는 사람의 의사결정의 자유를 보호법익으로 하는 위험범이라 봄이 상당하고, 협박죄의 미수범 처벌조항은 해악의 고지가 현실적으로 상대방에게 도달하지 아니한 경우나, 도달은 하였으나 상대방이 이를 지각하지 못하였거나 고지된 해악의 의미를 인식하지 못한 경우 등에 적용될 뿐이다(대판(전) 2007.9.28. 2007도606).

정답 ④

제2절 I 강요의 죄

09 **강요의 죄에 관한 다음 설명 중 가장 옳지 않은 것은? (다툼이 있으면 판례에 의함)** [13 경찰간부]

① 강요죄는 폭행 또는 협박으로 사람의 권리행사를 방해하거나 의무 없는 일을 하게 하는 것을 말하고, 여기에서 '의무 없는 일'이란 법령, 계약 등에 기하여 발생하는 법률상 의무 없는 일을 말하므로, 폭행 또는 협박으로 법률상 의무 있는 일을 하게 한 경우에는 폭행 또는 협박죄만 성립할 뿐 강요죄는 성립하지 아니한다.
② 투자금의 회수를 위해 피해자를 강요하여 물품대금을 횡령하였다는 자인서를 받아낸 뒤 이를 근거로 돈을 갈취한 경우, 주된 범의가 피해자로부터 돈을 갈취하는 데에 있었던 것이라도 위 행위는 공갈죄 외에 강요죄도 성립한다.
③ 강요죄의 수단이 협박은 일반적으로 사람으로 하여금 공포심을 일으키게 하는 정도의 해악을 고지하는 것으로 그 방법은 통상 언어에 의하는 것이나 경우에 따라서 한마디 말도 없이 거동에 의하여서도 할 수 있다.
④ 군대의 상급자가 그의 잦은 폭력으로 신체에 위해를 느끼고 겁을 먹은 상태에 있던 부대원들에게 양손을 깍지 낀 상태에서 약 2시간 동안 팔굽혀펴기를 50~60회 정도 하게 한 행위는 강요죄에 해당한다.

해설

① [○] 강요죄에서 '의무 없는 일'이란 법령, 계약 등에 기하여 발생하는 법률상 의무 없는 일을 말하므로, 폭행 또는 협박으로 법률상 의무 있는 일을 하게 한 경우에는 폭행 또는 협박죄만 성립할 뿐 강요죄는 성립하지 아니한다(대판 2008.5.15. 2008도1097).
② [×] 단일한 공갈의 범의하에 갈취의 방법으로 일단 자인서를 작성하게 한 후 이를 근거로 계속하여 갈취행위를 한 것으로 보아야 할 것이므로 포괄하여 공갈죄 일죄만을 구성한다(대판 1985.6.25. 84도2083).
③ [○] 강요죄의 수단이 협박은 일반적으로 사람으로 하여금 공포심을 일으키게 하는 정도의 해악을 고지하는 것으로 그 방법은 통상 언어에 의하는 것이나 경우에 따라서 한마디 말도 없이 거동에 의하여서도 할 수 있다(대판 2010.4.29. 2007도7064).
④ [○] 상사 계급의 피고인이 그의 잦은 폭력으로 신체에 위해를 느끼고 겁을 먹은 상태에 있던 부대원들에게 청소 불량 등을 이유로 40분 내지 50분간 머리박아(속칭 '원산폭격')를 시키거나 양손을 깍지 낀 상태에서 약 2시간 동안 팔굽혀펴기를 50~60회 정도 하게 한 행위는 형법 제324조에서 정한 강요죄에 해당한다(대판 2006.4.27. 2003도4151).

정답 ②

10 강요의 죄에 대한 설명 중 가장 적절한 것은? (다툼이 있으면 판례에 의함)

[20 경찰승진]

① 인질강요죄에서 강요의 상대방에 '인질'은 포함되지 않으며, 인질강요죄를 범한 자가 인질을 안전한 장소에 풀어준 때에는 그 형을 감경한다.

② 폭행 또는 협박으로 '법률상 의무없는 일'뿐만 아니라, '법률상 의무 있는 일'을 하게 한 경우에도 강요죄가 성립한다.

③ 환경단체 소속 회원들이 마치 단속의 권한이 있는 것처럼 축산 농가들의 폐수배출 단속활동을 벌이면서, 폐수배출 현장을 사진 촬영하거나 폐수배출 사실확인서를 징구하는 과정에서 이에 서명하지 아니하면 법에 저촉된다고 겁을 주는 등의 행위를 한 경우 강요죄에 해당한다.

④ 투자금 회수를 위해 피해자를 강요하여 물품대금을 횡령하였다는 자인서를 받아낸 뒤 이를 근거로 돈을 갈취한 경우에는 강요죄와 공갈죄의 실체적 경합이 된다.

해설

① [×] 인질강요죄에서 강요의 상대방에 '인질'은 포함되지 않는다(제324조의2). 인질강요죄를 범한 자가 인질을 안전한 장소에 풀어준 때에는 그 형을 감경할 수 있다(제324조의6).

② [×] 강요죄는 폭행 또는 협박으로 사람의 권리행사를 방해하거나 의무 없는 일을 하게 하는 것을 말하고, 여기에서 '의무 없는 일'이라 함은 법령, 계약 등에 기하여 발생하는 법률상 의무 없는 일을 말하므로 법률상 의무 있는 일을 하게 한 경우에는 강요죄가 성립할 여지가 없다(대판 2012.11.29. 2010도1233).

③ [○] 환경단체 소속 회원들이 축산 농가들의 폐수 배출 단속활동을 벌이면서 폐수 배출현장을 사진촬영하거나 지적하는 한편 폐수 배출사실을 확인하는 내용의 사실확인서를 징구하는 과정에서 서명하지 아니할 경우 법에 저촉된다고 겁을 주는 등 행한 일련의 행위가 '협박'에 의한 강요행위에 해당한다고 한 사례(대판 2010.4.29. 2007도7064).

④ [×] 단일한 공갈의 범의하에 갈취의 방법으로 일단 자인서를 작성하게 한 후 이를 근거로 계속하여 갈취행위를 한 것으로 보아야 할 것이므로 포괄하여 공갈죄 일죄만을 구성한다(대판 1985.6.25. 84도2083).

정답 ③

11 협박죄 및 강요죄에 대한 설명으로 옳지 않은 것은? (다툼이 있으면 판례에 의함)

[20 국가7급]

① 정보보안과 소속 경찰관이 자신의 지위를 내세우면서 타인의 민사분쟁에 개입하여 빨리 채무를 변제하지 않으면 상부에 보고하여 문제를 삼겠다고 말한 경우, 객관적으로 상대방이 공포심을 일으키기에 충분한 정도의 해악의 고지에는 해당하더라도 현실적으로 피해자가 공포심을 일으키지 않았다면 협박죄의 미수가 된다.

② 피고인이 혼자 술을 마시던 중 A정당이 국회에서 예산안을 강행처리하였다는 것에 화가 나서 공중전화를 이용하여 경찰서에 여러 차례 전화를 걸어 전화를 받은 각 경찰관에게 경찰서 관할구역 내에 있는 A정당의 당사를 폭파하겠다는 말을 한 경우, 특별한 사정이 없는 이상 각 경찰관에 대한 협박죄를 구성하지 아니한다.

③ 공무원인 행위자가 상대방에게 어떠한 이익 등의 제공을 요구하였더라도 그 과정에서 객관적으로 의사결정의 자유를 제한하거나 의사실행의 자유를 방해할 정도로 겁을 먹게 할만한 해악의 고지가 있었다고 할 수 없다면, 직권남용이나 뇌물요구 등이 될 수는 있어도 협박을 요건으로 하는 강요죄가 성립하기는 어렵다.

④ 피고인이 투자금을 회수하기 위하여 피해자를 강요하여 물품대금을 횡령하였다는 자인서를 받아낸 뒤 이를 근거로 돈을 갈취한 경우, 주된 범의가 피해자로부터 돈을 갈취하는 데 있었던 것이라면 위 행위는 포괄하여 공갈죄 일죄만을 구성한다.

해설

① [×] [1] 협박죄가 성립되려면 고지된 해악의 내용이 일반적으로 사람으로 하여금 공포심을 일으키게 하기에 충분한 것이어야 할 것이지만 상대방이 그에 의하여 현실적으로 공포심을 일으킬 것까지 요구되는 것은 아니며, 그와 같은 정도의 해악을 고지함으로써 상대방이 그 의미를 인식한 이상 상대방이 현실적으로 공포심을 일으켰는지 여부와 관계없이 그로써 구성요건은 충족되어 협박죄의 기수에 이른다.

[2] 정보보안과 소속 경찰관이 자신의 지위를 내세우면서 타인의 민사분쟁에 개입하여 "빨리 채무를 변제하지 않으면 상부에 보고하여 문제를 삼겠다"고 말한 경우, 객관적으로 상대방이 공포심을 일으키기에 충분한 정도의 해악의 고지에 해당하므로 현실적으로 피해자가 공포심을 일으키지 않았다 하더라도 협박죄의 기수에 이른 것이다(대판(전) 2007.9.28. 2007도606).

② [○] 피고인이 공중전화를 이용하여 경찰서에 여러 차례 전화를 걸어 전화를 받은 각 경찰관에게 경찰서 관할구역 내에 있는 한나라당의 당사를 폭파하겠다는 말을 하였더라도, 한나라당 정당에 대한 해악의 고지가 각 경찰관 개인에게 공포심을 일으킬 만큼 서로 밀접한 관계에 있다고 보기 어려우므로 각 경찰관에 대한 협박죄를 구성한다고 할 수 없다(대판 2012.8.17. 2011도10451).

③ [○] 공무원인 행위자가 상대방에게 어떠한 이익 등의 제공을 요구하였더라도 그 과정에서 객관적으로 의사결정의 자유를 제한하거나 의사실행의 자유를 방해할 정도로 겁을 먹게 할만한 해악의 고지가 있었다고 할 수 없다면, 직권남용이나 뇌물요구 등이 될 수는 있어도 협박을 요건으로 하는 강요죄가 성립하기는 어렵다(대판 2020.2.13. 2019도5186).

④ [○] 단일한 공갈의 범의하에 갈취의 방법으로 일단 자인서를 작성하게 한 후 이를 근거로 계속하여 갈취행위를 한 것으로 보아야 할 것이므로 포괄하여 공갈죄 일죄만을 구성한다(대판 1985.6.25. 84도2083).

정답 ①

12 **다음 중 피해자를 안전한 장소로 풀어준 때에는 형을 감경할 수 있다는 "해방감경규정"의 적용이 없는 범죄는 모두 몇 개인가?**

[15 경찰간부]

㉠ 체포 · 감금죄	㉡ 인질강도죄
㉢ 인신매매죄	㉣ 인질상해죄
㉤ 미성년자약취 · 유인죄	

① 1개　② 2개

③ 3개　④ 4개

해설

[1] ㉠ 체포 · 감금죄, ㉡ 인질강도죄는 해방감경규정이 없다.

[2] ㉢ 인신매매죄, ㉣ 인질상해죄, ㉤ 미성년자약취 · 유인죄는 해방감경규정이 있다(제295조의2, 제324조의6).

정답 ②

13 협박과 강요의 죄에 관한 설명으로 가장 적절한 것은? (다툼이 있는 경우 판례에 의함) [23 경찰간부]

① 甲이 A에게 공포심을 일으키게 하기에 충분한 해악을 고지하였으나, A가 현실적으로 공포심을 일으키지 않았어도, 그 의미를 인식한 이상 甲의 행위는 협박미수죄에 해당한다.

② 강요죄에서의 폭행은 사람에 대한 직접적인 유형력의 행사를 의미하고 사람의 신체에 대한 것이어야 한다.

③ 甲이 A를 폭행하였으나 그의 권리행사를 방해함이 없이 법률상 의무 있는 일을 하게 한 경우에는 강요죄가 성립할 여지가 없다.

④ 공무원 甲이 자신의 직무와 관련한 상대방 A에게 자신을 위하여 재산적 이익을 제공할 것을 요구하고 A는 甲의 지위에 따른 직무에 관하여 어떠한 이익을 기대하며 그에 대한 대가로서 요구에 응하였다면, 비록 甲의 요구행위를 해악의 고지로 인정될 수 없다 하더라도 강요죄의 성립에는 아무런 지장을 주지 않는다.

해설

① [×] [1] 협박죄가 성립하려면 고지된 해악의 내용이 일반적으로 사람으로 하여금 공포심을 일으키게 하기에 충분한 것이어야 하지만, 상대방이 그에 의하여 현실적으로 공포심을 일으킬 것까지 요구하는 것은 아니며, 그와 같은 정도의 해악을 고지함으로써 상대방이 그 의미를 인식한 이상, 상대방이 현실적으로 공포심을 일으켰는지 여부와 관계없이 그로써 구성요건은 충족되어 협박죄의 기수에 이르는 것으로 해석하여야 한다.
[2] 협박죄는 사람의 의사결정의 자유를 보호법익으로 하는 위험범이므로, 협박죄의 미수 규정은 해악의 고지가 현실적으로 상대방에게 도달하지 아니한 경우나, 도달은 하였으나 상대방이 이를 지각하지 못하였거나 고지된 해악의 의미를 인식하지 못한 경우 등에 적용될 뿐이다(대판(전) 2007.9.28. 2007도606).

② [×] 강요죄는 폭행 또는 협박으로 사람의 권리행사를 방해하거나 의무 없는 일을 하게 하는 범죄이다(형법 제324조 제1항). 여기에서 폭행은 사람에 대한 직접적인 유형력의 행사뿐만 아니라 간접적인 유형력의 행사도 포함하며, 반드시 사람의 신체에 대한 것에 한정되지 않는다. 사람에 대한 간접적인 유형력의 행사를 강요죄의 폭행으로 평가하기 위해서는 피고인이 유형력을 행사한 의도와 방법, 피고인의 행위와 피해자의 근접성, 유형력이 행사된 객체와 피해자의 관계 등을 종합적으로 고려해야 한다(대판 2021.11.25. 2018도1346).

③ [○] 강요죄에서 '의무 없는 일'이란 법령, 계약 등에 기하여 발생하는 법률상 의무 없는 일을 말하므로, 폭행 또는 협박으로 법률상 의무 있는 일을 하게 한 경우에는 폭행 또는 협박죄만 성립할 뿐 강요죄는 성립하지 아니한다(대판 2008.5.15. 2008도1097).
판례해설 피고인이 의무 있는 일로 알고서 협박한 경우에는 강요의 고의가 인정되지 않아 강요죄가 성립할 수 없게 된다.

④ [×] 강요죄는 폭행 또는 협박으로 사람의 권리행사를 방해하거나 의무 없는 일을 하게 하는 범죄이다. 여기에서 협박은 객관적으로 사람의 의사결정의 자유를 제한하거나 의사실행의 자유를 방해할 정도로 겁을 먹게 할 만한 해악을 고지하는 것을 말한다. 이와 같은 협박이 인정되기 위해서는 발생 가능한 것으로 생각할 수 있는 정도의 구체적인 해악의 고지가 있어야 한다. 해악의 고지는 반드시 명시적인 방법이 아니더라도 말이나 행동을 통해서 상대방에게 어떠한 해악을 끼칠 것이라는 인식을 갖도록 하면 충분하고, 제3자를 통해서 간접적으로 할 수도 있다. 행위자가 그의 직업, 지위 등에 기초한 위세를 이용하여 불법적으로 재물의 교부나 재산상 이익을 요구하고 상대방이 불응하면 부당한 불이익을 입을 위험이 있다는 위구심을 일으키게 하는 경우에도 해악의 고지가 된다. 협박받는 사람이 공포심 또는 위구심을 일으킬 정도의 해악을 고지하였는지는 행위 당사자 쌍방의 직무, 사회적 지위, 강요된 권리·의무에 관련된 상호관계 등 관련 사정을 고려하여 판단해야 한다.
행위자가 직무상 또는 사실상 상대방에게 영향을 줄 수 있는 직업이나 지위에 있고 직업이나 지위에 기초하여 상대방에게 어떠한 요구를 하였더라도 곧바로 그 요구 행위를 위와 같은 해악의 고지라고 단정하여서는 안 된다. 특히 공무원이 자신의 직무와 관련한 상대방에게 공무원 자신 또는 자신이 지정한 제3자를 위하여 재산적 이익 또는 일체의 유·무형의 이익 등을 제공할 것을 요구하고 상대방은 공무원의 지위에 따른 직무에 관하여 어떠한 이익을 기대하며 그에 대한 대가로서 요구에 응하였다면, 다른 사정이 없는 한 공무원의 위 요구 행위를 객관적으로 사람의 의사결정의 자유를 제한하거나 의사실행의 자유를 방해할 정도로 겁을 먹게 할 만한 해악의 고지라고 단정하기는 어렵다.
행위자가 직업이나 지위에 기초하여 상대방에게 어떠한 이익 등의 제공을 요구하였을 때 그 요구 행위가 강요죄의 수단으로서 해악의 고지에 해당하는지 여부는 행위자의 지위뿐만 아니라 그 언동의 내용과 경위, 요구 당시의 상황, 행위자와 상대방의 성행·경력·상호관계 등에 비추어 볼 때 상대방으로 하여금 그 요구에 불응하면 어떠한 해악에 이를 것이라는 인식을 갖게 하였다고 볼 수 있는지, 행위자와 상대방이 행위자의 지위에서 상대방에게 줄 수 있는 해악을 인식하거나 합리적으로 예상할 수 있었는지 등을 종합하여 판단해야 한다. 공무원인 행위자가 상대방에게 어떠한 이익 등의 제공을 요구한 경우 위와 같은 해악의 고지로 인정될 수 없다면 직권남용이나 뇌물 요구 등이 될 수는 있어도 협박을 요건으로 하는 강요죄가 성립하기는 어렵다(대판(전) 2019.8.29. 2018도13792).

정답 ③

제3절 | 체포 · 감금의 죄

14 **체포와 감금죄에 관한 설명 중 가장 적절하지 않은 것은? (다툼이 있으면 판례에 의함)** [16 경찰승진]

① 체포 · 감금죄는 행동의 자유와 의사를 가질 수 있는 자연인을 대상으로 하므로 정신병자나 영아는 본죄의 객체가 되지 못한다.

② 감금을 하기 위한 수단으로서 행사된 단순한 협박은 감금죄에 흡수되어 따로 협박죄를 구성하지 않는다.

③ 감금의 방법은 물리적 · 유형적 장해뿐만 아니라 심리적 · 무형적 장해에 의해서도 가능하고 행동의 자유의 박탈은 반드시 전면적이어야 할 필요가 없다.

④ 수용시설에 수용중인 부랑인들의 야간도주 방지를 위해 취침시간 중 출입문을 안에서 잠근 경우 감금죄가 성립하지 않는다.

해설

① [×] 정신병자도 감금죄의 객체가 될 수 있다(대판 2002.10.11. 2002도4315).

② [○] 감금의 수단으로서 행사된 단순한 협박행위는 감금죄에 흡수되어 따로 협박죄를 구성하지 아니한다(대판 1982.6.22. 82도705).

③ [○] [1] 감금죄에 있어서의 감금행위는 사람으로 하여금 일정한 장소 밖으로 나가지 못하도록 하여 신체의 자유를 제한하는 행위를 가리키는 것이고, 그 방법은 반드시 물리적 · 유형적 장애를 사용하는 경우뿐만 아니라 심리적 · 무형적 장애에 의하는 경우도 포함되는 것인바, 설사 피해자가 경찰서 안에서 직장동료인 피의자들과 같이 식사도 하고 사무실 안팎을 내왕하였다 하여도 피해자를 경찰서 밖으로 나가지 못하도록 그 신체의 자유를 제한하는 유형 · 무형의 억압이 있었다면 이는 감금행위에 해당한다(대결 1991.12.30. 91모5).

[2] 감금에 있어서의 사람의 행동의 자유의 박탈은 반드시 전면적이어야 할 필요가 없으므로 감금된 특정구역 내부에서 일정한 생활의 자유가 허용되어 있었다고 하더라도 감금죄의 성립에는 아무 소장이 없다(대판 1984.5.15. 84도655).

④ [○] 수용시설에 수용 중인 부랑인들의 야간도주를 방지하기 위하여 그 취침시간 중 출입문을 안에서 시정조치한 행위는 형법 제20조의 정당행위에 해당되어 위법성이 조각된다(대판 1988.11.8. 88도1580).

정답 ①

15 **체포와 감금의 죄에 관한 설명으로 가장 적절하지 않은 것은? (다툼이 있는 경우 판례에 의함)** [23 경찰간부]

① 체포죄는 사람의 신체에 대하여 직접적이고 현실적인 구속을 가하여 신체활동의 자유를 박탈하는 죄로서, 그 실행의 착수 시기는 체포의 고의로 타인의 신체적 활동의 자유를 현실적으로 침해하는 행위를 개시한 때이다.

② 체포죄는 계속범으로서 체포의 행위에 확실히 사람의 신체의 자유를 구속한다고 인정할 수 있을 정도의 시간적 계속이 있어야 기수에 이르고, 신체의 자유에 대한 구속이 그와 같은 정도에 이르지 못하고 일시적인 것으로 그친 경우에 체포죄의 미수범이 성립할 뿐이다.

③ 구 「정신보건법」(2015.1.28. 법률 제13110호로 개정되기 전의 것) 제23조 제2항에 따르면 정신의료기관의 장이 자의로 입원한 환자의 퇴원 요구에 불응하고 방치한 경우에도 감금죄가 성립하는 것은 아니다.

④ 승용차로 피해자를 가로막아 승차하게 한 후 피해자의 하차 요구를 무시한 채 당초 목적지가 아닌 다른 장소를 향하여 시속 약 60km 내지 70km의 속도로 진행하여 피해자를 차량에서 내리지 못하게 한 경우, 감금죄에 해당한다.

해설

① [○], ② [○] [1] 체포죄는 사람의 신체에 대하여 직접적이고 현실적인 구속을 가하여 신체활동의 자유를 박탈하는 죄로서, 그 실행의 착수 시기는 체포의 고의로 타인의 신체적 활동의 자유를 현실적으로 침해하는 행위를 개시한 때이다.
[2] 체포죄는 계속범으로서 체포의 행위에 확실히 사람의 신체의 자유를 구속한다고 인정할 수 있을 정도의 시간적 계속이 있어야 기수에 이르고, 신체의 자유에 대한 구속이 그와 같은 정도에 이르지 못하고 일시적인 것으로 그친 경우에는 체포죄의 미수범이 성립할 뿐이다(대판 2018.2.28. 2017도21249; 대판 2020.3.27. 2016도18713).

③ [×] 구 정신보건법(2015.1.28. 법률 제13110호로 개정되기 전의 것, 이하 같다) 제23조 제2항은 '정신의료기관의 장은 자의로 입원 등을 한 환자로부터 퇴원 신청이 있는 경우에는 지체 없이 퇴원을 시켜야 한다'고 정하고 있다(2016.5.29. 법률 제14224호로 전부 개정된 정신건강증진 및 정신질환자 복지서비스 지원에 관한 법률 제41조 제2항은 '정신의료기관 등의 장은 자의입원 등을 한 사람이 퇴원 등을 신청한 경우에는 지체 없이 퇴원 등을 시켜야 한다'고 정하고 있다). 환자로부터 퇴원 요구가 있는데도 구 정신보건법에 정해진 절차를 밟지 않은 채 방치한 경우에는 위법한 감금행위가 있다(대판 2017.8.18. 2017도7134).

④ [○] 승용차로 피해자를 가로막아 승차하게 한 후 피해자의 하차 요구를 무시한 채 당초 목적지가 아닌 다른 장소를 향하여 시속 60km 내지 70km의 속도로 진행하자(감금에 해당함), 피해자가 그와 같은 감금상태를 벗어날 목적으로 차량을 빠져 나오려다가 길바닥에 떨어져 상해를 입고 그 결과 사망에 이른 경우 … 감금치사죄에 해당한다(대판 2000.2.11. 99도5286).

정답 ③

16 체포와 감금의 죄에 관한 다음 설명 중 가장 옳지 않은 것은? (다툼이 있으면 판례에 의함)

[13 경찰간부]

① 정신병자는 감금죄의 객체가 될 수 없다.

② 정신병자의 어머니의 의뢰 및 승낙하에 그 감호를 위하여 그 보호실 문을 야간에 한해서 3일간 시정하여 출입을 못하게 한 감금행위는 그 병자의 신체의 안정과 보호를 위하여 사회통념상 부득이 한 조치로서 수긍될 수 있는 것이면 위법성이 없다.

③ 피해자가 만약 도피하는 경우에는 생명, 신체에 심한 해를 당할지도 모른다는 공포감에서 도피하기를 단념하고 있는 상태하에서 호텔로 데리고 가서 함께 유숙한 후 함께 항공기로 국외에 나간 행위는 감금죄로 구성한다.

④ 감금행위가 강간죄나 강도죄의 수단이 된 경우에도 감금죄는 강간죄나 강도죄에 흡수되지 아니하고 별죄를 구성한다.

해설

① [×] 정신병자도 감금죄의 객체가 될 수 있다(대판 2002.10.11. 2002도4315).

② [○] 정신병자의 어머니의 의뢰 및 승낙하에 그 감호를 위하여 그 보호실 문을 야간에 한해서 3일간 시정하여 출입을 못하게 한 감금행위는 그 병자의 신체의 안정과 보호를 위하여 사회통념상 부득이 한 조치로서 수긍될 수 있는 것이면 위법성이 없다(대판 1980.2.12. 79도1349).

③ [○] 피해자가 만약 도피하는 경우에는 생명, 신체에 심한 해를 당할지도 모른다는 공포감에서 도피하기를 단념하고 있는 상태하에서 호텔로 데리고 가서 함께 유숙한 후 함께 항공기로 국외에 나간 행위는 감금죄로 구성한다(대판 1991.8.27. 91도1604).

④ [○] 감금행위가 강간죄나 강도죄의 수단이 된 경우에도 감금죄는 강간죄나 강도죄에 흡수되지 아니하고 별죄를 구성한다(대판 1997.1.21. 96도2715). ▶ 상상적 경합관계가 인정된다.

정답 ①

17 **체포와 감금의 죄에 관한 설명 중 가장 적절하지 않은 것은? (다툼이 있으면 판례에 의함)** [14 경찰승진]

① 감금의 방법은 물리적 · 유형적 장애뿐만 아니라 심리적 · 무형적 장애에 의해서도 가능하고 행동의 자유의 박탈은 반드시 전면적이어야 할 필요가 없다.

② 감금행위가 강간미수죄의 수단이 된 경우 감금행위는 강간미수죄에 흡수되어 따로 범죄를 구성하지 않는다.

③ 피고인들이 대한상이군경회원 80여 명과 공동으로 호텔출입문을 봉쇄하며 피해자들의 출입을 방해하였다면 감금죄에 해당한다.

④ 미성년자를 유인한 자가 계속하여 미성년자를 불법하게 감금하였을 때에는 미성년자유인죄 이외에 감금죄가 별도로 성립한다.

해설

① [○] [1] 감금죄에 있어서의 감금행위는 사람으로 하여금 일정한 장소 밖으로 나가지 못하도록 하여 신체의 자유를 제한하는 행위를 가리키는 것이고, 그 방법은 반드시 물리적 · 유형적 장애를 사용하는 경우뿐만 아니라 심리적 · 무형적 장애에 의하는 경우도 포함되는 것인바, 설사 피해자가 경찰서 안에서 직장동료인 피의자들과 같이 식사도 하고 사무실 안팎을 내왕하였다 하여도 피해자를 경찰서 밖으로 나가지 못하도록 그 신체의 자유를 제한하는 유형 · 무형의 억압이 있었다면 이는 감금행위에 해당한다(대결 1991.12.30. 91모5).
[2] 감금에 있어서의 사람의 행동의 자유의 박탈은 반드시 전면적이어야 할 필요가 없으므로 감금된 특정구역 내부에서 일정한 생활의 자유가 허용되어 있었다고 하더라도 감금죄의 성립에는 아무 소장이 없다(대판 1984.5.15. 84도655).

② [×] 강간죄의 성립에는 언제나 필요한 수단으로 감금행위를 수반하는 것은 아니므로 감금행위가 강간죄의 목적을 달하려고 일정한 장소에 인치하기 위한 수단이 되었다 하여 그 감금행위가 강간죄에 흡수되어 범죄를 구성하지 않는다고 할 수 없고, 감금행위는 독립한 별개의 죄가 된다(대판 1984.8.21. 84도1550).

③ [○] 피고인들이 대한상이군경회원 80여 명과 공동으로 호텔출입문을 봉쇄하며 피해자들의 출입을 방해하였다면 감금죄에 해당한다(대판 1983.9.13. 80도277).

④ [○] 미성년자를 유인한 자가 계속하여 미성년자를 불법하게 감금하였을 때에는 미성년자유인죄 이외에 감금죄가 별도로 성립한다(대판 1998.5.26. 98도1036).

정답 ②

18 **다음 설명 중 가장 적절하지 않은 것은? (다툼이 있으면 판례에 의함)** [16 경찰채용]

① 감금죄는 사람의 행동의 자유를 그 보호법익으로 하여 사람이 특정한 구역에서 나가는 것을 불가능하게 하거나 또는 심히 곤란하게 하는 그 장해는 물리적, 유형적 장해뿐만 아니라 심리적, 무형적 장해에 의하여서도 가능하다.

② 피해자를 강제로 승용차에 태우고 가면서 피해자의 금품을 강취하기 위해 상해를 가한 후 금품을 강취한 다음 피해자를 태운 채 계속하여 상당한 거리를 운전하여 간 경우 강도상해죄와 감금죄의 상상적 경합이 된다.

③ 피해자가 만약 도피하는 경우에는 생명, 신체에 심한 해를 당할지도 모른다는 공포감에서 도피하기를 단념하고 있는 상태하에서 호텔로 데리고 가서 함께 유숙한 후 함께 항공기로 국외에 나간 행위는 감금죄를 구성한다.

④ 감금행위가 강간죄나 강도죄의 수단이 된 경우에도 감금죄는 강간죄나 강도죄에 흡수되지 아니하고 별죄를 구성한다.

해설

① [○] 감금죄에 있어서의 감금행위는 사람으로 하여금 일정한 장소 밖으로 나가지 못하도록 하여 신체의 자유를 제한하는 행위를 가리키는 것이고, 그 방법은 반드시 물리적 · 유형적 장애를 사용하는 경우뿐만 아니라 심리적 · 무형적 장애에 의하는 경우도 포함되는 것인바, 설사 피해자가 경찰서 안에서 직장동료인 피의자들과 같이 식사도 하고 사무실 안팎을 내왕하였다 하여도 피해자를 경찰서 밖으로 나가지 못하도록 그 신체의 자유를 제한하는 유형 · 무형의 억압이 있었다면 이는 감금행위에 해당한다(대결 1991.12.30. 91모5).

② [×] 감금행위가 단순히 강도상해 범행의 수단이 되는 데 그치지 아니하고 강도상해의 범행이 끝난 뒤에도 계속된 경우에는 1개의 행위가 감금죄와 강도상해죄에 해당하는 경우라고 볼 수 없고, 이 경우 감금죄와 강도상해죄는 경합범 관계에 있다(대판 2003.1.10. 2002도4380).

③ [○] 피해자가 만약 도피하는 경우에는 생명, 신체에 심한 해를 당할지도 모른다는 공포감에서 도피하기를 단념하고 있는 상태하에서 호텔로 데리고 가서 함께 유숙한 후 함께 항공기로 국외에 나간 행위는 감금죄를 구성한다(대판 1991.8.27. 91도1604).

④ [○] 감금행위가 강간죄나 강도죄의 수단이 된 경우에도 감금죄는 강간죄나 강도죄에 흡수되지 아니하고 별죄를 구성한다(대판 1997.1.21. 96도2715). ▶ 상상적 경합관계가 인정된다.

정답 ②

19 감금의 죄에 대한 설명 중 가장 적절하지 않은 것은? (다툼이 있는 경우 판례에 의함) [23 경찰승진]

① 감금하기 위한 수단으로 행사된 단순한 협박행위는 감금죄에 흡수되어 별도의 죄를 구성하지 않는다.

② 감금행위가 강간죄나 강도죄의 수단이 된 경우에 감금죄는 강간죄나 강도죄에 흡수되어 별도의 죄를 구성하지 않는다.

③ 피해자가 있었던 장소가 경찰서 내 대기실로서 일반인과 면회인 및 경찰관이 수시로 출입하는 곳이고, 여닫이문만 열면 나갈 수 있는 구조라고 하더라도 경찰서 밖으로 나가지 못하도록 신체의 자유를 제한하는 유 · 무형의 억압이 있었다면 이는 감금에 해당한다.

④ 甲이 생명 또는 신체에 심한 해를 입을지 모른다는 공포감에서 도피하기를 단념한 상태의 피해자 A를 호텔로 데려가서 같이 유숙한 후 항공기를 이용하여 함께 국외로 나간 경우 감금죄를 구성한다.

해설

① [○] 감금하기 위한 수단으로 행사된 단순한 협박행위는 감금죄에 흡수되어 별도의 죄를 구성하지 않는다(대판 1982.6.22. 82도705).

② [×] 감금행위가 강간죄나 강도죄의 수단이 된 경우에도 감금죄는 강간죄나 강도죄에 흡수되지 아니하고 별죄를 구성한다(대판 1997.1.21. 96도2715).

③ [○] 피해자가 있었던 장소가 경찰서 내 대기실로서 일반인과 면회인 및 경찰관이 수시로 출입하는 곳이고, 여닫이문만 열면 나갈 수 있는 구조라고 하더라도 경찰서 밖으로 나가지 못하도록 신체의 자유를 제한하는 유 · 무형의 억압이 있었다면 이는 감금에 해당한다(대판 1997.6.13. 97도877).

④ [○] 피해자가 만약 도피하는 경우에는 생명, 신체에 심한 해를 당할지도 모른다는 공포감에서 도피하기를 단념하고 있는 상태하에서 그를 호텔로 데리고 가서 함께 유숙한 후 그와 함께 항공기로 국외에 나간 행위는 감금죄를 구성한다(대판 1991.8.27. 91도1604).

정답 ②

20 다음 중 가장 적절하지 않은 것은? (다툼이 있는 경우 판례에 의함)

[23 경찰채용]

① 협박죄는 사람의 의사결정의 자유를 보호법익으로 하는 위험범이라 봄이 상당하고, 협박죄의 미수범 처벌조항은 해악의 고지가 현실적으로 상대방에게 도달하지 아니한 경우나, 도달은 하였으나 상대방이 이를 지각하지 못하였거나 고지된 해악의 의미를 인식하지 못한 경우 등에 적용될 뿐이다.

② 체포죄는 계속범으로서 원칙적으로 체포의 행위에 확실히 사람의 신체의 자유를 구속한다고 인정할 수 있을 정도의 시간적 계속이 있어야 성립하고, 신체의 자유에 대한 구속이 그와 같은 정도에 이르지 못하고 일시적인 것으로 그친 경우라면 체포죄의 성립은 부정되어 무죄가 된다.

③ 강간죄의 성립에 언제나 직접적으로 또 필요한 수단으로서 감금행위를 수반하는 것은 아니므로 감금행위가 강간미수죄의 수단이 되었다 하여 감금행위는 강간미수죄에 흡수되어 범죄를 구성하지 않는다고 할 수는 없는 것이고, 그때에는 감금죄와 강간미수죄는 일개의 행위에 의하여 실현된 경우로서 「형법」 제40조의 상상적 경합관계에 있다.

④ 甲은 A로 하여금 주차장을 이용하지 못하게 할 의도로 乙과 공모하여 乙의 차량을 A의 주택 앞에 주차하였으나, 주차 당시 甲과 A 사이에 물리적 접촉이 있거나 甲이 A에게 어떠한 유형력을 행사했다고 볼만한 사정이 없고, 甲의 행위로 A 본인의 차량을 주택 내부의 주차장에 출입시키지 못하는 불편은 발생하였으나 A는 차량을 용법에 따라 정상적으로 사용할 수 있었다면 甲은 A를 폭행하여 차량 운행에 관한 권리행사를 방해하였다고 평가하기는 어렵다.

해설

① [○] 협박죄는 사람의 의사결정의 자유를 보호법익으로 하는 위험범이라 봄이 상당하고, 협박죄의 미수범 처벌조항은 해악의 고지가 현실적으로 상대방에게 도달하지 아니한 경우나, 도달은 하였으나 상대방이 이를 지각하지 못하였거나 고지된 해악의 의미를 인식하지 못한 경우 등에 적용될 뿐이다(대판(전) 2007.9.28. 2007도606).

② [×] 체포죄는 계속범으로서 체포의 행위에 확실히 사람의 신체의 자유를 구속한다고 인정할 수 있을 정도의 시간적 계속이 있어야 기수에 이르고, 신체의 자유에 대한 구속이 그와 같은 정도에 이르지 못하고 일시적인 것으로 그친 경우에는 체포죄의 미수범이 성립할 뿐이다(대판 2020.3.27. 2016도18713).

③ [○] 강간죄의 성립에 언제나 직접적으로 또 필요한 수단으로서 감금행위를 수반하는 것은 아니므로 감금행위가 강간미수죄의 수단이 되었다 하더라도 감금행위는 강간미수죄에 흡수되어 범죄를 구성하지 않는다고 할 수는 없는 것이고, 그때에는 감금죄와 강간미수죄는 일개의 행위에 의하여 실현된 경우로서 「형법」 제40조의 상상적 경합관계에 있다(대판 1984.8.21. 84도1550).

④ [○] 피고인이 甲과 공모하여 甲 소유의 차량을 乙 소유의 주택 대문 바로 앞에 주차하는 방법으로 乙이 차량을 주택 내부의 주차장에 출입시키지 못하게 함으로써 乙의 차량 운행에 관한 권리행사를 방해했다는 내용으로 기소된 사안에서, 피고인이 乙에게 어떠한 유형력을 행사했다고 볼만한 사정이 없는 점, 피고인의 행위로 乙에게 주택외부에 있던 차량을 주택 내부의 주차장에 출입시키지 못하는 등 불편이 발생했으나 乙은 차량을 용법에 따라 정상적으로 사용할 수 있었던 점 등을 종합하면, 차량 운행에 관한 권리행사를 방해했다고 평가하기 어려우므로, 강요죄가 성립하지 않는다(대판 2021.11.25. 2018도1346).

정답 ②

제4절 | 약취 · 유인 · 인신매매의 죄

21 **약취와 유인의 죄에 관한 다음 설명 중 가장 적절하지 않은 것은? (다툼이 있으면 판례에 의함, 특별법은 고려하지 말 것)** [12 경찰채용]

① 약취의 경우에 폭행 · 협박의 정도는 상대방의 반항을 억압할 정도의 것임을 요한다.

② 유인의 수단으로서 유혹이라 함은 기망의 정도에는 이르지 아니하나 감언이설로써 상대방을 현혹시켜 판단의 적정을 그르치게 하는 것이므로 반드시 그 유혹의 내용이 허위일 것을 요하지는 않는다.

③ 미성년자를 유인한 자가 계속하여 미성년자를 불법하게 감금하였을 때에는 미성년자유인죄 이외에 감금죄가 별도로 성립한다.

④ 친권자가 외조부가 맡아서 양육해 오던 미성년인 자(子)를 자(子)의 의사에 반하여 사실상 자신의 지배하에 옮긴 경우, 미성년자약취 · 유인죄가 성립한다.

해설

① [×] 폭행 또는 협박의 정도는 상대방을 실력적 지배하에 둘 수 있을 정도이면 족하고, 반드시 상대방의 반항을 억압할 정도의 것임을 요하지는 않는다(대판 1991.8.13. 91도1184).

② [○] 미성년자유인죄라 함은 기망 또는 유혹을 수단으로 하여 미성년자를 꾀어 현재의 보호상태로부터 이탈케 하여 자기 또는 제3자의 사실적 지배하로 옮기는 행위를 말하고, 여기서의 유혹이라 함은 기망의 정도에는 이르지 아니하나 감언이설로써 상대방을 현혹시켜 판단의 적정을 그르치게 하는 것이므로 반드시 그 유혹의 내용이 허위일 것을 요하지는 않는다(대판 1996.2.27. 95도2980).

③ [○] 미성년자를 유인한 자가 계속하여 미성년자를 불법하게 감금하였을 때에는 미성년자유인죄 이외에 감금죄가 별도로 성립한다(대판 1998.5.26. 98도1036).

④ [○] [1] 미성년자를 보호감독하는 자라 하더라도 다른 보호감독자의 감호권을 침해하거나 자신의 감호권을 남용하여 미성년자 본인의 이익을 침해하는 경우에는 미성년자 약취 · 유인죄의 주체가 될 수 있다.
[2] 외조부가 맡아서 양육해 오던 미성년인 子를 子의 의사에 반하여 사실상 자신의 지배하에 옮긴 경우, 미성년자 약취 · 유인죄가 성립한다(대판 2008.1.31. 2007도8011).

정답 ①

22 **약취와 유인의 죄에 대한 설명 중 옳지 않은 것은 모두 몇 개인가? (다툼이 있으면 판례에 의함)** [21 경찰간부]

㉠ 형법은 추행 · 간음 · 영리목적의 약취 · 유인과 결혼목적 약취 · 유인의 법정형을 상이하게 규정하고 있다. ㉡ 형법상 약취 · 유인의 죄는 모두 일정한 목적이 있는 경우에만 성립하는 목적범의 형태로 규정되어 있다. ㉢ 미성년자를 약취 · 유인한 자가 그 미성년자를 안전한 장소로 풀어준 때에는 그 형을 감경하거나 면제할 수 있다. ㉣ 미성년자약취 · 유인죄를 범할 목적으로 예비 · 음모한 경우, 세계주의 원칙에 따라 대한민국 영역 밖에서 이 죄를 범한 외국인에게도 대한민국 형법을 적용한다.

① 1개
② 2개
③ 3개
④ 4개

해설

㉠ [×] 추행, 간음, 결혼 또는 영리의 목적으로 사람을 약취 또는 유인한 사람은 모두 1년 이상 10년 이하의 징역에 처한다(제288조 제1항).
㉡ [×] 제288조의 추행 등 목적 약취 · 유인죄는 추행 등 일정한 목적이 있는 경우에만 성립하지만, 제287조의 미성년자약취 · 유인죄는 목적범이 아니므로 목적이 없어도 성립한다.
㉢ [×] 미성년자를 약취 · 유인한 자가 그 미성년자를 안전한 장소로 풀어준 때에는 그 형을 감경할 수 있다(제287조, 제295조의2).
㉣ [×] 외국인이 외국에서 미성년자약취 · 유인죄(기수)나 그 미수범을 범한 경우 세계주의 원칙에 따라 대한민국 영역 밖에서 이 죄를 범한 외국인에게도 대한민국 형법을 적용한다(제287조, 제296조의2). 따라서 미성년자약취 · 유인죄를 범할 목적으로 예비 · 음모한 경우, 세계주의 원칙이 적용되지 아니한다.

정답 ④

23 약취와 유인의 죄에 관한 설명 중 가장 옳지 않은 것은? (다툼이 있으면 판례에 의함) [15 경찰간부]

① 미성년자유인죄라 함은 기망 또는 유혹을 수단으로 하여 미성년자를 꾀어 현재의 보호상태로부터 이탈하게 하여 자기 또는 제3자의 사실적 지배하로 옮기는 행위를 말한다.
② 베트남 국적 여성인 피고인이 남편의 동의 없이 생후 13개월 된 자녀를 베트남의 친정으로 데려간 행위는 실력을 행사하여 자녀를 평온하던 종전의 보호 · 양육 상태로부터 이탈시킨 것으로서 국외이송약취죄 및 피약취자국외이송죄에 해당한다.
③ 미성년자를 유인한 자가 계속하여 미성년자를 불법하게 감금하였을 때에는 미성년자유인죄 이외에 감금죄가 별도로 성립한다.
④ 국외이송 목적 약취 · 유인죄의 경우 예비 · 음모를 처벌한다.

해설

① [○] 형법 제287조의 미성년자유인죄란 기망 또는 유혹을 수단으로 하여 미성년자를 꾀어 그 하자 있는 의사에 따라 미성년자를 자유로운 생활관계 또는 보호관계로부터 이탈하게 하여 자기 또는 제3자의 사실적 지배하에 옮기는 행위를 말하고, 여기서 사실적 지배라고 함은 미성년자에 대한 물리적 · 실력적인 지배관계를 의미한다(대판 1998.5.15. 98도690).
② [×] 미성년의 자녀를 부모가 함께 동거하면서 보호 · 양육하여 오던 중 부모의 일방이 상대방 부모나 그 자녀에게 어떠한 폭행, 협박이나 불법적인 사실상의 힘을 행사함이 없이 그 자녀를 데리고 종전의 거소를 벗어나 다른 곳으로 옮겨 자녀에 대한 보호 · 양육을 계속하였다면, 그 행위가 보호 · 양육권의 남용에 해당한다는 등 특별한 사정이 없는 한 설령 이에 관하여 법원의 결정이나 상대방 부모의 동의를 얻지 아니하였다고 하더라도 그러한 행위에 대하여 곧바로 형법상 미성년자에 대한 약취죄의 성립을 인정할 수는 없다(대판(전) 2013.6.20. 2010도14328).
③ [○] 미성년자를 유인한 자가 계속하여 미성년자를 불법하게 감금하였을 때에는 미성년자유인죄 이외에 감금죄가 별도로 성립한다(대판 1998.5.26. 98도1036).
④ [○] 국외이송 목적 약취 · 유인죄의 경우 예비 · 음모를 처벌한다(제296조).

정답 ②

24 약취와 유인의 죄에 대한 설명 중 옳은 것은 모두 몇 개인가? (다툼이 있으면 판례에 의함) [15 경찰간부]

㉠ 甲이 간음할 목적으로 초등학교 5학년 여학생인 乙의 소매를 잡아끌면서 "우리 집에 자러 가자"고 한 행위는 간음목적의 약취행위에 해당한다.
㉡ 약취와 유인의 죄의 장의 각 죄들은 친고죄이며, 대한민국 영역 밖에서 죄를 범한 외국인에게도 적용되도록 세계주의 규정을 두고 있다.
㉢ 미성년자를 유인한 자가 계속하여 미성년자를 불법하게 감금하였을 때에는 미성년자유인죄 이외에 감금죄가 별도로 성립한다.
㉣ 미성년자약취·유인죄의 입법취지는 심신의 발육이 불충분하고 지려와 경험이 풍부하지 못한 미성년자의 자유를 특별히 보호하자는 것이며, 부차적으로 보호자의 감독권도 보호하게 된다.

① 1개
② 2개
③ 3개
④ 4개

해설

㉠ [○] 술에 만취한 피고인이 간음할 목적으로 초등학교 5학년 여학생의 소매를 잡아끌면서 "우리 집에 같이 자러 가자"고 한 행위가 형법 제288조의 약취행위의 수단인 '폭행'에 해당한다(대판 2009.7.9. 2009도3816).
㉡ [×] 약취와 유인의 죄의 장의 각 죄들은 모두 친고죄가 아니다. 한편 약취와 유인의 죄의 장에는 대한민국 영역 밖에서 죄를 범한 외국인에게도 적용되도록 세계주의 규정을 두고 있다(제296조의2).
㉢ [○] 미성년자를 유인한 자가 계속하여 미성년자를 불법하게 감금하였을 때에는 미성년자유인죄 이외에 감금죄가 별도로 성립한다(대판 1998.5.26. 98도1036).
㉣ [○] 형법 제287조에 규정된 미성년자약취죄의 경우, 미성년자의 자유 외에 보호감독자의 감호권도 그 보호법익으로 하고 있다는 점을 고려하면, 피고인과 공범들이 미성년자를 보호·감독하고 있던 그 아버지의 감호권을 침해하여 그 미성년자를 자신들의 사실상 지배하로 옮긴 이상 미성년자약취죄가 성립한다 할 것이고, 약취행위에 미성년자의 동의가 있었다 하더라도 본죄의 성립에는 변함이 없다(대판 2003.2.11. 2002도7115).

정답 ③

25 약취와 유인의 죄에 관한 설명 중 가장 적절하지 않은 것은? (다툼이 있으면 판례에 의함) [15경찰승진]

① 미성년자 혼자 머무는 주거에 침입하여 강도 범행을 하는 과정에서 미성년자와 그 부모에게 폭행·협박을 가하여 일시적으로 부모와의 보호관계가 사실상 침해·배제된 경우 형법상 미성년자약취죄가 성립하지 않는다.
② 미성년자를 보호·감독하는 자라 하더라도 다른 보호감독자의 감호권을 침해하거나 자신의 감호권을 남용하여 미성년자 본인의 이익을 침해하는 경우에는 미성년자 약취·유인죄의 주체가 될 수 있다.
③ 15세된 가출소녀를 유혹하여 단란주점에 팔 생각으로 피해자에게 접근하여 취직자리를 찾아 주겠다고 속여 자신의 원룸 아파트에 유인하였다가 단란주점 주인과 약속장소로 가는 도중에 검거되었다면 미성년자유인죄의 미수에 해당한다.
④ 간음의 목적으로 11세에 불과한 어린 나이의 피해자를 유혹하여 위 모텔 앞길에서부터 위 모텔 301호실까지 데리고 간 이상, 간음목적유인죄의 기수에 이른 것이다.

해설

① [○] 미성년자 혼자 머무는 주거에 침입하여 강도 범행을 하는 과정에서 미성년자와 그 부모에게 폭행 · 협박을 가하여 일시적으로 부모와의 보호관계가 사실상 침해 · 배제되었더라도, 미성년자가 기존의 생활관계로부터 완전히 이탈되었다거나 새로운 생활관계가 형성되었다고 볼 수 없고 범인의 의도도 위와 같은 생활관계의 이탈이 아니라 단지 금품강취를 위한 반항 억압에 있었으므로, 형법 제287조의 미성년자약취죄가 성립하지 않는다(대판 2008.1.17. 2007도8485).

② [○] 미성년자를 보호 · 감독하는 자라 하더라도 다른 보호감독자의 감호권을 침해하거나 자신의 감호권을 남용하여 미성년자 본인의 이익을 침해하는 경우에는 미성년자 약취 · 유인죄의 주체가 될 수 있다(대판 2008.1.31. 2007도8011).

③ [×] 원룸 아파트에 유인한 시점에서 영리목적유인죄는 기수가 된다. 목적범은 기수가 되기 위해서 목적을 달성하여야 하는 것은 아니다.

④ [○] 피고인이 11세에 불과한 어린 나이의 피해자를 유혹하여 위 모텔 앞길에서부터 위 모텔 301호실까지 데리고 간 이상, 그로써 피고인은 피해자를 자유로운 생활관계로부터 이탈시켜 피고인의 사실적 지배 아래로 옮겼다고 할 것이고, 이로써 간음목적유인죄의 기수에 이르른 것으로 보아야 할 것이다(대판 2007.5.11. 2007도2318).

정답 ③

26 약취, 유인 및 인신매매의 죄에 대한 설명으로 적절한 것을 모두 고른 것은? (다툼이 있으면 판례에 의함)

[21 경찰승진]

㉠ 생후 약 13개월 된 자녀를 친부모가 함께 동거하면서 보호 · 양육하여 오던 중 친모가 어떠한 폭행, 협박이나 불법적인 사실상의 힘을 행사함이 없이 친부의 의사에 반하여 그 자녀를 주거지에서 데리고 나와 국외에 이송한 경우 보호 · 양육권의 남용에 해당하는 등 특별한 사정이 없다 하더라도 친모의 행위를 약취행위로 볼 수 있다.
㉡ 「형법」 제289조의 인신매매죄를 범할 목적으로 예비 또는 음모한 사람은 처벌한다.
㉢ 미성년자가 혼자 머무는 주거에 침입하여 그를 감금한 뒤 폭행 또는 협박에 의하여 부모의 출입을 봉쇄하거나 미성년자와 부모가 거주하는 주거에 침입하여 부모만을 강제로 퇴거시키고 독자적인 생활관계를 형성하기에 이르렀다면 비록 장소적 이전이 없었다 할지라도 미성년자약취죄에 해당한다.
㉣ 「형법」 제287조 미성년자약취 · 유인죄는 대한민국 영역 밖에서 죄를 범한 외국인에게 적용되지 않는다.

① ㉠, ㉡
② ㉠, ㉣
③ ㉡, ㉢
④ ㉡, ㉣

해설

㉠ [×] 미성년의 자녀를 부모가 함께 동거하면서 보호 · 양육하여 오던 중 부모의 일방이 상대방 부모나 그 자녀에게 어떠한 폭행, 협박이나 불법적인 사실상의 힘을 행사함이 없이 그 자녀를 데리고 종전의 거소를 벗어나 다른 곳으로 옮겨 자녀에 대한 보호 · 양육을 계속하였다면, 그 행위가 보호 · 양육권의 남용에 해당한다는 등 특별한 사정이 없는 한 설령 이에 관하여 법원의 결정이나 상대방 부모의 동의를 얻지 아니하였다고 하더라도 그러한 행위에 대하여 곧바로 형법상 미성년자에 대한 약취죄의 성립을 인정할 수는 없다(대판(전) 2013.6.20. 2010도14328).

㉡ [○] 인신매매죄를 범할 목적으로 예비 또는 음모한 사람은 처벌한다(제289조, 제296조).

㉢ [○] 미성년자가 혼자 머무는 주거에 침입하여 그를 감금한 뒤 폭행 또는 협박에 의하여 부모의 출입을 봉쇄하거나, 미성년자와 부모가 거주하는 주거에 침입하여 부모만을 강제로 퇴거시키고 독자적인 생활관계를 형성하기에 이르렀다면 비록 장소적 이전이 없었다 할지라도 형법 제287조의 미성년자약취죄에 해당함이 명백하다(대판 2008.1.17. 2007도8485).

㉣ [×] 형법 제287조 미성년자약취 · 유인죄는 대한민국 영역 밖에서 죄를 범한 외국인에게도 적용된다(제287조, 제296조의2-세계주의).

정답 ③

27 **체포 · 감금 및 약취 · 유인의 죄에 관한 설명 중 가장 적절한 것은? (다툼이 있는 경우 판례에 의함)**

[23 경찰채용]

① 미국인이 프랑스에서 일본인 미성년자를 약취한 경우, 우리 형법을 적용할 수는 없다.

② 체포 행위가 확실히 사람의 신체의 자유를 구속하는 정도로 계속되지 못하고 일시적인 것에 그쳤다고 하여도 체포죄의 미수가 아닌 기수에 이른 것으로 보아야 한다.

③ 미성년자와 부모가 함께 거주하는 주거에 침입하여 부모만을 강제로 퇴거시키고 미성년자와 독자적인 생활관계를 형성하기에 이르렀다면, 비록 장소적 이전이 없었다 할지라도 형법 제287조의 미성년자약취죄에 해당한다.

④ 미성년자를 유인한 자가 계속하여 미성년자를 불법하게 감금한 경우, 감금죄만 성립하고 미성년자유인죄는 이에 흡수된다.

해설

① [×] 형법은 약취, 유인 및 인신매매죄 등에 관한 규정이 대한민국 영역 밖에서 죄를 범한 외국인에게도 적용될 수 있도록 세계주의 규정을 신설하였다.2)

② [×] 체포죄는 계속범으로서 체포의 행위에 확실히 사람의 신체의 자유를 구속한다고 인정할 수 있을 정도의 시간적 계속이 있어야 기수에 이르고, 신체의 자유에 대한 구속이 그와 같은 정도에 이르지 못하고 일시적인 것으로 그친 경우에는 체포죄의 미수범이 성립할 뿐이다(대판 2020.3.27. 2016도18713).

③ [○] 미성년자가 혼자 머무는 주거에 침입하여 그를 감금한 뒤 폭행 또는 협박에 의하여 부모의 출입을 봉쇄하거나 미성년자와 부모가 거주하는 주거에 침입하여 부모만을 강제로 퇴거시키고 독자적인 생활관계를 형성하기에 이르렀다면 비록 장소적 이전이 없었다고 할지라도 형법 제287조의 미성년자약취죄에 해당함이 명백하다(대판 2008.1.17. 2007도8485).

④ [×] 미성년자를 유인한 자가 계속하여 미성년자를 불법하게 감금하였을 때에는 미성년자유인죄 이외에 감금죄가 별도로 성립한다(대판 1998.5.26. 98도1036).

정답 ③

2) 제296조의2【세계주의】 제287조부터 제292조까지 및 제294조(약취, 유인 및 인신매매죄 등)는 대한민국 영역 밖에서 죄를 범한 외국인에게도 적용한다.

제5절 | 강간 · 추행의 죄

28 강간과 추행의 죄에 관한 설명으로 가장 적절하지 않은 것은? (다툼이 있는 경우 판례에 의함) [23 경찰간부]

① 강간죄에서의 폭행 · 협박과 간음 사이에는 인과관계가 있어야 하나, 폭행 · 협박이 반드시 간음행위보다 선행되어야 하는 것은 아니다.

② 피해자가 깊은 잠에 빠져 있거나 술 · 약물 등에 의해 일시적으로 의식을 잃은 상태 또는 완전히 의식을 잃지는 않았더라도 그와 같은 사유로 정상적인 판단능력과 대응 · 조절능력을 행사할 수 없는 상태에 있었다면, 이는 준강간죄 또는 준강제추행죄에서의 심신상실 또는 항거불능 상태에 해당한다.

③ 甲이 아파트 놀이터의 의자에 앉아 전화 통화를 하고 있던 A의 등 뒤로 몰래 다가가 성기를 드러내고 A의 머리카락 및 옷 위에 소변을 본 경우, 甲의 행위가 A의 성적자기결정권을 침해하는 추행행위에 해당하기 위해서는 甲의 행위 당시 A가 이를 인식해야 한다.

④ 甲은 A가 심신상실 또는 항거불능의 상태에 있다고 인식하고 그러한 상태를 이용하여 간음할 의사로 A를 간음하였으나, A가 실제로는 심신상실 또는 항거불능의 상태에 있지 않은 경우 준강간죄의 불능미수가 성립한다.

해설

① [○] 강간죄에서의 폭행 · 협박과 간음 사이에는 인과관계가 있어야 하나, 폭행 · 협박이 반드시 간음행위보다 선행되어야 하는 것은 아니다(대판 2017.10.12. 2016도16948).

② [○] 준강간죄에서 '심신상실'이란 정신기능의 장애로 인하여 성적 행위에 대한 정상적인 판단능력이 없는 상태를 의미하고, '항거불능'의 상태란 심신상실 이외의 원인으로 심리적 또는 물리적으로 반항이 절대적으로 불가능하거나 현저히 곤란한 경우를 의미한다. 이는 준강제추행죄의 경우에도 마찬가지이다. 피해자가 깊은 잠에 빠져 있거나 술 · 약물 등에 의해 일시적으로 의식을 잃은 상태 또는 완전히 의식을 잃지는 않았더라도 그와 같은 사유로 정상적인 판단능력과 대응 · 조절능력을 행사할 수 없는 상태에 있었다면 준강간죄 또는 준강제추행죄에서의 심신상실 또는 항거불능 상태에 해당한다(대판 2021.2.4. 2018도9781).

③ [×] 피고인이 아파트 놀이터의 의자에 앉아 전화통화를 하고 있던 피해자의 뒤로 몰래 다가가 甲의 머리카락 및 옷 위에 소변을 보아 강제추행하였다는 내용으로 기소된 사안에서, 피고인이 처음 보는 여성인 甲의 뒤로 몰래 접근하여 성기를 드러내고 甲을 향한 자세에서 甲의 등 쪽에 소변을 본 행위는 객관적으로 일반인에게 성적 수치심이나 혐오감을 일으키게 하고 선량한 성적 도덕관념에 반하는 행위로서 甲의 성적 자기결정권을 침해하는 추행행위에 해당한다고 볼 여지가 있고, 행위 당시 甲이 이를 인식하지 못하였더라도 마찬가지이다(대판 2021.10.28. 2021도7538).

④ [○] 피고인이 피해자가 심신상실 또는 항거불능의 상태에 있다고 인식하고 그러한 상태를 이용하여 간음할 의사로 피해자를 간음하였으나 피해자가 실제로는 심신상실 또는 항거불능의 상태에 있지 않은 경우에는, 실행의 수단 또는 대상의 착오로 인하여 준강간죄에서 규정하고 있는 구성요건적 결과의 발생이 처음부터 불가능하였고 실제로 그러한 결과가 발생하였다고 할 수 없다. 피고인이 준강간의 실행에 착수하였으나 범죄가 기수에 이르지 못하였으므로 준강간죄의 미수범이 성립한다. 피고인이 행위 당시에 인식한 사정을 놓고 일반인이 객관적으로 판단하여 보았을 때 준강간의 결과가 발생할 위험성이 있었으므로 준강간죄의 불능미수가 성립한다(대판(전) 2019.3.28. 2018도16002).

정답 ③

29 **강간과 추행의 죄에 대한 설명 중 가장 적절한 것은? (다툼이 있으면 판례에 의함)** [20 경찰승진]

① (판례변경으로 삭제함)

② (판례변경으로 삭제함)

③ 피고인이 엘리베이터 안에서 피해자를 칼로 위협하는 등의 방법으로 꼼짝하지 못하도록 하여 자신의 실력적인 지배하에 둔 다음 자위행위 모습을 보여주고 피할 수 없게 한 경우 「성폭력범죄의 처벌 등에 관한 특례법」의 특수강제추행죄가 성립한다.

④ 야간에 강간을 목적으로 피해자의 집에 담을 넘어 침입한 후, 안방에서 자고 있던 피해자의 가슴과 엉덩이를 만지면서 강간하려고 하였으나, 피해자가 '야'하고 비명을 지르는 바람에 도망한 경우 강간죄의 장애미수에 해당한다.

해설

① (판례변경으로 삭제함)

② [×] [1] [다수의견] (가) 형법 및 성폭력범죄의 처벌 등에 관한 특례법(이하 '성폭력처벌법'이라 한다)은 강제추행죄의 구성요건으로 '폭행 또는 협박'을 규정하고 있는데, 대법원은 강제추행죄의 '폭행 또는 협박'의 의미에 관하여 이를 두 가지 유형으로 나누어, 폭행행위 자체가 곧바로 추행에 해당하는 경우(이른바 기습추행형)에는 상대방의 의사를 억압할 정도의 것임을 요하지 않고 상대방의 의사에 반하는 유형력의 행사가 있는 이상 그 힘의 대소강약을 불문한다고 판시하는 한편, 폭행 또는 협박이 추행보다 시간적으로 앞서 그 수단으로 행해진 경우(이른바 폭행·협박 선행형)에는 상대방의 항거를 곤란하게 하는 정도의 폭행 또는 협박이 요구된다고 판시하여 왔다(이하 폭행·협박 선행형 관련 판례 법리를 '종래의 판례 법리'라 한다).
(나) 강제추행죄의 범죄구성요건과 보호법익, 종래의 판례 법리의 문제점, 성폭력범죄에 대한 사회적 인식, 판례 법리와 재판실무의 변화에 따라 해석 기준을 명확히 할 필요성 등에 비추어 강제추행죄의 '폭행 또는 협박'의 의미는 다시 정의될 필요가 있다. 강제추행죄의 '폭행 또는 협박'은 상대방의 항거를 곤란하게 할 정도로 강력할 것이 요구되지 아니하고, 상대방의 신체에 대하여 불법한 유형력을 행사(폭행)하거나 일반적으로 보아 상대방으로 하여금 공포심을 일으킬 수 있는 정도의 해악을 고지(협박)하는 것이라고 보아야 한다.
[2] 피고인이 자신의 주거지 방안에서 4촌 친족관계인 피해자 甲(여, 15세)의 학교 과제를 도와주던 중 甲을 양팔로 끌어안은 다음 침대에 쓰러뜨린 후 甲의 가슴을 만지는 등 강제로 추행하였다는 성폭력범죄의 처벌 등에 관한 특례법 위반(친족관계에 의한 강제추행)의 주위적 공소사실로 기소된 사안에서, 당시 피고인은 방안에서 甲의 숙제를 도와주던 중 甲의 왼손을 잡아 자신의 성기 쪽으로 끌어당겼고, 이를 거부하고 자리를 이탈하려는 甲의 의사에 반하여 甲을 끌어안은 다음 침대로 넘어져 甲의 위에 올라탄 후 甲의 가슴을 만졌으며, 방문을 나가려는 甲을 뒤따라가 끌어안았는바, 이러한 피고인의 행위는 甲의 신체에 대하여 불법한 유형력을 행사하여 甲을 강제추행한 것에 해당한다고 볼 여지가 충분하다는 이유로, 이와 달리 피고인의 행위가 甲의 항거를 곤란하게 할 정도의 폭행 또는 협박에 해당하지 않는다고 보아 위 공소사실을 무죄로 판단한 원심의 조치에 강제추행죄의 폭행에 관한 법리오해 등의 잘못이 있다고 한 사례(대판(전) 2023.9.21. 2018도13877).3)

③ [○] 피고인이 엘리베이터 안에서 피해자를 칼로 위협하는 등의 방법으로 꼼짝하지 못하도록 하여 자신의 실력적인 지배하에 둔 다음 자위행위 모습을 보여주고 피할 수 없게 한 경우 「성폭력범죄의 처벌 등에 관한 특례법」의 특수강제추행죄가 성립한다(대판 2010.2.25. 2009도13716).

④ [×] 피고인이 강간할 목적으로 피해자의 집에 침입하였다 하더라도 안방에 들어가 누워 자고 있는 피해자의 가슴과 엉덩이를 만지면서 간음을 기도하였다는 사실만으로는 강간의 수단으로 피해자에게 폭행이나 협박을 개시하였다고 하기는 어렵다(대판 1990.5.25. 90도607).

정답 ③

---

3) 피고인이 甲(여, 48세)에게 단순히 자신의 바지를 벗어 성기를 보여준 것만으로는 폭행 또는 협박으로 '추행'을 하였다고 볼 수 없으므로 강제추행죄가 성립하지 아니한다는 대판 2012.7.26. 2011도8805는 대판 2023.9.21. 2018도13877 전원합의체 판결에 의하여 폐기되었음에 유의하여야 한다.

30 **강간과 추행의 죄에 대한 설명 중 옳지 않은 것은 모두 몇 개인가? (다툼이 있는 경우 판례에 의함)**

[22 경찰간부]

가. 비록 간음행위를 시작할 때 폭행 또는 협박이 없었다고 하더라도 간음행위와 거의 동시 또는 그 직후에 피해자를 폭행하여 간음한 경우에는 강간죄를 구성한다.
나. 부부의 혼인관계가 파탄에 이르지 아니하고 실질적으로 유지되고 있다면 설령 부부 중 일방이 반항을 불가능하게 하거나 현저히 곤란하게 할 정도의 폭행이나 협박을 가하여 상대방을 간음한 경우라도 강간죄가 성립하지 아니한다.
다. 「형법」 제32장 강간과 추행의 죄는 개인의 성적 자유를 침해하는 것을 내용으로 하며, 여기에서 '성적 자유'는 적극적으로 성행위를 할 수 있는 자유뿐만 아니라 소극적으로 원치 않는 성행위를 하지 아니할 자유를 말한다.
라. 강제추행죄는 폭행행위 자체가 추행행위라고 인정되는 경우도 포함하며, 이 경우의 폭행은 반드시 상대방의 의사를 억압할 정도의 것임을 요하지 아니한다.
마. 甲이 A가 심신상실 또는 항거불능의 상태에 있다고 인식하고 그러한 상태를 이용하여 간음할 의사로 A를 간음하였으나 A가 실제로는 심신상실 또는 항거불능 상태에 있지 않았던 경우, 甲에게는 준강간죄의 장애미수가 성립한다.

① 2개 ② 3개
③ 4개 ④ 5개

해설

▶ 나, 다, 마. 3개가 옳지 않다.

가. [○] 강간죄에서의 폭행·협박과 간음 사이에는 인과관계가 있어야 하나, 폭행·협박이 반드시 간음행위보다 선행되어야 하는 것은 아니다. 피고인은 피해자의 의사에 반하여 기습적으로 자신의 성기를 피해자의 성기에 삽입하고, 피해자가 움직이지 못하도록 반항을 억압한 다음 간음행위를 계속한 이상, 비록 간음행위를 시작할 때 폭행·협박이 없었다고 하더라도 간음행위와 거의 동시 또는 그 직후에 피해자를 폭행하여 간음한 것으로 볼 수 있고, 이는 강간죄를 구성한다(대판 2017.10.12. 2016도16948).

나. [×] [1] 민법 제826조 제1항은 부부의 동거의무를 규정하고 있고, 여기에는 배우자와 성생활을 함께 할 의무가 포함된다. 그러나 부부 사이에 민법상의 동거의무가 인정된다고 하더라도 거기에 폭행, 협박에 의하여 강요된 성관계를 감내할 의무가 내포되어 있다고 할 수 없다. [2] 형법 제297조가 정한 강간죄의 객체인 '부녀'에는 법률상 처가 포함되고, 혼인관계가 파탄된 경우뿐만 아니라 실질적인 혼인관계가 유지되고 있는 경우에도 남편이 반항을 불가능하게 하거나 현저히 곤란하게 할 정도의 폭행이나 협박을 가하여 아내를 간음한 경우에는 강간죄가 성립한다고 보아야 한다(대판(전) 2013.5.16. 2012도14788).

▶ 개정 전의 형법은 강간죄의 객체를 '부녀'로 한정하고 있었으며, 이에 관한 판례에 해당한다. 현행 형법은 강간죄의 객체를 '사람'으로 규정하고 있다.

다. [×] 형법은 제2편 제32장에서 '강간과 추행의 죄'를 규정하고 있는데, 이 장에 규정된 죄는 모두 개인의 성적 유 또는 성적 자기결정권을 침해하는 것을 내용으로 한다. 여기에서 '성적 자유'는 적극적으로 성행위를 할 수 있는 자유가 아니라 소극적으로 원치 않는 성행위를 하지 않을 자유를 말하고, '성적 자기결정권'은 성행위를 할 것인가 여부, 성행위를 할 때 상대방을 누구로 할 것인가 여부, 성행위의 방법 등을 스스로 결정할 수 있는 권리를 의미한다. 형법 제32장의 죄의 기본적 구성요건은 강간죄(제297조)나 강제추행죄(제298조)인데, 이 죄는 미성년자나 심신미약자와 같이 판단능력이나 대처능력이 일반인에 비하여 낮은 사람은 낮은 정도의 유·무형력의 행사에 의해서도 저항을 제대로 하지 못하고 피해를 입을 가능성이 있기 때문에 범죄의 성립요건을 보다 완화된 형태로 규정한 것이다(대판 2019.6.13. 2019도3341).

라. [○] 강제추행죄는 상대방에 대하여 폭행 또는 협박을 가하여 항거를 곤란하게 한 뒤에 추행행위를 하는 경우뿐만 아니라 폭행행위 자체가 추행행위라고 인정되는 이른바 기습추행의 경우도 포함된다. 특히 기습추행의 경우 폭행은 반드시 상대방의 의사를 억압할 정도의 것임을 요하지 않고 상대방의 의사에 반하는 유형력의 행사가 있는 이상 그 힘의 대소강약을 불문한다(대판 2002.4.26. 2001도2417).

마. [×] 피고인이 피해자가 심신상실 또는 항거불능의 상태에 있다고 인식하고 그러한 상태를 이용하여 간음할 의사로 피해자를 간음하였으나 피해자가 실제로는 심신상실 또는 항거불능의 상태에 있지 않은 경우에는, 실행의 수단 또는 대상의 착오로 인하여 준강간죄에서 규정하고 있는 구성요건적 결과의 발생이 처음부터 불가능하였고 실제로 그러한 결과가 발생하였다고 할 수 없다. 피고인이 준강간의 실행에 착수하였으나 범죄가 기수에 이르지 못하였으므로 준강간죄의 미수범이 성립한다. 피고인이 행위 당시에 인식한 사정을 놓고 일반인이 객관적으로 판단하여 보았을 때 준강간의 결과가 발생할 위험성이 있었으므로 준강간죄의 불능미수가 성립한다(대판(전) 2019.3.28. 2018도16002).

정답 ②

31 강간과 추행의 죄에 대한 설명으로 적절하지 않은 것을 모두 고른 것은? (다툼이 있으면 판례에 의함)

[21 경찰승진]

㉠ 폭행 또는 협박으로 사람에 대하여 구강, 항문에 손가락 등 신체(성기는 제외한다)의 일부 또는 도구를 넣는 행위를 한 사람은 「형법」 제297조의2 유사강간죄로 처벌한다.
㉡ 폭행에 대한 보복의 의미에서 피해자의 입술, 귀, 유두, 가슴 등을 입으로 깨문 피고인의 행위는 강제추행죄의 '추행'에 해당한다.
㉢ 강간죄에서의 폭행·협박과 간음 사이에는 인과관계가 있어야 하나, 폭행·협박이 반드시 간음행위보다 선행되어야 하는 것은 아니다.
㉣ 강제추행죄는 사람의 성적 자유 내지 성적 자기결정의 자유를 보호하기 위한 죄로서 정범 자신이 직접 범죄를 실행하여야 성립하는 자수범이라고 볼 수는 없으나, 강제추행에 관한 간접정범의 의사를 실현하는 도구로서의 타인에 피해자 본인은 포함될 수 없다.

① ㉠, ㉡　② ㉠, ㉣　③ ㉡, ㉢　④ ㉡, ㉣

해설

㉠ [×] 폭행 또는 협박으로 사람에 대하여 구강, 항문 등 신체(성기는 제외한다)의 내부에 성기를 넣거나, 성기, 항문에 손가락 등 신체(성기는 제외한다)의 일부 또는 도구를 넣는 경우에 유사강간죄가 성립한다(제297조의2). 따라서 구강에 손가락 등 신체(성기를 제외한다)의 일부 또는 도구를 넣는 경우에는 유사강간죄는 성립하지 아니한다.
㉡ [○] 한때 내연관계에 있던 A녀가 甲의 머리채를 잡아 폭행을 가하자 이에 대한 보복의 의미에서 甲이 A녀의 입술, 귀, 유두, 가슴을 입으로 깨무는 등의 행위를 하였다면 이는 강제추행죄의 '추행'에 해당한다(대판 2013.9.26. 2013도5856).
㉢ [○] 강간죄에서의 폭행·협박과 간음 사이에는 인과관계가 있어야 하나, 폭행·협박이 반드시 간음행위보다 선행되어야 하는 것은 아니다(대판 2017.10.12. 2016도16948).
㉣ [×] 강제추행죄는 사람의 성적 자유 내지 성적 자기결정의 자유를 보호하기 위한 죄로서 정범 자신이 직접 범죄를 실행하여야 성립하는 자수범이라고 볼 수 없으므로 처벌되지 아니하는 타인을 도구로 삼아 피해자를 강제로 추행하는 간접정범의 형태로도 범할 수 있다. 여기서 강제추행에 관한 간접정범의 의사를 실현하는 도구로서의 타인에는 피해자도 포함될 수 있다고 봄이 타당하므로, 피해자를 도구로 삼아 피해자의 신체를 이용하여 추행행위를 한 경우에도 강제추행죄의 간접정범에 해당할 수 있다(대판 2018.2.8. 2016도17733).

정답 ②

32 강제추행 등에 관한 다음 설명 중 옳게 설명한 것은 모두 몇 개인가? (다툼이 있으면 판례에 의함)

[15 법원9급]

㉠ (판례변경으로 삭제)
㉡ 아파트 엘리베이터에 11세의 여아와 단둘이 탄 다음 여아를 향하여 성기를 꺼내 잡고 여러 방향으로 움직이다가 이를 보고 놀란 여아 쪽으로 가까이 다가간 경우, 성폭력범죄의 처벌 등에 관한 특례법 제7조 제5항 소정의 13세 미만의 자에 대한 위력에 의한 추행에 해당한다.
㉢ 준강간, 준강제추행에서의 항거불능의 상태라 함은 심신상실 이외의 원인 때문에 심리적 또는 물리적으로 반항이 절대적으로 불가능하거나 현저히 곤란한 경우를 의미한다.
㉣ 형법 제305조의 미성년자의제강제추행죄의 성립에 필요한 주관적 구성요건요소는 고의만으로 충분하고 그 외에 성욕을 자극·흥분·만족시키려는 주관적 동기나 목적까지 있어야 하는 것은 아니므로, 비록 교육적인 의도가 있었다고 하더라도 초등학교 4학년 담임교사(남자)가 교실에서 자신의 담당하는 반의 남학생의 성기를 4회에 걸쳐 만진 행위는 미성년자의제강제추행죄에서 말하는 '추행'에 해당한다.

① 1개　② 2개　③ 3개　④ 4개

해설

㉠ [1] [다수의견] (가) 형법 및 성폭력범죄의 처벌 등에 관한 특례법(이하 '성폭력처벌법'이라 한다)은 강제추행죄의 구성요건으로 '폭행 또는 협박'을 규정하고 있는데, 대법원은 강제추행죄의 '폭행 또는 협박'의 의미에 관하여 이를 두 가지 유형으로 나누어, 폭행행위 자체가 곧바로 추행에 해당하는 경우(이른바 기습추행형)에는 상대방의 의사를 억압할 정도의 것임을 요하지 않고 상대방의 의사에 반하는 유형력의 행사가 있는 이상 그 힘의 대소강약을 불문한다고 판시하는 한편, 폭행 또는 협박이 추행보다 시간적으로 앞서 그 수단으로 행해진 경우(이른바 폭행·협박 선행형)에는 상대방의 항거를 곤란하게 하는 정도의 폭행 또는 협박이 요구된다고 판시하여 왔다(이하 폭행·협박 선행형 관련 판례 법리를 '종래의 판례 법리'라 한다).
(나) 강제추행죄의 범죄구성요건과 보호법익, 종래의 판례 법리의 문제점, 성폭력범죄에 대한 사회적 인식, 판례 법리와 재판실무의 변화에 따라 해석 기준을 명확히 할 필요성 등에 비추어 강제추행죄의 '폭행 또는 협박'의 의미는 다시 정의될 필요가 있다. 강제추행죄의 '폭행 또는 협박'은 상대방의 항거를 곤란하게 할 정도로 강력할 것이 요구되지 아니하고, 상대방의 신체에 대하여 불법한 유형력을 행사(폭행)하거나 일반적으로 보아 상대방으로 하여금 공포심을 일으킬 수 있는 정도의 해악을 고지(협박)하는 것이라고 보아야 한다.
[2] 피고인이 자신의 주거지 방안에서 4촌 친족관계인 피해자 甲(여, 15세)의 학교 과제를 도와주던 중 甲을 양팔로 끌어안은 다음 침대에 쓰러뜨린 후 甲의 가슴을 만지는 등 강제로 추행하였다는 성폭력범죄의 처벌 등에 관한 특례법 위반(친족관계에 의한 강제추행)의 주위적 공소사실로 기소된 사안에서, 당시 피고인은 방안에서 甲의 숙제를 도와주던 중 甲의 왼손을 잡아 자신의 성기 쪽으로 끌어당겼고, 이를 거부하고 자리를 이탈하려는 甲의 의사에 반하여 甲을 끌어안은 다음 침대로 넘어져 甲의 위에 올라탄 후 甲의 가슴을 만졌으며, 방문을 나가려는 甲을 뒤따라가 끌어안았는바, 이러한 피고인의 행위는 甲의 신체에 대하여 불법한 유형력을 행사하여 甲을 강제추행한 것에 해당한다고 볼 여지가 충분하다는 이유로, 이와 달리 피고인의 행위가 甲의 항거를 곤란하게 할 정도의 폭행 또는 협박에 해당하지 않는다고 보아 위 공소사실을 무죄로 판단한 원심의 조치에 강제추행죄의 폭행에 관한 법리오해 등의 잘못이 있다고 한 사례(대판(전) 2023.9.21. 2018도13877).4)

㉡ [○] 피고인이 아파트 엘리베이터 내에 피해자(女, 11세)와 단둘이 탄 다음 피해자를 향하여 성기를 꺼내어 잡고 여러 방향으로 움직이다가 이를 보고 놀란 피해자 쪽으로 가까이 다가간 경우, 비록 피고인이 피해자의 신체에 대하여 직접적인 접촉을 하지 아니하였고 엘리베이터가 멈춘 후 피해자가 위 상황에서 바로 벗어날 수 있었다고 하더라도 피고인이 피해자에 대하여 한 위 행위는 피해자의 성적 자유의사를 제압하기에 충분한 세력에 의하여 추행행위에 나아간 것으로서 위력에 의한 추행행위에 해당한다(대판 2013.1.16. 2011도7164).

㉢ [○] 형법 제299조는 사람의 심신상실 또는 항거불능의 상태를 이용하여 간음 또는 추행을 한 자를 형법 제297조, 제298조의 강간 또는 강제추행의 죄와 같이 처벌하도록 규정하고 있는데, 여기서 항거불능의 상태라 함은 형법 제297조, 제298조와의 균형상 심신상실 이외의 원인 때문에 심리적 또는 물리적으로 반항이 절대적으로 불가능하거나 현저히 곤란한 경우를 의미한다(대판 2012.6.28. 2012도2631).

㉣ [○] 초등학교 4학년 담임교사(남자)인 피고인이 교실에서 자신이 담당하는 반의 남학생인 피해자의 성기를 4회에 걸쳐 만진 경우, 피고인의 각 행위는 비록 교육적인 의도에서 비롯된 것이라 하여도 교육방법으로서는 적정성을 갖추고 있다고 볼 수 없고, 그로 인하여 정신적·육체적으로 미숙한 피해자의 심리적 성장 및 성적 정체성의 형성에 부정적 영향을 미쳤으며, 현재의 사회환경과 성적 가치기준·도덕관념에 부합되지 아니하므로 형법 제305조에서 말하는 '추행'에 해당한다(대판 2006.1.13. 2005도6791).

정답 ③

4) 피고인이 甲(여, 48세)에게 단순히 자신의 바지를 벗어 성기를 보여준 것만으로는 폭행 또는 협박으로 '추행'을 하였다고 볼 수 없으므로 강제추행죄가 성립하지 아니한다는 대판 2012.7.26. 2011도8805는 대판 2023.9.21. 2018도13877 전원합의체 판결에 의하여 폐기되었음에 유의하여야 한다.

33 **강간과 추행의 죄에 대한 설명으로 가장 적절하지 않은 것은? (다툼이 있으면 판례에 의함)** [20 경찰채용]

① 강간죄는 피해자의 항거를 불능하게 하거나 현저히 곤란하게 할 정도의 폭행 또는 협박을 개시한 때에 그 실행의 착수가 있다고 보아야 할 것이고, 실제로 그와 같은 폭행 또는 협박에 의하여 피해자의 항거가 불능하게 되거나 현저히 곤란하게 되어야만 실행의 착수가 있다고 볼 것은 아니다.

② 폭행 또는 협박으로 사람의 구강에 신체(성기는 제외한다)의 일부를 넣는 행위는 유사강간죄로 처벌한다.

③ 甲이 피해자가 심신상실 또는 항거불능의 상태에 있다고 인식하고 그러한 상태를 이용하여 간음할 의사로 피해자를 간음하였으나 피해자가 실제로는 심신상실 또는 항거불능의 상태에 있지 않은 경우에는 준강간죄의 불능미수가 성립한다.

④ 강간죄에서의 폭행·협박과 간음 사이에는 인과관계가 있어야 하나, 폭행·협박이 반드시 간음행위보다 선행되어야 하는 것은 아니다.

해설

① [○] 강간죄는 피해자의 항거를 불능하게 하거나 현저히 곤란하게 할 정도의 폭행 또는 협박을 개시한 때에 그 실행의 착수가 있다고 보아야 할 것이고, 실제로 그와 같은 폭행 또는 협박에 의하여 피해자의 항거가 불능하게 되거나 현저히 곤란하게 되어야만 실행의 착수가 있다고 볼 것은 아니다(대판 2000.6.9. 2000도1253).

② [×] 폭행 또는 협박으로 사람에 대하여 구강, 항문 등 신체(성기는 제외한다)의 내부에 성기를 넣거나, 성기, 항문에 손가락 등 신체(성기는 제외한다)의 일부 또는 도구를 넣는 경우에 유사강간죄가 성립한다(제297조의2). 따라서 구강에 손가락 등 신체(성기를 제외한다)의 일부 또는 도구를 넣는 경우에는 유사강간죄는 성립하지 아니한다.

③ [○] 피고인이 피해자가 심신상실 또는 항거불능의 상태에 있다고 인식하고 그러한 상태를 이용하여 간음할 의사로 피해자를 간음하였으나 피해자가 실제로는 심신상실 또는 항거불능의 상태에 있지 않은 경우에는, 실행의 수단 또는 대상의 착오로 인하여 준강간죄에서 규정하고 있는 구성요건적 결과의 발생이 처음부터 불가능하였고 실제로 그러한 결과가 발생하였다고 할 수 없다. 피고인이 준강간의 실행에 착수하였으나 범죄가 기수에 이르지 못하였으므로 준강간죄의 미수범이 성립한다. 피고인이 행위 당시에 인식한 사정을 놓고 일반인이 객관적으로 판단하여 보았을 때 준강간의 결과가 발생할 위험성이 있었으므로 준강간죄의 불능미수가 성립한다(대판(전) 2019.3.28. 2018도16002).

④ [○] 강간죄에서의 폭행·협박과 간음 사이에는 인과관계가 있어야 하나, 폭행·협박이 반드시 간음행위보다 선행되어야 하는 것은 아니다(대판 2017.10.12. 2016도16948).

정답 ②

34 **강간과 추행의 죄에 대한 아래 ㉠부터 ㉣까지의 설명 중 옳고 그름의 표시(○, ×)가 모두 바르게 된 것은? (다툼이 있으면 판례에 의함)**

[21 경찰채용]

> ㉠ 강간과 추행의 죄에서 말하는 '성적 자유'는 적극적으로 성행위를 할 수 있는 자유가 아니라 소극적으로 원치 않는 성행위를 하지 않을 자유를 말하고, '성적 자기결정권'은 성행위를 할 것인가 여부, 성행위를 할 때 그 상대방을 누구로 할 것인가 여부, 성행위의 방법 등을 스스로 결정할 수 있는 권리를 의미한다.
> ㉡ 강제추행죄는 자수범이라고 볼 수 없으므로 처벌되지 아니하는 타인을 도구로 삼아 피해자를 강제로 추행하는 간접정범의 형태로도 범할 수 있으나, 여기에서의 강제추행에 관한 간접정범의 의사를 실현하는 도구로서의 타인에는 피해자가 포함되지 않는다.
> ㉢ 위계에 의한 간음죄에서 행위자의 위계적 언동이 존재하였다는 사정만으로 위계에 의한 간음죄가 성립하는 것은 아니고, 위계적 언동의 내용 중에 피해자가 성행위를 결심하게 된 중요한 동기를 이룰 만한 사정이 포함되어 있어 피해자의 자발적인 성적 자기결정권의 행사가 없었다고 평가할 수 있어야 한다.
> ㉣ '미성년자 또는 심신미약자에 대하여 위계 또는 위력으로써 간음 또는 추행'한 자를 처벌하는 「형법」 제302조는, 미성년자나 심신미약자와 같이 판단능력이나 대처능력이 일반인에 비하여 낮은 사람은 낮은 정도의 유·무형력의 행사에 의해서도 저항을 제대로 하지 못하고 피해를 입을 가능성이 있기 때문에 그 범죄의 성립요건을 강간죄나 강제추행죄보다 완화된 형태로 규정한 것이다.

① ㉠ ○ ㉡ × ㉢ ○ ㉣ ○
② ㉠ ○ ㉡ × ㉢ ○ ㉣ ×
③ ㉠ ○ ㉡ ○ ㉢ × ㉣ ○
④ ㉠ × ㉡ ○ ㉢ × ㉣ ×

해설

㉠ [○] 강간과 추행의 죄에서 말하는 '성적 자유'는 적극적으로 성행위를 할 수 있는 자유가 아니라 소극적으로 원치 않는 성행위를 하지 않을 자유를 말하고, '성적 자기결정권'은 성행위를 할 것인가 여부, 성행위를 할 때 그 상대방을 누구로 할 것인가 여부, 성행위의 방법 등을 스스로 결정할 수 있는 권리를 의미한다(대판 2019.6.13. 2019도3341).

㉡ [×] 강제추행죄는 사람의 성적 자유 내지 성적 자기결정의 자유를 보호하기 위한 죄로서 정범 자신이 직접 범죄를 실행하여야 성립하는 자수범이라고 볼 수 없으므로 처벌되지 아니하는 타인을 도구로 삼아 피해자를 강제로 추행하는 간접정범의 형태로도 범할 수 있다. 여기서 강제추행에 관한 간접정범의 의사를 실현하는 도구로서의 타인에는 피해자도 포함될 수 있다고 봄이 타당하므로, 피해자를 도구로 삼아 피해자의 신체를 이용하여 추행행위를 한 경우에도 강제추행죄의 간접정범에 해당할 수 있다(대판 2018.2.8. 2016도17733).

㉢ [○] 위계에 의한 간음죄에서 행위자의 위계적 언동이 존재하였다는 사정만으로 위계에 의한 간음죄가 성립하는 것은 아니고, 위계적 언동의 내용 중에 피해자가 성행위를 결심하게 된 중요한 동기를 이룰 만한 사정이 포함되어 있어 피해자의 자발적인 성적 자기결정권의 행사가 없었다고 평가할 수 있어야 한다(대판(전) 2020.8.27. 2015도9436).

㉣ [○] '미성년자 또는 심신미약자에 대하여 위계 또는 위력으로써 간음 또는 추행'한 자를 처벌하는 「형법」 제302조는, 미성년자나 심신미약자와 같이 판단능력이나 대처능력이 일반인에 비하여 낮은 사람은 낮은 정도의 유·무형력의 행사에 의해서도 저항을 제대로 하지 못하고 피해를 입을 가능성이 있기 때문에 그 범죄의 성립요건을 강간죄나 강제추행죄보다 완화된 형태로 규정한 것이다(대판(전) 2020.8.27. 2015도9436).

정답 ①

35 **강제추행의 죄에 대한 설명으로 옳지 않은 것은? (다툼이 있으면 판례에 의함)** [20 국가9급]

① 엘리베이터 안에서 피해자들을 칼로 위협하여 자신의 실력적인 지배하에 둔 다음 피해자들에게 자신의 자위행위 모습을 보여주고 이를 외면하거나 피할 수 없게 한 행위는 강제추행에 해당한다.

② 강제추행죄는 폭행행위 자체가 추행행위라고 인정되는 경우도 포함하며, 이 경우의 폭행은 반드시 상대방의 의사를 억압할 정도의 것임을 요하지 않고 상대방의 의사에 반하는 유형력의 행사가 있는 이상 그 힘의 대소강약을 불문한다.

③ 밤에 혼자 걸어가는 피해자(여, 17세)를 추행의 고의로 뒤따라 가다가 갑자기 껴안으려 하였으나 피해자가 뒤돌아 보면서 소리치는 바람에 몸을 껴안는 추행의 결과에 이르지 못하고 행위자의 팔이 피해자의 몸에 닿지 않은 경우, 아동·청소년에 대한 강제추행미수죄에 해당하지 않는다.

④ 강제추행죄의 성립에 필요한 주관적 구성요건으로 성욕을 자극·흥분·만족시키려는 동기나 목적이 있어야 하는 것은 아니다.

해설

① [○] 엘리베이터 안에서 피해자들을 칼로 위협하여 자신의 실력적인 지배하에 둔 다음 피해자들에게 자신의 자위행위 모습을 보여주고 이를 외면하거나 피할 수 없게 한 행위는 강제추행에 해당한다(대판 2010.2.25. 2009도13716).

② [○] 강제추행죄는 폭행행위 자체가 추행행위라고 인정되는 경우도 포함하며, 이 경우의 폭행은 반드시 상대방의 의사를 억압할 정도의 것임을 요하지 않고 상대방의 의사에 반하는 유형력의 행사가 있는 이상 그 힘의 대소강약을 불문한다(대판 2012.6.14. 2012도3893).

③ [×] 피고인이 혼자 걸어가는 피해자(女, 17세)를 발견하고 마스크를 착용한 채 200m 정도 뒤따라 간 후, 인적이 없고 외진 곳에 이르러 피해자에게 약 1m 간격으로 접근하여 양팔을 높이 들어 피해자를 껴안으려고 하였으나 피해자가 뒤돌아보면서 '왜 이러세요?'라고 소리치자, 그 상태로 몇 초 동안 피해자를 쳐다보다가 다시 오던 길로 되돌아 온 경우, 양팔을 높이 들어 뒤에서 피해자를 껴안으려는 행위는 피해자의 의사에 반하는 유형력의 행사로서 폭행행위에 해당하고, 그 때에 이른바 '기습추행'에 관한 실행의 착수가 있다고 볼 수 있으므로 아동·청소년에 대한 강제추행미수죄에 해당한다(대판 2015.9.10. 2015도6980).

④ [○] 강제추행죄의 성립에 필요한 주관적 구성요건요소는 고의만으로 충분하고, 그 외에 성욕을 자극·흥분·만족시키려는 주관적 동기나 목적까지 있어야 하는 것은 아니다(대판 2013.9.26. 2013도5856).

정답 ③

36 **강간과 추행에 관한 설명 중 가장 적절하지 않은 것은? (다툼이 있으면 판례에 의함)** [15 경찰승진]

① 초등학교 4학년 담임교사(남자)가 교실에서 자신이 담당하는 반의 남학생의 성기를 만진 행위는 미성년자의제강제추행죄에서 말하는 '추행'에 해당한다.

② 엘리베이터 안에서 피해자들을 칼로 위협하는 등의 방법으로 꼼짝하지 못하도록 하여 자신의 실력적인 지배하에 둔 다음 자위행위 모습을 보여주고 피해자들로 하여금 이를 외면하거나 피할 수 없게 한 행위는 강제추행죄의 추행에 해당하지 않는다.

③ 실질적인 혼인관계가 유지되고 있는 경우에도 남편이 반항을 불가능하게 하거나 현저히 곤란하게 할 정도의 폭행이나 협박을 가하여 아내를 간음한 경우 강간죄가 성립한다.

④ 자신의 처(妻)가 경영하는 가게 종업원들과 노래를 부르다가 여자 종업원을 뒤에서 껴안고 블루스를 추면서 순간적으로 유방을 만진 경우 강제추행죄가 성립한다.

해설

① [○] [1] 형법 제305조의 미성년자의제강제추행죄의 경우, 그 성립에 필요한 주관적 구성요건요소는 고의만으로 충분하고, 그 외에 성욕을 자극·흥분·만족시키려는 주관적 동기나 목적까지 있어야 하는 것은 아니다.
[2] 초등학교 4학년 담임교사(남자)가 교실에서 자신이 담당하는 반의 남학생의 성기를 만진 행위는 미성년자의제강제추행죄에서 말하는 '추행'에 해당한다고 한 사례(대판 2006.1.13. 2005도6791).

② [×] 엘리베이터라는 폐쇄된 공간에서 피해자들을 칼로 위협하는 등으로 꼼짝하지 못하도록 자신의 실력적인 지배하에 둔 다음 성적 수치심과 혐오감을 일으키는 자위행위 모습을 보여주고 피해자들로 하여금 이를 외면하거나 피할 수 없게 한 행위는 강제추행죄의 추행에 해당한다(대판 2010.2.25. 2009도13716).

③ [○] 실질적인 혼인관계가 유지되고 있는 경우에도 남편이 반항을 불가능하게 하거나 현저히 곤란하게 할 정도의 폭행이나 협박을 가하여 아내를 간음한 경우 강간죄가 성립한다(대판(전) 2013.5.16. 2012도14788).

④ [○] 피해자와 춤을 추면서 피해자의 유방을 만진 행위가 순간적인 행위에 불과하더라도 피해자의 의사에 반하여 행하여진 유형력의 행사에 해당하고 피해자의 성적 자유를 침해할 뿐만 아니라 일반인의 입장에서도 추행행위라고 평가될 수 있는 것으로서, 폭행행위 자체가 추행행위라고 인정되어 강제추행에 해당된다고 한 사례(대판 2002.4.26. 2001도2417).

정답 ②

37 **다음 설명 중 가장 옳지 않은 것은? (다툼이 있으면 판례에 의함)** [21 법원9급]

① 기습추행의 경우 추행행위와 동시에 저질러지는 폭행행위는 반드시 상대방의 의사를 억압할 정도의 것임을 요하지 않고 상대방의 의사에 반하는 유형력의 행사가 있기만 하면 그 힘의 대소강약을 불문한다.

② 형법 제302조의 위계에 의한 미성년자간음죄에 있어서 위계라 함은 행위자가 간음의 목적으로 상대방에게 오인, 착각, 부지를 일으키고는 상대방의 그러한 심적 상태를 이용하여 간음의 목적을 달성하는 것을 말하는 것이고, 여기에서 오인, 착각, 부지란 간음행위 자체에 대한 오인, 착각, 부지를 말하는 것이지, 간음행위와 불가분적 관련성이 인정되지 않는 다른 조건에 관한 오인, 착각, 부지를 가리키는 것은 아니다.

③ 형법은 제2편 제32장에서 '강간과 추행의 죄'를 규정하고 있는데, 이 장에 규정된 죄는 모두 개인의 성적 자유 또는 성적 자기결정권을 침해하는 것을 내용으로 한다. 여기에서 '성적 자유'는 적극적으로 성행위를 할 수 있는 자유가 아니라 소극적으로 원치 않는 성행위를 하지 않을 자유를 말하고, '성적 자기결정권'은 성행위를 할 것인가 여부, 성행위를 할 때 상대방을 누구로 할 것인가 여부, 성행위의 방법 등을 스스로 결정할 수 있는 권리를 의미한다.

④ 강간치상죄나 강제추행치상죄에 있어서의 상해는 피해자의 신체의 완전성을 훼손하거나 생리적 기능에 장애를 초래하는 것, 즉 피해자의 건강상태가 불량하게 변경되고 생활기능에 장애가 초래되는 것을 말하는 것으로, 여기서의 생리적 기능에는 육체적 기능뿐만 아니라 정신적 기능도 포함된다.

해설

① [○] 대판 2020.3.26. 2019도15994의 판결내용에 해당한다.

② [×] 위계에 의한 간음죄에서 '위계'란 행위자가 간음의 목적으로 피해자에게 오인, 착각, 부지를 일으키고 피해자의 그러한 심적 상태를 이용하여 간음의 목적을 달성하였다면 위계와 간음행위 사이의 인과관계를 인정할 수 있고, 따라서 위계에 의한 간음죄가 성립한다. 한편 피해자가 오인, 착각, 부지에 빠지게 되는 대상은 간음행위 자체일 수도 있고, 간음행위에 이르게 된 동기이거나 간음행위와 결부된 금전적·비금전적 대가와 같은 요소일 수도 있다(대판(전) 2020.8.27. 2015도9436).
▶ 본 전합판례 변경으로 "오인, 착각, 부지란 간음행위 자체에 대한 오인, 착각, 부지를 말하는 것이지, 간음행위와 불가분적 관련성이 인정되지 않는 다른 조건에 관한 오인, 착각, 부지를 가리키는 것은 아니다."라는 기존의 판례는 폐기되었다.

③ [○] 형법은 제2편 제32장에서 '강간과 추행의 죄'를 규정하고 있는데, 이 장에 규정된 죄는 모두 개인의 성적 자유 또는 성적 자기결정권을 침해하는 것을 내용으로 한다. 여기에서 '성적 자유'는 적극적으로 성행위를 할 수 있는 자유가 아니라 소극적으로 원치 않는 성행위를 하지 않을 자유를 말하고, '성적 자기결정권'은 성행위를 할 것인가 여부, 성행위를 할 때 상대방을 누구로 할 것인가 여부, 성행위의 방법 등을 스스로 결정할 수 있는 권리를 의미한다(대판 2019.6.13. 2019도3341).

④ [○] 강간치상죄나 강제추행치상죄에 있어서의 상해는 피해자의 신체의 완전성을 훼손하거나 생리적 기능에 장애를 초래하는 것, 즉 피해자의 건강상태가 불량하게 변경되고 생활기능에 장애가 초래되는 것을 말하는 것으로, 여기서의 생리적 기능에는 육체적 기능뿐만 아니라 정신적 기능도 포함된다(대판 2017.6.29. 2017도3196).

정답 ②

38 **강간과 추행의 죄에 관한 다음 설명 중 옳지 않은 것은? (다툼이 있으면 판례에 의함)** [16 경찰간부]

① 피고인이 간음할 목적으로 새벽 4시에 여자 혼자 있는 방문 앞에 가서 피해자가 방문을 열어 주지 않으면 부수고 들어갈 듯한 기세로 방문을 두드리고, 피해자가 위험을 느끼고 창문에 걸터 앉아 가까이 오면 뛰어내리겠다고 하는데도 베란다를 통하여 창문으로 침입하려고 하였다면 강간의 수단으로서의 폭행에 착수하였다고 할 수 있으므로 강간의 착수가 있었다고 할 것이다.

② 형법 제305조 소정의 미성년자에 대한 강간죄는 13세 미만의 사람이라는 사실을 알고 간음을 하면 성립되는 것이고 간음을 함에 있어서 피해자에게 폭행, 협박을 가하거나 피해자의 의사에 반하여야 하는 것은 아니다.

③ 강간미수의 경우에도 그 행위와 치상의 결과 간에 인과관계가 인정되면 강간치상죄가 성립한다.

④ 피고인이 잠을 자고 있는 피해자의 옷을 벗긴 후 자신의 바지를 내린 상태에서 피해자의 음부 등을 만지고 자신의 성기를 피해자의 음부에 삽입하려고 하였으나 피해자가 몸을 뒤척이고 비트는 등 잠에서 깨어 거부하는 듯한 기색을 보이자 더 이상 간음행위에 나아가는 것을 포기한 경우, 준강간죄의 실행에 착수하였다고 볼 수 없다.

해설

① [○] 피고인이 간음할 목적으로 새벽 4시에 여자 혼자 있는 방문 앞에 가서 피해자가 방문을 열어 주지 않으면 부수고 들어갈 듯한 기세로 방문을 두드리고, 피해자가 위험을 느끼고 창문에 걸터 앉아 가까이 오면 뛰어내리겠다고 하는데도 베란다를 통하여 창문으로 침입하려고 하였다면 강간의 수단으로서의 폭행에 착수하였다고 할 수 있으므로 강간의 착수가 있었다고 할 것이다(대판 1991.4.9. 91도288).

② [○] 형법 제305조 소정의 미성년자에 대한 강간죄는 13세 미만의 사람이라는 사실을 알고 간음을 하면 성립되는 것이고 간음을 함에 있어서 피해자에게 폭행, 협박을 가하거나 피해자의 의사에 반하여야 하는 것은 아니다(대판 1975.5.13. 75도855).

③ [○] 강간이 미수에 그친 경우라도 그로 인하여 피해자가 상해를 입었으면, 강간치상죄가 성립하는 것이고, 강간치상죄에 있어 상해의 결과는 강간의 수단으로 사용한 폭행으로부터 발생한 경우뿐만 아니라 간음행위 그 자체로부터 발생한 경우나 강간에 수반하는 행위에서 발생한 경우도 포함된다(대판 2003.5.30. 2003도1256).

④ [×] 피고인이 피해자가 잠을 자는 사이에 피해자의 바지와 팬티를 발목까지 벗기고 웃옷을 가슴 위까지 올린 다음, 피고인의 바지를 아래로 내린 상태에서 피해자의 가슴, 엉덩이, 음부 등을 만지고 성기를 음부에 삽입하려고 하였으나 피해자가 잠에서 깨어 거부하는 듯 한 기색을 보이자 더 이상 간음행위에 나아가는 것을 포기한 경우, 피고인이 잠을 자고 있는 피해자의 옷을 벗기고 자신의 바지를 내린 상태에서 피해자의 음부 등을 만지는 행위를 한 시점에서 준강간죄의 실행에 착수하였다고 보아야 한다(대판 2000.1.14. 99도5187).

정답 ④

39 강간과 추행의 죄에 관한 다음 설명 중 옳지 않은 것끼리 묶인 것은? (다툼이 있으면 판례에 의함)

[12 경찰채용]

> ㉠ 야간에 강간을 목적으로 피해자의 집에 담을 넘어 침입한 후, 안방에서 자고 있던 피해자의 가슴과 엉덩이를 만지면서 강간하려고 하였으나 피해자가 '야' 하고 비명을 지르는 바람에 도망한 경우라면 강간죄의 장애미수에 해당한다.
> ㉡ 여종업원들이 거부의사를 밝혔음에도 사장과의 친분관계를 내세워 함께 술을 마시지 않을 경우 신분상 불이익을 가할 것처럼 협박하여 이른바 '러브샷'의 방법으로 술을 마시게 한 것은 강제추행죄에 해당한다.
> ㉢ 당사자 사이에 혼인관계가 파탄되었을 뿐만 아니라 더 이상 혼인관계를 지속할 의사가 없고 이혼의사의 합치가 있어 실질적인 부부관계가 인정될 수 없는 상태에 이르렀다 하더라도 법률상의 배우자인 처는 강간죄의 객체가 되지 않는다.
> ㉣ 형법 제305조에 규정된 13세 미만 부녀에 대한 의제강간 · 추행죄는 그 성립에 있어 위계 또는 위력이나 폭행 또는 협박의 방법에 의함을 요하지 아니하며 피해자의 동의가 있었다고 하여도 성립하는 것이다.
> ㉤ 13세 미만 부녀에 대한 의제강간 · 추행죄의 성립에 필요한 주관적 구성요건요소는 고의만으로 충분하고, 그 외에 성욕을 자극 · 흥분 · 만족시키려는 주관적 동기나 목적까지 있어야 하는 것은 아니다.

① ㉠, ㉡, ㉢　　② ㉠, ㉢
③ ㉡, ㉢, ㉣　　④ ㉢, ㉤

해설

㉠ [×] 피고인이 강간할 목적으로 피해자의 집에 침입하였다 하더라도 안방에 들어가 누워 자고 있는 피해자의 가슴과 엉덩이를 만지면서 간음을 기도하였다는 사실만으로는 강간의 수단으로 피해자에게 폭행이나 협박을 개시하였다고 하기는 어렵다(대판 1990.5.25. 90도607).

㉡ [○] 여종업원들이 거부의사를 밝혔음에도 사장과의 친분관계를 내세워 함께 술을 마시지 않을 경우 신분상 불이익을 가할 것처럼 협박하여 이른바 '러브샷'의 방법으로 술을 마시게 한 것은 강제추행죄에 해당한다(대판 2008.3.13. 2007도10050).

㉢ [×] 형법 제297조가 정한 강간죄의 객체인 '부녀'에는 법률상 처가 포함되고 혼인관계가 파탄된 경우뿐만 아니라 혼인관계가 실질적으로 유지되고 있는 경우에도 남편이 반항을 불가능하게 하거나 현저히 곤란하게 할 정도의 폭행이나 협박을 가하여 아내를 간음한 경우에는 강간죄가 성립한다고 보아야 한다(대판(전) 2013.5.16. 2012도14788).

㉣ [○] 형법 제305조에 규정된 13세 미만 부녀에 대한 의제강간 · 추행죄는 그 성립에 있어 위계 또는 위력이나 폭행 또는 협박의 방법에 의함을 요하지 아니하며 피해자의 동의가 있었다고 하여도 성립하는 것이다(대판 1982.10.12. 82도2183).

㉤ [○] 13세 미만 부녀에 대한 의제강간 · 추행죄의 성립에 필요한 주관적 구성요건요소는 고의만으로 충분하고, 그 외에 성욕을 자극 · 흥분 · 만족시키려는 주관적 동기나 목적까지 있어야 하는 것은 아니다(대판 2009.9.24. 2009도2576).

정답 ②

40 다음 사례(가~라)와 그에 대한 죄책(㉠~㉧)이 옳게 연결된 것은? (다툼이 있으면 판례에 의함) [21 경찰간부]

가. 강도가 실행에 착수하였으나 아직 강도행위를 완료하기 전에 강간을 한 경우
나. 강간범이 강간행위가 종료한 후에 강도의 범의를 일으켜 그 부녀의 재물을 강취한 경우
다. 강간범이 강간 실행행위의 계속 중에 강도행위를 하고, 이후에 그 자리에서 강간행위를 계속하여 종료한 경우
라. 강도가 재물강취의 뜻을 재물의 부재로 이루지 못한 채 미수에 그치고, 그 자리에서 항거불능상태에 빠진 피해자에 대한 강간의 실행에 착수했으나 역시 미수에 그쳤으며, 이 과정에서 반항을 억압하기 위한 폭행으로 피해자에게 상해를 입힌 경우

㉠ 강도죄	㉡ 강간죄
㉢ 강도강간죄	㉣ 강도미수죄
㉤ 강간미수죄	㉥ 강도강간미수죄
㉦ 강도치상죄	㉧ 강간치상죄
㉨ 경합범	㉩ 상상적경합

	가	나	다	라
①	㉢	㉠, ㉡, ㉨	㉢	㉥, ㉦, ㉩
②	㉢	㉠, ㉡, ㉨	㉠, ㉡, ㉨	㉥, ㉦, ㉩
③	㉢	㉠, ㉡, ㉨	㉢	㉥, ㉧, ㉩
④	㉡, ㉣, ㉨	㉢	㉠, ㉡, ㉨	㉣, ㉤, ㉩

해설

가. 강도강간죄는 강도가 실행에 착수한 뒤 강도행위를 완료하기 전에 강간을 한 경우에도 성립된다(대판 1986.5.27. 86도507).
나. 강간범이 강간행위 후에 강도의 범의를 일으켜 그 부녀의 재물을 강취하는 경우에는 형법상 강도강간죄가 아니라 강간죄와 강도죄의 경합범이 성립될 수 있을 뿐이다(대판 2002.2.8. 2001도6425).
다. 강간행위의 종료 전, 즉 그 실행행위의 계속 중에 강도의 행위를 할 경우에는 이때에 바로 강도의 신분을 취득하는 것이므로 이후에 그 자리에서 강간행위를 계속하는 때에는 강도가 부녀를 강간한 때에 해당하여 강도강간죄를 구성한다(대판 2010.12.9. 2010도9630).
라. 강도가 재물강취의 뜻을 재물의 부재로 이루지 못한 채 미수에 그쳤으나 그 자리에서 항거불능의 상태에 빠진 피해자를 간음할 것을 결의하고 실행에 착수했으나 역시 미수에 그쳤더라도 반항을 억압하기 위한 폭행으로 피해자에게 상해를 입힌 경우에는 강도강간미수죄와 강도치상죄가 성립되고 이는 상상적 경합관계가 성립된다(대판 1988.6.28. 88도820).

정답 ①

41 **성폭력범죄에 관한 설명 중 옳지 않은 것은? (다툼이 있는 경우에는 판례에 의하고 성폭력범죄 이외의 범죄 성립 여부는 논외로 함)**

[12 사시]

① 골프장 여종업원들이 거부의사를 밝혔음에도, 골프장 사장과의 친분관계를 내세워 함께 술을 마시지 않을 경우 신분상의 불이익을 가할 것처럼 협박하여 이른바 '러브샷'의 방법으로 술을 마시게 한 것은 강제추행죄에 해당한다.

② 다른 특별한 사정이 없는 한 특수강간범이 강간행위 종료 전에 특수강도의 행위를 하고 계속하여 그 자리에서 강간행위를 하는 경우 특수강도가 부녀를 강간한 때에 해당하여 성폭력범죄의처벌등에관한특례법위반(특수강도강간등)죄가 성립한다.

③ 甲이 같은 시간에 같은 장소에서 부녀자들인 A와 B를 강제로 추행함에 있어 A의 반항을 억압하는 과정에서 깨어진 병조각을 휴대하고 있었다면 비록 B의 반항을 억압하는 과정에서는 이를 휴대하지 아니하고 있었다 하더라도 B에 대한 범행 역시 성폭력범죄의처벌등에관한특례법위반(특수강제추행)죄에 해당한다.

④ 甲이 에스컬레이터에서 카메라폰으로 A의 치마 속 신체 부위를 일정한 시간 동안 동영상 촬영하여 영상정보가 주 기억장치 등에 입력되었으나 카메라폰의 저장버튼을 누르지 않은 상태에서 경찰관에게 발각되었다면 성폭력범죄의처벌등에관한특례법위반(카메라등이용촬영)죄의 미수범이 성립한다.

⑤ 甲이 엘리베이터라는 폐쇄된 공간에서 여자인 A를 칼로 위협하는 등으로 꼼짝하지 못하도록 한 다음 자위행위 모습을 보여주고 A로 하여금 이를 외면하거나 피할 수 없게 한 행위는 성폭력범죄의처벌등에관한특례법위반(특수강제추행)죄에 해당한다.

해설

① [○] 골프장 여종업원들이 거부의사를 밝혔음에도, 골프장 사장과의 친분관계를 내세워 함께 술을 마시지 않을 경우 신분상의 불이익을 가할 것처럼 협박하여 이른바 러브샷의 방법으로 술을 마시게 한 경우 강제추행죄가 성립한다(대판 2008.3.13. 2007도1005).

② [○] 강간범이 강간행위의 종료 전, 즉 그 실행행위의 계속 중에 강도의 행위를 할 경우에는 이때에 바로 강도의 신분을 취득하는 것이므로 이후에 그 자리에서 강간행위를 계속하는 때에는 강도가 부녀를 강간한 때에 해당하여 형법 제339조에 정한 강도강간죄를 구성한다 할 것이고 구 성폭력범죄의 처벌 및 피해자보호 등에 관한 법률 제5조 제2항은 형법 제334조(특수강도) 등의 죄를 범한 자가 형법 제297조(강간) 등의 죄를 범한 경우에 이를 특수강도강간 등의 죄로 가중하여 처벌하는 것이므로, 다른 특별한 사정이 없는 한 특수강간범이 강간행위 종료 전에 특수강도의 행위를 한 이후에 그 자리에서 강간행위를 계속하는 때에도 특수강도가 부녀를 강간한 때에 해당하여 구 성폭력범죄의 처벌 및 피해자보호 등에 관한 법률 제5조 제2항에 정한 특수강도강간죄로 의율할 수 있다(대판 2010.12.9. 2010도9630; 동지 대판 2010.7.15. 2010도3594).

③ [○] 같은 시간에 같은 장소에서 피해자 2명을 강제로 추행하여 상해를 입게 함에 있어 그중 한 피해자의 반항을 억압하는 과정에서 위험한 물건인 깨어진 병조각을 휴대하고 있었다면 비록 다른 피해자의 반항을 억압하는 과정에서는 이를 휴대하지 아니하고 있었다 하더라도 그 범행 역시 특정범죄가중처벌등에관한법률위반죄(특수강도강제추행죄)를 구성한다(대판 1992.3.31. 92도265).

④ [×] 구 성폭력범죄의 처벌 및 피해자보호 등에 관한 법률(2010.4.15. 법률 제10258호 성폭력범죄의 피해자보호 등에 관한 법률로 개정되기 전의 것) 제14조의2 제1항에서 정한 '카메라 등 이용 촬영죄'는 카메라 기타 이와 유사한 기능을 갖춘 기계장치 속에 들어 있는 필름이나 저장장치에 피사체에 대한 영상정보가 입력됨으로써 기수에 이른다고 보아야 한다. 그런데 최근 기술문명의 발달로 등장한 디지털카메라나 동영상 기능이 탑재된 휴대전화 등의 기계장치는, 촬영된 영상정보가 사용자 등에 의해 전자파일 등의 형태로 저장되기 전이라도 일단 촬영이 시작되면 곧바로 촬영된 피사체의 영상정보가 기계장치 내 RAM(Random Access Memory) 등 주기억장치에 입력되어 임시저장되었다가 이후 저장명령이 내려지면 기계장치 내 보조기억장치 등에 저장되는 방식을 취하는 경우가 많고, 이러한 저장방식을 취하고 있는 카메라 등 기계장치를 이용하여 동영상 촬영이 이루어졌다면 범행은 촬영 후 일정한 시간이 경과하여 영상정보가 기계장치 내 주기억장치 등에 입력됨으로써 기수에 이르는 것이고, 촬영된 영상정보가 전자파일 등의 형태로 영구저장되지 않은 채 사용자에 의해 강제종료되었다고 하여 미수에 그쳤다고 볼 수는 없다(대판 2011.6.9. 2010도10677).

⑤ [○] [1] 추행은 객관적으로 일반인에게 성적 수치심이나 혐오감을 일으키게 하고 선량한 성적 도덕관념에 반하는 행위로서 피해자의 성적 자유를 침해하는 것을 말한다.
[2] 피고인이 엘리베이터 안에서 피해자를 칼로 위협하는 등의 방법으로 꼼짝하지 못하도록 하여 자신의 실력적인 지배하에 둔 다음 자위행위 모습을 보여준 행위는 강제추행죄의 추행에 해당한다(대판 2010.2.25. 2009도13716).

정답 ④

42 다음에 관한 설명으로 가장 적절하지 않은 것은? (다툼이 있는 경우 판례에 의함) [22 경찰채용]

① 甲은 A가 심신상실 또는 항거불능의 상태에 있다고 인식하고 그러한 상태를 이용하여 간음할 의사로 A를 간음하였으나 A가 실제로는 심신상실 또는 항거불능의 상태에 있지 않은 경우에는 준강간죄의 장애미수가 성립한다.

② 성적자기결정권에는 자신이 하고자 하는 성행위를 결정할 권리라는 적극적 측면과 함께 원치 않는 성행위를 거부할 권리라는 소극적 측면이 함께 존재하는데, 위계에 의한 간음죄를 비롯한 강간과 추행의 죄는 소극적 성적자기결정권을 침해하는 것을 내용으로 한다.

③ 술에 취한 甲이 간음할 목적으로 초등학교 5학년 여학생인 A의 소매를 갑자기 잡아끌면서 "우리 집에 같이 자러 가자."고 한 행위는 간음목적 약취행위의 수단으로서 폭행에 해당한다.

④ 입찰방해죄는 위계 또는 위력 기타의 방법으로 입찰의 공정을 해하는 경우에 성립하는 위태범으로서 결과의 불공정이 현실적으로 나타나는 것을 필요로 하지 않는다.

해설

① [×] 피고인이 피해자가 심신상실 또는 항거불능의 상태에 있다고 인식하고 그러한 상태를 이용하여 간음할 의사로 피해자를 간음하였으나 피해자가 실제로는 심신상실 또는 항거불능의 상태에 있지 않은 경우에는, 실행의 수단 또는 대상의 착오로 인하여 준강간죄에서 규정하고 있는 구성요건적 결과의 발생이 처음부터 불가능하였고, 실제로 그러한 결과가 발생하였다고 할 수 없다. 피고인이 준강간의 실행에 착수하였으나 범죄가 기수에 이르지 못하였으므로 준강간죄의 미수범이 성립한다. 피고인이 행위 당시에 인식한 사정을 놓고 일반인이 객관적으로 판단하여 보았을 때, 준강간의 결과가 발생할 위험성이 있었으므로 준강간죄의 불능미수가 성립한다(대판 2019.3.28. 2018도16002).

② [○] 아청법상 위계에 의한 간음죄에서 '위계'란 오인, 착각, 부지를 일으키게 하는 것을 의미하고, 여기서 오인, 착각, 부지의 대상은 간음행위 그 자체가 될 수도 있고, 동기, 금전적 · 비금전적 대가가 될 수도 있다. 피고인이 스마트폰 채팅 애플리케이션을 통하여 알게 된 14세의 피해자에게 자신을 '고등학교 2학년인 갑'이라고 거짓으로 소개하고 채팅을 통해 교제하던 중 자신을 스토킹하는 여성 때문에 힘들다며 그 여성을 떼어내려면 자신의 선배와 성관계를 하여야 한다는 취지로 피해자에게 이야기하고, 피고인과 헤어지는 것이 두려워 피고인의 제안을 승낙한 피해자를 마치 자신이 갑의 선배인 것처럼 행세하여 간음한 사안에서, 피고인은 간음의 목적으로 피해자에게 오인, 착각, 부지를 일으키고 피해자의 그러한 심적 상태를 이용하여 피해자를 간음한 것이므로 피고인의 간음행위는 위계에 의한 것이라고 평가할 수 있다(대판 2020.8.27. 2015도9436).

③ [○] 형법 제288조에 규정된 약취행위는 피해자를 그 의사에 반하여 자유로운 생활관계 또는 보호관계로부터 범인이나 제3자의 사실상 지배하에 옮기는 행위를 말하는 것으로서, 폭행 또는 협박을 수단으로 사용하는 경우에 그 폭행 또는 협박의 정도는 상대방을 실력적 지배하에 둘 수 있을 정도이면 족하고 반드시 상대방의 반항을 억압할 정도의 것임을 요하지는 아니하고, 술에 만취한 피고인이 초등학교 5학년 여학생의 소매를 잡아끌면서 "우리 집에 같이 자러 가자"고 한 행위가 형법 제288조의 약취행위의 수단인 '폭행'에 해당한다(대판 2009.7.9. 2009도3816).

④ [○] 입찰방해죄는 위계 또는 위력 기타의 방법으로 입찰의 공정을 해하는 경우에 성립하는 위태범으로서 결과의 불공정이 현실적으로 나타나는 것을 필요로 하지 않는다(대판 2001.6.29. 99도4525).

정답 ①

43 강간과 추행의 죄에 관한 설명으로 가장 적절하지 않은 것은? (다툼이 있는 경우 판례에 의함) [22 경찰채용]

① 위계에 의한 간음죄에 해당하는지 여부를 판단할 때에는 구체적인 범행 상황에 놓인 피해자의 입장과 관점이 충분히 고려되어야 하고, 일반적 평균적 판단능력을 갖춘 성인 또는 충분한 보호와 교육을 받은 또래의 시각에서 인과관계를 쉽사리 부정하여서는 안 된다.

② 강제추행죄는 상대방에 대하여 폭행 또는 협박을 가하여 항거를 곤란하게 한 뒤에 추행행위를 하는 경우뿐만 아니라 폭행행위 자체가 추행행위라고 인정되는 경우도 포함되며, 이 경우의 폭행은 반드시 상대방의 의사를 억압할 정도의 것이어야 한다.

③ 강간죄에서의 폭행·협박과 간음 사이에는 인과관계가 있어야 하나, 폭행 협박이 반드시 간음행위보다 선행되어야 하는 것은 아니다.

④ 구 성폭력범죄의 처벌 등에 관한 특례법 제11조의 '공중밀집 장소에서의 추행'이 기수에 이르기 위하여는 행위자의 행위로 인하여 대상자가 성적 수치심이나 혐오감을 반드시 실제로 느껴야 하는 것은 아니고, 객관적으로 일반인에게 성적 수치심이나 혐오감을 일으키게 할 만한 행위로서 선량한 성적 도덕관념에 반하는 행위를 실행하는 것으로 충분하다.

해설

① [O] 위계에 의한 간음죄에 해당하는지 여부를 판단할 때에는 구체적인 범행 상황에 놓인 피해자의 입장과 관점이 충분히 고려되어야 하고, 통념상 일반적 평균적 판단능력을 갖춘 성인 또는 충분한 보호와 교육을 받은 또래의 시각에서 인과관계를 쉽사리 부정하여서는 안 된다(대판 2020.8.27. 2015도9436).

② [×] 강제추행죄는 상대방에 대하여 폭행 또는 협박을 가하여 항거를 곤란하게 한 뒤에 추행행위를 하는 경우뿐만 아니라 폭행행위 자체가 추행행위라고 인정되는 이른바 기습추행의 경우도 포함되며, 이 경우의 폭행은 반드시 상대방의 의사를 억압할 정도의 것임을 요하지 않고 상대방의 의사에 반하는 유형력의 행사가 있는 이상 그 힘의 대소강약을 불문한다(대판 2019.7.11. 2018도2614).

③ [O] 강간죄가 성립하려면 가해자의 폭행·협박은 피해자의 항거를 불가능하게 하거나 현저히 곤란하게 할 정도의 것이어야 한다. 폭행·협박이 피해자의 항거를 불가능하게 하거나 현저히 곤란하게 할 정도의 것이었는지 여부는 폭행·협박의 내용과 정도는 물론, 유형력을 행사하게 된 경위, 피해자와의 관계, 성교 당시와 그 후의 정황 등 모든 사정을 종합하여 판단하여야 한다. 또한 강간죄에서의 폭행·협박과 간음 사이에는 인과관계가 있어야 하나, 폭행·협박이 반드시 간음행위보다 선행되어야 하는 것은 아니다(대판 2017.10.12. 2016도16948).

④ [O] 피고인이 지하철 내에서 갑(여)의 등 뒤에 밀착하여 무릎을 굽힌 후 성기를 갑의 엉덩이 부분에 붙이고 앞으로 내미는 등 갑을 추행하였다고 하여 구 성폭력범죄의 처벌 등에 관한 특례법 제11조의 '공중밀집 장소에서의 추행'이 기수에 이르기 위하여는 행위자의 행위로 인하여 대상자가 성적 수치심이나 혐오감을 반드시 실제로 느껴야 하는 것은 아니고, 객관적으로 일반인에게 성적 수치심이나 혐오감을 일으키게 할 만한 행위로서 선량한 성적 도덕관념에 반하는 행위를 실행하는 것으로 충분하다(대판 2020.6.25. 2015도7102).

정답 ②

44 강간과 추행의 죄에 관한 설명으로 가장 적절한 것은? (다툼이 있는 경우 판례에 의함) [23 경찰채용]

① 「형법」 제299조의 준강제추행죄는 정신적 · 신체적 사정으로 인하여 성적인 자기방어를 할 수 없는 사람의 성적 자기결정권을 보호해 주는 것을 보호법익으로 하며, 그 성적 자기결정권은 원치 않는 성적 관계를 거부할 권리라는 소극적 측면을 말한다.

② 범인이 피해자를 촬영하기 위하여 육안 또는 캠코더의 줌 기능을 이용하여 피해자가 있는지 여부를 탐색하다가 피해자를 발견하지 못하고 촬영을 포기하였더라도 이는 촬영을 위한 준비행위를 한 것으로 성폭력범죄의 처벌 등에 관한 특례법 위반(카메라등이용촬영)죄의 실행에 착수한 것이다.

③ 「성폭력범죄의 처벌 등에 관한 특례법」 제14조 제2항에서 유포 행위의 한 유형으로 열거하고 있는 '공공연한 전시'란 불특정 또는 다수인이 촬영물 등을 인식할 수 있는 상태에 두는 것을 의미하고, 따라서 촬영물 등의 '공공연한 전시'로 인한 범죄는 불특정 또는 다수인이 전시된 촬영물 등을 실제 인식하지 못하였다면 성립하지 않는다.

④ '강제추행'이란 객관적으로 일반인에게 성적 불쾌감이나 혐오감을 일으키게 하고 선량한 성적 도덕관념에 반하는 행위로서 피해자의 성적 자유를 침해하는 것이므로 강제추행죄의 성립에 필요한 주관적 구성요건으로는 성욕을 자극 · 흥분 · 만족시키려는 주관적 동기나 목적이 있어야 한다.

해설

① [○] 「형법」 제299조의 준강제추행죄는 정신적 · 신체적 사정으로 인하여 성적인 자기방어를 할 수 없는 사람의 성적 자기결정권을 보호해 주는 것을 보호법익으로 하며, 그 성적 자기결정권은 원치 않는 성적 관계를 거부할 권리라는 소극적 측면을 말한다(대판 2021.2.4. 2018도9781).

② [×] 범인이 피해자를 촬영하기 위하여 육안 또는 캠코더의 줌 기능을 이용하여 피해자가 있는지 여부를 탐색하다가 피해자를 발견하지 못하고 촬영을 포기한 경우에는 촬영을 위한 준비행위에 불과하여 성폭력처벌법 위반(카메라등이용촬영)죄의 실행에 착수한 것으로 볼 수 없다(대판 2021.3.25. 2021도749).

③ [×] 구 성폭력처벌법 제14조 제2항에서 유포 행위의 한 유형으로 열거하고 있는 '공공연한 전시'란 불특정 또는 다수인이 촬영물 등을 인식할 수 있는 상태에 두는 것을 의미하고, 촬영물 등의 '공공연한 전시'로 인한 범죄는 불특정 또는 다수인이 전시된 촬영물 등을 실제 인식하지 못했다고 하더라도 촬영물 등을 위와 같은 상태에 둠으로써 성립한다(대판 2022.6.9. 2022도1683).

④ [×] 강제추행죄의 성립에 필요한 주관적 구성요건으로 성욕을 자극 · 흥분 · 만족시키려는 주관적 동기나 목적이 있어야 하는 것은 아니다(대판 2013.9.26. 2013도5856).

정답 ①

45 강간과 추행에 관한 죄에 대한 설명 중 옳고 그름의 표시(○, ×)가 바르게 된 것은? (다툼이 있는 경우 판례에 의함)

[23 경찰승진]

> ㉠ 강간죄에서의 폭행·협박과 간음 사이에는 인과관계가 있어야 하나, 폭행·협박이 반드시 간음행위보다 선행되어야 하는 것은 아니다.
> ㉡ 피고인은 피해자가 심신상실 또는 항거불능의 상태에 있다고 인식하고 그러한 상태를 이용하여 간음할 의사로 피해자를 간음하였으나 실제로는 피해자가 심신상실 또는 항거불능의 상태에 있지 않은 경우에는 준강간죄의 장애미수가 성립한다.
> ㉢ 강제추행에 관한 간접정범의 의사를 실현하는 도구로서의 타인에는 피해자도 포함될 수 있으므로, 피해자를 도구로 삼아 피해자의 신체를 이용하여 추행행위를 한 경우에도 강제추행죄의 간접정범에 해당할 수 있다.
> ㉣ 피고인이 놀이터 의자에 앉아서 통화 중이던 피해자의 뒤로 몰래 접근하여 성기를 드러내고 피해자의 등 쪽에 소변을 본 경우 행위 당시에 피해자가 이를 인식하지 못하였더라도 추행에 해당할 수 있다.

① ㉠ ○ ㉡ ○ ㉢ × ㉣ ×
② ㉠ ○ ㉡ × ㉢ ○ ㉣ ○
③ ㉠ ○ ㉡ × ㉢ ○ ㉣ ×
④ ㉠ × ㉡ × ㉢ × ㉣ ○

해설

㉠ [○] 이 사건 주위적 공소사실의 요지는, '피고인은 2016.2.7. 17:00경 동거하던 피해자의 집에서 피해자에게 성관계를 요구하였는데, 피해자가 생리 중이라는 등의 이유로 이를 거부하자, 피해자에게 성기삽입을 하지 않기로 약속하고 엎드리게 한 후 피해자의 뒤에서 자위행위를 하다가 피해자의 팔과 함께 몸을 세게 끌어안은 채 가슴으로 피해자의 등을 세게 눌러 움직이지 못하도록 피해자의 반항을 억압한 다음 자신의 성기를 피해자의 성기에 삽입하여 1회 강간하였다'라는 것이다. 강간죄에서의 폭행·협박과 간음 사이에는 인과관계가 있어야 하나, 폭행·협박이 반드시 간음행위보다 선행되어야 하는 것은 아니다(대판 2017.10.12. 2016도16948).

㉡ [×] 피고인이 피해자가 심신상실 또는 항거불능의 상태에 있다고 인식하고 그러한 상태를 이용하여 간음할 의사로 피해자를 간음하였으나 피해자가 실제로는 심신상실 또는 항거불능의 상태에 있지 않은 경우에는, 실행의 수단 또는 대상의 착오로 인하여 준강간죄에서 규정하고 있는 구성요건적 결과의 발생이 처음부터 불가능하였고 실제로 그러한 결과가 발생하였다고 할 수 없다. 피고인이 준강간의 실행에 착수하였으나 범죄가 기수에 이르지 못하였으므로 준강간죄의 미수범이 성립한다. 피고인이 행위 당시에 인식한 사정을 놓고 일반인이 객관적으로 판단하여 보았을 때 준강간의 결과가 발생할 위험성이 있었으므로 준강간죄의 불능미수가 성립한다(대판(전) 2019.3.28. 2018도16002).

㉢ [○] 피고인은 2015.5.3.경 피고인의 협박으로 겁을 먹은 피해자 공소외 1로 하여금 스스로 가슴 사진, 성기 사진, 가슴을 만지는 동영상을 촬영하도록 한 다음, 그와 같이 촬영된 사진과 동영상을 전송받은 것을 비롯하여, 원심판결문 별지 범죄일람표 I (순번 3번 제외) 기재와 같이 위 일시 경부터 2015.12.22.경까지 7회에 걸쳐 피해자 공소외 1로부터 가슴 사진이나 나체사진, 속옷을 입고 다리를 벌린 모습의 사진, 가슴을 만지거나 성기에 볼펜을 삽입하여 자위하는 동영상 등을 촬영하도록 하여 이를 전송받았다. 강제추행에 관한 간접정범의 의사를 실현하는 도구로서의 타인에는 피해자도 포함될 수 있으므로, 피해자를 도구로 삼아 피해자의 신체를 이용하여 추행행위를 한 경우에도 강제추행죄의 간접정범에 해당할 수 있다(대판 2018.2.8. 2016도17733).

㉣ [○] '추행'이라 함은 객관적으로 일반인에게 성적 수치심이나 혐오감을 일으키게 하고 선량한 성적 도덕관념에 반하는 행위로서 피해자의 성적 자유를 침해하는 것으로, 피고인이 놀이터 의자에 앉아서 통화 중이던 피해자의 뒤로 몰래 접근하여 성기를 드러내고 피해자의 등 쪽에 소변을 본 경우 행위 당시에 피해자가 이를 인식하지 못하였더라도 추행에 해당할 수 있다(대판 2021.10.28. 2021도7538).

정답 ②

46 다음 사례에 관한 설명 중 가장 적절한 것은? (다툼이 있는 경우 판례에 의함)

[22 경찰채용]

① 甲은 A(만 10세)를 약취한 후 강간을 목적으로 상해 등을 가하고 나아가 강간 및 살해하고자 하였으나 미수에 그친 경우, 甲에게는 약취한 미성년자에 대한 상해 등으로 인한 특정범죄 가중처벌 등에 관한 법률 위반죄와 미성년자에 대한 강간 및 살인미수행위로 인한 성폭력범죄의 처벌 등에 관한 특례법 위반죄가 성립하고, 양자는 상해의 결과가 피해자에 대한 강간 및 살인미수행위 과정에서 발생한 것이기에 상상적 경합의 관계에 있다.

② 甲이 상대방에게 성적 수치심을 일으키는 그림 등이 담겨 있는 웹페이지에 대한 인터넷 링크를 A에게 보낸 경우, A가 그 링크를 이용하여 별다른 제한 없이 이에 바로 접할 수 있는 상태가 조성되었는지 여부를 묻지 않고 甲에게는 성폭력범죄의 처벌 등에 관한 특례법 위반(통신매체이용음란)죄가 성립한다.

③ 甲이 용변을 보고 있는 사람을 촬영하기 위해 자신의 휴대전화의 카메라 기능을 켜고 A가 있는 화장실 칸 너머로 휴대전화를 든 손을 넘겼으나, A가 놀라 소리를 질러 실제 촬영은 하지 못한 경우, 甲의 행위는 성폭력범죄의 처벌 등에 관한 특례법 위반(카메라등이용촬영)죄의 실행에 착수했다고 볼 수 없다.

④ 군인 甲은 자신의 독신자 숙소에서 군인 A와 서로 키스, 구강성교나 항문성교를 하는 방법으로 추행하고, 군인 乙은 자신의 독신자 숙소에서 동일한 방법으로 甲과 추행한 경우, 이는 독신자 숙소에서 휴일 또는 근무시간 이후에 성인 남성들의 자유로운 의사에 기초한 합의된 행위로 군형법 제92조의6에서 처벌대상으로 규정한 '항문성교나 그 밖의 추행'에 해당하지 아니한다.

해설

① [×] 미성년자인 피해자를 약취한 후에 강간을 목적으로 피해자에게 가혹한 행위 및 상해를 가하고 나아가 그 피해자에 대한 강간 및 살인미수를 범하였다면, 이에 대하여는 약취한 미성년자에 대한 상해 등으로 인한 특정범죄 가중처벌 등에 관한 법률 위반죄 및 미성년자인 피해자에 대한 강간 및 살인미수행위로 인한 성폭력범죄의 처벌 등에 관한 특례법 위반죄가 각 성립하고, 설령 상해의 결과가 피해자에 대한 강간 및 살인미수행위 과정에서 발생한 것이라 하더라도, 위 각 죄는 서로 형법 제37조 전단의 실체적 경합범 관계에 있다(대판 2014.2.27. 2013도12301).

② [×] 성폭력범죄의 처벌 등에 관한 특례법 제13조에서 '성적 수치심이나 혐오감을 일으키는 말, 음향, 글, 그림, 영상 또는 물건을 상대방에게 도달하게 한다'는 것은 '상대방이 성적 수치심을 일으키는 그림 등을 직접 접하는 경우뿐만 아니라, 상대방이 실제로 이를 인식할 수 있는 상태에 두는 것'을 의미한다. 따라서 행위자의 의사와 그 내용, 웹페이지의 성격과 사용된 링크 기술의 구체적인 방식 등 모든 사정을 종합하여 볼 때 상대방에게 성적 수치심을 일으키는 그림 등이 담겨 있는 웹페이지 등에 대한 인터넷 링크(internet link)를 보내는 행위를 통해 그와 같은 그림 등이 상대방에 의하여 인식될 수 있는 상태에 놓이고 실질에 있어서 이를 직접 전달하는 것과 다를 바 없다고 평가되고, 이에 따라 상대방이 이러한 링크를 이용하여 별다른 제한 없이 성적 수치심을 일으키는 그림 등에 바로 접할 수 있는 상태가 실제로 조성되었다면, 그러한 행위는 전체로 보아 성적 수치심을 일으키는 그림 등을 상대방에게 도달하게 한다는 구성요건을 충족한다(대판 2017.6.8. 2016도21389).

③ [×] 범인이 피해자를 촬영하기 위하여 육안 또는 캠코더의 줌 기능을 이용하여 피해자가 있는지 여부를 탐색하다가 피해자를 발견하지 못하고 촬영을 포기한 경우에는 촬영을 위한 준비행위에 불과하여 성폭력처벌법 위반(카메라등이용촬영)죄의 실행에 착수한 것으로 볼 수 없다. 이에 반하여 범인이 카메라 기능이 설치된 휴대전화를 피해자의 치마 밑으로 들이밀거나, 피해자가 용변을 보고 있는 화장실 칸 밑 공간 사이로 집어넣는 등 카메라 등 이용 촬영 범행에 밀접한 행위를 개시한 경우에는 성폭력처벌법 위반(카메라등이용촬영)죄의 실행에 착수하였다고 볼 수 있다(대판 2021.3.25. 2021도749).

④ [○] 군형법 제92조의6의 문언, 개정 연혁, 보호법익과 헌법 규정을 비롯한 전체 법질서의 변화를 종합적으로 고려하면, 위 규정은 동성인 군인 사이의 항문성교나 그 밖에 이와 유사한 행위가 사적 공간에서 자발적 의사 합치에 따라 이루어지는 등 군이라는 공동사회의 건전한 생활과 군기를 직접적, 구체적으로 침해한 것으로 보기 어려운 경우에는 적용되지 않는다고 하면서, 군인인 피고인 甲은 자신의 독신자 숙소에서 군인 乙과 서로 키스, 구강성교나 항문성교를 하는 방법으로 추행하고, 군인인 피고인 丙은 자신의 독신자 숙소에서 동일한 방법으로 피고인 甲과 추행하였다고 하여 군형법 위반으로 기소된 사안에서, 피고인들과 乙은 모두 남성 군인으로 당시 피고인들의 독신자 숙소에서 휴일 또는 근무시간 이후에 자유로운 의사를 기초로 한 합의에 따라 항문성교나 그 밖의 성행위를 한 점 등에 비추어, 피고인들의 행위는 군형법 제92조의6에서 처벌 대상으로 규정한 '항문성교나 그 밖의 추행'에 해당하지 않는다고 판시했다(대판(전) 2022.4.21. 2019도3047).

정답 ④

제3장 | 명예 등에 관한 죄

제1절 | 명예에 관한 죄

01 **명예에 관한 죄에 대한 설명 중 옳은 것은 모두 몇 개인가? (다툼이 있는 경우 판례에 의함)** [22 경찰간부]

가. 집단표시에 의한 모욕의 경우 구성원 개개인에 대한 모욕으로 여겨질 정도로 구성원 수가 적거나 당시의 정황 등으로 보아 집단 내 개별구성원을 지칭하는 것으로 여겨질 수 있다면, 집단의 개별구성원에 대한 모욕죄가 성립한다.

나. 甲이 인터넷 개인 블로그의 비공개 대화방에서 ○○이라는 아이디를 사용하는 자로부터 비밀을 지키겠다는 말을 듣고 일대일로 대화한 경우, ○○이라는 아이디를 사용하는 자가 대화내용을 불특정 또는 다수에게 전파할 가능성이 없으므로 명예훼손죄의 공연성이 부정된다.

다. 가해학생 A로부터 학교폭력 피해를 입은 B학생의 어머니 甲이 학교폭력을 신고하여 학교폭력대책자치위원회의 의결에 따라 'B에 대한 접촉, 보복행위의 금지' 등의 조치가 있은 후, 甲이 자신의 SNS 계정 프로필 상태메시지에 "학교폭력범은 접촉금지!!"라는 글과 주먹 모양의 그림말 3개를 게시한 경우, 甲에게는 A에 대한 명예훼손죄가 성립한다.

라. 甲이 신문기자와의 전화인터뷰에서 타인의 명예를 훼손하는 취지의 이야기를 하였으나 그 기자가 이러한 甲의 진술을 아직 기사화하여 보도하지 아니한 경우, 명예훼손죄의 공연성이 부정된다.

① 1개 ② 2개
③ 3개 ④ 4개

해설

가. [○] 이른바 집단표시에 의한 모욕은, 모욕의 내용이 집단에 속한 특정인에 대한 것이라고는 해석되기 힘들고, 집단표시에 의한 비난이 개별구성원에 이르러서는 비난의 정도가 희석되어 구성원 개개인의 사회적 평가에 영향을 미칠 정도에 이르지 아니한 경우에는 구성원 개개인에 대한 모욕이 성립되지 않는다고 봄이 원칙이고, 비난의 정도가 희석되지 않아 구성원 개개인의 사회적 평가를 저하시킬 만한 것으로 평가될 경우에는 예외적으로 구성원 개개인에 대한 모욕이 성립할 수 있다. 한편 구성원 개개인에 대한 것으로 여겨질 정도로 구성원 수가 적거나 당시의 주위 정황 등으로 보아 집단 내 개별구성원을 지칭하는 것으로 여겨질 수 있는 때에는 집단 내 개별구성원이 피해자로서 특정된다고 보아야 할 것인데, 구체적인 기준으로는 집단의 크기, 집단의 성격과 집단 내에서의 피해자의 지위 등을 들 수 있다(대판 2014.3.27. 2011도15631).

나. [×] 개인 블로그의 비공개 대화방에서 상대방으로부터 비밀을 지키겠다는 말을 듣고 일대일로 대화하였다고 하더라도, 그 사정만으로 대화 상대방이 대화내용을 불특정 또는 다수에게 전파할 가능성이 없다고 할 수 없으므로, 명예훼손죄의 요건인 공연성을 인정할 여지가 있다(대판 2008.2.14. 2007도8155).

다. [×] 피고인이 초등학생인 딸 甲에 대한 학교폭력을 신고하여 교장이 가해학생인 乙에 대하여 학교폭력대책자치위원회의 의결에 따라 '피해학생에 대한 접촉, 보복행위의 금지' 등의 조치를 하였는데, 그 후 피고인이 자신의 카카오톡 계정 프로필 상태메시지에 "학교폭력범은 접촉금지!!!"라는 글과 주먹 모양의 그림말 세 개를 게시함으로써 乙의 명예를 훼손하였다고 하여 정보통신망 이용촉진 및 정보보호 등에 관한 법률 위반(명예훼손)으로 기소된 사안에서, 제반 사정에 비추어 피고인이 위 상태메시지를 통해 乙의 사회적 가치나 평가를 저하시키기에 충분한 구체적인 사실을 드러냈다고 볼 수 없는데도, 이와 달리 본 원심판결에 법리오해 등의 잘못이 있다(대판 2020.5.28. 2019도12750).

라. [○] 통상 기자가 아닌 보통 사람에게 사실을 적시할 경우에는 그 자체로서 적시된 사실이 외부에 공표되는 것이므로 그 때부터 곧 전파가능성을 따져 공연성 여부를 판단하여야 할 것이지만, 그와는 달리 기자를 통해 사실을 적시하는 경우에는 기사화되어 보도되어야만 적시된 사실이 외부에 공표된다고 보아야 할 것이므로 기자가 취재를 한 상태에서 아직 기사화하여 보도하지 아니한 경우에는 전파가능성이 없으므로 공연성이 없다고 보아야 한다(대판 2000.5.16. 99도5622).

정답 ②

02 명예의 죄에 관한 설명으로 가장 적절하지 않은 것은? (다툼이 있는 경우 판례에 의함)

[23 경찰간부]

① 甲이 제3자에게 A가 乙을 선거법 위반으로 고발하였다는 말만 하고 그 고발의 동기나 경위에 관하여는 언급하지 않았다고 하더라도, 그 자체만으로 A의 사회적 가치나 평가를 침해하기에 충분한 구체적인 사실이 적시되었다고 볼 수 있어, 甲에게는 명예훼손죄가 성립한다.

② 명예훼손죄 성립에 필요한 '사실의 적시'의 정도는 특정인의 사회적 가치 내지 평가가 침해될 가능성이 있을 정도로 구체성을 띠어야 하고, 반드시 그러한 사실이 직접적으로 명시되어 있지 않더라도, 적어도 내용 중의 특정 문구에 의하여 그러한 사실이 곧바로 유추될 수 있을 정도는 되어야 한다.

③ 정보통신망을 이용한 명예훼손의 경우에도 서적·신문 등 기존의 매체에 명예훼손적 내용의 글을 게시하는 경우와 마찬가지로 그 게시행위로써 명예훼손의 범행은 종료된다.

④ 인터넷 신문사 소속 기자 A가 인터넷 포털 사이트의 '핫이슈' 난에 제품의 안정성에 관한 논란이 되고 있는 제품을 옹호하는 기사를 게재하자, 그 기사를 읽은 상당수의 독자들이 '네티즌 댓글' 난에 A를 비판하는 댓글을 달고 있는 상황에서 甲이 "이런걸 기레기라고 하죠?"라는 댓글을 게시한 경우, 이는 모욕적 표현에 해당하나 사회상규에 위배되지 않는 행위로서 「형법」 제20조에 의하여 위법성이 조각된다.

해설

① [×] [1] 명예훼손죄가 성립하기 위해서는 사실의 적시가 있어야 하고, 적시된 사실은 이로써 특정인의 사회적 가치 내지 평가가 침해될 가능성이 있을 정도로 구체성을 띠어야 한다. 비록 허위의 사실을 적시하였더라도 그 허위의 사실이 특정인의 사회적 가치 내지 평가를 침해할 수 있는 내용이 아니라면 형법 제307조 소정의 명예훼손죄는 성립하지 않는다.
[2] 누구든지 범죄가 있다고 생각하는 때에는 고발할 수 있는 것이므로 어떤 사람이 범죄를 고발하였다는 사실이 주위에 알려졌다고 하여 그 고발사실 자체만으로 고발인의 사회적 가치나 평가가 침해될 가능성이 있다고 볼 수는 없다. 다만, 그 고발의 동기나 경위가 불순하다거나 온당하지 못하다는 등의 사정이 함께 알려진 경우에는 고발인의 명예가 침해될 가능성이 있다.
[3] 甲이 제3자에게 乙이 丙을 선거법 위반으로 고발하였다는 말만 하고 그 고발의 동기나 경위에 관하여 언급하지 않았다면, 그 자체만으로는 乙의 사회적 가치나 평가를 침해하기에 충분한 구체적 사실이 적시되었다고 보기 어렵다고 한 사례(대판 2009.9.24. 2009도6687; 동지 대판 1994.6.28. 93도696).

② [O] 명예훼손죄가 성립하기 위하여, 적시된 사실은 특정인의 사회적 가치 내지 평가가 침해될 가능성이 있을 정도로 구체성을 띠어야 한다. 그리고 특정인의 사회적 가치나 평가를 저하시키기에 충분한 구체적인 사실의 적시가 있다고 하기 위해서는, 반드시 그러한 구체적인 사실이 직접적으로 명시되어 있을 것을 요구하는 것은 아니지만, 적어도 적시된 내용 중의 특정 문구에 의하여 그러한 사실이 곧바로 유추될 수 있을 정도는 되어야 한다(대판 2011.8.18. 2011도6904).

③ [O] 서적·신문 등 기존의 매체에 명예훼손적 내용의 글을 게시하는 경우에 그 게시행위로써 명예훼손의 범행은 종료하는 것이며 그 서적이나 신문을 회수하지 않는 동안 범행이 계속된다고 보지는 않는다는 점을 고려해 보면, 정보통신망을 이용한 명예훼손의 경우에, 게시행위 후에도 독자의 접근가능성이 기존의 매체에 비하여 좀 더 높다고 볼 여지가 있다 하더라도 그러한 정도의 차이만으로 정보통신망을 이용한 명예훼손의 경우에 범죄의 종료시기가 달라진다고 볼 수는 없다(대판 2007.10.25. 2006도346).

④ [O] 인터넷 신문사 소속 기자 甲이 작성한 기사가 인터넷 포털 사이트의 '핫이슈' 난에 게재되자, 피고인이 "이런걸 기레기라고 하죠?"라는 댓글을 게시함으로써 공연히 甲을 모욕하였다는 내용으로 기소된 사안에서, '기레기'는 모욕적 표현에 해당하나, 위 댓글의 내용, 작성 시기와 위치, 위 댓글 전후로 게시된 다른 댓글의 내용과 흐름 등을 종합하면, 위 댓글을 작성한 행위는 사회상규에 위배되지 않는 행위로서 형법 제20조에 의하여 위법성이 조각된다고 한 사례(대판 2021.3.25. 2017도17643).

판례해설 '기레기'는 모욕적 표현에 해당한다는 점을 주의하여야 한다.

정답 ①

03 명예에 관한 죄에 대한 설명 중 가장 적절한 것은? (다툼이 있으면 판례에 의함)

[16 경찰승진]

① 모욕죄와 사자명예훼손죄는 반의사불벌죄이다.

② 지방의회 선거를 앞두고 현역 시의회의원이 후보자가 되려는 자에 대해서 특별한 친분관계도 없는 한 사람 한 사람에게 비방의 말을 한 경우라면 공연성이 없다.

③ 명예훼손죄에 있어서 공연성은 불특정 또는 다수인이 인식할 수 있는 상태를 의미한다.

④ "아무것도 아닌 똥꼬다리 같은 놈이 들어와서 잘 운영되어 가는 어촌계를 파괴하려는데 주민들은 이에 동조 현혹되지 말라"고 말한 것은 명예훼손에 해당한다.

해설

① [×] 모욕죄와 사자명예훼손죄는 모두 친고죄이다(제312조 제1항).

② [×] 피고인이 명예훼손 또는 후보자비방의 범행 당시 피고인의 말을 들은 사람은 한 사람씩에 불과하였으나 그들은 피고인과 특별한 친분관계가 있는 자가 아니며, 그 범행의 내용도 현역 시의회 의원이면서 다시 그 후보자가 되고자 하는 자를 비방한 것이어서 피고인이 적시한 사실이 전파될 가능성이 많을 뿐만 아니라 결과적으로 그 사실이 피해자에게 전파되어 피해자가 고소를 제기하기에 이른 사정 등을 참작하여 볼 때, 피고인의 범행은 행위 당시에 공연성을 갖추었다고 할 것이다(대판 1996.7.12. 96도1007).

③ [○] 명예훼손죄의 구성요건으로서 공연성은 '불특정 또는 다수인이 인식할 수 있는 상태'를 의미하고, 개별적으로 소수의 사람에게 사실을 적시하였더라도 그 상대방이 불특정 또는 다수인에게 적시된 사실을 전파할 가능성이 있는 때에도 공연성이 인정된다(대판 2020.12.30. 2015도15619).

④ [×] "아무것도 아닌 똥꼬다리 같은 놈"이라는 구절은 모욕적인 언사일 뿐 구체적인 사실의 적시라고 할 수 없고 "잘 운영되어 가는 어촌계를 파괴하려 한다"는 구절도 구체적인 사실의 적시라고 할 수 없으므로 명예훼손죄에 있어서의 사실의 적시에 해당한다고 볼 수 없다(대판 1989.3.14. 88도1397).

정답 ③

04 명예에 관한 죄에 대한 설명으로 가장 적절하지 않은 것은? (다툼이 있으면 판례에 의함)

[21 경찰채용]

① 국가나 지방자치단체는 명예훼손죄나 모욕죄의 피해자가 될 수 없다.

② 적시된 사실이 허위의 사실이라 하더라도 행위자에게 허위성에 대한 인식이 없는 경우에는 「형법」 제307조 제2항의 명예훼손죄가 아닌 「형법」 제307조 제1항의 명예훼손죄가 성립될 수 있다.

③ 평균적인 독자의 관점에서 문제 된 부분이 실제로는 비평자의 주관적 의견에 해당하고, 다만 비평자가 자신의 의견을 강조하기 위한 수단으로 겉으로 보기에 증거에 의해 입증 가능한 구체적인 사실관계를 서술하는 형태의 표현을 사용한 것이라고 이해된다면 명예훼손죄에서 말하는 사실의 적시에 해당한다고 볼 수 있다.

④ 공연히 사실을 적시하여 사람의 명예를 훼손한 경우, 그것이 진실한 사실이고 행위자의 주요한 동기 내지 목적이 공공의 이익을 위한 것이라면 부수적으로 다른 사익적 목적이나 동기가 내포되어 있더라도 「형법」 제310조의 적용을 배제할 수 없다.

해설

① [○] 국가나 지방자치단체는 국민에 대한 관계에서 형벌의 수단을 통해 보호되는 외부적 명예의 주체가 될 수는 없고, 따라서 명예훼손죄나 모욕죄의 피해자가 될 수 없다(대판 2016.12.27. 2014도15290).

② [○] 형법 제307조 제2항의 허위사실적시에 의한 명예훼손죄가 성립하려면 그 적시된 사실이 객관적으로 진실에 부합하지 아니하여 허위일 뿐만 아니라 그 적시된 사실이 허위라는 것을 피고인이 인식하고서 이를 적시한 경우여야 한다. 따라서 피고인이 자신의 발언내용을 진실한 것으로 알고 있었다면 그것이 객관적으로 허위의 사실로 밝혀지더라도 형법 제307조 제2항의 허위사실적시 명예훼손죄에 해당하지 않는다(대판 2011.5.13. 2009도14442).

③ [×] 다른 사람의 말이나 글을 비평하면서 사용한 표현이 겉으로 보기에 증거에 의해 입증 가능한 구체적인 사실관계를 서술하는 형태를 취하고 있다고 하더라도 평균적인 독자의 관점에서 문제된 부분이 실제로는 비평자의 주관적 의견에 해당하고, 다만 비평자가 자신의 의견을 강조하기 위한 수단으로 그와 같은 표현을 사용한 것이라고 이해된다면 명예훼손죄에서 말하는 사실의 적시에 해당한다고 볼 수 없다. 그리고 이러한 법리는 어떠한 의견을 주장하기 위해 다른 사람의 견해나 그 근거를 비판하면서 사용한 표현의 경우에도 다를 바 없다(대판 2017.12.5. 2017도15628).

④ [○] 공연히 사실을 적시하여 사람의 명예를 훼손한 경우, 그것이 진실한 사실이고 행위자의 주요한 동기 내지 목적이 공공의 이익을 위한 것이라면 부수적으로 다른 사익적 목적이나 동기가 내포되어 있더라도 「형법」 제310조의 적용을 배제할 수 없다(대판 2017.4.26. 2016도18024).

정답 ③

05 다음 사례 중 甲의 행위에 있어 명예훼손죄의 구성요건인 '공연성'이 인정되는 경우(○)와 인정되지 않는 경우(×)가 판례의 입장에 따라 옳게 표시된 것은?

[02 사시]

㉠ 甲은 남편인 乙을 상대로 이혼소송을 하고 있던 중 소송과정에서 乙을 위하여 유리한 진술서를 작성해 준 乙의 친구인 丙에게 사실관계를 알리는 내용의 편지를 보내면서 乙의 명예를 훼손하는 문구가 기재된 서신을 동봉하였다.

㉡ A 교파를 떠난 목사인 甲은 자신의 말을 몰래 녹음하여 이를 명예훼손죄의 증거자료로 삼을 목적으로 자신의 집으로 찾아와 거짓말을 하면서 발언을 유도한 乙, 丙 등 A 교파 신자 6명에게 A 교파의 지도자인 丁의 여자 문제 등 사생활에 관한 구체적 사실을 이야기하였다.

㉢ 甲은 지방의회 의원선거를 앞두고 특별한 친분관계도 없는 乙의 집에 찾아가 乙에게 시의회 의원이면서 다시 그 후보자가 되고자 하는 丙이 A와 바람을 피워 아들까지 두었다는 말을 하고, 다음날 丁의 집을 찾아가 丁에게도 같은 말을 하였다.

㉣ 요식업협회 조합장인 甲은 조합 이사 乙의 측근인 같은 조합 이사 丙에게 이사회에서 乙을 불신임하게 된 사유를 설명하는 과정에서 乙의 여자관계에 관한 소문을 말하였다.

㉤ 甲은 직장의 전산망에 설치된 전자게시판에 乙의 명예를 훼손하는 사실을 적시한 내용의 글을 게시하였다.

① ㉠ ○ ㉡ ○ ㉢ ○ ㉣ ○ ㉤ ○
② ㉠ × ㉡ × ㉢ ○ ㉣ × ㉤ ○
③ ㉠ × ㉡ ○ ㉢ × ㉣ × ㉤ ×
④ ㉠ × ㉡ × ㉢ ○ ㉣ ○ ㉤ ○
⑤ ㉠ ○ ㉡ ○ ㉢ ○ ㉣ ○ ㉤ ×

해설

㉠ [불인정] 이혼소송 계속중인 처가 남편의 친구에게 서신을 보내면서 남편의 명예를 훼손하는 문구가 기재된 서신을 동봉한 경우, 공연성이 결여되었다고 본 사례(대판 2000.2.11. 99도4579).

㉡ [불인정] 피고인을 명예훼손죄로 고소할 수 있도록 그 증거자료를 미리 은밀하게 수집, 확보하기 위하여 피고인의 발언을 유도하였다고 의심되는 사람들에게 한 피해자의 여자 문제 등 사생활에 관한 피고인의 발언은 이들이 수사기관 이외의 다른 사람들에게 전파할 가능성이 있다고 단정하기는 어렵다고 보아 공연성에 대한 인식을 부정한 사례(대판 1996.4.12. 94도3309).

㉢ [인정] 명예훼손죄 또는 후보자비방에 관한 공직선거및선거부정방지법위반죄에 있어서의 공연성은 불특정 또는 다수인이 인식할 수 있는 상태를 의미하므로, 비록 개별적으로 한 사람에 대하여 사실을 유포하더라도 이로부터 불특정 또는 다수인에게 전파될 가능성이 있다면 공연성의 요건을 충족한다 할 것이다(대판 1996.7.12. 96도1007).

㉣ [불인정] 명예훼손죄에 있어서의 공연성은 불특정 또는 다수인이 인식할 수 있는 상태를 의미하므로 비록 개별적으로 한 사람에 대하여 사실을 유포하였더라도 이로부터 불특정 또는 다수인에게 전파될 가능성이 있다면 공연성의 요건을 충족한다고 할 것이나, 이와 달리 전파될 가능성이 없는 경우라면 특정한 한 사람에 대한 사실의 유포는 공연성을 결여한 것이라고 보아야 할 것인바, 조합장으로 취임한 피고인이 조합의 원만한 운영을 위하여 피해자의 측근이며 피해자의 불신임을 적극 반대하였던 丙에게 조합운영에 대한 협조를 구하기 위하여 동인과 단둘이 있는 자리에서 이사회가 피해자를 불신임하게 된 사유를 설명하는 과정에서 피해자에 대한 여자관계의 소문이 돌고 있다는 취지의 말을 한 것이라면 그것은 전파될 가능성이 있다고 할 수 없다(대판 1990.4.27. 89도1467).

㉤ [인정] 공연성이 인정된다고 한 사례(대판 2000.5.12. 99도5734).

정답 ②

06 다음 명예에 대한 죄의 설명 중 적절한 것만을 고른 것은 모두 몇 개인가? (다툼이 있으면 판례에 의함)

[20 경찰채용]

㉠ 허위사실 적시에 의한 명예훼손죄에 해당하는 행위에 대하여는 위법성조각에 관한 형법 제310조는 적용될 여지가 없다.

㉡ 사람의 성명을 명시하지 않은 허위사실의 적시행위도 그 표현의 내용을 주위사정과 종합 판단하여 그것이 어느 특정인을 지목하는 것인가를 알아차릴 수 있는 경우에는 그 특정인에 대한 명예훼손죄를 구성한다.

㉢ 학교운영의 공공성, 투명성의 보장을 요구하여 학교가 합리적이고 정상적으로 운영되게 할 목적으로 피해자들의 거주지 앞에서 그들의 주소까지 명시하여 명예를 훼손하였더라도 공익성이 인정되어 명예훼손죄가 성립하지 않는다.

㉣ 어떠한 표현이 상대방의 인격적 가치에 대한 사회적 평가를 저하시킬 만한 것이 아니라면 표현이 다소 무례한 방법으로 표시되었다 하더라도 모욕죄의 구성요건에 해당한다고 볼 수 없다.

① 1개
② 2개
③ 3개
④ 4개

해설

㉠ [○] 허위사실 적시에 의한 명예훼손죄에 해당하는 행위에 대하여는 위법성조각에 관한 형법 제310조는 적용될 여지가 없다(대판 2012.5.9. 2010도2690).

㉡ [○] 사람의 성명을 명시하지 않은 허위사실의 적시행위도 그 표현의 내용을 주위사정과 종합 판단하여 그것이 어느 특정인을 지목하는 것인가를 알아차릴 수 있는 경우에는 그 특정인에 대한 명예훼손죄를 구성한다(대판 2014.3.27. 2011도11226).

㉢ [×] 피고인들이 학원 이사장 A의 주거지인 아파트 앞에서 A의 집 주소와 '교육을 빙자한 장사꾼'이라는 내용이 적힌 플래카드와 '유령동창회비 어디 갔나, 장학기금 바람과 함께 사라졌다' 등이 적힌 피켓 등을 들고 시위를 하고, 학원 산하 고등학교 교장 B의 집 앞에서 B의 집 주소와 '재단의 꼭두각시'라는 내용이 적힌 플래카드와 '학생복지 외면하는 교장, 합의정신 묵살하는 교장' 등이 적힌 피켓 등을 들고 시위를 한 경우, 피고인들이 아파트 앞에서 A, B의 주소까지 명시하여 A, B의 명예를 훼손한 것을 두고 오로지 공공의 이익에 관한 것이라고 보기는 어렵다(대판 2008.3.14. 2006도6049).

㉣ [○] 甲 주식회사 해고자 신분으로 노동조합 사무장직을 맡아 노조활동을 하는 피고인이 노사 관계자 140여 명이 있는 가운데 큰 소리로 피고인보다 15세 연장자로서 甲 회사 부사장인 乙을 향해 "야 ○○아, ○○이 여기 있네, 니 이름이 ○○이잖아, ○○아 나오니까 좋지?" 등으로 여러 차례 乙의 이름을 불렀더라도, 제반 사정을 종합하면, 피고인의 위 발언은 상대방을 불쾌하게 할 수 있는 무례하고 예의에 벗어난 표현이기는 하지만 객관적으로 乙의 인격적 가치에 대한 사회적 평가를 저하시킬 만한 모욕적 언사에 해당하지 않는다고 한 사례(대판 2018.11.29. 2017도2661).

정답 ③

07 명예훼손죄에 관한 다음 설명 중 판례의 태도와 가장 거리가 먼 것은?

[11 법원9급]

① 형법 제310조의 위법성조각사유는 형법 제309조 제1항의 요건을 충족하는 출판물에 의한 명예훼손행위에 대해서는 적용되지 않는다.

② 사실 적시에 의한 명예훼손죄가 성립하기 위해서는 적시된 사실이 이로써 특정인의 사회적 가치 내지 평가가 침해될 가능성이 있을 정도로 구체성을 띠어야 한다.

③ 컴퓨터 워드프로세서로 작성되어 프린트된 A4용지 7쪽 분량의 인쇄물도 형법 제309조의 '기타 출판물'에 해당한다.

④ 기자를 통해 사실을 적시하는 경우 아직 기사화하여 보도하지 아니한 때에는 전파가능성이 없으므로 명예훼손죄에서의 공연성 요건이 충족되지 않는다.

해설

① [○] 형법 제307조 제1항의 명예훼손행위가 진실한 사실로서 오로지 공공의 이익에 관한 때에는 위법성이 조각되나 형법 제309조 제1항의 출판물 등에 의한 명예훼손행위는 그것이 오로지 공공의 이익을 위한 행위였다고 하더라도 위법성이 조각되지 않음은 형법 제310조의 규정에 비추어 명백하다(대판 1995.6.30. 95도1010).

② [○] 명예훼손죄가 성립하기 위하여는 사실의 적시가 있어야 하고, 적시된 사실은 이로써 특정인의 사회적 가치 내지 평가가 침해될 가능성이 있을 정도로 구체성을 띠어야 한다(대판 2011.8.18. 2011도6904).

③ [×] 컴퓨터 워드프로세서로 작성되고 프린트된 A4용지 7쪽 분량의 인쇄물은 등록된 간행물과 동일한 정도의 높은 전파성, 신뢰성, 보존가능성 등을 가지고 사실상 유통·통용될 수 있는 출판물이라고 보기 어렵다(대판 2000.2.11. 99도3048).

④ [○] 통상 기자가 아닌 보통 사람에게 사실을 적시할 경우에는 그 자체로서 적시된 사실이 외부에 공표되는 것이므로 그 때부터 곧 전파가능성을 따져 공연성 여부를 판단하여야 할 것이지만, 그와는 달리 기자를 통해 사실을 적시하는 경우에는 기사화되어 보도되어야만 적시된 사실이 외부에 공표된다고 보아야 할 것이므로 기자가 취재를 한 상태에서 아직 기사화하여 보도하지 아니한 경우에는 전파가능성이 없다고 할 것이어서 공연성이 없다(대판 2000.5.16. 99도5622).

정답 ③

08 다음 설명 중 가장 옳지 않은 것은? (다툼이 있으면 판례에 의함)

[16 법원9급]

① 가치중립적인 표현을 사용하였다 하여도 사회통념상 그로 인하여 특정인의 사회적 평가가 저하되었다고 판단된다면 명예훼손죄가 성립할 수 있다.

② 장래의 일을 적시하더라도 그것이 과거 또는 현재의 사실을 기초로 하거나 이에 대한 주장을 포함하는 경우에는 명예훼손죄가 성립한다고 할 것이고, 장래의 일을 적시하는 것이 과거 또는 현재의 사실을 기초로 하거나 이에 대한 주장을 포함하는지 여부는 그 적시된 표현 자체는 물론 전체적인 취지나 내용, 적시에 이르게 된 경위 및 전후 상황, 기타 제반 사정을 종합적으로 참작하여 판단하여야 한다.

③ 목사가 예배 중 특정인을 가리켜 '이단 중에 이단이다'라고 설교한 부분은 명예훼손죄에 해당한다.

④ 누구든지 범죄가 있다고 생각하는 때에는 고발할 수 있는 것이므로 어떤 사람이 범죄를 고발하였다는 사실이 주위에 알려졌다고 하여 그 고발사실 자체만으로 고발인의 사회적 가치나 평가가 침해될 가능성이 있다고 볼 수는 없다. 다만, 그 고발의 동기나 경위가 불순하다거나 온당하지 못하다는 등의 사정이 함께 알려진 경우에는 고발인의 명예가 침해될 가능성이 있다.

해설

① [○] 명예훼손죄가 성립하기 위하여는 특정인의 사회적 가치 내지 평가가 침해될 가능성이 있는 구체적인 사실을 적시하여야 하는바, 어떤 표현이 명예훼손적인지 여부는 그 표현에 대한 사회통념에 따른 객관적 평가에 의하여 판단하여야 하고, 가치중립적인 표현을 사용하였다 하여도 사회통념상 그로 인하여 특정인의 사회적 평가가 저하되었다고 판단된다면 명예훼손죄가 성립할 수 있다(대판 2008.11.27. 2008도6728).

② [○] 명예훼손죄가 성립하기 위하여는 사실의 적시가 있어야 하는데, 여기에서 적시의 대상이 되는 사실이란 현실적으로 발생하고 증명할 수 있는 과거 또는 현재의 사실을 말하며, 장래의 일을 적시하더라도 그것이 과거 또는 현재의 사실을 기초로 하거나 이에 대한 주장을 포함하는 경우에는 명예훼손죄가 성립한다고 할 것이고, 장래의 일을 적시하는 것이 과거 또는 현재의 사실을 기초로 하거나 이에 대한 주장을 포함하는지 여부는 그 적시된 표현 자체는 물론 전체적인 취지나 내용, 적시에 이르게 된 경위 및 전후 상황, 기타 제반 사정을 종합적으로 참작하여 판단하여야 한다(대판 2003.5.13. 2002도7420).

③ [×] 피고인이 총신대학교 신학대학원 100주년 기념관 채플실에서 1,200여 명의 학생들이 모인 가운데 "A는 이단 중에 이단이다"라고 설교하였더라도, 어느 교리가 정통 교리이고 어느 교리가 여기에 배치되는 교리인지 여부는 교단을 구성하는 대다수의 목회자나 신도들이 평가하는 관념에 따라 달라지는 것이므로 사실을 적시한 것으로 보기 어렵다(대판 2008.10.9. 2007도1220).

④ [○] 누구든지 범죄가 있다고 생각하는 때에는 고발할 수 있는 것이므로 어떤 사람이 범죄를 고발하였다는 사실이 주위에 알려졌다고 하여 그 고발사실 자체만으로 고발인의 사회적 가치나 평가가 침해될 가능성이 있다고 볼 수는 없고, 다만 그 고발의 동기나 경위가 불순하다거나 온당하지 못하다는 등의 사정이 함께 알려진 경우에 고발인의 명예가 침해될 가능성이 있다(대판 2009.9.24. 2009도6687).

정답 ③

09 **다음 중 타당하지 않은 것은? (다툼이 있으면 판례에 의함)** [10 경찰채용]

① 개인 블로그의 비공개 대화방에서 일대일 비밀대화로 사실을 적시한 경우에도 공연성을 인정할 수 있다.

② 지방의회 선거를 앞둔 시점에서 특별한 친분관계가 없는 자들에게 여러 차례에 걸쳐, 매번 한 사람에게만 의원후보가 되고자 하는 자를 비방하는 말을 한 경우 공연성을 갖추었다고 할 수 있다.

③ 가치중립적인 표현을 사용하였다면 사회통념상 그로 인하여 특정인의 사회적 평가가 저하되었다고 판단되는 경우라도 명예훼손죄가 성립할 수 없다.

④ 질문에 대한 단순한 확인대답이 명예훼손의 사실적시라고 할 수 없다.

해설

① [○] 개인 블로그의 비공개 대화방에서 상대방으로부터 비밀을 지키겠다는 말을 듣고 일대일로 대화하였다고 하더라도, 그 사정만으로 대화 상대방이 대화내용을 불특정 또는 다수에게 전파할 가능성이 없다고 할 수 없으므로, 명예훼손죄의 요건인 공연성을 인정할 여지가 있다(대판 2008.2.14. 2007도8155).

② [○] 피고인의 말을 들은 사람은 한 사람씩에 불과하였으나 그들은 피고인과 특별한 친분관계가 있는 자가 아니며, 그 범행의 내용도 지방의회 의원선거를 앞둔 시점에 현역 시의회 의원이면서 다시 그 후보자가 되고자 하는 자를 비방한 것이어서 피고인이 적시한 사실이 전파될 가능성이 많으므로 피고인의 판시 범행은 행위 당시에 이미 공연성을 갖추었다(대판 1996.7.12. 96도1007).

③ [×] 가치중립적인 표현을 사용하였다 하더라도 사회통념상 그로 인하여 특정인의 사회적 평가가 저하되었다고 판단된다면 명예훼손죄가 성립할 수 있다(대판 2007.10.25. 2007도5077).

④ [○] 명예훼손사실을 발설한 것이 사실이냐는 질문에 대답하는 과정에서 타인의 명예를 훼손하는 사실을 발설하게 된 것이라면, 그 발설내용과 동기에 비추어 명예훼손의 범의를 인정할 수 없고, 질문에 대한 단순한 확인대답이 명예훼손에서 말하는 사실적시라고도 할 수 없다(대판 2008.10.23. 2008도6515).

정답 ③

10 명예에 관한 죄에 대한 설명 중 가장 옳지 않은 것은? (판례에 의함)

[11 경찰승진]

① 기자를 통해 사실을 적시하는 경우에는 기사화되어 보도되어야만 적시된 사실이 외부에 공표된다고 보아야 할 것이므로 기자가 취재를 한 상태에서 아직 기사화하여 보도하지 아니한 경우에는 공연성이 없다.

② 이혼소송 중인 처가, 이혼소송 과정에서 남편에게 유리한 증거자료를 작성하여 주었던 남편의 친구에게 서신을 보내면서 남편의 명예를 훼손하는 문구가 기재된 별도의 서신을 동봉한 경우에는 공연성이 없다.

③ 어느 사람에게 귀엣말 등 그 사람만 들을 수 있는 방법으로 그 사람 본인의 사회적 가치 내지 평가를 떨어뜨릴 만한 사실을 이야기하였다 하더라도 그 사람이 들은 말을 스스로 다른 사람들에게 전파하였다면 명예훼손죄의 구성요건인 공연성이 인정된다.

④ 피고인이 집에서 처로부터 전날 외박한 사실에 대하여 추궁당하자 이를 모면하기 위하여 처에게 피해자와 여관방에서 동침한 사실이 있다고 말한 것은 공연성이 없다.

해설

① [○] 기자를 통해 사실을 적시하는 경우에는 기사화되어 보도되어야만 적시된 사실이 외부에 공표된다고 보아야 할 것이므로 기자가 취재를 한 상태에서 아직 기사화하여 보도하지 아니한 경우에는 공연성이 없다(대판 2000.5.16. 99도5622).

② [○] 이혼소송 계속 중인 처가 남편의 친구에게 서신을 보내면서 남편의 명예를 훼손하는 문구가 기재된 서신을 동봉한 경우에는 공연성이 결여되었다(대판 2000.2.11. 99도4579).

③ [×] 어느 사람에게 귀엣말 등 그 사람만 들을 수 있는 방법으로 그 사람 본인의 사회적 가치 내지 평가를 떨어뜨릴 만한 사실을 이야기하였다면, 위와 같은 이야기가 불특정 또는 다수인에게 전파될 가능성이 있다고 볼 수 없어 명예훼손의 구성요건인 공연성을 충족하지 못하는 것이며, 그 사람이 들은 말을 스스로 다른 사람들에게 전파하였더라도 위와 같은 결론에는 영향이 없다(대판 2005.12.9. 2004도2880).

④ [○] 피고인이 집에서 피고인의 처로부터 전날 피고인이 외박한 사실에 대하여 추궁당하자 이를 모면하기 위하여 처에게 피해자와 여관방에서 동침한 사실이 있다고 말한 사실만으로써는 명예훼손죄의 구성요건인 공연성이 있다 할 수 없다(대판 1984.3.27. 84도86).

정답 ③

11 명예에 관한 죄에 대한 설명으로 가장 적절하지 않은 것은? (다툼이 있으면 판례에 의함)

[17 경찰채용]

① 형법상 사자의 명예훼손죄와 모욕죄는 고소가 있어야 공소를 제기할 수 있다.

② 명예훼손죄에 있어서의 사실의 적시는 가치판단이나 평가를 내용으로 하는 의견표현에 대치되는 개념이 아니다.

③ 「형법」 제307조 제2항의 공연히 허위의 사실을 적시하여 사람의 명예를 훼손한 죄는 피해자의 명시한 의사에 반하여 공소를 제기할 수 없다.

④ 피고인이 경찰관을 상대로 진정한 사건이 혐의인정되지 않아 내사종결 처리되었음에도 불구하고 공연히 "사건을 조사한 경찰관이 내일부로 검찰청에서 구속영장이 떨어진다."고 말한 것은 현재의 사실을 기초로 하거나 이에 대한 주장을 포함하여 장래의 일을 적시한 것으로 볼 수 있어 명예훼손죄에 있어서의 사실의 적시에 해당한다.

해설

① [O] 형법상 사자의 명예훼손죄와 모욕죄는 친고죄이므로 고소가 있어야 공소를 제기할 수 있다(제312조 제1항).
② [×] 명예훼손죄에 있어 '사실의 적시'는 가치판단이나 평가를 내용으로 하는 의견표현에 대치되는 개념으로서 시간과 공간적으로 구체적인 과거 또는 현재의 사실관계에 관한 보고 내지 진술을 의미하며 표현내용이 증거에 의하여 증명이 가능한 것을 말한다(대판 2017.4.26. 2016도18024).
③ [O] 허위사실적시명예훼손죄는 반의사불벌죄이다(제312조 제2항).
④ [O] 피고인이 경찰관을 상대로 진정한 사건이 혐의인정되지 않아 내사종결 처리되었음에도 불구하고 공연히 "사건을 조사한 경찰관이 내일부로 검찰청에서 구속영장이 떨어진다."고 말한 것은 현재의 사실을 기초로 하거나 이에 대한 주장을 포함하여 장래의 일을 적시한 것으로 볼 수 있어 명예훼손죄에 있어서의 사실의 적시에 해당한다(대판 2003.5.13. 2002도7420).

정답 ②

12 명예훼손죄와 관련된 다음 설명 중 옳지 않은 것은 모두 몇 개인가? (다툼이 있으면 판례에 의함)

[20 경찰간부]

㉠ 전파가능성을 이유로 명예훼손죄의 공연성을 인정하는 경우에는 범죄구성요건의 객관적 요소로서 미필적 고의가 필요하므로 전파가능성에 대한 인식은 물론 그 위험을 용인하는 내심의 의사까지 있어야 한다.
㉡ 명예훼손죄에 있어서 사실의 적시는 그 표현의 전(全)취지에 비추어 그와 같은 사실의 존재를 암시할 수 있고 이로써 특정인의 사회적 가치 내지 평가가 침해될 수 있다고 하여도 간접적이고 우회적인 표현만으로는 인정될 수 없다.
㉢ 가치중립적인 표현을 사용하였다 할지라도 사회통념상 그로 인하여 특정인의 사회적 평가가 저하되었다고 판단된다면 명예훼손죄가 성립할 수 있다.
㉣ 명예훼손죄에서 말하는 사실의 적시란 가치판단이나 평가를 내용으로 하는 의견표현에 대치되는 개념으로서 시간과 공간적으로 구체적인 과거 또는 현재의 사실관계에 관한 보고 내지 진술을 의미하며 그 표현내용이 증거에 의해 입증이 가능한 것을 의미한다.

① 1개
② 2개
③ 3개
④ 4개

해설

㉠ [×] 전파가능성을 이유로 명예훼손죄의 공연성을 인정하는 경우에는 범죄구성요건의 주관적 요소로서 적어도 미필적 고의가 필요하므로 전파가능성에 관한 인식이 있음은 물론 나아가 그 위험을 용인하는 내심의 의사가 있어야 한다(대판 2018.6.15. 2018도4200).
㉡ [×] 명예훼손죄에 있어서의 사실의 적시는 사실을 직접적으로 표현한 경우에 한정될 것은 아니고 간접적이고 우회적인 표현에 의하더라도 그 표현의 전취지에 비추어 그와 같은 사실의 존재를 암시하고 또 이로써 특정인의 사회적 가치 내지 평가가 침해될 가능성이 있을 정도의 구체성이 있으면 충분하다(대판 2008.11.13. 2006도7915).
㉢ [O] 가치중립적인 표현을 사용하였다 할지라도 사회통념상 그로 인하여 특정인의 사회적 평가가 저하되었다고 판단된다면 명예훼손죄가 성립할 수 있다(대판 2008.11.27. 2008도6728).
㉣ [O] 명예훼손죄에서 말하는 사실의 적시란 가치판단이나 평가를 내용으로 하는 의견표현에 대치되는 개념으로서 시간과 공간적으로 구체적인 과거 또는 현재의 사실관계에 관한 보고 내지 진술을 의미하며 그 표현내용이 증거에 의해 입증이 가능한 것을 의미한다(대판 2017.12.5. 2017도15628).

정답 ②

13 **모욕죄와 명예훼손죄에 대한 다음 설명 중 옳지 않은 것은 모두 몇 개인가? (다툼이 있으면 판례에 의함)**

[19 경찰간부]

> ㉠ 피고인이 택시기사와 요금문제로 시비가 벌어져 112 신고를 한 후, 신고를 받고 출동한 경찰관 甲에게 늦게 도착한 데에 대하여 항의하는 과정에서 '아이 씨발!'이라고 말한 경우 모욕죄가 성립된다.
> ㉡ 의사 甲(피고인)이 의료기기 회사와의 분쟁을 정치적으로 해결하기 위하여 국회의원에게 해당 의료기기 회사에 관한 권력비호와 특혜금융 및 의료기기의 성능이 좋지 않다는 허위의 사실을 제보하였을 뿐인데, 위 국회의원의 예상치 못한 발표로 그 사실이 일간신문에 게재된 경우, 명예훼손죄가 성립된다.
> ㉢ 형법 제310조의 적용에서 적시된 사실이 공공의 이익에 관한 것이라면 진실한 것이라는 증명이 없다 할지라도 행위자가 진실한 것으로 믿었고 또 그렇게 믿을 만한 상당한 이유가 있는 경우에는 위법성이 없다고 보아야 한다.
> ㉣ 중학교 교사에 대해 "전과범으로서 교사직을 팔아가며 이웃을 해치고 고발을 일삼는 악덕교사"라는 취지의 진정서를 그가 근무하는 학교법인 이사장 앞으로 제출한 경우 공연성이 인정된다.

① 1개
② 2개
③ 3개
④ 4개

해설

㉠ [×] 피고인의 발언은 구체적으로 상대방을 지칭하지 않은 채 단순히 발언자 자신의 불만이나 분노한 감정을 표출하기 위하여 흔히 쓰는 말로서 상대방을 불쾌하게 할 수 있는 무례하고 저속한 표현이기는 하지만 직접적으로 甲을 특정하여 그의 인격적 가치에 대한 사회적 평가를 저하시킬 만한 경멸적 감정을 표현한 모욕적 언사에 해당한다고 단정하기는 어렵다(대판 2015.12.24. 2015도6622).

㉡ [×] [1] 제보자가 기사의 취재·작성과 직접적인 연관이 없는 자에게 허위의 사실을 알렸을 뿐인 경우에는, 제보자가 피제보자에게 그 알리는 사실이 기사화되도록 특별히 부탁하였다거나 피제보자가 이를 기사화할 것이 고도로 예상되는 등의 특별한 사정이 없는 한, 피제보자가 언론에 공개하거나 기자들에게 취재됨으로써 그 사실이 신문에 게재되어 일반 공중에게 배포되더라도 제보자에게 출판·배포된 기사에 관하여 출판물에 의한 명예훼손죄의 책임을 물을 수는 없다.
[2] 의사가 의료기기 회사와의 분쟁을 정치적으로 해결하기 위하여 국회의원에게 허위의 사실을 제보하였을 뿐인데, 위 국회의원의 발표로 그 사실이 일간신문에 게재된 경우 출판물에 의한 명예훼손이 성립하지 아니한다(대판 2002.6.28. 2000도3045).

㉢ [○] 형법 제310조의 적용에서 적시된 사실이 공공의 이익에 관한 것이라면 진실한 것이라는 증명이 없다 할지라도 행위자가 진실한 것으로 믿었고 또 그렇게 믿을 만한 상당한 이유가 있는 경우에는 위법성이 없다고 보아야 한다(대판 2007.12.14. 2006도2074).

㉣ [×] 진정서의 내용과 진정서의 수취인인 학교법인 이사장과 교사의 관계 등에 비추어 볼 때, 이사장이 진정서 내용을 타에 전파할 가능성이 있다고 보기 어려우므로 공연성이 있다고 보기 어렵다(대판 1983.10.25. 83도2190).

정답 ③

14 다음 설명 중 옳은 것은 모두 몇 개인가? (다툼이 있으면 판례에 의함)

[16 경찰채용]

> ㉠ 전국교직원노동조합 소속 교사가 작성·배포한 보도자료의 일부에 사실과 다른 기재가 있으나 전체적으로 그 기재 내용이 진실하고 공공의 이익을 위한 것이라도 명예훼손죄의 위법성이 조각되지 않는다.
> ㉡ 객관적으로 피해자의 사회적 평가를 저하시키는 사실에 관한 보도내용이 소문이나 제3자의 말, 보도를 인용하는 방법으로 단정적인 표현이 아닌 전문 또는 추측한 것을 기사화한 형태로 표현하였지만, 그 표현 전체의 취지로 보아 그 사실이 존재할 수 있다는 것을 암시하는 방식으로 이루어진 경우에는 사실을 적시한 것이라고 보아야 한다.
> ㉢ 통상 기자가 아닌 보통 사람에게 사실을 적시할 경우에는 그 자체로서 적시된 사실이 외부에 공표되는 것이므로 그때부터 곧 전파가능성을 따져 공연성 여부를 판단하여야 할 것이고, 이는 기자를 통해 사실을 적시하는 경우라고 하여 달리 볼 것이 아니다.
> ㉣ 명예훼손죄가 성립하기 위하여는 사실의 적시가 있어야 하는데, 여기에서 적시의 대상이 되는 사실이란 현실적으로 발생하고 증명할 수 있는 과거 또는 현재의 사실을 말하며, 장래의 일을 적시하는 경우에는 그것이 과거 또는 현재의 사실을 기초로 하거나 이에 대한 주장을 포함하는 경우라도 명예훼손죄가 성립한다고 할 수는 없다.

① 1개　　② 2개
③ 3개　　④ 4개

해설

㉠ [×] [1] 형법 제310조에서 '진실한 사실'이란 그 내용 전체의 취지를 살펴볼 때 중요한 부분이 객관적 사실과 합치되는 사실이라는 의미로서 세부에 있어 진실과 약간 차이가 나거나 다소 과장된 표현이 있더라도 무방하다.
[2] 피고인이 시의원들이 학교에서 교사들에게 무례한 행동을 한 것을 알리고 이에 대하여 항의함으로써 교사의 권익을 지킨다는 취지에서 '시의원이 여교사를 아가씨라고 부르며 차를 달라고 한 것, 교감 책상에 앉아 있는 시의원에게 항의한 교사에게 일부 시의원이 고함을 지르는 등 무례한 행동을 한 것, 해운대교육구청이 시의원의 추궁을 받고 교사들에게 경위서를 제출하도록 한 것' 등의 내용이 들어 있는 보도자료를 만들어 배포한 경우, 전체적으로 그 기재 내용이 진실하고 공공의 이익을 위한 것이라면 명예훼손죄의 위법성이 조각된다(대판 2001.10.9. 2001도3594).

㉡ [○] 객관적으로 피해자의 사회적 평가를 저하시키는 사실에 관한 보도내용이 소문이나 제3자의 말, 보도를 인용하는 방법으로 단정적인 표현이 아닌 전문 또는 추측한 것을 기사화한 형태로 표현하였지만, 그 표현 전체의 취지로 보아 그 사실이 존재할 수 있다는 것을 암시하는 방식으로 이루어진 경우에는 사실을 적시한 것이라고 보아야 한다(대판 2008.11.27. 2007도5312).

㉢ [×] 통상 기자가 아닌 보통 사람에게 사실을 적시할 경우에는 그 자체로서 적시된 사실이 외부에 공표되는 것이므로 그 때부터 곧 전파가능성을 따져 공연성 여부를 판단하여야 할 것이지만, 그와는 달리 기자를 통해 사실을 적시하는 경우에는 기사화되어 보도되어야만 적시된 사실이 외부에 공표된다고 보아야 할 것이므로 기자가 취재를 한 상태에서 아직 기사화하여 보도하지 아니한 경우에는 전파가능성이 없다고 할 것이어서 공연성이 없다(대판 2000.5.16. 99도5622).

㉣ [×] 명예훼손죄가 성립하기 위하여는 사실의 적시가 있어야 하는데, 여기에서 적시의 대상이 되는 사실이란 현실적으로 발생하고 증명할 수 있는 과거 또는 현재의 사실을 말하며, 장래의 일을 적시하더라도 그것이 과거 또는 현재의 사실을 기초로 하거나 이에 대한 주장을 포함하는 경우에는 명예훼손죄가 성립한다(대판 2003.5.13. 2002도7420).

정답 ①

15 명예훼손죄에 관한 다음 설명 중 가장 옳지 않은 것은? (다툼이 있으면 판례에 의함) [19 법원9급]

① 피해자인 경찰관을 상대로 진정한 사건이 혐의가 인정되지 않아 내사종결 처리되었음에도 공연히 "사건을 조사한 경찰관에 대해 내일부로 검찰청에서 구속영장이 떨어진다."라고 말한 것은 희망 또는 의견을 진술하거나 가치판단을 나타낸 것에 불과하여 명예훼손죄에 있어서의 사실의 적시에 해당하지 않는다.

② 피해자들이 전과가 많다는 내용의 명예훼손 발언을 들은 사람들이 이미 피해자들의 전과사실을 알고 있었다고 하더라도 명예훼손죄가 성립할 수 있다.

③ 새로 목사로서 부임한 피고인이 전임목사에 관한 교회 내의 불미스러운 소문의 진위를 확인하기 위하여 이를 교회 집사들에게 물어보았다면 이는 명예훼손의 고의 없는 단순한 확인에 지나지 아니하여 사실의 적시라고 할 수 없다.

④ 소문이나 제3자의 말을 인용한 언론보도가 허위사실을 적시한 것인지 판단하려면 원칙적으로 그 보도내용의 주된 부분인 암시된 사실 자체를 기준으로 그것이 진실인지 여부를 살펴보아야 하며, 그러한 소문, 제3자의 말 등의 존부를 기준으로 보도가 허위사실인지를 판단해서는 안 된다.

해설

① [×] 명예훼손죄가 성립하기 위하여는 사실의 적시가 있어야 하는데, 여기에서 적시의 대상이 되는 사실이란 현실적으로 발생하고 증명할 수 있는 과거 또는 현재의 사실을 말하며, 장래의 일을 적시하더라도 그것이 과거 또는 현재의 사실을 기초로 하거나 이에 대한 주장을 포함하는 경우에는 명예훼손죄가 성립한다고 할 것이고, 장래의 일을 적시하는 것이 과거 또는 현재의 사실을 기초로 하거나 이에 대한 주장을 포함하는지 여부는 그 적시된 표현 자체는 물론 전체적인 취지나 내용, 적시에 이르게 된 경위 및 전후 상황, 기타 제반 사정을 종합적으로 참작하여 판단하여야 한다(대판 2003.5.13. 2002도7420).

② [○] 피해자들이 전과가 많다는 내용의 명예훼손 발언을 들은 사람들이 이미 피해자들의 전과사실을 알고 있었다고 하더라도 명예훼손죄가 성립할 수 있다(대판 1993.3.23. 92도455).

③ [○] 새로 목사로서 부임한 피고인이 전임목사에 관한 교회 내의 불미스러운 소문의 진위를 확인하기 위하여 이를 교회집사들에게 물어보았다면 이는 경험칙상 충분히 있을 수 있는 일로서 명예훼손의 고의 없는 단순한 확인에 지나지 아니하여 사실의 적시라고 할 수 없다 할 것이므로 피고인에게 명예훼손의 고의 또는 미필적 고의가 인정되지 아니한다(대판 1985.5.28. 85도588).

④ [○] 소문이나 제3자의 말을 인용한 언론보도가 허위사실을 적시한 것인지 판단하려면 원칙적으로 그 보도내용의 주된 부분인 암시된 사실 자체를 기준으로 그것이 진실인지 여부를 살펴보아야 하며, 그러한 소문, 제3자의 말 등의 존부를 기준으로 보도가 허위사실인지를 판단해서는 안 된다(대판 2008.11.27. 2007도5312).

정답 ①

16 명예훼손죄에 대한 설명 중 옳지 않은 것은? (다툼이 있으면 판례에 의함) [16 경찰간부]

① 피고인이 피해자를 괴롭히기 위하여 피해자가 동성애자가 아님에도 불구하고 인터넷사이트에 7회에 걸쳐 피해자가 동성애자라는 내용의 글을 게재하였다면, 그러한 행위는 피해자의 명예를 훼손하는 행위에 해당한다고 볼 수 있다.

② 통상 사람에게 사실을 적시할 경우 그 자체로서 적시된 사실이 외부에 공표되는 것이므로 그때부터 곧 전파가능성을 따져 공연성 여부를 판단하여야 할 것이고, 이는 기자를 통해 사실을 적시하는 경우라고 하여 달리 볼 것이 아니다.

③ 'A회사가 일본 B맥주에 지분이 50%가 넘어가 일본 기업이 됐다'라는 표현만으로는 ○○소주를 생산하는 피해자 A회사의 대주주 내지 지배주주가 일본 회사라고 적시하는 경우 일부 소비자들이 ○○소주의 구매에 소극적이 될 여지가 있다 하더라도 이를 사회통념상 A회사의 사회적 가치 내지 평가가 침해될 가능성이 있는 명예훼손적 표현이라고 보기는 힘들다.

④ 교장 甲이 여성 기간제교사 乙에게 차 접대 요구와 부당한 대우를 하였다는 인상을 주는 내용의 글을 게재한 교사 丙의 명예훼손행위는 공공의 이익에 관한 것으로서 위법성이 조각된다.

해설

① [○] 피해자가 동성애자라는 내용의 글을 인터넷사이트에 게시한 행위는 명예훼손에 해당한다(대판 2007.10.25. 2007도5077).

② [×] 통상 기자가 아닌 보통 사람에게 사실을 적시할 경우에는 그 자체로서 적시된 사실이 외부에 공표되는 것이므로 그 때부터 곧 전파가능성을 따져 공연성 여부를 판단하여야 할 것이지만, 그와는 달리 기자를 통해 사실을 적시하는 경우에는 기사화되어 보도되어야만 적시된 사실이 외부에 공표된다고 보아야 할 것이므로 기자가 취재를 한 상태에서 아직 기사화하여 보도하지 아니한 경우에는 전파가능성이 없다고 할 것이어서 공연성이 없다(대판 2000.5.16. 99도5622).

③ [○] [1] 가치중립적인 표현을 사용하였다 하더라도 사회 통념상 그로 인하여 특정인의 사회적 평가가 저하되었다고 판단된다면 명예훼손죄가 성립할 수 있다.
[2] 우리나라 유명 소주회사가 일본의 주류회사에 지분이 50% 넘어가 일본 기업이 되었다고 하는 사실적시는 가치중립적 표현으로서 명예훼손적 표현이 아니라고 한 사례(대판 2008.11.27. 2008도6728).

④ [○] 교장 甲이 여성기간제교사 乙에게 차 접대 요구와 부당한 대우를 하였다는 인상을 주는 내용의 글을 게재한 교사 丙의 명예훼손행위는 공공의 이익에 관한 것으로서 위법성이 조각된다고 한 사례(대판 2008.7.10. 2007도9885).

정답 ②

17 **명예훼손죄에 관한 다음 설명 중 가장 적절한 것은? (다툼이 있으면 판례에 의함)** [15 경찰채용]

① 신문기자에게 경쟁자의 명예를 훼손하는 내용의 사실을 알려주었으나 신문기자는 기사거리가 넘쳐 이를 기사화하지 않은 경우 출판물에 의한 명예훼손죄의 미수범이 성립한다.

② 개인 블로그의 비공개 대화방에서 상대방으로부터 비밀을 지키겠다는 말을 듣고 일대일로 대화하였다고 하더라도, 그 사정만으로 대화 상대방이 대화내용을 불특정 또는 다수에게 전파할 가능성이 없다고 할 수 없으므로 공연성을 인정할 여지가 있다.

③ 진실인 사실을 공연히 유포하여 타인의 신용을 훼손한 경우 명예훼손죄와 신용훼손죄의 상상적 경합범이 성립한다.

④ 지방의회 선거를 앞두고 현역 시의회의원이 후보자가 되려는 자에 대해서 특별한 친분관계도 없는 한 사람 한 사람에게 비방의 말을 한 경우라면 공연성이 없다.

해설

① [×] 기자를 통해 사실을 적시하는 경우에는 기사화되어 보도되어야만 적시된 사실이 외부에 공표된다고 보아야 할 것이므로 기자가 취재를 한 상태에서 아직 기사화하여 보도하지 아니한 경우에는 공연성이 없다(대판 2000.5.16. 99도5622).
▶ 명예훼손죄는 미수범 처벌규정이 없다.

② [○] 개인 블로그의 비공개 대화방에서 상대방으로부터 비밀을 지키겠다는 말을 듣고 일대일로 대화하였다고 하더라도, 그 사정만으로 대화 상대방이 대화내용을 불특정 또는 다수에게 전파할 가능성이 없다고 할 수 없으므로 공연성을 인정할 여지가 있다(대판 2008.2.14. 2007도8155).

③ [×] 신용훼손죄는 '허위'의 사실을 유포하거나 기타 위계로써 사람의 신용을 훼손한 경우에 성립한다(제313조).
▶ 진실한 사실을 공연히 유포한 경우 명예훼손죄는 성립할 수 있어도 신용훼손죄는 성립할 수 없다.

④ [×] 피고인의 말을 들은 사람은 한 사람씩에 불과하였으나 그들은 피고인과 특별한 친분관계가 있는 자가 아니며, 그 범행의 내용도 지방의회 의원선거를 앞둔 시점에 현역 시의회 의원이면서 다시 그 후보자가 되고자 하는 자를 비방한 것이어서 피고인이 적시한 사실이 전파될 가능성이 있으므로 공연성이 인정된다(대판 1996.7.12. 96도1007).

정답 ②

18 모욕죄 내지 명예훼손죄에 관한 다음 설명 중 가장 적절하지 않은 것은? (다툼이 있으면 판례에 의함)

[14 경찰채용]

① 명예훼손죄에서 특정인의 사회적 가치나 평가를 저하시키기에 충분한 구체적인 사실의 적시가 있다고 하기 위해서는 반드시 그러한 구체적인 사실이 직접적으로 명시되어 있을 것을 요구하는 것은 아니지만, 적어도 적시된 내용 중의 특정 문구에 의하여 그러한 사실이 곧바로 유추될 수 있을 정도는 되어야 한다.

② 개인의 블로그 비공개 대화방에서 일대일 비밀대화로 사실을 적시한 경우에도 공연성을 인정할 수 있다.

③ 골프클럽 경기보조원들의 구직편의를 위해 제작된 인터넷 사이트 내 회원게시판에 특정 골프클럽의 운영상 불합리성을 비난하는 글을 게시하면서 클럽담당자에 대하여 '한심하고 불쌍한 인간'이라는 등 경멸적 표현을 한 경우 모욕죄를 구성한다.

④ 인터넷 포털사이트의 지식 검색 질문·답변 게시판에 성형시술 결과가 만족스럽지 못하다는 주관적인 평가를 주된 내용으로 하는 한 줄의 댓글을 게시한 경우, 사실의 적시에는 해당하지만 비방의 목적이 없어서 「정보통신망이용촉진및정보보호등에관한법률」상의 명예훼손죄가 성립하지 않는다.

해설

① [○] 명예훼손죄에서 특정인의 사회적 가치나 평가를 저하시키기에 충분한 구체적인 사실의 적시가 있다고 하기 위해서는 반드시 그러한 구체적인 사실이 직접적으로 명시되어 있을 것을 요구하는 것은 아니지만, 적어도 적시된 내용 중의 특정 문구에 의하여 그러한 사실이 곧바로 유추될 수 있을 정도는 되어야 한다(대판 2011.8.18. 2011도6904).

② [○] 개인 블로그의 비공개 대화방에서 상대방으로부터 비밀을 지키겠다는 말을 듣고 일대일로 대화하였다고 하더라도, 그 사정만으로 대화 상대방이 대화내용을 불특정 또는 다수에게 전파할 가능성이 없다고 할 수 없으므로, 명예훼손죄의 요건인 공연성을 인정할 여지가 있다(대판 2008.2.14. 2007도8155).

③ [×] [1] 어떤 글이 특히 모욕적인 표현을 포함하는 판단 또는 의견의 표현을 담고 있는 경우에도 그 시대의 건전한 사회통념에 비추어 그 표현이 사회상규에 위배되지 않는 행위로 볼 수 있는 때에는 형법 제20조에 의하여 예외적으로 위법성이 조각된다. [2] 게시판에 특정 골프클럽의 운영상 불합리성을 비난하는 글을 게시하면서 클럽담당자에 대하여 '한심하고 불쌍한 인간'이라는 등 경멸적 표현을 한 경우라도 게시의 동기와 경위, 모욕적 표현의 정도와 비중 등에 비추어 사회상규에 위배되지 않아 모욕죄는 성립하지 않는다(대판 2008.7.10. 2008도1433).

④ [○] 인터넷 포털사이트의 지식 검색 질문·답변 게시판에 성형시술 결과가 만족스럽지 못하다는 주관적인 평가를 주된 내용으로 하는 한 줄의 댓글을 게시한 경우, 사실의 적시에는 해당하지만 비방의 목적이 없어서 「정보통신망이용촉진및정보보호등에관한법률」상의 명예훼손죄가 성립하지 않는다(대판 2009.5.28. 2008도8812).

정답 ③

19 명예에 관한 죄에 대한 설명이다. 다음 중 가장 적절하지 않은 것은? (다툼이 있으면 판례에 의함)

[15 경찰채용]

① 피고인이 자신의 아들 등으로부터 폭행을 당하여 입원한 피해자의 병실로 찾아가 그의 어머니 甲과 대화하던 중 甲의 이웃 乙 및 피고인의 일행 丙 등이 있는 자리에서 "학교에 알아보니 피해자에게 원래 정신병이 있었다고 하더라."라고 허위사실을 말한 경우, 공연성이 인정되므로 허위사실적시에 의한 명예훼손죄가 성립한다.

② 집단표시에 의한 모욕은 개별 구성원에 이르러서도 그 비난의 정도가 희석되지 않아 구성원 개개인의 사회적 평가를 저하시킬 만한 것으로 평가될 경우 예외적으로 구성원 개개인에 대해 모욕이 성립할 수 있다.

③ 골프클럽 경기보조원들의 구직 편의를 위해 제작된 인터넷 사이트 내 회원 게시판에 특정 골프클럽의 운영상 불합리성을 비난하는 글을 게시하면서 위 클럽 담당자에 대하여 '한심하고 불쌍한 인간'이라는 등 경멸적 표현을 한 경우 모욕죄가 성립하지 않는다.

④ 명예훼손죄가 성립하기 위해서는 사실의 적시가 있어야 하고 적시된 사실은 이로써 특정인의 사회적 가치 내지 평가가 침해될 가능성이 있을 정도로 구체성을 띠어야 한다.

해설

① [×] 피고인이 丙과 함께 피해자의 병문안을 가서 피고인·甲·乙·丙 4명이 있는 자리에서 피해자에 대한 폭행사건에 관하여 대화를 나누던 중 발언을 한 것이라면 불특정 또는 다수인이 인식할 수 있는 상태라고 할 수 없고 또 그 자리에 있던 사람들의 관계 등 여러 사정에 비추어 피고인의 발언이 불특정 또는 다수인에게 전파될 가능성이 있다고 보기도 어려워 공연성이 없다(대판 2011.9.8. 2010도7497).

② [○] 이른바 집단표시에 의한 모욕은, 모욕의 내용이 집단에 속한 특정인에 대한 것이라고는 해석되기 힘들고, 집단표시에 의한 비난이 개별구성원에 이르러서는 비난의 정도가 희석되어 구성원 개개인의 사회적 평가에 영향을 미칠 정도에 이르지 아니한 경우에는 구성원 개개인에 대한 모욕이 성립되지 않는다고 봄이 원칙이고, 비난의 정도가 희석되지 않아 구성원 개개인의 사회적 평가를 저하시킬 만한 것으로 평가될 경우에는 예외적으로 구성원 개개인에 대한 모욕이 성립할 수 있다(대판 2014.3.27. 2011도15631).

③ [○] 골프클럽 경기보조원들의 구직편의를 위해 제작된 인터넷 사이트 내 회원 게시판에 특정 골프클럽의 운영상 불합리성을 비난하는 글을 게시하면서 위 클럽담당자에 대하여 한심하고 불쌍한 인간이라는 등 경멸적 표현을 한 사안에서, 게시의 동기와 경위, 모욕적 표현의 정도와 비중 등에 비추어 사회상규에 위배되지 않는다고 보아 모욕죄의 성립을 부정한 사례(대판 2008.7.10. 2008도1433).

④ [○] 명예훼손죄가 성립하기 위해서는 사실의 적시가 있어야 하고 적시된 사실은 이로써 특정인의 사회적 가치 내지 평가가 침해될 가능성이 있을 정도로 구체성을 띠어야 한다(대판 2011.8.18. 2011도6904).

정답 ①

20 **형법 제310조의 위법성조각사유에 관한 다음 설명 중 옳지 않은 것으로 짝지은 것은? (다툼이 있으면 판례에 의함)**

[17 경찰간부]

> ㉠ 형법 제310조는 사실적시 명예훼손죄와 모욕죄에 대해서 적용되지만, 출판물에 의한 명예훼손죄, 허위사실적시 명예 훼손죄에 대해서는 적용되지 않는다.
> ㉡ 형법 제310조에 정한 '공공의 이익'은 반드시 공적 생활에 관한 사실에 한정될 뿐이므로 사적 활동에 관한 사실은 제외된다.
> ㉢ 형법 제310조에 정한 '진실한 사실'은 내용 전체의 취지를 살펴볼 때 중요부분이 객관적 사실과 합치되는 사실이라는 의미로서 세부에 있어 진실과 약간 차이가 있거나 다소 과장된 표현이 있더라도 무방하다.
> ㉣ 언론매체의 사실적시 명예훼손행위가 형법 제310조에 의해 처벌되지 않기 위해서는 적시된 사실은 반드시 진실해야 한다.
> ㉤ 형법 제310조에 정한 진실한 사실로서 오로지 공공의 이익에 해당하는지 여부는 행위자가 증명해야 한다.

① ㉠, ㉡, ㉣
② ㉠, ㉢, ㉣
③ ㉡, ㉢, ㉣
④ ㉡, ㉢, ㉤

해설

㉠ [×] 형법 제310조는 형법 제307조 제1항의 사실적시 명예훼손죄에 대해서만 적용되고, 허위사실적시 명예훼손죄, 출판물에 의한 명예훼손죄 또는 모욕죄에 대해서는 적용되지 않는다.

㉡ [×] 형법 제310조에서 적시된 사실이 공공의 이익에 관한 것인지의 여부는 당해 적시 사실의 구체적 내용, 당해 사실의 공표가 이루어진 상대방의 범위의 광협, 그 표현의 방법 등 그 표현 자체에 관한 제반 사정을 감안함과 동시에 그 표현에 의하여 훼손되거나 훼손될 수 있는 타인의 명예의 침해의 정도도 비교·고려하여 결정하여야 한다. 그리고 개인의 사적인 신상에 관한 사실이라고 하더라도 그가 관계하는 사회적 활동의 성질이나 이를 통하여 사회에 미치는 영향력의 정도 등의 여하에 따라서는 그 사회적 활동에 대한 비판 내지 평가의 한 자료가 될 수 있는 것이므로 개인의 사적인 신상에 관하여 적시된 사실도 그 적시의 주요한 동기가 공공의 이익을 위한 것이라면 위와 같은 의미에서 형법 제310조 소정의 공공의 이익에 관한 것으로 볼 수 있는 경우가 있다(대판 1996.4.12. 94도3309).

ⓒ [○] 형법 제310조에 정한 '진실한 사실'은 내용 전체의 취지를 살펴볼 때 중요부분이 객관적 사실과 합치되는 사실이라는 의미로서 세부에 있어 진실과 약간 차이가 있거나 다소 과장된 표현이 있더라도 진실한 사실로 볼 수 있다(대판 2014.9.4. 2012도13718).

ⓔ [×] 형법 제307조 제1항의 '사실'은 제2항의 '허위의 사실'과 반대되는 '진실한 사실'을 말하는 것이 아니라 가치판단이나 평가를 내용으로 하는 '의견'에 대치되는 개념이라고 보아야 한다. 따라서 제307조 제1항의 명예훼손죄는 적시된 사실이 진실한 사실인 경우이든 허위의 사실인 경우이든 모두 성립될 수 있고, 특히 적시된 사실이 허위의 사실이라고 하더라도 행위자에게 허위성에 대한 인식이 없는 경우에는 제307조 제2항의 명예훼손죄가 아니라 제307조 제1항의 명예훼손죄가 성립될 수 있다(대판 2017.4.26. 2016도18024). 적시된 사실이 허위의 사실이라고 하더라도 행위자에게 허위성에 대한 인식이 없는 경우에는 형법 제310조에 의하여 위법성이 조각될 수 있다.

ⓜ [○] 공연히 사실을 적시하여 사람의 명예를 훼손한 행위가 형법 제310조의 규정에 따라서 위법성이 조각되어 처벌대상이 되지 않기 위하여는 그것이 진실한 사실로서 오로지 공공의 이익에 관한 때에 해당된다는 점을 행위자가 증명하여야 하는 것이나, 그 증명은 유죄의 인정에 있어 요구되는 것과 같이 법관으로 하여금 의심할 여지가 없을 정도의 확신을 가지게 하는 증명력을 가진 엄격한 증거에 의하여야 하는 것은 아니다(대판 1996.10.25. 95도1473).

정답 ①

21 **명예훼손의 죄에 관한 설명 중 옳지 않은 것은 모두 몇 개인가? (다툼이 있는 경우 판례에 의함)** [23 경찰채용]

ⓐ 형법 제307조 제1항의 '사실'은 제2항의 '허위의 사실'과 반대되는 '진실한 사실'을 말하며, 가치판단이나 평가를 내용으로 하는 '의견'에 대치되는 개념은 아니다.
ⓑ 공연성의 존부는 발언자와 상대방 또는 피해자 사이의 관계나 지위, 대화를 하게 된 경위와 상황, 사실적시의 내용, 적시의 방법과 장소 등 행위 당시의 객관적 제반 사정으로부터 상대방이 불특정 또는 다수인에게 전파할 가능성이 있는지 여부를 검토하여 종합적으로 판단하여야 하며, 발언 후 실제 전파 여부라는 우연한 사정은 공연성 인정 여부를 판단함에 있어 소극적 사정으로만 고려되어야 한다.
ⓒ 형법 제310조의 '공공의 이익'이라 함은 널리 국가 사회 기타 일반 다수인의 이익에 관한 것뿐만 아니라 특정한 사회집단이나 그 구성원의 관심과 이익에 관한 것도 포함한다.
ⓔ 형법 제309조 제1항의 '사람을 비방할 목적'은 제310조의 '공공의 이익'을 위한 것과는 행위자의 주관적 의도의 방향에 있어 서로 상반되는 관계에 있으므로, 적시한 사실이 공공의 이익에 관한 것인 경우 특별한 사정이 없는 한 비방할 목적은 부인된다.

① 1개
② 2개
③ 3개
④ 4개

해설

ⓐ [×] 형법 제307조 제1항, 제2항, 제310조의 체계와 문언 및 내용에 의하면, 제307조 제1항의 '사실'은 제2항의 '허위의 사실'과 반대되는 '진실한 사실'을 말하는 것이 아니라, 가치판단이나 평가를 내용으로 하는 '의견'에 대치되는 개념이다(대판 2017.4.26. 2016도18024; 동지 대판 2021.3.25. 2016도14995).

ⓑ [○] 공연성의 존부는 발언자와 상대방 또는 피해자 사이의 관계나 지위, 대화를 하게 된 경위와 상황, 사실적시의 내용, 적시의 방법과 장소 등 행위 당시의 객관적 제반 사정으로부터 상대방이 불특정 또는 다수인에게 전파할 가능성이 있는지 여부를 검토하여 종합적으로 판단하여야 하며, 발언 후 실제 전파 여부라는 우연한 사정은 공연성 인정 여부를 판단함에 있어 소극적 사정으로만 고려되어야 한다(대판(전) 2020.11.19. 2020도5813).

ⓒ [○] 형법 제310조의 '공공의 이익'이라 함은 널리 국가 사회 기타 일반 다수인의 이익에 관한 것뿐만 아니라 특정한 사회집단이나 그 구성원의 관심과 이익에 관한 것도 포함한다(대판 1999.6.8. 99도1543; 동지 대판 2021.8.26. 2021도6416).

ⓔ [○] 형법 제309조 제1항의 '사람을 비방할 목적'은 제310조의 '공공의 이익'을 위한 것과는 행위자의 주관적 의도의 방향에 있어 서로 상반되는 관계에 있으므로, 적시한 사실이 공공의 이익에 관한 것인 경우, 특별한 사정이 없는 한 비방할 목적은 부인된다(대판 2003.12.26. 2003도6036; 동지 대판 2022.7.28. 2022도4171).

정답 ①

22 **명예훼손죄에 관한 설명 중 옳은 것(○)과 옳지 않은 것(×)을 올바르게 조합한 것은? (다툼이 있는 경우 판례에 의함)** [23 변호사]

> ㄱ. 기자를 통해 사실을 적시하는 경우 기자가 취재를 한 상태에서 아직 기사화하여 보도하지 아니한 때에는 전파가능성이 없어 명예훼손죄의 요건인 공연성이 인정되지 않는다.
> ㄴ. 개인블로그의 비공개 대화방에서 1:1로 대화하였다면 명예훼손죄의 요건인 공연성이 인정되지 않는다.
> ㄷ. 명예훼손죄는 구체적 위험범이므로 불특정 또는 다수인이 적시된 사실을 실제 인식한 경우에 명예가 훼손된 것이다.
> ㄹ. 정보통신망을 통하여 타인의 명예를 훼손하는 글을 게시하였으나 적시된 사실이 진실이고 공공의 이익에 관한 것이어서 비방의 목적이 인정되지 않는 경우에는 「형법」 제310조(위법성의 조각)가 적용된다.
> ㅁ. 행위자의 주요한 동기 내지 목적이 공공의 이익을 위한 것이라도 부수적으로 다른 사익적 목적이나 동기가 내포되어 있는 때에는 「형법」 제310조(위법성의 조각)의 적용이 배제된다.

① ㄱ[○], ㄴ[○], ㄷ[○], ㄹ[×], ㅁ[○]
② ㄱ[○], ㄴ[×], ㄷ[○], ㄹ[×], ㅁ[×]
③ ㄱ[○], ㄴ[×], ㄷ[×], ㄹ[○], ㅁ[×]
④ ㄱ[×], ㄴ[×], ㄷ[×], ㄹ[○], ㅁ[×]
⑤ ㄱ[×], ㄴ[○], ㄷ[×], ㄹ[○], ㅁ[○]

해설

ㄱ. [○] 통상 기자가 아닌 보통 사람에게 사실을 적시할 경우에는 그 자체로서 적시된 사실이 외부에 공표되는 것이므로 그때부터 곧 전파가능성을 따져 공연성 여부를 판단하여야 할 것이지만, 그와는 달리 기자를 통해 사실을 적시하는 경우에는 기사화되어 보도되어야만 적시된 사실이 외부에 공표된다고 보아야 할 것이므로 기자가 취재를 한 상태에서 아직 기사화하여 보도하지 아니한 경우에는 전파가능성이 없으므로 공연성이 없다고 보아야 한다(대판 2000.5.16. 99도5622).

ㄴ. [×] 개인 블로그의 비공개 대화방에서 상대방으로부터 비밀을 지키겠다는 말을 듣고 일대일로 대화하였다고 하더라도, 그 사정만으로 대화 상대방이 대화내용을 불특정 또는 다수에게 전파할 가능성이 없다고 할 수 없으므로, 명예훼손죄의 요건인 공연성을 인정할 여지가 있다(대판 2008.2.14. 2007도8155).

ㄷ. [×] 명예훼손죄는 추상적 위험범으로서 특정인의 사회적 평가를 침해할 위험이 발생한 것으로 족하고 침해의 결과를 요구하지 않으므로, 다수의 사람에게 사실을 적시한 경우뿐만 아니라 소수의 사람에게 발언하였다고 하더라도 그로 인해 불특정 또는 다수인이 인식할 수 있는 상태를 초래한 경우에도 공연히 발언한 것으로 해석할 수 있다는 점. 정보통신망을 이용한 명예훼손은 '행위 상대방' 범위와 경계가 불분명해지고, 명예훼손 내용을 소수에게만 보냈음에도 행위 자체로 불특정 또는 다수인이 인식할 수 있는 상태를 형성하는 경우가 다수 발생하게 된다는 점에서 전파가능성 법리는 정보통신망 등 다양한 유형의 명예훼손 처벌규정에서의 공연성 개념에 부합한다고 볼 수 있다는 점에서 현재에도 여전히 법리적으로나 현실적인 측면에 비추어 타당하므로 유지되어야 한다(대판(전) 2020.11.19. 2020도5813).

ㄹ. [○] 형법 제309조 제1항 소정의 출판물에 의한 명예훼손죄에서 '비방할 목적'이란 가해의 의사 내지 목적을 요하는 것으로서 공공의 이익을 위한 것과는 행위자의 주관적 의도의 방향에 있어 서로 상반되는 관계에 있다고 할 것이므로, 적시한 사실이 공공의 이익에 관한 것인 경우에는 특별한 사정이 없는 한 비방할 목적은 부인된다고 봄이 상당하다(대판 2005.4.29. 2003도2137).[5)]

ㅁ. [×] 형법 제310조의 '오로지 공공의 이익에 관한 때'라 함은 적시된 사실이 객관적으로 볼 때 공공의 이익에 관한 것으로서 행위자도 공공의 이익을 위하여 그 사실을 적시한 것이어야 하고, 행위자의 주요한 목적이나 동기가 공공의 이익을 위한 것이라면 부수적으로 다른 사익적 목적이나 동기가 내포되어 있더라도 형법 제310조의 적용을 배제할 수 없다(대판 1996.10.25. 95도1473).

정답 ③

5) 출판물에 의한 명예훼손죄의 이와 같은 법리는 정통망법위반(명예훼손)죄에도 그대로 적용될 수 있다.

23 다음 설명 중 틀린 것은 모두 몇 개인가? (다툼이 있으면 판례에 의함)

[13 경찰채용]

㉠ 자신의 아들 등에게 폭행을 당하여 입원한 피해자의 병실로 찾아가 피해자의 모, 이웃, 행위자 일행 등 4명이 있는 자리에서 "학교에 알아보니 피해자에게 원래 정신병이 있었다고 하더라."라고 허위사실을 말한 경우 공연성이 인정되지 않아 명예훼손죄가 부정된다. ㉡ 피고인이 자신의 인터넷 블로그에 '듣보잡', '함량미달', '함량이 모자라도 창피한 줄 모를 정도로 멍청하게 충성할 사람', '싼 맛에 갖다 쓰는 거죠' 등이라고 한 부분은 피해자를 비하하여 사회적 평가를 저하시킬만한 추상적 판단이나 경멸적 감정을 표현한 것으로 모욕죄에 해당한다. ㉢ 甲 운영의 산후조리원을 이용한 피고인이 인터넷 카페나 자신의 블로그 등에 자신이 직접 겪은 불편사항 등을 후기 형태로 게시한 경우, 정보통신망이용촉진및정보보호등에관한법률 제70조 제1항에서 정한 명예훼손죄 구성요건요소인 '사람을 비방할 목적'이 인정된다. ㉣ 타인을 비방할 목적으로 허위사실인 기사의 재료를 신문기자에게 제공하여 이를 편집인이 신문지상에 게재한 경우 기사재료를 제공한 자는 출판물에 의한 명예훼손죄의 죄책을 면할 수 없다.

① 1개 ② 2개

③ 3개 ④ 4개

해설

㉠ [○] 자신의 아들 등에게 폭행을 당하여 입원한 피해자의 병실로 찾아가 피해자의 모, 이웃, 행위자 일행 등 4명이 있는 자리에서 "학교에 알아보니 피해자에게 원래 정신병이 있었다고 하더라."라고 허위사실을 말한 경우 공연성이 인정되지 않아 명예훼손죄가 부정된다(대판 2011.9.8. 2010도7497).

㉡ [○] 피고인이 자신의 인터넷 블로그에 '듣보잡', '함량미달', '함량이 모자라도 창피한 줄 모를 정도로 멍청하게 충성할 사람', '싼 맛에 갖다 쓰는 거죠' 등이라고 한 부분은 피해자를 비하하여 사회적 평가를 저하시킬만한 추상적 판단이나 경멸적 감정을 표현한 것으로 모욕죄에 해당한다(대판 2011.12.22. 2010도10130).

㉢ [×] 피고인이 인터넷 카페 게시판 등에 올린 글은 자신이 산후조리원을 실제 이용하면서 겪은 일과 이에 대한 주관적 평가를 담은 이용 후기인 점, 위 글에 '甲의 막장 대응' 등과 같이 다소 과장된 표현이 사용되기도 하였으나, 인터넷 게시글에 적시된 주요 내용은 객관적 사실에 부합하는 점, 피고인이 게시한 글의 공표 상대방은 인터넷 카페 회원이나 산후조리원 정보를 검색하는 인터넷 사용자들에 한정되고 그렇지 않은 인터넷 사용자들에게 무분별하게 노출되는 것이라고 보기 어려운 점 등의 제반 사정에 비추어 볼 때, 피고인이 적시한 사실은 공공의 이익에 관한 것이라고 봄이 타당하고 피고인에게 비방할 목적이 있었다고 보기는 어렵다(대판 2012.11.29. 2012도10392).

㉣ [○] 타인을 비방할 목적으로 허위사실인 기사의 재료를 신문기자에게 제공한 경우에 그 기사를 신문지상에 게재하느냐의 여부는 오로지 당해 신문의 편집인의 권한에 속한다고 할 것이나, 그 기사를 편집인이 신문지상에 게재한 이상 기사의 게재는 기사재료를 제공한 자의 행위에 기인한 것이므로, 그 기사재료를 제공한 자는 형법 제309조 제2항 소정의 출판물에 의한 명예훼손죄의 죄책을 면할 수 없는 것이다(대판 1994.4.12. 93도3535).

정답 ①

24 **다음 사례 중 모욕죄의 구성요건에 해당하지 않는 사례(A)와 모욕죄의 구성요건에 해당하지만 위법성이 조각된 사례(B)를 옳게 묶은 것은? (다툼이 있으면 판례에 의함)** [21 경찰간부]

> ㉠ 택시 기사와 요금 문제로 시비가 벌어져 112 신고를 한 후, 신고를 받고 출동한 경찰관에게 늦게 도착한 데 대하여 항의하는 과정에서 "아이 씨발!"이라고 말한 경우
> ㉡ 피고인이 방송국 시사프로그램을 시청한 후 방송국 홈페이지의 시청자 의견란에 작성·게시한 글에서 "그렇게 소중한 자식을 범법행위 변명의 방패로 쓰시다니 정말 대단하십니다."라고 말한 경우
> ㉢ 골프클럽 경기보조원들의 인터넷 구직사이트 내 회원 게시판에 특정 골프클럽의 운영상 불합리성을 비난하는 글을 게시하면서 위 클럽 담당자에 대하여 '한심하고 불쌍한 인간'이라는 표현을 한 경우
> ㉣ 아파트 입주자대표회의 감사인 피고인이 아파트 관리소장의 업무처리에 항의하기 위해 관리소장실을 방문한 자리에서 언쟁을 하다가 "야, 이따위로 일할래", "나이 처먹은 게 무슨 자랑이냐"라고 말한 경우
> ㉤ 노동조합 사무장인 피고인이 노사 관계자 140여 명이 있는 가운데 피고인보다 15세 연장자인 회사 부사장에게 "야 ○○아, 니 이름이 ○이잖아, ○아 나오니까 좋지?" 등 반말로 여러 차례 이름을 부른 경우

	A	B
①	㉠, ㉢, ㉤	㉡, ㉣
②	㉠, ㉣, ㉤	㉡, ㉢
③	㉡, ㉢, ㉣	㉠, ㉤
④	㉢, ㉣, ㉤	㉠, ㉡

해설

▶ ㉠, ㉣, ㉤은 모욕죄의 구성요건에 해당하지 않는 사례에 해당하고, ㉡, ㉢은 모욕죄의 구성요건에 해당하지만 위법성이 조각된 사례에 해당한다.

㉠ 피고인의 발언은 구체적으로 상대방을 지칭하지 않은 채 단순히 발언자 자신의 불만이나 분노한 감정을 표출하기 위하여 흔히 쓰는 말로서 상대방을 불쾌하게 할 수 있는 무례하고 저속한 표현이기는 하지만 직접적으로 경찰관을 특정하여 그의 인격적 가치에 대한 사회적 평가를 저하시킬 만한 경멸적 감정을 표현한 모욕적 언사에 해당한다고 단정하기는 어렵다(대판 2015.12.24. 2015도6622).

㉡ 게시글 전체를 두고 보면 사회상규에 위배되지 않는다고 봄이 상당하다(대판 2003.11.28. 2003도3972).

㉢ 게시의 동기와 경위, 모욕적 표현의 정도와 비중 등에 비추어 사회상규에 위배되지 않는 행위이므로 모욕죄는 성립하지 아니한다(대판 2008.7.10. 2008도1433).

㉣ 피고인의 발언은 상대방을 불쾌하게 할 수 있는 무례하고 저속한 표현이기는 하지만 객관적으로 관리소장의 인격적 가치에 대한 사회적 평가를 저하시킬 만한 모욕적 언사에 해당한다고 보기는 어렵다(대판 2015.9.10. 2015도2229).

㉤ 피고인의 발언은 상대방을 불쾌하게 할 수 있는 무례하고 예의에 벗어난 표현이기는 하지만 객관적으로 회사 부사장의 인격적 가치에 대한 사회적 평가를 저하시킬 만한 모욕적 언사에 해당한다고 보기는 어렵다(대판 2018.11.29. 2017도2661).

정답 ②

25 **모욕죄에 관한 설명으로 적절한 것을 모두 고른 것은? (다툼이 있으면 판례에 의함)** [20 경찰채용]

㉠ 피고인이 방송국 홈페이지의 시청자 의견란에 작성 게시한 글 중 일부의 표현이 모욕적 언사에 해당될지라도 게시판에 올린 글을 전체적인 맥락에서 파악했을 때, 이로써 곧 사회통념상 피해자의 사회적 평가를 저하시키는 내용의 경멸적 판단을 표시한 것으로 인정하기 어렵다면 형법 제20조의 사회상규에 위배되지 아니하는 행위로 봄이 상당하다.
㉡ 골프클럽 경기보조원들의 구직편의를 위해 제작된 인터넷 사이트 내 회원 게시판에 특정 골프클럽의 운영상 불합리성을 비난하는 글을 게시하면서 위 클럽담당자에 대하여 '한심하고 불쌍한 인간'이라는 등 경멸적 표현을 한 경우 모욕죄에 해당된다.
㉢ 모욕이란 사실을 적시하지 아니하고 사람의 사회적 평가를 저하시킬 만한 추상적 판단이나 경멸적 감정을 표현하는 것을 의미한다. 따라서 어떠한 표현이 상대방의 인격적 가치에 대한 사회적 평가를 저하시킬 만한 것이 아니라면 설령 그 표현이 다소 무례한 방법으로 표시되었다 하더라도 이를 두고 모욕죄의 구성요건에 해당한다고 볼 수 없다.
㉣ 임대아파트의 분양전환과 관련하여 임차인이 아파트 관리사무소의 방송시설을 이용하여 임차인대표회의의 전임 회장을 비판하며 "전 회장의 개인적인 의사에 의하여 주택공사의 일방적인 견해에 놀아나고 있기 때문에"라고 한 표현은 '모욕'에 해당한다.

① ㉠, ㉡
② ㉠, ㉢
③ ㉡, ㉢
④ ㉢, ㉣

해설

㉠ [○] 피고인이 방송국 홈페이지의 시청자 의견란에 작성 게시한 글 중 일부의 표현이 모욕적 언사에 해당될지라도 게시판에 올린 글을 전체적인 맥락에서 파악했을 때, 이로써 곧 사회통념상 피해자의 사회적 평가를 저하시키는 내용의 경멸적 판단을 표시한 것으로 인정하기 어렵다면 형법 제20조의 사회상규에 위배되지 아니하는 행위로 봄이 상당하다(대판 2003.11.28. 2003도3972).
㉡ [×] 글의 게시의 동기와 경위, 모욕적 표현의 정도와 비중 등에 비추어 사회상규에 위배되지 않는 행위이므로 모욕죄는 성립하지 아니한다(대판 2008.7.10. 2008도1433).
㉢ [○] 모욕이란 사실을 적시하지 아니하고 사람의 사회적 평가를 저하시킬 만한 추상적 판단이나 경멸적 감정을 표현하는 것을 의미한다. 따라서 어떠한 표현이 상대방의 인격적 가치에 대한 사회적 평가를 저하시킬 만한 것이 아니라면 설령 그 표현이 다소 무례한 방법으로 표시되었다 하더라도 이를 두고 모욕죄의 구성요건에 해당한다고 볼 수 없다(대판 2018.11.29. 2017도2661).
㉣ [×] 피고인이 한 표현은 직접적으로 전임회장을 겨냥하여 그의 사회적 평가를 저하시킬 만한 추상적 판단이나 그에 대한 경멸적 감정을 표현한 것으로 보기 어려워 모욕죄의 '모욕'에 해당하지 않는다(대판 2008.12.11. 2008도8917).

정답 ②

26 다음 사례 중 甲에게 모욕죄(또는 상관모욕죄)가 성립하는 것은? (다툼이 있는 경우 판례에 의함) [22 경찰채용]

① 甲이 소속 노동조합 위원장 A를 '어용', '앞잡이' 등으로 지칭하여 표현한 현수막, 피켓 등을 장기간 반복하여 일반인의 왕래가 잦은 도로변 등에 게시한 경우

② 부사관 교육생 甲이 동기들과 함께 사용하는 단체채팅방에서 지도관 A가 목욕탕 청소 담당에게 과실 지적을 많이 한다는 이유로 "도라이 ㅋㅋㅋ 습기가 그렇게 많은데"라는 글을 게시한 경우

③ A주식회사 해고자 신분으로 노동조합 사무장직을 맡아 노조 활동을 하는 甲이 노사 관계자 140여 명이 있는 가운데 큰 소리로 자신보다 15세 연장자인 A회사 부사장 B를 향해 "야 ○○아,○○이 여기 있네, 니 이름이 ○○이잖아, ○○아 나오니까 좋지?" 등으로 여러 차례 B의 이름을 부른 경우

④ 甲이 인터넷 포털 사이트의 'A추진운동본부'에 접속하여 '자칭 타칭 B 하면 떠오르는 키워드!!!'라는 제목의 게시글에 '공황장애 ㅋ'라는 댓글을 게시한 경우

해설

① [○] 위 사안에서, '어용'이란 자신의 이익을 위하여 권력자나 권력 기관에 영합하여 줏대 없이 행동하는 것을 낮잡아 이르는 말, '앞잡이'란 남의 사주를 받고 끄나풀 노릇을 하는 사람을 뜻하는 말로서 언제나 위 표현들이 지칭된 상대방에 대한 모욕에 해당한다거나 사회상규에 비추어 허용되지 않는 것은 아니지만, 제반 사정에 비추어 피고인들의 위 행위는 甲에 대한 모욕적 표현으로서 사회상규에 위배되지 않는 행위로 보기 어렵다(모욕죄에 해당하고, 정당행위에 해당하지 않는다)고 한 사례(대판 2021.9.9. 2016도88).

② [×] 피고인의 "도라이"라는 위 표현은 동기 교육생들끼리 고충을 토로하고 의견을 교환하는 사이버공간에서 상관인 피해자에 대하여 일부 부적절한 표현을 사용하게 된 것에 불과하고 이로 인하여 군의 조직질서와 정당한 지휘체계가 문란하게 되었다고 보이지 않으므로, 이러한 행위는 사회상규에 위배되지 않는다고 보는 것이 타당하다(대판 2021.8.19. 2020도14576).

③ [×] 피고인의 위 발언은 상대방을 불쾌하게 할 수 있는 무례하고 예의에 벗어난 표현이기는 하지만, 객관적으로 乙의 인격적 가치에 대한 사회적 평가를 저하시킬 만한 모욕적 언사에 해당한다고 보기 어렵다(대판 2018.11.29. 2017도2661).

④ [×] 기록에 의하면, 피고인이 B가 인터넷 포털 사이트 'OO'의 다른 카페에서 다른 회원을 강제탈퇴시킨 후 보여준 태도에 대하여 불만을 가지고 댓글을 게시하게 된 사실, 피고인이 게시한 댓글 내용은 '선무당이 사람 잡는다, 자승자박, 아전인수, 사필귀정, 자업자득, 자중지란, 공황장애 ㅋ'라고 되어 있는 사실을 알 수 있다. 위 사실관계에 나타난 피고인의 댓글 게시 경위, 댓글의 전체 내용과 표현 방식, 공황장애의 의미(뚜렷한 근거나 이유 없이 갑자기 심한 불안과 공포를 느끼는 공황 발작이 되풀이해서 일어나는 병) 등을 종합하면, 피고인이 댓글로 게시한 '공황장애 ㅋ'라는 표현이 상대방을 불쾌하게 할 수 있는 무례한 표현이기는 하나, 상대방의 인격적 가치에 대한 사회적 평가를 저하시킬 만한 표현에 해당한다고 보기는 어렵다(대판 2018.5.30. 2016도20890).

정답 ①

27 **명예에 관한 죄에 대한 설명으로 가장 적절하지 않은 것은? (다툼이 있는 경우 판례에 의함)** [23 경찰채용]

① 사실적시의 내용이 개인에 관한 사항이더라도 공공의 이익과 관련되어 있고 사회적인 관심을 획득한 경우라면 직접적으로 국가·사회 일반의 이익이나 특정한 사회집단에 관한 것이 아니라는 이유만으로 「형법」 제310조의 적용을 배제할 것은 아니다.

② 명예훼손죄와 모욕죄에서 전파가능성을 이유로 공연성을 인정하는 경우에는 적어도 범죄구성요건의 주관적 요소로서 미필적 고의가 필요하므로, 전파가능성에 대한 인식이 있음은 물론 나아가 위험을 용인하는 내심의 의사가 있어야 한다.

③ 인터넷 등 공간에서 작성된 단문의 글이라고 하더라도, 그 내용이 자신의 의견을 강조하거나 압축하여 표현한 것이라고 평가할 수 있고 표현도 지나치게 모욕적이거나 악의적이지 않다면 「형법」 제20조에 의하여 위법성이 조각될 수 있다.

④ 甲은 자신의 인터넷 채널에 A의 방송 영상을 게시하면서 A의 얼굴에 '개' 얼굴을 합성하는 방법을 사용하였는바, 그 영상의 전체적인 내용을 살펴볼 때 A의 얼굴을 가리는 용도로 동물 그림을 사용하면서 A에 대한 부정적인 감정을 다소 해학적으로 표현하려 한 것에 불과한 경우라도 이러한 행위는 모욕적 표현에 해당한다.

해설

① [○] 사실적시의 내용이 개인에 관한 사항이더라도 공공의 이익과 관련되어 있고 사회적인 관심을 획득한 경우라면 직접적으로 국가·사회 일반의 이익이나 특정한 사회집단에 관한 것이 아니라는 이유만으로 「형법」 제310조의 적용을 배제할 것은 아니다(대판(전) 2020.11.19. 2020도5813).

② [○] 명예훼손죄와 모욕죄에서 전파 가능성을 이유로 공연성을 인정하는 경우에는 적어도 범죄구성요건의 주관적 요소로서 미필적 고의가 필요하므로, 전파 가능성에 대한 인식이 있음은 물론 나아가 위험을 용인하는 내심의 의사가 있어야 한다(대판 2022.7.8. 2020도8336).

③ [○] 인터넷 등 공간에서 작성된 단문의 글이라고 하더라도, 그 내용이 자신의 의견을 강조하거나 압축하여 표현한 것이라고 평가할 수 있고 표현도 지나치게 모욕적이거나 악의적이지 않다면 「형법」 제20조에 의하여 위법성이 조각될 수 있다(대판 2022.8.25. 2020도16897).

④ [×] 피고인이 A의 얼굴을 가리는 용도로 동물 그림을 사용하면서 A에 대한 부정적인 감정을 다소 해학적으로 표현하려 한 것에 불과하다고 볼 여지도 상당하므로, 해당 영상이 A를 불쾌하게 할 수 있는 표현이기는 하지만 객관적으로 A의 인격적 가치에 대한 사회적 평가를 저하시킬 만한 모욕적 표현을 한 경우에 해당한다고 단정하기 어렵다(대판 2023.2.2. 2022도4719).

정답 ④

28 명예에 관한 죄에 대한 아래 ㉠부터 ㉤까지의 설명 중 옳고 그름의 표시(○, ×)가 모두 바르게 된 것은? (다툼이 있는 경우 판례에 의함)

[22 경찰채용]

> ㉠ 인터넷 댓글에 의하여 모욕을 당한 피해자의 인터넷 아이디(ID)만을 알 수 있을 뿐 그 밖의 주위사정을 종합해 보더라도 그와 같은 인터넷 아이디를 가진 사람이 동 피해자임을 알아차릴 수 없는 경우라면 명예훼손죄 또는 모욕죄가 성립하지 않는다.
> ㉡ 어떠한 표현이 상대방의 인격적 가치에 대한 사회적 평가를 저하시킬 만한 것이 아니라면 설령 그 표현이 다소 무례한 방법으로 표시되었다 하더라도 이를 두고 모욕죄의 구성요건에 해당한다고 볼 수 없다.
> ㉢ 모욕죄는 피해자의 외부적 명예를 저하시킬 만한 추상적 판단이나 경멸적 감정을 공연히 표시함으로써 성립하는 것으로, 피해자의 외부적 명예가 현실적으로 침해되거나 적어도 구체적·현실적으로 침해될 위험이 발생하여야 한다.
> ㉣ 형법 제307조 명예훼손죄에 있어서의 사실의 적시는 가치 판단이나 평가를 내용으로 하는 의견표현에 대치되는 개념으로서 시간적으로나 공간적으로 구체적인 과거 또는 현재의 사실관계에 관한 보고나 진술을 뜻한다.
> ㉤ 정보통신망을 이용한 명예훼손의 경우에는 게재행위의 종료만으로 범죄행위가 종료하는 것은 아니고 원래 게시물이 삭제되어 정보의 송·수신이 불가능해지는 시점을 범죄의 종료시기로 보아야 한다.

① ㉠ ○ ㉡ × ㉢ ○ ㉣ × ㉤ ○
② ㉠ ○ ㉡ ○ ㉢ × ㉣ ○ ㉤ ×
③ ㉠ × ㉡ × ㉢ ○ ㉣ × ㉤ ×
④ ㉠ ○ ㉡ ○ ㉢ × ㉣ ○ ㉤ ○

해설

㉠ [○] 사이버모욕죄의 경우, 인터넷 댓글에 의하여 모욕을 당한 피해자의 인터넷 아이디(ID)만을 알 수 있을 뿐 그 밖의 주위사정을 종합해보더라도 그와 같은 인터넷 아이디를 가진 사람이 동 피해자임을 알아차릴 수 없는 경우와 같이 글 자체에서 피해자가 누구인지 알 수 있는 경우가 아니면, 피해자가 특정되었다고 할 수 없으므로 처벌할 수 없다(헌재 2008.6.26. 2007헌마461).

㉡ [○] 어떠한 표현이 상대방의 인격적 가치에 대한 사회적 평가를 저하시킬 만한 것이 아니라면 설령 그 표현이 다소 무례한 방법으로 표시되었다 하더라도, 이를 두고 모욕죄의 구성요건에 해당한다고 볼 수 없다(대판 2018.11.29. 2017도2661).

㉢ [×] 모욕죄는 피해자의 외부적 명예를 저하시킬 만한 추상적 판단이나 경멸적 감정을 공연히 표시함으로써 성립하므로, 피해자의 외부적 명예가 현실적으로 침해되거나 구체적·현실적으로 침해될 위험이 발생하여야 하는 것도 아니다(대판 2016.10.13. 2016도9674).

㉣ [○] 형법 제307조 명예훼손죄에 있어서의 사실의 적시는 가치 판단이나 평가를 내용으로 하는 의견표현에 대치되는 개념으로서 시간적으로나 공간적으로 구체적인 과거 또는 현재의 사실관계에 관한 보고나 진술을 뜻한다(대판 2021.3.25. 2016도14995).

㉤ [×] 서적·신문 등 기존의 매체에 명예훼손적 내용의 글을 게시하는 경우에 그 게시행위로써 명예훼손의 범행은 종료하는 것이며 그 서적이나 신문을 회수하지 않는 동안 범행이 계속된다고 보지는 않는다는 점을 고려해 보면, 정보통신망을 이용한 명예훼손의 경우에, 게시행위 후에도 독자의 접근가능성이 기존의 매체에 비하여 좀 더 높다고 볼 여지가 있다 하더라도, 그러한 정도의 차이만으로 정보통신망을 이용한 명예훼손의 경우에 범죄의 종료시기가 달라진다고 볼 수는 없다(대판 2007.10.25. 2006도346).

정답 ②

제2절 | 신용 · 업무 · 경매에 관한 죄

29 신용훼손죄에 관한 설명 중 가장 옳지 않은 것은? (다툼이 있으면 판례에 의함) [14 법원9급]

① 형법상 신용훼손죄는 허위사실의 유포 기타 위계로써 사람의 신용을 훼손함으로써 성립하는 범죄이다.
② 피고인의 단순한 의견이나 가치판단을 표시하는 것은 형법상 신용훼손죄에서의 '허위사실의 유포'에 해당하지 않는다.
③ 형법상 신용훼손죄에서의 '신용'은 경제적 신용, 즉 사람의 지불능력 또는 지불의사에 대한 사회적 신뢰를 의미한다.
④ 퀵서비스 운영자인 피고인이 배달업무를 하면서, 손님의 불만이 예상되는 경우에는 평소 경쟁관계에 있는 甲 운영의 퀵서비스 명의로 된 영수증을 작성 · 교부함으로써 손님들로 하여금 불친절하고 배달을 지연시킨 사업체가 피해자 운영의 퀵서비스인 것처럼 인식하게 한 행위는 형법상 신용훼손죄에 해당한다.

해설

① [O] 제313조.
② [O] 신용훼손죄는 허위사실의 유포 기타 위계로써 사람의 신용을 훼손할 것을 요하고, 여기서 '허위사실의 유포'라 함은 객관적으로 보아 진실과 부합하지 않는 과거 또는 현재의 사실을 유포하는 것으로서(미래의 사실도 증거에 의한 입증이 가능할 때에는 여기의 사실에 포함된다) 단순한 의견이나 가치판단을 표시하는 것은 이에 해당하지 않는다(대판 1983.2.8. 82도2486).
③ [O] 신용훼손죄에서의 '신용'은 경제적 신용, 즉 사람의 지불능력 또는 지불의사에 대한 사회적 신뢰를 말한다(대판 2011.9.8. 2011도7262).
④ [×] [1] 신용훼손죄에서의 '신용'은 경제적 신용, 즉 사람의 지불능력 또는 지불의사에 대한 사회적 신뢰를 의미한다.
[2] 손님들로 하여금 불친절하고 배달을 지연시킨 사업체가 피해자 운영의 퀵서비스 업체인 것처럼 인식하게 한 피고인의 행위가 피해자의 경제적 신용, 즉 지불능력이나 지불의사에 대한 사회적 신뢰를 저해하는 행위에 해당한다고 보기는 어렵다(대판 2011.5.13. 2009도5549).

정답 ④

30 신용과 업무의 죄에 관한 설명으로 가장 적절하지 않은 것은? (다툼이 있는 경우 판례에 의함) [23 경찰간부]

① 컴퓨터등업무방해죄가 성립하기 위해서는 가해행위의 결과 정보처리장치가 그 사용목적에 부합하는 기능을 하지 못하거나 사용목적과 다른 기능을 하는 등 정보처리의 장애가 현실적으로 발생하였을 것을 요한다.
② 학칙에 따라 입학에 관한 업무가 총장 甲의 권한에 속한다고 하더라도 그중 면접업무가 면접위원 A에게 위임되었다면, 그 위임된 업무는 A의 독립된 업무에 속하므로 甲과의 관계에서도 업무방해죄의 객체인 타인의 업무에 해당한다.
③ 甲이 무자격자에 의해 개설된 의료기관에 고용된 의료인 A의 진료업무를 방해한 경우, A의 진료업무가 업무방해죄의 보호대상이 되는 업무에 해당하여 甲을 업무방해죄로 처벌하기 위해서는 의료기관의 개설 · 운영 형태, 해당 의료기관에서 이루어지는 진료의 내용과 방식, 甲의 행위로 인하여 방해되는 업무의 내용 등 사정을 종합적으로 고려하여 판단해야 한다.
④ 비록 다른 사람이 작성한 논문을 피고인 단독 혹은 공동으로 작성한 논문인 것처럼 학술지에 제출 · 발표한 논문연구실적을, 부교수 승진심사 서류에 포함하여 제출하였다고 하더라도, 당해 논문을 제외한 다른 논문만으로도 부교수 승진요건을 월등히 충족하고 있었다면 위계에 의한 업무방해죄가 성립하지 않는다.

해설

① [○] [1] 형법 제314조 제2항은 '컴퓨터 등 정보처리장치 또는 전자기록 등 특수매체기록을 손괴하거나 정보처리장치에 허위의 정보 또는 부정한 명령을 입력하거나 기타 방법으로 정보처리에 장애를 발생하게 하여 사람의 업무를 방해한 자'를 처벌하도록 규정하고 있는바, 여기에서 '컴퓨터 등 정보처리장치'란 자동적으로 계산이나 데이터처리를 할 수 있는 전자장치로서 하드웨어와 소프트웨어를 모두 포함하고, '기타 방법'이란 컴퓨터의 정보처리에 장애를 초래하는 가해수단으로서 컴퓨터의 작동에 직접·간접으로 영향을 미치는 일체의 행위를 말하며, 위 죄가 성립하기 위해서는 위와 같은 가해행위의 결과 정보처리장치가 그 사용목적에 부합하는 기능을 하지 못하거나 사용목적과 다른 기능을 하는 등 정보처리의 장애가 현실적으로 발생하였을 것을 요한다고 할 것이다.

[2] 메인컴퓨터의 비밀번호는 시스템관리자가 시스템에 접근하기 위하여 사용하는 보안수단에 불과하므로, 단순히 메인 컴퓨터의 비밀번호를 알려주지 아니한 것만으로는 정보처리장치의 작동에 직접 영향을 주어 그 사용목적에 부합하는 기능을 하지 못하게 하거나 사용목적과 다른 기능을 하게 하였다고 볼 수 없어 형법 제314조 제2항에 의한 컴퓨터 등 장애 업무방해죄로 의율할 수 없다(대판 2004.7.8. 2002도631).

② [○] V대 학칙 등에 따라 V대의 입학에 관한 업무가 총장인 피고인 C의 권한에 속한다고 하더라도, 그중 면접업무는 면접위원들에게, 신입생 모집과 사정업무는 교무위원들에게 각 위임되었고, 그 수임자들은 각자의 명의와 책임으로 수임받은 권한을 행사하여야 한다. 따라서 위와 같이 위임된 업무는 면접위원들 및 교무위원들의 독립된 업무에 속하고, 총장인 피고인 C와의 관계에서도 타인의 업무에 해당한다(대판 2018.5.15. 2017도19499).

③ [○] 의료인이나 의료법인이 아닌 자가 의료기관을 개설하여 운영하는 행위는 업무방해죄의 보호대상이 되는 업무에 해당하지 않는다. 그러나 무자격자에 의해 개설된 의료기관에 고용된 의료인이 환자를 진료한다고 하여 그 진료행위 또한 당연히 반사회성을 띠는 행위라고 볼 수는 없다. 이때 의료인의 진료 업무가 업무방해죄의 보호대상이 되는 업무인지는 의료기관의 개설·운영 형태, 해당 의료기관에서 이루어지는 진료의 내용과 방식, 피고인의 행위로 인하여 방해되는 업무의 내용 등 사정을 종합적으로 고려하여 판단해야 한다(대판 2023.3.16. 2021도16482).

④ [×] 다른 사람이 작성한 논문을 피고인 단독 혹은 공동으로 작성한 논문인 것처럼 학술지에 제출하여 발표한 논문연구실적을 부교수 승진심사 서류에 포함하여 제출한 사안에서, 당해 논문을 제외한 다른 논문만으로도 부교수 승진 요건을 월등히 충족하고 있었다는 등의 사정만으로는 승진심사 업무의 적정성이나 공정성을 해할 위험성이 없었다고 단정할 수 없으므로, 위계에 의한 업무방해죄를 구성한다고 한 사례(대판 2009.9.10. 2009도4772).

정답 ④

31 **다음 중 형법 제314조 제1항 소정의 업무방해죄에서 보호되는 업무에 해당하는 것은 모두 몇 개인가? (다툼이 있으면 판례에 의함)** [12 법원행시]

> ㉠ 의료인이나 의료법인이 아닌 자가 의료기관을 개설하여 운영하는 경우 그 의료기관의 운영 업무
> ㉡ 성매매업소 운영 업무
> ㉢ 경찰관의 민원접수 업무
> ㉣ 법원으로부터 직무집행정지 가처분결정을 받아 그 직무집행이 정지된 자가 법원의 가처분결정에 반하여 계속 수행하는 업무
> ㉤ 주주로서 주주총회에서 의결권을 행사하는 업무
> ㉥ 종중 정기총회를 주재하는 종중 회장의 의사진행업무

① 없음
② 1개
③ 2개
④ 3개
⑤ 4개

해설

㉠ [×] 의료인이나 의료법인이 아닌 자가 의료기관을 개설하여 운영하는 행위는 그 위법의 정도가 중하여 사회생활상 도저히 용인될 수 없는 정도로 반사회성을 띠고 있으므로 업무방해죄의 보호대상이 되는 업무에 해당하지 않는다(대판 2001.11.30. 2001도2015).

㉡ [×] 성매매알선 등 행위는 법에 의하여 원천적으로 금지된 행위로서 형사처벌의 대상이 되는 중대한 범죄행위일 뿐 아니라 반사회성을 띠는 경우에 해당하므로 업무방해죄의 보호대상이 되는 업무라고 볼 수 없다(대판 2011.10.13. 2011도7081).

㉢ [×] 형법이 업무방해죄와는 별도로 공무집행방해죄를 규정하고 있는 것은 사적 업무와 공무를 구별하여 공무에 관해서는 공무원에 대한 폭행, 협박 또는 위계의 방법으로 그 집행을 방해하는 경우에 한하여 처벌하겠다는 취지라고 보아야 할 것이고, 따라서 공무원이 직무상 수행하는 공무를 방해하는 행위에 대해서는 업무방해죄로 의율할 수는 없다(대판(전) 2009.11.19. 2009도4166).

㉣ [×] 직무집행이 정지된 자가 법원의 결정에 반하여 직무를 수행하는 경우, 이는 업무방해죄의 보호대상이 되는 업무라고 볼 수 없어 업무방해죄는 성립하지 아니한다(대판 2002.8.23. 2001도5592).

㉤ [×] 주주로서 주주총회에서 의결권 등을 행사하는 것은 주식의 보유자로서 그 자격에서 권리를 행사하는 것에 불과할 뿐 그것이 '직업 기타 사회생활상의 지위에 기하여 계속적으로 종사하는 사무 또는 사업'에 해당한다고 할 수 없다(대판 2004.10.28. 2004도1256).

㉥ [○] 종중정기총회를 주재하는 종중회장의 의사진행 업무 자체는 1회성을 갖는 것이라고 하더라도 그것이 종중회장으로서의 사회적인 지위에서 계속적으로 행하여 온 종중업무수행의 일환으로 행하여진 것이라면, 그와 같은 의사진행업무도 업무방해죄에 의하여 보호되는 업무에 해당한다(대판 1995.10.12. 95도1589).

정답 ②

32 업무방해죄의 보호대상이 되지 않는 업무를 모두 고른 것은? (다툼이 있으면 판례에 의함)

[14 경찰간부]

> ㉠ 공인중개사가 아닌 사람이 영위하는 부동산중개업
> ㉡ 9시 이전에 출근하여 9시에 업무를 시작할 수 있도록 준비하는 행위
> ㉢ 학생들이 학교에 등교하여 교실에서 수업을 듣는 것
> ㉣ 서울시장이 매년 직무상 행하는 연초의 기자회견
> ㉤ 주식회사의 주주가 주주총회에서 의결권을 행사하는 행위

① ㉠, ㉡　　② ㉡, ㉢, ㉤
③ ㉢, ㉣　　④ ㉠, ㉢, ㉣, ㉤

해설

▶ ㉠, ㉢, ㉣, ㉤은 업무방해죄의 보호대상이 되지 않는다.

㉠ 공인중개사가 아닌 자의 중개업은 법에 의하여 금지된 행위로서 형사처벌의 대상이 되는 범죄행위에 해당하는 것으로서 업무방해죄의 보호대상이 되는 업무라고 볼 수 없다(대판 2007.1.12. 2006도6599).

㉡ 09:00 이전에 출근하여 업무준비를 한 후 09:00부터 근무하도록 되어 있는 직원들에 대하여 집단으로 09:00 정각에 출근하도록 시킨 행위는 업무방해죄를 구성한다(대판 1996.5.10. 96도419).

㉢ 초등학생들이 학교에 등교하여 교실에서 수업을 듣는 것은 학생들 본인의 권리를 행사하는 것이거나 국가 내지 부모들의 의무를 이행하는 것에 불과할 뿐 그것이 '직업 기타 사회생활상의 지위에 기하여 계속적으로 종사하는 사무 또는 사업'에 해당한다고 할 수 없다(대판 2013.6.14. 2013도3829).

㉣ 공무원이 직무상 수행하는 공무를 방해하는 행위에 대해서는 업무방해죄로 의율할 수는 없다(대판 2011.7.28. 2009도11104).

㉤ 주주로서 주주총회에서 의결권 등을 행사하는 것은 주식의 보유자로서 그 자격에서 권리를 행사는 것에 불과할 뿐 업무에 해당한다고 할 수 없다(대판 2004.10.28. 2004도1256).

정답 ④

33 다음의 설명 중 가장 적절한 것은? (다툼이 있으면 판례에 의함)

[21 경찰승진]

① 「형법」 제313조 신용훼손죄의 행위태양은 허위사실유포, 위력, 기타 위계이다.
② 퀵서비스 운영자인 피고인이 허위사실을 유포하여 손님들로 하여금 불친절하고 배달을 지연시킨 사업체가 경쟁관계에 있는 피해자 운영의 퀵서비스인 것처럼 인식하게 한 행위는 신용훼손죄에 해당한다.
③ 인터넷카페의 운영진인 피고인들이 카페 회원들과 공모하여, 특정 신문들에 광고를 게재하는 광고주들에게 불매운동의 일환으로 지속적 · 집단적으로 항의전화를 하거나 항의글을 게시하는 등의 방법으로 광고중단을 압박한 행위는 광고주들에 대하여는 업무방해죄에 해당하지만, 신문사들에 대하여는 업무방해죄를 구성하지 않는다.
④ 공무원이 직무상 수행하는 공무를 방해하는 행위에 대해서도 업무방해죄로 의율할 수 있다.

해설

① [×] 신용훼손죄는 허위의 사실을 유포하거나 기타 위계로써 사람의 신용을 훼손하는 경우에 성립한다(제313조).
▶ 위력은 행위태양에 포함되지 아니한다.
② [×] 퀵서비스의 주된 계약내용이 신속하고 친절한 배달이라 하더라도 설문과 같은 행위가 피해자의 경제적 신용, 즉 지급능력이나 지급의사에 대한 사회적 신뢰를 저해하는 행위에 해당한다고 보기는 어려우므로 신용훼손죄는 성립하지 아니한다(대판 2011.5.13. 2009도5549).
③ [○] 인터넷카페의 운영진인 피고인들이 카페 회원들과 공모하여, 특정 신문들에 광고를 게재하는 광고주들에게 불매운동의 일환으로 지속적 · 집단적으로 항의전화를 하거나 광고주들의 홈페이지에 항의글을 게시하는 등의 방법으로 광고중단을 압박한 경우 피고인들의 행위는 광고주들의 자유의사를 제압할 만한 세력으로서 위력에 해당하지만, 업무방해죄의 위력은 원칙적으로 피해자에게 행사되어야 하고 제3자를 향한 위력의 행사는 이를 피해자에 대한 직접적인 위력의 행사와 동일시할 수 있는 예외적 사정이 인정되는 경우에만 업무방해죄의 구성요건인 위력의 행사로 볼 수 있으므로 특정 신문사들에 대한 직접적인 위력의 행사가 있었다고 보기에 부족하다(대판 2013.3.14. 2010도410).
④ [×] 업무방해죄와는 별도로 공무집행방해죄를 규정하고 있는 것은 사적 업무와 공무를 구별하여 공무에 관해서는 공무원에 대한 폭행, 협박 또는 위계의 방법으로 그 집행을 방해하는 경우에 한하여 처벌하겠다는 취지라고 보아야 할 것이므로 공무원이 직무상 수행하는 공무를 방해하는 행위에 대해서는 업무방해죄로 의율할 수는 없다(대판 2011.7.28. 2009도11104).

정답 ③

34 다음 중 형법 제314조 제1항의 업무방해죄에서 보호되는 업무에 해당하는 것은 모두 몇 개인가? (다툼이 있으면 판례에 의함)

[16 경찰채용]

㉠ 의료인이나 의료법인이 아닌 자가 의료기관을 개설하여 운영하는 행위
㉡ 초등학생들이 학교에 등교하여 교실에서 수업을 듣는 것
㉢ 종중 정기총회를 주재하는 종중 회장의 의사진행업무
㉣ 대학원 입학전형 업무
㉤ 주식회사의 주주가 주주총회에서 의결권을 행사하는 행위

① 1개 ② 2개
③ 3개 ④ 4개

해설

▶ ㉢, ㉣이 업무방해죄에서 보호되는 업무에 해당한다.
㉠ 의료법인이 아닌 자가 의료기관을 개설하여 운영하는 행위는 그 위법의 정도가 중하여 사회생활상 도저히 용인될 수 없는 정도로 반사회성을 띠고 있으므로 업무방해죄의 보호대상이 되는 업무에 해당하지 않는다(대판 2001.11.30. 2001도2015).

㉡ 초등학생들이 학교에 등교하여 교실에서 수업을 듣는 것은 학생들 본인의 권리를 행사하는 것이거나 국가 내지 부모들의 의무를 이행하는 것에 불과할 뿐 그것이 직업 기타 사회생활상의 지위에 기하여 계속적으로 종사하는 사무 또는 사업에 해당한다고 할 수 없다(대판 2013.6.14. 2013도3829).

㉢ 종중 회장의 의사진행업무 자체는 1회성을 갖는 것이라고 하더라도 그것이 사회적인 지위에서 계속적으로 행하여 온 종중 업무 수행의 일환으로 행하여진 것이라면 업무방해죄에 의하여 보호되는 업무에 해당된다(대판 1995.10.12. 95도1589).

㉣ 대학원 입학전형 업무를 방해함에 있어서 피고인들이 공모하여 방조한 이상 대학원 입학전형 업무는 업무방해죄의 객체인 '업무'에 해당된다(대판 1995.12.5. 94도1520).

㉤ 주주로서 주주총회에서 의결권 등을 행사하는 것은 주식의 보유자로서 그 자격에서 권리를 행사하는 것에 불과할 뿐 그것이 직업 기타 사회생활상의 지위에 기하여 계속적으로 종사하는 사무 또는 사업에 해당한다고 할 수 없다(대판 2004.10.28. 2004도1256).

정답 ②

35 업무방해죄에 대한 설명 중 옳은 것을 모두 고른 것은? (다툼이 있으면 판례에 의함)

[20 경찰승진]

㉠ 폭력조직 간부가 조직원들과 공모하여 타인이 운영하는 성매매업소 앞에 속칭 '병풍'을 치거나 차량을 주차해 놓는 등 위력으로써 성매매업을 방해한 경우 업무방해죄에 해당한다.

㉡ 업무방해죄의 성립에는 업무방해의 결과가 실제로 발생함을 요하지 않고, 업무방해의 결과를 초래할 위험이 발생하는 것이면 족하다.

㉢ 신규직원 채용권한을 가지고 있는 지방공사 사장인 피고인이 시험업무 담당자들에게 부정한 지시를 하여 상호 공모 내지 양해하에 시험성적조작 등의 부정행위를 한 경우 위계에 의한 업무방해죄에 해당하지 않는다.

㉣ 선착장에 대한 공유수면점용허가를 받음이 없이 고흥군의 지시에 따라 선착장점용허가권자인 마을주민 대표들과 임대차계약을 체결하고 선박으로 폐석을 운반하는 업무는 업무방해죄의 보호대상이 되는 업무에 해당하지 않는다.

① ㉠, ㉡
② ㉠, ㉣
③ ㉡, ㉢
④ ㉡, ㉣

해설

㉠ [×] 성매매알선 등 행위는 형사처벌의 대상이 되는 중대한 범죄행위일 뿐 아니라 반사회성을 띠는 경우에 해당하므로 이는 업무방해죄의 보호대상이 되는 업무라고 볼 수 없으므로 폭력조직 간부인 피고인이 조직원들과 공모하여 성매매업소 앞에 속칭 '병풍'을 치거나 차량을 주차해 놓는 등 위력으로써 그를 방해하였더라도 업무방해죄가 성립하지 아니한다(대판 2011.10.13. 2011도7081).

㉡ [○] 위계에 의한 업무방해죄에서 '위계'란 행위자가 행위목적을 달성하기 위하여 상대방에게 오인, 착각 또는 부지를 일으키게 하여 이를 이용하는 것을 말하고, 업무방해죄의 성립에는 업무방해의 결과가 실제로 발생함을 요하지 않고 업무방해의 결과를 초래할 위험이 발생하면 족하다(대판 2013.11.28. 2013도5117).

㉢ [○] 신규직원 채용권한을 가지고 있는 지방공사 사장이 시험업무 담당자들에게 지시하여 상호 공모 내지 양해하에 시험성적조작 등의 부정한 행위를 한 경우, 시험업무 담당자 및 법인인 공사에게 신규직원 채용업무와 관련하여 오인·착각 또는 부지를 일으키게 한 것이 아니므로, '위계'에 의한 업무방해죄에 해당하지 않는다(대판 2007.12.27. 2005도6404).

㉣ [×] X회사가 관리청인 고흥군으로부터 따로 선착장에 대한 점용허가를 받음이 없이 고흥군의 지시에 따라 선착장점용허가권자인 마을주민 대표들과 임대차계약을 체결하고 선착장을 이용하여 왔던 경우, X회사의 폐석운반 업무를 업무방해죄에 의하여 보호하여야 할 대상이 되지 못하는 업무라고 단정하기 어렵다(대판 1996.11.12. 96도2214).

정답 ③

36 **업무방해죄에 대한 설명으로 옳지 않은 것은? (다툼이 있으면 판례에 의함)** [21 경찰간부]

① 업무방해죄에 있어서 그 보호대상이 되는 '업무'라 함은 타인의 위법한 행위에 의한 침해로부터 보호할 가치가 있는 것이면 되고, 그 업무의 기초가 된 계약 또는 행정행위 등이 반드시 적법하여야 하는 것은 아니다.

② 업무방해죄의 보호대상이 되는 '업무'란 타인의 위법한 침해로부터 형법상 보호할 가치가 있는 것이어야 하므로, 어떤 사무나 활동 자체가 위법의 정도가 중하여 사회생활상 용인될 수 없는 정도로 반사회성을 띠는 경우에는 업무방해죄의 보호대상이 되는 '업무'에 해당한다고 볼 수 없다.

③ 업무방해죄의 성립에는 업무방해의 결과가 실제로 발생함을 요하지 않고 업무방해의 결과를 초래할 위험이 발생하면 족하며, 업무수행 자체가 아니라 업무의 적정성 내지 공정성이 방해된 경우에는 업무방해죄가 성립한다고 볼 수 없다.

④ 업무방해죄에 있어서의 '위계'라 함은 행위자의 행위 목적을 달성하기 위하여 상대방에게 오인·착각 또는 부지를 일으키게 하여 이를 이용하는 것을 말하므로, 인터넷 자유게시판 등에 실제의 객관적인 사실을 게시하는 행위는 설령 그로 인하여 피해자의 업무가 방해된다고 하더라도 업무방해죄의 '위계'에 해당하지 않는다.

해설

① [○] 업무방해죄에 있어서 그 보호대상이 되는 '업무'라 함은 타인의 위법한 행위에 의한 침해로부터 보호할 가치가 있는 것이면 되고, 그 업무의 기초가 된 계약 또는 행정행위 등이 반드시 적법하여야 하는 것은 아니다(대판 2008.3.14. 2007도11181).

② [○] 업무방해죄의 보호대상이 되는 '업무'란 타인의 위법한 침해로부터 형법상 보호할 가치가 있는 것이어야 하므로, 어떤 사무나 활동 자체가 위법의 정도가 중하여 사회생활상 용인될 수 없는 정도로 반사회성을 띠는 경우에는 업무방해죄의 보호대상이 되는 '업무'에 해당한다고 볼 수 없다(대판 2011.10.13. 2011도7081).

③ [×] 업무방해죄의 성립에는 업무방해의 결과가 실제로 발생함을 요하지 않고 업무방해의 결과를 초래할 위험이 발생하면 족하며, 업무수행 자체가 아니라 업무의 적정성 내지 공정성이 방해된 경우에도 업무방해죄가 성립한다(대판 2020.4.9. 2017도9459).

④ [○] 형법 제314조 제1항 소정의 위계에 의한 업무방해죄에 있어서의 '위계'라 함은 행위자의 행위목적을 달성하기 위하여 상대방에게 오인·착각 또는 부지를 일으키게 하여 이를 이용하는 것을 말하므로, 인터넷 자유게시판 등에 실제의 객관적인 사실을 게시하는 행위는, 설령 그로 인하여 피해자의 업무가 방해된다고 하더라도, 위 법조항 소정의 '위계'에 해당하지 않는다(대판 2007.6.29. 2006도3839).

정답 ③

37 **업무방해죄에 관한 설명 중 가장 적절하지 않은 것은? (다툼이 있으면 판례에 의함)** [16 경찰승진]

① 형법상 업무방해죄의 보호대상이 되는 '업무'라 함은 직업 또는 계속적으로 종사하는 사무나 사업을 말하는 것으로서 타인의 위법한 행위에 의한 침해로부터 보호할 가치가 있어야 하는 것이므로 그 업무의 기초가 된 계약 또는 행정행위는 적법하여야 한다.

② 초등학생들이 학교에 등교하여 교실에서 수업을 듣는 것은 형법상 업무방해죄의 보호대상이 되는 업무에 해당한다고 할 수 없다.

③ 주주로서 주주총회에서 의결권 등을 행사하는 것은 형법상 업무방해죄의 보호대상이 되는 '업무'에 해당하지 않는다.

④ 대학의 컴퓨터시스템 서버를 관리하던 직원이 전보발령을 받아 더 이상 웹서버를 관리 운영할 권한이 없는 상태에서, 웹서버에 접속하여 홈페이지 관리자의 아이디와 비밀번호를 무단으로 변경한 행위는 컴퓨터 등 장애 업무방해죄에 해당한다.

해설

① [×] 업무방해죄에 있어서 그 보호대상이 되는 '업무'라 함은 직업 또는 계속적으로 종사하는 사무나 사업을 말하는 것으로서 타인의 위법한 행위에 의한 침해로부터 보호할 가치가 있는 것이면 되고, 그 업무의 기초가 된 계약 또는 행정행위 등이 반드시 적법하여야 하는 것은 아니다(대판 2008.3.14. 2007도11181).

② [○] 피고인이 초등학교 교실 안에서 교사에게 욕설을 하거나 학생들에게 욕설을 하여 수업을 할 수 없게 한 경우라도 학생들의 권리행사나 국가 내지 부모들의 의무이행을 방해한 것에 해당하는지 여부는 별론으로 하고 학생들의 업무를 방해하였다고 볼 수는 없다(대판 2013.6.14. 2013도3829).

③ [○] 형법상 업무방해죄의 보호대상이 되는 '업무'라 함은 직업 기타 사회생활상의 지위에 기하여 계속적으로 종사하는 사무 또는 사업을 말하는 것인데, 주주로서 주주총회에서 의결권 등을 행사하는 것은 주식의 보유자로서 그 자격에서 권리를 행사하는 것에 불과할 뿐 그것이 '직업 기타 사회생활상의 지위에 기하여 계속적으로 종사하는 사무 또는 사업'에 해당한다고 할 수 없다(대판 2004.10.28. 2004도1256).

④ [○] 대학의 컴퓨터시스템 서버를 관리하던 피고인이 전보발령을 받아 더 이상 웹서버를 관리 운영할 권한이 없는 상태에서 웹서버에 접속하여 홈페이지 관리자의 아이디와 비밀번호를 무단으로 변경한 행위는 피고인이 웹서버를 관리 운영할 정당한 권한이 있는 동안 입력하여 두었던 홈페이지 관리자의 아이디와 비밀번호를 단지 후임자 등에게 알려 주지 아니한 행위와는 달리, 정보처리장치에 부정한 명령을 입력하여 정보처리에 현실적 장애를 발생시킴으로써 피해 대학에 업무방해의 위험을 초래하는 행위에 해당하여 컴퓨터 등 장애 업무방해죄를 구성한다고 한 사례(대판 2006.3.10. 2005도382).

정답 ①

38 다음 설명 중 가장 옳지 않은 것은? (다툼이 있는 경우 판례에 의함)

[18 법원9급]

① 위력으로써 공무원의 직무집행을 방해하는 경우 업무방해죄가 성립하지 아니한다.

② 파업에 이르게 된 전후 사정과 경위 등에 비추어, 파업이 전격적으로 이루어져 사용자의 사업운영에 심대한 혼란 내지 막대한 손해를 초래할 위험이 있는 등의 사정으로 사용자의 사업계속에 관한 자유의사가 제압 · 혼란될 수 있다고 평가할 수 있는 경우 비로소 그러한 집단적 노무제공의 거부도 위력에 해당하여 업무방해죄를 구성한다.

③ 법원의 직무집행정지 가처분결정에 의하여 그 직무집행이 정지된 자가 법원의 결정에 반하여 직무를 수행함으로써 업무를 계속 행하고 있더라도, 그 업무가 반사회성을 띠는 경우라고까지는 할 수 없어, 그 업무 자체가 법의 보호를 받을 가치를 상실하였다고 볼 수 없으므로 업무방해죄에서 말하는 업무에 해당한다.

④ 임대차계약 종료일 후 1주일 이내에 임차인이 물건을 반출하지 아니할 경우 임대인이 임차인의 물건을 임의로 철거 · 폐기할 수 있다는 취지로 임대차계약을 체결하였다고 하더라도, 임대인이 임차인 점포의 간판을 철거하고 출입문을 봉쇄하였다면 업무방해죄가 성립한다.

해설

① [○] 경찰청 민원실에서 말똥을 책상 및 민원실 바닥에 뿌리고 소리를 지르는 등 난동을 부린 행위는 '위력'으로 경찰관의 민원 접수 업무(공무원의 직무집행) 방해한 것이므로 이를 업무방해에 해당한다고 볼 수 없다(대판 2010.2.25. 2008도9049).

② [○] 파업에 이르게 된 전후 사정과 경위 등에 비추어, 파업이 전격적으로 이루어져 사용자의 사업운영에 심대한 혼란 내지 막대한 손해를 초래할 위험이 있는 등의 사정으로 사용자의 사업계속에 관한 자유의사가 제압 · 혼란될 수 있다고 평가할 수 있는 경우 비로소 그러한 집단적 노무제공의 거부도 위력에 해당하여 업무방해죄를 구성한다(대판 2014.11.13. 2011도393).

③ [×] 법원의 결정에 반하여 직무를 수행함으로써 업무를 계속 행하고 있다면, 비록 그 업무가 반사회성을 띠는 경우라고까지는 할 수 없다고 하더라도 법의 보호를 받을 가치를 상실하였다고 하지 않을 수 없다(대판 2002.8.23. 2001도5592).

④ [○] 피고인이 피해자의 물건을 임의로 철거 · 폐기할 수 있다는 임대차계약 조항에 따라 간판업자를 동원하여 피해자가 영업 중인 식당 점포의 간판을 철거한 등의 행위는 위력을 사용하여 피해자의 업무를 방해한 행위에 해당한다(대판 2005.3.10. 2004도341). ▶ 철거권은 국가 또는 공공단체의 고유한 권한이므로 사인(私人)이 계약에 의하여 처분할 수 없으며, 그러한 계약은 민법 제103조 위반으로서 무효이다.

정답 ③

39 **다음 중 업무방해죄가 성립하는 것은 모두 몇 개인가? (다툼이 있으면 판례에 의함)** [16 경찰간부]

> ㉠ 주식회사 대표이사가 직원 130명을 동원하여 주주총회에서 위력으로 21명의 개인주주들이 발언권 · 의결권을 행사하지 못하도록 방해한 경우
> ㉡ 시장번영회 회장이 이사회의 결의와 시장번영회의 관리규정에 따라서 관리비 체납자의 점포에 대해 실시한 단전조치
> ㉢ 임대인이 임차인의 물건을 임의로 철거 · 폐기할 수 있다는 임대차계약 조항에 따라 임대인이 임차인 점포의 간판을 철거하고 출입문을 봉쇄한 경우
> ㉣ 임대인 甲으로부터 건물을 임차하여 학원을 운영하던 피고인이 건물을 인도한 이후에도 자신 명의로 된 학원설립등록을 말소하지 않고 휴원신고를 연장함으로써 새로운 임차인 乙이 그 건물에서 학원설립등록을 하지 못하도록 한 경우

① 1개
② 2개
③ 3개
④ 4개

해설

㉠ [불성립] 주주로서 주주총회에서 의결권 등을 행사하는 것은 주식의 보유자로서 그 자격에서 권리를 행사하는 것에 불과할 뿐 그것이 '직업 기타 사회생활상의 지위에 기하여 계속적으로 종사하는 사무 또는 사업'에 해당한다고 할 수 없으므로 회사의 대표이사인 피고인이 회사 직원 130여 명과 공모하여 회사의 주주총회에서 위력으로 개인주주들이 발언권과 의결권을 행사하지 못하도록 방해하였더라도 이는 주주로서의 권리행사를 방해한 것에 해당하는지 여부는 별론으로 하고 주주들의 업무를 방해하였다고는 볼 수 없다(대판 2004.10.28. 2004도1256).

㉡ [불성립] 피고인이 단전조치를 하게 된 경위는 오로지 시장번영회의 관리규정에 따라 체납된 관리비를 효율적으로 징수하기 위한 제재수단으로서 이사회의 결의에 따라서 적법하게 실시한 것이므로 사회통념상 허용될 만한 정도의 상당성이 있는 위법성이 결여된 행위로서 형법 제20조에 정하여진 정당행위에 해당하는 것으로 볼 여지가 충분하다(대판 2004.8.20. 2003도4732).

㉢ [성립] 임대인이 임차인의 물건을 임의로 철거 · 폐기할 수 있다는 임대차계약 조항에 따라 임대인인 피고인이 간판업자를 동원하여 임차인인 피해자가 영업 중인 식당 점포의 간판을 철거하고 출입문을 봉쇄하는 등의 행위는 위력을 사용하여 피해자의 업무를 방해한 행위에 해당한다(대판 2005.3.10. 2004도341).

㉣ [불성립] 임대인 甲으로부터 건물을 임차하여 학원을 운영하던 피고인이 건물을 인도한 이후에도 자신 명의로 된 학원설립등록을 말소하지 않고 휴원신고를 연장함으로써 새로운 임차인 乙이 그 건물에서 학원설립등록을 하지 못하도록 하였다고 하더라도 피고인의 휴원연장신고와 乙이 학원설립등록을 하지 못한 점 사이에 인과관계가 있다고 단정하기 어렵고, 피고인의 행위가 乙의 자유의사를 제압 · 혼란케 할 정도의 위력에 해당한다고 보기 어렵다(대판 2010.11.25. 2010도9186).

정답 ①

40 **다음은 업무방해죄에 대한 설명이다. 가장 적절하지 않은 것은? (다툼이 있으면 판례에 의함)** [14 경찰채용]

① 경비원이 상사의 명령에 의하여 일시적으로 수행하는 유인물의 배부행위는 설사 계속적인 직무권한에 속하지 아니한 일시적인 것이라 할지라도 업무방해죄의 업무에 해당한다.
② 공무원이 직무상 수행하는 '공무'를 방해하는 행위에 대해서는 업무방해로 의율할 수 없다.
③ 피고인이 그가 경영하던 공장을 甲에게 양도하면서 미수외상대금채권의 수금권을 포기하기로 약정하고도 이를 외상채무자들에게 고지하지 아니하고 외상대금을 수령한 행위는 업무방해죄가 성립한다.
④ 피고인을 비롯한 전국철도노동조합 집행부가 중앙노동위원회 위원장의 직권중재회부결정에도 불구하고 파업에 돌입할 것을 지시하여, 조합원들이 사업장에 출근하지 아니한 채 업무를 거부하여 철도 운행이 중단되도록 함으로써 사용자(한국철도공사)에게 손해를 입힌 경우, 업무방해죄가 성립한다.

해설

① [○] 경비원은 상사의 명령에 의하여 주로 경비업무 등 노무를 제공하는 직분을 가지고 있다고 할 것이니만치 상사의 명에 의하여 그 직장의 업무를 수행한다면 그것이 설사 일시적인 것이라 할지라도 업무방해죄의 업무에 해당한다고 할 것이다(대판 1971.5.24. 71도399).

② [○] 형법이 업무방해죄와는 별도로 공무집행방해죄를 규정하고 있는 것은 사적 업무와 공무를 구별하여 공무에 관해서는 공무원에 대한 폭행, 협박 또는 위계의 방법으로 그 집행을 방해하는 경우에 한하여 처벌하겠다는 취지라고 보아야 할 것이고, 따라서 공무원이 직무상 수행하는 공무를 방해하는 행위에 대해서는 업무방해죄로 의율할 수는 없다(대판(전) 2009.11.19. 2009도4166).

③ [×] 피고인이 공장을 양도하면서 미수 외상대금 채권의 수금권을 포기하기로 약정하고도 이를 외상채무자들에게 고지하지 아니하고 외상대금을 수령하였다 하여 이로써 위계로 공장경영 업무를 방해한 것이라 할 수 없다(대판 1984.5.9. 83도2270).

④ [○] 피고인을 비롯한 전국철도노동조합 집행부가 중앙노동위원회 위원장의 직권중재회부결정에도 불구하고 파업에 돌입할 것을 지시하여, 조합원들이 사업장에 출근하지 아니한 채 업무를 거부하여 철도 운행이 중단되도록 함으로써 사용자(한국철도공사)에게 손해를 입힌 경우, 업무방해죄가 성립한다(대판(전) 2011.3.17. 2007도482).

정답 ③

41 다음 중 위계에 의한 업무방해를 인정한 경우만으로 짝지어 놓은 것은? (다툼이 있으면 판례에 의함)

[15 경찰간부]

㉠ 정당 국회의원 비례대표 후보자 추천을 위한 당내 경선과정에서 피고인들이 선거권들로부터 인증번호를 전달받은 뒤 그들 명의로 특정후보자에게 전자투표를 하는 행위
㉡ 대학교 시간강사 임용과 관련하여 허위의 학력이 기재된 이력서만을 제출한 경우, 임용심사 업무 담당자가 불충분한 심사로 인하여 허위 학력이 기재된 이력서를 믿은 경우
㉢ 방송국 프로듀서 등 피고인들이 특정 프로그램 방송보도를 통하여 미국산 쇠고기는 광우병 위험성이 매우 높은 위험한 식품이고, 우리나라 사람들이 유전적으로 광우병에 몹시 취약하다는 취지의 보도를 한 경우
㉣ 고속도로 통행요금징수 기계화시스템의 성능에 대한 한국도로공사의 현장평가시에 각종 소형화물차 16대의 타이어 공기압을 낮추어 접지면을 증가시킨 후 톨게이트를 통과시킨 행위

① ㉠, ㉣
② ㉠, ㉢
③ ㉡, ㉣
④ ㉢, ㉣

해설

㉠ [인정] OO당의 제19대 국회의원 비례대표 후보를 추천하기 위한 당내 경선에도 직접 · 평등 · 비밀투표의 원칙이 모두 적용되므로, 당내 경선과정에서 피고인들이 선거권자들로부터 인증번호만을 전달받은 뒤 그들 명의로 자신들이 지지하는 후보자인에게 전자투표를 한 행위는 당내 경선업무에 참여하거나 관여한 여러 통합진보당 관계자들로 하여금 비례대표 후보자의 지지율 등에 관한 사실관계를 오인, 착각하도록 하여 경선업무의 적정성이나 공정성을 방해한 경우에 해당하고, 위와 같은 범행에 컴퓨터를 이용한 것은 단지 그 범행 수단에 불과하다(대판 2013.11.28. 2013도5117).

㉡ [불인정] 피고인이 허위 학력이 기재된 이력서를 이화여자대학교에 제출하여 시간강사로 임용된 경우라도 임용심사업무 담당자로서는 피고인에게 학력 관련 서류의 제출을 요구하여 이력서와 대조 심사하였더라면 문제를 충분히 인지할 수 있었음에도 불구하고, 불충분한 심사로 인하여 허위 학력이 기재된 이력서를 믿은 것이므로 피고인의 위계행위에 의하여 업무방해의 위험성이 발생하였다고 할 수 없다(대판 2009.1.30. 2008도6950).

㉢ [불인정] 방송보도의 전체적인 취지와 내용이 미국산 쇠고기의 식품 안전성 문제 및 쇠고기 수입 협상의 문제점을 지적하고 협상체결과 관련한 정부 태도를 비판한 것이므로 피고인들에게 업무방해의 고의가 있었다고 볼 수 없다(대판 2011.9.2. 2010도17237).

㉣ [인정] 한국도로공사가 금성산전주식회사의 고속도로 통행요금징수 기계화시스템의 성능에 대한 현장평가를 함에 있어, 금성산전주식회사와는 반대의 이해관계를 가진 삼성전자주식회사의 직원들인 피고인들이 (타이어의 접지면이 통상 예정했던 경우와 달라지면 차량판별에 오차가 발생하는 등의 문제점이 있음을 알아내어) 위 설비의 차량판별에 있어서의 문제점을 부각시키기 위하여 인위적으로 소형화물차 16대의 타이어 공기압을 낮추어 접지면을 증가시킨 후 위 설비가 설치되어 있는 동서울톨게이트 하행선 우측 2번 라인을 통과하도록 하였다면, 이는 위계를 사용하여 한국도로공사의 현장시험업무에 지장을 줄 위험을 발생케 한 것으로서 실지로 업무방해의 결과가 발생하였는지 여부에 상관없이 업무방해죄가 성립한다(대판 1994.6.14. 93도288).

정답 ①

42 업무방해죄에 관한 설명 중 옳은 것을 모두 고른 것은? (다툼이 있으면 판례에 의함) [15 사시]

㉠ 甲이 서류배달업 회사의 담당 직원 모르게 위 회사가 고객으로부터 배달을 의뢰받은 서류의 포장용지 안에 특정종교를 비방하는 내용의 전단을 집어넣어 함께 배달하게 한 경우, 업무방해죄가 성립한다.
㉡ 회사 메인컴퓨터의 시스템관리자가 그 컴퓨터의 비밀번호를 후임자에게 알려주지 않은 행위는 컴퓨터등장애업무방해죄에 해당한다.
㉢ 도급인이 수급인의 채무불이행을 이유로 공사계약을 적법하게 해제하였고 수급인이 스스로 공사를 중단한 상태였더라도 도급인이 공사현장에 남아 있는 수급인 소유의 공사자재 등을 다른 곳에 옮겨 놓았다면 업무방해죄가 성립한다.
㉣ 의료인이나 의료법인이 아닌 자가 의료기관을 개설하여 운영하는 행위는 업무방해죄의 보호대상이 되는 업무에 해당하지 않는다.
㉤ 교수인 乙이 출제교수로부터 대학원 신입생 전형 시험문제를 받아 수험생 甲에게 그 시험문제를 알려주어, 甲이 답안쪽지를 작성한 다음 이를 답안지에 그대로 베껴 써서 시험 감독관에게 제출한 경우, 甲에게 업무방해죄가 성립한다.

① ㉠, ㉡, ㉢
② ㉠, ㉣, ㉤
③ ㉡, ㉢, ㉣
④ ㉠, ㉡, ㉣, ㉤
⑤ ㉠, ㉢, ㉣, ㉤
⑥ ㉠, ㉡, ㉢, ㉣, ㉤

해설

㉠ [○] 업무방해죄에 있어 업무를 '방해한다'함은 업무의 집행 자체를 방해하는 것은 물론이고 널리 업무의 경영을 저해하는 것도 포함하므로 피고인이 서류배달업 회사가 고객으로부터 배달을 의뢰받은 서류의 포장 안에 특정종교를 비방하는 내용의 전단을 집어 넣어 함께 배달되게 한 경우 업무방해죄가 성립한다(대판 1999.5.14. 98도3767).
㉡ [×] 단순히 메인 컴퓨터의 비밀번호를 알려주지 아니한 것만으로는 정보처리장치의 작동에 직접 영향을 주어 그 사용목적에 부합하는 기능을 하지 못하게 하거나 사용목적과 다른 기능을 하게 하였다고 볼 수 없어 컴퓨터등장애업무방해죄로 의율할 수 없다(대판 2004.7.9. 2002도631).
㉢ [×] 피고인의 공사계약 해제가 적법하고 범행 당시 회사가 스스로 공사를 중단한 상태였다면, 피고인이 공사현장에 남아 있는 회사 소유의 공사자재 등을 수거하여 다른 곳에 옮겨 놓았다고 하여 (방해할만한 공사가 더 이상 없으므로) 회사의 공사업무를 방해한 것으로 볼 수는 없다(대판 1999.1.29. 98도3240).
㉣ [○] 의료인이나 의료법인이 아닌 자가 의료기관을 개설하여 운영하는 행위는 그 위법의 정도가 중하여 사회생활상 도저히 용인될 수 없는 정도로 반사회성을 띠고 있으므로 업무방해죄의 보호대상이 되는 업무에 해당하지 않는다(대판 2001.11.30. 2001도2015).
㉤ [○] 교수인 피고인이 출제교수들로부터 대학원신입생전형시험문제를 제출받아 수험생에게 그 시험문제를 알려주자 그들이 답안쪽지를 작성한 다음 이를 답안지에 그대로 베껴 써서 그 정을 모르는 시험감독관에게 제출한 경우, 위계로써 입시감독업무를 방해한 것이므로 업무방해죄에 해당한다(대판 1991.11.12. 91도2211).

정답 ②

43 업무방해죄에 관한 다음 설명 중 옳은 것은 모두 몇 개인가? (다툼이 있으면 판례에 의함) [15 경찰채용]

㉠ 욕설을 하고 소란을 피우는 등 위력을 행사하여 공무원의 직무집행을 방해하였다면 업무방해죄가 성립한다.
㉡ 업무방해죄의 성립에는 업무방해의 결과가 실제로 발생함을 요하지 않고 업무방해의 결과를 초래할 위험이 발생하면 족하며, 업무수행 자체가 아니라 업무의 적정성 내지 공정성이 방해된 경우에도 업무방해죄가 성립한다.
㉢ 종중 정기총회를 주재하는 종중 회장의 의사진행업무는 업무방해죄에 의하여 보호되는 업무에 해당하지 않는다.
㉣ 甲 정당의 국회의원 비례대표 후보자 추천을 위한 당내 경선과정에서 피고인들이 선거권자들로부터 인증번호만을 전달받은 뒤 그들 명의로 특정 후보자에게 전자투표를 하였다면 업무방해죄가 성립한다.

① 1개
② 2개
③ 3개
④ 4개

해설

㉠ [×] 형법이 업무방해죄와는 별도로 공무집행방해죄를 규정하고 있는 것은 사적 업무와 공무를 구별하여 공무에 관해서는 공무원에 대한 폭행, 협박 또는 위계의 방법으로 그 집행을 방해하는 경우에 한하여 처벌하겠다는 취지라고 보아야 할 것이고, 따라서 공무원이 직무상 수행하는 공무를 방해하는 행위에 대해서는 업무방해죄로 의율할 수는 없다(대판(전) 2009.11.19. 2009도4166).
㉡ [○] 업무방해죄의 성립에는 업무방해의 결과가 실제로 발생함을 요하지 않고 업무방해의 결과를 초래할 위험이 발생하면 족하며, 업무수행 자체가 아니라 업무의 적정성 내지 공정성이 방해된 경우에도 업무방해죄가 성립한다(대판 2013.11.28. 2013도5117).
㉢ [×] 종중정기총회를 주재하는 종중회장의 의사진행 업무 자체는 1회성을 갖는 것이라고 하더라도 그것이 종중회장으로서의 사회적인 지위에서 계속적으로 행하여 온 종중업무수행의 일환으로 행하여진 것이라면, 그와 같은 의사진행업무도 업무방해죄에 의하여 보호되는 업무에 해당한다(대판 1995.10.12. 95도1589).
㉣ [○] OO당의 제19대 국회의원 비례대표 후보를 추천하기 위한 당내 경선에도 직접 · 평등 · 비밀투표의 원칙이 모두 적용되므로, 당내 경선과정에서 피고인들이 선거권자들로부터 인증번호만을 전달받은 뒤 그들 명의로 자신들이 지지하는 후보자인에게 전자투표를 한 행위는 당내 경선업무에 참여하거나 관여한 여러 통합진보당 관계자들로 하여금 비례대표 후보자의 지지율 등에 관한 사실관계를 오인, 착각하도록 하여 경선업무의 적정성이나 공정성을 방해한 경우에 해당하고, 위와 같은 범행에 컴퓨터를 이용한 것은 단지 그 범행 수단에 불과하다(대판 2013.11.28. 2013도5117).

정답 ②

44 다음은 업무방해죄에 대한 설명이다. 가장 적절하지 않은 것은? (다툼이 있으면 판례에 의함) [13 경찰채용]

① 초등학생들이 학교에 등교하여 교실에서 수업을 듣는 것은 형법상 업무방해죄의 보호대상이 되는 업무에 해당한다고 할 수 없다.
② 인터넷카페의 운영진인 피고인들이 카페 회원들과 공모하여, 특정 신문들에 광고를 게재하는 광고주들에게 불매운동의 일환으로 지속적 · 집단적으로 항의전화를 하거나 항의글을 게시하는 등의 방법으로 광고중단을 압박한 경우, 광고주들과 신문사들에 대한 업무방해죄가 성립한다.
③ 대학의 컴퓨터시스템 서버를 관리하던 직원이 전보발령을 받아 더 이상 웹서버를 관리 운영할 권한이 없는 상태에서, 웹서버에 접속하여 홈페이지 관리자의 아이디와 비밀번호를 무단으로 변경한 행위는 컴퓨터등장애업무방해죄에 해당한다.
④ 포털사이트 운영회사의 통계집계시스템 서버에 허위의 클릭정보를 전송하여 검색순위 결정 과정에서 위와 같이 전송된 허위의 클릭정보가 실제로 통계에 반영됨으로써 정보처리에 장애가 현실적으로 발생하였다면, 그로 인하여 실제로 검색순위의 변동을 초래하지는 않았다 하더라도 컴퓨터등장애업무방해죄가 성립한다.

해설

① [○] 초등학생들이 학교에 등교하여 교실에서 수업을 듣는 것은 학생들 본인의 권리를 행사하는 것이거나 국가 내지 부모들의 의무를 이행하는 것에 불과할 뿐 그것이 '직업 기타 사회생활상의 지위에 기하여 계속적으로 종사하는 사무 또는 사업'에 해당한다고 할 수 없다(대판 2013.6.14. 2013도3829).

② [×] 피고인들의 행위는 광고주들에 대하여는 업무방해죄의 위력에 해당하지만, 신문사들에 대하여는 직접적인 위력의 행사가 있었다고 보기에는 부족하다(대판 2013.3.14. 2010도410).

③ [○] 대학의 컴퓨터시스템 서버를 관리하던 피고인이 전보발령을 받아 더 이상 웹서버를 관리 운영할 권한이 없는 상태에서 웹서버에 접속하여 홈페이지 관리자의 아이디와 비밀번호를 무단으로 변경한 행위는 피고인이 웹서버를 관리 운영할 정당한 권한이 있는 동안 입력하여 두었던 홈페이지 관리자의 아이디와 비밀번호를 단지 후임자 등에게 알려 주지 아니한 행위와는 달리, 정보처리장치에 부정한 명령을 입력하여 정보처리에 현실적 장애를 발생시킴으로써 피해 대학에 업무방해의 위험을 초래하는 행위에 해당하여 컴퓨터 등 장애 업무방해죄를 구성한다고 한 사례(대판 2006.3.10. 2005도382).

④ [○] 포털사이트 운영회사의 통계집계시스템 서버에 허위의 클릭정보를 전송하여 검색순위 결정 과정에서 위와 같이 전송된 허위의 클릭정보가 실제로 통계에 반영됨으로써 정보처리에 장애가 현실적으로 발생하였다면, 그로 인하여 실제로 검색순위의 변동을 초래하지는 않았다 하더라도 컴퓨터등장애업무방해죄가 성립한다(대판 2009.4.9. 2008도11978).
▶ 컴퓨터등장애업무방해죄는 추상적 위험범에 해당한다.

정답 ②

45 다음 중 우리 판례가 업무방해를 인정한 경우만으로 짝지어 놓은 것은? [15 경찰간부]

㉠ 도로관리청으로부터 권한을 위임받아 과적단속 업무를 담당하는 피해자의 적재량 재측정을 거부하면서, 재측정의 목적으로 피고인의 차량에 올라탄 피해자를 그대로 둔 채 차량을 진행한 사안
㉡ 전국철도노동조합이 파업을 예고한 상황에서 파업 예정일 하루 전에 사용자인 한국철도공사 측 교섭위원 甲이 산하 차량정비단 직원들을 상대로 설명회 등 특별교육을 실시하려고 하자, 노동조합 간부인 피고인 등이 직원들의 교육장 진입을 막는 등 위력으로 甲의 업무를 방해한 행위
㉢ 폭력조직 간부인 피고인이 조직원들과 공모하여 甲이 운영하는 성매매업소 앞에 속칭 '병풍'을 치거나 차량을 주차해 놓는 등 위력으로써 업무를 방해한 경우
㉣ 법원의 직무집행정지 가처분결정에 의하여 그 직무집행이 정지된 자가 법원의 결정에 반하여 직무를 수행함으로써 업무를 계속 행하는 것을 방해한 경우
㉤ 백화점 입주상인들이 영업을 하지 않고 매장 내에서 점거 농성만을 하면서 매장 내의 기존의 전기시설에 임의로 전선을 연결하여 각종 전열기구를 사용함으로써 화재위험이 높아 백화점 경영회사의 대표이사인 피고인이 부득이 단전조치를 취한 경우
㉥ 주차장이 원래 소유자이었던 乙로부터 丙, 丁, 戊에게 순차 임대 또는 전대되어 戊가 주차장을 운영해 오고 있었는데, 정당한 소유자로부터 위 주차장을 새로 임대받은 甲이 戊의 주차장 영업을 방해한 경우

① ㉠, ㉣
② ㉡, ㉥
③ ㉢, ㉣
④ ㉤, ㉥

해설

㉠ [불인정] 과적차량 단속을 위한 적재량 측정의 업무를 수행하는 자라고 하더라도 측정을 강제하기 위한 조치를 취할 권한은 없으므로 이를 위한 조치(재측정을 시킬 목적으로 차량에 올라탄 조치)가 정당한 업무집행이라고 볼 수는 없다. 업무방해죄가 성립되지 아니한다(대판 2010.6.10. 2010도935).

㉡ [인정] 피고인들행위는 위력에 의한 업무방해 행위에 해당한다고 볼 수 있고, 위 피고인들의 직접적인 동기가 교육 대상 인원의 대강당 출입을 막고자 하는 데 있다 하더라도, 그 저지행위로 인해 특별교육 업무에 지장을 초래할 위험이 있다는 점에 대한 불확정적이거나 미필적인 고의가 있었다고 봄이 타당하다(대판 2013.1.31. 2012도3475).

㉢ [불인정] 성매매알선 등 행위는 법에 의하여 원천적으로 금지된 행위로서 형사처벌의 대상이 되는 중대한 범죄행위일 뿐 아니라 정의관념상 용인될 수 없는 정도로 반사회성을 띠는 경우에 해당하므로 업무방해죄의 보호대상이 되는 업무라고 볼 수 없다(대판 2011.10.13. 2011도7081).

㉣ [불인정] 직무집행이 정지된 자가 법원의 결정에 반하여 직무를 수행하는 경우, 이는 업무방해죄의 보호대상이 되는 업무라고 볼 수 없어 업무방해죄는 성립하지 아니한다(대판 2002.8.23. 2001도5592).

㉤ [불인정] 단전조치 당시 보호받을 업무가 존재하지 않았을 뿐만 아니라 화재예방 등 건물의 안전한 유지 관리를 위한 정당한 권한 행사의 범위 내의 행위에 해당하므로 단전조치가 업무방해죄를 구성한다고 볼 수 없다(대판 1995.6.30. 94도3136).

㉥ [인정] 피고인이 적법절차에 따라 권리를 확보하고 보호받는 것은 별론으로 하고, 피고인이 다른 특별한 사정없이 피해자의 주차장 영업을 방해한 행위는 업무방해죄에 해당한다(대판 2008.3.14. 2007도11181).

정답 ②

46 경매 · 입찰방해죄에 관한 다음 설명 중 가장 적절하지 않은 것은? (다툼이 있으면 판례에 의함) [12 경찰채용]

① 담합행위가 입찰방해죄로 되기 위해서는 반드시 입찰참가자 전원과의 사이에 담합이 이루어져야 하는 것은 아니고, 입찰참가자들 중 일부와의 사이에만 담합이 이루어진 경우에도 성립할 수 있다.

② 유찰방지를 위한 수단에 불과하여 이익을 해치지 않았더라도 실질적으로 단독입찰하면서 경쟁입찰인 것처럼 가장하였다면, 그 입찰 가격으로 낙찰하게 한 점에서 경쟁입찰 방법을 해한 것이므로 입찰의 공정을 해친 것이다.

③ 입찰자 일부와 담합이 있고 담합금이 수수되었다 하더라도 타입찰자와는 담합이 이루어지지 않아, 입찰시행자의 이익을 해함이 없이 자유로운 경쟁을 한 것과 동일한 결과로 되는 경우 입찰의 공정을 해할 위험성이 없다.

④ 법원경매업무를 담당하는 집행관의 구체적인 직무집행을 저지하거나 현실적으로 곤란하게 하는 데까지는 이르지 않고 입찰의 공정을 해하는 정도의 범죄행위라면 위계에 의한공무집행방해죄에만 해당될 뿐 경매 · 입찰방해죄에는 해당되지 않는다.

해설

① [○] 담합행위가 입찰방해죄로 되기 위하여는 반드시 입찰참가자 전원과의 사이에 담합이 이루어져야 하는 것은 아니고, 입찰참가자들 중 일부와의 사이에만 담합이 이루어진 경우라고 하더라도 그것이 입찰의 공정을 해하는 것으로 평가되는 이상 입찰방해죄는 성립한다(대판 2006.6.9. 2005도8498).

② [○] 유찰방지를 위한 수단에 불과하여 이익을 해치지 않았더라도 실질적으로 단독입찰하면서 경쟁입찰인 것처럼 가장하였다면, 그 입찰 가격으로 낙찰하게 한 점에서 경쟁입찰 방법을 해한 것이므로 입찰의 공정을 해친 것이다(대판 1988.3.8. 87도2646).

③ [○] 입찰자 일부와 담합이 있고 담합금이 수수되었다 하더라도 타입찰자와는 담합이 이루어지지 않아, 입찰시행자의 이익을 해함이 없이 자유로운 경쟁을 한 것과 동일한 결과로 되는 경우 입찰의 공정을 해할 위험성이 없다(대판 1983.1.18. 81도824).

④ [×] 법원경매업무를 담당하는 집행관의 구체적인 직무집행을 저지하거나 현실적으로 곤란하게 하는 데까지는 이르지 않고 입찰의 공정을 해하는 정도의 행위라면 경매 · 입찰방해죄에만 해당될 뿐 위계에 의한 공무집행방해죄에는 해당되지 않는다(대판 2000.3.24. 2000도102).

정답 ④

47 경매 · 입찰방해죄에 관한 설명으로 가장 적절하지 않은 것은? (다툼이 있으면 판례에 의함) [20 경찰채용]

① 경매 · 입찰방해죄는 최소한 적법하고 유효한 입찰 절차의 존재가 전제되어야 하지만, 처음부터 입찰절차가 존재하였다 할 수 없는 경우에도 입찰방해죄는 성립할 수 있다.

② 입찰자 일부와 담합이 있고 그에 따른 담합금이 수수되었다 하더라도 입찰시행자의 이익을 해함이 없이 자유로운 경쟁을 한 것과 동일한 결과로 되는 경우에는 입찰의 공정을 해할 위험이 없다.

③ 입찰방해죄는 위계 또는 위력 기타의 방법으로 입찰의 공정을 해하는 경우에 성립하는 위태범으로서, 입찰의 공정을 해할 행위를 하면 그것으로 족하고 현실적으로 입찰의 공정을 해한 결과가 발생할 필요는 없다.

④ 담합행위가 가장경쟁자를 조작하여 실시자의 이익을 해하는 것이 아니라도 실질적으로 단독입찰을 하면서 경쟁입찰인 것처럼 가장하여 그 입찰가격으로 낙찰을 받았다면 입찰방해죄가 성립한다.

해설

① [×] 입찰방해 행위가 있다고 인정하기 위하여는 그 방해의 대상인 입찰이 현실적으로 존재하여야 한다고 볼 것이므로 실제로는 수의계약을 체결하면서 입찰절차를 거쳤다는 증빙을 남기기 위하여 입찰을 전혀 시행하지 아니한 채 형식적인 입찰서류만을 작성하여 입찰이 있었던 것처럼 조작한 행위는 입찰방해 행위에 해당한다고 할 수 없다(대판 2001.2.9. 2000도4700).

② [○] 입찰자 일부와 담합이 있고 그에 따른 담합금이 수수되었다 하더라도 입찰시행자의 이익을 해함이 없이 자유로운 경쟁을 한 것과 동일한 결과로 되는 경우에는 입찰의 공정을 해할 위험이 없다(대판 1983.1.18. 81도824).

③ [○] 입찰방해죄는 위계 또는 위력 기타의 방법으로 입찰의 공정을 해하는 경우에 성립하는 위태범으로서, 입찰의 공정을 해할 행위를 하면 그것으로 족하고 현실적으로 입찰의 공정을 해한 결과가 발생할 필요는 없다(대판 1994.5.24. 94도600).

④ [○] 입찰방해죄는 위태범으로서 결과의 불공정이 현실적으로 나타나는 것을 요하는 것이 아니고, 그 행위에는 가격을 결정하는 데 있어서뿐 아니라, 적법하고 공정한 경쟁방법을 해하는 행위도 포함되므로, 그 행위가 설사 동종업자 사이의 무모한 출혈경쟁을 방지하기 위한 수단에 불과하여 입찰가격에 있어 입찰실시자의 이익을 해하거나 입찰자에게 부당한 이익을 얻게 하는 것이 아니었다 하더라도 실질적으로는 단독입찰을 하면서 경쟁입찰인 것 같이 가장하였다면 그 입찰가격으로써 낙찰하게 한 점에서 경쟁입찰의 방법을 해한 것이 되어 입찰의 공정을 해한 것으로 되었다 할 것이다(대판 2003.9.26. 2002도3924).

정답 ①

48 다음 설명 중 옳은 것으로 짝지은 것은? (다툼이 있으면 판례에 의함) [17 경찰간부]

㉠ 병원에서 분실된 진료기록의 일부를 당사자가 증거로 제출하는 것이 형법 제317조 제1항 소정의 업무상비밀누설죄에 해당된다고 볼 수 없다.

㉡ 퀵서비스 운영자인 甲이 배달 업무를 하면서, 손님의 불만이 예상되는 경우에는 평소 경쟁관계에 있는 乙이 운영하는 퀵서비스 명의로 된 영수증을 작성 · 교부하여 손님들로 하여금 불친절하고 배달을 지연시킨 사업체가 乙 운영의 퀵서비스인 것처럼 인식하게 한 경우 신용훼손죄를 구성한다.

㉢ 근로자들이 집단적으로 근로의 제공을 거부하여 사용자의 정상적인 업무운영을 저해하고 손해를 발생하게 한 행위는 당연히 위력에 해당하고 노동관계 법령에 따른 정당한 쟁의행위로서 위법성이 조각되지 않는 한 업무방해죄를 구성한다.

㉣ 입찰자들 상호간에 특정업체가 낙찰받기로 하는 담합이 이루어진 상태에서 그 특정업체를 포함한 다른 입찰자들은 당초의 합의에 따라 입찰에 참가하였으나, 일부 입찰자는 자신이 낙찰받기 위해 당초의 합의에 따르지 않고 오히려 낙찰받기로 한 특정업체보다 저가로 입찰하였다면, 이러한 일부 입찰자의 행위는 입찰방해죄에 해당한다.

① ㉠, ㉡
② ㉠, ㉣
③ ㉡, ㉢
④ ㉢, ㉣

해설

㉠ [○] 병원에서 분실된 진료기록의 일부를 당사자가 증거로 제출하는 것이 형법 제317조 제1항 소정의 업무상비밀누설죄에 해당된다고 볼 수 없다(대판 1992.5.22. 91다39320). ▶ 업무상 지득한 비밀이 아니기 때문이다.

㉡ [×] 퀵서비스 운영자인 피고인이 배달업무를 하면서, 손님의 불만이 예상되는 경우에는 평소 경쟁관계에 있는 피해자 운영의 퀵서비스 명의로 된 영수증을 작성·교부함으로써 손님들로 하여금 불친절하고 배달을 지연시킨 사업체가 피해자 운영의 퀵서비스인 것처럼 인식하게 한 행위는, 피해자의 경제적 신용, 즉 지불능력이나 지불의사에 대한 사회적 신뢰를 저해하는 행위에 해당한다고 보기는 어렵다(신용훼손죄가 성립하지 아니한다)(대판 2011.5.13. 2009도5549).

㉢ [×] 쟁의행위로서의 파업은 근로자가 사용자에게 압력을 가하여 그 주장을 관철하고자 집단적으로 노무제공을 중단하는 실력행사여서 업무방해죄에서의 위력으로 볼 만한 요소를 포함하고 있지만, 근로자에게는 원칙적으로 헌법상 보장된 기본권으로서 근로조건 향상을 위한 자주적인 단결권·단체교섭권 및 단체행동권이 있으므로, 이러한 파업이 언제나 업무방해죄의 구성요건을 충족한다고 할 것은 아니며, 전후 사정과 경위 등에 비추어 전격적으로 이루어져 사용자의 사업운영에 심대한 혼란 내지 막대한 손해를 초래할 위험이 있는 등의 사정으로 사용자의 사업계속에 관한 자유의사가 제압·혼란될 수 있다고 평가할 수 있는 경우 비로소 그러한 집단적 노무제공의 거부도 위력에 해당하여 업무방해죄를 구성한다고 보는 것이 타당하다(대판 2014.11.13. 2011도393).

㉣ [○] 피고인이 서울특별시도시철도공사가 발주한 시각장애인용 음성유도기 제작설치 입찰에 관한 담합에 가담하기로 하였다가 자신이 낙찰받기 위하여 당초의 합의에 따르지 아니한 채 낙찰받기로 한 특정업체보다 저가로 입찰한 사안에서, 이러한 피고인의 행위는 입찰방해죄에 해당한다고 본 사례(대판 2010.10.14. 2010도4940).

정답 ②

49 업무방해죄에 대한 설명 중 가장 적절하지 않은 것은? (다툼이 있는 경우 판례에 의함)

[23 경찰승진]

① 업무방해죄의 성립에는 업무방해의 결과가 실제로 발생할 것을 요구하지 않고, 업무방해의 결과를 초래할 위험이 발생하는 것으로 족하며, 업무수행 자체가 아닌 업무의 적정성 내지 공정성이 방해된 경우에도 업무방해죄가 성립한다.

② 공무원이 직무상 수행하는 공무를 방해하는 행위에 대해서는 업무방해죄로 의율할 수 없다.

③ 주한외국영사관에 비자발급을 신청함에 있어 신청인이 제출한 허위의 자료 등에 대하여 업무담당자가 충분히 심사하였으나 신청사유 및 소명자료가 허위임을 발견하지 못하여 그 신청을 수리하게 된 경우 위계에 의한 업무방해죄가 성립하지 않는다.

④ 폭력조직 간부가 조직원들과 공모하여 타인이 운영하는 성매매 업소 앞에 속칭 '병풍'을 치거나 차량을 주차해 놓는 등 위력으로써 성매매업을 방해한 경우 업무방해죄가 성립하지 않는다.

해설

① [○] 업무방해죄의 성립에는 업무방해의 결과가 실제로 발생할 것을 요구하지 않고, 업무방해의 결과를 초래할 위험이 발생하는 것으로 족하며, 업무수행의 자체가 아닌 업무의 적정성 내지 공정성이 방해된 경우에도 업무방해죄가 성립한다(대판 2008.1.17. 2006도1721; 동지 대판 2013.11.28. 2013도5117).

② [○] 공무원이 직무상 수행하는 공무를 방해하는 행위에 대해서는 업무방해죄로 의율할 수 없다(대판(전) 2009.11.19. 2009도4166).

③ [×] 신청인이 업무담당자에게 허위의 주장을 하면서 이에 부합하는 허위의 소명자료를 첨부하여 제출한 경우 그 수리 여부를 결정하는 업무담당자가 관계 규정이 정한 바에 따라 그 요건의 존부에 관하여 '나름대로 충분히 심사를 하였으나' 신청사유 및 소명자료가 허위임을 발견하지 못하여 신청을 수리하게 될 정도에 이르렀다면 이는 업무담당자의 불충분한 심사가 아니라 신청인의 위계행위에 의하여 업무방해의 위험성이 발생된 것이어서 이에 대하여 위계에 의한 업무방해죄가 성립된다(대판 2004.3.26. 2003도7927; 대판 2020.9.24. 2017도19283).

④ [○] 업무방해죄에서 '업무'란 직업 또는 계속적으로 종사하는 사무나 사업으로서 타인의 위법한 침해로부터 형법상 보호할 가치가 있는 것이어야 하므로, 어떤 사무나 활동 자체가 위법의 정도가 중하여 사회생활상 도저히 용인될 수 없는 정도로 반사회성을 띠는 경우에는 업무방해죄 보호대상이 되는 '업무'에 해당한다고 볼 수 없다. 폭력조직 간부가 조직원들과 공모하여 타인이 운영하는 성매매 업소 앞에 속칭 '병풍'을 치거나 차량을 주차해 놓는 등 위력으로써 성매매업을 방해한 경우 업무방해죄가 성립하지 않는다(대판 2011.10.13. 2011도7081).

정답 ③

50 **업무와 경매에 관한 죄의 설명 중 가장 적절한 것은? (다툼이 있는 경우 판례에 의함)** [22 경찰채용]

① 甲이 서울특별시 도시철도공사가 발주한 시각장애인용 음성유도기 제작설치 입찰에 관한 담합에 가담하기로 하였다가 자신이 낙찰받기 위하여 당초의 합의에 따르지 아니한 채 원래 낙찰받기로 한 특정업체보다 저가로 입찰한 경우, 비록 입찰의 공정을 해할 우려가 있었으나 실제 입찰의 공정을 해하지 아니하였기에 甲에게는 입찰방해죄가 성립하지 아니한다.

② 甲이 일부 입찰참가자들과 가격을 합의하고, 낙찰이 되면 특정 업체가 모든 공사를 하기로 합의하는 등 담합하여 투찰행위를 한 경우, 그 투찰에 참여한 업체의 수가 많아서 실제로 가격형성에 부당한 영향을 주지 않았다면 甲에게는 입찰방해죄가 성립하지 아니한다.

③ 한국토지공사 지역본부가 중고자동차매매단지를 분양하기 위하여 유자격 신청자들을 대상으로 무작위 공개추첨하여 1인의 수분양자를 선정하는 절차를 진행함에 있어, 신청자격이 없는 甲이 총 12인의 신청자 중 9인과 맺은 합작투자의 약정에 따라 그 신청자의 자격과 명의를 빌려 당첨확률을 약 75%까지 인위적으로 높여 분양을 신청한 경우, 분양업무의 적정성과 공정성 등을 방해하는 행위라고 볼 수 있어 甲에게는 입찰방해죄가 성립한다.

④ 甲과 乙이 공모하여, 甲은 A고등학교의 학생 丙이 약 10개월 동안 총 84시간의 봉사활동을 한 것처럼 허위로 기재된 봉사 활동확인서를 발급받아 乙에게 교부하고, 乙은 이를 丙의 담임 교사를 통하여 A학교에 제출하여 丙이 학교장 명의의 봉사상을 수상하게 한 경우, 甲과 乙에게는 업무방해죄가 성립한다.

해설

① [×] 입찰자들 상호 간에 특정 업체가 낙찰받기로 하는 담합이 이루어진 상태에서 그 특정 업체를 포함한 다른 입찰자들은 당초의 합의에 따라 입찰에 참가하였으나 일부 입찰자는 자신이 낙찰받기 위하여 당초의 합의에 따르지 아니한 채 오히려 낙찰받기로 한 특정 업체보다 저가로 입찰하였다면, 이러한 일부 입찰자의 행위는 위와 같은 담합을 이용하여 낙찰을 받은 것이라는 점에서 적법하고 공정한 경쟁방법을 해한 것이 되고, 따라서 이러한 일부 입찰자의 행위 역시 입찰방해죄에 해당한다(대판 2010.10.14. 2010도4940).

② [×] 일부 입찰참가자들이 가격을 합의하고, 낙찰이 되면 특정 업체가 모든 공사를 하기로 합의하는 등 담합하여 투찰행위를 한 사안에서, 이는 '적법하고 공정한 경쟁방법'을 해하는 행위로서 입찰의 공정을 해하는 경우에 해당하며, 결과적으로 위 투찰에 참여한 업체의 수가 많아서 실제로 가격형성에 부당한 영향을 주지 않았다고 하더라도, 입찰방해죄가 성립한다고 한 사례(대판 2009.5.14. 2008도11361).

③ [×] 위 분양절차는 공정한 자유경쟁을 통한 적정한 가격형성을 목적으로 하는 입찰절차에 해당하지 않고, 피고인이 분양절차에 참가한 것은 9인의 신청자와 맺은 합작투자의 약정에 따른 것으로서 위 분양업무의 주체인 한국토지공사가 예정하고 있던 범위 내의 행위이므로, 위 추첨방식의 분양업무의 적정성과 공정성 등을 방해하는 행위라고 볼 수 없어 입찰방해죄나 업무방해죄가 성립하지 않는다고 한 사례(대판 2008.5.29. 2007도5037).

④ [○] 피고인 甲, 乙이 공모하여, 피고인 甲은 丙 고등학교의 학생 丁이 약 10개월 동안 총 84시간의 봉사활동을 한 것처럼 허위로 기재된 봉사활동확인서를 발급받아 피고인 乙에게 교부하고, 피고인 乙은 이를 丁의 담임교사를 통하여 병 학교에 제출하여 丁으로 하여금 2010년도 학교장 명의의 봉사상을 수상하도록 하는 방법으로, 위계로써 학교장의 봉사상 심사 및 선정 업무를 방해하였다는 내용으로 기소된 사안에서, 피고인들에게 무죄를 선고한 원심판단에 업무방해죄의 성립에 관한 법리오해의 위법이 있다(대판 2020.9.24. 2017도19283).

정답 ④

51 **업무방해죄에 관한 설명 중 옳은 것을 모두 고른 것은? (다툼이 있는 경우 판례에 의함)** [23 변호사]

ㄱ. 초등학생들이 학교에 등교하여 교실에서 수업을 듣는 것은 업무방해죄의 보호대상인 '직업 기타 사회생활상의 지위에 기하여 계속적으로 종사하는 사무 또는 사업'에 해당한다고 할 수 없다.

ㄴ. 주택재건축조합 조합장이 자신에 대한 감사활동을 방해하기 위하여 조합 사무실에 있던 컴퓨터에 비밀번호를 설정하고 하드디스크를 분리·보관하는 방법으로 그 조합의 정보처리 업무를 방해한 경우, 「형법」 제314조 제2항의 컴퓨터등장애 업무방해죄가 성립한다.

ㄷ. 지방공사 사장이 신규직원 채용권한을 행사하는 것은 공사의 기관으로서 공사의 업무를 집행하는 것이므로, 이러한 신규직원 채용업무는 위 권한의 귀속주체인 사장 본인에 대한 관계에서도 업무방해죄의 객체인 타인의 업무에 해당한다.

ㄹ. 종중 회장으로서의 사회적인 지위에서 계속적으로 행하여 온 종중 업무수행의 일환으로 행하여진 것이라도, 그것이 종중 정기총회에서 의사진행업무와 같은 1회성 업무인 경우에는 업무방해죄에 의하여 보호되는 업무에 해당하지 않는다.

ㅁ. 법원의 직무집행정지 가처분결정에 의하여 직무집행이 정지된 자가 법원의 결정에 반하여 직무를 수행함으로써 업무를 계속 행하는 경우, 그 업무가 반사회성을 띠는 경우라고까지는 할 수 없으므로 업무방해죄에 의하여 보호되는 업무에 해당한다.

① ㄱ, ㄴ, ㄷ
② ㄱ, ㄹ, ㅁ
③ ㄴ, ㄷ, ㄹ
④ ㄴ, ㄹ, ㅁ
⑤ ㄷ, ㄹ, ㅁ

해설

ㄱ. [O] 형법상 업무방해죄의 보호대상이 되는 '업무'라 함은 직업 기타 사회생활상의 지위에 기하여 계속적으로 종사하는 사무 또는 사업을 말하는 것인데, 초등학생들이 학교에 등교하여 교실에서 수업을 듣는 것은 헌법 제31조가 정하고 있는 무상으로 초등교육을 받을 권리 및 초·중등교육법 제12, 13조가 정하고 있는 국가의 의무교육 실시의무와 부모들의 취학의무 등에 기하여 학생들 본인의 권리를 행사하는 것이거나 국가 내지 부모들의 의무를 이행하는 것에 불과할 뿐 그것이 '직업 기타 사회생활상의 지위에 기하여 계속적으로 종사하는 사무 또는 사업'에 해당한다고 할 수 없다(대판 2013.6.14. 2013도3829).

ㄴ. [O] [1] 컴퓨터와 하드디스크는 형법 제314조 제2항에 규정된 '컴퓨터 등 정보처리장치'에 해당하고, 업무수행을 위해서가 아니라 담당직원의 정상적인 업무수행을 방해할 의도에서 그 담당 직원의 의사와는 상관없이 함부로 컴퓨터에 비밀번호를 설정한 행위는 같은 항의 '허위의 정보 또는 부정한 명령의 입력'에 해당하며 컴퓨터의 하드디스크를 분리·보관한 행위는 같은 항의 '손괴'에 해당하므로, 피고인이 컴퓨터에 비밀번호를 설정하고 하드디스크를 분리·보관함으로써 조합의 정보처리에 관한 업무를 방해한 행위는 형법 제314조 제2항의 컴퓨터 등 장애 업무방해죄에 해당한다고 할 것이다.
[2] 주택재건축조합 조합장인 피고인이 자신에 대한 감사활동을 방해하기 위하여 조합 사무실에 있던 컴퓨터에 비밀번호를 설정하고 하드디스크를 분리·보관함으로써 조합 업무를 방해하였다는 내용으로 기소된 사안에서, 위와 같은 방법으로 조합의 정보처리에 관한 업무를 방해한 행위는 형법 제314조 제2항의 컴퓨터 등 장애 업무방해죄에 해당한다고 한 사례(대판 2012.5.24. 2011도7943).

ㄷ. [O] [1] 업무방해죄에 있어서 행위의 객체는 타인의 업무이고, 여기서 타인이라 함은 범인 이외의 자연인과 법인 및 법인격 없는 단체를 가리킨다.
[2] 지방공사 사장이 신규직원 채용권한을 행사하는 것은 공사의 기관으로서 공사의 업무를 집행하는 것이므로, 위 권한의 귀속주체인 사장 본인에 대한 관계에서도 업무방해죄의 객체인 타인의 업무에 해당한다.
[3] 신규직원 채용권한을 가지고 있는 지방공사 사장이 시험업무 담당자들에게 지시하여 상호 공모 내지 양해하에 시험성적조작 등의 부정한 행위를 한 경우, 시험업무 담당자 및 법인인 공사에게 신규직원 채용업무와 관련하여 오인·착각 또는 부지를 일으키게 한 것이 아니므로, '위계'에 의한 업무방해죄에 해당하지 않는다(대판 2007.12.27. 2005도6404).

판결이유 공사의 신규직원 채용시험업무 담당자들이 필기시험성적을 조작한 것과 응시자격 요건을 변경한 것은 피고인의 부정한 지시에 따른 결과일 뿐이지 피고인의 행위에 의해 위 시험업무 담당자들이 오인·착각 또는 부지를 일으킨 결과가 아니고, 이와 같이 신규직원 채용권한을 갖고 있는 피고인 및 위 시험업무 담당자들이 모두 공모 내지 양해하에 위와 같은 부정한 행위를 하였다면 법인인 이 사건 공사에게 위 신규직원 채용업무와 관련하여 오인·착각 또는 부지를 일으키게 하였다고 볼 수는 없다. 그렇다면 이 사건에서는 피고인의 위 시험업무 담당자들에 대한 부정한 지시나 이에 따른 업무 담당자들의 부정행위로 말미암아 공사의 신규직원 채용업무와 관련하여 오인·착각 또는 부지를 일으킨 상대방이 있다고 할 수 없으므로, 피고인 등의 위 부정행위가 곧 위계에 의한 업무방해죄에 있어서의 '위계'에 해당한다고 할 수 없다.

비교판례 수산업협동조합의 신규직원 채용에 응시한 A와 B가 필기시험에서 합격선에 못 미치는 점수를 받게 되자, 채점업무 담당자들이 조합장인 피고인의 지시에 따라 점수조작행위를 통하여 이들을 필기시험에 합격시킴으로써 필기시험 합격자를 대상으로 하는 면접시험에 응시할 수 있도록 한 경우, 위 점수조작행위에 공모 또는 양해하였다고 볼 수 없는 일부 면접위원들이 조합의 신규직원 채용업무로서 수행한 면접업무는 위 점수조작행위에 의하여 방해되었다고 보아야 한다(대판 2010.3.25. 2009도8506).

ㄹ. [×] 종중 정기총회를 주재하는 종중 회장의 의사진행업무 자체는 1회성을 갖는 것이라고 하더라도 그것이 종중 회장으로서의 사회적인 지위에서 계속적으로 행하여 온 종중 업무수행의 일환으로 행하여진 것이라면 그와 같은 의사진행업무도 형법 제314조 소정의 업무방해죄에 의하여 보호되는 업무에 해당된다(대판 1995.10.12. 95도1589).

ㅁ. [×] 법원의 직무집행정지 가처분결정에 의하여 그 직무집행이 정지된 자가 법원의 결정에 반하여 직무를 수행함으로써 업무를 계속 행하는 경우 그 업무는 국법질서와 재판의 존엄성을 무시하는 것으로서 사실상 평온하게 이루어지는 사회적 활동의 기반이 되는 것이라 할 수 없고, 비록 그 업무가 반사회성을 띠는 경우라고까지는 할 수 없다고 하더라도 법적 보호라는 측면에서는 그와 동등한 평가를 받을 수밖에 없으므로, 그 업무자체는 법의 보호를 받을 가치를 상실하였다고 하지 않을 수 없어 업무방해죄에서 말하는 업무에 해당하지 않는다(대판 2002.8.23. 2001도5592).

정답 ①

제4장 | 사생활에 관한 죄

01 **주거침입의 죄에 대한 설명 중 옳은 것만을 모두 고른 것은? (다툼이 있는 경우 판례에 의함)** [22 경찰간부]

가. 甲이 A의 부재중에 A의 아내인 B와 혼인 외 성관계를 가질 목적으로 B가 열어준 출입문을 통해서 A와 B가 공동거주하는 아파트에 들어간 경우, 甲이 B의 승낙을 얻어 통상적인 출입방법에 의하여 들어갔다 하더라도 甲의 출입은 부재중인 A의 추정적 의사에 반하므로 주거침입죄가 성립한다.

나. 甲이 일반인의 출입이 허용된 음식점에 영업주의 승낙을 받아 통상적인 출입방법으로 들어갔다면, 설령 甲이 범죄 등의 목적으로 음식점에 출입하였거나 영업주가 甲의 실제 출입 목적을 알았더라면 출입을 승낙하지 않았을 것이라는 사정이 인정되더라도 주거침입죄가 성립하지 아니한다.

다. 甲이 아내 A와의 불화로 인해 A와 공동생활을 영위하던 아파트에서 짐 일부를 챙겨 나온 후 A의 외출 중 자신의 어머니 乙과 함께 그 아파트에 들어가려고 그 안에 있던 처제 B에게 출입문을 열어달라고 요구하였으나 A로부터 열어주지 말라는 말을 들은 B가 체인형 걸쇠를 걸어 잠그며 현관문을 열어주지 않자 甲이 乙과 함께 그 걸쇠를 부수고 아파트에 들어간 경우, 甲과 乙에게는 주거침입죄의 공동정범이 성립한다.

라. 甲이 교제하다 헤어진 A가 거주하는 아파트 109동 305호에 들어가려고 아파트 지하 주차장에서 위 305호가 있는 109동으로 연결된 출입구의 공동출입문에 A나 다른 입주자의 승낙 없이 무단으로 비밀번호를 입력하여 아파트의 공용 부분에 들어가 위 305호 현관문 앞까지 출입한 경우, A와 같은 109동에 거주하는 다른 입주자들의 사실상 주거의 평온상태를 해한 것으로 볼 수 있다면 주거침입죄가 성립한다.

① 가, 나
② 나, 다
③ 나, 라
④ 나, 다, 라

해설

가. [×] 피고인이 甲의 부재중에 甲의 처 乙과 혼외 성관계를 가질 목적으로 乙이 열어 준 현관 출입문을 통하여 甲과 乙이 공동으로 거주하는 아파트에 3회에 걸쳐 들어간 사안에서, 피고인이 乙로부터 현실적인 승낙을 받아 통상적인 출입방법에 따라 주거에 들어갔으므로 주거의 사실상 평온상태를 해치는 행위태양으로 주거에 들어간 것이 아니어서 주거에 침입한 것으로 볼 수 없고, 설령 피고인의 주거 출입이 부재중인 甲의 의사에 반하는 것으로 추정되더라도 그것이 사실상 주거의 평온을 보호법익으로 하는 주거침입죄의 성립 여부에 영향을 미치지 않는다는 이유로, 같은 취지에서 피고인에게 무죄를 선고한 원심의 판단이 정당하다고 한 사례(대판(전) 2021.9.9. 2020도12630).

나. [○] 일반인의 출입이 허용된 음식점에 영업주의 승낙을 받아 통상적인 출입방법으로 들어갔다면 특별한 사정이 없는 한 주거침입죄에서 규정하는 침입행위에 해당하지 않는다. 설령 행위자가 범죄 등을 목적으로 음식점에 출입하였거나 영업주가 행위자의 실제 출입 목적을 알았더라면 출입을 승낙하지 않았을 것이라는 사정이 인정되더라도 그러한 사정만으로는 출입 당시 객관적·외형적으로 드러난 행위 태양에 비추어 사실상의 평온상태를 해치는 방법으로 음식점에 들어갔다고 평가할 수 없으므로 침입행위에 해당하지 않는다(대판(전) 2022.3.24. 2017도18272).

다. [×] 공동거주자 상호 간에는 특별한 사정이 없는 한 다른 공동거주자가 공동생활의 장소에 자유로이 출입하고 이를 이용하는 것을 금지할 수 없다. 공동거주자 중 한 사람이 법률적인 근거 기타 정당한 이유 없이 다른 공동거주자가 공동생활의 장소에 출입하는 것을 금지한 경우, 다른 공동거주자가 이에 대항하여 공동생활의 장소에 들어갔더라도 이는 사전 양해된 공동주거의 취지 및 특성에 맞추어 공동생활의 장소를 이용하기 위한 방편에 불과할 뿐, 그의 출입을 금지한 공동거주자의 사실상 주거의 평온이라는 법익을 침해하는 행위라고는 볼 수 없으므로 주거침입죄는 성립하지 않는다. 설령 그 공동거주자가 공동생활의 장소에 출입하기 위하여 출입문의 잠금장치를 손괴하는 등 다소간의 물리력을 행사하여 그 출입을 금지한 공동거주자의 사실상 평온상태를 해쳤더라도 그러한 행위 자체를 처벌하는 별도의 규정에 따라 처벌될 수 있음은 별론으로 하고, 주거침입죄가 성립하지 아니함은 마찬가지이다. 공동거주자의 승낙을 받아 공동생활의 장소에 함께 들어간 외부인의 출입 및 이용행위가 전체적으로 그의 출입을 승낙한 공동거주자의 통상적인 공동생활 장소의 출입 및 이용행위의 일환이자 이에 수반되는 행위로 평가할 수 있는 경우라면, 이를 금지하는 공동거주자의 사실상 평온상태를 해쳤음에도 불구하고 그 외부인에 대하여도 역시 주거침입죄가 성립하지 않는다고 봄이 타당하다(대판(전) 2021.9.9. 2020도6085).

라. [○] 아파트 등 공동주택의 공동현관에 출입하는 경우에도, 그것이 주거로 사용하는 각 세대의 전용 부분에 필수적으로 부속하는 부분으로 거주자와 관리자에게만 부여된 비밀번호를 출입문에 입력하여야만 출입할 수 있거나, 외부인의 출입을 통제·관리하기 위한 취지의 표시나 경비원이 존재하는 등 외형적으로 외부인의 무단출입을 통제·관리하고 있는 사정이 존재하고, 외부인이 이를 인식하고서도 그 출입에 관한 거주자나 관리자의 승낙이 없음은 물론, 거주자와의 관계 기타 출입의 필요 등에 비추어 보더라도 정당한 이유 없이 비밀번호를 임의로 입력하거나 조작하는 등의 방법으로 거주자나 관리자 모르게 공동현관에 출입한 경우와 같이, 그 출입 목적 및 경위, 출입의 태양과 출입한 시간 등을 종합적으로 고려할 때 공동주택 거주자의 사실상 주거의 평온상태를 해치는 행위태양으로 볼 수 있는 경우라면 공동주택 거주자들에 대한 주거침입에 해당할 것이다(대판 2022.1.27. 2021도15507).

정답 ③

02 아래 ㉠부터 ㉣까지의 설명 중 옳고 그름의 표시(○, ×)가 바르게 된 것은? (다툼이 있으면 판례에 의함)

[21 경찰승진]

㉠ 피고인이 피해자가 아직 집에 돌아오기 전에 간통의 목적으로 피해자의 처의 의사에 반함이 없이 피해자의 주거에 들어간 이상 주거의 평온을 해치는 것이 아니므로 주거침입죄가 성립하지 않는다.
㉡ 야간에 다세대주택에 침입하여 물건을 절취하기 위하여 가스배관을 타고 오르다가 순찰 중이던 경찰관에게 발각되어 그냥 뛰어내렸다면, 야간주거침입절도죄의 실행의 착수에 이르지 못했다.
㉢ 다가구용 단독주택이나 다세대주택·연립주택·아파트 등 공동주택의 내부에 있는 엘리베이터, 공용 계단과 복도는 특별한 사정이 없는 한 주거침입죄의 객체인 '사람의 주거'에 해당하지 않는다.
㉣ 진정부작위범인 「형법」 제319조 퇴거불응죄의 미수범은 처벌한다.

① ㉠ ○ ㉡ ○ ㉢ ○ ㉣ ○
② ㉠ ○ ㉡ ○ ㉢ × ㉣ ○
③ ㉠ ○ ㉡ × ㉢ ○ ㉣ ×
④ ㉠ × ㉡ ○ ㉢ × ㉣ ×

해설

㉠ [○] 피고인이 피해자의 부재중에 간통목적으로 피해자의 처로부터 현실적인 승낙을 받아 통상적인 출입방법에 따라 주거에 들어갔으므로 주거의 사실상 평온상태를 해치는 행위태양으로 주거에 들어간 것이 아니어서 주거에 침입한 것으로 볼 수 없고, 설령 피고인의 주거 출입이 부재중인 피해자의 의사에 반하는 것으로 추정되더라도 그것이 사실상 주거의 평온을 보호법익으로 하는 주거침입죄의 성립 여부에 영향을 미치지 않는다고 할 것이다(대판(전) 2021.9.9. 2020도12630).
▶ 판례가 변경되어 주거침입죄가 성립하지 아니한다.

㉡ [○] 야간에 다세대주택 2층의 불이 꺼져있는 것을 보고 물건을 절취하기 위하여 가스배관을 타고 올라가다가, 발은 1층 방범창을 딛고 두 손은 1층과 2층 사이에 있는 가스배관을 잡고 있던 상태에서 순찰 중이던 경찰관에게 발각되자 그대로 뛰어내린 경우 야간주거침입절도죄의 실행의 착수가 인정되지 않는다(대판 2008.3.27. 2008도917).
▶ 주거침입의 개시가 인정되지 않기 때문이다.

㉢ [×] 다가구용 단독주택이나 다세대주택·연립주택·아파트 등 공동주택의 내부에 있는 엘리베이터, 공용 계단과 복도는 특별한 사정이 없는 한 주거침입죄의 객체인 '사람의 주거'에 해당하고, 위 장소에 거주자의 명시적, 묵시적 의사에 반하여 침입하는 행위는 주거침입죄를 구성한다(대판 2009.9.10. 2009도4335).

㉣ [○] 제322조, 제319조 제2항.

정답 ②

03 다음 중 틀린 것은? (다툼이 있으면 판례에 의함) [10 경찰채용]

① 퇴거불응죄의 법정형은 주거침입죄와 동일하다.
② 형법상 퇴거불응죄에 대한 미수범 처벌규정이 있다.
③ 다른 사람의 주택에 무단 침입한 범죄사실로 이미 유죄판결을 받은 사람이 그 판결이 확정된 후에도 퇴거하지 않은 채 계속하여 당해 주택에 거주한 경우, 위 판결 확정 이후의 행위는 별도의 주거침입죄를 구성하지 않는다.
④ 주거침입죄는 반드시 행위자의 신체의 전부가 범행의 목적인 타인의 주거 안으로 들어가야만 성립하는 것이 아니다.

해설

① [○] 퇴거불응죄의 법정형은 주거침입죄와 동일하다(제319조 참고).
② [○] 제322조, 제319조 제2항.
③ [×] 다른 사람의 주택에 무단 침입한 범죄사실로 이미 유죄판결을 받은 사람이 그 판결이 확정된 후에도 퇴거하지 않은 채 계속하여 당해 주택에 거주한 경우, 위 판결 확정 이후의 행위는 별도의 주거침입죄를 구성한다(대판 2008.5.8. 2007도11322).
④ [○] 야간에 타인의 집의 창문을 열고 집 안으로 얼굴을 들이미는 등의 행위를 하였다면 피고인이 자신의 신체의 일부가 집 안으로 들어간다는 인식하에 하였더라도 주거침입죄의 범의는 인정되고 또한 비록 신체의 일부만이 집 안으로 들어갔다고 하더라도 사실상 주거의 평온을 해하였다면 주거침입죄는 기수에 이른다(대판 1995.9.15. 94도2561).

정답 ③

04 다음 설명 중 가장 옳지 않은 것은? (다툼이 있으면 판례에 의함) [19 법원행시]

① 법원의 직무집행정지 가처분결정에 의하여 그 직무집행이 정지된 자가 법원의 결정에 반하여 직무를 수행함으로써 업무를 계속하는 경우 그 업무는 업무방해죄에서 말하는 업무에 해당하지 않는다.
② 사용자가 제3자와 공동으로 관리·사용하는 공간을 사용자에 대한 쟁의행위를 이유로 관리자의 의사에 반하여 침입·점거하는 경우, 비록 그 공간의 점거가 사용자에 대한 관계에서 정당한 쟁의행위가 된다 하여도 이를 공동으로 관리·사용하는 제3자에 대하여까지 이를 정당행위라고 하여 주거침입의 위법성이 조각된다고 볼 수는 없다.
③ 피고인들이 건물신축 공사현장에 무단으로 들어간 뒤 타워크레인에 올라가 이를 점거한 경우, 타워크레인의 운전실은 기계를 운전하기 위한 작업공간으로서 건조물침입죄의 객체인 건조물에 해당하므로, 피고인이 타워크레인의 운전실에 들어간 행위는 건조물에 침입하는 행위라고 볼 수 있다.
④ 야간에 타인의 집의 창문을 열고 집 안으로 얼굴을 들이미는 등의 행위를 하였다면, 피고인이 자신의 신체의 일부가 집안으로 들어간다는 인식하에 하였더라도 주거침입죄의 범의는 인정되고, 비록 신체의 일부만이 집안으로 들어갔다고 하더라도 사실상 주거의 평온을 해하였다면 주거침입죄는 기수에 이른다.
⑤ 다른 사람의 주택에 무단 침입한 범죄사실로 이미 유죄판결을 받은 사람이 그 판결이 확정된 후에도 퇴거하지 않은 채 계속하여 해당 주택에 거주하는 경우, 위 판결 확정 이후의 행위는 별도의 주거침입죄를 구성한다.

해설

① [○] 직무집행이 정지된 자가 법원의 결정에 반하여 직무를 수행하는 경우, 이는 업무방해죄의 보호대상이 되는 업무라고 볼 수 없어 업무방해죄는 성립하지 아니한다(대판 2002.8.23. 2001도5592).
② [○] 사용자가 제3자와 공동으로 관리하는 공간을 관리자의 의사에 반하여 침입·점거한 경우, 비록 사용자에 대하여 정당한 쟁의행위로 평가되더라도 이를 공동으로 관리하는 제3자에 대하여서까지 위법성이 조각된다고 볼 수는 없다(대판 2010.3.11. 2009도5008).
③ [×] 피고인이 침입한 타워크레인은 건설기계의 일종으로서 작업을 위하여 토지에 고정되었을 뿐이고, 위 운전실은 기계를 운전하기 위한 작업공간 그 자체이지 건조물침입죄의 객체인 건조물에 해당하지 아니한다(대판 2005.10.7. 2005도5351).

④ [○] 피고인이 자신의 신체의 일부가 집 안으로 들어간다는 인식하에 하였더라도 주거침입죄의 범의는 인정되고 또한 비록 신체의 일부만이 집 안으로 들어갔다고 하더라도 사실상 주거의 평온을 해하였다면 주거침입죄는 기수에 이른다(대판 1995.9.15. 94도2561).

⑤ [○] 다른 사람의 주택에 무단 침입한 범죄사실로 이미 유죄판결을 받은 사람이 그 판결이 확정된 후에도 퇴거하지 않은 채 계속하여 당해 주택에 거주한 경우, 위 판결 확정 이후의 행위는 별도의 주거침입죄를 구성한다(대판 2008.5.8. 2007도11322).

정답 ③

05 주거침입죄 및 퇴거불응죄에 관한 판례의 태도와 합치되지 않는 것은? [13 경찰간부]

① 타인의 처와 간통할 목적으로 그 처의 동의를 얻어 타인의 주거에 들어가면 주거침입죄가 성립한다.

② 점유할 권리 없는 자가 점유하는 주거라 할지라도 권리자가 그 권리를 실현함에 있어 법적 절차에 의하지 아니하고 그 주거에 침입하면 본죄가 성립한다.

③ (판례 변경으로 삭제함)

④ 5층 아파트 201호실에 침입하기 위해 그 아파트 1층의 공용계단 부분에 들어간 행위만으로는 주거침입죄가 성립하지 않는다.

해설

① [×] 피고인이 피해자의 부재중에 피해자의 처로부터 현실적인 승낙을 받아 통상적인 출입방법에 따라 주거에 들어갔으므로 주거의 사실상 평온상태를 해치는 행위태양으로 주거에 들어간 것이 아니어서 주거에 침입한 것으로 볼 수 없고, 설령 피고인의 주거 출입이 부재중인 피해자의 의사에 반하는 것으로 추정되더라도 그것이 사실상 주거의 평온을 보호법익으로 하는 주거침입죄의 성립 여부에 영향을 미치지 않는다고 할 것이다(대판(전) 2021.9.9. 2020도12630).
▶ 판례가 변경되어 주거침입죄가 성립하지 아니한다.

② [○] 점유할 권리 없는 자가 점유하는 주거(예 임대차기간이 지난 임차인 주거)라 할지라도 권리자가 그 권리를 실현함에 있어 법적 절차에 의하지 아니하고 그 주거에 침입하면 본죄가 성립한다(대판 2007.7.27. 2006도3137).

③ (판례 변경으로 삭제함)

④ [×] [1] 주거침입죄에서 주거란 단순히 가옥 자체만을 말하는 것이 아니라 그 정원 등 위요지를 포함한다. 따라서 공동주택 안에서 공용으로 사용하는 계단과 복도는 특별한 사정이 없는 한 주거침입죄의 객체인 '사람의 주거'에 해당한다.
[2] 주거인 공용 계단에 들어간 행위가 거주자의 의사에 반한 것이라면 주거침입죄를 구성한다(대판 2009.8.20. 2009도3452).

정답 ①, ④

06 주거침입죄 등에 관한 다음 설명 중 가장 옳은 것은? (다툼이 있으면 판례에 의함) [15 법원9급]

① 비록 사실상 주거의 평온을 해하였다고 하더라도 신체의 일부만이 집 안으로 들어가는 데 그쳤다면 주거침입죄의 미수로만 처벌할 수 있다.

② 다세대주택, 연립주택, 아파트 등 공동주택 안에서 공용으로 사용하는 계단과 복도는 특별한 사정이 없는 한 주거침입죄의 객체인 '사람의 주거'에 해당한다.

③ 타인의 주거에 거주자의 의사에 반하여 들어가면 주거침입죄가 성립하고, 이때 거주자의 의사라 함은 명시적인 경우뿐만 아니라 묵시적인 경우도 포함되나, 주변사정에 따른 거주자의 반대의사를 추정하여 그에 반한다는 이유로 주거침입죄를 인정할 수는 없다.

④ 출입문이 열려 있으면 안으로 들어가겠다는 의사 아래 출입문을 당겨보았다고 하더라도, 그것만으로는 주거침입의 실행에 착수한 것이라고 할 수 없다.

해설

① [×] 피고인이 자신의 신체의 일부가 집 안으로 들어간다는 인식하에 하였더라도 주거침입죄의 범의는 인정되고 또한 비록 신체의 일부만이 집 안으로 들어갔다고 하더라도 사실상 주거의 평온을 해하였다면 주거침입죄는 기수에 이른다(대판 1995.9.15. 94도2561).

② [○] 다가구용 단독주택이나 다세대주택·연립주택·아파트 등 공동주택 안에서 공용으로 사용하는 계단과 복도는 주거로 사용하는 각 가구 또는 세대의 전용 부분에 필수적으로 부속하는 부분으로서 그 거주자들에 의하여 일상생활에서 감시·관리가 예정되어 있고 사실상의 주거의 평온을 보호할 필요성이 있는 부분이므로, 다가구용 단독주택이나 공동주택의 내부에 있는 공용 계단과 복도는 특별한 사정이 없는 한 주거침입죄의 객체인 '사람의 주거'에 해당한다(대판 2009.8.20. 2009도3452).

③ [×] 타인의 주거에 거주자의 의사에 반하여 들어가는 경우는 주거침입죄가 성립하며 이때 거주자의 의사라 함은 명시적인 경우뿐만 아니라 묵시적인 경우도 포함되고 주변사정에 따라서는 거주자의 반대의사가 추정될 수도 있는 것이다(주거침입죄를 인정할 수 있다)(대판 2003.5.30. 2003도1256).

④ [×] 출입문이 열려 있으면 안으로 들어가겠다는 의사 아래 출입문을 당겨보는 행위는 바로 주거의 사실상의 평온을 침해할 객관적인 위험성을 포함하는 행위를 한 것으로 볼 수 있어 그것으로 주거침입의 실행에 착수한 것으로 보아야 한다(대판 2006.9.14. 2006도2824).

정답 ②

07 주거침입죄에 대한 판례의 태도로 옳지 않은 것은? [12 법원9급]

① 다가구용 단독주택이나 다세대주택, 연립주택, 아파트 등 공동주택 안에서 공용으로 사용하는 엘리베이터, 계단과 복도는 특별한 사정이 없는 한 주거침입죄의 객체인 '사람의 주거'에 해당하지 않는다.

② 점유할 권리가 없는 자의 점유라고 하더라도, 권리자가 그 권리를 실행함에 있어 법에 정하여진 절차에 의하지 아니하고 그 건조물 등에 침입한 경우에는 주거침입죄가 성립한다.

③ 피고인이 피해자가 사용중인 공중화장실의 용변칸에 노크하여 남편으로 오인한 피해자가 용변칸 문을 열자 강간할 의도로 용변칸에 들어간 것이라면 주거침입죄에 해당한다.

④ 이미 수일 전에 2차례에 걸쳐 피해자를 강간하였던 피고인이 대문을 몰래 열고 들어와 담장과 피해자가 거주하던 방 사이의 좁은 통로에서 창문을 통하여 방안을 엿본 경우, 주거침입죄에 해당한다.

해설

① [×] 주거침입죄에 있어서 주거라 함은 단순히 가옥 자체만을 말하는 것이 아니라 그 정원 등 위요지를 포함하는 것인바, 다가구용 단독주택이나 다세대주택·연립주택·아파트 등 공동주택의 내부에 있는 엘리베이터, 공용계단과 복도는 특별한 사정이 없는 한 주거침입죄의 객체인 '사람의 주거'에 해당한다(대판 2009.9.10. 2009도4335).

② [○] 점유할 권리 없는 자의 점유라 하더라도 그 주거의 평온은 보호되어야 할 것이므로 권리자가 그 권리를 실행함에 있어 법에 정하여진 절차에 의하지 아니하고 그 건조물 등에 침입한 경우에는 주거침입죄가 성립한다(대판 2008.5.8. 2007도11322).

③ [○] 피해자는 피고인의 노크 소리를 듣고 피해자의 남편으로 오인하고 용변칸 문을 연 것이고, 피고인은 피해자를 강간할 의도로 용변칸에 들어간 것이므로 피고인이 용변칸으로 들어오는 것을 피해자가 명시적 또는 묵시적으로 승낙하였다고 볼 수 없다(주거침입죄가 성립한다)(대판 2003.5.30. 2003도1256).

④ [○] 이미 수일 전에 2차례에 걸쳐 피해자를 강간하였던 피고인이 대문을 몰래 열고 들어와 담장과 피해자가 거주하던 방 사이의 좁은 통로에서 창문을 통하여 방안을 엿보았다면, 피해자의 주거에 대한 사실상 평온상태가 침해된 것으로 주거침입죄가 성립한다(대판 2001.4.24. 2001도1092).

정답 ①

08 주거침입죄에 관한 설명으로 가장 적절하지 않은 것은? (다툼이 있으면 판례에 의함) [20 경찰채용]

① 주거침입죄는 사실상의 주거의 평온을 보호법익으로 하는 것이므로 그 거주자 또는 간수자는 건조물 등에 거주 또는 간수할 법률상 권한이 있어야 한다.

② 건조물의 이용에 기여하는 인접의 부속 토지라고 하더라도 인적 또는 물적 설비 등에 의한 구획 내지 통제가 없어 통상의 보행으로 그 경계를 쉽사리 넘을 수 있는 정도라고 한다면 일반적으로 외부인의 출입이 제한된다는 사정이 객관적으로 명확하게 드러났다고 보기 어려우므로, 이는 다른 특별한 사정이 없는 한 주거침입죄의 객체에 속하지 않는다.

③ 복수의 주거권자가 있는 경우에 그중 한 사람의 허락을 받아 주거에 들어갔다 하더라도 다른 거주자의 의사에 직접 간접으로 반하는 때에는 주거침입죄가 성립한다.

④ 일반인에게 출입이 허용된 건조물일지라도 범죄의 목적으로 들어가는 경우에는 주거침입죄가 성립될 수 있다.

해설

① [×] 주거침입죄는 사실상의 주거의 평온을 보호법익으로 하는 것이므로 그 거주자 또는 간수자가 건조물 등에 거주 또는 간수할 권리를 가지고 있는가의 여부는 범죄의 성립을 좌우하는 것이 아니며, 점유할 권리 없는 자의 점유라고 하더라도 그 주거의 평온은 보호되어야 할 것이므로 권리자가 그 권리실행으로서 자력구제의 수단으로 건조물에 침입한 경우에도 주거침입죄가 성립한다(대판 2007.3.15. 2006도7044).

② [○] 건조물의 이용에 기여하는 인접의 부속 토지라고 하더라도 인적 또는 물적 설비 등에 의한 구획 내지 통제가 없어 통상의 보행으로 그 경계를 쉽사리 넘을 수 있는 정도라고 한다면 일반적으로 외부인의 출입이 제한된다는 사정이 객관적으로 명확하게 드러났다고 보기 어려우므로, 이는 다른특별한 사정이 없는 한 주거침입죄의 객체에 속하지 않는다(대판 2010.4.29. 2009도14643).

③ [×] 피고인이 피해자의 부재중에 피해자의 처로부터 현실적인 승낙을 받아 통상적인 출입방법에 따라 주거에 들어갔으므로 주거의 사실상 평온상태를 해치는 행위태양으로 주거에 들어간 것이 아니어서 주거에 침입한 것으로 볼 수 없고, 설령 피고인의 주거 출입이 부재중인 피해자의 의사에 반하는 것으로 추정되더라도 그것이 사실상 주거의 평온을 보호법익으로 하는 주거침입죄의 성립 여부에 영향을 미치지 않는다고 할 것이다(대판(전) 2021.9.9. 2020도12630).
▶ 판례가 변경되어 주거침입죄가 성립하지 아니한다.

④ [×] 일반인의 출입이 허용된 음식점에 영업주의 승낙을 받아 통상적인 출입방법으로 들어갔다면 특별한 사정이 없는 한 주거침입죄에서 규정하는 침입행위에 해당하지 않는다. 설령 행위자가 범죄 등을 목적으로 음식점에 출입하였거나 영업주가 행위자의 실제 출입 목적을 알았더라면 출입을 승낙하지 않았을 것이라는 사정이 인정되더라도 그러한 사정만으로는 출입 당시 객관적·외형적으로 드러난 행위태양에 비추어 사실상의 평온상태를 해치는 방법으로 음식점에 들어갔다고 평가할 수 없으므로 침입행위에 해당하지 않는다(대판(전) 2022.3.24. 2017도18272). ▶ 판례가 변경되어 주거침입죄가 성립하지 아니한다.

정답 ①, ③, ④

09 **주거침입죄에 관한 설명 중 옳지 않은 것은? (다툼이 있는 경우에는 판례에 의함)** [12 변호사]

① 주거침입죄에서 주거란 단순히 가옥 자체만을 말하는 것이 아니라 그 정원 등 위요지를 포함한다.

② 사용자의 직장폐쇄가 정당한 쟁의행위로 인정되지 아니하는 때에는 적법한 쟁의행위로서 사업장을 점거 중인 근로자들이 직장폐쇄를 단행한 사용자로부터 퇴거 요구를 받고 이에 불응한 채 직장점거를 계속하더라도 퇴거불응죄가 성립하지 아니한다.

③ 복수의 주거권자 중 한 사람이 그 주거에의 출입을 승낙하더라도, 그 승낙이 다른 주거권자의 의사에 직접 · 간접으로 반하는 경우 그 출입행위는 주거침입에 해당한다.

④ 임대차 기간이 종료된 후에는 임차인이 계속 점유하고 있는 건물에 그 소유자가 무단으로 들어가더라도 주거침입죄가 성립하지 않는다.

⑤ 피고인이 피해자가 사용중인 공중화장실의 용변칸에 노크하여 남편으로 오인한 피해자가 용변칸 문을 열자 강간할 의도로 용변칸에 들어간 것이라면, 피해자가 명시적 또는 묵시적으로 이를 승낙하였다고 볼 수 없어 주거침입에 해당한다.

해설

① [○] 주거침입죄에 있어서 주거라 함은 단순히 가옥 자체만을 말하는 것이 아니라 그 위요지를 포함한다(대판 2001.4.24. 2001도1092).

② [○] 사용자의 직장폐쇄가 정당한 쟁의행위로 인정되지 아니하는 때에는 적법한 쟁의행위로서 사업장을 점거 중인 근로자들이 직장폐쇄를 단행한 사용자로부터 퇴거 요구를 받고 이에 불응한 채 직장점거를 계속하더라도 퇴거불응죄가 성립하지 아니한다(대판 2007.12.28. 2007도5204).

③ [×] 피고인이 피해자의 부재중에 피해자의 처로부터 현실적인 승낙을 받아 통상적인 출입방법에 따라 주거에 들어갔으므로 주거의 사실상 평온상태를 해치는 행위태양으로 주거에 들어간 것이 아니어서 주거에 침입한 것으로 볼 수 없고, 설령 피고인의 주거 출입이 부재중인 피해자의 의사에 반하는 것으로 추정되더라도 그것이 사실상 주거의 평온을 보호법익으로 하는 주거침입죄의 성립 여부에 영향을 미치지 않는다고 할 것이다(대판(전) 2021.9.9. 2020도12630).
▶ 판례가 변경되어 주거침입죄가 성립하지 아니한다.

④ [×] 주거침입죄는 사실상의 주거의 평온을 보호법익으로 하는 것이므로 그 거주자 또는 간수자가 건조물 등에 거주 또는 간수할 권리를 가지고 있는가의 여부는 범죄의 성립을 좌우하는 것이 아니며, 점유할 권리 없는 자의 점유라고 하더라도 그 주거의 평온은 보호되어야 할 것이므로, 권리자가 그 권리실행으로서 자력구제의 수단으로 건조물에 침입한 경우에도 주거침입죄가 성립한다 할 것이다(대판 1985.3.26. 85도122).

⑤ [○] 피고인이 피해자가 사용 중인 공중화장실의 용변칸에 노크하여 남편으로 오인한 피해자가 용변칸 문을 열자 강간할 의도로 용변칸에 들어간 것이라면 피해자가 명시적 또는 묵시적으로 이를 승낙하였다고 볼 수 없어 주거침입죄에 해당한다(대판 2003.5.30. 2003도1256).

정답 ③, ④

10 **다음 설명 중 가장 적절한 것은? (다툼이 있으면 판례에 의함)**

[20 경찰채용]

① 주거침입죄에서 그 주거자 또는 간수자가 일단 적법하게 거주 또는 간수를 개시한 후에 그 권한을 상실하여 사법상 불법점유가 될 경우, 권리자가 이를 배제하기 위하여 정당한 절차에 의하지 아니하고 그 주거 또는 건조물에 침입하더라도 주거침입죄는 성립하지 않는다.

② 이미 수일 전에 2차례에 걸쳐 피해자를 강간하였던 피고인이 대문을 몰래 열고 들어와 담장과 피해자가 거주하던 방 사이의 좁은 통로에서 창문을 통하여 방안을 엿본 경우, 피해자의 사실상의 평온을 침해한 것이 아니기 때문에 주거침입죄가 성립되지 않는다.

③ 甲은 야간에 물건을 절취하기 위하여 다세대주택의 가스배관을 타고 오르다가 순찰 중이던 경찰관에게 발각되어 그냥 뛰어내렸다면, 야간주거침입절도죄의 실행에 착수한 것이다.

④ 피고인이 정당한 퇴거요구를 받고 나가면서 해당 건물에 가재도구 등을 남겨두었다 하더라도 퇴거불응죄가 성립하지 않는다.

해설

① [×] 주거침입죄는 사실상의 주거의 평온을 보호법익으로 하는 것이므로 그 거주자 또는 간수자가 건조물 등에 거주 또는 간수할 법률상 권한을 가지고 있는 여부는 범죄의 성립을 좌우하는 것이 아니며 일단 적법하게 거주 또는 간수를 개시한 후에 그 권한을 상실하여 사법상 불법점유가 되더라도 권리자가 이를 배제하기 위하여 정당한 절차에 의하지 아니하고 그 주거 또는 건조물을 침입한 경우에는 주거침입죄가 성립한다(대판 1983.3.8. 82도1363).

② [×] 주주거침입죄에 있어서 주거라 함은 단순히 가옥 자체만을 말하는 것이 아니라 그 위요지를 포함한다 할 것이므로, 이미 수일 전에 2차례에 걸쳐 피해자를 강간하였던 피고인이 대문을 몰래 열고 들어와 담장과 피해자가 거주하던 방 사이의 좁은 통로에서 창문을 통하여 방안을 엿보던 상황이라면 피해자의 주거에 대한 사실상 평온상태가 침해된 것으로 주거침입죄가 성립한다(대판 2001.4.24. 2001도1092).

③ [×] 야간에 다세대주택에 침입하여 물건을 절취하기 위하여 가스배관을 타고 오르다가 순찰 중이던 경찰관에게 발각되어 그냥 뛰어내렸다면, 야간주거침입절도죄의 실행의 착수에 이르렀다고 할 수 없다(대판 2008.3.27. 2008도917).

④ [○] 주거침입죄와 퇴거불응죄는 모두 사실상의 주거의 평온을 그 보호법익으로 하고, 주거침입죄에서의 침입이 신체적 침해로서 행위자의 신체가 주거에 들어가야 함을 의미하는 것과 마찬가지로 퇴거불응죄의 퇴거 역시 행위자의 신체가 주거에서 나감을 의미하므로, 정당한 퇴거요구를 받고 건물에서 나가면서 가재도구 등을 남겨둔 경우 퇴거불응죄를 구성하지 않는다(대판 2007.11.15. 2007도6990).

정답 ④

11 주거침입죄에 관한 설명으로 가장 적절하지 않은 것은? (다툼 있는 경우 판례에 의함)

[22 경찰채용]

① 건조물의 이용에 기여하는 인접의 부속 토지라고 하더라도 인적 또는 물적 설비 등에 의한 구획 내지 통제가 없어 통상의 보행으로 그 경계를 쉽사리 넘을 수 있는 정도라고 한다면, 이는 다른 특별한 사정이 없는 한 주거침입죄의 객체에 속하지 아니한다.

② 공동거주자 중 주거 내에 현재하는 거주자의 현실적인 승낙을 받아 통상적인 출입방법에 따라 들어갔다면, 설령 그것이 부재중인 다른 거주자의 의사에 반하는 것으로 추정되더라도 주거침입죄의 보호법익인 사실상 주거의 평온을 깨트렸다고 볼 수 없다.

③ 공동주거의 경우 여러 사람이 하나의 생활공간에서 거주하는 성질에 비추어 공동거주자 각자는 다른 거주자와의 관계로 인하여 주거에서 누리는 사실상 주거의 평온이라는 법익이 일정 부분 제약될 수밖에 없고, 공동거주자는 공동주거관계를 형성하면서 이러한 사정을 서로 용인하였다고 보아야 한다.

④ 공동거주자 중 한 사람인 A가 정당한 이유 없이 다른 공동거주자가 공동생활의 장소에 출입하는 것을 금지한 경우, 다른 공동거주자인 甲이 이에 대항하여 공동생활의 장소에 들어갔더라도 주거침입죄는 성립하지 않고, 다만 甲이 그 장소에 출입하기 위하여 출입문의 잠금장치를 손괴하는 등 다소간의 물리력을 행사한 경우에는 주거침입죄가 성립할 수 있다.

해설

① [○] 건조물의 이용에 기여하는 인접의 부속 토지라고 하더라도, 인적 또는 물적 설비 등에 의한 구획 내지 통제가 없어 통상의 보행으로 그 경계를 쉽사리 넘을 수 있는 정도라고 한다면, 이는 다른 특별한 사정이 없는 한 주거침입죄의 객체에 속하지 아니한다고 봄이 상당하다고 하면서, 차량 통행이 빈번한 도로에 바로 접하여 있고, 도로에서 주거용 건물, 축사 4동 및 비닐하우스 2동으로 이루어진 시설로 들어가는 입구 등에 그 출입을 통제하는 문이나 담 기타 인적·물적 설비가 전혀 없고 노폭 5m 정도의 통로를 통하여 누구나 축사 앞 공터에 이르기까지 자유롭게 드나들 수 있는 사실 등을 이유로, 차를 몰고 위 통로로 진입하여 축사 앞 공터까지 들어간 행위가 주거침입에 해당하지 않는다고 판시했다(대판 2010.4.29. 2009도14643).

② [○] 주거침입죄에서 보호법익은 '주거의 사실상 평온'이고, 침입에 해당하는지는 출입 당시에 '객관적 외형적으로 드러난 행위태양'을 기준으로 판단하며, 외부인이 공동거주자 중 주거 내에 현재하는 거주자로부터 현실적인 승낙을 받거나 또는 통상적인 출입방법에 따라 주거에 들어간 경우라면, 특별한 사정이 없는 한 사실상의 평온상태를 해치는 행위태양으로 주거에 들어간 것이라고 볼 수 없으므로 주거침입죄에서 규정하고 있는 침입행위에 해당하지 않는다고 하면서, 피고인이 갑의 부재중에 갑의 처(처) 을과 혼외 성관계를 가질 목적으로 을이 열어 준 현관 출입문을 통하여 갑과 을이 공동으로 거주하는 아파트에 들어간 사안에서, 피고인이 을로부터 현실적인 승낙을 받아 통상적인 출입방법에 따라 주거에 들어갔으므로 주거의 사실상 평온상태를 해치는 행위태양으로 주거에 들어간 것이 아니어서 주거에 침입한 것으로 볼 수 없다고 판시했다(대판(전) 2021.9.9. 2020도12630).

③ [○] 공동주거의 경우 여러 사람이 하나의 생활공간에서 거주하는 성질에 비추어 공동거주자 각자는 다른 거주자와의 관계로 인하여 주거에서 누리는 사실상 주거의 평온이라는 법익이 일정 부분 제약될 수밖에 없고, 공동거주자는 공동주거관계를 형성하면서 이러한 사정을 서로 용인하였다고 보아야 한다(대판(전) 2021.9.9. 2020도6085).

④ [×] … 피고인 甲이 아파트에서의 공동생활관계에서 이탈하였다거나 그에 대한 지배·관리를 상실하였다고 보기 어렵고, 공동거주자인 A나 그로부터 출입관리를 위탁받은 B가 공동거주자인 피고인 甲의 출입을 금지할 법률적인 근거 기타 정당한 이유가 인정되지 않으므로, 아파트에 대한 공동거주자의 지위를 계속 유지하고 있던 피고인 甲이 아파트에 출입하는 과정에서 정당한 이유 없이 이를 금지하는 戊의 조치에 대항하여 걸쇠를 손괴하는 등 물리력을 행사하였다고 하여 손괴한 행위 자체는 재물손괴죄가 성립한다고 하더라도, 공동거주권자인 피고인 甲이 공동생활의 장소를 이용하기 위한 방편의 하나로서, 통상적인 출입방법으로 들어간 것이므로, 주거침입죄가 성립한다고 볼 수 없다(대판(전) 2021.9.9. 2020도6085).

정답 ④

12 다음 중 가장 적절한 것은? (다툼이 있는 경우 판례에 의함)

[23 경찰채용]

① 甲을 비롯한 직원들의 임금이 체불되고 사무실 임대료를 내지 못할 정도로 재정 상태가 좋지 않은 등 회사의 경영 상황이 우려되고 대표이사 겸 최대주주인 A의 경영능력이 의심받던 상황에서, 甲이 동료 직원들과 함께 A를 만나 사임제안서만을 전달한 행위는 협박죄에서의 '협박'에 해당한다.

② 「형법」 제316조 제2항 소정의 전자기록등내용탐지죄의 객체인 '전자기록 등 특수매체기록'이 되기 위해서는 특정인의 의사가 표시되어야 하는바, 인터넷 계정 등에 접속하는 과정에서 입력하는 아이디 및 비밀번호 등 자체는 특정인의 의사를 표시한 것으로 보기 어려워 '전자기록 등 특수매체기록'이라 할 수 없다.

③ 「형법」 제316조 제2항 소정의 전자기록등내용탐지죄는 봉함 기타 비밀장치한 전자기록 등 특수매체기록을 기술적 수단을 이용하여 그 내용을 알아낸 자를 처벌하는 규정인바, 전자기록 등 특수매체기록에 해당하더라도 봉함 기타 비밀장치가 되어 있지 아니한 것은 이를 기술적 수단을 동원해서 알아냈더라도 전자기록등내용탐지죄가 성립하지 않는다.

④ 甲은 연인관계인 A로부터 안방에 TV를 설치하여 달라는 요청을 받고 통상적인 출입방법에 따라 A의 안방에 들어간 후 A가 있는 자리에서 TV를 설치하는 등 달리 A의 사실상 평온상태가 침해되었다고 볼만한 사정이 없었더라도, 甲의 출입이 실제로는 CCTV 카메라와 동영상 저장장치를 부착한 TV인 사실을 숨기고 이루어졌다면 甲에게는 주거침입죄가 성립한다.

해설

① [×] '사임제안서'는 경영위기 상황에서도 이 사건 회사의 갱생을 바라면서 잔류하기로 한 직원 전원의 동의 아래 이 사건 회사의 주요 투자자인 2개 기관과 협의·공유한 결과를 최종적으로 정리한 내용으로, 이 사건 공소사실에 기재된 피고인들의 '사임제안서' 전달 행위를 협박죄에서의 '협박'으로 볼 수 없고, 설령 '협박'에 해당하더라도 사회통념상 용인할 수 있는 정도이거나 이 사건 회사의 경영 정상화라는 정당한 목적을 위한 상당한 수단에 해당하여 사회상규에 반하지 아니한다고 봄이 타당하다고 판시했다(대판 2022.12.15. 2022도9187).

② [×], ③ [○] [1] 그 자체로서 객관적·고정적 의미를 가지면서 독립적으로 쓰이는 것이 아니라 개인 또는 법인이 전자적 방식에 의한 정보의 생성·처리·저장·출력을 목적으로 구축하여 설치·운영하는 시스템에서 쓰임으로써 예정된 증명적 기능을 수행하는 것은 전자기록에 포함된다. 이처럼 개정 형법이 전자기록 등 특수매체기록을 위 각 범죄의 행위 객체로 신설·추가한 입법취지, 전자기록등내용탐지죄의 보호법익과 그 침해행위의 태양 및 가벌성 등에 비추어 볼 때, 이 사건 아이디 등은 전자방식에 의하여 피해자의 노트북 컴퓨터에 저장된 기록으로서 형법 제316조 제2항의 '전자기록 등 특수매체기록'에 해당한다.
[2] 형법 제316조 제2항 소정의 전자기록등내용탐지죄는 봉함 기타 비밀장치한 전자기록 등 특수매체기록을 기술적 수단을 이용하여 그 내용을 알아낸 자를 처벌하는 규정인바, 전자기록 등 특수매체기록에 해당하더라도 봉함 기타 비밀장치가 되어 있지 아니한 것은 이를 기술적 수단을 동원해서 알아냈더라도 전자기록등내용탐지죄가 성립하지 않는다(대판 2022.3.31. 2021도8900).

④ [×] [1] 행위자가 거주자의 승낙을 받아 주거에 들어갔으나 범죄 등을 목적으로 한 출입이거나 거주자가 행위자의 실제 출입 목적을 알았더라면 출입을 승낙하지 않았을 것이라는 사정이 인정되는 경우 행위자의 출입행위가 주거침입죄에서 규정하는 침입행위에 해당하려면, 출입하려는 주거 등의 형태와 용도·성질, 외부인에 대한 출입의 통제·관리 방식과 상태, 행위자의 출입 경위와 방법 등을 종합적으로 고려하여 행위자의 출입 당시 객관적·외형적으로 드러난 행위 태양에 비추어 주거의 사실상 평온상태가 침해되었다고 평가되어야 한다.
[2] 피고인이 피해자의 안방에 CCTV 카메라와 동영상 저장장치를 부착한 TV인 사실을 숨기고 피해자에게 TV를 설치해주겠다면서 안방까지 들어가 피해자의 주거에 침입하였다는 내용으로 기소된 사안에서, 피해자의 사실상 평온상태가 침해되었다고 볼만한 사정이 없다는 이유로, 피고인의 출입이 비록 범죄 등의 목적을 숨기고 한 것이라도 주거침입죄가 성립하지 않는다고 한 사례(대판 2022.4.28. 2022도1717).

정답 ③

13 주거침입의 죄에 관한 설명 중 가장 적절하지 않은 것은? (다툼이 있는 경우 판례에 의함) [23 경찰채용]

① 관리자가 일정한 토지와 외부의 경계에 인적 또는 물적 설비를 갖추고 외부인의 출입을 제한하고 있다면 그 토지에 인접하여 건조물로서의 요건을 갖춘 구조물이 존재하지 않더라도 이러한 토지는 건조물침입죄의 객체인 위요지에 해당한다.

② 다가구용 단독주택이나 다세대주택 · 연립주택 · 아파트와 같은 공동주택 내부의 엘리베이터, 공용 계단, 복도 등 공용 부분도 그 거주자들의 사실상 주거의 평온을 보호할 필요성이 있으므로 주거침입죄의 객체인 '사람의 주거'에 해당한다.

③ 범죄의 목적으로 일반인의 출입이 허용된 음식점에 영업주의 승낙을 받아 통상적인 출입방법으로 들어간 경우, 특별한 사정이 없는 한 주거침입죄의 침입행위에 해당하지 않는다.

④ 공동거주자 중 한 사람이 법률적인 근거 기타 정당한 이유 없이 다른 공동거주자가 공동생활의 장소에 출입하는 것을 금지한 경우, 다른 공동거주자가 이에 대항하여 공동생활의 장소에 들어갔더라도 주거침입죄는 성립하지 않는다.

해설

① [×] '위요지'라고 함은 건조물에 인접한 그 주변의 토지로서 외부와의 경계에 담 등이 설치되어 그 토지가 건조물의 이용에 제공되고 또 외부인이 함부로 출입할 수 없다는 점이 객관적으로 명확하게 드러나야 한다. 그러나 관리자가 일정한 토지와 외부의 경계에 인적 또는 물적 설비를 갖추고 외부인의 출입을 제한하고 있더라도 그 토지에 인접하여 건조물로서의 요건을 갖춘 구조물이 존재하지 않는다면, 이러한 토지는 건조물침입죄의 객체인 위요지에 해당하지 않는다고 봄이 타당하다(대판 2017.12.22. 2017도690).

② [○] 다가구용 단독주택이나 다세대주택 · 연립주택 · 아파트와 같은 공동주택 내부의 엘리베이터, 공용 계단, 복도 등 공용 부분도 그 거주자들의 사실상 주거의 평온을 보호할 필요성이 있으므로 주거침입죄의 객체인 '사람의 주거'에 해당한다(대판 2009.9.10. 2009도4335).

③ [○] 주거침입죄의 보호법익은 주거의 사실상 평온이고, 침입에 해당하는지 여부는 출입 당시에 객관적 외향적으로 드러난 행위태양을 기준으로 판단하는 것이 원칙이며, 범죄의 목적으로 일반인의 출입이 허용된 음식점에 영업주의 승낙을 받아 통상적인 출입방법으로 들어간 경우, 특별한 사정이 없는 한, 주거침입죄의 침입행위에 해당하지 않는다(대판(전) 2022.3.24. 2017도18272).

④ [○] 피고인 甲은 처 乙과의 불화로 인하여 乙과 공동생활을 영위하던 아파트에서 개인 짐 일부를 챙겨 나왔는데, 그 후 자신의 부모인 피고인 丙, 丁과 함께 아파트에 찾아가 출입문을 열 것을 요구했으나 乙은 이미 외출한 상태로 乙의 동생인 戊가 출입문에 설치된 체인형 걸쇠를 걸어 문을 열어주지 않자 공동하여 걸쇠를 손괴한 후에 아파트에 침입한 행위로 기소된 사안에서, 공동거주자 중 한 사람이 법률적인 근거 기타 정당한 이유 없이 다른 공동거주자가 공동생활의 장소에 출입하는 것을 금지한 경우, 다른 공동거주자가 이에 대항하여 공동생활의 장소에 들어갔더라도 이는 사전양해된 공동주거의 취지 및 특성에 맞추어 공동생활의 장소를 이용하기 위한 방편에 불과할 뿐, 그의 출입을 금지한 공동거주자의 사실상 주거의 평온이라는 법익을 침해하는 행위라고 볼 수 없으므로, 주거침입죄는 성립하지 않는다(대판(전) 2021.9.9. 2020도6085).

정답 ①

14 주거침입죄에 대한 설명 중 가장 적절하지 않은 것은? (다툼이 있는 경우 판례에 의함)

[23 경찰승진]

① 야간에 타인의 집의 창문을 열고 집 안으로 얼굴을 들이미는 등의 행위를 한 경우 피고인이 자신의 신체의 일부만 집 안으로 들어간다는 인식하에 행위 하였더라도 주거침입죄의 범의는 인정된다.

② 사용자의 직장폐쇄가 정당한 쟁의행위로 인정되지 아니하는 경우 다른 특별한 사정이 없는 한 근로자가 평소 출입이 허용되는 사업장 안에 들어가는 행위는 주거침입죄를 구성하지 아니한다.

③ 피고인 甲이 A의 부재중에 A의 처인 B와 혼외 성관계를 가질 목적으로 B가 열어 준 현관 출입문을 통하여 A와 B가 공동으로 거주하는 아파트에 3회에 걸쳐 들어간 경우 주거침입죄가 성립하지 않는다.

④ 피고인 甲이 다른 손님들의 대화 내용 및 장면을 녹음 녹화할 수 있는 장치를 설치할 목적으로 음식점의 방실에 들어간 경우 음식점 영업주로부터 승낙을 받아 통상적인 출입방법에 따라 음식점의 방실에 들어갔더라도 주거침입죄는 성립한다.

해설

① [○] 야간에 타인의 집의 창문을 열고 집 안으로 얼굴을 들이미는 등의 행위를 한 경우 피고인이 자신의 신체의 일부만 집 안으로 들어간다는 인식하에 행위하였더라도 주거침입죄의 범의는 인정된다(대판 1995.9.15. 94도2561).

② [○] 사용자의 직장폐쇄가 정당한 쟁의행위로 인정되지 아니하는 경우, 다른 특별한 사정이 없는 한 근로자가 평소 출입이 허용되는 사업장 안에 들어가는 행위는 주거침입죄를 구성하지 아니한다(대판 2002.9.24. 2002도2243).

③ [○] 주거침입죄의 보호법익은 '주거의 사실상 평온'이고, 침입에 해당하는지 여부는 출입 당시 '객관적 외형적으로 드러난 행위태양'을 기준으로 판단하며, 외부인이 혼외성관계를 목적으로 공동거주자 중 주거 내에 현재하는 거주자로부터 현실적인 '승낙'을 받아 '통상적인 출입방법'에 따라 주거에 들어간 경우라면, 특별한 사정이 없는 한 주거의 사실상의 평온상태를 해치는 행위태양으로 주거에 들어간 것이라고 볼 수 없으므로 주거침입죄에서 규정하고 있는 침입행위에 해당하지 않는다(대판(전) 2021.9.9. 2020도12630).

④ [×] 일반인의 출입이 허용된 음식점에 영업주의 승낙을 받아 통상적인 출입방법으로 들어갔다면 특별한 사정이 없는 한 주거침입죄에서 규정하는 침입행위에 해당하지 않는다. 설령 행위자가 범죄 등을 목적으로 음식점에 출입하였거나 영업주가 행위자의 실제 출입 목적을 알았더라면 출입을 승낙하지 않았을 것이라는 사정이 인정되더라도 그러한 사정만으로는 출입 당시 객관적·외형적으로 드러난 행위 태양에 비추어 사실상의 평온상태를 해치는 방법으로 음식점에 들어갔다고 평가할 수 없으므로 침입행위에 해당하지 않는다(대판(전) 2022.3.24. 2017도18272).

정답 ④

15 주거(건조물)침입죄에 관한 설명 중 옳은 것은? (다툼이 있는 경우 판례에 의함) [24 변호사]

① 침입 대상인 아파트에 사람이 있는지를 확인하기 위해 그 집의 초인종을 누른 행위만으로도 주거침입죄의 실행에 착수한 것으로 보아야 한다.

② 건조물의 이용에 기여하는 인접의 부속 토지에 해당한다면 그 토지가 인적 또는 물적 설비 등에 의하여 구획 또는 통제되지 않아 통상의 보행으로 그 경계를 쉽사리 넘을 수 있는 정도라고 하더라도 건조물침입죄의 객체에 해당한다.

③ 甲이 수개월 전 헤어진 연인인 A를 폭행하기 위하여 A가 사는 오피스텔 공동현관의 출입문에 교제 당시 알게 된 비밀번호를 눌러 들어간 후 엘리베이터를 타고 A의 집 현관문 앞으로 이동해 침입하려다 실패하여 도주한 경우, 알고 있던 공동현관 비밀번호를 입력하여 출입한 이상 공용부분에 대한 주거침입을 인정할 여지는 없다.

④ 수일 전에 피해자를 강간하였던 甲이 대문을 몰래 열고 들어와 담장과 피해자가 거주하던 방 사이의 좁은 통로에서 창문을 통하여 방안을 엿보던 상황이라면 피해자의 주거에 대한 사실상 평온 상태가 침해된 것으로 주거침입죄에 해당한다.

⑤ 甲이 처(妻) A와의 불화로 인해 A와 같이 살던 아파트에서 나온 후 위 아파트에 임의로 출입한 경우 甲이 공동생활관계에서 이탈하거나 위 아파트 주거 등에 대한 사실상의 지배·관리를 상실하였다는 등의 특별한 사정이 있는 경우라 하더라도 주거침입죄가 성립할 여지는 없다.

해설

① [×] 침입대상인 아파트에 사람이 있는지를 확인하기 위해 그 집의 초인종을 누른 행위만으로는 침입의 현실적 위험성을 포함하는 행위를 시작하였다거나, 주거의 사실상의 평온을 침해할 객관적인 위험성을 포함하는 행위를 한 것으로 볼 수 없다 할 것이다(대판 2008.4.10. 2008도146).

② [×] 위요지라고 함은 건조물에 인접한 그 주변의 토지로서 외부와의 경계에 담 등이 설치되어 그 토지가 건조물의 이용에 제공되고 또 외부인이 함부로 출입할 수 없다는 점이 객관적으로 명확하게 드러나야 한다. 따라서 건조물의 이용에 기여하는 인접의 부속 토지라고 하더라도 인적 또는 물적 설비 등에 의한 구획 내지 통제가 없어 통상의 보행으로 그 경계를 쉽사리 넘을 수 있는 정도라고 한다면 일반적으로 외부인의 출입이 제한된다는 사정이 객관적으로 명확하게 드러났다고 보기 어려우므로, 이는 다른 특별한 사정이 없는 한 주거침입죄의 객체에 속하지 아니한다고 봄이 상당하다(대판 2010.4.29. 2009도14643).

③ [×] [1] 다가구용 단독주택이나 다세대주택·연립주택·아파트와 같은 공동주택 내부의 엘리베이터, 공용 계단, 복도 등 공용 부분도 그 거주자들의 사실상 주거의 평온을 보호할 필요성이 있어 주거침입죄의 객체인 '사람의 주거'에 해당한다. 거주자가 아닌 외부인이 공동주택의 공용 부분에 출입한 것이 공동주택 거주자들에 대한 주거침입에 해당하는지 여부를 판단함에 있어서도 그 공용 부분이 일반 공중에 출입이 허용된 공간이 아니고 주거로 사용되는 각 가구 또는 세대의 전용 부분에 필수적으로 부속하는 부분으로서 거주자들 또는 관리자에 의하여 외부인의 출입에 대한 통제·관리가 예정되어 있어 거주자들의 사실상 주거의 평온을 보호할 필요성이 있는 부분인지, 공동주택의 거주자들이나 관리자가 평소 외부인이 그곳에 출입하는 것을 통제·관리하였는지 등의 사정과 외부인의 출입 목적 및 경위, 출입의 태양과 출입한 시간 등을 종합적으로 고려하여 '주거의 사실상의 평온상태를 침해하였는지'의 관점에서 객관적·외형적으로 판단하여야 한다. 따라서 아파트 등 공동주택의 공동현관에 출입하는 경우에도, 그것이 주거로 사용하는 각 세대의 전용 부분에 필수적으로 부속하는 부분으로 거주자와 관리자에게만 부여된 비밀번호를 출입문에 입력하여야만 출입할 수 있거나, 외부인의 출입을 통제·관리하기 위한 취지의 표시나 경비원이 존재하는 등 외형적으로 외부인의 무단출입을 통제·관리하고 있는 사정이 존재하고, 외부인이 이를 인식하고서도 그 출입에 관한 거주자나 관리자의 승낙이 없음은 물론, 거주자와의 관계 기타 출입의 필요 등에 비추어 보더라도 정당한 이유 없이 비밀번호를 임의로 입력하거나 조작하는 등의 방법으로 거주자나 관리자 모르게 공동현관에 출입한 경우와 같이, 그 출입 목적 및 경위, 출입의 태양과 출입한 시간 등을 종합적으로 고려할 때 공동주택 거주자의 사실상 주거의 평온상태를 해치는 행위태양으로 볼 수 있는 경우라면 공동주택 거주자들에 대한 주거침입에 해당할 것이다(대판 2022.1.27. 2021도15507).

동지판례 입주자대표회의가 입주자 등이 아닌 자(이하 '외부인'이라 한다)의 단지 안 주차장에 대한 출입을 금지하는 결정을 하고 그 사실을 외부인에게 통보하였음에도 외부인이 입주자대표회의의 결정에 반하여 그 주차장에 들어갔다면, 출입 당시 관리자로부터 구체적인 제지를 받지 않았다고 하더라도 그 주차장의 관리권자인 입주자대표회의의 의사에 반하여 들어간 것이므로 건조물침입죄가 성립한다.

설령 외부인이 일부 입주자 등의 승낙을 받고 단지 안의 주차장에 들어갔다고 하더라도 개별 입주자 등은 그 주차장에 대한 본질적인 권리가 침해되지 않는 한 입주자대표회의의 단지 안의 주차장 관리에 관한 결정에 따를 의무가 있으므로 건조물침입죄의 성립에 영향이 없다. 외부인의 단지 안 주차장 출입을 금지하는 입주자대표회의의 결정이 개별 입주자 등의 본질적인 권리를 침해하는지 여부는 주차장의 유지 및 운영에 관한 입주자대표회의에서 제정·개정한 제 규정의 내용, 주차장의 본래 사용용도와 목적, 입주자 등 사이의 관계, 입주자 등과 외부인 사이의 관계, 외부인의 출입 목적과 출입 방법 등을 종합적으로 고려하여 판단하여야 한다(대판 2021.1.14. 2017도21323).

④ [O] [1] 주거침입죄에 있어서 주거라 함은 단순히 가옥 자체만을 말하는 것이 아니라 그 위요지를 포함한다.
[2] 이미 수일 전에 2차례에 걸쳐 피해자를 강간하였던 피고인이 대문을 몰래 열고 들어와 담장과 피해자가 거주하던 방 사이의 좁은 통로에서 창문을 통하여 방안을 엿본 경우 주거침입죄에 해당한다(대판 2001.4.24. 2001도1092).

⑤ [X] 형법은 제319조 제1항에서 '사람의 주거, 관리하는 건조물, 선박이나 항공기 또는 점유하는 방실에 침입한 자'를 주거침입죄로 처벌한다고 규정하고 있는바, 주거침입죄는 주거에 거주하는 거주자, 건조물이나 선박, 항공기의 관리자, 방실의 점유자 이외의 사람이 위 주거, 건조물, 선박이나 항공기, 방실(이하 '주거 등'이라 한다)에 침입한 경우에 성립한다. 따라서 주거침입죄의 객체는 행위자 이외의 사람, 즉 '타인'이 거주하는 주거 등이라고 할 것이므로 행위자 자신이 단독으로 또는 다른 사람과 공동으로 거주하거나 관리 또는 점유하는 주거 등에 임의로 출입하더라도 주거침입죄를 구성하지 않는다. 다만, 다른 사람과 공동으로 주거에 거주하거나 건조물을 관리하던 사람이 공동생활관계에서 이탈하거나 주거 등에 대한 사실상의 지배·관리를 상실한 경우 등 특별한 사정이 있는 경우에 주거침입죄가 성립할 수 있을 뿐이다(대판(전) 2021.9.9. 2020도6085).

동지판례 피고인이 甲의 부재중에 甲의 처 乙과 혼외 성관계를 가질 목적으로 乙이 열어 준 현관 출입문을 통하여 甲과 乙이 공동으로 거주하는 아파트에 3회에 걸쳐 들어간 사안에서, 피고인이 乙로부터 현실적인 승낙을 받아 통상적인 출입방법에 따라 주거에 들어갔으므로 주거의 사실상 평온상태를 해치는 행위태양으로 주거에 들어간 것이 아니어서 주거에 침입한 것으로 볼 수 없고, 설령 피고인의 주거 출입이 부재중인 甲의 의사에 반하는 것으로 추정되더라도 그것이 사실상 주거의 평온을 보호법익으로 하는 주거침입죄의 성립 여부에 영향을 미치지 않는다는 이유로, 같은 취지에서 피고인에게 무죄를 선고한 원심의 판단이 정당하다고 한 사례(대판(전) 2021.9.9. 2020도12630).

정답 ④

제5장 | 재산에 관한 죄

제1절 | 재산죄 일반

01 **친족상도례에 대한 설명으로 옳지 않은 것은? (다툼이 있는 경우 판례에 의함)** [22 경찰간부]

① 사돈 사이 및 사실혼 관계에 있는 배우자는 친족상도례의 적용을 받지 아니한다.

② 절도죄에서 친족상도례가 적용되기 위해서는 범인과 피해물건의 소유자 및 점유자 모두 간에 친족관계가 있어야 한다.

③ 동거하지 않는 형제의 재물을 강취한 경우에 강도죄에 해당하나, 그 형이 면제된다.

④ 사기죄를 범하는 자가 혼인의 의사 없이 금원을 편취하기 위한 수단으로 A와 혼인신고를 한 것이어서 그 혼인이 무효인 경우라면, A에 대한 사기죄에서는 친족상도례를 적용할 수 없다.

해설

① [○] 피고인이 백화점 내 점포에 입점시켜 주겠다고 속여 피해자로부터 입점비 명목으로 돈을 편취한 경우, 피고인의 딸과 피해자의 아들이 혼인하여 피고인과 피해자가 사돈지간이라고 하더라도 민법상 친족으로 볼 수 없으므로, 위 범죄를 친족상도례가 적용되는 친고죄라고 할 수 없다(대판 2011.4.28. 2011도2170).

② [○] 형법 제344조에 의하여 준용되는 형법 제328조 제1항에 정한 친족간의 범행에 관한 규정은 범인과 피해물건의 소유자 및 점유자 쌍방간에 같은 규정에 정한 친족관계가 있는 경우에만 적용되는 것이며, 단지 절도범인과 피해물건의 소유자간에만 친족관계가 있거나 절도범인과 피해물건의 점유자간에만 친족관계가 있는 경우에는 그 적용이 없다고 보아야 한다(대판 2014.9.25. 2014도8984).

③ [×] 강도죄와 손괴죄 및 강제집행면탈죄, 점유강취죄, 준점유강취죄 등에 대하여는 친족상도례 준용규정이 없다.

④ [○] 사기죄를 범하는 자가 금원을 편취하기 위한 수단으로 피해자와 혼인신고를 한 것이라면 그 혼인은 무효이므로, 그러한 피해자에 대한 사기죄에서는 친족상도례를 적용할 수 없다(대판 2015.11.27. 2014도17894).

정답 ③

02 **친족상도례에 대한 다음 설명 중 가장 옳은 것은? (다툼이 있으면 판례에 의함)** [20 경찰간부]

① 사기죄를 범한 자가 부부로서 결합할 의사 없이 단지 금원을 편취하기 위한 수단으로 피해자와 혼인신고를 하여 그 혼인이 무효인 경우라 할지라도 법률상 부부의 외형이 존재하는 한 친족상도례는 적용된다.

② 특정경제범죄 가중처벌 등에 관한 법률에는 형법상의 친족상도례 규정을 준용하는 규정이 없으므로 동 법률 제3조 제1항에 의해 가중처벌되는 사기죄의 경우에는 친족상도례가 적용되지 아니한다.

③ 법원을 기망하여 제3자로부터 재물을 편취한 경우 피해자인 제3자와 사기죄를 범한 자가 직계혈족관계에 있을 때에는 범인에 대하여 형을 면제하여야 한다.

④ 甲이 자신과 사돈지간인 乙을 백화점 내 점포에 입점시켜 주겠다고 속여 乙로부터 입점비 명목으로 돈을 편취한 경우에 친족상도례는 적용되지만 친고죄 고소기간의 제한을 받는다.

해설

① [×] [1] 사기죄를 범하는 자가 금원을 편취하기 위한 수단으로 피해자와 혼인신고를 한 것이어서 그 혼인이 무효인 경우라면, 그러한 피해자에 대한 사기죄에서는 친족상도례를 적용할 수 없다.
[2] 피고인이 피해자와 혼인신고를 하고 금원을 편취한 후 잠적할 때까지 함께 동거하지도 않았고 거주할 집이나 가재도구 등을 알아보거나 마련한 바도 없었다면, 비록 혼인신고가 되어 있었다고 하더라도 그들 사이의 혼인은 '당사자 사이에 혼인의 합의가 없는 때'에 해당하여 무효이므로 피고인의 사기 범행에 대하여는 친족상도례를 적용할 수 없다(대판 2015.12.10. 2014도11533).

② [×] 형법상 사기죄의 성질은 특경법 제3조 제1항에 의해 가중처벌되는 경우에도 그대로 유지되어 친족상도례에 관한 형법 제354조, 제328조가 적용된다(대판 2010.2.11. 2009도12627).

③ [○] 사기죄의 보호법익은 재산권이라고 할 것이므로 사기죄에 있어서는 재산상의 권리를 가지는 자가 아니면 피해자가 될 수 없다. 그러므로 법원을 기망하여 제3자로부터 재물을 편취한 경우에 피기망자인 법원은 피해자가 될 수 없고 재물을 편취당한 제3자가 피해자라고 할 것이므로 피해자인 제3자와 사기죄를 범한 자가 직계혈족의 관계에 있을 때에는 그 범인에 대하여는 형법 제354조에 의하여 준용되는 형법 제328조 제1항에 의하여 그 형을 면제하여야 할 것이다(대판 2014.9.26. 2014도8076).

④ [×] [1] 민법 제767조는 '배우자, 혈족 및 인척을 친족으로 한다'고 규정하고 있고, 민법 제769조는 혈족의 배우자, 배우자의 혈족, 배우자의 혈족의 배우자만을 인척으로 규정하고 있을 뿐, 구 민법 제769조에서 인척으로 규정하였던 '혈족의 배우자의 혈족'을 인척에 포함시키지 않고 있다.
[2] 피고인의 딸과 피해자의 아들이 혼인관계에 있어 피고인과 피해자가 사돈지간이라고 하더라도 이를 민법상 친족으로 볼 수 없다(대판 2011.4.28. 2011도2170).

정답 ③

03 친족상도례에 관한 다음 설명 중 가장 옳지 않은 것은? (다툼이 있으면 판례에 의함)

[20 법원9급]

① 배우자의 현금카드를 몰래 가지고 나와 현금자동인출기에서 현금을 인출한 경우 그 형을 면제하여야 한다.
② 법원을 기망하여 甲으로부터 재물을 편취한 경우 甲과 사기죄를 범한 자가 직계혈족 관계에 있을 때에는 그 형을 면제하여야 한다.
③ 형법 제328조 제1항은 "직계혈족, 배우자, 동거친족, 동거 가족 또는 그 배우자 간의 제323조의 죄는 그 형을 면제한다."고 규정하는데, 여기서 '그 배우자'는 동거가족의 배우자만을 의미하는 것이 아니라 직계혈족, 동거친족, 동거가족 모두의 배우자를 의미한다.
④ 父가 혼인 외의 출생자를 인지하는 경우 그 인지가 범행 후에 이루어진 경우라고 하더라도 그 소급효에 따라 형성되는 친족관계를 기초로 하여 위 친족상도례의 규정이 적용된다.

해설

① [×] 현금자동지급기에서 예금을 인출한 행위는 현금자동지급기 관리자의 의사에 반하여 그의 지배를 배제하고 그 현금을 자기의 지배하에 옮겨 놓는 것이 되어서 절도죄를 구성한다(대판 2007.5.10. 2007도1375 참고). ▶ 지문의 경우 인출된 현금에 대하여는 현금자동지급기 관리자가 피해자이므로 친족상도례가 적용되지 않아 형을 면제할 수 없다.

② [○] 사기죄의 보호법익은 재산권이라고 할 것이므로 사기죄에 있어서는 재산상의 권리를 가지는 자가 아니면 피해자가 될 수 없다. 그러므로 법원을 기망하여 제3자로부터 재물을 편취한 경우에 피기망자인 법원은 피해자가 될 수 없고 재물을 편취당한 제3자가 피해자라고 할 것이므로 피해자인 제3자와 사기죄를 범한 자가 직계혈족의 관계에 있을 때에는 그 범인에 대하여는 형법 제354조에 의하여 준용되는 형법 제328조 제1항에 의하여 그 형을 면제하여야 할 것이다(대판 2014.9.26. 2014도8076).

③ [○] 형법 제328조 제1항은 "직계혈족, 배우자, 동거친족, 동거 가족 또는 그 배우자 간의 제323조의 죄는 그 형을 면제한다."고 규정하는데, 여기서 '그 배우자'는 동거가족의 배우자만을 의미하는 것이 아니라 직계혈족, 동거친족, 동거 가족 모두의 배우자를 의미한다(대판 2011.5.13. 2011도1765).

④ [○] 부(父)가 혼인 외의 출생자를 인지하는 경우에 있어서는 그 자(子)의 출생시에 소급하여 인지의 효력이 생기는 것이며, 이와 같은 인지의 소급효는 친족상도례에 관한 규정의 적용에도 미친다(대판 1997.1.24. 96도1731).

정답 ①

04 **친족간의 범행과 처벌(형법 제328조 제1항)에 대한 설명으로 옳지 않은 것은? (다툼이 있으면 판례에 의함)**

[11 국가9급]

① 친족관계는 객관적으로 존재하면 족하고 행위자가 이를 인식할 것을 요하지 않는다.

② 횡령죄의 경우 제328조 제1항이 준용되기 위해서는 범인과 피해물건의 소유자 및 위탁자 쌍방 사이에 친족관계가 존재하여야 한다.

③ 법원을 기망하여 제3자로부터 재물을 편취한 경우, 피해자는 피기망자인 법원이 아니라 재물을 편취당한 제3자라 할 것이므로 피해자인 제3자와 범인이 직계혈족의 관계에 있을 때에는 제328조 제1항을 준용하여 형을 면제하여야 한다.

④ 손자가 할아버지의 예금통장을 절취하여 이를 현금자동지급기에 넣고 조작하는 방법으로 예금을 자신의 계좌로 이체한 경우 범인과 피해자 사이에 친족관계가 존재하므로 제328조 제1항이 준용된다.

해설

① [○] 친족관계는 객관적 구성요건요소가 아니므로 객관적으로 존재하면 족하고 행위자가 이를 인식할 것을 요하지 않는다.

② [○] 친족상도례에 관한 형법 제361조, 제328조 제2항은 범인과 피해물건의 소유자 및 위탁자 쌍방 사이에 친족관계가 있는 경우에만 적용되는 것이고, 단지 횡령범인과 피해물건의 소유자간에만 친족관계가 있거나 횡령범인과 피해물건의 위탁자간에만 친족관계가 있는 경우에는 그 적용이 없다(대판 2008.7.24. 2008도3438).

③ [○] 법원을 기망하여 제3자로부터 재물을 편취한 경우에 피기망자인 법원은 피해자가 될 수 없고 재물을 편취당한 제3자가 피해자라고 할 것이므로 피해자인 제3자와 사기죄를 범한 자가 직계혈족의 관계에 있을 때에는 그 범인에 대하여는 형법 제354조에 의하여 준용되는 형법 제328조 제1항에 의하여 형을 면제하여야 한다(대판 2014.9.26. 2014도8076).

④ [×] 손자가 할아버지 소유 농업협동조합 예금통장을 절취하여 이를 현금자동지급기에 넣고 조작하는 방법으로 예금 잔고를 자신의 거래 은행 계좌로 이체한 경우, (농협은 할아버지에 대한 예금반환 채무를 여전히 부담하면서도 다른 금융기관에 대하여 자금이체로 인한 이체자금 상당액 결제채무를 추가 부담하게 됨으로써 이체된 예금 상당액의 채무를 이중으로 지급해야 할 위험에 처하게 되므로) 농업협동조합이 컴퓨터등사용사기 범행 부분의 피해자이므로 친족상도례를 적용할 수 없다(대판 2007.3.15. 2006도2704).

정답 ④

05 **형법상 친족상도례에 대한 설명 중 가장 적절하지 않은 것은? (다툼이 있으면 판례에 의함)** [17 경찰채용]

① 친족상도례 규정은 강도죄, 경계침범죄, 강제집행면탈죄에는 적용되지 않으나 특수절도죄 및 상습절도죄에는 적용된다.

② 법원을 기망하여 제3자로부터 재물을 편취한 경우 피해자인 제3자와 사기죄를 범한 자가 직계혈족 관계에 있을 때에는 그 범인에 대하여 형을 면제하여야 한다.

③ 형법 제354조에 의하여 준용되는 제328조 제1항에서 "직계혈족, 배우자, 동거친족, 동거가족 또는 그 배우자 간의 제323조의 죄는 그 형을 면제한다."고 규정하고 있는바, 여기서 '그 배우자'는 동거가족의 배우자만을 의미하는 것이 아니라, 직계혈족, 동거친족, 동거가족 모두의 배우자를 의미하는 것으로 볼 것이다.

④ 장물죄를 범한 자와 본범 간에 형법 제328조 제2항의 신분관계가 있는 때에는 형을 감경 또는 면제한다. 단, 신분관계가 없는 공범에 대하여는 예외로 한다.

해설

① [○] 친족상도례 규정은 강도죄, 손괴죄, 경계침범죄, 강제집행면탈죄 등에는 적용되지 않으나 특수절도죄 및 상습절도죄에는 적용된다.
② [○] 법원을 기망하여 제3자로부터 재물을 편취한 경우에 피기망자인 법원은 피해자가 될 수 없고 재물을 편취당한 제3자가 피해자라고 할 것이므로 피해자인 제3자와 사기죄를 범한 자가 직계혈족의 관계에 있을 때에는 그 범인에 대하여는 형법 제354조에 의하여 준용되는 형법 제328조 제1항에 의하여 형을 면제하여야 한다(대판 2014.9.26. 2014도8076).
③ [○] 형법 제354조에 의하여 준용되는 제328조 제1항에서 "직계혈족, 배우자, 동거친족, 동거가족 또는 그 배우자 간의 제323조의 죄는 그 형을 면제한다."고 규정하고 있는바, 여기서 '그 배우자'는 동거가족의 배우자만을 의미하는 것이 아니라, 직계혈족, 동거친족, 동거가족 모두의 배우자를 의미하는 것으로 볼 것이다(대판 2011.5.13. 2011도1765).
④ [×] 장물죄를 범한 자와 본범 간에 형법 제328조 제1항의 신분관계가 있는 때에는 형을 감경 또는 면제한다. 단, 신분관계가 없는 공범에 대하여는 예외로 한다(제365조 제2항).

정답 ④

06 친족상도례에 관한 다음 설명 중 옳은 것은 모두 몇 개인가? (다툼이 있으면 판례에 의함) [16 경찰채용]

㉠ 강도죄, 손괴죄, 경계침범죄, 강제집행면탈죄에 대해서는 친족상도례가 적용되지 아니한다.
㉡ 피고인이 백화점 내 점포에 입점시켜 주겠다고 속여 피해자로부터 입점비 명목으로 돈을 편취하였다며 사기로 기소된 경우, 피고인의 딸과 피해자의 아들이 혼인하여 피고인과 피해자가 사돈지간이라고 하더라도 민법상 친족으로 볼 수 없으므로 위 범죄를 친족상도례가 적용되는 친고죄라고 할 수 없다.
㉢ 횡령죄에서 친족상도례는 횡령범인과 피해물건의 소유자 또는 보관자 중 어느 한쪽과의 사이에만 친족관계가 있더라도 적용된다.
㉣ 장물범이 피해자와 동거하지 않는 직계혈족인 경우에는 그 동거 여부를 불문하고 형을 면제한다.

① 1개
② 2개
③ 3개
④ 4개

해설

㉠ [○] 강도죄, 손괴죄, 경계침범죄, 강제집행면탈죄에 대해서는 친족상도례가 적용되지 아니한다.
㉡ [○] 피고인의 딸과 피해자의 아들이 혼인관계에 있어 피고인과 피해자가 사돈지간이라고 하더라도 이를 민법상 친족으로 볼 수 없다(대판 2011.4.28. 2011도2170).
㉢ [×] 친족상도례에 관한 형법 제361조, 제328조 제2항은 법인과 피해물건의 소유자 및 위탁자 쌍방 사이에 친족관계가 있는 경우에만 적용되는 것이고, 단지 횡령범인과 피해물건의 소유자간에만 친족관계가 있거나 횡령범인과 피해물건의 위탁자간에만 친족관계가 있는 경우에는 그 적용이 없다(대판 2008.7.24. 2008도3438).
㉣ [○] 장물범이 피해자와 직계혈족인 경우에는 그 동거 여부를 불문하고 형을 면제한다(제365조 제1항).

정답 ③

07 다음 중 甲에 대하여 친족상도례가 적용될 수 있는 경우는 모두 몇 개인가? (다툼이 있으면 판례에 의함)

[14 경찰간부]

> ㉠ 甲은 자기 딸의 배우자의 아버지인 乙을 백화점 내 점포에 입점시켜 주겠다고 속여 乙로부터 입점비 명목으로 돈을 편취하였다(甲과 乙은 사돈관계).
> ㉡ 甲은 친척 乙 소유 예금통장을 절취한 후 乙의 거래 은행에 설치된 현금자동지급기에 예금통장을 넣고 조작하는 방법으로 乙 명의의 계좌의 예금잔고를 자신이 거래하는 다른 금융기관에 개설된 자기 계좌로 이체하였다.
> ㉢ 甲은 자신의 사실상의 아버지인 乙이 은행으로부터 임차 사용해 오던 대여금고의 문을 열고 그 대여금고의 안에 보관 중이던 양도성예금증서를 다른 형제들 몰래 처분하기 위하여 꺼내어 갔고, 그 후 乙은 甲을 친생자로 인지하였다.
> ㉣ 甲과 乙은 공동하여 乙의 외사촌 동생 丙의 손목시계를 절취하였다.

① 없음　② 1개
③ 2개　④ 3개

해설

㉠ [×] 피고인의 딸과 피해자의 아들이 혼인관계에 있어 피고인과 피해자가 사돈지간이라고 하더라도 이를 민법상 친족으로 볼 수 없다(대판 2011.4.28. 2011도2170).
㉡ [×] 손자가 할아버지 소유 농업협동조합 예금통장을 절취하여 이를 현금자동지급기에 넣고 조작하는 방법으로 예금 잔고를 자신의 거래 은행 계좌로 이체한 경우, (농협은 할아버지에 대한 예금반환 채무를 여전히 부담하면서도 다른 금융기관에 대하여 자금이체로 인한 이체자금 상당액 결제채무를 추가 부담하게 됨으로써 이체된 예금 상당액의 채무를 이중으로 지급해야 할 위험에 처하게 되므로) 농업협동조합이 컴퓨터등사용사기 범행 부분의 피해자이므로 친족상도례를 적용할 수 없다(대판 2007.3.15. 2006도2704).
㉢ [○] 부(父)가 혼인 외의 출생자를 인지하는 경우에 있어서는 그 자(子)의 출생시에 소급하여 인지의 효력이 생기는 것이며, 이와 같은 인지의 소급효는 친족상도례에 관한 규정의 적용에도 미친다(대판 1997.1.24. 96도1731).
㉣ [×] 신분관계가 없는 공범 甲에 대하여는 친족상도례가 적용되지 아니한다(제328조 제3항).

정답 ②

08 재산죄에 관한 설명 중 가장 적절하지 않은 것은? (다툼이 있는 경우 판례에 의함)

[22 경찰채용]

① 절도죄, 강도죄, 공갈죄는 탈취죄에 속한다.
② 영득죄는 범죄성립에 불법영득의사를 필요로 하고, 손괴죄는 이를 필요로 하지 않는다.
③ 강도죄, 사기죄, 공갈죄는 재물죄인 동시에 이득죄이다.
④ 영득죄는 침해방법에 따라 탈취죄와 편취죄로 나눌 수 있다.

해설

☑ 재산죄의 분류

객체	재물죄	절도죄, 횡령죄, 장물죄, 손괴죄
	이득죄	배임죄, 컴퓨터등사용사기죄
	재물죄 + 이득죄	강도죄, 사기죄, 공갈죄
영득의사 요부	영득죄 (불법영득의사 필요)	절도죄, 강도죄, 사기죄, 공갈죄, 횡령죄 (장물죄: 학설 대립)
	비영득죄(불법영득의사 불요)	손괴죄

침해방법	탈취죄(소유자의 의사에 반하여 재물을 영득하는 죄)	절도죄, 강도죄, 횡령죄, 장물죄
	편취죄(소유자의 하자 있는 의사표시에 기하여 재물을 영득하는 죄)	사기죄, 공갈죄

① [×], ④ [○] 재산죄는 침해방법에 따라 탈취죄와 편취죄로 나뉜다. 탈취죄는 소유자의 의사에 반하여 재물을 영득하는 죄임에 반하여 편취죄는 소유자의 하자 있는 의사표시에 기하여 재물을 영득하는 죄이다. 사기죄는 대표적인 편취죄에 해당한다.
② [○] 손괴죄는 비영득죄로서 불법영득의사를 요하지 않는다.
③ [○] 강도죄, 사기죄, 공갈죄는 재물과 이득을 모두 객체로 한다.

정답 ①

09 **재산죄에 관한 설명 중 가장 적절한 것은? (다툼이 있는 경우 판례에 의함)** [23 경찰채용]

① 甲과 乙이 공동으로 생강밭을 경작하여 그 이익을 분배하기로 약정하고 생강 농사를 시작하였으나, 곧바로 동업관계에 불화가 생겨 乙이 묵시적으로 동업 탈퇴의 의사표시를 한 채 생강밭에 나오지 않자, 그때부터 甲이 혼자 생강밭을 경작하고 수확하여 생강을 반출한 경우, 甲의 행위는 절도죄를 구성한다.
② 절도죄의 성립에 필요한 불법영득의 의사는 물건의 가치만을 영득할 의사만으로는 부족하고, 재물의 소유권 또는 이에 준하는 본권을 영구적으로 보유할 의사를 필요로 한다.
③ 횡령범인이 위탁자가 소유자를 위해 보관하고 있는 물건을 위탁자로부터 보관받아 이를 횡령한 경우, 범인과 피해물건의 소유자 사이에 친족관계가 있으면 범인과 위탁자 사이에 친족관계가 없더라도 친족상도례가 적용된다.
④ 재산범죄를 저지른 이후에 별도의 재산범죄의 구성요건에 해당하는 사후행위가 있었다면 비록 그 행위가 불가벌적 사후행위로서 처벌의 대상이 되지 않는다 할지라도 그 사후행위로 인하여 취득한 물건은 재산범죄로 인하여 취득한 물건으로서 장물이 될 수 있다.

해설

① [×] 두 사람으로 된 동업관계, 즉 조합관계에 있어 그중 1인이 탈퇴하면 조합관계는 해산됨이 없이 종료되어 청산이 뒤따르지 아니하며 조합원의 합유에 속한 조합재산은 남은 조합원의 단독소유에 속하고, 탈퇴자와 남은 자 사이에 탈퇴로 인한 계산을 하여야 한다. 따라서 두 사람으로 된 생강농사 동업 관계에 불화가 생겨 그중 1인이 나오지 않자, 남은 동업인이 혼자 생강밭을 경작하여 생강을 반출한 행위가 절도죄를 구성하지 않는다(대판 2009.2.12. 2008도11804).
② [×] 절도죄의 성립에 필요한 불법영득의 의사란 타인의 물건을 그 권리자를 배제하고 자기의 소유물과 같이 그 경제적 용법에 따라 이용·처분하고자 하는 의사를 말하는 것으로서, 단순히 타인의 점유만을 침해하였다고 하여 그로써 곧 절도죄가 성립하는 것은 아니나, 재물의 소유권 또는 이에 준하는 본권을 침해하는 의사가 있으면 되고 반드시 영구적으로 보유할 의사가 필요한 것은 아니며, 그것이 물건 자체를 영득할 의사인지 물건의 가치만을 영득할 의사인지를 불문한다(대판 2014.2.21. 2013도14139).
③ [×] 횡령범인이 위탁자가 소유자를 위해 보관하고 있는 물건을 위탁자로부터 보관받아 이를 횡령한 경우에 형법 제361조에 의하여 준용되는 제328조 제2항의 친족간의 범행에 관한 조문은 범인과 피해물건의 소유자 및 위탁자 '쌍방 사이에' 같은 조문에 정한 친족관계가 있는 경우에만 적용되고, 단지 횡령범인과 피해물건의 소유자간에만 친족관계가 있거나 횡령범인과 피해물건의 위탁자간에만 친족관계가 있는 경우에는 적용되지 않는다(대판 2008.7.24. 2008도3438).
④ [○] 재산범죄를 저지른 이후에 별도의 재산범죄의 구성요건에 해당하는 사후행위가 있었다면 비록 그 행위가 불가벌적 사후행위로서 처벌의 대상이 되지 않는다 할지라도, 그 사후행위로 인하여 취득한 물건은 재산범죄로 인하여 취득한 물건으로서 장물이 될 수 있다(대판 2004.4.16. 2004도353).

정답 ④

10 재산죄에 관한 설명으로 가장 적절하지 않은 것은? (다툼이 있는 경우 판례에 의함)

[23 경찰채용]

① 사기죄의 보호법익은 재산권이므로 도급계약이나 물품구매 조달계약 체결 당시 관련 영업 또는 업무를 규제하는 행정법규나 입찰 참가자격, 계약절차 등에 관한 규정을 위반한 사정이 있더라도 그러한 사정만으로 도급계약을 체결한 행위가 기망행위에 해당한다고 단정해서는 안 된다.

② 예금주인 현금카드 소유자를 협박하여 그 카드를 갈취한 다음 피해자의 승낙에 의하여 현금카드를 사용할 권한을 부여받아 이를 이용하여 현금자동지급기에서 현금을 인출한 행위는 현금카드 갈취행위와 분리하여 따로 절도죄로 처단할 수는 없다.

③ 자동차를 절취한 후 자동차등록번호판을 떼어내는 행위는 새로운 법익의 침해로 보아야 하므로 이와 같은 번호판을 떼어내는 행위가 절도범행의 불가벌적 사후행위가 되는 것은 아니다.

④ 절도 범인으로부터 장물보관 의뢰를 받은 자가 그 정을 알면서 이를 인도받아 보관하고 있다가 그 보관 장물을 임의로 처분하였다면 장물보관죄 외에 별도로 횡령죄가 성립한다.

해설

① [○] 한편 사기죄의 보호법익은 재산권이므로, 기망행위에 의하여 국가적 또는 공공적 법익이 침해되었다는 사정만으로 사기죄가 성립한다고 할 수 없다. 따라서 도급계약이나 물품구매 조달계약 체결 당시 관련 영업 또는 업무를 규제하는 행정법규나 입찰 참가자격, 계약절차 등에 관한 규정을 위반한 사정이 있더라도 그러한 사정만으로 도급계약을 체결한 행위가 기망행위에 해당한다고 단정해서는 안 되고, 그 위반으로 말미암아 계약 내용대로 이행되더라도 일의 완성이 불가능하였다고 평가할 수 있을 만큼 그 위법이 일의 내용에 본질적인 것인지 여부를 심리·판단하여야 한다(대판 2019.12.27. 2015도10570).

② [○] 예금주인 현금카드 소유자를 협박하여 그 카드를 갈취한 다음 피해자의 승낙에 의하여 현금카드를 사용할 권한을 부여받아 이를 이용하여 현금자동지급기에서 현금을 인출한 행위는 현금카드 갈취행위와 분리하여 따로 절도죄로 처단할 수는 없다(대판 1996.9.20. 95도1728).

③ [○] 자동차를 절취한 후 자동차등록번호판을 떼어내는 행위는 새로운 법익의 침해로 보아야 하므로 이와 같은 번호판을 떼어내는 행위가 절도 범행의 불가벌적 사후행위가 되는 것은 아니다(대판 2007.9.6. 2007도4739).

④ [×] 절도 범인으로부터 장물보관 의뢰를 받은 자가 그 정을 알면서 이를 인도받아 보관하고 있다가 임의 처분하였다 하여도 장물보관죄가 성립하는 때에는 이미 그 소유자의 소유물 추구권을 침해하였으므로 그 후의 횡령행위는 불가벌적 사후행위에 불과하여 별도로 횡령죄가 성립하지 않는다(대판 2004.4.9. 2003도8219).

정답 ④

제2절 | 절도의 죄

11 **절도죄에 관한 설명 중 가장 적절하지 않은 것은? (다툼이 있으면 판례에 의함)** [16 경찰승진]

① 타인의 토지에 권원 없이 식재한 감나무에서 감을 수확한 것은 절도죄가 성립한다.

② 발행자가 회수하여 세 조각으로 찢어버림으로써 폐지로 되어 쓸모없는 것처럼 보이는 약속어음의 소지를 침해하여 가져갔다면 절도죄가 성립한다.

③ 甲이 피해자 경영의 금은방에서 마치 귀금속을 구입할 것처럼 가장하여 피해자로부터 순금목걸이 등을 건네받은 다음 화장실에 갔다 오겠다는 핑계를 대고 도주한 경우 절도죄가 성립한다.

④ 물건의 운반을 의뢰받은 짐꾼이 그 물건을 의뢰인에게 운반해 주지 않고 용달차에 싣고 가서 처분한 경우에는 절도죄를 구성한다.

해설

① [○] 타인의 토지상에 권원 없이 식재한 수목의 소유권은 토지소유자에게 귀속하고 권원에 의하여 식재한 경우에는 그 소유권이 식재한 자에게 있으므로, 권원 없이 식재한 감나무에서 감을 수확한 것은 절도죄에 해당한다(대판 1998.4.24. 97도3425).

② [○] 재산죄의 객체인 재물은 반드시 객관적인 금전적 교환 가치를 가질 필요는 없고 소유자·점유자가 주관적인 가치를 가지고 있음으로서 족하고, 주관적·경제적 가치 유무의 판별은 그것이 타인에 의하여 이용되지 않는다고 하는 소극적 관계에 있어서 그 가치가 성립하는 경우가 있을 수 있는 것이니 발행자가 회수하여 세 조각으로 찢어버림으로서 폐지로 되어 쓸모없는 것처럼 보이는 약속어음의 소지를 침해하여 가져갔다면 절도죄가 성립한다(대판 1976.1.27. 74도3442).

③ [○] 피고인이 피해자 경영의 금방에서 마치 귀금속을 구입할 것처럼 가장하여 피해자로부터 순금목걸이 등을 건네받은 다음 화장실에 갔다 오겠다는 핑계를 대고 도주한 것이라면 위 순금목걸이 등은 도주하기 전까지는 아직 피해자의 점유하에 있었다고 할 것이므로 이를 절도죄로 의율 처단한 것은 정당하다(대판 1994.8.12. 94도1487).

④ [×] 피해자가 시장 점포에서 물건을 매수하여 그 곳에 맡겨 놓은 후 약 50m 떨어져 동 점포를 살펴볼 수 없는 딴 가게로 가서 지게 짐꾼인 피고인을 불러 피고인 단독으로 위 점포에 가서 맡긴 물건을 운반해 줄 것을 의뢰하였더니 피고인이 동 점포에 가서 맡긴 물건을 찾아 피해자에게 운반해 주지 않고 용달차에 싣고 가서 처분한 것이라면, 피고인의 운반을 위한 소지 관계는 피해자의 위탁에 의한 보관관계에 있다고 할 것이므로 이를 영득한 행위는 절도죄가 아니라 횡령죄를 구성한다(대판 1982.11.23. 82도2394).

정답 ④

12 **형법상 점유에 대한 설명으로 옳지 않은 것은? (다툼이 있는 경우 판례에 의함)** [22 경찰간부]

① 甲이 마치 귀금속을 구입할 것처럼 가장하여 금은방 주인으로부터 순금목걸이를 건네받은 다음 화장실에 갔다 오겠다는 핑계를 대고 도주하는 경우, 그 목걸이는 도주하기 전부터 이미 甲의 점유하에 있다.

② 고속버스 운전사는 승객이 차내에 두고 내린 물건을 점유하는 것이 아니고, 승객이 잊고 내린 유실물을 교부받을 권능을 가질 뿐이므로 그 물건을 현실적으로 발견하지 아니하는 한 이에 대한 점유를 개시하였다고 할 수 없다.

③ 甲에게 강간을 당한 피해자 A가 도피하면서 자신의 지갑을 현장에 놓아두고 간 경우, 그 지갑은 사회통념상 A의 지배하에 있는 물건이므로 甲이 그 지갑을 가져갔다면 절도죄를 구성한다.

④ 공동점유의 경우에 공동점유자 중 1인이 다른 점유자의 동의를 받지 않고 불법영득의사를 가지고 물건을 자신의 단독점유로 옮긴 때에는 절도죄가 성립한다.

해설

① [×] 피고인이 피해자 경영의 금방에서 마치 귀금속을 구입할 것처럼 가장하여 피해자로부터 순금목걸이 등을 건네받은 다음 화장실에 갔다 오겠다는 핑계를 대고 도주한 것이라면 위 순금목걸이 등은 도주하기 전까지는 아직 피해자의 점유하에 있었다고 할 것이므로 이를 절도죄로 의율 처단한 것은 정당하다(대판 1994.8.12. 94도1487).

② [○] (고속버스 승객이 두고 내린 물건) 고속버스 운전사는 고속버스의 관수자로서 차내에 있는 승객의 물건을 점유하는 것이 아니라 승객이 잊고 내린 유실물을 교부받을 권능을 가질 뿐이므로 유실물을 현실적으로 발견하지 않는 한 이에 대한 점유를 개시하였다고 할 수 없고, 그 사이에 다른 승객이 유실물을 발견하고 이를 가져갔다면 절도에 해당하지 아니하고 점유이탈물횡령죄에 해당한다(대판 1993.3.16. 92도3170).

③ [○] (강간의 피해현장에 피해자가 두고간 물건) 강간을 당한 피해자가 도피하면서 현장에 두고 간 손가방은 사회통념상 피해자의 지배하에 있는 물건이라고 보아야 하므로 피고인이 그 손가방 안에 들어 있는 피해자 소유의 돈을 꺼낸 행위는 절도죄에 해당한다(대판 1984.2.28. 84도38).

④ [○] 공동점유자 상호간에는 점유의 타인성이 인정된다(예 동업관계에 의한 동업자의 공동점유, 부부간의 공동점유).

관련판례 (부부가 공동보관 중인 물건의 점유) 인장이 들은 돈궤짝을 사실상 별개 가옥에 별거 중인 남편이 그 거주가옥에 보관중이었다면 처가 그 돈궤짝의 열쇠를 소지하고 있었다고 하더라도 그 안에 들은 인장은 처의 단독보관하에 있는 것이 아니라 남편과 공동보관 중에 있다고 보아야 할 것이므로, 공동보관자 중의 1인인 처가 다른 보관자인 남편의 동의 없이 불법영득의 의사로 위 인장을 취거한 이상 절도죄를 구성한다(대판 1984.1.31. 83도3027).

(공동점유에 속하는 합유물의 점유) 조합원의 1인이 조합원의 공동점유에 속하는 합유의 물건을 다른 조합원의 승낙 없이 조합원의 점유를 배제하고 단독으로 자신의 지배하에 옮긴다는 인식이 있었다면 절도죄에 있어서 불법영득의 의사가 있었다고 볼 것이다(대판 1982.12.28. 82도2058).

(교회가 분열된 후 분열되기 전의 교회의 재산에 대한 점유: 총유) 하나의 교회가 두 개 이상으로 분열된 경우 그 재산의 처분에 관하여 교회 장정 등에 규정이 없는 한 분열 당시 교인들의 총의에 따라 그 귀속을 정하여야 하고 그와 같은 절차 없이 위 재산에 대하여 다른 교파의 점유를 배제하고 자기 교파만의 지배에 옮긴다는 인식 아래 이를 가지고 갔다면 절도죄를 구성한다(대판 1998.7.10. 98도126).

정답 ①

13 절도죄에 관한 다음 설명 중 옳은 것을 모두 고르면? (다툼이 있으면 판례에 의함) [20 경찰간부]

㉠ 甲이 A의 영업점 내에 있는 A소유의 휴대전화를 허락 없이 가지고 나와 이를 이용하고 약 1~2시간 후 A의 영업점 정문 옆 화분에 놓아두었다면 甲에게는 절도죄가 성립하지 않는다.
㉡ 타인의 명의를 모용하여 발급받은 신용카드를 사용하여 현금자동지급기에서 현금대출을 받았다면 현금대출을 받은 부분에 대해서는 절도죄가 성립한다.
㉢ 동산 양도담보의 채권자인 甲이 양도담보 목적물을 乙에게 처분하여 그 목적물의 소유권을 취득하게 한 다음 乙에게 그 목적물을 취거하게 한다면 甲은 절도죄의 간접정범이 된다.
㉣ 甲이 상사와 충돌 끝에 사표를 제출한 다음 평소 자신이 전적으로 보관·관리하던 비자금 관련 서류 및 금품이 든 가방을 가지고 나왔으나 그 이후 계속 정상적으로 근무한 경우에는 절도죄가 성립하지 않는다.
㉤ 임차인이 임대계약 종료 후 식당 건물에서 퇴거하였으나 종전부터 사용하던 냉장고의 전원을 연결해 둔 채 방치하다가 약 1개월 후 철거하였다면 그 기간 동안 소비된 전기에 대하여 임차인에게는 절도죄가 성립한다.

① ㉠, ㉡
② ㉡, ㉢
③ ㉡, ㉣
④ ㉣, ㉤

해설

㉠ [×] 피고인이 휴대전화를 자신의 소유물과 같이 경제적 용법에 따라 이용하다가 본래의 장소와 다른 곳에 유기한 것이므로 불법영득의사가 있었다고 할 것이다(대판 2012.7.12. 2012도1132). ▶ 불법영득의사가 인정되므로 절도죄가 성립한다.

㉡ [○] [1] 피고인이 타인의 명의를 모용하여 발급받은 신용카드를 사용하여 현금자동지급기에서 현금대출을 받는 행위는 카드회사에 의하여 미리 포괄적으로 허용된 행위가 아니라, 현금자동지급기의 관리자의 의사에 반하여 그의 지배를 배제한 채 그 현금을 자기의 지배하에 옮겨 놓는 행위로서 절도죄에 해당한다.
[2] 피고인이 타인의 명의를 모용하여 발급받은 신용카드의 번호와 그 비밀번호를 이용하여 ARS 전화서비스나 인터넷 등을 통하여 신용대출을 받는 방법으로 재산상 이익을 취득하는 행위는 카드회사에 의하여 미리 포괄적으로 허용된 행위가 아니라, 컴퓨터 등 정보처리장치에 권한 없이 정보를 입력하여 정보처리를 하게 함으로써 재산상 이익을 취득하는 행위로서 컴퓨터등사용사기죄에 해당한다(대판 2006.7.27. 2006도3126).

㉢ [×] [1] 동산에 관하여 양도담보계약이 이루어지고 채권자가 점유개정의 방법으로 인도를 받았다면, 그 정산절차를 마치기 전이라도 양도담보권자인 채권자는 제3자에 대한 관계에 있어서는 담보목적물의 소유자로서 그 권리를 행사할 수 있다.
[2] 양도담보권자인 채권자가 제3자에게 담보목적물을 매각한 경우, 제3자는 채권자와 채무자 사이의 정산절차 종결 여부와 관계없이 양도담보 목적물을 인도받음으로써 소유권을 취득하게 되는 것이고, 양도담보의 설정자가 담보목적물을 점유하고 있는 경우 그 목적물의 인도는 채권자로부터 목적물반환청구권을 양도받는 방법으로도 가능한 것인바, 채권자가 양도담보 목적물을 위와 같은 방법으로 제3자에게 처분하여 그 목적물의 소유권을 취득하게 한 다음 그 제3자로 하여금 그 목적물을 취거하게 한 경우 그 제3자로서는 자기의 소유물을 취거한 것에 불과하므로 사안에 따라 권리행사방해죄를 구성할 여지가 있음은 별론으로 하고, 절도죄를 구성할 여지는 없다(대판 2008.11.27. 2006도4263).

㉣ [○] 상사와의 의견 충돌 끝에 항의의 표시로 사표를 제출한 다음 평소 피고인이 전적으로 보관 · 관리해 오던 이른바 비자금 관계 서류 및 금품이 든 가방을 들고 나온 경우 불법영득의 의사가 있다고 할 수 없을 뿐만 아니라, 그 서류 및 금품이 타인의 점유하에 있던 물건이라고도 볼 수 없다(대판 1995.9.5. 94도3033).

㉤ [×] 임차인은 퇴거 후에도 냉장고에 관한 점유 · 관리를 그대로 보유하고 있었다고 보아야 하므로, 냉장고를 통하여 전기를 계속 사용하였다고 하더라도 이는 당초부터 자기의 점유 · 관리하에 있던 전기를 사용한 것일 뿐 타인의 점유 · 관리하에 있던 전기가 아니므로 절도죄는 성립하지 않는다(대판 2008.7.10. 2008도3252).

정답 ③

14 절도죄에 대한 설명으로 옳은 것은? (다툼이 있으면 판례에 의함) [21 경찰간부]

① 산지기로서 종중 소유의 분묘를 간수하고 있는 자라고 하여도 그 분묘에 설치된 석등이나 문관석 등을 점유하고 있다고는 할 수 없으므로, 그가 이러한 물건 등을 반출하여 가는 행위는 절도죄를 구성한다.

② 임차인이 임대계약 종료 후 식당 건물에서 퇴거하면서 종전부터 사용하던 냉장고의 전원을 켜 둔 채 그대로 두었다가 약 1개월 후 철거해 가는 바람에 그 기간 동안 전기가 소비된 경우, 임차인에게는 전기에 대한 절도죄가 성립한다.

③ 타인의 토지상에 권원 없이 식재한 수목의 소유권은 토지 소유자에게 귀속하고 권원에 의하여 식재한 경우에는 그 소유권이 식재한 자에게 있으므로, 타인이 권원 없이 자신의 토지에 식재한 감나무에서 토지 소유자가 감을 수확한 것은 절도죄에 해당한다.

④ 피고인이 절도의 습벽으로 자동차등불법사용의 범행을 하였으나 검사가 자동차등불법사용의 점을 제외한 나머지 범행에 대하여만 상습절도 등의 죄로 기소하였다면, 자동차등불법사용의 범행은 상습절도 등 죄의 위법성 평가에 포함되어 있지 않다고 봄이 상당하다.

해설

① [○] 산지기로서 종중 소유의 분묘를 간수하고 있는 자는 그 분묘에 설치된 석등이나 문관석 등을 점유하고 있다고는 할 수 없으므로 이러한 물건 등을 반출하여 가는 행위는 횡령죄가 아니고 절도죄를 구성한다(대판 1985.3.26. 84도3024).

② [×] 임차인은 퇴거 후에도 냉장고에 관한 점유·관리를 그대로 보유하고 있었다고 보아야 하므로, 냉장고를 통하여 전기를 계속 사용하였다고 하더라도 이는 당초부터 자기의 점유·관리하에 있던 전기를 사용한 것일 뿐 타인의 점유·관리하에 있던 전기가 아니므로 절도죄는 성립하지 않는다(대판 2008.7.10. 2008도3252).

③ [×] 타인의 토지상에 권원 없이 식재한 수목의 소유권은 토지소유자에게 귀속하고 권원에 의하여 식재한 경우에는 그 소유권이 식재한 자에게 있으므로, 권원 없이 식재한 감나무에서 감을 수확한 것은 절도죄에 해당한다(대판 1998.4.24. 97도3425).

④ [×] 상습으로 절도, 야간주거침입절도, 특수절도 또는 그 미수 등의 범행을 저지른 자가 마찬가지로 절도 습벽의 발현으로 자동차등불법사용의 범행도 함께 저지른 경우에 검사가 상습절도죄로 기소하는 때는 자동차등불법사용의 위법성에 대한 평가는 상습절도 등 죄의 구성요건적 평가 내지 위법성 평가에 포함되어 있다고 보는 것이 타당하고, 따라서 상습절도 등의 범행을 한 자가 추가로 자동차등불법사용의 범행을 한 경우에 그것이 절도 습벽의 발현이라고 보이는 이상 자동차등불법사용의 범행은 상습절도 등의 죄에 흡수되어 1죄만이 성립하고 이와 별개로 자동차등불법사용죄는 성립하지 않는다(대판 2002.4.26. 2002도429).

정답 ①

15 **절도죄에 대한 설명으로 가장 적절한 것은? (다툼이 있으면 판례에 의함)** [20 경찰채용]

① 甲은 자신이 종업원으로 종사하고 있는 점포에서 점포 주인이 부재중임을 틈타 점포 금고 안에 든 20만 원과 점포 내에 있던 오토바이 1대를 타고 도주한 경우, 甲은 절도죄의 죄책을 진다.

② 甲은 사무실에서 회사 명의의 통장을 몰래 가지고 나와 예금 1,000만 원을 인출한 후 다시 그 통장을 제자리에 가져다 놓은 경우, 통장 자체가 가지는 경제적 가치가 그 인출된 예금액만큼 소모되었다고 할 수 없고 또한 통장을 사용하고 곧 반환한 이상 甲의 불법영득의사는 없었으므로 절도죄가 성립하지 않는다.

③ 절취한 자기앞수표를 음식대금으로 교부하고 거스름돈을 환불받은 행위는 별도의 사기죄를 구성하지 않고 선행한 절도죄의 불가벌적 사후행위가 성립한다.

④ 임차인이 임대계약 종료 후 식당 건물에서 퇴거하면서 종전부터 사용하던 냉장고의 전원을 켜 둔 채 그대로 두었다가 약 1개월 후 철거해 가는 바람에 그 기간 동안 전기가 소비된 경우, 절도죄가 성립한다.

해설

① [×] 피해자가 피고인에게 금고 열쇠와 오토바이 열쇠를 맡기고 금고 안의 돈은 배달될 가스대금으로 지급할 것을 지시한 후 외출하였는데, 피고인은 혼자서 점포를 지키다가 금고 안에서 현금을 꺼내어 오토바이를 타고 도주한 경우라면 피고인의 범행은 자기의 보관하에 있는 타인의 재물을 영득한 것으로서 횡령죄에 해당한다(대판 1982.3.9. 81도3396).

② [×] 예금통장을 사용하여 예금을 인출하게 되면 그 인출된 예금액에 대하여는 예금통장 자체의 예금액 증명기능이 상실되고 이에 따라 그 상실된 기능에 상응한 경제적 가치도 소모된다고 할 수 있다. 그렇다면 타인의 예금통장을 무단사용하여 예금을 인출한 후 바로 예금통장을 반환하였다 하더라도 그 사용으로 인한 위와 같은 경제적 가치의 소모가 무시할 수 있을 정도로 경미한 경우가 아닌 이상, 예금통장 자체가 가지는 예금액 증명기능의 경제적 가치에 대한 불법영득의 의사를 인정할 수 있으므로 절도죄가 성립한다(대판 2010.5.27. 2009도9008).

③ [○] 절취한 자기앞수표를 음식대금으로 교부하고 거스름돈을 환불받은 행위는 절도의 불가벌적 사후처분행위로서 사기죄가 되지 아니한다(대판 1987.1.20. 86도1728).

④ [×] 임차인은 퇴거 후에도 냉장고에 관한 점유·관리를 그대로 보유하고 있었다고 보아야 하므로, 냉장고를 통하여 전기를 계속 사용하였다고 하더라도 이는 당초부터 자기의 점유·관리하에 있던 전기를 사용한 것일 뿐 타인의 점유·관리하에 있던 전기가 아니므로 절도죄는 성립하지 않는다(대판 2008.7.10. 2008도3252).

정답 ③

16 다음 설명 중 가장 옳지 않은 것은? (다툼이 있으면 판례에 의함)

[21 법원9급]

① 어떠한 물건을 점유자의 의사에 반하여 취거하더라도 그것이 결과적으로 소유자의 이익으로 된다는 사정 또는 소유자의 추정적 승낙이 있다고 볼 만한 사정이 인정된다면, 다른 특별한 사정이 없는 한 불법영득의 의사가 있다고 할 수 없다.

② 피고인이 자신의 모친 甲 명의로 구입·등록하여 甲에게 명의신탁한 자동차를 乙에게 담보로 제공한 후 乙 몰래 가져가 절취한 경우, 乙에 대한 관계에서 자동차의 소유자는 甲이고 피고인은 소유자가 아니므로 乙이 점유하고 있는 자동차를 임의로 가져간 이상 절도죄가 성립한다.

③ 강간을 당한 피해자가 도피하면서 현장에 놓아두고 간 손가방은 점유이탈물이 아니라 사회통념상 피해자의 지배하에 있는 물건이라고 보아야 하므로, 피고인이 그 손가방 안에 들어 있는 피해자 소유의 돈을 꺼낸 경우 절도죄에 해당한다.

④ 동업체에 제공된 물품은 동업관계가 청산되지 않는 한 동업자들의 공동점유에 속하므로 그 물품이 원래 피고인의 소유라거나 피고인이 다른 곳에서 빌려서 제공하였다는 사유만으로는 절도죄의 객체가 됨에 지장이 없다.

해설

① [×] 어떠한 물건을 점유자의 의사에 반하여 취거하는 행위가 결과적으로 소유자의 이익으로 된다는 사정 또는 소유자의 추정적 승낙이 있다고 볼 만한 사정이 있다고 하더라도, 다른 특별한 사정이 없는 한 그러한 사유만으로 불법영득의 의사가 없다고 할 수는 없다(대판 2014.2.21. 2013도14139).

② [○] 피고인이 자신의 모친 甲 명의로 구입·등록하여 甲에게 명의신탁한 자동차를 乙에게 담보로 제공한 후 乙 몰래 가져가 절취한 경우, 乙에 대한 관계에서 자동차의 소유자는 甲이고 피고인은 소유자가 아니므로 乙이 점유하고 있는 자동차를 임의로 가져간 이상 절도죄가 성립한다(대판 2012.4.26. 2010도11771).

③ [○] 강간을 당한 피해자가 도피하면서 현장에 놓아두고 간 손가방은 점유이탈물이 아니라 사회통념상 피해자의 지배하에 있는 물건이라고 보아야 하므로, 피고인이 그 손가방 안에 들어 있는 피해자 소유의 돈을 꺼낸 경우 절도죄에 해당한다(대판 1984.2.28. 84도38).

④ [○] 동업체에 제공된 물품은 동업관계가 청산되지 않는 한 동업자들의 공동점유에 속하므로 그 물품이 원래 피고인의 소유라거나 피고인이 다른 곳에서 빌려서 제공하였다는 사유만으로는 절도죄의 객체가 됨에 지장이 없다(대판 1995.10.12. 94도2076).

정답 ①

17 다음 사례 중 甲에게 절도죄가 성립하지 않는 경우는? (다툼이 있으면 판례에 의함)

[02 사시]

① 甲은 A의 전화번호를 알아 둘 생각에서 A가 땅바닥에 떨어뜨린 전화요금 영수증을 가져갔다가 A의 반환요구가 있었음에도 이를 돌려주지 않았다.

② 甲은 A를 살해한 후 A의 곁에서 4시간가량 있다가 A 소유의 금목걸이 1개를 발견하고 영득의 의사로 가지고 나왔다.

③ 甲은 A가 경영하는 금은방에서 마치 금목걸이를 구입할 것처럼 가장하여 A로부터 금목걸이를 건네받은 다음 화장실에 갔다 오겠다는 핑계를 대고 도주하였다.

④ 甲은 A 소유의 토지 위에 권원 없이 식재한 감나무에서 감을 수확하였다.

⑤ 甲은 결혼예식장에서 신부측 축의금 접수인인 것처럼 행세하면서 신부측 하객 A가 축의금을 내놓자 이를 교부받아 가져갔다.

해설

① [불성립] 절도죄의 성립에 필요한 불법영득의 의사라 함은 권리자를 배제하고 타인의 물건을 자기의 소유물과 같이 이용, 처분할 의사를 의미한다 할 것인 바, 피고인이 피해자의 전화번호를 알아두기 위하여 피해자가 떨어뜨린 전화요금 영수증을 습득한 후 돌려주지 않은 경우에 그에게 불법영득의 의사가 있다고 인정하기 어렵다(대판 1989.11.28. 89도1679).

② [성립] 피해자를 살해한 방에서 사망한 피해자 곁에 4시간 30분쯤 있다가 그곳 피해자의 자취방 벽에 걸려 있던 피해자가 소지하는 물건들을 영득의 의사로 가지고 나온 경우 피해자가 생전에 가진 점유는 사망 후에도 여전히 계속되는 것으로 보아야 한다(대판 1993.9.28. 93도2143).

③ [성립] 피고인이 피해자 경영의 금방에서 마치 귀금속을 구입할 것처럼 가장하여 피해자로부터 순금목걸이 등을 건네받은 다음 화장실에 갔다 오겠다는 핑계를 대고 도주한 것이라면 위 순금목걸이 등은 도주하기 전까지는 아직 피해자의 점유하에 있었다고 할 것이므로 이를 절도죄로 의율 처단한 것은 정당하다(대판 1994.8.12. 94도1487).

④ [성립] 타인의 토지상에 권원 없이 식재한 수목의 소유권은 토지소유자에게 귀속하고 권원에 의하여 식재한 경우에는 그 소유권이 식재한 자에게 있으므로, 권원 없이 식재한 감나무에서 감을 수확한 것은 절도죄에 해당한다(대판 1998.4.24. 97도3425).

⑤ [성립] 피해자가 결혼예식장에서 신부측 축의금 접수인인 것처럼 행세하는 피고인에게 축의금을 내어놓자 이를 교부받아 가로챈 사안에서, 피해자의 교부행위의 취지는 신부측에 전달하는 것일 뿐 피고인에게 그 처분권을 주는 것이 아니므로, 이를 피고인에게 교부한 것이라고 볼 수 없고 단지 신부측 접수대에 교부하는 취지에 불과하므로 피고인이 그 돈을 가져간 것은 신부측 접수처의 점유를 침탈하여 범한 절취행위라고 보는 것이 정당하다(대판 1996.10.15. 96도2227).

정답 ①

18 **절도의 죄에 대한 설명으로 가장 적절하지 않은 것은? (다툼이 있으면 판례에 의함)** [21 경찰승진]

① 피해자를 살해한 방에서 사망한 피해자 곁에 4시간 30분쯤 있다가 그곳 피해자의 자취방 벽에 걸려 있던 피해자가 소지하는 물건들을 영득의 의사로 가지고 나온 경우 절도죄가 성립한다.

② 입목을 절취하기 위하여 캐낸 때에 소유자의 입목에 대한 점유가 침해되어 범인의 사실적 지배하에 놓이게 되므로 범인이 그 점유를 취득하고 절도죄는 기수에 이른다.

③ 임차인이 임대계약 종료 후 식당건물에서 퇴거하면서 종전부터 사용하던 냉장고의 전원을 켜 둔 채 그대로 두었다가 약 1개월 후 철거해 가는 바람에 그 기간 동안 전기가 소비된 경우 타인의 전기에 대한 절도죄가 성립한다.

④ 종전 점유자의 점유가 그의 사망으로 인한 상속에 의하여 당연히 그 상속인에게 이전된다는 「민법」 제193조는 절도죄의 요건으로서의 '타인의 점유'와 관련하여서는 적용의 여지가 없고, 재물을 점유하는 소유자로부터 이를 상속받아 그 소유권을 취득하였다고 하더라도 상속인이 그 재물에 관하여 사실상의 지배를 가지게 되어야만 이를 점유하는 것으로서 그때부터 비로소 상속인에 대한 절도죄가 성립할 수 있다.

해설

① [○] 피해자를 살해한 방에서 사망한 피해자 곁에 4시간 30분 쯤 있다가 그곳 피해자의 자취방 벽에 걸려 있던 피해자가 소지하는 물건들을 영득의 의사로 가지고 나온 경우 피해자가 생전에 가진 점유는 사망 후에도 여전히 계속되는 것으로 보아야 한다(대판 1993.9.28. 93도2143). ▶ 지문의 경우 절도죄가 성립한다.

② [○] 입목을 절취하기 위하여 캐낸 때에 소유자의 입목에 대한 점유가 침해되어 범인의 사실적 지배하에 놓이게 되므로 범인이 그 점유를 취득하고 절도죄는 기수에 이른다(대판 2008.10.23. 2008도6080).

③ [×] 임차인은 퇴거 후에도 냉장고에 관한 점유·관리를 그대로 보유하고 있었다고 보아야 하므로, 냉장고를 통하여 전기를 계속 사용하였다고 하더라도 이는 당초부터 자기의 점유·관리하에 있던 전기를 사용한 것일 뿐 타인의 점유·관리하에 있던 전기가 아니므로 절도죄는 성립하지 않는다(대판 2008.7.10. 2008도3252).

④ [○] 종전 점유자의 점유가 그의 사망으로 인한 상속에 의하여 당연히 그 상속인에게 이전된다는 「민법」 제193조는 절도죄의 요건으로서의 '타인의 점유'와 관련하여서는 적용의 여지가 없고, 재물을 점유하는 소유자로부터 이를 상속받아 그 소유권을 취득하였다고 하더라도 상속인이 그 재물에 관하여 사실상의 지배를 가지게 되어야만 이를 점유하는 것으로서 그때부터 비로소 상속인에 대한 절도죄가 성립할 수 있다(대판 2012.4.26. 2010도6334).

정답 ③

19 **재산죄에 대한 설명으로 옳지 않은 것은? (다툼이 있으면 판례에 의함)** [12 국가7급]

① 甲이 자신의 모(母) A 명의로 구입 · 등록하여 A에게 명의신탁한 자동차를 乙에게 담보로 제공한 후 乙 몰래 가져간 경우 甲에 대하여는 절도죄가 성립한다.

② 주간에 사람의 주거 등에 침입하여 야간에 타인의 재물을 절취한 행위는 형법 제330조의 야간주거침입절도죄를 구성하지 않는다.

③ 주간에 2인이 합동하여 아파트 출입문 시정장치를 손괴하다가 발각되어 도주한 경우에 특수절도미수죄가 성립되지 않는다.

④ 소유자의 승낙 없이 오토바이를 타고 가서 다른 장소에 버린 경우 자동차등불법사용죄가 성립한다.

해설

① [○] 피고인 甲이 자신의 모(母) A 명의로 구입 · 등록하여 A에게 명의신탁한 자동차를 乙에게 담보로 제공한 후 이를 乙 몰래 가져간 경우, 乙에 대한 관계에서 자동차의 소유자는 A이고 甲이 소유자가 아니므로 절도죄가 성립한다(대판 2012.4.26. 2010도11771).

② [○] 형법은 야간에 이루어지는 주거침입행위의 위험성에 주목하여 그러한 행위를 수반한 절도를 야간주거침입절도죄로 중하게 처벌하고 있는 것으로 보아야 하고, 따라서 주거침입이 주간에 이루어진 경우에는 야간주거침입절도죄가 성립하지 않는다고 해석하는 것이 타당하다(대판 2011.4.14. 2011도300).

③ [○] 피고인들이 주간에 피해자의 아파트 출입문 시정장치를 손괴하다가 마침 귀가하던 피해자에게 발각되어 도주한 경우, 특수절도미수죄는 성립하지 아니한다(대판 2009.12.24. 2009도9667).

④ [×] 소유자의 승낙 없이 오토바이를 타고 가서 다른 장소에 버린 경우 자동차등불법사용죄가 아닌 절도죄가 성립한다(대판 2002.9.6. 2002도3465).

정답 ④

20 **절도죄에 관한 다음 설명 중 가장 옳지 않은 것은? (다툼이 있으면 판례에 의함)** [16 법원9급]

① 피고인이 피해자의 영업점 내에 있는 피해자 소유의 휴대전화를 허락 없이 가지고 나와 이를 이용하여 통화를 하고 문자메시지를 주고받은 다음 약 1~2시간 후 피해자에게 아무런 말을 하지 않고 위 영업점 정문 옆 화분에 놓아두고 간 경우 절도죄가 성립한다.

② 타인의 은행 직불카드를 무단사용하여 타인의 예금계좌에서 자기의 예금계좌로 돈을 이체시킨 경우 직불카드 자체가 가지는 경제적 가치가 계좌이체된 금액만큼 소모되었다고 할 수 있으므로 이를 일시 사용하고 곧 반환한 경우라도 직불카드에 대한 불법영득의 의사가 있다고 보아야 한다.

③ 피해자가 결혼예식장에서 신부측 축의금 접수인인 것처럼 행세하는 피고인에게 축의금을 내어놓자 피고인이 위 돈을 가져간 경우 절도죄에 해당한다.

④ 피고인이 피해자의 컴퓨터에 저장된 정보를 출력하여 생성한 문서를 가지고 간 행위를 들어 피해자 소유의 문서를 절취한 것으로 볼 수는 없다.

해설

① [○] 피고인 甲이 A의 영업점 내에 있는 A 소유의 휴대전화를 허락 없이 가지고 나와 이를 이용하여 통화를 하고 문자메시지를 주고받은 다음 약 1~2시간 후 A에게 아무런 말을 하지 않고 영업점 정문 옆 화분에 놓아두고 간 경우, 피고인 甲은 휴대전화를 자신의 소유물과 같이 그 경제적 용법에 따라 이용하다가 본래의 장소와 다른 곳에 유기한 것에 다름 아니므로 불법영득의 의사가 있었다고 할 것이다(대판 2012.7.12. 2012도1132).

② [×] 은행이 발급한 직불카드를 사용하여 타인의 예금계좌에서 자기의 예금계좌로 돈을 이체시켰다 하더라도 직불카드 자체가 가지는 경제적 가치가 계좌이체된 금액만큼 소모되었다고 할 수는 없으므로 이를 일시 사용하고 곧 반환한 경우에는 그 직불카드에 대한 불법영득의 의사는 없다고 보아야 한다(대판 2006.3.9. 2005도7819).

③ [○] 피해자가 결혼예식장에서 신부측 축의금 접수인인 것처럼 행세하는 피고인에게 축의금을 내어 놓자 이를 교부받아 가로챈 경우, 피해자의 교부행위의 취지는 신부측에 전달하는 것일 뿐 피고인에게 그 처분권을 주는 것이 아니므로 이를 피고인에게 교부한 것이라고 볼 수 없고 단지 신부측 접수대에 교부하는 취지에 불과하므로 피고인이 그 돈을 가져간 것은 신부측 접수처의 점유를 침탈하여 범한 절취행위라고 보는 것이 정당하다(대판 1996.10.15. 96도2227).

④ [○] 컴퓨터에 저장되어 있는 '정보' 그 자체는 유체물이라고 볼 수도 없고 물질성을 가진 동력도 아니므로 재물이 될 수 없다 할 것이며 또 이를 복사하거나 출력하였다 할지라도 그 정보 자체가 감소하거나 피해자의 점유 및 이용가능성을 감소시키는 것이 아니므로 그 복사나 출력 행위를 가지고 절도죄를 구성한다고 볼 수도 없다(대판 2002.7.12. 2002도745).

정답 ②

21 甲의 죄책에 관한 설명 중 옳은 것(○)과 옳지 않은 것(×)을 올바르게 조합한 것은? (다툼이 있는 경우에는 판례에 의함)

[14 변호사]

ㄱ. 甲이 야간에 카페에서 업주의 주거로 사용되는 그곳 내실에 침입하여 장식장 안에 들어 있는 정기적금통장을 꺼내 들고 카페로 나오던 중 발각되어 돌려준 경우 야간주거침입절도죄의 기수가 성립한다.

ㄴ. 甲이 乙 명의로 구입·등록하여 乙에게 명의신탁한 자동차를 피해자에게 담보로 제공한 후, 甲이 피해자가 점유중인 자동차를 몰래 가져간 경우 이 자동차는 甲 소유의 재물이어서 권리행사방해죄의 객체가 되므로 자동차에 대한 절도죄가 성립하지 않는다.

ㄷ. 손님이 甲이 PC방에서 다른 손님이 두고 간 휴대전화를 업주 몰래 가지고 간 경우 업주가 휴대전화를 현실적으로 발견하지 않는 한 이에 대한 점유를 개시하였다고 할 수 없으므로 절도죄가 아닌 점유이탈물횡령죄가 성립한다.

ㄹ. 甲이 상사와의 의견충돌 끝에 항의의 표시로 사표를 제출한 다음 평소 자신이 전적으로 보관·관리해 오던 비자금관련 서류 및 금품이 든 가방을 가지고 나왔으나 그 이후 계속 정상적으로 근무한 경우 불법영득의사를 인정할 수 없어 절도죄가 성립하지 않는다.

ㅁ. 甲이 피해자의 영업점 내에 있는 피해자 소유의 휴대전화를 허락 없이 가지고 나와 휴대전화를 이용하여 통화하고 문자메시지를 주고받은 다음 2시간 후에 피해자에게 아무런 말을 하지 않고 피해자의 영업점 정문 옆 화분에 놓아두고 간 경우 불법영득의 의사가 인정되기 때문에 절도죄가 성립한다.

① ㄱ[×], ㄴ[○], ㄷ[○], ㄹ[×], ㅁ[×]
② ㄱ[○], ㄴ[×], ㄷ[×], ㄹ[○], ㅁ[○]
③ ㄱ[○], ㄴ[○], ㄷ[×], ㄹ[×], ㅁ[×]
④ ㄱ[×], ㄴ[×], ㄷ[×], ㄹ[×], ㅁ[○]
⑤ ㄱ[○], ㄴ[○], ㄷ[×], ㄹ[○], ㅁ[○]

해설

ㄱ. [○] 피고인이 피해자 경영의 까페에서 야간에 아무도 없는 그곳 내실에 침입하여 장식장 안에 들어 있던 정기적금통장 등을 꺼내 들고 까페로 나오던 중 발각되어 돌려 준 경우 피고인은 피해자의 재물에 대한 소지를 침해하고, 일단 피고인 자신의 지배 내에 옮겼다고 볼 수 있으니 절도의 미수에 그친 것이 아니라 야간주거침입절도의 기수라고 할 것이다(대판 1991.4.23. 91도476).

ㄴ. [×] [1] 당사자 사이에 자동차의 소유권을 등록명의자 아닌 자가 보유하기로 약정한 경우, 약정 당사자 사이의 내부관계에서는 등록명의자 아닌 자가 소유권을 보유하게 된다고 하더라도 제3자에 대한 관계에서는 어디까지나 등록명의자가 자동차의 소유자라고 할 것이다.

[2] 피고인(甲)이 자신의 모(母) 乙 명의로 구입·등록하여 乙에게 명의신탁한 자동차를 丙에게 담보로 제공한 후 丙 몰래 가져간 경우, 丙에 대한 관계에서 자동차의 소유자는 乙이고 피고인(甲)은 소유자가 아니므로 丙이 점유하고 있는 자동차를 임의로 가져간 이상 절도죄가 성립한다(대판 2012.4.26. 2010도11771).

ㄷ. [×] 피해자가 피씨방에 두고 간 핸드폰은 피씨방 관리자의 점유하에 있어서 제3자가 이를 취한 행위는 절도죄를 구성한다(대판 2007.3.15. 2006도9338).

ㄹ. [○] 상사와의 의견 충돌 끝에 항의의 표시로 사표를 제출한 다음 평소 피고인이 전적으로 보관·관리해 오던 이른바 비자금 관계 서류 및 금품이 든 가방을 들고 나온 경우 불법영득의 의사가 있다고 할 수 없을 뿐만 아니라, 그 서류 및 금품이 타인의 점유하에 있던 물건이라고도 볼 수 없다(대판 1995.9.5. 94도3033).

ㅁ. [○] 피고인(甲)이 피해자의 영업점 내에 있는 피해자 소유의 휴대전화를 허락 없이 가지고 나와 이를 이용하여 통화를 하고 문자메시지를 주고받은 다음 약 1~2시간 후 피해자에게 아무런 말을 하지 않고 위 영업점 정문 옆 화분에 놓아두고 간 경우, 피고인(甲)은 피해자의 휴대전화를 자신의 소유물과 같이 경제적 용법에 따라 이용하다가 본래의 장소와 다른 곳에 유기한 것이므로 피고인(甲)에게 불법영득의사가 인정되어 절도죄가 성립한다(대판 2012.7.12. 2012도1132).

정답 ②

22 절도죄에 관한 설명 중 가장 적절하지 않은 것은? (다툼이 있으면 판례에 의함) [17 경찰승진]

① 형법상 절취란 타인이 점유하고 있는 자기 이외의 자의 소유물을 점유자의 의사에 반하여 그 점유를 배제하고 자기 또는 제3자의 점유로 옮기는 것을 말한다.

② 절도범이 혼자 입목을 땅에서 완전히 캐낸 후에 비로소 제3자가 가담하여 함께 입목을 운반하였다면 특수절도죄가 성립한다.

③ 명의대여 약정에 따라 종업원 甲 명의로 음식점의 영업허가를 받고 사업자등록을 한 뒤 甲 명의의 영업허가증과 사업자등록증을 乙이 교부받아 보관하고 있던 중 甲이 이를 꺼내어 갔다면 절도죄에 해당한다.

④ 자동차 명의신탁관계에서 제3자가 명의수탁자로부터 승용차를 가져가 매도할 것을 허락받고 인감증명 등을 교부받아 위 승용차를 명의신탁자 몰래 가져간 경우 위 제3자와 명의수탁자는 절도죄의 공모공동정범에 해당한다.

해설

① [○] 형법상 절취란 타인이 점유하고 있는 자기 이외의 자의 소유물을 점유자의 의사에 반하여 그 점유를 배제하고 자기 또는 제3자의 점유로 옮기는 것을 말한다(대판 2014.9.25. 2014도8984).

② [×] [1] 입목을 절취하기 위하여 이를 캐낸 때에는 그 시점에서 이미 소유자의 입목에 대한 점유가 침해되어 범인의 사실적 지배하에 놓이게 됨으로써 범인이 그 점유를 취득하게 되는 것이므로 이때 절도죄는 기수에 이르렀다고 할 것이고, 이를 운반하거나 반출하는 등의 행위는 필요로 하지 않는다.

[2] 피고인 甲이 영산홍을 땅에서 캐낸 그 시점에서 이미 절취행위는 기수에 이르렀다고 할 것이므로 그 이후에 피고인 乙이 영산홍을 甲과 함께 승용차까지 운반하였다고 하더라도 그러한 행위가 다른 죄에 해당하는지의 여부는 별론으로 하고, 乙이 甲과 합동하여 영산홍 절취행위를 하였다고 볼 수 없다(대판 2008.10.23. 2008도6080).

③ [○] 명의대여 약정에 따른 신청에 의하여 발급된 영업허가증과 사업자등록증은 피해자가 인도받음으로써 피해자의 소유가 되었다고 할 것이므로, 이를 명의대여자가 가지고 간 행위는 절도죄에 해당한다(대판 2004.3.12. 2002도5090).

④ [○] 자동차 명의신탁관계에서 제3자가 명의수탁자로부터 승용차를 가져가 매도할 것을 허락받고 인감증명 등을 교부받아 위 승용차를 명의신탁자 몰래 가져간 경우, 위 제3자와 명의수탁자의 공모·가공에 의한 절도죄의 공모공동정범이 성립한다(대판 2007.1.11. 2006도4498).

정답 ②

23 절도죄에 관한 다음 설명 중 가장 옳지 않은 것은? (다툼이 있으면 판례에 의함)

[15 법원9급]

① 피고인이 피해자와의 동업자금으로 구입하여 피해자가 관리하고 있던 물건을 피해자의 허락 없이 제3자로 하여금 운전하여 가게 하는 행위는 절도죄에 해당한다.

② 절취한 타인의 신용카드를 이용하여 현금지급기에서 그 타인의 계좌에서 자신의 계좌로 돈을 이체한 후 자신의 신용카드나 현금카드를 이용하여 현금을 인출한 경우 그 현금인출은 현금지급기 관리자의 의사에 반하여 그의 지배를 배제한 채 그 현금을 자기의 지배하에 옮겨 놓는 행위로서 절도죄에 해당한다.

③ 자동차 명의신탁관계에서 제3자가 명의수탁자로부터 승용차를 가져가 매도할 것을 허락받고 인감증명 등을 교부받아 위 승용차를 명의신탁자 몰래 가져간 경우 위 제3자와 명의수탁자는 절도죄의 공모공동정범에 해당한다.

④ 귀금속가게에서 마치 귀금속을 구입할 것처럼 가장하여 피해자로부터 순금목걸이 등을 건네받은 다음 화장실에 갔다오겠다는 핑계를 대고 도주한 행위는 절도죄에 해당한다.

해설

① [○] 피고인 甲이 甲과 A의 동업자금으로 구입하여 A가 관리하고 있던 다이야포크레인 1대를 그의 허락 없이 乙로 하여금 운전하여 가도록 한 행위는 절도죄를 구성한다(대판 1990.9.11. 90도1021).

② [×] [1] 절취한 타인의 신용카드를 이용하여 현금지급기에서 계좌이체를 한 행위는 컴퓨터등사용사기죄에서 컴퓨터 등 정보처리장치에 권한 없이 정보를 입력하여 정보처리를 하게 한 행위에 해당함은 별론으로 하고 이를 절취행위라고 볼 수는 없다. [2] 위 계좌이체 후 현금지급기에서 현금을 인출한 행위는 자신의 신용카드나 현금카드를 이용한 것이어서 이러한 현금인출이 현금지급기 관리자의 의사에 반한다고 볼 수 없어 절취행위에 해당하지 않으므로 절도죄를 구성하지 않는다(대판 2008.6.12. 2008도2440).

③ [○] A가 승용차를 구입한 실질적인 소유자이고, 다만 장애인 면세혜택 등의 적용을 받기 위해 피고인 甲의 어머니 乙의 명의를 빌려 등록한 상태라면, 피고인 甲이 乙로부터 승용차를 가져가 매도할 것을 허락받고 그녀의 인감증명 등을 교부받은 뒤에 A 몰래 승용차를 가져간 경우 甲과 乙은 절도죄의 공모공동정범이 성립된다(대판 2007.1.11. 2006도4498).

④ [○] 피고인이 금방에서 마치 귀금속을 구입할 것처럼 가장하여 피해자로부터 순금목걸이 등을 건네받은 다음 화장실에 갔다오겠다는 핑계를 대고 도주한 것이라면, 순금목걸이 등은 도주하기 전까지는 아직 피해자의 점유하에 있었다고 할 것이므로 이를 절도죄로 의율 처단한 것은 정당하다(대판 1994.8.12. 94도1487).

정답 ②

24 절도죄에 대한 설명으로 옳은 것은? (다툼이 있으면 판례에 의함)

[16 국가9급]

① 타인의 예금통장을 무단 사용하여 상당액의 예금을 인출한 후 바로 반환한 경우 그 예금통장에 대한 절도죄가 성립한다.

② 타인의 인감도장을 몰래 가지고 가서 차용금증서의 연대보증인란에 찍고 난 후 바로 제자리에 넣어 둔 경우 그 인감도장에 대한 절도죄가 성립한다.

③ 타인의 직불카드를 무단 사용하여 그 타인의 예금계좌에서 자기의 예금계좌로 돈을 이체시킨 후 바로 반환한 경우 그 직불카드에 대한 절도죄가 성립한다.

④ 타인의 신용카드를 무단 사용하여 현금자동지급기에서 현금을 인출한 후 바로 반환한 경우 그 신용카드에 대한 절도죄가 성립한다.

해설

① [○] 타인의 예금통장을 무단사용하여 예금을 인출한 후 바로 예금통장을 반환하였다 하더라도 그 사용으로 인한 경제적 가치의 소모가 무시할 수 있을 정도로 경미한 경우가 아닌 이상, 예금통장 자체가 가지는 예금액 증명기능의 경제적 가치에 대한 불법영득의 의사를 인정할 수 있으므로 절도죄가 성립한다(대판 2010.5.27. 2009도9008).

② [×] 피고인이 피해자의 도장과 인감도장을 그의 책상 서랍에서 몰래 꺼내어 가서 그것을 차용금증서의 연대보증인란에 찍고 난 후 곧 제자리에 넣어 두었다면, 도장에 대한 불법영득의 의사가 있었다고 인정할 수 없다(대판 1987.12.8. 87도1959).

③ [×] 직불카드를 사용하여 타인의 예금계좌에서 자기의 예금계좌로 돈을 이체시켰다 하더라도 직불카드 자체가 가지는 경제적 가치가 계좌이체된 금액만큼 소모되었다고 할 수는 없으므로 이를 일시 사용하고 곧 반환한 경우에는 직불카드에 대한 불법영득의 의사는 없다고 보아야 한다(대판 2006.3.9. 2005도7819).

④ [×] 신용카드를 사용하여 현금자동지급기에서 현금을 인출하였다 하더라도 신용카드 자체가 가지는 경제적 가치가 인출된 예금액만큼 소모되었다고 할 수 없으므로 이를 일시 사용하고 곧 반환한 경우에는 불법영득의 의사가 없다고 보아야 한다(대판 1999.7.9. 99도857).

정답 ①

25 절도죄에 관한 다음 설명 중 가장 옳지 않은 것은? (다툼이 있으면 판례에 의함) [11 법원9급]

① 타인의 전화기를 무단으로 사용하여 전화통화를 하는 행위의 경우, 상대방과 통신을 매개하여 주는 역무는 무형적인 이익에 불과하고 물리적 관리의 대상이 될 수 없어 재물이 아니라고 할 것이므로 절도죄의 객체가 되지 아니한다.

② 내연관계에 있던 여자가 계속 회피하며 만나 주지 않자 내연관계를 회복시켜 볼 목적으로 그녀의 물건을 가져 와 보관한 후 이를 찾으러 오면 그때 그 물건을 반환하면서 타일러 다시 내연관계를 지속시킬 생각으로 물건을 가져왔고 그녀의 가족에게 그 사실을 그녀에게 연락하라고 말하였으며 그 후 이를 보관하고 있으면서 이용 내지 소비하지 아니한 경우에는 불법영득의 의사가 있다고 할 수 없다.

③ 절도범인과 피해물건의 소유자 사이에 친족관계가 있으면 친족상도례가 적용되고, 반드시 절도범인과 점유자 사이에도 친족관계가 있어야 하는 것은 아니다.

④ 재물을 사용한 후에 본래의 장소와 다른 곳에 유기하여 소유자가 우연히 이를 반환받을 수 있게 한 데 불과한 때에는 절도죄가 성립한다.

해설

① [○] 타인의 전화기를 무단으로 사용하여 전화통화를 하는 행위는 전기통신사업자에 의하여 가능하게 된 전화기의 음향송수신 기능을 부당하게 이용하는 것으로, 이러한 내용의 역무는 무형적인 이익에 불과하고 물리적 관리의 대상이 될 수 없어 재물이 아니라고 할 것이므로 절도죄의 객체가 되지 아니한다(대판 1998.6.23. 98도700).

② [○] 피고인 甲이 A와의 내연관계를 회복시켜 볼 목적으로 A의 물건을 가져와 보관한 후 이를 찾으러 오면 그때 그 물건을 반환하면서 잘 타일러 다시 내연관계를 지속시킬 생각으로 그 물건을 가져온 것이라면 불법영득의 의사가 있다고 할 수 없다(대판 1992.5.12. 92도280).

③ [×] 친족상도례 규정은 범인과 피해물건의 소유자 및 점유자 쌍방간에 친족관계가 있는 경우에만 적용되는 것이고, 단지 절도범인과 피해물건의 소유자간에만 친족관계가 있거나 절도범인과 피해물건의 점유자간에만 친족관계가 있는 경우에는 그 적용이 없다(대판 2014.9.25. 2014도8984).

④ [○] 절도죄의 성립에 필요한 불법영득의 의사란 권리자를 배제하고 타인의 물건을 자기의 소유물과 같이 이용·처분할 의사를 말하고 영구적으로 물건의 경제적 이익을 보유할 의사임은 요하지 않으며, 일시 사용의 목적으로 타인의 점유를 침탈한 경우에도 사용으로 인하여 물건 자체가 가지는 경제적 가치가 상당한 정도로 소모되거나 또는 상당한 장시간 점유하고 있거나 본래의 장소와 다른 곳에 유기하는 경우에는 이를 일시 사용하는 경우라고는 볼 수 없으므로 영득의 의사가 없다고 할 수 없다(대판 2014.8.20. 2012도12828).

정답 ③

26 **다음 중 甲에게 절도죄 또는 특수절도죄가 인정되는 것은 모두 몇 개인가? (다툼이 있으면 판례에 의함)**

[12 경찰채용]

> ㉠ 甲이 자신의 모(母)인 A명의로 구입·등록하여 A에게 명의신탁한 자동차를 B에게 담보로 제공한 후 B 몰래 가져간 경우
> ㉡ 쇄석장비들에 관하여 점유개정의 방법에 의한 양도담보부 금전소비대차계약을 체결한 후 채무자가 변제기일이 지나도 채무를 변제하지 아니하자 채권자 甲이 채무자의 의사에 반하여 쇄석장비들을 임의로 분해하여 가지고 간 경우
> ㉢ 甲이 타인의 예금통장을 무단사용하여 예금을 인출한 후 바로 예금통장을 반환하였다 하더라도 그 사용으로 인한 경제적 가치의 소모가 무시할 수 있을 정도로 경미하지 않는 경우
> ㉣ 甲이 타인의 신용카드를 이용하여 현금지급기에서 자신의 예금계좌로 돈을 이체시킨 후 현금을 인출한 경우

① 1개
② 2개
③ 3개
④ 4개

해설

㉠ [인정] B에 대한 관계에서 자동차의 소유자는 A이고 피고인은 소유자가 아니므로 B가 점유하고 있는 자동차를 임의로 가져간 이상 절도죄가 성립한다(대판 2012.4.26. 2010도11771).
㉡ [인정] 피해자의 의사에 반하여 쇄석장비를 임의로 분해하여 가지고 간 경우 불법영득의사가 있었다고 보아야 한다(대판 2005.6.24. 2005도2861).
㉢ [인정] 타인의 예금통장을 무단사용하여 예금을 인출한 후 바로 예금통장을 반환하였다 하더라도 그 사용으로 인한 경제적 가치의 소모가 무시할 수 있을 정도로 경미한 경우가 아닌 이상, 예금통장 자체가 가지는 예금액 증명기능의 경제적 가치에 대한 불법영득의 의사를 인정할 수 있으므로 절도죄가 성립한다(대판 2010.5.27. 2009도9008).
㉣ [불인정] 타인의 신용카드를 이용하여 현금지급기에서 계좌이체를 한 행위는 컴퓨터등사용사기죄에서 컴퓨터 등 정보처리장치에 권한 없이 정보를 입력하여 정보처리를 하게 한 행위에 해당함은 별론으로 하고 이를 절취행위라고 볼 수는 없고, 한편 계좌이체 후 현금지급기에서 현금을 인출한 행위는 자신의 신용카드나 현금카드를 이용한 것이어서 이러한 현금인출이 현금지급기 관리자의 의사에 반한다고 볼 수 없어 절취행위에 해당하지 않으므로 절도죄를 구성하지 않는다(대판 2008.6.12. 2008도2440).

정답 ③

27 **절도죄에 관한 설명이다. 다음 중 옳은 것은 모두 몇 개인가? (다툼이 있으면 판례에 의함)**

[15 경찰채용]

> ㉠ 甲과 乙이 주간에 절도의 의사로 아파트 출입문 시정장치를 손괴하다가 발각되어 도주한 경우 특수절도의 미수에 해당한다.
> ㉡ 甲이 상사와의 의견 충돌 끝에 항의의 표시로 사표를 제출한 다음 평소 자신이 전적으로 보관·관리해 오던 이른바 비자금 관계 서류 및 금품이 든 가방을 들고 나온 경우 불법영득의사가 인정되어 절도죄가 성립한다.
> ㉢ 절도죄에서 친족상도례에 관한 규정이 적용되려면 범인과 피해물건의 소유자나 점유자 어느 일방과 사이에서만 친족관계가 있으면 된다.
> ㉣ 甲이 타인의 신용카드를 이용하여 현금지급기에서 자신의 계좌로 돈을 이체한 후 현금지급기에서 甲 자신의 신용카드나 현금카드를 이용하여 현금을 인출한 행위는 절도죄를 구성하지 않는다.

① 1개
② 2개
③ 3개
④ 4개

해설

㉠ [×] '주간'에 아파트 출입문 시정장치를 손괴하다가 귀가하던 피해자에게 발각되어 도주하였다고 하더라도 절취할 물건의 물색행위를 시작하기 전이므로 형법 제331조 제2항의 특수절도미수죄는 성립하지 아니한다(대판 2009.12.24. 2009도9667).

㉡ [×] 상사와의 의견 충돌 끝에 항의의 표시로 사표를 제출한 다음 평소 피고인이 전적으로 보관, 관리해 오던 이른바 비자금 관계 서류 및 금품이 든 가방을 들고 나온 경우, 불법영득의 의사가 있다고 할 수 없을 뿐만 아니라 그 서류 및 금품이 타인의 점유하에 있던 물건이라고도 볼 수 없다(대판 1995.9.5. 94도3033).

㉢ [×] 친족상도례는 범인과 피해물건의 소유자 및 점유자 쌍방간에 친족관계가 있는 경우에만 적용되는 것이며, 단지 절도범인과 피해물건의 소유자간에만 친족관계가 있거나 절도범인과 피해물건의 점유자간에만 친족관계가 있는 경우에는 그 적용이 없다(대판 2014.9.25. 2014도8984).

㉣ [○] 절취한 타인의 신용카드를 이용하여 현금지급기에서 계좌이체를 한 행위는 컴퓨터등사용사기죄에서 컴퓨터 등 정보처리장치에 권한 없이 정보를 입력하여 정보처리를 하게 한 행위에 해당함은 별론으로 하고 이를 절취행위라고 볼 수는 없고, 한편 계좌이체 후 현금지급기에서 현금을 인출한 행위는 자신의 신용카드나 현금카드를 이용한 것이어서 이러한 현금인출이 현금지급기 관리자의 의사에 반한다고 볼 수 없어 절취행위에 해당하지 않으므로 절도죄를 구성하지 않는다(대판 2008.6.12. 2008도2440).

정답 ①

28 **절도의 죄에 관한 설명으로 가장 적절하지 않은 것은? (다툼이 있는 경우 판례에 의함)** [22 경찰채용]

① 어떠한 물건을 점유자의 의사에 반하여 취거하는 행위가 결과적으로 소유자의 이익으로 된다는 사정 또는 소유자의 추정적 승낙이 있다고 볼만한 사정이 있다고 하더라도, 다른 특별한 사정이 없는 한 그러한 사유만으로 불법영득의 의사가 없다고 할 수는 없다.

② 주간에 절도의 목적으로 타인의 주거에 침입하였다고 하여도 아직 절취할 물건의 물색행위를 시작하기 전이라면 절도죄의 실행에 착수한 것으로 볼 수 없는 것이어서 절도미수죄는 성립하지 않는다.

③ 입목을 절취하기 위하여 이를 캐낸 때에는 그 시점에서 아직 소유자의 입목에 대한 점유가 침해되어 범인의 사실적 지배하에 놓였다고는 볼 수 없고 이를 운반하거나 반출하는 등의 행위가 있어야 그 점유를 취득하게 되는 것이므로, 이때 절도죄는 기수에 이르렀다고 할 것이다.

④ 상습절도 등의 범행을 한 자가 추가로 자동차등불법사용의 범행을 한 경우에 그것이 절도 습벽의 발현이라고 보이는 이상 자동차등불법사용의 범행은 상습절도 등의 죄에 흡수되어 1죄만이 성립한다.

해설

① [○] 어떠한 물건을 점유자의 의사에 반하여 취거하는 행위가 결과적으로 소유자의 이익으로 된다는 사정 또는 소유자의 추정적 승낙이 있다고 볼만한 사정이 있다고 하더라도, 다른 특별한 사정이 없는 한 그러한 사유만으로 불법영득의 의사가 없다고 할 수는 없다고 하면서, 우선 피고인이 자기 이외의 자의 소유물인 이 사건 승용차를 점유자인 피해자의 의사에 반하여 그 점유를 배제하고 자기의 점유로 옮긴 이상 그러한 행위가 절취에 해당함은 분명하다. 또한 피고인이 이 사건 승용차를 임의로 가져간 것이 소유자인 OO캐피탈의 의사에 반하는 것이라고는 보기 어렵고 실제로 위 승용차가 OO캐피탈에 반납된 사정을 감안한다고 하더라도, 그러한 사정만으로는 피고인에게 불법영득의 의사가 없다고 할 수도 없다(대판 2014.2.21. 2013도14139).

② [○] 주간에 절도의 목적으로 타인의 주거에 침입하였다고 하여도 아직 절취할 물건의 물색행위를 시작하기 전이라면 절도죄의 실행에 착수한 것으로 볼 수 없는 것이어서 절도미수죄는 성립하지 않는다(대판 1992.9.8. 92도16).

③ [×] 입목(영산홍나무)을 절취하기 위하여 캐낸 때에 소유자의 입목에 대한 점유가 침해되어 범인의 사실적 지배하에 놓이게 되므로 범인이 그 점유를 취득하고 절도죄는 기수에 이른다. 이를 운반하거나 반출하는 등의 행위는 필요하지 않다(대판 2008.10.23. 2008도6080).

④ [○] 상습절도 등의 범행을 한 자가 추가로 자동차 등 불법사용의 범행을 한 경우에 그것이 절도 습벽의 발현이라고 보이는 이상 자동차 등 불법사용의 범행은 상습절도 등의 죄에 흡수되어 1죄만이 성립한다(대판 2002.4.26. 2002도429).

정답 ③

29 **절도 및 강도의 죄에 관한 설명 중 가장 적절한 것은? (다툼이 있는 경우 판례에 의함)** [23 경찰채용]

① 주거침입이 주간에 이루어졌더라도 야간에 절취행위를 하였다면 야간주거침입절도죄가 성립한다.
② 절도 습벽의 발현으로 절도, 야간주거침입절도, 특수절도, 자동차 등 불법사용의 범행을 함께 저지른 경우, 자동차 등불법사용의 범행은 상습절도죄에 흡수되지 않고 자동차불법사용죄가 따로 성립한다.
③ 절도 범인이 처음에는 흉기를 휴대하지 아니하였으나, 체포를 면탈할 목적으로 폭행 또는 협박을 가할 때에 비로소 흉기를 휴대 사용하게 된 경우에는 형법 제334조의 예에 의한 준강도(특수강도의 준강도)가 된다.
④ 강도살인죄의 주체인 '강도'에는 준강도죄의 강도범인이 포함되지 않는다.

해설

① [×] 형법은 제329조에서 절도죄를 규정하고 곧바로 제330조에서 야간주거침입절도죄를 규정하고 있을 뿐, 야간절도죄에 관하여는 처벌 규정을 별도로 두고 있지 아니하다. … 형법은 야간에 이루어지는 주거침입행위의 위험성에 주목하여 그러한 행위를 수반한 절도를 야간주거침입절도죄로 중하게 처벌하고 있는 것으로 보아야 하고, 따라서 '주거침입이 주간에 이루어진 경우'에는 야간주거침입절도죄가 성립하지 않는다고 해석하는 것이 타당하다(대판 2011.4.14. 2011도300).
② [×] 상습절도 등의 범행을 한 자가 추가로 자동차등불법사용의 범행을 한 경우에 그것이 절도 습벽의 발현이라고 보이는 이상 자동차 등 불법사용의 범행은 상습절도 등의 죄에 흡수되어 1죄만이 성립하고, 이와 별개로 자동차등불법사용죄는 성립하지 않는다고 보아야 한다(대판 2002.4.26. 2002도429).
③ [○] 절도 범인이 처음에는 흉기를 휴대하지 아니하였으나, 체포를 면탈할 목적으로 폭행 또는 협박을 가할 때에 비로소 흉기를 휴대 사용하게 된 경우에는 형법 제334조의 예에 의한 준강도가 된다(대판(전) 1973.11.13. 73도1553).
④ [×] 강도살인죄(형법 제338조)의 주체인 강도는 준강도죄의 강도범인을 포함한다고 할 것이므로, 절도가 체포를 면탈할 목적으로 사람을 살해한 때에는 강도살인죄가 성립한다(대판 1987.9.22. 87도1592).

정답 ③

30 **다음 사례 중 甲의 행위가 동일한 범죄구성요건에 해당하는 것으로만 짝지어진 것은? (다툼이 있는 경우 판례에 의함)** [22 경찰채용]

㉠ A는 B가 운영하는 피씨방을 이용하고 나오면서 자신의 핸드폰을 두고 왔는데, 그때 B의 피씨방을 이용하고 있던 甲이 A가 두고 간 핸드폰을 발견하고 그것을 가지고 갔다.
㉡ 甲은 A로부터 그의 오토바이를 타고 심부름을 다녀와 달라는 부탁을 받고 다녀오던 중, 마음이 변하여 A에게 오토바이를 돌려주지 않고 그대로 타고 가버렸다.
㉢ A는 지하철 선반 위에 올려둔 가방을 깜빡 잊고 그대로 지하철에서 내렸고, 이를 본 甲은 A가 가방을 두고 내린 것을 아무도 알아채지 못한 틈을 타 그 가방을 들고 지하철에서 내렸다.
㉣ 甲은 자신의 토지를 임차하여 대나무를 식재하고 가꾸어 온 A의 대나무를 그의 의사에 반하여 벌채하여 갔다.
㉤ 甲은 A의 토지 위에 권원 없이 식재한 자신의 감나무에 열린 감을 수확해 갔다.

① ㉠, ㉡, ㉣　　② ㉡, ㉢, ㉤
③ ㉠, ㉢, ㉣　　④ ㉠, ㉣, ㉤

해설

㉠ [절도죄] 피해자가 피씨방에 두고 간 핸드폰은 피씨방 관리자의 점유하에 있어서 제3자가 이를 취한 행위는 절도죄를 구성한다고 할 것이다(대판 2007.3.15. 2006도9338).
㉡ [횡령죄] 피해자가 그 소유의 오토바이를 타고 심부름을 다녀오라고 하여서 그 오토바이를 타고 가다가 마음이 변하여 이를 반환하지 아니한 채 그대로 타고 가버렸다면 횡령죄를 구성함은 별론으로 하고 적어도 절도죄를 구성하지는 아니한다(대판 1986.8.19. 86도1093).
㉢ [점유이탈물횡령죄] 승객이 놓고 내린 지하철의 전동차 바닥이나 선반 위에 있던 물건을 가지고 간 경우, 지하철의 승무원은 유실물법상 전동차의 관수자로서 승객이 잊고 내린 유실물을 교부받을 권능을 가질 뿐 전동차 안에 있는 승객의 물건을 점유한다고 할 수 없고, 그 유실물을 현실적으로 발견하지 않는 한 이에 대한 점유를 개시하였다고 할 수도 없으므로, 그 사이에 위와 같은 유실물을 발견하고 가져간 행위는 점유이탈물횡령죄에 해당함은 별론으로 하고 절도죄에 해당하지는 않는다(대판 1999.11.26. 99도3963).
㉣ [절도죄] 타인의 토지 상에 권원 없이 식재한 수목의 소유권은 토지소유자에게 귀속되고, 권원에 의하여 식재한 경우에는 그 소유권이 식재한 자에게 있다(대판 1980.9.30. 80도1874).
㉤ [절도죄] 타인의 토지 상에 권원 없이 식재한 수목의 소유권은 토지소유자에게 귀속하고 권원에 의하여 식재한 경우에는 그 소유권이 식재한 자에게 있으므로, 권원 없이 식재한 감나무에서 감을 수확한 것은 절도죄에 해당한다(대판 1998.4.24. 97도3425).

정답 ④

제3절 | 강도의 죄

31 강도의 죄에 관한 다음 설명 중 가장 옳은 것은? (다툼이 있으면 판례에 의함)

[19 법원행시]

① 강도범행 이후에도 피해자를 계속 끌고 다니거나 차량에 태우고 함께 이동하는 등으로 강도범행으로 인한 피해자의 심리적 저항불능 상태가 해소되지 않은 상태에서 강도범인이 상해를 가한 경우, 강취행위와 상해행위 사이에 시간적 · 공간적 간격이 있으므로 강도상해죄가 성립하지 않는다.

② 강도예비 · 음모죄가 성립하기 위해서는 예비 · 음모 행위자에게 미필적으로라도 '강도'를 할 목적이 있음이 인정되어야 하고, 여기의 강도에는 '준강도'도 포함되므로 단순히 준강도할 목적이 있는 경우에도 강도예비 · 음모죄로 처벌할 수 있다.

③ 준강도죄의 주체는 절도이고 여기에는 기수는 물론 형법상 처벌규정이 있는 미수도 포함되는 것이지만, 준강도죄의 기수 · 미수의 구별은 구성요건적 행위인 폭행 또는 협박이 종료되었는가 하는 점에 따라 결정된다고 해석하는 것이 법규정의 문언 및 미수론의 법리에 부합하는 것이다.

④ 피고인이 여관에 들어가 1층 안내실에 있던 여관의 관리인을 칼로 찔러 상해를 가하고, 그로부터 금품을 강취한 다음, 각 객실에 들어가 각 투숙객들로부터 금품을 강취하였다면, 피고인의 위와 같은 각 행위는 포괄하여 1개의 강도상해죄만을 구성한다.

⑤ 채무의 존재가 명백할 뿐만 아니라 채권자의 상속인이 존재하고 그 상속인에게 채권의 존재를 확인할 방법이 확보되어 있는 경우에는 비록 그 채무를 면탈할 의사로 채권자를 살해하더라도 강도살인죄가 성립할 수 없다.

해설

① [×] 강도상해죄는 강도범인이 그 강도의 기회에 상해행위를 함으로써 성립하는 것이므로 강도범행의 실행 중이거나 그 실행 직후 또는 실행의 범의를 포기한 직후로서 사회통념상 범죄행위가 완료되지 아니하였다고 볼 수 있는 단계에서 상해가 행하여짐을 요건으로 한다. 그러나 반드시 강도범행의 수단으로 한 폭행에 의하여 상해를 입힐 것을 요하는 것은 아니고 상해행위가 강도가 기수에 이르기 전에 행하여져야만 하는 것은 아니므로, 강도범행 이후에도 피해자를 계속 끌고 다니거나 차량에 태우고 함께 이동하는 등으로 강도범행으로 인한 피해자의 심리적 저항불능 상태가 해소되지 않은 상태에서 강도범인의 상해행위가 있었다면 강취행위와 상해행위 사이에 다소의 시간적 · 공간적 간격이 있었다는 것만으로는 강도상해죄의 성립에 영향이 없다(대판 2014.9.26. 2014도9567).

② [×] 강도예비 · 음모죄가 성립하기 위해서는 예비 · 음모 행위자에게 미필적으로라도 '강도'를 할 목적이 있음이 인정되어야 하고 그에 이르지 않고 단순히 '준강도'할 목적이 있음에 그치는 경우에는 강도예비 · 음모죄로 처벌할 수 없다(대판 2006.9.14. 2004도6432).

③ [×] [1] 피해자에 대한 폭행 · 협박을 수단으로 하여 재물을 탈취하고자 하였으나 그 목적을 이루지 못한 자가 강도미수죄로 처벌되는 것과 마찬가지로, 절도미수범인이 폭행 · 협박을 가한 경우에도 강도미수에 준하여 처벌하는 것이 합리적이라 할 것이다. [2] 준강도죄의 기수 여부는 절도행위의 기수 여부를 기준으로 하여 판단하여야 한다(대판(전) 2004.11.18. 2004도5074).

④ [×] 피고인이 여관에 들어가 1층 안내실에 있던 여관의 관리인을 칼로 찔러 상해를 가하고 그로부터 금품을 강취한 다음, 각 객실에 들어가 투숙객들로부터 금품을 강취하였다면, 피고인의 행위는 비록 시간적으로 접착된 상황에서 동일한 방법으로 이루어지기는 하였으나 포괄하여 1개의 강도상해죄만을 구성하는 것이 아니라 실체적 경합범의 관계에 있다(대판 1991.6.25. 91도643).

⑤ [○] 채무의 존재가 명백할 뿐만 아니라 채권자의 상속인이 존재하고 그 상속인에게 채권의 존재를 확인할 방법이 확보되어 있는 경우에는 비록 그 채무를 면탈할 의사로 채권자를 살해하더라도 일시적으로 채권자측의 추급을 면한 것에 불과하여 재산상 이익의 지배가 채권자측으로부터 범인 앞으로 이전되었다고 보기는 어려우므로, 이러한 경우에는 강도살인죄가 성립할 수 없다(대판 2010.9.30. 2010도7405).

정답 ⑤

32 강도의 죄에 관한 설명 중 가장 적절하지 않은 것은? (다툼이 있으면 판례에 의함) [16 경찰승진]

① 피고인이 술집 운영자 甲으로부터 술값의 지급을 요구 받자 甲을 유인 · 폭행하고 도주하였다면, 甲에게 지급해야 할 술값의 지급을 면하여 재산상 이익을 취득하였으므로 준강도죄가 성립한다.

② 강도죄에 있어서 폭행과 협박의 정도는 사회통념상 객관적으로 상대방의 반항을 억압하거나 항거불능하게 할 정도의 것이라야 한다.

③ 강도가 체포를 면탈할 목적으로 경찰관에게 폭행을 가한 때에는 강도죄와 공무집행방해죄는 실체적 경합관계에 있다.

④ 甲이 날치기 수법으로 乙이 들고 있던 가방을 탈취하면서 가방을 놓지 않고 버티는 乙을 5m가량 끌고 감으로써 乙의 무릎 등에 상해를 입힌 경우 甲은 강도치상죄의 죄책을 진다.

해설

① [×] 피고인이 술집 운영자 甲으로부터 술값의 지급을 요구받자 甲을 유인 · 폭행하고 도주함으로써 술값의 지급을 면하고 상해를 가하였더라도, 피고인이 절도의 실행에 착수하였다는 내용이 포함되어 있지 않은 이상 준강도죄는 성립하지 아니한다(대판 2014.5.16. 2014도2521).

② [○] 강도죄에 있어서 폭행과 협박의 정도는 사회통념상 객관적으로 상대방의 반항을 억압하거나 항거불능케 할 정도의 것이라야 한다(대판 2001.3.23. 2001도359).

③ [○] 강도범인이 체포를 면탈할 목적으로 경찰관에게 폭행을 가한 때에는 강도죄와 공무집행방해죄는 실체적 경합관계에 있다(대판 1992.7.28. 92도917).

④ [○] 날치기 수법으로 피해자가 들고 있던 가방을 탈취하면서 가방을 놓지 않고 버티는 피해자를 5m가량 끌고 감으로써 피해자의 무릎 등에 상해를 입힌 경우, 반항을 억압하기 위한 목적으로 가해진 강제력으로서 그 반항을 억압할 정도에 해당한다고 보아 강도치상죄의 성립을 인정한 사례(대판 2007.12.13. 2007도7601).

정답 ①

33 **강도죄와 관련된 판례의 태도 중 가장 적절하지 않은 것은?** [15 경찰승진]

① 강간범이 강간하는 과정에서 피해자들이 도망가지 못하게 하기 위해 손가방을 빼앗은 경우 강도강간죄에 해당한다.
② 여관에 들어가 안내실에 있던 여관의 관리인을 칼로 찔러 상해를 가하고 그로부터 금품을 강취한 다음, 각 객실에 들어가 각 투숙객들로부터 금품을 강취한 행위는 피해자별로 강도상해죄 및 강도죄의 실체적 경합범이 된다.
③ 강간범이 부녀를 강간할 목적으로 폭행, 협박에 의하여 반항을 억압한 후 반항억압 상태가 계속 중임을 이용하여 재물을 탈취하는 경우에는 재물탈취를 위한 새로운 폭행, 협박이 없더라도 강도죄는 성립한다.
④ 수회에 걸쳐 "총을 훔쳐 전역 후 은행이나 현금수송차량을 털어 한탕하자"는 말을 하는 것은 강도음모죄에 해당하지 않는다.

해설

① [×] 강간하는 과정에서 피해자들이 도망가지 못하게 하기 위해 손가방을 빼앗은 것에 불과하다면 이에 불법영득의 의사가 있었다고 할 수 없다(대판 1985.8.13. 85도1170).
② [○] 여관 종업원과 주인에 대한 각 강도행위가 각별로 강도죄를 구성하되 피고인이 피해자인 종업원과 주인을 폭행·협박한 행위는 법률상 1개의 행위로 평가되는 것이 상당하므로 위 2죄는 상상적 경합범 관계에 있다(대판 1991.6.25. 91도643).
③ [○] 강간행위의 종료 전, 즉 그 실행행위의 계속 중에 강도의 행위를 할 경우에는 이때에 바로 강도의 신분을 취득하는 것이므로 이후에 그 자리에서 강간행위를 계속하는 때에는 강도가 부녀를 강간한 때에 해당하여 강도강간죄를 구성한다(대판 2010.12.9. 2010도9630).
④ [○] [1] 형법상 음모죄가 성립하는 경우의 음모란 2인 이상의 자 사이에 성립한 범죄실행의 합의를 말하는 것으로, 범죄실행의 합의가 있다고 하기 위하여는 단순히 범죄결심을 외부에 표시·전달하는 것만으로는 부족하고, 객관적으로 보아 특정한 범죄의 실행을 위한 준비행위라는 것이 명백히 인식되고, 그 합의에 실질적인 위험성이 인정될 때에 비로소 음모죄가 성립한다고 할 것이다.
[2] 피고인들이 수회에 걸쳐 "총을 훔쳐 전역 후 은행이나 현금수송차량을 털어 한탕 하자."는 말을 나눈 정도만으로는 강도음모를 인정하기에 부족하다고 할 것이다(대판 1999.11.12. 99도3801).

정답 ①

34 **강도죄에 관한 판례의 태도로 옳지 않은 것은?** [11 법원9급]

① 여관에 들어가 안내실에 있던 여관의 관리인을 칼로 찔러 상해를 가하고 그로부터 금품을 강취한 다음, 각 객실에 들어가 각 투숙객들로부터 금품을 강취한 행위는 피해자별로 강도상해죄 및 강도죄의 실체적 경합범이 된다.
② 강간범인이 부녀를 강간할 목적으로 폭행, 협박에 의하여 반항을 억압한 후 반항억압 상태가 계속 중임을 이용하여 재물을 탈취하는 경우에는 재물탈취를 위한 새로운 폭행, 협박이 없더라도 강도죄가 성립한다.
③ 형법 제333조 후단의 강도죄(이른바 강제이득죄)의 요건이 아니고 외견상 재산상의 이득을 얻을 것이라고 인정할 수 있는 사실관계만 있으면 여기에 해당된다.
④ 강간범이 강간하는 과정에서 피해자들이 도망가지 못하게 하기 위해 손가방을 빼앗은 경우 강도강간죄에 해당한다.

해설

① [○] 피고인이 여관에 들어가 1층 안내실에 있던 여관의 관리인을 칼로 찔러 상해를 가하고 그로부터 금품을 강취한 다음, 각 객실에 들어가 투숙객들로부터 금품을 강취하였다면, 피고인의 행위는 비록 시간적으로 접착된 상황에서 동일한 방법으로 이루어지기는 하였으나 포괄하여 1개의 강도상해죄만을 구성하는 것이 아니라 실체적 경합범의 관계에 있다(대판 1991.6.25. 91도643).

② [○] 강도죄는 재물탈취의 방법으로 폭행, 협박을 사용하는 행위를 처벌하는 것이므로 폭행, 협박으로 타인의 재물을 탈취한 이상 피해자가 우연히 재물탈취 사실을 알지 못하였다고 하더라도 강도죄는 성립하고, 폭행, 협박당한 자가 탈취당한 재물의 소유자 또는 점유자일 것을 요하지도 아니하며, 강간범인이 부녀를 강간할 목적으로 폭행, 협박에 의하여 반항을 억압한 후 반항억압 상태가 계속 중임을 이용하여 재물을 탈취하는 경우에는 재물탈취를 위한 새로운 폭행, 협박이 없더라도 강도죄가 성립한다(대판 2010.12.9. 2010도9630).

③ [○] 형법 제333조 후단의 강도죄(이른바 강제이득죄)의 요건이 되는 재산상의 이익이란 재물 이외의 재산상의 이익을 말하는 것으로서, 그 재산상의 이익은 반드시 사법상 유효한 재산상의 이득만을 의미하는 것이 아니고 외견상 재산상의 이득을 얻을 것이라고 인정할 수 있는 사실관계만 있으면 여기에 해당된다(대판 1997.2.25. 96도3411).

④ [×] 피고인이 피해자들에게 폭행을 가한 것은 그들의 손가방을 강취하고자 한 것이 아니고 그들을 강간하기 위함이고 손가방을 빼앗은 것은 그녀들을 강간하는 과정에서 그들이 도망가지 못하게 할 것에 지나지 않는다고 할 것이니 불법영득의 의사가 있었다고 할 수 없다(대판 1985.8.13. 85도1170).

정답 ④

35 강도의 죄에 관한 설명 중 가장 적절하지 않은 것은? (다툼이 있으면 판례에 의함) [17 경찰승진]

① 강도죄와 준강도죄는 그 취지와 본질을 달리한다고 보아야 하며, 준강도죄의 주체는 절도이고 여기에는 기수는 물론 형법상 처벌규정이 있는 미수도 포함되는 것이지만, 준강도죄의 기수 · 미수의 구별은 구성요건적 행위인 폭행 또는 협박이 종료되었는가 하는 점에 따라 결정된다.

② 강도 실행의 범의를 포기한 직후로서 사회통념상 범죄행위가 완료되지 않았다고 볼 수 있는 단계에서 살인이 행해진 경우는 강도살인죄를 구성한다.

③ 채무자가 채무를 면탈할 의사로 채권자를 살해하였더라도 채무의 존재가 명백할 뿐만 아니라 채권자의 상속인이 존재하고 그 상속인에게 채권의 존재를 확인할 방법이 확보되어 있는 경우 강도살인죄가 성립할 수 없다.

④ 절도범인이 체포를 면탈할 목적으로 체포하려는 여러 사람에게 같은 기회에 폭행을 가하여 그중 1인에게만 상해를 가하였다면 포괄하여 하나의 강도상해죄만 성립한다.

해설

① [×] [1] 형법 제335조에서 절도가 재물의 탈환을 항거하거나 체포를 면탈하거나 죄적을 인멸할 목적으로 폭행 또는 협박을 가한 때에 준강도로서 강도죄의 예에 따라 처벌하는 취지는, 강도죄와 준강도죄의 구성요건인 재물탈취와 폭행 · 협박 사이에 시간적 순서상 전후의 차이가 있을 뿐 실질적으로 위법성이 같다고 보기 때문이다.
[2] 폭행 · 협박을 수단으로 하여 재물을 탈취하고자 하였으나 그 목적을 이루지 못한 자가 강도미수죄로 처벌되는 것과 마찬가지로, 절도미수범인이 폭행 · 협박을 가한 경우에도 강도미수에 준하여 처벌하는 것이 합리적이라 할 것이므로 준강도죄의 기수 여부는 절도행위의 기수 여부를 기준으로 하여 판단하여야 한다(대판(전) 2004.11.18. 2004도5074).

② [○] 강도 실행의 범의를 포기한 직후로서 사회통념상 범죄행위가 완료되지 않았다고 볼 수 있는 단계에서 살인이 행해진 경우는 강도살인죄를 구성한다(대판 2004.6.24. 2004도1098).

③ [○] 채무의 존재가 명백할 뿐만 아니라 채권자의 상속인이 존재하고 그 상속인에게 채권의 존재를 확인할 방법이 확보되어 있는 경우에는 비록 그 채무를 면탈할 의사로 채권자를 살해하더라도 일시적으로 채권자측의 추급을 면한 것에 불과하여 재산상 이익의 지배가 채권자측으로부터 범인 앞으로 이전되었다고 보기는 어려우므로, 이러한 경우에는 강도살인죄가 성립할 수 없다(대판 2010.9.30. 2010도7405).

④ [○] 절도범이 체포를 면탈할 목적으로 체포하려는 여러 명의 피해자에게 같은 기회에 폭행을 가하여 그중 1인에게만 상해를 가하였다면 이러한 행위는 포괄하여 하나의 강도상해죄만 성립한다(대판 2001.8.21. 2001도3447).

정답 ①

36 강도죄에 대한 다음 설명 중 옳지 않은 것은 모두 몇 개인가? (다툼이 있으면 판례에 의함) [16 경찰채용]

> ㉠ 甲과 乙은 야간에 丙의 집에 이르러 재물을 강취할 의도로 甲은 출입문 옆의 창살을 통하여 침입하고, 乙은 부엌 방충망을 뜯고 들어가다가 丙의 시아버지의 헛기침에 발각된 것으로 알고 도주한 경우 甲과 乙의 죄책은 특수강도미수죄이다.
> ㉡ 甲은 강도의 범의로 야간에 칼을 휴대한 채 타인의 주거에 침입하여 동정을 살피다가 피해자 乙을 발견하고 갑자기 욕정을 일으켜 칼로 협박하고 강간하였다. 甲의 죄책은 특수강도강간죄이다.
> ㉢ 형법 제334조 제1항(특수강도)은 야간에 사람의 주거, 관리하는 건조물, 선박이나 항공기 또는 자동차에 침입하여 제333조(강도)의 죄를 범한 자를 처벌한다고 규정하고 있다.
> ㉣ 형법 제336조(인질강도)의 죄를 범한 자가 인질을 안전한 장소로 풀어준 경우 형법 각칙에 해방감경 규정이 있다.

① 1개
② 2개
③ 3개
④ 4개

해설

㉠ [○] [1] 형법 제334조 제1항 소정의 야간주거침입강도죄는 주거침입과 강도의 결합범으로서 시간적으로 주거침입 행위가 선행되는 것이므로 주거침입을 한 때에 본죄의 실행에 착수한 것으로 볼 것인바, 같은 조 제2항 소정의 흉기휴대 합동강도죄에 있어서도 그 강도행위가 야간에 주거에 침입하여 이루어지는 경우에는 주거침입을 한 때에 실행에 착수한 것으로 보는 것이 타당하다.
[2] 피고인들이 재물을 강취할 의도로 야간에 피해자 丙의 집에 침입하였다가 丙의 시아버지의 헛기침에 발각된 것으로 알고 도주한 경우, 피고인들은 특수강도죄의 실행에 착수한 것으로서 그 미수범으로서 처단되어야 한다(대판 1992.7.28. 92도917).

㉡ [×] 형법 제334조 제1항, 제2항 소정의 특수강도의 실행의 착수는 강도의 실행행위, 즉 사람의 반항을 억압할 수 있는 정도의 폭행 또는 협박에 나아갈 때에 있다 할 것이고, 야간에 흉기를 휴대한 채 타인의 주거에 침입하여 집안의 동정을 살피는 것만으로는 특수강도의 실행에 착수한 것이라고 할 수 없으므로 특수강도에 착수하기도 전에 저질러진 강간행위는 구 특가법 제5조의6 제1항 소정의 특수강도강간죄에 해당한다고 할 수 없다(대판 1991.11.22. 91도2296).
판례해설 야간주거침입강도죄의 실행의 착수시기는 위 ㉠ 판례-주거침입시, ㉡ 판례-폭행 또는 협박시로 입장이 나뉘어져 있으므로 암기하는 수밖에 없다.

㉢ [×] 형법 제334조 제1항의 특수강도는 야간에 사람의 주거, 관리하는 건조물, 선박이나 항공기 또는 '점유하는 방실에' 침입하여 강도의 죄를 범한 때에 성립한다(제334조 제1항).

㉣ [×] 형법 제336조의 인질강도죄에 대해서는 해방감경 규정이 없다.

정답 ③

37 판례에 의할 때 준강도죄에 대한 설명으로 틀린 것은? [10 경찰승진]

① 준강도죄에 있어서의 폭행이나 협박은 상대방의 반항을 억압하는 수단으로서 일반적, 객관적으로 가능하다고 인정되는 정도의 것이면 되고, 반드시 현실적으로 반항을 억압하였음을 요하는 것은 아니다.
② 절도범행이 발각되어 도주 중에 피해자로부터 옷을 잡히자 체포를 면하려고 충동적으로 저항을 시도하여 잡은 손을 뿌리친 정도의 폭행을 준강도죄로 의율할 수 없다.
③ 절도를 마친지 10분가량 지나 절도현장에서 200m 떨어진 버스정류장에서 자신을 절도범으로 의심하고 뒤쫓아 온 피해자에게 붙잡혀 피해자의 집으로 돌아왔을 때 비로소 피해자를 폭행한 경우, 준강도죄가 성립하지 않는다.
④ 강도죄와 준강도죄는 그 취지와 본질을 달리한다고 보아야 하므로, 준강도죄의 기수 여부는 폭행 또는 협박이 종료되었는가를 기준으로 하여 판단하여야 한다.

해설

① [○], ② [○] [1] 준강도죄에 있어서의 폭행이나 협박은 상대방의 반항을 억압하는 수단으로서 일반적, 객관적으로 가능하다고 인정되는 정도의 것이면 되고, 반드시 현실적으로 반항을 억압하였음을 요하는 것은 아니다.
[2] 절도범행이 발각되어 도주 중에 피해자로부터 옷을 잡히자 체포를 면하려고 충동적으로 저항을 시도하여 잡은 손을 뿌리친 정도의 폭행을 준강도죄로 의율할 수 없다(대판 1985.5.14. 85도619).
③ [○] 피해자의 집에서 절도범행을 마친지 10분가량 지나 피해자의 집에서 200m가량 떨어진 버스정류장이 있는 곳에서 피고인을 절도범인이라고 의심하고 뒤쫓아 온 피해자에게 붙잡혀 피해자의 집으로 돌아왔을 때 비로소 피해자를 폭행한 경우, 그 폭행은 사회통념상 절도범행이 이미 완료된 이후에 행하여졌으므로 준강도죄가 성립하지 않는다(대판 1999.2.26. 98도3321).
④ [×] [1] 피해자에 대한 폭행·협박을 수단으로 하여 재물을 탈취하고자 하였으나 그 목적을 이루지 못한 자가 강도미수죄로 처벌되는 것과 마찬가지로, 절도미수범인이 폭행·협박을 가한 경우에도 강도미수에 준하여 처벌하는 것이 합리적이라 할 것이다.
[2] 준강도죄의 기수 여부는 절도행위의 기수 여부를 기준으로 하여 판단하여야 한다(대판(전) 2004.11.18. 2004도5074).

정답 ④

38 준강도에 관한 설명 중 옳지 않은 것은? (다툼이 있으면 판례에 의함)

[15 변호사]

① 피고인이 술값의 지급을 면하기 위하여 술집주인인 피해자를 부근에 있는 아파트 뒤편 골목으로 유인한 후 폭행하여 반항하지 못하게 하고 그대로 도주함으로써 술값의 지급을 면한 경우 준강도죄가 성립한다.
② 준강도의 주체는 절도범인으로 절도의 실행에 착수한 이상 미수, 기수 여부를 불문한다.
③ 절도범인이 체포를 면탈할 목적으로 체포하려는 여러 사람에게 같은 기회에 폭행을 가하여 그중 1인에게만 상해를 가하였다면 포괄하여 하나의 강도상해죄만 성립한다.
④ 강도예비·음모죄가 성립하기 위해서는 예비·음모 행위자에게 미필적으로라도 '강도'를 할 목적이 있어야 하고, 그에 이르지 않고 단순히 '준강도'를 할 목적이 있음에 그치는 경우 강도예비·음모죄로 처벌할 수 없다.
⑤ 준강도죄의 기수 여부는 절도행위의 기수 여부를 기준으로 판단하여야 하지만 절도미수범이 체포를 면탈할 목적으로 상해를 가한 경우 강도상해의 기수범으로 처벌된다.

해설

① [×] [1] 준강도죄의 주체는 절도범인이고 절도죄의 객체는 재물이다.
[2] 피고인이 피해자에게 지급해야 할 술값의 지급을 면하기 위하여 피해자를 폭행한 경우, 그 자체로 절도의 실행에 착수하였다는 내용이 포함되어 있지 않아 준강도죄는 성립하지 아니한다(대판 2014.5.16. 2014도2521).
② [○] 준강도의 주체는 절도 즉 절도범인으로 절도의 실행에 착수한 이상 미수이거나 기수이거나 불문한다(대판 2003.10.24. 2003도4417).
③ [○] 절도범이 체포를 면탈할 목적으로 체포하려는 여러 명의 피해자에게 같은 기회에 폭행을 가하여 그중 1인에게만 상해를 가하였다면 포괄하여 하나의 강도상해죄만 성립한다(대판 2001.8.21. 2001도3447).
④ [○] 강도예비·음모죄가 성립하기 위해서는 예비·음모 행위자에게 미필적으로라도 '강도'를 할 목적이 있음이 인정되어야 하고 그에 이르지 않고 단순히 '준강도'할 목적이 있음에 그치는 경우에는 강도예비·음모죄로 처벌할 수 없다(대판 2006.9.14. 2004도6432).
⑤ [○] 형법 제335조(준강도)의 조문 가운데 '절도'란 절도기수범과 절도미수범을 모두 포함하는 것이고, 준강도가 사람을 상해했을 때에는 형법 제337조의 강도상해죄가 성립된다(대판 1990.2.27. 89도2532).

정답 ①

39 강도죄에 관한 다음 설명 중 가장 적절한 것은? (다툼이 있으면 판례에 의함)

[15 경찰채용]

① 날치기 수법의 점유탈취 과정에서 이를 알아채고 재물을 빼기지 않으려는 상대방의 반항에 부딪혔음에도 계속하여 피해자를 끌고 가면서 억지로 재물을 빼앗은 행위는 피해자의 반항을 억압하지 못한 경우이므로 강도에 해당하지 않는다.

② 준강도죄의 기수 여부는 절도행위의 기수 여부를 기준으로 하여 판단할 것이 아니라 폭행 또는 협박이 종료되었는가 하는 점에 따라 결정되어야 한다.

③ 피고인이 술집 운영자 甲으로부터 술값의 지급을 요구받자 甲을 유인 · 폭행하고 도주하였다면, 甲에게 지급해야 할 술값의 지급을 면하여 재산상 이익을 취득하였으므로 준강도죄가 성립한다.

④ 절도범인이 처음에는 흉기를 휴대하지 아니하였으나, 체포를 면탈할 목적으로 폭행 또는 협박을 가할 때에 비로소 흉기를 휴대 사용하게 된 경우에는 형법 제334조의 예에 의한 준강도(특수강도의 준강도)가 된다.

해설

① [×] 날치기 수법의 점유탈취 과정에서 이를 알아채고 재물을 빼기지 않으려는 상대방의 반항에 부딪혔음에도 계속하여 피해자를 끌고 가면서 억지로 재물을 빼앗은 행위는 피해자의 반항을 억압한 후 재물을 강취한 것으로서 강도에 해당한다(대판 2007.12.13. 2007도7601).

② [×] [1] 피해자에 대한 폭행 · 협박을 수단으로 하여 재물을 탈취하고자 하였으나 그 목적을 이루지 못한 자가 강도미수죄로 처벌되는 것과 마찬가지로, 절도미수범인이 폭행 · 협박을 가한 경우에도 강도미수에 준하여 처벌하는 것이 합리적이라 할 것이다.
[2] 준강도죄의 기수 여부는 절도행위의 기수 여부를 기준으로 하여 판단하여야 한다고 봄이 상당하다(대판(전) 2004.11.18. 2004도5074).

③ [×] [1] 준강도죄의 주체는 절도범인이고 절도죄의 객체는 재물이다.
[2] 피고인이 피해자에게 지급해야 할 술값의 지급을 면하기 위하여 피해자를 폭행한 경우, 그 자체로 절도의 실행에 착수하였다는 내용이 포함되어 있지 않아 준강도죄는 성립하지 아니한다(대판 2014.5.16. 2014도2521).

④ [○] 절도범인이 처음에는 흉기를 휴대하지 아니하였으나, 체포를 면탈할 목적으로 폭행 또는 협박을 가할 때에 비로소 흉기를 휴대 사용하게 된 경우에는 형법 제334조의 예에 의한 준강도(특수강도의 준강도)가 된다(대판(전) 1973.11.13. 73도1553).

정답 ④

40 다음 중 옳지 않은 것은 모두 몇 개인가? (다툼이 있으면 판례에 의함)

[14 경찰간부]

㉠ 피해자를 살해한 후 상당한 시간이 지나 살인의 범죄행위가 이미 완료된 후 별도의 범의에 터잡아 재물 취거행위를 하였다면 강도살인죄가 성립한다.
㉡ 피해자의 택시를 무임승차하고 택시요금을 요구하는 피해자의 추급을 벗어나고자 동인을 살해한 직후 피해자의 주머니에서 택시 열쇠와 돈 8,000원을 꺼내어 피해자의 택시를 운전하고 현장을 벗어난 경우 강도살인죄가 성립한다.
㉢ 甲이 강도범행 직후 신고를 받고 출동한 경찰관이 범행현장에서 甲을 파출소로 연행하려고 하자 체포를 면탈할 목적으로 경찰관을 찔러 살해한 경우 강도살인죄가 성립한다.
㉣ 술집에 피고인과 술집 주인 두 사람밖에 없는 상황에서 술값의 지급을 요구하는 술집 주인을 살해하고 곧바로 피해자가 소지하던 현금을 탈취한 경우 강도살인죄가 성립한다.

① 없음
② 1개
③ 2개
④ 3개

해설

㉠ [×] 피고인이 피해자 소유의 돈과 신용카드에 대하여 불법영득의 의사를 갖게 된 것이 살해 후 상당한 시간이 지난 후로서 살인의 범죄행위가 이미 완료된 후의 일이라면, 살해 후 상당한 시간이 지난 후에 별도의 범의에 터잡아 이루어진 재물 취거행위를 그보다 앞선 살인행위와 합쳐서 강도살인죄로 처단할 수 없다(대판 2004.6.24. 2004도1098).

㉡ [○] 채무면탈의 목적으로 채권자를 살해하고 동인의 반항능력이 완전히 상실된 것을 이용하여 즉석에서 동인이 소지하고 있던 재물까지 탈취하였다면 살인행위와 재물탈취행위는 서로 밀접하게 관련되어 있어 살인행위를 이용한 재물탈취행위라고 볼 것이므로 이는 강도살인죄에 해당한다(대판 1985.10.22. 85도1527).

㉢ [○] 강도범행 직후 신고를 받고 출동한 경찰관이 위 범행 현장으로부터 약 150m 지점에서 화물차를 타고 도주하는 피고인을 발견하고 순찰차로 추적하여 격투 끝에 피고인을 붙잡았으나, 피고인이 너무 힘이 세고 반항이 심하여 수갑도 채우지 못한 채 피고인을 순찰차에 억지로 밀어 넣고서 파출소로 연행하고자 하였는데, 그 순간 피고인이 체포를 면하기 위하여 소지하고 있던 과도로써 옆에 앉아 있던 경찰관을 찔러 사망케 하였다면 피고인의 위 살인행위는 강도행위와 시간상 및 거리상 극히 근접하여 사회통념상 범죄행위가 완료되지 아니한 상태에서 이루어진 것이라고 보여지므로(위 살인행위 당시에 피고인이 체포되어 신체가 완전히 구속된 상태였다고 볼 수 없다), 강도살인죄로 적용하여 처벌한 것은 옳다(대판 1996.7.12. 96도1108).

㉣ [○] 술집에 피고인과 술집 주인 두 사람밖에 없는 상황에서 술값의 지급을 요구하는 술집 주인을 살해하고 곧바로 피해자가 소지하던 현금을 탈취한 경우 강도살인죄가 성립한다(대판 1999.3.9. 99도242).

정답 ②

41 절도와 강도의 죄에 관한 다음 설명 중 가장 옳은 것은? (다툼이 있으면 판례에 의함)

[17 경찰간부]

① 절도미수범이 체포를 면탈할 목적으로 폭행한 경우 준강도죄의 기수범에 해당한다.

② 감금행위가 강도죄의 수단이 된 경우에 감금죄는 강도죄에 흡수된다.

③ 甲이 술집 운영자 乙로부터 술값의 지급을 요구받자 乙을 유인·폭행하고 도주함으로써 乙에게 지급해야 할 술값의 지급을 면하는 재산상 이익을 취득한 경우 甲에게 준강도죄가 적용된다.

④ 甲은 乙의 택시에 승차하여 택시요금을 요구하는 乙의 추급을 벗어나고자 乙을 살해한 직후 乙의 주머니에서 택시열쇠와 돈 8,000원을 꺼내어 乙의 택시를 운전하고 현장을 벗어난 경우 甲에게 강도살인죄가 적용된다.

해설

① [×] [1] 피해자에 대한 폭행·협박을 수단으로 하여 재물을 탈취하고자 하였으나 그 목적을 이루지 못한 자가 강도미수죄로 처벌되는 것과 마찬가지로, 절도미수범인이 폭행·협박을 가한 경우에도 강도미수에 준하여 처벌하는 것이 합리적이라 할 것이다.
[2] 준강도죄의 기수 여부는 절도행위의 기수 여부를 기준으로 하여 판단하여야 한다(대판(전) 2004.11.18. 2004도5074).
▶ 절도가 미수에 그쳤으므로 준강도미수죄가 성립한다.

② [×] 감금행위가 강간죄나 강도죄의 수단이 된 경우에도 감금죄는 강간죄나 강도죄에 흡수되지 아니하고 별죄를 구성한다(대판 1997.1.21. 96도2715).

③ [×] 피고인 甲이 술집 운영자 乙로부터 술값의 지급을 요구받자 乙을 유인·폭행하고 도주함으로써 술값의 지급을 면하고 乙에게 상해를 가하였더라도, 甲이 절도의 실행에 착수하였다는 내용이 포함되어 있지 않은 이상 준강도죄는 성립하지 아니한다(대판 2014.5.16. 2014도2521).

④ [○] 채무면탈의 목적으로 채권자를 살해하고 동인의 반항능력이 완전히 상실된 것을 이용하여 즉석에서 동인이 소지하고 있던 재물까지 탈취하였다면 살인행위와 재물탈취행위는 서로 밀접하게 관련되어 있어 살인행위를 이용한 재물탈취행위라고 볼 것이므로 이는 강도살인죄에 해당한다(대판 1985.10.22. 85도1527).

정답 ④

42 **절도와 강도의 죄에 대한 설명으로 가장 적절하지 않은 것은? (다툼이 있으면 판례에 의함)** [21 경찰채용]

① 타인에 대하여 반항을 억압함에 충분한 정도의 폭행 또는 협박을 가한 사실이 있다 해도 그 타인이 재물 취거의 사실을 알지 못하는 사이에 그 틈을 이용하여 우발적으로 타인의 재물을 취거한 경우, 강도죄가 성립하지 않는다.

② 채무를 면탈할 의사로 채권자를 살해하였더라도 채무의 존재가 명백하고 채권자의 상속인이 존재하며 그 상속인에게 채권의 존재를 확인할 방법이 확보되어 있다면 강도살인죄는 성립하지 않는다.

③ 甲이 자신의 명의로 등록된 자동차를 A에게 증여하여 A만이 이를 운행 · 관리하여 오다가 A가 이를 소유하기로 당사자 사이에 약정한 경우, 甲이 불법영득의사를 가지고 그 자동차를 임의로 운전해 갔다면 자동차 등록명의와 관계없이 절도죄가 성립한다.

④ 어떠한 물건을 점유자의 의사에 반하여 취거하는 행위가 결과적으로 소유자의 이익으로 된다는 사정 또는 소유자의 추정적 승낙이 있다고 볼 만한 사정이 있으면, 불법영득의 의사는 인정되지 않는다.

해설

① [○] 피고인이 타인에 대하여 반항을 억압함에 충분한 정도의 폭행 또는 협박을 가한 사실이 있다 해도 그 타인이 재물 취거의 사실을 알지 못하는 사이에 그 틈을 이용하여 피고인이 우발적으로 타인의 재물을 취거한 경우에는 위 폭행이나 협박이 재물 탈취의 방법으로 사용된 것이 아님은 물론, 그 폭행 또는 협박으로 조성된 피해자의 반항억압의 상태를 이용하여 재물을 취득하는 경우에도 해당하지 아니하여 양자 사이에 인과관계가 존재하지 아니하므로 강도죄가 성립하지 않는다(대판 2009.1.30. 2008도10308).

② [○] 채무의 존재가 명백할 뿐만 아니라 채권자의 상속인이 존재하고 그 상속인에게 채권의 존재를 확인할 방법이 확보되어 있는 경우에는 비록 그 채무를 면탈할 의사로 채권자를 살해하더라도 일시적으로 채권자측의 추급을 면한 것에 불과하여 재산상 이익의 지배가 채권자측으로부터 범인 앞으로 이전되었다고 보기는 어려우므로, 이러한 경우에는 강도살인죄가 성립할 수 없다(대판 2010.9.30. 2010도7405).

③ [○] 피고인이 자신의 명의로 등록된 자동차를 사실혼 관계에 있던 A에게 증여하여 A만이 이를 운행 · 관리하여 오다가 서로 별거하면서 재산분할 내지 위자료 명목으로 A가 소유하기로 하였는데, 피고인이 이를 임의로 운전해 간 사안에서, 자동차 등록명의와 관계없이 피고인과 A 사이에서는 A를 소유자로 보아야 하므로 절도죄가 성립한다(대판 2013.2.28. 2012도15303).

④ [×] 어떠한 물건을 점유자의 의사에 반하여 취거하는 행위가 결과적으로 소유자의 이익으로 된다는 사정 또는 소유자의 추정적 승낙이 있다고 볼 만한 사정이 있다고 하더라도, 다른 특별한 사정이 없는 한 그러한 사유만으로 불법영득의 의사가 없다고 할 수는 없다(대판 2014.2.21. 2013도14139).

정답 ④

43 **절도와 강도의 죄에 관한 설명으로 옳은 것은 모두 몇 개인가? (다툼이 있는 경우 판례에 의함)** [23 경찰간부]

가. 작성권한 없는 자에 의하여 위조된 유가증권이라고 하더라도 절차에 따라 몰수되기까지는 그 소지자의 점유를 보호하여야 한다는 점에서 절도죄의 객체가 될 수 있다.
나. 강도범행 이후에도 피해자를 계속 끌고 다니거나 차량에 태우고 함께 이동하는 등으로 강도범행으로 인한 피해자의 심리적 저항불능 상태가 해소되지 않은 상태에서 강도범인의 상해행위가 있었다면 강취행위와 상해행위 사이에 다소의 시간적 · 공간적 간격이 있었으므로 강도상해죄가 성립하지 않는다.
다. 甲이 A의 방에서 A를 살해한 후 불법영득의사가 생겨 비로소 A의 물건을 가지고 나온 경우, 그 물건에 대한 A의 점유가 계속되고 있어 甲의 행위는 절도죄에 해당한다.
라. 절도 습벽의 발현으로 절도, 야간주거침입절도, 특수절도, 자동차등불법사용의 범행을 함께 저지른 경우, 자동차등불법사용의 범행은 상습절도 등의 죄에 흡수되어 1죄만이 성립하고 이와 별개로 자동차등불법사용죄가 성립하는 것은 아니다.

① 1개 ② 2개
③ 3개 ④ 4개

제1편 | 개인적 법익에 관한 죄 5장

해설

▶ 가, 다, 라. 3개가 옳은 지문에 해당한다.

가. [○] 유가증권도 그것이 정상적으로 발행된 것은 물론 비록 작성권한 없는 자에 의하여 위조된 것이라고 하더라도 절차에 따라 몰수되기까지는 그 소지자의 점유를 보호하여야 한다는 점에서 형법상 재물로서 절도죄의 객체가 된다(대판 1998.11.24. 98도2967).

판례해설 위조된 리프트탑승권도 절도죄의 객체가 될 수 있다는 취지의 판례이다.

나. [×] 형법 제337조의 강도상해죄는 강도범인이 강도의 기회에 상해행위를 함으로써 성립하므로 강도범행의 실행 중이거나 실행 직후 또는 실행의 범의를 포기한 직후로서 사회통념상 범죄행위가 완료되지 아니하였다고 볼 수 있는 단계에서 상해가 행하여짐을 요건으로 한다. 그러나 반드시 강도범행의 수단으로 한 폭행에 의하여 상해를 입힐 것을 요하는 것은 아니고 상해행위가 강도가 기수에 이르기 전에 행하여져야만 하는 것은 아니므로, 강도범행 이후에도 피해자를 계속 끌고 다니거나 차량에 태우고 함께 이동하는 등으로 강도범행으로 인한 피해자의 심리적 저항불능 상태가 해소되지 않은 상태에서 강도범인의 상해행위가 있었다면 강취행위와 상해행위 사이에 다소의 시간적·공간적 간격이 있었다는 것만으로는 강도상해죄의 성립에 영향이 없다(대판 2014.9.26. 2014도9567).

다. [○] 피해자를 살해한 방에서 사망한 피해자 곁에 4시간 30분쯤 있다가 그곳 피해자의 자취방 벽에 걸려 있던 피해자가 소지하는 물건들을 영득의 의사로 가지고 나온 경우 피해자가 생전에 가진 점유는 사망 후에도 여전히 계속되는 것으로 보아야 한다(대판 1993.9.28. 93도2143).

라. [○] 형법 제331조의2에 규정된 자동차등불법사용죄는 불법영득의 의사가 없는 이른바 사용절도행위 중 타인의 자동차 등과 같은 일정한 교통수단을 일시 사용한 행위를 처벌하기 위하여 마련된 규정으로서, 통상의 절도죄와 비교하여 볼 때 불법영득의 의사가 없다는 점에서 구성요건이 완화되어 있는 대신 형량도 낮고 구류 또는 과료가 선택형으로 규정되어 있으나, 주관적인 요건을 제외한 나머지 범죄의 구성요건이나 태양이 절도죄와 동일하고, 이러한 이유로 이 조항은 형법 제38장 '절도와 강도의 죄'에서 각 유형별 절도죄 규정의 마지막에 규정되어 있으며, 상습절도죄에 관한 제332조에서 다른 절도죄와 함께 구성요건의 하나로 열거되어 있다. 따라서 절도의 습벽이 있는 자가 절도, 야간주거침입절도, 특수절도죄의 전부 또는 일부와 함께 자동차등불법사용죄를 범한 경우에는 이들 행위를 포괄하여 형법상 상습절도죄의 1죄만 성립한다(대판 2002.4.26. 2002도429).

정답 ③

제4절 | 사기의 죄

44 **사기죄에 대한 설명으로 옳은 것은? (다툼이 있는 경우 판례에 의함)** [22 경찰간부]

① 법원을 기망하여 자기에게 유리한 판결을 얻기 위하여 소를 제기하였더라도 소송사기죄의 실행의 착수를 인정하기 위해서는 소장이 소제기의 상대방에게 유효하게 송달되어야 한다.

② 수입쇠고기를 사용하는 식당 영업주가 한우만 취급한다는 취지의 상호를 사용하고 식단표 등에도 한우만 사용한다고 기재한 정도만으로는 사기죄의 기망행위에 해당하지 아니한다.

③ 카드사 회원이 카드이용대금에 대한 지불의사와 능력이 없게 되었음에도 기존에 정상적으로 발급받은 신용카드를 이용하여 A가맹점에서 양복을 구입하고 B가맹점에서 전자제품을 구입한 경우, 신용카드업자를 피해자로 하는 사기죄의 포괄일죄가 성립한다.

④ 교부자가 착오로 더 많은 거스름돈을 교부하는 것을 그 순간 수령자가 알면서도 수령하여 영득하였다면, 수령자에게 고지의무가 인정되므로 점유이탈물횡령죄가 성립한다.

해설

① [×] 소송사기는 법원을 기망하여 자기에게 유리한 판결을 얻고 이에 터잡아 상대방으로부터 재물의 교부를 받거나 재산상 이익을 취득하는 것을 말하는 것으로서 소송에서 주장하는 권리가 존재하지 않는 사실을 알고 있으면서도 법원을 기망한다는 인식을 가지고 소를 제기하면 이로써 실행의 착수가 있고 소장의 유효한 송달을 요하지 아니한다고 할 것인바, 이러한 법리는 제소

자가 상대방의 주소를 허위로 기재함으로써 그 허위주소로 소송서류가 송달되어 그로 인하여 상대방 아닌 다른 사람이 그 서류를 받아 소송이 진행된 경우에도 마찬가지로 적용된다(대판 2006.11.10. 2006도5811).

② [×] 식육식당을 경영하는 자가 음식점에서 한우만을 취급한다는 취지의 상호를 사용하면서 광고선전판, 식단표 등에도 한우만을 사용한다고 기재하고서 수입 쇠갈비를 판매한 경우, 이러한 광고는 그 사술의 정도가 사회적으로 용인될 수 있는 상술의 정도를 넘는 것이고, 따라서 피고인의 기망행위 및 편취의 범의를 인정하기에 넉넉하다(대판 1997.9.9. 97도1561).

③ [○] 대금결제의 의사와 능력이 없으면서도 자기명의로 카드를 발급받은 후 현금서비스도 받고, 여러 가맹점에서 물품도 구입한 경우 … 카드사용으로 인한 카드회사의 손해는 그것이 자동지급기에 의한 인출행위이든 가맹점을 통한 물품구입행위이든 불문하고 모두가 피해자인 카드회사의 기망당한 의사표시에 따른 카드발급에 터잡아 이루어지는 사기의 포괄일죄이다(대판 1996.4.9. 95도2466).

④ [×] 매수인이 매도인에게 매매잔금을 지급함에 있어 착오에 빠져 지급해야 할 금액을 초과하는 돈을 교부하는 경우, 매도인이 사실대로 고지하였다면 매수인이 그와 같이 초과하여 교부하지 아니하였을 것임은 경험칙상 명백하므로, 매도인이 매매잔금을 교부받기 전 또는 교부받던 중에 그 사실을 알게 되었을 경우에는 특별한 사정이 없는 한 매도인으로서는 매수인에게 사실대로 고지하여 매수인의 그 착오를 제거하여야 할 신의칙상 의무를 지므로 그 의무를 이행하지 아니하고 매수인이 건네주는 돈을 그대로 수령한 경우에는 사기죄에 해당될 것이지만, 그 사실을 미리 알지 못하고 매매잔금을 건네주고 받는 행위를 끝마친 후에야 비로소 알게 되었을 경우에는 주고 받는 행위는 이미 종료되어 버린 후이므로 매수인의 착오 상태를 제거하기 위하여 그 사실을 고지하여야 할 법률상 의무의 불이행은 더 이상 그 초과된 금액 편취의 수단으로서의 의미는 없으므로, 교부하는 돈을 그대로 받은 그 행위는 점유이탈물횡령죄가 될 수 있음은 별론으로 하고 사기죄를 구성할 수는 없다(대판 2004.5.27. 2003도4531).

정답 ③

45 사기죄에 관한 설명 중 가장 적절하지 않은 것은? (다툼이 있으면 판례에 의함)

[15 경찰승진]

① 출판사 경영자가 출고현황표를 조작하는 방법으로 실제출판부수를 속여 작가에게 인세의 일부만을 지급한 경우 사기죄가 성립하지 않는다.

② 중고자동차 매매에 있어서 매도인의 할부금융회사 또는 보증보험에 대한 할부금 채무는 매수인에게 당연히 승계되는 것이 아니므로 그 할부금 채무의 존재를 매수인에게 고지하지 아니한 것은 부작위에 의한 기망에 해당하지 아니한다.

③ 수입소고기를 사용하는 식당영업주가 한우만을 취급한다는 취지의 상호를 사용하고 식단표 등에도 한우만을 사용한다고 기재한 경우는 사기죄의 기망행위에 해당된다.

④ 주권을 교부한 자가 그것을 분실하였다고 허위로 공시최고신청을 하여 제권판결을 받아 확정된 경우에는 사기죄가 성립한다.

해설

① [×] 출판사 경영자가 출고현황표를 조작하는 방법으로 실제출판부수를 속여 작가에게 인세의 일부만을 지급한 경우, 작가가 나머지 인세에 대한 청구권의 존재 자체를 알지 못하는 착오에 빠져 이를 행사하지 아니한 것은 사기죄에 있어 부작위에 의한 처분행위에 해당한다(대판 2007.7.12. 2005도9221). ▶ 사기죄가 성립한다.

② [○] 중고자동차 매매에 있어서 매도인의 할부금융회사 또는 보증보험에 대한 할부금 채무가 매수인에게 당연히 승계되는 것이 아니기 때문에 그 할부금 채무의 존재를 매수인에게 고지하지 아니한 것은 부작위에 의한 기망에 해당하지 아니한다(대판 1998.4.14. 98도231).

③ [○] 식육식당을 경영하는 자가 음식점에서 한우만을 취급한다는 취지의 상호를 사용하면서 광고선전판, 식단표 등에도 한우만을 사용한다고 기재하고서 수입 쇠갈비를 판매한 경우, 이러한 광고는 그 사술의 정도가 사회적으로 용인될 수 있는 상술의 정도를 넘는 것이고, 따라서 피고인의 기망행위 및 편취의 범의를 인정하기에 넉넉하다(대판 1997.9.9. 97도1561).

④ [○] 주권을 교부한 자가 이를 분실하였다고 허위로 공시최고 신청을 하여 제권판결을 선고받아 확정되었다면, 사기죄가 성립한다(대판 2007.5.30. 2006도8488).

정답 ①

46 사기의 죄에 대한 설명으로 가장 적절한 것은? (다툼이 있으면 판례에 의함) [21 경찰채용]

① 「민법」 제746조의 불법원인급여에 해당하여 급여자가 수익자에 대한 반환청구권을 행사할 수 없다면, 설령 수익자가 기망을 통하여 급여자로 하여금 불법원인급여에 해당하는 재물을 제공하도록 하였더라도 사기죄는 성립하지 않는다.

② 담당 공무원을 기망하여 납부의무가 있는 농지보전부담금을 면제받아 재산상 이익을 취득하였다면, 부과권자의 직접적인 권력작용을 사기죄의 보호법익인 재산권과 동일하게 평가할 수 있어 사기죄가 성립한다.

③ 의료인으로서 자격과 면허를 보유한 사람이 「의료법」 제4조 제2항을 위반하여 다른 의료인의 명의로 의료기관을 개설·운영함으로써 요양급여비용을 지급받은 경우, 「국민건강보험법」상 요양급여비용을 적법하게 지급받을 수 있는 자격 내지 요건이 흠결되지 않더라도 국민건강보험공단을 피해자로 하는 사기죄를 구성한다.

④ 피해자 법인이나 단체의 대표자 또는 실질적으로 의사결정을 하는 최종결재권자 등 기망의 상대방이 기망행위자와 동일인이거나 기망행위자와 공모하는 등 기망행위를 알고 있었던 경우에는 기망의 상대방에게 기망행위로 인한 착오가 있다고 볼 수 없고, 기망의 상대방이 재물을 교부하는 등의 처분을 했더라도 기망행위와 인과관계가 있다고 보기 어렵다.

해설

① [×] 민법 제746조의 불법원인급여에 해당하여 급여자가 수익자에 대한 반환청구권을 행사할 수 없다고 하더라도 수익자가 기망을 통하여 급여자로 하여금 불법원인급여에 해당하는 재물을 제공하도록 하였다면 사기죄가 성립한다고 할 것인 바, 피고인이 피해자로부터 도박자금으로 사용하기 위하여 금원을 차용하였더라도 사기죄의 성립에는 영향이 없다(대판 2006.11.23. 2006도6795).

② [×] 중앙행정기관의 장, 지방자치단체의 장 등 법률에 따라 금전적 부담의 부과권한을 부여받은 자가 재화 또는 용역의 제공과 관계없이 특정 공익사업과 관련하여 권력작용으로 부담금을 부과하는 것은 일반 국민의 재산권을 제한하는 침해행정에 속하고, 이러한 침해행정 영역에서 일반 국민이 담당 공무원을 기망하여 권력작용에 의한 재산권 제한을 면하는 경우에는 부과권자의 직접적인 권력작용을 사기죄의 보호법익인 재산권과 동일하게 평가할 수 없는 것이므로 행정법규에서 그러한 행위에 대한 처벌 규정을 두어 처벌함은 별론으로 하고, 사기죄는 성립할 수 없다(대판 2019.12.24. 2019도2003).

③ [×] 의료인으로서 자격과 면허를 보유한 사람이 의료법에 따라 의료기관을 개설하여 건강보험의 가입자 또는 피부양자에게 국민건강보험법에서 정한 요양급여를 실시하여 국민건강보험공단으로부터 요양급여비용을 지급받았다면, 설령 그 의료기관이 다른 의료인의 명의로 개설·운영되어 의료법 제4조 제2항을 위반하였다 하더라도 그 자체만으로는 요양급여비용을 청구할 수 있는 요양기관에서 제외되지 아니하므로 달리 요양급여비용을 적법하게 지급받을 수 없는 자격 내지 요건이 흠결되지 않는 한 국민건강보험공단을 피해자로 하는 사기죄를 구성한다고 할 수 없다(대판 2019.5.30. 2019도1839).

④ [○] 피해자 법인이나 단체의 대표자 또는 실질적으로 의사결정을 하는 최종결재권자 등 기망의 상대방이 기망행위자와 동일인이거나 기망행위자와 공모하는 등 기망행위를 알고 있었던 경우에는 기망의 상대방에게 기망행위로 인한 착오가 있다고 볼 수 없고, 기망의 상대방이 재물을 교부하는 등의 처분을 했더라도 기망행위와 인과관계가 있다고 보기 어렵다(대판 2017.9.26. 2017도8449).

정답 ④

47 사기의 죄에 대한 설명 중 가장 적절하지 않은 것은? (다툼이 있으면 판례에 의함) [17 경찰채용]

① 사기죄에서 처분행위자와 피기망자는 동일인이어야 하나, 피기망자와 재산상 피해자는 동일인이 아니어도 무방하다.

② 컴퓨터 등 사용사기죄에서의 '정보처리'는 입력된 허위의 정보 등에 의하여 계산이나 데이터의 처리가 이루어짐으로써 직접적으로 재산처분의 결과를 초래하여야 하고, 행위자나 제3자의 '재산상 이익 취득'은 사람의 처분행위가 개재됨이 없이 컴퓨터 등에 의한 정보처리 과정에서 이루어져야 한다.

③ 재물을 편취한 후 현실적인 자금의 수수 없이 형식적으로 기왕에 편취한 금원을 새로이 장부상으로만 재투자하는 것으로 처리한 경우 그 재투자금액은 편취액의 합산에서 제외하여야 한다.

④ 상습사기 미수범을 처벌하는 규정은 없다.

해설

① [O] 사기죄에서 처분행위자와 피기망자는 동일인이어야 하나, 피기망자와 재산상 피해자는 동일인이 아니어도 무방하다. 피기망자와 피해자가 다른 경우를 삼각사기라고 한다.

② [O] [1] 컴퓨터 등 사용사기죄에서의 '정보처리'는 입력된 허위의 정보 등에 의하여 계산이나 데이터의 처리가 이루어짐으로써 직접적으로 재산처분의 결과를 초래하여야 하고, 행위자나 제3자의 '재산상 이익 취득'은 사람의 처분행위가 개재됨이 없이 컴퓨터 등에 의한 정보처리 과정에서 이루어져야 한다.
[2] 시설공사 발주처인 지방자치단체의 재무관이 낙찰하한가 이상 공사예정가격 이하로서 낙찰하한가에 가장 근접한 입찰금액으로 투찰한 입찰자 순서대로 계약이행경험, 기술능력, 재무상태, 신인도 등을 종합적으로 심사하는 적격심사를 거쳐 일정 점수 이상인 자를 낙찰자로 결정하는 전자입찰에서, 甲 등이 악성프로그램을 이용하여 사전에 낙찰하한가를 알아내어 이를 토대로 특정 건설사에 낙찰가능성이 높은 입찰금액을 알려주었다고 하더라도 컴퓨터등사용사기죄 또는 그 미수죄의 구성요건에 해당된다고 할 수 없다고 한 사례(대판 2014.3.13. 2013도16099).

③ [O] 재물을 편취한 후 현실적인 자금의 수수 없이 형식적으로 기왕에 편취한 금원을 새로이 장부상으로만 재투자하는 것으로 처리한 경우 그 재투자금액은 편취액의 합산에서 제외하여야 한다(대판 2007.1.25. 2006도7470).

④ [×] 상습사기 미수범은 처벌규정이 있다(제352조, 제351조).

정답 ④

48 사기죄에 관한 다음 설명 중 가장 옳지 않은 것은? (다툼이 있으면 판례에 의함) [21 법원9급]

① 소극적 행위로서의 부작위에 의한 기망은 법률상 고지의무 있는 자가 일정한 사실에 관하여 상대방이 착오에 빠져 있음을 알면서도 이를 고지하지 아니함을 말하는 것으로서, 일반거래의 경험칙상 상대방이 그 사실을 알았더라면 당해 법률행위를 하지 않았을 것이 명백한 경우에는 신의칙에 비추어 그 사실을 고지할 법률상 의무가 인정되는 것이다.

② 공사도급계약 당시 관련 영업 또는 업무를 규제하는 행정법규나 입찰 참가자격, 계약절차 등에 관한 규정을 위반한 사정이 있는 때에는 그러한 사정만으로 공사도급계약을 체결한 행위가 기망행위에 해당한다고 단정해서는 안 되고, 그 위반으로 말미암아 계약 내용대로 이행되더라도 공사의 완성이 불가능하였다고 평가할 수 있을 만큼 그 위법이 공사의 내용에 본질적인 것인지 여부를 심리 · 판단하여야 한다.

③ 금원 편취를 내용으로 하는 사기죄에서 그 대가가 일부 지급되거나 담보가 제공된 경우에도 편취액은 피해자로부터 교부된 금원으로부터 그 대가 또는 담보 상당액을 공제한 차액이 아니라 교부받은 금원 전부라고 보아야 한다.

④ 의료인으로서 자격과 면허를 보유한 사람이 의료법에 따라 의료기관을 개설하여 건강보험의 가입자 또는 피부양자에게 국민건강보험법에서 정한 요양급여를 실시하고 국민건강보험공단으로부터 요양급여비용을 지급받았다고 하더라도, 그 의료기관이 다른 의료인의 명의로 개설 · 운영되어 의료법 제4조 제2항을 위반하였다면, 국민건강보험공단을 피해자로 하는 사기죄를 구성한다.

해설

① [○] 일반거래의 경험칙상 상대방이 그 사실을 알았더라면 당해 법률행위를 하지 않았을 것이 명백한 경우에는 신의칙에 비추어 그 사실을 고지할 법률상 의무가 인정되는 것이다(대판 2000.1.28. 99도2884).

② [○] 공사도급계약 당시 관련 영업 또는 업무를 규제하는 행정법규나 입찰 참가자격, 계약절차 등에 관한 규정을 위반한 사정이 있는 때에는 그러한 사정만으로 공사도급계약을 체결한 행위가 기망행위에 해당한다고 단정해서는 안 되고, 그 위반으로 말미암아 계약 내용대로 이행되더라도 공사의 완성이 불가능하였다고 평가할 수 있을 만큼 그 위법이 공사의 내용에 본질적인 것인지 여부를 심리·판단하여야 한다(대판 2020.2.6. 2015도9130).

③ [○] 금원 편취를 내용으로 하는 사기죄에서 그 대가가 일부 지급되거나 담보가 제공된 경우에도 편취액은 피해자로부터 교부된 금원으로부터 그 대가 또는 담보 상당액을 공제한 차액이 아니라 교부받은 금원 전부라고 보아야 한다(대판 2017.12.22. 2017도12649).

④ [×] 의료인으로서 자격과 면허를 보유한 사람이 의료법에 따라 의료기관을 개설하여 건강보험의 가입자 또는 피부양자에게 국민건강보험법에서 정한 요양급여를 실시하여 국민건강보험공단으로부터 요양급여비용을 지급받았다면, 설령 그 의료기관이 다른 의료인의 명의로 개설·운영되어 의료법 제4조 제2항을 위반하였다 하더라도 그 자체만으로는 요양급여비용을 청구할 수 있는 요양기관에서 제외되지 아니하므로 달리 요양급여비용을 적법하게 지급받을 수 없는 자격 내지 요건이 흠결되지 않는 한 국민건강보험공단을 피해자로 하는 사기죄를 구성한다고 할 수 없다(대판 2019.5.30. 2019도1839).

정답 ④

49 사기죄에 관한 설명 중 가장 옳지 않은 것은? (판례에 의함) [11 경찰승진]

① 사기죄의 성립에는 상대방에게 현실적으로 재산상의 손해가 발생할 필요는 없다.

② 예금주인 甲이 제3자에게 편취당한 송금의뢰인으로부터 자신의 은행계좌에 계좌송금된 돈을 출금한 경우, 은행을 피해자로 한 사기죄가 성립한다.

③ 매수인이 매매잔금을 지급함에 있어서 착오에 빠져 지급해야 할 금액을 초과하는 돈을 교부하는 경우, 매도인이 매매잔금을 지급받던 중에 그 사실을 알게 되었음에도 불구하고 상대방이 건네주는 돈을 그대로 수령하였다면 특별한 사정이 없는 한 매도인에게 사기죄가 성립한다.

④ 타인과 공모하여 그 공모자를 상대로 제소하여 의제자백판결을 받은 다음 이에 기하여 부동산의 소유권이전등기를 한 경우 그 부동산의 진정한 소유자가 따로 있다 하더라도 소송사기죄가 성립하지 아니한다.

해설

① [○] 형법 제347조의 사기죄는 타인을 기망하여 그로 인한 하자있는 의사에 기하여 재물의 교부를 받거나 재산상의 이익을 취득함으로써 성립하고, 사기죄의 본질은 기망에 의한 재물이나 재산상 이익의 취득에 있고 이로써 상대방의 재산이 침해되는 것이므로, 상대방에게 현실적으로 재산상 손해가 발생함을 요하지 아니하고, 그 교부받은 재물이나 재산상 이익의 가액이 얼마인지는 문제되지 아니한다(대판 2010.12.9. 2010도12928).

② [×] 예금주인 피고인이 제3자에게 편취당한 송금의뢰인으로부터 자신의 은행계좌에 계좌송금된 돈을 출금한 경우, 피고인은 예금주로서 은행에 대하여 예금반환을 청구할 수 있는 권한을 가진 자이므로, 위 은행을 피해자로 한 사기죄가 성립하지 않는다(대판 2010.5.27. 2010도3498).

③ [○] 매수인이 매도인에게 매매잔금을 지급함에 있어 착오에 빠져 지급해야 할 금액을 초과하는 돈을 교부하는 경우, 매도인이 매매잔금을 교부받기 전 또는 교부받던 중에 그 사실을 알게 되었을 경우에는 특별한 사정이 없는 한 매도인으로서는 매수인에게 사실대로 고지하여 매수인의 그 착오를 제거하여야 할 신의칙상 의무를 지므로 그 의무를 이행하지 아니하고 매수인이 건네주는 돈을 그대로 수령한 경우에는 사기죄에 해당될 것이지만, 그 사실을 미리 알지 못하고 매매잔금을 건네주고 받는 행위를 끝마친 후에야 비로소 알게 되었을 경우에는 주고 받는 행위는 이미 종료되어 버린 후이므로 매수인의 착오 상태를 제거하기 위하여 그 사실을 고지하여야 할 법률상 의무의 불이행은 더 이상 그 초과된 금액 편취의 수단으로서의 의미는 없으므로, 교부하는 돈을 그대로 받은 그 행위는 점유이탈물횡령죄가 될 수 있음은 별론으로 하고 사기죄를 구성할 수는 없다(대판 2004.5.27. 2003도4531).

④ [○] 소송사기에 있어 피기망자인 법원의 재판은 피해자의 처분행위에 갈음하는 내용과 효력이 있는 것이어야 하므로, 피고인이 타인과 공모하여 그 공모자를 상대로 제소하여 의제자백의 판결을 받아 이에 기하여 부동산의 소유권이전등기를 하였다고 하더라도 이는 소송 상대방의 의사에 부합하는 것으로서 착오에 의한 재산적 처분행위가 있다고 할 수 없어 동인으로부터 부동산을 편취한 것이라고 볼 수 없고, 또 그 부동산의 진정한 소유자가 따로 있다고 하더라도 피고인이 의제자백판결에 기하여 그 진정한 소유자로부터 소유권을 이전받은 것이 아니므로 그 소유자로부터 부동산을 편취한 것이라고 볼 여지도 없다(대판 1997.12.23. 97도2430).

정답 ②

50 **사기죄에 관한 설명 중 옳은 것(○)과 옳지 않은 것(×)을 올바르게 조합한 것은? (다툼이 있으면 판례에 의함)**

[20 변호사]

㉠ 금원 편취를 내용으로 하는 사기죄에서는 기망으로 인한 금원 교부가 있으면 그 자체로 피해자의 재산침해가 되어 바로 사기죄가 성립하고, 상당한 대가가 지급되었다거나 피해자의 전체 재산상의 손해가 없다 하여도 사기죄의 성립에는 그 영향이 없다.
㉡ 피해자에 대한 사기범행을 실현하는 수단으로 타인을 기망하여 그를 피해자로부터 편취한 재물을 전달하는 도구로만 이용한 경우, 편취의 대상인 재물에 관하여 피해자에 대한 사기죄와는 별도로 도구로 이용된 타인에 대한 사기죄가 성립한다.
㉢ 부동산의 명의수탁자가 그 부동산을 자신의 소유라고 말하면서 제3자에게 매도하고 소유권이전등기를 마쳐 준 경우, 제3자에 대한 사기죄가 성립한다.
㉣ 사기도박으로 금전을 편취하려고 하는 자가 상대방에게 도박에 참가할 것을 권유하는 것만으로는 사기죄의 실행의 착수가 인정되지 않는다.
㉤ 피해자를 속여 재물을 교부받으면서 일부 대가를 지급한 경우, 편취액은 대가를 공제한 차액이 아니라 교부받은 재물 전부이다.

① ㉠ × ㉡ ○ ㉢ ○ ㉣ ○ ㉤ ×
② ㉠ ○ ㉡ × ㉢ × ㉣ × ㉤ ○
③ ㉠ × ㉡ ○ ㉢ × ㉣ ○ ㉤ ○
④ ㉠ ○ ㉡ × ㉢ ○ ㉣ × ㉤ ○
⑤ ㉠ ○ ㉡ ○ ㉢ × ㉣ ○ ㉤ ×

해설

㉠ [○] 금원 편취를 내용으로 하는 사기죄에서는 기망으로 인한 금원 교부가 있으면 그 자체로써 피해자의 재산침해가 되어 바로 사기죄가 성립하고, 상당한 대가가 지급되었다 거나 피해자의 전체 재산상에 손해가 없다 하여도 사기죄의 성립에는 그 영향이 없다(대판 2017.12.22. 2017도12649).
㉡ [×] 간접정범을 통한 범행에서 피이용자는 간접정범의 의사를 실현하는 수단으로서의 지위를 가질 뿐이므로, 피해자에 대한 사기범행을 실현하는 수단으로서 타인을 기망하여 그를 피해자로부터 편취한 재물이나 재산상 이익을 전달하는 도구로서만 이용한 경우에는 편취의 대상인 재물 또는 재산상 이익에 관하여 피해자에 대한 사기죄가 성립할 뿐 도구로 이용된 타인에 대한 사기죄가 별도로 성립한다고 할 수 없다(대판 2017.5.31. 2017도3894).
㉢ [×] 부동산의 명의수탁자가 부동산을 제3자에게 매도하고 매매를 원인으로 한 소유권이전등기까지 마쳐 준 경우, 명의신탁의 법리상 대외적으로 수탁자에게 그 부동산의 처분권한이 있는 것임이 분명하고, 제3자로서도 자기 명의의 소유권이전등기가 경료된 이상 무슨 손해가 있을리 없으므로 그 제3자에 대한 사기죄가 성립될 여지가 없다(대판 2007.1.11. 2006도4498).
㉣ [×] 사기죄는 편취의 의사로 기망행위를 개시한 때에 실행에 착수한 것으로 보아야 하므로, 사기도박에서도 사기적인 방법으로 도금을 편취하려고 하는 자가 상대방에게 도박에 참가할 것을 권유하는 등 기망행위를 개시한 때에 실행의 착수가 있는 것으로 보아야 한다(대판 2011.1.13. 2010도9330).
㉤ [○] 사기죄에 있어서 그 대가가 일부 지급된 경우에도 편취액은 피해자로부터 교부된 재물의 가치로부터 그 대가를 공제한 차액이 아니라 교부받은 재물 전부이다(대판 2010.2.11. 2009도12627).

정답 ②

51 사기죄에 관한 다음의 설명 중 판례의 태도와 일치하지 않는 것은? [11 법원9급]

① 용도를 속이고 돈을 빌린 경우 만일 진정한 용도를 고지하였더라면 상대방이 돈을 빌려 주지 않았을 것이라는 관계에 있는 때에는 사기죄가 성립한다.

② 진실한 용도를 속이고 피해자로부터 부동산매도용 인감증명 및 등기의무자본인확인서면을 교부받아 이를 이용하여 피해자 소유의 부동산에 관하여 자기 명의로 소유권이전등기를 마친 경우 위 부동산에 관한 사기죄의 죄책을 면할 수 없다.

③ 타인과 공모하여 그 공모자를 상대로 소를 제기하여 의제자백의 승소판결을 받아 소유권이전등기를 한 경우, 그 부동산의 진정한 소유자가 따로 있는 때에도 사기죄를 구성하지 않는다.

④ 타인의 명의를 빌려 예금계좌를 개설한 후, 통장과 도장은 명의인에게 보관시키고 자신은 위 계좌의 현금인출카드를 소지하고 있는 상태에서, 명의인을 기망하여 위 예금계좌로 돈을 송금하게 한 경우, 그 후 명의인이 통장과 도장을 이용하여 그 돈을 인출하여 갔더라도 사기죄의 성립에 영향이 없다.

해설

① [○] 사기죄의 실행행위로서의 기망은 반드시 법률행위의 중요 부분에 관한 허위표시임을 요하지 아니하고 상대방을 착오에 빠지게 하여 행위자가 희망하는 재산적 처분행위를 하도록 하기 위한 판단의 기초가 되는 사실에 관한 것이면 족한 것이므로 용도를 속이고 돈을 빌린 경우에 있어서 만일 진정한 용도를 고지하였더라면 상대방이 돈을 빌려 주지 않았을 것이라는 관계에 있는 때에는 사기죄의 실행행위인 기망은 있는 것으로 보아야 한다(대판 1996.2.27. 95도2828).

② [×] 피고인이 피해자에게 부동산매도용인감증명 및 등기의무자본인확인서면의 진실한 용도를 속이고 그 서류들을 교부받아 피고인 등 명의로 부동산에 관한 소유권이전등기를 경료하였다 하여도 피해자의 부동산에 관한 처분행위가 있었다고 할 수 없을 것이고 따라서 사기죄를 구성하지 않는 것이라 할 것이다(대판 2001.7.13. 2001도1289).

③ [○] 소송사기에 있어 피기망자인 법원의 재판은 피해자의 처분행위에 갈음하는 내용과 효력이 있는 것이어야 하므로 피고인이 타인과 공모하여 그 공모자를 상대로 제소하여 의제자백의 판결을 받아 이에 기하여 부동산의 소유권이전등기를 하였다고 하더라도 이는 소송 상대방의 의사에 부합하는 것으로서 착오에 의한 재산적 처분행위가 있다고 할 수 없어 동인으로부터 부동산을 편취한 것이라고 볼 수 없고, 또 그 부동산의 진정한 소유자가 따로 있다고 하더라도 피고인이 의제자백 판결에 기하여 진정한 소유자로부터 소유권을 이전받은 것이 아니므로 그 소유자로부터 부동산을 편취한 것이라고 볼 여지도 없다(대판 1997.12.23. 97도2430).

④ [○] 피고인 甲이 A의 명의를 빌려 예금계좌를 개설한 후, 통장과 도장은 명의인 A에게 보관시키고 자신은 위 계좌의 현금인출카드를 소지한 채 A를 기망하여 예금계좌로 돈을 송금하게 한 경우, 자신은 언제든지 카드를 이용하여 차명계좌 통장으로부터 금원을 인출할 수 있었고 A를 기망하여 통장으로 돈을 송금받은 이상, 이로써 송금받은 돈을 자신의 지배하에 두게 되어 편취행위는 기수에 이르렀다고 할 것이고, 이후 편취금을 인출하지 않고 있던 중 A가 이를 인출하여 갔다 하더라도 이는 범죄성립 후의 사정일 뿐 사기죄의 성립에 영향이 없다(대판 2003.7.25. 2003도2252).

정답 ②

52 다음 설명 중 가장 옳지 않은 것은? (다툼이 있으면 판례에 의함)

[16 법원9급]

① 기망행위에 의하여 조세를 포탈하거나 조세의 환급 · 공제를 받은 것은 사기죄의 기망행위에 해당한다.

② 비의료인이 개설한 의료기관이 의료법에 의하여 적법하게 개설된 요양기관인 것처럼 국민건강보험공단에 요양급여비용의 지급을 청구하여 지급받은 것은 사기죄의 기망행위에 해당한다.

③ 보험계약자가 보험계약 체결 시 보험금액이 목적물의 가액을 현저하게 초과하는 초과보험 상태를 의도적으로 유발한 후 보험사고가 발생하자 초과보험 사실을 알지 못하는 보험자에게 목적물의 가액을 묵비한 채 보험금을 청구하여 보험금을 교부받은 것은 사기죄의 기망행위에 해당한다.

④ 토지의 매수를 권유하면서 언급한 내용이 객관적 사실에 부합하거나 비록 확정된 것은 아닐지라도 연구용역 보고서와 신문스크랩 등에 기초한 것이라면 사기죄의 기망행위에 해당하지 않는다.

해설

① [×] 기망행위에 의하여 조세를 포탈하거나 조세의 환급 · 공제를 받은 경우에는 조세범처벌법 제9조에서 이러한 행위를 처벌하는 규정을 별도로 두고 있을 뿐만 아니라, 조세를 강제적으로 징수하는 국가 또는 지방자치단체의 직접적인 권력작용을 사기죄의 보호법익인 재산권과 동일하게 평가할 수 없는 것이므로 기망행위에 의하여 조세를 포탈하거나 조세의 환급 · 공제를 받은 경우에는 조세범처벌법 위반죄가 성립함은 별론으로 하고 형법상 사기죄는 성립할 수 없다(대판 2008.11.27. 2008도7303).

② [○] 비의료인이 개설한 의료기관이 마치 의료법에 의하여 적법하게 개설된 요양기관인 것처럼 국민건강보험공단에 요양급여비용의 지급을 청구하는 것은 국민건강보험공단으로 하여금 요양급여비용 지급에 관한 의사결정에 착오를 일으키게 하는 것으로서 사기죄의 기망행위에 해당하고, 이러한 기망행위에 의하여 국민건강보험공단으로부터 요양급여비용을 지급받을 경우에는 사기죄가 성립한다. 이는 그 의료기관의 개설인인 비의료인이 자신에게 개설 명의를 빌려준 의료인으로 하여금 환자들에게 요양급여를 제공하게 하였다 하여도 마찬가지이다(대판 2015.7.9. 2014도11843).

③ [○] 보험계약자가 보험계약 체결 시 보험금액이 목적물의 가액을 현저하게 초과하는 초과보험 상태를 의도적으로 유발한 후 보험사고가 발생하자 초과보험 사실을 알지 못하는 보험자에게 목적물의 가액을 묵비한 채 보험금을 청구하여 보험금을 교부받은 경우, 보험자가 보험금액이 목적물의 가액을 현저하게 초과한다는 것을 알았더라면 같은 조건으로 보험계약을 체결하지 않았을 뿐만 아니라 협정보험가액에 따른 보험금을 그대로 지급하지 아니하였을 관계가 인정된다면, 보험계약자가 초과보험 사실을 알지 못하는 보험자에게 목적물의 가액을 묵비한 채 보험금을 청구한 행위는 사기죄의 실행행위로서의 기망행위에 해당한다(대판 2015.7.23. 2015도6905).

④ [○] 토지의 매수를 권유하면서 언급한 내용이 객관적 사실에 부합하거나 비록 확정된 것은 아닐지라도 연구용역 보고서와 신문스크랩 등에 기초한 것이라면 사기죄의 기망행위에 해당하지 않는다(대판 2007.1.25. 2004도45).

정답 ①

53 사기죄, 횡령죄, 배임죄에 관한 다음 설명 중 가장 옳지 않은 것은? (다툼이 있으면 판례에 의함) [19 법원9급]

① 자기가 점유하는 타인의 재물에 대하여는 이를 취득하면서 기망행위를 한다 하여도 사기죄는 성립하지 않고 횡령죄만 성립한다.

② 타인의 사무를 처리하는 자가 그 사무처리상 임무에 위배하여 본인을 기망하고 착오에 빠진 본인으로부터 재물을 교부받은 경우에는 사기죄와 배임죄가 모두 성립하고 양죄는 상상적 경합관계에 있다.

③ 기망의 상대방인 피해자 법인의 대표자가 기망행위자와 동일인인 경우에는 사기죄가 성립한다고 보기 어렵다.

④ 피해자 법인의 업무를 처리하는 실무자인 일반 직원이 기망행위임을 알지 못했다면, 그 대표자가 기망행위임을 알고 있었다고 하더라도 피해자 법인에 대한 사기죄 성립에 영향이 없다.

해설

① [○] 사기죄는 타인이 점유하는 재물을 그의 처분행위에 의하여 취득함으로써 성립하는 죄이므로 자기가 점유하는 타인의 재물에 대하여는 이것을 영득함에 기망행위를 한다 하여도 사기죄는 성립하지 아니하고 횡령죄만을 구성한다(대판 1987.12.22. 87도2168).

② [○] 타인의 사무를 처리하는 자가 그 사무처리상 임무에 위배하여 본인을 기망하고 착오에 빠진 본인으로부터 재물을 교부받은 경우에는 사기죄와 배임죄가 모두 성립하고 양죄는 상상적 경합관계에 있다(대판(전) 2002.7.18. 2002도669).

③ [○], ④ [×] [1] 사기죄의 피해자가 법인이나 단체인 경우에 기망행위로 인한 착오, 인과관계 등이 있었는지 여부는 법인이나 단체의 대표 등 최종 의사결정권자 또는 내부적인 권한 위임 등에 따라 실질적으로 법인의 의사를 결정하고 처분을 할 권한을 가지고 있는 사람을 기준으로 판단하여야 한다.

[2] 따라서 피해자 법인이나 단체의 대표자 또는 실질적으로 의사결정을 하는 최종결재권자 등이 기망행위자와 동일인이거나 기망행위자와 공모하는 등 기망행위임을 알고 있었던 경우에는 기망행위로 인한 착오가 있다고 볼 수 없고, 재물 교부 등의 처분행위가 있었다고 하더라도 기망행위와 인과관계가 있다고 보기 어려워, 이러한 경우에는 사안에 따라 업무상횡령죄 또는 업무상배임죄 등이 성립하는 것은 별론으로 하고 사기죄가 성립한다고 볼 수 없다.

[3] 피해자 법인이나 단체의 업무를 처리하는 실무자인 일반 직원이나 구성원 등이 기망행위임을 알고 있었다고 하더라도, 피해자 법인이나 단체의 대표자 또는 실질적으로 의사결정을 하는 최종결재권자 등이 기망행위임을 알지 못한 채 착오에 빠져 처분행위에 이른 경우라면, 피해자 법인에 대한 사기죄의 성립에 영향이 없다(대판 2017.9.26. 2017도8449).

정답 ④

54 사기죄에 관한 설명으로 가장 적절한 것은? (다툼이 있으면 판례에 의함)

[19 경찰채용]

① 상대방을 기망하여 재물을 교부받으면서 시가 상당의 대금을 지급하였다면, 피해자의 전체 재산상 손해가 발생한 바 없으므로 사기죄가 성립하지 않는다.

② 원인된 법률관계 없이 자신의 예금계좌로 잘못 이체된 돈을 인출한 경우, 은행에 대한 사기죄가 성립한다.

③ 아파트 입주권의 매매계약을 체결하면서 매수인이 입주권 가격에 대해 아무런 문의도 하지 않았다 하더라도 매도인인 부동산중개업자가 그 입주권을 2억 5,000만 원에 확보하여 2억 9,500만 원에 전매한다는 사실을 매수인에게 고지하지 않았다면, 이는 고지의무의 불이행으로서 부작위에 의한 사기죄가 성립한다.

④ 피고인이 부동산을 매수한 일이 없음에도 매수한 것처럼 허위의 사실을 주장하여 해당 부동산에 대한 소유권이전등기를 거친 사람을 상대로 그 이전등기의 말소를 구하는 소송을 제기하여 승소하였더라도, 법원을 기망하여 재물 또는 재산상 이익을 취득한 바가 없기 때문에 사기죄가 성립하지 않는다.

해설

① [×] 재물편취를 내용으로 하는 사기죄에 있어서는 기망으로 인한 재물교부가 있으면 그 자체로써 피해자의 재산침해가 되어 이로써 곧 사기죄가 성립하는 것이고, 상당한 대가가 지급되었다거나 피해자의 전체 재산상에 손해가 없다 하여도 사기죄의 성립에는 영향이 없다(대판 2010.12.9. 2010도12928).

② [×] [1] 송금의뢰인이 수취인의 예금계좌에 계좌이체 등을 한 이후, 수취인이 은행에 대하여 예금반환을 청구함에 따라 은행이 수취인에게 그 예금을 지급하는 행위는 계좌이체금액 상당의 예금계약의 성립 및 그 예금채권 취득에 따른 것으로서 은행이 착오에 빠져 처분행위를 한 것이라고 볼 수 없으므로 결국 이러한 행위는 은행을 피해자로 한 사기죄에 해당하지 않는다(대판 2010.5.27. 2010도3498).

[2] 계좌명의인이 송금 · 이체의 원인이 되는 법률관계가 존재하지 않음에도 계좌이체에 의하여 취득한 예금채권 상당의 돈은 송금의뢰인에게 반환하여야 할 성격의 것이므로, 계좌명의인은 그와 같이 송금 · 이체된 돈에 대하여 송금의뢰인을 위하여 보관하는 지위에 있다고 보아야 한다. 따라서 계좌명의인이 그와 같이 송금 · 이체된 돈을 그대로 보관하지 않고 영득할 의사로 인출하면 횡령죄가 성립한다(대판(전) 2018.7.19. 2017도17494). ▶ 송금의뢰인에 대한 횡령죄가 성립한다.

③ [×] [1] 부동산을 매매함에 있어서 매매로 인한 법률관계에 아무런 영향도 미칠 수 없는 것이어서 매수인의 권리의 실현에 장애가 되지 아니하는 사유까지 매도인이 매수인에게 고지할 의무가 있다고는 볼 수 없다.
[2] 피해자가 아파트 입주권을 2억 9,500만원에 매입하면 시세차익을 볼 수 있다고 판단하여 입주권 가격에 대하여 아무런 문의도 하지 않고 매매계약을 체결한 이상, 피고인이 입주권을 2억 5,000만원에 확보하여 이를 피해자에게 전매한다는 사실을 고지하지 않았다고 하여 피해자를 기망하여 4,500만원을 편취한 것으로 보기 어렵다(대판 2011.1.27. 2010도5124).
④ [○] 피고인 甲이 乙이 부동산을 매수한 일이 없음에도 매수한 것처럼 허위의 사실을 주장하여 부동산에 대한 소유권이전등기를 거친 사람을 상대로 그 이전등기의 원인무효를 내세워 이전등기의 말소를 구하는 소송을 乙 명의로 제기하고 그 소송의 결과 원고로 된 乙이 승소한다고 가정하더라도, 그 피고의 등기가 말소될 뿐이고 이것만으로 피고인이 부동산에 관한 어떠한 권리를 취득하거나 의무를 면하는 것은 아니므로 법원을 기망하여 재물이나 재산상 이익을 편취한 것이라고 보기 어렵고, 따라서 위 소제기 행위를 가리켜 사기의 실행에 착수한 것이라고 할 수 없다(대판 2009.4.9. 2009도128).

정답 ④

55 다음 설명 중 가장 옳은 것은? (다툼이 있으면 판례에 의함)

[12 법원9급]

① 허위의 채권을 피보전권리로 삼아 가압류를 한 것은 사기죄의 실행에 착수한 것이다.
② 소송사기의 경우에는 당해 소송의 승소판결이 확정된 때에 범행이 기수에 이르는 것이다.
③ 민사소송의 피고는 소송사기죄의 주체가 될 수 없다.
④ 피고인이 타인과 공모하여 그를 상대로 의제자백 판결을 받아 소유권이전등기를 마친 경우, 소송사기가 성립한다.

해설

① [×] 가압류는 강제집행의 보전방법에 불과한 것이어서 허위의 채권을 피보전권리로 삼아 가압류를 하였다고 하더라도 그 채권에 관하여 현실적으로 청구의 의사표시를 한 것이라고는 볼 수 없으므로, 본안소송을 제기하지 아니한 채 가압류를 한 것만으로는 사기죄의 실행에 착수하였다고 할 수 없다(대판 1988.9.13. 88도55).
② [○] 소송사기의 경우 당해 소송의 판결이 확정된 때에 범행이 기수에 이른다(대판 1997.7.11. 95도1874).
③ [×] 방어적인 위치에 있는 피고라 하더라도 허위내용의 서류를 작성하여 이를 증거로 제출하거나 위증을 시키는 등의 적극적인 방법으로 법원을 기망하여 착오에 빠지게 한 결과 승소확정판결을 받음으로써 자기의 재산상의 의무이행을 면하게 된 경우에는 그 재산가액 상당에 대하여 사기죄가 성립한다(대판 2004.3.12. 2003도333).
④ [×] 피고인이 타인과 공모하여 그 공모자를 상대로 제소하여 의제자백의 판결을 받아 이에 기하여 부동산의 소유권이전등기를 하였다고 하더라도 이는 소송 상대방의 의사에 부합하는 것으로서 착오에 의한 재산적 처분행위가 있다고 할 수 없어 동인으로부터 부동산을 편취한 것이라고 볼 수 없고, 또 그 부동산의 진정한 소유자가 따로 있다고 하더라도 피고인이 의제자백판결에 기하여 그 진정한 소유자로부터 소유권을 이전받은 것이 아니므로 그 소유자로부터 부동산을 편취한 것이라고 볼 여지도 없다(대판 1997.12.23. 97도2430).

정답 ②

56 사기죄에 관한 설명 중 가장 적절한 것은? (다툼이 있으면 판례에 의함)

[17 경찰승진]

① 피고인이 타인과 공모하여 그를 상대로 자백간주 판결을 받아 소유권이전등기를 마친 경우에는 그 타인과 소송사기의 공동정범으로 처벌받는다.

② 배당이의 소송의 1심에서 패소판결을 받고 항소한 자가 그 항소를 취하하는 것만으로는 사기죄에서 말하는 재산적 처분행위가 있다고 할 수 없다.

③ 자기에게 유리한 판결을 얻기 위하여 소송상의 주장이 사실과 다름이 객관적으로 명백하거나 증거가 조작되어 있는 점을 인식하지 못하는 제3자를 이용하여 그로 하여금 소송의 당사자가 되게 하고 법원을 기망하여 소송 상대방의 재물 또는 재산상 이익을 취득하려고 하였다면 간접정범의 형태에 의한 소송사기죄가 성립한다.

④ 자동차의 명의신탁관계에서 자동차의 명의수탁자가 명의신탁 사실을 고지하지 않고, 나아가 자신 소유라는 말을 하면서 자동차를 제3자(매수인)에게 매도하고 이전등록까지 마쳐준 경우, 제3자(매수인)에 대한 관계에서 사기죄가 성립한다.

해설

① [×] 타인과 공모하여 그 공모자를 상대로 제소하여 의제자백의 판결을 받아 이에 기하여 부동산의 소유권이전등기를 하였다고 하더라도 이는 소송 상대방의 의사에 부합하는 것으로서 착오에 의한 재산적 처분행위가 있다고 할 수 없어 동인으로부터 부동산을 편취한 것이라고 볼 수 없고, 또 그 부동산의 진정한 소유자가 따로 있다고 하더라도 피고인이 의제자백 판결에 기하여 진정한 소유자로부터 소유권을 이전받은 것이 아니므로 그 소유자로부터 부동산을 편취한 것이라고 볼 여지도 없다(대판 1997.12.23. 97도2430).

② [×] 배당이의 소송의 제1심에서 패소판결을 받고 항소한 자가 그 항소를 취하하면 즉시 제1심판결이 확정되고 상대방이 배당금을 수령할 수 있는 이익을 얻게 되는 것이므로 항소를 취하하는 것 역시 사기죄에서 말하는 재산적 처분행위에 해당하고 따라서 피고인 甲이 피해자 A를 기망하여 乙을 상대로 한 배당이의 소송의 제1심 패소판결에 대한 항소를 취하하게 한 경우 사기죄가 성립한다(대판 2002.11.22. 2000도4419).

③ [○] 자기에게 유리한 판결을 얻기 위하여 소송상의 주장이 사실과 다름이 객관적으로 명백하거나 증거가 조작되어 있는 점을 인식하지 못하는 제3자를 이용하여 그로 하여금 소송의 당사자가 되게 하고 법원을 기망하여 소송 상대방의 재물 또는 재산상 이익을 취득하려고 하였다면 간접정범의 형태에 의한 소송사기죄가 성립한다(대판 2007.9.6. 2006도3591).

④ [×] 부동산의 명의수탁자가 부동산을 제3자에게 매도하고 매매를 원인으로 한 소유권이전등기까지 마쳐 준 경우, 명의신탁의 법리상 대외적으로 수탁자에게 그 부동산의 처분권한이 있는 것임이 분명하고, 제3자로서도 자기 명의의 소유권이전등기가 마쳐진 이상 무슨 실질적인 재산상의 손해가 있을 리 없으므로 그 명의신탁 사실과 관련하여 신의칙상 고지의무가 있다거나 기망행위가 있었다고 볼 수도 없어서 그 제3자에 대한 사기죄가 성립될 여지가 없고, 나아가 그 처분시 매도인(명의수탁자)의 소유라는 말을 하였다고 하더라도 역시 사기죄가 성립되지 않으며, 이는 자동차의 명의수탁자가 처분한 경우에도 마찬가지이다(대판 2007.1.11. 2006도4498).

정답 ③

57 전기통신금융사기에 대한 설명 중 옳은 것만을 모두 고른 것은? (다툼이 있으면 판례에 의함) [21 경찰간부]

㉠ 이른바 '착오송금'의 법리는 계좌명의인이 개설한 예금계좌가 전기통신금융사기 범행에 이용되어 그 계좌에 피해자가 사기피해금을 송금·이체한 경우에도 마찬가지로 적용된다. 계좌명의인은 아무런 법률관계 없이 송금·이체된 사기피해금을 보관하는 지위에 있고, 만약 그 돈을 영득할 의사로 인출하면 피해자에 대한 횡령죄가 성립한다.

㉡ 이때 계좌명의인이 사기의 공범이라면 자신이 가담한 범행의 결과 피해금을 보관하게 된 것일 뿐이어서 피해자와 사이에 위탁관계가 없고, 그가 송금·이체된 돈을 인출하더라도 이는 자신이 저지른 사기범행의 실행행위에 지나지 아니하여 새로운 법익을 침해한다고 볼 수 없으므로 사기죄 외에 별도로 횡령죄를 구성하지는 않는다.

㉢ 다만, 판례는 전기통신금융사기 범행으로 피해자의 돈이 사기 이용계좌로 송금·이체되었다면 이로써 편취행위는 기수에 이른다고 보고 있는데, 이는 사기범이 접근매체를 이용하여 그 돈을 인출할 수 있는 상태에 이르게 되면 계좌명의인의 예금반환청구권을 자신이 행사할 수 있게 된 것으로서 예금자체를 취득한 것으로 보아야 한다는 의미이다.

㉣ 한편 계좌명의인의 인출행위는 전기통신금융사기의 범인에 대한 관계에서는 횡령죄가 되지 않는다. 계좌명의인과 전기통신금융사기의 범인 사이의 관계는 횡령죄로 보호할 만한 가치가 있는 위탁관계가 아닐 뿐더러, 계좌명의인과 사기범 사이의 관계를 횡령죄로 보호하는 것은 그 범행으로 송금·이체된 돈을 사기범에게 귀속시키는 결과가 되어 옳지 않기 때문이다.

① ㉠, ㉡
② ㉠, ㉡, ㉣
③ ㉠, ㉢, ㉣
④ ㉡, ㉢, ㉣

해설

㉠ [O], ㉡ [O] [1] 이른바 '착오송금'의 법리는 계좌명의인이 개설한 예금계좌가 전기통신금융사기 범행에 이용되어 그 계좌에 피해자가 사기피해금을 송금·이체한 경우에도 마찬가지로 적용된다. 계좌명의인은 아무런 법률관계 없이 송금·이체된 사기피해금을 보관하는 지위에 있고, 만약 그 돈을 영득할 의사로 인출하면 피해자에 대한 횡령죄가 성립한다.
[2] 이때 계좌명의인이 사기의 공범이라면 자신이 가담한 범행의 결과 피해금을 보관하게 된 것일 뿐이어서 피해자와 사이에 위탁관계가 없고, 그가 송금·이체된 돈을 인출하더라도 이는 자신이 저지른 사기범행의 실행행위에 지나지 아니하여 새로운 법익을 침해한다고 볼 수 없으므로 사기죄 외에 별도로 횡령죄를 구성하지는 않는다(대판(전) 2018.7.19. 2017도17494).

㉢ [×] 전기통신금융사기 범행으로 피해자의 돈이 사기이용계좌로 송금·이체되었다면 이로써 편취행위는 기수에 이른다고 보고 있는데, 이는 사기범이 접근매체를 이용하여 그 돈을 인출할 수 있는 상태에 이르렀다는 의미일 뿐 사기범이 그 돈을 취득하였다는 것은 아니다(대판(전) 2018.7.19. 2017도17494).

㉣ [O] 계좌명의인의 인출행위는 전기통신금융사기의 범인에 대한 관계에서는 횡령죄가 되지 않는다. 계좌명의인과 전기통신금융사기의 범인 사이의 관계는 횡령죄로 보호할 만한 가치가 있는 위탁관계가 아닐 뿐더러, 계좌명의인과 사기범 사이의 관계를 횡령죄로 보호하는 것은 그 범행으로 송금·이체된 돈을 사기범에게 귀속시키는 결과가 되어 옳지 않기 때문이다(대판(전) 2018.7.19. 2017도17494).

정답 ②

58 **사기의 죄와 관련한 설명 중 옳은 것은? (다툼이 있으면 판례에 의함)** [16 경찰간부]

① 소송사기에 있어서 방어적인 위치에 있는 피고는 소송사기의 주체가 될 수 없다.

② 배당이의 소송의 제1심에서 패소판결을 받고 항소한 자가 그 항소를 취하하는 것만으로는 사기죄에서 말하는 재산적 처분행위가 있다고 할 수 없다.

③ 자신이 절취한 장물을 자기의 소유물로 위장하여 제3자에게 담보로 제공하고 금원을 편취한 경우 사기죄가 성립할 수 있다.

④ 주유소 운영자가 농·어민 등에게 조세특례제한법에 정한 면세유를 공급한 것처럼 위조한 면세유류공급확인서로 정유회사를 기망하여 상당의 이득을 취득한 경우 정유회사는 물론 국가 또는 지방자치단체를 기망하여 환급세액을 편취한 것이므로 국가 또는 지방자치단체에 대해서도 사기죄가 성립한다.

해설

① [×] 적극적 소송당사자인 원고가 아니라 방어적인 위치에 있는 피고라 하더라도 허위내용의 서류를 작성하여 이를 증거로 제출하거나 위증을 시키는 등의 적극적인 방법으로 법원을 기망하여 착오에 빠지게 한 결과 승소확정판결을 받으로써 자기의 재산상의 의무이행을 면하게 된 경우에는 그 재산가액 상당에 대하여 사기죄가 성립한다(대판 1987.9.22. 87도1090).

② [×] 배당이의 소송의 제1심에서 패소판결을 받고 항소한 자가 그 항소를 취하하면 즉시 제1심판결이 확정되고 상대방이 배당금을 수령할 수 있는 이익을 얻게 되는 것이므로 항소를 취하하는 것 역시 사기죄에서 말하는 재산적 처분행위에 해당하고 따라서 피고인 甲이 피해자 A를 기망하여 乙을 상대로 한 배당이의 소송의 제1심 패소판결에 대한 항소를 취하하게 한 경우 사기죄가 성립한다(대판 2002.11.22. 2000도4419).

③ [○] 절도범인이 절취한 장물을 자기 것인 양 제3자를 기망하여 금원을 편취한 경우에는 장물에 관하여 소비 또는 손괴하는 경우와는 달리 제3자에 대한 관계에 있어서는 새로운 법익의 침해가 있다고 할 것이므로 절도죄 외에 사기죄가 성립한다(대판 1980.11.25. 80도2310).

④ [×] 기망행위에 의하여 조세를 포탈하거나 조세의 환급·공제를 받은 경우에는 조세범처벌법 제9조(지방세법 제84조에서 준용)에서 이러한 행위를 처벌하는 규정을 별도로 두고 있을 뿐만 아니라, 조세를 강제적으로 징수하는 국가 또는 지방자치단체의 직접적인 권력작용을 사기죄의 보호법익인 재산권과 동일하게 평가할 수 없는 것이므로 기망행위에 의하여 조세를 포탈하거나 조세의 환급·공제를 받은 경우에는 조세범처벌법 위반죄가 성립함은 별론으로 하고 형법상 사기죄는 성립할 수 없다(대판 2008.11.27. 2008도7303).

정답 ③

59 **사기의 죄에 관한 설명 중 가장 적절한 것은? (다툼이 있으면 판례에 의함)** [16 경찰승진]

① 사기죄에 있어서 '재물의 교부'가 있었다고 하기 위하여는 반드시 재물의 현실의 인도가 필요한 것이므로, 재물이 범인의 사실상의 지배 아래 들어가 그의 자유로운 처분이 가능한 상태에 놓였더라도 재물의 현실의 인도가 없었다면 재물의 교부가 있었다고 할 수 없다.

② 예금주인 甲이 제3자에게 편취당한 송금의뢰인으로부터 자신의 은행계좌에 계좌송금된 돈을 인출한 경우, 은행을 피해자로 한 사기죄가 성립한다.

③ '녹동달오리골드'(누에, 동충하초, 녹용 등을 혼합·제조)라는 제품이 성인병에 특효약이라고 허위광고하여 고가에 판매한 경우 사기죄가 인정된다.

④ 타인의 명의를 모용하여 발급받은 신용카드를 이용하여 현금자동지급기에서 현금을 인출한 행위와 ARS 전화서비스 등으로 신용대출을 받은 행위는 포괄적으로 카드회사에 대한 사기죄이다.

해설

① [×] [1] 사기죄에 있어서 '재물의 교부'란 범인의 기망에 따라 피해자가 착오로 재물에 대한 사실상의 지배를 범인에게 이전하는 것을 의미하는데, 재물의 교부가 있었다고 하기 위하여 반드시 재물의 현실의 인도가 필요한 것은 아니고 재물이 범인의 사실상의 지배 아래에 들어가 그의 자유로운 처분이 가능한 상태에 놓인 경우에도 재물의 교부가 있었다고 보아야 한다.
[2] 피해자가 피고인 등의 주문에 따라 도자기 5,000개를 제작하여 그중 1,600개 정도를 피고인 등이 지정한 사찰로 배달하고 나머지 3,400개 정도는 피고인 등이 지정하는 사찰로 배달할 수 있는 상태에 놓인 채로 보관중이었다면, 실제로 배달된 것뿐만 아니라 피해자가 보관중인 도자기 모두가 피고인 등에게 교부되었다고 보아야 한다(대판 2003.5.16. 2001도1825).

② [×] 송금의뢰인이 수취인의 예금계좌에 계좌이체 등을 한 이후, 수취인이 은행에 대하여 예금반환을 청구함에 따라 은행이 수취인에게 그 예금을 지급하는 행위는 계좌이체금액 상당의 예금계약의 성립 및 그 예금채권 취득에 따른 것으로서 은행이 착오에 빠져 처분행위를 한 것이라고 볼 수 없으므로 결국 이러한 행위는 은행을 피해자로 한 사기죄에 해당하지 않는다(대판 2010.5.27. 2010도3498).

③ [○] 오리, 하명, 누에, 동충하초, 녹용 등 여러 가지 재료를 혼합하여 제조 · 가공한 '녹동달오리골드'라는 제품이 당뇨병, 관절염, 신경통 등의 성인병 치료에 특별한 효능이 있는 좋은 약이라는 허위의 강의식 선전 · 광고행위를 하여 이에 속은 노인들로 하여금 위 제품을 고가에 구입하도록 한 것은 그 사술의 정도가 사회적으로 용인될 수 있는 상술의 정도를 넘은 것이어서 사기죄의 기망행위를 구성한다(대판 2004.1.15. 2001도1429). ▶ 지문의 경우 사기죄가 인정된다.

④ [×] [1] 피고인이 타인의 명의를 모용하여 발급받은 신용카드를 사용하여 현금자동지급기에서 현금대출을 받는 행위는 카드회사에 의하여 미리 포괄적으로 허용된 행위가 아니라, 현금자동지급기의 관리자의 의사에 반하여 그의 지배를 배제한 채 그 현금을 자기의 지배하에 옮겨 놓는 행위로서 절도죄에 해당한다.
[2] 피고인이 타인의 명의를 모용하여 발급받은 신용카드의 번호와 그 비밀번호를 이용하여 ARS 전화서비스나 인터넷 등을 통하여 신용대출을 받는 방법으로 재산상 이익을 취득하는 행위는 카드회사에 의하여 미리 포괄적으로 허용된 행위가 아니라, 컴퓨터 등 정보처리장치에 권한 없이 정보를 입력하여 정보처리를 하게 함으로써 재산상 이익을 취득하는 행위로서 컴퓨터등사용사기죄에 해당한다(대판 2006.7.27. 2006도3126).

정답 ③

60 다음 설명 중 옳은 것은? (다툼이 있으면 판례에 의함)

[11 법원행시]

① 허위의 주장을 하면서 소유권보존등기 명의자를 상대로 보존등기말소청구의 소를 제기하여 승소확정판결을 받았다고 하더라도, 그 확정판결 자체의 효력에 의해서는 등기명의인의 보존등기가 말소될 뿐 소송 제기자가 어떠한 권리를 취득하거나 의무를 면하는 것은 아니므로 사기죄의 기수에 이르렀다고 할 수 없다.
② 소송에서 상대방에게 유리한 증거를 제출하지 않거나 상대방에게 유리한 사실을 진술하지 않는 행위만으로도 소송사기에 있어서 기망이 될 수 있다.
③ 민사소송의 피고도 소송사기죄의 주체가 될 수 있다.
④ 허위의 내용으로 지급명령신청을 하였으나 상대방이 이의신청을 한 경우, 그 지급명령은 이의의 범위 안에서 효력을 잃게 되므로, 이때는 사기죄의 실행의 착수가 있었다고 볼 수 없다.
⑤ 허위의 채권을 피보전권리로 삼아 가압류를 한 것은 사기죄의 실행의 착수에 해당한다.

해설

① [×] 소송에서 토지가 피고인 또는 그와 공모한 자의 소유임을 인정하여 보존등기 말소를 명하는 내용의 승소확정판결을 받는다면, 이에 터 잡아 언제든지 단독으로 상대방의 소유권보존등기를 말소시킨 후 위 판결을 부동산등기법 제130조 제2호 소정의 소유권을 증명하는 판결로 하여 자기 앞으로의 소유권보존등기를 신청하여 그 등기를 마칠 수 있게 되므로, 이는 법원을 기망하여 유리한 판결을 얻음으로써 '대상 토지의 소유권에 대한 방해를 제거하고 그 소유명의를 얻을 수 있는 지위'라는 재산상 이익을 취득한 것이고 그 경우 기수시기는 판결이 확정된 때이다(대판(전) 2006.4.7. 2005도9858).

② [×] 상대방에게 유리한 증거를 제출하지 않거나 상대방에게 유리한 사실을 진술하지 않는 행위만으로는 소송사기에 있어 기망이 된다고 할 수 없다(대판 2002.6.28. 2001도1610).

③ [○] 방어적인 위치에 있는 피고라 하더라도 허위내용의 서류를 작성하여 이를 증거로 제출하거나 위증을 시키는 등의 적극적인 방법으로 법원을 기망하여 착오에 빠지게 한 결과 승소확정판결을 받음으로써 자기의 재산상의 의무이행을 면하게 된 경우에는 그 재산가액 상당에 대하여 사기죄가 성립한다(대판 2004.3.12. 2003도333).

④ [×] 지급명령신청에 대해 상대방이 이의신청을 하면 지급명령은 이의의 범위 안에서 그 효력을 잃게 되고 지급명령을 신청한 때에 소를 제기한 것으로 보게 되는 것이지만 이로써 이미 실행에 착수한 사기의 범행 자체가 없었던 것으로 되는 것은 아니다(대판 2004.6.24. 2002도4151).

⑤ [×] 가압류는 강제집행의 보전방법에 불과한 것이어서 허위의 채권을 피보전권리로 삼아 가압류를 하였다고 하더라도 그 채권에 관하여 현실적으로 청구의 의사표시를 한 것이라고는 볼 수 없으므로, 본안소송을 제기하지 아니한 채 가압류를 한 것만으로는 사기죄의 실행에 착수하였다고 할 수 없다(대판 1988.9.13. 88도55).

정답 ③

61 사기죄와 관련된 다음 설명 중 옳은 것은 모두 몇 개인가? (다툼이 있으면 판례에 의함) [20 경찰간부]

㉠ 피기망자가 기망당한 결과 자신의 작위 또는 부작위가 갖는 의미를 제대로 인식하지 못하여 그러한 행위가 초래하는 결과를 인식하지 못하였더라도 그와 같은 착오 상태에서 재산상 손해를 초래하는 행위를 하였다면 피기망자의 처분행위와 그에 상응하는 처분의사가 있다고 보아야 한다.

㉡ 위조된 약속어음을 진정한 약속어음인 것처럼 속여 기왕의 물품대금의 변제를 위해 채권자에게 교부한 경우에는 사기죄가 성립하지 않는다.

㉢ 통정허위표시로서 무효인 임대차계약에 기초하여 임차권등기를 마침으로써 외형상 임차인으로서 취득하게 된 권리는 사기죄에서 말하는 재산상 이익에 해당한다.

㉣ 채무자의 기망행위로 인해 채권자가 채무를 확정적으로 소멸 내지 면제시키는 특약 등 처분행위를 한 경우에는 채무의 면제라고 하는 재산상 이익에 관한 사기죄가 성립하지만 후에 그 재산상 처분행위가 사기를 이유로 민법에 따라 취소될 수 있는 경우라면 사기죄는 성립할 수 없다.

① 1개 ② 2개
③ 3개 ④ 4개

해설

㉠ [○] 피기망자가 행위자의 기망행위로 인하여 착오에 빠진 결과 내심의 의사와 다른 효과를 발생시키는 내용의 처분문서에 서명 또는 날인함으로써 처분문서의 내용에 따른 재산상 손해가 초래되었다면 그와 같은 처분문서에 서명 또는 날인을 한 피기망자의 행위는 사기죄에서 말하는 처분행위에 해당한다. 아울러 비록 피기망자가 처분결과, 즉 문서의 구체적 내용과 법적 효과를 미처 인식하지 못하였더라도, 어떤 문서에 스스로 서명 또는 날인함으로써 처분문서에 서명 또는 날인하는 행위에 관한 인식이 있었던 이상 피기망자의 처분의사 역시 인정된다(대판(전) 2017.2.16. 2016도13362).

㉡ [○] 위조된 약속어음을 진정한 약속어음인 것처럼 속여 기왕의 물품대금채무의 변제를 위하여 채권자에게 교부하였다고 하여도 어음이 결제되지 않는 한 물품대금채무가 소멸되지 아니하므로 사기죄는 성립되지 않는다(대판 1983.4.12. 82도2938).

㉢ [○] 형법 제347조에서 말하는 재산상 이익 취득은 그 재산상의 이익을 법률상 유효하게 취득함을 필요로 하지 아니하고 그 이익 취득이 법률상 무효라 하여도 외형상 취득한 것이면 족한 것이다. 임차권등기의 기초가 되는 임대차계약이 통정허위표시로서 무효라 하더라도, 장차 피신청인의 이의신청 또는 취소신청에 의한 법원의 재판을 거쳐 그 임차권등기가 말소될 때까지는 신청인은 외형상으로 우선변제권 있는 임차인으로서 부동산 담보권에 유사한 권리를 취득하게 된다 할 것이니, 이러한 이익은 재산적 가치가 있는 구체적 이익으로서 사기죄의 객체인 재산상 이익에 해당한다고 봄이 상당하다(대판 2012.5.24. 2010도12732).

㉣ [×] 사기죄에서의 '재산상의 이익'이란 채권을 취득하거나 담보를 제공받는 등의 적극적 이익뿐만 아니라 채무를 면제받는 등의 소극적 이익까지 포함하며, 채무자의 기망행위로 인하여 채권자가 채무를 확정적으로 소멸 내지 면제시키는 특약 등의 처분행위를 한 경우에는 채무의 면제라고 하는 재산상 이익에 관한 사기죄가 성립되고, 후에 그 재산적 처분행위가 사기를 이유로 민법에 따라 취소될 수 있다고 하여 달리 볼 것은 아니다(대판 2012.4.13. 2012도1101).

정답 ③

62 사기죄와 관련된 다음 설명 중 가장 옳은 것은? (다툼이 있으면 판례에 의함)

[20 경찰간부]

① 토지를 매도함에 있어 채무담보를 위한 가등기와 근저당권설정 등기가 경료되어 있는 사실을 숨겼다 할지라도 매수인은 등기부등본을 통해 얼마든지 사실을 확인할 수 있으므로 사기죄는 성립하지 않는다.

② 부동산의 명의수탁자가 부동산을 제3자에게 매도하고 매매를 원인으로 하는 소유권이전등기까지 마쳐 주었으나 명의신탁 사실을 알리지 아니한 경우에는 제3자에 대하여 사기죄가 성립한다.

③ 중고자동차 매매에 있어 매도인이 할부금융회사 또는 보증보험에 대한 할부금 채무의 존재를 매수인에게 고지하지 않았다면 채무의 승계 여부를 불문하고 사기죄가 성립한다.

④ 사기죄의 피해자가 법인이나 단체인 경우에 기망행위가 있었는지는 법인이나 단체의 대표 등 최종 의사결정권자 또는 내부적인 권한 위임 등에 따라 실질적으로 법인의 의사를 결정하고 처분을 할 권한을 가지고 있는 사람을 기준으로 판단하여야 한다.

해설

① [×] 토지를 매도함에 있어서 채무담보를 위한 가등기와 근저당권설정등기가 경료되어 있는 사실을 숨기고 이를 고지하지 아니하여 매수인이 이를 알지 못한 탓으로 그 토지를 매수하였다면 이는 사기죄를 구성한다(대판 1981.8.20. 81도1638).

② [×] 부동산의 명의수탁자가 부동산을 제3자에게 매도하고 매매를 원인으로 한 소유권이전등기까지 마쳐 준 경우, 명의신탁의 법리상 대외적으로 수탁자에게 그 부동산의 처분권한이 있는 것임이 분명하고, 제3자로서도 자기 명의의 소유권이전등기가 마쳐진 이상 무슨 실질적인 재산상의 손해가 있을 리 없으므로 그 명의신탁 사실과 관련하여 신의칙상 고지의무가 있다거나 기망행위가 있었다고 볼 수도 없어서 그 제3자에 대한 사기죄가 성립될 여지가 없고, 나아가 그 처분시 매도인(명의수탁자)의 소유라는 말을 하였다고 하더라도 역시 사기죄가 성립되지 않으며, 이는 자동차의 명의수탁자가 처분한 경우에도 마찬가지이다(대판 2007.1.11. 2006도4498).

③ [×] 중고자동차 매매에 있어서 매도인의 할부금융회사 또는 보증보험에 대한 할부금 채무가 매수인에게 당연히 승계되는 것이 아니기 때문에 그 할부금 채무의 존재를 매수인에게 고지하지 아니한 것은 부작위에 의한 기망에 해당하지 아니한다(대판 1998.4.14. 98도231).

④ [○] 사기죄의 피해자가 법인이나 단체인 경우에 기망행위가 있었는지는 법인이나 단체의 대표 등 최종 의사결정권자 또는 내부적인 권한 위임 등에 따라 실질적으로 법인의 의사를 결정하고 처분을 할 권한을 가지고 있는 사람을 기준으로 판단하여야 한다(대판 2017.9.26. 2017도8449).

정답 ④

63 다음 설명 중 옳지 않은 것은 모두 몇 개인가? (다툼이 있으면 판례에 의함)

[20 경찰간부]

㉠ 사기죄에서 외관상 재물의 교부에 해당하는 행위가 있었으나, 재물이 범인의 사실상의 지배 아래에 들어가 그의 자유로운 처분이 가능한 상태에 놓이지 않고 여전히 피해자의 지배 아래에 있는 것으로 평가되는 경우라면 그 재물에 대한 처분행위가 있었다고 볼 수 없다.

㉡ 재정악화로 어려움을 겪는 회사라 할지라도 합법적인 방법으로 피해자 회사들과 갈등을 해결하려 하지 않고 유예 기간 안에 돈을 지급하지 않으면 자동차 부품 생산라인을 중단하여 큰 손실을 입게 만들겠다는 태도를 보였다면 공갈죄가 성립한다.

㉢ 甲이 보이스피싱 조직원 乙에게 자기 명의 계좌의 통장을 양도한 후 乙의 보이스피싱 범행으로 그 계좌에 송금된 사기피해금을 임의로 인출한 경우 乙에 대하여 횡령죄를 구성한다.

㉣ 공무원이 그 임무에 위배되는 행위로써 제3자로 하여금 재산상의 이익을 취득하게 하여 국가에 손해를 가한 경우에도 업무상배임죄는 성립한다.

① 1개
② 2개
③ 3개
④ 4개

해설

㉠ [○] 사기죄에 있어서 '재물의 교부'란 범인의 기망에 따라 피해자가 착오로 재물에 대한 사실상의 지배를 범인에게 이전하는 것을 의미하는데, 재물의 교부가 있었다고 하기 위하여 반드시 재물의 현실의 인도가 필요한 것은 아니고 재물이 범인의 사실상의 지배 아래에 들어가 그의 자유로운 처분이 가능한 상태에 놓인 경우에도 재물의 교부가 있었다고 보아야 한다(대판 2003.5.16. 2001도1825).

㉡ [○] 피고인 운영 회사는 계속적인 재정 악화 등으로 회사 운영에 어려움을 겪었고 그로 인해 피해자 회사들이 피고인으로부터 금형 이관 절차를 검토하는 등으로 피고인 운영 회사가 절박한 상황에 있었더라도, 피고인이 합법적인 방법으로 피해자 회사들과 갈등을 해결하려고 시도하지 않고 곧바로 생산라인을 중단하겠다고 협박한 것은 피고인의 법익을 보호하기 위한 유일한 수단이라거나 적합한 수단이었다고 볼 수 없으므로 위법성이 조각되지 않는다(대판 2019.2.14. 2018도19493).
▶ 위법성이 조각되지 않으므로 공갈죄가 성립한다.

㉢ [×] [1] 계좌명의인이 개설한 예금계좌가 전기통신금융사기 범행에 이용되어 그 계좌에 피해자가 사기피해금을 송금 · 이체한 경우 계좌명의인은 피해자와 사이에 아무런 법률관계 없이 송금 · 이체된 사기피해금 상당의 돈을 피해자에게 반환하여야 하므로, 피해자를 위하여 사기피해금을 보관하는 지위에 있다고 보아야 하고, 만약 계좌명의인이 그 돈을 영득할 의사로 인출하면 피해자에 대한 횡령죄가 성립한다.
[2] 계좌명의인이 사기의 공범이라면 자신이 가담한 범행의 결과 피해금을 보관하게 된 것일 뿐이어서 피해자와 사이에 위탁관계가 없고, 그가 송금 · 이체된 돈을 인출하더라도 이는 자신이 저지른 사기범행의 실행행위에 지나지 아니하여 새로운 법익을 침해한다고 볼 수 없으므로 사기죄 외에 별도로 횡령죄를 구성하지 않는다(대판(전) 2018.7.19. 2017도17494).

㉣ [○] 공무원이 그 임무에 위배되는 행위로써 제3자로 하여금 재산상의 이익을 취득하게 하여 국가에 손해를 가한 경우에 업무상배임죄가 성립한다(대판 2013.9.27. 2013도6835).

정답 ①

64 **사기죄에 대한 설명으로 가장 적절한 것은? (다툼이 있으면 판례에 의함)** [19 경찰승진]

① 부동산 소유권이전등기절차 이행을 구하는 소를 제기하여 동시이행 조건 없이 이행을 명하는 승소확정판결을 받은 甲이 그 판결에 기해 이전등기를 할 수 있었음에도 그렇게 하지 않고 乙에게 위 부동산 이전등기를 경료해 주면 매매잔금을 공탁해 줄 것처럼 거짓말하여 위 부동산 소유권을 임의로 이전받고 매매잔금을 공탁하지 않은 경우 사기죄의 기망행위에 해당한다.

② 피고인 등이 피해자 甲 등에게 자동차를 매도하겠다고 거짓말하고 자동차를 양도하면서 소유권이전등록에 필요한 일체의 서류를 교부하고 매매대금을 편취한 다음, 자동차에 미리 부착해 놓은 지피에스(GPS)로 위치를 추적하여 자동차를 절취한 경우 피고인에게 사기죄와 특수절도죄가 성립한다.

③ 사무처리 목적에 비추어 정당하지 아니한 사무처리를 하게 하였다고 하더라도, 사무처리시스템의 프로그램 자체에서 발생하는 오류를 적극적으로 이용한 것에 불과하다면 컴퓨터 등 사용사기죄가 성립하지 않는다.

④ 부동산가압류결정을 받아 부동산에 관한 가압류집행까지 마친 자가 그 가압류를 해제하면 소유자는 가압류의 부담이 없는 부동산을 소유하는 이익을 얻게 되므로, 가압류를 해제하는 것 역시 사기죄에 말하는 재산적 처분행위에 해당하나, 그 이후 가압류의 피보전채권이 존재하지 않는 것으로 밝혀진 경우 가압류의 해제로 인한 재산상의 이익은 없었다고 할 것이다.

해설

① [○] 부동산 소유권이전등기절차 이행을 구하는 소를 제기하여 동시이행 조건 없이 이행을 명하는 승소확정판결을 받은 피고인이, 부동산 소유권을 이전받더라도 매매잔금을 공탁할 의사나 능력이 없음에도 피해자에게 매매잔금을 공탁해 줄 것처럼 거짓말을 하여 그러한 내용으로 합의한 후 그에 따라 부동산 소유권을 임의로 이전받은 사안에서, 피고인의 행위는 사회통념상 권리행사의 수단으로서 용인할 수 있는 범위를 벗어난 것으로 사기죄의 기망행위에 해당한다고 한 사례(대판 2011.3.10. 2010도14856).

② [×] 자동차를 인도하고 소유권이전등록에 필요한 일체의 서류를 교부함으로써 피해자인 甲 등이 언제든지 소유권이전등록을 마칠 수 있게 된 이상, 매도인인 피고인 등에게 자동차의 소유권을 이전하여 줄 의사가 없었다고 볼 수는 없고 또한 자동차를 매도할 당시 곧바로 다시 절취할 의사를 가지고 있으면서도 이를 숨긴 것을 기망이라고 할 수도 없어 특수절도죄만 성립할 뿐 사기죄는 성립하지 아니한다(대판 2016.3.24. 2015도17452).

③ [×] 설령 '허위의 정보'를 입력한 경우가 아니라고 하더라도 당해 사무처리시스템의 프로그램을 구성하는 개개의 명령을 부정하게 변개·삭제하는 행위는 물론 프로그램 자체에서 발생하는 오류를 적극적으로 이용하여 그 사무처리의 목적에 비추어 정당하지 아니한 사무처리를 하게 하는 행위도 특별한 사정이 없는 한 '부정한 명령의 입력'에 해당한다(대판 2013.11.14. 2011도4440). ▶ 컴퓨터등사용사기죄가 성립한다.

④ [×] 부동산가압류결정을 받아 부동산에 관한 가압류집행까지 마친 자가 그 가압류를 해제하면 소유자는 가압류의 부담이 없는 부동산을 소유하는 이익을 얻게 되므로, 가압류를 해제하는 것 역시 사기죄에서 말하는 재산적 처분행위에 해당하고, 그 이후 가압류의 피보전채권이 존재하지 않는 것으로 밝혀졌다고 하더라도 가압류의 해제로 인한 재산상의 이익이 없었다고 할 수 없다(대판 2007.9.20. 2007도5507).

정답 ①

65 사기죄에 대한 설명으로 가장 적절하지 않은 것은? (다툼이 있으면 판례에 의함)

[20 경찰채용]

① 피해자가 법인이나 단체의 대표자 또는 실질적으로 의사결정을 하는 최종결재권자 등 기망의 상대방이 기망행위자와 동일인이거나 기망행위자와 공모하는 등 기망행위를 알고 있었다면 사기죄가 성립되지 않는다.

② 금융기관 직원이 범죄의 목적으로 전산단말기를 이용하여 다른 공범들이 지정한 특정계좌에 무자원 송금의 방식으로 거액을 입금한 행위는 컴퓨터등사용사기죄에 해당한다.

③ 기망행위를 수단으로 한 권리행사의 경우 권리행사에 속하는 행위와 수단에 속하는 기망행위를 전체적으로 관찰하여 그 기망행위가 사회통념상 권리행사의 수단으로서 용인할 수 없는 정도라면 권리행사에 속하는 행위는 사기죄를 구성한다.

④ 피고인이 수개의 선거비용 항목을 허위기재한 하나의 선거비용 보전청구서를 제출하여 정부로부터 선거비용을 과다 보전받아 이를 편취하였다면 이는 수죄로 평가되어야 하고, 각 선거비용항목에 따라 별개의 사기죄가 성립한다.

해설

① [○] 피해자 법인이나 단체의 대표자 또는 실질적으로 의사결정을 하는 최종결재권자 등이 기망행위자와 동일인이거나 기망행위자와 공모하는 등 기망행위임을 알고 있었던 경우에는 기망행위로 인한 착오가 있다고 볼 수 없고, 재물 교부 등의 처분행위가 있었더라도 기망행위와 인과관계가 있다고 보기 어렵다. 이러한 경우에는 사안에 따라 업무상횡령죄 또는 업무상배임죄 등이 성립하는 것은 별론으로 하고 사기죄가 성립한다고 볼 수 없다(대판 2017.9.26. 2017도8449).

② [○] 금융기관 직원이 전산단말기를 이용하여 다른 공범들이 지정한 특정계좌에 돈이 입금된 것처럼 허위의 정보를 입력하는 방법으로 위 계좌로 입금되도록 한 경우, 이러한 입금절차를 완료함으로써 장차 그 계좌에서 이를 인출하여 갈 수 있는 재산상 이익을 취득하였으므로 형법 제347조의2에서 정하는 컴퓨터 등 사용사기죄는 기수에 이르렀고, 그 후 그러한 입금이 취소되어 현실적으로 인출되지 못하였다고 하더라도 이미 성립한 컴퓨터 등 사용사기죄에 어떤 영향이 있다고 할 수는 없다(대판 2006.9.14. 2006도4127).

③ [○] 기망행위를 수단으로 한 권리행사의 경우 권리행사에 속하는 행위와 수단에 속하는 기망행위를 전체적으로 관찰하여 그 기망행위가 사회통념상 권리행사의 수단으로서 용인할 수 없는 정도라면 권리행사에 속하는 행위는 사기죄를 구성한다(대판 2018.4.12. 2017도21196).

④ [×] 피고인이 수개의 선거비용 항목을 허위기재한 하나의 선거비용 보전청구서를 제출하여 대한민국으로부터 선거비용을 과다 보전받아 이를 편취하였다면 이는 일죄로 평가되어야 하고, 각 선거비용 항목에 따라 별개의 사기죄가 성립하는 것은 아니다(대판 2017.5.30. 2016도21713).

정답 ④

66 사기죄에 대한 다음 설명 중 가장 적절하지 않은 것은? (다툼이 있으면 판례에 의함)

[16 경찰채용]

① 피고인 등이 피해자 甲 등에게 자동차를 매도하겠다고 거짓말하고 자동차를 양도하면서 매매대금을 편취한 다음, 자동차에 미리 부착해 놓은 지피에스(GPS)로 위치를 추적하여 자동차를 절취하였다고 하여 사기죄 및 특수절도죄로 기소된 경우, 피고인에게는 사기죄 및 특수절도죄가 성립한다.

② 소비대차 거래에서 차주가 돈을 빌릴 당시에는 변제할 의사와 능력을 가지고 있었다면 비록 그 후에 변제하지 않고 있더라도 이는 민사상 채무불이행에 불과하며 형사상 사기죄가 성립하지는 아니한다.

③ 부동산등기부상 소유자로 등기된 적이 있는 자가 자기 이후에 소유권이전등기를 경료한 등기명의인들을 상대로 허위의 사실을 주장하면서 그들 명의의 소유권이전등기의 말소를 구하는 소송을 제기한 경우 말소등기청구 소송의 제기는 사기의 실행에 착수한 것이라고 보아야 한다.

④ 보험모집인이 자동차 보험가입자의 형사책임을 면하게 하기 위하여 위 보험가입자의 미납보험료가 정상적으로 납부된 것처럼 전산조작하는 방법으로 보험회사를 기망하여 보험가입사실증명원을 발급받은 경우 사기죄가 성립하지 않는다.

해설

① [×] 피고인 등이 피해자 甲 등에게 자동차를 매도하면서 그 자동차를 인도하고 소유권이전등록에 필요한 일체의 서류를 교부하였으나 자동차에 미리 부착해 놓은 GPS로 위치를 추적하여 그 자동차를 절취한 경우, 자동차를 인도하고 소유권이전등록에 필요한 일체의 서류를 교부함으로써 甲 등이 언제든지 소유권이전등록을 마칠 수 있게 된 이상, 甲 등에게 자동차의 소유권을 이전하여 줄 의사가 없었다고 볼 수는 없고 또한 자동차를 매도할 당시 곧바로 다시 절취할 의사를 가지고 있으면서도 이를 숨긴 것을 기망이라고 할 수도 없어 특수절도죄만 성립할 뿐 사기죄는 성립하지 아니한다(대판 2016.3.24. 2015도17452).

② [○] 소비대차 거래에서 차주가 돈을 빌릴 당시에는 변제할 의사와 능력을 가지고 있었다면 비록 그 후에 변제하지 않고 있더라도 이는 민사상 채무불이행에 불과하며 형사상 사기죄가 성립하지는 아니한다(대판 2016.4.28. 2012도14516).

③ [○] 부동산등기부상 소유자로 등기된 적이 있는 자가 자기 이후에 소유권이전등기를 경료한 등기명의인들을 상대로 허위의 사실을 주장하면서 그들 명의의 소유권이전등기의 말소를 구하는 소송을 제기한 경우 말소등기청구 소송의 제기는 사기의 실행에 착수한 것이라고 보아야 한다(대판 2003.7.22. 2003도1951).

④ [○] 보험가입사실증명원은 교통사고를 일으킨 차가 교통사고처리특례법 제4조에서 정한 취지의 보험에 가입하였음을 보험회사가 증명하는 내용의 문서일 뿐이고 거기에 재물이나 재산상의 이익의 처분에 관한 사항을 포함하고 있는 것은 아니므로, 이러한 문서의 불법취득에 의해 침해된 또는 침해될 우려가 있는 법익은 보험가입사실증명원인 서면 그 자체가 아니고 그 문서가 교통사고처리특례법 제4조에 정한 보험에 가입한 사실의 진위에 관한 내용이라고 할 것이고, 따라서 이러한 증명에 의하여 사기죄에서 말하는 재물이나 재산상의 이익이 침해된 것으로 볼 것은 아니어서 보험가입사실증명원은 사기죄의 객체가 되지 아니한다(대판 1997.3.28. 96도2625).

정답 ①

67 **사기죄에 대한 설명으로 가장 적절한 것은? (다툼이 있으면 판례에 의함)** [17 경찰채용]

① 사기도박에서 사기적인 방법으로 도금을 편취하려고 하는 자가 상대방에게 도박에 참가할 것을 권유하는 등 기망행위를 개시한 때에 실행의 착수가 있는 것으로 보아야 하지만, 그 후에 사기도박을 숨기기 위하여 정상적인 도박을 하였다면 이는 사기죄의 실행행위에 포함되지 아니한다.

② 사기죄는 타인을 기망하여 착오에 빠뜨리고 그 처분행위를 유발하여 재물을 교부받거나 재산상 이익을 얻음으로써 성립하는 것이고, 기망, 착오, 재산적 처분행위 사이에 인과관계를 필요로 하는 것은 아니다.

③ 송금의뢰인이 수취인의 예금계좌에 계좌이체 등을 한 이후, 수취인이 은행에 대하여 예금반환을 청구함에 따라 은행이 수취인에게 그 예금을 지급하는 행위는 계좌이체금액 상당의 예금계약의 성립 및 그 예금채권 취득에 따른 것으로서 은행이 착오에 빠져 처분행위를 한 것이라고 볼 수 있으므로, 결국 이러한 행위는 은행을 피해자로 한 「형법」 제347조의 사기죄에 해당한다.

④ 피고인이 보험사고에 해당할 수 있는 사고로 인하여 경미한 상해를 입었다고 하더라도 이를 기화로 보험금을 편취할 의사로 그 상해를 과장하여 병원에 장기간 입원하고 이를 이유로 실제 피해에 비하여 과다한 보험금을 지급받는 경우에는 그 보험금 전체에 대해 사기죄가 성립한다.

해설

① [×] 사기죄는 편취의 의사로 기망행위를 개시한 때에 실행에 착수한 것으로 보아야 하므로, 사기도박에서도 사기적인 방법으로 도금을 편취하려고 하는 자가 상대방에게 도박에 참가할 것을 권유하는 등 기망행위를 개시한 때에 실행의 착수가 있는 것으로 보아야 하고, 그 후에 사기도박을 숨기기 위하여 정상적인 도박을 하였더라도 이는 사기죄의 실행행위에 포함된다(대판 2015.10.29. 2015도10948).

② [×] 사기죄는 타인을 기망하여 착오에 빠뜨리고 그 처분행위를 유발하여 재물을 교부받거나 재산상 이익을 얻음으로써 성립하는 것으로서 기망, 착오, 재산적 처분행위 사이에 인과관계가 있어야 한다(대판 2016.7.14. 2015도20233).

③ [×] 송금의뢰인이 수취인의 예금계좌에 계좌이체 등을 한 이후, 수취인이 은행에 대하여 예금반환을 청구함에 따라 은행이 수취인에게 그 예금을 지급하는 행위는 계좌이체금액 상당의 예금계약의 성립 및 그 예금채권 취득에 따른 것으로서 은행이 착오에 빠져 처분행위를 한 것이라고 볼 수 없으므로 결국 이러한 행위는 은행을 피해자로 한 사기죄에 해당하지 않는다(대판 2010.5.27. 2010도3498).

④ [○] 피고인이 보험사고에 해당할 수 있는 사고로 인하여 경미한 상해를 입었다고 하더라도 이를 기화로 보험금을 편취할 의사로 그 상해를 과장하여 병원에 장기간 입원하고 이를 이유로 실제 피해에 비하여 과다한 보험금을 지급받는 경우에는 그 보험금 전체에 대해 사기죄가 성립한다(대판 2011.2.24. 2010도17512).

정답 ④

68 **사기죄에 관한 다음 설명 중 가장 적절하지 않은 것은? (다툼이 있으면 판례에 의함)** [15 경찰채용]

① 수입소고기를 사용하는 식당영업주가 한우만을 취급한다는 취지의 상호를 사용하고 식단표 등에도 한우만을 사용한다고 기재한 경우는 사기죄의 기망행위에 해당한다.

② 허위의 증거를 이용하지 않더라도 허위의 내용으로 지급명령을 신청하여 지급명령이 확정된 경우에는 사기죄가 성립한다.

③ 피고인들이 타인과 공모하여 그 공모자를 상대로 제소한 경우나 피고인들이 법원을 기망하여 얻으려고 한 판결의 내용이 소송 상대방의 의사에 부합하는 것일 때에는 착오에 의한 재물의 교부행위가 있다고 할 수 없어 소송사기죄가 성립되지 아니한다.

④ 타인의 폭행으로 상해를 입고 병원에서 치료를 받으면서 상해를 입은 경위에 관하여 거짓말을 하여 국민건강보험관리공단으로부터 보험급여 처리를 받은 경우 위 상해가 '전적으로 또는 주로 피고인의 범죄행위에 기인하여 입은 상해'라고 할 수 없다고 하더라도 사기죄는 성립한다.

해설

① [○] 식육식당을 경영하는 자가 음식점에서 한우만을 취급한다는 취지의 상호를 사용하면서 광고선전판, 식단표 등에도 한우만을 사용한다고 기재하고서 수입 쇠갈비를 판매한 경우, 이러한 광고는 그 사술의 정도가 사회적으로 용인될 수 있는 상술의 정도를 넘는 것이고, 따라서 피고인의 기망행위 및 편취의 범의를 인정하기에 넉넉하다(대판 1997.9.9. 97도1561).

② [○] 지급명령을 송달받은 채무자가 2주일 이내에 이의신청을 하지 않는 경우에는 지급명령은 확정되고, 이와 같이 확정된 지급명령에 대해서는 항고를 제기하는 등 동일한 절차 내에서는 불복절차가 따로 없어서 이를 취소하기 위하여는 재심의 소를 제기하거나 위 법 제505조에 따라 청구이의의 소로써 강제집행의 불허를 소구할 길이 열려 있을 뿐인데, 이는 피해자가 별도의 소로써 피해구제를 받을 수 있는 것에 불과하므로 허위의 내용으로 신청한 지급명령이 그대로 확정된 경우에는 소송사기의 방법으로 승소 판결을 받아 확정된 경우와 마찬가지로 사기죄는 이미 기수에 이르렀다고 볼 것이다(대판 2004.6.24. 2002도4151).

③ [○] 소송사기에 있어 피기망자인 법원의 재판은 피해자의 처분행위에 갈음하는 내용과 효력이 있는 것이어야 하므로, 피고인이 타인과 공모하여 그 공모자를 상대로 제소하여 의제자백의 판결을 받아 이에 기하여 부동산의 소유권이전등기를 하였다고 하더라도 이는 소송 상대방의 의사에 부합하는 것으로서 착오에 의한 재산적 처분행위가 있다고 할 수 없어 동인으로부터 부동산을 편취한 것이라고 볼 수 없고, 또 그 부동산의 진정한 소유자가 따로 있다고 하더라도 피고인이 의제자백판결에 기하여 그 진정한 소유자로부터 소유권을 이전받은 것이 아니므로 그 소유자로부터 부동산을 편취한 것이라고 볼 여지도 없다(대판 1997.12.23. 97도2430).

④ [×] [1] 국민건강보험법 제48조 제1항 제1호에서는 고의 또는 중대한 과실로 인한 범죄행위에 기인하거나 고의로 보험사고를 발생시킨 경우 이에 대한 보험급여를 제한하도록 규정하고 있는데, '고의 또는 중대한 과실로 인한 범죄행위에 기인한 경우'는 '고의 또는 중대한 과실로 인한 자기의 범죄행위에 전적으로 기인하여 보험사고가 발생하였거나 고의 또는 중대한 과실로 인한 자신의 범죄행위가 주된 원인이 되어 보험사고가 발생한 경우'를 말하는 것으로 해석함이 상당하다.
[2] 타인의 폭행으로 상해를 입고 병원에서 치료를 받으면서, 상해를 입은 경위에 관하여 거짓말을 하여 국민건강보험공단으로부터 보험급여 처리를 받은 경우, 위 상해는 '전적으로 또는 주로 피고인의 범죄행위에 기인하여 입은 상해'라고 할 수 없으므로 사기죄가 성립하지 아니한다(대판 2010.6.10. 2010도1777).

정답 ④

69 사기의 죄에 관한 설명 중 옳은 것과 틀린 것이 바르게 표시된 것은? (다툼이 있으면 판례에 의함)

[16 경찰간부]

㉠ 타인의 명의를 모용하여 발급받은 신용카드의 번호와 그 비밀번호를 이용하여 ARS 전화서비스나 인터넷 등을 통하여 신용대출을 받는 방법으로 재산상의 이익을 취득하였다면 컴퓨터등사용사기죄에 해당한다.
㉡ 부녀가 금품 등을 받을 것을 전제로 성행위를 하는 경우 그 행위의 대가는 사기죄의 객체인 경제적 이익에 해당하지 않고, 부녀를 기망하여 성행위 대가의 지급을 면하는 경우 사기죄는 성립하지 않는다.
㉢ 사기죄는 타인을 기망하여 착오를 일으키게 하고 그로 인한 처분행위를 유발하여 재물·재산상의 이익을 얻음으로써 성립하고, 여기서 처분행위라 함은 재산적 처분행위로서 피기망자가 자유의사로 직접 재산상의 손해를 초래하는 작위에 나아갈 것이 필요하며, 부작위에 의한 처분행위는 인정되지 않는다.
㉣ (판례변경으로 삭제함)

① ㉠ ○ ㉡ × ㉢ ×
② ㉠ ○ ㉡ × ㉢ ○
③ ㉠ ○ ㉡ ○ ㉢ ×
④ ㉠ × ㉡ ○ ㉢ ×

해설

㉠ [○] 피고인이 타인의 명의를 모용하여 발급받은 신용카드의 번호와 그 비밀번호를 이용하여 ARS 전화서비스나 인터넷 등을 통하여 신용대출을 받는 방법으로 재산상 이익을 취득하는 행위는 카드회사에 의하여 미리 포괄적으로 허용된 행위가 아니라, 컴퓨터 등 정보처리장치에 권한 없이 정보를 입력하여 정보처리를 하게 함으로써 재산상 이익을 취득하는 행위로서 컴퓨터등사용사기죄에 해당한다(대판 2006.7.27. 2006도3126).

㉡ [×] 사기죄의 객체가 되는 재산상의 이익이 반드시 사법(私法)상 보호되는 경제적 이익만을 의미하지 아니하고 부녀가 금품 등을 받을 것을 전제로 성행위를 하는 경우 그 행위의 대가는 사기죄의 객체인 경제적 이익에 해당하므로, 부녀를 기망하여 성행위 대가의 지급을 면하는 경우 사기죄가 성립한다(대판 2001.10.23. 2001도2991).

㉢ [×] 사기죄는 타인을 기망하여 착오를 일으키게 하고 그로 인한 처분행위를 유발하여 재물·재산상의 이득을 얻음으로써 성립하고, 여기서 처분행위라 함은 재산적 처분행위로서 피기망자가 자유의사로 직접 재산상 손해를 초래하는 작위에 나아가거나 또는 부작위에 이른 것을 말한다(대판 2009.3.26. 2008도6641).

㉣ (판례변경으로 삭제함)

정답 ①

70 **다음은 사기죄에 대한 설명이다. 옳지 않은 것은 모두 몇 개인가? (다툼이 있으면 판례에 의함)** [13 경찰채용]

> ㉠ 예금주인 피고인이 제3자에게 편취당한 송금의뢰인으로부터 자신의 은행계좌에 계좌송금된 돈을 출금한 경우 사기죄가 성립하지 않는다.
> ㉡ 경제적 이익을 기대할 수 있는 자금운용의 권한 내지 지위의 획득도 그 자체로 경제적 가치가 있는 것으로 평가할 수 있다면 사기죄의 객체인 재산상의 이익에 포함된다.
> ㉢ 피담보채권인 공사대금 채권을 실제와 달리 허위로 부풀려 유치권에 의한 경매를 신청한 경우 소송사기죄의 실행의 착수에 해당한다.
> ㉣ 피고인이 이동통신 판매대리점의 컴퓨터를 이용하여 이동통신회사들의 전산망에 접속한 다음 전산상으로 사용정지된 휴대전화를 사용할 수 있도록 하거나 유심칩 읽기를 통해 문자메시지 발송한도를 해제한 경우 사기죄가 성립하지 않는다.

① 0개
② 1개
③ 2개
④ 3개

해설

㉠ [○] 예금주인 피고인이 제3자에게 편취당한 송금의뢰인으로부터 자신의 은행계좌에 계좌송금된 돈을 출금한 사안에서, 피고인은 예금주로서 은행에 대하여 예금반환을 청구할 수 있는 권한을 가진 자이므로, 위 은행을 피해자로 한 사기죄가 성립하지 않는다(대판 2010.5.27. 2010도3498).

㉡ [○] 경제적 이익을 기대할 수 있는 자금운용의 권한 내지 지위의 획득도 그 자체로 경제적 가치가 있는 것으로 평가할 수 있다면 사기죄의 객체인 재산상의 이익에 포함된다(대판 2012.9.27. 2011도282).

㉢ [○] 유치권에 의한 경매를 신청한 유치권자는 일반채권자와 마찬가지로 피담보채권액에 기초하여 배당을 받게 되는 결과 피담보채권인 공사대금 채권을 실제와 달리 허위로 크게 부풀려 유치권에 의한 경매를 신청할 경우 정당한 채권액에 의하여 경매를 신청한 경우보다 더 많은 배당금을 받을 수도 있으므로, 이는 법원을 기망하여 배당이라는 법원의 처분행위에 의하여 재산상 이익을 취득하려는 행위로서, 불능범에 해당한다고 볼 수 없고, 소송사기죄의 실행의 착수에 해당한다고 할 것이다(대판 2012.11.15. 2012도9603).

㉣ [○] 피고인이, 휴대전화 문자메시지를 발송하더라도 이용대금을 납부할 의사와 능력이 없는데도, 이동통신 판매대리점의 컴퓨터를 이용하여 이동통신회사들의 전산망에 접속한 다음 전산상으로 사용정지된 휴대전화를 사용할 수 있도록 하거나 유심칩 읽기를 통해 문자메시지 발송한도를 해제하고 광고성 문자를 대량 발송한 경우, 이는 전산상 자동으로 처리된 것일 뿐 사기죄 구성요건인 '사람을 기망하여 재산상 이득을 취득한 경우'에 해당한다고 볼 수 없으므로 피고인에게 사기죄가 인정되지 아니한다(대판 2011.7.28. 2011도5299).

정답 ①

71 **다음 중 사기죄가 인정되는 것은 모두 몇 개인가? (다툼이 있으면 판례에 의함)** [12 경찰채용]

> ㉠ 채무자의 기망행위로 인하여 채권자가 채무를 확정적으로 소멸 내지 면제시키는 특약 등 처분행위를 하였으나, 후에 재산적 처분행위가 사기를 이유로 민법에 따라 취소될 수 있는 경우
> ㉡ 송금의뢰인과 수취인 사이에 계좌이체 등의 원인이 되는 법률관계가 존재하지 않음에도 계좌이체에 의하여 수취인이 이체금액 상당의 예금채권을 취득한 경우, 수취인이 은행에 예금반환을 청구하여 지급받는 행위
> ㉢ 피고인이 피해자에게서 매수한 재개발아파트 수분양권을 이미 매도하였는데도 마치 자신이 피해자의 입주권을 정당하게 보유하고 있는 것처럼 피해자의 딸과 사위에게 거짓말하여 피해자 명의의 인감증명서를 교부받은 경우
> ㉣ 예고등기로 인한 경매대상 부동산의 경매가격 하락 등을 목적으로 허위 채권을 주장하며 채권자대위의 방식에 의한 원인무효로 인한 소유권보존등기 말소청구소송을 제기한 경우

① 1개
② 2개
③ 3개
④ 4개

해설

㉠ [성립] 채무자의 기망행위로 인하여 채권자가 채무를 확정적으로 소멸 내지 면제시키는 특약 등 처분행위를 한 경우에는 채무의 면제라고 하는 재산상 이익에 관한 사기죄가 성립하고, 후에 재산적 처분행위가 사기를 이유로 민법에 따라 취소될 수 있다고 하여 달리 볼 것은 아니다(대판 2012.4.13. 2012도1101).

㉡ [불성립] 예금주인 피고인이 제3자에게 편취당한 송금의뢰인으로부터 자신의 은행계좌에 계좌송금된 돈을 출금한 경우, 피고인은 예금주로서 은행에 대하여 예금반환을 청구할 수 있는 권한을 가진 자이므로, 위 은행을 피해자로 한 사기죄가 성립하지 않는다(대판 2010.5.27. 2010도3498).

㉢ [성립] 인감증명서는 피해자측이 발급받아 소지하게 된 피해자 명의의 것으로서 재물성이 인정된다 할 것인데, 피고인이 피해자 측을 기망하여 이를 교부받은 이상 재물에 대한 편취행위가 성립한다(대판 2011.11.10. 2011도9919).

㉣ [불성립] 피고인 등이 허위의 주장을 하여 소유권보존등기말소청구 소송 등을 제기한 것은 그로 인하여 경매절차가 진행 중인 부동산에 예고등기가 경료되도록 함으로써 경매가격 하락 등을 의도한 것으로 보일 뿐이고, 말소청구소송을 통하여 승소판결을 받아 재산상의 이익을 취하려고 한 것으로 보기 어렵다. 따라서 피고인에게는 허위 주장에 기한 소송을 통하여 승소판결을 받아 재물 또는 재산상의 이익을 취득하려는 고의 내지 불법영득의 의사가 있었다고 볼 수 없다(대판 2009.4.9. 2009도128).

정답 ②

72 **사기죄에 관한 설명이다. 다음 중 가장 적절하지 않은 것은? (다툼이 있으면 판례에 의함)** [15 경찰채용]

① 부동산 가압류 결정을 받아 부동산에 관한 가압류집행까지 마친 자가 그 가압류를 해제하면 소유자는 가압류의 부담이 없는 부동산을 소유하는 이익을 얻게 되므로, 가압류를 해제하는 것 역시 사기죄에서 말하는 재산적 처분행위에 해당한다.

② 진실한 용도를 속이고 피해자로부터 부동산매도용 인감증명 및 등기의무자본인확인서면을 교부받아 이를 이용하여 피해자 소유의 부동산에 관하여 자기 명의로 소유권이전등기를 마친 경우 위 부동산에 관한 사기죄가 성립하지 않는다.

③ 허위 채권에 기한 공정증서를 집행권원으로 하여 채무자의 소유권이전등기 청구권에 대하여 압류 신청을 한 경우, 소송사기죄의 실행에 착수하였다고 할 수 없다.

④ 유치권에 의한 경매를 신청한 유치권자는 일반 채권자와 마찬가지로 피담보채권액에 기초하여 배당을 받게 되므로 피담보채권인 공사대금 채권을 실제와 달리 허위로 크게 부풀려 유치권에 의한 경매를 신청할 경우 소송사기죄의 실행의 착수에 해당한다.

해설

① [○] 부동산 가압류 결정을 받아 부동산에 관한 가압류집행까지 마친 자가 그 가압류를 해제하면 소유자는 가압류의 부담이 없는 부동산을 소유하는 이익을 얻게 되므로, 가압류를 해제하는 것 역시 사기죄에서 말하는 재산적 처분행위에 해당한다(대판 2007.9.20. 2007도5507).

② [○] 사기죄는 타인을 기망하여 착오에 빠뜨리고 그로 인한 처분행위로 재물의 교부를 받거나 재산상의 이익을 취득한 때에 성립하는 것이므로, 피고인이 피해자에게 부동산매도용인감증명 및 등기의무자본인확인서면의 진실한 용도를 속이고 그 서류들을 교부받아 피고인 등 명의로 위 부동산에 관한 소유권이전등기를 경료하였다 하여도 피해자의 위 부동산에 관한 처분행위가 있었다고 할 수 없을 것이고 따라서 사기죄를 구성하지 않는다(대판 2001.7.13. 2001도1289).

③ [×] [1] 강제집행절차를 통한 소송사기는 집행절차의 개시신청을 한 때 또는 진행 중인 집행절차에 배당신청을 한 때에 실행에 착수하였다고 볼 것이다.

[2] 소유권이전등기청구권에 대한 압류는 당해 부동산에 대한 경매의 실시를 위한 사전 단계로서의 의미를 가지나 전체로서의 강제집행절차를 위한 일련의 시작행위라고 할 수 있으므로 허위 채권에 기한 공정증서를 집행권원으로 하여 채무자의 소유권이전등기청구권에 대하여 압류신청을 한 시점에 소송사기의 실행에 착수하였다고 볼 것이다(대판 2015.2.12. 2014도10086).

④ [○] 유치권에 의한 경매를 신청한 유치권자는 일반 채권자와 마찬가지로 피담보채권액에 기초하여 배당을 받게 되므로 피담보채권인 공사대금 채권을 실제와 달리 허위로 크게 부풀려 유치권에 의한 경매를 신청할 경우 소송사기죄의 실행의 착수에 해당한다(대판 2012.11.15. 2012도9603).

정답 ③

73 다음 설명 중 옳지 않은 것은? (다툼이 있는 경우에는 판례에 의함)

[13 사시]

① 사기죄를 범한 자가 피해자에게 그 대가를 지급한 후, 그 피해자를 기망하여 그가 보유하고 있는 그 대가를 다시 편취하거나 그 피해자로부터 그 대가를 위탁받아 보관 중 횡령한 경우 기존에 성립한 사기죄와는 별도의 새로운 사기죄나 횡령죄가 성립한다.

② 사기죄가 성립하기 위해서는 기망행위와 상대방의 착오 및 재물의 교부 또는 재산상 이익의 공여와의 사이에 순차적인 인과관계가 있어야 하지만, 착오에 빠진 원인 중에 피기망자 측에 과실이 있는 경우에도 사기죄가 성립한다.

③ 실제 일부 입원치료가 필요하더라도 그 범위를 넘는 장기간의 입원을 유도하여 과도한 요양급여비를 청구한 행위는 사회통념상 권리행사의 수단으로 용인할 수 없는 것이어서 요양급여비에서 실제 필요한 입원치료비를 공제한 차액에 대하여 사기죄가 성립한다.

④ 절도범이 타인으로부터 절취한 금전을 다른 금전과 섞거나 교환하지 않고 쇼핑백에 넣어 자신의 집에 숨겨두었는데, 이를 안 그 타인의 지시를 받은 자가 절도범에게 겁을 주어 위 금전을 교부받은 경우 공갈죄가 성립하지 않는다.

⑤ 아파트 건축사업이 추진되기 약 15년 전부터 사업부지 내 일부 부동산을 소유하여 온 사람이 사업자의 매도 제안을 거부하다가 인근 토지 시가의 40배가 넘는 대금을 받고 매도하였다는 사정만으로는 부당이득죄가 성립하지 않는다.

해설

① [○] 사기죄에서 피해자에게 그 대가가 지급된 경우, 피해자를 기망하여 그가 보유하고 있는 그 대가를 다시 편취하거나 피해자로부터 그 대가를 위탁받아 보관 중 횡령하였다면, 이는 새로운 법익의 침해가 발생한 경우이므로, 기존에 성립한 사기죄와는 별도의 새로운 사기죄나 횡령죄가 성립한다(대판 2009.12.24. 2007도6243).

② [○] 사기죄가 성립하기 위해서는 기망행위와 상대방의 착오 및 재물의 교부 또는 재산상의 이익의 공여와의 사이에 순차적인 인과관계가 있어야 하지만, 착오에 빠진 원인 중에 피기망자 측에 과실이 있는 경우에도 사기죄가 성립한다(대판 2009.6.23. 2008도1697).

③ [×] 비록 그중 일부 기간에 대하여 실제 입원치료가 필요하였다고 하더라도 그 부분을 포함한 당해 입원기간의 요양급여비 전체에 대하여 사기죄가 성립한다(대판 2009.5.28. 2008도4665).

④ [○] [1] 공갈죄의 대상이 되는 재물은 타인의 재물을 의미하므로, 사람을 공갈하여 자기의 재물을 교부받는 경우에는 공갈죄가 성립하지 아니한다. 그리고 타인의 재물인지는 민법, 상법, 기타의 실체법에 의하여 결정되는데, 금전을 도난당한 경우 절도범이 절취한 금전만 소지하고 있는 때 등과 같이 구체적으로 절취된 금전을 특정할 수 있어 객관적으로 다른 금전 등과 구분됨이 명백한 예외적인 경우에는 절도 피해자에 대한 관계에서 그 금전이 절도범인 타인의 재물이라고 할 수 없다.
[2] 甲이 乙의 돈을 절취한 다음 다른 금전과 섞거나 교환하지 않고 쇼핑백 등에 넣어 자신의 집에 숨겨두었는데, 피고인이 乙의 지시로 폭력조직원 丙과 함께 甲에게 겁을 주어 쇼핑백 등에 들어 있던 절취된 돈을 교부받아 갈취하였다고 하여 폭력행위 등 처벌에 관한 법률 위반(공동공갈)으로 기소된 사안에서, 피고인 등이 甲에게서 되찾은 돈은 절취 대상인 당해 금전이라고 구체적으로 특정할 수 있어 객관적으로 甲의 다른 재산과 구분됨이 명백하므로 이를 타인인 甲의 재물이라고 볼 수 없고, 따라서 비록 피고인 등이 甲을 공갈하여 돈을 교부받았더라도 타인의 재물을 갈취한 행위로서 공갈죄가 성립된다고 볼 수 없는데도, 이와 달리 보아 유죄를 인정한 원심판결에 공갈죄의 대상인 타인의 재물 등에 관한 법리오해의 위법이 있다고 한 사례(대판 2012.8.30. 2012도6157).

⑤ [○] 아파트 건축사업이 추진되기 수년 전부터 사업부지 내 일부 부동산을 소유하여 온 피고인이 사업자의 매도 제안을 거부하다가 인근 토지 시가의 40배가 넘는 대금을 받고 매도한 경우 부당이득죄가 성립하지 아니한다(대판 2009.1.15. 2008도8577).

정답 ③

74 사기죄에 관한 설명 중 옳지 않은 것은? (다툼이 있으면 판례에 의함) [15 경찰간부]

① 종전에 출하한 일이 없던 신상품에 대하여 첫 출하시부터 종전가격 및 할인가격을 비교표시하여 막바로 세일에 들어가는 이른바 변칙세일은 진실규명이 가능한 구체적 사실인 가격조건에 관하여 기망이 이루어진 경우로서 사기죄이다.

② 판매하다 남은 식품에 부착되어 있는 바코드와 비닐랩 포장을 뜯어내고 다시 포장을 하면서 가공일이 당일로 기재된 바코드와 백화점 상표를 부착하여 진열대에 진열하여 마치 위 상품이 판매 당일 구입·가공되어 신선한 것처럼 고객에게 판매한 행위는 사기죄이다.

③ 사기도박과 같이 도박당사자의 일방이 사기의 수단으로써 승패의 수를 지배하는 경우에는 도박에서의 우연성이 결여되어 사기죄만 성립하고 도박죄는 성립하지 아니한다.

④ 타인의 명의를 모용하여 발급받은 신용카드를 이용하여 현금자동지급기에서 현금을 인출한 행위와 ARS 전화서비스 등으로 신용대출을 받은 행위는 포괄적으로 카드회사에 대한 사기죄가 된다.

해설

① [○] 종전에 출하한 일이 없던 신상품에 대하여 첫 출하시부터 종전가격 및 할인가격을 비교표시하여 막바로 세일에 들어가는 이른바 변칙세일은 진실규명이 가능한 구체적 사실인 가격조건에 관하여 기망이 이루어진 경우로서 그 사술의 정도를 넘은 것이어서 사기죄의 기망행위를 구성한다(대판 1992.9.14. 91도2994).

② [○] 백화점의 식품매장에서 당일 판매되지 못하고 남은 생식품들에 대하여 그 다음날 아침 포장지를 교체하면서 가공일자가 재포장일자로 기재된 바코드라벨을 부착하여 재판매하는 행위 내지 판매기법은 제품의 신선도에 대한 소비자들의 신뢰를 배신하고 그들의 생식품 구매동기에 있어서 중요한 요소인 가공일자에 대한 착오를 이용하여 재고상품을 종전 가격에 판매하고자 하는 것으로서 그 사술의 정도가 사회적으로 용인될 수 있는 상술의 정도를 넘은 기망행위에 해당한다(대판 1995.7.28. 95도1157).

③ [○] 사기도박과 같이 도박당사자의 일방이 사기의 수단으로써 승패의 수를 지배하는 경우에는 도박에서의 우연성이 결여되어 사기죄만 성립하고 도박죄는 성립하지 아니한다(대판 2011.1.13. 2010도9330).

④ [×] [1] 피고인이 타인의 명의를 모용하여 발급받은 신용카드를 사용하여 현금자동지급기에서 현금대출을 받는 행위는 카드회사에 의하여 미리 포괄적으로 허용된 행위가 아니라, 현금자동지급기의 관리자의 의사에 반하여 그의 지배를 배제한 채 그 현금을 자기의 지배하에 옮겨 놓는 행위로서 절도죄에 해당한다.
[2] 타인의 명의를 모용하여 발급받은 신용카드의 번호와 그 비밀번호를 이용하여 신용대출을 받는 방법으로 재산상 이익을 취득하는 행위 역시 미리 포괄적으로 허용된 행위가 아닌 이상, 컴퓨터 등 정보처리장치에 권한 없이 정보를 입력하여 정보처리를 하게 함으로써 재산상 이익을 취득하는 행위로서 컴퓨터등사용사기죄에 해당한다(대판 2006.7.27. 2006도3126).

정답 ④

75 **다음 설명 중 가장 적절한 것은? (다툼이 있으면 판례에 의함)** [12 경찰채용]

① 甲이 乙로부터 20,000원을 인출해오라는 부탁을 받으면서 乙 소유의 현금카드를 받은 것을 기화로 현금자동지급기에서 50,000원을 인출하여 20,000원만 甲에게 건네주고 나머지 30,000원을 취득하였다면, 甲의 죄책은 사기죄와 절도죄의 상상적 경합이다.

② 甲은 사실은 국민주택건설자금으로 사용할 의사가 없으면서도 국민주택건설자금으로 사용할 것처럼 용도를 속여 국민주택건설자금을 대출받았다. 甲이 대출받을 당시 자금의 일부를 지급받는 대신 이로써 같은 은행에 대한 기존 채무의 변제에 갈음하기로 하였다면 그 변제액을 제외한 대출금에 대하여만 사기죄가 성립한다.

③ 조상천도제를 지내지 아니하면 좋지 않은 일이 생긴다는 취지의 해악의 고지는 협박으로 평가될 수 있어 공갈죄가 성립한다.

④ 부동산의 명의수탁자인 甲이 부동산을 제3자인 乙에게 매도하고 매매를 원인으로 한 소유권이전등기까지 마쳐 준 경우, 설령 甲이 그 처분시 乙에게 해당 부동산이 甲의 소유라는 말을 하였다고 하더라도 乙에 대한 사기죄는 성립하지 않는다.

해설

① [×] 현금자동지급기에 초과된 금액이 인출되도록 입력하여 그 초과된 금액의 현금을 인출한 경우에는 그 인출된 현금에 대한 점유를 취득함으로써 이 때에 그 인출한 현금 총액 중 인출을 위임받은 금액을 넘는 부분의 비율에 상당하는 재산상 이익을 취득한 것으로 볼 수 있으므로 컴퓨터등사용사기죄에 해당된다(대판 2006.3.24. 2005도3516).

② [×] 국민주택건설자금을 융자받고자 하는 민간사업자가 처음부터 사실은 국민주택건설자금으로 사용할 의사가 없으면서도 국민주택건설자금으로 사용할 것처럼 용도를 속여 국민주택건설자금을 대출받은 경우에는 그 대출금 전액에 대하여 사기죄가 성립한다(대판 2007.7.12. 2007도3005).

③ [×] 조상천도제를 지내지 아니하면 좋지 않은 일이 생긴다는 취지의 해악의 고지는 길흉화복이나 천재지변의 예고로서 행위자에 의하여 직접, 간접적으로 좌우될 수 없는 것이고 가해자가 현실적으로 특정되어 있지도 않으며 해악의 발생가능성이 합리적으로 예견될 수 있는 것이 아니므로 협박으로 평가될 수 없다(대판 2002.2.8. 2000도3245).

④ [○] 피고인 단독명의로 소유권이전등기가 되어 있는 부동산 중 1/2 지분은 타인으로부터 명의신탁 받은 것임에도 불구하고 피고인이 그의 승낙 없이 위 부동산 전부를 피해자에게 매도하여 그 소유권이전등기를 마쳐준 경우, 매수인은 유효하게 위 부동산의 소유권을 취득하므로 매수인인 피해자에 대하여 사기죄를 구성하지 않는다(대판 1990.11.13. 90도1961).

정답 ④

76 소송사기에서 실행의 착수가 인정된 경우로 옳은 것을 모두 고르면? (다툼이 있으면 판례에 의함)

[20 경찰간부]

> ㉠ 허위의 내용을 인식한 상태에서 법원에 허위의 채권으로 지급명령을 신청한 경우
> ㉡ 본안소송을 제기하지 않은 채 허위채권을 원인으로 법원에 가압류신청을 한 경우
> ㉢ 등기부등본에 소유권자로 등기된 적이 있던 자가 허위의 사실을 주장하며 등기명의인을 상대로 소유권이전등기의 말소등기청구소송을 제기한 경우
> ㉣ 자신이 토지의 소유자라고 허위의 주장을 하면서 소유권보존 등기명의자를 상대로 보존등기의 말소를 구하는 소송을 제기한 경우
> ㉤ 부동산 경매절차에서 허위의 공사대금채권을 근거로 유치권 신고를 한 경우

① ㉠, ㉢, ㉤
② ㉠, ㉢, ㉣
③ ㉡, ㉢, ㉣
④ ㉢, ㉣, ㉤

해설

㉠ [인정] 지급명령신청에 대해 상대방이 이의를 하면 지급명령은 이의의 범위 안에서 그 효력을 잃게 되고 지급명령을 신청한 때에 소를 제기한 것으로 보게 되는 것이지만 이로써 이미 실행에 착수한 사기의 범행 자체가 없었던 것으로 되는 것은 아니다(대판 2004.6.24. 2002도4151).

㉡ [불인정] 가압류는 강제집행의 보전방법에 불과한 것이어서 허위의 채권을 피보전권리로 삼아 가압류를 하였다고 하더라도 그 채권에 관하여 현실적으로 청구의 의사표시를 한 것이라고는 볼 수 없으므로, 본안소송을 제기하지 아니한 채 가압류를 한 것만으로는 사기죄의 실행에 착수하였다고 할 수 없다(대판 1988.9.13. 88도55).

㉢ [인정] 부동산등기부상 소유자로 등기된 적이 있는 자가 자신 이후에 소유권이전등기를 경료한 등기명의인들을 상대로 허위의 사실을 주장하면서 그들 명의의 소유권이전등기의 말소를 구하는 소송을 제기한 경우, 그 소송에서 승소한다면 등기명의인들의 등기가 말소됨으로써 그 소송을 제기한 자의 등기명의가 회복되는 것이므로 이는 법원을 기망하여 재물이나 재산상 이익을 편취한 것이라고 할 것이고 따라서 등기명의인들 전부 또는 일부를 상대로 하는 말소등기청구 소송의 제기는 사기의 실행에 착수한 것이라고 보아야 한다(대판 2003.7.22. 2003도1951).

㉣ [인정] 피고인 등이 자신이 토지의 소유자라고 허위의 주장을 하면서 소유권보존등기 명의자를 상대로 보존등기의 말소를 구하는 소송을 제기한 경우 그 소송에서 토지가 피고인 등의 소유임을 인정하여 보존등기 말소를 명하는 내용의 승소확정판결을 받는다면, 이에 터 잡아 언제든지 단독으로 상대방의 소유권보존등기를 말소시킨 후 위 판결을 부동산등기법 제130조 제2호소정의 소유권을 증명하는 판결로 하여 자기 앞으로의 소유권보존등기를 신청하여 그 등기를 마칠 수 있게 되므로, 이는 법원을 기망하여 유리한 판결을 얻음으로써 '대상 토지의 소유권에 대한 방해를 제거하고 그 소유명의를 얻을 수 있는 지위'라는 재산상 이익을 취득한 것이고, 그 경우 기수시기는 위 판결이 확정된 때이다(대판(전) 2006.4.7. 2005도9858).
▶ 소송사기의 실행의 착수가 인정된다.

㉤ [불인정] 유치권자가 경매절차에서 유치권을 신고하는 경우 법원은 이를 매각물건명세서에 기재하고 그 내용을 매각기일공고에 적시하나, 이는 경매목적물에 대하여 유치권 신고가 있음을 입찰예정자들에게 고지하는 것에 불과할 뿐 처분행위로 볼 수는 없고 또한 유치권자는 권리신고 후 이해관계인으로서 경매절차에서 이의신청권 등 몇 가지 권리를 얻게 되지만 이는 법률의 규정에 따른 것으로서 재물 또는 재산상 이득을 취득하는 것으로 볼 수 없으므로, 부동산 경매절차에서 피고인들이 허위로 유치권 신고를 하였더라도 이를 소송사기 실행의 착수가 있다고 볼 수는 없다(대판 2009.9.24. 2009도5900).

정답 ②

77 **소송사기에 관한 설명 중 옳지 않은 것은? (다툼이 있으면 판례에 의함)** [15 변호사]

① 甲이 소송비용을 편취할 의사로 소송비용의 지급을 구하는 손해배상청구의 소를 제기한 경우 사기죄의 불가벌적 불능범에 해당한다.

② 甲이 사망자 乙 명의의 문서를 위조하여 소장에 첨부한 후, 乙을 상대로 법원에 제소한 경우 사문서위조 및 위조사문서행사죄는 성립하지만 사기죄는 성립하지 않는다.

③ 부동산등기부상 소유자로 등기된 적이 있는 甲이 자신 이후에 소유권이전등기를 경료한 등기명의인들을 상대로 허위의 사실을 주장하면서 그들 명의의 소유권이전등기말소를 구하는 소를 제기하더라도 사기죄의 실행에 착수한 것이 아니다.

④ 甲이 피담보채권인 공사대금채권을 실제와 달리 허위로 크게 부풀려 유치권에 기한 경매신청을 한 경우 사기죄의 실행에 착수한 것이다.

⑤ 甲이 진정한 임차권자가 아니면서 허위의 임대차 계약서를 법원에 제출하여 임차권등기명령을 신청한 경우 사기죄의 실행에 착수한 것이다.

해설

① [○] 소송비용을 편취할 의사로 소송비용의 지급을 구하는 손해배상청구의 소를 제기하였다고 하더라도 이는 객관적으로 소송비용의 청구방법에 관한 법률적 지식을 가진 일반인의 판단으로 보아 결과 발생의 가능성이 없어 위험성이 인정되지 않으므로 불가벌적 불능범에 해당한다(대판 2005.12.8. 2005도8105).

② [○] [1] 사망한 자 명의의 문서를 위조하여 소장에 첨부하여 행사한 경우 사문서위조 및 동행사죄가 성립한다(대판 2011.9.29. 2011도6223).

[2] 피고인의 제소가 사망한 자를 상대로 한 것이라면 이와 같은 사망한 자에 대한 판결은 그 내용에 따른 효력이 생기지 아니하여 상속인에게 그 효력이 미치지 아니하고 따라서 사기죄를 구성한다고 할 수 없다(대판 2002.1.11. 2000도1881).

③ [×] 부동산등기부상 소유자로 등기된 적이 있는 자가 자기 이후에 소유권이전등기를 경료한 등기명의인들을 상대로 허위의 사실을 주장하면서 그들 명의의 소유권이전등기의 말소를 구하는 소송을 제기한 경우 그 소송에서 승소한다면 등기명의인들의 등기가 말소됨으로써 소송을 제기한 자의 등기명의가 회복되는 것이므로 이는 법원을 기망하여 재물이나 재산상 이익을 편취한 것이라고 할 것이고 따라서 등기명의인들 전부 또는 일부를 상대로 하는 말소등기청구소송의 제기는 사기의 실행에 착수한 것이라고 보아야 한다(대판 2003.7.22. 2003도1951).

④ [○] 피담보채권인 공사대금 채권을 실제와 달리 허위로 크게 부풀려 유치권에 의한 경매를 신청할 경우 정당한 채권액에 의하여 경매를 신청한 경우보다 더 많은 배당금을 받을 수도 있으므로, 이는 법원을 기망하여 배당이라는 법원의 처분행위에 의하여 재산상 이익을 취득하려는 행위로서, 불능범에 해당한다고 볼 수 없고, 소송사기죄의 실행의 착수에 해당한다(대판 2012.11.15. 2012도9603).

⑤ [○] 진정한 임차권자가 아니면서 허위의 임대차계약서를 법원에 제출하여 임차권등기명령을 신청하면 그로써 소송사기의 실행행위에 착수한 것으로 보아야 하고, 나아가 그 임차보증금 반환채권에 관하여 현실적으로 청구의 의사표시를 하여야만 사기죄의 실행의 착수가 있다고 볼 것은 아니다(대판 2012.5.24. 2010도12732).

정답 ③

78 신용카드의 사용과 관련한 범죄에 대한 설명으로 옳은 것은? (다툼이 있으면 판례에 의함) [11 국가9급]

① 대금결제의 의사와 능력이 없이 자기명의 신용카드를 발급받아 물품을 구입한 경우 카드회사에 대한 사기죄가 성립하는 것과 별도로 가맹점에 대한 사기죄도 성립한다.

② 대금결제의 의사와 능력이 없이 자기명의 신용카드를 발급받아 물품을 구입한 경우 피해자는 신용카드회사가 되고, 피기망자와 처분행위자는 가맹점이 된다.

③ 카드회원이 자금궁색 등으로 채무를 일시적으로 이행하지 못하게 되는 상황에서 자기명의 신용카드를 사용하는 경우 사기죄에서의 기망행위 내지 편취의 범의를 인정하기 어렵다.

④ 타인명의를 모용하여 신용카드를 발급받고 이를 이용하여 현금자동지급기에서 현금을 인출한 행위와 ARS로 신용대출을 받은 행위는 포괄적으로 카드회사에 대한 사기죄가 된다.

해설

① [×], ② [×] 대금결제의 의사와 능력이 없으면서도 자기명의로 카드를 발급받은 후 현금서비스도 받고, 여러 가맹점에서 물품도 구입한 경우 … 카드사용으로 인한 카드회사의 손해는 그것이 자동지급기에 의한 인출행위이든 가맹점을 통한 물품구입행위이든 불문하고 모두가 피해자인 카드회사의 기망당한 의사표시에 따른 카드발급에 터잡아 이루어지는 사기의 포괄일죄이다 (대판 1996.4.9. 95도2466).

▶ ①의 경우 카드회사에 대한 사기죄가 성립할 뿐이다. ②의 경우 피기망자와 처분행위자는 신용카드회사이다.

③ [○] 카드회원이 일시적인 자금궁색 등의 이유로 그 채무를 일시적으로 이행하지 못하게 되는 상황이 아니라 이미 과다한 부채의 누적 등으로 신용카드 사용으로 인한 대출금채무를 변제할 의사나 능력이 없는 상황에 처하였음에도 불구하고 신용카드를 사용하였다면, 사기죄에 있어서 기망행위 내지 편취의 범의를 인정할 수 있다(대판 2006.3.24. 2006도282).

④ [×] [1] 피고인이 타인의 명의를 모용하여 발급받은 신용카드를 사용하여 현금자동지급기에서 현금대출을 받는 행위는 카드회사에 의하여 미리 포괄적으로 허용된 행위가 아니라, 현금자동지급기의 관리자의 의사에 반하여 그의 지배를 배제한 채 그 현금을 자기의 지배하에 옮겨 놓는 행위로서 절도죄에 해당한다.

[2] 타인의 명의를 모용하여 발급받은 신용카드의 번호와 그 비밀번호를 이용하여 신용대출을 받는 방법으로 재산상 이익을 취득하는 행위 역시 미리 포괄적으로 허용된 행위가 아닌 이상, 컴퓨터 등 정보처리장치에 권한 없이 정보를 입력하여 정보처리를 하게 함으로써 재산상 이익을 취득하는 행위로서 컴퓨터등사용사기죄에 해당한다(대판 2006.7.27. 2006도3126).

정답 ③

79 **신용카드범죄의 사례(가~라)와 그에 대한 죄책(㉠~㉣)이 옳게 연결된 것은? (특별법 부분은 제외하며, 다툼이 있는 경우 판례에 의함)**

[21 경찰간부]

가. 강취한 타인의 신용카드를 사용하여 현금자동지급기에서 현금을 인출한 경우
나. 갈취한 타인의 신용카드를 사용하여 현금자동지급기에서 현금을 인출한 경우
다. 타인의 명의를 모용하여 신용카드를 발급받고, 이를 이용하여 현금자동지급기에서 현금을 인출한 경우
라. 대금결제의 의사와 능력이 없으면서도 신용카드 회사를 기망하여 자기 명의의 신용카드를 발급받고, 이를 이용하여 현금자동지급기에서 현금대출을 받은 경우

㉠ 절도죄　　㉡ 강도죄
㉢ 사기죄　　㉣ 공갈죄

	가	나	다	라
①	㉠, ㉡	㉣	㉠	㉠, ㉢
②	㉠, ㉡	㉣	㉠	㉢
③	㉠, ㉡	㉠, ㉣	㉠, ㉢	㉢
④	㉡, ㉢	㉠, ㉣	㉠, ㉢	㉠, ㉢

해설

가. (강도죄와는 별도로 절도죄를 구성) 강취한 현금카드(또는 현금카드)를 사용하여 현금자동지급기에서 예금을 인출한 행위는 피해자의 승낙에 기한 것이라고 할 수 없으므로, 현금자동지급기 관리자의 의사에 반하여 그의 지배를 배제하고 그 현금을 자기의 지배하에 옮겨 놓는 것이 되어서 강도죄와는 별도로 절도죄를 구성한다(대판 2007.5.10. 2007도1375).

나. (포괄하여 하나의 공갈죄를 구성) 피고인이 피해자로부터 현금카드(또는 신용카드)를 사용한 예금인출의 승낙을 받고 현금카드를 교부받은 행위와 이를 사용하여 현금자동지급기에서 예금을 여러 번 인출한 행위들은 모두 피해자의 예금을 갈취하고자 하는 피고인의 단일하고 계속된 범의 아래에서 이루어진 일련의 행위로서 포괄하여 하나의 공갈죄를 구성한다고 볼 것이지, 현금지급기에서 피해자의 예금을 취득한 행위를 현금지급기 관리자의 의사에 반하여 그가 점유하고 있는 현금을 절취한 것이라 하여 이를 현금카드 갈취행위와 분리하여 따로 절도죄로 처단할 수는 없다(대판 1996.9.20. 95도1728).

다. (절도죄에 해당) 피고인이 타인의 명의를 모용하여 발급받은 신용카드를 사용하여 현금자동지급기에서 현금대출을 받는 행위는 카드회사에 의하여 미리 포괄적으로 허용된 행위가 아니라, 현금자동지급기의 관리자의 의사에 반하여 그의 지배를 배제한 채 그 현금을 자기의 지배하에 옮겨 놓는 행위로서 절도죄에 해당한다(대판 2006.7.27. 2006도3126).

라. (사기의 포괄일죄) 피고인이 대금결제의 의사와 능력이 없으면서도 있는 것 같이 가장하여 카드회사를 기망하고, 카드회사는 일정 한도 내에서 카드사용을 허용해 줌으로써 카드회사의 신용공여라는 하자 있는 의사표시에 편승하여 자동지급기를 통한 현금대출도 받고, 가맹점을 통한 물품구입대금 대출도 받아 카드발급회사로 하여금 같은 액수 상당의 피해를 입게 한 경우, 카드사용으로 인한 일련의 편취행위가 포괄적으로 이루어지는 것이므로 카드회사의 손해는 그것이 자동지급기에 의한 인출행위이든 가맹점을 통한 물품구입행위이든 불문하고 모두가 피해자인 카드회사의 기망당한 의사표시에 따른 카드발급에 터잡아 이루어지는 사기의 포괄일죄라 할 것이다(대판 1996.4.9. 95도2466).

정답 ②

80 다음 설명 중 가장 옳지 않은 것은? (다툼이 있으면 판례에 의함)

[13 법원9급]

① 이미 과다한 부채의 누적 등으로 신용카드 사용으로 인한 대출금채무를 변제할 의사나 능력이 없는 상황에 처하였음에도 불구하고 신용카드를 사용한 경우, 사기죄에 있어서 기망행위 내지 편취의 범의를 인정할 수 있다.

② 甲이 권한 없이 인터넷뱅킹으로 타인의 예금계좌에서 자신의 예금계좌로 돈을 이체한 후 그중 일부를 인출하여 그 정을 아는 乙에게 교부한 경우, 乙에게 장물취득죄가 성립한다.

③ 절취한 친족 소유의 예금통장을 현금자동지급기에 넣고 조작하여 예금 잔고를 다른 금융기관의 자기 계좌로 이체하는 방법으로 저지른 컴퓨터등사용사기죄에 있어서의 피해자는 친족 명의 계좌의 '금융기관'이므로, 위와 같은 경우에는 친족 사이의 범행을 전제로 하는 친족상도례를 적용할 수 없다.

④ 강취한 신용카드를 가지고 자신이 그 신용카드의 정당한 소지인인 양 가맹점의 점주를 속이고 그에 속은 점주로부터 주류 등을 제공받아 이를 취득한 것이라면 신용카드부정사용죄와 별도로 사기죄가 성립한다.

해설

① [○] [1] 카드회원이 일시적인 자금궁색 등의 이유로 그 채무를 일시적으로 이행하지 못하게 되는 상황이 아니라 이미 과다한 부채의 누적 등으로 신용카드 사용으로 인한 대출금채무를 변제할 의사나 능력이 없는 상황에 처하였음에도 불구하고 신용카드를 사용하였다면, 사기죄에 있어서 기망행위 내지 편취의 범의를 인정할 수 있다.
[2] 위와 같은 사기죄의 피해자는 신용카드업자인 삼성카드 주식회사라고 할 것인데, 법인도 사기죄의 피해자가 될 수 있음은 당연하고 다만, 이 경우 현실적인 피기망자와 처분행위자는 사기 범행의 성질상 자연인이어야 하는 것이나 그 자연인은 법인의 임원 또는 직원으로서 당해 업무를 담당한 자 또는 그 업무에 관여한 다수의 자로 파악할 수 있으면 족하고 반드시 그 자연인의 이름 등이 특정되어야 하는 것은 아니다(대판 2006.3.24. 2006도282).

② [×] 현금카드를 사용하여 현금자동지급기에서 현금을 인출한 경우에는 그것이 비록 컴퓨터등사용사기죄의 범행으로 취득한 예금채권을 인출한 것이라 할지라도 현금카드 사용권한 있는 자의 정당한 사용에 의한 것으로서 (현금자동지급기 관리자의 의사에 반하거나 기망행위 및 그에 따른 처분행위도 없었으므로) 별도로 절도죄나 사기죄의 구성요건에 해당하지 않는다 할 것이고, 그 결과 그 인출된 현금은 재산범죄에 의하여 취득한 재물이 아니므로 장물이 될 수 없다(대판 2004.4.16. 2004도353).

③ [○] 손자가 할아버지 소유 농업협동조합 예금통장을 절취하여 이를 현금자동지급기에 넣고 조작하는 방법으로 예금 잔고를 자신의 거래 은행 계좌로 이체한 경우, (농협은 할아버지에 대한 예금반환 채무를 여전히 부담하면서도 다른 금융기관에 대하여 자금이체로 인한 이체자금 상당액 결제채무를 추가 부담하게 됨으로써 이체된 예금 상당액의 채무를 이중으로 지급해야 할 위험에 처하게 되므로) 농업협동조합이 컴퓨터등사용사기 범행 부분의 피해자이므로 친족상도례를 적용할 수 없다(대판 2007.3.15. 2006도2704).

④ [○] 피고인이 강취한 신용카드를 가지고 자신이 신용카드의 정당한 소지인인 양 가맹점의 점주를 속이고 점주로부터 주류 등을 제공받아 이를 취득한 것이라면 신용카드부정사용죄와 별도로 사기죄가 성립한다(대판 1997.1.21. 96도2715).

정답 ②

81 다음 설명 중 옳은 것을 모두 고른 것은? (다툼이 있으면 판례에 의함)

[08 사시]

ㄱ. 신용카드 대금을 결제할 의사나 능력이 없음에도 불구하고 자기명의로 신용카드를 발급받아 현금자동지급기를 통하여 현금대출을 받은 경우 사기죄와 절도죄가 성립한다.
ㄴ. 타인의 명의를 모용하여 발급받은 신용카드로 현금자동지급기에서 현금서비스를 받는 경우 인출한 현금에 대해서는 절도죄가 성립한다.
ㄷ. 강취한 신용카드를 가지고 자신이 그 신용카드의 정당한 소지인인 것처럼 가게 종업원을 속이고 물품을 구입한 경우 여신전문금융업법상 신용카드 부정사용죄와 별도로 사기죄는 성립하지 않는다.
ㄹ. 소유자를 공갈하여 예금인출에 대한 승낙을 받고 현금카드를 교부받은 후 이를 이용하여 현금자동지급기에서 예금을 인출한 경우 공갈죄와 별도로 절도죄는 성립하지 않는다.
ㅁ. 잔여통화가능 금액이 없어 더 이상 사용할 수 없는 공중전화카드의 자기기록부분에 전자정보를 기록하여 사용가능한 공중전화카드로 만든 경우 유가증권위조죄가 성립한다.

① ㄱ, ㄴ, ㄷ
② ㄱ, ㄴ, ㄹ
③ ㄱ, ㄴ, ㅁ
④ ㄱ, ㄷ, ㄹ
⑤ ㄴ, ㄷ, ㄹ
⑥ ㄴ, ㄷ, ㅁ
⑦ ㄴ, ㄹ, ㅁ
⑧ ㄷ, ㄹ, ㅁ

해설

ㄱ. [×] 카드사용으로 인한 카드회사의 손해는 그것이 자동지급기에 의한 인출행위이든 가맹점을 통한 물품구입행위이든 불문하고 모두가 피해자인 카드회사의 기망당한 의사표시에 따른 카드발급에 터잡아 이루어지는 사기의 포괄일죄이다(대판 1996.4.9. 95도2466).
ㄴ. [○] 피고인이 타인의 명의를 모용하여 발급받은 신용카드를 사용하여 현금자동지급기에서 현금대출을 받는 행위는 카드회사에 의하여 미리 포괄적으로 허용된 행위가 아니라, 현금자동지급기의 관리자의 의사에 반하여 그의 지배를 배제한 채 그 현금을 자기의 지배하에 옮겨 놓는 행위로서 절도죄에 해당한다(대판 2006.7.27. 2006도3126).
ㄷ. [×] 신용카드부정사용죄와 별도로 사기죄가 성립한다(대판 1997.1.21. 96도2715).
ㄹ. [○] 피고인이 피해자로부터 현금카드를 사용한 예금인출의 승낙을 받고 현금카드를 교부받은 행위와 이를 사용하여 현금자동지급기에서 예금을 여러 번 인출한 행위들은 모두 피해자의 예금을 갈취하고자 하는 피고인의 단일하고 계속된 범의 아래에서 이루어진 일련의 행위로서 포괄하여 하나의 공갈죄를 구성한다고 볼 것이지, 현금지급기에서 피해자의 예금을 취득한 행위를 현금지급기 관리자의 의사에 반하여 그가 점유하고 있는 현금을 절취한 것이라 하여 이를 현금카드 갈취행위와 분리하여 따로 절도죄로 처단할 수는 없다(대판 1996.9.20. 95도1728).
ㅁ. [○] 피고인이 폐공중전화카드의 자기기록 부분에 전자정보를 기록하여 사용가능한 공중전화카드를 만든 행위를 유가증권위조죄로 의율한 것은 정당하다(대판 1998.2.27. 97도2483).

정답 ⑦

82 **다음 사례에 관한 설명으로 가장 적절한 것은? (다툼이 있으면 판례에 의함)** [14 경찰채용]

> 甲은 A주식회사가 운영하는 인터넷사이트의 가상계좌에서 은행환불명령을 입력하여 가상계좌의 잔액이 1,000원 이하로 되었을 때 전자복권 구매명령을 입력하면 가상계좌로 복권구매요청금과 동일한 액수의 가상현금이 입금되는 프로그램 오류가 발생하는 사실을 알게 되었다. 甲은 이를 이용하여 그 잔액을 1,000원 이하로 만들고 다시 전자복권 구매명령을 입력하는 행위를 반복함으로써 자신의 가상계좌로 2천만원이 입금되게 하였다.

① 甲은 허위의 정보를 입력하는 방법으로 기망행위를 하고 이를 통하여 A주식회사의 계좌로부터 자신의 계좌로 돈을 입금되도록 하였는바, 사기죄로 처벌된다.

② 甲은 관리자인 A주식회사의 의사에 반하여 부당하게 2천만원에 대한 법률적 지배권한을 획득하였는바, 그에 대하여 절도죄의 책임을 부담한다.

③ 甲은 사실상의 신임관계에 기초하여 A주식회사의 재물을 관리하는 지위에 서게 되는바, 甲이 1천만원을 임의로 인출, 소비하였다면 이는 횡령죄의 구성요건을 충족시킨다.

④ 甲은 프로그램 자체에서 발생하는 오류를 적극적으로 이용하여 부정한 명령을 입력한 것이므로 컴퓨터등 사용사기죄로 처벌된다.

해설

④ [○] [1] 컴퓨터등사용사기죄에서 '부정한 명령의 입력'은 당해 사무처리시스템에 예정되어 있는 사무처리의 목적에 비추어 지시해서는 안 될 명령을 입력하는 것을 의미한다. 따라서 설령 '허위의 정보'를 입력한 경우가 아니라고 하더라도, 당해 사무처리 시스템의 프로그램을 구성하는 개개의 명령을 부정하게 변개·삭제하는 행위는 물론 프로그램 자체에서 발생하는 오류를 적극적으로 이용하여 그 사무처리의 목적에 비추어 정당하지 아니한 사무처리를 하게 하는 행위도 특별한 사정이 없는 한 위 '부정한 명령의 입력'에 해당한다.
[2] 피고인의 행위는 형법 제347조의2에서 정한 '허위의 정보 입력'에 해당하지는 않더라도 프로그램 자체에서 발생하는 오류를 적극적으로 이용하여 사무처리의 목적에 비추어 정당하지 아니한 사무처리를 하게 한 행위로서 '부정한 명령의 입력'에 해당한다(대판 2013.11.14. 2011도4440).

정답 ④

83 **사기죄에 관한 설명 중 옳은 것은 모두 몇 개인가? (다툼이 있으면 판례에 의함)** [12 경찰간부]

> ㉠ 양도증서 등 특허 관련 명의변경 서류를 위조하여 일본국 특허청 공무원에게 제출함으로써 특허의 출원자를 자신의 명의로 변경한 경우 사기죄가 성립한다.
> ㉡ 허위채권으로 본안소송을 제기하지 아니한 채 가압류만 한 경우에는 실행의 착수가 인정되지 않는다.
> ㉢ 토지소유자로 등기된 자가 자신의 진정한 소유자가 아님을 알고 있었다고 할지라도 당해 토지의 수용보상금을 출금·수령한 것에 불과하다면 기망행위가 없어 사기죄는 성립하지 아니한다.
> ㉣ 실재하고 있지 아니한 자에 대하여 허위의 권원에 의한 소송을 제기하여 승소판결이 확정된 경우에는 사기죄가 성립한다.
> ㉤ 법원을 기망하여 승소판결을 받고 그 확정판결에 의하여 소유권이전등기를 경료한 경우에는 사기죄와 공정증서원본부실기재죄의 실체적 경합범이 된다.

① 1개
② 2개
③ 3개
④ 4개

해설

㉠ [×] 피고인이 서류를 위조하여 일본국 특허청 공무원에게 제출함으로써 피고인 명의로 특허의 출원자 명의를 변경하였다고 하더라도 피해자의 특허를 받을 수 있는 권리에 관한 처분행위가 있었다고 할 수 없을 뿐만 아니라 일본국 특허청 공무원에게 특허를 받을 수 있는 권리의 처분권한이 있다고도 볼 수 없으므로 사기죄를 구성한다고 보기 어렵다(대판 2007.11.16. 2007도3475).

㉡ [○] 가압류는 강제집행의 보전방법에 불과한 것이어서 허위의 채권을 피보전권리로 삼아 가압류를 하였다고 하더라도 그 채권에 관하여 현실적으로 청구의 의사표시를 한 것이라고는 볼 수 없으므로, 본안소송을 제기하지 아니한 채 가압류를 한 것만으로는 사기죄의 실행에 착수하였다고 할 수 없다(대판 1988.9.13. 88도55).

㉢ [×] 비록 토지의 소유자로 등기되어 있다고 하더라도 자신이 진정한 소유자가 아닌 사실을 알게 된 이상, 당해 토지의 수용보상금을 수령함에 있어서 당해 토지를 수용한 기업자나 공탁공무원에게 그러한 사실을 고지하여야 할 의무가 있다고 보아야 할 것이고, 이러한 사실을 고지하지 아니한 채 수용보상금으로 공탁된 공탁금의 출급을 신청하여 이를 수령한 이상 기망행위가 없다고 할 수 없다(대판 1994.10.14. 94도1911).

㉣ [×] 실재하고 있지 아니한 자에 대하여 판결이 선고되더라도 그 판결은 피해자의 처분행위에 갈음하는 내용과 효력을 인정할 수 없고 따라서 착오에 의한 재물의 교부행위를 상정할 수 없는 것이므로 사기죄의 성립을 시인할 수 없다(대판 1992.12.11. 92도743).

㉤ [○] 법원을 기망하여 승소판결을 받고 그 확정판결에 의하여 소유권이전등기를 경료한 경우에는 사기죄와 공정증서원본부실기재죄의 실체적 경합범이 된다(대판 1983.4.26. 83도188).

정답 ②

84 **사기죄에 관한 설명 중 가장 적절한 것은? (다툼이 있는 경우 판례에 의함)** [23 경찰채용]

① 민법 제746조의 불법원인급여에 해당하여 급여자가 수익자에 대한 반환청구권을 행사할 수 없다면, 수익자가 기망을 통하여 급여자로 하여금 불법원인급여에 해당하는 재물을 제공하도록 하였더라도 사기죄를 구성하지 않는다.

② 甲이 A에 대한 사기 범행을 실현하는 수단으로서 사기의 고의가 없는 B를 기망하여 그를 A로부터 편취한 재물이나 재산상 이익을 전달하는 도구로서만 이용한 경우, 편취의 대상인 재물 또는 재산상 이익에 관하여 A에 대한 사기죄가 성립할 뿐, 도구로 이용된 B에 대한 사기죄는 별도로 성립하지 않는다.

③ 사기죄가 성립하기 위해서는 적극적 기망행위가 있어야 하므로 부작위에 의한 기망은 있을 수 없다.

④ 사기죄의 '처분행위'라 함은 재산적 처분행위로서 피해자가 자유의사로 직접 재산상 손해를 초래하는 작위에 나아가는 것을 말하므로, 피해자가 기망에 의하여 착오에 빠진 결과 채권의 존재를 알지 못하여 채권을 행사하지 아니한 것에 불과하다면 그와 같은 부작위는 재산의 처분행위에 해당하지 않는다.

해설

① [×] 민법 제746조의 불법원인급여에 해당하여 급여자가 수익자에 대한 반환청구권을 행사할 수 없다고 하더라도, 수익자가 기망을 통하여 급여자로 하여금 불법원인급여에 해당하는 재물을 제공하도록 하였다면 사기죄가 성립한다고 할 것인바, 피고인이 피해자 공소외인으로부터 도박자금으로 사용하기 위하여 금원을 차용하였더라도 사기죄의 성립에는 영향이 없다(대판 2006.11.23. 2006도6795; 동지 대판 2004.5.14. 2004도677).

② [○] 간접정범을 통한 범죄에서 피이용자는 간접정범의 의사를 실행하는 수단으로서의 지위를 가질 뿐이므로, 피해자에 대한 사기범행을 실현하는 수단으로서 타인을 기망하여 그를 피해자로부터 편취한 재물이나 재산상 이익을 전달하는 도구로서만 이용한 경우에는 편취의 대상인 재물 또는 재산상 이익에 관하여 피해자에 대한 사기죄가 성립할 뿐이고, 도구로 이용된 타인에 대한 사기죄가 별도로 성립된다고 할 수 없다(대판 2017.5.31. 2017도3894).

③ [×] 사기죄의 요건으로서의 '기망'은 널리 재산상의 거래관계에서 서로 지켜야 할 신의와 성실의 의무를 저버리는 모든 적극적 또는 소극적 행위를 말하고, 이러한 소극적 행위로서의 부작위에 의한 기망은 법률상 고지의무 있는 자가 일정한 사실에 관하여 상대방이 착오에 빠져 있음을 알면서도 이를 고지하지 않는 것을 말한다(대판 2020.6.25. 2018도13696).

④ [×] 사기죄에서 처분행위라 함은 재산적 처분행위로서 피해자가 자유의사로 직접 재산상 손해를 초래하는 작위에 나아가거나 또는 부작위에 이른 것을 말하므로, 피해자가 착오에 빠진 결과 채권의 존재를 알지 못하여 채권을 행사하지 아니하였다면 그와 같은 부작위도 재산의 처분행위에 해당한다(대판 2007.7.12. 2005도9221).

정답 ②

85 사기와 공갈에 관한 죄에 대한 설명 중 가장 적절한 것은? (다툼이 있는 경우 판례에 의함) [23 경찰승진]

① 피기망자가 처분행위의 의미나 내용을 인식하지 못하였더라도, 피기망자의 작위 또는 부작위가 직접 재산상 손해를 초래하는 재산적 처분행위로 평가되고, 피기망자가 이러한 작위 또는 부작위를 인식하고 한 것이라면 처분행위에 상응하는 처분의사가 인정된다.

② 비의료인이 개설한 의료기관이 의료법에 의하여 적법하게 개설된 요양기관인 것처럼 국민건강보험공단에 요양급여비용의 지급을 청구하였더라도 명의를 빌려준 의료인으로 하여금 환자들에게 요양급여를 제공하도록 했다면 사기죄가 성립하지 않는다.

③ 조상천도제를 지내지 않으면 좋지 않은 일이 생긴다는 취지의 해악 고지는 협박으로 평가될 수 있어서 공갈죄가 성립한다.

④ 지역신문의 발행인이 시정에 관한 비판기사 및 사설을 보도하고, 관련 공무원에게 광고의뢰 및 직보배정을 다른 신문사와 같은 수준으로 높게 해달라고 요청한 사실만으로도 공갈죄의 수단으로서 그 상대방을 협박한 것으로 볼 수 있다.

해설

① [○] 피고인 등이 토지의 소유자이자 매도인인 피해자 갑 등에게 토지거래허가 등에 필요한 서류라고 속여 근저당권설정계약서 등에 서명·날인하게 하고 인감증명서를 교부받은 다음, 이를 이용하여 갑 등의 소유 토지에 피고인을 채무자로 한 근저당권을 을 등에게 설정하여 주고 돈을 차용하는 방법으로 재산상 이익을 취득하였다고 하여 특정경제범죄 가중처벌 등에 관한 법률 위반(사기) 및 사기로 기소된 사안에서, 사기죄에서 '처분 의사'는 착오에 빠진 피기망자가 어떤 행위를 한다는 인식이 있으면 충분하고, 그 행위가 가져오는 결과에 대한 인식까지 필요하다고 볼 것은 아니다. 비록 피기망자가 처분행위의 의미나 내용을 인식하지 못하였더라도, 피기망자의 작위 또는 부작위(피기망자가 속아서 근저당권설정계약서에 서명 날인 하는 등 인감증명서를 교부한 행위)가 직접 재산상 손해를 초래하는 재산적 처분행위로 평가되고, 피기망자가 이러한 작위 또는 부작위를 인식하고 한 것이라면 처분행위에 상응하는 처분의사가 인정된다(대판(전) 2017.2.16. 2016도13362).

② [×] 비의료인(의료인의 자격이 없는 일반인)이 개설한 의료기관이 마치 의료법에 의하여 적법하게 개설된 요양기관인 것처럼 국민건강보험공단에 요양급여비용의 지급을 청구하는 것은 국민건강보험공단으로 하여금 요양급여비용 지급에 관한 의사결정에 착오를 일으키게 하는 것으로서 사기죄의 기망행위에 해당하고, 이러한 기망행위에 의하여 국민건강보험공단에서 요양급여비용을 지급받을 경우에는 사기죄가 성립한다. 이 경우 의료기관의 개설인인 비의료인이 개설 명의를 빌려준 의료인으로 하여금 환자들에게 요양급여를 제공하게 하였다 하여도 마찬가지이다(대판 2018.4.10. 2017도17699).

③ [×] 조상천도제를 지내지 아니하면 좋지 않은 일이 생긴다는 취지의 해악의 고지는 길흉화복이나 천재지변의 예고로서 행위자에 의하여 직접, 간접적으로 좌우될 수 없는 것이고 가해자가 현실적으로 특정되어 있지도 않으며 해악의 발생가능성이 합리적으로 예견될 수 있는 것이 아니므로 협박으로 평가될 수 없다고 한 사례(대판 2002.2.8. 2000도3245).

④ [×] 지역신문의 발행인이 OO시정에 관한 비판기사 및 사설을 보도하고 관련 공무원에게 광고의뢰 및 직보배정을 타신문사와 같은 수준으로 높게 해달라고 요청한 사실만으로 공갈죄의 수단으로서 그 상대방을 협박하였다고 볼 수 없다고 한 사례(대판 2002.12.10. 2001도7095).

정답 ①

86 사기와 공갈의 죄에 관한 설명 중 옳은 것을 모두 고른 것은? (다툼이 있으면 판례에 의함)

[23 변호사]

> ㉠ 사기죄의 피해자가 법인이나 단체인 경우 피해자 법인이나 단체의 대표자 또는 실질적으로 의사결정을 하는 최종결재권자 등 기망의 상대방이 기망행위자와 동일하거나 기망행위자와 공모하는 등 기망행위를 알고 있었다면 사기죄는 성립하지 않는다.
> ㉡ 수익자가 기망을 통하여 급여자로 하여금 불법원인급여에 해당하는 재물을 제공하도록 한 것이라면 민법 제746조 규정에 의하여 급여자가 수익자에 대한 반환청구권을 행사할 수 없으므로 사기죄가 성립하지 않는다.
> ㉢ 가맹점주가 용역의 제공을 가장한 허위의 매출전표임을 고지하지 아니한 채 신용카드회사에 제출하여 대금을 청구한 경우 신용카드회사가 허위의 매출전표임을 알았더라면 그 대금을 지급하지 아니하였을 관계가 인정된다면, 비록 당시 가맹점주에게 신용카드 이용대금을 변제할 의사와 능력이 있었다고 하더라도 사기죄의 기망행위에 해당한다.
> ㉣ 사기죄의 피해자에게 그 대가가 지급된 경우 피해자를 기망하여 그가 보유하고 있는 그 대가를 다시 편취하더라도 새로운 법익이 침해된 것은 아니므로 기존에 성립한 사기죄와 별도의 새로운 사기죄가 성립하는 것은 아니다.
> ㉤ 공갈죄의 대상이 되는 재물은 타인의 재물을 의미하므로 사람을 공갈하여 자기의 재물을 교부받는 경우에는 공갈죄가 성립하지 않는다.

① ㉠, ㉢
② ㉡, ㉤
③ ㉠, ㉢, ㉤
④ ㉠, ㉣, ㉤
⑤ ㉡, ㉢, ㉣

해설

㉠ [○] 사기죄가 성립하려면 행위자의 기망행위, 피기망자의 착오와 그에 따른 처분행위, 그리고 행위자 등의 재물이나 재산상 이익의 취득이 있고, 그 사이에 순차적인 인과관계가 존재하여야 한다. 피해자 법인이나 단체의 대표자 또는 실질적으로 의사결정을 하는 최종결재권자 등이 기망행위자와 동일인이거나 기망행위자와 공모하는 등 기망행위임을 알고 있었던 경우에는 기망행위로 인한 착오가 있다고 볼 수 없고, 재물 교부 등의 처분행위가 있었더라도 기망행위와 인과관계가 있다고 보기 어렵다. 이러한 경우, 업무상횡령죄 또는 업무상배임죄 등이 성립하는 것은 별론으로 하고 사기죄가 성립한다고 볼 수 없다(대판 2017.9.26. 2017도8449).

㉡ [×] 민법 제746조의 불법원인급여에 해당하여 급여자가 수익자에 대한 반환청구권을 행사할 수 없다고 하더라도 수익자가 기망을 통하여 급여자로 하여금 불법원인급여에 해당하는 재물을 제공하도록 하였다면 사기죄가 성립한다고 할 것인 바, 피고인이 피해자로부터 도박자금으로 사용하기 위하여 금원을 차용하였더라도 사기죄의 성립에는 영향이 없다(대판 2006.11.23. 2006도6795).

비교판례 甲이 乙로부터 제3자에 대한 뇌물공여 또는 배임증재의 목적으로 전달하여 달라고 교부받은 금전은 불법원인급여물에 해당하여 그 소유권은 甲에게 귀속되는 것으로서 甲이 위 금전을 제3자에게 전달하지 않고 임의로 소비하였다고 하더라도 횡령죄가 성립하지 않는다(대판 1999.6.11. 99도275).

㉢ [○] 신용카드회사가 가맹점의 용역의 제공을 가장한 허위 내용의 매출전표에 의한 대금청구에 대하여는 이를 거절할 수 있는 등 매출전표가 허위임을 알았더라면 가맹점주에게 그 대금의 지급을 하지 아니하였을 관계가 인정된다면, 가맹점주가 용역의 제공을 가장한 허위의 매출전표임을 고지하지 아니한 채 신용카드회사에게 제출하여 대금을 청구한 행위는 사기죄의 실행행위로서의 기망행위에 해당하고, 가맹점주에게 이러한 기망행위에 대한 범의가 있었다면, 비록 당시 그에게 신용카드 이용대금을 변제할 의사와 능력이 있었다고 하더라도 사기죄의 범의가 있었음을 인정할 수 있다(대판 1999.2.12. 98도3549).

㉣ [×] 사기죄에서 피해자에게 그 대가가 지급된 경우, 피해자를 기망하여 그가 보유하고 있는 그 대가를 다시 편취하거나 피해자로부터 그 대가를 위탁받아 보관 중 횡령하였다면, 이는 새로운 법익의 침해가 발생한 경우이므로 기존에 성립한 사기죄와는 별도의 새로운 사기죄나 횡령죄가 성립한다(대판 2009.10.29. 2009도7052).

㉤ [○] 공갈죄의 대상이 되는 재물은 타인의 재물을 의미하므로 사람을 공갈하여 자기의 재물을 교부받는 경우에는 공갈죄가 성립하지 않는다(대판 2012.8.30. 2012도6157).

정답 ③

제5절 | 공갈의 죄

87 **공갈의 죄에 관한 설명 중 가장 적절하지 않은 것은? (다툼이 있으면 판례에 의함)** [16 경찰승진]

① 조상천도제를 지내지 아니하면 좋지 않은 일이 생긴다는 취지의 해악의 고지는 협박으로 평가될 수 있어 공갈죄가 성립한다.

② 공갈죄의 수단인 협박은 객관적으로 사람의 의사결정의 자유를 제한하거나 의사실행의 자유를 방해할 정도로 겁을 먹게 할 만한 해악을 고지하는 것을 말한다.

③ 부동산에 대한 공갈죄는 그 부동산에 관하여 소유권이전등기를 경료받거나 또는 인도를 받은 때에 기수로 되는 것이다.

④ 피해자의 기망에 의하여 부동산을 비싸게 매수한 자가 그 계약을 취소하지 않고 등기를 자신의 앞으로 둔 채 피해자를 협박하여 전매차익을 받아낸 경우 공갈죄가 성립한다.

해설

① [×] 피고인 甲 등이 피해자 A에게 "작은 아들이 교통사고가 나 크게 다치거나 죽거나 하게 된다. 조상천도를 하면 교통사고를 막을 수 있고 보살도 아픈 곳이 낫고 사업도 잘 되고 모든 것이 잘 풀려 나간다"라고 말하여 A로부터 795,500원을 건네받고, 피해자 B에게 "아들이 형편없이 빗나가 학교에도 다니지 못하게 되고 부부가 이별하게 되고 하는 사업이 망하고 집도 다른 사람에게 넘어가게 된다. 조상천도를 하면 모든 것이 다 잘 된다"라고 말하여 B로부터 예금계좌로 835,000원을 송금받았다고 하더라도, 이와 같은 말한 해악의 고지는 길흉화복이나 천재지변의 예고로서 피고인 甲에 의하여 직접, 간접적으로 좌우될 수 없는 것이고 가해자가 현실적으로 특정되어 있지도 않으며 해악의 발생가능성이 합리적으로 예견될 수 있는 것이 아니므로 협박으로 평가될 수 없다(대판 2002.2.8. 2000도3245).

② [○] 공갈죄의 수단인 협박은 객관적으로 사람의 의사결정의 자유를 제한하거나 의사실행의 자유를 방해할 정도로 겁을 먹게 할 만한 해악을 고지하는 것을 말한다(대판 2013.9.13. 2013도6809).

③ [○] 부동산에 대한 공갈죄는 그 부동산에 관하여 소유권이전등기를 경료받거나 또는 인도를 받은 때에 기수로 되는 것이고, 소유권이전등기에 필요한 서류를 교부받은 때에 기수로 되어 그 범행이 완료되는 것은 아니다(대판 1992.9.14. 92도1506).

④ [○] 피해자의 기망에 의하여 부동산을 비싸게 매수한 피고인이라도 그 계약을 취소함이 없이 등기를 피고인 앞으로 둔 채 피해자의 전매차익을 받아낼 셈으로 피해자를 협박하여 재산상의 이득을 얻거나 돈을 받았다면 이는 정당한 권리행사의 범위를 넘은 것으로서 사회통념상 용인될 수 없으므로 공갈죄를 구성한다(대판 1991.9.24. 91도1824).

정답 ①

88 **공갈죄에 관한 다음 설명 중 가장 옳지 않은 것은? (다툼이 있으면 판례에 의함)** [15 법원9급]

① 부동산에 대한 공갈죄는 그 부동산에 관하여 소유권이전등기를 경료받거나 또는 인도를 받기 이전이더라도, 소유권이전등기에 필요한 서류를 교부받은 때에 기수로 되어 그 범행이 완료된다.

② 공갈죄의 대상이 되는 재물은 타인의 재물을 의미하므로, 사람을 공갈하여 자기의 재물을 교부받는 경우에는 공갈죄가 성립하지 아니한다.

③ 토지매도인이 그 매매대금을 지급받기 위하여 매수인을 상대로 하여 당해 토지에 관한 소유권이전등기말소청구소송을 제기하고 위 대금을 변제받지 못하면 위 소송을 취하하지 아니하고 예고등기도 말소하지 않겠다는 취지를 알렸다고 하여 이를 지목하여 공갈행위라고 단정할 수 없다.

④ 공갈죄에도 친족상도례가 적용된다.

해설

① [×] 부동산에 대한 공갈죄는 그 부동산에 관하여 소유권이전등기를 경료받거나 또는 인도를 받은 때에 기수로 되는 것이고, 소유권이전등기에 필요한 서류를 교부받은 때에 기수로 되어 그 범행이 완료되는 것은 아니다(대판 1992.9.14. 92도1506).
② [○] 공갈죄의 대상이 되는 재물은 타인의 재물을 의미하므로 사람을 공갈하여 자기의 재물을 교부받는 경우에는 공갈죄가 성립하지 아니한다. 그리고 타인의 재물인지는 민법, 상법, 기타의 실체법에 의하여 결정되는데, 금전을 도난당한 경우 절도범이 절취한 금전만 소지하고 있는 때 등과 같이 구체적으로 절취된 금전을 특정할 수 있어 객관적으로 다른 금전 등과 구분됨이 명백한 예외적인 경우에는 절도 피해자에 대한 관계에서 그 금전이 절도범인 타인의 재물이라고 할 수 없다(대판 2012.8.30. 2012도6157).
③ [○] 처분권주의, 변론주의의 원리를 채택하고 있는 민사소송에 있어 부당한 제소나 그 소송의 유지가 있다 하더라도 상대방은 이에 응소하여 방어권을 충분히 행사할 수 있는 것이고 소의 취하는 상대방이 이를 강제할 수 없는 것이므로, 토지매도인이 매매대금을 지급받기 위하여 매수인을 상대로 하여 당해 토지에 관한 소유권이전등기말소청구소송을 제기하고 위 대금을 변제받지 못하면 소송을 취하하지 아니하고 예고등기도 말소하지 않겠다는 취지를 알렸다고 하여 이를 지목하여 공갈행위라고 단정할 수는 없다(대판 1989.2.28. 87도690).
④ [○] 제354조, 제328조.
▶ 강도죄와 달리 공갈죄에는 친족상도례가 적용된다.

정답 ①

89 공갈의 죄에 대한 다음 설명 중 가장 옳지 않은 것은? (다툼이 있으면 판례에 의함)

[19 경찰간부]

① 피고인이 예금주인 현금카드 소유자를 협박하여 그 카드를 갈취한 다음 피해자의 승낙에 의하여 현금카드를 사용할 권한을 부여받아 이를 이용하여 여러 차례 현금자동지급기에서 예금을 인출한 경우 포괄하여 하나의 공갈죄를 구성한다.
② 공갈죄에 있어서 공갈의 상대방은 재산상의 피해자와 동일함을 요하지는 않는다.
③ 공갈죄의 대상이 되는 재물은 타인의 재물을 의미하므로 사람을 공갈하여 자기의 재물을 교부받는 경우에는 공갈죄가 성립하지 아니한다.
④ 택시 승객이 택시요금을 면하기 위하여 택시운전사를 폭행하고 도주한 경우, 택시운전사의 처분행위가 없었더라도 재산상 이익실현의 장애가 발생하였다면 공갈죄의 기수범이 성립한다.

해설

① [○] 피해자가 그 승낙의 의사표시를 취소하기까지는 현금카드를 적법, 유효하게 사용할 수 있고, 은행의 경우에도 피해자의 지급정지 신청이 없는 한 피해자의 의사에 따라 그의 계산으로 적법하게 예금을 지급할 수밖에 없는 것이므로, 피고인이 피해자로부터 현금카드를 사용한 예금인출의 승낙을 받고 현금카드를 교부받은 행위와 이를 사용하여 현금자동지급기에서 예금을 여러 번 인출한 행위들은 모두 피해자의 예금을 갈취하고자 하는 피고인의 단일하고 계속된 범의 아래에서 이루어진 일련의 행위로서 포괄하여 하나의 공갈죄를 구성한다(대판 1996.9.20. 95도1728).
② [○] 공갈죄에 있어서 공갈의 상대방은 재산상의 피해자와 동일함을 요하지는 아니하나, 공갈의 목적이 된 재물 기타 재산상의 이익을 처분할 수 있는 사실상 또는 법률상의 권한을 갖거나 그러한 지위에 있음을 요한다(대판 2005.9.29. 2005도4738).
③ [○] 공갈죄의 객체인 재물은 타인의 재물을 의미하므로, 사람을 공갈하여 자기의 재물을 교부받는 경우에는 공갈죄가 성립하지 아니한다(대판 2012.8.30. 2012도6157).
④ [×] [1] 폭행의 상대방이 처분행위를 한 바 없고, 단지 행위자가 법적으로 의무 있는 재산상 이익의 공여를 면하기 위하여 상대방을 폭행하고 현장에서 도주함으로써 상대방이 행위자로부터 원래라면 얻을 수 있었던 재산상 이익의 실현에 장애가 발생한 것에 불과하다면, 그 행위자에게 공갈죄의 죄책을 물을 수 없다.
[2] 피해자가 피고인에게 계속해서 택시요금의 지급을 요구하였으나 피고인이 이를 면하고자 피해자를 폭행하고 달아났을 뿐, 피해자가 피고인이 택시요금 지급을 면하는 것을 용인하여 이익을 공여하는 처분행위를 하였다고 할 수 없으므로 공갈죄는 성립하지 않는다(대판 2012.1.27. 2011도16044).

정답 ④

90 공갈의 죄에 대한 설명 중 가장 적절하지 않은 것은? (다툼이 있으면 판례에 의함) [20 경찰승진]

① 부동산에 대한 공갈죄는 그 부동산의 소유권이전등기를 경료받거나 또는 인도를 받은 때에 기수가 된다.

② 피공갈자의 처분행위는 반드시 작위에 한하지 않고 부작위로도 가능하여, 피공갈자가 외포심을 일으켜 묵인하고 있는 동안에 공갈자가 직접 재산상의 이익을 탈취한 경우 공갈죄가 성립할 수 있다.

③ A가 甲의 돈을 절취한 다음 다른 금전과 섞거나 교환하지 않고 쇼핑백에 넣어 자신의 집에 숨겨두었는데 乙이 甲의 지시를 받아 A를 위협하여 쇼핑백에 들어 있던 절취된 돈을 교부받은 경우 乙에게 공갈죄가 성립하지 않는다.

④ 甲이 예금주인 현금카드 소유자를 협박하여 그 카드를 갈취한 다음 피해자의 승낙에 의하여 현금카드를 사용할 권한을 부여받아 이를 이용하여 여러 차례 현금자동지급기에서 예금을 인출한 경우 공갈죄와 절도죄의 경합범이 성립한다.

해설

① [○] 부동산에 대한 공갈죄는 그 부동산의 소유권이전등기를 경료받거나 또는 인도를 받은 때에 기수가 된다(대판 1992.9.14. 92도1506).

② [○] 피공갈자의 처분행위는 반드시 작위에 한하지 않고 부작위로도 가능하여, 피공갈자가 외포심을 일으켜 묵인하고 있는 동안에 공갈자가 직접 재산상의 이익을 탈취한 경우 공갈죄가 성립할 수 있다(대판 2012.1.27. 2011도16044).

③ [○] [1] 공갈죄의 객체인 재물은 타인의 재물을 의미하므로, 사람을 공갈하여 자기의 재물을 교부받는 경우에는 공갈죄가 성립하지 아니한다.
[2] A가 甲의 돈을 절취한 다음 다른 금전과 섞거나 교환하지 않고 쇼핑백에 넣어 자신의 집에 숨겨두었는데 乙이 甲의 지시를 받아 A를 위협하여 쇼핑백에 들어 있던 절취된 돈을 교부받은 경우 乙에게 공갈죄가 성립하지 않는다(대판 2012.8.30. 2012도6157). ▶ 사람을 공갈하여 자기의 재물을 교부받는 경우에는 공갈죄가 성립하지 아니하기 때문이다.

④ [×] 피고인이 현금카드 소유자인 피해자를 협박하여 그 카드를 갈취한 다음 피해자의 승낙에 의하여 현금카드를 사용할 권한을 부여받아 현금자동지급기에서 현금을 여러 번 인출한 행위는 모두 피해자의 예금을 갈취하고자 하는 피고인의 단일하고 계속된 범의 아래에서 이루어진 일련의 행위로서 포괄하여 하나의 공갈죄를 구성한다(대판 1996.9.20. 95도1728).

정답 ④

91 공갈죄에 관한 다음 설명 중 가장 옳지 않은 것은? (다툼이 있으면 판례에 의함) [14 법원9급]

① 공무원이 직무집행의 의사 없이 또는 직무처리와 대가적 관계없이 타인을 공갈하여 재물을 교부하게 한 경우에는 공갈죄만이 성립하고, 이러한 경우 재물의 교부자가 공무원의 해악의 고지로 인하여 외포의 결과 금품을 제공한 것이라면 그는 공갈죄의 피해자가 될 것이고 뇌물공여죄는 성립될 수 없다.

② 甲이 피고인의 돈을 절취한 다음 다른 금전과 섞거나 교환하지 않고 쇼핑백 등에 넣어 자신의 집에 숨겨두었는데, 피고인이 폭행 · 협박으로 甲에게 겁을 주어 쇼핑백 등에 넣어 둔 위 돈을 다시 그대로 교부받은 경우에는 공갈죄가 성립된다.

③ 공갈죄에 있어서 공갈의 상대방은 재산상의 피해자와 동일함을 요하지는 아니하나, 공갈의 목적이 된 재물 기타 재산상의 이익을 처분할 수 있는 사실상 또는 법률상의 권한을 갖거나 그러한 지위에 있음을 요한다.

④ 공갈죄의 수단인 협박은 사람의 의사결정의 자유를 제한하거나 의사실행의 자유를 방해할 정도로 겁을 먹게 할 만한 해악을 고지하는 것을 말하는데, 해악의 고지는 반드시 명시적인 방법이 아니더라도 말이나 행동을 통해서 상대방으로 하여금 어떠한 해악에 이르게 할 것이라는 인식을 갖게 하는 것이면 족하고, 피공갈자 이외의 제3자를 통해서 간접적으로 할 수도 있다.

해설

① [○] 공무원이 직무집행의 의사 없이 또는 직무처리와 대가적 관계없이 타인을 공갈하여 재물을 교부하게 한 경우에는 공갈죄만이 성립하고, 이러한 경우 재물의 교부자는 공갈죄의 피해자가 될 것이고 뇌물공여죄는 성립될 수 없다(대판 1994.12.22. 94도2528).

② [×] 피고인 등이 甲에게서 되찾은 돈은 절취 대상인 당해 금전이라고 구체적으로 특정할 수 있어 객관적으로 甲의 다른 재산과 구분됨이 명백하므로 이를 타인인 甲의 재물이라고 볼 수 없고, 따라서 비록 피고인 등이 공갈하여 돈을 교부받았더라도 타인의 재물을 갈취한 행위로서 공갈죄가 성립된다고 볼 수 없다(대판 2012.8.30. 2012도6157).

③ [○] 공갈죄에 있어서 공갈의 상대방은 재산상의 피해자와 동일함을 요하지는 아니하나 공갈의 목적이 된 재물 기타 재산상의 이익을 처분할 수 있는 사실상 또는 법률상의 권한을 갖거나 그러한 지위에 있음을 요한다(대판 2005.9.29. 2005도4738).

④ [○] 강요죄나 공갈죄의 수단인 협박은 사람의 의사결정의 자유를 제한하거나 의사실행의 자유를 방해할 정도로 겁을 먹게 할 만한 해악을 고지하는 것을 말하는데, 해악의 고지는 반드시 명시적인 방법이 아니더라도 말이나 행동을 통해서 상대방으로 하여금 어떠한 해악에 이르게 할 것이라는 인식을 갖게 하는 것이면 족하고, 피공갈자 이외의 제3자를 통해서 간접적으로 할 수도 있으며, 행위자가 그의 직업, 지위 등에 기하여 불법한 위세를 이용하여 재물의 교부나 재산상 이익을 요구하고 상대방으로 하여금 그 요구에 응하지 않을 때에는 부당한 불이익을 당할 위험이 있다는 위구심(危懼心)을 일으키게 하는 경우에도 해악의 고지가 된다(대판 2013.4.11. 2010도13774).

정답 ②

92 공갈죄에 관한 설명 중 가장 적절하지 않은 것은? (다툼이 있으면 판례에 의함) [15 경찰승진]

① 가출자의 가족에 대하여 그의 소재를 알려주는 조건으로 보험가입을 요구한 경우는 공갈죄에 있어서의 협박으로 볼 수 없다.

② 사회통념상 용인되기 어려운 정도를 넘는 협박을 수단으로 상대방을 외포케 하여 재물의 교부 또는 재산상의 이익을 받았다고 하더라도, 피고인이 피해자에 대하여 진정한 채권을 가지고 있다면 공갈죄는 성립하지 아니한다.

③ 지역신문의 발행인이 시정에 관한 비판기사 및 사설을 보도하고 관련 공무원에게 광고의뢰 및 직보배정을 타신문사와 같은 수준으로 높게 해달라고 요청한 사실만으로는 공갈죄의 수단으로서 그 상대방을 협박하였다고 볼 수 없다.

④ 피해자의 기망에 의하여 부동산을 비싸게 매수한 피고인이 그 계약을 취소함이 없이 등기를 피고인 앞으로 둔 채 피해자를 협박하여 재산상의 이득을 얻거나 돈을 받은 행위는 공갈죄를 구성한다.

해설

① [○] 가출자의 가족에 대하여 그의 소재를 알려주는 조건으로 보험가입을 요구한 경우는 공갈죄에 있어서의 협박으로 볼 수 없다(대판 1976.4.27. 75도2818).

② [×] 피고인이 피해자에 대하여 채권이 있다고 하더라도 그 권리행사를 빙자하여 사회통념상 용인되기 어려운 정도를 넘는 협박을 수단으로 상대방을 외포케 하여 재물의 교부 또는 재산상의 이익을 받았다면 공갈죄가 되는 것이다(대판 2000.2.25. 99도4305).

③ [○] 지역신문의 발행인이 시정에 관한 비판기사 및 사설을 보도하고 관련 공무원에게 광고의뢰 및 직보배정을 타신문사와 같은 수준으로 높게 해달라고 요청한 사실만으로 공갈죄의 수단으로서 그 상대방을 협박하였다고 볼 수 없다고 한 사례(대판 2002.12.10. 2001도7095).

④ [○] 피해자의 기망에 의하여 부동산을 비싸게 매수한 피고인이라도 그 계약을 취소함이 없이 등기를 피고인 앞으로 둔 채 피해자의 전매차익을 받아낼 셈으로 피해자를 협박하여 재산상의 이득을 얻거나 돈을 받았다면 이는 정당한 권리행사의 범위를 넘은 것으로서 사회통념상 용인될 수 없으므로 공갈죄를 구성한다(대판 1991.9.24. 91도1824).

정답 ②

93 사기와 공갈의 죄에 관한 설명으로 옳은 것은 모두 몇 개인가? (다툼이 있는 경우 판례에 의함) [23 경찰간부]

가. 부동산에 대한 공갈죄는 그 부동산에 관하여 소유권이전등기를 경료받거나 또는 인도를 받은 때에 기수로 되는 것이고, 소유권이전등기에 필요한 서류를 교부받은 때에 기수로 되어 그 범행이 완료되는 것은 아니다.
나. 피해자 법인이나 단체의 대표자 또는 실질적으로 의사결정을 하는 최종결재권자 등 기망의 상대방이 기망행위자와 동일인이거나 기망행위자와 공모하는 등 기망행위를 알고 있었던 경우에는 사기죄가 성립할 여지가 없다.
다. 사기죄에서 그 대가가 일부 지급되거나 담보가 제공된 경우에도 편취액은 피해자로부터 교부된 금원으로부터 그 대가 또는 담보 상당액을 공제한 차액이 아니라 교부받은 금원 전부라고 보아야 한다.
라. A가 甲의 돈을 절취한 다음 다른 금전과 섞거나 교환하지 않고 쇼핑백에 넣어 자신의 집에 숨겨두었는데 乙이 甲의 지시를 받아 A에게 겁을 주어 쇼핑백에 들어 있던 절취된 돈을 교부받았다고 하더라도 乙에게 공갈죄가 성립하지 않는다.

① 1개
② 2개
③ 3개
④ 4개

해설

▶ 가, 나, 다, 라. 모두 옳은 지문에 해당한다.

가. [O] 부동산에 대한 공갈죄는 그 부동산에 관하여 소유권이전등기를 경료받거나 또는 인도를 받은 때에 기수로 되는 것이고, 소유권이전등기에 필요한 서류를 교부받은 때에 기수로 되어 그 범행이 완료되는 것은 아니다(대판 1992.9.14. 92도1506).

나. [O] 사기죄가 성립하려면 행위자의 기망행위, 피기망자의 착오와 그에 따른 처분행위, 그리고 행위자 등의 재물이나 재산상 이익의 취득이 있고, 그 사이에 순차적인 인과관계가 존재하여야 한다. 피해자 법인이나 단체의 대표자 또는 실질적으로 의사결정을 하는 최종결재권자 등이 기망행위자와 동일인이거나 기망행위자와 공모하는 등 기망행위임을 알고 있었던 경우에는 기망행위로 인한 착오가 있다고 볼 수 없고, 재물 교부 등의 처분행위가 있었더라도 기망행위와 인과관계가 있다고 보기 어렵다. 이러한 경우에는 사안에 따라 업무상횡령죄 또는 업무상배임죄 등이 성립하는 것은 별론으로 하고 사기죄가 성립한다고 볼 수 없다. 반면에 피해자 법인이나 단체의 업무를 처리하는 실무자인 일반 직원이나 구성원 등이 기망행위임을 알고 있었더라도, 피해자 법인이나 단체의 대표자 또는 실질적으로 의사결정을 하는 최종결재권자 등이 기망행위임을 알지 못한 채 착오에 빠져 처분행위에 이른 경우라면, 피해자 법인에 대한 사기죄의 성립에 영향이 없다(대판 2017.9.26. 2017도8449).

다. [O] 재물편취를 내용으로 하는 사기죄에서는 기망으로 인한 재물교부가 있으면 그 자체로써 피해자의 재산침해가 되어 이로써 곧 사기죄가 성립하는 것이고, 상당한 대가가 지급되었다거나 피해자의 전체 재산상에 손해가 없다 하여도 사기죄의 성립에는 그 영향이 없으므로 사기죄에 있어서 그 대가가 일부 지급된 경우에도 그 편취액은 피해자로부터 교부된 재물의 가치로부터 그 대가를 공제한 차액이 아니라 교부받은 재물 전부이다(대판 2007.1.25. 2006도7470; 동지 대판 1995.3.24. 95도203).

라. [O] [1] 공갈죄의 객체인 재물은 타인의 재물을 의미하므로, 사람을 공갈하여 자기의 재물을 교부받는 경우에는 공갈죄가 성립하지 아니한다. 그리고 타인의 재물인지는 민법, 상법, 기타의 실체법에 의하여 결정되는데, 금전을 도난당한 경우 절도범이 절취한 금전만 소지하고 있는 때 등과 같이 구체적으로 절취된 금전을 특정할 수 있어 객관적으로 다른 금전 등과 구분됨이 명백한 예외적인 경우에는 절도 피해자에 대한 관계에서 그 금전이 절도범인 타인의 재물이라고 할 수 없다.
[2] 甲이 乙의 돈을 절취한 다음 다른 금전과 섞거나 교환하지 않고 쇼핑백 등에 넣어 자신의 집에 숨겨두었는데, 피고인이 乙의 지시로 폭력조직원 丙과 함께 甲에게 겁을 주어 쇼핑백 등에 들어 있던 절취된 돈을 교부받아 왔다면, 피고인 등이 甲에게서 되찾은 돈은 절취 대상인 당해 금전이라고 구체적으로 특정할 수 있어 객관적으로 甲의 다른 재산과 구분됨이 명백하므로 이를 타인인 甲의 재물이라고 볼 수 없고, 따라서 비록 피고인 등이 甲을 공갈하여 돈을 교부받았더라도 타인의 재물을 갈취한 행위로서 공갈죄가 성립할 수 없다(대판 2012.8.30. 2012도6157).

정답 ④

제6절 | 횡령의 죄

94 **재산죄에 관한 설명으로 옳지 않은 것은 모두 몇 개인가? (다툼이 있는 경우 판례에 의함)** [23 경찰채용]

㉠ 회사직원이 퇴사한 후에는 특별한 사정이 없는 한 더 이상 업무상배임죄에서 타인의 사무를 처리하는 자의 지위에 있다고 볼 수 없어, 퇴사한 회사직원이 반환하거나 폐기하지 아니한 영업비밀 등을 경쟁업체에 유출하거나 스스로의 이익을 위하여 이용하더라도 그 유출 내지 이용행위에 대하여는 따로 업무상배임죄를 구성할 여지는 없다.

㉡ A는 드라이버를 구매하기 위해 특정 매장에 방문하였다가 자신의 지갑을 떨어뜨렸는데, 10분쯤 후 甲이 같은 매장에서 우산을 구매하고 계산을 마친 뒤, 그 지갑을 발견하여 습득한 매장 주인 B로부터 "이 지갑이 선생님 지갑이 맞느냐?"라는 질문을 받자 "내 것이 맞다."라고 대답한 후 이를 교부받아 가지고 갔다면 甲에게는 절도죄가 아니라 사기죄가 성립한다.

㉢ 업무상배임죄에 있어 '재산상 이익 취득'과 '재산상 손해 발생'은 대등한 범죄성립요건이고, 따라서 임무위배행위로 인하여 여러 재산상 이익과 손해가 발생하더라도 재산상 이익과 손해 사이에 서로 대응하는 관계에 있는 등 일정한 관련성이 인정되어야 업무상배임죄가 성립한다.

㉣ 주류회사 이사인 甲은 A를 상대로 주류대금 청구소송을 제기한 민사 분쟁 중에 A의 착오로 위 주류회사 명의 계좌로 송금된 4,700,000원을 보관하게 되었고, 이후 A로부터 해당 금원이 착오 송금된 것이라는 사정을 문자메시지를 통해 고지받았음에도 불구하고, 甲 본인이 주장하는 채권액인 1,108,310원을 임의로 상계 정산하여 반환을 거부하였다면, 설령 나머지 금액을 반환하고 상계권 행사의 의사를 충분히 밝혔다 하더라도 甲에게는 횡령죄가 성립한다.

① 0개
② 1개
③ 2개
④ 3개

해설

㉠ [○] 회사직원이 '퇴사한 후'에는 특별한 사정이 없는 한 더 이상 업무상배임죄에서 타인의 사무를 처리하는 자의 지위에 있다고 볼 수 없어, 퇴사한 회사직원이 반환하거나 폐기하지 아니한 영업비밀 등을 경쟁업체에 유출하거나 스스로의 이익을 위하여 이용하더라도, 그 유출 내지 이용행위에 대하여는 따로 업무상배임죄를 구성할 여지는 없다(대판 2017.6.29. 2017도3808).

㉡ [○] 피해자가 드라이버를 구매하기 위하여 특정 매장에 방문하였다가 지갑을 떨어뜨렸는데, 10분 후 피고인이 같은 매장에서 우산을 구매하고 계산을 마친 뒤, 지갑을 발견하여 습득한 매장 주인으로부터 "이 지갑이 선생님 지갑이 맞느냐?"고 묻자 "네, 맞습니다"라고 대답을 한 후 교부받아 가지고 간 사안에서, 매장 주인은 처분행위를 할 권한과 권능이 있는 자에 해당하고, 매장 주인이 지갑을 피고인에게 교부한 행위는 사기죄에서 말하는 처분행위에 해당하고, 피고인의 행위는 절취행위로 평가할 수 없다(대판 2022.12.29. 2022도12494).

㉢ [○] 업무상배임죄에 있어 '재산상 이익 취득'과 '재산상 손해 발생'은 대등한 범죄성립요건이고, 따라서 임무 위배 행위로 인하여 여러 재산상 이익과 손해가 발생하더라도 재산상 이익과 손해 사이에 서로 대응하는 관계에 있는 등 일정한 관련성이 인정되어야 업무상배임죄가 성립한다(대판 2021.11.25. 2016도3452).

㉣ [×] [1] 횡령죄에서 불법영득의 의사는 타인의 재물을 보관하는 자가 취지에 반하여 정당한 권원 없이 스스로 소유권자와 같이 처분하는 의사를 말하므로 비록 반환을 거부했더라도 '반환거부에 정당한 이유가 있다면' 불법영득의 의사가 있다고 할 수 없다.
[2] … 관련 민사사건의 진행경과에 비추어 甲 회사가 반환거부 일시경 피해자에 대하여 반환거부 금액에 상응하는 물품대금채권을 보유하고 있었던 것으로 보이는 점, 피고인은 착오송금된 금원 중 甲회사의 물품대금채권액에 상응한 금액을 제외한 나머지는 송금 다음 날 반환하였고, 나머지에 대해서도 반환을 요청하는 피해자에게 甲 회사의 물품대금채권을 자동채권으로 하여 상계권을 행사한다는 의사를 충분히 밝힌 것으로 보여, 피고인이 불법영득의사를 가지고 반환을 거부한 것이라고 단정하기 어려운 점을 종합하면, 피고인이 피해자의 착오로 甲 회사 명의 계좌로 송금된 금원 중 甲 회사의 피해자에 대한 채권액에 상응하는 부분에 관하여 반환을 거부한 행위는 정당한 상계권의 행사로 볼 여지가 있으므로(반환거부에 정당한 이유가 있으므로), 불법영득의사가 있다고 볼 수 없을 것임에도 불구하고, 피고인의 반환거부행위가 횡령행위와 같다고 보아 불법영득의사를 인정한 원심판결에 법리오해의 잘못이 있다고 한 사례(대판 2022.12.29. 2021도2088).

정답 ②

95 횡령의 죄에 관한 설명 중 가장 적절하지 않은 것은? (다툼이 있으면 판례에 의함)

[16 경찰승진]

① 채권양도인이 양도 통지 전에 채무자로부터 채권을 추심하여 수령한 금전을 채권양수인의 승낙 없이 자신의 동생에게 빌려준 경우 횡령죄는 성립하지 않는다.

② 회사에 대하여 개인적인 채권을 가지고 있는 대표이사가 회사를 위하여 보관하고 있는 회사 소유의 금전으로 이사회의 승인 등의 절차 없이 자신의 채권 변제에 충당한 경우 횡령죄가 성립하지 않는다.

③ 지사에 근무하는 직원들이 본사를 위하여 보관 중이던 돈의 일부를 접대비 명목으로 임의로 나누어 사용하려고 비자금을 조성한 경우 횡령죄가 성립한다.

④ 주상복합상가의 매수인으로부터 우수상인 유치비 명목으로 금원을 납부받아 보관하던 중 그 용도와 무관하게 일반경비로 사용한 경우 횡령죄가 성립한다.

해설

① [○] 채권양도인이 채무자에게 채권양도 통지를 하는 등으로 채권양도의 대항요건을 갖추어 주지 않은 채 채무자로부터 채권을 추심하여 금전을 수령한 경우, 특별한 사정이 없는 한 금전의 소유권은 채권양수인이 아니라 채권양도인에게 귀속하고 채권양도인이 채권양수인을 위하여 양도 채권의 보전에 관한 사무를 처리하는 신임관계가 존재한다고 볼 수 없다. 따라서 채권양도인이 위와 같이 양도한 채권을 추심하여 수령한 금전에 관하여 채권양수인을 위해 보관하는 자의 지위에 있다고 볼 수 없으므로, 채권양도인이 위 금전을 임의로 처분하더라도 횡령죄는 성립하지 않는다(대판(전) 2022.6.23. 2017도3829).
▶ 판례가 변경되어 횡령죄가 성립하지 아니한다.

② [○] 회사에 대하여 개인적인 채권을 가지고 있는 대표이사가 회사를 위하여 보관하고 있는 회사 소유의 금전으로 자신의 채권의 변제에 충당하는 행위는 회사와 이사의 이해가 충돌하는 자기거래행위에 해당하지 않는다고 할 것이므로, 대표이사가 이사회의 승인 등의 절차 없이 그와 같이 자신의 회사에 대한 채권을 변제하였더라도 이는 대표이사의 권한 내에서 한 회사채무의 이행행위로서 유효하며, 따라서 그에게는 불법영득의 의사가 인정되지 아니하여 횡령죄의 죄책을 물을 수 없다(대판 2014.2.27. 2013도12155).

③ [○] 감정평가법인 지사에서 근무하는 감정평가사들이 접대비 명목 등에 사용할 목적으로 감정평가법인을 위하여 보관 중이던 돈의 일부를 비자금으로 조성한 경우, 위 비자금 조성행위는 업무상횡령죄에 해당한다(대판 2010.5.13. 2009도1373).

④ [○] 주상복합상가의 매수인들로부터 우수상인유치비 명목으로 금원을 납부받아 보관하던 중 그 용도와 무관하게 일반경비로 사용한 경우 횡령죄를 구성한다(대판 2002.8.23. 2002도366).

정답 없음

96 횡령죄와 관련된 다음 설명 중 가장 옳지 않은 것은? (다툼이 있으면 판례에 의함)

[20 경찰간부]

① 횡령죄에 있어서 불법영득의 의사라 함은 자기 또는 제3자의 이익을 꾀할 목적으로 보관하는 타인의 재물을 자기의 소유인 경우와 같이 처분하는 의사를 말하고 사후에 이를 반환하거나 변상·보전하는 의사가 있다 하더라도 불법영득의 의사를 인정할 수 있다.

② 채권자가 채무자로부터 채권확보를 위해 담보물을 제공받을 때 그 물건이 채무자가 보관 중인 다른 사람의 물건임을 알았다면 채권자는 채무자의 횡령행위에 공모가담한 것이라 할 수 있다.

③ 타인의 부동산을 보관 중인 자가 불법영득의사를 가지고 그 부동산에 근저당권설정등기를 경료함으로써 일단 횡령행위가 기수에 이르렀다 하더라도 이후 해당 부동산을 매각함으로써 기존의 근저당권과 관계없이 법익침해의 결과를 발생시켰다면 별도로 횡령죄를 구성한다.

④ 위탁관계에 따라 타인의 재물을 보관하는 사람이 그 재물을 영득함에 있어 기망행위를 했을지라도 사기죄는 성립하지 아니하고 횡령죄만 성립한다.

해설

① [O] 횡령죄에 있어서 불법영득의 의사라 함은 자기 또는 제3자의 이익을 꾀할 목적으로 보관하는 타인의 재물을 자기의 소유인 경우와 같이 처분하는 의사를 말하고 사후에 이를 반환하거나 변상·보전하는 의사가 있다 하더라도 불법영득의 의사를 인정할 수 있다(대판 2017.11.9. 2015도12633).

② [×] 채권자가 채무자로부터 채권확보를 위하여 담보물을 제공받을 때 그 물건이 채무자가 보관중인 타인의 물건임을 알았다고 하여도 그것만으로 채권자가 채무자의 불법영득행위인 횡령행위에 공모가담한 것으로 단정할 수 없다(대판 1992.9.8. 92도1396).

③ [O] 타인의 부동산을 보관 중인 자가 불법영득의사를 가지고 그 부동산에 근저당권설정등기를 경료함으로써 일단 횡령행위가 기수에 이르렀다 하더라도 이후 해당 부동산을 매각함으로써 기존의 근저당권과 관계없이 법익침해의 결과를 발생시켰다면 별도로 횡령죄를 구성한다(대판(전) 2013.2.21. 2010도10500).

④ [O] 자기가 점유하는 타인의 재물을 횡령하기 위하여 기망수단을 쓴 경우에는 피기망자에 의한 재산처분행위가 없으므로 일반적으로 횡령죄만 성립되고 사기죄는 성립되지 아니한다(대판 1980.12.9. 80도1177).

정답 ②

97 **횡령죄에 대한 설명으로 가장 적절하지 않은 것은? (다툼이 있으면 판례에 의함)** [20 경찰채용]

① A종친회 회장인 甲이 위조한 종친회 규약 등을 공탁관에게 제출하는 방법으로 A종친회를 피공탁자로 하여 공탁된 수용보상금을 출급받아 편취하고, 이를 종친회를 위하여 업무상 보관하던 중 반환을 거부하였다면, 甲이 공탁관을 기망하여 공탁금을 출급받음으로써 A종친회를 피해자로 한 사기죄가 성립하고, 그 후 A종친회에 대하여 공탁금 반환을 거부한 행위에 대해 별도의 횡령죄는 성립하지 않는다.

② 병원에서 의약품 선정 구매 업무를 담당하는 약국장이 병원을 대신하여 제약회사로부터 의약품 제공의 대가로 기부금 명목의 돈을 받아 보관 중 임의로 소비하였다면 이는 병원이 약국장에게 불법원인급여를 한 것에 해당하지 않아 업무상횡령죄가 성립한다.

③ 부동산에 관하여 신탁자가 수탁자와 명의신탁약정을 맺고 신탁자가 매매계약의 당사자가 되어 매도인과 매매계약을 체결하되 다만 등기를 매도인으로부터 수탁자 앞으로 직접 이전하는 방법으로 명의신탁을 한 경우, 명의수탁자가 그 부동산을 임의로 처분하고, 처분하지 않은 나머지 부동산 반환을 거부한 것은 이미 성립된 횡령죄에 대한 불가벌적 사후행위로 별도의 횡령죄를 구성하지 않는다.

④ 다른 사람의 재물을 보관하는 사람이 그 사람의 동의 없이 함부로 이를 담보로 제공하는 행위는 불법영득의 의사를 표현하는 행위로서 사법상 그 담보제공행위가 무효이거나 그 재물에 대한 소유권이 침해되는 결과가 발생하는지 여부에 관계없이 횡령죄를 구성한다.

해설

① [O] 종친회 회장인 피고인이 위조한 종친회 규약 등을 공탁관에게 제출하는 방법으로 종친회를 피공탁자로 하여 공탁된 수용보상금을 출급받아 편취한 경우 종친회를 피해자로 한 사기죄가 성립하고, 그 후 종친회에 대하여 공탁금 반환을 거부한 행위는 새로운 법익의 침해를 수반하지 않는 불가벌적 사후행위에 해당할 뿐 별도의 횡령죄가 성립하지 않는다(대판 2015.9.10. 2015도8592).

② [O] 피고인이 병원을 대신하여 제약회사들로부터 의약품을 공급받는 대가로 그 의약품 매출액에 비례하여 기부금 명목의 금원을 제공받은 다음 병원을 위하여 보관하여 왔던 것 뿐이라면, 다른 특별한 사정이 없는 한 이를 두고 선량한 풍속 기타 사회질서에 반하는 행위로서 불법원인급여에 해당한다고 보기는 어려우므로 병원이 제약회사들로부터 위와 같은 금원을 제공받아 보관하고 있던 피고인에 대해 그 반환을 구하지 못한다고 할 수 없어 피고인이 이를 병원에게 반환하지 않고 개인적인 용도로 사용하였다면 업무상 횡령죄가 성립한다(대판 2008.10.9. 2007도2511).

③ [×] 명의신탁자가 매수한 부동산에 관하여 명의수탁자와 맺은 명의신탁약정에 따라 매도인으로부터 바로 명의수탁자 명의로 소유권이전등기를 마친 이른바 중간생략등기형 명의신탁을 한 경우, 명의신탁자는 신탁부동산의 소유권을 가지지 아니하고, 명의신탁자와 명의수탁자 사이에 위탁신임관계를 인정할 수도 없어 명의수탁자가 명의신탁자의 재물을 보관하는 자라고 할 수 없으므로 명의수탁자가 신탁받은 부동산을 임의로 처분하여도 명의신탁자에 대한 관계에서 횡령죄가 성립하지 아니한다(대판(전) 2016.5.19. 2014도6992).

④ [O] 횡령죄는 다른 사람의 재물에 관한 소유권 등 본권을 그 보호법익으로 하고, 본권이 침해될 위험성이 있으면 그 침해의 결과가 발생되지 아니하더라도 성립하는 이른바 위태범이므로 다른 사람의 재물을 보관하는 사람이 그 사람의 동의 없이 함부로 이를 담보로 제공하는 행위는 불법영득의 의사를 표현하는 횡령행위로서, 사법(私法)상 그 담보제공행위가 무효이거나 그 재물에 대한 소유권이 침해되는 결과가 발생하는지 여부에 관계없이 횡령죄를 구성한다(대판 2009.2.12. 2008도10971).

정답 ③

98 **횡령죄에 대한 설명이다. 아래 ㉠부터 ㉣까지의 설명 중 적절하지 않은 것을 모두 고른 것은? (다툼이 있으면 판례에 의함)**

[21 경찰승진]

> ㉠ 사립학교의 교비회계에 속하는 수입을 적법한 교비회계의 세출에 포함되는 용도가 아닌 다른 용도에 사용하는 행위는 그 자체로써 횡령죄가 성립한다.
> ㉡ 회사에 대하여 개인적인 채권을 가지고 있는 대표이사가 회사를 위하여 보관하고 있는 회사 소유의 금전으로 이사회의 승인 등의 절차 없이 자신의 채권 변제에 충당하는 행위는 횡령죄에 해당한다.
> ㉢ 타인의 금전을 위탁받아 보관하는 자가 보관방법으로 금융기관에 자신의 명의로 예치한 후 이를 함부로 인출하여 소비하거나 위탁자에게서 반환요구를 받았음에도 영득의 의사로 반환을 거부하는 경우 횡령죄는 성립하지 않는다.
> ㉣ 피해자 甲종중으로부터 토지를 명의신탁받아 보관 중이던 피고인 乙이 개인 채무 변제에 사용할 돈을 차용하기 위해 위 토지에 근저당권을 설정하였는데, 그 후 피고인 乙이 丙과 공모하여 위 토지를 丁에게 매도한 경우 후행의 매도행위는 별도의 횡령죄를 구성한다.

① ㉠, ㉡ ② ㉠, ㉣
③ ㉡, ㉢ ④ ㉢, ㉣

해설

㉠ [O] 사립학교의 경우, 사립학교법 제29조 및 같은법 시행령에 의해 학교법인의 회계가 학교회계와 법인회계로 구분되고 학교회계 중 특히, 교비회계에 속하는 수입은 다른 회계에 전출하거나 대여할 수 없는 등 용도가 엄격히 제한되어 있기 때문에 교비회계자금을 다른 용도에 사용하였다면 그 자체로서 횡령죄가 성립한다(대판 2004.12.24. 2003도4570).

㉡ [×] 회사에 대하여 개인적인 채권을 가지고 있는 대표이사가 회사를 위하여 보관하고 있는 회사 소유의 금전으로 자신의 채권 변제에 충당하는 행위는 회사와 이사의 이해가 충돌하는 자기거래행위에 해당하지 않는 것이므로, 대표이사가 이사회의 승인 등의 절차 없이 그와 같이 자신의 회사에 대한 채권을 변제하였더라도, 이는 대표이사의 권한 내에서 한 회사 채무의 이행행위로서 유효하고 따라서 불법영득의 의사가 인정되지 아니하여 횡령죄의 죄책을 물을 수 없다(대판 2014.2.27. 2013도12155).

㉢ [×] 타인의 금전을 위탁받아 보관하는 자가 보관방법으로 금융기관에 자신의 명의로 예치한 경우, 금융실명거래 및 비밀보장에 관한 긴급재정경제명령이 시행된 이후라도 위탁자가 그 위탁한 금전의 반환을 구할 수 없는 것은 아니므로, 수탁자가 이를 함부로 인출하여 소비하거나 또는 위탁자로부터 반환요구를 받았음에도 이를 영득할 의사로 반환을 거부하는 경우에는 횡령죄가 성립한다(대판 2015.2.12. 2014도11244).

㉣ [O] 타인의 부동산을 보관 중인 자가 불법영득의사를 가지고 그 부동산에 근저당권설정등기를 경료함으로써 일단 횡령행위가 기수에 이르렀다 하더라도 그 후 같은 부동산에 별개의 근저당권을 설정하여 새로운 법익침해의 위험을 추가함으로써 법익침해의 위험을 증가시키거나 해당 부동산을 매각함으로써 기존의 근저당권과 관계없이 법익침해의 결과를 발생시켰다면 이는 당초의 근저당권 실행을 위한 임의경매에 의한 매각 등 그 근저당권으로 인해 당연히 예상될 수 있는 범위를 넘어 새로운 법익침해의 위험을 추가시키거나 법익침해의 결과를 발생시킨 것이므로 특별한 사정이 없는 한 불가벌적 사후행위로 볼 수 없고, 별도로 횡령죄를 구성한다 할 것이다(대판(전) 2013.2.21. 2010도10500).

정답 ③

99 판례에 의할 때 횡령죄가 성립하는 것은?

[12 국가9급]

① 주상복합상가의 매수인들로부터 우수상인 유치비 명목으로 금원을 납부받아 보관하던 중 그 용도와 무관하게 일반 경비로 사용한 경우

② 임야의 진정한 소유자와는 전혀 무관하게 신탁자로부터 임야 지분을 명의신탁받아 지분이전등기를 경료한 수탁자가 신탁받은 지분을 임의로 처분한 경우

③ 보험을 유치하면서 특별이익 제공과는 무관한 통상적인 실적 급여로서의 시책비를 지급받아 그중 일부를 개인적인 용도로 사용한 경우

④ 사립학교에 있어서 학교교육에 직접 필요한 시설, 설비를 위한 경비 등과 같이 원래 교비회계에 속하는 자금으로 지출할 수 있는 항목에 관한 차입금을 상환하기 위하여 교비회계자금을 지출한 경우

해설

① [성립] 용도가 엄격히 제한된 자금을 위탁받아 집행하면서 그 제한된 용도 이외의 목적으로 자금을 사용하는 것은, 그 사용이 개인적인 목적에서 비롯된 경우는 물론 결과적으로 자금을 위탁한 본인을 위하는 면이 있더라도, 그 사용행위 자체로서 불법영득의 의사를 실현한 것이 되어 횡령죄가 성립한다(대판 2002.8.23. 2002도366).

② [불성립] 소유자와 수탁자 사이에 임야 지분에 관한 위탁신임관계가 성립하였다고 할 수 없고 또한 원인무효인 소유권이전등기의 명의자에 불과하여 임야 지분을 제3자에게 유효하게 처분할 수 있는 권능을 갖지 아니한 수탁자로서는 임야 지분을 보관하는 자의 지위에 있다고도 할 수 없다(대판 2007.5.31. 2007도1082).

③ [불성립] 피고인들이 소비한 금전은 모두 통상적인 실적급여로서의 성격을 가진 시책비에 해당하여 그 목적이나 용도가 특정되어 위탁된 금전이라고 보기 어려워 횡령죄는 성립하지 않는다(대판 2006.3.9. 2003도6733).

④ [불성립] 이러한 차입금 상환행위에 관하여 교비회계 자금을 임의로 횡령하고자 하는 불법영득의 의사가 있다고 보기는 어렵다(대판 2006.4.28. 2005도4085).

정답 ①

100 다음 설명 중 옳지 않은 것의 개수는? (다툼이 있으면 판례에 의함)

[21 법원9급]

㉠ 횡령 범행으로 취득한 돈을 공범자끼리 수수한 행위가 공동정범들 사이의 범행에 의하여 취득한 돈을 공모에 따라 내부적으로 분배한 것에 지나지 않는다면 별도로 그 돈의 수수행위에 관하여 뇌물죄가 성립하는 것은 아니다.

㉡ 횡령죄는 타인의 재물에 대한 재산범죄로서 재물의 소유권 등 본권을 보호법익으로 하는 범죄이다. 따라서 횡령죄의 객체가 타인의 재물에 속하는 이상 구체적으로 누구의 소유인지는 횡령죄의 성립 여부에 영향이 없다. 주식회사는 주주와 독립된 별개의 권리주체로서 그 이해가 반드시 일치하는 것은 아니므로 주주나 대표이사 또는 그에 준하여 회사 자금의 보관이나 운용에 관한 사실상의 사무를 처리하는 자가 회사 소유의 재산을 사적인 용도로 함부로 처분하였다면 횡령죄가 성립한다.

㉢ 동업자 사이에 손익분배의 정산이 되지 아니하였다면 동업자의 한 사람이 임의로 동업자들의 합유에 속하는 동업재산을 처분할 권한이 없는 것이므로 동업자의 한 사람이 동업재산을 보관 중 임의로 횡령하였다면 지분비율에 관계없이 임의로 횡령한 금액 전부에 대하여 횡령죄의 죄책을 부담한다.

㉣ 횡령죄의 주체는 타인의 재물을 보관하는 자이어야 하고, 여기서 보관이라 함은 위탁관계에 의하여 재물을 점유하는 것을 의미하므로, 결국 횡령죄가 성립하기 위하여는 그 재물의 보관자가 재물의 소유자(또는 기타의 본권자)와 사이에 법률상 또는 사실상의 위탁신임관계가 존재하여야 하고, 또한 부동산의 경우 보관자의 지위는 점유를 기준으로 할 것이 아니라 그 부동산을 제3자에게 유효하게 처분할 수 있는 권능의 유무를 기준으로 결정하여야 하므로, 원인무효인 소유권이전등기의 명의자는 횡령죄의 주체인 타인의 재물을 보관하는 자에 해당한다고 할 수 없다.

① 없음
② 1개
③ 2개
④ 3개

해설

㉠ [○] 횡령 범행으로 취득한 돈을 공범자끼리 수수한 행위가 공동정범들 사이의 범행에 의하여 취득한 돈을 공모에 따라 내부적으로 분배한 것에 지나지 않는다면 별도로 그 돈의 수수행위에 관하여 뇌물죄가 성립하는 것은 아니다(대판 2020.10.29. 2020도3972).

㉡ [○] 횡령죄는 타인의 재물에 대한 재산범죄로서 재물의 소유권 등 본권을 보호법익으로 하는 범죄이다. 따라서 횡령죄의 객체가 타인의 재물에 속하는 이상 구체적으로 누구의 소유인지는 횡령죄의 성립 여부에 영향이 없다. 주식회사는 주주와 독립된 별개의 권리주체로서 그 이해가 반드시 일치하는 것은 아니므로 주주나 대표이사 또는 그에 준하여 회사 자금의 보관이나 운용에 관한 사실상의 사무를 처리하는 자가 회사 소유의 재산을 사적인 용도로 함부로 처분하였다면 횡령죄가 성립한다(대판 2019.12.24. 2019도9773).

㉢ [○] 동업자 사이에 손익분배의 정산이 되지 아니하였다면 동업자의 한 사람이 임의로 동업자들의 합유에 속하는 동업재산을 처분할 권한이 없는 것이므로 동업자의 한 사람이 동업재산을 보관 중 임의로 횡령하였다면 지분비율에 관계없이 임의로 횡령한 금액 전부에 대하여 횡령죄의 죄책을 부담한다(대판 2011.6.10. 2010도17684).

㉣ [○] 횡령죄의 주체는 타인의 재물을 보관하는 자이어야 하고, 여기서 보관이라 함은 위탁관계에 의하여 재물을 점유하는 것을 의미하므로, 결국 횡령죄가 성립하기 위하여는 그 재물의 보관자가 재물의 소유자(또는 기타의 본권자)와 사이에 법률상 또는 사실상의 위탁신임관계가 존재하여야 하고, 또한 부동산의 경우 보관자의 지위는 점유를 기준으로 할 것이 아니라 그 부동산을 제3자에게 유효하게 처분할 수 있는 권능의 유무를 기준으로 결정하여야 하므로, 원인무효인 소유권이전등기의 명의자는 횡령죄의 주체인 타인의 재물을 보관하는 자에 해당한다고 할 수 없다(대판 2010.6.24. 2009도9242).

정답 ①

101 **횡령죄에 관한 설명 중 틀린 것은? (다툼이 있으면 판례에 의함)** [02 사시]

① 송금절차의 착오로 인하여 자신의 은행계좌에 잘못 입금된 돈을 인출하여 소비한 경우 횡령죄가 성립한다.

② 익명조합원이 영업을 위하여 출자한 금전을 상대방인 영업자가 개인 용도에 소비하더라도 횡령죄가 성립하지 않는다.

③ 출자지분이 2인에게 귀속되어 있는 유한회사의 대표사원이 자신이 업무상 보관중이던 회사 재산을 다른 사원의 승낙을 얻어 개인 용도로 소비한 경우 업무상횡령죄가 성립하지 않는다.

④ 공사감독자가 도급인인 교회로부터 레미콘 대금으로 지급하라는 명목으로 돈을 지급받고서 교회에 대한 자신의 채권과 상계처리한 경우 횡령죄가 성립한다.

⑤ 프랜차이즈 계약을 맺은 가맹점주가 물품판매대금의 일부를 본사로 송금하지 않고 임의로 소비한 경우 횡령죄가 성립하지 않는다.

해설

① [○] 횡령죄에 있어서 재물을 보관하게 된 원인은 반드시 당사자의 위탁행위에 기인한 것임을 필요로 하지 않는 것이므로, 피고인에게는 횡령죄가 성립한다(대판 1968.7.24. 66도1705).

② [○] 익명조합관계에 있는 영업에 대한 익명조합원이 상대방의 영업을 위하여 출자한 금전 기타의 재산은 상대방인 영업자의 재산으로 되는 것이므로 영업자가 그 영업의 이익금을 함부로 자기 용도에 소비하였다 하여도 횡령죄가 될 수 없다(대판 1971.12.28. 71도2032).

③ [×] 행위의 주체인 대표사원과 그 본인인 유한회사는 별개의 인격체이어서 비록 유한회사의 손해가 궁극적으로는 위 사원들의 손해에 귀착된다고 하더라도 회사의 재산을 사원의 개인용도에 소비하는 행위는 본인의 위탁의 취지에 반함이 명백하여 횡령죄를 구성한다(대판 1986.9.9. 86도280).

④ [○] 상계 정산하기로 하였다는 특별한 약정이 없는 한 이는 금원을 위탁한 취지에 반하는 것이어서 횡령죄를 구성한다(대판 1989.1.31. 88도1992).

⑤ [○] 가맹점주인 피고인이 판매하여 보관 중인 물품판매 대금은 피고인의 소유라 할 것이어서 피고인이 이를 임의 소비한 행위는 프랜차이즈 계약상의 채무불이행에 지나지 아니하므로, 결국 횡령죄는 성립하지 아니한다(대판 1998.4.14. 98도292).

정답 ③

102 횡령죄에 관한 다음 설명 중 가장 옳지 않은 것은? (다툼이 있는 경우 판례에 의함)

[18 법원9급]

① 공무원에게 뇌물로 전달하여 달라는 부탁을 받았음에도 뇌물로 전달하지 않고 소비한 경우 횡령죄가 성립하지 않는다.

② 소유권의 취득에 등록이 필요한 차량에 대한 횡령죄에서 타인의 재물을 보관하는 사람의 지위는 차량에 대한 점유 여부가 아니라 등록에 의하여 차량을 제3자에게 법률상 유효하게 처분할 수 있는 권한 유무에 따라 결정되어야 하므로 차량의 등록명의자가 아닌 사람은 타인의 재물을 보관하는 자에 해당하지 않는다.

③ 발행인으로부터 일정한 금액의 범위 내에서 액면을 보충·할인하여 달라는 의뢰를 받고 액면이 백지인 약속어음을 교부받아 보관 중이던 자가 보충권의 한도를 넘어 보충을 한 약속어음을 자신의 채무변제조로 제3자에게 교부하여 임의로 사용하였다고 하더라도 횡령죄가 성립될 수는 없다.

④ 위탁판매인과 위탁자간에 판매대금에서 각종 비용이나 수수료 등을 공제한 이익을 분배하기로 하는 등 그 대금처분에 관하여 특별한 약정이 있는 경우에는 위탁물을 판매하여 이를 소비하거나 인도를 거부하였다 하여 곧바로 횡령죄가 성립한다고는 할 수 없다.

해설

① [○] 조합장이 조합으로부터 공무원에게 뇌물로 전달하여 달라고 금원을 교부받은 것은 불법원인으로 인하여 지급받은 것으로서 이를 뇌물로 전달하지 않고 타에 소비하였다고 해서 타인의 물건을 보관 중 횡령하였다고 볼 수는 없다(대판 1988.9.20. 86도628).

② [×] [1] 소유권의 취득에 등록이 필요한 타인 소유의 차량을 인도 받아 보관하고 있는 사람이 이를 사실상 처분하면 횡령죄가 성립하며, 그 보관 위임자나 보관자가 차량의 등록명의자일 필요는 없다.

[2] 지입회사에 소유권이 있는 차량에 대하여 지입회사로부터 운행관리권을 위임받은 지입차주가 지입회사의 승낙 없이 그 보관 중인 차량을 사실상 처분하거나 지입차주로부터 차량 보관을 위임받은 사람이 지입차주의 승낙 없이 보관 중인 차량을 사실상 처분한 경우 횡령죄가 성립한다(대판(전) 2015.6.25. 2015도1944).

③ [○] 발행인으로부터 일정한 금액의 범위 내에서 액면을 보충·할인하여 달라는 의뢰를 받고 액면 백지인 약속어음을 교부받아 보관중이던 자가 발행인과의 합의에 의하여 정해진 보충권의 한도를 넘어 보충을 한 경우에는 발행인의 서명날인 있는 기존의 약속어음 용지를 이용하여 새로운 별개의 약속어음을 발행한 것에 해당하여 이러한 보충권의 남용행위로 인하여 생겨난 새로운 약속어음에 대하여는 발행인과의 관계에서 보관자의 지위에 있다 할 수 없으므로, 설사 그 약속어음을 자신의 채무변제조로 제3자에게 교부하여 임의로 사용하였다고 하더라도, 발행인으로 하여금 제3자에 대하여 어음상의 채무를 부담하는 손해를 입게 한 데에 대한 배임죄가 성립될 수 있음은 별론으로 하고, 보관자의 지위에 있음을 전제로 횡령죄가 성립될 수는 없다(대판 1995.1.20. 94도2760).

④ [○] 위탁판매의 경우에 위탁판매인이 위탁물을 매매하고 수령한 금원은 위탁자의 소유에 속하여 위탁판매인이 함부로 이를 소비하거나 인도를 거부하는 때에는 횡령죄가 성립한다고 할 것이나, 위탁판매인과 위탁자간에 판매대금에서 각종 비용이나 수수료 등을 공제한 이익을 분배하기로 하는 등 그 대금처분에 관하여 특별한 약정이 있는 경우에는 이에 관한 정산관계가 밝혀지지 않는 한 위탁물을 판매하여 이를 소비하거나 인도를 거부하였다 하여 곧바로 횡령죄가 성립한다고는 할 수 없다(대판 1990.3.27. 89도813).

정답 ②

103 횡령죄에 관한 설명 중 가장 적절하지 않은 것은? (다툼이 있으면 판례에 의함) [15 경찰승진]

① 포주가 윤락녀와 사이에 윤락녀가 받은 화대를 포주가 보관하였다가 분배하기로 약정하고도 보관 중인 화대를 임의로 소비한 경우 불법원인급여이므로 횡령죄가 성립하지 않는다.

② 주상복합상가의 매수인들로부터 우수상인 유치비 명목으로 금원을 납부받아 보관하던 중 그 용도와 무관하게 일반경비로 사용한 경우 횡령죄가 성립한다.

③ 보험을 유치하면서 특별이익 제공과는 무관한 통상적인 실적급여로서의 시책비를 지급받아 그중 일부를 개인적인 용도로 사용한 경우 횡령죄가 성립하지 않는다.

④ 사립학교에 있어서 학교교육에 직접 필요한 시설, 설비를 위한 경비 등과 같이 원래 교비회계에 속하는 자금으로 지출할 수 있는 항목에 관한 차입금을 상환하기 위하여 교비회계자금을 지출한 경우 횡령죄가 성립하지 않는다.

해설

① [×] 포주가 윤락녀와 사이에 윤락녀가 받은 화대를 포주가 보관하였다가 절반씩 분배하기로 약정하고도 보관중인 화대를 임의로 소비한 경우, 포주의 불법성이 윤락녀의 불법성보다 현저히 크므로 화대의 소유권이 여전히 윤락녀에게 속하므로 횡령죄가 성립한다(대판 1999.9.17. 98도2036).

② [○] 주상복합상가의 매수인들로부터 우수상인유치비 명목으로 금원을 납부받아 보관하던 중 그 용도와 무관하게 일반경비로 사용한 경우 횡령죄를 구성한다(대판 2002.8.23. 2002도366).

③ [○] 피고인들이 보험을 유치하면서 보험회사로부터 지급받은 시책비 중 일부를 개인적인 용도로 사용한 경우, 피고인들이 소비한 금전은 모두 통상적인 실적급여로서의 성질을 가진 시책비에 해당하여 그 목적이나 용도가 특정되어 위탁된 금전이라고 보기 어려우므로 횡령죄를 구성하지 않는다(대판 2006.3.9. 2003도6733).

④ [○] 사립학교에 있어서 학교교육에 직접 필요한 시설, 설비를 위한 경비 등과 같이 원래 교비회계에 속하는 자금으로 지출할 수 있는 항목에 관한 차입금을 상환하기 위하여 교비회계 자금을 지출한 경우, 이러한 차입금 상환행위에 관하여 교비회계 자금을 임의로 횡령하고자 하는 불법영득의 의사가 있다고 보기는 어렵고, 만일 그 행위자가 이러한 차입을 하거나 지출을 하는 과정에서 사립학교법의 관련 규정을 제대로 준수하지 아니하였다면 이에 대하여 사립학교법에 따른 형사적 제재 등이 부과될 수 있을 뿐이다(대판 2006.4.28. 2005도4085).

▶ 사립학교 교비회계와 관련되지만 횡령죄가 성립하지 않으므로 주의해야 할 판례이다.

정답 ①

104 횡령의 죄에 대한 설명 중 가장 적절하지 않은 것은? (다툼이 있으면 판례에 의함) [18 경찰채용]

① 부동산을 공동으로 상속한 자들 중 1인이 상속 부동산을 혼자 점유하던 중 다른 공동상속인의 상속지분을 임의로 처분하여도 횡령죄가 성립하지 아니한다.

② 주상복합상가의 매수인들로부터 우수상인 유치비 명목으로 금원을 납부받아 보관하던 중 그 용도와 무관하게 일반경비로 사용한 경우 횡령죄가 성립한다.

③ 甲 주식회사 대표이사인 피고인이 자신의 채권자 乙에게 차용금에 대한 담보로 甲 회사 명의 정기예금에 질권을 설정하여 주었는데, 그 후 乙이 차용금과 정기예금의 변제기가 모두 도래한 이후 피고인의 동의하에 정기예금 계좌에 입금되어 있던 甲 회사 자금을 전액 인출하였다면 피고인의 행위는 배임죄와 별도로 횡령죄까지 성립한다.

④ 명의신탁자가 매수한 부동산에 관하여 「부동산 실권리자명의 등기에 관한 법률」을 위반하여 명의수탁자와 맺은 명의신탁약정에 따라 매도인에게서 바로 명의수탁자 명의로 소유권이전등기를 마친 이른바 중간생략등기형 명의신탁을 한 경우, 명의수탁자가 신탁받은 부동산을 임의로 처분하여도 명의신탁자에 대한 관계에서 횡령죄가 성립하지 아니한다.

해설

① [○] 부동산에 관한 횡령죄에 있어서 타인의 재물을 보관하는 자의 지위는 동산의 경우와는 달리 부동산에 대한 점유의 여부가 아니라 부동산을 제3자에게 유효하게 처분할 수 있는 권능의 유무에 따라 결정하여야 하므로, 부동산을 공동으로 상속한 자들 중 1인이 부동산을 혼자 점유하던 중 다른 공동상속인의 상속지분을 임의로 처분하여도 그에게는 그 처분권능이 없어 횡령죄가 성립하지 아니한다(대판 2000.4.11. 2000도565).

② [○] 주상복합상가의 매수인들로부터 우수상인유치비 명목으로 금원을 납부받아 보관하던 중 그 용도와 무관하게 일반경비로 사용한 경우 횡령죄를 구성한다(대판 2002.8.23. 2002도366).

③ [×] 甲주식회사 대표이사인 피고인이 자신의 채권자 乙에게 차용금에 대한 담보로 회사 명의 정기예금에 질권을 설정하여 주었는데, 그 후 乙이 피고인의 동의하에 정기예금 계좌에 입금되어 있던 회사 자금을 전액 인출하였다고 하여도, 위와 같은 예금인출 동의행위는 이미 배임행위로써 이루어진 질권설정 행위의 사후조치에 불과하여 불가벌적 사후행위에 해당하고 따라서 별도의 횡령죄를 구성하지 않는다(대판 2012.11.29. 2012도10980).

④ [○] 명의신탁자가 매수한 부동산에 관하여 부동산실명법을 위반하여 명의수탁자와 맺은 명의신탁약정에 따라 매도인으로부터 바로 명의수탁자 명의로 소유권이전등기를 마친 이른바 중간생략등기형 명의신탁을 한 경우, 명의신탁자는 신탁부동산의 소유권을 가지지 아니하고, 명의신탁자와 명의수탁자 사이에 위탁신임관계를 인정할 수도 없다. 따라서 명의수탁자가 명의신탁자의 재물을 보관하는 자라고 할 수 없으므로, 명의수탁자가 신탁받은 부동산을 임의로 처분하여도 명의신탁자에 대한 관계에서 횡령죄가 성립하지 아니한다(대판(전) 2016.5.19. 2014도6992).

정답 ③

105 횡령죄에 대한 다음 설명 중 가장 적절하지 않은 것은? (다툼이 있으면 판례에 의함) [16 경찰채용]

① 광업권은 재물인 광물을 취득할 수 있는 권리에 불과하지, 재물 그 자체는 아니므로 횡령죄의 객체가 된다고 할 수 없다.

② 동업자 사이에 손익분배의 정산이 되지 아니하였다면 동업자의 한 사람이 임의로 동업자들의 합유에 속하는 동업재산을 처분할 권한이 없는 것이므로, 동업자의 한 사람이 동업재산을 보관 중 임의로 횡령하였다면 지분비율에 따라 횡령한 금액에 대하여 횡령죄의 죄책을 부담한다.

③ 명의신탁자가 매수한 부동산에 관하여 「부동산 실권리자명의 등기에 관한 법률」을 위반하여 명의수탁자와 맺은 명의신탁약정에 따라 매도인에게서 바로 명의수탁자 명의로 소유권이전등기를 마친 이른바 중간생략등기형 명의신탁을 한 경우, 명의수탁자가 신탁받은 부동산을 임의로 처분하여도 명의신탁자에 대한 관계에서 횡령죄가 성립하지 아니한다.

④ 양식어업면허권자가 그 어업면허권을 양도한 후 아직도 어업면허권이 자기 앞으로 되어 있음을 틈타서 어업권손실보상금을 수령하여 일부는 자기 이름으로 예금하고 일부는 생활비 등에 소비하였다면 이는 횡령죄가 성립한다.

해설

① [○] 광업권은 재물인 광물을 취득할 수 있는 권리에 불과하지, 재물 그 자체는 아니므로 횡령죄의 객체가 된다고 할 수 없다(대판 1994.3.8. 93도2272).

② [×] 동업자 사이에 손익분배의 정산이 되지 아니하였다면 동업자의 한 사람이 임의로 동업자들의 합유에 속하는 동업재산을 처분할 권한이 없는 것이므로, 동업자의 한 사람이 동업재산을 보관 중 임의로 횡령하였다면 지분비율에 관계없이 임의로 횡령한 금액 전부에 대하여 횡령죄의 죄책을 부담한다(대판 2011.6.10. 2010도17684).

③ [○] 명의신탁자가 매수한 부동산에 관하여 부동산실명법을 위반하여 명의수탁자와 맺은 명의신탁약정에 따라 매도인으로부터 바로 명의수탁자 명의로 소유권이전등기를 마친 이른바 중간생략등기형 명의신탁을 한 경우, 명의신탁자는 신탁부동산의 소유권을 가지지 아니하고, 명의신탁자와 명의수탁자 사이에 위탁신임관계를 인정할 수도 없다. 따라서 명의수탁자가 명의신탁자의 재물을 보관하는 자라고 할 수 없으므로, 명의수탁자가 신탁받은 부동산을 임의로 처분하여도 명의신탁자에 대한 관계에서 횡령죄가 성립하지 아니한다(대판(전) 2016.5.19. 2014도6992).

④ [○] 양식어업면허권자가 그 어업면허권을 양도한 후 아직도 어업면허권이 자기 앞으로 되어 있음을 틈타서 어업권손실보상금을 수령하여 일부는 자기 이름으로 예금하고 일부는 생활비 등에 소비하였다면 이는 횡령죄가 성립한다(대판 1993.8.24. 93도1578).

정답 ②

106 다음은 횡령죄에 관한 설명이다. 옳지 않은 것은? (다툼이 있으면 판례에 의함)

[15 경찰간부]

① 계약명의신탁에 있어서 명의수탁자가 부동산을 담보로 잡히거나 임의로 처분하는 행위는 부동산 매도인이 명의신탁사실을 알았는지 여부와 상관없이 횡령죄로 처벌할 수 없다.

② 판공비에 대해 피고인이 그 행방이나 구체적인 사용처를 제대로 설명하지 못한다거나 사후적으로 그 사용에 관한 증빙자료를 제출하지 못하고 있는 경우 불법영득의 의사로 이를 횡령하였다고 추단하여서는 안 된다.

③ 근로자가 운송회사로부터 일정액의 급여를 받으면서 당일 운송수입금을 전부 운송회사에 납입하되 운송회사는 근로자가 납입한 운송수입금을 월 단위로 정산하기로 하는 약정이 체결되었는데 근로자가 운송수입금을 임의로 소비한 경우 횡령죄로 처벌할 수 없다.

④ 금은방을 운영하는 피고인은 甲이 맡긴 금을 시세에 따라 사고파는 방법으로 운영하여 매달 일정한 이익금을 지급하는 한편, 甲의 요청이 있으면 언제든지 보관 중인 금과 현금을 반환하기로 甲과 약정하였는데 그 후 경제사정이 악화되자 이를 자신의 개인채무 변제 등에 사용한 경우 횡령죄가 인정된다.

해설

① [○] 계약명의신탁에 있어서 명의수탁자가 부동산을 담보로 잡히거나 임의로 처분하는 행위는 부동산 매도인이 명의신탁사실을 알았는지 여부와 상관없이 횡령죄로 처벌할 수 없다(대판 2012.11.29. 2011도7361).

② [○] 불법영득의 의사에 관한 입증책임은 어디까지나 검사에게 있는 것이므로, 임직원이 판공비 등을 불법영득의 의사로 횡령한 것으로 인정하려면 판공비 등이 업무와 관련 없이 개인적인 이익을 위하여 지출되었다거나 또는 업무와 관련되더라도 합리적인 범위를 넘어 지나치게 과다하게 지출되었다는 점이 증명되어야 할 것이고, 단지 판공비 등을 사용한 임직원이 그 행방이나 사용처를 제대로 설명하지 못하거나 사후적으로 그 사용에 관한 증빙자료를 제출하지 못하고 있다고 하여 함부로 불법영득의 의사로 이를 횡령하였다고 추단하여서는 아니된다(대판 2010.6.24. 2007도5899).

③ [×] 근로자는 운송회사로부터 일정액의 급여를 받으면서 당일 운송수입금을 전부 운송회사에 납입하고, 운송회사는 이를 월 단위로 정산하기로 하는 약정이 체결된 경우, 근로자가 애초 거둔 운송수입금 전액은 운송회사의 관리와 지배 아래 있다고 봄이 상당하므로 근로자가 운송수입금을 임의로 소비하였다면 횡령죄를 구성한다. 이는 근로자가 운송회사에 대하여 사납금을 초과하는 운송수입금의 일부를 배분받을 권리를 가지고 있다고 하더라도 다른 특별한 사정이 없는 한 다를 바 없다(대판 2014.4.30. 2013도8799).

④ [○] 금은방을 운영하는 피고인이, 甲이 맡긴 금을 시세에 따라 사고파는 방법으로 운용하여 매달 일정한 이익금을 지급하는 한편 甲의 요청이 있으면 언제든지 보관 중인 금과 현금을 반환하기로 甲과 약정하였는데, 그 후 경제사정이 악화되자 이를 자신의 개인채무 변제 등에 사용한 사안에서, 甲이 매매를 위탁하거나 피고인이 그 결과로 취득한 금이나 현금은 모두 甲의 소유라는 이유로 횡령죄를 인정한 사례(대판 2013.3.28. 2012도16191).

정답 ③

107 횡령죄에 관한 설명 중 가장 옳지 않은 것은? (판례에 의함)

[11 경찰승진]

① 액면을 보충, 할인하여 달라는 의뢰를 받고 액면 백지인 약속어음을 교부받은 자가 보충권의 한도를 넘어 보충하여 임의로 사용한 경우 횡령죄가 성립한다.

② 송금절차의 착오로 인하여 자신의 은행계좌에 잘못 입금된 돈을 자신의 다른 계좌로 이체하는 등 임의로 사용한 경우 횡령죄가 성립한다.

③ 일방이 타방의 상호, 상표 등의 영업표지를 이용하고 그 영업에 관하여 일체의 통제를 받으며 이에 대한 대가를 타방에 지급하기로 하는 계약 형태인 일명 '프랜차이즈 계약(가맹점계약)'에 있어서 그 가맹점주가 보관중인 물품판매대금을 본사의 승인없이 임의로 소비한 경우 횡령죄가 성립하지 않는다.

④ 자기가 점유하는 타인의 재물에 대하여는 이것을 영득함에 기망행위를 한다 하여도 사기죄는 성립하지 아니하고 횡령죄만을 구성한다 할 것이다.

해설

① [×] 보충권의 남용행위로 인하여 생겨난 새로운 약속어음에 대하여는 발행인과의 관계에서 보관자의 지위에 있다 할 수 없으므로, 설사 그 약속어음을 자신의 채무변제조로 제3자에게 교부하여 임의로 사용하였다고 하더라도 배임죄가 성립될 수 있음은 별론으로 하고, 보관자의 지위에 있음을 전제로 횡령죄가 성립될 수는 없다(대판 1995.1.20. 94도2760).
② [○] 피고인이 자신 명의의 계좌에 착오로 송금된 돈을 다른 계좌로 이체하는 등 임의로 사용한 경우 횡령죄가 성립한다(대판 2005.10.28. 2005도5975).
③ [○] 가맹점주인 피고인이 판매하여 보관 중인 물품판매 대금은 피고인의 소유라 할 것이어서 피고인이 이를 임의 소비한 행위는 프랜차이즈 계약상의 채무불이행에 지나지 아니하므로, 결국 횡령죄는 성립하지 아니한다(대판 1998.4.14. 98도292).
④ [○] 자기가 점유하는 타인의 재물에 대하여는 이것을 영득함에 기망행위를 한다 하여도 사기죄는 성립하지 아니하고 횡령죄만을 구성한다 할 것이다(대판 1987.12.22. 87도2168).

정답 ①

108 횡령죄에 관한 설명 중 옳지 않은 것은? (다툼이 있으면 판례에 의함)

[16 경찰간부]

① 소유권 취득에 등록이 필요한 다른 사람 소유 차량을 인도받아 보관받고 있는 사람이 이를 사실상 처분한 경우 보관위임자나 보관자가 차량의 등록명의자가 아니라면 횡령죄가 성립하지 않는다.
② 근로자는 운송회사로부터 일정액의 급여를 받으면서 당일 운송수입금을 전부 운송회사에 납입하고, 운송회사는 이를 월 단위로 정산하기로 한 약정이 체결된 경우, 근로자가 운송수입금을 임의로 소비하였다면 이는 횡령죄를 구성하며 근로자가 사납금을 초과하는 수입금 일부를 배분받을 권리가 있더라도 마찬가지이다.
③ 횡령죄의 객체는 자기가 보관하는 '타인의 재물'이므로 재물이 아닌 재산상의 이익은 횡령죄의 객체가 될 수 없고, 사무적으로 관리가 가능한 채권이나 그 밖의 권리 등은 재물에 포함된다고 해석할 수 없다.
④ 주식회사의 설립업무 또는 증자업무를 담당한 자와 주식인수인이 사전에 공모하여 제3자로부터 차용한 돈으로 주금을 납입하고 설립등기 또는 증자등기 후 바로 인출하여 차용금 변제에 사용하는 경우에는 업무상횡령죄가 성립하지 않는다.

해설

① [×] [1] 소유권의 취득에 등록이 필요한 타인 소유의 차량을 인도 받아 보관하고 있는 사람이 이를 사실상 처분하면 횡령죄가 성립하며, 그 보관 위임자나 보관자가 차량의 등록명의자일 필요는 없다.
[2] 지입회사에 소유권이 있는 차량에 대하여 지입회사로부터 운행관리권을 위임받은 지입차주가 지입회사의 승낙 없이 그 보관 중인 차량을 사실상 처분하거나 지입차주로부터 차량 보관을 위임받은 사람이 지입차주의 승낙 없이 보관 중인 차량을 사실상 처분한 경우 횡령죄가 성립한다(대판(전) 2015.6.25. 2015도1944).
② [○] 근로자는 운송회사로부터 일정액의 급여를 받으면서 당일 운송수입금을 전부 운송회사에 납입하고, 운송회사는 이를 월 단위로 정산하기로 한 약정이 체결된 경우, 근로자가 운송수입금을 임의로 소비하였다면 이는 횡령죄를 구성하며 근로자가 사납금을 초과하는 수입금 일부를 배분받을 권리가 있더라도 마찬가지이다(대판 2014.4.30. 2013도8799).
③ [○] 횡령죄의 객체는 자기가 보관하는 '타인의 재물'이므로 재물이 아닌 재산상의 이익은 횡령죄의 객체가 될 수 없고, 사무적으로 관리가 가능한 채권이나 그 밖의 권리 등은 재물에 포함된다고 해석할 수 없다(대판 2014.2.27. 2011도832).
④ [○] 주식회사의 설립업무 또는 증자업무를 담당한 자와 주식인수인이 사전에 공모하여 제3자로부터 차용한 돈으로 주금을 납입하고 설립등기 또는 증자등기 후 바로 인출하여 차용금 변제에 사용하는 경우에는 업무상횡령죄가 성립하지 않는다(대판 2013.4.11. 2012도15585). ▶ 가장납입금의 인출은 업무상횡령죄가 성립하지 않는다.

정답 ①

109 다음 기술 중 횡령죄(업무상횡령죄 포함)가 성립하는 것을 모두 고른 것은? (판례에 의함) [11 경찰승진]

> ㉠ 회사에 대하여 개인적인 채권을 가지고 있는 대표이사가 회사를 위하여 보관하고 있는 회사 소유의 금전으로 이사회의 승인 등의 절차 없이 자신의 채권 변제에 충당한 경우
> ㉡ 물건 납품의 선매대금을 매수인으로부터 받은 매도인이 물건 납품 전에 선매대금을 임의로 소비한 경우
> ㉢ 액면을 보충, 할인하여 달라는 의뢰를 받고 액면백지인 약속어음을 교부받은 자가 보충권의 한도를 넘어 보충하여 임의로 사용한 경우
> ㉣ (판례변경으로 삭제함)

① ㉠, ㉣ ② ㉡, ㉣
③ ㉠, ㉢ ④ 없음

해설

㉠ [불성립] 대표이사가 이사회의 승인 등의 절차 없이 그와 같이 자신의 회사에 대한 채권을 변제하였더라도 이는 대표이사의 권한 내에서 한 회사채무의 이행행위로서 유효하며, 따라서 그에게는 불법영득의 의사가 인정되지 아니하여 횡령죄의 죄책을 물을 수 없다(대판 1999.2.23. 98도2296).
㉡ [불성립] 물건납품을 위한 선매대금은 매수인으로부터 매도인에게 교부되면 그 소유권이 매도인에게 이전되는 것이고 따라서 매수인을 위하여 그 대금을 보관하는 지위에 있지 아니하므로 매도인이 그 대금으로 교부받은 돈을 임의로 소비하였다 하더라도 이는 횡령죄를 구성하지 아니한다(대판 1986.6.24. 86도631).
㉢ [불성립] 보충권의 남용행위로 인하여 생겨난 새로운 약속어음에 대하여는 발행인과의 관계에서 보관자의 지위에 있다 할 수 없으므로, 설사 그 약속어음을 자신의 채무변제조로 제3자에게 교부하여 임의로 사용하였다고 하더라도 배임죄가 성립될 수 있음은 별론으로 하고, 보관자의 지위에 있음을 전제로 횡령죄가 성립될 수는 없다(대판 1995.1.20. 94도2760).
㉣ (판례변경으로 삭제함)

정답 ④

110 횡령죄에 관한 설명 중 옳은 것은? (다툼이 있는 경우에는 판례에 의함) [14 변호사]

① 조합장이 조합으로부터 공무원에게 뇌물로 전달하여 달라고 금원을 교부받고도, 이를 뇌물로 전달하지 않고 개인적으로 소비한 경우에 횡령죄가 성립한다.
② 타인이 착오로 피고인 명의의 홍콩H은행 계좌로 잘못 송금한 300만 홍콩달러를 피고인이 임의로 인출하여 사용하였더라도 피고인과 송금인 사이에 별다른 거래관계가 없는 경우에는 횡령죄가 성립하지 않는다.
③ 지명채권의 양도인이 채무자에 대한 양도의 통지 전에 채무자로부터 채권을 추심하여 금전을 수령한 경우 그 금전은 양도인의 소유에 속하므로 이를 양도인이 임의로 소비하더라도 횡령죄가 성립하지 않는다.
④ 임차토지에 동업계약에 기해 식재되어 있는 수목을 관리 · 보관하던 동업자 일방이 다른 동업자의 허락을 받지 않고 함부로 제3자에게 수목을 매도하기로 계약을 체결한 후 계약금을 수령 · 소비하였으나, 다른 동업자의 저지로 계약의 추가적인 이행이 진행되지 아니한 경우 횡령죄 미수가 성립한다.
⑤ 주주나 대표이사 또는 그에 준하여 회사 자금의 보관이나 운용에 관한 사실상의 사무를 처리하는 자가 회사 소유의 재산을 제3자의 자금 조달을 위하여 담보로 제공하는 등 사적인 용도로 임의 처분하였더라도, 그 처분에 관하여 주주총회나 이사회의 결의가 있었던 경우에는 횡령죄가 성립하지 않는다.

해설

① [×] 조합장이 조합으로부터 공무원에게 뇌물로 전달하여 달라고 금원을 교부받은 것은 불법원인으로 인하여 지급받은 것으로서 이를 뇌물로 전달하지 않고 타에 소비하였다고 해서 타인의 재물을 보관중 횡령하였다고 볼 수는 없다(대판 1988.9.20. 86도628).

② [×] 어떤 예금계좌에 돈이 착오로 잘못 송금되어 입금된 경우에는 그 예금주와 송금인 사이에 신의칙상 보관관계가 성립한다고 할 것이므로, 피고인이 송금 절차의 착오로 인하여 피고인 명의의 은행 계좌에 입금된 돈을 임의로 인출하여 소비한 행위는 횡령죄에 해당하고, 이는 송금인과 피고인 사이에 별다른 거래관계가 없다고 하더라도 마찬가지이다(대판 2010.12.9. 2010도891).

③ [○] 채권양도인이 채무자에게 채권양도 통지를 하는 등으로 채권양도의 대항요건을 갖추어 주지 않은 채 채무자로부터 채권을 추심하여 금전을 수령한 경우, 특별한 사정이 없는 한 금전의 소유권은 채권양수인이 아니라 채권양도인에게 귀속하고 채권양도인이 채권양수인을 위하여 양도 채권의 보전에 관한 사무를 처리하는 신임관계가 존재한다고 볼 수 없다. 따라서 채권양도인이 위와 같이 양도한 채권을 추심하여 수령한 금전에 관하여 채권양수인을 위해 보관하는 자의 지위에 있다고 볼 수 없으므로, 채권양도인이 위 금전을 임의로 처분하더라도 횡령죄는 성립하지 않는다(대판(전) 2022.6.23. 2017도3829).
▶ 판례가 변경되어 횡령죄가 성립하지 아니한다.

④ [○] 동업체에 속하는 재산을 다른 동업자들의 동의 없이 임의로 처분하거나 반출하는 행위는 이를 다른 동업자들에게 통지하였다 하더라도 횡령죄를 구성한다(대판 1993.2.23. 92도387).

⑤ [×] 주식회사는 주주와 독립된 별개의 권리주체로서 그 이해가 반드시 일치하는 것은 아니므로, 회사 소유 재산을 주주나 대표이사가 제3자의 자금 조달을 위하여 담보로 제공하는 등 사적인 용도로 임의 처분하였다면 그 처분에 관하여 주주총회나 이사회의 결의가 있었는지 여부와는 관계없이 횡령죄의 죄책을 면할 수는 없는 것이다(대판 2005.8.19. 2005도3045).

정답 ③, ④

111 횡령죄에 관한 판례의 태도이다. 옳지 않은 것은 모두 몇 개인가? [11 경찰승진]

> ㉠ 부동산입찰절차에서 수인이 대금을 분담하되 그중 1인 명의로 낙찰받기로 약정하여 그에 따라 낙찰이 이루어진 후 그 명의인이 임의로 그 부동산을 처분한 경우 횡령죄가 성립하지 아니한다.
> ㉡ 부동산을 공동으로 상속한 자들 중 1인이 부동산을 혼자 점유하던 중 다른 공동상속인의 상속지분을 임의로 처분한 경우 횡령죄가 성립한다.
> ㉢ 광업권의 명의수탁자가 명의수탁사실을 부인하면서 명의신탁자의 반환요구를 거절하는 행위는 횡령죄에 해당한다.
> ㉣ 채무자 A는 채권자 B에게 채무총액에 대한 지불각서를 써주기로 하고 그 액면금을 확인하기 위해 B에게서 가계수표를 교부받았다. A는 수표를 건네받아 수표의 매수와 액면금액을 확인하던 중 수표총액이 액면금에 미치지 못하자 수표들 중 일부를 찢어버리고 나머지 수표들을 반환하지 아니한 경우 횡령죄가 성립한다.

① 1개
② 2개
③ 3개
④ 4개

해설

㉠ [○] 부동산 입찰절차에서 수인이 대금을 분담하되 그중 1인 명의로 낙찰받기로 약정하여 그에 따라 낙찰이 이루어진 경우, 그 입찰절차에서 낙찰인의 지위에 서게 되는 사람은 어디까지나 그 명의인이므로 입찰목적부동산의 소유권은 경락대금을 실질적으로 부담한 자가 누구인가와 상관없이 그 명의인이 취득한다 할 것이므로 그 부동산은 횡령죄의 객체인 타인의 재물이라고 볼 수 없어 명의인이 이를 임의로 처분하더라도 횡령죄를 구성하지 않는다(대판 2000.9.8. 2000도258).

㉡ [×] 부동산을 공동으로 상속한 자들 중 1인이 부동산을 혼자 점유하던 중 다른 공동상속인의 상속지분을 임의로 처분하여도 그에게는 그 처분권능이 없어 횡령죄가 성립하지 아니한다(대판 2000.4.11. 2000도565).

㉢ [×] 광업권은 재물인 광물을 취득할 수 있는 권리에 불과하지 재물 그 자체는 아니므로 횡령죄의 객체가 된다고 할 수 없고 광업법 제12조가 광업권을 물권으로 하고 광업법에서 따로 정한 경우를 제외하고는 부동산에 관한 민법 기타 법령의 규정을 준용하도록 규정하고 있다 하여 광업권이 부동산과 마찬가지로 횡령죄의 객체가 된다고 할 수는 없다(대판 1994.3.8. 93도2272).

㉣ [O] 채무자가 채무총액에 관한 지불각서를 써 줄 것으로 믿고 채권자가 채무자에게 그 액면금 등을 확인할 수 있도록 가계수표들을 교부하였다면 채권자와 채무자 사이에는 만약 합의가 결렬되어 채무자가 채권자에게 지불각서를 써 주지 아니하는 경우에는 곧바로 그 가계수표들을 채권자에게 반환하기로 하는 조리에 의한 위탁관계가 발생하였다(대판 1996.5.14. 96도410).
▶ 판례 취지에 따르면 A에게 횡령죄가 성립한다.

정답 ②

112 횡령죄에 대한 설명 중 옳은 것은 모두 몇 개인가? (다툼이 있으면 판례에 의함) [11 경찰간부]

㉠ 학교법인이 아닌 사인(私人)이 설치·경영하는 학교에 있어서 학생 등이 납부한 수업료 등으로 조성된 교비는 특별한 사정이 없는 한 학교의 설치·경영자의 소유에 속하므로, 피고인이 학교의 설치·경영자와 공모하여 학생 등이 납부한 수업료 등을 교비회계 아닌 다른 회계에 임의로 사용하였더라도 사립학교법 위반죄 외에 따로 (학생이나 학부모에 대한) 횡령죄가 성립한다고 볼 수 없다.
㉡ 횡령죄에서 소유자와 위탁자가 다른 경우 범인과 소유자간에만 친족관계가 있으면 친족상도례에 관한 규정이 적용될 수 있다.
㉢ 익명조합원이 영업을 위하여 출자한 금전을 상대방인 영업자가 자기 용도에 함부로 소비한 경우 횡령죄가 성립한다.
㉣ 소유자로부터 부동산의 소유명의 및 관리를 위탁받은 자가 자신의 명의로 부동산을 등기하지 않고 자신의 자(子) 명의로 그 부동산을 등기해 두고 사망하자 그 자(子)가 이를 처분한 경우 횡령죄가 성립한다.
㉤ 담보목적으로 자신의 명의로 가등기된 피해자 소유의 부동산에 대하여 피해자의 아들로부터 채무가 변제공탁된 사실을 통보받고도 자기 앞으로 본등기를 경료함과 동시에 제3자 앞으로 가등기를 경료한 경우 횡령죄가 성립한다.

① 없음
② 1개
③ 2개
④ 3개

해설

㉠ [O] 피고인이 甲 사립학교 경영자 乙과 공모하여 학생이나 학부모가 납부한 수업료 기타 납부금을 교비회계 아닌 다른 회계에 임의로 사용하였다고 하더라도, 甲 학교는 사인(私人)인 乙 등이 설립하여 운영하는 학교로서 수업료 등으로 조성된 교비는 특별한 사정이 없는 한 甲 학교의 설치·경영자인 乙 등의 소유에 속하므로, 피고인이 乙과 공모하여 이를 임의로 사용하였더라도 사립학교법 위반죄가 성립하는 것 외에 따로 횡령죄가 성립하지 않는다(대판 2012.5.10. 2011도12408).
㉡ [×] 친족상도례에 관한 규정은 범인과 피해물건의 소유자 및 위탁자 쌍방 사이에 친족관계가 있는 경우에만 적용되는 것이고, 단지 횡령범인과 피해물건의 소유자간에만 친족관계가 있거나 횡령범인과 피해물건의 위탁자간에만 친족관계가 있는 경우에는 그 적용이 없다(대판 2008.7.24. 2008도3438).
㉢ [×] 익명조합에 있어 익명조합원이 출자한 금전 기타의 재산은 영업자의 재산으로 본다(상법 제79조). 익명조합 관계에 있는 영업에 대한 익명조합원이 상대방의 영업을 위하여 출자한 금전 기타의 재산은 상대방인 영업자의 재산으로 되는 것이므로 영업자가 그 영업의 이익금을 함부로 자기 용도에 소비하였다 하여도 횡령죄가 될 수 없다(대판 1971.12.28. 71도2032).
㉣ [×] 소유자가 피고인(아들)에게 토지를 새로이 보관위탁한 사실이 인정되지 않는 한 피고인은 아버지의 횡령행위로 인하여 생긴 장물인 토지에 관하여 장물취득 또는 양여자의 지위에 섬은 별론으로 하고 피고인이 토지를 매각한 경우 횡령죄를 구성한다고 볼 수는 없다(대판 1984.4.24. 83도2116).
㉤ [×] 담보목적으로 피고인 명의로 가등기가 경료된 피해자 소유의 부동산에 대하여 피해자의 아들로부터 채무가 변제 공탁된 사실을 통고받고서도 피고인 앞으로 본등기를 경료함과 동시에 제3자 앞으로 가등기를 경료하여 준 경우에는 배임죄가 성립된다(대판 1990.8.10. 90도414).

정답 ②

113 **횡령과 배임의 죄에 대한 설명 중 옳지 않은 것만을 모두 고른 것은? (다툼이 있는 경우 판례에 의함)**

[22 경찰간부]

가. A가 착오로 甲의 통장계좌로 송금한 돈을 甲이 인출하여 임의로 사용한 경우, 甲은 그 송금된 돈을 보관하는 지위에 있다고 볼 수 없으므로 이를 영득할 의사로 인출하는 경우에도 횡령죄에 해당하지 아니한다.
나. 甲이 A에게 1억 원을 빌리면서 그 채무에 대한 담보로 자신의 부동산에 근저당권을 설정해주기로 약정하였음에도, 이후 B에게 자신의 부동산을 매도해버린 경우, 甲에게는 배임죄가 성립하지 아니한다.
다. 채무자 甲이 금전채무를 담보하기 위하여 그 소유의 동산을 채권자 A에게 양도담보로 제공하였음에도 甲이 채무변제 이전에 담보물을 임의로 처분한 경우, 甲에게는 A에 대한 횡령죄가 아니라 배임죄가 성립한다.
라. 매도인 甲이 자기 소유의 부동산을 매수인 A에게 매도하기로 약정하고 A로부터 계약금과 중도금을 지급받는 등 계약이 본격적으로 이행되는 단계에 이르렀음에도 그 부동산에 관한 소유권을 A에게 이전해주기 전에 B에게 처분하면서 소유권이전등기를 경료해 준 경우, 甲에게는 A에 대한 배임죄가 성립한다.
마. 甲이 자신이 알 수 없는 경위로 A의 특정 거래소 가상지갑에 들어있던 가상화폐를 甲 자신의 계좌로 이체받은 후 이를 자신의 다른 계정으로 이체한 경우, 甲에게는 A에 대한 배임죄가 성립하지 아니한다.

① 가, 다
② 나, 다, 라
③ 나, 라, 마
④ 가, 다, 마

해설

가. [×] 어떤 예금계좌에 돈이 착오로 잘못 송금되어 입금된 경우에는 그 예금주와 송금인 사이에 (별다른 거래관계가 없는 경우에도) 신의칙상 보관관계가 성립한다고 할 것이므로, 피고인이 송금 절차의 착오로 인하여 피고인 명의의 은행 계좌에 입금된 돈을 임의로 인출하여 소비한 행위는 횡령죄에 해당하고, 이는 송금인과 피고인 사이에 별다른 거래관계가 없다고 하더라도 마찬가지이다(대판 2010.12.9. 2010도891).

나. [○] [1] [다수의견] 채무자가 금전채무를 담보하기 위한 저당권설정계약에 따라 채권자에게 그 소유의 부동산에 관하여 저당권을 설정할 의무를 부담하게 되었다고 하더라도, 이를 들어 채무자가 통상의 계약에서 이루어지는 이익대립관계를 넘어서 채권자와의 신임관계에 기초하여 채권자의 사무를 맡아 처리하는 것으로 볼 수 없다. 채무자가 저당권설정계약에 따라 채권자에 대하여 부담하는 저당권을 설정할 의무는 계약에 따라 부담하게 된 채무자 자신의 의무이다. 채무자가 위와 같은 의무를 이행하는 것은 채무자 자신의 사무에 해당할 뿐이므로, 채무자를 채권자에 대한 관계에서 '타인의 사무를 처리하는 자'라고 할 수 없다. 따라서 채무자가 제3자에게 먼저 담보물에 관한 저당권을 설정하거나 담보물을 양도하는 등으로 담보가치를 감소 또는 상실시켜 채권자의 채권실현에 위험을 초래하더라도 배임죄가 성립한다고 할 수 없다. 위와 같은 법리는, 채무자가 금전채무에 대한 담보로 부동산에 관하여 양도담보설정계약을 체결하고 이에 따라 채권자에게 소유권이전등기를 해 줄 의무가 있음에도 제3자에게 그 부동산을 처분한 경우에도 적용된다(대판(전) 2020.6.18. 2019도14340).

다. [×] 채무자가 금전채무를 담보하기 위하여 그 소유의 동산을 채권자에게 양도담보로 제공함으로써 채권자인 양도담보권자에 대하여 담보물의 담보가치를 유지·보전할 의무 내지 담보물을 타에 처분하거나 멸실, 훼손하는 등으로 담보권 실행에 지장을 초래하는 행위를 하지 않을 의무를 부담하게 되었더라도, 이를 들어 채무자가 통상의 계약에서의 이익대립관계를 넘어서 채권자와의 신임관계에 기초하여 채권자의 사무를 맡아 처리하는 것으로 볼 수 없다. 따라서 채무자를 배임죄의 주체인 '타인의 사무를 처리하는 자'에 해당한다고 할 수 없고, 그가 담보물을 제3자에게 처분하는 등으로 담보가치를 감소 또는 상실시켜 채권자의 담보권 실행이나 이를 통한 채권실현에 위험을 초래하더라도 배임죄가 성립한다고 할 수 없다(대판(전) 2020.2.20. 2019도9756).

라. [○] [다수의견] 부동산 매매계약에서 계약금만 지급된 단계에서는 어느 당사자나 계약금을 포기하거나 그 배액을 상환함으로써 자유롭게 계약의 구속력에서 벗어날 수 있다. 그러나 중도금이 지급되는 등 계약이 본격적으로 이행되는 단계에 이른 때에는 계약이 취소되거나 해제되지 않는 한 매도인은 매수인에게 부동산의 소유권을 이전해 줄 의무에서 벗어날 수 없다. 따라서 이러한 단계에 이른 때에 매도인은 매수인에 대하여 매수인의 재산보전에 협력하여 재산적 이익을 보호·관리할 신임관계에 있게 된다. 그때부터 매도인은 배임죄에서 말하는 '타인의 사무를 처리하는 자'에 해당한다고 보아야 한다. 그러한 지위에 있는 매도인이 매수인에게 계약 내용에 따라 부동산의 소유권을 이전해 주기 전에 그 부동산을 제3자에게 처분하고 제3자 앞으로 그 처분에 따른 등기를 마쳐 준 행위는 매수인의 부동산 취득 또는 보전에 지장을 초래하는 행위이다. 이는 매수인과의 신임관계를 저버리는 행위로서 배임죄가 성립한다(대판(전) 2018.5.17. 2017도4027).

마. [O] [1] 가상자산 권리자의 착오나 가상자산 운영 시스템의 오류 등으로 법률상 원인관계 없이 다른 사람의 가상자산 전자지갑에 가상자산이 이체된 경우, 가상자산을 이체받은 자는 가상자산의 권리자 등에 대한 부당이득반환의무를 부담하게 될 수 있다. 그러나 이는 당사자 사이의 민사상 채무에 지나지 않고 이러한 사정만으로 가상자산을 이체받은 사람이 신임관계에 기초하여 가상자산을 보존하거나 관리하는 지위에 있다고 볼 수 없다. 가상자산은 국가에 의해 통제받지 않고 블록체인 등 암호화된 분산원장에 의하여 부여된 경제적인 가치가 디지털로 표상된 정보로서 재산상 이익에 해당한다. 가상자산은 보관되었던 전자지갑의 주소만을 확인할 수 있을 뿐 그 주소를 사용하는 사람의 인적사항을 알 수 없고, 거래 내역이 분산 기록되어 있어 다른 계좌로 보낼 때 당사자 이외의 다른 사람이 참여해야 하는 등 일반적인 자산과는 구별되는 특징이 있다. 이와 같은 가상자산에 대해서는 현재까지 관련 법률에 따라 법정화폐에 준하는 규제가 이루어지지 않는 등 법정화폐와 동일하게 취급되고 있지 않고 그 거래에 위험이 수반되므로, 형법을 적용하면서 법정화폐와 동일하게 보호해야 하는 것은 아니다. 원인불명으로 재산상 이익인 가상자산을 이체받은 자가 가상자산을 사용 · 처분한 경우 이를 형사처벌하는 명문의 규정이 없는 현재의 상황에서 착오송금 시 횡령죄 성립을 긍정한 판례를 유추하여 신의칙을 근거로 피고인을 배임죄로 처벌하는 것은 죄형법정주의에 반한다.
[2] 피고인이 알 수 없는 경위로 甲의 특정 거래소 가상지갑에 들어 있던 비트코인을 자신의 계정으로 이체받은 후 이를 자신의 다른 계정으로 이체하여 재산상 이익을 취득하고 甲에게 손해를 가하였다고 하여 특정경제범죄 가중처벌 등에 관한 법률 위반(배임)의 예비적 공소사실로 기소된 사안에서, 비트코인이 법률상 원인관계 없이 甲으로부터 피고인 명의의 전자지갑으로 이체되었더라도 피고인이 신임관계에 기초하여 甲의 사무를 맡아 처리하는 것으로 볼 수 없는 이상 甲에 대한 관계에서 '타인의 사무를 처리하는 자'에 해당하지 않는다는 이유로, 이와 달리 보아 공소사실을 유죄로 인정한 원심판단에 배임죄에서 '타인의 사무를 처리하는 자'에 관한 법리오해의 잘못이 있다고 한 사례(대판 2021.12.16. 2020도9789).

정답 ①

114 횡령죄에 대한 설명 중 옳은 것을 모두 고른 것은? (다툼이 있는 경우 판례에 의함)

[23 경찰승진]

㉠ 사립학교의 교비회계에 속하는 수입을 적법한 교비회계의 세출에 포함되는 용도가 아닌 다른 용도로 사용한 경우 횡령죄가 성립한다.
㉡ 송금절차의 착오로 인하여 자기 명의의 은행 계좌에 입금된 금전을 영득할 의사로 인출하여 소비한 경우 횡령죄가 성립한다.
㉢ 부동산 실권리자명의 등기에 관한 법률을 위반한 양자 간 명의신탁의 경우 명의수탁자가 신탁받은 부동산을 임의로 처분하여도 명의신탁자에 대한 관계에서 횡령죄가 성립하지 않는다.
㉣ 채무자가 기존의 금전채무를 담보하기 위하여 다른 금전채권을 채권자에게 양도한 후 제3채무자에게 채권양도 통지를 하지 않은 채 자신이 사용할 의도로 제3채무자로부터 변제금을 수령한 후 이를 임의로 소비한 경우 횡령죄가 성립하지 않는다.

① ㉠, ㉡
② ㉠, ㉡, ㉢
③ ㉡, ㉢, ㉣
④ ㉠, ㉡, ㉢, ㉣

해설

㉠ [O] 타인으로부터 용도가 엄격히 제한된 자금을 위탁받아 집행하면서 그 제한된 용도 이외의 목적으로 자금을 사용하는 것은 그 사용이 개인적인 목적에서 비롯된 경우는 물론 결과적으로 자금을 위탁한 본인을 위하는 면이 있더라도 그 사용행위 자체로서 불법영득의 의사를 실현한 것이 되어 횡령죄가 성립하므로, 사립학교의 교비회계에 속하는 수입을 적법한 교비회계의 세출에 포함되는 용도, 즉 당해 학교의 교육에 직접 필요한 용도가 아닌 다른 용도에 사용하였다면 그 사용행위 자체로서 불법영득의사를 실현하는 것이 되어 횡령죄의 죄책을 면할 수 없다(대판 2008.2.29. 2007도9755; 동지 대판 2012.5.10. 2011도12408).
㉡ [O] 송금절차의 착오로 인하여 자기 명의의 은행 계좌에 입금된 금전을 영득할 의사로 인출하여 소비하는 경우 신의칙상 횡령죄가 성립한다(대판 2005.10.28. 2005도5975; 동지 대판 2010.12.9. 2010도891).

㉢ [○] 부동산 실권리자명의 등기에 관한 법률을 위반한 양자 간 명의신탁의 경우 명의수탁자가 신탁받은 부동산을 임의로 처분하여도, 신탁자와 명의수탁자 사이에 위 처분행위를 유효하게 만드는 어떠한 위탁관계(신탁관계)가 존재함을 전제한 것이라고는 볼 수 없고, 말소등기의무의 존재나 명의수탁자에 의한 유효한 처분 가능성을 들어 명의수탁자가 명의신탁자에 대한 관계에서 타인의 재물을 보관하는 자의 지위에 있다고 볼 수도 없다. 명의신탁자에 대한 관계에서 횡령죄가 성립하지 않는다(대판(전) 2021.2.18. 2016도18761).

㉣ [○] 채무자가 채권 양도담보계약에 따라 담보 목적 채권의 담보가치를 유지·보전할 의무는 계약에 따른 자신의 채무에 불과하고, 채권자와 채무자 사이에 채무자가 채권자를 위하여 담보가치의 유지·보전사무를 처리함으로써 채무자의 사무처리를 통해 채권자가 담보 목적을 달성한다는 신임관계가 존재한다고 볼 수 없다. 그러므로 채무자가 제3채무자에게 채권양도 통지를 하지 않은 채 자신이 사용할 의도로 제3채무자로부터 변제를 받아 변제금을 수령한 경우, 이는 단순한 민사상 채무불이행에 해당할 뿐이고, 채무자가 채권자와의 위탁신임관계에 의하여 채권자를 위해 위 변제금을 보관하는 지위에 있다고 볼 수 없고, 채무자가 이를 임의로 소비하더라도 횡령죄는 성립하지 않는다(대판 2021.2.25. 2020도12927).

정답 ④

115 횡령죄에 관한 설명 중 옳은 것을 모두 고른 것은? (다툼이 있는 경우 판례에 의함)

[23 변호사]

ㄱ. 동업자 사이에 손익분배의 정산이 되지 아니한 상태에서 동업자 중 한 사람이 동업재산을 보관하다가 임의로 횡령하였다면, 지분비율에 관계없이 임의로 횡령한 금액 전부에 대하여 횡령죄가 성립한다.
ㄴ. 부동산 입찰절차에서 수인이 대금을 분담하되 그중 1인인 甲 명의로 낙찰받기로 약정하여 그에 따라 낙찰이 이루어진 경우, 甲이 낙찰받은 부동산을 임의로 처분하더라도 횡령죄를 구성하지 않는다.
ㄷ. 부동산을 공동으로 상속한 자들 중 1인이 부동산을 혼자 점유하다가 다른 공동상속인의 상속지분을 임의로 처분하여도 횡령죄가 성립하지 않는다.
ㄹ. 甲이 업무상 과실로 장물을 보관함으로써 甲에게 업무상과실장물보관죄가 성립한다면, 그 후 甲이 위 장물을 임의로 처분하더라도 이러한 행위는 업무상과실장물보관죄의 가벌적 평가에 포함되어 별도로 횡령죄를 구성하지 않는다.

① ㄱ
② ㄱ, ㄴ
③ ㄱ, ㄴ, ㄷ
④ ㄴ, ㄷ, ㄹ
⑤ ㄱ, ㄴ, ㄷ, ㄹ

해설

ㄱ. [○] 동업자 한 사람이 동업재산을 보관 중 임의로 횡령하였다면 지분비율에 관계없이 횡령한 금액 전부에 대하여 횡령죄의 죄책을 부담한다(대판 2011.6.10. 2010도17684).
ㄴ. [○] 부동산 입찰절차에서 수인이 대금을 분담하되 그중 1인 명의로 낙찰받기로 약정하여 그에 따라 낙찰이 이루어진 경우, 그 입찰절차에서 낙찰인의 지위에 서게 되는 사람은 어디까지나 그 명의인이므로 입찰목적부동산의 소유권은 경락대금을 실질적으로 부담한 자가 누구인가와 상관없이 그 명의인이 취득한다 할 것이므로 그 부동산은 횡령죄의 객체인 타인의 재물이라고 볼 수 없어 명의인이 이를 임의로 처분하더라도 횡령죄를 구성하지 않는다(대판 2000.9.8. 2000도258).
ㄷ. [○] 부동산에 관한 횡령죄에 있어서 타인의 재물을 보관하는 자의 지위는 동산의 경우와는 달리 부동산에 대한 점유의 여부가 아니라 부동산을 제3자에게 유효하게 처분할 수 있는 권능의 유무에 따라 결정하여야 하므로, 부동산을 공동으로 상속한 자들 중 1인이 부동산을 혼자 점유하던 중 다른 공동상속인의 상속지분을 임의로 처분하여도 그에게는 그 처분권능이 없어 횡령죄가 성립하지 아니한다(대판 2000.4.11. 2000도565).
ㄹ. [○] 피고인이 업무상 과실로 장물을 보관하고 있다가 처분한 행위는 업무상과실장물보관죄의 가벌적 평가에 포함되고 별도로 횡령죄를 구성하지 않는다(대판 2004.4.9. 2003도8219).

정답 ⑤

제7절 | 배임의 죄

116 배임죄에 관한 다음 설명 중 가장 옳지 않은 것은? (다툼이 있는 경우 판례에 의함) [18 법원9급]

① 담보권자가 변제기 경과 후에 담보권을 실행하기 위하여 담보목적물을 처분함에 있어서 부당하게 염가로 처분하더라도 배임죄로 처벌할 수 없다.

② 업무상배임죄의 실행으로 인하여 이익을 얻게 되는 거래상대방인 수익자는 해당 거래행위가 배임행위에 해당한다는 점을 인식하였더라도 그러한 사정만으로는 배임죄의 공범으로 처벌할 수 없다.

③ 회사직원이 영업비밀 등을 적법하게 반출하여 그 반출행위가 업무상배임죄에 해당하지 않는 경우라도, 퇴사 시에 그 영업비밀 등을 회사에 반환하거나 폐기할 의무가 있음에도 경쟁업체에 유출하거나 스스로의 이익을 위하여 이용할 목적으로 이를 반환하거나 폐기하지 아니하였다면 퇴사 시에 업무상배임죄의 기수가 된다.

④ 주식회사의 대표이사가 대표권을 남용하는 등 그 임무에 위배하여 회사 명의로 약속어음을 발행하였더라도 상대방이 대표권남용 사실을 알았거나 알 수 있었던 경우라면 그러한 약속어음 발행행위는 회사에 대하여 효력이 없으므로 그 약속어음이 유통되었는지 여부를 불문하고 배임죄의 기수범으로는 처벌할 수 없다.

해설

① [○] 시가에 따른 적절한 처분을 하여야 할 의무는 담보계약상의 민사채무일 뿐 그와 같은 형법상의 의무가 있는 것은 아니므로 그에 위반한 경우 배임죄가 성립된다고 할 수 없다(대판 1997.12.23. 97도2430).

② [○] 거래상대방의 대향적 행위의 존재를 필요로 하는 유형의 배임죄에서 거래상대방은 기본적으로 배임행위의 실행행위자와 별개의 이해관계를 가지고 반대편에서 독자적으로 거래에 임한다는 점을 고려하면, 업무상배임죄의 실행으로 이익을 얻게 되는 수익자는 배임죄의 공범이라고 볼 수 없는 것이 원칙이고, 실행행위자의 행위가 피해자 본인에 대한 배임행위에 해당한다는 점을 인식한 상태에서 배임의 의도가 전혀 없었던 실행행위자에게 배임행위를 교사하거나 또는 배임행위의 전 과정에 관여하는 등으로 배임행위에 적극 가담한 경우에 한하여 배임의 실행행위자에 대한 공동정범으로 인정할 수 있다(대판 2016.10.13. 2014도17211).

▶ 배임행위에 해당한다는 점을 인식하였더라도 그러한 사정만으로는 배임죄의 공범으로 처벌할 수 없다는 취지이다.

③ [○] 회사직원이 영업비밀 등을 적법하게 반출하여 그 반출행위가 업무상배임죄에 해당하지 않는 경우라도, 퇴사 시에 그 영업비밀 등을 회사에 반환하거나 폐기할 의무가 있음에도 경쟁업체에 유출하거나 스스로의 이익을 위하여 이용할 목적으로 이를 반환하거나 폐기하지 아니하였다면 퇴사 시에 업무상배임죄의 기수가 된다(대판 2017.6.29. 2017도3808).

④ [×] 주식회사의 대표이사가 대표권을 남용하는 등 그 임무에 위배하여 약속어음을 발행한 경우 어음법상 발행인은 종전의 소지인에 대한 인적 관계로 인한 항변으로써 소지인에게 대항하지 못하므로, 어음발행이 무효라 하더라도 그 어음이 실제로 제3자에게 유통되었다면 회사로서는 어음채무를 부담할 위험이 구체적·현실적으로 발생하였다고 보아야 하고, 따라서 그 어음채무가 실제로 이행되기 전이라도 배임죄의 기수범이 된다.

그러나 약속어음 발행이 무효일 뿐만 아니라 그 어음이 유통되지도 않았다면 회사는 어음발행의 상대방에게 어음채무를 부담하지 않기 때문에 특별한 사정이 없는 한 회사에 현실적으로 손해가 발생하였다거나 실해 발생의 위험이 발생하였다고도 볼 수 없으므로, 이때에는 배임죄의 기수범이 아니라 배임미수죄로 처벌하여야 한다(대판(전) 2017.7.20. 2014도1104).

정답 ④

117 배임죄에 관한 설명 중 가장 적절한 것은? (다툼이 있으면 판례에 의함)

[15 경찰승진]

① 경영자가 적대적 M&A로부터 경영권을 유지하기 위하여 종업원의 자사주 매입에 회사자금을 지원한 경우에는 업무상 배임죄가 성립하지 않는다.

② 기업의 영업비밀을 사외로 유출하지 않을 것을 서약한 회사직원이 이익을 얻기 위하여 경쟁업체에 영업비밀을 유출하는 행위는 업무상 배임죄가 성립한다.

③ 미성년자와 친생자관계가 없으나 호적상 친모로 등재되어 있는 자가 미성년자의 상속재산 처분에 관여한 경우, 배임죄에 있어서 타인의 사무를 처리하는 자의 지위에 있다고 할 수 없다.

④ 낙찰계의 계주가 계원들에게서 계불입금을 징수하지 않은 상태에서 부담하는 계금지급의무는 배임죄에서 말하는 '타인의 사무'에 해당한다.

해설

① [×] 경영자의 자금지원의 주된 목적이 종업원의 재산형성을 통한 복리증진보다는 안정주주를 확보함으로써 경영자의 회사에 대한 경영권을 계속 유지하고자 하는 데 있다면, 그 자금지원은 경영자의 이익을 위하여 회사재산을 사용하는 것이 되어 회사의 이익에 반하므로 회사에 대한 관계에서 임무위배행위가 된다(대판 1999.6.25. 99도1141).

② [○] 기업의 영업비밀을 사외로 유출하지 않을 것을 서약한 회사직원이 이익을 얻기 위하여 경쟁업체에 영업비밀을 유출하는 행위는 업무상 배임죄가 성립한다(대판 2006.10.27. 2004도6876).

③ [×] 업무상 배임죄에서 업무의 근거는 법령, 계약, 관습의 어느 것에 의하건 묻지 않고 사실상의 것도 포함하므로, 미성년자와 친생자관계가 없으나 호적상 친모로 등재되어 있는 자가 미성년자의 상속재산 처분에 관여한 경우 배임죄에 있어서 타인의 사무를 처리하는 자의 지위에 있다(대판 2002.6.14. 2001도3534).

④ [×] 계주가 계원들로부터 계불입금을 징수하지 아니하였다면 그러한 상태에서 부담하는 계금지급의무는 신임관계에 이르지 아니한 단순한 채권관계상의 의무에 불과하여 타인의 사무에 속하지 아니한다(대판 2009.8.20. 2009도3143).

정답 ②

118 배임죄에 관한 설명으로 가장 적절하지 않은 것은? (다툼이 있으면 판례에 의함)

[20 경찰채용]

① 피고인이 인쇄기를 甲에게 양도하기로 하고 계약금 및 중도금을 수령하였음에도 이를 자신의 채권자 乙에게 기존 채무변제에 갈음하여 양도한 경우 배임죄가 성립하지 않는다.

② 피고인이 그 소유의 에어컨을 피해자에게 양도담보로 제공하고 점유개정의 방법으로 점유하고 있다가 다시 이를 제3자에게 양도담보로 제공하고 역시 점유개정의 방법으로 점유를 계속한 경우 배임죄를 구성하지 않는다.

③ 동산에 대하여 점유개정의 방법으로 이중 양도담보를 설정한 경우 처음의 양도담보권자에게 이중으로 양도담보 제공을 하지 않기로 특약하였다면 배임죄를 구성한다.

④ 채무자가 그 소유의 동산에 대하여 점유개정의 방식으로 채권자들에게 이중의 양도담보 설정계약을 체결한 후 양도담보 설정자가 목적물을 임의로 제3자에게 처분하였다면 뒤의 채권자에 대한 관계에서 배임죄가 성립하지 않는다.

해설

① [○] 피고인이 '인쇄기'를 甲에게 양도하기로 하고 계약금 및 중도금을 수령하였음에도 이를 자신의 채권자 乙에게 기존 채무변제에 갈음하여 양도한 경우, 피고인은 甲에 대하여 그의 사무를 처리하는 지위에 있지 않으므로 배임죄가 성립하지 않는다(대판(전) 2011.1.20. 2008도10479). ▶ 동산의 이중매매의 경우 배임죄가 성립하지 아니한다.

② [○] 피고인이 그 소유의 에어콘을 피해자에게 양도담보로 제공하고 점유개정의 방법으로 점유하고 있다가 다시 이를 제3자에게 양도담보로 제공하고 역시 점유개정의 방법으로 점유를 계속한 경우, 뒤의 양도담보권자인 제3자는 처음의 담보권자인 피해자에 대하여 배타적으로 자기의 담보권을 주장할 수 없으므로 처음의 양도담보권자에게 담보권의 상실이나 담보가치의 감소 등 손해가 발생한 것으로 볼 수 없으니 배임죄를 구성하지 않는다(대판 1990.2.13. 89도1931).

③ [×] 동산에 대하여 점유개정의 방법으로 이중양도담보를 설정한 경우 뒤의 양도담보권자는 처음의 양도담보권자에 대하여 배타적으로 자기의 담보권을 주장할 수 없으므로 이중으로 양도담보제공이 된 것만으로는 가사 담보권설정자가 처음의 양도담보권자에게 이중으로 양도담보제공을 하지 않기로 특약하였더라도 그에게 담보권의 상실이나 담보가치의 감소 등 손해가 발생한다고 볼 수 없으므로 배임죄를 구성하지 않는다(대판 1989.4.11. 88도1586).

④ [○] 채무자가 그 소유의 동산에 대하여 점유개정의 방식으로 채권자들에게 이중의 양도담보 설정계약을 체결한 후 양도담보설정자가 목적물을 임의로 제3자에게 처분하였다면 양도담보권자라 할 수 없는 뒤의 채권자에 대한 관계에서는, 설정자인 채무자가 타인의 사무를 처리하는 자에 해당한다고 할 수 없어 배임죄가 성립하지 않는다(대판 2004.6.25. 2004도1751).

정답 ③

119 배임죄에 관한 다음 설명 중 가장 옳지 않은 것은? (다툼이 있으면 판례에 의함) [21 법원9급]

① 타인의 사무를 처리하는 자가 배임의 범의로, 즉 임무에 위배하는 행위를 한다는 점과 이로 인하여 자기 또는 제3자가 이익을 취득하여 본인에게 손해를 가한다는 점에 대한 인식이나 의사를 가지고 임무에 위배한 행위를 개시한 때 배임죄의 실행에 착수한 것이고, 이러한 행위로 인하여 자기 또는 제3자가 이익을 취득하여 본인에게 손해를 가한 때 기수에 이른다.

② 채무자가 채권담보의 목적으로 점유개정 방식으로 채권자에게 동산을 양도하고 이를 보관하던 중 임의로 제3자에게 처분한 경우 배임죄가 아니라 횡령죄가 성립한다고 보아야 한다.

③ 회사직원이 퇴사 시에 영업비밀 등을 회사에 반환하거나 폐기할 의무가 있음에도 경쟁업체에 유출하거나 스스로의 이익을 위하여 이용할 목적으로 이를 반환하거나 폐기하지 아니하였다면, 이러한 행위 역시 퇴사 시에 업무상배임죄의 기수가 된다.

④ 주권발행 전 주식에 대한 양도계약에서 양도인이 양수인으로 하여금 회사 이외의 제3자에게 대항할 수 있도록 확정일자 있는 증서에 의한 양도통지 또는 승낙을 갖추어 주어야 할 채무를 부담한다 하더라도 이는 자기의 사무라고 보아야 하고, 이를 양수인과의 신임관계에 기초하여 양수인의 사무를 맡아 처리하는 것으로 볼 수 없다.

해설

① [○] 타인의 사무를 처리하는 자가 배임의 범의로, 즉 임무에 위배하는 행위를 한다는 점과 이로 인하여 자기 또는 제3자가 이익을 취득하여 본인에게 손해를 가한다는 점에 대한 인식이나 의사를 가지고 임무에 위배한 행위를 개시한 때 배임죄의 실행에 착수한 것이고, 이러한 행위로 인하여 자기 또는 제3자가 이익을 취득하여 본인에게 손해를 가한 때 기수에 이른다(대판 2020.10.15. 2016도10654).

② [×] [1] 금전채무를 담보하기 위하여 동산을 채권자에게 양도담보로 제공한 채무자를 배임죄의 주체인 '타인의 사무를 처리하는 자'에 해당한다고 할 수 없고, 그가 담보물을 제3자에게 처분하는 등으로 담보가치를 감소 또는 상실시켜 채권자의 담보권 실행이나 이를 통한 채권실현에 위험을 초래하더라도 배임죄가 성립한다고 할 수 없다(대판 2020.3.27. 2018도14596).
[2] 채무자가 채권자에게 동산을 양도담보로 제공하고 점유개정의 방법으로 점유하고 있는 경우에는 그 동산의 소유권은 여전히 채무자에게 유보되어 있는 것이어서 채무자는 자기의 물건을 보관하고 있는 셈이 되므로, 양도담보의 목적물을 제3자에게 처분하거나 담보로 제공하였다 하더라도 횡령죄를 구성하지 아니한다(대판 2009.2.12. 2008도10971).

③ [○] 회사직원이 퇴사 시에 영업비밀 등을 회사에 반환하거나 폐기할 의무가 있음에도 경쟁업체에 유출하거나 스스로의 이익을 위하여 이용할 목적으로 이를 반환하거나 폐기하지 아니하였다면, 이러한 행위 역시 퇴사 시에 업무상배임죄의 기수가 된다(대판 2017.6.29. 2017도3808).

④ [○] 주권발행 전 주식에 대한 양도계약에서 양도인이 양수인으로 하여금 회사 이외의 제3자에게 대항할 수 있도록 확정일자 있는 증서에 의한 양도통지 또는 승낙을 갖추어 주어야 할 채무를 부담한다 하더라도 이는 자기의 사무라고 보아야 하고, 이를 양수인과의 신임관계에 기초하여 양수인의 사무를 맡아 처리하는 것으로 볼 수 없다(대판 2020.6.4. 2015도6057).

정답 ②

120 배임죄에 관한 다음 설명 중 옳지 않은 것은? (다툼이 있으면 판례에 의함)

[11 법원9급]

① 업무상배임죄는 본인에게 재산상의 손해를 가하는 외에 배임행위로 인하여 행위자 스스로 재산상의 이익을 취득하거나 제3자로 하여금 재산상의 이익을 취득하게 할 것을 요건으로 하므로, 본인에게 손해를 가하였다고 할지라도 행위자 또는 제3자가 재산상 이익을 취득한 사실이 없다면 배임죄가 성립할 수 없다.

② 대표이사가 회사에 필요한 물품을 할인된 가격으로 납품받을 수 있었음에도 불구하고 자신이 이익을 취득할 의도로 납품업자에게 가공의 납품업체를 만들게 한 뒤 그 납품업체로부터 할인되지 않은 가격으로 납품을 받은 경우, 업무상배임죄가 성립한다.

③ 매도인이 매수인으로부터 중도금을 수령한 이후에 매매목적물인 동산을 제3자에게 양도하는 행위는 배임죄에 해당한다.

④ 낙찰계의 계주가 계원들로부터 계불입금을 징수하지 않은 상태에서 부담하는 계금지급의무는 배임죄에서 말하는 '타인의 사무'에 해당하지 아니한다.

해설

① [○] 배임죄는 본인에게 재산상의 손해를 가하는 외에 배임행위로 인하여 행위자 스스로 재산상의 이익을 취득하거나 제3자로 하여금 재산상의 이익을 취득하게 할 것을 요건으로 하므로 본인에게 손해를 가하였다고 할지라도 행위자 또는 제3자가 재산상 이익을 취득한 사실이 없다면 배임죄가 성립할 수 없다(대판 2012.6.28. 2012도2087).

② [○] 회사의 대표인 피고인이 물품을 납품받음에 있어 할인된 가격으로 납품가격을 정할 수 있었음에도 납품과정에서 자신이 이익을 취득할 의도로 납품업자에게 가공의 납품업체를 만들게 한 뒤 그 납품업체로부터 할인되지 않은 가격으로 납품을 받았다면 이는 회사와의 신임관계를 저버리는 행위로서 임무에 위배하는 행위라고 할 것이다. 다만, 구체적 사정에 비추어 할인받을 수 있는 가격을 특정할 수 없는 등의 특별한 사정이 있다면 이사가 취득한 이익 전체를 회사에 발생한 재산상 손해액이라고 할 수는 없고, 회사에는 가액을 산정할 수 없는 손해가 발생하였다고 봄이 상당하다(대판 2009.10.15. 2009도5655).

③ [×] 피고인이 '인쇄기'를 甲에게 양도하기로 하고 계약금 및 중도금을 수령하였음에도 이를 자신의 채권자 乙에게 기존 채무 변제에 갈음하여 양도한 경우, 피고인은 甲에 대하여 그의 사무를 처리하는 지위에 있지 않으므로 배임죄가 성립하지 않는다(대판(전) 2011.1.20. 2008도10479). ▶ 동산의 이중매매의 경우 배임죄가 성립하지 아니한다.

④ [○] 계주가 계원들로부터 계불입금을 징수하지 아니하였다면 그러한 상태에서 부담하는 계금지급의무는 단순한 채권관계상의 의무에 불과하여 타인의 사무에 속하지 아니하고, 이는 계주가 계원들과의 약정을 위반하여 계불입금을 징수하지 아니한 경우라 하여 달리 볼 수 없다(대판 2009.8.20. 2009도3143).

정답 ③

121 다음은 배임죄에 관한 설명이다. 옳지 않은 것은? (다툼이 있으면 판례에 의함)

[15 경찰간부]

① 자기소유의 동산에 대해 매수인과 매매계약을 체결한 매도인이 중도금까지 받은 상태에서 그 목적물을 제3자에 대한 자기의 채무변제에 갈음하여 그 제3자에게 양도해 버린 경우에는 기존 매수인에 대한 배임죄가 성립하지 않는다.

② 본인에게 재산상의 손해를 발생시켰는가의 여부는 배임수재죄의 성립에는 영향이 없다.

③ 채무자가 채권자에게 돈을 빌리면서 부동산을 담보로 제공하고 채무를 갚지 못하면 부동산을 넘겨주기로 한 대물변제예약을 체결하고도 부동산을 제3자에게 처분했다면 배임죄로 처벌된다.

④ 음식점의 임차권양도계약을 체결한 양도인의 이중양도행위는 배임죄가 아니다.

해설

① [○] 피고인이 '인쇄기'를 甲에게 양도하기로 하고 계약금 및 중도금을 수령하였음에도 이를 자신의 채권자 乙에게 기존 채무 변제에 갈음하여 양도한 경우, 피고인은 甲에 대하여 그의 사무를 처리하는 지위에 있지 않으므로 배임죄가 성립하지 않는다(대판(전) 2011.1.20. 2008도10479). ▶ 동산의 이중매매의 경우 배임죄가 성립하지 아니한다.

② [○] 피고인이 그가 대표이사로 있는 회사가 발주하는 공사에 관하여 입찰경쟁업체로 지명함에 있어서 부적당하다는 정을 알면서도 부정한 청탁을 받고 소외 건설업체를 지명하고 그 사례조로 금원을 수수하여 배임수재죄가 성립하였다면 그 후 위 건설업체가 동 공사를 아무런 하자없이 시공하여 준공검사를 마침으로써 그 회사에 아무런 손해가 발생하지 아니하였더라도 아무런 영향이 없다(대판 1983.12.13. 82도735).

③ [×] 채무자가 채권자에 대하여 소비대차 등으로 인한 채무를 부담하고 이를 담보하기 위하여 장래에 부동산의 소유권을 이전하기로 하는 내용의 대물변제예약에서, 그 약정의 내용에 좇은 이행을 하여야 할 채무는 특별한 사정이 없는 한 '자기의 사무'에 해당하는 것이 원칙이다. 대물변제예약의 궁극적 목적은 차용금반환채무의 이행 확보에 있고, 채무자가 대물변제예약에 따라 부동산에 관한 소유권이전등기절차를 이행할 의무는 그 궁극적 목적을 달성하기 위해 채무자에게 요구되는 부수적 내용이어서 이를 가지고 배임죄에서 말하는 신임관계에 기초하여 채권자의 재산을 보호 또는 관리하여야 하는 '타인의 사무'에 해당한다고 볼 수는 없다. 그러므로 채권 담보를 위한 대물변제예약 사안에서 채무자가 대물로 변제하기로 한 부동산을 제3자에게 처분하였다고 하더라도 형법상 배임죄가 성립하는 것은 아니다(대판(전) 2014.8.21. 2014도3363).

④ [○] 점포임차권 양도계약을 체결한 후 계약금과 중도금까지 지급받았다 하더라도 잔금을 수령함과 동시에 양수인에게 점포를 명도하여 줄 양도인의 의무는 위 양도계약에 따르는 민사상의 채무에 지나지 아니하여 이를 타인의 사무로 볼 수 없으므로 비록 양도인이 위 임차권을 2중으로 양도하였다 하더라도 배임죄를 구성하지 않는다(대판 1986.9.23. 86도811).

정답 ③

122 배임죄에 관한 설명이다. 다음 중 가장 적절하지 않은 것은? (다툼이 있으면 판례에 의함) [15 경찰채용]

① 매도인이 매수인으로부터 중도금을 수령한 이후에 매매목적물인 동산을 제3자에게 양도하는 행위는 배임죄에 해당하지 않는다.

② 미성년자와 친생자관계가 없으나 호적상 친모로 등재되어 있는 자가 미성년자의 상속재산 처분에 관여한 경우, 배임죄에 있어서 타인의 사무를 처리하는 자의 지위에 있다.

③ 채권담보 목적으로 부동산에 관한 대물변제예약을 체결한 채무자가 대물로 변제하기로 한 부동산을 제3자에게 임의로 처분한 경우 배임죄가 성립한다.

④ 새마을금고 임·직원이 동일인 대출한도 제한규정을 위반하여 초과대출행위를 하였더라도 대출채권 회수에 문제가 없는 것으로 판단되는 경우라면 업무상 배임죄가 성립하지 않는다.

해설

① [○] 피고인이 '인쇄기'를 甲에게 양도하기로 하고 계약금 및 중도금을 수령하였음에도 이를 자신의 채권자 乙에게 기존 채무 변제에 갈음하여 양도한 경우, 피고인은 甲에 대하여 그의 사무를 처리하는 지위에 있지 않으므로 배임죄가 성립하지 않는다(대판(전) 2011.1.20. 2008도10479). ▶ 동산의 이중매매의 경우 배임죄가 성립하지 아니한다.

② [○] 미성년자와 친생자관계가 없으나 호적상 친모로 등재되어 있는 자가 미성년자의 상속재산 처분에 관여한 경우, 배임죄에 있어서 타인의 사무를 처리하는 자의 지위에 있다(대판 2002.6.14. 2001도3534).

③ [×] 대물변제예약의 궁극적 목적은 차용금반환채무의 이행 확보에 있고, 채무자가 대물변제예약에 따라 부동산에 관한 소유권이전등기절차를 이행할 의무는 그 궁극적 목적을 달성하기 위해 채무자에게 요구되는 부수적 내용이어서 이를 가지고 배임죄에서 말하는 신임관계에 기초하여 채권자의 재산을 보호 또는 관리하여야 하는 '타인의 사무'에 해당한다고 볼 수는 없다. 그러므로 채권 담보를 위한 대물변제예약 사안에서 채무자가 대물로 변제하기로 한 부동산을 제3자에게 처분하였다고 하더라도 배임죄가 성립하는 것은 아니다(대판(전) 2014.8.21. 2014도3363).

④ [○] 새마을금고 임·직원이 동일인 대출한도 제한규정을 위반하여 초과대출행위를 하였더라도 대출채권 회수에 문제가 없는 것으로 판단되는 경우라면 업무상 배임죄가 성립하지 않는다(대판(전) 2008.6.19. 2006도4876).

정답 ③

123 **배임죄에 대한 설명으로 가장 적절하지 않은 것은? (다툼이 있으면 판례에 의함)** [21 경찰승진]

① 동산매매계약에서의 매도인은 매수인에 대하여 그의 사무를 처리하는 지위에 있지 아니하므로, 매도인이 목적물을 매수인에게 인도하지 아니하고 이를 타에 처분하였다 하더라도 매도인에게 형법상 배임죄가 성립하지 않는다.

② 채무담보를 위하여 채권자에게 부동산에 관하여 근저당권을 설정해 주기로 약정한 채무자가 담보목적물을 임의로 처분한 경우 채무자에게 배임죄가 성립하지 않는다.

③ 부동산 매도인인 피고인이 매수인 甲 등과 매매계약을 체결하고 甲 등으로부터 계약금과 중도금을 지급받은 후 매매목적물인 부동산을 제3자 乙 등에게 이중으로 매도하고 소유권이전등기를 마쳐 준 것만으로는 피고인에게 배임죄가 성립하지 않는다.

④ 채무자가 금전채무를 담보하기 위하여 그 소유의 동산을 채권자에게 「동산·채권 등의 담보에 관한 법률」에 따른 동산담보로 제공함으로써 채권자인 동산담보권자에 대하여 담보물의 담보가치를 유지·보전할 의무 또는 담보물을 타에 처분하거나 멸실, 훼손하는 등으로 담보권 실행에 지장을 초래하는 행위를 하지 않을 의무를 부담하게 된 경우라도 채무자는 배임죄의 주체인 '타인의 사무를 처리하는 자'에 해당하지 않는다.

해설

① [○] 피고인이 '인쇄기'를 甲에게 양도하기로 하고 계약금 및 중도금을 수령하였음에도 이를 자신의 채권자 乙에게 기존 채무 변제에 갈음하여 양도한 경우, 피고인은 甲에 대하여 그의 사무를 처리하는 지위에 있지 않으므로 배임죄가 성립하지 않는다(대판(전) 2011.1.20. 2008도10479). ▶ 동산의 이중매매의 경우 배임죄가 성립하지 아니한다.

② [○] 채무자가 저당권설정계약에 따라 채권자에 대하여 부담하는 저당권을 설정할 의무는 계약에 따라 부담하게 된 채무자 자신의 의무이다. 채무자가 위와 같은 의무를 이행하는 것은 채무자 자신의 사무에 해당할 뿐이므로, 채무자를 채권자에 대한 관계에서 '타인의 사무를 처리하는 자'라고 할 수 없다. 따라서 채무자가 제3자에게 먼저 담보물에 관한 저당권을 설정하거나 담보물을 양도하는 등으로 담보가치를 감소 또는 상실시켜 채권자의 채권실현에 위험을 초래하더라도 배임죄가 성립한다고 할 수 없다(대판(전) 2020.6.18. 2019도14340).

③ [×] 부동산 매매계약에서 중도금이 지급되는 등 계약이 본격적으로 이행되는 단계에 이른 때에는 계약이 취소되거나 해제되지 않는 한 매도인은 매수인에게 부동산의 소유권을 이전해 줄 의무에서 벗어날 수 없으므로 매도인은 매수인에 대하여 매수인의 재산보전에 협력하여 재산적 이익을 보호·관리할 신임관계에 있게 되어(매도인은 배임죄에서 말하는 '타인의 사무를 처리하는 자'에 해당한다), 매도인이 그 부동산을 제3자에게 처분하고 제3자 앞으로 그 처분에 따른 등기를 마쳐준 행위는 매수인의 부동산 취득 또는 보전에 지장을 초래하는 행위이므로 배임죄가 성립한다(대판(전) 2018.5.17. 2017도4027).

④ [○] 채무자가 금전채무를 담보하기 위하여 그 소유의 동산을 채권자에게 동산·채권 등의 담보에 관한 법률(이하 '동산채권담보법'이라 한다)에 따른 동산담보로 제공함으로써 채권자인 동산담보권자에 대하여 담보물의 담보가치를 유지·보전할 의무 또는 담보물을 타에 처분하거나 멸실, 훼손하는 등으로 담보권 실행에 지장을 초래하는 행위를 하지 않을 의무를 부담하게 되었더라도, 이를 들어 채무자가 통상의 계약에서의 이익대립관계를 넘어서 채권자와의 신임관계에 기초하여 채권자의 사무를 맡아 처리하는 것으로 볼 수 없다. 따라서 이러한 경우 채무자를 배임죄의 주체인 '타인의 사무를 처리하는 자'에 해당한다고 할 수 없고, 그가 담보물을 제3자에게 처분하는 등으로 담보가치를 감소 또는 상실시켜 채권자의 담보권 실행이나 이를 통한 채권실현에 위험을 초래하더라도 배임죄가 성립하지 아니한다(대판(전) 2020.8.27. 2019도14770).

정답 ③

124 **배임죄에 대한 설명으로 옳은 것은? (다툼이 있으면 판례에 의함)** [21 경찰간부]

① 채권담보를 위한 대물변제예약 사안에서 채무자가 대물로 변제하기로 한 부동산을 제3자에게 처분한 경우 채무자에게 배임죄가 성립한다.

② 동산 매매에서 매도인이 목적물을 매수인에게 양도하기로 하고 계약금 및 중도금을 수령하였음에도 목적물을 제3자에게 양도함으로써 재산상 이익을 취득하고 매수인에게 손해를 입힌 경우, 매도인에게 배임죄가 성립한다.

③ 채무자가 그 소유의 동산에 대하여 점유개정의 방식으로 채권자들에게 이중의 양도담보 설정계약을 체결한 후 양도담보 목적물을 임의로 제3자에게 처분하였다면, 후채권자와의 관계에서는 채무자에게 배임죄가 성립하지 않는다.

④ 법인의 대표이사가 대표권을 남용하여 약속어음을 발행한 경우, 상대방이 그 대표이사의 진의를 알았거나 알 수 있었던 경우여서 그 행위가 회사에 대하여 무효라면 그 약속어음이 제3자에게 유통되었더라도 해당 대표이사에게 배임죄가 성립하지 않는다.

해설

① [×] 대물변제예약의 궁극적 목적은 차용금반환채무의 이행 확보에 있고, 채무자가 대물변제예약에 따라 부동산에 관한 소유권이전등기절차를 이행할 의무는 그 궁극적 목적을 달성하기 위해 채무자에게 요구되는 부수적 내용이어서 이를 가지고 배임죄에서 말하는 신임관계에 기초하여 채권자의 재산을 보호 또는 관리하여야 하는 '타인의 사무'에 해당한다고 볼 수는 없다. 그러므로 채권 담보를 위한 대물변제예약 사안에서 채무자가 대물로 변제하기로 한 부동산을 제3자에게 처분하였다고 하더라도 배임죄가 성립하는 것은 아니다(대판(전) 2014.8.21. 2014도3363).

② [×] 매매의 목적물이 동산일 경우, 매도인은 매수인에게 계약에 정한 바에 따라 그 목적물인 동산을 인도함으로써 계약의 이행을 완료하게 되고 그때 매수인은 매매목적물에 대한 권리를 취득하게 되는 것이므로, 매도인에게 자기의 사무인 동산인도채무 외에 별도로 매수인의 재산의 보호 내지 관리 행위에 협력할 의무가 있다고 할 수 없다. 동산매매계약에서의 매도인은 매수인에 대하여 그의 사무를 처리하는 지위에 있지 아니하므로 매도인이 목적물을 매수인에게 인도하지 아니하고 이를 타에 처분하였다 하더라도 형법상 배임죄가 성립하는 것은 아니다(대판(전) 2011.1.20. 2008도10479).

③ [○] 채무자가 그 소유의 동산에 대하여 점유개정의 방식으로 채권자들에게 이중의 양도담보 설정계약을 체결한 후 양도담보 설정자가 목적물을 임의로 제3자에게 처분하였다면 양도담보권자라 할 수 없는 뒤의 채권자에 대한 관계에서는, 설정자인 채무자가 타인의 사무를 처리하는 자에 해당한다고 할 수 없어 배임죄가 성립하지 않는다(대판 2004.6.25. 2004도1751).

④ [×] 주식회사의 대표이사가 대표권을 남용하는 등 그 임무에 위배하여 약속어음을 발행한 경우 어음법상 발행인은 종전의 소지인에 대한 인적 관계로 인한 항변으로써 소지인에게 대항하지 못하므로, 어음발행이 무효라 하더라도 그 어음이 실제로 제3자에게 유통되었다면 회사로서는 어음채무를 부담할 위험이 구체적 · 현실적으로 발생하였다고 보아야 하고, 따라서 그 어음채무가 실제로 이행되기 전이라도 배임죄의 기수범이 된다.
그러나 약속어음 발행이 무효일 뿐만 아니라 그 어음이 유통되지도 않았다면 회사는 어음발행의 상대방에게 어음채무를 부담하지 않기 때문에 특별한 사정이 없는 한 회사에 현실적으로 손해가 발생하였다거나 실해 발생의 위험이 발생하였다고도 볼 수 없으므로, 이때에는 배임죄의 기수범이 아니라 배임미수죄로 처벌하여야 한다(대판(전) 2017.7.20. 2014도1104).

정답 ③

125 다음 중 판례가 배임행위의 성립을 인정한 경우는 모두 몇 개인가? [19 경찰간부]

> ㉠ 계가 정상적으로 운영되고 있음에도 계주가 그동안 성실하게 계불입금을 지급하여 온 계원에게 계가 깨졌다고 거짓말을 하여 그 계원이 계에 참석하여 계금을 탈 수 있는 기회를 박탈하여 손해를 가한 경우
> ㉡ 주식회사의 경영을 책임지는 이사가 임무에 위배하여 주주 또는 회사채권자에게 손해가 될 행위를 하였으나 주주총회 결의가 있었던 경우
> ㉢ 서면으로 부동산 증여의 의사를 표시한 증여자가 수증자에게 증여계약에 따라 부동산의 소유권을 이전하지 않고 부동산을 제3자에게 처분하여 등기를 마친 경우
> ㉣ 다방을 임차하면서 임차기간 동안 영업허가 명의를 임차인 명의로 변경하고 임대차 종료시 임대인에게 명의반환을 하기로 약정하고도 임대차 종료 후 임차인이 명의반환을 거부하는 경우

① 1개
② 2개
③ 3개
④ 4개

해설

㉠ [성립] 계가 정상적으로 운영되고 있음에도 불구하고 계주가 그동안 성실하게 계불입금을 지급하여 온 계원에게 계가 깨졌다는 등의 거짓말을 하여 그 계원이 계에 참석하여 낙찰받아 계금을 탈 수 있는 기회를 박탈하여 손해를 가하였다면 계주의 위와 같은 임무위배는 그 계원에 대한 관계에 있어서 배임죄를 구성한다(대판 1995.9.29. 95도1176).

㉡ [성립] 회사의 대표이사는 이사회 또는 주주총회의 결의가 있더라도 그 결의내용이 회사 채권자를 해하는 불법한 목적이 있는 경우에는 이에 맹종할 것이 아니라 회사를 위하여 성실한 직무수행을 할 의무가 있으므로 대표이사가 임무에 배임하는 행위를 함으로써 주주 또는 회사채권자에게 손해가 될 행위를 하였다면 그 회사의 이사회 또는 주주총회의 결의가 있었다고 하여 그 배임행위가 정당화 될 수는 없다(대판 2005.10.28. 2005도4915).

㉢ [성립] 서면으로 부동산 증여의 의사를 표시한 증여자는 계약이 취소되거나 해제되지 않는 한 수증자에게 목적부동산의 소유권을 이전할 의무에서 벗어날 수 없으므로 그 단계에서 증여자는 '타인의 사무를 처리하는 자'에 해당하고, 그가 수증자에게 증여계약에 따라 부동산의 소유권을 이전하지 않고 부동산을 제3자에게 처분하여 등기를 하는 행위는 수증자와의 신임관계를 저버리는 행위로서 배임죄가 성립한다(대판 2018.12.13. 2016도19308).

㉣ [성립] 다방영업 허가에 따르는 재산적 이익의 실질적 귀속자인 A가 피고인 甲에게 다방시설을 포함한 운영권 일체를 임대함에 있어서 임대기간 동안은 다방 영업허가 명의를 甲 명의로 변경하고, 그 임대기간이 종료될 때에는 다시 A 또는 A가 지정하는 제3자 앞으로 명의를 변경하기로 약정한 경우, 甲이 명의환원 약정을 부인하고 자신이 명실상부한 영업허가 명의자라고 주장하면서 영업장소를 이전하고 다방의 상호를 변경하고 A의 명의변경 요구를 거부하는 소위는 배임죄에 해당한다(대판 1981.8.20. 80도1176).

정답 ④

126 **다음 중 배임죄 또는 업무상배임죄가 성립하지 않는 경우를 모두 고른 것은? (다툼이 있으면 판례에 의함)**

[20 경찰승진]

> ㉠ 새마을금고 임직원이 동일인 대출한도 제한규정을 위반하여 초과대출행위를 하였더라도 대출채권회수에 문제가 없는 것으로 판단되는 경우
> ㉡ 자기 소유의 동산에 대해 매수인과 매매계약을 체결한 매도인이 중도금까지 지급받은 상태에서 그 목적물을 제3자에 대한 자기의 채무변제에 갈음하여 그 제3자에게 양도한 경우
> ㉢ 회사의 승낙없이 임의로 지정 할인율보다 더 높은 할인율을 적용하여 회사가 지정한 가격보다 낮은 가격으로 거래처에 제품을 판매하였지만 시장거래 가격에 따라 제품을 판매한 경우
> ㉣ 피고인의 채권에 대한 담보목적으로 피해자가 자신의 대지와 건물을 피고인에게 소유권이전등기를 해주었는데, 피해자가 약정기일까지 차용한 금전을 이행하지 못하자 피고인이 담보권의 실행으로 담보 부동산을 염가로 처분한 경우

① ㉠, ㉡
② ㉠, ㉢
③ ㉡, ㉢, ㉣
④ ㉠, ㉡, ㉢, ㉣

해설

㉠ [불성립] 동일인 대출한도를 초과하여 대출함으로써 새마을금고법을 위반하였다고 하더라도, 대출한도 제한규정 위반으로 처벌함은 별론으로 하고 그 사실만으로 특별한 사정이 없는 한 업무상배임죄가 성립한다고 할 수 없고, 일반적으로 이러한 동일인 대출한도 초과대출이라는 임무위배의 점에 더하여 대출 당시의 대출채무자의 재무상태 등에 비추어 볼 때 채무상환능력이 부족하거나 제공된 담보의 경제적 가치가 부실해서 대출채권의 회수에 문제가 있는 것으로 판단되는 경우에 재산상 손해가 발생하였다고 보아 업무상배임죄가 성립한다(대판(전) 2008.6.19. 2006도4876).

㉡ [불성립] 매매의 목적물이 동산일 경우, 매도인은 매수인에게 계약에 정한 바에 따라 그 목적물인 동산을 인도함으로써 계약의 이행을 완료하게 되고 그때 매수인은 매매목적물에 대한 권리를 취득하게 되는 것이므로, 매도인에게 자기의 사무인 동산인도채무 외에 별도로 매수인의 재산의 보호 내지 관리 행위에 협력할 의무가 있다고 할 수 없다. 동산매매계약에서의 매도인은 매수인에 대하여 그의 사무를 처리하는 지위에 있지 아니하므로 매도인이 목적물을 매수인에게 인도하지 아니하고 이를 타에 처분하였다 하더라도 배임죄가 성립하는 것은 아니다(대판(전) 2011.1.20. 2008도10479).

㉢ [불성립] [1] 본인에게 손해를 가하였다고 할지라도 행위자 또는 제3자가 재산상 이익을 취득한 사실이 없다면 배임죄가 성립할 수 없다.
[2] 피고인이 회사가 정한 할인율 제한을 위반하였다 하더라도 시장에서 거래되는 가격에 따라 제품을 판매하였다면 지정 할인율에 의한 제품가격과 실제 판매시 적용된 할인율에 의한 제품가격의 차액 상당을 거래처가 얻은 재산상의 이익이라고 볼 수는 없다(대판 2009.12.24. 2007도2484).
▶ 행위자 또는 제3자가 재산상 이익을 취득한 사실이 없으므로 배임죄가 성립할 수 없다.

㉣ [불성립] 담보권자가 변제기 경과 후에 담보권을 실행하기 위하여 담보목적물을 처분하는 행위는 담보계약에 따라 담보권자에게 주어진 권능이어서 자기의 사무처리에 속하는 것이지 타인인 채무자의 사무처리에 속하는 것이라고 할 수 없으므로, 담보권자가 담보권을 실행하기 위하여 담보목적물을 처분함에 있어 시가에 따른 적절한 처분을 하여야 할 의무는 담보계약상의 민사채무일 뿐 그와 같은 형법상의 의무가 있는 것은 아니므로 그에 위반한 경우 배임죄가 성립된다고 할 수 없다(대판 1997.12.23. 97도2430).

정답 ④

127 다음 중 옳은 것은 모두 몇 개인가? (다툼이 있으면 판례에 의함)

[11 경찰간부]

> ㉠ 배임죄에 있어서 '타인의 사무'에 등기협력의무와 같이 매매, 담보권설정 등 자기의 거래를 완성하기 위한 자기의 사무인 동시에 상대방의 재산보전에 협력할 의무가 있는 경우는 포함되지 않는다.
> ㉡ 경영자가 적대적 M&A로부터 경영권 방어를 목적으로 자신의 종업원의 자사주매입에 회사자금을 지원한 경우 배임죄가 성립하지 않는다.
> ㉢ A회사의 사업부 영업팀장이 체인점들에 대한 전매입고 금액을 삭제하여 전산상 회사의 체인점들에 대한 외상대금채권이 줄어든 것으로 처리하는 전산조작행위를 한 경우 업무상 배임죄가 성립한다.
> ㉣ 계가 정상적으로 운영되고 있음에도 불구하고 계주가 그동안 성실하게 계불입금을 지급하여 온 계원에게 계가 깨졌다는 등의 거짓말을 하여 그 계원이 계에 참석하여 낙찰받아 계금을 탈 수 있는 기회를 박탈하여 손해를 가한 경우 횡령죄가 성립한다.

① 없음
② 1개
③ 2개
④ 3개

해설

㉠ [×] 배임죄에 있어서 '타인의 사무'라 함은 신임관계에 기초를 둔 타인의 재산의 보호 내지 관리의무가 있을 것을 그 본질적 내용으로 하는 것으로 타인의 재산관리에 관한 사무를 대행하는 경우, 예컨대 위임, 고용 등의 계약상 타인의 재산의 관리·보전의 임무를 부담하는데 본인을 위하여 일정한 권한을 행사하는 경우, 등기협력의무와 같이 매매, 담보권설정 등 자기의 거래를 완성하기 위한 자기의 사무인 동시에 상대방의 재산보전에 협력할 의무가 있는 경우 따위를 말한다(대판 2005.3.25. 2004도6890).

㉡ [×] 경영자의 자금지원의 주된 목적이 종업원의 재산형성을 통한 복리증진보다는 안정주주를 확보함으로써 경영자의 회사에 대한 경영권을 계속 유지하고자 하는 데 있다면, 그 자금지원은 경영자의 이익을 위하여 회사재산을 사용하는 것이 되어 회사의 이익에 반하므로 회사에 대한 관계에서 임무위배행위가 된다(대판 1999.6.25. 99도1141).

㉢ [×] 피고인의 전산조작행위로 인하여 회사의 체인점들에 대한 외상대금채권 행사가 사실상 불가능해지거나 또는 현저히 곤란해진 것이 아니라면, 해당 체인점의 점주들이 그에 상응하는 재산상 이익을 취득하였다고 보기도 어려울 것이다. 따라서 원심이 전산상 외상대금채권이 자동 차감된다는 사정만으로 만연히 회사의 외상매출금채권이 감소될 우려가 생겼다고 판단하여 업무상 배임의 공소사실을 유죄로 인정한 잘못이 있다(대판 2006.7.27. 2006도3145).

㉣ [×] 계주가 그 동안 성실하게 계불입금을 지급하여 온 계원에게 계가 깨졌다는 등의 거짓말을 하여 그 계원이 계에 참석하여 낙찰받아 계금을 탈 수 있는 기회를 박탈하여 손해를 가하였다면 계주의 위와 같은 임무위배는 그 계원에 대한 관계에 있어서 배임죄를 구성한다(대판 1995.9.29. 95도1176).

정답 ①

128 배임의 죄에 대한 설명으로 가장 적절하지 않은 것은? (다툼이 있으면 판례에 의함)

[21 경찰채용]

① 채무자가 본인 소유의 동산을 채권자에게 「동산·채권 등의 담보에 관한 법률」에 따른 동산담보로 제공한 경우, 채무자가 담보물을 제3자에게 처분하는 등으로 담보가치를 감소 또는 상실시켜 채권자의 담보권 실행이나 이를 통한 채권실현에 위험을 초래하더라도 배임죄는 성립하지 않는다.

② 채무자가 금전채무를 담보하기 위한 저당권설정계약에 따라 채권자에게 본인 소유의 부동산에 관하여 저당권을 설정할 의무를 부담하게 된 경우, 이는 통상의 계약에서 이루어지는 이익대립관계를 넘어서 채권자와의 신임관계에 기초하여 채권자의 사무를 맡아 처리하는 것으로 보아야 하므로 배임죄에서의 '타인의 사무를 처리하는 자'라고 할 수 있다.

③ 서면으로 부동산 증여의 의사를 표시한 증여자가 수증자에게 증여계약에 따라 부동산의 소유권을 이전하지 아니하고 부동산을 제3자에게 처분하여 등기를 하는 행위는 수증자와의 신임관계를 저버리는 행위로서 배임죄가 성립한다.

④ 주식회사의 대표이사가 대표권을 남용하는 등 그 임무에 위배하여 약속어음을 발행하였는데 그 약속어음의 발행이 무효일 뿐만 아니라 유통되지도 않은 경우, 회사는 어음발행의 상대방에게 어음채무를 부담하지 않기 때문에 특별한 사정이 없는 한 배임죄의 기수범이 아니라 배임미수죄로 처벌하여야 한다.

해설

① [○] 채무자가 금전채무를 담보하기 위하여 그 소유의 동산을 채권자에게 동산·채권 등의 담보에 관한 법률(이하 '동산채권담보법'이라 한다)에 따른 동산담보로 제공함으로써 채권자인 동산담보권자에 대하여 담보물의 담보가치를 유지·보전할 의무 또는 담보물을 타에 처분하거나 멸실, 훼손하는 등으로 담보권 실행에 지장을 초래하는 행위를 하지 않을 의무를 부담하게 되었더라도, 이를 들어 채무자가 통상의 계약에서의 이익대립관계를 넘어서 채권자와의 신임관계에 기초하여 채권자의 사무를 맡아 처리하는 것으로 볼 수 없다. 따라서 이러한 경우 채무자를 배임죄의 주체인 '타인의 사무를 처리하는 자'에 해당한다고 할 수 없고, 그가 담보물을 제3자에게 처분하는 등으로 담보가치를 감소 또는 상실시켜 채권자의 담보권 실행이나 이를 통한 채권실현에 위험을 초래하더라도 배임죄가 성립하지 아니한다(대판(전) 2020.8.27. 2019도14770).

② [×] 채무자가 저당권설정계약에 따라 채권자에게 저당권을 설정할 의무를 이행하는 것은 채무자 자신의 사무에 해당할 뿐이고 채무자를 채권자에 대한 관계에서 '타인의 사무를 처리하는 자'라고 할 수 없으므로 채무자가 제3자에게 먼저 담보물에 관한 저당권을 설정하거나 담보물을 양도하는 등으로 담보가치를 감소 또는 상실시켜 채권자의 채권실현에 위험을 초래하더라도 배임죄가 성립한다고 할 수 없다(대판(전) 2020.6.18. 2019도14340).

③ [○] 서면으로 부동산 증여의 의사를 표시한 증여자는 계약이 취소되거나 해제되지 않는 한 수증자에게 목적부동산의 소유권을 이전할 의무에서 벗어날 수 없다. 그러한 증여자는 '타인의 사무를 처리하는 자'에 해당하고, 그가 수증자에게 증여계약에 따라 부동산의 소유권을 이전하지 않고 부동산을 제3자에게 처분하여 등기를 하는 행위는 수증자와의 신임관계를 저버리는 행위로서 배임죄가 성립한다(대판 2018.12.13. 2016도19308).

④ [○] 주식회사의 대표이사가 대표권을 남용하는 등 그 임무에 위배하여 약속어음을 발행한 경우 어음법상 발행인은 종전의 소지인에 대한 인적 관계로 인한 항변으로써 소지인에게 대항하지 못하므로, 어음발행이 무효라 하더라도 그 어음이 실제로 제3자에게 유통되었다면 회사로서는 어음채무를 부담할 위험이 구체적·현실적으로 발생하였다고 보아야 하고, 따라서 그 어음채무가 실제로 이행되기 전이라도 배임죄의 기수범이 된다.
그러나 약속어음 발행이 무효일 뿐만 아니라 그 어음이 유통되지도 않았다면 회사는 어음발행의 상대방에게 어음채무를 부담하지 않기 때문에 특별한 사정이 없는 한 회사에 현실적으로 손해가 발생하였다거나 실해 발생의 위험이 발생하였다고도 볼 수 없으므로, 이때에는 배임죄의 기수범이 아니라 배임미수죄로 처벌하여야 한다(대판(전) 2017.7.20. 2014도1104).

정답 ②

129 배임죄에 대한 다음 설명 중 옳지 않은 것은 모두 몇 개인가? (다툼이 있으면 판례에 의함)

[16 경찰채용]

> ㉠ 업무상 배임죄에 있어 본인에게 재산상의 손해를 가한다 함은 현실적인 손해를 가한 경우뿐만 아니라 재산상 실해 발생의 위험을 초래한 경우도 포함되며, 재산상 손해의 유무에 대한 판단은 법률적 관점에서 파악하여야 한다.
> ㉡ 피해자 회사의 사업부 영업팀장인 피고인이 체인점들에 대한 전매입고 금액을 삭제하여 전산상 회사의 체인점들에 대한 외상대금채권이 줄어든 것으로 처리하는 전산조작행위를 한 경우 업무상 배임죄가 성립한다.
> ㉢ 대표이사 甲이 대표권을 남용하여 회사 명의의 약속어음을 발행하였다면, 비록 상대방이 그 사실을 알고 있었거나 중대한 과실로 알지 못하여 회사가 상대방에 대하여는 채무를 부담하지 아니한다 하더라도 그 약속어음이 제3자에게 유통되지 아니한다는 특별한 사정이 없는 한 배임죄가 성립한다.
> ㉣ 피고인이 '인쇄기'를 甲에게 양도하기로 하고 계약금 및 중도금을 수령하였음에도 이를 자신의 채권자 乙에게 기존 채무 변제에 갈음하여 양도함으로써 재산상 이익을 취득하고 甲에게 동액 상당의 손해를 입혔다면 배임죄가 성립한다.

① 1개
② 2개
③ 3개
④ 4개

해설

㉠ [×] 배임죄에 있어서 '재산상의 손해를 가한 때'라 함은 현실적인 손해를 가한 경우뿐만 아니라, 재산상 실해 발생의 위험을 초래한 경우도 포함되고, 재산상 손해의 유무에 대한 판단은 본인의 전 재산 상태와의 관계에서 법률적 판단에 의하지 아니하고 경제적 관점에서 파악하여야 하며, 따라서 법률적 판단에 의하여 당해 배임행위가 무효라 하더라도 경제적 관점에서 파악하여 배임행위로 인하여 본인에게 현실적인 손해를 가하였거나 재산상 실해 발생의 위험을 초래한 경우에는 재산상의 손해를 가한 때에 해당되어 배임죄를 구성한다(대판 2014.2.13. 2011도16763).

㉡ [×] 회사의 영업팀장인 피고인 甲이 X체인점이 상품을 Y체인점으로 보낸 사실이 없음에도 마치 상품을 보낸 것처럼 허위로 (회사에서 상품대금을 지급하는) 전매출고, (회사에서 상품대금을 지급받는) 전매입고를 전산입력하고, 피고인 乙은 전산상 Y체인점에 대한 전매입고만을 삭제한 경우, 피고인들의 전산조작행위로 인하여 회사의 체인점들에 대한 외상대금채권 행사가 사실상 불가능해지거나 또는 현저히 곤란해진 것이 아니라면 해당 체인점의 점주들이 그에 상응하는 재산상 이익을 취득하였다고 보기 어렵다(대판 2006.7.27. 2006도3145).

㉢ [×] 주식회사의 대표이사가 대표권을 남용하는 등 그 임무에 위배하여 약속어음을 발행한 경우 어음법상 발행인은 종전의 소지인에 대한 인적 관계로 인한 항변으로써 소지인에게 대항하지 못하므로, 어음발행이 무효라 하더라도 그 어음이 실제로 제3자에게 유통되었다면 회사로서는 어음채무를 부담할 위험이 구체적·현실적으로 발생하였다고 보아야 하고, 따라서 그 어음채무가 실제로 이행되기 전이라도 배임죄의 기수범이 된다.
그러나 약속어음 발행이 무효일 뿐만 아니라 그 어음이 유통되지도 않았다면 회사는 어음발행의 상대방에게 어음채무를 부담하지 않기 때문에 특별한 사정이 없는 한 회사에 현실적으로 손해가 발생하였다거나 실해 발생의 위험이 발생하였다고도 볼 수 없으므로, 이때에는 배임죄의 기수범이 아니라 배임미수죄로 처벌하여야 한다(대판(전) 2017.7.20. 2014도1104).

㉣ [×] [1] 매매의 목적물이 동산일 경우, 매도인은 매수인에게 계약에 정한 바에 따라 그 목적물인 동산을 인도함으로써 계약의 이행을 완료하게 되고 그때 매수인은 매매목적물에 대한 권리를 취득하게 되는 것이므로, 매도인에게 자기의 사무인 동산인도채무 외에 별도로 매수인의 재산의 보호 내지 관리 행위에 협력할 의무가 있다고 할 수 없다. 동산매매계약에서의 매도인은 매수인에 대하여 그의 사무를 처리하는 지위에 있지 아니하므로, 매도인이 목적물을 매수인에게 인도하지 아니하고 이를 타에 처분하였다 하더라도 형법상 배임죄가 성립하는 것은 아니다.
[2] 피고인이 인쇄기를 甲에게 양도하기로 하여 그로부터 계약금 및 중도금 명목으로 원단을 제공받아 이를 수령하였음에도 불구하고, 인쇄기를 자신의 채권자인 乙에게 기존 채무의 변제에 갈음하여 양도하였더라도 배임죄는 성립하지 아니한다(대판(전) 2011.1.20. 2008도10479).

정답 ④

130 **횡령과 배임에 관한 다음의 설명 중 가장 적절하지 않은 것은? (다툼이 있으면 판례에 의함)** [12 경찰채용]

① 형법 제357조 제1항의 배임수재죄와 같은 조 제2항의 배임증재죄는 통상 필요적 공범의 관계에 있기는 하나 이것은 반드시 수재자와 증재자가 같이 처벌받아야 하는 것을 의미하는 것은 아니고, 증재자에게는 정당한 업무에 속하는 청탁이라도 수재자에게는 부정한 청탁이 될 수도 있다.

② 업무상횡령죄에서 '업무'는 법령, 계약에 의한 것뿐만 아니라 관례를 좇거나 사실상의 것이거나를 묻지 않고 같은 행위를 반복할 지위에 따른 사무를 가리키며, 횡령죄에서 재물 보관에 관한 위탁관계는 사실상의 관계에 있으면 충분하다.

③ 동업자 사이에 손익분배 정산이 되지 아니하였다면 동업자 한 사람이 임의로 동업자들의 합유에 속하는 동업재산을 처분할 권한이 없는 것이므로, 동업자 한 사람이 동업재산을 보관 중 임의로 횡령하였다면 지분비율에 따라 횡령한 금액에 대하여 횡령죄의 죄책을 부담한다.

④ 미리 부동산을 이전받은 매수인이 이를 담보로 제공하여 매매대금 지급을 위한 자금을 마련하고 이를 매도인에게 제공함으로써 잔금을 지급하기로 당사자 사이에 약정하였다고 하더라도, 이는 기본적으로 매수인이 매매대금의 재원을 마련하는 방편에 관한 것이고, 그 성실한 이행에 의하여 매도인이 대금을 모두 받게 되는 이익을 얻는다는 것만으로 매수인이 신임관계에 기하여 매도인의 사무를 처리하는 것이 된다고 할 수 없다.

해설

① [O] 형법 제357조 제1항의 배임수재죄와 같은 조 제2항의 배임증재죄는 통상 필요적 공범의 관계에 있기는 하나 이것은 반드시 수재자와 증재자가 같이 처벌받아야 하는 것을 의미하는 것은 아니고, 증재자에게는 정당한 업무에 속하는 청탁이라도 수재자에게는 부정한 청탁이 될 수도 있다(대판 2011.10.27. 2010도7624).

② [O] 업무상횡령죄에서 '업무'는 법령, 계약에 의한 것뿐만 아니라 관례를 좇거나 사실상의 것이거나를 묻지 않고 같은 행위를 반복할 지위에 따른 사무를 가리키며, 횡령죄에서 재물 보관에 관한 위탁관계는 사실상의 관계에 있으면 충분하다(대판 2011.10.13. 2009도13751).

③ [×] 동업자 사이에 손익분배 정산이 되지 아니하였다면 동업자 한 사람이 임의로 동업자들의 합유에 속하는 동업재산을 처분할 권한이 없는 것이므로, 동업자 한 사람이 동업재산을 보관 중 임의로 횡령하였다면 지분비율에 관계없이 횡령한 금액 전부에 대하여 횡령죄의 죄책을 부담한다(대판 2011.6.10. 2010도17684).

④ [O] 미리 부동산을 이전받은 매수인이 이를 담보로 제공하여 매매대금 지급을 위한 자금을 마련하고 이를 매도인에게 제공함으로써 잔금을 지급하기로 당사자 사이에 약정하였다고 하더라도, 이는 기본적으로 매수인이 매매대금의 재원을 마련하는 방편에 관한 것이고, 그 성실한 이행에 의하여 매도인이 대금을 모두 받게 되는 이익을 얻는다는 것만으로 매수인이 신임관계에 기하여 매도인의 사무를 처리하는 것이 된다고 할 수 없다(대판 2011.4.28. 2011도3247).

정답 ③

131 **배임죄에 대한 설명 중 가장 적절하지 않은 것은? (다툼이 있는 경우 판례에 의함)** [23 경찰승진]

① 채무담보를 위하여 채권자에게 부동산에 관하여 근저당권을 설정해 주기로 약정한 채무자가 담보목적물을 임의로 처분하여 담보가치를 상실시킨 경우 채무자에게 배임죄가 성립한다.

② 자기 소유의 동산에 대해 매수인과 매매계약을 체결한 매도인이 중도금까지 지급받은 상태에서 그 목적물을 제3자에 양도한 경우 매도인에게 배임죄가 성립하지 않는다.

③ 권리이전에 등기 등록을 요하는 자동차에 대한 매매계약에 있어 매도인이 매수인에게 소유권이전등록을 하지 않고 제3자에게 처분한 경우 매도인에게 배임죄가 성립하지 않는다.

④ 회사직원이 영업비밀이나 영업상 주요한 자산인 자료를 적법하게 반출했을지라도 퇴사 시에는 그 자료를 회사에 반환하거나 폐기할 의무가 있음에도 불구하고 경쟁업체에 유출하거나 자신의 이익을 위해 이용할 목적으로 반환 또는 폐기를 하지 않은 경우 업무상배임죄를 구성한다.

해설

① [×] [1] [다수의견] 채무자가 금전채무를 담보하기 위한 저당권설정계약에 따라 채권자에게 그 소유의 부동산에 관하여 저당권을 설정할 의무를 부담하게 되었다고 하더라도, 이를 들어 채무자가 통상의 계약에서 이루어지는 이익대립관계를 넘어서 채권자와의 신임관계에 기초하여 채권자의 사무를 맡아 처리하는 것으로 볼 수 없다.
채무자가 저당권설정계약에 따라 채권자에 대하여 부담하는 저당권을 설정할 의무는 계약에 따라 부담하게 된 채무자 자신의 의무이다. 채무자가 위와 같은 의무를 이행하는 것은 '채무자 자신의 사무에 해당할 뿐'이므로, 채무자를 채권자에 대한 관계에서 '타인의 사무를 처리하는 자'라고 할 수 없다. 따라서 채무자가 제3자에게 먼저 담보물에 관한 저당권을 설정하거나 담보물을 양도하는 등으로 담보가치를 감소 또는 상실시켜 채권자의 채권실현에 위험을 초래하더라도, 배임죄가 성립한다고 할 수 없다(대판(전) 2020.6.18. 2019도14340).

② [○] 자기 소유의 동산에 대해 매수인과 매매계약을 체결한 매도인이 중도금까지 지급받은 상태에서 그 목적물을 제3자에 양도한 경우 동산은 인도함으로써 채무이행을 완료한 것이 되고, 매도인이 매수인에게 동산을 양도할 의무는 민사상 자기채무에 불과하며, 매도인이 매수인과의 관계에서 타인의 사무를 처리하는 자의 지위에 해당하지 않으므로, 매도인에게 배임죄가 성립하지 않는다(대판(전) 2011.1.20. 2008도10479).

③ [○] 배임죄에서 '타인의 사무를 처리하는 자'라고 하려면, 타인의 재산관리에 관한 사무의 전부 또는 일부를 타인을 위하여 대행하는 경우와 같이 당사자 관계의 전형적 · 본질적 내용이 통상의 계약에서의 이익대립관계를 넘어서 그들 사이의 신임관계에 기초하여 타인의 재산을 보호 또는 관리하는 데에 있어야 한다. 위와 같은 법리는, 권리이전에 등기 · 등록을 요하는 동산에 관한 양도담보설정계약에도 마찬가지로 적용된다. 따라서 자동차 등에 관하여 양도담보설정계약을 체결한 채무자는 채권자에 대하여 그의 사무를 처리하는 지위에 있지 아니하므로, 채무자가 채권자에게 양도담보설정계약에 따른 의무를 다하지 아니하고 이를 타에 처분하였다고 하더라도 배임죄가 성립하지 아니한다(대판(전) 2022.12.22. 2020도8682).

④ [○] 회사직원이 영업비밀이나 영업상 주요한 자산인 자료를 적법하게 반출했을지라도 퇴사 시에는 그 자료를 회사에 반환하거나 폐기할 의무가 있음에도 불구하고 경쟁업체에 유출하거나 자신의 이익을 위해 이용할 목적으로 반환 또는 폐기를 하지 않은 경우, '퇴사 시'에 업무상배임죄의 기수에 해당한다(대판 2017.6.29. 2017도3808).

정답 ①

132 재물과 재산상의 이익에 관한 설명으로 가장 적절하지 않은 것은? (다툼이 있는 경우 판례에 의함)

[22 경찰채용]

① 비트코인은 경제적인 가치를 디지털로 표상하여 전자적으로 이전, 저장과 거래가 가능하도록 한 가상자산의 일종으로 사기죄의 객체인 재산상 이익에 해당한다.

② 甲이 乙의 돈을 절취한 다음 다른 금전과 섞거나 교환하지 않고 쇼핑백 등에 넣어 자신의 집에 숨겨두었는데, 丙이 乙의 지시로 甲에게 겁을 주어 쇼핑백 등에 들어 있던 절취된 돈을 교부받아 갈취하였다면, 위 돈은 타인인 甲의 재물이라고 볼 수 없다.

③ 형법 제333조(강도)에서의 '재산상 이익'은 반드시 사법상 유효한 재산상의 이득만을 의미하는 것은 아니나, 단지 외견상 재산상의 이득을 얻을 것이라고 인정할 수 있는 사실관계만으로는 재산상의 이익을 인정할 수 없다.

④ 배임죄에 있어서 재산상의 손해를 가한 때라 함은 현실적인 손해를 가한 경우뿐만 아니라 재산상 실해 발생의 위험을 초래한 경우도 포함된다.

해설

① [○] 비트코인은 재산상 이익에 해당한다(대판 2021.11.11. 2021도9855).
② [○] 공갈죄의 대상이 되는 '재물'은 타인의 재물을 의미하므로, 사람을 공갈하여 자기의 재물을 교부받는 경우에는 공갈죄가 성립하지 아니한다. 타인의 재물인지는 민법, 상법, 기타의 실체법에 의하여 결정되는데, 금전을 도난당한 경우 절도범이 절취한 금전만 소지하고 있는 때 등과 같이 구체적으로 절취된 금전을 특정할 수 있어 객관적으로 다른 금전 등과 구분됨이 명백한 예외적인 경우에는 절도 피해자에 대한 관계에서 그 금전이 절도범인 타인의 재물이라고 할 수 없다고 하면서, 갑이 을의 돈을 절취한 다음 다른 금전과 섞거나 교환하지 않고 쇼핑백 등에 넣어 자신의 집에 숨겨두었는데, 피고인이 을의 지시로 폭력조직원 병과 함께 갑에게 겁을 주어 쇼핑백 등에 들어 있던 절취된 돈을 교부받아 갈취하였다고 하여 폭력행위 등 처벌에 관한 법률 위반(공동공갈)으로 기소된 사안에서, 피고인 등이 갑에게서 되찾은 돈은 절취 대상인 당해 금전이라고 구체적으로 특정할 수 있어 객관적으로 갑의 다른 재산과 구분됨이 명백하므로 이를 타인인 갑의 재물이라고 볼 수 없다고 판시했다(대판 2012.8.30. 2012도6157).
③ [×] 형법 제333조 후단의 강도죄(이른바 강제이득죄)의 요건이 되는 재산상의 이익이란 재물 이외의 재산상의 이익을 말하는 것으로서, 그 재산상 이익은 반드시 사법상 유효한 재산상의 이득만을 의미하는 것이 아니고, 외견상 재산상의 이득을 얻을 것이라고 인정할 수 있는 사실관계만 있으면 여기에 해당된다(대판 1997.2.25. 96도3411; 동지 대판 1994.2.22. 93도428).
④ [○] 배임죄에 있어서 재산상의 손해를 가한 때라 함은 현실적인 손해를 가한 경우뿐만 아니라 재산상 실해 발생의 위험을 초래한 경우도 포함된다(대판 2017.10.12. 2017도6151).

정답 ③

133 배임의 죄에 관한 설명 중 가장 적절하지 않은 것은? (다툼 있는 경우 판례에 의함) [23 경찰채용]

① 채무자가 금전채무를 담보하기 위해 주식에 관하여 양도담보 설정계약을 체결한 후 변제일 전에 제3자에게 해당 주식을 처분하더라도 배임죄는 성립하지 않는다.
② 권리이전에 등록을 요하는 자동차에 대한 매매계약에서 매도인은 매수인의 사무를 처리하는 자의 지위에 있지 않으므로, 매도인이 매수인에게 소유권이전등록을 하지 아니하고 그 자동차를 제3자에게 처분하였다고 하더라도 배임죄는 성립하지 않는다.
③ 배임수재죄의 주체로서 '타인의 사무를 처리하는 자'라 함은 타인과의 대내관계에 있어서 신의성실의 원칙에 비추어 그 사무를 처리할 신임관계가 존재한다고 인정되는 자를 의미하고, 반드시 제3자에 대한 대외관계에서 그 사무에 관한 권한이 존재할 것을 요하지는 않는다.
④ 서면으로 부동산 증여의 의사를 표시한 증여자가 증여계약을 취소하거나 해제할 수 없음에도 불구하고 증여계약에 따라 수증자에게 부동산의 소유권을 이전하지 않고 부동산을 제3자에게 처분하여 등기를 한 경우, 증여자의 소유권이전등기의무는 증여자 자신의 사무일 뿐 타인의 사무에 해당하지 않으므로 배임죄가 성립하지 않는다.

해설

① [○] 채무자가 금전채무를 담보하기 위해 주식에 관하여 양도담보 설정계약을 체결한 후 변제일 전에 제3자에게 해당 주식을 처분하더라도 배임죄는 성립하지 않는다고 하면서, 甲 주식회사를 운영하는 피고인이 乙은행으로부터 대출을 받으면서 대출금을 완납할 때까지 甲회사 소유의 동산을 점유개정 방식으로 양도담보로 제공하기로 하는 계약을 체결했음에도 담보목적물인 동산을 丙 등에게 매각함으로써 乙 은행에 대출금 상당의 손해를 가한 가하였다고 하여 배임으로 기소된 사안에서, 위 양도담보 계약에서 甲회사와 乙 은행 간 당사자관계의 전형적 본질적 내용은 대출금 채무의 변제와 이를 위한 담보에 있고, 甲 회사를 통상의 계약에서의 이익대립관계를 넘어서 乙 은행과의 신임관계에 기초하여 乙 은행의 사무를 맡아 처리하는 것으로 볼 수 없어서 타인의 사무를 처리하는 자의 지위에 해당한다고 할 수 없으므로, 배임죄가 성립하지 않는다(대판(전) 2020.2.20. 2019도9756).

② [○] 배임죄에서 '타인의 사무를 처리하는 자'라고 하려면, 타인의 재산관리에 관한 사무의 전부 또는 일부를 타인을 위하여 대행하는 경우와 같이 당사자 관계의 전형적 · 본질적 내용이 통상의 계약에서의 이익대립관계를 넘어서 그들 사이의 신임관계에 기초하여 타인의 재산을 보호 또는 관리하는 데에 있어야 한다. 위와 같은 법리는, 권리이전에 등기 · 등록을 요하는 동산에 관한 양도담보설정계약에도 마찬가지로 적용된다. 따라서 자동차 등에 관하여 양도담보설정계약을 체결한 채무자는 채권자에 대하여 그의 사무를 처리하는 지위에 있지 아니하므로, 채무자가 채권자에게 양도담보설정계약에 따른 의무를 다하지 아니하고 이를 타에 처분하였다고 하더라도 배임죄가 성립하지 아니한다(대판(전) 2022.12.22. 2020도8682).

③ [○] 배임수재죄의 주체로서 '타인의 사무를 처리하는 자'라 함은 당사자관계의 전형적 본질적 내용이 통상의 이익대립관계를 넘어서 신임관계를 기초로 하여 타인의 재산을 관리 보호하는 등 타인과의 대내 관계에 있어서 신의성실의 원칙에 비추어 그 사무를 처리할 신임관계가 존재한다고 인정되는 자를 의미하고, 반드시 제3자에 대한 대외관계에서 그 사무에 관한 권한이 존재할 것을 요하지는 않는다(대판 2011.8.25. 2009도5618).

④ [×] 서면으로 부동산 증여의 의사를 표시한 증여자는 계약이 취소되거나 해제되지 않는 한 수증자에게 목적부동산의 소유권을 이전할 의무에서 벗어날 수 없다. 그러한 증여자는 타인의 사무를 처리하는 자에 해당하고, 그가 수증자에게 증여계약에 따라 부동산의 소유권을 이전하지 않고 부동산을 제3자에게 처분하여 등기를 하는 행위는 수증자와의 신임관계를 저버리는 행위로서 배임죄가 성립한다(대판 2018.12.13. 2016도19308).

비교판례 서면에 의하지 아니한 증여계약이 행하여진 경우 당사자는 그 증여가 이행되기 전까지는 언제든지 이를 해제할 수 있으므로 증여자가 구두의 증여계약에 따라 수증자에 대하여 증여 목적물의 소유권을 이전하여 줄 의무를 부담한다고 하더라도 그 증여자는 수증자의 사무를 처리하는 자의 지위에 있다고 할 수 없다(대판 2005.12.9. 2005도5962).

정답 ④

134 **횡령과 배임의 죄에 관한 설명으로 옳은 것은 모두 몇 개인가? (다툼이 있는 경우 판례에 의함)** [23 경찰간부]

가. 건물의 임차인 甲이 임대인 A에 대한 임대차 보증금반환 채권을 B에게 양도하고, 이를 A에게 통지하지 않고, A로부터 남아있던 임대차보증금을 반환받아 甲이 소비한 경우 횡령죄가 성립하지 않는다.
나. 직무발명에 대한 권리를 사용자 등에게 승계한다는 취지를 정한 약정 또는 근무규정의 적용을 받는 종업원 등이 직무발명의 완성 사실을 사용자 등에게 통지하지 아니한 채 그에 대한 특허를 받을 수 있는 권리를 제3자에게 이중으로 양도하여 제3자가 특허권 등록까지 마치도록 하는 등으로 발명의 내용이 공개되도록 한 경우, 배임죄가 성립한다.
다. 채무자가 본인 소유의 동산을 채권자에게 「동산 · 채권 등의 담보에 관한 법률」에 따른 동산담보로 제공한 경우, 채무자가 담보물을 제3자에게 처분하는 등으로 담보가치를 감소 또는 상실시켜 채권자의 담보권 실행이나 이를 통한 채권실현에 위험을 초래하더라도 배임죄는 성립하지 않는다.
라. 甲이 범죄수익 등의 은닉을 위해 乙로부터 교부받은 무기명 양도성예금증서를 현금으로 교환하여 임의로 소비하였다면 횡령죄가 성립한다.

① 1개 ② 2개
③ 3개 ④ 4개

해설

가. [○] [1] 채권양도인이 채무자에게 채권양도 통지를 하는 등으로 채권양도의 대항요건을 갖추어 주지 않은 채 채무자로부터 채권을 추심하여 금전을 수령한 경우, 특별한 사정이 없는 한 금전의 소유권은 채권양수인이 아니라 채권양도인에게 귀속하고 채권양도인이 채권양수인을 위하여 양도 채권의 보전에 관한 사무를 처리하는 신임관계가 존재한다고 볼 수 없다. 따라서 채권양도인이 위와 같이 양도한 채권을 추심하여 수령한 금전에 관하여 채권양수인을 위해 보관하는 자의 지위에 있다고 볼 수 없으므로, 채권양도인이 위 금전을 임의로 처분하더라도 횡령죄는 성립하지 않는다.
[2] 건물의 임차인인 피고인이 임대인 甲에 대한 임대차보증금반환채권을 乙에게 양도하였는데도 甲에게 채권양도 통지를 하지 않고 甲으로부터 남아 있던 임대차보증금을 반환받아 보관하던 중 개인적인 용도로 사용하여 이를 횡령하였다는 내용으로 기소된 사안에서, 피고인이 乙과 임대차보증금반환채권에 관한 채권양도계약을 체결하고 甲에게 채권양도 통지를 하기 전에

甲으로부터 채권을 추심하여 남아 있던 임대차보증금을 수령하였더라도 임대차보증금으로 받은 금전의 소유권은 피고인에게 귀속할 뿐 乙에게 귀속한다고 볼 수 없고, 나아가 채권양도계약을 체결한 피고인과 乙은 통상의 권리이전계약에 따른 이익대립 관계에 있을 뿐 피고인이 乙을 위한 보관자 지위가 인정될 수 있는 신임관계에 있다고 볼 수 없어 횡령죄가 성립하지 않는다는 이유로, 이와 달리 보아 공소사실을 유죄로 인정한 원심판결에 채권양도에서 횡령죄의 성립 등에 관한 법리오해의 잘못이 있다고 한 사례(대판(전) 2022.6.23. 2017도3829).

나. [○] 직무발명에 대한 특허를 받을 수 있는 권리 등을 사용자 등에게 승계한다는 취지를 정한 약정 또는 근무규정의 적용을 받는 종업원 등은 사용자 등이 이를 승계하지 아니하기로 확정되기 전까지는 임의로 위와 같은 승계 약정 또는 근무규정의 구속에서 벗어날 수 없는 상태에 있는 것이어서, 종업원 등이 그 발명의 내용에 관한 비밀을 유지한 채 사용자 등의 특허권 등 권리의 취득에 협력하여야 할 의무는 자기사무의 처리라는 측면과 아울러 상대방의 재산보전에 협력하는 타인 사무의 처리라는 성격을 동시에 가지게 되므로, 이러한 경우 그 종업원 등은 배임죄의 주체인 '타인의 사무를 처리하는 자'의 지위에 있다고 할 것이다. 따라서 위와 같은 지위에 있는 종업원 등이 그 임무에 위배하여 직무발명을 완성하고도 그 사실을 사용자 등에게 알지 않은 채 그 발명에 대한 특허를 받을 수 있는 권리를 제3자에게 이중으로 양도하여 제3자가 특허권 등록까지 마치도록 하는 등으로 그 발명의 내용이 공개되도록 하였다면, 이는 사용자 등에게 손해를 가하는 행위로서 배임죄를 구성한다고 할 것이다(대판 2012.11.15. 2012도6676).

다. [○] 채무자가 금전채무를 담보하기 위하여 그 소유의 동산을 채권자에게 동산·채권 등의 담보에 관한 법률(이하 '동산채권담보법'이라 한다)에 따른 동산담보로 제공함으로써 채권자인 동산담보권자에 대하여 담보물의 담보가치를 유지·보전할 의무 또는 담보물을 타에 처분하거나 멸실, 훼손하는 등으로 담보권 실행에 지장을 초래하는 행위를 하지 않을 의무를 부담하게 되었더라도, 이를 들어 채무자가 통상의 계약에서의 이익대립관계를 넘어서 채권자와의 신임관계에 기초하여 채권자의 사무를 맡아 처리하는 것으로 볼 수 없다. 따라서 이러한 경우 채무자를 배임죄의 주체인 '타인의 사무를 처리하는 자'에 해당한다고 할 수 없고, 그가 담보물을 제3자에게 처분하는 등으로 담보가치를 감소 또는 상실시켜 채권자의 담보권 실행이나 이를 통한 채권 실현에 위험을 초래하더라도 배임죄가 성립하지 아니한다(대판(전) 2020.8.27. 2019도14770).

라. [×] 피고인이, 갑 등이 금융다단계 사기 범행을 통하여 취득한 범죄수익 등인 무기명 양도성예금증서를 을로부터 건네받아 현금으로 교환한 후 임의로 소비하였다고 하여 특정경제범죄 가중처벌 등에 관한 법률 위반(횡령)으로 기소된 사안에서, 피고인이 을로부터 범죄수익 등의 은닉을 위해 교부받은 무기명 양도성예금증서는 불법의 원인으로 급여한 물건에 해당하여 소유권이 피고인에게 귀속되므로, 피고인에 대하여 횡령죄가 성립하지 않는다고 본 원심판단이 정당하다고 한 사례(대판 2017.10.26. 2017도9254).

정답 ③

135 배임수재죄 및 배임증재죄에 관한 판례의 태도가 아닌 것은?

[10 경찰승진]

① 배임수재죄에서 말하는 '재산상의 이익의 취득'이라 함은 현실적인 취득만을 의미하므로 단순한 요구 또는 약속만을 한 경우에는 이에 포함되지 아니한다.

② 배임수재죄와 배임증재죄는 필요적 공범 관계에 있으므로 수재자와 증재자가 함께 처벌받아야 함을 의미하는 것이다.

③ 배임수증죄에 있어서 '부정한 청탁'이라 함은 청탁이 사회상규와 신의성실의 원칙에 반하는 것을 말하고, 그 청탁이 반드시 명시적임을 요하는 것은 아니다.

④ 타인의 사무를 처리하는 자가 그 임무에 관하여 부정한 청탁을 받은 이상, 그 후 사직으로 인하여 그 직무를 담당하지 아니하게 된 상태에서 재물을 수수하게 되었다 하더라도, 그 재물 등의 수수가 부정한 청탁과 관련하여 이루어진 것이라면 배임수재죄가 성립한다.

해설

① [○] [1] 배임수재죄로 처벌하기 위하여는 타인의 사무를 처리하는 자가 부정한 청탁을 받아들이고 이에 대한 대가로서 재물 또는 재산상의 이익을 받은 데에 대한 범의가 있어야 할 것이고, 또 배임수재죄에서 말하는 '재산상의 이익의 취득'이라 함은 현실적인 취득만을 의미하므로 단순한 요구 또는 약속만을 한 경우에는 이에 포함되지 아니한다.
[2] 甲이 피고인에게 골프장 회원권의 공여의 의사표시를 하고 피고인이 이를 승낙하였더라도 그 골프장 회원권에 관하여 피고인 명의로 명의변경이 이루어지지 아니한 경우, 피고인이 현실적으로 재산상 이익을 취득하지 않았으므로 배임수재죄가 성립하지 않는다(대판 1999.1.29. 98도4182).

② [×] 배임수재죄와 같은 배임증재죄는 통상 필요적 공범의 관계에 있기는 하나, 이것은 반드시 수재자와 증재자가 같이 처벌받아야 하는 것을 의미하는 것은 아니고, 증재자에게는 정당한 업무에 속하는 청탁이라도 수재자에게는 부정한 청탁이 될 수도 있다(대판 2011.10.27. 2010도7624).

③ [○] 배임수증죄에 있어서 '부정한 청탁'이라 함은 청탁이 사회상규와 신의성실의 원칙에 반하는 것을 말하고, 그 청탁이 반드시 명시적임을 요하는 것은 아니다(대판 2014.5.16. 2012도11259).

④ [○] 타인의 사무를 처리하는 자가 그 임무에 관하여 부정한 청탁을 받은 이상, 그 후 사직으로 인하여 그 직무를 담당하지 아니하게 된 상태에서 재물을 수수하게 되었다 하더라도, 그 재물 등의 수수가 부정한 청탁과 관련하여 이루어진 것이라면 배임수재죄가 성립한다(대판 1997.10.24. 97도2042).

정답 ②

136 **배임수재죄와 배임죄에 관한 다음 설명 중 가장 옳지 않은 것은? (다툼이 있으면 판례에 의함)** [13 법원9급]

① 타인의 사무를 처리하는 자가 그 임무에 관하여 부정한 청탁을 받은 이상 그 후 사직으로 인하여 그 직무를 담당하지 아니하게 된 상태에서 재물을 수수하게 되었다 하더라도, 그 재물 등의 수수가 부정한 청탁과 관련하여 이루어진 것이라면 배임수재죄가 성립한다.

② 배임죄는 타인의 사무를 처리하는 자가 그 임무에 위배하는 행위가 있어야 하고 그 행위로서 본인에게 손해를 가함으로써 성립하는 것이나 부정한 청탁을 받거나 금품을 수수한 것을 그 요건으로 하지는 않는다.

③ 배임수재죄에서 말하는 '재산상의 이익의 취득'이라 함은 현실적인 취득뿐만 아니라 단순히 요구 또는 약속만을 한 경우도 포함된다.

④ 배임수재죄와 배임죄는 일반법과 특별법관계가 아닌 별개의 독립된 범죄이다.

해설

① [○] 타인의 사무를 처리하는 자가 그 임무에 관하여 부정한 청탁을 받은 이상 그 후 사직으로 인하여 그 직무를 담당하지 아니하게 된 상태에서 재물을 수수하게 되었다 하더라도 그 재물 등의 수수가 부정한 청탁과 관련하여 이루어진 것이라면 배임수재죄가 성립한다(대판 1997.10.24. 97도2042).

② [○], ④ [○] 배임수재죄는 타인의 사무를 처리하는 자가 그 임무에 관하여 부정한 청탁을 받고 재물 등을 취득함으로써 성립하는 것이고 어떠한 임무 위배행위나 본인에게 손해를 가한 것을 요건으로 하는 것이 아닌데 대하여, 배임죄는 타인의 사무를 처리하는 자가 그 임무에 위배하는 행위가 있어야 하고 그 행위로서 본인에게 손해를 가함으로써 성립하는 것이나 부정한 청탁을 받거나 금품을 수수한 것을 그 요건으로 하지 않고 있으므로 양 죄는 행위의 태양을 전연 달리하고 있어 일반법과 특별법관계가 아닌 별개의 독립된 범죄이다(대판 1984.11.27. 84도1906).

③ [×] 배임수재죄에서 말하는 '재산상의 이익의 취득'이라 함은 현실적인 취득만을 의미하므로 단순한 요구 또는 약속만을 한 경우에는 이에 포함되지 아니한다(대판 1999.1.29. 98도4182).

정답 ③

137 **배임수재죄와 배임증재죄에 관한 다음 설명 중 가장 옳지 않은 것은? (다툼이 있으면 판례에 의함)**

[16 법원9급]

① 배임수재죄의 구성요건 중 '부정한 청탁'이란 반드시 업무상 배임의 내용이 되는 정도에 이를 필요는 없고, 상회상규 또는 신의성실의 원칙에 반하는 것을 내용으로 하면 족하다.

② 배임수재죄는 임무에 관하여 부정한 청탁을 받고 재물 또는 재산상 이익을 취득하면 성립되고, 어떠한 임무위배행위를 하거나 본인에게 손해를 가하는 것을 요건으로 하지 아니한다.

③ 배임수재죄와 배임증재죄는 필요적 공범의 관계에 있으므로 배임증재죄는 성립하지 않으면서 배임수재죄만이 성립할 수는 없다.

④ 학교법인의 이사장 또는 사립학교 경영자가 학교법인이 운영권을 양도하고 양수인으로부터 양수인 측을 학교법인의 임원으로 선임해 주는 대가로 양도대금을 받기로 하는 내용의 청탁을 받았다 하더라도 특별한 사정이 없는 한 그 청탁을 배임수재죄의 구성요건인 '부정한 청탁'에 해당한다고 할 수 없다.

해설

① [○] 배임수재죄에 있어서 '부정한 청탁'이라 함은 반드시 업무상 배임의 내용이 되는 정도에 이를 것을 요하지 아니하고, 사회상규 또는 신의성실의 원칙에 반하는 것을 내용으로 하는 것이면 족하고, 이를 판단함에 있어서는 청탁의 내용 및 이에 관련한 대가의 액수, 형식, 보호법익인 거래의 청렴성 등을 종합적으로 고찰하여야 하며, 그 청탁이 반드시 명시적임을 요하지 아니한다(대판 2013.12.26. 2010도16681).

② [○] 임무에 관하여 부정한 청탁을 받고 재물 또는 재산상 이익을 취득하면 배임수재죄는 성립되고, 어떠한 임무위배 행위를 하거나 본인에게 손해를 가하는 것을 요건으로 하지 아니다(대판 2013.11.14. 2011도11174).

③ [×] 배임수재죄와 배임증재죄는 통상 필요적 공범의 관계에 있기는 하나, 이것은 반드시 수재자와 증재자가 같이 처벌받아야 하는 것을 의미하는 것은 아니고 증재자에게는 정당한 업무에 속하는 청탁이라도 수재자에게는 부정한 청탁이 될 수도 있는 것이다(대판 2011.10.27. 2010도7624).

④ [○] 학교법인의 이사장 또는 사립학교경영자가 학교법인 운영권을 양도하고 양수인으로부터 양수인 측을 학교법인의 임원으로 선임해 주는 대가로 양도대금을 받기로 하는 내용의 '청탁'을 받았다 하더라도, 그 청탁의 내용이 당해 학교법인의 설립 목적과 다른 목적으로 기본재산을 매수하여 사용하려는 것으로서 학교법인의 존립에 중대한 위협을 초래할 것임이 명백하다는 등의 특별한 사정이 없는 한, 그 청탁이 사회상규 또는 신의성실의 원칙에 반하는 것을 내용으로 하는 것이라고 할 수 없으므로 배임수재죄의 구성요건인 '부정한 청탁'에 해당한다고 할 수 없다(대판 2014.1.23. 2013도11735).

정답 ③

138 다음 중 甲에게 괄호 속의 범죄의 미수가 성립되는 경우는? (다툼이 있으면 판례에 의함) [15 사시]

① 동업자 甲과 A의 합유물인 수목을 가식(假植)·관리해 오던 甲이 수목을 횡령할 의도로 A의 허락없이 제3자와 수목에 관한 매매계약을 체결하고 계약금만을 지급받은 상태에서, 이를 알게 된 A에 의해 수목에 관한 분리, 보관, 반출, 명인방법 등의 현실적·구체적인 일체의 조치가 저지된 경우 (횡령죄)

② 방송국 프로듀서 甲이 특정 가수의 노래만을 자주 방송하여 달라는 청탁과 함께 그 대가로 1,000만 원을 교부받았으나 위 청탁대로 이행하지 않은 경우 (배임수재죄)

③ 甲이 예고등기를 하면 경매대상 부동산의 경매가격이 하락되는 점을 이용하여 낙찰희망자로부터 재산상 이익을 얻을 의도로 허위주장으로 소유권보존등기말소청구소송을 제기한 후 법원의 촉탁으로 예고등기가 경료되자 소를 취하하여 소송이 종결되도록 한 경우 (사기죄)

④ 매도인 甲이 자신의 부동산에 관해 제1매수인과 매매계약을 체결하고 계약금만을 수령한 상태에서, 제2매수인에게 그 부동산의 소유권이전등기를 경료한 경우 (배임죄)

⑤ 매도인 甲이 자신의 동산에 관해 제1매수인과 매매계약을 체결하고 계약금과 중도금을 수령한 상태에서, 제2매수인에게 그 동산을 인도한 경우 (배임죄)

해설

① [미수에 해당] [1] 횡령죄는 소유권 등 본권이 침해될 위험이 있으면 그 침해의 결과가 발생하지 않더라도 성립하는 위험범인데, 여기서 위험범이라는 것은 단순히 사회 일반에 대한 막연한 추상적 위험이 발생하는 것만으로는 부족하고 소유자의 본권 침해에 대한 구체적 위험이 발생하는 수준에 이를 것을 요하기 때문에 이러한 단계에 있지 않은 경우에는 횡령죄의 미수범의 책임을 진다.

[2] 피고인이 피해자로부터 위탁받아 식재·관리하여 오던 나무들을 피해자 모르게 제3자에게 매도하는 계약을 체결하고 제3자로부터 계약금을 수령한 상태에서 피해자에게 적발되어 위 계약이 더 이행되지 아니하고 무위로 그친 경우, 피고인의 행위는 횡령기수가 아니라 횡령미수에 해당한다(대판 2012.8.17. 2011도9113).

② [기수에 해당] 배임수재죄는 타인의 사무를 처리하는 자가 그 임무에 관하여 부정한 청탁을 받고 재물 또는 재산상의 이익을 취득함으로써 성립하는 것이고 그 취득 후에 청탁의 취지에 따른 배임행위를 하였음을 요하지 않는다(대판 1982.7.13. 82도925).

③ [무죄에 해당] 소송결과 승소한다고 가정하더라도 명의인의 등기가 말소될 뿐이고 이것만으로 피고인이 부동산에 관한 어떠한 권리를 취득하거나 의무를 면하는 것은 아니어서 법원을 기망하여 재물이나 재산상 이익을 편취한 것이라고 보기 어려우므로 소제기 행위를 사기의 실행에 착수한 것이라고 할 수 없다(대판 2009.4.9. 2009도128).

④ [무죄에 해당] 매도인이 매수인에게 부동산을 매도하고 계약금만을 수수한 상태에서 매수인이 잔대금의 지급을 거절한 이상 매도인으로서는 이행을 최고할 필요 없이 매매계약을 해제할 수 있는 지위에 있었으므로 위 매도인을 타인의 사무를 처리하는 자라고 볼 수 없다(대판 1984.5.15. 84도315).

▶ 甲은 계약금만 수령한 상태이므로 배임죄의 주체가 될 수 없으므로 배임죄의 미수범도 성립하지 아니한다.

⑤ [무죄에 해당] 매매의 목적물이 동산일 경우, 매도인은 매수인에게 계약에 정한 바에 따라 그 목적물인 동산을 인도함으로써 계약의 이행을 완료하게 되고 그때 매수인은 매매목적물에 대한 권리를 취득하게 되는 것이므로, 매도인에게 자기의 사무인 동산인도채무 외에 별도로 매수인의 재산의 보호 내지 관리 행위에 협력할 의무가 있다고 할 수 없다. 동산매매계약에서의 매도인은 매수인에 대하여 그의 사무를 처리하는 지위에 있지 아니하므로 매도인이 목적물을 매수인에게 인도하지 아니하고 이를 타에 처분하였다 하더라도 배임죄가 성립하는 것은 아니다(대판(전) 2011.1.20. 2008도10479).

▶ 甲은 배임죄의 주체가 될 수 없어 배임죄의 미수범도 성립하지 아니한다.

정답 ①

139 배임수증재죄에 관한 설명 중 옳지 않은 것은? (다툼이 있는 경우 판례에 의함) [23 변호사]

① 배임수재자가 배임증재자로부터 부정한 청탁으로 받은 재물을 그대로 가지고 있다가 증재자에게 반환하였더라도, 이미 기수에 이른 범죄 수익에 불과한 그 재물에 대한 몰수나 가액의 추징은 배임수재자를 대상으로 하여야 한다.

② 배임수재죄에서 타인의 업무를 처리하는 자에게 공여한 금품에 부정한 청탁의 대가로서의 성질과 그 외의 행위에 대한 사례로서의 성질이 불가분적으로 결합되어 있는 경우에는 그 전부가 불가분적으로 부정한 청탁의 대가로서의 성질을 갖는 것으로 보아야 한다.

③ 배임수재죄는 타인의 사무를 처리하는 자가 그 임무에 관하여 부정한 청탁을 받고 재물 또는 재산상의 이익을 취득한 경우는 물론, 제3자로 하여금 이를 취득하게 한 때에도 성립한다.

④ 타인의 사무를 처리하는 자가 증재자로부터 돈이 입금된 계좌의 예금을 인출할 수 있는 현금카드를 교부받아 이를 소지하면서 언제든지 위 현금카드를 이용하여 예금된 돈을 인출할 수 있다면, 예금된 돈을 재물로 취득한 것으로 보아야 한다.

⑤ 공동의 사기 범행으로 인하여 얻은 돈을 공범자끼리 수수한 행위가 공동정범들 사이의 그 범행에 의하여 취득한 돈이나 재산상 이익의 내부적인 분배행위에 지나지 않는 것이라면, 공범자끼리 내부적으로 돈을 수수하는 행위가 따로 배임수증재죄를 구성한다고 볼 수 없다.

해설

① [×] 배임수증재죄에서 몰수의 대상으로 규정한 '범인이 취득한 재물'은 배임수재죄의 범인이 취득한 목적물이자 배임증재죄의 범인이 공여한 목적물을 가리키는 것이지 배임수재죄의 목적물만을 한정하여 가리키는 것이 아니므로, 수재자가 증재자로부터 받은 재물을 그대로 가지고 있다가 증재자에게 반환하였다면 증재자로부터 이를 몰수하거나 그 가액을 추징하여야 한다(대판 2017.4.7. 2016도18104).

② [○] 배임수 · 증재죄에 있어서 타인의 업무를 처리하는 자에게 공여한 금품에 부정한 청탁의 대가로서의 성질과 그 외의 행위에 대한 사례로서의 성질이 불가분적으로 결합되어 있는 경우에는 그 전부가 불가분적으로 부정한 청탁의 대가로서의 성질을 갖는 것으로 보아야 한다(대판 2012.5.24. 2012도535).

③ [○] 제357조【배임수증재】 ① 타인의 사무를 처리하는 자가 그 임무에 관하여 부정한 청탁을 받고 재물 또는 재산상의 이익을 취득하거나 제3자로 하여금 이를 취득하게 한 때에는 5년 이하의 징역 또는 1천만원 이하의 벌금에 처한다.

④ [○] 타인의 사무를 처리하는 자가 증재자(贈財者)로부터 돈이 입금된 계좌의 예금통장이나 이를 인출할 수 있는 현금카드나 신용카드를 교부받아 소지하면서 언제든지 예금통장 등을 이용하여 예금된 돈을 인출할 수 있어 예금통장의 돈을 자신이 지배하고 입금된 돈에 대한 실질적인 사용권한과 처분권한을 가지고 있는 것으로 평가될 수 있다면, 예금된 돈을 취득한 것으로 보아야 한다(대판 2017.12.5. 2017도11564).

⑤ [○] 공동의 사기 범행으로 인하여 얻은 돈을 공범자끼리 수수한 행위가 공동정범들 사이의 범행에 의하여 취득한 돈이나 재산상 이익의 내부적인 분배행위에 지나지 않는다면 돈의 수수 행위가 따로 배임수증재죄를 구성한다고 볼 수는 없다(대판 2016.5.24. 2015도18795).

정답 ①

140 재산죄에 관한 설명 중 옳지 않은 것을 모두 고른 것은? (다툼이 있는 경우 판례에 의함)

[24 변호사]

ㄱ. 지입회사에 소유권이 있는 차량에 대하여 지입회사로부터 운행관리권을 위임받은 지입차주 甲이 지입회사의 승낙 없이 보관 중인 차량을 사실상 처분하더라도 법률상 처분권한이 없기 때문에 횡령죄가 성립하지 않는다.
ㄴ. 甲이 피해자 경영의 금은방에서 마치 귀금속을 구입할 것처럼 가장하여 피해자로부터 금목걸이를 건네받은 다음 화장실에 갔다 오겠다는 핑계를 대고 도주한 행위는 절도죄에 해당한다.
ㄷ. 甲이 토지의 소유자이자 매도인 A에게 토지거래허가 등에 필요한 서류라고 속여 근저당권설정계약서 등에 서명·날인하게 하고 인감증명서를 교부받은 다음, 이를 이용하여 A 소유 토지에 甲을 채무자로 한 근저당권을 B에게 설정하여 주고 돈을 차용한 경우에도 A의 처분의사가 인정되므로 사기죄에 해당한다.
ㄹ. 甲이 A에게 자신의 자동차를 양도담보로 제공하기로 약정한 후 B에게 임의로 매도하고 B 명의로 이전등록을 해준 경우, 등록을 요하는 재산인 자동차 등에 관하여 양도담보설정계약을 체결한 채무자는 채권자에 대하여 그의 사무를 처리하는 지위가 인정되어 그 임무에 위배하여 이를 타에 처분하였다면 배임죄가 성립한다.
ㅁ. 甲이 권리자의 착오나 가상자산 운영 시스템의 오류 등으로 법률상 원인관계 없이 자신의 전자지갑에 이체된 가상자산을 반환하지 않고 자신의 또 다른 전자지갑에 이체하였다면 착오송금의 법리가 적용되어 배임죄가 성립한다.

① ㄱ, ㄴ, ㄷ
② ㄱ, ㄴ, ㄹ
③ ㄱ, ㄹ, ㅁ
④ ㄴ, ㄹ, ㅁ
⑤ ㄷ, ㄹ, ㅁ

해설

ㄱ. [×] 횡령죄는 타인의 재물을 보관하는 사람이 그 재물을 횡령하거나 반환을 거부한 때에 성립한다. 횡령죄에서 재물의 보관은 재물에 대한 사실상 또는 법률상 지배력이 있는 상태를 의미하며, 횡령행위는 불법영득의사를 실현하는 일체의 행위를 말한다. 따라서 소유권의 취득에 등록이 필요한 타인 소유의 차량을 인도받아 보관하고 있는 사람이 이를 사실상 처분하면 횡령죄가 성립하며, 그 보관 위임자나 보관자가 차량의 등록명의자일 필요는 없다.[6] 그리고 이와 같은 법리는 지입회사에 소유권이 있는 차량에 대하여 지입회사로부터 운행관리권을 위임받은 지입차주가 지입회사의 승낙 없이 그 보관 중인 차량을 사실상 처분하거나 지입차주로부터 차량 보관을 위임받은 사람이 지입차주의 승낙 없이 그 보관 중인 차량을 사실상 처분한 경우에도 마찬가지로 적용된다(대판(전) 2015.6.25. 2015도1944).

비교판례 이른바 지입제는 자동차운송사업면허 등을 가진 운송사업자와 실질적으로 자동차를 소유하고 있는 차주 간의 계약으로 외부적으로는 자동차를 운송사업자 명의로 등록하여 운송사업자에게 귀속시키고 내부적으로는 각 차주들이 독립된 관리 및 계산으로 영업을 하며 운송사업자에 대하여는 지입료를 지불하는 운송사업형태를 말한다. 따라서 지입차주가 자신이 실질적으로 소유하거나 처분권한을 가지는 자동차에 관하여 지입회사와 지입계약을 체결함으로써 지입회사에 그 자동차의 소유권등록 명의를 신탁하고 운송사업용 자동차로서 등록 및 그 유지 관련 사무의 대행을 위임한 경우에는, 특별한 사정이 없는 한 지입회사 측이 지입차주의 실질적 재산인 지입차량에 관한 재산상 사무를 일정한 권한을 가지고 맡아 처리하는 것으로서 당사자 관계의 전형적·본질적 내용이 통상의 계약에서의 이익대립관계를 넘어서 그들 사이의 신임관계에 기초하여 타인의 재산을 보호 또는 관리하는 데에 있으므로, 지입회사 운영자는 지입차주와의 관계에서 '타인의 사무를 처리하는 자'의 지위에 있다(대판 2021.6.24. 2018도14365).

ㄴ. [○] 피고인이 피해자 경영의 금방에서 마치 귀금속을 구입할 것처럼 가장하여 피해자로부터 순금목걸이 등을 건네받은 다음 화장실에 갔다 오겠다는 핑계를 대고 도주한 것이라면 위 순금목걸이 등은 도주하기 전까지는 아직 피해자의 점유하에 있었다고 할 것이므로 이를 절도죄로 의율 처단한 것은 정당하다(대판 1994.8.12. 94도1487).

비교판례 [1] 형법상 절취란 타인이 점유하고 있는 자기 이외의 자의 소유물을 점유자의 의사에 반하여 점유를 배제하고 자기 또는 제3자의 점유로 옮기는 것을 말한다. 이에 반해 기망의 방법으로 타인으로 하여금 처분행위를 하도록 하여 재물 또는 재산상 이익을 취득한 경우에는 절도죄가 아니라 사기죄가 성립한다.

6) 이러한 취지와 어긋나는 기존의 판례(78도1714)는 본 판례에 의하여 폐기되었음을 주의하여야 한다.

사기죄에서 처분행위는 행위자의 기망행위에 의한 피기망자의 착오와 행위자 등의 착오에 빠진 피해자의 행위를 재물 또는 재산상 이익의 취득이라는 최종적 결과를 중간에서 매개 · 연결하는 한편, 이용하여 재산을 취득하는 것을 본질적 특성으로 하는 사기죄와 피해자의 행위에 의하지 아니하고 행위자가 탈취의 방법으로 재물을 취득하는 절도죄를 구분하는 역할을 한다. 처분행위가 갖는 이러한 역할과 기능을 고려하면 피기망자의 의사에 기초한 어떤 행위를 통해 행위자 등이 재물 또는 재산상의 이익을 취득하였다고 평가할 수 있는 경우라면, 사기죄에서 말하는 처분행위가 인정된다. 한편 사기죄가 성립되려면 피기망자가 착오에 빠져 어떠한 재산상의 처분행위를 하도록 유발하여 재산적 이득을 얻을 것을 요하고, 피기망자와 재산상의 피해자가 같은 사람이 아닌 경우에는 피기망자가 피해자를 위하여 그 재산을 처분할 수 있는 권능을 갖거나 그 지위에 있어야 한다.
[2] 피해자 甲은 드라이버를 구매하기 위해 특정 매장에 방문하였다가 지갑을 떨어뜨렸는데, 10분쯤 후 피고인이 같은 매장에서 우산을 구매하고 계산을 마친 뒤, 지갑을 발견하여 습득한 매장 주인 乙로부터 "이 지갑이 선생님 지갑이 맞느냐?"라는 질문을 받자 "내 것이 맞다."라고 대답한 후 이를 교부받아 가지고 간 사안에서, 乙은 지갑을 습득하여 진정한 소유자에게 돌려주어야 하는 지위에 있으므로 甲을 위하여 이를 처분할 수 있는 권능을 갖거나 그 지위에 있었으며, 이러한 처분 권능과 지위에 기초하여 지갑의 소유자라고 주장하는 피고인에게 지갑을 교부하였고 이를 통해 피고인이 지갑을 취득하여 자유로운 처분이 가능한 상태가 되었으므로, 乙의 행위는 사기죄에서 말하는 처분행위에 해당하고 피고인의 행위를 절취행위로 평가할 수 없다는 이유로, 피고인에 대한 주위적 공소사실인 절도 부분을 이유에서 무죄로 판단하면서 예비적 공소사실인 사기 부분을 유죄로 인정한 원심의 판단이 정당하다고 한 사례(대판 2022.12.29. 2022도12494).

ㄷ. [○] 이른바 '서명사취' 사기는 기망행위에 의해 유발된 착오로 인하여 피기망자가 내심의 의사와 다른 처분문서에 서명 또는 날인함으로써 재산상 손해를 초래한 경우이다. 여기서는 행위자의 기망행위 태양 자체가 피기망자가 자신의 처분행위의 의미나 내용을 제대로 인식할 수 없는 상황을 이용하거나 피기망자로 하여금 자신의 행위로 인한 결과를 인식하지 못하게 하는 것을 핵심적인 내용으로 하고, 이로 말미암아 피기망자는 착오에 빠져 처분문서에 대한 자신의 서명 또는 날인행위가 초래하는 결과를 인식하지 못하는 특수성이 있다. 피기망자의 하자 있는 처분행위를 이용하는 것이 사기죄의 본질인데, 서명사취 사안에서는 그 하자가 의사표시 자체의 성립과정에 존재한다. 이러한 서명사취 사안에서 피기망자가 처분문서의 내용을 제대로 인식하지 못하고 처분문서에 서명 또는 날인함으로써 내심의 의사와 처분문서를 통하여 객관적 · 외부적으로 인식되는 의사가 일치하지 않게 되었더라도, 피기망자의 행위에 의하여 행위자 등이 재물이나 재산상 이익을 취득하는 결과가 초래되었다고 할 수 있는 것은 그러한 재산의 이전을 내용으로 하는 처분문서가 피기망자에 의하여 작성되었다고 볼 수 있기 때문이다. 이처럼 피기망자가 행위자의 기망행위로 인하여 착오에 빠진 결과 내심의 의사와 다른 효과를 발생시키는 내용의 처분문서에 서명 또는 날인함으로써 처분문서의 내용에 따른 재산상 손해가 초래되었다면 그와 같은 처분문서에 서명 또는 날인을 한 피기망자의 행위는 사기죄에서 말하는 처분행위에 해당한다. 아울러 비록 피기망자가 처분결과, 즉 문서의 구체적 내용과 법적 효과를 미처 인식하지 못하였더라도, 어떤 문서에 스스로 서명 또는 날인함으로써 처분문서에 서명 또는 날인하는 행위에 관한 인식이 있었던 이상 피기망자의 처분의사 역시 인정된다(대판(전) 2017.2.16. 2016도13362).

ㄹ. [×] 자동차 등에 관하여 양도담보설정계약을 체결한 채무자는 채권자에 대하여 그의 사무를 처리하는 지위에 있지 아니하므로, 채무자가 채권자에게 양도담보설정계약에 따른 의무를 다하지 아니하고 이를 타에 처분하였다고 하더라도 배임죄가 성립하지 아니한다(대판(전) 2022.12.22. 2020도8682).

ㅁ. [×] [1] 가상자산 권리자의 착오나 가상자산 운영 시스템의 오류 등으로 법률상 원인관계 없이 다른 사람의 가상자산 전자지갑에 가상자산이 이체된 경우, 가상자산을 이체받은 자는 가상자산의 권리자 등에 대한 부당이득반환의무를 부담하게 될 수 있다. 그러나 이는 당사자 사이의 민사상 채무에 지나지 않고 이러한 사정만으로 가상자산을 이체받은 사람이 신임관계에 기초하여 가상자산을 보존하거나 관리하는 지위에 있다고 볼 수 없다. 가상자산은 국가에 의해 통제받지 않고 블록체인 등 암호화된 분산원장에 의하여 부여된 경제적인 가치가 디지털로 표상된 정보로서 재산상 이익에 해당한다. 가상자산은 보관되었던 전자지갑의 주소만을 확인할 수 있을 뿐 그 주소를 사용하는 사람의 인적사항을 알 수 없고, 거래 내역이 분산 기록되어 있어 다른 계좌로 보낼 때 당사자 이외의 다른 사람이 참여해야 하는 등 일반적인 자산과는 구별되는 특징이 있다. 이와 같은 가상자산에 대해서는 현재까지 관련 법률에 따라 법정화폐에 준하는 규제가 이루어지지 않는 등 법정화폐와 동일하게 취급되고 있지 않고 그 거래에 위험이 수반되므로, 형법을 적용하면서 법정화폐와 동일하게 보호해야 하는 것은 아니다.
[2] 원인불명으로 재산상 이익인 가상자산을 이체받은 자가 가상자산을 사용 · 처분한 경우 이를 형사처벌하는 명문의 규정이 없는 현재의 상황에서 착오송금 시 횡령죄 성립을 긍정한 판례를 유추하여 신의칙을 근거로 피고인을 배임죄로 처벌하는 것은 죄형법정주의에 반한다. 피고인이 알 수 없는 경위로 갑의 특정 거래소 가상지갑에 들어 있던 비트코인을 자신의 계정으로 이체받은 후 이를 자신의 다른 계정으로 이체하여 재산상 이익을 취득하고 갑에게 손해를 가하였다고 하여 특정경제범죄 가중처벌 등에 관한 법률 위반(배임)의 예비적 공소사실로 기소된 사안에서, 비트코인이 법률상 원인관계 없이 갑으로부터 피고인 명의의 전자지갑으로 이체되었더라도 피고인이 신임관계에 기초하여 갑의 사무를 맡아 처리하는 것으로 볼 수 없는 이상 갑에 대한 관계에서 '타인의 사무를 처리하는 자'에 해당하지 않는다는 이유로, 이와 달리 보아 공소사실을 유죄로 인정한 원심판단에 배임죄에서 '타인의 사무를 처리하는 자'에 관한 법리오해의 잘못이 있다고 한 사례(대판 2021.12.16. 2020도9789).

정답 ③

141 (가)와 (나) 사례에 관한 설명 중 옳은 것은 모두 몇 개인가? (다툼이 있는 경우 판례에 의함) [22 경찰채용]

(가) 甲은 A 주식회사에 본인 소유 토지를 양도하는 내용의 매매계약을 체결한 후 A 주식회사로부터 계약금, 중도금 및 잔금 중 일부를 교부받았으나, 乙에게 이 사건 토지를 매도하고 소유권이전등기를 경료해 주었다. 그런데 그 이전에 甲은 A 주식회사로부터 계약금 중 3/4만 지급받은 상태에서 A 주식회사 명의로 가등기를 경료해 주어 甲의 행위에도 불구하고 A 주식회사가 甲의 아무런 협력 없이도 가등기의 순위보전 효력에 의해 자신 명의로 소유권이전등기를 마칠 수 있는 수단을 마련해 주었다.
(나) 丙은 B에게 본인 소유 임야를 매도하고 일부 잔금까지 지급받았음에도 다시 그 임야를 丁에게 매도하여 계약금을 지급받은 후, 丁의 명의로 소유권이전청구권 보전을 위한 가등기를 경료해 주었다.

㉠ 甲과 丙은 각각 A 주식회사와 B와의 관계에서 타인의 사무를 처리하는 자에 해당한다.
㉡ 甲과 丙의 행위로 인해 A 주식회사와 B에게는 현실적인 손해가 발생하였다.
㉢ 丙에게는 배임죄가 성립하지 않는다.
㉣ 甲과 丙에게는 배임죄의 미수가 성립한다.

① 1개 ② 2개
③ 3개 ④ 4개

해설

(가) 부동산 매매계약에서 계약금만 지급된 단계에서는 어느 당사자나 계약금을 포기하거나 그 배액을 상환함으로써 자유롭게 계약의 구속력에서 벗어날 수 있다. 그러나 중도금이 지급되는 등 계약이 본격적으로 이행되는 단계에 이른 때에는 계약이 취소되거나 해제되지 않는 한 매도인은 매수인에게 부동산의 소유권을 이전해 줄 의무에서 벗어날 수 없다. 따라서 이러한 단계에 이른 때에 매도인은 매수인에 대하여 매수인의 재산 보전에 협력하여 재산적 이익을 보호·관리할 신임관계에 있게 된다. 그때부터 매도인은 배임죄에서 말하는 '타인의 사무를 처리하는 자'에 해당한다고 보아야 한다. 그러한 지위에 있는 매도인이 매수인에게 계약 내용에 따라 부동산의 소유권을 이전해 주기 전에 그 부동산을 제3자에게 처분하고 제3자 앞으로 그 처분에 따른 등기를 마쳐 준 행위는 매수인의 부동산 취득 또는 보전에 지장을 초래하는 행위이다. 이는 매수인과의 신임관계를 저버리는 행위로서 배임죄가 성립한다. 그리고 매도인이 매수인에게 순위보전의 효력이 있는 가등기를 마쳐 주었더라도 이는 향후 매수인에게 손해를 회복할 수 있는 방안을 마련하여 준 것일 뿐 그 자체로 물권변동의 효력이 있는 것은 아니어서 매도인으로서는 소유권을 이전하여 줄 의무에서 벗어날 수 없으므로, 그와 같은 가등기로 인하여 매수인의 재산보전에 협력하여 재산적 이익을 보호·관리할 신임관계의 전형적·본질적 내용이 변경된다고 할 수 없다(대판 2020.5.14. 2019도16228).
(나) 배임죄에 있어서 재산상 손해를 가한 때라 함은 현실적인 손해를 가한 경우뿐 아니라 재산상 손해발생의 위험을 초래한 경우도 포함하는바, 부동산의 매도인으로서 매수인에 대하여 그 앞으로의 소유권이전등기절차에 협력할 의무 있는 자가 그 임무에 위배하여 같은 부동산을 매수인 이외의 제3자에게 이중으로 매도하고 제3자 앞으로 소유권이전청구권 보전을 위한 가등기를 마쳐 주었다면, 매수인에게 손해발생의 위험을 초래하는 행위로서 배임죄를 구성한다(대판 2008.7.10. 2008도3766).
㉠ [O] 甲과 丙은 부동산 이중매매에 있어서 모두 제1차 매수인으로부터 중도금 및 일부 잔금까지 수령한 자들이므로, 배임죄의 주체인 타인의 사무처리자에 해당한다.
㉡ [×] 甲의 경우에는 제2매수인(乙)에게 소유권이전등기를 경료해 주었으므로 제1매수인인 A 주식회사에게 현실적 손해를 가하였다고 말할 수 있다. 그러나 丙의 경우에는 제2매수인(丁)에게 소유권이전등기를 경료해 준 것이 아니라 소유권이전청구권 보전을 위한 가등기를 경료해 준 것이므로, 제1매수인인 B에게 재산상 손해발생의 위험을 초래한 것일 뿐이다. 다만, 판례에 따르면 배임죄는 위험범이므로 모두 배임죄의 기수범이 성립한다는 결론에 있어서는 차이가 없다.
㉢ [×] 丙의 행위는 배임죄를 구성한다.
㉣ [×] 甲과 丙 모두에게 배임죄(기수)가 성립한다.

정답 ①

제8절 | 장물의 죄

142 장물의 죄에 대한 설명으로 가장 적절하지 않은 것은? (다툼이 있으면 판례에 의함) [21 경찰승진]

① 장물인 현금을 금융기관에 예금의 형태로 보관하였다가 이를 반환받기 위하여 동일한 액수의 현금을 인출한 경우에 예금계약의 성질상 인출된 현금은 당초의 현금과 물리적인 동일성은 상실되었지만 액수에 의하여 표시되는 금전적 가치에는 아무런 변동이 없으므로 장물로서의 성질은 그대로 유지된다.

② 컴퓨터등사용사기죄의 범행으로 예금채권을 취득한 다음 자기의 현금카드를 사용하여 현금자동지급기에서 현금을 인출한 경우, 그 인출된 현금은 장물이 될 수 없다.

③ 장물인 귀금속의 매도를 부탁받은 피고인이 그 귀금속이 장물임을 알면서도 매매를 중개하고 매수인에게 이를 전달하려다가 매수인을 만나기도 전에 체포되었다면, 위 귀금속의 매매를 중개함으로써 장물알선죄가 성립한 것으로 볼 수 없다.

④ 장물죄에 있어서 본범의 행위에 관한 법적 평가는 그 행위에 대하여 우리 형법이 적용되지 아니하는 경우에도 우리 형법을 기준으로 하여야 하고, 본범의 행위가 우리 형법에 비추어 절도죄 등의 구성요건에 해당하는 위법한 행위라고 인정되는 이상 이에 의하여 영득된 재물은 장물에 해당한다.

해설

① [○] 장물인 현금을 금융기관에 예금의 형태로 보관하였다가 이를 반환받기 위하여 동일한 액수의 현금을 인출한 경우에 예금계약의 성질상 인출된 현금은 당초의 현금과 물리적인 동일성은 상실되었지만 액수에 의하여 표시되는 금전적 가치에는 아무런 변동이 없으므로 장물로서의 성질은 그대로 유지된다(대판 2004.3.12. 2004도134).

② [○] 컴퓨터등사용사기죄의 범행으로 예금채권을 취득한 다음 자기의 현금카드를 사용하여 현금자동지급기에서 현금을 인출한 경우, 현금카드 사용권한 있는 자의 정당한 사용에 의한 것으로서 현금자동지급기 관리자의 의사에 반하거나 기망행위 및 그에 따른 처분행위도 없었으므로, 별도로 절도죄나 사기죄의 구성요건에 해당하지 않는다 할 것이고, 그 결과 그 인출된 현금은 재산범죄에 의하여 취득한 재물이 아니므로 장물이 될 수 없다(대판 2004.4.16. 2004도353).

③ [×] [1] 장물을 취득·양도·운반·보관하려는 당사자 사이에 서서 서로를 연결하여 장물의 취득 등을 중개하거나 편의를 도모하였다면, 그 알선에 의하여 당사자 사이에 실제로 장물의 취득 등에 관한 계약이 성립하지 아니하였거나 장물의 점유가 현실적으로 이전되지 아니한 경우라도 장물알선죄가 성립한다.
[2] 피고인이 귀금속이 장물임을 알면서도 매매를 중개하고 매수인에게 이를 전달하려다가 매수인을 만나기도 전에 체포되었다 하더라도 장물알선죄가 성립한다(대판 2009.4.23. 2009도1203).

④ [○] 장물죄에 있어서 본범의 행위에 관한 법적 평가는 그 행위에 대하여 우리 형법이 적용되지 아니하는 경우에도 우리 형법을 기준으로 하여야 하고, 본범의 행위가 우리 형법에 비추어 절도죄 등의 구성요건에 해당하는 위법한 행위라고 인정되는 이상 이에 의하여 영득된 재물은 장물에 해당한다(대판 2011.4.28. 2010도15350).
▶ 미국에서 횡령한 자동차도 장물이 될 수 있다는 판례이다.

정답 ③

143 다음 장물죄에 대한 설명 중 옳지 않은 것은? (다툼이 있으면 판례에 의함) [15 경찰간부]

① 장물인 정을 모르고 매매계약을 체결하였다가 그 후 매매목적물을 인도받을 때에 장물인 정을 알게 되었다면 장물취득죄는 성립하지 않는다.

② 이중매도로 인한 배임죄에 제공된 부동산을 취득한 때에는 장물취득죄가 성립하지 않는다.

③ 횡령 교사를 한 후 그 횡령한 물건을 취득한 때에는 횡령교사죄와 장물취득죄의 경합범이 성립된다.

④ 자전거의 인도를 받은 후에 비로소 장물이 아닌가 의구심을 가진 경우 장물취득죄를 구성하지 않는다.

해설

① [×] 장물취득죄는 매수인이 매매계약 체결시에는 장물의 정을 몰랐다 할지라도 그 후 그 정을 알고 인도를 받은 경우에도 성립된다(대판 1960.2.17. 4292형상496).

② [○] 형법상 장물죄의 객체인 장물이라 함은 재산권상의 침해를 가져 올 위법행위로 인하여 영득한 물건으로서 피해자가 반환청구권을 가지는 것을 말하고 본건 대지에 관하여 매수인 "甲" 에게 소유권 이전등기를 하여 줄 임무가 있는 소유자가 그 임무에 위반하여 이를 "乙"에게 매도하고 소유권이전등기를 경유하여 준 경우에는 위 부동산소유자가 배임행위로 인하여 영득한 것은 재산상의 이익이고 위 배임범죄에 제공된 대지는 범죄로 인하여 영득한 것 자체는 아니므로 그 취득자 또는 전득자에 대하여 배임죄의 가공여부를 논함은 별문제로 하고 장물취득죄로 처단할 수 없다(대판 1975.12.9. 74도2804).

③ [○] 횡령 교사를 한 후 그 횡령한 물건을 취득한 때에는 횡령교사죄와 장물취득죄의 경합범이 성립된다(대판 1969.6.24. 69도692).

④ [○] 장물취득죄는 취득 당시 장물인 줄을 알면서 이를 취득하여야 성립하는 것이므로 피고인이 위 자전거의 인도를 받은 후에 비로소 장물이 아닌가 하는 의구심을 가졌다고 해서 그 자전거의 수수행위가 장물취득죄를 구성한다고는 할 수 없다(대판 1971.4.20. 71도468).

정답 ①

144 장물의 죄에 관한 설명 중 가장 적절한 것은? (다툼이 있으면 판례에 의함) [16 경찰승진]

① 장물죄는 재산범인 본범이 영득한 재물에 사후적으로 관여하는 사후종범적 성격을 가지고 있으므로 절도죄보다 법정형을 가볍게 규정하고 있다.

② 장물인 정을 모르고 보관하던 중 장물인 정을 알게 되었고, 위 장물을 반환하는 것이 불가능하지 않음에도 불구하고 계속 보관한 경우 장물보관죄에 해당하지 않는다.

③ 단순히 보수를 받고 본범을 위하여 장물을 일시 사용하거나 그와 같이 사용할 목적으로 장물을 건네받은 경우도 장물을 취득한 것에 해당된다.

④ 장물인 귀금속의 매도를 부탁받은 피고인이 그 귀금속이 장물임을 알면서도 매매를 중개하고 매수인에게 이를 전달하려다가 매수인을 만나기 전에 체포되었다면 장물알선죄가 성립한다.

해설

① [×] 장물죄가 사후종범적 성격을 가지고 있더라도 장물죄의 법정형은 '7년 이하의 징역 또는 1천500만원 이하의 벌금'으로 절도죄의 법정형인 '6년 이하의 징역 또는 1천만원 이하의 벌금'보다 중하다(제329조, 제362조).

② [×] 장물인 정을 모르고 보관하던 중 장물인 정을 알게 되었고, 장물을 반환하는 것이 불가능하지 않음에도 불구하고 계속 보관함으로써 피해자의 정당한 반환청구권 행사를 어렵게 하여 위법한 재산상태를 유지시킨 경우에는 장물보관죄에 해당한다(대판 1987.10.13. 87도1633).

③ [×] 장물취득죄에서 '취득'이라고 함은 점유를 이전받음으로써 그 장물에 대하여 사실상의 처분권을 획득하는 것을 의미하는 것이므로 단순히 보수를 받고 본범을 위하여 장물을 일시 사용하거나 그와 같이 사용할 목적으로 장물을 건네받은 것만으로는 장물을 취득한 것으로 볼 수 없다(대판 2003.5.13. 2003도1366).

④ [○] 피고인이 귀금속이 장물임을 알면서도 매매를 중개하고 매수인에게 이를 전달하려다가 매수인을 만나기도 전에 체포되었다 하더라도 장물알선죄가 성립한다(대판 2009.4.23. 2009도1203).

정답 ④

145 **장물죄에 관한 다음 설명 중 옳은 것의 개수는? (다툼이 있으면 판례에 의함)** [21 법원9급]

> ㉠ 장물이라 함은 재산죄인 범죄행위에 의하여 영득된 물건을 말하는 것으로서 절도, 강도, 사기, 공갈, 횡령등 영득죄에 의하여 취득된 물건이어야 한다.
> ㉡ 장물취득죄에 있어서 장물의 인식은 확정적 인식임을 요하지 않으며 장물일지도 모른다는 의심을 가지는 정도의 미필적 인식으로서도 충분하다.
> ㉢ 장물인 귀금속의 매도를 부탁받은 피고인이 그 귀금속이 장물임을 알면서도 매매를 중개하고 매수인에게 이를 전달하려다가 매수인을 만나기도 전에 체포되었다면 장물알선죄가 성립한다고 보기 어렵다.
> ㉣ 장물취득죄에서 '취득'이라고 함은 점유를 이전받음으로써 그 장물에 대하여 사실상의 처분권을 획득하는 것을 의미하는 것이므로, 단순히 보수를 받고 본범을 위하여 장물을 일시 사용하거나 그와 같이 사용할 목적으로 장물을 건네받은 것만으로는 장물을 취득한 것으로 볼 수 없다.

① 없음
② 1개
③ 2개
④ 3개

해설

㉠ [○] 장물이라 함은 재산죄인 범죄행위에 의하여 영득된 물건을 말하는 것으로서 절도, 강도, 사기, 공갈, 횡령등 영득죄에 의하여 취득된 물건이어야 한다(대판 2004.12.9. 2004도5904).

㉡ [○] 장물취득죄에 있어서 장물의 인식은 확정적 인식임을 요하지 않으며 장물일지도 모른다는 의심을 가지는 정도의 미필적 인식으로서도 충분하다(대판 2011.5.13. 2009도3552).

㉢ [×] [1] 장물을 취득 · 양도 · 운반 · 보관하려는 당사자 사이에 서서 서로를 연결하여 장물의 취득 등을 중개하거나 편의를 도모하였다면, 그 알선에 의하여 당사자 사이에 실제로 장물의 취득 등에 관한 계약이 성립하지 아니하였거나 장물의 점유가 현실적으로 이전되지 아니한 경우라도 장물알선죄가 성립한다.
[2] 피고인이 귀금속이 장물임을 알면서도 매매를 중개하고 매수인에게 이를 전달하려다가 매수인을 만나기도 전에 체포되었다 하더라도 장물알선죄가 성립한다(대판 2009.4.23. 2009도1203).

㉣ [○] 장물취득죄에서 '취득'이라고 함은 점유를 이전받음으로써 그 장물에 대하여 사실상의 처분권을 획득하는 것을 의미하는 것이므로, 단순히 보수를 받고 본범을 위하여 장물을 일시 사용하거나 그와 같이 사용할 목적으로 장물을 건네받은 것만으로는 장물을 취득한 것으로 볼 수 없다(대판 2003.5.13. 2003도1366).

정답 ④

146 **장물죄에 관한 다음 설명 중 가장 옳은 것은? (다툼이 있으면 판례에 의함)** [15 법원9급]

① 피고인이 예금계좌를 개설하여 본범에게 양도하는 사기방조 행위로 인해 본범에게 편취금이 귀속되는 과정 없이 피해자로부터 피고인의 예금계좌로 편취금이 바로 송금된 경우, 피고인이 자신의 예금계좌에서 편취금을 인출하였다고 하더라도 따로 장물취득죄가 성립하지 않는다.

② 절도 범인으로부터 장물보관 의뢰를 받은 피고인이 그 정을 알면서 이를 인도받아 보관하고 있다가 임의 처분한 경우, 장물보관죄 외에 횡령죄가 성립한다.

③ 피고인이 본범이 절취한 차량이라는 정을 알면서도 본범으로부터 그가 위 차량을 이용하여 강도를 하려 함에 있어 차량을 운전해 달라는 부탁을 받고 운전해 준 경우, 강도예비죄가 성립하는 외에 별도로 장물운반죄는 성립하지 않는다.

④ 장물범이 본범과 직계혈족일 경우, 장물범에 대하여 그 형을 면제한다.

해설

① [○] [1] 본범의 사기행위는 피고인이 예금계좌를 개설하여 본범에게 양도한 방조행위가 가공되어 본범에게 편취금이 귀속되는 과정 없이 피고인이 피해자로부터 피고인의 예금계좌로 돈을 송금받아 취득함으로써 종료되는 것이고, 그 후 피고인이 자신의 예금계좌에서 돈을 인출하였다 하더라도 이는 예금명의자로서 은행에 예금반환을 청구한 결과일 뿐 본범으로부터 돈에 대한 점유를 이전받아 사실상 처분권을 획득한 것은 아니므로, 피고인의 위와 같은 인출행위를 장물'취득'죄로 벌할 수는 없다.
[2] 피고인 甲이 자신의 예금계좌를 본범 乙에게 양도하고 乙이 피해자 A를 속여 A가 甲의 예금계좌로 송금한 돈을 甲이 인출하더라도 장물'취득'죄는 성립하지 아니한다(대판 2010.12.9. 2010도6256).

② [×] 절도범인으로부터 장물보관 의뢰를 받은 자가 그 정을 알면서 이를 인도받아 보관하고 있다가 임의 처분하였다 하여도 장물보관죄가 성립하는 때에는 이미 그 소유자의 소유물 추구권을 침해하였으므로 그 후의 횡령행위는 불가벌적 사후행위에 불과하여 별도로 횡령죄가 성립하지 않는다(대판 2004.4.9. 2003도8219).

③ [×] 피고인이 본범이 절취한 차량이라는 정을 알면서도 본범 등으로부터 그들이 차량을 이용하여 강도를 하려 함에 있어 차량을 운전해 달라는 부탁을 받고 차량을 운전해 준 경우, 피고인은 강도예비와 아울러 장물운반의 고의를 가지고 위와 같은 행위를 하였다고 봄이 상당하다(대판 1999.3.26. 98도3030).

④ [×] 장물범이 본범과 직계혈족인 경우, 장물범에 대하여 그 형을 감경 또는 면제한다(제365조 제2항).

정답 ①

147 **장물죄에 관한 다음 설명 중 가장 옳지 않은 것은? (다툼이 있으면 판례에 의함)** [12 법원9급]

① 장물인 현금을 금융기관에 예금의 형태로 보관하였다가 이를 반환받기 위하여 동일한 액수의 현금을 인출한 경우, 인출된 현금은 당초의 현금과 물리적인 동일성이 상실되므로 장물로서의 성질을 상실한다.

② 장물이라 함은 재산죄인 범죄행위에 의하여 영득된 물건을 말하는 것으로서 절도·강도·사기·공갈·횡령 등 영득죄에 의하여 취득된 물건이어야 한다.

③ 장물취득죄에 있어서 장물의 인식은 확정적 인식임을 요하지 않으며 장물일지도 모른다는 의심을 가지는 정도의 미필적 인식으로서도 충분하다.

④ 장물취득죄에서 '취득'이라고 함은 점유를 이전받음으로써 그 장물에 대하여 사실상의 처분권을 획득하는 것을 의미하는 것이므로, 단순히 보수를 받고 본범을 위하여 장물을 일시 사용하거나 그와 같이 사용할 목적으로 장물을 건네받은 것만으로는 장물을 취득한 것으로 볼 수 없다.

해설

① [×] 예금계약의 성질상 인출된 현금은 당초의 현금과 물리적인 동일성은 상실되었지만 액수에 의하여 표시되는 금전적 가치에는 아무런 변동이 없으므로 장물로서의 성질은 그대로 유지된다(대판 2004.3.12. 2004도134).

② [○] 본범이 피고인에게 금원을 교부한 행위 자체가 횡령행위라고 하더라도 이러한 경우 본범의 업무상 횡령죄가 기수에 달하는 것과 동시에 그 금원은 장물이 된다(대판 2004.12.9. 2004도5904).

③ [○] 장물죄에 있어서 장물의 인식은 확정적 인식임을 요하지 않으며 장물일지도 모른다는 의심을 가지는 정도의 미필적 인식으로서도 충분하다(대판 2011.5.13. 2009도3552).

④ [○] 장물취득죄에서 '취득'이라고 함은 점유를 이전받음으로써 그 장물에 대하여 사실상의 처분권을 획득하는 것을 의미하는 것이므로 단순히 보수를 받고 본범을 위하여 장물을 일시 사용하거나 그와 같이 사용할 목적으로 장물을 건네받은 것만으로는 장물을 취득한 것으로 볼 수 없다(대판 2003.5.13. 2003도1366).

정답 ①

148 재산범죄에 대한 설명 중 옳은 것은 모두 몇 개인가? (다툼이 있는 경우 판례에 의함) [22 경찰간부]

가. 甲이 야외 결혼식장에서 신부 측 축의금 접수인인 것처럼 행세하면서 하객이 신부측 접수대에 축의금을 교부하자 이를 가져간 경우, 사기죄가 성립하지 아니하고 절도죄가 성립한다.
나. 甲이 노상에 주차된 차 안의 현금을 절취하기로 마음먹고 물색하다가 A의 승합차 안에 있는 지갑을 발견하고 차문이 잠겨있는지 확인하기 위해 양손으로 운전석 문의 손잡이를 잡아당겼다면, 절도죄의 실행에 착수한 것이다.
다. 甲과 乙이 수회에 걸쳐서 "총을 훔쳐 전역 후 은행이나 현금수송차량을 털어 한탕하자"는 말만 나눈 경우, 강도음모죄가 성립하지 아니한다.
라. 장물취득죄에서 '취득'이라 함은 점유를 이전받음으로써 그 장물에 대하여 사실상의 처분권을 획득하는 것을 의미하고, 취득 당시 장물인 정을 알면서 이를 취득하여야 장물취득죄가 성립한다.
마. 강제집행면탈죄는 채권자를 해하는 결과가 야기되거나 이로 인하여 행위자가 일정한 이득을 취하여야 성립한다.

① 2개 ② 3개
③ 4개 ④ 5개

해설

가. [○] 피해자가 결혼예식장에서 신부측 축의금 접수인인 것처럼 행세하는 피고인에게 축의금을 내어 놓자 이를 교부받아 가로챈 사안에서, 피해자의 교부행위의 취지는 신부측에 전달하는 것일 뿐 피고인에게 그 처분권을 주는 것이 아니므로, 이를 피고인에게 교부한 것이라고 볼 수 없고 단지 신부측 접수대에 교부하는 취지에 불과하므로 피고인이 그 돈을 가져간 것은 신부측 접수처의 점유를 침탈하여 범한 절취행위라고 보는 것이 정당하다고 한 사례(대판 1996.10.15. 96도2227).
나. [○] 야간에 손전등과 박스 포장용 노끈을 이용하여 도로에 주차된 차량의 문을 열고 현금 등을 훔치기로 마음먹고, 차량의 문이 잠겨 있는지 확인하기 위해 양손으로 운전석 문의 손잡이를 잡고 열려고 하던 중 경찰관에게 발각된 사안에서, 절도죄의 실행에 착수한 것으로 보아야 한다고 한 사례(대판 2009.9.24. 2009도5595).
다. [○] [1] 형법상 음모죄가 성립하는 경우의 음모란 2인 이상의 자 사이에 성립한 범죄실행의 합의를 말하는 것으로, 범죄실행의 합의가 있다고 하기 위하여는 단순히 범죄결심을 외부에 표시 · 전달하는 것만으로는 부족하고, 객관적으로 보아 특정한 범죄의 실행을 위한 준비행위라는 것이 명백히 인식되고, 그 합의에 실질적인 위험성이 인정될 때에 비로소 음모죄가 성립한다고 할 것이다.
[2] 피고인들이 수회에 걸쳐 "총을 훔쳐 전역 후 은행이나 현금수송차량을 털어 한탕 하자."는 말을 나눈 정도만으로는 강도음모를 인정하기에 부족하다고 할 것이다(대판 1999.11.12. 99도3801).
라. [○] 장물취득죄에서 '취득'이라고 함은 점유를 이전받음으로써 그 장물에 대하여 사실상의 처분권을 획득하는 것을 의미하는 것으로서, 장물취득죄는 취득 당시 장물인 정을 알면서 재물을 취득하여야 성립하는 것이므로 피고인이 재물을 인도받은 후에 비로소 장물이 아닌가 하는 의구심을 가졌다고 하여 그 재물수수행위가 장물취득죄를 구성한다고 할 수 없다(대판 2006.10.12. 2004도6084).
마. [×] 형법 제327조의 강제집행면탈죄는 위태범으로서, 현실적으로 민사소송법에 의한 강제집행 또는 가압류 · 가처분의 집행을 받을 우려가 있는 객관적인 상태에서, 즉 채권자가 본안 또는 보전소송을 제기하거나 제기할 태세를 보이고 있는 상태에서 주관적으로 강제집행을 면탈하려는 목적으로 재산을 은닉, 손괴, 허위양도하거나 허위의 채무를 부담하여 채권자를 해할 위험이 있으면 성립하는 것이고, 반드시 채권자를 해하는 결과가 야기되거나 행위자가 어떤 이득을 취하여야 범죄가 성립하는 것은 아니다(대판 2009.5.28. 2009도875; 동지 대판 2001.11.27. 2001도4759).

정답 ③

제9절 | 손괴의 죄

149 손괴의 죄에 대한 설명으로 옳지 않은 것은? (다툼이 있으면 판례에 의함) [20 국가9급]

① 재건축사업으로 철거예정이고 그 입주자들이 모두 이사하여 아무도 거주하지 않은 채 비어 있는 아파트라도 재산적 이용가치 내지 효용이 있는 경우에는 재물손괴죄의 재물에 포함된다.

② 자동문을 자동으로 작동하지 않고 수동으로만 개폐가 가능하게 하여 자동잠금장치로서 역할을 할 수 없도록 한 경우에도 재물손괴죄가 성립한다.

③ 홍보를 위해 1층 로비에 설치해 둔 홍보용 배너와 거치대를 훼손 없이 그 장소에서 제거하여 컨테이너로 된 창고로 옮겨 놓아 사용할 수 없게 한 행위는 재물의 효용을 해하는 행위에 해당한다.

④ 해고노동자 등이 복직을 요구하는 집회를 개최하던 중 래커 스프레이를 이용하여 회사 건물 외벽과 1층 벽면 등에 낙서한 행위와 계란 30여 개를 건물에 투척한 행위는 모두 건물의 효용을 해한 것으로 볼 수 있다.

해설

① [O] 재건축사업으로 철거예정이고 그 입주자들이 모두 이사하여 아무도 거주하지 않은 채 비어 있는 아파트라도 재산적 이용 가치 내지 효용이 있는 경우에는 재물손괴죄의 재물에 포함된다(대판 2010.2.25. 2009도8473).

② [O] 재물손괴죄에서 손괴 또는 은닉 기타 방법으로 그 효용을 해하는 경우에는 물질적인 파괴행위로 물건 등을 본래의 목적에 사용할 수 없는 상태로 만드는 경우뿐만 아니라 일시적으로 물건 등의 구체적 역할을 할 수 없는 상태로 만들어 효용을 떨어뜨리는 경우도 포함된다. 따라서 자동문을 자동으로 작동하지 않고 수동으로만 개폐가 가능하게 하여 자동잠금장치로서 역할을 할 수 없도록 한 경우에도 재물손괴죄가 성립한다(대판 2016.11.25. 2016도9219).

③ [O] 홍보를 위해 1층 로비에 설치해 둔 홍보용 배너와 거치대를 훼손 없이 그 장소에서 제거하여 컨테이너로 된 창고로 옮겨 놓아 사용할 수 없게 한 행위는 재물의 효용을 해하는 행위에 해당한다(대판 2018.7.24. 2017도18807).

④ [×] 래커 스프레이를 이용하여 회사 건물 외벽과 1층 벽면 등에 낙서한 행위는 건물의 효용을 해한 것으로 볼 수 있으나, 이와 별도로 계란 30여 개를 건물에 투척한 행위는 건물의 효용을 해하는 정도의 것에 해당하지 않는다(대판 2007.6.28. 2007도2590).

정답 ④

150 손괴의 죄에 대한 설명으로 가장 적절하지 않은 것은? (다툼이 있으면 판례에 의함) [21 경찰승진]

① 해고노동자 등이 복직을 요구하는 집회를 개최하던 중 래커 스프레이를 이용하여 회사 건물 외벽과 1층 벽면 등에 낙서한 행위는 건물의 효용을 해한 것으로 볼 수 있으나, 이와 별도로 계란 30여 개를 건물에 투척한 행위는 건물의 효용을 해하는 정도의 것에 해당하지 않는다.

② 재건축사업으로 철거예정이고 그 입주자들이 모두 이사하여 아무도 거주하지 않은 채 비어 있는 아파트라 하더라도, 그 객관적 성상이 본래 사용목적인 주거용으로 쓰일 수 없는 상태라거나 재물로서의 이용가치나 효용이 없는 물건이라고도 할 수 없다면 재물손괴죄의 객체가 된다.

③ 수확되지 아니한 쪽파의 매수인이 명인방법을 갖추지 않은 경우, 그 쪽파의 소유권은 여전히 매도인에게 있고 매도인과 제3자 사이에 일정 기간 후 임의처분의 약정이 있었다면 그 기간 후에 그 제3자가 쪽파를 손괴하였더라도 재물손괴죄가 성립하지 않는다.

④ 자동문을 자동으로 작동하지 않고 수동으로만 개폐가 가능하게 하여 자동잠금장치로서 역할을 할 수 없도록 한 것만으로는 재물손괴죄가 성립하지 않는다.

해설

① [○] 래커 스프레이를 이용하여 회사 건물 외벽과 1층 벽면 등에 낙서한 행위는 건물의 효용을 해한 것으로 볼 수 있으나, 이와 별도로 계란 30여 개를 건물에 투척한 행위는 건물의 효용을 해하는 정도의 것에 해당하지 않는다(대판 2007.6.28. 2007도2590).

② [○] 재건축사업으로 철거예정이고 그 입주자들이 모두 이사하여 아무도 거주하지 않은 채 비어 있는 아파트라도 재산적 이용가치 내지 효용이 있는 경우에는 재물손괴죄의 재물에 포함된다(대판 2010.2.25. 2009도8473).

③ [○] 수확되지 아니한 쪽파의 매수인이 명인방법을 갖추지 않은 경우, 그 쪽파의 소유권은 여전히 매도인에게 있고 매도인과 제3자 사이에 일정 기간 후 임의처분의 약정이 있었다면 그 기간 후에 그 제3자가 쪽파를 손괴하였더라도 재물손괴죄가 성립하지 않는다(대판 1996.2.23. 95도2754).

④ [×] 재물손괴죄에서 손괴 또는 은닉 기타 방법으로 그 효용을 해하는 경우에는 물질적인 파괴행위로 물건 등을 본래의 목적에 사용할 수 없는 상태로 만드는 경우뿐만 아니라 일시적으로 물건 등의 구체적 역할을 할 수 없는 상태로 만들어 효용을 떨어뜨리는 경우도 포함된다. 따라서 자동문을 자동으로 작동하지 않고 수동으로만 개폐가 가능하게 하여 자동잠금장치로서 역할을 할 수 없도록 한 경우에도 재물손괴죄가 성립한다(대판 2016.11.25. 2016도9219).

정답 ④

151 다음 중 옳은 설명의 개수는? (다툼이 있으면 판례에 의함) [21 법원9급]

㉠ 타인 소유의 광고용 간판을 백색페인트로 도색하여 광고문안을 지워버린 행위는 재물손괴죄를 구성한다.
㉡ 재건축사업으로 철거예정이고 그 입주자들이 모두 이사하여 아무도 거주하지 않은 채 비어 있는 아파트라 하더라도, 그 객관적 성상이 본래 사용목적인 주거용으로 쓰일 수 없는 상태라거나 재물로서의 이용가치나 효용이 없는 물건이라고도 할 수 없어 재물손괴죄의 객체가 된다.
㉢ 판결에 의하여 명도받은 토지의 경계에 설치해 놓은 철조망과 경고판을 치워 버림으로써 울타리로서의 역할을 해한 때에는 재물손괴죄가 성립한다.
㉣ 자동문을 자동으로 작동하지 않고 수동으로만 개폐가가능하게 하여 자동잠금장치로서 역할을 할 수 없도록 한 경우에도 재물손괴죄가 성립한다.

① 1개 ② 2개
③ 3개 ④ 4개

해설

㉠ [○] 피고인이 다른 사람 소유의 광고용 간판을 백색 페인트로 도색하여 광고문안을 지워버린 행위는 재물손괴죄를 구성한다(대판 1991.10.22. 91도2090).

㉡ [○] 재건축사업으로 철거예정이고 그 입주자들이 모두 이사하여 아무도 거주하지 않은 채 비어 있는 아파트라도 재산적 이용가치 내지 효용이 있는 경우에는 재물손괴죄의 재물에 포함된다(대판 2010.2.25. 2009도8473).

㉢ [○] 재물손괴죄에 있어서 손괴라 함은 물질적인 파괴행위로 인하여 물건의 본래의 목적에 공할 수 없는 상태로 만드는 경우뿐만 아니라 일시 그 물건이 구체적 역할을 할 수 없는 상태로 만드는 경우도 해당하므로 판결에 의하여 명도받은 토지의 경계에 설치해 놓은 철조망과 경고판을 치워 버림으로써 울타리로서의 역할을 해한 때에는 재물손괴죄가 성립한다(대판 1982.7.13. 80도1057).

㉣ [○] 재물손괴죄에서 손괴 또는 은닉 기타 방법으로 그 효용을 해하는 경우에는 물질적인 파괴행위로 물건 등을 본래의 목적에 사용할 수 없는 상태로 만드는 경우뿐만 아니라 일시적으로 물건 등의 구체적 역할을 할 수 없는 상태로 만들어 효용을 떨어뜨리는 경우도 포함된다. 따라서 자동문을 자동으로 작동하지 않고 수동으로만 개폐가 가능하게 하여 자동잠금장치로서 역할을 할 수 없도록 한 경우에도 재물손괴죄가 성립한다(대판 2016.11.25. 2016도9219).

정답 ④

152 손괴의 죄에 관한 설명 중 가장 적절하지 않은 것은? (다툼이 있으면 판례에 의함)

[16 경찰승진]

① 재물손괴의 범의를 인정함에 있어서는 반드시 계획적인 손괴의 의도가 있거나 물건의 손괴를 적극적으로 희망하여야 하는 것은 아니고, 소유자의 의사에 반하여 재물의 효용을 상실케 하는 데 대한 인식이 있으면 된다.

② 밭에서 재배하였으나 미처 수확되지 않은 농작물의 소유권을 이전받기 위해서는 명인방법을 실시하여야 하므로, 그러한 농작물을 매도한 사람이 매수인의 명인방법이 실시되기 전에 농작물을 파헤쳐 훼손하였다면 재물손괴죄가 성립한다.

③ 우물에 연결하고 땅속에 묻어서 수도관적 역할을 하고 있는 고무호스 중 약 1.5m를 발굴하여 우물가에 제쳐 놓음으로써 물이 통하지 못하게 한 경우 손괴죄가 성립한다.

④ 자기 명의의 문서라 할지라도 이미 타인에 접수되어 있는 문서에 대하여 함부로 이를 무효화시켜 그 용도에 사용하지 못하게 했다면 문서손괴죄가 성립한다.

해설

① [O] 재물손괴의 범의를 인정함에 있어서는 반드시 계획적인 손괴의 의도가 있거나 물건의 손괴를 적극적으로 희망하여야 하는 것은 아니고, 소유자의 의사에 반하여 재물의 효용을 상실케 하는 데 대한 인식이 있으면 된다(대판 1993.12.7. 93도2701).

② [×] 쪽파와 같은 수확되지 아니한 농작물에 있어서는 명인방법을 실시함으로써 그 소유권을 취득하므로, 쪽파의 매수인이 명인방법을 갖추지 않은 경우 쪽파에 대한 소유권을 취득하였다고 볼 수 없어 그 소유권은 여전히 매도인에게 있고 매도인과 제3자 사이에 일정 기간 후 임의처분의 약정이 있었다면 그 기간 후에 제3자가 쪽파를 손괴하였더라도 재물손괴죄가 성립하지 않는다(대판 1996.2.23. 95도2754).

③ [O] 우물에 연결하고 땅 속에 묻어서 수도관적 역할을 하고 있는 고무호스 중 약 1.5m를 발굴하여 우물가에 제쳐 놓음으로써 물이 통하지 못하게 한 행위는 그 고무호스의 구체적인 효용을 해한 것이라 볼 수 있다(대판 1971.1.26. 70도2378).

④ [O] 비록 자기명의의 문서라 할지라도 이미 타인(타기관)에 접수되어 있는 문서에 대하여 함부로 이를 무효화시켜 그 용도에 사용하지 못하게 하였다면 형법상의 문서손괴죄를 구성한다(대판 1987.4.14. 87도177).

정답 ②

153 손괴죄에 대한 다음 설명 중 옳지 않은 것으로 짝지은 것은? (다툼이 있으면 판례에 의함)

[17 경찰간부]

㉠ 문서에 대한 종래의 사용상태가 문서 소유자의 의사에 반하여 또는 문서 소유자의 의사와 무관하게 이루어진 경우에 단순히 종래의 사용상태를 제거하거나 변경시키는 것에 불과하고 문서 소유자의 문서 사용에 지장을 초래하지 않은 경우에는 문서손괴죄가 성립하지 아니한다.

㉡ 甲은 A건물 1층 출입구 자동문의 설치공사를 맡았던 자로서, 설치자가 아니면 해제할 수 없는 자동문의 자동작동중지 예약기능을 이용하여 특정시점부터 자동문이 수동으로만 여닫히게 하였으나, 자동문이 자동잠금장치로서 일시적으로 역할을 할 수 없게 된 것에 그쳤다면 재물손괴죄가 성립하지 않는다.

㉢ 재건축사업으로 철거예정이고 그 입주자들이 모두 이사하여 아무도 거주하지 않은 채 비어 있는 아파트라 하더라도, 그 객관적 성상이 본래 사용목적인 주거용으로 쓰일 수 없는 상태라거나 재물로서의 이용가치나 효용이 없는 물건이 되었다고 할 수 없다면 이 아파트는 재물손괴죄의 객체가 된다.

㉣ 이미 타인(타기관)에 접수되어 있는 문서에 대하여 이를 무효화시켜 그 용도에 사용하지 못하게 하였더라도 그 문서가 자기 명의의 문서인 경우에는 문서손괴죄가 성립하지 않는다.

① ㉠, ㉡
② ㉠, ㉢
③ ㉡, ㉣
④ ㉢, ㉣

해설

㉠ [○] 소유자의 의사에 따라 어느 장소에 게시 중인 문서를 소유자의 의사에 반하여 떼어내는 것과 같이 소유자의 의사에 따라 형성된 종래의 이용상태를 변경시켜 종래의 상태에 따른 이용을 일시적으로 불가능하게 하는 경우에도 문서손괴죄가 성립할 수 있다. 그러나 문서손괴죄는 문서의 소유자가 문서를 소유하면서 사용하는 것을 보호하려는 것이므로, 어느 문서에 대한 종래의 사용상태가 문서 소유자의 의사에 반하여 또는 문서 소유자의 의사와 무관하게 이루어진 경우에 단순히 종래의 사용상태를 제거하거나 변경시키는 것에 불과하고 손괴, 은닉하는 등으로 새로이 문서 소유자의 문서 사용에 지장을 초래하지 않는 경우에는 문서의 효용, 즉 문서 소유자의 문서에 대한 사용가치를 일시적으로도 해하였다고 할 수 없어서 문서손괴죄가 성립하지 아니한다(대판 2015.11.27. 2014도13083).

㉡ [×] 재물손괴죄에서 손괴 또는 은닉 기타 방법으로 그 효용을 해하는 경우에는 물질적인 파괴행위로 물건 등을 본래의 목적에 사용할 수 없는 상태로 만드는 경우뿐만 아니라 일시적으로 물건 등의 구체적 역할을 할 수 없는 상태로 만들어 효용을 떨어뜨리는 경우도 포함된다. 따라서 자동문을 자동으로 작동하지 않고 수동으로만 개폐가 가능하게 하여 자동잠금장치로서 역할을 할 수 없도록 한 경우에도 재물손괴죄가 성립한다(대판 2016.11.25. 2016도9219).

㉢ [○] 재건축사업으로 철거예정이고 그 입주자들이 모두 이사하여 아무도 거주하지 않은 채 비어 있는 아파트라도 재산적 이용가치 내지 효용이 있는 경우에는 재물손괴죄의 재물에 포함된다(대판 2010.2.25. 2009도8473).

㉣ [×] 비록 자기 명의의 문서라 할지라도 이미 타인(타기관)에 접수되어 있는 문서에 대하여 함부로 이를 무효화시켜 그 용도에 사용하지 못하게 하였다면 일응 문서손괴죄를 구성한다(대판 1987.4.14. 87도177).

정답 ③

154 손괴죄에 대한 설명 중 가장 적절하지 않은 것은? (다툼이 있는 경우 판례에 의함) [23 경찰승진]

① 형법 제366조의 재물손괴죄는 타인의 재물, 문서 또는 전자기록 등 특수매체기록을 손괴 또는 은닉 기타 방법으로 그 효용을 해하였을 때 성립할 수 있다.

② 손괴죄에서 재물의 효용을 해한다고 함은 물건 등을 본래의 목적에 사용할 수 없는 상태로 만드는 경우뿐만 아니라 일시적으로 물건 등이 구체적 역할을 할 수 없는 상태로 만들어 그 효용을 떨어뜨리는 경우도 포함한다.

③ 자동문을 수동으로만 개폐되도록 하여 자동잠금장치로서 역할을 할 수 없게 한 경우에는 재물손괴죄가 성립하지 않는다.

④ 해고노동자 등이 복직을 요구하는 집회를 개최하던 중 래커 스프레이를 이용하여 회사 건물 외벽과 1층 벽면 등에 낙서한 행위는 건물의 효용을 해한 것으로 볼 수 있다.

해설

① [○] 제366조【재물손괴】 타인의 재물, 문서 또는 전자기록 등 특수매체기록을 손괴 또는 은닉 기타 방법으로 효용을 해한 자는 3년 이하의 징역 또는 700만원 이하의 벌금에 처한다.

② [○] 재물손괴죄는 타인의 재물, 문서 또는 전자기록 등 특수매체기록을 손괴 또는 은닉 기타 방법으로 그 효용을 해한 경우에 성립한다(제366조). 여기에서 손괴 또는 은닉 기타 방법으로 그 효용을 해하는 경우에는 물질적인 파괴행위로 물건 등을 본래의 목적에 사용할 수 없는 상태로 만드는 경우뿐만 아니라 '일시적으로 물건 등의 구체적 역할을 할 수 없는 상태로 만들어 효용을 떨어뜨리는 경우'도 포함된다(대판 2016.11.25. 2016도9219).

③ [×] 자동문을 자동으로 작동하지 않고 수동으로만 개폐가 가능하게 하여 자동잠금장치로서 역할을 할 수 없도록 한 경우에도 재물손괴죄가 성립한다(대판 2016.11.25. 2016도9219).

④ [○] 해고노동자 등이 복직을 요구하는 집회를 개최하던 중 래커 스프레이를 이용하여 회사 건물 외벽과 1층 벽면 등에 낙서한 행위는 건물의 효용을 해한 것으로 볼 수 있다(대판 2007.6.28. 2007도2590).

정답 ③

155 다음 사례 중 재물손괴죄가 성립하지 않는 것은? (다툼이 있는 경우 판례에 의함)

[22 경찰채용]

① 타인 소유의 광고용 간판을 백색페인트로 도색하여 광고문안을 지워버린 행위

② 자동문을 수동으로만 개폐가 가능하게 하여 자동잠금장치로서 역할을 할 수 없도록 한 행위

③ 甲이 A의 차량 앞에는 철근콘크리트 구조물을, 뒤에는 굴삭기 크러셔를 바짝 붙여 놓아 A의 차량을 17~18시간 동안 운행할 수 없게 한 행위

④ A주식회사 직원인 甲과 乙이 유색 페인트와 래커 스프레이를 이용하여 A회사 소유의 도로바닥에 직접 문구를 기재하거나 도로 위에 놓인 현수막 천에 문구를 기재하여 페인트가 바닥으로 배어나와 도로에 배게 한 행위

해설

① [○] 타인 소유의 광고용 간판을 백색페인트로 도색하여 광고문안을 지워버린 행위는 재물손괴죄를 구성한다(대판 1991.10.22. 91도2090).

② [○] 재물손괴죄에서 손괴 또는 은닉 기타 방법으로 그 효용을 해하는 경우에는 물질적인 파괴행위로 물건 등을 본래의 목적에 사용할 수 없는 상태로 만드는 경우뿐만 아니라 일시적으로 물건 등의 구체적 역할을 할 수 없는 상태로 만들어 효용을 떨어뜨리는 경우도 포함된다. 따라서 자동문을 자동으로 작동하지 않고 수동으로만 개폐가 가능하게 하여 자동잠금장치로서 역할을 할 수 없도록 한 경우에도 재물손괴죄가 성립한다(대판 2016.11.25. 2016도9219).

③ [○] 피고인이 평소 자신이 굴삭기를 주차하던 장소에 A의 차량이 주차되어 있는 것을 발견하고 A의 차량 앞에 철근콘크리트 구조물을, 뒤에 굴삭기 크러셔를 바짝 붙여 놓아 갑이 17~18시간 동안 차량을 운행할 수 없게 된 경우, 차량 앞뒤에 쉽게 제거하기 어려운 구조물 등을 붙여 놓은 행위는 차량에 대한 유형력 행사로 보기에 충분하고, 차량 자체에 물리적 훼손이나 기능적 효용의 멸실 내지 감소가 발생하지 않았더라도 A가 위 구조물로 인해 차량을 운행할 수 없게 됨으로써 일시적으로 본래의 사용목적에 이용할 수 없게 된 이상 차량 본래의 효용을 해한 경우에 해당한다(대판 2021.5.7. 2019도13764).

④ [×] 갑 주식회사의 직원인 피고인들이 유색 페인트와 래커 스프레이를 이용하여 갑 회사 소유의 도로 바닥에 직접 문구를 기재하거나 도로 위에 놓인 현수막 천에 문구를 기재하여 페인트가 바닥으로 배어 나와 도로에 배게 하는 행위는 위 도로의 효용을 해하는 정도에 이른 것이라고 보기 어렵다(대판 2020.3.27. 2017도20455).

정답 ④

156 손괴 및 권리행사방해의 죄에 관한 설명 중 가장 적절하지 않은 것은? (다툼이 있는 경우 판례에 의함)

[23 경찰채용]

① 소유자의 의사에 따라 어느 장소에 게시 중인 문서를 소유자의 의사에 반하여 떼어내는 것과 같이 소유자의 의사에 따라 형성된 종래의 이용상태를 변경시켜 종래의 상태에 따른 이용을 일시적으로 불가능하게 하는 경우에도 문서손괴죄가 성립할 수 있다.

② 다른 사람의 소유물을 본래의 용법에 따라 무단으로 사용 수익하는 행위는 소유자를 배제한 채 물건의 이용 가치를 영득하는 것이고, 그 때문에 소유자가 물건의 효용을 누리지 못하게 되었다면 그 효용 자체가 침해된 것으로 볼 수 있어 재물손괴죄를 구성한다.

③ 물건의 소유자가 아닌 甲은 형법 제33조 본문에 따라 권리행사방해 범행에 가담한 경우에 한하여 권리행사방해죄의 공범이 될 수 있을 뿐이며, 甲과 함께 권리행사방해죄의 공동정범으로 기소된 물건의 소유자 乙에게 고의가 없어 범죄가 성립하지 않는다면 甲에게 공동정범이 성립할 여지가 없다.

④ 가압류 후에 목적물의 소유권을 취득한 제3취득자가 다른 사람에 대한 허위의 채무에 기하여 근저당권설정등기를 경료하더라도 강제집행면탈죄를 구성하지 않는다.

해설

① [○] 소유자의 의사에 따라 어느 장소에 게시 중인 문서를 소유자의 의사에 반하여 떼어내는 것과 같이 소유자의 의사에 따라 형성된 종래의 이용 상태를 변경시켜 종래의 상태에 따른 이용을 일시적으로 불가능하게 하는 경우에도 문서손괴죄가 성립할 수 있다(대판 2015.11.27. 2014도13083).

② [×] 재물손괴죄(형법 제366조)는 다른 사람의 재물을 손괴 또는 은닉하거나 그 밖의 방법으로 그 효용을 해한 경우에 성립하는 범죄로, 행위자에게 다른 사람의 재물을 자기 소유물처럼 그 경제적 용법에 따라 이용 · 처분할 의사(불법영득의사)가 없다는 점에서 절도, 강도, 사기, 공갈, 횡령 등 영득죄와 구별된다. 다른 사람의 소유물을 본래의 용법에 따라 무단으로 사용 · 수익하는 행위는 소유자를 배제한 채 물건의 이용가치를 영득하는 것이고, 그 때문에 소유자가 물건의 효용을 누리지 못하게 되었더라도 효용 자체가 침해된 것이 아니므로 재물손괴죄에 해당하지 않는다(대판 2022.11.30. 2022도1410).

③ [○] 형법 제323조의 권리행사방해죄는 타인의 점유 또는 권리의 목적이 된 자기 물건을 취거, 은닉 또는 손괴하여 타인의 권리행사를 방해함으로써 성립하므로, 그 취거 은닉 또는 손괴한 물건이 자기의 물건이 아니면 권리행사방해죄가 성립할 수 없다고 하면서, 물건의 소유자가 아닌 사람은 형법 제 33조 본문에 따라 소유자의 권리행사방해 범행에 가담한 경우에 한하여, 그의 공범이 될 수 있을 뿐이다. 그러나 권리행사방해죄의 공범으로 기소된 물건의 소유자에게 고의가 없는 등으로 범죄가 성립하지 않는다면 공동정범이 성립할 여지가 없다(대판 2017.5.30. 2017도4578).

④ [○] 가압류 후에 목적물의 소유권을 취득한 제3취득자가 다른 사람에 대한 허위의 채무에 기하여 근저당권설정등기를 경료하더라도, 강제집행면탈죄를 구성하지 않는다(대판 2008.5.29. 2008도2476).

정답 ②

제10절 I 권리행사방해의 죄

157 다음 중 권리행사방해죄의 보호대상인 '타인의 점유'에 해당하는 것은 모두 몇 개인가? (판례에 의함)

[10 경찰승진]

> ㉠ 일단 적법한 권원에 기하여 점유를 개시하였으나 사후에 점유 권원을 상실한 경우의 점유
> ㉡ 점유 권원의 존부가 외관상 명백하지 아니하여 법정절차를 통하여 권원의 존부가 밝혀질 때까지의 점유
> ㉢ 권원에 기하여 점유를 개시한 것은 아니나 동시이행항변권 등으로 대항할 수 있는 점유
> ㉣ 무효인 경매절차에서 경매목적물을 경락받아 이를 점유하고 있는 낙찰자의 점유

① 1개
② 2개
③ 3개
④ 4개

해설

㉠ [○], ㉡ [○], ㉢ [○] 권리행사방해죄에서의 보호대상인 타인의 점유는 반드시 점유할 권원에 기한 점유만을 의미하는 것은 아니고, [1] 일단 적법한 권원에 기하여 점유를 개시하였으나 사후에 점유 권원을 상실한 경우의 점유, [2] 점유 권원의 존부가 외관상 명백하지 아니하여 법정절차를 통하여 권원의 존부가 밝혀질 때까지의 점유, [3] 권원에 기하여 점유를 개시한 것은 아니나 동시이행항변권 등으로 대항할 수 있는 점유 등과 같이 법정절차를 통한 분쟁 해결시까지 잠정적으로 보호할 가치 있는 점유는 모두 포함된다고 볼 것이고, 다만 절도범인의 점유와 같이 점유할 권리 없는 자의 점유임이 외관상 명백한 경우는 포함되지 아니한다(대판 2006.3.23. 2005도4455).

㉣ [○] 동시이행항변권의 법리는 경매절차가 무효로 된 경우에도 적용되는 것이므로, 무효인 경매절차에서 경매목적물을 경락받아 이를 점유하고 있는 낙찰자의 점유는 적법한 점유로서 그 점유자는 권리행사방해죄에 있어서의 타인의 물건을 점유하고 있는 자라고 할 것이다(대판 2003.11.28. 2003도4257).

정답 ④

158 권리행사방해죄에 관한 다음 설명 중 가장 옳은 것은? (다툼이 있으면 판례에 의함)

[20 법원9급]

① 물건의 소유자가 아닌 사람은 권리행사방해죄의 주체가 될 수 없을 뿐만 아니라, 물건 소유자의 권리행사방해 범행에 가담한 경우 그의 공범도 될 수 없다.

② 권리행사방해죄에 있어서의 타인의 점유는 정당한 원인에 기하여 그 물건을 점유하는 권리 있는 점유를 의미하는 것으로 무효인 경매절차에서 경매목적물을 경락받아 이를 점유하고 있는 낙찰자는 권리행사방해죄에 있어서의 타인의 물건을 점유하고 있는 자에 해당하지 않는다.

③ 중간생략등기형 명의신탁 또는 계약명의신탁의 방식으로 자신의 처에게 등기명의를 신탁하여 놓은 점포에 자물쇠를 채워 점포의 임차인을 출입하지 못하게 한 경우, 그 점포는 권리행사방해죄의 객체인 자기의 물건에 해당하지 않는다.

④ 권리행사방해죄의 구성요건 중 타인의 '권리'에는 물건에 대하여 점유를 수반하지 아니하는 채권은 포함되지 않는다.

해설

① [×] 물건의 소유자가 아닌 사람은 형법 제33조 본문에 따라 소유자의 권리행사방해 범행에 가담한 경우에 한하여 그의 공범이 될 수 있을 뿐이다(대판 2017.5.30. 2017도4578).

② [×] 경매절차가 무효로 된 경우에는 낙찰자가 경매목적물에 대하여 본권인 소유권은 취득하지 못하나 쌍무계약에 적용되는 민법 제536조가 준용되어 낙찰자가 그 점유를 정당화할 권리를 가지게 된다(대판 2003.11.28. 2003도4257).

③ [○] 피고인이 이른바 중간생략등기형 명의신탁 또는 계약명의신탁의 방식으로 자신의 처에게 등기명의를 신탁하여 놓은 점포에 자물쇠를 채워 점포의 임차인을 출입하지 못하게 한 경우, 그 점포가 권리행사방해죄의 객체인 자기의 물건에 해당하지 않는다고 한 사례(대판 2005.9.9. 2005도626).

④ [×] 권리행사방해죄의 구성요건 중 타인의 '권리'란 반드시 제한물권만을 의미하는 것이 아니라 물건에 대하여 점유를 수반하지 아니하는 채권도 이에 포함된다(대판 1991.4.26. 90도1958).

정답 ③

159 권리행사방해죄에 관한 설명으로 가장 적절하지 아니한 것은? (다툼이 있으면 판례에 의함)

[10 법원9급]

① 권리행사방해죄의 구성요건인 타인의 권리에는 물건에 대한 점유를 수반하지 않는 채권도 포함된다.

② 공장근저당권이 설정된 선반기계 등을 이중담보로 제공하기 위하여 이를 다른 장소로 옮긴 경우에도 권리행사방해죄가 성립한다.

③ 권리행사방해죄에 있어서의 타인의 점유에는 절도범인의 점유도 포함된다.

④ 주식회사의 대표이사가 그 지위에 기하여 직무집행행위로서 타인이 점유하는 위 회사의 물건을 취거하였다면 권리행사방해죄에 해당한다.

해설

① [○] 권리행사방해죄의 구성요건 중 타인의 '권리'란 반드시 제한물권만을 의미하는 것이 아니라 물건에 대하여 점유를 수반하지 아니하는 채권도 이에 포함된다(대판 1991.4.26. 90도1958).

② [○] 피고인이 공장근저당권이 설정된 선반기계 등을 이중담보로 제공하기 위하여 이를 다른 장소로 옮긴 경우, 이는 공장저당권의 행사가 방해될 우려가 있는 행위로서 권리행사방해죄에 해당한다(대판 1994.9.27. 94도1439).

③ [×] 절도범인의 점유와 같이 점유할 권리 없는 자의 점유임이 외관상 명백한 경우는 권리행사방해죄에 있어서의 타인의 점유에 포함되지 아니한다(대판 2006.3.23. 2005도4455).

④ [○] 주식회사의 대표이사가 대표이사의 지위에 기하여 그 직무집행 행위로서 타인이 점유하는 회사의 물건을 취거한 경우, 위 행위는 회사의 대표기관으로서의 행위라고 평가되므로 회사의 물건도 권리행사방해죄에 있어서의 '자기의 물건'이라고 보아야 한다(대판 1992.1.21. 91도1170).

정답 ③

160 다음 중 틀린 것은? (다툼이 있으면 판례에 의함) [10 경찰승진]

① 피고인이 피해자에게 담보로 제공한 차량이 그 자동차등록원부에 타인 명의로 등록되어 있는 경우 피고인이 피해자의 승낙 없이 미리 소지하고 있던 위 차량의 보조키를 이용하여 이를 운전하여 간 행위는 권리행사방해죄를 구성하지 않는다.

② 권리행사방해죄에는 친족상도례가 적용된다.

③ 권리행사방해죄의 구성요건 중 타인의 '권리'에 점유를 수반하지 아니하는 채권은 포함되지 않는다.

④ 진의(眞意)에 의하여 재산을 양도하였다면 설령 그것이 강제집행을 면탈할 목적으로 이루어진 것으로서 채권자의 불이익을 초래하는 결과가 되었다고 하더라도 강제집행면탈죄의 허위양도 또는 은닉에는 해당하지 아니한다.

해설

① [○] 피고인이 피해자에게 담보로 제공한 차량이 그 자동차등록원부에 타인 명의로 등록되어 있는 이상 그 차량은 피고인의 소유는 아니라는 이유로, 피고인이 피해자의 승낙 없이 미리 소지하고 있던 위 차량의 보조키를 이용하여 이를 운전하여 간 행위가 권리행사방해죄를 구성하지 않는다고 한 사례(대판 2005.11.10. 2005도6604).

② [○] 권리행사방해죄에는 친족상도례가 적용된다(제328조).

③ [×] 권리행사방해죄의 구성요건 중 타인의 '권리'란 반드시 제한물권만을 의미하는 것이 아니라 물건에 대하여 점유를 수반하지 아니하는 채권도 이에 포함된다(대판 1991.4.26. 90도1958).

④ [○] 진의(眞意)에 의하여 재산을 양도하였다면 설령 그것이 강제집행을 면탈할 목적으로 이루어진 것으로서 채권자의 불이익을 초래하는 결과가 되었다고 하더라도 강제집행면탈죄의 허위양도 또는 은닉에는 해당하지 아니한다(대판 1982.7.27. 80도382).

정답 ③

161 권리행사방해죄에 관한 다음 설명 중 옳지 않은 것은? (다툼이 있으면 판례에 의함) [15 경찰간부]

① 甲이 명의신탁의 방식으로 乙에게 등기명의를 신탁하여 놓은 점포에 자물쇠를 채워 점포의 임차인을 출입하지 못하게 한 경우에는 권리행사방해죄가 성립하지 아니한다.

② 무효인 경매절차에서 경매목적물을 경락받아 이를 점유하고 있는 낙찰자의 점유는 적법한 점유로서 그 점유자는 권리행사방해죄에 있어서의 타인의 물건을 점유하고 있는 자이다.

③ 렌트카 회사의 공동대표이사 중 1인이 회사 보유 차량을 자신의 개인적인 채무담보 명목으로 피해자에게 넘겨주었는데, 다른 공동대표이사인 피고인이 위 차량을 몰래 회수하도록 한 경우, 피해자의 점유는 권리행사방해죄의 보호대상인 점유에 해당한다.

④ 피고인이 피해자에게 담보로 제공한 차량이 자동차등록원부에 타인 명의로 등록되어 있는 경우에 있어서 피고인이 피해자의 승낙없이 미리 소지하고 있던 위 차량의 보조키를 이용하여 이를 운전하여 간 경우 권리행사방해죄를 구성한다.

해설

① [○] 피고인이 이른바 중간생략등기형 명의신탁 또는 계약명의신탁의 방식으로 자신의 처에게 등기명의를 신탁하여 놓은 점포에 자물쇠를 채워 점포의 임차인을 출입하지 못하게 한 경우, 그 점포가 권리행사방해죄의 객체인 자기의 물건에 해당하지 않는다고 한 사례(대판 2005.9.9. 2005도626).

② [○] 동시이행항변권의 법리는 경매절차가 무효로 된 경우에도 적용되는 것이므로, 무효인 경매절차에서 경매목적물을 경락받아 이를 점유하고 있는 낙찰자의 점유는 적법한 점유로서 그 점유자는 권리행사방해죄에 있어서의 타인의 물건을 점유하고 있는 자라고 할 것이다(대판 2003.11.28. 2003도4257).

③ [○] 렌트카회사의 공동대표이사 중 1인이 회사 보유 차량을 자신의 개인적인 채무담보 명목으로 피해자에게 넘겨 주었는데 다른 공동대표이사인 피고인이 위 차량을 몰래 회수하도록 한 경우, 위 피해자의 점유는 권리행사방해죄의 보호대상인 점유에 해당한다(대판 2006.3.23. 2005도4455).

④ [×] 피고인이 피해자에게 담보로 제공한 차량이 그 자동차등록원부에 타인 명의로 등록되어 있는 이상 그 차량은 피고인의 소유는 아니라는 이유로, 피고인이 피해자의 승낙 없이 미리 소지하고 있던 위 차량의 보조키를 이용하여 이를 운전하여 간 행위가 권리행사방해죄를 구성하지 않는다고 한 사례(대판 2005.11.10. 2005도6604).

정답 ④

162 **권리행사를 방해하는 죄에 대한 설명으로 가장 적절한 것은? (다툼이 있으면 판례에 의함)** [19 경찰승진]

① 권리행사방해죄에서 '은닉'이란 타인의 점유 또는 권리의 목적이 된 자기 물건 등의 소재를 발견하기 불가능하게 하거나 또는 현저히 곤란한 상태에 두는 것을 말하고, 그로 인하여 권리행사가 방해될 우려가 있는 상태만으로는 부족하고, 현실로 권리행사가 방해되었을 것을 요한다.

② 권리행사방해죄에 있어서의 '취거'란 타인의 점유 또는 권리의 목적이 된 자기의 물건을 그 점유자의 의사에 반하여 그 점유자의 점유로부터 자기 또는 제3자의 점유로 옮기는 것을 말하므로, 점유자의 하자있는 의사에 기하여 점유가 이전된 경우에도 여기에서 말하는 취거로 볼 수 있다.

③ 타인의 재물을 보관하는 자가 보관하고 있는 재물을 영득할 의사로 은닉하였다면 횡령죄를 구성하고 채권자들의 강제집행을 면탈하는 결과를 가져온다면 별도로 강제집행면탈죄를 구성하며 양 죄는 상상적 경합 관계에 있다.

④ 권리행사방해죄에서의 보호대상인 '타인의 점유'에는 일단 적법한 권원에 기하여 점유를 개시하였으나 사후에 점유권원을 상실한 경우의 점유, 점유권원의 존부가 외관상 명백하지 아니하여 법정절차를 통하여 권원의 존부가 밝혀질 때까지의 점유, 권원에 기하여 점유를 개시한 것은 아니나 동시이행항변권 등으로 대항할 수 있는 점유 등이 포함된다.

해설

① [×] 권리행사방해죄에 있어 '은닉'이란 타인의 점유 또는 권리의 목적이 된 자기 물건 등의 소재를 발견하기 불가능하게 하거나 또는 현저히 곤란한 상태에 두는 것을 말하고, 그로 인하여 권리행사가 방해될 우려가 있는 상태에 이르면 권리행사방해죄가 성립하고 현실로 권리행사가 방해되었을 것까지 필요로 하는 것은 아니다(대판 2017.5.17. 2017도2230).

② [×] 권리행사방해죄에 있어서의 취거라 함은 타인의 점유 또는 권리의 목적이 된 자기의 물건을 그 점유자의 의사에 반하여 그 점유자의 점유로부터 자기 또는 제3자의 점유로 옮기는 것을 말하므로 점유자의 의사나 그의 하자있는 의사에 기하여 점유가 이전된 경우에는 여기에서 말하는 취거로 볼 수는 없다(대판 1988.2.23. 87도1952).

③ [×] 타인의 재물을 보관하는 자가 보관하고 있는 재물을 영득할 의사로 은닉하였다면 이는 횡령죄를 구성하는 것이고 채권자들의 강제집행을 면탈하는 결과를 가져온다 하여 이와 별도로 강제집행면탈죄를 구성하는 것은 아니다(대판 2000.9.8. 2000도1447).

④ [○] 권리행사방해죄에서의 보호대상인 타인의 점유는 반드시 점유할 권원에 기한 점유만을 의미하는 것은 아니고, [1] 일단 적법한 권원에 기하여 점유를 개시하였으나 사후에 점유 권원을 상실한 경우의 점유, [2] 점유 권원의 존부가 외관상 명백하지 아니하여 법정절차를 통하여 권원의 존부가 밝혀질 때까지의 점유, [3] 권원에 기하여 점유를 개시한 것은 아니나 동시이행항변권 등으로 대항할 수 있는 점유 등과 같이 법정절차를 통한 분쟁 해결시까지 잠정적으로 보호할 가치 있는 점유는 모두 포함된다(대판 2010.10.14. 2008도6578).

정답 ④

163 **권리행사를 방해하는 죄에 대한 설명 중 가장 적절한 것은? (다툼이 있으면 판례에 의함)** [20 경찰승진]

① '보전처분 단계에서의 가압류채권자의 지위'는 강제집행면탈죄의 객체가 될 수 없다.

② 강제집행면탈죄가 적용되는 강제집행에는 '담보권 실행 등을 위한 경매'를 면탈할 목적으로 재산을 은닉하는 경우도 포함된다.

③ 채권자들이 피고인을 상대로 법적 절차를 취하기 위한 준비를 하고 있지 않았지만, 피고인이 어음의 부도가 있기 전에 강제집행을 면탈하기 위해 자기의 형에게 허위채무를 부담하고 가등기하여 주었다면 강제집행면탈죄가 성립한다.

④ 무효인 경매절차에서 경매목적물을 경락받아 이를 점유하고 있는 낙찰자의 점유는 동시이행항변권이 있더라도 적법한 점유가 아니므로 그 점유자는 권리행사방해죄에 있어서 타인의 물건을 점유하고 있는 자라고 할 수 없다.

해설

① [○] 강제집행면탈죄의 객체는 채무자의 재산 중에서 채권자가 민사집행법상 강제집행 또는 보전처분의 대상으로 삼을 수 있는 것만을 의미하므로, '보전처분 단계에서의 가압류채권자의 지위' 자체는 원칙적으로 민사집행법상 강제집행 또는 보전처분의 대상이 될 수 없어 강제집행면탈죄의 객체에 해당한다고 볼 수 없고, 이는 가압류채무자가 가압류해방금을 공탁한 경우에도 마찬가지이다(대판 2008.9.11. 2006도8721).

② [×] 강제집행면탈죄가 적용되는 강제집행은 민사집행법 제2편의 적용 대상인 '강제집행' 또는 가압류·가처분 등의 집행을 가리키는 것이고, 민사집행법 제3편의 적용 대상인 '담보권 실행 등을 위한 경매'를 면탈할 목적으로 재산을 은닉하는 등의 행위는 위 죄의 규율 대상에 포함되지 않는다(대판 2015.3.26. 2014도14909).

③ [×] 피고인이 채무를 부담하고 있기는 하였으나 이행기가 도과되어 채권자들로부터 채무변제의 독촉을 받고 있는 상태는 아니었으며 채권자들 또한 피고인을 상대로 법적절차를 취하기 위한 준비를 하고 있었던 것도 아닌 경우라면, 현실적으로 강제집행을 받을 위험이 있는 객관적 상태에 있지 않은 것이므로 이러한 경우에는 객관적으로 강제집행을 면탈할 상태가 아니어서 강제집행면탈죄가 성립되지 않는다(대판 1974.10.8. 74도1798).

④ [×] 권리행사방해죄에 있어서의 타인의 점유라 함은 반드시 본권에 의한 점유만에 한하지 아니하고 동시이행항변권 등에 기한 점유와 같은 적법한 점유도 여기에 해당한다고 할 것이므로, 무효인 경매절차에서 경매목적물을 경락받아 이를 점유하고 있는 낙찰자의 점유는 적법한 점유로서 그 점유자는 권리행사방해죄에 있어서의 타인의 물건을 점유하고 있는 자라고 할 것이다(대판 2003.11.28. 2003도4257).

정답 ①

164 **권리행사를 방해하는 죄에 대한 설명 중 가장 적절한 것은? (다툼이 있는 경우 판례에 의함)** [23 경찰승진]

① 권리행사방해죄에서 '은닉'이란 타인의 점유 또는 권리의 목적이 된 자기 물건 등의 소재를 발견하기 불가능하게 하거나 또는 현저히 곤란한 상태에 두는 것을 말하고, 그로 인하여 현실적으로 권리행사가 방해되었을 것을 요한다.

② 피고인이 피해자에게 담보로 제공한 차량이 그 자동차등록원부에 타인 명의로 등록되어 있는 경우 피고인이 피해자의 승낙 없이 미리 소지하고 있던 위 차량의 보조키를 이용해서 운전하여 간 행위는 권리행사방해죄를 구성하지 않는다.

③ 물건의 소유자가 아닌 甲이 소유자 乙의 권리행사방해 범행에 가담한 경우, 乙에게 고의가 없어 범죄가 성립하지 않더라도 甲은 권리행사방해죄의 공범으로 처벌될 수 있다.

④ 채권자들이 피고인을 상대로 법적 절차를 취하기 위한 준비를 하고 있지 않았으나, 피고인이 어음의 지급기일 도래 전에 강제집행을 면탈하기 위해 자신의 형에게 허위채무를 부담하고 가등기를 해주었다면 강제집행면탈죄가 성립한다.

해설

① [×] 형법 제323조의 권리행사방해죄는 타인의 점유 또는 권리의 목적이 된 자기의 물건 또는 전자기록 등 특수매체기록을 취거, 은닉 또는 손괴하여 타인의 권리행사를 방해함으로써 성립한다. 여기서 '은닉'이란 타인의 점유 또는 권리의 목적이 된 자기 물건 등의 소재를 발견하기 불가능하게 하거나 또는 현저히 곤란한 상태에 두는 것을 말하고, 그로 인하여 권리행사가 방해될 우려가 있는 상태에 이르면 권리행사방해죄가 성립하고, 현실로 권리행사가 방해되었을 것까지 필요로 하는 것은 아니다 (대판 2017.5.17. 2017도2230).

② [○] 형법 제323조의 권리행사방해죄는 타인의 점유 또는 권리의 목적이 된 자기의 물건을 취거, 은닉 또는 손괴하여 타인의 권리행사를 방해함으로써 성립하는 것이므로, 그 취거, 은닉 또는 손괴한 물건이 자기의 물건이 아니라면 권리행사방해죄가 성립할 여지가 없다. 그런데 기록에 의하면, 위 차량은 자동차등록원부에 공소외 회사 명의로 등록되어 있고, 자동차관리법 제6조에 의하면, 자동차 소유권의 득실변경은 등록을 하여야 그 효력이 생기는 것이므로, 위 차량은 그 등록명의자인 공소외 회사의 소유이고 피고인의 소유는 아니라고 할 것이다. 따라서, 피고인이 피해자에게 담보로 제공한 차량이 자동차등록원부에 타인 명의로 등록되어 있는 경우 피고인이 피해자의 승낙 없이 미리 소지하고 있던 위 차량의 보조키를 이용해서 운전하여 간 행위는 권리행사방해죄를 구성하지 않는다(대판 2005.11.10. 2005도6604).

③ [×] 형법 제323조의 권리행사방해죄는 타인의 점유 또는 권리의 목적이 된 자기의 물건을 취거, 은닉 또는 손괴하여 타인의 권리행사를 방해함으로써 성립하므로 그 취거, 은닉 또는 손괴한 물건이 자기의 물건이 아니라면 권리행사방해죄가 성립할 수 없다. 물건의 소유자가 아닌 사람은 형법 제33조 본문에 따라 소유자의 권리행사방해 범행에 가담한 경우에 한하여 그의 공범이 될 수 있을 뿐이다. 그러나 권리행사방해죄의 공범으로 기소된 물건의 소유자에게 고의가 없는 등으로 범죄가 성립하지 않는다면 공동정범이 성립할 여지가 없다(대판 2017.5.30. 2017도4578).

④ [×] 강제집행면탈죄가 성립되려면 행위자의 주관적인 강제집행을 면탈하려는 의도가 객관적으로 강제집행을 당할 급박한 상태 하에서 나타나야 한다(대판 1979.9.11. 79도436).

정답 ②

165 다음 중 가장 적절한 것은? (다툼이 있는 경우 판례에 의함)

[23 경찰채용]

① 甲은 건물의 소유자로, 해당 건물을 매입하기 위한 소요자금을 대납하는 조건으로 해당 건물에서 약 2개월 동안 거주하고 있던 A가 위 금액을 입금하지 않자, A를 내쫓을 목적으로 아들인 乙에게 A가 거주하는 곳의 현관문에 설치된 디지털 도어락의 비밀번호를 변경할 것을 지시하고, 이에 따라 乙이 그 도어락의 비밀번호를 변경하였다면 甲에게는 권리행사방해교사죄가 성립한다.

② 甲이 타인 소유 토지의 이용을 방해할 목적으로 권한 없이 건물을 신축하였다면, 이는 다른 사람의 소유물을 본래의 용법에 따라 무단으로 사용·수익하는 행위로 소유자를 배제한 채 물건의 이용가치를 영득하는 것이고 그 결과 소유자가 물건의 효용을 누리지 못하게 된 것으로 볼 수 있어 이와 같은 甲의 행위는 재물손괴죄에 해당한다.

③ 건물의 임차인인 甲이 임대인 A에 대한 임대차보증금반환채권을 B에게 양도하였는데도 A에게 채권양도 통지를 하지 않고 A로부터 남아 있던 임대차보증금을 반환받아 보관하던 중 개인적인 용도로 사용하였다면 甲에게는 횡령죄가 성립한다.

④ 甲은 PC방에 게임을 하러 온 A로부터 20,000원을 인출해 오라는 부탁과 함께 현금카드를 건네받게 되자, 위법하게 이득할 의사로 권한 없이 그 위임받은 금액을 초과한 50,000원을 인출한 후 그중 20,000원만 A에게 건네주고 30,000원을 취득하였다면, 甲의 행위는 그 차액 상당액에 관하여 컴퓨터등사용사기죄에 해당한다.

해설

① [×] 형법 제323조의 권리행사방해죄는 타인의 점유 또는 권리의 목적이 된 자기의 물건을 취거, 은닉 또는 손괴하여 타인의 권리행사를 방해함으로써 성립하므로 취거, 은닉 또는 손괴한 물건이 '자기 소유의 물건이 아니라면' 권리행사방해죄가 성립할 수 없다. 물건의 소유자가 아닌 사람은 형법 제33조 본문에 따라 소유자의 권리행사방해 범행에 가담한 경우에 한하여 그의 공범이 될 수 있을 뿐이다.이 사건 도어락은 피고인 소유의 물건일 뿐 공소외 乙 소유의 물건은 아니라는 것이다. 따라서 정범인 공소 외 乙이 자기의 물건이 아닌 이 사건 도어락의 비밀번호를 변경하였다고 하더라도 권리행사방해죄가 성립할 수 없고, 이와 같이 정범인 공소외 乙의 권리행사방해죄가 인정되지 않는 이상 교사자인 피고인에 대하여 권리행사방해교사죄도 성립할 수 없다(대판 2022.9.15. 2022도5827).

② [×] 재물손괴죄(형법 제366조)는 다른 사람의 재물을 손괴 또는 은닉하거나 그 밖의 방법으로 그 효용을 해한 경우에 성립하는 범죄로, 행위자에게 다른 사람의 재물을 자기 소유물처럼 그 경제적 용법에 따라 이용 · 처분할 의사(불법영득의사)가 없다는 점에서 절도, 강도, 사기, 공갈, 횡령 등 영득죄와 구별된다. 다른 사람의 소유물을 본래의 용법에 따라 무단으로 사용 · 수익하는 행위는 소유자를 배제한 채 물건의 이용가치를 영득하는 것이고, 그 때문에 소유자가 물건의 효용을 누리지 못하게 되었더라도 효용 자체가 침해된 것이 아니므로 재물손괴죄에 해당하지 않는다. 피고인이 타인 소유 토지에 권원 없이 건물을 신축함으로써 그 토지의 효용을 해하였다는 이 사건 공소사실에 대하여, … 피고인의 행위는 이미 대지화된 토지에 건물을 새로 지어 부지로서 사용 · 수익함으로써 그 소유자로 하여금 효용을 누리지 못하게 한 것일 뿐 토지의 효용을 해하지 않았으므로, 재물손괴죄가 성립하지 않는다(대판 2022.11.30. 2022도1410).

③ [×] 채권양도인이 채무자에게 채권양도 통지를 하는 등으로 채권양도의 대항요건을 갖추어 주지 않은 채 채무자로부터 채권을 추심하여 금전을 수령한 경우, 특별한 사정이 없는 한 금전의 소유권은 채권양수인이 아니라 채권양도인에게 귀속하고 채권양도인이 채권양수인을 위하여 양도 채권의 보전에 관한 사무를 처리하는 신임관계가 존재한다고 볼 수 없다. 따라서 채권양도인이 위와 같이 양도한 채권을 추심하여 수령한 금전에 관하여 채권양수인을 위해 보관하는 자의 지위에 있다고 볼 수 없으므로, 채권양도인이 위 금전을 임의로 처분하더라도 횡령죄는 성립하지 않는다(대판(전) 2022.6.23. 2017도3829).

④ [○] 예금주인 현금카드 소유자로부터 일정한 금액의 현금을 인출해 오라는 부탁을 받으면서 이와 함께 현금카드를 건네받은 것을 기화로 그 위임을 받은 금액을 초과하여 현금을 인출하는 방법으로 그 차액 상당을 위법하게 이득할 의사로 현금자동지급기에 그 초과된 금액이 인출되도록 입력하여 그 초과된 금액의 현금을 인출한 경우에는 그 인출된 현금에 대한 점유를 취득함으로써 이 때에 그 인출한 현금 총액 중 인출을 위임받은 금액을 넘는 부분의 비율에 상당하는 재산상 이익을 취득한 것으로 볼 수 있으므로, 이러한 행위는 그 차액 상당액에 관하여 형법 제347조의2(컴퓨터등사용사기)에 규정된 '컴퓨터 등 정보처리장치에 권한 없이 정보를 입력하여 정보처리를 하게 함으로써 재산상의 이익을 취득'하는 행위로서 컴퓨터 등 사용사기죄에 해당된다(대판 2006.3.24. 2005도3516).

정답 ④

166 **강제집행면탈죄에 대한 설명 중 가장 옳지 않은 것은? (다툼이 있으면 판례에 의함)** [11 경찰간부]

① 채무자가 채무를 지급기일 내에 변제하지 못하자 후일 강제집행을 받을지도 모른다고 생각하여 이를 면탈할 목적으로 자신의 유일한 부동산을 제3자에게 허위로 양도한 행위는 강제집행면탈행위에 해당하지 않는다.

② 사업장의 유체동산에 대한 강제집행을 면탈할 목적으로 사업자등록의 사업자 명의를 변경함이 없이 사업장에서 사용하는 금전등록기의 사업자 이름만을 변경한 경우는 강제집행면탈죄에 있어서 재산의 '은닉'에 해당한다.

③ 채무자가 가압류채권자의 지위에서 가압류집행해제를 신청함으로써 그 지위를 상실하는 행위는 강제집행면탈행위에 해당하지 않는다.

④ 강제집행면탈죄의 대상에는 동산 · 부동산 외에 특허 내지 실용신안 등을 받을 수 있는 권리는 포함되지 않는다.

해설

① [○] 피고인이 공소장기재와 같은 채무를 부담하고 있기는 하였으나 이행기가 도과되어 채권자들로부터 채무변제의 독촉을 받고 있는 상태는 아니었으며 채권자들 또한 피고인 1을 상대로 법적절차를 취하기 위한 준비를 하고 있었던 것도 아니어서 현실적으로 강제집행을 받을 위험이 있는 객관적 상태에 있지 아니 하였다는 것이므로 이러한 경우에는 객관적으로 강제 집행을 면탈할 상태가 아니어서 강제집행면탈죄가 성립되지 않는다(대판 1974.10.8. 74도1798).

② [○] 사업장의 유체동산에 대한 강제집행을 면탈할 목적으로 사업자 등록의 사업자 명의를 변경함이 없이 사업장에서 사용하는 금전등록기의 사업자 이름만을 변경한 경우, 강제집행면탈죄에 있어서 재산의 '은닉'에 해당한다(대판 2003.10.9. 2003도3387).

③ [○] 채무자가 가압류채권자의 지위에 있으면서 가압류집행해제를 신청함으로써 그 지위를 상실하는 행위는 형법 제327조에서 정한 '은닉 · 손괴 · 허위양도 또는 허위채무부담' 등 강제집행면탈행위의 어느 유형에도 포함되지 않는 것이므로, 이러한 행위를 처벌대상으로 삼을 수 없다(대판 2008.9.11. 2006도8721).

④ [×] 강제집행면탈죄에 있어서 재산에는 동산 · 부동산뿐만 아니라 재산적 가치가 있어 민사소송법에 의한 강제집행 또는 보전처분이 가능한 특허 내지 실용신안 등을 받을 수 있는 권리도 포함된다(대판 2001.11.27. 2001도4759).

정답 ④

167 다음 설명 중 가장 적절하지 않은 것은? (다툼이 있으면 판례에 의함)

[13 경찰채용]

① 계약명의신탁의 방식으로 명의수탁자가 당사자가 되어 소유자와 부동산에 관한 매매계약을 체결하고 명의수탁자 명의로 소유권이전등기를 마친 경우, 그 부동산은 채무자인 명의신탁자의 재산이 아니기 때문에 형법상 강제집행면탈죄의 객체가 되지 않는다.

② 토지 소유자가 그 지상 건물 소유자에 대하여 건물철거 및 토지인도청구권을 갖는 경우 채무자인 건물 소유자가 제3자에게 허위의 금전채무를 부담하면서 이를 피담보채무로 하여 건물에 관하여 근저당권설정등기를 경료하였다면 직접적으로 토지 소유자의 건물철거 및 토지인도청구권에 기한 강제집행을 불능하게 하는 사유에 해당한다고 할 것이므로 건물소유자에게 강제집행면탈죄가 성립한다.

③ 강제집행면탈죄에 있어서 재산에는 동산 · 부동산뿐만 아니라 재산적 가치가 있어 민사소송법에 의한 강제집행 또는 보전처분이 가능한 특허 내지 실용신안 등을 받을 수 있는 권리도 포함된다.

④ 타인의 재물을 보관하는 자가 보관하고 있는 재물을 영득할 의사로 은닉하였다면 횡령죄를 구성하는 것이므로 채권자들의 강제집행을 면탈하는 결과를 가져온다 하여 이와 별도로 강제집행면탈죄를 구성하는 것은 아니다.

해설

① [○] 계약명의신탁의 방식으로 명의수탁자가 당사자가 되어 소유자와 부동산에 관한 매매계약을 체결하고 명의수탁자 명의로 소유권이전등기를 마친 경우, 그 부동산은 채무자인 명의신탁자의 재산이 아니기 때문에 형법상 강제집행면탈죄의 객체가 되지 않는다(대판 2011.12.8. 2010도4129).

② [×] 채권자의 채권이 금전채권이 아니라 토지 소유자로서 그 지상 건물의 소유자에 대하여 가지는 건물철거 및 토지인도청구권인 경우라면, 채무자인 건물 소유자가 제3자에게 허위의 금전채무를 부담하면서 이를 피담보채무로 하여 건물에 관하여 근저당권설정등기를 경료하였다는 것만으로는 직접적으로 토지 소유자의 건물철거 및 토지인도청구권에 기한 강제집행을 불능케 하는 사유에 해당한다고 할 수 없으므로 건물 소유자에게 강제집행면탈죄가 성립한다고 할 수 없다(대판 2008.6.12. 2008도2279).

③ [○] 강제집행면탈죄에 있어서 재산에는 동산 · 부동산뿐만 아니라 재산적 가치가 있어 민사소송법에 의한 강제집행 또는 보전처분이 가능한 특허 내지 실용신안 등을 받을 수 있는 권리도 포함된다(대판 2001.11.27. 2001도4759).

④ [○] 타인의 재물을 보관하는 자가 보관하고 있는 재물을 영득할 의사로 은닉하였다면 횡령죄를 구성하는 것이므로 채권자들의 강제집행을 면탈하는 결과를 가져온다 하여 이와 별도로 강제집행면탈죄를 구성하는 것은 아니다(대판 2000.9.8. 2000도1447).

정답 ②

168 강제집행면탈죄에 관한 설명 중 가장 적절하지 않은 것은? (다툼이 있으면 판례에 의함) [17 경찰승진]

① 강제집행면탈죄에 있어서 재산에는 재산적 가치가 있어 민사소송법에 의한 강제집행 또는 보전처분이 가능한 특허 내지 실용신안 등을 받을 수 있는 권리도 포함된다.

② 채무자가 채권자의 가압류집행을 면탈할 목적으로 제3채무자에 대한 채권을 타인에게 허위양도한 경우, 가압류결정 정본이 제3채무자에게 송달되기 전에 채권을 허위로 양도하였다면 강제집행면탈죄가 성립한다.

③ 허위의 채무를 부담하는 내용의 채무변제계약 공정증서를 작성한 후 이에 기하여 채권압류 및 추심명령을 받은 다음 3개월 후에 실제로 위 강제집행에 따른 추심금을 수령한 경우, 강제집행면탈죄는 위 추심금을 수령한 때에 범죄행위가 종료한다고 보아야 하고 그때부터 공소시효가 진행한다.

④ 사업장의 유체동산에 대한 강제집행을 면탈할 목적으로 사업자 등록의 사업자 명의를 변경함이 없이 사업장에서 사용하는 금전등록기의 사업자 이름만을 변경한 경우도 강제집행면탈죄에 있어서 재산의 '은닉'에 해당한다.

해설

① [○] 강제집행면탈죄에 있어서 재산에는 동산·부동산뿐만 아니라 재산적 가치가 있어 민사소송법에 의한 강제집행 또는 보전처분이 가능한 특허 내지 실용신안 등을 받을 수 있는 권리도 포함된다(대판 2001.11.27. 2001도4759).

② [○] 채무자가 채권자의 가압류집행을 면탈할 목적으로 제3채무자에 대한 채권을 타인에게 허위양도한 경우, 가압류결정 정본이 제3채무자에게 송달되기 전에 채권을 허위로 양도하였다면 강제집행면탈죄가 성립한다(대판 2012.6.28. 2012도3999).

③ [×] 허위의 채무를 부담하는 내용의 채무변제계약 공정증서를 작성한 후 이에 기하여 채권압류 및 추심명령을 받은 때에 강제집행면탈죄가 성립함과 동시에 그 범죄행위가 종료되어 공소시효가 진행한다(대판 2009.5.28. 2009도875).

④ [○] 사업장의 유체동산에 대한 강제집행을 면탈할 목적으로 사업자 등록의 사업자 명의를 변경함이 없이 사업장에서 사용하는 금전등록기의 사업자 이름만을 변경한 경우도 강제집행면탈죄에 있어서 재산의 '은닉'에 해당한다(대판 2003.10.9. 2003도3387).

정답 ③

169 강제집행면탈죄에 대한 설명 중 가장 적절한 것은? (다툼이 있으면 판례에 의함) [17 경찰채용]

① 이혼을 요구하는 처로부터 재산분할청구권에 근거한 가압류 등 강제집행을 받을 우려가 있는 상태에서 남편이 이를 면탈할 목적으로 허위의 채무를 부담하고 소유권이전청구권보전가등기를 경료한 경우 강제집행면탈죄가 성립하지 않는다.

② 피고인이 자신의 채권담보의 목적으로 채무자 소유의 선박들에 관하여 가등기를 경료하여 두었다가 채무자와 공모하여 위 선박들을 가압류한 다른 채권자들의 강제집행을 불가능하게 할 목적으로 정확한 청산절차도 거치지 않은 채 의제자백판결을 통하여 선순위 가등기권자인 피고인 앞으로 본등기를 경료함과 동시에 가등기 이후에 경료된 가압류등기 등을 모두 직권말소하게 한 경우 '재산상 은닉'에 해당한다.

③ '보전처분 단계에서의 가압류채권자의 지위' 자체는 원칙적으로 민사집행법상 강제집행 또는 보전처분의 대상이 될 수 없어 강제집행면탈죄의 객체에 해당한다고 볼 수 없으나 가압류채무자가 가압류해방금을 공탁한 경우에는 그렇지 아니하다.

④ 강제집행면탈죄는 반드시 채권자를 해하는 결과가 야기되거나 이로 인하여 행위자가 어떤 이득을 취하여야 성립하므로 허위양도한 부동산의 시가액보다 그 부동산에 의하여 담보된 채무액이 더 많다면 그 허위양도로 인하여 채권자를 해할 위험이 없다.

해설

① [×] 이혼을 요구하는 처로부터 재산분할청구권에 근거한 가압류 등 강제집행을 받을 우려가 있는 상태에서 남편이 이를 면탈할 목적으로 허위의 채무를 부담하고 소유권이전청구권보전가등기를 경료한 경우, 강제집행면탈죄가 성립한다(대판 2008.6.26. 2008도3184).

② [○] 피고인이 자신의 채권담보의 목적으로 채무자 소유의 선박들에 관하여 가등기를 경료하여 두었다가 채무자와 공모하여 위 선박들을 가압류한 다른 채권자들의 강제집행을 불가능하게 할 목적으로 정확한 청산절차도 거치지 않은 채 의제자백판결을 통하여 선순위 가등기권자인 피고인 앞으로 본등기를 경료함과 동시에 가등기 이후에 경료된 가압류등기 등을 모두 직권말소하게 한 경우 '재산상 은닉'에 해당한다(대판 2000.7.28. 98도4558).

③ [×] '보전처분 단계에서의 가압류채권자의 지위' 자체는 원칙적으로 민사집행법상 강제집행 또는 보전처분의 대상이 될 수 없어 강제집행면탈죄의 객체에 해당한다고 볼 수 없고, 이는 가압류채무자가 가압류해방금을 공탁한 경우에도 마찬가지이다(대판 2008.9.11. 2006도8721).

④ [×] 강제집행면탈죄는 위태범으로서 강제집행을 당할 구체적인 위험이 있는 상태에서 재산을 은닉, 손괴, 허위양도 또는 허위의 채무를 부담하면 바로 성립하는 것이고, 반드시 채권자를 해하는 결과가 야기되거나 이로 인하여 행위자가 어떤 이득을 취하여야 범죄가 성립하는 것은 아니며, 허위양도한 부동산의 시가액보다 그 부동산에 의하여 담보된 채무액이 더 많다고 하여 그 허위양도로 인하여 채권자를 해할 위험이 없다고 할 수 없다(대판 1999.2.12. 98도2474).

정답 ②

170 **강제집행면탈죄에 관한 다음 설명 중 옳지 않은 것은? (다툼이 있으면 판례에 의함)** [11 법원9급]

① 타인의 재물을 보관하는 자가 보관하고 있는 재물을 영득할 의사로 은닉하였다면 이는 횡령죄를 구성하는 것이고 채권자들의 강제집행을 면탈하는 결과를 가져온다 하여 이와 별도로 강제집행면탈죄를 구성하는 것은 아니다.

② 장래 발생할 특정의 조건부채권을 담보하기 위하여 부동산에 근저당권을 설정한 경우 강제집행면탈죄가 성립한다.

③ 진의에 의하여 재산을 양도하였다면 설령 그것이 강제집행을 면탈할 목적으로 이루어진 것으로서 채권자의 불이익을 초래하는 결과가 되었다고 하더라도 강제집행면탈죄를 구성하지는 아니한다.

④ 강제집행의 기본이 되는 채권의 존재가 인정되지 않을 때에는 강제집행면탈죄는 성립하지 아니한다.

해설

① [○] 타인의 재물을 보관하는 자가 보관하고 있는 재물을 영득할 의사로 이를 은닉하였다면 이는 횡령죄를 구성하는 것이고 채권자들의 강제집행을 면탈하는 결과를 가져온다 하여 이와 별도로 강제집행면탈죄를 구성하는 것은 아니라고 할 것이다(대판 2000.9.8. 2000도1447).

② [×] 장래에 발생할 특정의 조건부채권을 담보하기 위한 방편으로 부동산에 대하여 근저당권을 설정한 것이라면, 이는 장래 발생할 진실한 채무를 담보하기 위한 것으로서 피고인의 행위를 가리켜 강제집행면탈죄 소정의 '허위의 채무를 부담'하는 경우에 해당한다고 할 수 없다(대판 1996.10.25. 96도1531).

③ [○] 진의에 의하여 재산을 양도하였다면 설령 그것이 강제집행을 면탈할 목적으로 이루어진 것으로서 채권자의 불이익을 초래하는 결과가 되었다고 하더라도 강제집행면탈죄의 허위양도 또는 은닉에는 해당하지 아니하다(대판 2007.11.30. 2006도7329).

④ [○] 강제집행면탈죄는 채권자의 권리보호를 주된 보호법익으로 하는 것이므로 강제집행의 기본이 되는 채권자의 권리, 즉 채권의 존재는 강제집행면탈죄의 성립요건이다. 따라서 그 채권의 존재가 인정되지 않을 때에는 강제집행면탈죄는 성립하지 않는다(대판 2012.8.30. 2011도2252).

정답 ②

171 강제집행면탈죄에 관한 다음 설명 중 판례의 태도와 일치하지 않는 것은? [16 법원9급]

① 강제집행면탈죄는 채권자의 권리보호를 주된 보호법익으로 하므로, 채권의 존재가 인정되지 않을 때에는 강제집행면탈죄는 성립하지 않는다.

② 채무자가 제3자 명의로 되어 있던 사업자등록증을 또 다른 제3자 명의로 변경하였다면 사업장 내 유체동산에 관한 소유관계를 종전보다 더 불명하게 하여 채권자에게 손해를 입게 할 위험성을 야기한 것이라 봄이 상당하다.

③ 채권자들에 의한 복수의 강제집행이 예상되는 경우 재산을 은닉 또는 허위양도함으로써 채권자들을 행하였다면 채권자별로 각각 강제집행면탈죄가 성립하고, 상호 상상적 경합범의 관계에 있다.

④ 형법 제327조의 강제집행면탈죄는 채권자가 본안 또는 보전소송을 제기하거나 제기할 태세를 보이고 있는 상태에서 주관적으로 강제집행을 면탈하려는 목적으로 재산을 은닉, 손괴, 허위양도하거나 허위의 채무를 부담하여 채권자를 해할 위험이 있으면 성립하는 것이고, 반드시 채권자를 해하는 결과가 야기되거나 행위자가 어떤 이득을 취하여야 범죄가 성립하는 것은 아니다.

해설

① [○] 강제집행면탈죄는 채권자의 권리보호를 주된 보호법익으로 하는 것이므로 강제집행의 기본이 되는 채권자의 권리, 즉 채권의 존재는 강제집행면탈죄의 성립요건이다. 따라서 그 채권의 존재가 인정되지 않을 때에는 강제집행면탈죄는 성립하지 않는다(대판 2012.8.30. 2011도2252).

② [×] 채무자가 제3자 명의로 되어 있던 사업자등록을 또 다른 제3자 명의로 변경하였다는 사정만으로는 그 변경이 채권자의 입장에서 볼 때 사업장 내 유체동산에 관한 소유관계를 종전보다 더 불명하게 하여 채권자에게 손해를 입게 할 위험성을 야기한다고 단정할 수 없다(대판 2014.6.12. 2012도2732).

③ [○] 채권자들에 의한 복수의 강제집행이 예상되는 경우 재산을 은닉 또는 허위양도함으로써 채권자들을 해하였다면 채권자별로 각각 강제집행면탈죄가 성립하고, 상호 상상적 경합범의 관계에 있다(대판 2011.12.8. 2010도4129).

④ [○] 강제집행면탈죄는 위태범으로서 현실적으로 민사소송법에 의한 강제집행 또는 가압류·가처분의 집행을 받을 우려가 있는 객관적인 상태 아래, 즉 채권자가 본안 또는 보전소송을 제기하거나 제기할 태세를 보이고 있는 상태에서 주관적으로 강제집행을 면탈하려는 목적으로 재산을 은닉, 손괴, 허위양도하거나 허위의 채무를 부담하여 채권자를 해할 위험이 있으면 성립하고, 반드시 채권자를 해하는 결과가 야기되거나 행위자가 어떤 이득을 취하여야 범죄가 성립하는 것은 아니다(대판 2012.6.28. 2012도3999).

정답 ②

police.Hackers.com

제2편

사회적 법익에 관한 죄

제1장 | 공공의 평안에 관한 죄

제1절 | 공공의 안전과 평온에 관한 죄

01 **다음 설명 중 옳지 않은 것은? (다툼이 있는 경우 판례에 의함)** [22 경찰간부]

① 「형법」 제114조(범죄단체 등의 조직)에서 정한 '범죄를 목적으로 하는 집단'이란 특정 다수인이 일정한 범죄를 수행한다는 공동목적 아래 구성한 계속적인 결합체로서 그것을 주도하거나 내부의 질서를 유지하는 최소한의 통솔체계를 갖춘 것을 의미한다.

② 노상에서 전봇대 주변에 놓인 재활용품과 쓰레기 등 무주물에 불을 놓아 태워버린 경우 그 무주물은 「형법」 제167조 제2항에 정한 '자기 소유의 물건'에 준하는 것으로 보아야 하므로 자기소유일반물건방화죄가 성립한다.

③ 현주건조물방화죄의 주된 보호법익은 공공의 안전이고, 부차적인 보호법익은 개인의 재산권이다.

④ 甲이 국가정보원 직원임을 사칭하면서 위임받은 채권추심을 한 경우 「형법」상 공무원자격사칭죄가 성립하지 아니한다.

해설

① [×] [1] 형법 제114조에서 정한 '범죄를 목적으로 하는 단체'란 특정 다수인이 일정한 범죄를 수행한다는 공동목적 아래 구성한 계속적인 결합체로서 그 단체를 주도하거나 내부의 질서를 유지하는 최소한의 통솔체계를 갖춘 것을 의미한다.
[2] 형법 제114조에서 정한 '범죄를 목적으로 하는 집단'이란 특정 다수인이 사형, 무기 또는 장기 4년 이상의 범죄를 수행한다는 공동목적 아래 구성원들이 정해진 역할분담에 따라 행동함으로써 범죄를 반복적으로 실행할 수 있는 조직체계를 갖춘 계속적인 결합체를 의미한다. '범죄단체'에서 요구되는 '최소한의 통솔체계'를 갖출 필요는 없지만, 범죄의 계획과 실행을 용이하게 할 정도의 조직적 구조를 갖추어야 한다(대판 2020.8.20. 2019도16263).

② [○] [1] 불을 놓아 무주물을 소훼하여 공공의 위험을 발생하게 한 경우에는 '무주물'을 '자기 소유의 물건'에 준하는 것으로 보아 형법 제167조 제2항을 적용하여 처벌하여야 한다.
[2] 노상에서 전봇대 주변에 놓인 재활용품과 쓰레기 등에 불을 놓아 소훼한 사안에서, 그 재활용품과 쓰레기 등은 '무주물'로서 형법 제167조 제2항에 정한 '자기 소유의 물건'에 준하는 것으로 보아야 하므로, 여기에 불을 붙인 후 불상의 가연물을 집어넣어 그 화염을 키움으로써 전선을 비롯한 주변의 가연물에 손상을 입히거나 바람에 의하여 다른 곳으로 불이 옮아붙을 수 있는 공공의 위험을 발생하게 하였다면, 일반물건방화죄가 성립한다고 한 사례(대판 2009.10.15. 2009도7421).

③ [○] 형법 제164조 전단의 현주건조물에의 방화죄는 공중의 생명, 신체, 재산 등에 대한 위험을 예방하기 위하여 공공의 안전을 그 제1차적인 보호법익으로 하고 제2차적으로는 개인의 재산권을 보호하는 것이라고 할 것이다(대판 1983.1.18. 82도2341).

④ [○] 공무원자격사칭죄가 성립하려면 어떤 직권을 행사할 수 있는 권한을 가진 공무원임을 사칭하고 그 직권을 행사한 사실이 있어야 하는바, 피고인들이 그들이 위임받은 채권을 용이하게 추심하는 방편으로 합동수사반원임을 사칭하고 협박한 사실이 있다고 하여도 위 채권의 추심행위는 개인적인 업무이지 합동수사반의 수사업무의 범위에는 속하지 아니하므로 이를 공무원자격사칭죄로 처벌할 수 없다(대판 1981.9.8. 81도1955).
동지판례 중앙정보부 직원 아닌 자가 중앙정보부 직원을 사칭하고 청와대에 파견된 감사실장인데 사무실에 대통령사진의 액자가 파손된 채 방치되었다는 사실을 보고 받고 나왔으니 자인서를 작성 제출하라고 말한 행위는 중앙정보부 직원의 직권행사에 해당되지 않는다(대판 1977.12.13. 77도2750).

정답 ①

02 범죄단체 등 조직죄에 관한 설명으로 가장 적절하지 않은 것은? (다툼이 있으면 판례에 의함)

[20 경찰채용]

① 범죄단체 등 조직죄는 사형, 무기 또는 장기 4년 이상의 징역에 해당하는 범죄를 범할 목적이 있어야 한다.
② 형법 제114조 소정의 범죄를 목적으로 하는 단체라 함은 특정다수인이 일정한 범죄를 수행한다는 공동목적 아래 이루어진 계속적인 결합체로서 그 단체를 주도하는 최소한의 통솔체제를 갖추고 있음을 요한다.
③ 피고인들이 총책을 중심으로 간부급 조직원들과 상담원들, 현금인출책 등으로 구성된 보이스피싱 사기 조직을 구성하고 이에 가담하여 조직원으로 활동한 경우는 형법상의 범죄단체에 해당한다.
④ 범죄단체 가입행위 또는 범죄단체 구성원으로서 활동하는 행위와 사기행위는 포괄일죄의 관계에 있다.

해설

① [○] 사형, 무기 또는 장기 4년 이상의 징역에 해당하는 범죄를 목적으로 하는 단체 또는 집단을 조직하거나, 이에 가입하거나 그 구성원으로 활동한 사람은 그 목적한 죄에 정한 형으로 처벌한다. 다만, 형을 감경할 수 있다(제114조-범죄단체조직죄).
② [○] 형법 제114조 소정의 범죄를 목적으로 하는 단체라 함은 특정다수인이 일정한 범죄를 수행한다는 공동목적 아래 이루어진 계속적인 결합체로서 그 단체를 주도하는 최소한의 통솔체제를 갖추고 있음을 요한다(대판 1985.10.8. 85도1515).
③ [○] 피고인들이 총책을 중심으로 간부급 조직원들과 상담원들, 현금인출책 등으로 구성된 보이스피싱 사기 조직을 구성하고 이에 가담하여 조직원으로 활동한 경우는 형법상의 범죄단체에 해당한다(대판 2017.10.26. 2017도8600).
④ [×] 피고인이 보이스피싱 사기 범죄단체에 가입한 후 사기범죄의 피해자들로부터 돈을 편취하는 등 그 구성원으로서 활동한 경우, 범죄단체 가입행위 또는 범죄단체 구성원으로서 활동하는 행위와 사기행위는 각각 별개의 범죄구성요건을 충족하는 독립된 행위이고 서로 보호법익도 달라 법조경합 관계로 목적된 범죄인 사기죄만 성립하는 것은 아니다(대판 2017.10.26. 2017도8600).

정답 ④

03 다음 설명 중 가장 옳지 않은 것은? (다툼이 있으면 판례에 의함)

[21 법원9급]

① 형법 제114조에서 정한 '범죄를 목적으로 하는 집단'이란 특정 다수인이 사형, 무기 또는 장기 4년 이상의 징역에 해당하는 범죄를 수행한다는 공동목적 아래 구성원들이 정해진 역할분담에 따라 행동함으로써 범죄를 반복적으로 실행할 수 있는 조직체계를 갖춘 계속적인 결합체를 의미하므로, 위 '범죄를 목적으로 하는 집단'의 경우 '범죄단체에서 요구되는 '최소한의 통솔체계'를 갖출 필요가 있다.
② 다중이 집합하여 손괴의 행위를 한 자는 형법 제115조의 소요죄로 처벌된다.
③ 폭행, 협박의 행위를 할 목적으로 다중이 집합하여 그를 단속할 권한이 있는 공무원으로부터 2회의 해산명령만을 받은 경우에는 해산하지 아니하더라도 형법 제116조의 다중불해산죄로 처벌되지 않는다.
④ 공무원의 자격을 사칭하여 그 직권을 행사한 자는 형법 제118조의 공무원자격사칭죄로 처벌되지만, 형법상 그 미수범 처벌규정을 두고 있지는 않다.

해설

① [×] 범죄단체조직죄 소정의 '범죄를 목적으로 하는 집단'이란 특정 다수인이 사형, 무기 또는 장기 4년 이상의 범죄를 수행한다는 공동목적 아래 구성원들이 정해진 역할분담에 따라 행동함으로써 범죄를 반복적으로 실행할 수 있는 조직체계를 갖춘 계속적인 결합체를 의미한다. 범죄단체에서 요구되는 최소한의 통솔체계를 갖출 필요는 없지만 범죄의 계획과 실행을 용이하게 할 정도의 조직적 구조를 갖추어야 한다(대판 2020.8.20. 2019도16263).
② [○] 제115조(소요).
③ [○] 제116조(다중불해산)에 따르면 폭행, 협박 또는 손괴의 행위를 할 목적으로 다중이 집합하여 그를 단속할 권한이 있는 공무원으로부터 3회 이상의 해산명령을 받고 해산하지 아니한 때 다중불해산죄가 성립한다. 따라서 2회의 해산명령만을 받은 경우에는 해산하지 아니하더라도 형법 제116조의 다중불해산죄로 처벌되지 않는다.
④ [○] 제118조(공무원자격의 사칭)는 미수범 처벌규정을 두고 있지는 않다.

정답 ①

04 **공공의 안전과 평온에 대한 죄에 관한 설명 중 가장 옳지 않은 것은? (판례에 의함)** [11 경찰승진]

① 폭력행위 등 처벌에 관한 법률 제4조 소정의 단체 등의 조직죄는 같은 법에 규정된 범죄를 목적으로 한 단체 또는 집단을 구성하거나 가입함으로써 즉시 성립하고 그와 동시에 완성되는 즉시범이 아니라 계속범이므로 범죄단체에 가입한 자는 탈퇴한 때에 범죄가 종료한다.

② 선박매몰죄의 고의가 성립하기 위하여는 행위시에 사람이 현존하는 것이라는 점에 대한 인식과 함께 이를 매몰한다는 결과발생에 대한 인식이 필요하며, 현존하는 사람을 사상에 이르게 한다는 등 공공의 위험에 대한 인식까지는 필요하지 않다.

③ 피고인들이 그들이 위임받은 채권을 용이하게 추심하는 방편으로 합동수사반원임을 사칭하고 협박한 사실이 있다고 하여도 위 채권의 추심행위는 개인적인 업무이지 합동수사반의 수사업무의 범위에는 속하지 아니하므로 이를 공무원자격사칭죄로 처벌할 수 없다.

④ 불특정 다수인의 통행로로 이용되어 오던 도로의 토지 일부의 소유자라 하더라도 그 도로의 중간에 바위를 놓아두거나 이를 파헤침으로써 차량의 통행을 못하게 한 행위는 일반교통방해죄 및 업무방해죄에 해당한다.

해설

① [×] 폭력행위 등 처벌에 관한 법률 제4조에서 정한 단체 등의 구성죄는 같은 법에 규정된 범죄를 목적으로 한 단체 또는 집단을 구성함으로써 즉시 성립·완성되는 즉시범이므로 범죄성립과 동시에 공소시효가 진행된다(대판 2013.10.17. 2013도6401).

② [○] 선박매몰죄의 고의가 성립하기 위하여는 행위시에 사람이 현존하는 것이라는 점에 대한 인식과 함께 이를 매몰한다는 결과발생에 대한 인식이 필요하며, 현존하는 사람을 사상에 이르게 한다는 등 공공의 위험에 대한 인식까지는 필요하지 않다(대판 2000.6.23. 99도4688).

③ [○] 피고인들이 그들이 위임받은 채권을 용이하게 추심하는 방편으로 합동수사반원임을 사칭하고 협박한 사실이 있다고 하여도 위 채권의 추심행위는 개인적인 업무이지 합동수사반의 수사업무의 범위에는 속하지 아니하므로 이를 공무원자격사칭죄로 처벌할 수 없다(대판 1981.9.8. 81도1955).

④ [○] 불특정 다수인의 통행로로 이용되어 오던 도로의 토지 일부의 소유자라 하더라도 그 도로의 중간에 바위를 놓아두거나 이를 파헤침으로써 차량의 통행을 못하게 한 행위는 일반교통방해죄 및 업무방해죄에 해당한다(대판 2002.4.26. 2001도6903).

정답 ①

05 **범죄단체 등 조직죄에 대한 설명 중 가장 적절하지 않은 것은? (다툼이 있는 경우 판례에 의함)** [23 경찰승진]

① 사형, 무기 또는 장기 4년 이상의 징역에 해당하는 범죄를 목적으로 하는 단체 또는 집단을 조직하거나 이에 가입 또는 그 구성원으로 활동한 사람은 그 목적한 죄에 정한 형으로만 처벌하고, 그 형을 감경할 수 없다.

② 피고인들이 소매치기를 범할 목적으로 그 실행행위를 분담하기로 약정한 경우에 형법 제114조에서 정한 '범죄를 목적으로 하는 단체'로 인정되기 위해서는 계속적인 결합체로서 그 단체를 주도하거나 내부의 질서를 유지하는 최소한의 통솔체계를 갖추어야 한다.

③ 형법 제114조에서 정한 '범죄를 목적으로 하는 집단'으로 인정되기 위해서는 최소한의 통솔체계를 갖출 필요는 없으나, 범죄의 계획과 실행을 용이하게 할 정도의 조직적 구조를 갖추어야 한다.

④ 사기 범죄를 목적으로 구성된 다수인의 계속적인 결합체로서 총책을 중심으로 간부급 조직원들과 상담원들, 현금인출책 등으로 구성되어 내부의 위계질서가 유지되고 조직원의 역할 분담이 이루어지는 최소한의 통솔체계를 갖추고 있는 보이스피싱 사기조직은 형법상 범죄단체에 해당한다.

해설

① [×] 사형, 무기 또는 장기 4년 이상의 징역에 해당하는 범죄를 목적으로 하는 단체 또는 집단을 조직하거나 이에 가입 또는 그 구성원으로 활동한 사람은 그 목적한 죄에 정한 형으로 처벌한다. 다만, 형을 감경할 수 있다(제114조).

② [○] 피고인들이 소매치기를 범할 목적으로 그 실행행위를 분담하기로 약정한 경우에 형법 제114조에서 정한 '범죄를 목적으로 하는 단체'로 인정되기 위해서는 계속적인 결합체로서 그 단체를 주도하거나 내부의 질서를 유지하는 최소한의 통솔체계를 갖추어야 한다(대판 2020.8.20. 2019도16263).

③ [○] 형법 제114조에서 정한 '범죄를 목적으로 하는 집단'으로 인정되기 위해서는 최소한의 통솔체계를 갖출 필요는 없으나, 범죄의 계획과 실행을 용이하게 할 정도의 조직적 구조를 갖추어야 한다(대판 2020.8.20. 2019도16263).

④ [○] 사기 범죄를 목적으로 구성된 다수인의 계속적인 결합체로서 총책을 중심으로 간부급 조직원들과 상담원들, 현금 인출책 등으로 구성되어 내부의 위계질서가 유지되고 조직원의 역할 분담이 이루어지는 최소한의 통솔체계를 갖추고 있는 보이스피싱 사기조직은 형법상 범죄단체에 해당한다(대판 2017.10.26. 2017도8600).

정답 ①

제2절 I 방화 · 실화의 죄

06 **방화죄 등에 관한 다음 설명 중 옳은 것은 모두 몇 개인가? (다툼이 있으면 판례에 의함)** [15 법원행시]

㉠ 형법상 방화죄의 객체인 건조물은 토지에 정착되고 벽 또는 기둥과 지붕 또는 천장으로 구성되어 사람이 내부에 기거하거나 출입할 수 있는 공작물을 말하고, 반드시 사람의 주거용이어야 하는 것은 아니라도 사람이 사실상 기거 · 취침에 사용할 수 있는 정도는 되어야 한다.

㉡ 피고인이 방화의 의사로 뿌린 휘발유가 인화성이 강한 상태로 주택주변과 피해자의 몸에 적지 않게 살포되어 있는 사정을 알면서도 라이터를 켜 불꽃을 일으킴으로써 피해자의 몸에 불이 붙은 경우라 하더라도, 불이 방화 목적물인 주택 자체에 옮겨 붙지 아니한 이상 현존건조물방화죄의 실행의 착수에 이른 것이라 볼 수는 없다.

㉢ 피고인들이 피해자들의 재물을 강취한 후 그들을 살해할 목적으로 현주건조물에 방화하여 사망에 이르게 한 경우, 피고인들의 행위는 강도살인죄와 현주건조물방화치사죄에 모두 해당하고 그 두 죄는 상상적 경합범관계에 있다.

㉣ 피고인이 장롱 안에 있는 옷가지에 불을 놓아 건물을 소훼하려 하였으나 불길이 치솟는 것을 보고 겁이 나서 물을 부어 불을 끈 경우 중지미수에 해당한다.

㉤ 불을 놓은 집에서 빠져 나오려는 피해자들을 막아 소사케 한 행위는 1개의 행위가 수개의 죄명에 해당하는 경우라고 볼 수 없고, 위 방화행위와 살인행위는 법률상 별개의 범의에 의하여 별개의 법익을 해하는 별개의 행위라고 할 것이니, 현주건조물방화죄와 살인죄는 실체적 경합관계에 있다.

① 1개
② 2개
③ 3개
④ 4개
⑤ 5개

해설

㉠ [○] 형법상 방화죄의 객체인 건조물은 토지에 정착되고 벽 또는 기둥과 지붕 또는 천장으로 구성되어 사람이 내부에 기거하거나 출입할 수 있는 공작물을 말하고, 반드시 사람의 주거용이어야 하는 것은 아니라도 사람이 사실상 기거 · 취침에 사용할 수 있는 정도는 되어야 한다(대판 2013.12.12. 2013도3950).

㉡ [×] 피고인이 방화의 의사로 뿌린 휘발유가 인화성이 강한 상태로 주택주변과 피해자의 몸에 적지 않게 살포되어 있는 사정을 알면서도 라이터를 켜 불꽃을 일으킴으로써 피해자의 몸에 불이 붙은 경우, 비록 외부적 사정에 의하여 불이 방화 목적물인 주택 자체에 옮겨 붙지는 아니하였다 하더라도 현존건조물방화죄의 실행의 착수가 있었다고 봄이 상당하다(대판 2002.3.26. 2001도6641).

㉢ [○] 피해자의 재물을 강취한 후 그를 살해할 목적으로 현주건조물에 방화하여 사망에 이르게 한 경우 피고인의 위 행위는 강도살인죄와 현주건조물방화치사죄에 모두 해당하고 그 두 죄는 상상적 경합범관계에 있다(대판 1998.12.8. 98도3416).

㉣ [×] 피고인이 장롱 안에 있는 옷가지에 불을 놓아 건물을 소훼하려 하였으나 불길이 치솟는 것을 보고 겁이 나서 물을 부어 불을 끈 것이라면, 위와 같은 경우 치솟는 불길에 놀라거나 자신의 신체안전에 대한 위해 또는 범행 발각시의 처벌 등에 두려움을 느끼는 것은 일반 사회통념상 범죄를 완수함에 장애가 되는 사정에 해당한다고 보아야 할 것이므로 자의에 의한 중지미수라고는 볼 수 없다(대판 1997.6.13. 97도957).

㉤ [○] 불을 놓은 집에서 빠져 나오려는 피해자들을 막아 소사(燒死)케 한 경우, 방화행위와 살인행위는 법률상 별개의 범의에 의하여 별개의 법익을 해하는 별개의 행위라고 할 것이니, 현주건조물방화죄와 살인죄는 실체적 경합관계에 있다(대판 1983.1.18. 82도2341).

정답 ③

07 방화와 실화의 죄에 대한 설명 중 옳은 것은 모두 몇 개인가? (다툼이 있으면 판례에 의함) [21 경찰간부]

> ㉠ 형법은 방화죄의 객체를 소유권 귀속에 따라 자기소유물과 타인소유물 및 무주물로 구분하고 법정형에 차등을 두고 있다.
> ㉡ 형법 제13장(방화와 실화의 죄)은 구체적 위험범을 규정하고 있고, 구체적 위험의 내용으로는 '공공의 위험'만을 규정하고 있다.
> ㉢ 자기소유물에 대한 방화죄는 모두 구체적 위험범의 형태로 규정되어 있으며, 구체적 위험의 발생은 구성요건요소로서 고의의 인식대상이 된다.
> ㉣ 구체적 위험범으로 규정된 구성요건에서 구체적 위험이 발생하지 않은 경우 미수가 되며, 형법 제13장에 규정된 구체적 위험범들은 모두 미수범 규정을 두고 있다.
> ㉤ 연소죄는 자기소유물에 대한 방화가 확대되어 타인소유물 또는 현주건조물 등의 소훼라는 중한 결과를 야기한 경우를 처벌하기 위한 결과적 가중범이다.

① 1개 ② 2개
③ 3개 ④ 4개

해설

㉠ [×] [1] 형법은 제164조의 현주건조물방화죄와 제165조의 공용건조물방화죄의 경우는 자기소유물과 타인소유물을 구분하고 있지 않으며 따라서 소유관계에 따른 법정형은 차등이 없다.
[2] 형법은 제166조의 일반건조물방화죄와 제167조의 일반물건방화죄의 경우는 자기소유물과 타인소유물을 구분하고 있으며 법정형에 차등을 두고 있다.

㉡ [×] 형법 제13장(방화와 실화의 죄)은 자기소유일반건조물방화죄(제166조 제2항), 일반물건방화죄(제167조) 등을 구체적 위험범으로 규정하고 있고 구체적 위험의 내용으로는 '공공의 위험'을 규정하고 있다(제166조 제2항, 제167조 제1항 · 제2항). 그러나, 형법 제13장 방화와 실화의 장에는 위에서 언급한 죄 외에도 폭발성물건파열죄(제172조 제1항), 가스 · 전기 등 방류죄(제172조의2 제1항)도 함께 규정하고 있으며, 그 구체적 위험의 내용으로는 '사람의 생명 · 신체 또는 재산에 대한 위험'을 규정하고 있다. 따라서 구체적 위험의 내용으로는 '공공의 위험'만을 규정하고 있다는 부분은 옳지 않다.

㉢ [×] 제164조의 현주건조물방화죄와 제165조의 공용건조물방화죄의 경우는 자기소유물일지라도 '추상적 위험범'으로 인정되어 있으므로 자기소유물에 대한 방화죄가 모두 구체적 위험범이라고 할 수 없다. 다만 구체적 위험범의 형태로 규정되어 있는 경우, 구체적 위험의 발생은 구성요건요소로서 고의의 인식대상이 된다.

㉣ [×] 구체적 위험범으로 규정된 구성요건에서 구체적 위험이 발생하지 않은 경우 이론적으로 미수가 되지만, 형법 제13장에 규정된 구체적 위험범들은 모두 미수범 규정을 두고 있지 않으므로 무죄가 된다.

㉤ [○] 연소죄는 자기소유물(일반건조물 또는 일반물건)에 대한 방화가 확대되어 타인소유물 또는 현주건조물 등의 소훼라는 중한 결과를 야기한 경우를 처벌하기 위한 결과적 가중범이다(제168조).

정답 ①

08 방화의 죄에 관한 설명으로 가장 적절하지 않은 것은? (다툼이 있는 경우 판례에 의함)

[23 경찰간부]

① 「형법」상 방화죄의 객체인 '건조물'은 토지에 정착되고 벽 또는 기둥과 지붕 또는 천장으로 구성되어 사람이 내부에 기거하거나 출입할 수 있는 공작물을 말하고, 반드시 사람의 주거용이어야 하는 것은 아니라도 사람이 사실상 기거 · 취침에 사용할 수 있는 정도는 되어야 한다.

② 모텔에 투숙한 甲은 담배를 피운 후 담뱃불이 완전히 꺼졌는지 여부를 확인하지 않고 잠이든 사이 담뱃불이 휴지와 침대시트에 옮겨 붙어 화재가 발생하였고, 그 사실을 알면서 甲이 모텔을 빠져나오면서도 모텔 주인이나 다른 투숙객들에게 이를 알리지 않은 甲의 행위는 부작위에 의한 현주건조물방화치사상죄에 해당한다.

③ 甲은 A의 재물을 강취한 후 그를 살해할 목적으로 현주건조물에 방화하여 사망케 한 경우, 甲의 행위는 강도살인죄와 현주건조물방화치사죄에 모두에 해당하고 그 두 죄는 상상적 경합범관계에 있다.

④ 공무집행을 방해하는 집단행위 과정에서 일부 집단원인 甲이 고의로 방화행위를 하여 사상의 결과를 초래한 경우, 방화행위 자체에 공모가담한 바 없고, 그 결과 발생 또한 예견할 수 없었던 乙을 방화치상죄로 처벌할 수 없다.

해설

① [○] [1] 형법상 방화죄의 객체인 건조물은 토지에 정착되고 벽 또는 기둥과 지붕 또는 천장으로 구성되어 사람이 내부에 기거하거나 출입할 수 있는 공작물을 말하고, 반드시 사람의 주거용이어야 하는 것은 아니라도 사람이 사실상 기거 · 취침에 사용할 수 있는 정도는 되어야 한다.
[2] 甲이 지붕과 문짝, 창문이 없고 담장과 일부 벽체가 붕괴된 철거 대상 건물로서 사실상 기거 · 취침에 사용할 수 없는 폐가의 내부와 외부에 쓰레기를 모아놓고 태워 그 불길이 폐가 주변 수목 4~5그루를 태우고 폐가의 벽을 일부 그을리게 하였다면, 甲에게는 형법 제166조의 건조물방화죄 및 제167조의 일반물건방화죄가 성립하지 아니한다고 한 사례(대판 2013.12.12. 2013도3950).

② [×] 모텔 방에 투숙하여 담배를 피운 후 재떨이에 담배를 끄게 되었으나 담뱃불이 완전히 꺼졌는지 여부를 확인하지 않은 채 불이 붙기 쉬운 휴지를 재떨이에 버리고 잠을 잔 과실로 담뱃불이 휴지와 침대시트에 옮겨 붙게 함으로써 화재가 발생한 사안에서, 위 화재가 중대한 과실 있는 선행행위로 발생한 이상 화재를 소화할 법률상 의무는 있다 할 것이나, 화재 발생 사실을 안 상태에서 모텔을 빠져나오면서도 모텔 주인이나 다른 투숙객들에게 이를 알리지 아니하였다는 사정만으로는 화재를 용이하게 소화할 수 있었다고 보기 어렵다는 이유로, 부작위에 의한 현주건조물방화치사상죄의 공소사실에 대해 무죄를 선고한 원심의 판단을 수긍한 사례(대판 2010.1.14. 2009도12109).

판결이유 부작위에 의한 현주건조물방화치사 및 현주건조물방화치상죄가 성립하기 위하여는, 피고인에게 법률상의 소화의무가 인정되는 외에 소화의 가능성 및 용이성이 있었음에도 피고인이 그 소화의무에 위배하여 이미 발생한 화력을 방치함으로써 소훼의 결과를 발생시켜야 하는 것이다.

③ [○] 피해자의 재물을 강취한 후 그를 살해할 목적으로 현주건조물에 방화하여 사망에 이르게 한 경우 피고인의 위 행위는 강도살인죄와 현주건조물방화치사죄에 모두 해당하고 그 두 죄는 상상적 경합범관계에 있다고 할 것이다(대판 1998.12.8. 98도3416).

④ [○] 부진정결과적 가중범인 특수공무집행방해치사상죄에 있어서 공무집행을 방해하는 집단행위의 과정에서 일부 집단원이 고의로 방화행위를 하여 사상의 결과를 초래한 경우에 다른 집단원이 그 방화행위로 인한 사상의 결과를 예견할 수 있는 상황이었다면 특수공무집행방해치사상의 책임을 면할 수 없으나 그 방화행위 자체에 공모가담한 바 없는 이상 방화치사상죄로 의율할 수는 없다(대판 1990.6.26. 90도765).

정답 ②

09 **방화와 실화의 죄에 대한 설명으로 가장 적절한 것은? (다툼이 있으면 판례에 의함)** [20 경찰채용]

① 전기 석유난로를 켜 놓은 채 귀가하여 전기 석유난로 과열로 화재가 발생하였다면 화재 원인을 살펴볼 필요 없이 피고인에게 중실화죄를 인정할 수 있다.

② 사람이 현존하는 자동차에 방화한 경우 일반건조물등방화죄가 성립한다.

③ 지붕과 문짝, 창문이 없고 담장과 일부 벽체가 붕괴된 철거대상 건물로서 사실상 기거 취침에 사용할 수 없는 상태의 타인의 폐가에 대해 방화한 경우 타인소유일반건조물방화죄가 성립한다.

④ 유조차운전사가 석유구판점의 위험물취급주임의 지시를 받아 유조차의 석유를 구판점 탱크로 급유하다가 탱크주입구에서 급유호스가 빠지는 바람에 화기에 인화되어 화재가 발생한 경우 유조차운전사의 업무상과실이 인정되지 않는다.

해설

① [×] 화인의 감정이 없어 제3자에 의한 방화나 실화 또는 누전 등 기타에 의한 발화가능성도 전혀 배제할 수 없음에도 이를 외면한 채, 전기석유난로 자체에 고장이 있었는지 여부나 가연물이 그 온풍구에 직접 접촉된 적이 있었는지 여부에 대하여 심리해 보지도 않고 전기석유난로의 과열이 화재발생의 원인이 되었다고 막연히 단정하여 피고인을 중실화죄로 의율처단한 제1심판결을 그대로 유지한 원심판결은 위법하다(대판 1994.3.11. 93도3001).

② [×] 사람이 현존하는 자동차에 방화한 경우 현존자동차방화죄가 성립한다(제164조 제1항).

③ [×] [1] 방화죄의 객체인 건조물은 토지에 정착되고 벽 또는 기둥과 지붕 또는 천장으로 구성되어 사람이 내부에 기거하거나 출입할 수 있는 공작물을 말하고, 반드시 사람의 주거용이어야 하는 것은 아니라도 사람이 사실상 기거·취침에 사용할 수 있는 정도는 되어야 한다.
[2] 폐가는 지붕과 문짝, 창문이 없고 담장과 일부 벽체가 붕괴된 철거 대상 건물로서 사실상 기거·취침에 사용할 수 없는 상태의 것이므로 일반건조물방화죄가 성립할 수 없다(대판 2013.12.12. 2013도3950).

④ [○] 유조차운전사가 석유구판점의 위험물취급주임의 지시를 받아 유조차의 석유를 구판점 탱크로 급유하다가 급유호스가 탱크주입구에서 빠지는 바람에 분출된 석유가 화기에 인화되어 화재가 발생한 경우, 운전수가 위험물취급주임이 탱크주입구 부분을 이탈하였음을 보고서도 유조차 운전석에 앉아 다른 일을 보고 있었다고 하여 운전사에게 화재발생에 대하여 과실이 있다고 책임을 물을 수는 없다(대판 1990.11.13. 90도2011).

정답 ④

10 **방화와 실화의 죄에 관한 설명 중 가장 적절하지 않은 것은? (다툼이 있으면 판례에 의함)** [15 경찰승진]

① 방화죄의 주된 보호법익은 공공의 안전으로서 방화죄의 기본적 성격은 공공위험죄이지만, 부차적으로는 개인의 재산도 보호법익에 포함된다.

② 매개물에 발화된 때에는 아직 목적물인 건조물에 불이 옮겨 붙지 아니하였더라도 방화죄의 미수범이 성립한다.

③ 불이 매개물을 떠나 목적물에 옮겨 붙어 독립하여 연소할 수 있는 상태에 이르렀을 때 방화죄는 기수가 된다.

④ 성냥불로 담배를 붙인 다음 그 성냥불이 꺼진 것을 확인하지 아니한 채 휴지가 들어 있는 플라스틱 휴지통에 던졌다면 중실화죄에 있어 중대한 과실에 해당하지 않는다.

해설

① [○] 방화죄의 주된 보호법익은 공공의 안전으로서 방화죄의 기본적 성격은 공공위험죄이지만, 부차적으로는 개인의 재산도 보호법익에 포함된다(대판 2009.10.15. 2009도7421).

② [○] 매개물을 통한 점화에 의하여 건조물을 소훼함을 내용으로 하는 형태의 방화죄의 경우에, 범인이 그 매개물에 불을 켜서 붙였거나 또는 범인의 행위로 인하여 매개물에 불이 붙게 됨으로써 연소작용이 계속될 수 있는 상태에 이르렀다면 그것이 곧바로 진화되는 등의 사정으로 인하여 목적물인 건조물 자체에는 불이 옮겨 붙지 못하였다고 하더라도 방화죄의 실행의 착수가 있었다고 보아야 할 것이다(대판 2002.3.26. 2001도6641).

③ [O] 방화죄는 화력이 매개물을 떠나 스스로 연소할 수 있는 상태에 이르렀을 때에 기수가 되고 반드시 목적물의 중요부분이 소실하여 그 본래의 효용을 상실한 때라야만 기수가 되는 것이 아니라고 할 것이다(대판 1970.3.24. 70도330).

④ [×] 피고인이 성냥불로 담배를 붙인 다음 그 성냥불이 꺼진 것을 확인하지 아니한 채 휴지가 들어 있는 플라스틱 휴지통에 던진 것은 중대한 과실이 있는 경우에 해당한다(대판 1993.7.27. 93도135).

정답 ④

11 **방화와 실화의 죄에 대한 설명으로 가장 적절하지 않은 것은? (다툼이 있으면 판례에 의함)** [21 경찰승진]

① 형법상 방화죄의 객체인 건조물은 토지에 정착되고 벽 또는 기둥과 지붕 또는 천장으로 구성되어 사람이 내부에 기거하거나 출입할 수 있는 공작물을 말하고, 반드시 사람의 주거용이어야 하는 것은 아니라도 사람이 사실상 기거·취침에 사용할 수 있는 정도는 되어야 한다.

② 노상에서 전봇대 주변에 놓인 재활용품과 쓰레기 등을 발견하고 소지하고 있던 라이터를 이용하여 불을 붙인 다음 불상의 가연물을 집어넣어 화염을 키움으로써 공공의 위험을 발생하게 한 경우 「형법」 제167조 제1항에 정한 타인소유일반물건방화죄가 성립한다.

③ 피고인이 방화의 의사로 뿌린 휘발유가 인화성이 강한 상태로 주택주변과 피해자의 몸에 적지 않게 살포되어 있는 사정을 알면서도 라이터를 켜 불꽃을 일으킴으로써 피해자의 몸에 불이 붙은 경우, 비록 외부적 사정에 의하여 불이 방화 목적물인 주택 자체에 옮겨 붙지는 아니하였다 하더라도 현존건조물방화죄의 실행의 착수가 있었다고 봄이 상당하다.

④ 피해자의 사체 위에 옷가지 등을 올려놓고 불을 붙인 천조각을 던져서 그 불길이 방안을 태우면서 천정에까지 옮겨 붙었다면 도중에 진화되었다고 하더라도 일단 천정에 옮겨 붙은 때에 이미 현주건조물방화죄의 기수에 이른 것이다.

해설

① [O] 형법상 방화죄의 객체인 건조물은 토지에 정착되고 벽 또는 기둥과 지붕 또는 천장으로 구성되어 사람이 내부에 기거하거나 출입할 수 있는 공작물을 말하고, 반드시 사람의 주거용이어야 하는 것은 아니라도 사람이 사실상 기거·취침에 사용할 수 있는 정도는 되어야 한다(대판 2013.12.12. 2013도3950).

② [×] [1] 불을 놓아 무주물을 소훼하여 공공의 위험을 발생하게 한 경우에는 '무주물'을 '자기 소유의 물건'에 준하는 것으로 보아 형법 제167조 제2항을 적용하여 처벌하여야 한다.
[2] 피고인이 노상에서 전봇대 주변에 놓인 재활용품과 쓰레기 등을 발견하고 라이터를 이용하여 불을 붙인 다음 가연물을 집어넣어 화염을 키움으로써 공공의 위험을 발생하게 한 경우 형법 제167조 제2항에 정한 일반물건방화죄가 성립한다(대판 2009.10.15. 2009도7421).

③ [O] 피고인이 방화의 의사로 뿌린 휘발유가 인화성이 강한 상태로 주택주변과 피해자의 몸에 적지 않게 살포되어 있는 사정을 알면서도 라이터를 켜 불꽃을 일으킴으로써 피해자의 몸에 불이 붙은 경우, 비록 외부적 사정에 의하여 불이 방화 목적물인 주택 자체에 옮겨 붙지는 아니하였다 하더라도 현존건조물방화죄의 실행의 착수가 있었다고 봄이 상당하다(대판 2002.3.26. 2001도6641). ▶ 매개물인 휘발유에 불이 붙었으므로 실행의 착수가 인정된다.

④ [O] 천정에 옮겨 붙은 때에 이미 현주건조물방화죄의 기수에 이른 것이다(대판 2007.3.16. 2006도9164).

정답 ②

12 다음 중 판례에 따를 때 현주건조물방화죄의 기수가 인정되는 경우는 모두 몇 개인가? [16 경찰간부]

> ㉠ 甲이 동거녀와의 불화를 이유로 헤어지기로 작정하고는 홧김에 죽은 동생의 유품으로 보관 중이던 서적 등을 뒷마당에 내어 놓고 불태우는 과정에서 동거녀의 가옥에까지 불이 옮겨 붙은 경우
> ㉡ 甲이 아버지와 말다툼을 하고는 홧김에 라이터로 휴지에 불을 붙여 장롱 안에 있는 옷가지에 불을 놓아 건물을 소훼하려 하였지만, 불길이 치솟는 것을 보고 겁이 나서 물을 부어 불을 끈 경우
> ㉢ 甲이 지붕과 문짝, 창문이 없고 담장과 일부 벽체가 붕괴된 철거 대상 건물로서 사실상 기거 · 취침에 사용할 수 없는 상태인 폐가의 내부와 외부에 쓰레기를 모아 놓고 태워, 폐가 주변 수목 4~5그루를 태우고 폐가의 벽을 일부 그을리게 한 경우
> ㉣ 부모에게 용돈을 요구하였다가 거절당한 甲이 홧김에 부모와 함께 살고 있는 자기 집 헛간 지붕 위에 올라가 라이터로 불을 놓고, 이어서 몸채, 사랑채 지붕 위에 차례로 올라가 불을 놓아, 헛간 지붕 $60cm^2$, 몸채 지붕 $1m^2$, 사랑채 지붕 $1m^2$ 가량을 태운 경우

① 없음 ② 1개
③ 2개 ④ 3개

해설

㉠ [×] 피고인 甲이 동거하던 乙과 가정불화가 악화되어 헤어지기로 작정하고 홧김에 죽은 동생의 유품으로 보관하던 서적 등을 뒷마당에 내어 놓고 불태워 버리려 했던 점이 인정될 뿐, 甲이 乙 소유의 가옥을 불태워 버리겠다고 결의하여 불을 놓았다고 볼 수 없다면 甲의 소위를 가리켜 방화의 범의가 있었다고 할 수 없다(대판 1984.7.24. 84도1245).

㉡ [×] 치솟는 불길에 놀라거나 자신의 신체안전에 대한 위해 또는 범행 발각시의 처벌 등에 두려움을 느끼는 것은 일반 사회통념상 범죄를 완수함에 장애가 되는 사정에 해당한다고 보아야 할 것이므로, 이를 자의에 의한 중지미수라고는 볼 수 없다(대판 1997.6.13. 97도957).

㉢ [×] 피고인이 폐가의 내부와 외부에 쓰레기를 모아놓고 태워 불길이 폐가 주변 수목 4~5그루를 태우고 폐가의 벽을 일부 그을리게 하는 정도만으로는 방화죄의 기수에 이르렀다고 보기 어렵고, 일반물건방화죄에 관하여는 미수범의 처벌 규정이 없으므로 피고인은 무죄다(대판 2013.12.12. 2013도3950).

㉣ [○] 부모에게 용돈을 요구하였다가 거절당한 피고인이 홧김에 자기 집 헛간 지붕위에 올라가 거기다 라이터 불로 불을 놓고, 이어서 몸채, 사랑채 지붕위에 차례로 올라가 거기에다 각각 불을 놓아 헛간지붕 60평방cm 가량, 몸채지붕 1평방m 가량, 사랑채지붕 1평방m 가량을 태웠다고 하면 방화행위는 기수로 보아야 한다(대판 1970.3.24. 70도330).

정답 ②

13 방화의 죄에 관한 설명 중 가장 적절한 것은? (다툼이 있는 경우 판례에 의함) [23 경찰채용]

① 공용건조물방화죄를 범할 목적으로 예비 · 음모한 후 목적한 죄의 실행에 이른 후에 수사기관에 자수한 경우 형을 감경하거나 면제할 수 있다.

② 주거로 사용하지 않고 사람이 현존하지도 않는 타인 소유의 자동차를 불태웠으나 공공의 위험이 발생하지 않았다면 방화죄를 구성하지 않는다.

③ 甲이 A의 재물을 강취한 후 A를 살해할 의사로 현주건조물에 방화하여 A가 사망한 경우, 甲의 행위는 강도살인죄와 현주건조물방화치사죄에 모두 해당하고 그 두 죄는 실체적 경합범 관계에 있다.

④ 甲이 A를 살해할 의사로 A가 혼자 있는 건조물에 방화하였으나 A가 사망하지 않은 경우 현존건조물방화치사미수죄를 구성한다.

해설

① [○] 제164조 제1항(현주건조물 등 방화죄), 제165조(공용건조물 등 방화죄), 제166조 제1항(타인소유일반건조물 등 방화죄), 제172조 제1항(폭발성물건파열죄), 제172조의2 제1항(가스·전기 등 방류죄), 제173조 제1항과 제2항의 죄(가스·전기 등 공급방해죄)를 범할 목적으로 예비 또는 음모한 자는 5년 이하의 징역에 처한다. 단, 그 목적한 죄의 실행에 이르기 전에 자수한 때에는 형을 감경 또는 면제한다(제175조). 따라서 예비·음모한 후 목적한 죄의 실행에 이른 후에 수사기관에 자수한 경우 형을 감경하거나 면제할 수는 없으나, 실행의 착수 이후 형법총칙상의 자수는 얼마든지 인정될 수 있으므로 그 형을 감경 또는 면제할 수 있다.

② [×] 형법 제166조 제1항의 타인 소유 일반건조물등 방화죄가 성립한다. 동 죄의 객체는 제164조(현주건조물등방화죄)와 제165조(공용건조물등방화죄)에 기재한 외의 건조물, 기차, 전차, 자동차, 선박, 항공기 또는 지치채굴시설 등이 포함된다. 한편 동 죄는 추상적 위험범이므로 공공의 위험이 발생하지 않았다 하더라도 성립한다.

③ [×] 피고인들이 피해자들의 재물을 강취한 후 그들을 살해할 목적으로 현주건조물에 방화하여 사망에 이르게 한 경우, 피고인들의 행위는 강도살인죄와 현주건조물방화치사죄에 모두 해당하고 그 두 죄는 상상적 경합범 관계에 있다(대판 1998.12.8. 98도3416).

④ [×] 현행법상 현주건조물등일수치사상죄는 부진정결과적 가중범임에도 문언상 미수범처벌규정을 두고 있으나(제177조 제2항, 제182조), 현주건조물방화치사상죄(제164조 제2항)는 미수범처벌 규정을 두고 있지 않다.

정답 ①

14 방화와 실화에 관한 죄에 대한 설명 중 가장 적절하지 않은 것은? (다툼이 있는 경우 판례에 의함)

[23 경찰승진]

① 방화죄의 객체인 건조물은 반드시 사람의 주거용이어야 하는 것은 아니지만 사람이 사실상 기거 취침에 사용할 수 있는 정도는 되어야 한다.

② 노상에서 전봇대 주변에 놓인 재활용품과 쓰레기 등 무주물에 불을 놓아 공공의 위험을 발생하게 한 경우 형법 제167조 제2항의 자기소유 일반물건방화죄가 성립할 수 있다.

③ 사람이 현존하는 자동차에 방화한 경우에는 일반건조물등방화죄가 성립한다.

④ 성냥불이 꺼진 것을 확인하지 아니한 채 휴지가 들어있는 플라스틱 쓰레기통에 던진 것은 중대한 과실에 해당한다.

해설

① [○] 방화죄의 객체인 건조물은 반드시 사람의 주거용이어야 하는 것은 아니지만, 사람이 사실상 기거 취침에 사용할 수 있는 정도는 되어야 한다(대판 2013.12.12. 2013도3950).

② [○] 노상에서 전봇대 주변에 놓인 재활용품과 쓰레기 등 무주물에 불을 놓아 공공의 위험을 발생하게 한 경우, 형법 제167조 제2항의 자기소유 일반물건방화죄가 성립할 수 있다(대판 2009.10.15. 2009도7421).

③ [×] 불을 놓아 사람이 주거로 사용하거나 사람이 현존하는 건조물, 기차, 전차, 자동차, 선박, 항공기 또는 광갱을 소훼한 자는 현주건조물등방화죄가 성립한다(제164조 제1항).

④ [○] 성냥불이 꺼진 것을 확인하지 아니한 채 휴지가 들어있는 플라스틱 쓰레기통에 던진 것은 '중대한 과실'에 해당한다고 하면서, 피고인들이 분리수거장 방향으로 담배꽁초를 버리고 현장을 떠난 후 화재가 발생하여 각각 실화죄로 기소된 사안에서, 피고인들 각자 본인 및 상대방이 버린 담배꽁초 불씨가 살아있는지를 확인하고 이를 완전히 제거하는 등 화재를 미리 방지할 주의 의무가 있음에도 불구하고, 이를 게을리 한 채 현장을 떠난 과실이 인정되고, 이러한 피고인들 각자의 과실이 경합하여 위 화재를 일으켰다고 보아 피고인들 각자의 실화죄 책임이 성립한다(대판 1993.7.27. 93도135).

정답 ③

제3절 | 일수 · 수리에 관한 죄

15 **방화와 일수죄에 대한 설명 중 옳지 않은 것을 모두 고른 것은?** [11 경찰간부]

> ㉠ 현주건조물일수죄는 추상적 위험범이나, 자기 소유의 일반건조물일수죄는 구체적 위험범이다.
> ㉡ 과실일수죄에는 업무상 과실에 대한 가중처벌규정이 있다.
> ㉢ 방화죄나 일수죄 모두 자수에 대한 필요적 감면규정이 있다.
> ㉣ 방화죄나 일수죄 모두 공용건조물, 현주건조물이 객체로 규정되어 있다.
> ㉤ 방화죄나 일수죄 모두 자기소유일반건조물에 대해서는 미수범 처벌규정이 없다.
> ㉥ 현주건조물일수죄의 객체는 타인의 소유여야 한다.

① ㉠, ㉡, ㉢
② ㉡, ㉢, ㉥
③ ㉢, ㉤, ㉥
④ ㉡, ㉣, ㉥

해설

㉠ [O] 현주건조물일수죄는 추상적 위험범이나, 자기 소유의 일반건조물일수죄는 구체적 위험범이다(제177조 제1항, 제179조 제2항).
㉡ [×] 과실일수죄에는 업무상 과실에 대한 가중처벌규정이 없다(제181조).
㉢ [×] 방화죄는 예비 · 음모 단계에서 자수한 경우 필요적 감면규정이 있으나(제175조), 일수죄는 필요적 감면규정이 없다.
㉣ [O] 방화죄나 일수죄 모두 공용건조물, 현주건조물이 객체로 규정되어 있다(제164조, 제165조, 제177조, 제178조).
㉤ [O] 방화죄나 일수죄 모두 자기소유일반건조물에 대해서는 미수범 처벌규정이 없다(제174조, 제182조).
㉥ [×] 현주건조물일수죄의 객체는 자기의 소유이든 타인의 소유이든 불문한다(제177조 제1항).

정답 ②

16 **수도불통죄(형법 제195조)에 관련한 다음 설명 중 가장 옳지 않은 것은? (다툼이 있으면 판례에 의함)** [14 경찰간부]

① 적법한 절차를 밟지 아니한 수도라 할지라도 그것이 현실로 공중생활에 필요한 음용수를 공급하고 있는 시설로 되어있는 이상 이를 불법하게 손괴하여 수도를 불통케 하였을 때에는 수도불통죄에 해당한다.
② 수도불통죄를 범할 목적으로 예비 또는 음모한 자는 처벌한다.
③ 사설수도를 설치한 시장 번영회가 수도요금을 체납한 회원에 대하여 사전경고까지 하고 한 단수행위에는 위법성이 있다고 볼 수 없다.
④ 시설자가 관계당국으로부터 설치허가를 받아 사재로써 시의 상수도관에다가 특수가압간선을 시설한 경우, 그 시설에 의한 급수를 받고자 하는 자는 시설자와의 계약에 의하여 시설운영위원회에 가입한 후 시의 급수승인을 받아야 하는데 이러한 절차를 거치지 않은 불법이용자라 하더라도 그에 대한 단수조치로써 시설자가 급수관을 발굴 절단하였다면 수도불통죄에 해당한다.

해설

① [○] 적법한 절차를 밟지 아니한 수도라 할지라도 그것이 현실로 공중생활에 필요한 음용수를 공급하고 있는 시설로 되어있는 이상 이를 불법하게 손괴하여 수도를 불통케 하였을 때에는 수도불통죄에 해당한다(대판 1957.2.1. 56도317).
② [○] 수도불통죄를 범할 목적으로 예비 또는 음모한 자는 처벌한다(제197조).
③ [○] 사설수도를 설치한 시장 번영회가 수도요금을 체납한 회원에 대하여 사전경고까지 하고 한 단수행위에는 위법성이 있다고 볼 수 없다(대판 1977.11.22. 77도103).
④ [×] 사설수도시설자는 불법가입자의 집으로 들어가는 수도시설을 발굴하여 급수를 정지시킬 수 있으므로 그 수도시설을 손괴하였다 하여도 수도불통죄가 성립치 아니한다(대판 1971.1.26. 70도2654).

정답 ④

제4절 I 교통방해의 죄

17 **교통방해의 죄에 관한 다음 설명 중 가장 적절하지 않은 것은? (다툼이 있으면 판례에 의함)** [13 경찰승진]

① 우리 형법에는 업무상과실, 중과실에 의한 일반교통방해를 처벌하는 조항이 있다.
② 사람이 현존하는 선박에 대해 매몰행위의 실행을 개시하고 그로 인하여 선박을 매몰시켰더라도 매몰의 결과 발생시 사람이 현존하지 않았거나 범인이 선박에 있는 사람을 안전하게 대피시켰다면 선박매몰죄의 미수가 성립한다.
③ 불특정 다수인의 통행로로 이용되어 오던 도로의 토지 일부의 소유자라 하더라도 그 도로의 중간에 바위를 놓아두거나 이를 파헤침으로써 차량의 통행을 못하게 한 행위는 일반교통방해죄가 성립한다.
④ 집회 또는 시위가 당초 신고된 범위를 현저히 일탈하거나 (구) 집회및시위에관한법률 제12조에 의한 조건을 중대하게 위반하여 도로교통을 방해함으로써 통행을 불가능하게 하거나 현저하게 곤란하게 하는 경우에는 일반교통방해죄가 성립한다.

해설

① [○] 형법에는 업무상과실, 중과실에 의한 일반교통방해를 처벌하는 조항이 있다(제189조).
② [×] 선박매몰죄의 고의가 성립하기 위하여는 행위시에 사람이 현존하는 것이라는 점에 대한 인식과 함께 이를 매몰한다는 결과발생에 대한 인식이 필요하며, 현존하는 사람을 사상에 이르게 한다는 등 공공의 위험에 대한 인식까지는 필요하지 않고 사람의 현존하는 선박에 대해 매몰행위의 실행을 개시하고 그로 인하여 선박을 매몰시켰다면 매몰의 결과발생시 사람이 현존하지 않았거나 범인이 선박에 있는 사람을 안전하게 대피시켰다고 하더라도 선박매몰죄의 기수로 보아야 할 것이지 이를 미수로 볼 것은 아니다(대판 2000.6.23. 99도4688).
③ [○] 특정 다수인의 통행로로 이용되어 오던 도로의 토지 일부의 소유자라 하더라도 그 도로의 중간에 바위를 놓아두거나 이를 파헤침으로써 차량의 통행을 못하게 한 행위는 일반교통방해죄가 성립한다(대판 2002.4.26. 2001도6903).
④ [○] 집회 또는 시위가 당초 신고된 범위를 현저히 일탈하거나 (구) 집회및시위에관한법률 제12조에 의한 조건을 중대하게 위반하여 도로교통을 방해함으로써 통행을 불가능하게 하거나 현저하게 곤란하게 하는 경우에는 일반교통방해죄가 성립한다(대판 2008.11.13. 2006도755).

정답 ②

18 **일반교통방해죄에 관한 다음 설명 중 가장 옳지 않은 것은? (다툼이 있으면 판례에 의함)** [16 법원9급]

① 일반교통방해죄는 교통이 불가능하거나 또는 현저히 곤란한 상태가 발생하더라도 교통방해의 결과가 현실적으로 발생하지 않은 경우에는 일반교통방해미수죄가 성립한다.

② 일반교통방해죄는 일반공중의 교통의 안전을 보호법익으로 하는 범죄로써 여기서의 '육로'라고 함은 사실상 일반공중의 왕래에 공용되는 육상의 통로를 널리 일컫는 것으로서 그 부지의 소유관계나 통행권리관계 또는 통행인의 많고 적음 등을 가리지 않는다.

③ 집회 또는 시위가 당초 신고된 범위를 현저히 일탈하거나 교통질서 유지를 위한 조건을 중대하게 위반하여 도로교통을 방해함으로써 통행을 불가능하게 하거나 현저하게 곤란하게 하는 경우에는 일반교통방해죄가 성립한다.

④ 피고인이 고속도로 2차로를 따라 자동차를 운전하다가 1차로를 진행하던 甲의 차량 앞에 급하게 끼어든 후 곧바로 정차하여 甲의 차량 및 이를 뒤따르던 차량 2대는 급정차하였으나 그 뒤를 따라오던 乙의 차량이 앞에 차량들을 연쇄적으로 추돌케 하여 乙을 사망에 이르게 하고 나머지 차량운전자 등 피해자들에게 상해를 입힌 경우 일반교통방해치상죄가 성립한다.

해설

① [×] 일반교통방해죄는 이른바 추상적 위험범으로서 교통이 불가능하거나 또는 현저히 곤란한 상태가 발생하면 바로 기수가 되고 교통방해의 결과가 현실적으로 발생하여야 하는 것은 아니다(대판 2007.12.14. 2006도4662).

② [○] 일반교통방해죄에서 '육로'라 함은 일반공중의 왕래에 공용된 장소, 즉 특정인에 한하지 않고 불특정 다수인 또는 차마가 자유롭게 통행할 수 있는 공공성을 지닌 장소를 말하고, 육로로 인정되는 이상 그 부지의 소유관계나 통행권리관계 또는 통행인의 많고 적음 등을 가리지 않는다(대판 2005.8.19. 2005도1697).

③ [○] 집회 또는 시위가 신고된 범위 내에서 행해졌거나 신고된 내용과 다소 다르게 행해졌어도 신고된 범위를 현저히 일탈하지 않는 경우에는 그로 인하여 도로의 교통이 방해를 받았다고 하더라도 특별한 사정이 없는 한 일반교통방해죄가 성립한다고 볼 수 없으나, 집회 또는 시위가 당초 신고된 범위를 현저히 일탈하거나 집시법 제12조의 규정에 의한 조건을 중대하게 위반하여 도로교통을 방해함으로써 통행을 불가능하게 하거나 현저하게 곤란하게 하는 경우에는 일반교통방해죄가 성립한다(대판 2008.11.13. 2006도755).

④ [○] 편도 2차로의 고속도로 1차로 한가운데에 정차한 피고인은 현장의 교통상황이나 일반인의 운전 습관·행태 등에 비추어 고속도로를 주행하는 다른 차량 운전자들이 제한속도 준수나 안전거리 확보 등의 주의의무를 완전하게 다하지 않을 수도 있다는 점을 알았거나 충분히 알 수 있었으므로, 피고인의 정차 행위와 사상의 결과 발생 사이에 상당인과관계가 있고, 사상의 결과 발생에 대한 예견가능성도 인정되므로, 피고인에게 일반교통방해치사상죄가 성립한다(대판 2014.7.24. 2014도6206).

정답 ①

19 **일반교통방해죄에 대한 설명 중 판례의 태도가 아닌 것은?** [10 경찰승진]

① 피고인 등 약 600명의 노동조합원들이 보도가 따로 마련되어 있지 아니한 도로 우측의 편도 2차선의 대부분을 차지하면서 행진하는 방법으로 시위를 함으로써 나머지 편도 2차선으로 상, 하행차량이 통행하느라 차량의 소통이 방해되었다 하더라도 그 시위행위에 대하여 일반교통방해죄를 적용할 수 없다.

② 주민들에 의하여 공로로 통하는 유일한 통행로로 오랫동안 이용되어 온 폭 2m의 골목길을 자신의 소유라는 이유로 폭 50 내지 75cm가량만 남겨두고 담장을 설치하여 주민들의 통행을 현저히 곤란하게 하였다면 일반교통방해죄를 구성한다.

③ 불특정 다수인의 통행로로 이용되어 오던 도로의 토지 일부의 소유자가 그 도로의 중간에 바위를 놓아두거나 이를 파헤침으로써 차량의 통행을 못하게 한 행위는 일반교통방해죄에 해당하지 아니한다.

④ 법률에 따라 옥외집회신고를 마쳤어도, 신고의 범위와 법률상의 제한을 현저히 일탈하여 주요도로 전차선을 점거하여 행진 등을 함으로써 교통소통에 현저한 장해를 일으켰다면, 일반교통방해죄를 구성한다.

해설

① [○] 피고인 등 약 600명의 노동조합원들이 보도가 따로 마련되어 있지 아니한 도로 우측의 편도 2차선의 대부분을 차지하면서 행진하는 방법으로 시위를 함으로써 나머지 편도 2차선으로 상, 하행차량이 통행하느라 차량의 소통이 방해되었다 하더라도 그 시위행위에 대하여 일반교통방해죄를 적용할 수 없다(대판 1992.8.18. 91도2771).
② [○] 주민들에 의하여 공로로 통하는 유일한 통행로로 오랫동안 이용되어 온 폭 2m의 골목길을 자신의 소유라는 이유로 폭 50 내지 75cm가량만 남겨두고 담장을 설치하여 주민들의 통행을 현저히 곤란하게 하였다면 일반교통방해죄를 구성한다(대판 1994.11.4. 94도2112).
③ [×] [1] 일반교통방해죄에서 '육로'라 함은 사실상 일반공중의 왕래에 공용되는 육상의 통로를 널리 일컫는 것으로서 그 부지의 소유관계나 통행권리관계 또는 통행인의 많고 적음 등을 가리지 않는다.
[2] 불특정 다수인의 통행로로 이용되어 오던 도로의 토지 일부의 소유자라 하더라도 그 도로의 중간에 바위를 놓아두거나 이를 파헤침으로써 차량의 통행을 못하게 한 경우 일반교통방해죄가 성립한다(대판 2002.4.26. 2001도6903).
④ [○] 법률에 따라 옥외집회신고를 마쳤어도, 신고의 범위와 법률상의 제한을 현저히 일탈하여 주요도로 전차선을 점거하여 행진 등을 함으로써 교통소통에 현저한 장해를 일으켰다면, 일반교통방해죄를 구성한다(대판 2008.11.13. 2006도755).

정답 ③

20 **교통방해의 죄에 관한 다음 설명 중 가장 옳지 않은 것은? (다툼이 있으면 판례에 의함)** [17 경찰간부]

① 적법한 신고를 마치고 도로에서 집회나 시위를 하는 경우, 그 집회 또는 시위가 신고된 범위 내에서 행해졌거나 신고된 내용과 다소 다르게 행해졌어도 신고된 범위를 현저히 일탈하지 않은 경우에는 특별한 사정이 없는 한 일반교통방해죄가 성립한다고 볼 수 없다.
② 공항여객터미널 버스정류장 앞 도로 중 공항리무진 버스 외의 다른 차의 주차가 금지된 구역에서 밴 차량을 40분간 불법 주차하고 호객 영업을 하는 방법으로 그곳을 통행하는 버스의 교통을 곤란하게 하였다면 일반교통방해죄가 성립한다.
③ 甲이 고속도로 2차로를 따라 자동차를 운전하다가 1차로를 진행하던 乙의 차량 앞에 급하게 끼어든 후 곧바로 정차하여, 乙의 차량 및 이를 뒤따르던 차량 두 대는 급정차하였으나, 그 뒤를 따라오던 丙의 차량이 앞의 차량들을 연쇄적으로 추돌케 하여 丙을 사망에 이르게 하고 나머지 차량 운전자 등에게 상해를 입혔다면 甲에게는 일반교통방해치사상죄가 성립한다.
④ 서울 중구 소공동의 왕복 4차로의 도로 중 편도 3개 차로 쪽에 차량 2, 3대와 간이테이블 수십개를 이용하여 길가 쪽 2개 차로를 차지하는 포장마차를 설치하고 영업행위를 한 것은, 비록 행위가 교통량이 상대적으로 적은 야간에 이루어졌다 하더라도 일반교통방해죄를 구성한다.

해설

① [○] 적법한 신고를 마치고 도로에서 집회나 시위를 하는 경우, 그 집회 또는 시위가 신고된 범위 내에서 행해졌거나 신고된 내용과 다소 다르게 행해졌어도 신고된 범위를 현저히 일탈하지 않은 경우에는 특별한 사정이 없는 한 일반교통방해죄가 성립한다고 볼 수 없다(대판 2008.11.13. 2006도755).
② [×] 피고인이 공항여객터미널 버스정류장 앞 도로 중 공항리무진 버스 외의 다른 차의 주차가 금지된 구역에서 밴 차량을 40분간 불법주차하고 호객행위를 하였더라도, 주차한 장소의 옆 차로를 통하여 다른 차량들이 충분히 통행할 수 있었고, 주차행위로 인하여 공항리무진 버스가 출발할 때 후진을 하여 차로를 바꾸어 진출해야 하는 불편을 겪기는 하였지만 통행이 불가능하거나 현저하게 곤란하지는 않았던 경우 일반교통방해죄를 구성하지 않는다(대판 2009.7.9. 2009도4266).
③ [○] 편도 2차로의 고속도로 1차로 한가운데에 정차한 피고인은 현장의 교통상황이나 일반인의 운전 습관 · 행태 등에 비추어 고속도로를 주행하는 다른 차량 운전자들이 제한속도 준수나 안전거리 확보 등의 주의의무를 완전하게 다하지 않을 수도 있다는 점을 알았거나 충분히 알 수 있었으므로, 피고인의 정차 행위와 사상의 결과 발생 사이에 상당인과관계가 있고, 사상의 결과 발생에 대한 예견가능성도 인정되므로, 피고인에게 일반교통방해치사상죄가 성립한다(대판 2014.7.24. 2014도6206).

④ [○] 서울 중구 소공동의 왕복 4차로의 도로 중 편도 3개 차로 쪽에 차량 2, 3대와 간이테이블 수십개를 이용하여 길가 쪽 2개 차로를 차지하는 포장마차를 설치하고 영업행위를 한 것은, 비록 행위가 교통량이 상대적으로 적은 야간에 이루어졌다 하더라도 일반교통방해죄를 구성한다(대판 2007.12.14. 2006도4662).

정답 ②

제2장 | 공공의 신용에 관한 죄

제1절 | 통화에 관한 죄

01 **통화에 관한 죄에 대한 설명으로 틀린 것은? (다툼이 있으면 판례에 의함)** [12 경찰간부]

① 일본국의 500엔짜리처럼 사용하기 위해 한국은행 500원짜리 주화의 표면 일부를 깎아내어 무게를 약간 줄였다면 통화변조죄가 성립하지 않는다.

② 스위스 화폐로써 1998년까지 통용되었으나 현재는 통용되지 않고 다만 스위스 은행에서 신권과의 교환이 가능한 진폐(眞幣)는 형법 제207조 제2항 소정의 내국에서 유통하는 외국의 화폐에 해당한다.

③ 진정한 통화라고 하여 위조통화를 다른 사람에게 증여하는 경우에도 위조통화행사죄가 성립한다.

④ 진정한 통화인 미화 1달러 및 2달러 지폐의 발행연도, 발행번호, 미국 재무부를 상징하는 문양, 재무부장관의 사인, 일부색상을 고친 경우, 통화가 변조되었다고 볼 수 없다.

해설

① [○] 피고인들이 한국은행발행 500원짜리 주화의 표면 일부를 깎아내어 손상을 가하였지만 그 크기와 모양 및 대부분의 문양이 그대로 남아 있어, 이로써 기존의 500원짜리 주화의 명목가치나 실질가치가 변경되었다거나 객관적으로 보아 일반인으로 하여금 일본국의 500￥짜리 주화로 오신케 할 정도의 새로운 화폐를 만들어 낸 것이라고 볼 수 없다(대판 2002.1.11. 2000도3950).

② [×] 스위스 화폐의 진폐가 국내은행에서 환전할 수 있다 하더라도 이는 지급수단이 아니라 은행이 매도가격과 매수가격의 차액 상당의 이득을 얻기 위하여 하는 외국환매매거래의 대상으로서 상품과 유사한 것에 불과하다 할 것이므로 이를 가리켜 내국에서 '유통하는' 화폐라고 볼 수 없다(대판 2003.1.10. 2002도3340).

③ [○] 진정한 통화라고 하여 위조통화를 다른 사람에게 증여하는 경우에도 위조통화행사죄가 성립한다(대판 1979.7.10. 79도840).

④ [○] [1] 진정한 통화에 대한 가공행위로 인하여 기존 통화의 명목가치나 실질가치가 변경되었다거나 객관적으로 보아 일반인으로 하여금 기존 통화와 다른 진정한 화폐로 오신하게 할 정도의 새로운 물건을 만들어 낸 것으로 볼 수 없다면 통화가 변조되었다고 볼 수 없다.
[2] 진정한 통화인 미화 1달러 및 2달러 지폐의 발행연도, 발행번호, 미국 재무부를 상징하는 문양, 재무부장관의 사인, 일부색상을 고친 것만으로는 통화가 변조되었다고 볼 수 없다고 한 사례(대판 2004.3.26. 2003도5640).

정답 ②

02 **통화위조죄에 대한 설명으로 옳은 것은? (다툼이 있으면 판례에 의함)**

[21 경찰간부]

① 위조통화를 행사하여 재물을 불법영득한 때에는 위조통화행사죄와 사기죄가 성립하며, 양 죄는 상상적 경합관계에 있다.

② 통화위조죄를 범할 목적으로 예비·음모한 자가 목적한 죄의 실행에 이르기 전에 자수한 때에는 그 형을 감경 또는 면제할 수 있다.

③ 형법은 행사할 목적으로 외국에서 유통하는 외국의 화폐, 지폐 또는 은행권을 위조 또는 변조한 자에 대한 처벌규정을 두고 있다.

④ 행사할 목적으로 통용하는 대한민국의 화폐, 지폐 또는 은행권을 위조 또는 변조한 행위에 대해서는 외국인의 국외범에 대해서도 대한민국 형법이 적용된다.

해설

① [×] 위조통화를 행사하여 재물을 불법영득한 때에는 위조통화행사죄와 사기죄의 양죄가 성립하고 이들은 실체적 경합관계에 있다(대판 1979.7.10. 79도840).

② [×] 통화위조죄를 범할 목적으로 예비·음모한 자가 목적한 죄의 실행에 이르기 전에 자수한 때에는 그 형을 감경 또는 면제한다(제213조).

③ [×] 형법은 행사할 목적으로 외국에서 통용하는 외국의 화폐, 지폐 또는 은행권을 위조 또는 변조한 자에 대한 처벌규정을 두고 있다(제207조). ▶ 외국에서 유통(×)

④ [○] 제5조 제4호(외국인의 국외범), 제207조 제1항.

정답 ④

03 **다음 설명 중 가장 적절하지 않은 것은? (다툼이 있으면 판례에 의함)**

[13 경찰승진]

① 형법 제207조(통화의 위조등)에서 정한 '행사할 목적'이란 유가증권위조의 경우와 달리 위조·변조한 통화를 진정한 통화로서 유통에 놓겠다는 목적을 말한다.

② 통화위조죄와 위조통화행사죄의 객체인 위조통화는 유통과정에서 일반인이 진정한 통화로 오인할 정도의 외관을 갖추어야 한다.

③ 위조유가증권의 교부자와 피교부자가 공범의 관계에 있다면, 그들 사이의 위조유가증권 교부행위는 그들 이외의 자에게 행사함으로써 범죄를 실현하기 위한 전단계의 행위에 불과한 것으로서 위조유가증권은 아직 범인들의 수중에 있다고 볼 것이지 행사되었다고 볼 수는 없다.

④ 강제통용력을 가지지는 아니하나 일반인의 관점에서 외국에서 강제통용력을 가졌다고 오인할 수 있다면 형법 제207조 제3항의 외국에서 통용하는 지폐에 포함된다.

해설

① [○] 형법 제207조에서 정한 '행사할 목적'이란 유가증권위조의 경우와 달리 위조·변조한 통화를 진정한 통화로서 유통에 놓겠다는 목적을 말하므로, 자신의 신용력을 증명하기 위하여 타인에게 보일 목적으로 통화를 위조한 경우에는 행사할 목적이 있다고 할 수 없다(대판 2012.3.29. 2011도7704).

② [○] 통화위조죄와 위조통화행사죄의 객체인 위조통화는 유통과정에서 일반인이 진정한 통화로 오인할 정도의 외관을 갖추어야 한다(대판 2012.3.29. 2011도7704).

③ [○] 위조유가증권의 교부자와 피교부자가 공범의 관계에 있다면, 그들 사이의 위조유가증권 교부행위는 그들 이외의 자에게 행사함으로써 범죄를 실현하기 위한 전단계의 행위에 불과한 것으로서 위조유가증권은 아직 범인들의 수중에 있다고 볼 것이지 행사되었다고 볼 수는 없다(대판 2010.12.9. 2010도12553).

④ [×] 외국에서 통용하지 아니하는 즉, 강제통용력을 가지지 아니하는 지폐는 그것이 비록 일반인의 관점에서 통용할 것이라고 오인할 가능성이 있다고 하더라도 형법 제207조 제3항에서 정한 '외국에서 통용하는 외국의 지폐'에 해당한다고 할 수 없다(대판 2004.5.14. 2003도3487).

정답 ④

04 **다음의 설명 중 가장 적절한 것은? (다툼이 있으면 판례에 의함)** [21 경찰승진]

① 일본국의 자동판매기 등에 투입하여 일본국의 500¥짜리 주화처럼 사용하기 위하여 한국은행발행 500원짜리 주화의 표면 일부를 깎아내어 손상을 가한 경우, 그 크기와 모양 및 대부분의 문양이 그대로 남아 있더라도 「형법」 제207조 통화변조죄가 성립한다.

② 「형법」 제207조 통화위조죄에서 정한 '행사할 목적'은 자신의 신용력을 증명하기 위하여 타인에게 보일 목적으로 통화를 위조한 경우에도 인정할 수 있다.

③ 유가증권의 내용 중 권한 없는 자에 의하여 이미 변조된 부분을 다시 권한 없이 변경하였다고 하더라도 「형법」 제214조 유가증권변조죄는 성립하지 않는다.

④ 위조우표취득죄 및 위조우표행사죄에 관한 「형법」 제219조 및 제218조 제2항 소정의 "행사"라 함은 위조된 대한민국 또는 외국의 우표를 진정한 우표로서 사용하는 것으로 우편요금의 납부용으로 사용하는 것에 한정되고 우표수집의 대상으로서 매매하는 경우는 이에 해당하지 않는다.

해설

① [×] 피고인들이 한국은행발행 500원짜리 주화의 표면 일부를 깎아내어 손상을 가하였지만 그 크기와 모양 및 대부분의 문양이 그대로 남아 있어, 이로써 기존의 500원짜리 주화의 명목가치나 실질가치가 변경되었다거나 객관적으로 보아 일반인으로 하여금 일본국의 500¥짜리 주화로 오신케 할 정도의 새로운 화폐를 만들어 낸 것이라고 볼 수 없다(대판 2002.1.11. 2000도3950).

② [×] 형법 제207조 소정의 '행사할 목적'이란 유가증권위조의 경우와 달리, 위조, 변조한 통화를 진정한 통화로서 유통에 놓겠다는 목적을 말하므로 자신의 신용력을 증명하기 위하여 타인에게 보일 목적으로 통화를 위조한 경우에는 행사할 목적이 있다고 할 수 없다(대판 2012.3.29. 2011도7704).

③ [○] 유가증권의 내용 중 권한 없는 자에 의하여 이미 변조된 부분을 다시 권한 없이 변경하였다고 하더라도 「형법」 제214조 유가증권변조죄는 성립하지 않는다(대판 2012.9.27. 2010도15206).

④ [×] 위조우표취득죄 및 위조우표행사죄에 관한 형법 제219조 및 제218조 제2항에 규정된 '행사'라 함은 위조된 대한민국 또는 외국의 우표를 진정한 우표로서 사용하는 것을 말하는 것으로 반드시 우편요금의 납부용으로 사용하는 것에 한정되지 아니하고 우표수집의 대상으로서 매매하는 경우도 이에 해당된다(대판 1989.4.11. 88도1105).

정답 ③

05 통화에 관한 죄에 대한 설명 중 옳은 것은? (다툼이 있으면 판례에 의함)

[16 경찰간부]

① 甲이 한국은행발행 500원짜리 주화 앞면의 학 문양 일부만을 선반으로 깎아 냄으로써 그 크기와 모양, 앞면의 다른 문양 및 500원이라는 액면이 표시된 뒷면의 문양은 그대로 남아 있었지만, 주화의 무게가 약간 줄어들었을 뿐 아니라 일본국의 자동판매기 등이 甲이 가공한 주화를 일본국의 500엔짜리 주화로 오인하기에 이르렀다면 甲에게는 통화변조죄가 성립한다.

② 위조통화행사죄는 위조통화임을 모르는 자에게 교부한 경우에만 성립하므로, 위조통화임을 알고 있는 자에게 교부한 경우에는 피교부자가 이를 유통시키리라는 점을 예상 내지 인식하면서 교부하였더라도 위조통화행사죄에는 해당하지 않는다.

③ 통화위조죄가 성립하기 위해서는, 위화를 진화와의 식별이 불가능할 정도로 정교하게 제작해야만 한다.

④ 자신의 신용력을 증명하기 위해 타인에게 보여줄 목적으로 통화를 위조한 경우에는 통화위조죄가 성립하지 않는다.

해설

① [×] 피고인들이 한국은행발행 500원짜리 주화의 표면 일부를 깎아내어 손상을 가하였지만 그 크기와 모양 및 대부분의 문양이 그대로 남아 있어, 이로써 기존의 500원짜리 주화의 명목가치나 실질가치가 변경되었다거나 객관적으로 보아 일반인으로 하여금 일본국의 500￥짜리 주화로 오신케 할 정도의 새로운 화폐를 만들어 낸 것이라고 볼 수 없다(대판 2002.1.11. 2000도3950).

② [×] 위조통화임을 알고 있는 자에게 그 위조통화를 교부한 경우에 피교부자가 이를 유통시키리라는 것을 예상 내지 인식하면서 교부하였다면, 그 교부행위 자체가 통화에 대한 공공의 신용 또는 거래의 안전을 해할 위험이 있으므로 위조통화행사죄가 성립한다(대판 2003.1.10. 2002도3340).

③ [×] 위조통화행사죄의 객체인 위조통화는 객관적으로 보아 일반인으로 하여금 진정통화로 오신케 할 정도에 이른 것이면 족하고 그 위조의 정도가 반드시 진물에 흡사하여야 한다거나 누구든지 쉽게 그 진부를 식별하기가 불가능한 정도의 것일 필요는 없다(대판 1985.4.23. 85도570).

④ [○] 형법 제207조에서 정한 '행사할 목적'이란 유가증권위조의 경우와 달리 위조·변조한 통화를 진정한 통화로서 유통에 놓겠다는 목적을 말하므로, 자신의 신용력을 증명하기 위하여 타인에게 보일 목적으로 통화를 위조한 경우에는 행사할 목적이 있다고 할 수 없다(대판 2012.3.29. 2011도7704).

정답 ④

06 다음 설명 중 옳은 것은 모두 몇 개인가? (다툼이 있으면 판례에 의함)

[16 경찰채용]

㉠ 위조통화임을 알고 있는 자에게 그 위조통화를 교부한 경우에 피교부자가 이를 유통시키리라는 것을 예상 내지 인식하면서 교부하였다면, 그 교부행위 자체가 통화에 대한 공공의 신용 또는 거래의 안전을 해할 위험이 있으므로 위조통화행사죄가 성립한다.

㉡ 통화에 관한 죄는 외국인의 국내범은 처벌하지만 외국인의 국외범은 처벌하지 아니한다.

㉢ 형법 제207조 제3항의 외국에서 통용하는 지폐에 일반인의 관점에서 통용할 것이라고 오인할 가능성이 있는 지폐까지 포함시킨다면 이는 유추해석 내지 확장해석하여 적용하는 것이 되어 죄형법정주의의 원칙에 어긋나는 것으로 허용되지 않는다.

㉣ 일본국의 자동판매기 등에 투입하여 일본국의 500￥(엔)짜리 주화처럼 사용하기 위해 한국은행 발행 500원짜리 주화의 표면 일부를 깎아내어 손상을 가한 경우 통화변조에 해당한다.

① 1개
② 2개
③ 3개
④ 4개

해설

㉠ [○] 위조통화임을 알고 있는 자에게 그 위조통화를 교부한 경우에 피교부자가 이를 유통시키리라는 것을 예상 내지 인식하면서 교부하였다면, 그 교부행위 자체가 통화에 대한 공공의 신용 또는 거래의 안전을 해할 위험이 있으므로 위조통화행사죄가 성립한다(대판 2003.1.10. 2002도3340).
㉡ [×] 통화에 관한 죄는 외국인의 국내범(속지주의 적용)은 물론 제5조 제4호에 의하여 외국인의 국외범도 처벌한다.
㉢ [○] 형법 제207조 제3항의 외국에서 통용하는 지폐에 일반인의 관점에서 통용할 것이라고 오인할 가능성이 있는 지폐까지 포함시킨다면 이는 유추해석 내지 확장해석하여 적용하는 것이 되어 죄형법정주의의 원칙에 어긋나는 것으로 허용되지 않는다(대판 2004.5.14. 2003도3487).
㉣ [×] 피고인들이 한국은행발행 500원짜리 주화의 표면 일부를 깎아내어 손상을 가하였지만 그 크기와 모양 및 대부분의 문양이 그대로 남아 있어, 이로써 기존의 500원짜리 주화의 명목가치나 실질가치가 변경되었다거나 객관적으로 보아 일반인으로 하여금 일본국의 500￥짜리 주화로 오신케 할 정도의 새로운 화폐를 만들어 낸 것이라고 볼 수 없다(대판 2002.1.11. 2000도3950).

정답 ②

07 공공신용에 관한 죄에 대한 설명 중 가장 적절하지 않은 것은? (다툼이 있는 경우 판례에 의함) [16 경찰간부]

① 통화의 변조는 권한 없이 진정한 통화에 가공하여 그 진실한 가치를 변경시키는 행위를 말하며, 진정한 통화를 그 재료로 삼는다.
② 자신의 신용력을 증명하기 위하여 타인에게 보일 목적으로 통화를 위조한 경우에는 행사할 목적을 인정할 수 없다.
③ 유가증권이란 증권상에 표시된 재산상의 권리의 행사와 처분에 그 증권의 점유를 필요로 하는 것을 총칭하고, 반드시 유통성을 가져야 한다.
④ 위조유가증권의 교부자와 피교부자가 서로 유가증권위조를 공모한 경우 그들 간의 위조유가증권교부행위는 위조유가증권 행사죄에 해당하지 않는다.

해설

① [○] 통화의 '변조'는 권한 없이 '진정한 통화'에 가공하여 그 진실한 가치를 변경시키는 행위를 말하며, 진정한 통화를 그 재료로 삼는다. 진정한 통화에 대한 가공행위로 인하여 기존 통화의 명목가치나 실질가치가 변경되었다거나 객관적으로 보아 일반인으로 하여금 기존 통화와 다른 진정한 화폐로 오신하게 할 정도의 새로운 물건을 만들어 낸 것으로 볼 수 없다면 통화가 변조되었다고 볼 수 없다. 진정한 통화인 미화 1달러 및 2달러 지폐의 발행연도, 발행번호, 미국 재무부를 상징하는 문양, 재무부장관의 사인, 일부 색상을 고친 것만으로는 통화가 변조되었다고 볼 수 없다(대판 2004.3.26. 2003도5640).
② [○] 자신의 신용력을 증명하기 위하여 타인에게 보일 목적으로 통화를 위조한 경우에는 행사할 목적을 인정할 수 없다(대판 2012.3.29. 2011도7704).
③ [×] 형법 제214조의 유가증권이란 증권상에 표시된 재산상의 권리의 행사와 처분에 그 증권의 점유를 필요로 하는 것을 총칭하는 것으로서 재산권이 증권에 화체된다는 것과 그 권리의 행사와 처분에 증권의 점유를 필요로 한다는 두 가지 요소를 갖추면 족하지, 반드시 유통성을 가질 필요는 없다(대판 2001.8.24. 2001도2832).
④ [○] 피고인과 甲은 甲이 피고인으로부터 돈을 차용하는 것처럼 가장하기로 공모한 다음, 피고인이 위조된 자기앞수표가 들어있는 봉투를 乙을 통해 공범 甲과 그 위조사실을 모르는 丙이 함께 있는 자리에서 甲에게 교부하였는데, 이때 甲은 위조된 자기앞수표를 봉투에서 꺼내거나 丙에게 보여 주지도 않은 사안에서, 교부자(피고인)와 피교부자(甲)가 서로 유가증권위조를 공모한 경우 그들 간의 위조유가증권교부행위는 위조유가증권 행사죄에 해당하지 않는다(대판 2010.12.9. 2010도12553).

정답 ③

제2절 I 유가증권 · 우표 · 인지에 관한 죄

08 다음 중 유가증권이라고 볼 수 있는 것은 모두 몇 개인가? (다툼이 있으면 판례에 의함) [15 경찰간부]

> ㉠ 신용카드업자가 발행한 신용카드
> ㉡ 전자복사기를 사용해 복사한 유가증권 사본
> ㉢ 문방구 약속어음 용지로 작성된 주권
> ㉣ 리프트 탑승권
> ㉤ 정기예탁금 증서

① 2개
② 3개
③ 4개
④ 5개

해설

㉠ [×] 신용카드업자가 발행한 신용카드는 이를 소지함으로써 신용구매가 가능하고 금융의 편의를 받을 수 있다는 점에서 경제적 가치가 있다 하더라도, 그 자체에 경제적 가치가 화체되어 있거나 특정의 재산권을 표창하는 유가증권이라고 볼 수 없다(대판 1999.7.9. 99도857).
㉡ [×] 위조유가증권행사죄에 있어서의 유가증권이라 함은 위조된 유가증권의 원본을 말하는 것이지 전자복사기 등을 사용하여 기계적으로 복사한 사본은 이에 해당하지 않는다(대판 1998.2.13. 97도2922).
㉢ [○] 유가증권은 일반인이 진정한 것으로 오신할 정도의 형식과 외관을 갖추고 있으면 되므로 증권이 비록 문방구 약속어음 용지를 이용하여 작성되었다고 하더라도 그 전체적인 형식 · 내용에 비추어 일반인이 진정한 것으로 오신할 정도의 약속어음 요건을 갖추고 있으면 당연히 유가증권에 해당한다(대판 2001.8.24. 2001도2832).
㉣ [○] 리프트 탑승권도 유가증권에 해당한다(대판 1998.11.24. 98도2967 참조).
㉤ [×] 정기예탁금 증서는 면책증권에 해당하고 유가증권에 해당하지 아니한다(대판 1984.11.27. 84도2147).

정답 ①

09 유가증권에 관한 죄에 대한 설명 중 가장 적절하지 않은 것은? (다툼이 있으면 판례에 의함) [17 경찰채용]

① 자기앞수표의 발행인이 수표의뢰인으로부터 수표자금을 입금받지 아니한 채 자기앞수표를 발행하더라도 허위유가증권작성죄가 성립하지 아니한다.
② 위조유가증권행사죄에 있어서의 유가증권이라 함은 위조된 유가증권의 원본을 말하는 것이지 전자복사기 등을 사용하여 기계적으로 복사한 사본은 이에 해당하지 않는다.
③ 유가증권의 내용 중 권한 없는 자에 의하여 이미 변조된 부분을 다시 권한 없이 변경한 경우 유가증권변조죄는 성립하지 않는다.
④ 타인이 위조한 액면과 지급기일이 백지로 된 약속어음을 구입하여 행사의 목적으로 백지인 액면란에 금액을 기입하여 그 위조어음을 완성하는 행위는 백지어음 형태의 위조행위와 별개의 유가증권위조죄를 구성하지 않는다.

해설

① [○] 자기앞수표의 발행인이 수표의뢰인으로부터 수표자금을 입금받지 아니한 채 자기앞수표를 발행하더라도 그 수표의 효력에는 아무런 영향이 없으므로 허위유가증권작성죄가 성립하지 아니한다(대판 2005.10.27. 2005도4528).

② [○] 위조유가증권행사죄에 있어서의 유가증권이라 함은 위조된 유가증권의 원본을 말하는 것이지 전자복사기 등을 사용하여 기계적으로 복사한 사본은 이에 해당하지 않는다(대판 1998.2.13. 97도2922).

③ [○] 유가증권변조죄에 있어서 '변조'라 함은 진정으로 성립된 유가증권의 내용에 권한 없는 자가 그 유가증권의 동일성을 해하지 않는 한도에서 변경을 가하는 것을 말하므로 이미 타인에 의하여 위조된 약속어음의 기재사항을 권한 없이 변경하였다고 하더라도 유가증권변조죄는 성립하지 아니한다(대판 2012.9.27. 2010도15206).

④ [×] 타인이 위조한 액면과 지급기일이 백지로 된 약속어음을 그것이 위조 약속어음인 정을 알고도 구입하여 행사의 목적으로 기존의 위조어음의 액면란에 금액을 기입하여 어음위조를 완성하는 행위는 백지어음 형태의 위조행위와는 별개의 유가증권위조죄를 구성한다 할 것이고, 이는 진정하게 성립된 백지어음의 액면란을 보충권 없이 함부로 기입하는 행위가 유가증권위조죄에 해당한다는 법리와 조금도 다를 바 없다(대판 1982.6.22. 82도677).

정답 ④

10 **유가증권의 죄에 관한 다음 설명 중 가장 적절하지 않은 것은? (다툼이 있으면 판례에 의함)** [15 경찰채용]

① 이미 타인에 의하여 위조된 약속어음의 기재사항을 권한 없이 변경하였다고 하더라도 유가증권변조죄는 성립하지 않는다.

② 배서인이 약속어음 배서인의 주소를 허위로 기재한 경우, 배서인의 인적 동일성을 해하여 배서인이 누구인지를 알 수 없는 경우가 아니라고 하더라도 형법 제216조 소정의 허위유가증권작성죄가 성립한다.

③ 위조된 유가증권을 그 정을 알고 있는 자에게 교부하였더라도 피교부자가 이를 유통시킬 것임을 인식하고 교부하였다면 위조유가증권행사죄가 성립한다.

④ 판매하려는 의도를 가지고 폐공중전화카드의 자기기록 부분에 전자정보를 조작하여 사용가능한 공중전화카드로 만든 경우 유가증권위조죄가 성립한다.

해설

① [○] 이미 타인에 의하여 위조된 약속어음의 기재사항을 권한 없이 변경하였다고 하더라도 유가증권변조죄는 성립하지 않는다(대판 2006.1.26. 2005도4764).

② [×] 배서인의 주소기재는 배서의 요건이 아니므로 약속어음 배서인의 주소를 허위로 기재하였다고 하더라도 그것이 배서인의 인적 동일성을 해하여 배서인이 누구인지를 알 수 없는 경우가 아닌 한 약속어음상의 권리관계에 아무런 영향을 미치지 않는다 할 것이고, 따라서 그것을 허위로 기재하더라도 허위유가증권작성죄에 해당되지 않는다(대판 1986.6.24. 84도547).

③ [○] 위조된 유가증권을 그 정을 알고 있는 자에게 교부하였더라도 피교부자가 이를 유통시킬 것임을 인식하고 교부하였다면 위조유가증권행사죄가 성립한다(대판 2007.1.11. 2006도7120).

④ [○] 판매하려는 의도(행사할 목적에 해당함)를 가지고 폐공중전화카드의 자기기록 부분에 전자정보를 조작하여 사용가능한 공중전화카드로 만든 경우 유가증권위조죄가 성립한다(대판 1998.2.27. 97도2483).

정답 ②

11 다음 유가증권에 관한 죄에 대한 다음 설명 중 가장 옳지 않은 것은? (다툼이 있으면 판례에 의함)

[13 법원9급]

① 유가증권위조 · 변조죄에 관한 형법 제214조 제1항과 달리 수표위조 · 변조에 의한 부정수표단속법 제5조 위반죄의 성립에는 '행사할 목적'이 요구되지 않는다.

② 문방구 약속어음 용지를 이용하여 작성되었다고 하더라도 그 전체적인 형식 · 내용에 비추어 일반인이 진정한 것으로 오신할 정도의 약속어음 요건을 갖추고 있으면 당연히 형법상 유가증권에 해당한다.

③ 위조유가증권의 교부자와 피교부자가 서로 유가증권위조를 공모하였거나 위조유가증권을 타에 행사하여 그 이익을 나누어 가질 것을 공모한 공범의 관계에 있다면, 그들 사이에 위조유가증권을 교부하였다 하더라도 위조유가증권행사죄가 성립하지 않는다.

④ 유가증권의 내용 중 이미 변조된 부분을 다시 권한 없이 변경한 경우에도 유가증권변조죄가 성립한다.

해설

① [○] 유가증권위조 · 변조죄에 관한 형법 제214조 제1항은 '행사할 목적으로 대한민국 또는 외국의 공채증서 기타 유가증권을 위조 또는 변조한 자는 10년 이하의 징역에 처한다'라고 규정하고 있는 반면, 수표위조 · 변조죄에 관한 부정수표단속법 제5조는 '수표를 위조 또는 변조한 자는 1년 이상의 유기징역과 수표금액의 10배 이하의 벌금에 처한다'라고 규정하고 있는바, 이러한 부정수표단속법 제5조의 문언상 본조는 수표의 강한 유통성과 거래수단으로서의 중요성을 감안하여 유가증권 중 수표의 위 · 변조행위에 관하여는 범죄성립요건을 완화하여 초과주관적 구성요건인 '행사할 목적'을 요구하지 아니하는 한편, 형법 제214조 제1항 위반에 해당하는 다른 유가증권위조 · 변조행위보다 그 형을 가중하여 처벌하려는 취지의 규정이라고 해석하여야 한다(대판 2008.2.14. 2007도10100).

② [○] 유가증권은 일반인이 진정한 것으로 오신할 정도의 형식과 외관을 갖추고 있으면 되므로 증권이 비록 문방구 약속어음 용지를 이용하여 작성되었다고 하더라도 그 전체적인 형식 · 내용에 비추어 일반인이 진정한 것으로 오신할 정도의 약속어음 요건을 갖추고 있으면 당연히 유가증권에 해당한다(대판 2001.8.24. 2001도2832).

③ [○] 위조유가증권의 교부자와 피교부자가 서로 유가증권위조를 공모하였거나 위조유가증권을 타에 행사하여 그 이익을 나누어 가질 것을 공모한 공범의 관계에 있다면, 그들 사이의 위조유가증권 교부행위는 그들 이외의 자에게 행사함으로써 범죄를 실현하기 위한 전단계의 행위에 불과한 것으로서 위조유가증권은 아직 범인들의 수중에 있다고 볼 것이지 행사되었다고 볼 수는 없다(대판 2010.12.9. 2010도12553).

④ [×] 유가증권변조죄에 있어서 '변조'라 함은 진정으로 성립된 유가증권의 내용에 권한 없는 자가 그 유가증권의 동일성을 해하지 않는 한도에서 변경을 가하는 것을 말하므로 이미 타인에 의하여 위조된 약속어음의 기재사항을 권한 없이 변경하였다고 하더라도 유가증권변조죄는 성립하지 아니한다(대판 2012.9.27. 2010도15206).

정답 ④

12 유가증권에 관한 죄에 대한 설명 중 옳은 것(○)과 틀린 것(×)을 올바르게 표시한 것은? (다툼이 있으면 판례에 의함)

[14 경찰간부]

㉠ 유가증권은 유통성을 가지고 있어야 한다.
㉡ 약속어음 액면란에 보충권의 범위를 초월하는 금액을 기입하는 행위는 변조에 해당한다.
㉢ 변조는 진정하게 성립된 유가증권을 전제로 한다.
㉣ 타인이 소유하는 자기명의의 유가증권에 대하여 소유자의 동의 없이 내용상의 변경을 가한 행위는 변조가 아니다.

① ㉠ × ㉡ ○ ㉢ ○ ㉣ ○
② ㉠ × ㉡ × ㉢ ○ ㉣ ○
③ ㉠ ○ ㉡ × ㉢ ○ ㉣ ×
④ ㉠ × ㉡ ○ ㉢ × ㉣ ○

해설

㉠ [×] 유가증권은 재산권이 증권에 화체된다는 것과 그 권리의 행사와 처분에 증권의 점유를 필요로 한다는 두 가지 요소를 갖추면 족하지 반드시 유통성을 가질 필요는 없다(대판 2001.8.24. 2001도2832).

㉡ [×] 약속어음의 액면금액란에 자의로 합의된 금액의 한도를 엄청나게 넘는 금액을 기입하는 것은 백지보충권의 범위를 초월하여 서명날인 있는 약속어음 용지를 이용한 새로운 약속어음의 발행에 해당하는 것으로서 유가증권위조죄를 구성한다(대판 1972.6.13. 72도897).

㉢ [○] 유가증권변조죄에 있어서 '변조'라 함은 진정으로 성립된 유가증권의 내용에 권한 없는 자가 그 유가증권의 동일성을 해하지 않는 한도에서 변경을 가하는 것을 말하므로 이미 타인에 의하여 위조된 약속어음의 기재사항을 권한 없이 변경하였다고 하더라도 유가증권변조죄는 성립하지 아니한다(대판 2012.9.27. 2010도15206).

㉣ [○] 타인에게 속한 자기명의의 유가증권에 무단히 변경을 가하였다 하더라도 그것이 문서손괴죄나 허위유가증권작성죄에 해당되는 경우가 있음은 별론으로 하고 유가증권변조죄를 구성하는 것은 아니다(대판 1978.11.14. 78도1904).

정답 ②

13 다음 중 허위유가증권작성죄가 성립하지 않는 것은? (다툼이 있으면 판례에 의함) [13 경찰간부]

① 약속어음 작성권자의 승낙 내지 위임을 받아 약속어음을 발행함에 있어서 발행인의 명의 아래 피고인의 인장을 날인하여 약속어음을 발행 교부한 경우

② 선하증권 기재의 화물을 인수하거나 확인하지도 아니하고 또한 선적할 선편조차 예약하거나 확보하지도 않은 상태에서 수출면장만을 확인한 채 실제로 선적한 사실이 없는 화물을 선적하였다는 내용의 선하증권을 발행한 경우

③ 유가증권의 허위작성행위 자체에는 직접 관여한 바 없이 타인에게 그 작성을 부탁하여 그 타인으로 하여금 범행을 하게 한 경우

④ 자기앞수표의 발행인이 수표의뢰인으로부터 수표자금을 입금 받지 아니한 채 자기앞수표를 발행한 경우

해설

① [성립] 피고인이 실재하지 아니한 유령회사의 대표라 기재하고 자기명의의 인장을 찍어서 회사명의의 약속어음을 발행한 경우에는 실재하지 아니한 회사명의의 어음을 작성한 이상 허위유가증권작성죄가 성립한다(대판 1970.12.29. 70도2389).

② [성립] 선하증권 기재의 화물을 인수하거나 확인하지도 아니하고 또한 선적할 선편조차 예약하거나 확보하지 않은 상태에서 수출면장만을 확인한 채 실제로 선적한 일이 없는 화물을 선적하였다는 내용의 선하증권을 발행·교부하였다면 허위유가증권작성죄의 죄책을 면할 수 없다(대판 1995.9.29. 95도803).

③ [성립] 유가증권의 허위작성행위 자체에는 직접 관여한 바 없다 하더라도 타인에게 그 작성을 부탁하여 의사연락이 되고 그 타인으로 하여금 범행을 하게 하였다면 공모공동정범에 의한 허위작성죄가 성립한다(대판 1985.8.20. 83도2575).

④ [불성립] 자기앞수표의 발행인이 수표의뢰인으로부터 수표자금을 입금받지 아니한 채 자기앞수표를 발행하더라도 그 수표의 효력에는 아무런 영향이 없으므로 허위유가증권작성죄가 성립하지 아니한다(대판 2005.10.27. 2005도4528).

정답 ④

제3절 | 문서에 관한 죄

14 **문서의 죄에 대한 설명으로 옳지 않은 것은? (다툼이 있는 경우 판례에 의함)** [22 경찰간부]

① 甲이 A의 주민등록증을 이용하여 주민등록증상 이름과 사진을 종이로 가리고서 복사기로 복사하고, 컴퓨터를 이용하여 위조하려는 乙의 인적사항과 주소, 발급일자를 기재하여 덮어쓰기하고 다시 복사하여 전혀 별개의 주민등록증사본을 창출한 경우, 그 사본은 공문서위조죄의 객체가 되는 '공문서'에 해당한다.

② 甲이 이미 자신이 위조한 휴대전화 신규가입신청서를 스캐너로 읽어 들여 이미지화한 다음 그 이미지 파일을 乙에게 이메일로 전송하여 컴퓨터 화면상에서 보게 한 경우, 스캐너로 읽어들여 이미지화한 파일은 문서에 관한 죄에 있어서 '문서'에 해당하지 않으므로 위조사문서행사죄가 성립하지 아니한다.

③ 공정증서원본 등의 부실기재죄에서 '부실의 기재'라고 함은 권리의무관계에서 중요한 의미를 갖는 사항이 객관적인 진실에 반하는 것을 말한다.

④ 甲이 컴퓨터 스캔 작업을 통하여 만들어낸 공인중개사 자격증의 이미지파일은 전자기록으로서 전자기록장치에 전자적 형태로서 고정되어 계속성이 있다고 볼 수는 있으나, 그러한 형태는 그 자체로서 시각적 방법에 의해 이해할 수 있는 것이 아니어서 이는 '문서'에 해당하지 아니한다.

해설

① [○] 형법 제237조의2에 따라 전자복사기, 모사전송기 기타 이와 유사한 기기를 사용하여 복사한 문서의 사본도 문서원본과 동일한 의미를 가지는 문서로서 이를 다시 복사한 문서의 재사본도 문서위조죄 및 동 행사죄의 객체인 문서에 해당한다 할 것이고, 진정한 문서의 사본을 전자복사기를 이용하여 복사하면서 일부 조작을 가하여 그 사본 내용과 전혀 다르게 만드는 행위는 공공의 신용을 해할 우려가 있는 별개의 문서사본을 창출하는 행위로서 문서위조 행위에 해당한다(대판 2004.10.27. 2004도5183).

② [×] 휴대전화 신규 가입신청서를 위조한 후 이를 스캔한 이미지 파일을 제3자에게 이메일로 전송한 사안에서, 이미지 파일 자체는 문서에 관한 죄의 '문서'에 해당하지 않으나, 이를 전송하여 컴퓨터 화면상으로 보게 한 행위는 이미 위조한 가입신청서를 행사한 것에 해당하므로 위조사문서행사죄가 성립한다고 한 사례(대판 2008.10.23. 2008도5200).

③ [○] 대판 2013.1.24. 2012도12363.

④ [○] 피고인이 컴퓨터 스캔 작업을 통하여 만들어낸 공인중개사 자격증의 이미지 파일은 전자기록으로서 전자기록 장치에 전자적 형태로서 고정되어 계속성이 있다고 볼 수는 있으나, 그러한 형태는 그 자체로서 시각적 방법에 의해 이해할 수 있는 것이 아니어서 이를 형법상 문서에 관한 죄에 있어서의 '문서'로 보기 어렵다(대판 2008.4.10. 2008도1013).

정답 ②

15 **문서위조(변조)죄에 관한 설명 중 가장 적절한 것은? (다툼이 있으면 판례에 의함)** [17 경찰승진]

① 문서위조죄가 성립하기 위해서는 공문서와 달리 사문서는 작성명의인이 실재해야 한다.

② 문서의 작성에는 작성자가 자필로 작성할 필요는 없고 명의인의 착각을 이용하여 명의인으로 하여금 진의에 반하는 문서를 작성·서명하도록 하는 것과 같이 간접정범에 의한 위조도 가능하다.

③ 공립학교 교사가 작성하는 교원의 인적사항과 전출희망사항 등을 기재하는 부분과 학교장이 작성하는 학교장의견란 등으로 구성되어 있는 교원실태조사카드의 교사 명의 부분을 명의자의 의사에 반하여 작성한 행위는 공문서위조죄를 구성한다.

④ 문서위조죄의 죄수는 침해된 보호법익의 수를 기준으로 결정해야 한다.

해설

① [×] 작성된 문서가 일반인으로 하여금 당해 명의인의 권한 내에서 작성된 문서라고 믿게 할 수 있는 정도의 형식과 외관을 갖추고 있으면 문서위조죄가 성립하는 것이고, 위와 같은 요건을 구비한 이상 그 명의인이 실재하지 않는 허무인이거나 또는 문서의 작성일자 전에 이미 사망하였다고 하더라도 그러한 문서 역시 공공의 신용을 해할 위험성이 있으므로 문서위조죄가 성립한다고 봄이 상당하며, 이는 공문서뿐만 아니라 사문서의 경우에도 마찬가지이다(대판(전) 2005.2.24. 2002도18).

② [○] 문서의 작성에는 작성자가 자필로 작성할 필요는 없고 명의인의 착각을 이용하여 명의인으로 하여금 진의에 반하는 문서를 작성·서명하도록 하는 것과 같이 간접정범에 의한 위조도 가능하다.

참고판례 명의인을 기망하여 문서를 작성케 하는 경우는 서명, 날인이 정당히 성립된 경우에도 기망자는 명의인을 이용하여 서명 날인자의 의사에 반하는 문서를 작성케 하는 것이므로 사문서위조죄(간접정범)가 성립한다(대판 2000.6.13. 2000도778).

③ [×] 공립학교 교사가 작성하는 교원의 인적사항과 전출희망사항 등을 기재하는 부분과 학교장이 작성하는 학교장의견란 등으로 구성되어 있는 교원실태조사카드에 있어, 학교장의 작성 명의 부분은 공문서라고 할 수 있으나 작성자가 교사 명의로 된 부분은 개인적으로 전출을 희망하는 의사표시를 한 것에 지나지 아니하여 이것을 가리켜 공문서라고 할 수는 없을 것이므로 위 카드의 교사 명의 부분을 명의자의 의사에 반하여 작성하였다고 하여도 공문서를 위조한 것이라고 할 수 없다(대판 1991.9.24. 91도1733).

④ [×] 문서에 2인 이상의 작성명의인이 있을 때에는 각 명의자마다 1개의 문서가 성립되므로, 2인 이상의 연명으로 된 문서를 위조한 때에는 작성명의인의 수대로 수개의 문서위조죄가 성립하고 이 수개의 문서위조죄는 상상적 경합범에 해당한다(대판 1987.7.21. 87도564).

정답 ②

16 **문서에 관한 죄에 대한 설명으로 가장 적절한 것은? (다툼이 있으면 판례에 의함)** [19 경찰승진]

① 직접적인 법률관계에 단지 간접적으로 연관된 의사표시 내지 권리·의무의 변동에 사실상으로 영향을 줄 수 있는 의사표시를 내용으로 하는 문서는 사문서위조죄의 객체가 되지 않는다.

② 사문서위조죄는 명의자가 진정으로 작성한 문서가 아님을 전제로 하므로 '문서가 원본인지 여부'가 중요한 거래에서 문서의 사본을 진정한 원본인 것처럼 행사할 목적으로 다른 조작을 가함이 없이 문서의 원본을 그대로 컬러복사기로 복사하여 사본을 행사한 경우, 사문서위조죄 및 동행사죄는 성립하지 아니한다.

③ 실제로는 채권·채무관계가 존재하지 아니함에도 공증인에게 허위신고를 하여 가장된 금전채권에 대하여 집행력이 있는 공정증서원본을 작성하고 이를 비치하게 한 것이라면 공정증서원본부실기재죄 및 부실기재공정증서원본행사죄가 성립한다.

④ 공무원이 고의로 법령을 잘못 적용하여 공문서를 작성하였다면 그 법령 적용의 전제가 된 사실관계에 대한 내용에 거짓이 없다고 하더라도 허위공문서작성죄가 성립한다.

해설

① [×] 거래상 중요한 사실을 증명하는 문서는, 법률관계의 발생·존속·변경·소멸의 전후과정을 증명하는 것이 주된 취지인 문서뿐만 아니라 직접적인 법률관계에 단지 간접적으로만 연관된 의사표시 내지 권리·의무의 변동에 사실상으로만 영향을 줄 수 있는 의사표시를 내용으로 하는 문서도 포함될 수 있다(대판 2012.5.9. 2010도2690).

② [×] '문서가 원본인지 여부'가 중요한 거래에 있어서 문서의 사본을 진정한 원본인 것처럼 행사할 목적으로 다른 조작을 가함이 없이 문서의 원본을 그대로 컬러복사기로 복사한 후 위와 같이 복사한 문서의 사본을 원본인 것처럼 행사한 행위는 사문서위조 및 동행사죄에 해당한다(대판 2016.7.14. 2016도2081).

③ [○] 실제로는 채권·채무관계가 존재하지 아니함에도 공증인에게 허위신고를 하여 가장된 금전채권에 대하여 집행력이 있는 공정증서원본을 작성하고 이를 비치하게 한 것이라면 공정증서원본부실기재죄 및 부실기재공정증서원본행사죄가 성립한다(대판 2008.12.24. 2008도7836).

④ [×] 허위공문서작성죄란 공문서에 진실에 반하는 기재를 하는 때에 성립하는 범죄이므로, 고의로 법령을 잘못 적용하여 공문서를 작성하였다고 하더라도 그 법령적용의 전제가 된 사실관계에 대한 내용에 거짓이 없다면 허위공문서작성죄가 성립될 수 없다(대판 2003.2.11. 2002도4293).

정답 ③

17 **문서에 관한 죄와 관련된 <보기> 설명 중 옳은 것은 모두 몇 개인가? (다툼이 있으면 판례에 의함)**

[21 해경채용]

<보기>

㉠ 공무원인 의사가 공무소의 명의로 허위진단서를 작성한 경우에는 허위공문서작성죄만 성립하고 허위진단서작성죄는 별도로 성립하지 않는다.

㉡ 사문서위조죄는 그 명의자가 진정으로 작성한 문서로 볼 수 있을 정도의 형식과 외관을 갖추어 일반인이 명의자의 진정한 사문서로 오신하기에 충분한 정도이면 성립하므로 반드시 그 작성 명의자의 서명이나 날인이 있어야 하는 것은 아니나, 일반인이 명의자의 진정한 사문서로 오신하기에 충분한 정도인지 여부는 문서의 형식과 외관은 물론 문서의 작성 경위, 종류, 내용 및 거래에 있어서 그 문서가 가지는 기능 등 여러 가지 사정을 종합하여 판단하여야 한다.

㉢ 주식회사의 지배인이 자신을 그 회사의 대표이사로 표시하여 연대보증채무를 부담하는 취지의 회사 명의의 차용증을 작성·교부한 경우, 그 문서에 일부 허위 내용이 포함되거나 위 연대보증행위가 회사의 이익에 반하는 것이더라도 사문서위조 및 위조사문서행사에 해당하지 않는다.

㉣ 문서위조 및 동행사죄의 보호법익은 문서에 대한 공공의 신용이므로, '문서의 원본인지 여부'가 중요한 거래에서 문서의 사본을 진정한 원본인 것처럼 행사할 목적으로 다른 조작을 가함이 없이 문서의 원본을 그대로 컬러복사기로 복사한 후 복사한 문서의 사본을 원본인 것처럼 행사한 행위는 사문서위조죄 및 동행사죄에 해당하지 않는다.

① 1개
② 2개
③ 3개
④ 4개

해설

㉠ [○] 허위진단서작성죄의 대상은 공무원이 아닌 의사가 사문서로서 진단서를 작성한 경우에 한정되고, 공무원인 의사가 공무소의 명의로 허위진단서를 작성한 경우에는 허위공문서작성죄만이 성립하고 허위진단서작성죄는 별도로 성립하지 않는다(대판 2004.4.9. 2003도7762).

㉡ [○] 사문서위조죄는 그 명의자가 진정으로 작성한 문서로 볼 수 있을 정도의 형식과 외관을 갖추어 일반인이 명의자의 진정한 사문서로 오신하기에 충분한 정도이면 성립하므로 반드시 그 작성 명의자의 서명이나 날인이 있어야 하는 것은 아니나, 일반인이 명의자의 진정한 사문서로 오신하기에 충분한 정도인지 여부는 문서의 형식과 외관은 물론 문서의 작성 경위, 종류, 내용 및 거래에 있어서 그 문서가 가지는 기능 등 여러 가지 사정을 종합하여 판단하여야 한다(대판 2007.5.10. 2007도1674).

㉢ [○] 원래 주식회사의 지배인은 회사의 영업에 관하여 재판상 또는 재판 외의 모든 행위를 할 권한이 있으므로, 지배인이 직접 주식회사 명의 문서를 작성하는 행위는 위조나 자격모용사문서작성에 해당하지 않는 것이 원칙이고, 이는 문서의 내용이 진실에 반하는 허위이거나 권한을 남용하여 자기 또는 제3자의 이익을 도모할 목적으로 작성된 경우에도 마찬가지이다(대판 2010.5.13. 2010도1040).

㉣ [×] '문서가 원본인지 여부'가 중요한 거래에 있어서 문서의 사본을 진정한 원본인 것처럼 행사할 목적으로 다른 조작을 가함이 없이 문서의 원본을 그대로 컬러복사기로 복사한 후 위와 같이 복사한 문서의 사본을 원본인 것처럼 행사한 행위는 사문서위조 및 동행사죄에 해당한다(대판 2016.7.14. 2016도2081).

정답 ③

18 **문서에 관한 죄의 설명으로 가장 적절하지 않은 것은? (다툼이 있으면 판례에 의함)** [20 경찰채용]

① 타인의 주민등록증사본의 사진란에 자신의 사진을 붙여 복사한 행위와 타인의 주민등록증을 복사기와 컴퓨터를 이용하여 전혀 별개의 주민등록증사본을 창출시킨 행위는 공문서위조에 해당한다.

② 식당의 주 · 부식 구입 업무를 담당하는 공무원 甲이 계약 등에 의하여 공무소의 주 · 부식의 구입 · 검수 업무 등을 담당하는 조리장, 영양사 등의 명의를 위조하여 검수결과보고서를 작성한 경우 공문서위조죄에 해당한다.

③ 세금계산서상의 공급받는 자는 그 문서 내용의 일부에 불과할 뿐 세금계산서의 작성명의인은 아니라 할 것이니, '공급받는 자'란에 임의로 다른 사람을 기재하였다 하여 그 사람에 대한 관계에서 사문서위조죄가 성립된다고 할 수 없다.

④ 사문서변조죄는 권한없는 자가 이미 진정하게 성립된 타인 명의의 문서 내용에 대하여 동일성을 해하지 않을 정도로 변경을 가하여 새로운 증명력을 작출케 함으로써 공공적 신용을 해할 위험성이 있을 때 성립한다. 따라서 이미 진정하게 성립된 타인 명의의 문서가 존재하지 않는다면 사문서변조죄가 성립할 수 없다.

해설

① [○] [1] 형법 제237조의2에 따라 진정한 문서의 사본을 전자복사기를 이용하여 복사하면서 일부 조작을 가하여 그 사본내용과 전혀 다르게 만드는 행위는 공공의 신용을 해할 우려가 있는 별개의 문서사본을 창출하는 행위로서 문서위조행위에 해당한다.
[2] 타인의 주민등록증사본의 사진란에 피고인의 사진을 붙여 복사하여 행사한 행위는 공문서위조죄 및 동행사죄에 해당한다 (대판 2000.9.5. 2000도2855).

② [×] [1] 형법 제225조의 공문서변조나 위조죄의 객체인 공문서는 공무원 또는 공무소가 그 직무에 관하여 작성하는 문서이고, 그 행위주체가 공무원과 공무소가 아닌 경우에는 형법 또는 기타 특별법에 의하여 공무원 등으로 의제되는 경우를 제외하고는 계약 등에 의하여 공무와 관련되는 업무를 일부 대행하는 경우가 있다 하더라도 공무원 또는 공무소가 될 수는 없다.
[2] 식당의 주 · 부식 구입 업무를 담당하는 공무원이 계약 등에 의하여 공무소의 주 · 부식 구입 · 검수 업무 등을 담당하는 조리장 · 영양사 등의 명의를 위조하여 검수결과보고서를 작성한 경우, 공문서위조죄가 성립하지 아니한다(대판 2008.1.17. 2007도6987).

③ [○] 세금계산서상의 공급받는 자는 그 문서 내용의 일부에 불과할 뿐 세금계산서의 작성명의인은 아니라 할 것이니, '공급받는 자'란에 임의로 다른 사람을 기재하였다 하여 그 사람에 대한 관계에서 사문서위조죄가 성립된다고 할 수 없다(대판 2007.3.15. 2007도169).

④ [○] 사문서변조죄는 권한없는 자가 이미 진정하게 성립된 타인 명의의 문서 내용에 대하여 동일성을 해하지 않을 정도로 변경을 가하여 새로운 증명력을 작출케 함으로써 공공적 신용을 해할 위험성이 있을 때 성립한다. 따라서 이미 진정하게 성립된 타인 명의의 문서가 존재하지 않는다면 사문서변조죄가 성립할 수 없다(대판 2017.12.5. 2014도14924).

정답 ②

19 **문서에 관한 죄에 대한 설명 중 가장 적절한 것은? (다툼이 있으면 판례에 의함)** [20 경찰승진]

① A주식회사의 대표이사 甲이 실질적 운영자인 1인 주주 B의 구체적인 위임이나 승낙 없이 이미 퇴임한 전(前) 대표이사 C를 대표이사로 표시하여 A회사 명의의 문서를 작성한 경우 사문서위조죄가 성립한다.

② 공무원이 아닌 자가 공무원에게 허위사실을 기재한 증명원을 제출하여 그것을 알지 못하는 공무원으로부터 증명서를 받아낸 경우 허위공문서작성죄의 간접정범이 성립한다.

③ 부동산의 소유자로 하여금 근저당권자를 자금주라고 믿도록 속여서 근저당권설정등기를 경료케 한 경우라도 정당한 권한 있는 자에 의하여 작성된 문서를 제출하여 그 등기가 이루어진 것이라면 공정증서원본불실기재죄가 성립하지 않는다.

④ 부동산 거래 당사자가 '거래가액'을 시장 등에게 거짓으로 신고하여 받은 신고필증을 기초로 사실과 다른 내용의 거래가액이 부동산등기부에 등재되도록 한 경우 공전자기록등불실기재죄및 불실기재공전자기록등행사죄가 성립한다.

해설

① [×] 주식회사의 적법한 대표이사는 회사의 영업에 관하여 재판상 또는 재판외의 모든 행위를 할 권한이 있으므로 대표이사가 직접 주식회사 명의 문서를 작성하는 행위는 자격모용사문서작성 또는 위조에 해당하지 않는 것이 원칙이다. 이는 그 문서의 내용이 진실에 반하는 허위이거나 대표권을 남용하여 자기 또는 제3자의 이익을 도모할 목적으로 작성된 경우에도 마찬가지이다. 그리고 대표이사가 권한을 행사하는 과정에서 단순히 1인 주주의 위임 또는 승낙을 받지 않았다고 하여 그 대표권 행사가 권한을 넘어서는 행위가 되는 것은 아니다(대판 2008.11.27. 2006도9194).

② [×] 어느 문서의 작성권한을 갖는 공무원이 그 문서의 기재사항을 인식하고 그 문서를 작성할 의사로써 이에 서명·날인하였다면, 설령 그 서명·날인이 타인의 기망으로 착오에 빠진 결과 그 문서의 기재사항이 진실에 반함을 알지못한 데 기인한다고 하여도, 그 문서의 성립은 진정하며, 여기에 하등 작성명의를 모용한 사실이 있다고 할 수는 없으므로, 공무원 아닌 자가 관공서에 허위내용의 증명원을 제출하여 그 내용이 허위인 정을 모르는 담당공무원으로부터 그 증명원 내용과 같은 증명서를 발급받은 경우 공문서위조죄의 간접정범으로 의율할 수는 없다(대판 2001.3.9. 2000도938).

③ [○] 부동산의 소유자로 하여금 근저당권자를 자금주라고 믿도록 속여서 근저당권설정등기를 경료케 한 경우라도 정당한 권한 있는 자에 의하여 작성된 문서를 제출하여 그 등기가 이루어진 것이라면 당사자의 의사에 합치되는 등기라 할 것이므로 공정증서원본 불실기재죄가 성립하지 않는다(대판 1982.7.13. 82도39).

④ [×] 부동산등기부에 기재되는 거래가액은 당해 부동산의 권리의무관계에 중요한 의미를 갖는 사항에 해당한다고 볼 수 없어, 부동산의 거래당사자가 거래가액을 시장 등에게 거짓으로 신고하여 신고필증을 받은 뒤 이를 기초로 사실과 다른 내용의 거래가액이 부동산등기부에 등재되도록 하였다면, 공인중개사법에 따른 과태료의 제재를 받게 됨은 별론으로 하고 형법상의 공전자기록등부실기재 및 동행사죄는 성립하지는 아니한다(대판 2013.1.24. 2012도12363).

정답 ③

20 **문서에 관한 죄에 대한 설명으로 가장 적절하지 않은 것은? (다툼이 있으면 판례에 의함)** [21 경찰채용]

① 허위공문서작성죄의 객체가 되는 문서는 문서상 작성명의인이 명시된 경우뿐 아니라 작성명의인이 명시되어 있지 않더라도 문서의 형식, 내용 등 문서 자체에 의하여 누가 작성하였는지를 추지할 수 있을 정도의 것이면 된다.

② 실제의 본명 대신 가명이나 위명을 사용하여 사문서를 작성한 경우, 그 문서의 작성명의인과 실제 작성자의 인격이 상이할 때에는 위조죄가 성립할 수 있다.

③ 가정법원의 서기관이 이혼의사확인서등본을 작성한 후 그 뒤에 이혼신고서를 첨부하고 직인을 간인하여 교부한 경우, 당사자가 이를 떼어내고 다른 내용의 이혼신고서를 붙여 관련 행정관서에 제출하였다면 공문서변조 및 변조공문서행사죄가 성립한다.

④ 사립학교 법인 이사가 이사회 회의록에 서명 대신 서명거부사유를 기재하고 그에 대한 서명을 한 경우, 이사회 회의록의 작성권한자인 이사장이라 하더라도 임의로 이를 삭제하면 특별한 사정이 없는 한 사문서변조에 해당한다.

해설

① [○] 허위공문서작성죄의 객체가 되는 문서는 문서상 작성명의인이 명시된 경우뿐 아니라 작성명의인이 명시되어 있지 않더라도 문서의 형식, 내용 등 문서 자체에 의하여 누가 작성하였는지를 추지할 수 있을 정도의 것이면 된다(대판 2019.3.14. 2018도18646).

② [○] 실제의 본명 대신 가명이나 위명을 사용하여 사문서를 작성한 경우에 그 문서의 작성명의인과 실제 작성자 사이에 인격의 동일성이 그대로 유지되는 때에는 위조가 되지 않으나, 명의인과 작성자의 인격이 상이할 때에는 위조죄가 성립할 수 있다(대판 2010.11.11. 2010도1835).

③ [×] [1] 가정법원의 서기관 등이 이혼의사확인서등본을 작성한 뒤 이를 이혼의사확인신청 당사자 쌍방에게 교부하면서 이혼신고서를 확인서등본 뒤에 첨부하여 그 직인을 간인하였다고 하더라도, 그러한 사정만으로 이혼신고서가 공문서인 이혼의사확인서등본의 일부가 되었다고 볼 수 없다.

[2] 따라서 당사자가 이혼의사확인서등본과 간인으로 연결된 이혼신고서를 떼어내고 원래 이혼신고서의 내용과는 다른 이혼신고서를 작성하여 이혼의사확인서등본과 함께 호적관서에 제출하였다고 하더라도 공문서인 이혼의사확인서등본을 변조하였다거나 변조된 이혼의사확인서등본을 행사하였다고 할 수 없다(대판 2009.1.30. 2006도7777).

④ [○] 이사가 이사회 회의록에 서명 대신 서명거부사유를 기재하고 그에 대한 서명을 하면, 특별한 사정이 없는 한 그 내용은 이사회 회의록의 일부가 되고, 이사회 회의록의 작성권한자인 이사장이라 하더라도 임의로 이를 삭제한 경우에는 이사회 회의록 내용에 변경을 가하여 새로운 증명력을 가져오게 되므로 사문서변조에 해당한다(대판 2018.9.13. 2016도20954).

정답 ③

21 **다음 중 문서에 관한 죄에 대한 설명으로 가장 옳지 않은 것은? (다툼이 있으면 판례에 의함)** [21 해경간부]

① 형법상 문서에 관한 죄에 있어서 전자복사기를 사용하여 복사한 문서의 사본도 문서로 본다.

② 문서위조죄의 요건을 구비한 이상 그 문서의 명의인이 실재하지 않는 허무인이거나 또는 문서의 작성일자 전에 이미 사망하였다고 하더라도 문서위조죄가 성립한다.

③ 컴퓨터 스캔 작업을 통하여 만들어 낸 공인중개사 자격증이 있다고 볼 수는 있으나, 그러한 형태는 그 자체로서 시각적 방법에 의해 이해할 수 있는 것이 아니어서 이를 형법상 문서에 관한 죄에 있어서의 '문서'로 보기 어렵다.

④ 휴대전화 신규 가입신청서를 위조한 후, 이를 스캔한 이미지 파일을 제3자에게 이메일로 전송하여 컴퓨터 화면상으로 보게 한 행위는 위조사문서행사죄가 성립하지 않는다.

해설

① [○] 전자복사기, 모사전송기 기타 이와 유사한 기기를 사용하여 복사한 문서 또는 도화의 사본도 문서 또는 도화로 본다(제237조의2).

② [○] 명의인이 실재하지 않는 허무인이거나 또는 문서의 작성일자 전에 이미 사망하였다고 하더라도 그러한 문서 역시 공공의 신용을 해할 위험성이 있으므로 문서위조죄가 성립한다고 봄이 상당하며, 이는 공문서뿐만 아니라 사문서의 경우에도 마찬가지라고 보아야 한다(대판(전) 2005.2.24. 2002도18).

③ [○] 컴퓨터 스캔 작업을 통하여 만들어 낸 공인중개사 자격증이 있다고 볼 수는 있으나, 그러한 형태는 그 자체로서 시각적 방법에 의해 이해할 수 있는 것이 아니어서 이를 형법상 문서에 관한 죄에 있어서의 '문서'로 보기 어렵다(대판 2008.4.10. 2008도1013).

④ [×] 휴대전화 신규 가입신청서를 위조한 후 이를 스캔한 이미지 파일을 제3자에게 이메일로 전송한 사안에서, 이미지 파일 자체는 문서에 관한 죄의 '문서'에 해당하지 않으나, 이를 전송하여 컴퓨터 화면상으로 보게 한 행위는 이미 위조한 가입신청서를 행사한 것에 해당하므로 위조사문서행사죄가 성립한다(대판 2008.10.23. 2008도5200).

정답 ④

22 **문서에 관한 죄에 관한 다음 설명 중 옳지 않은 것으로 짝지어진 것은? (다툼이 있으면 판례에 의함)**

[17경찰간부]

> ㉠ 외국에서 발행되어 유효기간이 경과한 타인의 국제운전면허증에 붙어있던 타인의 사진을 떼어내고 그 자리에 자신의 사진을 붙였다면 사문서위조죄가 성립한다.
> ㉡ 허위로 작성된 공문서를 그 동일성을 해하지 아니하는 정도로 변경을 가하였다면 공문서변조죄가 성립한다.
> ㉢ 공무원이 허위공문서를 기안하여 그 정을 모르는 작성권자의 결재를 받아 공문서를 완성한 때에는 허위공문서작성죄의 간접정범이 성립한다.
> ㉣ 고소사건의 담당 경찰관은 경찰 범죄정보시스템에 접근하여 당해 사건의 처리정보를 입력할 수 있는 정당한 권한을 가진 자이므로 고소사건을 처리하지 아니하였더라도 그 사건을 검찰에 송치한 것으로 입력한 행위만으로는 공전자기록위작죄가 성립하지 아니한다.

① ㉠, ㉡
② ㉠, ㉣
③ ㉡, ㉢
④ ㉡, ㉣

해설

㉠ [○] 문서위조죄는 문서의 진정에 대한 공공의 신용을 그 보호법익으로 하는 것이므로, 피고인이 위조하였다는 국제운전면허증이 그 유효기간을 경과하여 본래의 용법에 따라 사용할 수는 없게 되었다고 하더라도, 이를 행사하는 경우 그 상대방이 유효기간을 쉽게 알 수 없도록 되어 있거나 위 문서 자체가 진정하게 작성된 것으로서 피고인이 명의자로부터 국제운전면허를 받은 것으로 오신하기에 충분한 정도의 형식과 외관을 갖추고 있다면 피고인의 행위는 문서위조죄에 해당한다(대판 1998.4.10. 98도164).

㉡ [×] 공문서변조라 함은 권한없이 이미 진정하게 성립된 공무원 또는 공무소 명의의 문서내용에 대하여 그 동일성을 해하지 아니할 정도로 변경을 가하는 것을 말한다 할 것이므로, 이미 허위로 작성된 공문서는 공문서변조죄의 객체가 되지 아니한다(대판 1986.11.11. 86도1984).

㉢ [○] 보조직무에 종사하는 공무원이 허위공문서를 기안하여 허위인 정을 모르는 작성권자에게 제출하고 그로 하여금 그 내용이 진실한 것으로 오신케 하여 서명 또는 기명날인케 함으로써 공문서를 완성한 때에는 허위공문서작성죄의 간접정범이 성립된다 할 것인바, 면의 호적계장이 정을 모른 면장의 결재를 받아 허위내용의 호적부를 작성한 경우 허위공문서작성, 동행사죄의 간접정범이 성립된다(대판 1990.10.30. 90도1912).

㉣ [×] 경찰서 조사계 소속 경찰관인 피고인 甲이 사실은 A에 대한 고소사건을 처리하지 아니하였음에도 불구하고, 조사계 소속 일용직으로서 정을 모르는 乙을 통하여 경찰범죄정보시스템에 그 사건을 검찰에 송치한 것으로 허위사실을 입력한 경우, 공전자기록위작죄가 성립한다(대판 2005.6.9. 2004도6132).

정답 ④

23 다음은 통화 · 유가증권 · 문서에 관한 죄에서 '행사'와 관련한 설명이다. 이 중 옳지 않은 것은 모두 몇 개인가? (다툼이 있으면 판례에 의함)

[19 경찰간부]

㉠ 甲이 자신의 신용력을 증명하기 위하여 타인에게 보일 목적으로 통화를 위조한 경우에는 행사할 목적이 있다고 할 수 없어 통화위조죄가 성립하지 않는다.
㉡ 유가증권을 위조한 甲이 그 위조의 정을 알고 있는 乙에게 위조유가증권을 교부하였더라도 乙이 이를 유통시킬 것임을 甲이 인식하고 교부하였다면 甲에게는 위조유가증권행사죄가 성립한다.
㉢ 甲이 유가증권을 위조하여 乙에게 교부하면 乙이 위조유가증권을 A에게 행사하여 그 이익을 나누어 가지기로 甲과 乙 사이에 공모가 이루어진 경우, 甲이 공범 乙에게 위조유가증권을 교부하는 행위는 그 자체로서 위조유가증권행사죄를 구성한다.
㉣ 허위로 선박 사고신고를 하면서 그 선박의 국적증명서와 선박검사증서를 함께 제출한 경우 공문서부정행사죄를 구성한다.

① 1개
② 2개
③ 3개
④ 4개

해설

㉠ [○] 형법 제207조에서 정한 '행사할 목적'이란 유가증권위조의 경우와 달리 위조 · 변조한 통화를 진정한 통화로서 유통에 놓겠다는 목적을 말하므로, 자신의 신용력을 증명하기 위하여 타인에게 보일 목적으로 통화를 위조한 경우에는 행사할 목적이 있다고 할 수 없다(대판 2012.3.29. 2011도7704).
㉡ [○] 교부자가 진정 또는 진실한 유가증권인 것처럼 유가증권을 행사하였을 때 뿐만 아니라 위조유가증권임을 알고 있는 자에게 교부하였더라도 피교부자가 이를 유통시킬 것임을 인식하고 교부하였다면 그 교부행위 자체가 유가증권의 유통질서를 해할 우려가 있어 처벌의 이유와 필요성이 충분히 있다고 할 것이므로 위조유가증권행사죄가 성립한다(대판 1983.6.14. 81도2492).
㉢ [×] 위조유가증권의 교부자와 피교부자가 서로 유가증권위조를 공모하였거나 위조유가증권을 타에 행사하여 그 이익을 나누어 가질 것을 공모한 공범의 관계에 있다면, 그들 사이의 위조유가증권 교부행위는 그들 이외의 자에게 행사함으로써 범죄를 실현하기 위한 전단계의 행위에 불과한 것으로서 위조유가증권은 아직 범인들의 수중에 있다고 볼 것이지 행사되었다고 볼 수는 없다(대판 2010.12.9. 2010도12553).
㉣ [×] 어떤 선박이 사고를 낸 것처럼 허위로 사고신고를 하면서 그 선박의 선박국적증서와 선박검사증서를 함께 제출하였다고 하더라도, 선박국적증서와 선박검사증서는 선박의 국적과 항행할 수 있는 자격을 증명하기 위한 용도로 사용된 것일 뿐 그 본래의 용도를 벗어나 행사된 것으로 보기는 어려우므로 공문서부정행사죄에 해당하지 않는다(대판 2009.2.26. 2008도10851).

정답 ②

24 문서에 대한 설명으로 옳지 않은 것은? (다툼이 있으면 판례에 의함)

[21 경찰간부]

① 문서라 함은 문자 또는 이에 대신할 수 있는 가독적 부호로 계속적으로 물체상에 기재된 의사 또는 관념의 표시인 원본 또는 이와 사회적 기능, 신용성 등을 동일시할 수 있는 기계적 방법에 의한 복사본으로서 그 내용이 법률상, 사회생활상 주요사항에 관한 증거로 될 수 있는 것을 말한다.
② 컴퓨터 화면에 나타나는 이미지 파일은 프로그램을 실행할 때마다 전자적 반응을 일으켜 화면에 나타나는 것에 지나지 않아서 계속적으로 화면에 고정된 것으로는 볼 수 없으므로, 형법상 문서에 관한 죄에 있어서 '문서'에 해당되지 않는다.
③ 주민등록증의 이름 · 주민등록번호란에 글자를 오려붙인 후 이를 컴퓨터 스캔 장치를 이용하여 이미지 파일로 만들어 컴퓨터 모니터로 출력하는 한편 타인에게 이메일로 전송한 경우, 공문서위조 및 위조공문서행사죄를 구성하지 않는다.
④ 이미지 파일은 '문서'에 해당하지 않으므로, 휴대전화 가입신청서를 위조한 후 이를 스캔한 이미지 파일을 제3자에게 이메일로 전송하여 컴퓨터 화면상으로 보게 한 행위는 위조사문서행사죄를 구성하지 않는다.

해설

① [O] 문서라 함은 문자 또는 이에 대신할 수 있는 가독적 부호로 계속적으로 물체상에 기재된 의사 또는 관념의 표시인 원본 또는 이와 사회적 기능, 신용성 등을 동일시할 수 있는 기계적 방법에 의한 복사본으로서 그 내용이 법률상, 사회생활상 주요사항에 관한 증거로 될 수 있는 것을 말한다(대판 2017.12.5. 2014도14924).
② [O] 컴퓨터 화면에 나타나는 이미지 파일은 프로그램을 실행할 때마다 전자적 반응을 일으켜 화면에 나타나는 것에 지나지 않아서 계속적으로 화면에 고정된 것으로는 볼 수 없으므로, 형법상 문서에 관한 죄에 있어서 '문서'에 해당되지 않는다(대판 2017.12.5. 2014도14924).
③ [O] 자신의 이름과 나이를 속이는 용도로 사용할 목적으로 주민등록증의 이름 · 주민등록번호란에 글자를 오려붙인 후 이를 컴퓨터 스캔 장치를 이용하여 이미지 파일로 만들어 컴퓨터 모니터로 출력하는 한편 타인에게 이메일로 전송하여 열람하도록 한 사안에서, 컴퓨터 모니터 화면에 나타나는 이미지는 형법상 문서에 관한 죄의 문서에 해당하지 않으므로 공문서위조 및 위조공문서행사죄를 구성하지 않는다고 한 사례(대판 2007.11.29. 2007도7480).
④ [×] 휴대전화 신규 가입신청서를 위조한 후 이를 스캔한 이미지 파일을 제3자에게 이메일로 전송한 사안에서, 이미지 파일 자체는 문서에 관한 죄의 '문서'에 해당하지 않으나, 이를 전송하여 컴퓨터 화면상으로 보게 한 행위는 이미 위조한 가입신청서를 행사한 것에 해당하므로 위조사문서행사죄가 성립한다(대판 2008.10.23. 2008도5200).

정답 ④

25 다음 중 판례의 태도로 틀린 것은?

[10 경찰채용]

① 휴대전화 가입신청서를 위조한 후 이를 스캔한 이미지 파일을 제3자에게 이메일로 전송한 경우, 이미지 파일은 '문서'에 해당하지 않으므로 위조사문서행사죄가 성립하지 않는다.
② 법원이 이혼의사확인서등본 뒤에 이혼신고서를 첨부하고 간인하여 교부하였는데 당사자가 이를 떼어내고 다른 내용의 이혼신고서를 붙여 호적관서에 제출한 경우, 공문서변조 및 변조공문서행사죄가 성립하지 않는다.
③ 공무원인 의사가 공무소의 명의로 허위진단서를 작성한 경우에는 허위공문서작성죄만이 성립하고 허위진단서작성죄는 별도로 성립하지 않는다.
④ 컴퓨터의 기억장치 중 하나인 '램(RAM)에 올려진 전자기록'은 형법 제232조의2의 사전자기록위작 · 변작죄에서 말하는 권리의무 또는 사실증명에 관한 타인의 전자기록 등 특수매체기록에 해당한다.

해설

① [×] 서류를 위조한 후 이를 스캔한 이미지 파일을 제3자에게 이메일로 전송한 경우, 이미지 파일 자체는 문서에 관한 죄의 '문서'에 해당하지 않으나, 이를 전송하여 컴퓨터 화면상으로 보게 한 행위는 이미 위조한 가입신청서를 행사한 것에 해당하므로 위조사문서행사죄가 성립한다(대판 2008.10.23. 2008도5200).
② [O] 가정법원의 서기관 등이 이혼의사확인서등본을 작성한 뒤 이를 이혼의사확인신청 당사자 쌍방에게 교부하면서 이혼신고서를 확인서등본 뒤에 첨부하여 그 직인을 간인하였다고 하더라도, 그러한 사정만으로 이혼신고서가 공문서인 이혼의사확인서등본의 일부가 되었다고 볼 수 없다. 따라서 당사자가 이혼의사확인서등본과 간인으로 연결된 이혼신고서를 떼어내고 원래 이혼신고서의 내용과는 다른 이혼신고서를 작성하여 이혼의사확인서등본과 함께 호적관서에 제출하였다고 하더라도, 공문서인 이혼의사확인서등본을 변조하였다거나 변조된 이혼의사확인서등본을 행사하였다고 할 수 없다(대판 2009.1.30. 2006도7777).
③ [O] 형법이 제225조 내지 제230조에서 공문서에 관한 범죄를 규정하고, 이어 제231조 내지 제236조에서 사문서에 관한 범죄를 규정하고 있는 점 등에 비추어 볼 때 형법 제233조 소정의 허위진단서작성죄의 대상은 공무원이 아닌 의사가 사문서로서 진단서를 작성한 경우에 한정되고, 공무원인 의사가 공무소의 명의로 허위진단서를 작성한 경우에는 허위공문서작성죄만이 성립하고, 허위진단서작성죄는 별도로 성립하지 않는다(대판 2004.4.9. 2003도7762).
④ [O] 컴퓨터의 기억장치 중 하나인 '램(RAM)에 올려진 전자기록'은 형법 제232조의2의 사전자기록위작 · 변작죄에서 말하는 권리의무 또는 사실증명에 관한 타인의 전자기록 등 특수매체기록에 해당한다(대판 2003.10.9. 2000도4993).

정답 ①

26 **문서에 관한 죄에 대한 설명 중 가장 적절하지 않은 것은? (다툼이 있으면 판례에 의함)** [16 경찰승진]

① 자연인 아닌 법인 또는 단체 명의의 문서에 있어서 그 문서 작성자로 표시된 사람의 실존여부는 위조죄의 성립에 영향이 없다.

② 사문서위조나 공정증서원본부실기재죄가 성립한 후, 사후 피해자의 동의 또는 추인 등의 사정으로 문서에 기재된 대로 효과의 승인을 받거나, 등기가 실체적 권리관계에 부합하게 되었다 하더라도, 이미 성립한 범죄에는 아무런 영향이 없다.

③ 진정한 문서의 사본을 전자복사기를 이용하여 복사하면서 일부 조작을 가하여 그 사본 내용과 전혀 다르게 만드는 행위는 공공의 신용을 해할 우려가 있는 별개의 문서사본을 창출하는 행위로서 문서위조행위에 해당한다.

④ 정부에서 발주하는 공사를 낙찰받기 위하여 허위사실을 기재한 공사실적증명원을 구청의 담당직원에게 제출하여 그 내용이 허위인 정을 모르는 담당직원으로부터 기재된 사실을 증명한다는 취지로 구청장의 직인을 날인받은 경우 공문서위조죄의 간접정범이 된다.

해설

① [○] 명의인이 실재하지 않는 허무인이거나 또는 문서의 작성일자 전에 이미 사망하였다고 하더라도 그러한 문서 역시 공공의 신용을 해할 위험성이 있으므로 공문서와 사문서를 가리지 아니하고 문서위조죄가 성립한다고 봄이 상당하며 이러한 법리는 법률적, 사회적으로 자연인과 같이 활동하는 법인 또는 단체에도 그대로 적용된다고 할 것이다(대판 2005.3.25. 2003도4943).

② [○] 사문서위조나 공정증서원본부실기재죄가 성립한 후, 사후 피해자의 동의 또는 추인 등의 사정으로 문서에 기재된 대로 효과의 승인을 받거나, 등기가 실체적 권리관계에 부합하게 되었다 하더라도, 이미 성립한 범죄에는 아무런 영향이 없다(대판 2007.6.28. 2007도2714).

③ [○] 진정한 문서의 사본을 전자복사기를 이용하여 복사하면서 일부 조작을 가하여 그 사본 내용과 전혀 다르게 만드는 행위는 공공의 신용을 해할 우려가 있는 별개의 문서사본을 창출하는 행위로서 문서위조행위에 해당한다(대판 2004.10.28. 2004도5183).

④ [×] 어느 문서의 작성권한을 갖는 공무원이 그 문서의 기재 사항을 인식하고 그 문서를 작성할 의사로써 이에 서명날인하였다면, 설령 그 서명날인이 타인의 기망으로 착오에 빠진 결과 그 문서의 기재사항이 진실에 반함을 알지 못한 데 기인한다고 하여도, 그 문서의 성립은 진정하며 여기에 하등 작성명의를 모용한 사실이 있다고 할 수는 없으므로, 공무원 아닌 자가 관공서에 허위 내용의 증명원을 제출하여 그 내용이 허위인 정을 모르는 담당공무원으로부터 그 증명원 내용과 같은 증명서를 발급받은 경우 공문서위조죄의 간접정범으로 의율할 수는 없다(대판 2001.3.9. 2000도938).

정답 ④

27 **문서에 관한 죄에 대한 설명으로 가장 적절하지 않은 것은? (다툼이 있으면 판례에 의함)** [21 경찰승진]

① 명의인이 실재하지 않는 허무인이거나 또는 문서의 작성일자 전에 이미 사망하였다고 하더라도 그러한 문서 역시 공공의 신용을 해할 위험성이 있으므로 문서위조죄의 객체가 되며, 이는 공문서뿐만 아니라 사문서의 경우에도 마찬가지이다.

② 문서가 원본인지 여부가 중요한 거래에서 문서의 사본을 진정한 원본인 것처럼 행사할 목적으로 다른 조작을 가함이 없이 문서의 원본을 그대로 컬러복사기로 복사한 후 복사한 문서의 사본을 원본인 것처럼 행사한 행위는 문서위조죄 및 동행사죄에 해당한다.

③ 간접정범을 통한 위조문서행사범행에 있어 도구로 이용된 자라고 하더라도 문서가 위조된 것임을 알지 못하는 자에게 행사한 경우에는 위조문서행사죄가 성립한다.

④ 허위공문서작성의 주체는 직무상 그 문서를 작성할 권한이 있는 공무원에 한하므로 작성권한이 없는 기안담당 공무원 甲이 그 직위를 이용하여 행사할 목적으로 허위의 내용이 기재된 문서 초안을 그 정을 모르는 작성권한이 있는 상사에게 제출하여 결재하도록 하는 등의 방법으로 허위의 공문서를 작성하게 한 경우에는 甲에게 허위공문서작성죄의 간접정범이 성립하지 않는다.

해설

① [O] 명의인이 실재하지 않는 허무인이거나 또는 문서의 작성일자 전에 이미 사망하였다고 하더라도 그러한 문서 역시 공공의 신용을 해할 위험성이 있으므로 문서위조죄의 객체가 되며, 이는 공문서뿐만 아니라 사문서의 경우에도 마찬가지이다(대판(전) 2005.2.24. 2002도18).

② [O] 문서가 원본인지 여부가 중요한 거래에서 문서의 사본을 진정한 원본인 것처럼 행사할 목적으로 다른 조작을 가함이 없이 문서의 원본을 그대로 컬러복사기로 복사한 후 복사한 문서의 사본을 원본인 것처럼 행사한 행위는 문서위조죄 및 동행사죄에 해당한다(대판 2016.7.14. 2016도2081).

③ [O] 문서가 위조된 것임을 이미 알고 있는 공범자 등에게 행사하는 경우에는 위조문서행사죄가 성립할 수 없으나 간접정범을 통한 위조문서행사범행에 있어 도구로 이용된 자라고 하더라고 문서가 위조된 것임을 알지 못하는 자에게 행사한 경우에는 위조문서행사죄가 성립한다(대판 2012.2.23. 2011도14441).

④ [×] 허위공문서작성의 주체는 직무상 그 문서를 작성할 권한이 있는 공무원에 한하고 작성권자를 보조하는 직무에 종사하는 공무원은 허위공문서작성죄의 주체가 되지 못한다. 다만, 공문서의 작성권한이 있는 공무원의 직무를 보좌하는 사람이 허위의 내용이 기재된 문서 초안을 그 정을 모르는 상사에게 제출하여 결재하도록 하는 등의 방법으로 작성권한이 있는 공무원으로 하여금 허위의 공문서를 작성하게 한 경우에는 허위공문서작성죄의 간접정범이 성립한다(대판 2011.5.13. 2011도1415).

정답 ④

28 다음 사례 중 공문서위조죄가 성립하는 것은? (다툼이 있으면 판례에 의함)

[15 경찰간부]

① 식당의 주 · 부식 구입업무를 담당하는 공무원이 계약 등에 의하여 공무소의 주 · 부식 구입 · 검수 업무 등을 담당하는 조리장 · 영양사 등의 명의를 위조하여 검수결과 보고서를 작성한 경우
② 행사의 목적으로 타인의 주민등록증의 사진을 떼고 자신의 사진을 붙여 복사한 경우
③ 공문서의 작성권한자가 직접 이에 서명하지 않고 타인에게 지시하여 자기서명을 흉내내어 결재란에 대신 서명하게 한 경우
④ 건설업자가 공무원에게 내용이 허위인 수주실적증명원을 제출하여 이 사실을 모르는 공무원으로부터 증명원 내용과 같은 공사실적증명서를 발급받은 경우

해설

① [불성립] 계약 등에 의하여 공무와 관련되는 업무를 일부 대행하는 경우가 있다 하더라도 공무원 또는 공무소가 될 수는 없다. 후생계 조리장 및 영양사라는 사실만으로 그 신분이 공무원이거나 공무원으로 의제되는 자에 해당한다고 단정할 수 없으므로 식당의 주 · 부식 구입업무를 담당하는 공무원이 계약 등에 의하여 공무소의 주 · 부식 구입 · 검수 업무 등을 담당하는 조리장 · 영양사 등의 명의를 위조하여 검수결과 보고서를 작성한 경우 공문서위조죄는 성립하지 아니한다(대판 2008.1.17. 2007도6987).

② [성립] 타인의 주민등록증에 붙어있는 사진을 떼어내고 그 자리에 피고인의 사진을 붙였다면 이는 기존 공문서의 본질적 또는 중요 부분에 변경을 가하여 새로운 증명력을 가지는 별개의 공문서를 작성한 경우에 해당하므로 공문서위조죄를 구성한다(대판 1991.9.10. 91도1610).

③ [불성립] 타인의 기안문서 작성행위는 작성권자의 지시 또는 승낙에 의한 것으로서 공문서위조죄의 구성요건해당성이 조각된다(대판 1983.5.24. 82도1426).

④ [불성립] 공무원 아닌 자가 관공서에 허위 내용의 증명원을 제출하여 그 내용이 허위인 정을 모르는 담당공무원으로부터 그 증명원 내용과 같은 증명서를 발급받은 경우 공문서위조죄의 간접정범으로 의율할 수는 없다(대판 2001.3.9. 2000도938).

정답 ②

29 공문서에 관한 죄의 설명으로 가장 적절하지 않은 것은? (다툼이 있는 경우 판례에 의함) [23 경찰간부]

① 甲이 기왕에 습득한 타인의 주민등록증을 가족의 것이라고 제시하면서 그 주민등록증상의 명의 또는 가명으로 이동전화 가입신청을 한 경우, 타인의 주민등록증을 본래의 사용 용도인 신분확인용으로 사용한 것이라고 볼 수 없어 공문서부정행사죄가 성립하지 않는다.

② 공무원이 위법사실을 발견하고도 직무상 의무에 따른 적절한 조치를 취하지 아니하고 위법사실을 적극적으로 은폐할 목적으로 허위공문서를 작성·행사한 경우, 직무 위배의 위법상태는 허위공문서작성 당시부터 그 속에 포함되는 것이므로 작위범인 허위공문서작성, 동행사죄만이 성립하고 부작위범인 직무유기죄는 따로 성립하지 않는다.

③ 주식회사의 발기인 등이 법령에 정한 회사설립의 요건과 절차에 따라 회사설립등기를 함으로써 회사가 성립하였다고 볼 수 있는 경우, 회사를 설립할 당시 회사를 실제로 운영할 의사 없이 회사를 이용한 범죄 의도나 목적이 있었다는 이유만으로는 공정증서원본불실기재죄에서 말하는 불실의 사실을 법인등기부에 기록하게 한 것으로 볼 수 없다.

④ 공문서의 작성권한이 있는 A의 직무를 보좌하는 공무원 甲이 비공무원 乙과 공모하여 행사할 목적으로 허위의 내용이 기재된 문서 초안을 그 정을 모르는 A에게 제출하여 결재하도록 하는 방법으로 허위의 공문서를 작성하게 한 경우, 甲은 허위공문서작성죄의 간접정범이 될 수 있지만 신분이 없는 乙은 간접정범의 공범이 될 수 없다.

해설

① [○] [1] 사용권한자와 용도가 특정되어 있는 공문서를 사용권한 없는 자가 사용한 경우에도 그 공문서 본래의 용도에 따른 사용이 아닌 경우에는 형법 제230조의 공문서부정행사죄가 성립되지 아니한다.
[2] 피고인이 기왕에 습득한 타인의 주민등록증을 피고인 가족의 것이라고 제시하면서 그 주민등록증상의 명의 또는 가명으로 이동전화 가입신청을 한 경우, 타인의 주민등록증을 본래의 사용용도인 신분확인용으로 사용한 것이라고 볼 수 없어 공문서부정행사죄가 성립하지 않는다고 한 사례(대판 2003.2.26. 2002도4935).

② [○] 공무원이 어떠한 위법사실을 발견하고도 직무상 의무에 따른 적절한 조치를 취하지 아니하고 위법사실을 적극적으로 은폐할 목적으로 허위공문서를 작성 · 행사한 경우에는 직무위배의 위법상태는 허위공문서작성 당시부터 그 속에 포함되는 것으로 작위범인 허위공문서작성, 동행사죄만이 성립하고 부작위범인 직무유기죄는 따로 성립하지 아니한다(대판 1999.12.24. 99도2240).

③ [○] 주식회사의 발기인 등이 상법 등 법령에 정한 회사설립의 요건과 절차에 따라 회사설립등기를 함으로써 회사가 성립하였다고 볼 수 있는 경우 회사설립등기와 그 기재 내용은 특별한 사정이 없는 한 공정증서원본 불실기재죄나 공전자기록 등 불실기재죄에서 말하는 불실의 사실에 해당하지 않는다. 발기인 등이 회사를 설립할 당시 회사를 실제로 운영할 의사 없이 회사를 이용한 범죄 의도나 목적이 있었다거나(예 회사 명의로 통장을 개설하여 이른바 대포통장을 유통시킬 목적이 있었던 경우), 회사로서의 인적 · 물적 조직 등 영업의 실질을 갖추지 않았다는 이유만으로는 불실의 사실을 법인등기부에 기록하게 한 것으로 볼 수 없다(대판 2020.3.2. 2019도13217).

④ [×] 공문서의 작성권한이 있는 공무원의 직무를 보좌하는 자가 그 직위를 이용하여 행사할 목적으로 허위의 내용이 기재된 문서 초안을 그 정을 모르는 상사에게 제출하여 결재하도록 하는 등의 방법으로 작성권한이 있는 공무원으로 하여금 허위의 공문서를 작성하게 한 경우에는 간접정범이 성립되고 이와 공모한 자 역시 그 간접정범의 공범으로서의 죄책을 면할 수 없는 것이고, 여기서 말하는 공범은 반드시 공무원의 신분이 있는 자로 한정되는 것은 아니라고 할 것이다(대판 1992.1.17. 91도2837; 동지 대판 1990.2.27. 89도1816).

정답 ④

30 다음 설명 중 가장 적절한 것은? (다툼이 있으면 판례에 의함)

[16 경찰채용]

① 주식회사의 지배인이 자신을 그 회사의 대표이사로 표시하여 연대보증채무를 부담하는 취지의 회사 명의의 차용증을 작성·교부한 경우, 그 문서에 일부 허위 내용이 포함되거나 위 연대보증행위가 회사의 이익에 반하는 것이더라도 사문서위조 및 위조사문서행사에 해당하지 않는다.

② 공무원이 여러 차례의 출장반복의 번거로움을 회피하고 민원사무를 신속히 처리한다는 방침에 따라 사전에 출장조사한 다음 출장조사 내용이 변동없다는 확신하에 출장복명서를 작성하고 다만 그 출장일자를 작성일자로 기재한 경우 허위공문서작성죄가 성립한다.

③ 공립학교 교사가 작성하는 교원의 인적사항과 전출희망사항 등을 기재하는 부분과 학교장이 작성하는 학교장의견란 등으로 구성되어 있는 교원실태조사카드의 교사 명의 부분을 명의자의 의사에 반하여 작성한 행위는 공문서위조죄를 구성한다.

④ 권한 없는 자가 임의로 인감증명서의 사용용도란에 나오는 기재사항을 고쳐 쓴 경우에는 공문서변조죄가 성립한다.

해설

① [○] 원래 주식회사의 지배인은 회사의 영업에 관하여 재판상 또는 재판 외의 모든 행위를 할 권한이 있으므로, 지배인이 직접 주식회사 명의 문서를 작성하는 행위는 위조나 자격모용사문서작성에 해당하지 않는 것이 원칙이고, 이는 문서의 내용이 진실에 반하는 허위이거나 권한을 남용하여 자기 또는 제3자의 이익을 도모할 목적으로 작성된 경우에도 마찬가지이다(대판 2010. 5.13. 2010도1040).

② [×] 공무원이 여러 차례의 출장반복의 번거로움을 회피하고 민원사무를 신속히 처리한다는 방침에 따라 사전에 출장조사한 다음 출장조사 내용이 변동없다는 확신하에 출장복명서를 작성하고 다만 그 출장일자를 작성일자로 기재한 것이라면 허위공문서작성의 범의가 있었다고 볼 수 없다(대판 2001.1.5. 99도4101).

③ [×] 공립학교 교사가 작성하는 교원의 인적사항과 전출희망사항 등을 기재하는 부분과 학교장이 작성하는 학교장의견란 등으로 구성되어 있는 교원실태조사카드는 학교장의 작성 명의 부분은 공문서라고 할 수 있으나, 작성자가 교사 명의로 된 부분은 개인적으로 전출을 희망하는 의사표시를 한 것에 지나지 아니하여 이것을 가리켜 공문서라고 할 수는 없을 것이므로 위 카드의 교사 명의 부분을 명의자의 의사에 반하여 작성하였다고 하여도 공문서를 위조한 것이라고 할 수 없다(대판 1991.9.24. 91도1733).

④ [×] 인감증명서의 사용용도란의 기재는 증명청인 동장이 작성한 증명문구에 의하여 증명되는 부분과는 아무런 관계가 없다고 할 것이므로, 피고인이 임의로 인감증명서의 사용용도란의 기재를 고쳐 썼다고 하더라도 공무원 또는 공무소의 문서 내용에 대하여 변경을 가하여 새로운 증명력을 작출한 경우라고 볼 수 없으므로 공문서변조죄나 이를 전제로 하는 변조공문서행사죄가 성립되지는 않는다(대판 2004.8.20. 2004도2767).

정답 ①

31 다음 설명 중 가장 옳지 않은 것은? (다툼이 있으면 판례에 의함)

[17 경찰간부]

① 타인의 인장을 조각할 당시에 그 명의자로부터 명시적이거나 묵시적인 승낙 내지 위임을 받았다면 인장위조죄가 성립하지 않는다.

② 재건축조합 임시총회의 소집절차나 결의방법이 법령이나 정관에 위반되어 임원개임결의가 사법상 무효라고 하더라도, 실제로 재건축조합의 조합총회에서 그와 같은 내용의 임원개임결의가 이루어졌고 그 결의에 따라 임원변경등기를 마쳤다면 공정증서원본부실기재죄가 성립하지 아니한다.

③ 유가증권의 허위작성행위 자체에는 직접 관여한 바 없다 하더라도 타인에게 그 작성을 부탁하여 의사연락이 되고 그 타인으로 하여금 범행을 하게 하였다면 공모공동정범에 의한 허위작성죄가 성립한다.

④ 공무원 아닌 자가 관공서에 허위 내용의 증명원을 제출하여 그 내용이 허위인 정을 모르는 담당공무원으로부터 그 증명원 내용과 같은 증명서를 발급받은 경우 공문서위조죄의 간접정범으로 의율할 수 있다.

해설

① [○] 타인의 인장을 조각할 당시에 그 명의자로부터 명시적이거나 묵시적인 승낙 내지 위임을 받았다면 인장위조죄가 성립하지 않는다(대판 2014.9.26. 2014도9213).

② [○] 재건축조합 임시총회의 소집절차나 결의방법이 법령이나 정관에 위반되어 임원개임결의가 사법상 무효라고 하더라도, 실제로 재건축조합의 조합총회에서 그와 같은 내용의 임원개임결의가 이루어졌고 그 결의에 따라 임원변경등기를 마쳤다면 공정증서원본부실기재죄가 성립하지 아니한다(대판 2004.10.15. 2004도3584).

③ [○] 유가증권의 허위작성행위 자체에는 직접관여한 바 없다 하더라도 타인에게 그 작성을 부탁하여 의사연락이 되고 그 타인으로 하여금 범행을 하게 하였다면 공모공동정범에 의한 허위작성죄가 성립한다(대판 1985.8.20. 83도2575).

④ [×] 어느 문서의 작성권한을 갖는 공무원이 그 문서의 기재 사항을 인식하고 그 문서를 작성할 의사로써 이에 서명날인하였다면, 설령 그 서명날인이 타인의 기망으로 착오에 빠진 결과 그 문서의 기재사항이 진실에 반함을 알지 못한 데 기인한다고 하여도, 그 문서의 성립은 진정하며 여기에 하등 작성명의를 모용한 사실이 있다고 할 수는 없으므로, 공무원 아닌 자가 관공서에 허위 내용의 증명원을 제출하여 그 내용이 허위인 정을 모르는 담당공무원으로부터 그 증명원 내용과 같은 증명서를 발급받은 경우 공문서위조죄의 간접정범으로 의율할 수는 없다(대판 2001.3.9. 2000도938).

정답 ④

32 다음 설명 중 가장 적절하지 않은 것은? (다툼이 있으면 판례에 의함) [13 경찰채용]

① 신용장에 날인된 시중은행의 접수일부인은 사실증명에 관한 사문서에 해당되므로 위탁된 권한을 넘어서 신용장에 허위의 접수일부인을 날인한 것은 사문서위조죄에 해당한다.

② 토지거래 허가구역 안의 토지에 관하여 실제로는 매매계약을 체결하고서도 처음부터 토지거래허가를 잠탈하려는 목적으로 등기원인을 '증여'로 하여 소유권이전등기를 경료한 경우 공정증서원본부실기재죄에 해당한다.

③ 어떤 선박이 사고를 낸 것처럼 허위로 사고신고를 하면서 그 선박의 선박국적증서와 선박검사증서를 함께 제출하였다면, 그 본래의 용도를 벗어나 행사된 것으로 이와 같은 행위는 공문서부정행사죄에 해당한다.

④ 甲 교회 목사인 피고인이 자신을 지지하는 일부 교인들과 甲 교회를 탈퇴함으로써 대표자의 지위를 상실하였으나, 그 후 甲 교회 명의로 甲 교회 소유 부동산을 자신에게 매도하는 내용의 매매계약서를 작성하고 이를 행사한 행위는 사문서위조죄 및 위조사문서행사죄에 해당한다.

해설

① [○] 신용장에 날인된 시중은행의 접수일부인은 사실증명에 관한 사문서에 해당되므로 위탁된 권한을 넘어서 신용장에 허위의 접수일부인을 날인한 것은 사문서위조죄에 해당한다(대판 1979.10.30. 77도1879). ▶ 생략문서도 문서에 해당한다.

② [○] 토지거래 허가구역 안의 토지에 관하여 실제로는 매매계약을 체결하고서도 처음부터 토지거래허가를 잠탈하려는 목적으로 등기원인을 '증여'로 하여 소유권이전등기를 경료한 경우 공정증서원본부실기재죄에 해당한다(대판 2007.11.30. 2005도9922).

③ [×] [1] 선박국적증서는 한국선박으로서 등록하는 때에 선박번호, 국제해사기구에서 부여한 선박식별번호, 호출부호, 선박의 종류, 명칭, 선적항 등을 수록하여 발급하는 문서이고, 선박검사증서는 선박정기검사 등에 합격한 선박에 대하여 항해구역 · 최대승선인원 및 만재흘수선의 위치 등을 수록하여 발급하는 문서이다.
[2] 어떤 선박이 사고를 낸 것처럼 허위로 사고신고를 하면서 그 선박의 선박국적증서와 선박검사증서를 함께 제출하였다고 하더라도, 선박국적증서와 선박검사증서는 선박의 국적과 항행할 수 있는 자격을 증명하기 위한 용도로 사용된 것일 뿐 그 본래의 용도를 벗어나 행사된 것으로 보기는 어려우므로 공문서부정행사죄에 해당하지 않는다(대판 2009.2.26. 2008도10851).

④ [○] 甲 교회 목사인 피고인이 자신을 지지하는 일부 교인들과 甲 교회를 탈퇴함으로써 대표자의 지위를 상실하였으므로, 그 후 甲 교회 명의로 甲 교회 소유 부동산을 자신에게 매도하는 내용의 매매계약서를 작성하고 이를 행사한 행위는 사문서위조죄 및 위조사문서행사죄에 해당한다(대판 2011.1.13. 2010도9725).

정답 ③

33 '문서에 관한 죄'에 대한 설명으로 가장 적절한 것은? (다툼이 있으면 판례에 의함)

[18 경찰승진]

① 국립대학교 교무처장 명의의 '졸업증명서 파일'을 위조한 경우, 위 파일은 형법상의 문서에 해당한다.

② 공문서인 기안문서의 작성권한자가 직접 이에 서명하지 않고 피고인에게 지시하여 자기의 서명을 흉내내어 기안문서의 결재란에 대신 서명케 한 경우라면 작성권자의 지시 또는 승낙에 의한 것으로서 공문서위조죄의 위법성이 조각된다.

③ 원본파일의 변경까지 초래하지는 아니하였더라도 램에 올려진 전자기록에 허구의 내용을 권한 없이 수정입력한 경우, 사전자기록변작죄의 기수에 이르렀다.

④ 신주발행이 판결로써 무효로 확정되기 이전에 그 신주발행사실을 담당 공무원에게 신고하여 공정증서인 법인등기부에 기재하게 한 경우에는 그 행위가 공무원에 대하여 허위신고를 한 것이고, 그 기재 또한 불실기재에 해당한다.

해설

① [×] 졸업증명서 파일은 그 파일을 보기 위하여 일정한 프로그램을 실행하여 모니터 등에 이미지 영상을 나타나게 하여야 하므로, 파일 그 자체는 형법상 문서에 관한 죄에 있어서의 문서에 해당되지 않는다(대판 2010.7.15. 2010도6068).

② [×] 공문서인 기안문서의 작성권한자가 직접 이에 서명하지 않고 피고인에게 지시하여 자기의 서명을 흉내내어 기안문서의 결재란에 대신 서명케 한 경우라면 피고인의 기안문서 작성행위는 작성권자의 지시 또는 승낙에 의한 것으로서 공문서위조죄의 구성요건해당성이 조각된다(대판 1983.5.24. 82도1426).

③ [○] 램(RAM)에 올려진 전자기록은 원본파일과 불가분적인 것으로 원본파일의 개념적 연장선상에 있는 것이므로, 피고인이 비록 원본파일의 변경까지 초래하지는 아니하였더라도 전자기록에 허구의 내용을 권한 없이 수정입력한 것은 그 자체로 사전자기록을 변작한 행위의 구성요건에 해당된다고 보아야 할 것이며 그러한 수정입력의 시점에서 사전자기록변작죄의 기수에 이른다(대판 2003.10.9. 2000도4993).

④ [×] 주식회사의 신주발행의 경우 신주발행에 법률상 무효사유가 존재한다고 하더라도 그 무효는 신주발행무효의 소에 의해서만 주장할 수 있는 것이고, 신주발행무효의 판결이 확정되더라도 그 판결은 장래에 대하여만 효력이 있는 것이므로 그 신주발행이 판결로써 무효로 확정되기 이전에 신주발행 사실을 담당 공무원에게 신고하여 법인등기부에 기재하게 하였다고 하여 그 행위가 공무원에 대하여 허위신고를 한 것이라거나 그 기재가 부실기재에 해당하는 것이라고 할 수는 없다(대판 2007.5.31. 2006도8488).

정답 ③

34 문서죄에 대한 설명으로 옳지 않은 것은? (다툼이 있으면 판례에 의함)

[15 국가9급]

① 사문서위조나 공정증서원본부실기재가 성립한 후 피해자의 동의 또는 추인 등으로 문서에 기재된 대로 효과의 승인을 받거나 등기가 실체적 권리관계에 부합하게 되었더라도 이미 성립한 범죄에는 영향이 없다.

② 행사할 목적으로 권한 없이 타인 명의의 휴대전화 신규 가입신청서를 작성한 후 이를 스캔한 이미지 파일을 제3자에게 이메일로 전송하여 컴퓨터 화면상으로 보게 한 경우 사문서위조죄 및 위조사문서행사죄가 성립한다.

③ 담뱃갑의 표면에 담배 제조회사와 담배의 종류를 구별 · 확인할 수 있는 특유의 도안이 표시되어 있는 경우 그 담뱃갑은 문서 등 위조의 대상인 도화에 해당한다.

④ 공문서위조죄와 달리 사문서위조죄가 성립하기 위해서는 작성명의인이 실재하여야 한다.

해설

① [○] 사문서위조나 공정증서원본부실기재가 성립한 후, 사후에 피해자의 동의 또는 추인 등의 사정으로 문서에 기재된 대로 효과의 승인을 받거나 등기가 실체적 권리관계에 부합하게 되었다 하더라도 이미 성립한 범죄에는 아무런 영향이 없다(대판 2007.6.28. 2007도2714).

② [○] 피고인 甲이 이미 자신이 위조한 휴대전화 신규 가입신청서를 스캐너로 읽어 들여 이미지화한 다음 그 이미지 파일을 乙에게 이메일로 전송하여 컴퓨터 화면상에서 보게 한 경우, 스캐너로 읽어 들여 이미지화한 것은 문서에 관한 죄에 있어서의 '문서'에 해당하지 않는다고 하더라도, 자신이 이미 위조한 휴대전화 신규 가입신청서를 행사한 것에 해당하여 위조문서행사죄가 성립한다(대판 2008.10.23. 2008도5200).

③ [○] 담뱃갑의 표면에 그 담배의 제조회사와 담배의 종류를 구별·확인할 수 있는 특유의 도안이 표시되어 있는 경우에는 그 담뱃갑은 적어도 그 안에 들어 있는 담배가 특정 제조회사가 제조한 특정한 종류의 담배라는 사실을 증명하는 기능을 하고 있으므로 그러한 담뱃갑은 문서 등 위조의 대상인 도화에 해당한다(대판 2010.7.29. 2010도2705).

④ [×] 명의인이 실재하지 않는 허무인이거나 또는 문서의 작성일자 전에 이미 사망하였다고 하더라도 그러한 문서 역시 공공의 신용을 해할 위험성이 있으므로 문서위조죄가 성립한다고 봄이 상당하며 이는 공문서뿐만 아니라 사문서의 경우에도 마찬가지이다(대판(전) 2005.2.24. 2002도18).

정답 ④

35 문서에 관한 죄에 대한 다음 설명 중 가장 옳은 것은? (다툼이 있으면 판례에 의함)

[16 법원9급]

① 주취운전자 적발보고서 및 주취운전자 정황진술보고서의 각 운전자란에 타인의 서명을 한 다음 이를 경찰관에게 제출하였다면 허위공문서작성죄의 간접정범이 성립한다.

② 제3자로부터 신분확인을 위하여 신분증명서의 제시를 요구받고 다른 사람의 운전면허증을 제시한 행위는 운전면허증의 사용목적에 따른 행사라고 할 수 없으므로 공문서부정행사죄가 성립하지 아니한다.

③ 타인의 주민등록증 사본의 사진란에 자신의 사진을 붙여 복사하여 행사하였다면 공문서위조 및 동행사죄가 성립한다.

④ 기왕에 습득한 타인의 주민등록증을 자신의 가족의 것이라고 제시하면서 그 주민등록증상의 명의로 이동전화 가입신청을 한 경우 공문서부정행사죄가 성립한다.

해설

① [×] 주취운전자 적발보고서 및 주취운전자 정황진술보고서의 각 운전자란에 타인의 서명을 한 다음 이를 경찰관에게 제출한 것은 사문서위조 및 동행사죄에 해당한다(대판 2004.12.23. 2004도6483).

② [×] 피고인이 제3자로부터 신분확인을 위하여 신분증명서의 제시를 요구받고 다른 사람의 운전면허증을 제시한 행위는 그 사용목적에 따른 행사로서 공문서부정행사죄에 해당한다(대판(전) 2001.4.19. 2000도1985).

③ [○] [1] 진정한 문서의 사본을 전자복사기를 이용하여 복사하면서 일부 조작을 가하여 그 사본 내용과 전혀 다르게 만드는 행위는 공공의 신용을 해할 우려가 있는 별개의 문서사본을 창출하는 행위로서 문서위조행위에 해당한다.
[2] 피고인이 타인의 주민등록증사본의 사진란에 피고인의 사진을 붙여 이를 복사하여 전혀 별개의 주민등록증사본을 창출시킨 경우 공문서위조죄가 성립한다(대판 2000.9.5. 2000도2855).

④ [×] 피고인이 기왕에 습득한 타인의 주민등록증을 피고인 가족의 것이라고 제시하면서 그 주민등록증상의 명의 또는 가명으로 이동전화 가입신청을 한 경우, 타인의 주민등록증을 본래의 사용용도인 신분확인용으로 사용한 것이라고 볼 수 없어 공문서부정행사죄가 성립하지 않는다(대판 2003.2.26. 2002도4935).

정답 ③

36 **사문서위조죄에 관한 다음 설명 중 가장 옳지 않은 것은? (다툼이 있으면 판례에 의함)** [12 법원9급]

① 주식회사의 대표이사가 직접 주식회사 명의 문서를 작성한 경우, 그 문서의 내용이 진실에 반하는 허위이거나 대표권을 남용하여 자기 또는 제3자의 이익을 도모할 목적으로 작성된 경우에도 사문서위조에 해당하지 않는다.

② 사문서위조죄는 그 명의자가 진정으로 작성한 문서로 볼 수 있을 정도의 형식과 외관을 갖추어 일반인이 명의자의 진정한 문서로 오신하기에 충분한 정도이면 성립하는 것이고, 반드시 그 작성명의자의 서명이나 날인이 있어야 하는 것은 아니다.

③ 문서의 작성명의인이 실재하지 않는 허무인이거나 또는 문서의 작성일자 전에 이미 사망한 경우에는 사문서위조죄가 성립하지 아니한다.

④ 명의인을 기망하여 문서를 작성케 하는 경우는 서명날인이 정당히 성립된 경우에도 기망자는 명의인을 이용하여 서명날인자의 의사에 반하는 문서를 작성케 하는 것이므로 사문서위조죄가 성립한다.

해설

① [○] 주식회사의 적법한 대표이사는 회사의 영업에 관하여 재판상 또는 재판외의 모든 행위를 할 권한이 있으므로, 대표이사가 직접 주식회사 명의 문서를 작성하는 행위는 자격모용사문서작성 또는 위조에 해당하지 않는 것이 원칙이다. 이는 그 문서의 내용이 진실에 반하는 허위이거나 대표권을 남용하여 자기 또는 제3자의 이익을 도모할 목적으로 작성된 경우에도 마찬가지이다(대판 2008.12.24. 2008도7836).

② [○] 사문서위조죄는 그 명의자가 진정으로 작성한 문서로 볼 수 있을 정도의 형식과 외관을 갖추어 일반인이 명의자의 진정한 사문서로 오신하기에 충분한 정도이면 성립하는 것이고, 반드시 그 작성명의자의 서명이나 날인이 있어야 하는 것은 아니다(대판 2007.5.10. 2007도1674).

③ [×] 명의인이 실재하지 않는 허무인이거나 또는 문서의 작성일자 전에 이미 사망하였다고 하더라도 그러한 문서 역시 공공의 신용을 해할 위험성이 있으므로 문서위조죄가 성립한다고 봄이 상당하며 이는 공문서뿐만 아니라 사문서의 경우에도 마찬가지라고 보아야 할 것이다(대판(전) 2005.2.24. 2002도18).

④ [○] 명의인을 기망하여 문서를 작성케 하는 경우는 서명, 날인이 정당히 성립된 경우에도 기망자는 명의인을 이용하여 서명날인자의 의사에 반하는 문서를 작성케 하는 것이므로 사문서위조죄가 성립한다(대판 2000.6.13. 2000도778).

정답 ③

37 **다음 설명 중 옳지 않은 것은 모두 몇 개인가? (다툼이 있으면 판례에 의함)** [16 경찰채용]

㉠ 형법 제225조의 공문서변조나 위조죄의 객체인 공문서는 공무원 또는 공무소가 그 직무에 관하여 작성하는 문서이고, 그 행위주체가 공무원과 공무소가 아닌 경우에는 형법 또는 기타 특별법에 의하여 공무원 등으로 의제되는 경우를 제외하고는 계약 등에 의하여 공무와 관련되는 업무를 일부 대행하는 경우가 있다 하더라도 공무원 또는 공무소가 될 수는 없다.

㉡ 휴대전화 신규 가입신청서를 위조한 후 이를 스캔한 이미지 파일을 제3자에게 이메일로 전송하여 컴퓨터 화면상으로 보게 한 행위는, 이미지 파일 자체는 문서에 관한 죄의 '문서'에 해당하지 않으므로 위조사문서행사죄가 성립하지 않는다.

㉢ 부동산의 거래당사자가 거래가액을 시장 등에게 거짓으로 신고하여 신고필증을 받은 뒤 이를 기초로 사실과 다른 내용의 거래가액이 부동산등기부에 등재되도록 한 경우 공전자기록등불실기재죄가 성립하지 않는다.

㉣ 권한 없는 자가 임의로 인감증명서의 사용용도란의 기재를 고쳐 썼다고 하더라도 공문서변조죄나 이를 전제로 하는 변조공문서행사죄가 성립되지는 않는다.

㉤ 甲 구청장이 乙 구청장으로 전보된 후 甲 구청장의 권한에 속하는 건축허가에 관한 기안용지의 결재란에 서명을 한 것은 허위공문서작성죄를 구성한다.

① 1개 ② 2개

③ 3개 ④ 4개

해설

㉠ [○] 형법 제225조의 공문서변조나 위조죄의 객체인 공문서는 공무원 또는 공무소가 그 직무에 관하여 작성하는 문서이고, 그 행위주체가 공무원과 공무소가 아닌 경우에는 형법 또는 기타 특별법에 의하여 공무원 등으로 의제되는 경우를 제외하고는 계약 등에 의하여 공무와 관련되는 업무를 일부 대행하는 경우가 있다 하더라도 공무원 또는 공무소가 될 수는 없다(대판 2008.1.17. 2007도6987).

㉡ [×] 휴대전화 신규 가입신청서를 위조한 후 이를 스캔한 이미지 파일을 제3자에게 이메일로 전송한 사안에서, 이미지 파일 자체는 문서에 관한 죄의 '문서'에 해당하지 않으나, 이를 전송하여 컴퓨터 화면상으로 보게 한 행위는 이미 위조한 가입신청서를 행사한 것에 해당하므로 위조사문서행사죄가 성립한다(대판 2008.10.23. 2008도5200).

㉢ [○] [1] 형법 제228조 제1항이 규정하는 공정증서원본부실기재죄나 공전자기록등부실기재죄에서 '부실의 사실'이라 함은 권리의무관계에 중요한 의미를 갖는 사항이 객관적인 진실에 반하는 것을 말한다고 봄이 상당하다.
[2] 부동산등기부에 기재되는 거래가액은 당해 부동산의 권리의무관계에 중요한 의미를 갖는 사항에 해당한다고 볼 수 없다.
[3] 부동산의 거래당사자가 거래가액을 시장 등에게 거짓으로 신고하여 신고필증을 받은 뒤 이를 기초로 사실과 다른 내용의 거래가액이 부동산등기부에 등재되도록 하였다면, '공인중개사의 업무 및 부동산 거래신고에 관한 법률'에 따른 과태료의 제재를 받게 됨은 별론으로 하고, 형법상의 공전자기록등불실기재죄 및 불실기재공전자기록등행사죄가 성립하지는 아니한다(대판 2013.1.24. 2012도12363).

㉣ [○] 인감의 증명을 신청함에 있어서 그 용도가 부동산매도용일 경우에는 부동산매수자란에 매수자의 성명(법인인 경우에는 법인명), 주소 및 주민등록번호를 기재하여 신청하여야 하지만 그 이외의 경우에는 신청 당시 사용용도란을 기재하여야 하는 것은 아니고, 필요한 경우에 신청인이 직접 기재하여 사용하도록 되어 있으며, 사용용도에 따른 인감증명서의 유효기간에 관한 종전의 규정도 삭제되어 유효기간의 차이도 없으므로 인감증명서의 사용용도란의 기재는 증명청인 동장이 작성한 증명문구에 의하여 증명되는 부분과는 아무런 관계가 없다고 할 것이므로, 권한 없는 자가 임의로 인감증명서의 사용용도란의 기재를 고쳐 썼다고 하더라도 공무원 또는 공무소의 문서 내용에 대하여 변경을 가하여 새로운 증명력을 작출한 경우라고 볼 수 없으므로 공문서변조죄나 이를 전제로 하는 변조공문서행사죄가 성립되지는 않는다(대판 2004.8.20. 2004도2767).
▶ 부동산매도용 인감증명서 이외의 인감증명서 사용용도란은 공문서에 해당하지 아니한다.

㉤ [×] 甲 구청장인 피고인이 乙 구청장으로 전보된 후 甲 구청장의 권한에 속하는 건축허가에 관한 기안용지의 결재란에 서명을 한 것은 자격모용공문서작성죄를 구성한다(대판 1993.4.27. 92도2688).

정답 ②

38 다음 설명 중 가장 옳지 않은 것은? (다툼이 있으면 판례에 의함)

[21 법원9급]

① 법인이 설치·운영하는 전산망시스템에 제공되어 정보의 생성·처리·저장·출력이 이루어지는 전자기록 등 특수매체기록은 그 법인의 임직원과의 관계에서 '타인'의 전자기록 등 특수매체기록에 해당한다.

② 시스템의 설치·운영 주체로부터 각자의 직무 범위에서 개개의 단위정보의 입력 권한을 부여받은 사람이 그 권한을 남용하여 허위의 정보를 입력함으로써 시스템 설치·운영 주체의 의사에 반하는 전자기록을 생성하는 경우에는 사전자기록등위작죄에서 말하는 전자기록의 '위작'에 포함되지 않는다.

③ 공문서의 작성권한 없는 사람이 허위공문서를 기안하여 작성권자의 결재를 받지 않고 공문서를 완성한 경우, 공문서위조죄가 성립한다.

④ 자동차 등의 운전자가 경찰공무원에게 다른 사람의 운전면허증 자체가 아니라 이를 촬영한 이미지파일을 휴대전화 화면 등을 통하여 보여주는 행위는 공문서부정행사죄를 구성하지 아니한다.

해설

① [○] 법인이 설치 · 운영하는 전산망시스템에 제공되어 정보의 생성 · 처리 · 저장 · 출력이 이루어지는 전자기록 등 특수 매체기록은 그 법인의 임직원과의 관계에서 '타인'의 전자기록 등 특수매체기록에 해당한다(대판(전) 2020.8.27. 2019도11294).
② [×] 시스템을 설치 · 운영하는 주체와의 관계에서 전자기록의 생성에 관여할 권한이 없는 사람이 전자기록을 작출하거나 전자기록의 생성에 필요한 단위 정보의 입력을 하는 경우는 물론 시스템의 설치 · 운영 주체로부터 각자의 직무 범위에서 개개의 단위정보의 입력 권한을 부여받은 사람이 그 권한을 남용하여 허위의 정보를 입력함으로써 시스템 설치 · 운영 주체의 의사에 반하는 전자기록을 생성하는 경우도 공전자기록등위작죄에서 말하는 전자기록의 '위작'에 포함되고, 위 법리는 사전자기록등위작죄에서 행위의 태양으로 규정한 '위작'에 대해서도 마찬가지로 적용된다(대판(전) 2020.8.27. 2019도11294).
③ [○] 공문서의 작성권한 없는 사람이 허위공문서를 기안하여 작성권자의 결재를 받지 않고 공문서를 완성한 경우, 공문서위조죄가 성립한다(대판 2017.5.17. 2016도13912).
④ [○] 자동차 등의 운전자가 운전 중에 도로교통법 제92조 제2항에 따라 경찰공무원으로부터 운전면허증의 제시를 요구받은 경우 운전면허증의 특정된 용법에 따른 행사는 도로교통법 관계법령에 따라 발급된 운전면허증 자체를 제시하는 것이라고 보아야 한다. 이 경우 자동차 등의 운전자가 경찰공무원에게 다른 사람의 운전면허증 자체가 아니라 이를 촬영한 이미지파일을 휴대전화 화면 등을 통하여 보여주는 행위는 운전면허증의 특정된 용법에 따른 행사라고 볼 수 없는 것이어서 그로 인하여 경찰공무원이 그릇된 신용을 형성할 위험이 있다고 할 수 없으므로, 이러한 행위는 결국 공문서부정행사죄를 구성하지 아니한다(대판 2019.12.12. 2018도2560).

정답 ②

39 다음 설명 중 옳은 것을 모두 고른 것은? (다툼이 있으면 판례에 의함)

[18 경찰승진]

㉠ 주식회사의 지배인이 자신을 그 회사의 대표이사로 표시하여 연대보증채무를 부담하는 취지의 회사 명의의 차용증을 작성한 경우에 그 문서에 일부 허위의 내용이 포함되어 있더라도 사문서위조죄를 구성하지 않는다.
㉡ 사문서에 2인 이상의 작성명의인이 있는 때에는 그 명의자 가운데 1인이 나머지 명의자와 합의 없이 행사할 목적으로 그 문서의 내용을 변경하더라도 사문서변조죄를 구성하지 않는다.
㉢ 휴대전화 신규 가입신청서를 위조한 후 이를 스캔한 이미지 파일을 제3자에게 이메일로 전송하여 컴퓨터 화면상으로 보게 한 행위는 위조사문서행사죄에 해당한다.
㉣ 사문서의 작성명의자의 인장이 압날되지 아니하고 주민등록번호가 기재되지 않았더라도, 일반인으로 하여금 그 작성명의자가 진정하게 작성한 사문서로 믿기에 충분할 정도의 형식과 외관을 갖추었으면 사문서위조죄 및 동행사죄의 객체가 되는 사문서에 해당한다.
㉤ '문서의 원본인지 여부'가 중요한 거래에서 문서의 사본을 진정한 원본인 것처럼 행사할 목적으로 문서의 원본을 다른 조작을 가함이 없이 그대로 컬러복사기로 복사한 후 복사한 문서의 사본을 원본인 것처럼 행사하였다면 사문서위조, 위조사문서행사죄에 해당하지 않는다.

① ㉡, ㉢
② ㉠, ㉢, ㉣
③ ㉢, ㉣
④ ㉡, ㉣, ㉤

해설

㉠ [○] 원래 주식회사의 지배인은 회사의 영업에 관하여 재판상 또는 재판 외의 모든 행위를 할 권한이 있으므로, 주식회사의 지배인이 자신을 그 회사의 대표이사로 표시하여 연대보증채무를 부담하는 취지의 회사 명의의 차용증을 작성·교부한 경우, 그 문서에 일부 허위 내용이 포함되거나 위 연대보증행위가 회사의 이익에 반하는 것이더라도 사문서위조 및 위조사문서행사에 해당하지 않는다(대판 2010.5.13. 2010도1040).

㉡ [×] 부동산 매매계약서와 같이 문서에 2인 이상의 작성명의인이 있는 때에는 각 명의자마다 1개의 문서가 성립되는 것으로 볼 것이고 피고인이 그 명의자의 한사람이라 하더라도 타 명의자와 합의없이 그 문서의 내용을 변경하였을 때에는 사문서변조죄가 성립된다(대판 1977.7.12. 77도1736).

㉢ [○] 휴대전화 신규 가입신청서를 위조한 후 이를 스캔한 이미지 파일을 제3자에게 이메일로 전송한 사안에서, 이미지 파일 자체는 문서에 관한 죄의 '문서'에 해당하지 않으나, 이를 전송하여 컴퓨터 화면상으로 보게 한 행위는 이미 위조한 가입신청서를 행사한 것에 해당하므로 위조사문서행사죄가 성립한다(대판 2008.10.23. 2008도5200).

㉣ [○] 사문서의 작성명의자의 인장이 압날되지 아니하고 주민등록번호가 기재되지 않았더라도, 일반인으로 하여금 그 작성명의자가 진정하게 작성한 사문서로 믿기에 충분할 정도의 형식과 외관을 갖추었으면 사문서위조죄 및 동행사죄의 객체가 되는 사문서에 해당한다(대판 1989.8.8. 88도2209).

㉤ [×] '문서가 원본인지 여부'가 중요한 거래에 있어서 문서의 사본을 진정한 원본인 것처럼 행사할 목적으로 다른 조작을 가함이 없이 문서의 원본을 그대로 컬러복사기로 복사한 후 위와 같이 복사한 문서의 사본을 원본인 것처럼 행사한 행위는 사문서위조 및 동행사죄에 해당한다(대판 2016.7.14. 2016도2081).

정답 ②

40 문서에 관한 죄에 대한 설명 중 가장 옳지 않은 것은? (다툼이 있으면 판례에 의함)

[11 경찰간부]

① 컴퓨터 스캔 작업을 통하여 만들어 낸 공인중개사 자격증의 이미지 파일은 형법상 문서에 관한 죄에 있어서의 '문서'로 보기 어렵다.

② 일반인으로 하여금 사문서의 작성명의자가 진정한 명의인으로 오인케 할 만한 위험이 존재하는 이상 그 명의인이 실재하지 않는 허무인이거나 또는 문서의 작성일자 전에 이미 사망하였다고 하더라도 사문서위조죄가 성립한다.

③ 장기간의 분쟁을 종결짓는 상황에서 '합의서'라는 제목 아래 합의의 구체적인 내용을 특정하여 기재한 다음 그에 대한 상인들의 찬반의사를 표시함으로써 분쟁이 재발될 경우 입증자료로 사용하기 위하여 작성된 최초 합의서는 형법상 문서에 관한 죄에 있어서의 문서에 해당한다.

④ 공무원이 고의로 법령을 잘못 적용하여 공문서를 작성하였다면 그 법령적용의 전제가 된 사실관계에 대한 내용에 거짓이 없다고 하더라도 허위공문서작성죄가 성립한다.

해설

① [○] 피고인이 컴퓨터 스캔 작업을 통하여 만들어낸 공인중개사 자격증의 이미지 파일은 전자기록으로서 전자기록 장치에 전자적 형태로서 고정되어 계속성이 있다고 볼 수는 있으나, 그러한 형태는 그 자체로서 시각적 방법에 의해 이해할 수 있는 것이 아니어서 이를 형법상 문서에 관한 죄에 있어서의 '문서'로 보기 어렵다(대판 2008.4.10. 2008도1013).

② [○] 일반인으로 하여금 사문서의 작성명의자가 진정한 명의인으로 오인케 할 만한 위험이 존재하는 이상 그 명의인이 실재하지 않는 허무인이거나 또는 문서의 작성일자 전에 이미 사망하였다고 하더라도 사문서위조죄가 성립한다(대판(전) 2005.2.24. 2002도18).

③ [○] [1] 기간의 분쟁을 종결짓는 상황에서 '합의서'라는 제목 아래 합의의 구체적인 내용을 특정하여 기재한 다음 그에 대한 상인들의 찬반의사를 표시함으로써 분쟁이 재발될 경우 입증자료로 사용하기 위하여 작성된 최초 합의서는 형법상 문서에 관한 죄에 있어서의 문서에 해당한다.

[2] 피고인이 최초 합의서 중 잔금지급조건을 '3개월 분할납입'에서 '6개월 분할납입'으로 고친 수정 합의서를 임의로 작성한 경우, 사문서변조죄가 성립한다(대판 2006.1.26. 2004도788).

④ [×] 허위공문서작성죄란 공문서에 진실에 반하는 기재를 하는 때에 성립하는 범죄이므로, 고의로 법령을 잘못 적용하여 공문서를 작성하였다고 하더라도 그 법령적용의 전제가 된 사실관계에 대한 내용에 거짓이 없다면 허위공문서작성죄가 성립될 수 없다(대판 1996.5.14. 96도554).

정답 ④

41 다음 설명 중 가장 적절한 것은? (다툼이 있으면 판례에 의함) [12 경찰채용]

① 위조문서행사죄에서 행사라 함은 위조된 문서를 진정한 문서인 것처럼 그 문서의 효용방법에 따라 사용하는 것을 말하는데, 소송사기에서 위조된 문서를 법원에 제출하는 것은 이에 포함되지 않는다.

② 위조된 문서의 작성명의인은 위조문서행사죄의 상대방이 될 수 없다.

③ 위조사문서의 행사는 상대방으로 하여금 위조된 문서를 인식할 수 있는 상태에 둠으로써 기수가 되고, 상대방이 실제로 그 내용을 인식하여야 하는 것은 아니므로 위조된 문서를 우송한 경우에는 그 문서가 상대방에게 도달한 때에 기수가 된다.

④ 위조된 문서를 컴퓨터에 연결된 스캐너로 읽어 들여 파일로 이미지화한 다음 이를 전송한 사안에서, 타인에게 이메일로 보낸 파일은 문서에 해당하며 컴퓨터 화면상에서 이를 보게 하는 것은 위조문서의 행사에 해당한다.

해설

① [×] 위조문서행사죄에 있어서의 행사는 위조된 문서를 진정한 문서인 것처럼 타인에게 제시함으로써 성립하는 것이므로 위조된 매매계약서를 피고인으로부터 교부받은 변호사가 복사본을 작성하여 원본과 동일한 문서임을 인증한 다음 소장에 첨부하여 법원에 제출함으로써 위조문서행사죄는 성립되는 것이다(대판 1988.1.19. 87도1217).

② [×] 위조문서행사죄에 있어 행사의 상대방에는 아무런 제한이 없고, 위조된 문서의 작성 명의인이라고 하여 행사의 상대방이 될 수 없는 것은 아니다(대판 2005.1.28. 2004도4663).

③ [○] 위조사문서의 행사는 상대방으로 하여금 위조된 문서를 인식할 수 있는 상태에 둠으로써 기수가 되고, 상대방이 실제로 그 내용을 인식하여야 하는 것은 아니므로 위조된 문서를 우송한 경우에는 그 문서가 상대방에게 도달한 때에 기수가 된다(대판 2005.1.28. 2004도4663).

④ [×] 휴대전화 신규 가입신청서를 위조한 후 이를 스캔한 이미지 파일을 제3자에게 이메일로 전송한 사안에서, 이미지 파일 자체는 문서에 관한 죄의 '문서'에 해당하지 않으나, 이를 전송하여 컴퓨터 화면상으로 보게 한 행위는 이미 위조한 가입신청서를 행사한 것에 해당하므로 위조사문서행사죄가 성립한다(대판 2008.10.23. 2008도5200).

정답 ③

42 허위공문서작성죄가 성립하는 경우는 모두 몇 개인가? (다툼이 있으면 판례에 의함) [14 경찰간부]

> ㉠ 세대주가 아닌 자를 세대주인 것으로 해서 주민등록표를 작성한 경우
> ㉡ 무허가 건물을 가옥대장에 허가받은 건물로 기재하는 경우
> ㉢ 가옥대장에 기재된 내용과 다른 내용을 기재한 가옥증명서를 발급한 경우
> ㉣ 준공검사를 하지 않고도 준공검사를 하였다고 준공검사조서에 기재한 경우
> ㉤ 면사무소 호적계장이 면장의 결재 없이 호적의 출생년도, 주민등록번호란에 허위 내용의 호적정정기재를 한 경우

① 2개
② 3개
③ 4개
④ 5개

해설

㉠ 허위공문서작성죄 성립(대판 1990.10.16. 90도1199).
㉡ 허위공문서작성죄 성립(대판 1983.12.13. 83도1458).
㉢ 허위공문서작성죄 성립(대판 1973.10.23. 73도395).
㉣ 허위공문서작성죄 성립(대판 1983.12.27. 82도3063).
㉤ 공문서위조죄 성립.

참고판례 공무원이 작성권한을 가진 공무원의 결재도 받지 아니하고 임의로 허위내용의 공문서를 작성권한자 명의로 작성한 때에는 공문서위조죄가 성립한다(대판 1990.10.12. 90도17).

정답 ③

43 「형법」상 문서에 관한 죄에 관한 설명 중 옳은 것은? (다툼이 있으면 판례에 의함) [18 변호사]

① 공무원인 의사가 공무소의 명의로 허위진단서를 작성한 경우에는 허위공문서작성죄와 허위진단서작성죄가 성립하고 두 죄는 상상적 경합 관계에 있다.
② 컴퓨터 스캔 작업을 통하여 만들어낸 공인중개사 자격증의 이미지 파일은 전자기록장치에 전자적 형태로서 고정되어 있어 계속성을 인정할 수 있으므로 「형법」상 문서에 관한 죄에 있어서의 문서로 보아야 한다.
③ 매수인으로부터 토지매매계약체결에 관하여 포괄적 권한을 위임받은 자가 실제 매수가격보다 높은 가격을 매매대금으로 기재하여 매수인 명의의 매매계약서를 작성하였다 하더라도 그것은 작성권한 있는 자가 허위내용의 문서를 작성한 것에 불과하여 사문서위조죄가 성립할 수 없다.
④ 일정 한도액에 관하여 연대보증인이 될 것을 허락한 甲으로부터 그에 필요한 문서를 작성하는 데 쓰일 인감도장과 인감증명서를 교부받아 甲을 직접 차주로 하는 동액 상당의 차용금 증서를 작성한 경우에는 본래의 정당한 권한 범위를 벗어난 것이므로 사문서위조죄가 성립한다.
⑤ 사문서의 경우에는 그 명의인이 실재하지 않는 허무인이거나 문서의 작성일자 전에 이미 사망하였다 하더라도 문서위조죄가 성립하나, 공문서의 경우에는 문서위조죄가 성립하기 위하여 명의인이 실재함을 필요로 한다.

해설

① [×] 허위진단서작성죄의 대상은 공무원이 아닌 의사가 사문서로서 진단서를 작성한 경우에 한정되고, 공무원인 의사가 공무소의 명의로 허위진단서를 작성한 경우에는 허위공문서작성죄만이 성립하고 허위진단서작성죄는 별도로 성립하지 않는다(대판 2004.4.9. 2003도7762).
② [×] 컴퓨터 모니터 화면에 나타나는 이미지는 이미지 파일을 보기 위한 프로그램을 실행할 경우에 그때마다 전자적 반응을 일으켜 화면에 나타나는 것에 지나지 않아서 계속적으로 화면에 고정된 것으로는 볼 수 없으므로 문서에 관한 죄에 있어서의 문서에는 해당되지 않는다(대판 2008.4.10. 2008도1013).
③ [○] 매수인으로부터 토지매매계약체결에 관하여 포괄적 권한을 위임받은 자가 실제 매수가격보다 높은 가격을 매매대금으로 기재하여 매수인 명의의 매매계약서를 작성하였다 하더라도 그것은 작성권한 있는 자가 허위내용의 문서를 작성한 것에 불과하여 사문서위조죄가 성립할 수 없다(대판 1984.7.10. 84도1146).
④ [×] 피해자들이 일정한도액에 관한 연대보증인이 될 것을 허락하고 이에 필요한 문서를 작성하는데 쓰일 인감도장과 인감증명서(대출보증용)를 채무자에게 건네준 취지는 채권자에 대해 동액 상당의 채무를 부담하겠다는 내용의 문서를 작성하도록 허락한 것으로 보아야 할 것이므로 비록 차용금증서에 피해자들을 연대보증인으로 하지 않고 직접 차주로 하였을 지라도 그 문서는 정당한 권한에 기하여 그 권한의 범위 안에서 적법하게 작성된 것으로 보아야 한다(대판 1984.10.10. 84도1566).
⑤ [×] 작성된 문서가 일반인으로 하여금 당해 명의인의 권한 내에서 작성된 문서라고 믿게 할 수 있는 정도의 형식과 외관을 갖추고 있으면 문서위조죄가 성립하는 것이고, 위와 같은 요건을 구비한 이상 그 명의인이 실재하지 않는 허무인이거나 또는 문서의 작성일자 전에 이미 사망하였다고 하더라도 그러한 문서 역시 공공의 신용을 해할 위험성이 있으므로 문서위조죄가 성립한다고 봄이 상당하며, 이는 공문서뿐만 아니라 사문서의 경우에도 마찬가지이다(대판(전) 2005.2.24. 2002도18).

정답 ③

44 다음 중 옳은 것은 모두 몇 개인가? (판례에 의함) [10 경찰승진]

㉠ 행사할 목적으로 공증인이 인증한 사서증서의 기재 내용을 일부 변조한 행위는 공문서변조죄가 아니라 사문서변조죄에 해당한다.
㉡ 소유권이전등기와 근저당권설정등기 신청서가 동시에 접수된 경우, 등기공무원이 소유권이전등기만 기입한 채 발급한 등기부등본은 허위공문서에 해당한다.
㉢ 문서변조죄에 있어서 행사할 목적이란 변조된 문서를 진정한 문서인 것처럼 사용할 목적을 말하는 것으로 적극적 의욕이나 확정적 인식을 요하지 아니하고 미필적 인식이 있으면 족하다.
㉣ 법원이 이혼의사확인서등본 뒤에 이혼신고서를 첨부하고 간인하여 교부하였는데 당사자가 이를 떼어내고 다른 내용의 이혼신고서를 붙여 호적관서에 제출한 경우, 공문서변조 및 변조공문서행사죄가 성립한다.

① 1개 ② 2개
③ 3개 ④ 4개

해설

㉠ [○] 사서증서 인증서 중 인증기재 부분은 공문서에 해당한다고 하겠으나, 위와 같은 내용의 인증이 있었다고 하여 사서증서의 기재 내용이 공문서인 인증기재 부분의 내용을 구성하는 것은 아니라고 할 것이므로, 사서증서의 기재 내용을 일부 변조한 행위는 공문서변조죄가 아니라 사문서변조죄에 해당한다(대판 2005.3.24. 2003도2144).
㉡ [○] 소유권이전등기와 근저당권설정등기의 신청이 동시에 이루어지고 그와 함께 등본의 교부신청이 있는 경우에는, 등기공무원은 소유권이전등기와 근저당권설정등기 모두에 관하여 등기부에의 기입을 마치고 그에 따른 등기부등본을 교부하여야 함에도 불구하고, 등기공무원이 소유권이전등기만 기입하고, 근저당권설정등기는 기입하지 아니한 채 등기부등본을 발급하였다면 비록 그 등기부등본의 기재가 등기부의 기재와 일치한다 하더라도, 그 등기부등본은 이미 접수된 신청서에 따라 기입하여야 할 사항 중 일부를 고의로 누락한 채 작성되어 내용이 진실하지 아니한 것으로서 허위공문서에 해당한다(대판 1996.10.15. 96도1669).
㉢ [○] 문서변조죄에 있어서 행사할 목적이란 변조된 문서를 진정한 문서인 것처럼 사용할 목적을 말하는 것으로 적극적 의욕이나 확정적 인식을 요하지 아니하고 미필적 인식이 있으면 족하다(대판 2006.1.26. 2004도788).
㉣ [×] [1] 가정법원의 서기관 등이 이혼의사확인서등본을 작성한 뒤 이를 이혼의사확인신청 당사자 쌍방에게 교부하면서 이혼신고서를 확인서등본 뒤에 첨부하여 그 직인을 간인하였다고 하더라도, 그러한 사정만으로 이혼신고서가 공문서인 이혼의사확인서등본의 일부가 되었다고 볼 수 없다.
[2] 당사자가 이혼의사확인서등본과 간인으로 연결된 이혼신고서를 떼어내고 원래 이혼신고서의 내용과는 다른 이혼신고서를 작성하여 이혼의사확인서등본과 함께 호적관서에 제출하였다고 하더라도, 공문서인 이혼의사확인서등본을 변조하였다거나 변조된 이혼의사확인서등본을 행사하였다고 할 수 없다(대판 2009.1.30. 2006도7777).

정답 ③

45 문서에 관한 죄에 대한 다음 설명 중 가장 옳지 않은 것은? (다툼이 있으면 판례에 의함) [13 법원9급]

① 타인으로부터 약속어음 작성에 사용하라고 인장을 교부받았음에도 그 인장을 사용하여 그 타인 명의의 지급명령이의신청취하서를 작성한 경우에는 사문서위조죄가 성립한다.
② 정부에서 발주하는 공사를 낙찰받기 위하여 허위사실을 기재한 공사실적증명원을 구청의 담당직원에게 제출하여 그 내용이 허위인 정을 모르는 담당직원으로부터 기재된 사실을 증명한다는 취지로 구청장의 직인을 날인받은 경우 공문서위조죄의 간접정범이 된다.
③ 문서를 작성할 권한이 있는 공무원의 직무를 보좌하는 자가 그 직위를 이용하여 행사할 목적으로 초안한 문서에 허위내용을 기입하고, 그 정을 모르는 상사에게 제출·결재하게 한 경우에는 허위공문서작성죄가 성립한다.
④ 건축 담당 공무원이 건축허가신청서를 접수·처리함에 있어 건축법상의 요건을 갖추지 못하고 설계된 사실을 알면서도 기안서인 건축허가통보서를 작성하여 건축허가서의 작성명의인인 군수의 결재를 받아 건축허가서를 작성한 경우, 위 건축허가서를 작성한 행위를 허위공문서작성죄로 처벌할 수는 없다.

해설

① [○] 타인으로부터 약속어음 작성에 사용하라고 인장을 교부받았음에도 그 인장을 사용하여 그 타인 명의의 지급명령이의신청 취하서를 작성한 경우에는 사문서위조죄가 성립한다(대판 1970.9.22. 70도1623).

② [×] 어느 문서의 작성권한을 갖는 공무원이 그 문서의 기재 사항을 인식하고 그 문서를 작성할 의사로써 이에 서명날인하였다면, 설령 그 서명날인이 타인의 기망으로 착오에 빠진 결과 그 문서의 기재사항이 진실에 반함을 알지 못한 데 기인한다고 하여도 그 문서의 성립은 진정하며 여기에 하등 작성명의를 모용한 사실이 있다고 할 수는 없으므로, 공무원 아닌 자가 관공서에 허위 내용의 증명원을 제출하여 그 내용이 허위인 정을 모르는 담당공무원으로부터 그 증명원 내용과 같은 증명서를 발급받은 경우 공문서위조죄의 간접정범으로 의율할 수는 없다(대판 2001.3.9. 2000도938).

③ [○] 허위공문서작성의 주체는 직무상 그 문서를 작성할 권한이 있는 공무원에 한하고 작성권자를 보조하는 직무에 종사하는 공무원은 허위공문서작성죄의 주체가 되지 못한다. 다만, 공문서의 작성권한이 있는 공무원의 직무를 보좌하는 사람이 허위의 내용이 기재된 문서 초안을 그 정을 모르는 상사에게 제출하여 결재하도록 하는 등의 방법으로 작성권한이 있는 공무원으로 하여금 허위의 공문서를 작성하게 한 경우에는 허위공문서작성죄의 간접정범이 성립한다(대판 2011.5.13. 2011도1415).

④ [○] 공무원이 건축허가신청서를 접수·처리함에 있어 건축법상의 요건을 갖추지 못하고 설계된 사실을 알면서도 건축허가통보서를 작성하여 건축허가서의 작성명의인인 군수의 결재를 받아 건축허가서를 작성한 경우, 건축허가서는 군수가 건축허가신청에 대하여 이를 관계 법령에 따라 허가한다는 내용에 불과하고 건축허가신청서와 그 첨부서류에 기재된 내용(건축물의 건축계획)이 건축법의 규정에 적합하다는 사실을 확인하거나 증명하는 것은 아니라 할 것이므로 군수가 건축허가통보서에 결재하여 건축허가신청을 허가하였다면 건축허가서에 표현된 허가의 의사표시 내용 자체에 어떠한 허위가 있다고 볼 수 없으므로, 위 건축허가서를 작성한 행위를 허위공문서작성죄로 처벌할 수는 없다(대판 2000.6.27. 2000도1858).

정답 ②

46 문서죄에 관한 설명 중 옳지 않은 것은? (다툼이 있는 경우에는 판례에 의함) [12 변호사]

① 전자복사기를 사용하여 원본을 기계적 방법으로 복사한 사본도 문서에 해당한다.

② 행사할 목적으로 권한없이 타인 명의의 휴대전화 신규 가입신청서를 작성한 후 이를 스캔한 이미지 파일을 제3자에게 이메일로 전송하여 컴퓨터 화면상으로 보게 한 경우, 사문서위조죄 및 위조사문서행사죄가 성립한다.

③ 문서위조죄가 성립하기 위해서는 공문서와 달리 사문서는 작성명의인이 실재하여야 한다.

④ 담뱃갑의 표면에 담배 제조회사와 담배의 종류를 구별·확인할 수 있는 특유의 도안이 표시되어 있는 경우, 담뱃갑은 문서 등 위조의 대상인 도화에 해당한다.

⑤ 타인명의의 문서를 위조한 뒤 사후승낙을 받았다고 하더라도 위조에 해당한다.

해설

① [○] 전자복사기로 복사한 문서의 사본도 문서위조죄 및 동 행사죄의 객체인 문서에 해당하고, 위조된 문서원본을 단순히 전자복사기로 복사하여 그 사본을 만드는 행위도 공공의 신용을 해할 우려가 있는 별개의 문서사본을 창출하는 행위로서 문서위조행위에 해당한다(대판 1996.5.14. 96도785).

② [○] 휴대전화 신규 가입신청서를 위조한 후 이를 스캔한 이미지 파일을 제3자에게 이메일로 전송한 경우, 이미지 파일 자체는 문서에 관한 죄의 '문서'에 해당하지 않으나, 이를 전송하여 컴퓨터 화면상으로 보게 한 행위는 이미 위조한 가입신청서를 행사한 것에 해당하므로 위조사문서행사죄가 성립한다(대판 2008.10.23. 2008도5200).

③ [×] 문서위조죄는 문서의 진정에 대한 공공의 신용을 그 보호법익으로 하는 것이므로 행사할 목적으로 작성된 문서가 일반인으로 하여금 당해 명의인의 권한 내에서 작성된 문서라고 믿게 할 수 있는 정도의 형식과 외관을 갖추고 있으면 문서위조죄가 성립하는 것이고, 위와 같은 요건을 구비한 이상 그 명의인이 실재하지 않는 허무인이거나 또는 문서의 작성일자 전에 이미 사망하였다고 하더라도 그러한 문서 역시 공공의 신용을 해할 위험성이 있으므로 문서위조죄가 성립한다고 봄이 상당하며, 이는 공문서뿐만 아니라 사문서의 경우에도 마찬가지라고 보아야 한다(대판(전) 2005.2.24. 2002도18).

④ [○] 담뱃갑의 표면에 그 담배의 제조회사와 담배의 종류를 구별·확인할 수 있는 특유의 도안이 표시되어 있는 경우에는 일반적으로 그 담뱃갑의 도안을 기초로 특정 제조회사가 제조한 특정한 종류의 담배인지 여부를 판단하게 된다는 점에 비추어서도

그 담뱃갑은 적어도 그 담뱃갑 안에 들어 있는 담배가 특정 제조회사가 제조한 특정한 종류의 담배라는 사실을 증명하는 기능을 하고 있으므로, 그러한 담뱃갑은 문서 등 위조의 대상인 도화에 해당한다(대판 2010.7.29. 2010도2705).

⑤ [○] 사문서위조나 공정증서원본불실기재가 성립한 후, 사후에 피해자의 동의 또는 추인 등의 사정으로 문서에 기재된 대로 효과의 승인을 받거나 등기가 실체적 권리관계에 부합하게 되었다 하더라도 이미 성립한 범죄에는 아무런 영향이 없다(대판 1999.5.14. 99도202).

정답 ③

47 공공의 신용에 대한 죄에 관한 설명으로 가장 적절하지 않은 것은? (다툼이 있는 경우 판례에 의함)

[22 경찰채용]

① 사용권한자와 용도가 특정되어 있는 공문서를 사용권한 없는 자가 사용한 경우 그 공문서 본래의 용도에 따른 사용이 아니라 하더라도 형법 제230조의 공문서부정행사죄가 성립된다.

② 문서가 위조된 것임을 이미 알고 있는 공범자 등에게 행사하는 경우에는 위조문서행사죄가 성립할 수 없으나, 간접정범을 통한 위조문서행사범행에 있어 도구로 이용된 자라고 하더라도 문서가 위조된 것임을 알지 못하는 자에게 행사한 경우에는 위조문서행사죄가 성립한다.

③ 인터넷을 통하여 열람 · 출력한 등기사항전부증명서 하단의 열람 일시 부분을 수정 테이프로 지우고 복사한 행위는 공문서변조에 해당한다.

④ 위조된 외국의 화폐, 지폐 또는 은행권이 강제통용력을 가지지 않고, 그 화폐 등이 국내에서 사실상 거래 대가의 지급수단이 되고 있지 않는 경우에는 그 화폐 등을 행사하더라도 위조통화행사죄를 구성하지 않는다고 할 것이므로, 형법 제234조에서 정한 위조 사문서행사죄 또는 위조사도화행사죄로 의율할 수 있다.

해설

① [×] 사용권한 있는 자와 용도가 특정되어 있는 공문서를 사용권한 없는 자가 사용한 경우에도, 공문서 본래의 용도에 따른 사용이 아닌 경우에는 형법 제230조의 공문서부정행사죄가 성립되지 아니한다(대판 2003.2.26. 2002도4935).

② [○] 피고인이 위조 · 변조한 공문서의 이미지 파일을 갑 등에게 이메일로 송부하여 프린터로 출력하게 함으로써 '행사'하였다는 내용으로 기소되었는데, 갑 등은 출력 당시 위 파일이 위조된 것임을 알지 못한 사안에서, 피고인은 위조한 전문건설업등록증 등의 컴퓨터 이미지 파일을 공사 수주에 사용하기 위하여 발주자인 공소외 1 또는 ▽▽▽▽▽기술서비스의 담당직원 공소외 2에게 이메일로 송부한 사실, 공소외 1 또는 공소외 2는 피고인으로부터 이메일로 송부받은 컴퓨터 이미지 파일을 프린터로 출력할 당시 이미지 파일이 위조된 것임을 알지 못하였던 사실을 알 수 있으므로, 피고인의 행위가 위조 · 변조공문서행사죄를 구성한다고 보아야 하는데도, 이와 달리 무죄를 선고한 원심판결에 법리오해의 위법이 있다(대판 2012.2.23. 2011도14441).

③ [○] … '변조'란 진정하게 성립된 문서에 대하여 동일성을 해하지 않는 범위 내에서 변경을 가하는 행위를 의미하고, 등기사항전부증명서의 '열람 일시'는 등기부상 권리관계의 기준 일시를 나타내는 역할을 하는 것으로서 권리관계나 사실관계의 증명에서 중요한 부분에 해당하고, 열람 일시의 기재가 있어 그 일시를 기준으로 한 부동산의 권리관계를 증명하는 등기사항전부증명서와 열람 일시의 기재가 없어 부동산의 권리관계를 증명하는 기준 시점이 표시되지 않은 등기사항전부증명서 사이에는 증명하는 사실이나 증명력에 분명한 차이가 있는 점, 법률가나 관련 분야의 전문가가 아닌 평균인 수준의 사리분별력을 갖는 일반인의 관점에서 볼 때 그 등기사항전부증명서가 조금만 주의를 기울여 살펴보기만 해도 그 열람 일시가 삭제된 것임을 쉽게 알아볼 수 있을 정도로 공문서로서의 형식과 외관을 갖추지 못했다고 보기 어려운 점을 종합하면, 피고인이 등기사항전부증명서의 열람 일시를 삭제하여 복사한 행위는 등기사항전부증명서가 나타내는 권리 · 사실관계와 다른 새로운 증명력을 가진 문서를 만든 것에 해당하고 그로 인하여 공공적 신용을 해할 위험성도 발생하였다는 이유로, 이와 달리 본 원심판결에 공문서변조에 관한 법리오해의 잘못이 있다고 한 사례(대판 2021.2.25. 2018도19043).

④ [○] 위조된 외국의 화폐, 지폐 또는 은행권이 강제통용력을 가지지 않고, 그 화폐 등이 국내에서 사실상 거래 대가의 지급수단이 되고 있지 않는 경우에는 그 화폐 등을 행사하더라도 위조통화행사죄를 구성하지 않는다고 할 것이므로, 형법 제234조에서 정한 위조 사문서행사죄 또는 위조사도화행사죄로 의율할 수 있다(대판 2013.12.12. 2012도2249).

정답 ①

48 문서에 관한 죄에 대한 설명으로 가장 적절한 것은? (다툼이 있는 경우 판례에 의함) [22 경찰채용]

① 형법은 사문서의 경우 무형위조만을 처벌하면서 예외적으로 유형위조를 처벌하는 태도를 취하고 있다.

② 공무원인 의사가 공무소의 명의로 허위의 진단서를 작성한 경우 허위공문서작성죄와 허위진단서작성죄가 성립하고 두 죄는 상상적 경합관계에 있다.

③ 공문서와 달리 사문서에 있어서는 권한 있는 사람의 허위작성을 예외적으로만 처벌하는 형법의 태도를 고려할 때, 형법 제232조의2에서 정하는 사전자기록등위작죄에서의 '위작'에 시스템의 설치 · 운영 주체로부터 각자의 직무 범위에서 개개의 단위정보의 입력 권한을 부여받은 사람이 그 권한을 남용하여 허위의 정보를 입력함으로써 시스템 설치 · 운영 주체의 의사에 반하는 전자기록을 생성하는 경우는 포함되지 않는다고 보아야 한다.

④ A회사의 대표이사 甲이 B회사의 대표이사 乙로부터 포괄적 위임을 받아 두 회사의 대표이사 업무를 처리하면서 두 회사 명의로 허위 내용의 영수증과 세금계산서를 작성한 사안에서, B회사 명의 부분은 乙의 개별적 · 구체적 위임 또는 승낙 없는 행위로서 사문서위조 및 위조사문서행사죄가 성립하지만, A회사 명의 부분은 이미 퇴직한 종전의 대표이사를 승낙 없이 대표이사로 표시하였더라도 이에 해당하지 않는다.

해설

① [×] 유형위조는 문서를 작성할 권한이 없는 자가 타인의 명의를 사칭하여 타인명의의 문서(부진정문서)를 작성하는 것을 말하고, 무형위조는 문서를 작성할 권한이 있는 자가 진실에 반하는 내용의 문서(허위문서)를 작성하는 것을 말한다. 유형위조는 공문서 · 사문서를 묻지 않고 모두 처벌한다. 형법은 원칙적으로 형식주의의 입장이고, 예외적으로 실질주의를 채택하고 있다.

② [×] 형법 제233조 소정의 허위진단서작성죄의 대상은 공무원이 아닌 의사가 사문서로서 진단서를 작성한 경우에 한정되고, 공무원인 의사가 공무소의 명의로 허위진단서를 작성한 경우에는 허위공문서작성죄만이 성립하고, 허위진단서작성죄는 별도로 성립하지 않는다(대판 2004.4.9. 2003도7762).

③ [×] [다수의견] 형법 제227조의2의 공전자기록등위작죄는 사무처리를 그르치게 할 목적으로 공무원 또는 공무소의 전자기록 등 특수매체기록을 위작 또는 변작한 경우에 성립한다. … 시스템을 설치 · 운영하는 주체와의 관계에서 전자기록의 생성에 관여할 권한이 없는 사람이 전자기록을 작출하거나 전자기록의 생성에 필요한 단위 정보의 입력을 하는 경우는 물론 시스템의 설치 · 운영 주체로부터 각자의 직무 범위에서 개개의 단위정보의 입력 권한을 부여받은 사람이 그 권한을 남용하여 허위의 정보를 입력함으로써 시스템 설치 · 운영 주체의 의사에 반하는 전자기록을 생성하는 경우도 형법 제227조의2에서 말하는 전자기록의 '위작'에 포함된다고 판시하였다. 위 법리는 형법 제232조의2의 사전자기록등위작죄에서 행위의 태양으로 규정한 '위작'에 대해서도 마찬가지로 적용된다(대판(전) 2020.8.27. 2019도11294).

④ [○] 주식회사의 적법한 대표이사라 하더라도 그 권한을 포괄적으로 위임하여 다른 사람으로 하여금 대표이사의 업무를 처리하게 하는 것은 허용되지 않는다. 따라서 대표이사로부터 포괄적으로 권한 행사를 위임받은 사람이 주식회사 명의로 문서를 작성하는 행위는 원칙적으로 권한 없는 사람의 문서 작성행위로서 자격모용사문서작성 또는 위조에 해당하고, 대표이사로부터 개별적 · 구체적으로 주식회사 명의의 문서 작성에 관하여 위임 또는 승낙을 받은 경우에만 예외적으로 적법하게 주식회사 명의로 문서를 작성할 수 있다(대판 2008.11.27. 2006도2016).

정답 ④

49 문서의 죄에 관한 설명 중 옳지 않은 것은 모두 몇 개인가? (다툼이 있는 경우 판례에 의함)

[22 경찰채용]

> ㉠ 컴퓨터의 기억장치 중 하나인 램(RAM, Random Access Memory)은 기억장치 또는 저장매체이기는 하나 임시적인 기억 또는 저장에 활용되는 매체에 불과하여 램에 올려진 전자기록은 형법 제232조의2의 사전자기록위작·변작죄에서 말하는 전자기록에 해당하지 않는다.
>
> ㉡ 공문서를 작성하는 과정에서 법령 등을 잘못 적용하거나 적용하여야 할 법령 등을 적용하지 아니한 잘못이 있는 경우에는 허위공문서작성죄가 성립하며, 그 적용의 전제가 된 사실관계에 관하여 거짓된 기재가 없더라도 그 성립을 부정할 수 없다.
>
> ㉢ 형법 제228조 제2항의 공정증서원본 부실기재죄에서 말하는 '등록증'은 공무원이 작성한 모든 등록증을 말하는 것이 아니라, 일정한 자격이나 요건을 갖춘 자에게 그 자격이나 요건에 상응한 활동을 할 수 있는 권능 등을 인정하기 위하여 공무원이 작성한 증서를 말하는 것으로서 사업자등록증은 단순한 사업 사실의 등록을 증명하는 증서에 불과하여 동법 제228조 제2항의 등록증에 해당하지 않는다.
>
> ㉣ 타인의 주민등록증을 습득한 자가 해당 주민등록증을 본인 가족의 것이라고 제시하면서 그 주민등록증상의 명의 또는 가명으로 이동전화 가입신청을 한 경우, 형법 제230조 공문서 등 부정행사죄가 성립한다.
>
> ㉤ 형법 제228조 제1항이 규정하는 공정증서원본 부실기재죄나 공전자기록 등 부실기재죄는 공무원에 대하여 진실에 반하는 허위신고를 하여 공정증서원본 또는 이와 동일한 전자기록 등 특수매체기록에 그 증명하는 사항에 관하여 실체관계에 부합하지 아니하는 '부실의 사실'을 기재 또는 기록하게 함으로써 성립하고, 여기서 '부실의 사실'이라 함은 권리의무관계에 중요한 의미를 갖는 사항이 객관적인 진실에 반하는 것을 말한다.

① 1개　　② 2개
③ 3개　　④ 4개

해설

㉠ [×] 형법 제232조의2의 사전자기록위작·변작죄에서 말하는 권리의무 또는 사실증명에 관한 타인의 전자기록 등 특수매체기록이라 함은 일정한 저장매체에 전자방식이나 자기방식에 의하여 저장된 기록을 의미한다고 할 것인데, 비록 컴퓨터의 기억장치 중 하나인 램(RAM, Random Access Memory)이 임시기억장치 또는 임시저장매체이기는 하지만, … 위 램에 올려진 전자기록 역시 사전자기록위작·변작죄에서 말하는 전자기록 등 특수매체기록에 해당한다(대판 2003.10.9. 2000도4993).

㉡ [×] 허위공문서작성죄는 공문서에 진실에 반하는 기재를 하는 때에 성립하는 범죄이므로, 공문서를 작성하는 과정에서 법령 등을 잘못 적용하거나 적용하여야 할 법령 등을 적용하지 아니한 잘못이 있더라도, 그 적용의 전제가 된 사실관계에 관하여 거짓된 기재가 없다면 허위공문서작성죄가 성립할 수 없고, 이는 그와 같은 잘못이 공무원의 고의에 기한 것이라도 달리 볼 수 없다. 공문서 작성 과정에서 법령 등을 잘못 적용하였다고 하여 반드시 진실에 반하는 기재를 하여 공문서를 작성하게 되는 것은 아니므로, 공문서 작성 과정에서 법령 등의 적용에 잘못이 있다는 것과 기재된 공문서 내용이 허위인지 여부는 구별되어야 한다(대판 2021.9.16. 2019도18394).

㉢ [○] 형법 제228조 제2항의 공정증서원본 부실기재죄에서 말하는 등록증은 공무원이 작성한 모든 등록증을 말하는 것이 아니라, 일정한 자격이나 요건을 갖춘 자에게 그 자격이나 요건에 상응한 활동을 할 수 있는 권능 등을 인정하기 위하여 공무원이 작성한 증서를 말하는 것으로서, 사업자등록증은 단순한 사업 사실의 등록을 증명하는 증서에 불과하여 동법 제228조 제2항의 등록증에 해당하지 않는다(대판 2005.7.15. 2003도6934).

㉣ [×] 피고인이 기왕에 습득한 타인의 주민등록증을 피고인 가족의 것이라고 제시하면서 그 주민등록증상의 명의 또는 가명으로 이동전화 가입신청을 한 경우, 타인의 주민등록증을 본래의 사용용도인 신분확인용으로 사용한 것이라고 볼 수 없어 공문서부정행사죄가 성립하지 않는다고 한 사례(대판 2003.2.26. 2002도4935).

㉤ [○] 형법 제228조 제1항이 규정하는 공정증서원본 부실기재죄나 공전자기록 등 부실기재죄는 공무원에 대하여 진실에 반하는 허위신고를 하여 공정증서원본 또는 이와 동일한 전자기록 등 특수매체기록에 그 증명하는 사항에 관하여 실체관계에 부합하지 아니하는 '부실의 사실'을 기재 또는 기록하게 함으로써 성립하고, '부실의 사실'이라 함은 권리의무관계에 중요한 의미를 갖는 사항이 객관적인 진실에 반하는 것을 말한다(대판 2020.2.27. 2019도9293).

정답 ③

50 문서에 관한 죄에 대한 설명 중 가장 적절하지 않은 것은? (다툼이 있는 경우 판례에 의함) [23 경찰승진]

① 행사할 목적으로 작성된 문서가 일반인으로 하여금 당해 명의인의 권한 내에서 작성된 문서라고 믿게 할 수 있는 정도의 형식과 외관을 갖추고 있다면 그 명의인이 실재하지 않는 허무인이거나 또는 문서의 작성일자 전에 이미 사망하였더라도 문서위조죄가 성립한다.

② '변호사회 명의의 경유증표'와 같이 '문서가 원본인지 여부'가 중요한 거래에서 문서의 사본을 진정한 원본인 것처럼 행사할 목적으로 다른 조작을 가함이 없이 문서의 원본을 그대로 컬러복사기로 복사한 후 복사한 문서의 사본을 원본인 것처럼 행사한 행위는 사문서위조죄 및 동행사죄에 해당한다.

③ 장애인사용자동차표지를 사용할 권한이 없는 사람이 실효된 '장애인전용주차구역 주차표지가 있는 장애인사용자동차표지'를 자신의 자동차에 단순히 비치하였으나 장애인전용주차구역이 아닌 장소에 주차한 경우 장애인사용자동차표지를 본래의 용도에 따라 사용했다고 볼 수 없으므로 공문서부정행사죄가 성립하지 않는다.

④ 공무원이 아닌 자가 관공서에 허위사실을 기재한 증명원을 제출하여 그 내용이 허위인 정을 모르는 담당 공무원으로부터 증명서를 발급받은 경우 공문서위조죄의 간접정범이 성립한다.

해설

① [○] 행사할 목적으로 작성된 문서가 일반인으로 하여금 당해 명의인의 권한 내에서 작성된 문서라고 믿게 할 수 있는 정도의 형식과 외관을 갖추고 있다면 그 명의인이 실재하지 않는 허무인이거나 또는 문서의 작성일자 이전에 이미 사망하였더라도, 문서위조죄가 성립한다(대판(전) 2005.2.24. 2002도18).

② [○] '변호사회 명의의 경유증표'와 같이 '문서가 원본인지 여부'가 중요한 거래에서 문서의 사본을 진정한 원본인 것처럼 행사할 목적으로 다른 조작을 가함이 없이 문서의 원본을 그대로 컬러복사기로 복사한 후 복사한 문서의 사본을 원본인 것처럼 행사한 행위는 사문서위조죄 및 동행사죄에 해당한다(대판 2016.7.14. 2016도2081).

③ [○] 장애인사용자동차표지를 사용할 권한이 없는 사람이 장애인전용주차구역에 주차하는 등 장애인사용자동차에 대한 지원을 받을 것으로 합리적으로 기대되는 상황이 아니라면, 단순히 이를 자동차에 비치하였더라도 장애인사용자동차표지를 본래의 용도에 따라 사용했다고 볼 수 없어 공문서부정행사죄가 성립하지 않는다(대판 2022.9.29. 2021도14514).

④ [×] 어느 문서의 작성 권한을 갖는 공무원이 그 문서의 기재 사항을 인식하고 그 문서를 작성할 의사로써 서명날인하였다면, 그 서명날인이 타인의 기망으로 착오에 빠진 결과 그 문서의 기재사항이 진실에 반함을 알지 못한 데 기인한다고 하여도, 문서의 성립은 진정하며 여기에 하등 작성명의를 모용한 사실이 있다고 할 수는 없으므로, 공무원 아닌 자가 관공서에 허위 내용의 증명원을 제출하여 내용이 허위인 정을 모르는 담당공무원으로부터 그 증명원 내용과 같은 증명서를 발급받은 경우, 공문서위조죄의 간접정범으로 의율할 수는 없다(대판 2001.3.9. 2000도938).

정답 ④

51 문서의 죄에 관한 설명 중 옳은 것을 모두 고른 것은? (다툼이 있는 경우 판례에 의함) [23 경찰채용]

㉠ 주식회사의 대표이사로부터 포괄적인 권한 행사를 위임받은 사람은 주식회사 명의의 문서 작성에 관하여 개별적·구체적으로 위임 또는 승낙을 받지 않더라도 주식회사 명의로 문서를 작성할 수 있으므로, 이를 두고 자격모용사문서작성 또는 위조에 해당하는 것으로 볼 수는 없다.
㉡ 위조사문서의 행사는 상대방으로 하여금 위조된 문서를 인식할 수 있는 상태에 둠으로써 기수가 되고 상대방이 실제로 그 내용을 인식하여야 하는 것은 아니므로, 위조된 문서를 우송한 경우에는 그 문서가 상대방에게 도달한 때에 기수가 되고 상대방이 실제로 그 문서를 보아야 하는 것은 아니다.
㉢ 공문서의 작성권한이 있는 A의 직무를 보좌하는 공무원 甲이 비공무원 乙과 공모하여 행사할 목적으로 허위의 내용이 기재된 문서 초안을 그 정을 모르는 A에게 제출하여 결재하도록 하는 방법으로 허위의 공문서를 작성하게 한 경우, 甲은 허위공문서작성죄의 간접정범이 될 수 있지만 공무원의 신분이 없는 乙은 간접정범의 공범이 될 수 없다.
㉣ 주식회사의 발기인 등이 법령에 정한 회사설립의 요건과 절차에 따라 회사설립등기를 함으로써 회사가 성립하였다고 볼 수 있는 경우, 회사를 설립할 당시 회사를 실제로 운영할 의사 없이 회사를 이용한 범죄 의도나 목적이 있었다는 이유만으로는 공정증서원본 불실기재죄에서 말하는 불실의 사실을 법인등기부에 기록하게 한 것으로 볼 수 없다.

① ㉠, ㉡ ② ㉠, ㉢
③ ㉡, ㉣ ④ ㉢, ㉣

해설

㉠ [×] 주식회사의 적법한 대표이사라 하더라도 그 권한을 포괄적으로 위임하여 다른 사람으로 하여금 대표이사의 업무를 처리하게 하는 것은 허용되지 않는다. 따라서 대표이사로부터 포괄적으로 권한 행사를 위임받은 사람이 주식회사 명의로 문서를 작성하는 행위는 원칙적으로 권한 없는 사람의 문서 작성행위로서 자격모용사문서작성 또는 위조에 해당하고, 대표이사로부터 개별적·구체적으로 주식회사 명의의 문서 작성에 관하여 위임 또는 승낙을 받은 경우에만 예외적으로 적법하게 주식회사 명의로 문서를 작성할 수 있다(대판 2008.11.27. 2006도2016).
㉡ [○] 위조사문서의 '행사'는 상대방으로 하여금 위조된 문서를 인식할 수 있는 상태에 둠으로써 기수가 되고, 상대방이 실제로 그 내용을 인식하여야 하는 것은 아니므로, 위조된 문서를 우송한 경우에는 그 문서가 상대방에게 도달한 때에 기수가 되고, 상대방이 실제로 그 문서를 보아야 하는 것은 아니다(대판 2005.1.28. 2004도4663).
㉢ [×] 공문서의 작성 권한이 있는 공무원의 직무를 보좌하는 자가 그 직위를 이용하여 행사할 목적으로 허위의 내용이 기재된 문서 초안을 그 정을 모르는 상사에게 제출하여 결재하도록 하는 등의 방법으로 작성 권한이 있는 공무원으로 하여금 허위의 공문서를 작성하게 한 경우에는 간접정범이 성립되고 이와 공모한 자 역시 그 간접정범의 공범으로서의 죄책을 면할 수 없는 것이고, 여기서 말하는 '공범'은 반드시 공무원의 신분이 있는 자로 한정되는 것은 아니라고 할 것이다(대판 1992.1.17. 91도2837).
㉣ [○] 피고인 등이 공모하여 甲주식회사를 설립한 후 회사명의로 통장을 개설하여 이른바 대포통장을 유통시킬 목적이었을 뿐, 자본금을 납입하거나 회사를 설립한 사실이 없는데도 허위의 회사설립등기신청서를 법원 등기관에게 제출하여 등기관으로 하여금 상업등기 전산정보처리시스템의 법인등기부에 위 신청서의 기재 내용을 입력하고 이를 비치하게 하여 행사하게 하였다고 하여 공전자기록 등 불실기재와 불실기재 공전자기록 등 행사의 공소사실로 기소된 사안에서, 피고인 등이 실제 회사를 설립하려는 의사를 가지고 상법이 정하는 회사설립에 필요한 정관 작성, 주식 발행 인수, 임원 선임 등 절차를 이행함으로써 甲회사는 상법상 주식회사로 성립하였으므로, 甲회사에 대한 설립등기는 공전자기록 등 불실기재죄에서 말하는 '불실의 사실'에 해당하지 않는다(대판 2020.2.27. 2019도9293).

정답 ③

52 **문서에 관한 죄에 대한 설명으로 가장 적절하지 않은 것은? (다툼이 있는 경우 판례에 의함)** [23 경찰채용]

① 「형법」 제228조 제1항 공전자기록 등 불실기재죄의 구성요건인 '불실의 사실기재'는 당사자의 허위신고에 의하여 이루어져야 하므로, 법원의 촉탁에 의하여 등기를 마친 경우에는 그 전제절차에 허위적 요소가 있더라도 위 죄가 성립하지 않는다.

② 작성자가 '행사할 목적'으로 타인의 자격을 모용하여 문서를 작성하였다 하더라도, 문서행사의 상대방이 자격모용 사실을 알았다거나, 작성자가 그 문서에 모용한 자격과 무관한 직인을 날인하였다는 등의 사정이 있었다면 자격모용에 의한 사문서작성죄의 범의와 행사의 목적은 인정되지 않는다.

③ 명의인을 기망하여 문서를 작성케 하는 경우에는, 서명 · 날인이 정당히 성립된 경우라도 기망자는 명의인을 이용하여 서명 날인자의 의사에 반하는 문서를 작성케 하는 것이므로 사문서위조죄가 성립한다.

④ 사용권한자와 용도가 특정되어 있는 공문서를 사용권한 없는 자가 사용한 경우에도 그 공문서 본래의 용도에 따른 사용이 아닌 경우에는 공문서부정행사죄가 성립하지 않는다.

해설

① [○] 「형법」 제228조 제1항 공전자기록 등 불실기재죄의 구성요건인 '불실의 사실기재'는 당사자의 허위신고에 의하여 이루어져야 하므로, 법원의 촉탁에 의하여 등기를 마친 경우에는 그 전제 절차에 허위적 요소가 있더라도 위 죄가 성립하지 않는다(대판 1983.12.27. 83도2442; 동지 대판 1976.5.25. 74도568).

② [×] 자격모용사문서작성죄에서의 '행사할 목적'이라 함은 그 문서가 정당한 권한에 기하여 작성된 것처럼 다른 사람으로 하여금 오신하도록 하게 할 목적을 말한다고 할 것이므로, 사문서를 작성하는 자가 주식회사의 대표로서의 자격을 모용하여 문서를 작성한다는 것을 인식, 용인하면서 그 문서를 진정한 문서로서 어떤 효용에 쓸 목적으로 사문서를 작성하였다면, 자격모용에 의한 사문서작성죄의 행사의 목적과 고의를 인정할 수 있다. 작성자가 '행사할 목적'으로 자격을 모용하여 문서를 작성한 이상 문서 행사의 상대방이 자격모용 사실을 알았다거나, 작성자가 그 문서에 모용한 자격과 무관한 직인을 날인하였다는 등의 사정이 있다고 하여 달리 볼 것은 아니다(대판 2022.6.30. 2021도17712).

③ [○] 명의인을 기망하여 문서를 작성케 하는 경우에는, 서명 · 날인이 정당히 성립된 경우라도 기망자는 명의인을 이용하여 서명 날인자의 의사에 반하는 문서를 작성케 하는 것이므로 사문서위조죄가 성립한다(대판 2000.6.13. 2000도778).

④ [○] 공문서 부정행사죄에서 '행사'는 문서 본래의 용법대로 행사하는 것을 의미하는바, 사용권한자와 용도가 특정되어 있는 공문서를 사용 권한 없는 자가 사용한 경우에도 그 공문서 본래의 용도에 따른 사용이 아닌 경우에는 공문서부정행사죄가 성립하지 않는다(대판 2022.9.29. 2021도14514).

정답 ②

53 **문서의 죄에 관한 설명 중 옳지 않은 것은? (다툼이 있는 경우 판례에 의함)**

[23 변호사]

① 사진을 바꾸어 붙이는 방법으로 위조한, 외국 공무원이 발행한 국제운전면허증이 유효기간을 경과하여 본래의 용법에 따라 사용할 수 없더라도, 면허증 행사 시 상대방이 유효기간을 쉽게 알 수 없는 등의 사정으로 발급 권한 있는 자로부터 국제운전면허를 받은 것으로 오신하기에 충분한 정도의 형식과 외관을 갖추고 있다면, 문서위조죄의 위조문서에 해당한다.

② 변조 당시 명의인의 명시적, 묵시적 승낙이 없었다면 변조된 문서가 명의인에게 유리하여 결과적으로 그 의사에 합치한다 하더라도 사문서변조죄의 구성요건을 충족한다.

③ 사법인(私法人)이 구축한 전산망 시스템의 설치 · 운영 주체로부터 각자의 직무 범위에서 개개의 단위정보의 입력 권한을 부여받은 사람이 그 권한을 남용하여 허위의 정보를 입력함으로써 시스템 설치 · 운영 주체의 의사에 반하는 전자기록을 생성한 경우, 이는 사전자기록등위작죄에서 말하는 전자기록의 '위작'에 포함되지 않는다.

④ 권한 없이 행사할 목적으로 전세계약서 원본을 스캐너로 복사하여 컴퓨터 화면에 띄운 후 그 보증금액란을 포토샵 프로그램을 이용하여 공란으로 만든 다음 이를 프린터로 출력하여 그 공란에 볼펜으로 보증금액을 사실과 달리 기재하여 그 정을 모르는 자에게 교부하였다면, 사문서변조죄 및 변조사문서행사죄가 성립한다.

⑤ 사문서위조죄나 공정증서원본부실기재죄가 성립한 후, 사후에 피해자의 동의 또는 추인 등의 사정으로 문서에 기재된 대로 효과의 승인을 받거나 등기가 실체적 권리관계에 부합하게 되었다 하더라도 이미 성립한 위 범죄에는 아무런 영향이 없다.

해설

① [O] 문서위조죄는 문서의 진정에 대한 공공의 신용을 그 보호법익으로 하는 것이므로, 피고인이 위조하였다는 국제운전면허증이 그 유효기간을 경과하여 본래의 용법에 따라 사용할 수는 없게 되었다고 하더라도, 이를 행사하는 경우 그 상대방이 유효기간을 쉽게 알 수 없도록 되어 있거나 위 문서 자체가 진정하게 작성된 것으로서 피고인이 명의자로부터 국제운전면허를 받은 것으로 오신하기에 충분한 정도의 형식과 외관을 갖추고 있다면 피고인의 행위는 문서위조죄에 해당한다(대판 1998.4.10. 98도164).

② [O] 사문서변조에 있어서 그 변조 당시 명의인의 명시적, 묵시적 승낙 없이 한 것이면 변조된 문서가 명의인에게 유리하여 결과적으로 그 의사에 합치한다 하더라도 사문서변조죄의 구성요건을 충족한다(대판 1985.1.22. 84도2422).

③ [X] 시스템을 설치 · 운영하는 주체와의 관계에서 전자기록의 생성에 관여할 권한이 없는 사람이 전자기록을 작출하거나 전자기록의 생성에 필요한 단위정보의 입력을 하는 경우는 물론 시스템의 설치 · 운영의 주체로부터 각자의 직무범위에서 개개의 단위정보의 입력권한을 부여받은 사람이 그 권한을 남용하여 허위의 정보를 입력함으로써 시스템 설치 · 운영주체의 의사에 반하는 전자기록을 생성하는 경우도 형법 제227조의2의 공전자기록위작죄에서 말하는 전자기록의 '위작'에 포함된다. 위 법리는 형법 제232조의2의 사전자기록등위작죄에서 행위의 태양으로 규정한 '위작'에 대해서도 마찬가지로 적용된다. 그 이유는 다음과 같다. … 사전자기록등위작죄를 사문서위조죄와 비교해 보면 두 죄는 범행의 목적, 객체, 행위 태양 등 구성요건이 서로 다른 점 등을 종합적으로 고려하면, 형법 제232조의2가 정한 사전자기록등위작죄에서 '위작'의 의미를 작성권한 없는 사람이 행사할 목적으로 타인의 명의를 모용하여 문서를 작성한 경우에 성립하는 사문서위조죄의 '위조'와 반드시 동일하게 해석하여 의미를 일치시킬 필요는 없다(대판(전) 2020.8.27. 2019도11294).

④ [O] 권한 없이 행사할 목적으로 전세계약서 원본을 스캐너로 복사하여 컴퓨터 화면에 띄운 후 보증금액란을 포토샵 프로그램을 이용하여 공란으로 만든 다음 이를 프린터로 출력하여 공란에 볼펜으로 보증금액을 사실과 달리 기재하여 정을 모르는 자에게 교부하였다면, 사문서변조죄 및 변조사문서행사죄가 성립한다(대판 2011.11.10. 2011도10468).

⑤ [O] 소유권이전등기 경료 당시에는 실체권리관계에 부합하지 아니한 등기인 경우에는 사후에 이해관계인들의 동의 또는 추인 등의 사정으로 실체권리관계에 부합하게 된다 하더라도 공정증서원본부실기재 및 동행사죄의 성립에는 아무런 영향이 없다(대판 2001.11.9. 2001도3959).

정답 ③

54 다음 중 사전자기록 위작 · 변작죄 또는 공전자기록 위작 · 변작죄가 성립하는 것은 모두 몇 개인가? (다툼이 있으면 판례에 의함) [15 경찰간부]

㉠ 인터넷 포털사이트에 개설한 카페의 설치 · 운영 주체로부터 글쓰기 권한을 부여받은 사람이 위 카페에 접속하여 자신의 아이디로 허위내용의 글을 작성 · 게시한 경우
㉡ 새마을금고 직원이 금고의 전 이사장에 대한 채권확보를 위해 금고의 예금 관련 컴퓨터 프로그램에 전이사장 명의의 예금계좌 비밀번호를 동의 없이 입력하여 위 예금계좌에 입금된 상조금을 위 금고의 가수금계정으로 이체한 경우
㉢ 자동차등록 담당공무원이 여객자동차운수사업법상 차량충당연한 규정에 위배되어 영업용으로 변경 및 이전등록을 할 수 없는 차량인 것을 알면서 자동차등록정보 처리시스템의 자동차등록원부 용도란에 영업용이라고 입력하고 최초등록일 등은 사실대로 기재한 경우
㉣ 경찰관이 고소사건을 처리하지 아니하였음에도 경찰범죄정보시스템에 그 사건을 검찰에 송치한 것으로 입력한 경우

① 1개
② 2개
③ 3개
④ 4개

해설

㉠ [불성립] [1] 사전자기록위작 · 변작죄에서 '사무처리를 그르치게 할 목적'이란 위작 또는 변작된 전자기록이 사용됨으로써 시스템을 설치 · 운영하는 주체의 사무처리를 잘못되게 하는 것을 말한다.
[2] 피고인이 비록 카페에 허위내용의 전자기록을 작성하여 게시하였다고 하여 그러한 점만으로 피고인에게 카페나 사이트의 설치 · 운영 주체의 사무처리를 그르치게 할 목적이 있었다고 단정하기 어렵다(대판 2008.4.24. 2008도294).

㉡ [불성립] 새마을금고의 예금 및 입 · 출금 업무를 총괄하는 직원인 甲이 전 이사장 A 명의 예금계좌로 상조금이 입금되자 A에 대한 금고의 채권확보를 위해 컴퓨터 프로그램에 접속하여 A 명의 예금계좌의 비밀번호를 동의 없이 입력한 후 금원을 금고의 가수금계정으로 이체한 경우, 금고의 내부규정이나 여신거래기본약관이 효율적인 채권관리를 위해 필요한 경우에는 채무자의 예금을 그 채무자에 대한 채권과 상계하거나 상계에 앞서 일시적인 지급정지조치를 취할 수 있도록 규정하고 있으므로, 甲의 행위는 금고의 업무에 부합하는 행위로서 A의 비밀번호를 임의로 사용한 잘못이 있다고 하더라도 사전자기록위작 · 변작죄의 '사무처리를 그르치게 할 목적'을 인정할 수 없다(대판 2008.6.12. 2008도938).

㉢ [불성립] 전세버스 업체들이 버스 49대를 영업용으로 양수하였으나 그 증차에 관한 사업계획 변경신청을 한 사실이 없음에도, 가평군청 자동차등록 담당공무원인 피고인이 자동차등록정보 처리시스템의 자동차등록원부에 버스들을 '영업용'이라고 입력한 경우, 최초등록일 등 등록과 관련된 사실관계에 대한 내용에 거짓이 있다고 볼 수 없다면 이를 '위작'에 해당한다고 할 수 없어 공전자기록등위작죄는 성립하지 아니한다(대판 2011.5.13. 2011도1415).

㉣ [성립] 경찰관이 고소사건을 처리하지 아니하였음에도 경찰범죄정보시스템에 그 사건을 검찰에 송치한 것으로 허위사실을 입력한 행위는 공전자기록위작죄에서 말하는 위작에 해당한다(대판 2005.6.9. 2004도6132).

정답 ①

55 다음 중 형법 제228조(공정증서원본등의 부실기재죄)의 객체가 될 수 없는 것은 모두 몇 개인가? (판례에 의함)

[10 경찰승진]

㉠ 토지대장
㉡ 공증인이 인증한 사서증서
㉢ 시민증
㉣ 사업자등록증
㉤ 공증사무 취급이 인가된 합동법률사무소 명의로 작성된 공증에 관한 문서

① 2개
② 3개
③ 4개
④ 5개

해설

[1] 판례에 의하면 ㉠ 토지대장, ㉡ 공증인이 인증한 사서증서, ㉢ 시민증, ㉣ 사업자등록증은 형법 제228조(공정증서원본등의 부실기재죄)의 객체가 될 수 없다.
[2] ㉤ 공증사무 취급이 인가된 합동법률사무소 명의로 작성된 공증에 관한 문서는 형법상 공정증서 기타 공문서에 해당한다(대판 1977.8.23. 74도2715).

정답 ③

56 다음 중 틀린 것은? (판례에 의함)

[10 경찰승진]

① 종중의 적법한 대표권한이 없는 자가 종중 소유의 토지에 보존등기를 신청하면서 자신이 대표자인 것처럼 허위신고를 함으로써 부동산등기부에 종중의 대표자로 기재된 경우에는 공정증서원본부실기재죄가 성립한다.
② 해외이주 목적으로 위장결혼하고 혼인신고를 한 경우 공정증서원본부실기재죄가 성립한다.
③ 권리의무와 무관한 예고등기를 말소신청한 경우 공정증서원본부실기재죄가 성립하지 않는다.
④ 등기부의 기재가 확정판결에 의하여 이루어졌다면, 피고인이 그 확정판결의 내용이 진실에 반하는 것임을 알면서 등기신청을 하였다고 하더라도 공정증서원본부실기재죄는 성립할 수 없다.

해설

① [O] 종중 대표자의 기재는 당해 부동산의 처분권한과 관련된 중요한 부분의 기재로서 이에 대한 공공의 신용을 보호할 필요가 있으므로 이를 허위로 등재한 경우에는 공정증서원본부실기재죄의 대상이 되는 부실의 기재에 해당한다(대판 2006.1.13. 2005도4790).
② [O] 참다운 부부관계의 설정을 바라는 효과의사가 없는 경우에는 그 혼인은 무효라고 할 것이어서 해외이주의 목적으로 위장결혼을 하고 혼인신고를 하여 그 사실이 호적부에 기재되었다면 공정증서원본부실기재죄를 구성한다(대판 1985.9.10. 85도1481).
③ [O] 공정증서의 권리의무에 관한 사항에 관계없는 것이고 아무런 의미가 없는 상태하에 있는 예고등기는 이를 말소한다 할지라도 공정증서원본부실기재죄가 성립하지 아니한다(대판 1972.10.31. 72도1966).
④ [×] 등기부의 기재가 확정판결에 의하여 되었다 하더라도 피고인이 그 확정판결의 내용이 진실에 반하는 것임을 알면서 등기공무원에게 등기신청을 하는 경우에는 공정증서원본부실기재죄가 성립한다(대판 1996.5.31. 95도1967).

정답 ④

57 **다음 설명 중 가장 옳지 않은 것은? (다툼이 있으면 판례에 의함)** [12 법원9급]

① 자동차운전면허대장은 형법 제228조 제1항에서 말하는 공정증서원본에 해당하지 않는다.

② 공정증서원본의 기재사항에 취소사유에 해당하는 하자가 있는 경우, 그 취소 전에 그 사실의 내용이 공정증서원본에 기재된 이상 그 기재가 공정증서원본부실기재죄를 구성하지 않는다.

③ 민사조정법상의 조정절차에서 작성되는 조정조서는 형법 제228조 제1항에서 말하는 공정증서원본에 해당된다.

④ 공정증서원본 등에 기재된 사항이 존재하지 아니하거나 외관상 존재한다고 하더라도 무효에 해당하는 하자가 있다면 그 기재는 공정증서원본부실기재죄를 구성한다.

해설

① [○] 자동차운전면허대장은 운전면허 행정사무집행의 편의를 위하여 범칙자, 교통사고유발자의 인적사항 · 면허번호 등을 기재하거나 운전면허증의 교부 및 재교부 등에 관한 사항을 기재하는 것에 불과하며, 그에 대한 기재를 통해 당해 운전면허 취득자에게 어떠한 권리의무를 부여하거나 변동 또는 상실시키는 효력을 발생하게 하는 것으로 볼 수 없으므로 자동차운전면허대장은 사실증명에 관한 것에 불과하므로 공정증서원본이라고 볼 수 없다(대판 2010.6.10. 2010도1125).

② [○], ④ [○] 공정증서원본에 기재된 사항이 부존재하거나 외관상 존재한다고 하더라도 무효에 해당되는 하자가 있다면 그 기재는 부실기재에 해당하는 것이나, 기재된 사항이나 그 원인된 법률행위가 객관적으로 존재하고 다만 거기에 취소사유인 하자가 있을 뿐인 경우 취소되기 전에 공정증서원본에 기재된 이상 그 기재는 공정증서원본의 부실기재에 해당하지 않는다(대판 2004.9.24. 2004도4012).

③ [×] 민사조정법상 조정제도는 원칙적으로 조정신청인의 신청 취지에 구애됨이 없이 조정담당판사 등이 제반 사정을 고려하여 당사자들에게 상호 양보하여 합의하도록 권유 · 주선함으로써 화해에 이르게 하는 제도인 점에 비추어, 그 조정절차에서 작성되는 조정조서는 그 성질상 허위신고에 의해 부실한 사실이 그대로 기재될 수 있는 공문서로 볼 수 없어 공정증서원본에 해당하는 것으로 볼 수 없다(대판 2010.6.10. 2010도3232).

정답 ③

58 **공정증서원본등부실기재죄가 성립하는 경우는 모두 몇 개인가? (다툼이 있으면 판례에 의함)** [16 경찰간부]

㉠ 부동산에 대해 점유로 인한 소유권취득시효를 완성한 甲이 이미 사망한 그 부동산의 등기명의자를 상대로 매매를 원인으로 하는 소유권이전등기절차이행청구의 소를 제기하여, 의제자백에 의한 승소판결을 받고 이와 같은 확정판결에 기해 甲자신의 명의로 그 부동산에 대한 소유권이전등기를 경료한 경우
㉡ 처음부터 진실한 주금납입으로 회사의 자금을 확보할 의사 없이, 형식상 또는 일시적으로 주금을 납입하고 이 돈을 은행에 예치하여 납입의 외형을 갖추고 주금납입증명서를 교부받아 설립등기나 증자등기의 절차를 마친 다음 바로 그 납입한 돈을 인출하고는, 그 인출한 돈을 특별히 회사를 위해 사용하지도 않은 경우
㉢ 甲이 중국인 乙과 참다운 부부관계를 설정할 의사가 아니라 단지 乙의 국내 취업을 위한 입국을 가능하게 할 목적으로 형식상 혼인하기로 하고 甲의 본적지 면사무소에 혼인신고를 한 경우
㉣ 甲이 허위의 공정증서에 기해 乙의 부동산에 대한 강제경매신청을 하였고, 이에 의해 동 부동산에 대해 법원의 강제경매개시결정을 원인으로 하는 경매신청등기가 경료된 경우

① 1개　　② 2개
③ 3개　　④ 4개

해설

㉠ [불성립] 피고인이 사망한 부동산등기 명의인을 상대로 매매를 원인으로 하는 소유권이전등기절차 이행청구의 소를 제기하여 의제자백에 의한 승소판결을 받고 이에 기하여 피고인 명의로 소유권이전등기를 경료하였다고 하여도 동 등기가 실체적 권리관계에 부합하는 유효한 등기라면 그 등기원인이 다르다 하여도 부실의 등기라고 할 수 없다(대판 1982.1.12. 81도1702).

㉡ [성립] 당초부터 진실한 주금납입으로 회사의 자금을 확보할 의사 없이 형식상 또는 일시적으로 주금을 납입하고 이 돈을 은행에 예치하여 납입의 외형을 갖추고 주금납입증명서를 교부받아 설립등기나 증자등기의 절차를 마친 다음 바로 그 납입한 돈을 인출한 경우에는, 이를 회사를 위하여 사용하였다는 특별한 사정이 없는 한 실질적으로 회사의 자본이 늘어난 것이 아니어서 납입가장죄, 공정증서원본부실기재 및 동행사죄가 성립한다(대판(전) 2004.6.17. 2003도7645).

㉢ [성립] 피고인들이 중국 국적의 조선족 여자들과 참다운 부부관계를 설정할 의사 없이 단지 그들의 국내 취업을 위한 입국을 가능하게 할 목적으로 형식상 혼인하기로 한 것이라면, 피고인들의 혼인은 우리나라의 법에 의하여 혼인으로서의 실질적 성립요건을 갖추지 못하여 그 효력이 없고, 따라서 피고인들이 중국에서 중국의 방식에 따라 혼인식을 거행하였다고 하더라도 효력이 없는 혼인의 신고를 한 이상 피고인들은 공정증서원본부실기재 및 동행사죄의 죄책을 면할 수 없다(대판 1996.11.22. 96도2049).

㉣ [불성립] 부실의 등기가 당사자의 허위신고에 의하지 아니하고 법원의 촉탁에 의하여 이루어진 경우에는 공정증서원본부실기재죄를 구성하지 아니한다고 할 것인바, 경매신청등기는 법원의 직권촉탁에 의하여 경료된 것이며 피고인의 허위신고에 의하여 경료된 것이 아니므로 피고인의 강제경매신청에 관한 소위는 공정증서원본부실기재죄를 구성하지 아니한다(대판 1976.5.25. 74도568).

정답 ②

59 공정증서원본부실기재에 관한 다음 설명 중 가장 옳은 것은? (다툼이 있으면 판례에 의함) [14 법원9급]

① 협의상 이혼의 의사표시가 기망에 의하여 이루어져 호적에 그 협의상 이혼사실이 기재되었다면 공정증서원본부실기재죄가 성립한다.

② 가장매매로 인한 소유권이전등기를 경료한 경우에는 공정증서원본부실기재 및 동행사죄가 성립한다.

③ 발행인과 수취인이 통모하여 진정한 어음채무 부담이나 어음채권 취득 의사 없이 단지 발행인의 채권자에게서 채권추심이나 강제집행을 받는 것을 회피하기 위하여 형식적으로만 약속어음의 발행을 가장한 후 공증인에게 마치 진정한 어음발행행위가 있는 것처럼 허위로 신고하여 어음공정증서원본을 작성 · 비치하게 한 경우에 공정증서원본부실기재 및 동행사죄가 성립한다.

④ 타인의 부동산을 자기의 소유라고 허위의 사실을 신고하여 소유권이전등기를 경료한 이후라면 그 부동산이 자기의 소유인 것처럼 가장하여 그 부동산에 관하여 자기 명의로 채권자와의 사이에 근저당권설정등기를 경료한 경우 별도로 공정증서원본부실기재 및 동행사죄가 성립하지 않는다.

해설

① [×] 협의상 이혼의 의사표시가 기망에 의하여 이루어진 것일지라도 그것이 취소되기까지는 유효하게 존재하는 것이므로, 이는 공정증서원본부실기재죄에 정한 부실의 사실에 해당하지 않는다(대판 1997.1.24. 95도448).

② [×] 피고인이 부동산에 관하여 가장매매를 원인으로 소유권이전등기를 경료하였더라도, 그 당사자 사이에는 소유권이전등기를 경료시킬 의사는 있었다고 할 것이므로 공정증서원본부실기재죄 및 동행사죄는 성립하지 않는다(대판 2011.7.14. 2010도1025).

③ [○] 발행인과 수취인이 통모하여 진정한 어음채무의 부담이나 어음채권의 취득에 관한 의사 없이 단지 발행인의 채권자로부터 채권의 추심이나 강제집행을 받는 것을 회피하기 위하여 형식적으로만 약속어음의 발행을 가장한 경우 이러한 어음발행행위는 통정허위표시로서 무효이므로, 이와 같이 발행인과 수취인 사이에 통정허위표시로서 무효인 어음발행행위를 공증인에게는 마치 진정한 어음발행행위가 있는 것처럼 허위로 신고함으로써 공증인으로 하여금 그 어음발행행위에 대하여 집행력 있는 어음공정증서원본을 작성케 하고 이를 비치하게 하였다면, 공정증서원본부실기재 및 동행사죄가 성립한다(대판 2012.4.26. 2009도5786).

④ [×] 근저당권은 근저당물의 소유자가 아니면 설정할 수 없으므로 타인의 부동산을 자기 또는 제3자의 소유라고 허위의 사실을 신고하여 소유권이전등기를 경료한 후 나아가 그 부동산이 자기 또는 당해 제3자의 소유인 것처럼 가장하여 채권자와의 사이에 근저당권설정등기를 경료한 경우에는 공정증서원본부실기재 및 동행사죄가 성립한다(대판 1997.7.25. 97도605).

정답 ③

60 공정증서원본등부실기재죄에 관한 설명 중 옳은 것을 모두 고른 것은? (다툼이 있으면 판례에 의함) [11 사시]

> ㄱ. 사업자등록증은 공정증서원본등부실기재죄의 대상인 등록증에 해당하지 않는다.
> ㄴ. 채권양도인이 허위의 채권에 관하여 그 정을 모르는 양수인과 실제로 채권양도의 법률행위를 한 후 공증인에게 그 채권양도의 법률행위에 관한 공정증서를 작성하게 한 경우 공정증서원본등부실기재죄가 성립하지 않는다.
> ㄷ. 기재 내용이 실체법률관계와 일치한다고 하더라도 사망자를 상대로 승소판결을 받아 소유권이전등기를 한 절차상 하자가 있는 경우 공정증서원본등부실기재죄가 성립한다.
> ㄹ. 주금의 납입이 오로지 증자에 즈음하여 등기를 하기 위한 편법에 지나지 아니한 이른바 가장납입의 방법으로 증자등기를 한 경우 공정증서원본등부실기재죄가 성립한다.
> ㅁ. 1인주주 회사에서 1인주주가 주주총회의 소집 등 상법 소정의 절차를 거치지 않고 이사를 해임하였다는 내용을 법인등기부에 기재하게 한 경우 공정증서원본등부실기재죄가 성립한다.
> ㅂ. 토지거래허가구역 안의 토지에 대하여 매매계약을 체결하였음에도 등기원인을 증여로 하여 소유권이전등기를 한 경우 처음부터 토지거래허가를 잠탈하려는 목적이 있었다고 하더라도 당사자 사이에 소유권이전등기를 할 의사가 있었다면 공정증서원본등부실기재죄가 성립하지 않는다.

① ㄱ, ㄴ　② ㄹ, ㅁ　③ ㄱ, ㄴ, ㄹ
④ ㄱ, ㄴ, ㅂ　⑤ ㄱ, ㄹ, ㅁ　⑥ ㄴ, ㄷ, ㄹ
⑦ ㄷ, ㄹ, ㅁ　⑧ ㄱ, ㄴ, ㄹ, ㅂ

해설

ㄱ. [○] [1] 형법 제228조 제2항의 '등록증'은 공무원이 작성한 모든 등록증을 말하는 것이 아니라, 일정한 자격이나 요건을 갖춘 자에게 그 자격이나 요건에 상응한 활동을 할 수 있는 권능 등을 인정하기 위하여 공무원이 작성한 증서를 말한다.
[2] 사업자등록증은 단순한 사업사실의 등록을 증명하는 증서에 불과하고 그에 의하여 사업을 할 수 있는 자격이나 요건을 갖추었음을 인정하는 것은 아니라고 할 것이어서 형법 제228조 제1항에 정한 '등록증'에 해당하지 않는다(대판 2005.7.15. 2003도6934).

ㄴ. [○] 공증인이 채권양도 · 양수인의 촉탁에 따라 그들의 진술을 청취하여 채권의 양도 · 양수가 진정으로 이루어짐을 확인하고 '채권양도의 법률행위'에 관한 공정증서를 작성한 경우 그 공정증서가 증명하는 사항은 채권양도의 법률행위가 진정으로 이루어졌다는 것일 뿐 그 공정증서가 나아가 양도되는 채권이 진정하게 존재한다는 사실까지 증명하는 것으로 볼 수는 없으므로, 양도인이 허위의 채권에 관하여 그 정을 모르는 양수인과 실제로 채권양도의 법률행위를 한 이상, 공증인에게 그러한 채권양도의 법률행위에 관한 공정증서를 작성하게 하였다고 하더라도 그 공정증서가 증명하는 사항에 관하여는 불실의 사실을 기재하게 하였다고 볼 것은 아니므로 공정증서원본부실기재죄가 성립한다고 볼 수 없다(대판 2004.1.27. 2001도5414).

ㄷ. [×] 피고인이 그가 점유하고 있는 토지에 대하여 매매를 원인으로 하는 소유권이전등기소송을 제기하여서 의제자백에 의한 승소판결을 받아 경료된 피고인명의의 소유권이전등기가 비록 절차상의 하자가 있다 하더라도 점유에 의한 소유권취득시효가 완성함으로써 결국 위 소유권이전등기가 사실적으로 권리관계에 부합하는 유효한 등기라고 한다면 위의 소송에 있어서 피고인에게 위 토지를 편취하려는 범의가 있었다고 볼 수 없고 또한 위와 같이 경료된 이 등기 역시 부실의 등기라고 할 수 없다(대판 1987.3.10. 86도864).
사실관계 피고인이 사망한 자를 상대로 소송을 제기하였으나 이미 토지에 대하여 피고인의 소유권취득시효가 완성되어 있었던 경우여서 소유권이전등기가 실체권리관계와 일치하는 경우였다.

ㄹ. [○] 상법 제628조 제1항 소정의 납입가장죄는 회사의 자본충실을 기하려는 법의 취지를 유린하는 행위를 단속하려는 데 그 목적이 있는 것이므로, 당초부터 진실한 주금납입으로 회사의 자금을 확보할 의사 없이 형식상 또는 일시적으로 주금을 납입하고 이 돈을 은행에 예치하여 납입의 외형을 갖추고 주금납입증명서를 교부받아 설립등기나 증자등기의 절차를 마친 다음 바로 그 납입한 돈을 인출한 경우에는, 이를 회사를 위하여 사용하였다는 특별한 사정이 없는 한 실질적으로 회사의 자본이 늘어난 것이 아니어서 납입가장죄 및 공정증서원본부실기재죄와 부실기재공정증서원본행사죄가 성립한다(대판(전) 2004.6.17. 2003도7645).

ㅁ. [×] 1인주주회사에 있어서는 그 1인주주의 의사가 바로 주주총회 및 이사회의 결의로서 1인주주는 타인을 이사 등으로 선임하였다 하더라도 언제든지 해임할 수 있으므로, 1인주주인 피고인이 특정인과의 합의가 없이 주주총회의 소집 등 상법 소정의 형식적인 절차도 거치지 않고 특정인을 이사의 지위에서 해임하였다는 내용을 법인등기부에 기재하게 하였다고 하더라도 공정증서원본에 불실의 사항을 기재케 한 것이라고 할 수는 없다(대판 1996.6.11. 95도2817).

ㅂ. [×] 토지거래허가구역 안의 토지에 관한 매매계약이 처음부터 토지거래허가를 잠탈할 목적으로 증여를 가장하여 소유권이전등기를 마치려는 의도하에 체결된 경우, 위 매매계약은 확정적으로 무효이므로, 토지거래 허가구역 안의 토지에 관하여 실제로는 매매계약을 체결하고서도 처음부터 토지거래허가를 잠탈하려는 목적으로 등기원인을 '증여'로 하여 소유권이전등기를 경료한 경우, 비록 매도인과 매수인 사이에 실제의 원인과 달리 '증여'를 원인으로 한 소유권이전등기를 경료할 의사의 합치가 있더라도, 허위신고를 하여 공정증서원본에 부실의 사실을 기재하게 한 때에 해당한다(대판 2007.11.30. 2005도9922).

정답 ③

61 다음 설명 중 틀린 것은? (판례에 의함)

[10 경찰승진]

① 협의상 이혼의 의사표시가 기망에 의하여 이루어진 경우라 하더라도, 협의상 이혼의사의 합치에 따라 이혼신고를 하여 호적에 그 협의상 이혼사실이 기재되었다면 공정증서원본부실기재죄가 성립하지 아니한다.

② 공정증서원본부실기재가 성립한 후, 사후에 피해자의 동의 또는 추인 등의 사정으로 문서에 기재된 대로 효과의 승인을 받더라도, 이미 성립한 범죄에는 아무런 영향이 없다.

③ 대주주가 적법한 소집절차나 임시주주총회의 개최 없이 나머지 주주들의 의결권을 위임받아 자신이 임시의장이 되어 임시주주총회 의사록을 작성하여 법인등기를 마친 경우에는 공정증서원본부실기재죄가 성립한다.

④ 주주총회의 소집절차 등에 관한 하자가 주주총회결의의 취소사유에 불과하여 그 취소 전에 주주총회의 결의에 따라 감사변경등기를 한 경우에는 공정증서원본부실기재죄가 성립하지 않는다.

해설

① [○] 협의상 이혼의 의사표시가 기망에 의하여 이루어진 것일지라도 그것이 취소되기까지는 유효하게 존재하는 것이므로, 협의상 이혼의사의 합치에 따라 이혼신고를 하여 호적에 그 협의상 이혼사실이 기재되었다면, 이는 공정증서원본부실기재죄에 정한 부실의 사실에 해당하지 않는다(대판 1997.1.24. 95도448).

② [○] 공정증서원본부실기재가 성립한 후, 사후에 피해자의 동의 또는 추인 등의 사정으로 문서에 기재된 대로 효과의 승인을 받더라도, 이미 성립한 범죄에는 아무런 영향이 없다(대판 2007.6.28. 2007도2714).

③ [×] [1] 주식회사의 임시주주총회가 법령 및 정관상 요구되는 이사회의 결의 및 소집절차 없이 이루어졌다 하더라도, 주주명부상의 주주 전원이 참석하여 총회를 개최하는 데 동의하고 아무런 이의 없이 만장일치로 결의가 이루어졌다면 그 결의는 유효하다.
[2] 대주주가 적법한 소집절차나 임시주주총회의 개최 없이 나머지 주주들의 의결권을 위임받아 자신이 임시의장이 되어 임시주주총회 의사록을 작성하여 법인등기를 마친 경우라도 공정증서원본부실기재죄는 성립하지 않는다(대판 2008.6.26. 2008도1044).

④ [○] 주주총회의 소집절차 등에 관한 하자가 주주총회결의의 취소사유에 불과하여 그 취소 전에 주주총회의 결의에 따라 감사변경등기를 한 경우에는 공정증서원본부실기재죄가 성립하지 않는다(대판 2009.2.12. 2008도10248).

정답 ③

62 **공정증서원본등부실기재죄에 관한 다음 설명 중 가장 옳지 않은 것은? (판례에 의함)** [11 경찰승진]

① 공동상속인 중의 1인이 다른 공동상속인들과의 합의 없이 법정상속분에 따른 공동상속등기를 마쳤다고 하더라도 그것이 실체적 권리관계에 부합되는 것이라면 이를 부실의 등기라고는 할 수 없다.

② 양도인이 허위의 채권에 관하여 그 정을 모르는 양수인과 실제로 채권양도의 법률행위를 한 이상, 공증인에게 그러한 채권양도의 법률행위에 관한 공정증서를 작성하게 하였다고 하더라도 공정증서원본부실기재죄가 성립한다고 볼 수 없다.

③ 소유권이전등기 경료 당시에는 실체권리관계에 부합하지 아니한 등기인 경우에는 사후에 이해관계인들의 동의 또는 추인 등의 사정으로 실체권리관계에 부합하게 된다 하더라도 공정증서원본부실기재 및 동행사죄의 성립에는 아무런 영향이 없다.

④ 자동차운전면허증 재교부신청서의 사진란에 본인의 사진이 아닌 다른 사람의 사진을 붙여 제출함으로써 담당공무원으로 하여금 자동차운전면허대장에 부실의 사실을 기재하게 한 경우 공정증서원본부실기재죄가 성립한다.

해설

① [○] 공동상속인 중의 1인이 다른 공동상속인들과의 합의 없이 법정상속분에 따른 공동상속등기를 마쳤다고 하더라도 그것이 실체적 권리관계에 부합되는 것이라면 이를 부실의 등기라고는 할 수 없다(대판 1995.11.7. 95도898).

② [○] 양도인이 허위의 채권에 관하여 그 정을 모르는 양수인과 실제로 채권양도의 법률행위를 한 이상, 공증인에게 그러한 채권양도의 법률행위에 관한 공정증서를 작성하게 하였다고 하더라도 공정증서원본부실기재죄가 성립한다고 볼 수 없다(대판 2004.1.27. 2001도5414).

③ [○] 소유권이전등기 경료 당시에는 실체권리관계에 부합하지 아니한 등기인 경우에는 사후에 이해관계인들의 동의 또는 추인 등의 사정으로 실체권리관계에 부합하게 된다 하더라도 공정증서원본부실기재 및 동행사죄의 성립에는 아무런 영향이 없다(대판 2007.6.28. 2007도2714).

④ [×] 자동차운전면허대장은 사실증명에 관한 것에 불과하므로 형법 제228조 제1항에서 말하는 공정증서원본이라고 볼 수 없다(대판 2010.6.10. 2010도1125).

정답 ④

63 **다음 중 공정증서원본부실기재죄가 성립하는 경우는 모두 몇 개인가? (다툼이 있으면 판례에 의함)** [12 경찰채용]

ㄱ 해외이주의 목적으로 위장결혼을 하고 혼인신고를 한 경우
ㄴ 적법하게 취득된 토지인 것으로 잘못 알고 실체관계에 부합하게 하기 위하여 소유권보존등기를 경료한 경우
ㄷ 등기원인을 명의신탁 대신에 매매라고 기재한 경우
ㄹ 부동산에 관하여 가장매매를 원인으로 소유권이전등기를 경료한 경우
ㅁ 1인 주주회사에 있어서 1인 주주가 이사를 상법 소정의 형식적 절차를 거치지 않고 해임하였다는 내용을 법인등기부에 기재케 한 경우

① 1개
② 2개
③ 3개
④ 4개

해설

㉠ [성립] 참다운 부부관계의 설정을 바라는 효과의사가 없는 경우에는 그 혼인은 무효라고 할 것이어서 해외이주의 목적으로 위장결혼을 하고 혼인신고를 하여 그 사실이 호적부에 기재되었다면 공정증서원본부실기재죄를 구성한다(대판 1985.9.10. 85도1481).

㉡ [불성립] 피고인이 자신의 부친이 적법하게 취득한 토지인 것으로 알고 실체관계에 부합하게 하기 위하여 소유권보존등기를 경료한 경우 등기 당시 부실기재의 점에 대한 고의 내지는 인식이 없었으므로 공정증서원본부실기재 및 동행사죄가 성립하지 않는다(대판 1996.4.26. 95도2468).

㉢ [불성립] 비록 당사자들의 합의가 없이 경료된 소유권이전등기라 할지라도(이 사건의 경우는 명의신탁해지 원인이면서도 매매를 원인으로 한 이전등기 방법으로) 그것이 민사실체법상의 권리관계에 부합되어 유효인 등기라 할 수 있는 경우에는 형사상으로도 이러한 등기가 사실관계와 다른 이른바 부실의 등기라고는 볼 수 없다(대판 1980.12.9. 80도1323).

㉣ [불성립] 부동산을 관리보존하는 방법으로 이를 타에 신탁하는 의사로서 그 소유권이전등기를 한 경우에는 그 원인을 매매로 가장하였다 하더라도 이는 공정증서원본부실기재죄에 해당하지 아니하고, 피고인이 부동산에 관하여 가장매매를 원인으로 소유권이전등기를 경료하였더라도, 그 당사자 사이에는 소유권이전등기를 경료시킬 의사는 있었다고 할 것이므로 공정증서원본부실기재죄 및 동행사죄는 성립하지 않고, 또한 등기의무자와 등기권리자(피고인) 간의 소유권이전등기신청의 합의에 따라 소유권이전등기가 된 이상, 등기의무자 명의의 소유권이전등기가 원인이 무효인 등기로서 피고인이 그 점을 알고 있었다고 하더라도, 특별한 사정이 없는 한 바로 피고인이 등기부에 부실의 사실을 기재하게 하였다고 볼 것은 아니다(대판 1972.10.31. 72도1971).

㉤ [불성립] 1인주주회사에 있어서는 그 1인주주의 의사가 바로 주주총회 및 이사회의 결의로서 1인주주는 타인을 이사 등으로 선임하였다 하더라도 언제든지 해임할 수 있으므로, 1인주주인 피고인이 특정인과의 합의가 없이 주주총회의 소집 등 상법 소정의 형식적인 절차도 거치지 않고 특정인을 이사의 지위에서 해임하였다는 내용을 법인등기부에 기재하게 하였다고 하더라도 공정증서원본에 부실의 사항을 기재케 한 것이라고 할 수는 없다(대판 1996.6.11. 95도2817).

정답 ①

64 공정증서원본 등 부실기재죄에 관한 설명이다. 다음 중 옳은 것은 모두 몇 개인가? (다툼이 있으면 판례에 의함)

[15 경찰채용]

㉠ 사업자등록증은 공정증서원본등부실기재죄의 대상인 등록증에 해당하지 않는다.
㉡ 자동차운전면허증 재교부신청서의 사진란에 본인의 사진이 아닌 다른 사람의 사진을 붙여 제출함으로써 담당 공무원으로 하여금 자동차운전면허대장에 부실의 사실을 기재하게 한 경우 공정증서원본 등 부실기재죄가 성립한다.
㉢ 민사조정법상의 조정절차에서 작성되는 조정조서는 형법 제228조 제1항에서 말하는 공정증서원본에 해당한다.
㉣ 종중 소유의 토지를 자신의 개인 소유로 신고하여 토지대장에 올린 경우 공정증서원본 등 부실기재죄가 성립하지 않는다.
㉤ 원래 자신소유인 부동산에 대하여 허위의 보증서를 작성한 후 등기소에 제출하여 자기 명의로 소유권을 이전받은 경우 공정증서원본 등 부실기재죄가 성립한다.
㉥ 종중의 적법한 대표 권한이 없는 자가 종중 소유의 토지에 보존등기를 신청하면서 자신이 대표자인 것처럼 허위신고를 함으로써 부동산등기부에 종중의 대표자로 기재된 경우에는 공정증서원본 등 부실기재죄가 성립하지 않는다.

① 1개　② 2개
③ 3개　④ 4개

해설

㉠ [○] 사업자등록증은 단순한 사업사실의 등록을 증명하는 증서에 불과하고 그에 의하여 사업을 할 수 있는 자격이나 요건을 갖추었음을 인정하는 것은 아니라고 할 것이어서 형법 제228조 제1항에 정한 '등록증'에 해당하지 않는다(대판 2005.7.15. 2003도6934).

㉡ [×] 자동차운전면허대장은 운전면허 행정사무집행의 편의를 위하여 범칙자, 교통사고유발자의 인적사항 · 면허번호 등을 기재하거나 운전면허증의 교부 및 재교부 등에 관한 사항을 기재하는 것에 불과하며, 그에 대한 기재를 통해 당해 운전면허 취득자에게 어떠한 권리의무를 부여하거나 변동 또는 상실시키는 효력을 발생하게 하는 것으로 볼 수 없어 공정증서원본이라고 볼 수 없다(대판 2010.6.10. 2010도1125).

㉢ [×] 조정절차에서 작성되는 조정조서는 그 성질상 허위신고에 의해 부실한 사실이 그대로 기재될 수 있는 공문서로 볼 수 없어 공정증서원본에 해당하는 것으로 볼 수 없다(대판 2010.6.10. 2010도3232).

㉣ [○] 형법 제228조에서 말하는 공정증서란 권리의무에 관한 공정증서만을 가리키는 것이고 사실증명에 관한 것은 이에 포함되지 아니하므로 권리의무에 변동을 주는 효력이 없는 토지대장은 위에서 말하는 공정증서에 해당하지 아니한다(대판 1988.5.24. 87도2696).

㉤ [×] 허위의 보증서를 발급받아 소유권이전등기를 거쳤더라도 그것이 권리의 실체관계에 부합하는 등기라면 공정증서에 부실의 사실을 기재하였다고는 할 수 없다(대판 1984.12.11. 84도2285).

㉥ [×] 종중의 적법한 대표권한이 없는 자가 종중 소유의 토지에 보존등기를 신청하면서 자신이 대표자인 것처럼 허위신고를 함으로써 부동산등기부에 종중의 대표자로 기재된 경우에는 공정증서원본부실기재죄가 성립한다(대판 2006.1.13. 2005도4790).

정답 ②

65 다음은 문서에 관한 죄에 대한 설명이다. 가장 적절한 것은? (다툼이 있으면 판례에 의함) [13 경찰채용]

① 작성권한 있는 공무원의 직무를 보좌하여 공문서를 기안하는 자가 그 직위를 이용하여 행사할 목적으로 기안 문서에 허위의 내용을 기재하고 그 사정을 모르는 상사로 하여금 서명날인케 함으로써 허위의 공문서를 작성토록 하였다면 공정증서원본부실기재죄의 간접정범으로 처벌한다.

② 공정증서원본에 기재된 사항이 부존재하거나 외관상 존재한다고 하더라도 무효에 해당되는 하자가 있는 경우뿐만 아니라, 기재된 사항이나 그 원인된 법률행위가 객관적으로 존재하고 다만 거기에 취소사유인 하자가 있을 뿐인 경우에도 취소되기 전의 기재는 공정증서원본의 부실기재에 해당한다.

③ 부동산 거래당사자가 '거래가액'을 시장 등에게 거짓으로 신고하여 받은 신고필증을 기초로 사실과 다른 내용의 거래가액이 부동산등기부에 등재되도록 한 경우 공전자기록등부실기재죄가 성립하지 않는다.

④ 공립학교 교사가 작성하는 교원의 인적사항과 전출희망사항 등을 기재하는 부분과 학교장이 작성하는 학교장의견란 등으로 구성되어 있는 교원실태조사카드의 교사 명의 부분을 명의자의 의사에 반하여 작성한 행위는 공문서위조죄를 구성한다.

해설

① [×] 작성권한이 있는 공무원의 직무를 보좌하는 자가 허위의 내용이 기재된 문서 초안을 그 정을 모르는 상사에게 제출하여 결재하도록 하는 등의 방법으로 허위의 공문서를 작성하게 한 경우 허위공문서작성죄의 간접정범이 성립한다(대판 2010.1.14. 2009도9963).

② [×] 공정증서원본에 기재된 사항이 외관상 존재하는 사실이라 하더라도, 이에 무효나 부존재에 해당되는 흠이 있다면 그 기재는 부실기재에 해당된다. 그러나 그것이 객관적으로 존재하는 사실이고 이에 취소사유에 해당되는 하자가 있을 뿐인 경우에는 그 취소 전에 그 사실의 내용이 공정증서원본에 기재된 이상 공정증서원본부실기재죄를 구성하지 않는다(대판 2009.2.12. 2008도10248).

③ [○] 부동산등기부에 기재되는 거래가액은 당해 부동산의 권리의무관계에 중요한 의미를 갖는 사항에 해당한다고 볼 수 없어, 부동산의 거래당사자가 거래가액을 시장 등에게 거짓으로 신고하여 신고필증을 받은 뒤 이를 기초로 사실과 다른 내용의 거래가액이 부동산등기부에 등재되도록 하였다면, 공인중개사법에 따른 과태료의 제재를 받게 됨은 별론으로 하고 형법상의 공전자기록등부실기재 및 동행사죄는 성립하지는 아니한다(대판 2013.1.24. 2012도12363).

④ [×] 공립학교 교사가 작성하는 교원의 인적사항과 전출희망사항 등을 기재하는 부분과 학교장이 작성하는 학교장의견란 등으로 구성되어 있는 교원실태조사카드는 학교장의 작성명의 부분은 공문서라고 할 수 있으나, 작성자가 교사 명의로 된 부분은 개인적으로 전출을 희망하는 의사표시를 한 것에 지나지 아니하여 이것을 가리켜 공무원이 직무상 작성한 공문서라고 할 수는 없을 것이므로 카드의 교사 명의 부분을 명의자의 의사에 반하여 작성하였다고 하여도 공문서를 위조한 것이라고 할 수 없다(대판 1991.9.24. 91도1733).

정답 ③

66 문서의 부정행사죄(공 · 사문서)가 인정되지 않는 것은? (판례에 의함)

[11 경찰승진]

① 타인인 양 허위신고하여 자신의 사진과 지문이 찍힌 타인명의의 주민등록증을 발급받아 소지하다가 이를 검문경찰관에게 제시한 경우

② 자동차를 임차하려는 자가 자동차 대여업체의 직원으로부터 운전면허증의 제시를 요구받자 타인의 운전면허증을 자신의 것인 양 제시한 경우

③ 甲 선박에 의해 발생한 사고를 마치 乙 선박에 의해 발생한 것처럼 허위신고를 하면서 그에 대한 검정용 자료로서 乙 선박의 선박국적증서와 선박검사증서를 제출한 경우

④ 사용자에 관한 각종 정보가 전자기록되어 있는 자기띠가 카드번호와 카드발행자 등이 문자로 인쇄된 플라스틱 카드에 부착되어 있는 전화카드(한국전기통신공사가 발행한 후불식 통신카드)를 절취한 자가 그 전화카드를 공중전화기에 넣어 사용한 경우

해설

① [인정] 피고인이 공소외 A인 양 허위신고하여 피고인의 사진과 지문이 찍힌 공소외 A 명의의 주민등록증을 발급받은 이상 주민등록증의 발행목적상 피고인에게 위 주민등록증에 부착된 사진의 인물이 공소외 A의 신원사항을 가진 사람이라는 허위사실을 증명하는 용도로 이를 사용할 수 있는 권한이 없다는 사실을 인식하고 있었다고도 할 것이므로 이를 검문경찰관에게 제시하여 이러한 허위사실을 증명하는 용도로 사용한 것은 공문서부정행사죄를 구성한다(대판 1982.9.28. 82도1297).

② [인정] 운전면허증의 본래의 용도에 따른 사용행위라고 할 것이므로 공문서부정행사죄에 해당한다(대판 1998.8.21. 98도1701).

③ [불인정] [1] 선박국적증서는 한국선박으로서 등록하는 때에 선박번호, 국제해사기구에서 부여한 선박식별번호, 호출부호, 선박의 종류, 명칭, 선적항 등을 수록하여 발급하는 문서이고, 선박검사증서는 선박정기검사 등에 합격한 선박에 대하여 항해구역 · 최대승선인원 및 만재흘수선의 위치 등을 수록하여 발급하는 문서이다.
[2] 어떤 선박이 사고를 낸 것처럼 허위로 사고신고를 하면서 그 선박의 선박국적증서와 선박검사증서를 함께 제출하였다고 하더라도, 선박국적증서와 선박검사증서는 선박의 국적과 항행할 수 있는 자격을 증명하기 위한 용도로 사용된 것일 뿐 그 본래의 용도를 벗어나 행사된 것으로 보기는 어려우므로 공문서부정행사죄에 해당하지 않는다(대판 2009.2.26. 2008도10851).

④ [인정] 사용자에 관한 각종 정보가 전자기록되어 있는 자기띠가 카드번호와 카드발행자 등이 문자로 인쇄된 플라스틱 카드에 부착되어 있는 전화카드(한국전기통신공사가 발행한 후불식 통신카드)를 절취한 자가 그 전화카드를 공중전화기에 넣어 사용한 경우 사문서부정행사죄에 해당한다(대판 2002.6.25. 2002도461).

정답 ③

67 다음 문서에 관한 죄에 대한 설명 중 옳지 않은 것으로 짝지어진 것은? (다툼이 있으면 판례에 의함)

[15 경찰간부]

> ㉠ 공문서부정행사죄는 사용권한 있는 자라도 정당한 용법에 반하여 부정하게 행사하였다면 본죄가 성립한다고 보아야 한다.
> ㉡ 운전면허증의 본래 용도는 '신분확인용'이 아니므로 타인의 운전면허증을 신분확인용으로 제시하였다면 공문서부정행사죄가 성립하지 않는다.
> ㉢ 공정증서원본등부실기재죄에 있어서 권리 · 의무와 관계없는 사항에 관한 부실기재가 있다거나 절차상의 흠이 있는 부실기재라고 하더라도 실체적 권리관계에 부합한다면 본죄의 부실기재에 해당하지 않는다.
> ㉣ 대리인이 대리권을 단순히 남용하여 사문서를 작성한 경우에도 자격모용에 의한 사문서작성죄가 성립한다.

① ㉠, ㉡
② ㉡, ㉢
③ ㉡, ㉣
④ ㉠, ㉣

해설

㉠ [O] 공문서부정행사죄는 사용권한 있는 자라도 정당한 용법에 반하여 부정하게 행사하였다면 본죄가 성립한다고 보아야 한다(대판 1999.5.14. 99도206).

㉡ [×] 금융기관과의 거래에 있어서도 운전면허증에 의한 실명확인이 인정되고 있는 등 현실적으로 운전면허증은 주민등록증과 대등한 신분증명서로 널리 사용되고 있다. 따라서, 제3자로부터 신분확인을 위하여 신분증명서의 제시를 요구받고 다른 사람의 운전면허증을 제시한 행위는 그 사용목적에 따른 행사로서 공문서부정행사죄에 해당한다(대판(전) 2001.4.19. 2000도1985).

㉢ [O] 공정증서원본등부실기재죄에 있어서 권리 · 의무와 관계없는 사항에 관한 부실기재가 있다거나 절차상의 흠이 있는 부실기재라고 하더라도 실체적 권리관계에 부합한다면 본죄의 부실기재에 해당하지 않는다(대판 1996.10.15. 96도1225).

㉣ [×] 타인의 대표자 또는 대리자가 그 대표 또는 대리명의로 문서를 작성할 권한을 가지는 경우에 그 지위를 남용하여 단순히 자기 또는 제3자의 이익을 도모할 목적으로 문서를 작성하였다 하더라도 자격모용 사문서작성죄는 성립하지 아니한다(대판 2007.10.11. 2007도5838).

정답 ③

68 다음 중 공문서부정행사죄가 성립하는 것을 모두 고른 것은? (다툼이 있는 경우에는 판례에 의함) [14 변호사]

> ㄱ. 신분을 확인하려는 경찰관에게 자신의 인적 사항을 속이기 위하여 미리 소지하고 있던 타인의 운전면허증을 제시하는 경우
> ㄴ. 타인의 주민등록표등본을 그와 아무런 관련이 없는 사람이 마치 자신의 것인 것처럼 행사한 경우
> ㄷ. 허위로 선박 사고신고를 하면서 그 선박의 국적증명서와 선박검사증서를 함께 제출한 경우
> ㄹ. 기왕에 습득한 타인의 주민등록증을 자신의 가족의 것이라고 제시하면서 그 주민등록증상의 명의로 이동전화 가입신청을 한 경우

① ㄱ
② ㄱ, ㄴ
③ ㄱ, ㄹ
④ ㄷ, ㄹ
⑤ ㄱ, ㄴ, ㄷ

해설

ㄱ. [성립] 운전면허증은 운전면허를 받은 사람이 운전면허시험에 합격하여 자동차의 운전이 허락된 사람임을 증명하는 공문서로서, 운전면허증에 표시된 사람이 운전면허시험에 합격한 사람이라는 '자격증명'과 이를 지니고 있으면서 내보이는 사람이 바로 그 사람이라는 '동일인증명'의 기능을 동시에 가지고 있다. … 따라서 제3자로부터 신분확인을 위하여 신분증명서의 제시를 요구받고 다른 사람의 운전면허증을 제시한 행위는 그 사용목적에 따른 행사로서 공문서부정행사죄에 해당한다고 보는 것이 옳다(대판(전) 2001.4.19. 2000도1985).

ㄴ. [불성립] [1] 공문서부정행사죄는 사용권한자와 용도가 특정되어 작성된 공문서 또는 공도화를 사용권한 없는 자가 사용권한이 있는 것처럼 가장하여 부정한 목적으로 행사하거나 또는 권한 있는 자라도 정당한 용법에 반하여 부정하게 행사하는 경우에 성립되는 것이다.

[2] 주민등록표등본은 그 사용권한자가 특정되어 있다고 할 수 없고, 또 용도도 다양하며, 반드시 본인이나 세대원만이 사용할 수 있는 것이 아니므로, 타인의 주민등록표등본을 그와 아무런 관련 없는 사람이 마치 자신의 것인 것처럼 행사하였다고 하더라도 공문서부정행사죄가 성립되지 아니한다(대판 1999.5.14. 99도206).

ㄷ. [불성립] 선박법과 선박법 시행규칙 등 관계 법령에 의하면, 선박국적증서는 한국선박으로서 등록하는 때에 선박번호, 선박의 종류, 명칭, 선적항 등을 수록하여 발급하는 문서이고, 선박검사증서는 선박정기검사 등에 합격한 선박에 대하여 항해구역·최대승선인원 등을 수록하여 발급하는 문서이다. 위 각 문서는 당해 선박이 한국선박임을 증명하고, 법률상 항행할 수 있는 자격이 있음을 증명하기 위하여 선박소유자에게 교부되어 사용되는 것이다. 따라서 어떤 선박이 사고를 낸 것처럼 허위로 사고신고를 하면서 그 선박의 선박국적증서와 선박검사증서를 함께 제출하였다고 하더라도, 선박국적증서와 선박검사증서는 위 선박의 국적과 항행할 수 있는 자격을 증명하기 위한 용도로 사용된 것일 뿐 그 본래의 용도를 벗어나 행사된 것으로 보기는 어려우므로, 이와 같은 행위는 공문서부정행사죄에 해당하지 않는다(대판 2009.2.26. 2008도10851).

ㄹ. [불성립] [1] 사용권한자와 용도가 특정되어 있는 공문서를 사용권한 없는 자가 사용한 경우에도 그 공문서 본래의 용도에 따른 사용이 아닌 경우에는 형법 제230조의 공문서부정행사죄가 성립되지 아니한다.

[2] 피고인이 기왕에 습득한 타인의 주민등록증을 피고인 가족의 것이라고 제시하면서 그 주민등록증상의 명의 또는 가명으로 이동전화 가입신청을 한 경우, 타인의 주민등록증을 본래의 사용용도인 신분확인용으로 사용한 것이라고 볼 수 없어 공문서부정행사죄가 성립하지 않는다고 한 사례(대판 2003.2.26. 2002도4935).

정답 ①

69 **甲은 乙의 자동차를 훔쳐 자신의 낡은 자동차 번호판을 떼어 훔친 차에 부착하고 타고 다니다가 경찰로부터 음주단속 검문을 당하여 운전면허증제시를 요구받자 빌려 소지하고 있던 丙의 운전면허증을 자기 것처럼 제시하였다. 그러나 이를 알아차린 경찰관에 의해 체포되었다. 甲의 형법상 책임으로 가장 타당한 것은?** [01 사시]

① 절도죄, 공기호부정사용죄, 위계에 의한 공무집행방해죄의 미수
② 절도죄, 부정사용공기호행사죄, 공문서부정행사죄
③ 절도죄, 공기호부정사용죄, 부정사용공기호행사죄, 공문서부정행사죄
④ 자동차등불법사용죄, 공기호부정사용죄, 공문서부정행사죄
⑤ 절도죄, 위계에 의한 공무집행방해죄의 미수, 공문서부정행사죄

해설

③ [O] 甲이 자동차를 훔친 행위는 절도죄, 자동차 번호판을 떼어 훔친 차에 부착한 행위는 공기호부정사용죄, 자동차에 부착하여 운행한 행위는 부정사용공기호행사죄(대판 1997.7.8. 96도3319), 丙의 운전면허증을 자기 것처럼 제시한 행위는 공문서부정행사죄에 해당한다.

정답 ③

제3장 | 공공의 도덕에 관한 죄

제1절 | 성풍속에 관한 죄

01 **성풍속에 관한 죄에 대한 설명 중 가장 적절하지 않은 것은? (다툼이 있으면 판례에 의함)** [15 경찰승진]

① 불특정다수인이 인터넷링크를 이용하여 별다른 제한 없이 음란한 부호 등에 바로 접할 수 있는 상태가 실제로 조성되었다면 이는 음란한 부호 등을 공연히 전시한다는 구성요건을 충족한다.

② 음행의 상습이 있는 미성년자를 영리의 목적으로 매개하여 간음하게 한 경우에는 형법 제242조의 음행매개죄가 성립한다.

③ 고속도로에서 승용차를 손괴하거나 타인에게 상해를 가하는 등의 행패를 부리던 자가 이를 제지하려는 경찰관에 대항하여 공중 앞에서 알몸이 되어 성기를 노출한 경우, 음란한 행위에 해당하지 않는다.

④ 컴퓨터 프로그램파일은 형법 제243조(음화반포 등)에서 규정하고 있는 음란한 문서, 도화, 필름 기타 물건에 해당하지 않는다.

해설

① [○] 불특정다수인이 인터넷링크를 이용하여 별다른 제한 없이 음란한 부호 등에 바로 접할 수 있는 상태가 실제로 조성되었다면 이는 음란한 부호 등을 공연히 전시한다는 구성요건을 충족한다(대판 2003.7.8. 2001도1335).

② [○] 제242조.

③ [×] 피고인이 불특정 또는 다수인이 알 수 있는 상태에서 옷을 모두 벗고 알몸이 되어 성기를 노출하였다면 그 행위는 일반적으로 보통인의 정상적인 성적 수치심을 해하여 성적 도의관념에 반하는 음란한 행위라고 할 것이다(대판 2000.12.22. 2000도4372).

④ [○] 컴퓨터 프로그램파일은 형법 제243조(음화반포 등)에서 규정하고 있는 음란한 문서, 도화, 필름 기타 물건에 해당하지 않는다(대판 1999.2.24. 98도3140).

정답 ③

02 다음 사례 중 공연음란죄의 성립이 인정된 것만을 모두 고른 것은? (다툼이 있으면 판례에 의함) [21 경찰간부]

> ㉠ 말다툼을 한 후 항의의 표시로 엉덩이가 드러날 만큼 바지와 팬티를 내린 다음 엉덩이를 들이밀며 "똥구멍에 술을 부어 보아라"라고 말한 경우
> ㉡ 다수인이 통행하는 참전비 앞길에서 바지와 팬티를 내리고 성기와 엉덩이를 노출한 채 한 쪽 방향으로 걸어가다가 돌아 서서 걷기도 하는 등 주위를 서성인 경우
> ㉢ 요구르트 제품의 홍보를 위하여 전라의 여성 누드모델들이 관람객 수십 명이 있는 자리에서 알몸을 완전히 드러낸 채관람객들을 향하여 요구르트를 던진 경우
> ㉣ 아파트 엘리베이터 내에 피해자(여, 11세)와 단둘이 탄 다음 신체접촉 없이 피해자를 향하여 성기를 노출하고 이를 보고 놀란 피해자에게 다가간 경우
> ㉤ 고속도로에서 승용차를 손괴하는 등의 행패를 부리던 자가 이를 제지하려는 경찰관에 대항하여 공중 앞에서 알몸이 되어 성기를 노출한 경우

① ㉠, ㉡, ㉤　　② ㉠, ㉢, ㉣
③ ㉡, ㉢, ㉤　　④ ㉡, ㉢, ㉣

해설

㉠ [불성립] 피고인의 행위는 보는 사람에게 부끄러운 느낌이나 불쾌감을 주는 정도에 불과하다고 보여지고, 일반 보통인의 성욕을 자극하여 성적 흥분을 유발하거나 정상적인 성적 수치심을 해할 정도에 해당한다고 보기는 어렵다(대판 2004.3.12. 2003도6514).

㉡ [성립] 피고인의 비록 성행위를 묘사하거나 성적인 의도를 표출한 것은 아니라고 하더라도 공연히 음란한 행위를 한 것에 해당한다(대판 2020.1.16. 2019도14056).

㉢ [성립] 피고인들의 행위는 비록 성행위를 묘사하거나 성적인 의도를 표출하는 행위는 아니라고 하더라도 일반 보통인의 성욕을 자극하여 성적 흥분을 유발하고 정상적인 성적 수치심을 해하여 성적 도의관념에 반하는 음란한 행위에 해당하는 것으로 봄이 상당하다(대판 2006.1.13. 2005도1264).

㉣ [불성립] 피고인이 피해자에 대하여 한 행위는 피해자의 성적 자유의사를 제압하기에 충분한 세력에 의하여 추행행위에 나아간 것으로서 위력에 의한 추행행위에 해당한다(대판 2013.1.16. 2011도7164).

㉤ [성립] 피고인이 불특정 또는 다수인이 알 수 있는 상태에서 옷을 모두 벗고 알몸이 되어 성기를 노출하였다면 그 행위는 일반적으로 보통인의 정상적인 성적 수치심을 해하여 성적 도의관념에 반하는 음란한 행위라고 할 것이다(대판 2000.12.22. 2000도4372).

정답 ③

03 성풍속에 관한 죄에 대한 다음 설명 중 가장 적절하지 않은 것은? (다툼이 있으면 판례에 의함) [13 경찰승진]

① 형법 제245조 소정의 '음란한 행위'라 함은 일반 보통인의 성욕을 자극하여 성적 흥분을 유발하고 정상적인 성적 수치심을 해하여 성적 도의관념에 반하는 것을 가리킨다고 할 것이고, 이 죄는 주관적으로 성욕의 흥분 또는 만족 등의 성적인 목적이 있어야 하는 것은 아니고, 그 행위의 음란성에 대한 의미의 인식이 있으면 성립한다.

② 불특정다수인이 인터넷링크를 이용하여 별다른 제한없이 음란한 부호 등에 바로 접할 수 있는 상태가 실제로 조성되었다면 이는 공연음란죄의 구성요건을 충족한다.

③ 유흥주점 여종업원들이 웃옷을 벗고 브래지어만 착용하거나 치마를 허벅지가 다 드러나도록 걷어 올리고 가슴이 보일 정도로 어깨끈을 밑으로 내린 채 손님을 접대한 경우 (구) 풍속영업의규제에관한법률 제3조 제1호에 정한 '음란행위'에 해당한다.

④ 인터넷사이트에 집단 성행위 목적의 카페를 개설, 운영한 자가 남녀 회원을 모집한 후 특별모임을 빙자하여 집단으로 성행위를 하고 그 촬영물이나 사진 등을 카페에 게시한 경우, 위 게시행위는 음란물을 공연히 전시한 것에 해당한다.

해설

① [○] 형법 제245조 소정의 '음란한 행위'라 함은 일반 보통인의 성욕을 자극하여 성적 흥분을 유발하고 정상적인 성적 수치심을 해하여 성적 도의관념에 반하는 것을 가리킨다고 할 것이고, 위 죄는 주관적으로 성욕의 흥분, 만족 등의 성적인 목적이 있어야 성립하는 것은 아니고 그 행위의 음란성에 대한 의미의 인식이 있으면 족하다(대판 2004.3.12. 2003도6514).

② [○] 불특정다수인이 인터넷링크를 이용하여 별다른 제한 없이 음란한 부호 등에 바로 접할 수 있는 상태가 실제로 조성되었다면 이는 음란한 부호 등을 공연히 전시한다는 구성요건을 충족한다(대판 2003.7.8. 2001도1335).

③ [×] 종업원들의 행위와 노출 정도가 형사법상 규제의 대상으로 삼을 만큼 사회적으로 유해한 영향을 끼칠 위험성이 있다고 평가할 수 있을 정도로 노골적인 방법에 의하여 성적 부위를 노출하거나 성적 행위를 표현한 것이라고 단정하기에 부족하다(대판 2009.2.26. 2006도3119).

④ [○] 인터넷사이트에 집단 성행위 목적의 카페를 개설, 운영한 자가 남녀 회원을 모집한 후 특별모임을 빙자하여 집단으로 성행위를 하고 그 촬영물이나 사진 등을 카페에 게시한 경우, 위 게시행위는 음란물을 공연히 전시한 것에 해당한다(대판 2009.5.14. 2008도10914).

정답 ③

04 다음 설명 중 가장 옳지 않은 것은? (다툼이 있으면 판례에 의함) [14 경찰간부]

① 음화반포등죄(형법 제243조)에 규정된 '음란한 문서 또는 도화'라 함은 성욕을 자극하여 흥분시키고 일반인의 정상적인 성적 정서와 선량한 사회풍속을 해칠 가능성이 있는 도서를 말하며, 그 음란성의 존부는 작성자의 주관적인 의도가 아니라 객관적으로 도서 자체에 의하여 판단하여야 한다.

② 문학작품이라고 하여 무한정의 표현의 자유를 누려 어떠한 성적 표현도 가능하다고 할 수는 없고, 그것이 건전한 성적 풍속이나 성도덕을 침해하는 경우에는 형법규정에 의하여 이를 처벌할 수 있다.

③ 고속도로에서 승용차를 손괴하거나 타인에게 상해를 가하는 등의 행패를 부리던 자가 신고를 받고 출동한 경찰관이 이를 제지하려고 하자, 시위조로 주위에 운전자 등 사람이 많이 있는 가운데 옷을 모두 벗어 알몸의 상태로 바닥에 드러눕거나 돌아다녔다 하더라도 이렇게 공중 앞에서 단순히 알몸을 노출시킨 행위만으로는 공연음란죄(형법 제245조)에 해당한다고 보기 어렵다.

④ 음화반포등죄(형법 제243조) 소정의 음란성을 판단함에 있어 법관이 자신의 정서가 아닌 일반 보통인의 정서를 규준으로 하여 이를 판단하면 족한 것이지, 법관이 일일이 일반 보통인을 상대로 과연 당해 문서나 도화 등이 그들의 성욕을 자극하여 성적 흥분을 유발하거나 정상적인 성적 수치심을 해하여 성적 도의관념에 반하는 것인지의 여부를 묻는 절차를 거쳐야만 되는 것은 아니다.

해설

① [○] 음화반포등죄(형법 제243조)에 규정된 '음란한 문서 또는 도화'라 함은 성욕을 자극하여 흥분시키고 일반인의 정상적인 성적 정서와 선량한 사회풍속을 해칠 가능성이 있는 도서를 말하며, 그 음란성의 존부는 작성자의 주관적인 의도가 아니라 객관적으로 도서 자체에 의하여 판단하여야 한다(대판 1991.9.10. 91도1550).
② [○] 문학작품이라고 하여 무한정의 표현의 자유를 누려 어떠한 성적 표현도 가능하다고 할 수는 없고, 그것이 건전한 성적 풍속이나 성도덕을 침해하는 경우에는 형법규정에 의하여 이를 처벌할 수 있다(대판 1995.6.16. 94도2413).
③ [×] 피고인이 불특정 또는 다수인이 알 수 있는 상태에서 옷을 모두 벗고 알몸이 되어 성기를 노출하였다면, 그 행위는 일반적으로 보통인의 정상적인 성적 수치심을 해하여 성적 도의관념에 반하는 음란한 행위라고 할 것이다(대판 2000.12.22. 2000도4372).
④ [○] 음화반포등죄(형법 제243조) 소정의 음란성을 판단함에 있어 법관이 자신의 정서가 아닌 일반 보통인의 정서를 규준으로 하여 이를 판단하면 족한 것이지, 법관이 일일이 일반 보통인을 상대로 과연 당해 문서나 도화 등이 그들의 성욕을 자극하여 성적 흥분을 유발하거나 정상적인 성적 수치심을 해하여 성적 도의관념에 반하는 것인지의 여부를 묻는 절차를 거쳐야만 되는 것은 아니다(대판 1995.2.10. 94도2266).

정답 ③

05 **다음은 형법상 성풍속에 관한 죄에 대한 설명이다. 옳은 것(○)과 옳지 않은 것(×)을 바르게 연결한 것은? (다툼이 있으면 판례에 의함)**

[13 경찰채용]

㉠ 음란한 영상화면을 수록한 컴퓨터 프로그램 파일을 컴퓨터 통신망을 통하여 전송하는 방법으로 판매한 경우 형법상 음화반포판매죄가 성립한다.
㉡ 음란한 부호 등이 전시된 웹페이지에 대한 링크행위로 인해 불특정 다수인이 별다른 제한 없이 음란한 부호 등에 바로 접할 수 있는 상태가 실제로 조성되었다고 한다면 이러한 링크행위는 음란한 부호 등을 공연히 전시한 경우에 해당한다.
㉢ 고속도로에서 행패를 부리다가 경찰관이 출동하여 이를 제지하려고 하자 주위에 운전자 등 많은 사람이 운집한 가운데 시위조로 옷을 모두 벗고 알몸의 상태로 바닥에 드러눕거나 돌아다닌 행위는 공연음란죄에 해당한다.
㉣ 피고인이 甲과 주차문제로 말다툼을 할 때 甲이 피고인에게 "술을 먹었으면 입으로 먹었지 똥구멍으로 먹었냐"라고 말한 것에 격분하여 甲이 운영하는 상점으로 찾아가 상점카운터를 지키고 있던 甲의 딸인 乙(여, 23세)을 보고 "주인 어디 갔느냐"고 소리를 지르다가 등을 돌려 엉덩이가 드러날 만큼 바지와 팬티를 내린 다음 엉덩이를 들이밀며 "똥구멍으로 어떻게 술을 먹느냐, 똥구멍에 술을 부어 보아라"라고 말한 경우 공연음란죄가 성립한다.

① ㉠ × ㉡ ○ ㉢ ○ ㉣ ○
② ㉠ ○ ㉡ × ㉢ × ㉣ ○
③ ㉠ × ㉡ ○ ㉢ ○ ㉣ ×
④ ㉠ ○ ㉡ × ㉢ × ㉣ ×

해설

㉠ [×] 컴퓨터 프로그램파일은 형법 제243조에 규정된 '문서, 도화, 필름 기타 물건'에 해당한다고 할 수 없으므로, 음란한 영상화면을 수록한 컴퓨터 프로그램파일을 컴퓨터 통신망을 통하여 전송하는 방법으로 판매한 행위에 대하여는 형법 제243조의 규정을 적용할 수 없다(대판 1999.2.24. 98도3140).
㉡ [○] 음란한 부호 등이 전시된 웹페이지에 대한 링크행위로 인해 불특정 다수인이 별다른 제한 없이 음란한 부호 등에 바로 접할 수 있는 상태가 실제로 조성되었다고 한다면 이러한 링크행위는 음란한 부호 등을 공연히 전시한 경우에 해당한다(대판 2003.7.8. 2001도1335).
㉢ [○] 피고인이 불특정 또는 다수인이 알 수 있는 상태에서 옷을 모두 벗고 알몸이 되어 성기를 노출하였다면 그 행위는 일반적으로 보통인의 정상적인 성적 수치심을 해하여 성적 도의관념에 반하는 음란한 행위라고 할 것이다(대판 2000.12.22. 2000도4372).
㉣ [×] 피고인의 행위는 보는 사람에게 부끄러운 느낌이나 불쾌감을 주는 정도에 불과하다고 보여지고, 일반 보통인의 성욕을 자극하여 성적 흥분을 유발하거나 정상적인 성적 수치심을 해할 정도에 해당한다고 보기는 어렵다(대판 2004.3.12. 2003도6514).

정답 ③

제2절 | 도박·복표에 관한 죄

06 도박죄에 관한 설명 중 가장 적절하지 않은 것은? (다툼이 있으면 판례에 의함) [16 경찰승진]

① 사기도박과 같이 도박당사자의 일방이 사기의 수단으로써 승패의 수를 지배하는 경우에는 도박에서의 우연성이 결여되어 사기죄만 성립하고 도박죄는 별도로 성립하지 않는다.

② 도박개장죄는 영리의 목적으로 스스로 주재자가 되어 그 지배하에 도박 장소를 개설함으로써 성립하는 것이며, 영리를 목적으로 도박을 개장하면 기수에 이르고, 현실로 도박이 행하여졌음을 묻지 않는다.

③ 도박행위를 처벌하지 않는 외국 카지노에서의 내국인의 도박에 대해서는, 내국인의 폐광지역 카지노출입을 허용하는 국내법을 유추적용하여 위법성이 조각되는 것으로 보아야 한다.

④ 도박의 습벽이 있는 자가 타인의 도박을 방조하면 상습도박방조의 죄가 성립한다.

해설

① [○] 도박이라 함은 2인 이상의 자가 상호간에 재물을 도(睹)하여 우연한 승패에 의하여 그 재물 등의 득실을 결정하는 것이므로, 이른바 사기도박에 있어서와 같이 도박당사자의 일방이 사기의 수단으로써 승패의 수를 지배하는 경우에는 도박에 있어서의 우연성이 결여되어 사기죄만 성립하고 도박죄는 성립하지 아니한다(대판 2011.1.13. 2010도9330).

② [○] 형법 제247조의 도박개장죄는 영리의 목적으로 도박을 개장하면 기수에 이르고, 현실로 도박이 행하여졌음은 묻지 않는다(대판 2009.12.10. 2008도5282).

③ [×] 형법 제3조는 속인주의를 규정하고 있고 또한 국가 정책적 견지에서 도박죄의 보호법익보다 좀 더 높은 국가이익을 위하여 예외적으로 내국인의 출입을 허용하는 폐광지역개발지원에관한특별법 등에 따라 카지노에 출입하는 것은 법령에 의한 행위로 위법성이 조각된다고 할 것이나, 도박죄를 처벌하지 않은 외국 카지노에서의 도박이라는 사정만으로 내국인인 피고인에 대하여 그 위법성이 조각된다고 할 수 없다(대판 2004.4.23. 2002도2518).

④ [○] 상습도박의 죄나 상습도박방조의 죄에 있어서의 상습성은 행위의 속성이 아니라 행위자의 속성으로서 도박을 반복해서 거듭하는 습벽을 말하는 것인 바, 도박의 습벽이 있는 자가 타인의 도박을 방조하면 상습도박방조의 죄에 해당하는 것이며, 도박의 습벽이 있는 자가 도박을 하고 또 도박방조를 하였을 경우 상습도박방조의 죄는 무거운 상습도박의 죄에 포괄시켜 1죄로서 처단하여야 한다(대판 1984.4.24. 84도195).

정답 ③

07 도박개장죄에 대한 설명 중 옳은 것은? (다툼이 있으면 판례에 의함) [15 경찰간부]

① 영리의 목적을 필요로 하는 목적범이다.

② 도박개장죄는 현실적으로 그 이익을 얻었을 것을 요한다.

③ 피씨방 업주들이 가맹점을 모집하여 인터넷 도박게임이 가능하도록 시설 등을 설치하고 도박게임 프로그램을 가동하던 중 문제가 발생하여 더 이상의 영업으로 나아가지 못한 경우 도박개장죄는 미수에 그친 것이다.

④ 인터넷 게임사이트의 온라인 게임에서 통용되는 사이버 머니를 구입하고자 하는 사람을 유인하여 돈을 받고 위 게임사이트에 접속하여 일부러 패하는 방법으로 사이버머니를 판매한 사람에 대하여, 정범인 위 게임사이트 개설자의 도박개장행위를 인정할 수 없다고 하더라도 종범인 도박개장방조죄는 성립한다.

해설

① [○] 제247조 참고.

② [×] 형법 제247조의 도박개장죄는 영리의 목적으로 도박을 개장하면 기수에 이르고, 현실로 도박이 행하여졌음은 묻지 않는다(대판 2009.12.10. 2008도5282).

③ [×] [1] 도박개장죄는 영리의 목적으로 도박을 개장하면 기수에 이르고, 현실로 도박이 행하여졌음은 묻지 않는다. 따라서 영리의 목적으로 인터넷 도박게임 사이트를 개설하여 운영하는 경우 게임이용자들과 게임회사 사이에 있어서 재물이 오고갈 수 있는 상태에 있으면, 게임이용자가 도박게임 사이트에 접속하여 실제 게임을 하였는지 여부와 관계없이 도박개장죄는 '기수'에 이른다.

[2] 피고인이 가맹점을 모집하여 인터넷 도박게임이 가능하도록 시설 등을 설치하고 도박게임 프로그램을 가동하던 중 문제가 발생하여 더 이상의 영업으로 나아가지 못한 것으로 볼 여지가 있다면 이로써 도박개장죄는 이미 '기수'에 이르렀다고 볼 수 있다(대판 2009.12.10. 2008도5282).

④ [×] [1] 종범은 정범의 실행행위 전이나 실행행위 중에 정범을 방조하여 그 실행행위를 용이하게 하는 것을 말하므로 정범의 실행행위가 있어야 성립한다.

[2] 게임사이트를 개설한 자가 게임을 회원들에게 단순 오락용 게임으로 제공하는 것을 넘어서 게임을 도박의 수단으로 제공하고 그에 따른 이익을 취득하였다는 사실이 없다면 종범인 도박개장방조죄가 성립하지 않는다(대판 2007.11.29. 2007도8050).

정답 ①

08 **도박에 관한 죄의 설명 중 가장 옳지 않은 것은? (판례에 의함)** [11 경찰승진]

① 유료낚시터를 운영하는 사람이 입장료 명목으로 요금을 받은 후 물고기에 부착된 시상번호에 따라 경품을 지급한 경우 도박개장죄에 해당한다.

② 내국인의 출입을 허용하는 폐광지역 카지노에 출입하는 것은 법령에 의한 행위로 위법성이 조각되지만, 도박죄를 처벌하지 않는 외국 카지노에서의 도박은 위법성이 조각되지 아니한다.

③ 피고인이 가맹점을 모집하여 인터넷 도박게임이 가능하도록 시설 등을 설치하고 도박게임 프로그램을 가동하던 중 문제가 발생하여 더 이상의 영업으로 나아가지 못한 경우, 실제로 이용자들이 도박게임 사이트에 접속하여 도박을 한 사실이 없다면 도박개장죄는 기수에 이르렀다고 볼 수 없다.

④ 도박은 '재물을 걸고 우연에 의하여 재물의 득실을 결정하는 것'을 의미하는바, 여기서 '우연'이란 주관적으로 '당사자에 있어서 확실히 예견 또는 자유로이 지배할 수 없는 사실에 관하여 승패를 결정하는 것'을 말하고, 객관적으로 불확실할 것을 요구하지 아니한다.

해설

① [○] 유료낚시터를 운영하는 사람이 입장료 명목으로 요금을 받은 후 물고기에 부착된 시상번호에 따라 경품을 지급한 사안에서, 도박개장죄를 인정한 사례(대판 2009.2.26. 2008도10582).

② [○] 내국인의 출입을 허용하는 폐광지역 카지노에 출입하는 것은 법령에 의한 행위로 위법성이 조각되지만, 도박죄를 처벌하지 않는 외국 카지노에서의 도박은 위법성이 조각되지 아니한다(대판 2004.4.23. 2002도2518).

③ [×] [1] 도박개장죄는 영리의 목적으로 도박을 개장하면 기수에 이르고, 현실로 도박이 행하여졌음은 묻지 않는다. 따라서 영리의 목적으로 인터넷 도박게임 사이트를 개설하여 운영하는 경우 게임이용자들과 게임회사 사이에 있어서 재물이 오고갈 수 있는 상태에 있으면, 게임이용자가 도박게임 사이트에 접속하여 실제 게임을 하였는지 여부와 관계없이 도박개장죄는 '기수'에 이른다.

[2] 피고인이 가맹점을 모집하여 인터넷 도박게임이 가능하도록 시설 등을 설치하고 도박게임 프로그램을 가동하던 중 문제가 발생하여 더 이상의 영업으로 나아가지 못한 것으로 볼 여지가 있다면 이로써 도박개장죄는 이미 '기수'에 이르렀다고 볼 수 있다(대판 2009.12.10. 2008도5282).

④ [○] 도박은 '재물을 걸고 우연에 의하여 재물의 득실을 결정하는 것'을 의미하는바, 여기서 '우연'이란 주관적으로 '당사자에 있어서 확실히 예견 또는 자유로이 지배할 수 없는 사실에 관하여 승패를 결정하는 것'을 말하고, 객관적으로 불확실할 것을 요구하지 아니한다(대판 2014.6.12. 2013도13231).

정답 ③

09 **다음 설명 중 가장 옳지 않은 것은? (다툼이 있으면 판례에 의함)** [14 경찰간부]

① 도박개장죄는 영리의 목적으로 도박을 개장하면 기수에 이르고, 현실로 도박이 행하여졌음은 묻지 않는다.

② 동종의 수개의 도박행위에 상습성이 인정된다면 그중 형이 중한 상습도박죄에 나머지 행위를 포괄시켜 1죄로 처단하여야 한다.

③ 피해자들을 유인하여 사기도박으로 도금을 편취한 경우, 피해자들에 대한 각 사기죄는 실체적 경합의 관계에 있는 것으로 보아야 한다.

④ 유료낚시터를 운영하는 사람이 입장료 명목으로 요금을 받은 후, 낚인 물고기에 부착된 번호가 시간별로 우연적으로 변동되는 프로그램상의 시상번호와 일치하는 경우 경품을 지급한 행위는 도박개장죄에 해당한다.

해설

① [○] 형법 제247조의 도박개장죄는 영리의 목적으로 도박을 개장하면 기수에 이르고, 현실로 도박이 행하여졌음은 묻지 않는다(대판 2009.12.10. 2008도5282).

② [○] 동종의 수개의 도박행위에 상습성이 인정된다면 그중 형이 중한 상습도박죄에 나머지 행위를 포괄시켜 1죄로 처단하여야 한다(대판 1982.9.28. 82도1669).

③ [×] 피고인 등이 피해자들을 유인하여 사기도박으로 도금을 편취한 행위는 사회관념상 1개의 행위로 평가하는 것이 타당하므로 피해자들에 대한 각 사기죄는 상상적 경합의 관계에 있다(대판 2011.1.13. 2010도9330).

④ [○] 유료낚시터를 운영하는 사람이 입장료 명목으로 요금을 받은 후 물고기에 부착된 시상번호에 따라 경품을 지급한 사안에서, 도박개장죄를 인정한 사례(대판 2009.2.26. 2008도10582).

정답 ③

10 **다음 설명 중 가장 옳지 않은 것은? (다툼이 있으면 판례에 의함)** [14 경찰간부]

① 사기도박에 필요한 준비를 갖추고 그 실행에 착수한 후에 사기도박을 숨기기 위하여 얼마간 정상적인 도박을 하였더라도 이는 사기죄의 실행행위에 포함되는 것이므로 사기죄만 성립하고 도박죄는 따로 성립하지 아니한다.

② 도박의 습벽이 있는 자가 도박을 하고 또 도박방조를 하였을 경우, 상습도박의 죄가 성립하는 이외에 별도로 상습도박방조의 죄가 성립하므로 이를 포괄시켜 1죄로서 처단하여서는 아니 된다.

③ 성인피시방 운영자가 손님들로 하여금 컴퓨터에 접속하여 인터넷 도박게임을 하고 게임머니의 충전과 환전을 하도록 하면서 게임머니의 일정 금액을 수수료 명목으로 받은 행위는 도박개장죄에 해당한다.

④ 사기도박에 있어서는 사기적인 방법으로 도금을 편취하려고 하는 자가 상대방에게 도박에 참가할 것을 권유하는 등 기망행위를 개시한 때에 실행의 착수가 있다.

해설

① [○] 사기도박에 필요한 준비를 갖추고 그 실행에 착수한 후에 사기도박을 숨기기 위하여 얼마간 정상적인 도박을 하였더라도 이는 사기죄의 실행행위에 포함되는 것이므로 사기죄만 성립하고 도박죄는 따로 성립하지 아니한다(대판 2011.1.13. 2010도9330).

② [×] 상습도박의 죄나 상습도박방조의 죄에 있어서의 상습성은 행위의 속성이 아니라 행위자의 속성으로서 도박을 반복해서 거듭하는 습벽을 말하는 것인바, 도박의 습벽이 있는 자가 타인의 도박을 방조하면 상습도박방조의 죄에 해당하는 것이며, 도박의 습벽이 있는 자가 도박을 하고 또 도박방조를 하였을 경우 상습도박방조의 죄는 무거운 상습도박의 죄에 포괄시켜 1죄로서 처단하여야 한다(대판 1984.4.24. 84도195).

③ [○] 성인피시방 운영자가 손님들로 하여금 컴퓨터에 접속하여 인터넷 도박게임을 하고 게임머니의 충전과 환전을 하도록 하면서 게임머니의 일정 금액을 수수료 명목으로 받은 행위는 도박개장죄에 해당한다(대판 2008.10.23. 2008도3970).

④ [○] 사기죄는 편취의 의사로 기망행위를 개시한 때에 실행에 착수한 것으로 보아야 하므로, 사기도박에 있어서도 사기적인 방법으로 도금을 편취하려고 하는 자가 상대방에게 도박에 참가할 것을 권유하는 등 기망행위를 개시한 때에 실행의 착수가 있는 것으로 보아야 한다(대판 2011.1.13. 2010도9330).

정답 ②

11 도박개장죄에 관한 다음 설명 중 가장 적절하지 않은 것은? (다툼이 있으면 판례에 의함)

[12 경찰채용]

① 피고인이 가맹점을 모집하여 인터넷 도박게임이 가능하도록 시설 등을 설치하고 도박게임 프로그램을 가동하던 중, 문제가 발생하여 더이상의 영업으로 나아가지 못한 경우, 실제로 이용자들이 도박게임 사이트에 접속하여 도박을 한 사실이 없다면 도박개장죄는 기수에 이르렀다고 볼 수 없다.

② 본 죄는 영리의 목적을 필요로 하는 이른바 목적범이다.

③ 영리의 목적이란 도박개장의 대가로 불법한 재산상의 이익을 얻으려는 의사를 의미하는 것으로, 반드시 도박개장의 직접적 대가가 아니라 도박개장을 통하여 간접적으로 얻게 될 이익을 위한 경우에도 영리의 목적이 인정되고, 또한 현실적으로 그 이익을 얻었을 것을 요하지는 않는다.

④ 유료낚시터를 운영하는 사람이 입장료 명목으로 요금을 받은 후 물고기에 부착된 시상번호에 따라 경품을 지급한 경우 도박개장죄에 해당한다.

해설

① [×] [1] 도박개장죄는 영리의 목적으로 도박을 개장하면 기수에 이르고, 현실로 도박이 행하여졌음은 묻지 않는다. 따라서 영리의 목적으로 인터넷 도박게임 사이트를 개설하여 운영하는 경우 게임이용자들과 게임회사 사이에 있어서 재물이 오고갈 수 있는 상태에 있으면, 게임이용자가 도박게임 사이트에 접속하여 실제 게임을 하였는지 여부와 관계없이 도박개장죄는 '기수'에 이른다.

[2] 피고인이 가맹점을 모집하여 인터넷 도박게임이 가능하도록 시설 등을 설치하고 도박게임 프로그램을 가동하던 중 문제가 발생하여 더 이상의 영업으로 나아가지 못한 것으로 볼 여지가 있다면 이로써 도박개장죄는 이미 '기수'에 이르렀다고 볼 수 있다(대판 2009.12.10. 2008도5282).

② [○] 제247조.

③ [○] 도박개장죄의 영리의 목적이란 도박개장의 대가로 불법한 재산상의 이익을 얻으려는 의사를 의미하는 것으로, 반드시 도박개장의 직접적 대가가 아니라 도박개장을 통하여 간접적으로 얻게 될 이익을 위한 경우에도 영리의 목적이 인정되고, 또한 현실적으로 그 이익을 얻었을 것을 요하지는 않는다(대판 2008.10.23. 2008도3970).

④ [○] 유료낚시터를 운영하는 사람이 입장료 명목으로 요금을 받은 후 물고기에 부착된 시상번호에 따라 경품을 지급한 사안에서, 도박개장죄를 인정한 사례(대판 2009.2.26. 2008도10582).

정답 ①

12 **도박에 관한 죄에 대한 설명으로 가장 적절한 것은? (다툼이 있으면 판례에 의함)** [11 경찰채용]

① 피씨방 업주들인 가맹점을 모집하여 인터넷 도박게임이 가능하도록 시설 등을 설치하고 도박게임 프로그램을 가동하던 중 문제가 발생하여 더 이상의 영업으로 나아가지 못한 경우, 실제로 이용자들이 도박게임 사이트에 접속하여 도박을 한 사실이 없다면 도박개장죄는 미수에 그친 것이다.

② 내국인이 도박죄를 처벌하지 않는 외국 카지노에 가서 도박을 했다고 하여도 당해 행위가 도박죄의 구성요건에 해당하는 이상 우리 형법이 적용되고 내국인의 출입이 허용되는 국내 카지노의 출입과 달리 위법성이 조각되는 것은 아니다.

③ 당사자의 일방이 사기의 수단으로 승패의 수를 지배하는 사기도박을 한 경우 상대방을 기망한 자에 대해서는 사기죄만 성립하고 도박죄는 성립하지 않지만 기망을 당한 자의 경우에는 편면적 대향범과 마찬가지로 도박죄가 성립한다.

④ 상습도박자가 상습성 없는 자의 도박을 방조한 경우에는 제33조 단서에 따라 중하게 처벌될 수 없고 도박죄의 방조범으로 처벌하게 된다.

해설

① [×] [1] 도박개장죄는 영리의 목적으로 도박을 개장하면 기수에 이르고, 현실로 도박이 행하여졌음은 묻지 않는다. 따라서 영리의 목적으로 인터넷 도박게임 사이트를 개설하여 운영하는 경우 게임이용자들과 게임회사 사이에 있어서 재물이 오고갈 수 있는 상태에 있으면, 게임이용자가 도박게임 사이트에 접속하여 실제 게임을 하였는지 여부와 관계없이 도박개장죄는 '기수'에 이른다.
[2] 피고인이 가맹점을 모집하여 인터넷 도박게임이 가능하도록 시설 등을 설치하고 도박게임 프로그램을 가동하던 중 문제가 발생하여 더 이상의 영업으로 나아가지 못한 것으로 볼 여지가 있다면 이로써 도박개장죄는 이미 '기수'에 이르렀다고 볼 수 있다(대판 2009.12.10. 2008도5282).

② [○] 내국인이 도박죄를 처벌하지 않는 외국 카지노에 가서 도박을 했다고 하여도 당해 행위가 도박죄의 구성요건에 해당하는 이상 우리 형법이 적용되고 내국인의 출입이 허용되는 국내 카지노의 출입과 달리 위법성이 조각되는 것은 아니다(대판 2004.4.23. 2002도2518).

③ [×] 사기도박과 같이 도박당사자의 일방이 사기의 수단으로써 승패의 수를 지배하는 경우에는 도박에서의 우연성이 결여되어 사기죄만 성립하고 도박죄는 성립하지 아니한다(대판 2011.1.13. 2010도9330).
▶ 기망을 당한 자의 경우에도 도박죄가 성립하지 아니한다.

④ [×] [1] 상습도박의 죄나 상습도박방조의 죄에 있어서의 상습성은 행위의 속성이 아니라 행위자의 속성으로서 도박을 반복해서 거듭하는 습벽을 말하는 것이다.
[2] 도박의 습벽이 있는 자가 타인의 도박을 방조하면 상습도박방조의 죄에 해당하는 것이며, 도박의 습벽이 있는 자가 도박을 하고 또 도박방조를 하였을 경우 상습도박방조의 죄는 무거운 상습도박의 죄에 포괄시켜 1죄로서 처단하여야 한다(대판 1984.4.24. 84도195).

정답 ②

13 **다음 설명 중 가장 적절하지 않은 것은? (다툼이 있으면 판례에 의함)**

[13 경찰채용]

① 내국인의 출입을 허용하는 폐광지역 카지노에 출입하는 것은 법령에 의한 행위로 위법성이 조각되지만, 도박죄를 처벌하지 않는 외국 카지노에서의 도박은 위법성이 조각되지 아니한다.

② 인터넷 고스톱게임 사이트를 유료화하는 과정에서 사이트를 홍보하기 위하여 고스톱대회를 개최하면서 참가자들로부터 참가비를 받고 입상자들에게 상금을 지급한 경우에는 도박개장죄가 성립한다.

③ 피고인이 가맹점을 모집하여 인터넷 도박게임이 가능하도록 시설 등을 설치하고 도박게임 프로그램을 가동하던 중 문제가 발생하여 더 이상의 영업으로 나아가지 못한 경우, 실제로 이용자들이 도박게임 사이트에 접속하여 도박을 한 사실이 없다면 도박개장죄는 기수에 이르렀다고 볼 수 없다.

④ 인터넷 게임사이트의 온라인 게임에서 통용되는 사이버머니를 구입하고자 하는 사람을 유인하여 돈을 받고 위 게임사이트에 접속하여 일부러 패하는 방법으로 사이버머니를 판매한 사람에 대하여, 정범인 위 게임사이트 개설자의 도박개장행위를 인정할 수 없는 이상 종범인 도박개장방조죄도 성립하지 않는다.

해설

① [○] 내국인의 출입을 허용하는 폐광지역 카지노에 출입하는 것은 법령에 의한 행위로 위법성이 조각되지만, 도박죄를 처벌하지 않는 외국 카지노에서의 도박은 위법성이 조각되지 아니한다(대판 2004.4.23. 2002도2518).

② [○] 인터넷 고스톱게임 사이트를 유료화하는 과정에서 사이트를 홍보하기 위하여 고스톱대회를 개최하면서 참가자들로부터 참가비를 받고 입상자들에게 상금을 지급한 경우에는 도박개장죄가 성립한다(대판 2002.4.12. 2001도5802).

③ [×] [1] 도박개장죄는 영리의 목적으로 도박을 개장하면 기수에 이르고, 현실로 도박이 행하여졌음은 묻지 않는다. 따라서 영리의 목적으로 인터넷 도박게임 사이트를 개설하여 운영하는 경우 게임이용자들과 게임회사 사이에 있어서 재물이 오고갈 수 있는 상태에 있으면, 게임이용자가 도박게임 사이트에 접속하여 실제 게임을 하였는지 여부와 관계없이 도박개장죄는 '기수'에 이른다.

[2] 피고인이 가맹점을 모집하여 인터넷 도박게임이 가능하도록 시설 등을 설치하고 도박게임 프로그램을 가동하던 중 문제가 발생하여 더 이상의 영업으로 나아가지 못한 것으로 볼 여지가 있다면 이로써 도박개장죄는 이미 '기수'에 이르렀다고 볼 수 있다(대판 2009.12.10. 2008도5282).

④ [○] 인터넷 게임사이트의 온라인게임에서 통용되는 사이버머니를 구입하고자 하는 사람을 유인하여 돈을 받고 위 게임사이트에 접속하여 일부러 패하는 방법으로 사이버머니를 판매한 사람에 대하여, 정범인 위 게임사이트 개설자의 도박개장행위를 인정할 수 없는 이상 종범인 도박개장방조죄도 성립하지 않는다고 한 사례(대판 2007.11.29. 2007도8050).

정답 ③

14 **성풍속 및 도박에 관한 죄'에 대한 설명으로 가장 적절하지 않은 것은? (다툼이 있으면 판례에 의함)**

[18 경찰승진]

① 고속도로에서 앞서가던 차량이 진로를 비켜주지 않는다는 이유로 그 차를 추월하여 정차하게 한 다음, 주위에 사람이 많은 가운데 옷을 모두 벗고 성기를 노출시킨 상태로 바닥에 드러눕거나 돌아다녔다면 공연음란죄가 성립한다.

② 인터넷사이트에 집단 성행위 목적의 비공개카페를 개설, 운영한 자가 남녀 회원을 모집한 후 특별모임을 빙자하여 집단으로 성행위를 하고 그 촬영물이나 사진 등을 카페에 게시한 경우, 음란물을 공연히 전시한 것에 해당하지 않는다.

③ 피고인들은 서로 친숙하게 지내온 사이로서 이 사건 당일 우연히 다방에서 만나게 되어 약 3,000원 상당의 음식내기 화투놀이를 약 30분 동안 한 사실은 도박죄를 구성하지 않는다.

④ 인터넷 고스톱게임 사이트를 유료화하는 과정에서 사이트를 홍보하기 위하여 고스톱대회를 개최하면서 참가자들로부터 참가비를 받고 입상자들에게 상금을 지급한 행위는 도박장소 등 개설죄를 구성한다.

해설

① [○] 피고인이 불특정 또는 다수인이 알 수 있는 상태에서 옷을 모두 벗고 알몸이 되어 성기를 노출하였다면 그 행위는 일반적으로 보통인의 정상적인 성적 수치심을 해하여 성적 도의관념에 반하는 음란한 행위라고 할 것이다(대판 2000.12.22. 2000도4372).

② [×] [1] 정보통신망법 제65조 제1항 제2호에서 '공연히 전시'한다고 함은 불특정 또는 다수인이 실제로 음란한 부호·문언·음향 또는 영상을 인식할 수 있는 상태에 두는 것을 의미한다.

[2] 피고인이 인터넷사이트에서 집단 성행위 목적의 카페를 개설, 운영하면서 남녀 회원을 모집한 후 특별모임을 빙자하여 집단으로 성행위를 하고 그 촬영물이나 사진 등을 카페에 게시한 경우, 비록 위 카페가 회원제로 운영되는 등 제한적이고 회원들 상호간에 음란물을 게시, 공유하여 온 사정이 있다 하여도 음란물을 공연히 전시한 것에 해당한다(대판 2009.5.14. 2008도10914).

③ [○] 피고인들은 서로 친숙하게 지내온 사이로서 이 사건 당일 우연히 다방에서 만나게 되어 약 3,000원 상당의 음식내기 화투놀이를 약 30분 동안 한 사실이 인정되는바, 위와 같은 피고인들의 친분관계, 화투놀이가 행하여졌던 시간과 장소, 도박을 하게 된 경위 및 그 금액의 근소성 등을 종합하여 보면, 피고인들의 이 사건 행위는 일시오락의 정도에 불과하고 도박죄를 구성하지 않는다(대판 1984.4.10. 84도194).

④ [○] 인터넷 고스톱게임 사이트를 유료화하는 과정에서 사이트를 홍보하기 위하여 고스톱대회를 개최하면서 참가자들로부터 참가비를 받고 입상자들에게 상금을 지급한 행위는 도박장소 등 개설죄를 구성한다(대판 2002.4.12. 2001도5802).

정답 ②

15 다음 설명 중 옳지 않은 것은 몇 개인가? (다툼이 있으면 판례에 의함) [17 경찰간부]

> ㉠ 도박죄의 객체에는 재물뿐만 아니라 재산상의 이익도 포함된다.
> ㉡ 편면적 도박, 즉 사기도박의 경우에 사기행위자에게는 사기죄가, 그 상대방에게는 도박죄가 성립한다.
> ㉢ 인터넷 고스톱게임 사이트를 유료화하는 과정에서 사이트를 홍보하기 위하여 고스톱대회를 개최하면서 참가자들로부터 참가비를 받고 입상자들에게 상금을 지급한 행위만으로는 도박개장죄가 성립하지 않는다.
> ㉣ 예배방해죄는 예배중이거나 예배와 시간적으로 밀접불가분의 관계에 있는 준비단계에서 이를 방해하는 경우에만 성립한다.
> ㉤ 범죄로 인하여 사망한 것이 명백한 자의 사체는 변사체검시방해죄의 객체가 된다.

① 1개
② 2개
③ 3개
④ 4개

해설

㉠ [○] 개정형법은 도박을 한 사람은 1천만원 이하의 벌금에 처한다(제246조 제1항). 즉, 도박의 객체에 대한 제한이 없으므로 재물뿐만 아니라 재산상의 이익도 그 객체에 포함된다.

㉡ [×] 사기도박과 같이 도박당사자의 일방이 사기의 수단으로써 승패의 수를 지배하는 경우에는 도박에서의 우연성이 결여되어 사기죄만 성립하고 도박죄는 성립하지 아니한다(대판 2011.1.13. 2010도9330).

▶ 사기도박의 경우에 사기행위자에게만 사기죄가 성립할 뿐, 그 행위자나 상대방에게는 도박죄가 성립하지 아니한다.

㉢ [×] 피고인들이 인터넷 고스톱게임 사이트를 유료로 전환하는 과정에서 사이트를 홍보하기 위하여 고스톱 대회를 개최하여, 참가자들로부터 참가비 합계 387만원의 수입을 얻고 대회 입상자에 대한 상금으로 420만원을 지출한 경우, 비록 고스톱대회를 개최하게 된 직접적인 목적이 인터넷 사이트를 유료로 전환하는 과정에서 홍보를 위한 것이었고, 고스톱대회를 개최한 결과 이득을 보지 못하고 오히려 손해를 보았다고 하더라도, 피고인들로서는 인터넷 사이트를 홍보함으로써 궁극적으로는 사이트의 유료 수입을 극대화하려는 목적으로 고스톱대회를 개최한 것이고 또한 피고인들이 고스톱대회를 개최한 결과 손해를 보았다는 사정은 대회 참가자의 수가 적었다는 우연한 사정으로 발생한 것에 불과하므로 피고인들에게 있어서 '영리의 목적'은 인정되므로 도박개장죄가 성립한다(대판 2002.4.12. 2001도5802).

㉣ [○] [1] 형법 제158조에 규정된 예배방해죄는 공중의 종교생활의 평온과 종교감정을 그 보호법익으로 하는 것이므로, 예배중이거나 예배와 시간적으로 밀접불가분의 관계에 있는 준비단계에서 이를 방해하는 경우에만 성립한다.
[2] 교회의 교인이었던 사람이 교인들의 총유인 교회 현판, 나무십자가 등을 떼어 내고 예배당 건물에 들어가 출입문 자물쇠를 교체하여 7개월 동안 교인들의 출입을 막은 경우, 장기간 예배당 건물의 출입을 통제한 위 행위는 교인들의 예배 내지 그와 밀접불가분의 관계에 있는 준비단계를 계속하여 방해한 것으로 볼 수 없어 예배방해죄가 성립하지 않는다(대판 2008.2.1. 2007도5296).

㉤ [×] 변사체검시방해죄에 있어 변사자라 함은 부자연한 사망으로서 그 사인이 분명하지 않은 자를 의미하고 그 사인이 명백한 경우는 변사자라 할 수 없으므로 범죄로 인하여 사망한 것이 명백한 자의 사체는 변사체검시방해죄의 객체가 될 수 없다(대판 2003.6.27. 2003도1331).

정답 ③

16 도박의 죄에 관한 설명 중 옳은 것은 모두 몇 개인가? (다툼이 있는 경우 판례에 의함)

[22 경찰채용]

> ㉠ 영리의 목적으로 속칭 포커나 고스톱 등의 인터넷 도박게임 사이트를 개설하여 운영하는 경우, 게임이용자들이 그 도박게임 사이트에 접속하여 실제로 도박이 행하여진 때에 도박개장죄는 기수에 이른다.
> ㉡ 사기도박의 경우 도박에서의 우연성이 결여되어 사기죄만 성립하고, 사기도박에 필요한 준비를 갖추고 그러한 의도로 피해자들에게 도박에 참가하도록 권유한 때 또는 늦어도 그 정을 알지 못하는 피해자들이 도박에 참가한 때 실행의 착수가 인정된다.
> ㉢ 상습도박죄에 있어서의 상습성이란 반복하여 도박행위를 하는 습벽으로서 행위자의 속성을 말하는데, 이러한 습벽의 유무를 판단함에 있어서는 도박의 전과나 도박횟수 등이 중요한 판단자료가 되나, 도박전과가 없다 하더라도 도박의 성질과 방법, 도금의 규모, 도박에 가담하게 된 태양 등의 제반 사정을 참작하여 도박의 습벽이 인정되는 경우에는 상습성을 인정할 수 있다.
> ㉣ 도박행위가 공갈죄의 수단이 된 경우, 공갈죄와 도박죄는 그 구성요건과 보호법익을 달리하고 있고, 공갈죄의 성립에 일반적·전형적으로 도박행위를 수반하는 것은 아니기에 공갈죄와 별도로 도박죄가 성립한다.

① 1개
② 2개
③ 3개
④ 4개

해설

㉠ [×] 형법 제247조의 도박개장죄는 영리의 목적으로 도박을 개장하면 기수에 이르고, 현실로 도박이 행하여졌음은 묻지 않는다. 따라서 영리의 목적으로 속칭 포커나 바둑이, 고스톱 등의 인터넷 도박게임 사이트를 개설하여 운영하는 경우, 현실적으로 게임이용자들로부터 돈을 받고 게임머니를 제공하고 게임이용자들이 위 도박게임 사이트에 접속하여 도박을 하여, 위 게임으로 획득한 게임머니를 현금으로 환전해 주는 방법 등으로 게임이용자들과 게임회사 사이에 있어서 재물이 오고갈 수 있는 상태에 있으면, 게임이용자가 위 도박게임 사이트에 접속하여 실제 게임을 하였는지 여부와 관계없이 도박개장죄는 '기수'에 이른다(대판 2009.12.10. 2008도5282).

㉡ [○] 사기도박의 경우, 도박에서의 우연성이 결여되어 사기죄만 성립하고, 사기도박에 필요한 준비를 갖추고 그러한 의도로 피해자들에게 도박에 참가하도록 권유한 때 또는 늦어도 그 정을 알지 못하는 피해자들이 도박에 참가한 때 실행의 착수가 인정된다(대판 2011.1.13. 2010도9330).

㉢ [○] 상습도박죄에 있어서의 상습성이란 반복하여 도박행위를 하는 습벽으로서 행위자의 속성을 말하는데, 이러한 습벽의 유무를 판단함에 있어서는 도박의 전과나 도박 횟수 등이 중요한 판단자료가 되나, 도박 전과가 없다 하더라도, 도박의 성질과 방법, 도금의 규모, 도박에 가담하게 된 태양 등의 제반 사정을 참작하여 도박의 습벽이 인정되는 경우에는 상습성을 인정할 수 있다(대판 1995.7.11. 95도955).

㉣ [○] 도박행위가 공갈죄의 수단이 된 경우, 공갈죄와 도박죄는 그 구성요건과 보호법익을 달리하고 있고, 공갈죄의 성립에 일반적·전형적으로 도박행위를 수반하는 것은 아니기에 공갈죄와 별도로 도박죄가 성립한다(대판 2014.3.13. 2014도212).

정답 ③

제3절 | 신앙에 관한 죄

17 **甲은 A 교회를 떠난 후 乙이 그 예배당 건물을 점유·관리하고 있음에도, 乙의 의사에 반하여 A 교회 교인들의 총유인 교회 현판, 나무십자가 등을 떼어 내고 위 예배당 건물에 들어가서 예배의자를 밀쳐 내고 甲이 장롱을 들여 놓은 후 교인들의 출입을 막았다. 甲의 죄책은? (다툼이 있으면 판례에 의함)** [15 경찰간부]

① 건조물침입죄와 예배방해죄의 실체적 경합
② 손괴죄와 건조물침입죄의 상상적 경합
③ 손괴죄와 건조물침입죄의 실체적 경합
④ 건조물침입죄와 예배방해죄의 상상적 경합

해설

③ [1] 예배방해죄는 공중의 종교생활의 평온과 종교감정을 그 보호법익으로 하는 것이므로 예배중이거나 예배와 시간적으로 밀접 불가분의 관계에 있는 준비단계에서 이를 방해하는 경우에만 성립한다.
[2] 교회의 교인이었던 사람이 교인들의 총유인 교회 현판, 나무십자가 등을 떼어 내고 예배당 건물에 들어가 출입문 자물쇠를 교체하여 7개월 동안 교인들의 출입을 막은 경우, 장기간 예배당 건물의 출입을 통제한 위 행위는 교인들의 예배 내지 그와 밀접불가분의 관계에 있는 준비단계를 계속하여 방해한 것으로 볼 수 없어 예배방해죄가 성립하지 않는다(대판 2008.2.1. 2007도5296).
▶ 문제의 사례의 경우 甲은 예배방해죄는 성립하지 않으므로 손괴죄와 건조물침입죄의 실체적 경합범의 죄책을 질 뿐이다.

정답 ③

18 **다음 설명 중 가장 옳지 않은 것은? (다툼이 있으면 판례에 의함)** [13 경찰간부]

① 피고인이 관리하는 과수원에서 노무자로서 종사하던 자가 자살한 경우에 비록 법률상 또는 계약상의 의무는 아니라 할지라도 의당 관할관서에의 신고 또는 그 유가족에의 통보 연락 등 상당한 조처를 취하였어야 할 조리상의 의무를 기대할 수 있는 것인바, 피고인이 이에 반하여 임의로 사체를 지하에 매몰한 행위는 사체유기죄가 성립한다.
② 사체은닉죄는 사체의 발견을 불가능 또는 심히 곤란하게 하는 것을 구성요건으로 하고 있는바, 살인, 강도살인 등의 목적으로 사람을 살해한 자가 그 살해의 목적을 수행함에 있어 사후 사체의 발견이 불가능 또는 심히 곤란하게 하려는 의사로 인적이 드문 장소로 피해자를 유인하거나 실신한 피해자를 끌고 가서 그곳에서 살해하고 사체를 그대로 둔 채 도주한 경우에도 사체은닉죄가 성립한다.
③ 사람을 살해한 자가 그 사체를 다른 장소로 옮겨 유기하였을 때에는 살인죄와 사체유기죄의 경합범이 성립한다.
④ 변사체검시방해죄에서 사인(死因)이 명백한 경우는 변사자라 할 수 없으므로, 범죄로 인하여 사망한 것이 명백한 자의 사체는 변사체검시방해죄의 객체가 될 수 없다.

해설

① [○] 피고인이 관리하는 과수원에서 노무자로서 종사하던 자가 자살한 경우에 비록 법률상 또는 계약상의 의무는 아니라 할지라도 의당 관할관서에의 신고 또는 그 유가족에의 통보 연락 등 상당한 조처를 취하였어야 할 조리상의 의무를 기대할 수 있는 것인바, 피고인이 이에 반하여 임의로 사체를 지하에 매몰한 행위는 사체유기죄가 성립한다(대판 1961.1.18. 60도859).
② [×] 살인, 강도살인등의 목적으로 사람을 살해한 자가 그 살해의 목적을 수행함에 있어 사후 사체의 발견이 불가능 또는 심히 곤란하게 하려는 의사로 인적이 드문 장소로 피해자를 유인하거나 실신한 피해자를 끌고 가서 그곳에서 살해하고 사체를 그대로 둔 채 도주한 경우에는 비록 결과적으로 사체의 발견이 현저하게 곤란을 받게 되는 사정이 있다 하더라도 별도로 사체은닉죄가 성립되지 아니한다(대판 1986.6.24. 86도891).

③ [○] 사람을 살해한 자가 그 사체를 다른 장소로 옮겨 유기하였을 때에는 살인죄와 사체유기죄의 경합범이 성립한다(대판 1997.7.25. 97도1142).

④ [○] 변사체검시방해죄에 있어 변사자라 함은 부자연한 사망으로서 그 사인이 분명하지 않은 자를 의미하고 그 사인이 명백한 경우는 변사자라 할 수 없으므로 범죄로 인하여 사망한 것이 명백한 자의 사체는 변사체검시방해죄의 객체가 될 수 없다(대판 2003.6.27. 2003도1331).

정답 ②

19 **사회의 도덕에 대한 죄에 관한 설명 중 가장 옳지 않은 것은? (판례에 의함)** [11 경찰승진]

① 요구르트 제품의 홍보를 위해 전라의 여성 누드모델이 일반 관람객과 기자 등 수십 명이 있는 자리에서 알몸에 밀가루를 바르고 무대에 나와 분무기로 요구르트를 몸에 뿌려 밀가루를 벗겨내는 방법으로 알몸을 완전히 드러낸 채 음부 및 유방 등이 노출된 상태에서 무대를 돌며 관람객들을 향하여 요구르트를 던진 행위는 공연음란죄에 해당한다.

② 교회의 교인이었던 사람이 교인들의 총유인 교회 현판, 나무십자가 등을 떼어 내고 예배당 건물에 들어가 출입문 자물쇠를 교체하여 7개월 동안 교인들의 출입을 막은 경우 예배방해죄가 성립한다.

③ 형법 제247조의 도박개장죄는 영리의 목적으로 도박을 개장하면 기수에 이르고, 현실로 도박이 행하여졌음은 묻지 않는다.

④ 음란한 물건이라 함은 성욕을 자극하거나 흥분 또는 만족케 하는 물건들로서 일반인의 정상적인 성적 수치심을 해치고 선량한 성적 도의관념에 반하는 것을 의미하며, 어떤 물건이 음란한 물건에 해당하는지 여부는 행위자의 주관적 의도나 반포, 전시 등이 행하여진 상황에 관계없이 그 물건 자체에 관하여 객관적으로 판단하여야 한다.

해설

① [○] [1] 형법 제245조 소정의 '음란한 행위'라 함은 일반 보통인의 성욕을 자극하여 성적 흥분을 유발하고 정상적인 성적 수치심을 해하여 성적 도의관념에 반하는 행위를 가리키는 것이고, 그 행위가 반드시 성행위를 묘사하거나 성적인 의도를 표출할 것을 요하는 것은 아니다.
[2] 요구르트 제품의 홍보를 위하여 전라의 여성 누드모델들이 일반 관람객과 기자 등 수십 명이 있는 자리에서, 알몸에 밀가루를 바르고 무대에 나와 분무기로 요구르트를 몸에 뿌려 밀가루를 벗겨내는 방법으로 알몸을 완전히 드러낸 채 음부 및 유방 등이 노출된 상태에서 무대를 돌며 관람객들을 향하여 요구르트를 던진 행위가 공연음란죄에 해당한다고 한 사례(대판 2006.1.13. 2005도1264).

② [×] [1] 예배방해죄는 공중의 종교생활의 평온과 종교감정을 그 보호법익으로 하는 것이므로, 예배중이거나 예배와 시간적으로 밀접불가분의 관계에 있는 준비단계에서 이를 방해하는 경우에만 성립한다.
[2] 교회의 교인이었던 사람이 교인들의 총유인 교회 현판, 나무십자가 등을 떼어 내고 예배당 건물에 들어가 출입문 자물쇠를 교체하여 7개월 동안 교인들의 출입을 막은 경우, 장기간 예배당 건물의 출입을 통제한 행위는 교인들의 예배 내지 그와 밀접불가분의 관계에 있는 준비단계를 계속하여 방해한 것으로 볼 수 없어 예배방해죄는 성립하지 않는다(대판 2008.2.1. 2007도5296).

③ [○] 형법 제247조의 도박개장죄는 영리의 목적으로 도박을 개장하면 기수에 이르고, 현실로 도박이 행하여졌음은 묻지 않는다(대판 2009.12.10. 2008도5282).

④ [○] 음란한 물건이라 함은 성욕을 자극하거나 흥분 또는 만족케 하는 물건들로서 일반인의 정상적인 성적 수치심을 해치고 선량한 성적 도의관념에 반하는 것을 의미하며, 어떤 물건이 음란한 물건에 해당하는지 여부는 행위자의 주관적 의도나 반포, 전시 등이 행하여진 상황에 관계없이 그 물건 자체에 관하여 객관적으로 판단하여야 한다(대판 2003.5.16. 2003도988).

정답 ②

20 공연음란죄에 관한 설명 중 옳은 것은 모두 몇 개인가? (다툼이 있는 경우 판례에 의함) [22 경찰채용]

> ㉠ 말다툼 후 항의하는 과정에서 바지와 팬티를 내리고 엉덩이를 노출시킨 행위는 사람에게 부끄러운 느낌이나 불쾌감을 주는 정도에 불과하고, 정상적인 성적 수치심을 해할 정도에 해당하지 않아 공연음란죄가 성립하지 않는다.
> ㉡ 음란성을 구체적으로 판단함에 있어서는 행위자의 주관적 의도가 아니라 사회 평균인의 입장에서 그 전체적인 내용을 관찰하여 건전한 사회통념에 따라 객관적이고 규범적으로 평가하여야 한다.
> ㉢ 공연음란죄에서 정하는 '음란한 행위'는 일반인의 성욕을 자극하여 성적 흥분을 유발하고 정상적인 성적 수치심을 해하여 성적 도의관념에 반하는 것을 의미하고, 그 행위의 음란성에 대한 의미의 인식뿐만 아니라 성욕의 흥분, 만족 등의 성적인 목적이 있어야 공연음란죄가 성립한다.
> ㉣ 공연음란죄에서 정하는 '음란한 행위'를 특정한 사람을 상대로 한다고 해서 반드시 강제추행죄가 성립하는 것은 아니다.

① 1개
② 2개
③ 3개
④ 4개

해설

㉠ [○] 말다툼 후 항의하는 과정에서 바지와 팬티를 내리고 엉덩이를 노출시킨 행위는 사람에게 부끄러운 느낌이나 불쾌감을 주는 정도에 불과하고, 정상적인 성적 수치심을 해할 정도에 해당하지 않아 공연음란죄가 성립하지 않는다(대판 2004.3.12. 2003도6514).

㉡ [○] 음란성을 구체적으로 판단함에 있어서는 행위자의 주관적 의도가 아니라 사회 평균인의 입장에서 그 전체적인 내용을 관찰하여 건전한 사회통념에 따라 객관적이고 규범적으로 평가하여야 한다(대판 2020.1.16. 2019도14056).

㉢ [×] 형법 제245조 소정의 '음란한 행위'라 함은 일반 보통인의 성욕을 자극하여 성적 흥분을 유발하고 정상적인 성적 수치심을 해하여 성적 도의관념에 반하는 것을 가리킨다고 할 것이고, 위 죄는 주관적으로 성욕의 흥분 또는 만족 등의 성적인 목적이 있어야 성립하는 것은 아니지만 그 행위의 음란성에 대한 의미의 인식이 있으면 족하다(대판 2000.12.22. 2000도4372).

㉣ [○] 건전한 성풍속이라는 일반적인 사회적 법익을 보호하려는 목적을 가진 형법 제245조의 공연음란죄에서 정하는 '음란한 행위'(또는 이른바 과다노출에 관한 경범죄처벌법 제1조 제41호에서 정하는 행위)가 특정한 사람을 상대로 행하여졌다고 해서 반드시 그 사람에 대하여 '추행'이 된다고 말할 수 없고, 무엇보다도 문제의 행위가 피해자의 성적 자유를 침해하는 것으로 평가될 수 있어야 한다(대판 2012.7.26. 2011도8805).

정답 ③

제3편

국가적 법익에 관한 죄

제1장 | 국가존립에 관한 죄

제1절 | 내란 · 외환의 죄

01 **내란죄에 관한 내용으로 가장 옳지 않은 것은? (다툼이 있으면 판례에 의함)** [13 경찰간부]

① 내란죄는 국토를 참절하거나 국헌을 문란할 목적으로 폭동한 행위로서, 그 목적이 달성되었을 때 내란죄의 기수가 성립한다.

② 국헌문란의 목적을 가지고 있었는지 여부는 외부적으로 드러난 행위와 그 행위에 이르게 된 경위 및 그 행위의 결과 등을 종합하여 판단하여야 한다.

③ 내란죄의 구성요건인 폭동의 내용으로서의 폭행 또는 협박은 일체의 유형력의 행사나 외포심을 생기게 하는 해악의 고지를 의미하는 최광의의 폭행 · 협박을 말하는 것으로서, 이를 준비 하거나 보조하는 행위를 전체적으로 파악한 개념이다.

④ 범죄는 '어느 행위로 인하여 처벌되지 아니하는 자'를 이용하여서도 이를 실행할 수 있으므로, 내란죄의 경우에도 '국헌문란의 목적'을 가진 자가 그러한 목적이 없는 자를 이용하여 이를 실행할 수 있다.

해설

① [×] 내란죄는 국토를 참절하거나 국헌을 문란할 목적으로 폭동한 행위로서, 다수인이 결합하여 위와 같은 목적으로 한 지방의 평온을 해할 정도의 폭행 · 협박행위를 하면 기수가 되고, 그 목적의 달성 여부는 이와 무관한 것으로 해석되므로 다수인이 한 지방의 평온을 해할 정도의 폭동을 하였을 때 이미 내란의 구성요건은 완전히 충족된다고 할 것이어서 상태범으로 봄이 상당하다(대판(전) 1997.4.17. 96도3376).

② [○], ③ [○], ④ [○] 대판(전) 1997.4.17. 96도3376 판례의 내용으로서 모두 옳다.

정답 ①

02 **내란죄에 관한 설명 중 옳지 않은 것은 모두 몇 개인가? (다툼이 있으면 판례에 의함)** [12 경찰간부]

㉠ 폭동이란 다수인이 결합하여 폭행 · 협박하는 것으로서 적어도 다수인이 한 지방의 평온을 해할 정도의 것이어야 한다.

㉡ 내란의 실행과정에서 폭동행위에 수반하여 사람을 살해한 경우에는 내란죄와 내란목적살인죄의 상상적 경합이 된다.

㉢ 다수인이 한 지방의 평온을 해할 정도의 폭동을 일정 시간 지속되어야 하므로 계속범이다.

㉣ 내란폭동에 참가한 다수인들 중 어느 일방이 폭동을 적극적으로 교사한 경우에는 내란죄 이외에 내란교사의 책임도 진다.

㉤ 내란행위에 가담한 참가자의 지위 및 기여정도에 따라 구별하여 처벌한다.

① 1개 ② 2개
③ 3개 ④ 4개

해설

㉠ [○] 내란죄의 폭동이란 다수인이 결합하여 폭행·협박하는 것으로서 적어도 다수인이 한 지방의 평온을 해할 정도의 것이어야 한다(대판(전) 1997.4.17. 96도3376).

㉡ [×] 내란의 실행과정에서 폭동행위에 수반하여 개별적으로 발생한 살인행위는 내란행위의 한 구성요소를 이루는 것이므로 내란행위에 흡수되어 내란목적살인의 별죄를 구성하지 아니한다(대판(전) 1997.4.17. 96도3376).

㉢ [×] 다수인이 한 지방의 평온을 해할 정도의 폭동을 하였을 때 이미 내란의 구성요건은 완전히 충족된다고 할 것이어서 상태범으로 봄이 상당하다(대판(전) 1997.4.17. 96도3376).

㉣ [×] 내란폭동에 참가한 다수인들 중 어느 일방이 폭동을 적극적으로 교사한 경우라도 내란죄만 성립하며 내란교사죄는 성립하지 않는다. 내란죄는 필요적 공범 중 집합범에 해당하므로 폭동에 참가한 다수인들 사이에는 형법 총칙의 공범 규정이 적용되지 아니하기 때문이다.

㉤ [○] 내란죄는 내란행위에 가담한 참가자의 지위 및 기여정도에 따라 구별하여 처벌한다(제87조). 그러나 소요죄는 참가자 모두에게 동일한 법정형이 적용된다.

정답 ③

03 간첩죄에 대한 설명으로 가장 옳지 않은 것은? (다툼이 있으면 판례에 의함)

[13 경찰간부]

① 간첩이라 함은 적국을 위하여 국가기밀을 탐지, 수집하는 행위를 말하는 것이다.
② 탐지·수집한 국가기밀을 적국에 누설하는 것은 불가벌적 사후행위이다.
③ 간첩방조는 간첩죄에 대하여 형을 감경한다.
④ 단순히 숙식을 제공하거나 무전기를 매몰하는 행위를 도와준 것만으로는 간첩방조죄가 성립하지 않는다.

해설

① [○], ② [○] 형법 제98조 제1항에 규정된 간첩행위는 기밀에 속한 사항 또는 도서, 물건을 탐지 수집한 때에 기수가 되는 것이고 간첩이 탐지 수집한 사항을 타인에게 보고, 누설하는 행위는 간첩행위 자체라고는 볼 수 없다(대판 1982.2.23. 81도3063).

③ [×] 간첩방조죄는 정범인 간첩죄와 대등한 범죄로서 간첩죄와 동일한 법정형으로 처단하게 되어 있어 형법 총칙상의 감경대상이 되는 종범과는 그 실질이 달라 종범감경을 할 수 없다(대판 1986.9.23. 86도1429).

④ [○] 간첩이란 적국을 위하여 국가기밀사항을 탐지·수집하는 행위를 지칭하는 것이므로 무전기를 매몰하는 행위를 간첩행위로 볼 수 없다 하겠으니 이를 망보아 준 행위는 간첩방조죄를 구성하지 않는다(대판 1983.4.26. 83도416).

정답 ③

04 간첩죄에 대한 다음 설명 중 옳은 것은? (다툼이 있으면 판례에 의함)

[12 경찰간부]

① 국가기밀은 군사비밀뿐만 아니라 사회·경제·정치 등에 대한 기밀도 포함되므로 수배자명단도 해당된다는 것이 판례이다
② 대법원은 국가기밀과 관련해 국내에서 공지에 속하거나 국민에게 널리 알려진 사실도 국가기밀이 될 수 있다는 입장이다.
③ 편면적으로 지득하였던 군사상의 기밀사항을 제보한 행위도 간첩죄에 해당한다.
④ 지령에 의하여 해외교포 사회의 민심동향을 파악·수집하는 것은 간첩죄에 해당하지 않는다.

해설

① [○] 반국가단체 구성원으로부터 간첩지령을 받고 입국한 자가 출입국 검사관의 책상위에 있는 수배자 명단이 우연히 눈에 띈 것이라고 할지라도 이를 유심히 살핀 결과 특정 수배자를 알아냈다면 이는 간첩행위라고 보아야 한다(대판 1978.1.10. 77도3571).

② [×] 기밀은 정치, 경제, 사회, 문화 등 각 방면에 관하여 반국가단체에 대하여 비밀로 하거나 확인되지 아니함이 대한민국의 이익이 되는 모든 사실, 물건 또는 지식으로서, 그것들이 국내에서의 적법한 절차 등을 거쳐 이미 일반인에게 널리 알려진 공지의 사실, 물건 또는 지식에 속하지 아니한 것이어야 하고 또 그 내용이 누설되는 경우 국가의 안전에 위험을 초래할 우려가 있어 기밀로 보호할 실질가치를 갖춘 것이어야 한다(대판(전) 1997.7.16. 97도985).

③ [×] 북괴의 지령사주 기타의 의사의 연락없이 단편적으로 지득하였던 군사상의 기밀사항을 북괴에 납북된 상태하에서 제보한 행위는 간첩죄에 해당하지 아니한다(대판 1975.9.23. 75도1773).

④ [×] 지령에 의하여 민심동향을 파악 · 수집하는 것도 간첩에 해당되며, 그 탐지 · 수집의 대상이 우리 국민의 해외교포사회에 대한 정보여서 그 기밀사항이 국외에 존재한다고 하여도 국가기밀에 포함된다(대판 1988.11.8. 88도1630).

정답 ①

05 **다음은 간첩죄에 대한 설명이다. 가장 적절하지 않은 것은? (다툼이 있으면 판례에 의함)** [13 경찰채용]

① 형법 제98조 제1항의 간첩이라 함은 적국을 위하여 적국의 지령 사주 기타 의사의 연락하에 군사상 기밀사항 또는 도서 물건을 탐지 · 수집하는 것을 의미하는 것이므로 북괴의 지령 사주 기타의 의사의 연락 없이 편면적으로 지득하였던 군사상의 기밀사항을 북괴에 납북된 상태하에서 제보한 행위는 위 법조 소정의 간첩죄에 해당하지 아니한다.

② 간첩으로서 군사기밀을 탐지 · 수집하면 그로써 간첩행위는 기수가 되고 그 수집한 자료가 지령자에게 도달됨으로써 범죄의 기수가 되는 것은 아니다.

③ 직무에 관하여 군사상 기밀을 지득한 자가 이를 적국에 누설한 경우에는 형법 제98조 제2항(군사상의 기밀누설죄)에, 직무와 관계없이 지득한 군사상 기밀을 적국에 누설한 경우에는 형법 제99조(일반이적죄)에 각 해당한다.

④ 간첩죄를 범한 자가 그 탐지 · 수집한 기밀을 누설한 경우는 간첩죄와 군사기밀누설죄 등 두 가지 죄를 범한 것으로 인정할 수 있다.

해설

① [○] 형법 제98조 제1항의 간첩이라 함은 적국을 위하여 적국의 지령 사주 기타 의사의 연락하에 군사상 기밀사항 또는 도서 물건을 탐지 · 수집하는 것을 의미하는 것이므로 북괴의 지령 사주 기타의 의사의 연락 없이 편면적으로 지득하였던 군사상의 기밀사항을 북괴에 납북된 상태하에서 제보한 행위는 위 법조 소정의 간첩죄에 해당하지 아니한다(대판 1975.9.23. 75도1773).

② [○] 형법 제98조 제1항에 규정된 간첩행위는 기밀에 속한 사항 또는 도서, 물건을 탐지 수집한 때에 기수가 되는 것이고 간첩이 탐지 수집한 사항을 타인에게 보고, 누설하는 행위는 간첩행위 자체라고는 볼 수 없다(대판 1982.2.23. 81도3063).

③ [○] 직무에 관하여 군사상 기밀을 지득한 자가 이를 적국에 누설한 경우에는 형법 제98조 제2항(군사상의 기밀누설죄)에, 직무와 관계없이 지득한 군사상 기밀을 적국에 누설한 경우에는 형법 제99조(일반이적죄)에 각 해당한다(대판 1982.11.23. 82도2201).

④ [×] 형법 제98조 제1항의 간첩죄를 범한 자가 그 탐지수집한 기밀을 누설한 경우에는 양죄를 포괄하여 1죄를 범한 것으로 보아야 하고, 간첩죄와 군사기밀누설죄 등 두 가지 죄를 범한 것으로 인정할 수 없다(대판 1982.4.27. 82도285).

정답 ④

06 다음 설명 중 가장 옳지 않은 것은? (다툼이 있으면 판례에 의함)

[17 경찰간부]

① 내란선동죄는 내란이 실행되는 것을 목표로 선동함으로써 성립하는 독립한 범죄이고, 선동으로 말미암아 피선동자들에게 반드시 범죄의 결의가 발생할 것을 요건으로 하지 않는다.

② 간첩방조죄는 정범인 간첩죄와 대등한 독립적 범죄로서 간첩죄와 동일한 법정형으로 처단한다.

③ 외국언론에 이미 보도된 바 있는 우리나라의 외교정책이나 활동에 관련된 사항들에 관하여 정부가 이른바 보도지침의 형식으로 국내언론기관의 보도 여부 등을 통제하고 있다는 사실을 알리는 것은 외교상의 기밀을 누설한 경우에 해당한다.

④ 국기모독죄는 '대한민국을 모욕할 목적'을 필요로 하는 목적범이다.

해설

① [○] 내란선동죄는 내란이 실행되는 것을 목표로 선동함으로써 성립하는 독립한 범죄이고, 선동으로 말미암아 피선동자들에게 반드시 범죄의 결의가 발생할 것을 요건으로 하지 않는다(대판(전) 2015.1.22. 2014도10978).
▶ 교사범의 경우 피교사자의 결의가 있어야 하는 것과 차이가 있다.

② [○] 간첩방조죄는 정범인 간첩죄와 대등한 범죄로서 간첩죄와 동일한 법정형으로 처단하게 되어 있어 형법 총칙상의 감경대상이 되는 종범과는 그 실질이 달라 종범감경을 할 수 없다(대판 1986.9.23. 86도1429).

③ [×] 정부가 국내 언론사에 이른바 '보도지침'을 보내 보도의 자제나 금지를 요청하는 형식으로 언론을 통제하고 있다는 사실을 공개한 것으로 인정될 뿐이고, 나아가 피고인들이 공개한 내용만으로는 보도의 자제나 금지가 요청된 사항에 대한 대한민국 정부의 공식적인 입장이나 견해는 물론 그 사항 자체의 존부나 진위조차 이를 알거나 확인할 수 없으므로, 피고인들의 행위가 외교상의 기밀을 알리거나 확인함으로써 이를 누설한 경우에 해당한다고 볼 수도 없다(대판 1995.12.5. 94도2379).

④ [○] 제105조.

정답 ③

제2절 | 국기 · 국교에 관한 죄

07 국기와 국교에 관한 죄 중에서 반의사불벌죄가 아닌 것만 모은 것은?

[13 경찰간부]

㉠ 국기 · 국장 모독죄
㉡ 국기 · 국장 비방죄
㉢ 외국원수폭행죄
㉣ 외국원수모욕죄
㉤ 외국사절폭행죄
㉥ 외국사절모욕죄
㉦ 외국국기 · 국장모독죄

① ㉠, ㉡
② ㉡, ㉦
③ ㉢, ㉤
④ ㉣, ㉥

해설

[1] ㉠ 국기 · 국장 모독죄, ㉡ 국기 · 국장 비방죄는 반의사불벌죄가 아니다.
[2] 나머지 ㉢, ㉣, ㉤, ㉥, ㉦의 범죄는 반의사불벌죄이다(제110조).

정답 ①

08 외국사절모욕죄에 대한 설명으로 가장 옳은 것은?

[13 경찰간부]

① 일반모욕죄와 같이 공연성을 요한다.

② 일반모욕죄와 같은 법정형이다.

③ 모욕의 개념이 일반모욕죄와는 다르다.

④ 외국사절명예훼손죄의 법정형과 동일하다.

해설

① [×] 일반모욕죄와 달리 공연성을 요하지 아니한다(제108조 제2항).
② [×] 일반모욕죄의 법정형은 1년 이하의 징역 또는 200만원 이하의 벌금이지만, 외국사절모욕죄의 법정형은 3년 이하의 징역으로서(제108조 제2항, 제311조) 법정형이 다르다.
③ [×] 외국사절모욕죄 모욕의 개념은 일반모욕죄와 동일하다.
④ [○] 제108조 제2항.

정답 ④

제2장 | 국가기능에 관한 죄

제1절 | 공무원의 직무에 관한 죄

01 **직무유기죄가 성립되는 경우로 가장 적절하지 않은 것은? (다툼이 있으면 판례에 의함)** [16 경찰승진]

① 예비군 중대장 甲은 그 소속 예비군대원의 훈련불참사실을 알았지만, 예비군대원의 훈련불참사실을 고의로 은폐할 목적으로 당해 예비군대원이 훈련에 참석한 양 허위내용의 학급편성명부를 작성, 행사한 경우

② 당직사관이 술을 마시고 내무반에서 화투놀이를 한 후 애인과 함께 자고 나서 당직근무의 인수 · 인계 없이 퇴근한 경우

③ 경찰관이 방치된 오토바이가 있다는 신고를 받거나 순찰중 이를 발견하고 오토바이 상회 운영자에게 연락하여 오토바이를 수거해가도록 하고 그 대가를 받은 경우

④ 경찰관 甲이 불법체류자의 신병을 출입국관리사무소에 인계하지 않고 훈방하면서 이들의 인적사항을 기재해 두지 않은 경우

해설

① [×] 예비군 중대장이 예비군대원의 훈련불참사실을 고의로 은폐할 목적으로 당해 예비군대원이 훈련에 참석한 양 허위내용의 학급편성명부를 작성, 행사하였다면, 직무위배의 위법상태는 허위공문서작성 당시부터 그 속에 포함되어 있는 것이고 그 후 소속대대장에게 보고하지 아니하였다 하더라도 당초에 있었던 직무위배의 위법상태가 그대로 계속된 것에 불과하다고 보아야 하고, 별도의 직무유기죄가 성립하여 양죄가 실체적 경합범이 된다고 할 수 없다(대판 1982.12.28. 82도2210).

② [○] 학생군사교육단의 당직사관으로 주번근무를 하던 육군 중위가 당직근무를 함에 있어서 훈육관실에서 학군사관후보생 2명과 함께 술을 마시고 내무반에서 학군사관후보생 2명 및 애인 등과 함께 화투놀이를 한 다음 애인과 함께 자고 난 뒤 교대할 당직근무자에게 당직근무의 인계 · 인수도 하지 아니한 채 퇴근하였다면 직무유기죄가 성립된다(대판 1990.12.21. 90도2425).

③ [○] 경찰관이 장기간에 걸쳐 여러 번 오토바이를 오토바이 상회 운영자에게 보관시키고도 경찰관 스스로 소유자를 찾아 반환하도록 처리하거나 상회 운영자에게 반환 여부를 확인한 일이 전혀 없고, 상회 운영자로부터 오토바이를 보내준 대가 또는 그 처분대가로 돈까지 지급받았다면, 경찰관의 이와 같은 행위는 습득물을 단순히 상회 운영자에게 보관시키거나 소유자를 찾아서 반환하도록 협조를 구한 정도를 벗어나 상회 운영자에게 그 습득물에 대한 임의적인 처분까지 용인한 것으로서 습득물 처리지침에 따른 직무를 의식적으로 방임 내지 포기하고 정당한 사유 없이 직무를 수행하지 아니한 경우에 해당한다(대판 2002.5.17. 2001도6170).

④ [○] 경찰관이 불법체류자의 신병을 출입국관리사무소에 인계하지 않고 훈방하면서 이들의 인적사항조차 기재해 두지 아니하였다면 직무유기죄가 성립한다고 한 사례(대판 2008.2.14. 2005도4202).

정답 ①

02 **직무유기죄에 대한 설명으로 가장 적절하지 않은 것은? (다툼이 있으면 판례에 의함)** [21 경찰승진]

① 교육기관 · 교육행정기관 · 지방자치단체 또는 교육연구기관의 장이 징계의결을 집행하지 못할 법률상 · 사실상의 장애가 없는데도 징계의결서를 통보받은 날로부터 법정 시한이 지나도록 집행을 유보하는 모든 경우에 직무유기죄가 성립한다.

② 당직사관으로 주번근무를 하던 육군 중위가 당직근무를 함에 있어서 훈육관실에서 학군사관후보생 2명과 함께 술을 마시고 내무반에서 학군사관후보생 2명 및 애인 등과 함께 화투놀이를 한 다음 애인과 함께 자고 난 뒤 교대할 당직근무자에게 당직근무의 인계, 인수도 하지 아니한 채 퇴근하였다면 직무유기죄가 성립한다.

③ 직무유기라 함은 공무원이 법령, 내규 등에 의한 추상적인 충근의무를 태만히 하는 일체의 경우를 이르는 것이 아니고, 직장의 무단이탈, 직무의 의식적인 포기 등과 같이 그것이 국가의 기능을 저해하며 국민에게 피해를 야기시킬 가능성이 있는 경우를 말한다.

④ 경찰관이 불법체류자의 신병을 출입국관리사무소에 인계하지 않고 훈방하면서 이들의 인적사항조차 기재해 두지 아니하였다면 직무유기죄가 성립한다.

해설

① [×] [1] 교육기관 · 교육행정기관 · 지방자치단체 또는 교육연구기관의 장이 징계의결을 집행하지 못할 법률상 · 사실상의 장애가 없는데도 징계의결서를 통보받은 날로부터 법정 시한이 지나도록 집행을 유보하는 모든 경우에 직무유기죄가 성립하는 것은 아니고, 그러한 유보가 직무에 관한 의식적인 방임이나 포기에 해당한다고 볼 수 있는 경우에 한하여 직무유기죄가 성립한다.
[2] 시국선언에 참여한 교사들에 대한 형사재판의 진행 경과 및 시국선언 참여행위의 정당성 여부에 관한 찬반양론이 대립하였고, 전임 교육감이 재직 당시 교사들에 대한 징계의결의 집행 유보를 선언하였던 사정 등이 있어, 전라북도 교육감인 피고인이 교사 시국선언에 적극 참여한 전라북도 소속 3명의 교사에 대한 징계의결서의 통보를 받고도 법정 시한이 지나도록 징계를 유보한 행위를 직무의 의식적인 방임이나 포기로 볼 수 없다(대판 2014.4.10. 2013도229).

② [○] 학생군사교육단의 당직사관으로 주번근무를 하던 육군 중위가 당직근무를 함에 있어서 훈육관실에서 학군사관후보생 2명과 함께 술을 마시고 내무반에서 학군사관후보생 2명 및 애인 등과 함께 화투놀이를 한 다음 애인과 함께 자고 난 뒤 교대할 당직근무자에게 당직근무의 인계 · 인수도 하지 아니한 채 퇴근하였다면 직무유기죄가 성립된다(대판 1990.12.21. 90도2425).

③ [○] [1] 직무유기죄는 공무원이 법령 · 내규 등에 의한 추상적 충근의무를 태만히 하는 일체의 경우에 성립하는 것이 아니라, 직장의 무단이탈이나 직무의 의식적인 포기 등과 같이 국가의 기능을 저해하고 국민에게 피해를 야기시킬 구체적 위험성이 있고 불법과 책임비난의 정도가 높은 법익침해의 경우에 한하여 성립하므로, 어떠한 형태로든 직무집행의 의사로 자신의 직무를 수행한 경우에는 그 직무집행의 내용이 위법한 것으로 평가된다는 점만으로 직무유기죄의 성립을 인정할 것은 아니다.
[2] 지방자치단체장이 전국공무원노동조합이 주도한 파업에 참가한 소속 공무원들에 대하여 관할 인사위원회에 징계의결요구를 하지 아니하고 가담 정도의 경중을 가려 자체 인사위원회에 징계의결요구를 하거나 훈계처분을 하도록 지시한 행위가 직무유기죄를 구성하지 않는다고 한 사례(대판 2007.7.12. 2006도1390).

④ [○] 경찰관이 불법체류자의 신병을 출입국관리사무소에 인계하지 않고 훈방하면서 이들의 인적사항조차 기재해 두지 아니하였다면 직무유기죄가 성립한다고 한 사례(대판 2008.2.14. 2005도4202).

정답 ①

03 직무유기죄에 관한 다음 설명 중 가장 옳지 않은 것은? (다툼이 있으면 판례에 의함)

[12 법원9급]

① 경찰관이 직무와 관련하여 증거물로 압수한 오락기의 변조 기판을 범죄 혐의의 입증에 사용하기 위한 적절한 조치를 취하지 않고 피압수자에게 돌려준 경우, 증거인멸죄 및 직무유기죄가 모두 성립하고 위 각 죄는 상상적 경합관계에 있다.

② 통고처분이나 고발을 할 권한이 없는 세무공무원이 그 권한자에게 범칙사건 조사 결과에 따른 통고처분이나 고발조치를 건의하는 등의 조치를 취하지 않았다고 하더라도, 직무유기죄의 성립을 인정할 것은 아니다.

③ 공무원이 어떠한 형태로든 직무집행의 의사로 자신의 직무를 수행한 경우에는 그 직무집행의 내용이 위법한 것으로 평가된다는 점만으로 직무유기죄의 성립을 인정할 것은 아니다.

④ 공무원이 병가 중인 경우에는 구체적인 작위의무 내지 국가기능의 저해에 대한 구체적인 위험성이 있다고 할 수 없어 직무유기죄의 주체로 될 수 없다.

해설

① [×] 경찰서 방범과장이 압수물을 수사계에 인계하고 검찰에 송치하여 범죄 혐의의 입증에 사용하도록 하는 등의 적절한 조치를 취하지 않고, 오히려 부하직원에게 압수한 변조 기판을 돌려주라고 지시하여 오락실 업주에게 이를 돌려준 경우, 작위범인 증거인멸죄만이 성립하고 부작위범인 직무유기(거부)죄는 따로 성립하지 아니한다(대판(전) 2006.10.19. 2005도3909).

② [○] 군산세무서 세무공무원인 피고인 甲이 乙의 부가가치세 포탈행위를 밝혀내고 포탈세액 및 가산세를 추징하였을 뿐만 아니라 乙에게 허위세금계산서를 교부하였던 丙이 고발되도록 하는 등 일련의 조치를 취한 이상, 乙에 대한 통고처분이나 고발조치를 건의하는 등의 조치를 취하지 않았다고 하더라도 그것이 직무를 성실히 수행하지 못한 것이라고 할 수 있을지언정 직무를 의식적으로 방임 내지 포기하였다고 볼 수는 없다(대판 1997.4.11. 96도2753).

③ [○] 직무집행의 의사로 자신의 직무를 수행한 경우에는 그 직무집행의 내용이 위법한 것으로 평가된다는 점만으로 직무유기죄의 성립을 인정할 것은 아니다(대판 2014.4.10. 2013도229).

④ [○] 병가중인 자는 직무유기죄의 주체로 될 수는 없으나 신분이 없는 자라 하더라도 신분이 있는 자의 행위에 가공하는 경우 직무유기죄의 공동정범이 성립하므로, 병가중인 피고인들과 나머지 피고인들 사이에 직무유기의 공범관계가 인정되면 병가중인 피고인들도 직무유기죄의 공동정범으로 처벌받아야 한다(대판 1997.4.22. 95도748).

정답 ①

04 다음 중 직무유기죄가 성립하지 않는 것은? (다툼이 있으면 판례에 의함)

[12 경찰간부]

① 경찰관이 불법체류자의 신병을 출입국관리사무소에 인계하지 않고 훈방하면서 이들의 인적사항을 기재해 두지 않은 경우

② 경찰관이 방치된 오토바이가 있다는 신고를 받거나 순찰중 이를 발견하고 오토바이 상회 운영자에게 연락하여 오토바이를 수거해가도록 하고 그 대가를 받은 경우

③ 경찰관들이 현행범으로 체포한 도박혐의자들에게 현행범인체포서 대신에 임의동행동의서를 작성하게 하거나 압수한 일부 도박자금에 관하여 검사의 지휘도 받지 않고 반환하는 등 제대로 조사하지 않은 채 이들을 석방한 경우

④ 경찰관이 압수물을 범죄 혐의의 입증에 사용하도록 하는 등의 적절한 조치를 취하지 아니하고 피압수자에게 돌려준 경우

해설

① 직무유기죄 성립 - 대판 2008.2.14. 2005도4202.

② 직무유기죄 성립 - 대판 2002.5.17. 2001도6170.

③ 직무유기죄 성립 – 피고인들을 비롯한 경찰관들이 현행범으로 체포한 도박혐의자 17명에 대해 현행범인체포서 대신에 임의동행동의서를 작성하게 하고, 그나마 제대로 조사도 하지 않은 채 석방하였으며, 현행범인 석방사실을 검사에게 보고도 하지 않았고, 석방일시 · 사유를 기재한 서면을 작성하여 기록에 편철하지도 않았으며, 압수한 일부 도박자금에 관하여 압수조서 및 목록도 작성하지 않은 채 검사의 지휘도 받지 않고 반환하였고, 일부 도박혐의자의 명의도용 사실과 도박 관련 범죄로 수회 처벌받은 전력을 확인하고서도 아무런 추가조사 없이 석방한 경우, 이는 단순히 업무를 소홀히 수행한 것이 아니라 정당한 사유 없이 의도적으로 수사업무를 방임 내지 포기한 것이므로, 피고인들의 행위는 직무유기죄가 성립한다(대판 2010.6.24. 2008도11226).

④ 직무유기죄 불성립 – 경찰서 방범과장이 압수물을 수사계에 인계하고 검찰에 송치하여 범죄 혐의의 입증에 사용하도록 하는 등의 적절한 조치를 취하지 않고, 오히려 부하직원에게 압수한 변조 기판을 돌려주라고 지시하여 오락실 업주에게 이를 돌려준 경우, 작위범인 증거인멸죄만이 성립하고 부작위범인 직무유기(거부)죄는 따로 성립하지 아니한다(대판(전) 2006.10.19. 2005도3909).

정답 ④

05 직무유기죄에 관한 다음 설명 중 가장 옳지 않은 것은? (다툼이 있으면 판례에 의함) [16 법원9급]

① 직무유기죄에서 '직무를 유기한 때'란 공무원이 법령, 내규 등에 의한 추상적 성실의무를 태만히 하는 일체의 경우에 성립하는 것이 아니라 직장의 무단이탈, 직무의 의식적인 포기 등과 같이 국가의 기능을 저해하고 국민에게 피해를 야기시킬 가능성이 있는 경우를 가리킨다.

② 직무유기죄는 그 직무를 수행하여 하는 작위의무의 존재와 그에 대한 위반을 전제로 하고 있는바, 그 작위의무를 수행하지 아니함으로써 즉시 성립하고 그와 동시에 완성되는 즉시범이므로 그 범죄성립과 동시에 공소시효가 진행한다.

③ 병가 중인 공무원의 경우에는 구체적인 작위의무 내지 국가기능의 저해에 대한 구체적인 위험성이 있다고 할 수 없으므로 직무유기죄의 주체가 될 수 없다.

④ 공무원이 어떠한 위법사실을 발견하고도 직무상 의무에 따른 적절한 조치를 취하지 아니하고 위법사실을 적극적으로 은폐할 목적으로 허위공문서를 작성 · 행사한 경우에는 직무위배의 위법상태는 허위공문서 작성 당시부터 그 속에 포함되는 것으로 작위범인 허위공문서작성, 동행사죄만이 성립하고 부작위범인 직무유기죄는 따로 성립하지 아니한다.

해설

① [○] 직무유기죄에서 '직무를 유기한 때'란 공무원이 법령, 내규 등에 의한 추상적 성실의무를 태만히 하는 일체의 경우에 성립하는 것이 아니라 직장의 무단이탈, 직무의 의식적인 포기 등과 같이 국가의 기능을 저해하고 국민에게 피해를 야기시킬 가능성이 있는 경우를 말한다(대판 2014.4.10. 2013도229).

② [×] 직무유기죄는 그 직무를 수행하여야 하는 작위의무의 존재와 그에 대한 위반을 전제로 하고 있는바, 그 작위의무를 수행하지 아니함으로써 구성요건에 해당하는 사실이 있었고 그 후에도 계속하여 그 작위의무를 수행하지 아니하는 위법한 부작위상태가 계속되는 한 가벌적 위법상태는 계속 존재하고 있다고 할 것이며 형법 제122조 후단은 이를 전체적으로 보아 일죄로 처벌하는 취지로 해석되므로 이를 즉시범이라고 할 수 없다(대판 1997.8.29. 97도675).

③ [○] 병가중인 자는 직무유기죄의 주체로 될 수는 없으나 신분이 없는 자라 하더라도 신분이 있는 자의 행위에 가공하는 경우 직무유기죄의 공동정범이 성립하므로, 병가중인 피고인들과 나머지 피고인들 사이에 직무유기의 공범관계가 인정되면 병가중인 피고인들도 직무유기죄의 공동정범으로 처벌받아야 한다(대판 1997.4.22. 95도748).

④ [○] 공무원이 어떠한 위법사실을 발견하고도 직무상 의무에 따른 적절한 조치를 취하지 아니하고 위법사실을 적극적으로 은폐할 목적으로 허위공문서를 작성 · 행사한 경우에는 직무위배의 위법상태는 허위공문서 작성 당시부터 그 속에 포함되는 것으로 작위범인 허위공문서작성 및 그 행사죄만이 성립하고 부작위범인 직무유기죄는 따로 성립하지 아니한다(대판 2010.6.24. 2008도11226).

정답 ②

06 직무유기죄에 관한 설명이다. 다음 중 가장 적절하지 않은 것은? (다툼이 있으면 판례에 의함) [15 경찰채용]

① 경찰관이 방치된 오토바이가 있다는 신고를 받거나 순찰 중 이를 발견하고 오토바이 상회 운영자에게 연락하여 오토바이를 수거해 가도록 하고 그 대가를 받은 경우에 직무유기죄가 성립한다.

② 경찰관인 피고인이 벌금 미납자에 대한 노역장유치 집행을 위하여 검사의 지휘를 받아 형집행장을 집행하는 경우에 벌금 미납자로 지명수배되어 있던 甲을 세 차례에 걸쳐 만나고도 그를 검거하여 검찰청에 신병을 인계하는 등 필요한 조치를 취하지 않은 경우에 피고인은 직무유기죄가 성립하지 않는다.

③ 교육기관 등의 장이 징계의결을 집행하지 못할 법률상·사실상의 장애가 없는데도 징계 의결서를 통보받은 날로부터 법정 시한이 지나도록 그 집행을 유보하였으나 그러한 유보가 의식적인 직무의 방임이나 포기에 해당한다고 볼 수 없는 경우에 직무유기죄가 성립하지 않는다.

④ 경찰관이 불법체류자의 신병을 출입국관리사무소에 인계하지 않고 훈방하면서 이들의 인적사항조차 기재해 두지 아니한 경우에 직무유기죄가 성립한다.

해설

① [○] 직무유기죄 성립 - 대판 2002.5.17. 2001도6170.
② [×] 벌금미납자에 대한 노역장유치 집행을 위하여 검사의 지휘를 받아 형집행장을 집행하는 경우 벌금미납자에 대한 검거는 사법경찰관리의 직무범위에 속한다고 보아야하므로 형집행장이 발부되어 있었음에도 경찰관인 피고인이 벌금미납자로 지명수배되어 있던 甲을 세 차례에 걸쳐 만나고도 그를 검거하여 검찰청에 신병을 인계하는 등 필요한 조치를 취하지 않았다면 직무유기죄가 성립한다(대판 2011.9.8. 2009도13371).
③ [○] 교육기관 등의 장이 징계의결을 집행하지 못할 법률상·사실상의 장애가 없는데도 징계 의결서를 통보받은 날로부터 법정 시한이 지나도록 그 집행을 유보하였으나 그러한 유보가 의식적인 직무의 방임이나 포기에 해당한다고 볼 수 없는 경우에 직무유기죄가 성립하지 않는다(대판 2014.4.10. 2013도229).
④ [○] 직무유기죄 성립 - 대판 2008.2.14. 2005도4202.

정답 ②

07 판례상 직무유기죄가 성립하는 경우는 모두 몇 개인가? [10 경찰승진]

㉠ 전매공무원 甲이 외제담배를 긴급압수한 후 도주한 범칙자를 찾는데 급급하여 미처 압수수색영장을 신청하지 못한 경우
㉡ 세무공무원 甲이 세금을 포탈한 사실을 확인하였음에도 그에 대한 세금추징조치만 취하였을 뿐, 권한있는 자에게 그에 대한 통고처분이나 고발조치 건의 등의 절차를 취하지 않은 경우
㉢ 경찰관 甲이 불법체류자의 신병을 출입국관리사무소에 인계하지 않고 훈방하면서 이들의 인적사항을 기재해 두지 않은 경우
㉣ 예비군 중대장 甲은 그 소속 예비군대원의 훈련불참사실을 알았지만, 예비군대원의 훈련불참사실을 고의로 은폐할 목적으로 당해 예비군대원이 훈련에 참석한 양 허위내용의 학급편성명부를 작성, 행사한 경우

① 0개
② 1개
③ 2개
④ 3개

해설

㉠ [불성립] 전매공무원인 피고인이 외제담배를 긴급압수한 후 도주한 범칙자를 찾는데 급급하여 미처 압수수색영장을 신청하지 못한 이 사건에서와 같이직무수행과 관련하여 태만, 분망, 착각 등 일신상 또는 객관적 사유로 인하여 부당한 결과를 초래한 것에 불과한 경우에는 직무유기죄는 성립하지 않는다(대판 1982.9.28. 82도1633).
㉡ [불성립] 통고처분이나 고발을 할 권한이 없는 세무공무원이 그 권한자에게 범칙사건 조사 결과에 따른 통고처분이나 고발조치를 건의하는 등의 조치를 취하지 않았다고 하더라도, 구체적 사정에 비추어 그것이 직무를 성실히 수행하지 못한 것이라고 할 수 있을지언정 그 직무를 의식적으로 방임 내지 포기하였다고 볼 수 없다(대판 1997.4.11. 96도2753).
㉢ [성립] 직무유기죄 성립 – 대판 2008.2.14. 2005도4202.
㉣ [불성립] 예비군 중대장이 그 소속 예비군중대원의 훈련불참사실을 알았다면 이를 소속 대대장에게 보고하는 등의 조치를 취할 직무상의 의무가 있음은 물론이나, 소속 예비군대원의 훈련불참사실을 고의로 은폐할 목적으로 당해 예비군대원이 훈련에 참석한 양 허위내용의 학급편성명부를 작성 · 행사하였다면, 직무위배의 위법상태는 허위공문서작성 당시부터 그 속에 포함되어 있는 것이고 그 후 소속 대대장에게 보고하지 아니하였다 하더라도 당초에 있었던 직무위배의 위법상태가 그대로 계속된 것에 불과하다고 보아야 하고, 별도의 직무유기죄가 성립하여 양죄가 실체적 경합범이 된다고 할 수 없다(대판 1982.12.28. 82도2210).

정답 ②

08 다음 사례에서 甲과 乙의 죄책이 올바르게 연결된 것은? (다툼이 있으면 판례에 의함) [11 경찰채용]

<사례 1>

경찰관 甲이 부하직원으로부터 (구) 음반 · 비디오물 및 게임물에 관한 법률위반 혐의로 오락실을 단속하여 범죄행위에 제공된 증거물로 오락기의 변조 기판을 압수하여 보관중임을 보고받아 알고 있었음에도, 그 직무상의 의무에 따라 위 압수물을 같은 경찰서 수사계에 인계하고 검찰에 송치하여 범죄 혐의의 입증에 사용하도록 하는 등의 적절한 조치를 취하지 않고, 오히려 부하직원에게 위와 같이 압수한 변조 기판을 돌려주라고 지시하여 위 오락실 업주에게 이를 돌려준 경우

<사례 2>

사법경찰관 乙이 검사로부터 해당 범인을 검거하라는 지시를 받고 그 직무상 의무에 따른 적절한 조치를 취하지 아니하고 오히려 범인에게 전화를 걸어 도피하라고 권유하여 그를 도피케 한 경우

① 甲 – 증거인멸죄, 乙 – 범인도피죄
② 甲 – 증거인멸죄, 乙 – 범인도피죄와 직무유기죄의 상상적 경합
③ 甲 – 증거인멸죄와 직무유기죄의 상상적 경합, 乙 – 범인도피죄
④ 甲 – 증거인멸죄와 직무유기죄의 상상적 경합, 乙 – 범인도피죄와 직무유기죄의 상상적 경합

해설

[1] 경찰서 방범과장이 압수물을 수사계에 인계하고 검찰에 송치하여 범죄 혐의의 입증에 사용하도록 하는 등의 적절한 조치를 취하지 않고, 오히려 부하직원에게 압수한 변조 기판을 돌려주라고 지시하여 오락실 업주에게 이를 돌려준 경우, 작위범인 증거인멸죄만이 성립하고 부작위범인 직무유기(거부)죄는 따로 성립하지 아니한다(대판(전) 2006.10.19. 2005도3909).
[2] 피고인이 검사로부터 범인을 검거하라는 지시를 받고서도 오히려 범인에게 도피하라고 권유하여 그를 도피하게 한 경우, 작위범인 범인도피죄만이 성립하고 부작위범인 직무유기죄는 따로 성립하지 아니한다(대판 1996.5.10. 96도51).

정답 ①

09 **다음 설명 중 옳지 않은 것은 몇 개인가? (다툼이 있으면 판례에 의함)** [17 경찰간부]

㉠ 직무유기죄에서 '직무를 유기한 때'란 공무원이 법령, 내규 등에 의한 추상적 성실의무를 태만히 하는 일체의 경우에 성립하는 것이 아니라 직장의 무단이탈, 직무의 의식적인 포기 등과 같이 국가의 기능을 저해하고 국민에게 피해를 야기시킬 가능성이 있는 경우를 가리킨다.
㉡ 직권남용권리행사방해죄에서 공무원이 직무와는 상관없이 단순히 개인적인 친분에 근거하여 문화예술 활동에 대한 지원을 권유하거나 협조를 의뢰한 경우에는 직권남용에 해당하지 않는다.
㉢ 직무유기교사죄는 피교사자인 공무원이 수인이라고 하더라도 1개의 직무유기교사죄만 성립한다.
㉣ 직권남용권리행사방해죄에서 말하는 '권리'는 법률에 명기된 권리에 한하지 않고 법령상 보호되어야 할 이익이면 족하고, 그것이 공법상의 권리인지 사법상의 권리인지를 묻지 않는다.
㉤ 뇌물을 받는 주체가 아닌 자가 수고비로 받은 부분이나 뇌물을 받기 위하여 형식적으로 체결된 용역계약에 따른 비용으로 사용된 부분은 뇌물의 가액과 추징액에서 공제할 항목에 해당한다.

① 2개 ② 3개
③ 4개 ④ 5개

해설

㉠ [○] 직무유기죄에서 '직무를 유기한 때'란 공무원이 법령, 내규 등에 의한 추상적 성실의무를 태만히 하는 일체의 경우에 성립하는 것이 아니라 직장의 무단이탈, 직무의 의식적인 포기 등과 같이 국가의 기능을 저해하고 국민에게 피해를 야기시킬 가능성이 있는 경우를 가리킨다(대판 2014.4.10. 2013도229).
㉡ [○] 직권남용권리행사방해죄에서 '직권남용'이란 공무원이 그 일반적 직무권한에 속하는 사항에 관하여 직권의 행사에 가탁하여 실질적, 구체적으로 위법·부당한 행위를 하는 경우를 의미하고, 공무원이 직무와는 상관없이 단순히 개인적인 친분에 근거하여 문화예술 활동에 대한 지원을 권유하거나 협조를 의뢰한 것에 불과한 경우까지 직권남용에 해당한다고 할 수는 없다(대판 2009.1.30. 2008도6950).
㉢ [×] 직무유기교사죄는 피교사자인 공무원별로 1개의 죄가 성립되는 것이므로 피교사자인 공무원별로 사실을 특정할 수 있도록 공소사실을 기재하여야 한다(대판 1997.8.22. 95도984).
㉣ [○] [1] 형법 제123조의 직권남용권리행사방해죄에서 말하는 '권리'는 법률에 명기된 권리에 한하지 않고 법령상 보호되어야 할 이익이면 족한 것으로서, 공법상의 권리인지 사법상의 권리인지를 묻지 않는다고 봄이 상당하다.
[2] 경찰관 직무집행법의 관련 규정상 경찰관은 범죄를 수사할 권한을 가지고 있으므로, 이러한 범죄수사권은 직권남용권리행사방해죄에서 말하는 '권리'에 해당한다(대판 2010.1.28. 2008도7312).
㉤ [×] 공무원이 뇌물을 받는 데에 필요한 경비를 지출한 경우 그 경비는 뇌물수수의 부수적 비용에 불과하여 뇌물의 가액과 추징액에서 공제할 항목에 해당하지 않는다. 뇌물을 받는 주체가 아닌 자가 수고비로 받은 부분이나 뇌물을 받기 위하여 형식적으로 체결된 용역계약에 따른 비용으로 사용된 부분은 뇌물수수의 부수적 비용에 지나지 않는다(대판 2017.3.22. 2016도21536).

정답 ①

10 직권남용권리행사방해죄에 대한 설명 중 가장 적절하지 않은 것은? (다툼이 있으면 판례에 의함) [12 경찰승진]

① 직권남용권리행사방해죄는 공무원이 직권을 남용하여 사람으로 하여금 의무없는 일을 하게 하거나 사람의 권리행사를 방해한 때에 성립하는 범죄이다. '권리'는 법률에 명기된 권리에 한하지 않고 법령상 보호되어야 할 이익이면 족한 것으로서, 공법상의 권리인지 사법상의 권리인지를 묻지 않는다.

② '권리행사를 방해한다' 함은 법령상 행사할 수 있는 권리의 정당한 행사를 방해하는 것을 말한다고 할 것이며, 현실적으로 권리행사의 방해라는 결과가 발생하지 아니하였더라도 본죄의 기수를 인정할 수 있다.

③ '의무'란 법률상 의무를 가리키고, 단순한 심리적 의무감 또는 도덕적 의무는 이에 해당하지 아니한다.

④ '직권남용'이란 공무원이 그의 일반적 권한에 속하는 사항에 관하여 그것을 불법하게 행사하는 것, 즉 형식적 · 외형적으로는 직무집행으로 보이나 그 실질은 정당한 권한 이외의 행위를 하는 경우를 의미한다.

해설

① [○] [1] 형법 제123조의 직권남용권리행사방해죄에서 말하는 '권리'는 법률에 명기된 권리에 한하지 않고 법령상 보호되어야 할 이익이면 족한 것으로서, 공법상의 권리인지 사법상의 권리인지를 묻지 않는다고 봄이 상당하다.
[2] 경찰관 직무집행법의 관련 규정상 경찰관은 범죄를 수사할 권한을 가지고 있으므로, 이러한 범죄수사권은 직권남용권리행사방해죄에서 말하는 '권리'에 해당한다(대판 2010.1.28. 2008도7312).

② [×] 직권남용권리행사방해죄에서 '권리행사를 방해한다' 함은 법령상 행사할 수 있는 권리의 정당한 행사를 방해하는 것을 말한다고 할 것이므로 이에 해당하려면 구체화된 권리의 현실적인 행사가 방해된 경우라야 할 것이고, 또한 공무원의 직권남용행위가 있었다 할지라도 현실적으로 권리행사의 방해라는 결과가 발생하지 아니하였다면 본죄의 기수를 인정할 수 없다(대판 2006.2.9. 2003도4599).

③ [○] 직권남용권리행사방해죄에서 '의무'란 법률상 의무를 가리키고, 단순한 심리적 의무감 또는 도덕적 의무는 이에 해당하지 아니한다(대판 2009.1.30. 2008도6950).

④ [○] 직권남용권리행사방해죄에서 '직권남용'이란 공무원이 그의 일반적 권한에 속하는 사항에 관하여 그것을 불법하게 행사하는 것, 즉 형식적 · 외형적으로는 직무집행으로 보이나 그 실질은 정당한 권한 이외의 행위를 하는 경우를 의미한다(대판 2013.11.28. 2011도5329).

정답 ②

11 다음의 ㉠부터 ㉣까지의 설명 중 옳고 그름의 표시(○, ×)가 모두 바르게 된 것은? (다툼이 있으면 판례에 의함) [21 경찰채용]

㉠ 직권남용 행위의 상대방이 공무원이거나 법령에 따라 일정한 공적 임무를 부여받고 있는 공공기관 등의 임직원인 경우에는 법령에 따라 임무를 수행하는 지위에 있으므로 그가 직권에 대응하여 어떠한 일을 한 것이 의무 없는 일인지 여부는 관계 법령 등의 내용에 따라 개별적으로 판단하여야 한다.

㉡ 공무원이 자신의 직무와 관련된 상대방에게 공무원 자신 또는 자신이 지정한 제3자를 위하여 재산적 이익 등의 제공을 요구하고 상대방은 어떠한 이익을 기대하며 그에 대한 대가로 요구에 응하였다면, 다른 사정이 없는 한 협박을 요건으로 하는 강요죄가 성립하지 않는다.

㉢ 공무원이 자신의 직무권한에 속하는 사항에 관하여 실무 담당자로 하여금 그 직무집행을 보조하는 사실행위를 하도록 하였다면, 이는 원칙적으로 직권남용권리행사방해죄에서 말하는 '의무 없는 일을 하게 한 때'에 해당한다.

㉣ 학대죄는 자기의 보호 또는 감독을 받는 사람에게 육체적으로 고통을 주거나 정신적으로 차별대우를 하는 행위가 있음과 동시에 범죄가 완성되는 상태범 또는 즉시범이다.

① ㉠ ○ ㉡ ○ ㉢ × ㉣ ○　　② ㉠ ○ ㉡ × ㉢ × ㉣ ×
③ ㉠ × ㉡ ○ ㉢ ○ ㉣ ○　　④ ㉠ ○ ㉡ ○ ㉢ × ㉣ ×

제3편 | 국가적 법익에 관한 죄 2장

해설

㉠ [○] 직권남용 행위의 상대방이 공무원이거나 법령에 따라 일정한 공적 임무를 부여받고 있는 공공기관 등의 임직원인 경우에는 법령에 따라 임무를 수행하는 지위에 있으므로 그가 직권에 대응하여 어떠한 일을 한 것이 의무 없는 일인지 여부는 관계 법령 등의 내용에 따라 개별적으로 판단하여야 한다(대판 2020.12.10. 2019도17879).

㉡ [○] 공무원이 자신의 직무와 관련된 상대방에게 공무원 자신 또는 자신이 지정한 제3자를 위하여 재산적 이익 등의 제공을 요구하고 상대방은 어떠한 이익을 기대하며 그에 대한 대가로 요구에 응하였다면, 다른 사정이 없는 한 협박을 요건으로 하는 강요죄가 성립하지 않는다(대판(전) 2019.8.29. 2018도13792).

㉢ [×] 공무원이 자신의 직무권한에 속하는 사항에 관하여 실무 담당자로 하여금 그 직무집행을 보조하는 사실행위를 하도록 하더라도 이는 공무원 자신의 직무집행으로 귀결될 뿐이므로 원칙적으로 의무 없는 일을 하게 한 때에 해당한다고 할 수 없다. 그러나 직무집행의 기준과 절차가 법령에 구체적으로 명시되어 있고 실무 담당자에게도 직무집행의 기준을 적용하고 절차에 관여할 고유한 권한과 역할이 부여되어 있다면 실무 담당자로 하여금 그러한 기준과 절차를 위반하여 직무집행을 보조하게 한 경우에는 '의무 없는 일을 하게 한 때'에 해당한다(대판 2020.1.9. 2019도11698).

㉣ [○] 학대죄는 자기의 보호 또는 감독을 받는 사람에게 육체적으로 고통을 주거나 정신적으로 차별대우를 하는 행위가 있음과 동시에 범죄가 완성되는 상태범 또는 즉시범이다(대판 1986.7.8. 84도2922).

정답 ①

12 **직권남용죄에 관한 다음 설명 중 가장 옳지 않은 것은? (다툼이 있으면 판례에 의함)** [21 법원9급]

① 어떠한 직무가 공무원의 일반적 직무권한에 속하는 사항이라고 하기 위해서는 그에 관한 법령상 근거가 필요하다. 법령상 근거는 반드시 명문의 규정만을 요구하는 것이 아니라 명문의 규정이 없더라도 법령과 제도를 종합적, 실질적으로 살펴보아 그것이 해당 공무원의 직무권한에 속한다고 해석되고, 이것이 남용된 경우 상대방으로 하여금 사실상 의무 없는 일을 하게 하거나 권리를 방해하기에 충분한 것이라고 인정되는 경우에는 직권남용죄에서 말하는 일반적 직무권한에 포함된다.

② 공무원이 한 행위가 직권남용에 해당한다고 하여 그러한 이유만으로 상대방이 한 일이 '의무 없는 일'에 해당한다고 인정할 수는 없다.

③ 직권남용 행위의 상대방이 일반 사인인 경우 특별한 사정이 없는 한 '의무 없는 일'에 해당하는지는 직권을 남용하였는지와 별도로 그에게 그러한 일을 할 법령상 의무가 있는지를 살펴 개별적으로 판단하여야 한다.

④ 남용에 해당하는가를 판단하는 기준은 구체적인 공무원의 직무행위가 본래 법령에서 그 직권을 부여한 목적에 따라 이루어졌는지, 직무행위가 행해진 상황에서 볼 때 필요성·상당성이 있는 행위인지, 직권행사가 허용되는 법령상의 요건을 충족했는지 등을 종합하여 판단하여야 한다.

해설

① [○] 어떠한 직무가 공무원의 일반적 직무권한에 속하는 사항이라고 하기 위해서는 그에 관한 법령상 근거가 필요하다. 법령상 근거는 반드시 명문의 규정만을 요구하는 것이 아니라 명문의 규정이 없더라도 법령과 제도를 종합적, 실질적으로 살펴보아 그것이 해당 공무원의 직무권한에 속한다고 해석되고, 이것이 남용된 경우 상대방으로 하여금 사실상 의무 없는 일을 하게 하거나 권리를 방해하기에 충분한 것이라고 인정되는 경우에는 직권남용죄에서 말하는 일반적 직무권한에 포함된다(대판 2020.10.29. 2020도3972).

② [○] 직권남용죄에서 '직권남용'은 '사람으로 하여금 의무 없는 일을 하게 한 것'과 '사람의 권리행사를 방해한 것'과 구별되는 별개의 범죄성립요건으로 공무원이 한 행위가 직권남용에 해당한다고 하여 바로 상대방이 한 일이 '의무 없는 일'에 해당한다고 인정할 수는 없다(대판(전) 2020.1.30. 2018도2236).

③ [×] 직권남용 행위의 상대방이 일반 사인인 경우 특별한 사정이 없는 한 직권에 대응하여 따라야 할 의무가 없으므로 그에게 어떠한 행위를 하게 하였다면 '의무 없는 일을 하게 한 때'에 해당할 수 있다. 그러나 상대방이 공무원이거나 법령에 따라 일정한 공적 임무를 부여받고 있는 공공기관 등의 임직원인 경우에는 법령에 따라 임무를 수행하는 지위에 있으므로 그가 직권에 대응하여 어떠한 일을 한 것이 의무 없는 일인지 여부는 관계 법령 등의 내용에 따라 개별적으로 판단하여야 한다(대판 2020.12.10. 2019도17879).

④ [○] 직권남용에 해당하는가를 판단하는 기준은 구체적인 공무원의 직무행위가 본래 법령에서 그 직권을 부여한 목적에 따라 이루어졌는지, 직무행위가 행해진 상황에서 볼 때 필요성·상당성이 있는 행위인지, 직권행사가 허용되는 법령상의 요건을 충족했는지 등을 종합하여 판단하여야 한다(대판 2020.2.13. 2019도5186).

정답 ③

13 직무유기죄와 직권남용죄에 대한 설명으로 옳지 않은 것은? (다툼이 있으면 판례에 의함)

[21 경찰간부]

① 직무유기죄는 그 직무를 수행하여야 하는 작위의무의 존재와 그에 대한 위반을 전제로 하고 있는바, 공무원이 정당한 이유 없이 그 직무수행을 거부하거나 그 직무를 유기한 때 즉시 성립하는 즉시범이다.

② 직무유기죄는 공무원이 추상적 성실의무를 태만히 하는 일체의 경우에 성립하는 것이 아니라 직장의 무단이탈, 직무의 의식적인 포기 등과 같이 국가의 기능을 저해하고 국민에게 피해를 야기시킬 가능성이 있는 경우에 한하여 성립한다.

③ 직권남용죄에서 '직권남용'은 '사람으로 하여금 의무 없는 일을 하게 한 것'과 '사람의 권리행사를 방해한 것'과 구별되는 별개의 범죄성립요건으로 공무원이 한 행위가 직권남용에 해당한다고 하여 바로 상대방이 한 일이 '의무 없는 일'에 해당한다고 인정할 수는 없다.

④ '권리행사를 방해함으로 인한 직권남용권리행사방해죄'와 '의무 없는 일을 하게 함으로 인한 직권남용권리행사방해죄'의 두 가지 행위태양에 모두 해당하는 경우, 전자만 성립하고 후자는 따로 성립하지 아니하는 것으로 봄이 상당하다.

해설

① [×] 직무유기죄는 그 직무를 수행하여야 하는 작위의무의 존재와 그에 대한 위반을 전제로 하고 있는바, 그 작위의무를 수행하지 아니함으로써 구성요건에 해당하는 사실이 있었고 그 후에도 계속하여 그 작위의무를 수행하지 아니하는 위법한 부작위상태가 계속되는 한 가벌적 위법상태는 계속 존재하고 있다고 할 것이며 형법 제122조 후단은 이를 전체적으로 보아 일죄로 처벌하는 취지로 해석되므로 이를 즉시범이라고 할 수 없다(대판 1997.8.29. 97도675).

② [○] 직무유기죄는 공무원이 추상적 성실의무를 태만히 하는 일체의 경우에 성립하는 것이 아니라 직장의 무단이탈, 직무의 의식적인 포기 등과 같이 국가의 기능을 저해하고 국민에게 피해를 야기시킬 가능성이 있는 경우에 한하여 성립한다(대판 2014.4.10. 2013도229).

③ [○] 직권남용죄에서 '직권남용'은 '사람으로 하여금 의무 없는 일을하게 한 것'과 '사람의 권리행사를 방해한 것'과 구별되는 별개의 범죄성립요건으로 공무원이 한 행위가 직권남용에 해당한다고 하여 바로 상대방이 한 일이 '의무 없는 일'에 해당한다고 인정할 수는 없다(대판(전) 2020.1.30. 2018도2236).

④ [○] 상급 경찰관이 직권을 남용하여 부하 경찰관들의 수사를 중단시키거나 사건을 다른 경찰관서로 이첩하게 한 경우, '권리행사를 방해함으로 인한 직권남용권리행사방해죄'와 '의무 없는 일을 하게 함으로 인한 직권남용권리행사방해죄'가 별개로 성립하는 것이라고 할 수는 없다. 따라서 위 두 가지 행위 태양에 모두 해당하는 것으로 기소된 경우, '권리행사를 방해함으로 인한 직권남용권리행사방해죄'만 성립하고 '의무 없는 일을 하게 함으로 인한 직권남용권리행사방해죄'는 따로 성립하지 아니한다(대판 2010.1.28. 2008도7312).

정답 ①

14 **공무상 비밀누설죄에 대한 다음 설명 중 타당하지 않은 것은 모두 몇 개인가? (다툼이 있으면 판례에 의함)**

[13 경찰간부]

> ㉠ 공무상 비밀누설죄 소정의 "직무상 비밀"은 법령에 의해서 비밀로 규정되었거나 비밀로 분류 명시된 사항에 한한다.
> ㉡ 甲이 법원공무원 乙을 교사하여 체포영장 발부자 명단을 받은 경우에 乙은 공무상 비밀누설죄, 甲은 공무상 비밀누설죄의 교사범의 죄책을 진다.
> ㉢ 본 죄는 기밀 그 자체를 보호하기 위한 것이 아니라 공무원의 비밀준수의무 침해에 의해 위협받는 국가기능을 보호하기 위한 것이다.
> ㉣ 검찰 고위간부 甲이 사건에 대한 수사가 진행 중인 상태에서 해당 사안에 관한 수사책임자 乙의 잠정적인 판단 등 수사팀의 내부 상황을 확인하고 그 내용을 수사 대상자에게 전달한 행위는 본 죄를 구성한다.

① 1개
② 2개
③ 3개
④ 4개

해설

㉠ [×] 공무상비밀누설죄에서 '법령에 의한 직무상 비밀'이란 반드시 법령에 의하여 비밀로 규정되었거나 비밀로 분류 명시된 사항에 한하지 아니하고, 정치, 군사, 외교, 경제, 사회적 필요에 따라 비밀로 된 사항은 물론 정부나 공무소 또는 국민이 객관적, 일반적인 입장에서 외부에 알려지지 않는 것에 상당한 이익이 있는 사항도 포함한다(대판 2012.3.15. 2010도14734).
㉡ [×] 피고인 乙이 직무상 비밀을 누설한 행위와 피고인 甲이 이를 누설받은 행위는 대향범 관계에 있으므로 공범에 관한 형법 총칙 규정이 적용될 수 없으므로, 피고인 甲의 행위가 공무상비밀누설교사죄에 해당한다고 본 원심판단에는 법리오해의 위법이 있다(대판 2011.4.28. 2009도3642).
㉢ [○] 공무상 비밀누설죄는 기밀 그 자체를 보호하기 위한 것이 아니라 공무원의 비밀준수의무 침해에 의해 위협받는 국가기능을 보호하기 위한 것이다(대판 2012.3.15. 2010도14734).
㉣ [○] 검찰의 고위 간부가 특정 사건에 대한 수사가 계속 진행중인 상태에서 해당 사안에 관한 수사책임자의 잠정적인 판단 등 수사팀의 내부 상황을 확인한 뒤 그 내용을 수사 대상자 측에 전달한 행위가 형법 제127조에 정한 공무상 비밀누설에 해당한다고 한 사례(대판 2007.6.14. 2004도5561).

정답 ②

15 **공무원의 직무에 대한 죄에 관한 다음 설명 중 옳지 않은 것은 모두 몇 개인가? (다툼이 있으면 판례에 의함)**

[12 경찰간부]

> ㉠ 구 해양수산부 소속 공무원이 A 해운회사의 대표이사 등에게서 중국의 선박운항허가 담당부서가 관장하는 중국 국적선사의 선박에 대한 운항허가를 받을 수 있도록 노력해 달라는 부탁을 받고 돈을 받은 것은 직무관련성이 없어 뇌물수수죄가 성립하지 않는다.
> ㉡ 교도소 보안과 출정계장과 감독교사가 호송교도관들을 지휘하여 재소자의 호송계호업무를 수행함에 있어서 성실하게 그 직무를 수행하지 아니한 잘못으로 집단도주사고가 발생한 경우에는 직무유기죄가 성립한다.
> ㉢ 직권남용죄는 공무원이 그 일반적 권한에 속하는 사항에 실질적, 구체적으로 위법, 부당한 행위를 한 경우에 성립하고 범죄의 성질상 그 일반적 직무권한은 반드시 법률상 강제력을 수반하는 것임을 요한다.
> ㉣ '자동차의 소유자에 관한 정보'는 실질적으로 비밀로 보호할 가치가 있다거나 그 누설에 의하여 국가의 기능이 위협받는다고 볼 수는 없어 공무상비밀누설죄의 '법령에 의한 직무상 비밀'에 해당하지 아니한다.

① 1개
② 2개
③ 3개
④ 4개

해설

㉠ [○] 구 해양수산부 해운정책과 소속 공무원인 피고인이 甲 해운회사의 대표이사 등에게서 중국의 선박운항허가 담당부서가 관장하는 중국 국적선사의 선박에 대한 운항허가를 받을 수 있도록 노력해 달라는 부탁을 받고 돈을 받은 경우, 관련 규정에 의하면 해운정책과 업무에는 대한민국 국적선사의 선박에 관한 것만 포함되어 있을 뿐 외국 국적선사의 선박에 대한 행정처분에 관한 것은 포함되어 있지 않고, 또한 외국 국적선사의 선박에 대한 구체적인 행정처분은, 해운정책과 소속 공무원에게 이를 좌우할 수 있는 어떠한 영향력이 있다고 할 수도 없어 해운정책과 소속 공무원의 직무와 밀접한 관계에 있는 행위라거나 또는 그가 관여하는 행위에 해당한다고 볼 수 없으므로, 직무관련성이 없어 뇌물수수죄가 성립하지 않는다(대판 2011.5.26. 2009도2453).

㉡ [×] 출정계장과 감독교사가 재소자의 호송계호업무를 수행함에 있어서 성실하게 그 직무를 수행하지 아니하여 충근의무에 위반한 잘못은 인정되나 고의로 호송계호업무를 포기하거나 직무 또는 직장을 이탈한 것이라고는 볼 수 없으므로 직무유기죄를 구성하지 아니한다(대판 1991.6.11. 91도96).

㉢ [×] 직권남용죄는 폭행 또는 협박을 수단으로 하여야만 성립하는 것이 아니라 공무원이 그 일반적 직무권한에 속하는 사항에 관하여 직권의 행사에 가탁하여 실질적, 구체적으로 위법·부당한 행위를 한 경우에 성립하며 그 일반적 직무권한은 반드시 법률상의 강제력을 수반하는 것임을 요하지 아니하며, 그것이 남용될 경우 직권행사의 상대방으로 하여금 법률상 의무 없는 일을 하게 하거나 정당한 권리행사를 방해하기에 충분한 것이면 된다(대판 2007.7.13. 2004도3995).

㉣ [○] 구청에서 체납차량 영치 및 공매 등의 업무를 담당하던 공무원인 피고인이 甲의 부탁을 받고 차적 조회 시스템을 이용하여 乙의 유사휘발유 제조 현장 부근에서 경찰의 잠복근무에 이용되고 있던 경찰청 소속 차량의 소유관계에 관한 정보를 알아내 甲에게 알려준 경우라고 하더라도, 재산의 소유 주체에 관한 정보에 불과한 자동차 소유자에 관한 정보를 실질적으로 비밀로 보호할 가치가 있다거나, 그 누설에 의하여 국가의 기능이 위협받는다고 볼 수 없어, 형법 제127조에서 정한 '법령에 의한 직무상 비밀'에 해당한다고 볼 수 없으므로 공무상비밀누설죄가 성립하지 아니한다(대판 2012.3.15. 2010도14734).

정답 ②

16 공무원의 직무에 관한 죄에 관한 설명 중 가장 옳지 않은 것은? (판례에 의함) [11 경찰승진]

① 검찰의 고위 간부가 특정 사건에 대한 수사가 계속 진행 중인 상태에서 해당 사안에 관한 수사책임자의 잠정적인 판단 등 수사팀의 내부 상황을 확인한 뒤 그 내용을 수사 대상자 측에 전달한 행위는 형법 제127조에 정한 공무상 비밀누설에 해당한다.

② 설사 피해자가 경찰서 안에서 직장동료인 피의자들과 같이 식사도 하고 사무실 안팎을 내왕하였다 하여도 피해자를 경찰서 밖으로 나가지 못하도록 그 신체의 자유를 제한하는 유형·무형의 억압이 있었다면 이는 감금행위에 해당한다.

③ 감금죄는 간접정범의 형태로는 행하여질 수 없으므로, 인신구속에 관한 직무를 행하는 자 또는 이를 보조하는 자가 피해자를 구속하기 위하여 진술조서 등을 허위로 작성한 후 이를 기록에 첨부하여 구속영장을 신청하고, 진술조서 등이 허위로 작성된 정을 모르는 검사와 영장전담판사를 기망하여 구속영장을 발부받은 후 그 영장에 의하여 피해자를 구금한 경우, 형법 제124조 제1항의 직권남용감금죄가 성립하지 않는다.

④ 경찰관이 즉결심판 피의자의 정당한 귀가요청을 거절한 채 다음날 즉결심판법정이 열릴 때까지 피의자를 경찰서 보호실에 강제유치시키려고 함으로써 피의자를 경찰서 내 즉결피의자 대기실에 10~20분 동안 있게 한 행위는 형법 제124조 제1항의 불법감금죄에 해당한다.

해설

① [○] 검찰의 고위 간부가 특정 사건에 대한 수사가 계속 진행 중인 상태에서 해당 사안에 관한 수사책임자의 잠정적인 판단 등 수사팀의 내부 상황을 확인한 뒤 그 내용을 수사 대상자 측에 전달한 행위는 형법 제127조에 정한 공무상 비밀누설에 해당한다(대판 2007.6.14. 2004도5561).

② [○] 감금죄에 있어서의 감금행위는 사람으로 하여금 일정한 장소 밖으로 나가지 못하도록 하여 신체의 자유를 제한하는 행위를 가리키는 것이고, 그 방법은 반드시 물리적, 유형적 장애를 사용하는 경우뿐만 아니라 심리적, 무형적 장애에 의하는 경우도 포함되는 것인바, 설사 피해자가 경찰서 안에서 직장동료인 피의자들과 같이 식사도 하고 사무실 안팎을 내왕하였다 하여도 피해자를 경찰서 밖으로 나가지 못하도록 그 신체의 자유를 제한하는 유형, 무형의 억압이 있었다면 이는 감금행위에 해당한다(대결 1991.12.30. 91모5).

③ [×] 감금죄는 간접정범의 형태로도 행하여질 수 있는 것이므로 인신구속에 관한 직무를 행하는 자 또는 이를 보조하는 자가 피해자를 구속하기 위하여 진술조서 등을 허위로 작성한 후 이를 기록에 첨부하여 구속영장을 신청하고 진술조서 등이 허위로 작성된 정을 모르는 검사와 영장전담판사를 기망하여 구속영장을 발부받은 후 그 영장에 의하여 피해자를 구금하였다면 직권남용감금죄가 성립한다(대판 2006.5.25. 2003도3945).

④ [○] 즉결심판 피의자의 정당한 귀가요청을 거절한 채 다음날 즉결심판법정이 열릴 때까지 피의자를 경찰서 보호실에 강제유치시키려고 함으로써 피의자를 경찰서 내 즉결피의자 대기실에 10~20분 동안 있게 한 행위는 형법 제124조 제1항의 불법감금죄에 해당한다(대판 1997.6.13. 97도877).

정답 ③

17 공무원의 직무에 관한 죄에 대한 설명으로 가장 적절하지 않은 것은? (다툼이 있는 경우 판례에 의함)

[23 경찰채용]

① 공무원이 태만이나 착각 등으로 인하여 직무를 성실히 수행하지 않은 경우 또는 직무를 소홀하게 수행하였기 때문에 성실한 직무수행을 못한 데 지나지 않는 경우에는 직무유기죄가 성립하지 않는다.

② 경찰공무원이 지명수배 중인 범인을 발견하고도 직무상 의무에 따른 적절한 조치를 취하지 아니하고 오히려 범인을 도피하게 하는 행위를 하였다면, 범인도피죄만 성립하고 직무유기죄는 따로 성립하지 않는다.

③ 공무상비밀누설죄는 공무원 또는 공무원이었던 자가 법령에 의한 직무상 비밀을 누설하는 것을 구성요건으로 하고 있는바, 여기서 '법령에 의한 직무상 비밀'이란 법령에 의하여 비밀로 규정되었거나 비밀로 분류 명시된 사항에 한정된다.

④ 통고처분이나 고발을 할 권한이 없는 세무공무원이 그 권한자에게 범칙사건 조사 결과에 따른 통고처분이나 고발조치를 건의하는 등의 조치를 취하지 않았다고 하더라도, 구체적 사정에 비추어 그것이 직무를 성실히 수행하지 못한 것이라고 할 수 있을지언정 그 직무를 의식적으로 방임 내지 포기하였다고 볼 수 없다.

해설

① [○] 공무원이 태만이나 착각 등으로 인하여 직무를 성실히 수행하지 않은 경우 또는 직무를 소홀하게 수행하였기 때문에 성실한 직무수행을 못한 데 지나지 않는 경우에는 직무유기죄가 성립하지 않는다(대판 1997.4.11. 96도2753).

② [○] 경찰공무원이 지명수배 중인 범인을 발견하고도 직무상 의무에 따른 적절한 조치를 취하지 아니하고 오히려 범인을 도피하게 하는 행위를 하였다면, 범인도피죄만 성립하고 직무유기죄는 따로 성립하지 않는다(대판 2017.3.15. 2015도1456).

③ [×] 형법 제127조는 공무원 또는 공무원이었던 자가 법령에 의한 직무상 비밀을 누설하는 것을 구성요건으로 하고 있는데, 여기서 '법령에 의한 직무상 비밀'이란 반드시 법령에 의하여 비밀로 규정되었거나 비밀로 분류 명시된 사항에 한하지 아니하고, 정치, 군사, 외교, 경제, 사회적 필요에 따라 비밀로 된 사항은 물론 정부나 공무소 또는 국민이 객관적, 일반적인 입장에서 외부에 알려지지 않는 것에 상당한 이익이 있는 사항도 포함하나, 실질적으로 그것을 비밀로서 보호할 가치가 있다고 인정할 수 있는 것이어야 한다(대판 2021.11.25. 2021도2486).

④ [○] 통고처분이나 고발을 할 권한이 없는 세무공무원이 그 권한자에게 범칙 사건 조사 결과에 따른 통고처분이나 고발조치를 건의하는 등의 조치를 취하지 않았다고 하더라도, 구체적 사정에 비추어 그것이 직무를 성실히 수행하지 못한 것이라고 할 수 있을지언정 그 직무를 의식적으로 방임 내지 포기하였다고 볼 수 없다(대판 1997.4.11. 96도2753).

정답 ③

18 공무원의 직무에 관한 죄에 대한 설명 중 가장 적절하지 않은 것은? (다툼이 있는 경우 판례에 의함)

[23 경찰승진]

① 교육기관의 장이 징계의결을 집행하지 못할 법률상·사실상 장애가 없는데도 징계의결서를 통보받은 날로부터 법정 시한이 지나도록 집행을 유보하는 것이 직무에 관한 의식적인 방임이나 포기에 해당한다고 볼 수 있는 경우 직무유기죄가 성립하지 않는다.

② 직권남용권리행사방해죄는 직권을 남용하여 현실적으로 다른 사람이 법령상 의무 없는 일을 하게 하였거나 다른 사람의 구체적인 권리행사를 방해하는 결과가 발생하여야 하고, 그 결과의 발생은 직권남용 행위로 인한 것이어야 한다.

③ 경찰관이 파출소로 연행되어 온 불법체류자의 신병을 출입국 관리사무소에 인계하지 않고 훈방하면서 이들의 인적사항조차 기재해 두지 않은 경우 직무유기죄가 성립한다.

④ 검찰의 고위 간부가 특정 사건에 대한 수사가 진행 중인 상태에서 해당 사안에 관한 수사책임자의 잠정적인 판단과 같은 수사팀의 내부 상황을 확인한 뒤 그 내용을 수사 대상자 측에 전달한 경우 공무상비밀누설죄가 성립한다.

해설

① [×] 교육기관·교육행정기관·지방자치단체 또는 교육연구기관의 장이 징계의결을 집행하지 못할 법률상·사실상의 장애가 없는데도 징계의결서를 통보받은 날로부터 법정 시한이 지나도록 집행을 유보하는 모든 경우에 직무유기죄가 성립하는 것은 아니고, 그러한 '유보가 직무에 관한 의식적인 방임이나 포기에 해당한다고 볼 수 있는 경우에 한하여' 직무유기죄가 성립한다고 보아야 한다(대판 2014.4.10. 2013도229).

② [○] 직권남용권리행사방해죄는 직권을 남용하여 현실적으로 다른 사람이 법령상 의무 없는 일을 하게 하였거나 다른 사람의 구체적인 권리행사를 방해하는 결과가 발생하여야 하고, 그 결과의 발생은 직권남용 행위로 인한 것이어야 한다(대판 2005.4.15. 2002도3453).

③ [○] 직무유기죄는 구체적으로 그 직무를 수행하여야 할 작위의무가 있는데도 불구하고 이러한 직무를 버린다는 인식하에 그 작위의무를 수행하지 아니하면 성립하는 것이다. 경찰관이 파출소로 연행되어 온 불법체류자의 신병을 출입국 관리사무소에 인계하지 않고 훈방하면서 이들의 인적사항조차 기재해 두지 않은 경우, 직무유기죄가 성립한다(대판 2008.2.14. 2005도4202).

④ [○] 검찰의 고위 간부가 특정 사건에 대한 수사가 진행 중인 상태에서 해당 사안에 관한 수사책임자의 잠정적인 판단과 같은 수사팀의 내부 상황을 확인한 뒤 그 내용을 수사 대상자 측에 전달한 경우, 공무상비밀누설죄가 성립한다(대판 2007.6.14. 2004도5561).

정답 ①

19 **공무원의 직무에 관한 죄의 설명 중 가장 적절하지 않은 것은? (다툼이 있는 경우 판례에 의함)** [22 경찰채용]

① 지방자치단체의 장이 미리 승진후보자명부상 후보자들 중에서 승진대상자를 실질적으로 결정한 다음, 그 내용을 인사위원회 간사, 서기 등을 통해 인사위원회 위원들에게 '승진대상자 추천'이라는 명목으로 제시하여 인사위원회로 하여금 자신이 특정한 후보자들을 승진대상자로 의결하도록 유도하는 행위는 직권남용권리행사방해죄의 구성요건인 '직권의 남용' 및 '의무 없는 일을 하게 한 경우'로 볼 수 있다.

② 공무원이 직무상 알게 된 비밀을 그 직무와의 관련성 혹은 필요성에 기하여 해당 직무의 집행과 관련 있는 다른 공무원에게 직무집행의 일환으로 전달한 경우, 국가기능에 위험이 발생하리라고 볼 만한 특별한 사정이 인정되지 않는 한, 그 행위는 비밀의 누설에 해당하지 아니한다.

③ 직무집행의 의사로 자신의 직무를 수행한 경우에는 그 직무집행의 내용이 위법한 것으로 평가된다는 점만으로 직무유기죄의 성립을 인정할 것은 아니고, 공무원이 태만 · 분망 또는 착각 등으로 인하여 직무를 성실히 수행하지 아니한 경우나 형식적으로 또는 소홀히 직무를 수행한 탓으로 적절한 직무수행에 이르지 못한 것에 불과한 경우에도 직무유기죄는 성립하지 아니한다.

④ 경찰관들이 현행범으로 체포한 도박혐의자들에게 현행범인체포서 대신에 임의동행동의서를 작성하게 하고, 그나마 제대로 조사도 하지 않은 채 석방하였으며, 압수한 일부 도박자금에 관하여 압수조서 및 목록도 작성하지 않은 채 반환하고, 일부 도박혐의자의 명의도용 사실과 도박 관련 범죄로 수회 처벌받은 전력을 확인하고서도 아무런 추가조사도 없이 석방한 경우, 그 경찰관들에게는 직무유기죄가 성립한다.

해설

① [×] 지방자치단체의 장이 승진후보자명부 방식에 의한 5급 공무원 승진임용 절차에서 인사위원회의 사전심의 · 의결 결과를 참고하여 승진후보자명부상 후보자들에 대하여 승진임용 여부를 심사하고서 최종적으로 승진대상자를 결정하는 것이 아니라, 미리 승진후보자명부상 후보자들 중에서 승진대상자를 실질적으로 결정한 다음 그 내용을 인사위원회 간사, 서기 등을 통해 인사위원회 위원들에게 '승진대상자 추천'이라는 명목으로 제시하여 인사위원회로 하여금 자신이 특정한 후보자들을 승진대상자로 의결하도록 유도하는 행위는 인사위원회 사전심의 제도의 취지에 부합하지 않다는 점에서 바람직하지 않다고 볼 수 있지만, 그것만으로는 직권남용권리행사방해죄의 구성요건인 '직권 남용' 및 '의무 없는 일을 하게 한 경우'로 볼 수 없다(대판 2020.12.10. 2019도17879).

② [○] 공무원이 직무상 알게 된 비밀을 그 직무와의 관련성 혹은 필요성에 기하여 해당 직무의 집행과 관련 있는 다른 공무원에게 직무집행의 일환으로 전달한 경우, 국가기능에 위험이 발생하리라고 볼 만한 특별한 사정이 인정되지 않는 한, 그 행위는 비밀의 누설에 해당하지 아니한다(대판 2021.11.25. 2021도2486).

③ [○] 직무집행의 의사로 자신의 직무를 수행한 경우에는 그 직무집행의 내용이 위법한 것으로 평가된다는 점만으로 직무유기죄의 성립을 인정할 것은 아니고, 공무원이 태만 · 분망 또는 착각 등으로 인하여 직무를 성실히 수행하지 아니한 경우나 형식적으로 또는 소홀히 직무를 수행한 탓으로 적절한 직무수행에 이르지 못한 것에 불과한 경우에도 직무유기죄는 성립하지 아니한다(대판 2014.4.10. 2013도229).

④ [○] 경찰관들이 현행범으로 체포한 도박혐의자들에게 현행범인체포서 대신에 임의동행 동의서를 작성하게 하고, 제대로 조사도 하지 않은 채 석방하였으며, 압수한 일부 도박자금에 관하여 압수조서 및 목록도 작성하지 않은 채 반환하고, 일부 도박혐의자의 명의도용 사실과 도박 관련 범죄로 수회 처벌받은 전력을 확인하고서도 아무런 추가조사도 없이 석방한 경우, 경찰관들에게는 직무유기죄가 성립한다(대판 2010.6.24. 2008도11226).

정답 ①

20 **법조문상 '부정한 청탁'을 요건으로 하는 죄는?** [11 경찰승진]

① 형법 제129조 제2항의 사전수뢰죄
② 형법 제130조의 제3자 뇌물제공죄
③ 형법 제131조 제3항의 사후수뢰죄
④ 형법 제132조의 알선수뢰죄

해설

① '청탁'을 요한다(제129조 제2항).
② '부정한 청탁'을 요한다(제130조).
③ '청탁'을 요한다(제131조 제3항).
④ '청탁' 또는 '부정한 청탁'을 요하지 아니한다(제132조).

정답 ②

21 뇌물죄에 대한 설명 중 옳은 것(O)과 옳지 않은 것(×)을 바르게 표시한 것은? (다툼이 있는 경우 판례에 의함)

[22 경찰간부]

가. 뇌물죄에서 말하는 '직무'에는 법령에 정하여진 직무뿐만 아니라 그와 관련 있는 직무, 관례상이나 사실상 소관하는 직무행위, 과거에 담당하였거나 장래에 담당할 직무 외에 사무분장에 따라 현실적으로 담당하고 있지 않아도 법령상 일반적인 직무권한에 속하는 직무 등 공무원이 그 직위에 따라 담당할 일체의 직무를 포함한다.
나. 「형법」 제130조(제삼자뇌물제공)에서 정한 '부정한 청탁'이란 그 청탁이 위법하거나 부당한 직무집행을 내용으로 하는 경우는 물론 청탁의 대상이 된 직무집행 그 자체는 위법·부당하지 않다고 하더라도 그 직무집행을 어떤 대가관계와 연결시켜 그 직무집행에 관한 대가의 교부를 내용으로 하는 경우도 포함한다.
다. 공무원과 공동정범 관계에 있는 비공무원은 제3자뇌물수수죄에서 말하는 제3자가 될 수 없고, 공무원과 공동정범 관계에 있는 비공무원이 뇌물을 받은 경우에는 공무원과 함께 뇌물수수죄의 공동정범이 성립하고, 제3자뇌물수수죄는 성립하지 아니한다.
라. 「형법」 제132조의 알선수뢰죄는 당해 직무를 처리하는 다른 공무원과 직접·간접의 연관관계를 가지고 법률상 또는 사실상 영향을 미칠 수 있는 지위에 있는 공무원이 그 지위를 이용하여 다른 공무원의 직무에 속한 사항의 알선에 관하여 뇌물을 수수, 요구, 약속한 때에 성립한다.

① 가(O), 나(O), 다(O), 라(O)
② 가(O), 나(O), 다(×), 라(O)
③ 가(×), 나(O), 다(O), 라(×)
④ 가(×), 나(×), 다(×), 라(×)

해설

▶ 가, 나, 다, 라. 모두 옳다.
가. [o] 대판 2003.6.13. 2003도1060.
나. [o] 대판(전) 2019.8.29. 2018도2738.
다. [o] [다수의견] 신분관계가 없는 사람이 신분관계로 인하여 성립될 범죄에 가공한 경우에는 신분관계가 있는 사람과 공범이 성립한다(형법 제33조 본문 참조). 따라서 공무원이 아닌 사람(이하 '비공무원'이라 한다)이 공무원과 공동가공의 의사와 이를 기초로 한 기능적 행위지배를 통하여 공무원의 직무에 관하여 뇌물을 수수하는 범죄를 실행하였다면 공무원이 직접 뇌물을 받은 것과 동일하게 평가할 수 있으므로 공무원과 비공무원에게 형법 제129조 제1항에서 정한 뇌물수수죄의 공동정범이 성립한다. 형법은 제130조에서 제129조 제1항 뇌물수수죄와는 별도로 공무원이 그 직무에 관하여 뇌물공여자로 하여금 제3자에게 뇌물을 공여하게 한 경우에는 부정한 청탁을 받고 그와 같은 행위를 한 때에 뇌물수수죄와 법정형이 동일한 제3자뇌물수수죄로 처벌하고 있다. 제3자뇌물수수죄에서 뇌물을 받는 제3자가 뇌물임을 인식할 것을 요건으로 하지 않는다. 그러나 공무원이 뇌물공여자로 하여금 공무원과 뇌물수수죄의 공동정범 관계에 있는 비공무원에게 뇌물을 공여하게 한 경우에는 공동정범의 성질상 공무원 자신에게 뇌물을 공여하게 한 것으로 볼 수 있다. 공무원과 공동정범 관계에 있는 비공무원은 제3자뇌물수수죄에서 말하는 제3자가 될 수 없고, 공무원과 공동정범 관계에 있는 비공무원이 뇌물을 받은 경우에는 공무원과 함께 뇌물수수죄의 공동정범이 성립하고 제3자뇌물수수죄는 성립하지 않는다(대판(전) 2019.8.29. 2018도2738).
라. [o] 대판 1983.6.14. 83도894.

정답 ①

22 **뇌물죄에 관한 설명 중 가장 적절하지 않은 것은? (다툼이 있으면 판례에 의함)** [16 경찰승진]

① 뇌물공여죄의 성립에 반드시 상대방 측의 뇌물수수죄가 성립하여야만 하는 것은 아니다.
② 공무원이 직무집행의 의사 없이 타인을 공갈하여 재물을 교부하게 한 경우에도 재물의 교부자는 뇌물공여죄로 처벌한다.
③ 공무원이 직무에 관하여 금전을 무이자로 차용한 경우에는 차용 당시에 금융이익 상당의 뇌물을 수수한 것으로 보아야 하므로, 공소시효는 금전을 무이자로 차용한 때로부터 기산한다.
④ 뇌물로 공여된 당좌수표가 수수된 후 부도가 되었다 하더라도 뇌물수수죄가 성립한다.

해설

① [○] 뇌물공여죄가 성립하기 위하여는 뇌물을 공여하는 행위와 상대방 측에서 금전적으로 가치가 있는 그 물품 등을 받아들이는 행위(부작위 포함)가 필요할 뿐 반드시 상대방 측에서 뇌물수수죄가 성립하여야 함을 뜻하는 것은 아니다(대판 2006.2.24. 2005도4737).
② [×] 공무원이 직무집행의 의사 없이 또는 직무처리와 대가적 관계없이 타인을 공갈하여 재물을 교부하게 한 경우에는 공갈죄만이 성립하고, 이러한 경우 재물의 교부자는 공갈죄의 피해자가 될 것이고 뇌물공여죄는 성립될 수 없다(대판 1994.12.22. 94도2528).
③ [○] 공무원이 직무에 관하여 금전을 무이자로 차용한 경우에는 차용 당시에 금융이익 상당의 뇌물을 수수한 것으로 보아야 하므로, 공소시효는 금전을 무이자로 차용한 때로부터 기산한다(대판 2012.2.23. 2011도7282).
④ [○] 뇌물로 공여된 당좌수표가 수수 후 부도가 되었다 하더라도 뇌물죄의 성립에는 아무런 지장이 없다(대판 1983.2.22. 82도2964).

정답 ②

23 **다음 설명 중 가장 옳지 않은 것은? (다툼이 있으면 판례에 의함)** [20 법원9급]

① 공무원이 수수·요구 또는 약속한 금품에 그 직무행위에 대한 대가로서의 성질과 직무 외의 행위에 대한 사례로서의 성질이 불가분적으로 결합되어 있는 경우에는 그 수수·요구 또는 약속한 금품 전부가 불가분적으로 직무행위에 대한 대가로서의 성질을 가진다.
② 공무원이 장래에 담당할 직무에 대한 대가로 이익을 수수한 경우에도 뇌물수수죄가 성립할 수 있지만, 그 이익을 수수할 당시 장래에 담당할 직무에 속하는 사항이 그 수수한 이익과 관련된 것임을 확인할 수 없을 정도로 막연하고 추상적이거나 장차 그 수수한 이익과 관련지을 만한 직무권한을 행사할지 자체를 알 수 없다면 그 이익이 장래에 담당할 직무에 관하여 수수되었다거나 그 대가로 수수되었다고 단정하기 어렵다.
③ 임명권자에 의하여 임용되어 공무에 종사하여 온 사람이 나중에 임용결격자이었음이 밝혀져 당초의 임용행위가 무효인 경우 형법 제129조의 수뢰죄에서 규정한 공무원에 해당하지 아니한다.
④ 뇌물약속죄에서 뇌물의 약속은 직무와 관련하여 장래에 뇌물을 주고받겠다는 양 당사자의 의사표시가 확정적으로 합치하면 성립하고, 뇌물의 가액이 얼마인지는 문제되지 아니하며 또한 뇌물의 목적물이 이익인 경우에 그 가액이 확정되어 있지 않아도 뇌물약속죄가 성립하는 데에는 영향이 없다.

해설

① [○] 공무원이 수수 · 요구 또는 약속한 금품에 그 직무행위에 대한 대가로서의 성질과 직무 외의 행위에 대한 사례로서의 성질이 불가분적으로 결합되어 있는 경우에는 그 수수 · 요구 또는 약속한 금품 전부가 불가분적으로 직무행위에 대한 대가로서의 성질을 가진다(대판 2012.1.12. 2011도12642).
② [○] 공무원이 장래에 담당할 직무에 대한 대가로 이익을 수수한 경우에도 뇌물수수죄가 성립할 수 있지만, 그 이익을 수수할 당시 장래에 담당할 직무에 속하는 사항이 그 수수한 이익과 관련된 것임을 확인할 수 없을 정도로 막연하고 추상적이거나 장차 그 수수한 이익과 관련지을 만한 직무권한을 행사할지 자체를 알 수 없다면 그 이익이 장래에 담당할 직무에 관하여 수수되었다거나 그 대가로 수수되었다고 단정하기 어렵다(대판 2017.12.22. 2017도12346).
③ [×] 법령에 기한 임명권자에 의하여 임용되어 공무에 종사하여 온 사람이 나중에 그가 임용결격자이었음이 밝혀져 당초의 임용행위가 무효라고 하더라도, 그가 임용행위라는 외관을 갖추어 실제로 공무를 수행한 이상 공무 수행의 공정과 그에 대한 사회의 신뢰 및 직무행위의 불가매수성은 여전히 보호되어야 한다. 따라서 이러한 사람은 형법 제129조에서 규정한 공무원으로 봄이 타당하고, 그가 그 직무에 관하여 뇌물을 수수한 때에는 수뢰죄로 처벌할 수 있다(대판 2014.3.27. 2013도11357).
④ [○] 뇌물약속죄에서 뇌물의 약속은 직무와 관련하여 장래에 뇌물을 주고받겠다는 양 당사자의 의사표시가 확정적으로 합치하면 성립하고, 뇌물의 가액이 얼마인지는 문제되지 아니하며 또한 뇌물의 목적물이 이익인 경우에 그 가액이 확정되어 있지 않아도 뇌물약속죄가 성립하는 데에는 영향이 없다(대판 2001.9.18. 2000도5438).

정답 ③

24 뇌물죄에 관한 다음 설명 중 옳지 않은 것은? (다툼이 있으면 판례에 의함) [16 경찰간부]

① 뇌물죄는 공무원의 직무집행의 공정과 이에 대한 사회의 신뢰 및 직무행위의 불가매수성을 그 보호법익으로 하고 있다.
② 뇌물죄는 직무에 관한 청탁이나 부정한 행위를 필요로 하는 것은 아니므로 특별한 청탁이 없어도 수수된 금품의 뇌물성을 인정할 수 있다.
③ 성적 욕구의 충족도 뇌물이 될 수 있다.
④ 집행관사무소의 사무원이 집행관을 보조하여 담당하는 사무의 성질은 국가의 사무에 준하는 측면이 있으므로 집행관사무소의 사무원도 뇌물죄의 공무원에 해당한다.

해설

① [○] 뇌물죄가 직무집행의 공정과 이에 대한 사회의 신뢰 및 직무행위의 불가매수성을 그 보호법익으로 하고 있음에 비추어 볼 때, 공무원이 그 이익을 수수하는 것으로 인하여 사회일반으로부터 직무집행의 공정성을 의심받게 되는지 여부도 뇌물죄의 성부를 판단함에 있어서의 판단기준이 된다(대판 2000.1.21. 99도4940).
② [○] 수수된 금품의 뇌물성을 인정하는 데 특별한 청탁이 있어야만 하는 것은 아니며, 또한 금품이 직무에 관하여 수수된 것으로 족하고 개개의 직무행위와 대가적 관계에 있을 필요는 없다(대판 2014.10.15. 2014도8113).
③ [○] [1] '성적 욕구의 충족'도 뇌물의 내용인 이익에 포함된다.
[2] 뇌물죄는 공무원의 직무집행의 공정과 이에 대한 사회의 신뢰 및 직무행위의 불가매수성을 그 보호법익으로 하고 있고, 직무에 관한 청탁이나 부정한 행위를 필요로 하는 것은 아니어서 수수된 금품의 뇌물성을 인정하는 데 특별한 청탁이 있어야만 하는 것은 아니다(대판 2014.1.29. 2013도13937).
④ [×] 집행관사무소의 사무원이 집행관을 보조하여 담당하는 사무의 성질이 국가의 사무에 준하는 측면이 있다는 사정만으로는 형법 제129조 내지 제132조 및 변호사법 제111조에서의 '공무원'에 해당한다고 보기 어렵다(대판 2011.3.10. 2010도14394).

정답 ④

25 **뇌물에 관한 죄에 대한 설명 중 가장 적절하지 않은 것은? (다툼이 있으면 판례에 의함)** [20 경찰승진]

① 배임수재자가 배임증재자에게서 무상으로 빌린 물건을 인도받아 사용하던 중 공무원이 되었고, 배임증재자가 뇌물공여 의사를 밝히면서 배임수재자가 물건을 계속 사용하도록 한 경우 처음에 정한 사용기간을 연장해 주는 등 새로운 이익을 제공한 것으로 평가할 만한 사정이 없다면 뇌물공여죄가 성립하지 않는다.

② 제3자뇌물공여죄에서 막연히 선처하여 줄 것이라는 기대에 의하거나 직무집행과는 무관한 다른 동기에 의하여 제3자에게 금품을 공여한 경우에는 묵시적인 의사표시에 의한 부정한 청탁이 있다고 보기 어렵다.

③ 뇌물약속죄에서 뇌물의 약속은 양 당사자의 뇌물수수의 합의를 말하고, 여기에서 '합의'란 그 방법에 아무런 제한이 없고 명시적일 필요도 없으므로, 양 당사자의 의사표시가 확정적으로 합치할 필요까지는 없다.

④ 공무원인 甲이 乙로부터 1,000만 원을 뇌물로 받아 그중 500만 원을 소비하고 나머지 500만 원을 은행에 예금하여 두었다가 이를 인출하여 乙에게 반환한 경우, 甲으로부터 1,000만 원을 추징하여야 한다.

해설

① [○] 배임수재자가 배임증재자에게서 무상으로 빌린 물건을 인도받아 사용하던 중 공무원이 되었고, 배임증재자가 뇌물공여 의사를 밝히면서 배임수재자가 물건을 계속 사용하도록 한 경우 처음에 정한 사용기간을 연장해 주는 등 새로운 이익을 제공한 것으로 평가할 만한 사정이 없다면 뇌물공여죄가 성립하지 않는다(대판 2015.10.15. 2015도6232).

② [○] 제3자뇌물공여죄에서 막연히 선처하여 줄 것이라는 기대에 의하거나 직무집행과는 무관한 다른 동기에 의하여 제3자에게 금품을 공여한 경우에는 묵시적인 의사표시에 의한 부정한 청탁이 있다고 보기 어렵다(대판 2009.1.30. 2008도6950).

③ [×] 뇌물약속죄에 있어서 뇌물의 '약속'은 양 당사자 사이의 뇌물수수의 합의를 말하고, 여기에서 '합의'란 그 방법에 아무런 제한이 없고 명시적일 필요도 없지만, 장래 공무원의 직무와 관련하여 뇌물을 주고받겠다는 양 당사자의 의사표시가 확정적으로 합치하여야 한다(대판 2012.11.15. 2012도9417).

④ [○] 뇌물로 받은 돈을 은행에 예금한 경우 그 예금행위는 뇌물의 처분행위에 해당하므로 그 후 수뢰자가 같은 액수의 돈을 증뢰자에게 반환하였다 하더라도 이를 뇌물 그 자체의 반환으로 볼 수 없으니 수뢰자로부터 그 가액을 추징하여야 한다(대판 1996.10.25. 96도2022). ▶ 판례에 의하면 뇌물로 받은 돈을 은행에 예금한 경우 그 예금행위는 뇌물의 처분(소비)행위에 해당하므로 수뢰자 甲이 각 500만원을 두 번에 나누어 소비한 것이므로 甲에게 1,000만원을 추징하여야 한다.

정답 ③

26 **뇌물죄에 대한 설명으로 옳지 않은 것은? (다툼이 있으면 판례에 의함)** [19 국가7급]

① 공무원이 직무와 관련하여 뇌물수수를 약속하고 퇴직 후 이를 수수한 경우에 뇌물약속과 뇌물수수가 시간적으로 근접하여 연속되어 있는 때에는 형법 제129조 제1항의 뇌물수수죄가 성립한다.

② 증뢰자가 일방적으로 뇌물을 두고 가므로 후일 기회를 보아 반환할 의사로 일시 보관하다가 반환한 경우에는 뇌물을 수수한 것으로 볼 수 없다.

③ 사무분장에 따라 현실적으로 담당하지 않는 직무도 법령상 일반적인 직무권한에 속하는 직무라면 뇌물죄에서 말하는 직무에 포함된다.

④ 뇌물을 수수함에 있어서 공여자를 기망한 경우에는 뇌물을 수수한 공무원을 뇌물죄와 사기죄의 상상적 경합으로 처단하여야 한다.

해설

① [×] 뇌물수수죄는 공무원 또는 중재인이 그 직무에 관하여 뇌물을 수수한 때에 성립하는 것이어서 그 주체는 현재 공무원 또는 중재인의 직에 있는 자에 한정되므로, 공무원이 직무와 관련하여 뇌물수수를 약속하고 퇴직 후 이를 수수하는 경우에는 뇌물약속과 뇌물수수가 시간적으로 근접하여 연속되어 있다고 하더라도 뇌물약속죄 및 사후수뢰죄가 성립할 수 있음은 별론으로 하고 뇌물수수죄는 성립하지 않는다(대판 2010.10.14. 2010도387).

② [○] 증뢰자가 일방적으로 뇌물을 두고 가므로 후일 기회를 보아 반환할 의사로 일시 보관하다가 반환한 경우에는 영득의사가 없으므로 뇌물을 수수한 것으로 볼 수 없다(대판 1985.3.12. 83도150).

③ [○] 뇌물죄에서 말하는 '직무'에는 법령에 정하여진 직무뿐만 아니라 그와 관련 있는 직무, 과거에 담당하였거나 장래에 담당할 직무 외에 사무분장에 따라 현실적으로 담당하지 않는 직무라도 법령상 일반적인 직무권한에 속하는 직무 등 공무원이 그 직위에 따라 공무로 담당할 일체의 직무를 포함한다 할 것이고, 수뢰후부정처사죄에서 말하는 '부정한 행위'라 함은 직무에 위배되는 일체의 행위를 말하는 것으로 직무행위 자체는 물론 그것과 객관적으로 관련 있는 행위까지를 포함한다(대판 2003.6.13. 2003도1060).

④ [○] 뇌물을 수수함에 있어서 공여자를 기망한 점이 있다 하여도 뇌물수수죄, 뇌물공여죄의 성립에는 영향이 없고, 이 경우 뇌물을 수수한 공무원에 대하여는 한 개의 행위가 뇌물죄와 사기죄의 각 구성요건에 해당하므로 형법 제40조에 의하여 상상적 경합으로 처단하여야 할 것이다(대판 2015.10.29. 2015도12838).

정답 ①

27 뇌물죄에 대한 설명으로 가장 적절하지 않은 것은? (다툼이 있으면 판례에 의함)

[21 경찰승진]

① 법령에 기한 임명권자에 의하여 임용되어 공무에 종사하여 온 사람이 나중에 그가 임용결격자이었음이 밝혀져 당초의 임용행위가 무효라고 하더라도 그가 임용행위라는 외관을 갖추어 실제로 공무를 수행한 이상 「형법」 제129조에서 규정한 공무원으로 봄이 타당하고, 그가 그 직무에 관하여 뇌물을 수수한 때에는 수뢰죄로 처벌할 수 있다.

② 뇌물공여죄가 성립하기 위하여는 뇌물을 공여하는 행위와 상대방 측에서 금전적으로 가치가 있는 그 물품 등을 받아들이는 행위가 필요할 뿐 반드시 상대방 측에서 뇌물수수죄가 성립하여야 하는 것은 아니다.

③ 뇌물약속죄에서 뇌물의 약속은 직무와 관련하여 장래에 뇌물을 주고받겠다는 양 당사자의 의사표시가 확정적으로 합치하면 성립하고, 뇌물의 가액이 얼마인지는 문제되지 않는다.

④ 알선뇌물수수죄와 관련하여 상대방으로 하여금 뇌물을 수수하는 자에게 잘 보이면 어떤 도움을 받을 수 있다거나 손해를 입을 염려가 없다는 정도의 막연한 기대감을 갖게 하고, 뇌물을 수수하는 자 역시 상대방이 그러한 기대감을 가질 것이라고 짐작하면서 수수하였다면 알선뇌물수수죄가 성립한다.

해설

① [○] 법령에 기한 임명권자에 의하여 임용되어 공무에 종사하여 온 사람이 나중에 그가 임용결격자이었음이 밝혀져 당초의 임용행위가 무효라고 하더라도 그가 임용행위라는 외관을 갖추어 실제로 공무를 수행한 이상 「형법」 제129조에서 규정한 공무원으로 봄이 타당하고, 그가 그 직무에 관하여 뇌물을 수수한 때에는 수뢰죄로 처벌할 수 있다(대판 2014.3.27. 2013도11357).

② [○] 뇌물공여죄가 성립하기 위하여는 뇌물을 공여하는 행위와 상대방 측에서 금전적으로 가치가 있는 그 물품 등을 받아들이는 행위가 필요할 뿐 반드시 상대방 측에서 뇌물수수죄가 성립하여야 하는 것은 아니다(대판 2013.11.28. 2013도9003).

③ [○] 뇌물약속죄에서 뇌물의 약속은 직무와 관련하여 장래에 뇌물을 주고받겠다는 양 당사자의 의사표시가 확정적으로 합치하면 성립하고, 뇌물의 가액이 얼마인지는 문제되지 않는다(대판 2016.6.23. 2016도3753).

④ [×] 알선뇌물수수죄가 성립하려면 알선할 사항이 다른 공무원의 직무에 속하는 사항으로서 뇌물수수의 명목이 그 사항의 알선에 관련된 것임이 어느 정도는 구체적으로 나타나야 한다. 단지 상대방으로 하여금 뇌물을 수수하는 자에게 잘 보이면 어떤 도움을 받을 수 있다거나 손해를 입을 염려가 없다는 정도의 막연한 기대감을 갖게 하는 정도에 불과하고, 뇌물을 수수하는 자 역시 상대방이 그러한 기대감을 가질 것이라고 짐작하면서 수수하였다는 사정만으로는 알선뇌물수수죄가 성립하지 않는다(대판 2017.12.22. 2017도12346).

정답 ④

28 뇌물의 요건인 직무관련성이 인정되지 않는 경우는? (다툼이 있으면 판례에 의함)

[12 경찰간부]

① 문교부 편수국 공무원인 피고인들이 교과서의 내용검토 및 개편 수정작업을 의뢰 받고 그에 소요되는 비용은 받은 경우

② 경찰관이 재건축조합 직무대행자에 대한 진정사건을 수사하면서 진정인 측의 재건축 설계업체로 선정되기를 희망하던 건축사 사무소 대표로부터 금원을 수수한 경우

③ 음주운전 적발하여 단속에 관련된 제반 서류를 작성한 후 운전면허 취소업무를 담당하는 직원에게 이를 인계하는 업무를 담당하는 경찰관이 피단속자로부터 운전면허가 취소되지 않도록 하여 달라는 청탁을 받고 금원을 교부받은 경우

④ 국회의원이 특정 협회로부터 요청받은 자료를 제공하고 그 대가로서 후원금 명목으로 금원을 교부받은 경우

해설

① [불인정] 교과서의 내용검토 및 개편수정은 발행자나 저작자의 책임에 속하는 것이고 이를 문교부 편수국 공무원인 피고인들의 직무에 속한다고 할 수 없으므로 피고인들이 교과서의 내용검토 및 개편수정작업을 의뢰받고 그에 소요되는 비용을 받았다 하더라도 이를 직무에 관한 뇌물로써 부정하게 수수한 것이라고 볼 수 없다(대판 1979.5.22. 78도296).

② [인정] 경찰관이 재건축조합 직무대행자에 대한 진정사건을 수사하면서 진정인 측에 의하여 재건축 설계업체로 선정되기를 희망하던 건축사사무소 대표로부터 금원을 수수한 경우, 금원의 수수와 경찰공무원의 직무인 진정사건 수사와의 관련성을 배척할 수 없다(대판 2007.4.26. 2005도4204).

③ [인정] 음주운전을 적발하여 단속에 관련된 제반 서류를 작성한 후 운전면허 취소업무를 담당하는 직원에게 이를 인계하는 업무를 담당하는 경찰관이 피단속자로부터 운전면허가 취소되지 않도록 하여 달라는 청탁을 받고 금원을 교부받은 경우, 뇌물수수죄가 성립한다(대판 1999.11.9. 99도2530).

④ [인정] 국회의원이 특정 협회로부터 요청받은 자료를 제공하고 그 대가로서 후원금 명목으로 금원을 교부받은 사안에서, 직무관련성이 있어 뇌물죄가 성립한다고 한 사례(대판 2009.5.14. 2008도8852).

정답 ①

29 뇌물죄에 대한 설명으로 옳지 않은 것은? (다툼이 있으면 판례에 의함)

[21 경찰간부]

① 뇌물공여죄가 성립하기 위하여는 뇌물을 공여하는 행위와 상대방 측에서 이를 받아들이는 행위가 필요할 뿐 반드시 상대방 측에서 뇌물수수죄가 성립하여야 하는 것은 아니다.

② 수의계약을 체결하는 공무원이 해당 공사업자와 계약금액을 부풀려서 계약하고 부풀린 금액을 자신이 되돌려 받기로 사전에 약정한 다음 그에 따라 수수한 돈은 뇌물에 해당한다.

③ 법령에 기한 임명권자에 의하여 임용되어 공무에 종사하여 온 사람이 나중에 그가 임용결격자였음이 밝혀져 당초의 임용행위가 무효라고 하더라도, 그가 재직 중 그 직무에 관하여 뇌물을 수수한 때에는 수뢰죄로 처벌할 수 있다.

④ 공무원이 직무와 관련하여 뇌물수수를 약속하고 퇴직 후 이를 수수하는 경우, 뇌물약속과 뇌물수수가 시간적으로 근접하여 연속되어 있다 하더라도 뇌물약속죄 및 사후수뢰죄가 성립할 수 있음은 별론으로 뇌물수수죄는 성립하지 않는다.

해설

① [○] 뇌물공여죄가 성립하기 위하여는 뇌물을 공여하는 행위와 상대방 측에서 이를 받아들이는 행위가 필요할 뿐 반드시 상대방 측에서 뇌물수수죄가 성립하여야 하는 것은 아니다(대판 2013.11.28. 2013도9003).

② [×] 수의계약을 체결하는 공무원이 해당 공사업자와 적정한 금액 이상으로 계약금액을 부풀려서 계약하고 부풀린 금액을 자신이 되돌려 받기로 사전에 약정한 다음 그에 따라 수수한 돈은 성격상 뇌물이 아니고 횡령금에 해당한다(대판 2007.10.12. 2005도7112).

③ [O] 법령에 기한 임명권자에 의하여 임용되어 공무에 종사하여 온 사람이 나중에 그가 임용결격자이었음이 밝혀져 당초의 임용행위가 무효라고 하더라도, 그가 임용행위라는 외관을 갖추어 실제로 공무를 수행한 이상 공무 수행의 공정과 그에 대한 사회의 신뢰 및 직무행위의 불가매수성은 여전히 보호되어야 한다. 따라서 이러한 사람은 형법 제129조에서 규정한 공무원으로 봄이 타당하고, 그가 그 직무에 관하여 뇌물을 수수한 때에는 수뢰죄로 처벌할 수 있다(대판 2014.3.27. 2013도11357).

④ [O] 뇌물수수죄는 공무원 또는 중재인이 그 직무에 관하여 뇌물을 수수한 때에 성립하는 것이어서 그 주체는 현재 공무원 또는 중재인의 직에 있는 자에 한정되므로, 공무원이 직무와 관련하여 뇌물수수를 약속하고 퇴직 후 이를 수수하는 경우에는 뇌물약속과 뇌물수수가 시간적으로 근접하여 연속되어 있다고 하더라도 뇌물약속죄 및 사후수뢰죄가 성립할 수 있음은 별론으로 하고 뇌물수수죄는 성립하지 않는다(대판 2010.10.14. 2010도387).

정답 ②

30 뇌물의 죄에 대한 설명 중 가장 적절하지 않은 것은? (다툼이 있으면 판례에 의함)

[18 경찰채용]

① 뇌물죄에서 뇌물의 내용인 이익이라 함은 금전, 물품 기타의 재산적 이익뿐만 아니라 사람의 수요·욕망을 충족시키기에 족한 일체의 유형·무형의 이익을 포함하며, 제공된 것이 성적 욕구의 충족이라고 하여 달리 볼 것이 아니다.

② 구 해양수산부 해운정책과 소속 공무원인 피고인이 甲 해운회사의 대표이사 등에게서 중국의 선박운항허가 담당부서가 관장하는 중국 국적선사의 선박에 대한 운항허가를 받을 수 있도록 노력해 달라는 부탁을 받고 돈을 받은 경우, 뇌물수수죄가 성립한다.

③ 음주운전을 적발하여 단속에 관련된 제반 서류를 작성한 후 운전면허 취소업무를 담당하는 직원에게 이를 인계하는 업무를 담당하는 경찰관이 피단속자로부터 운전면허가 취소되지 않도록 하여 달라는 청탁을 받고 금원을 교부받은 경우, 뇌물수수죄가 성립한다.

④ 임용될 당시 공무원법상 임용결격자에 해당하여 임용행위는 무효였지만 그 후 공무원으로 계속 근무하면서 직무에 관하여 뇌물을 수수한 경우, 수뢰죄가 성립한다.

해설

① [O] 뇌물죄에서 뇌물의 내용인 이익이라 함은 금전, 물품 기타의 재산적 이익뿐만 아니라 사람의 수요·욕망을 충족시키기에 족한 일체의 유형·무형의 이익을 포함하며, 제공된 것이 성적 욕구의 충족이라고 하여 달리 볼 것이 아니다(대판 2014.1.29. 2013도13937).

② [×] 해운정책과 업무에는 대한민국 국적선사의 선박에 관한 것만 포함되어 있을 뿐 외국 국적선사의 선박에 대한 행정처분에 관한 것은 포함되어 있지 않고 또한 외국 국적선사의 선박에 대한 구체적인 행정처분은, 해운정책과 소속 공무원에게 이를 좌우할 수 있는 어떠한 영향력이 있다고 할 수도 없어 즉, 직무관련성이 없어 뇌물수수죄는 성립하지 않는다(대판 2011.5.26. 2009도2453).

③ [O] 음주운전을 적발하여 단속에 관련된 제반 서류를 작성한 후 운전면허 취소업무를 담당하는 직원에게 이를 인계하는 업무를 담당하는 경찰관이 피단속자로부터 운전면허가 취소되지 않도록 하여 달라는 청탁을 받고 금원을 교부받은 경우, 뇌물수수죄가 성립한다(대판 1999.11.9. 99도2530).

④ [O] 법령에 기한 임명권자에 의하여 임용되어 공무에 종사하여 온 사람이 나중에 그가 임용결격자이었음이 밝혀져 당초의 임용행위가 무효라고 하더라도, 그가 임용행위라는 외관을 갖추어 실제로 공무를 수행한 이상 공무 수행의 공정과 그에 대한 사회의 신뢰 및 직무행위의 불가매수성은 여전히 보호되어야 한다. 따라서 이러한 사람은 형법 제129조에서 규정한 공무원으로 봄이 타당하고, 그가 그 직무에 관하여 뇌물을 수수한 때에는 수뢰죄로 처벌할 수 있다(대판 2014.3.27. 2013도11357).

정답 ②

31 뇌물죄에 대한 설명으로 가장 적절한 것은? (다툼이 있으면 판례에 의함) [17 경찰채용]

① 뇌물죄는 금품이 직무에 관하여 수수된 것뿐만 아니라 개개의 직무행위와 대가적 관계에 있어야 한다.

② 뇌물죄는 직무에 관한 청탁이나 부정한 행위를 필요로 하므로 수수된 금품의 뇌물성을 인정하는 데 특별한 청탁이 있어야만 한다.

③ 뇌물죄에서 뇌물의 내용인 이익이라 함은 금전, 물품 기타의 재산적 이익뿐만 아니라 사람의 수요 · 욕망을 충족시키기에 족한 일체의 유형 · 무형의 이익을 포함하며 제공된 것이 성적 욕구의 충족이라고 하여 달리 볼 것이 아니다.

④ 공무원이 얻는 어떤 이익이 직무와 대가관계가 있는 부당한 이익으로서 '뇌물'에 해당하는지 여부는 당해 공무원의 직무 내용, 직무와 이익제공자의 관계, 쌍방 간에 특수한 사적인 친분관계가 존재하는지 여부, 이익의 다과, 이익을 수수한 경위와 시기 등의 제반 사정을 참작하여 결정하여야 하나, 공무원이 이익을 수수하는 것으로 인하여 사회일반으로부터 직무집행의 공정성을 의심받게 되는지 여부는 뇌물죄의 성립 여부의 판단기준이 되지 않는다.

해설

① [×], ② [×] 뇌물죄는 직무에 관한 청탁이나 부정한 행위를 필요로 하는 것은 아니기 때문에 수수된 금품의 뇌물성을 인정하는 데 특별한 청탁이 있어야만 하는 것은 아니며 또한 금품이 직무에 관하여 수수된 것으로 족하고 개개의 직무행위와 대가적 관계에 있을 필요는 없다(대판 2014.10.15. 2014도8113).

③ [○] 뇌물죄에서 뇌물의 내용인 이익이라 함은 금전, 물품 기타의 재산적 이익뿐만 아니라 사람의 수요 · 욕망을 충족시키기에 족한 일체의 유형 · 무형의 이익을 포함하며 제공된 것이 성적 욕구의 충족이라고 하여 달리 볼 것이 아니다(대판 2014.1.29. 2013도13937).

④ [×] 뇌물죄가 직무집행의 공정과 이에 대한 사회의 신뢰 및 직무행위의 불가매수성을 보호법익으로 하고 있는 점에 비추어 볼 때, 공무원이 이익을 수수하는 것으로 인하여 사회일반으로부터 직무집행의 공정성을 의심받게 되는지 여부도 뇌물죄의 성립 여부를 판단할 때에 기준이 된다(대판 2014.10.15. 2014도8113).

정답 ③

32 뇌물죄에 대한 설명으로 가장 적절하지 않은 것은? (다툼이 있으면 판례에 의함) [21 경찰채용]

① 뇌물죄에서 말하는 '직무'에는 결정권자를 보좌하거나 영향을 줄 수 있는 직무행위뿐만 아니라, 관례상이나 사실상 소관하는 직무행위도 포함된다.

② 알선뇌물요구죄가 성립하기 위하여는 알선행위가 장래의 것이라도 무방하므로 뇌물을 요구할 당시 반드시 상대방에게 알선에 의하여 해결을 도모해야 할 현안이 존재하여야 할 필요는 없다.

③ 공무원이 장래에 담당할 직무에 대한 대가로 이익을 수수한 경우에도 뇌물수수죄가 성립할 수 있지만, 이익을 수수할 당시 장래에 담당할 직무에 속하는 사항이 그 수수한 이익과 관련된 것임을 확인할 수 없을 정도로 막연하고 추상적이거나, 장차 그 수수한 이익과 관련지을 만한 직무권한을 행사할지 자체도 알 수 없다면, 그 이익이 장래에 담당할 직무에 관하여 수수되었다고는 단정하기 어렵다.

④ 공무원이 직무와 관련하여 뇌물수수를 약속하고 퇴직 후 이를 수수하였다면, 뇌물약속과 뇌물수수 사이의 시간적 근접 여부를 불문하고 뇌물수수죄가 성립한다.

해설

① [○], ③ [○] [1] 뇌물죄에서 말하는 '직무'에는 결정권자를 보좌하거나 영향을 줄 수 있는 직무행위뿐만 아니라, 관례상이나 사실상 소관하는 직무행위도 포함된다.
[2] 알선뇌물요구죄가 성립하기 위하여는 알선행위가 장래의 것이라도 무방하므로 뇌물을 요구할 당시 반드시 상대방에게 알선에 의하여 해결을 도모해야 할 현안이 존재하여야 할 필요는 없다(대판 2017.12.22. 2017도12346).

② [○] 공무원이 장래에 담당할 직무에 대한 대가로 이익을 수수한 경우에도 뇌물수수죄가 성립할 수 있지만, 이익을 수수할 당시 장래에 담당할 직무에 속하는 사항이 그 수수한 이익과 관련된 것임을 확인할 수 없을 정도로 막연하고 추상적이거나, 장차 그 수수한 이익과 관련지을 만한 직무권한을 행사할지 자체도 알 수 없다면, 그 이익이 장래에 담당할 직무에 관하여 수수되었다고는 단정하기 어렵다(대판 2013.4.11. 2012도16277).

④ [×] 뇌물수수죄는 공무원 또는 중재인이 그 직무에 관하여 뇌물을 수수한 때에 성립하는 것이어서 그 주체는 현재 공무원 또는 중재인의 직에 있는 자에 한정되므로, 공무원이 직무와 관련하여 뇌물수수를 약속하고 퇴직 후 이를 수수하는 경우에는 뇌물약속과 뇌물수수가 시간적으로 근접하여 연속되어 있다고 하더라도 뇌물약속죄 및 사후수뢰죄가 성립할 수 있음은 별론으로 하고 뇌물수수죄는 성립하지 않는다(대판 2010.10.14. 2010도387).

정답 ④

33 뇌물죄에 관한 설명 중 가장 적절하지 않은 것은? (다툼이 있으면 판례에 의함)

[17 경찰승진]

① 공무원이 직접 뇌물을 받지 아니하고 증뢰자로 하여금 공무원 자신의 채권자에게 뇌물을 공여하도록 하여 공무원이 그만큼 지출을 면하게 된 경우에는 뇌물수수죄가 아니라 제3자뇌물제공죄가 성립한다.

② 수의계약을 체결하는 공무원이 해당 공사업자와 적정한 금액 이상으로 계약금액을 부풀려서 계약하고 부풀린 금액을 자신이 되돌려 받기로 사전에 약정한 다음 그에 따라 수수한 돈은 성격상 뇌물이 아니고 횡령금에 해당한다.

③ 자동차를 뇌물로 공여한 경우 자동차등록원부에 뇌물수수자가 그 소유자로 등록되지 않았다고 하더라도 자동차의 사실상 소유자로서 자동차에 대한 실질적인 사용 및 처분권한이 있다면 자동차 자체를 뇌물로 취득한 것으로 보아야 한다.

④ 공무원이 수수한 뇌물가액이 3천만 원 이상이면 특정범죄 가중처벌 등에 관한 법률이 적용된다.

해설

① [×] 공무원이 직접 뇌물을 받지 아니하고 증뢰자로 하여금 다른 사람에게 뇌물을 공여하도록 한 경우, 그 다른 사람이 공무원의 사자 또는 대리인으로서 뇌물을 받은 경우나 그 다른 사람이 뇌물을 받음으로써 공무원은 그만큼 지출을 면하게 되는 경우 등 사회통념상 그 다른 사람이 뇌물을 받은 것을 공무원이 직접 받은 것과 같이 평가할 수 있는 관계가 있는 경우에는 형법 제129조 제1항의 뇌물수수죄가 성립한다(대판 2009.10.15. 2009도6422).

② [○] 수의계약을 체결하는 공무원이 해당 공사업자와 적정한 금액 이상으로 계약금액을 부풀려서 계약하고 부풀린 금액을 자신이 되돌려 받기로 사전에 약정한 다음 그에 따라 수수한 돈은 성격상 뇌물이 아니고 횡령금에 해당한다(대판 2007.10.12. 2005도7112).

③ [○] 자동차를 뇌물로 공여한 경우 자동차등록원부에 뇌물수수자가 그 소유자로 등록되지 않았다고 하더라도 자동차의 사실상 소유자로서 자동차에 대한 실질적인 사용 및 처분권한이 있다면 자동차 자체를 뇌물로 취득한 것으로 보아야 한다(대판 2006.5.26. 2006도1716).

④ [○] 특가법 제2조 제1항 참조.

정답 ①

34 **뇌물죄에 대한 다음 설명 중 옳지 않은 것은? (다툼이 있으면 판례에 의함)** [15 경찰간부]

① 공무원이 증뢰자로부터 뇌물인지 모르고 수수하였다가 뇌물임을 알고 즉시 반환한 경우 단순수뢰죄가 성립하지 아니한다.

② 공무원이 증뢰자로부터 뇌물을 받고 부정한 행위를 한 경우에는 수뢰후부정처사죄가 성립한다.

③ 공무원으로 의제되는 정비사업전문관리업체의 대표이사인 피고인이 여러 회사들에게서 재개발정비사업 시공사로 선정되도록 도와달라는 취지의 부탁을 받고 자신이 실질적으로 장악하고 있는 컨설팅회사 명의 계좌로 돈을 교부받은 경우 제3자 뇌물공여죄가 성립한다.

④ 공무원이었던 자가 그 재직 중에 청탁을 받고 직무상 부정한 행위를 한 후 퇴직하고 뇌물을 수수한 경우에는 사후수뢰죄가 성립한다.

해설

① [○] 뇌물을 수수한다는 것은 영득의 의사로 금품을 수수하는 것을 말하므로, 뇌물인지 모르고 이를 수수하였다가 뇌물임을 알고 즉시 반환하거나, 증뢰자가 일방적으로 뇌물을 두고 가므로 후일 기회를 보아 반환할 의사로 어쩔 수 없이 일시 보관하다가 반환하는 등 그 영득의 의사가 없었다고 인정되는 경우라면 뇌물을 수수하였다고 할 수 없겠지만, 일단 피고인이 영득의 의사로 뇌물을 수령한 이상 나중에 이를 반환하였다고 하더라도 뇌물죄의 성립에는 영향이 없다(대판 2013.11.28. 2013도9003).

② [○] 제131조 제1항.

③ [×] 건설회사들이 형식적인 용역계약 상대방인 컨설팅회사 계좌로 뇌물을 입금한 것은 사회통념상 피고인에게 직접 뇌물을 공여한 것과 동일하게 평가할 수 있으므로 (제3자 뇌물공여죄가 아니라) 형법 제129조 제1항의 뇌물수수죄가 성립한다(대판 2011.11.24. 2011도9585).

④ [○] 제131조 제3항.

정답 ③

35 **뇌물죄에 있어 직무관련성이 인정되지 않는 것은? (다툼이 있으면 판례에 의함)** [15 경찰승진]

① 문교부 편수국 공무원인 피고인들이 교과서의 내용검토 및 개편 수정작업을 의뢰받고 그에 소요되는 비용을 받은 경우

② 경찰관이 재건축조합 직무대행자에 대한 진정사건을 수사하면서 진정인 측의 재건축 설계업체로 선정되기를 희망하던 건축사사무소 대표로부터 금원을 수수한 경우

③ 음주운전을 적발하여 단속에 관련된 제반서류를 작성한 후 운전면허 취소업무를 담당하는 직원에게 이를 인계하는 업무를 담당하는 경찰관이 피단속자로부터 운전면허가 취소되지 않도록 하여 달라는 청탁을 받고 금원을 교부받은 경우

④ 지방의회의 의장 선거에서 투표권을 가지고 있는 군의원들이 의장선거와 관련하여 금품 등을 수수한 경우

해설

① [불인정] 교과서의 내용검토 및 개편수정은 발행자나 저작자의 책임에 속하는 것이고 이를 문교부 편수국 공무원인 피고인들의 직무에 속한다고 할 수 없으므로 피고인들이 교과서의 내용검토 및 개편수정작업을 의뢰받고 그에 소요되는 비용을 받았다 하더라도 이를 직무에 관한 뇌물로써 부정하게 수수한 것이라고 볼 수 없다(대판 1979.5.22. 78도296).

② [인정] 경찰관이 재건축조합 직무대행자에 대한 진정사건을 수사하면서 진정인 측에 의하여 재건축 설계업체로 선정되기를 희망하던 건축사사무소 대표로부터 금원을 수수한 경우, 금원의 수수와 경찰공무원의 직무인 진정사건 수사와의 관련성을 배척할 수 없다(대판 2007.4.26. 2005도4204).

③ [인정] 음주운전을 적발하여 단속에 관련된 제반 서류를 작성한 후 운전면허 취소업무를 담당하는 직원에게 이를 인계하는 업무를 담당하는 경찰관이 피단속자로부터 운전면허가 취소되지 않도록 하여 달라는 청탁을 받고 금원을 교부받은 경우, 뇌물수수죄가 성립한다(대판 1999.11.9. 99도2530).

④ [인정] 지방자치법 제42조 제1항의 규정에 의하면 지방의회는 의장을 의원들간의 무기명투표로 선거하도록 되어 있으므로 의장선거에서의 투표권을 가지고 있는 군의원들이 이와 관련하여 금품 등을 수수할 경우 이는 군의원으로서의 직무와 관련된 것이라 할 것이므로 뇌물죄가 성립한다(대판 2002.5.10. 2000도2251).

정답 ①

36 다음 중 뇌물죄에 있어 직무관련성이 인정되지 않는 경우는? (판례에 의함)

[11 경찰승진]

① 지방의회의 의장 선거에서 투표권을 가지고 있는 군의원들이 의장선거와 관련하여 금품 등을 수수한 경우

② 음주운전을 적발하여 단속에 관련된 제반서류를 작성한 후 운전면허 취소업무를 담당하는 직원에게 이를 인계하는 업무를 담당하는 경찰관이 피단속자로부터 운전면허가 취소되지 않도록 하여 달라는 청탁을 받고 금원을 교부받은 경우

③ 아파트 재건축조합 직무대행자를 처벌하여 달라는 진정사건을 수사하는 경찰관이 진정인측의 재건축 설계업체로 선정되기를 희망하던 건축사사무소 대표로부터 금원을 수수한 경우

④ 경찰청 정보과에 근무하는 경찰관이 상대방으로부터 중소기업중앙회장에게 부탁하여 자신의 회사가 중소기업중앙회에 의하여 외국인산업연수생에 대한 국내관리업체로 선정되는 데 힘써 달라는 청탁과 함께 금품을 교부받은 경우

해설

① [인정] 지방자치법 제42조 제1항의 규정에 의하면 지방의회는 의장을 의원들간의 무기명투표로 선거하도록 되어 있으므로 의장선거에서의 투표권을 가지고 있는 군의원들이 이와 관련하여 금품 등을 수수할 경우 이는 군의원으로서의 직무와 관련된 것이라 할 것이므로 뇌물죄가 성립한다(대판 2002.5.10. 2000도2251).

② [인정] 음주운전을 적발하여 단속에 관련된 제반 서류를 작성한 후 운전면허 취소업무를 담당하는 직원에게 이를 인계하는 업무를 담당하는 경찰관이 피단속자로부터 운전면허가 취소되지 않도록 하여 달라는 청탁을 받고 금원을 교부받은 경우, 뇌물수수죄가 성립한다(대판 1999.11.9. 99도2530).

③ [인정] 경찰관이 재건축조합 직무대행자에 대한 진정사건을 수사하면서 진정인 측에 의하여 재건축 설계업체로 선정되기를 희망하던 건축사사무소 대표로부터 금원을 수수한 경우, 금원의 수수와 경찰공무원의 직무인 진정사건 수사와의 관련성을 배척할 수 없다(대판 2007.4.26. 2005도4204).

④ [불인정] 경찰청 정보과에 근무하는 경찰관(경감)인 피고인이 직무를 통하여 국내관리업체 선정에 어떠한 영향을 준다고는 할 수 없으므로 중소기업협동조합중앙회장의 국내관리업체 선정은 피고인의 직무와 관련성이 있다고 할 수 없다(대판 1999.6.11. 99도275).

정답 ④

37 뇌물죄에 관한 설명 중 가장 옳지 않은 것은? (판례에 의함)

[11 경찰승진]

① 뇌물공여죄의 성립에 반드시 상대방측의 뇌물수수죄가 성립하여야만 하는 것은 아니다.

② 뇌물에 공할 금품이 특정되지 않았던 것은 몰수할 수는 없지만, 그 가액을 추징할 수는 있다.

③ 알선수뢰죄에 있어서 '공무원이 그 지위를 이용하여'라고 함은 다른 공무원이 취급하는 업무처리에 법률상 또는 사실상으로 영향을 줄 수 있는 공무원이 그 지위를 이용하는 경우가 여기에 해당하고 그 사이에 반드시 상하관계, 협동관계, 감독권한 등의 특수한 관계에 있거나 같은 부서에 근무할 것을 요하는 것은 아니다.

④ 증여가 직무행위와의 대가관계가 인정되는 경우에는 비록 사교적 예의의 명목을 빌더라도 뇌물에 해당한다.

해설

① [○] 뇌물공여죄가 성립하기 위하여는 뇌물을 공여하는 행위와 상대방측에서 금전적으로 가치가 있는 그 물품 등을 받아들이는 행위(부작위 포함)가 필요할 뿐 반드시 상대방측에서 뇌물수수죄가 성립하여야 함을 뜻하는 것은 아니다(대판 2006.2.24. 2005도4737).

② [×] [1] 범죄사실에서 수수한 뇌물의 액수를 특정할 수 없다고 판단한 이상, 추징을 함에 있어서도 그 추징의 대상이 되는 뇌물의 액수를 특정할 수 없는 경우에 해당한다고 보아 추징을 선고하여서는 안 될 것이다(대판 2009.8.20. 2009도4391).
[2] 수뢰액을 특정할 수 없는 경우에는 가액을 추징할 수 없다(대판 2011.5.26. 2009도2453).

③ [○] 알선수뢰죄에 있어서 '공무원이 그 지위를 이용하여'라고 함은 다른 공무원이 취급하는 업무처리에 법률상 또는 사실상으로 영향을 줄 수 있는 공무원이 그 지위를 이용하는 경우가 여기에 해당하고 그 사이에 반드시 상하관계, 협동관계, 감독권한 등의 특수한 관계에 있거나 같은 부서에 근무할 것을 요하는 것은 아니다(대판 2006.4.27. 2006도735).

④ [○] 공무원의 직무와 관련하여 금품을 수수하였다면 비록 사교적 의례의 형식을 빌어 금품을 주고 받았다 하더라도 그 수수한 금품은 뇌물이 된다(대판 2002.7.26. 2001도6721).

정답 ②

38 다음 중 판례의 태도로 틀린 것은?

[10 경찰채용]

① 공무원이 뇌물로 투기적 사업에 참여할 기회를 제공받은 경우, 뇌물수수죄의 기수 시기는 그 사업 참여로 인하여 이득을 얻은 때로 보아야 한다.

② 사전수뢰죄(형법 제129조 제2항)에서 청탁이라 함은 공무원에 대하여 일정한 직무행위를 할 것을 의뢰하는 것을 말하는 것으로서 그 직무행위가 부정한 것인가 하는 점은 묻지 않는다.

③ 뇌물죄에서 말하는 '직무'에는 사무분장에 따라 현실적으로 담당하지 않는 직무라도 법령상 일반적인 직무권한에 속하는 직무 등 공무원이 그 직위에 따라 공무로 담당할 일체의 직무를 포함한다.

④ 뇌물죄에 있어서 공무원이 공개된 장소에서 금품을 수수한 후 이를 부하직원들을 위하여 소비하였을 뿐 자신의 사리를 취한 바 없다 하더라도 그 뇌물성이 부인되지 않는다.

해설

① [×] 공무원이 뇌물로 투기적 사업에 참여할 기회를 제공받은 경우, 뇌물수수죄의 기수 시기는 투기적 사업에 참여하는 행위가 종료된 때로 보아야 하며, 그 행위가 종료된 후 경제사정의 변동 등으로 인하여 당초의 예상과는 달리 그 사업 참여로 인한 아무런 이득을 얻지 못한 경우라도 뇌물수수죄의 성립에는 아무런 영향이 없다(대판 2002.5.10. 2000도2251).

② [○] 형법 제129조 제2항의 사전수뢰는 단순수뢰의 경우와는 달리 청탁을 받을 것을 요건으로 하고 있는바, 여기에서 청탁이라 함은 공무원에 대하여 일정한 직무행위를 할 것을 의뢰하는 것을 말하는 것으로서 그 직무행위가 부정한 것인가 하는 점은 묻지 않으며 그 청탁이 반드시 명시적이어야 하는 것도 아니라고 할 것이다(대판 1999.7.23. 99도1911).

③ [○] 뇌물죄에서 말하는 '직무'에는 사무분장에 따라 현실적으로 담당하지 않는 직무라도 법령상 일반적인 직무권한에 속하는 직무 등 공무원이 그 직위에 따라 공무로 담당할 일체의 직무를 포함한다(대판 2013.11.28. 2013도10011).

④ [O] 뇌물죄에 있어서 금품을 수수한 장소가 공개된 공사현장이었고 금품을 수수한 공무원이 이를 공사현장 인부들의 식대 또는 동 공사의 홍보비 등으로 소비하였을 뿐 자신의 사리를 취한 바 없다 하더라도 그 뇌물성이 부인되지 않는다(대판 1985.5.14. 83도2050).

정답 ①

39 뇌물죄에 대한 설명 중 가장 적절하지 않은 것은? (다툼이 있으면 판례에 의함) [12 경찰승진]

① 증뢰물전달죄는 제3자가 증뢰자로부터 교부받은 금품을 수뢰할 사람에게 전달하였는지 여부에 관계없이 제3자가 그 정을 알면서 금품을 교부받음으로써 성립한다.

② 불우이웃돕기 성금이나 연극제에 전달할 의사로 금원을 받은 것에 불과하고 자신이 영득할 의사로 수수하였다고 보기는 어려운 경우 뇌물수수죄는 성립하지 아니한다.

③ 뇌물의 내용인 '이익'이라 함은 금전, 물품 기타의 재산적 이익을 말하는 것이지, 사람의 수요 · 욕망을 충족시키기에 족한 일체의 유형 · 무형의 이익까지 포함하는 것은 아니다.

④ 뇌물죄에서 말하는 '직무'에는 법령에 정하여진 직무뿐만 아니라 그와 관련 있는 직무, 과거에 담당하였거나 장래에 담당할 직무 외에 사무분장에 따라 현실적으로 담당하지 않는 직무라도 법령상 일반적인 직무권한에 속하는 직무 등 공무원이 그 직위에 따라 공무로 담당할 일체의 직무를 포함한다.

해설

① [O] 제3자의 증뢰물전달죄는 제3자가 증뢰자로부터 교부받은 금품을 수뢰할 사람에게 전달하였는지 여부에 관계없이 제3자가 그 정을 알면서 금품을 교부받음으로써 성립하는 것이며, 나아가 제3자가 그 교부받은 금품을 수뢰할 사람에게 전달하였다고 하여 증뢰물전달죄 외에 별도로 뇌물공여죄가 성립하는 것은 아니다(대판 2007.7.27. 2007도3798).

② [O] 불우이웃돕기 성금이나 연극제에 전달할 의사로 금원을 받은 것에 불과하다면 영득할 의사로 수수하였다고 할 수 없으므로, 뇌물수수죄가 성립할 수 없다(대판 2010.4.29. 2010도1082).

③ [×] 뇌물죄에서 뇌물의 내용인 이익이라 함은 금전, 물품 기타의 재산적 이익뿐만 아니라 사람의 수요 · 욕망을 충족시키기에 족한 일체의 유형 · 무형의 이익을 포함하며, 제공된 것이 성적 욕구의 충족이라고 하여 달리 볼 것이 아니다(대판 2014.1.29. 2013도13937).

④ [O] 뇌물죄에서 말하는 '직무'에는 법령에 정하여진 직무뿐만 아니라 그와 관련있는 직무, 과거에 담당하였거나 장래에 담당할 직무 외에 사무분장에 따라 현실적으로 담당하지 않는 직무라도 법령상 일반적인 직무권한에 속하는 직무 등 공무원이 그 직위에 따라 공무로 담당할 일체의 직무를 포함한다(대판 2011.4.28. 2009도10412).

정답 ③

40 **다음 설명 중 옳은 것은? (다툼이 있는 경우에는 판례에 의함)** [12 사시]

① 공무원이 직무와 관련하여 뇌물수수를 약속하고 퇴직 후 이를 수수하는 경우에도 뇌물약속과 뇌물수수가 시간적으로 근접하여 연속되어 있다면 뇌물수수죄가 성립한다.

② 오로지 공무원을 함정에 빠뜨릴 의사로 직무와 관련되었다는 형식을 빌려 그 공무원에게 금품을 공여한 경우에도 공무원이 그 금품을 직무와 관련하여 수수한다는 의사를 가지고 받아들이면 뇌물수수죄가 성립한다.

③ 구청장이 구청 관내의 공사 인·허가와 관련하여 건설회사로부터 부정한 청탁을 받고 경로당 누각을 구(區)에 기부채납하게 한 경우, 뇌물수수죄가 성립할 수 있음은 별론으로 하더라도 구청장은 구(區)를 대표하는 지위에 있어 구(區)는 제3자뇌물수수죄의 제3자가 될 수 없으므로 제3자뇌물수수죄가 성립하지 않는다.

④ 뇌물죄에서 '직무'에는 공무원이 법령상 관장하는 직무 및 직무와 밀접한 관계가 있는 행위가 포함되나, 관례상이나 사실상 소관하는 직무행위 및 결정권자를 보좌하거나 영향을 줄 수 있는 행위는 제외된다.

⑤ 수뢰자가 증뢰자로부터 10만 원권 자기앞수표로 3,000만 원을 교부받아 모두 소비한 후 증뢰자에게 다른 돈으로 3,000만 원 및 이에 대한 이자를 반환하였다면 증뢰자로부터 3,000만 원을 몰수하여야 한다.

해설

① [×] 뇌물수수죄는 공무원 또는 중재인이 그 직무에 관하여 뇌물을 수수한 때에 성립하는 것이어서 그 주체는 현재 공무원 또는 중재인의 직에 있는 자에 한정되므로, 공무원이 직무와 관련하여 뇌물수수를 약속하고 퇴직 후 이를 수수하는 경우에는, 뇌물약속과 뇌물수수가 시간적으로 근접하여 연속되어 있다고 하더라도, 뇌물약속죄 및 사후수뢰죄가 성립할 수 있음은 별론으로 하고, 뇌물수수죄는 성립하지 않는다(대판 2008.2.1. 2007도5190).

② [○] 공무원을 함정에 빠뜨릴 의사로 직무와 관련되었다는 형식을 빌려 그 공무원에게 금품을 공여한 경우에도 공무원이 그 금품을 직무와 관련하여 수수한다는 의사를 가지고 받아들이면 뇌물수수죄가 성립한다(대판 2008.3.13. 2007도10804).

③ [×] 공무원인 지방자치단체장이 직무에 관하여 부정한 청탁을 받고 지방자치단체에 금품을 제공하게 하였다면 공무원 개인이 금품을 취득한 경우와 동일시할 수는 없고 그 공무원이 단체를 대표하는 지위에 있는 경우에도 마찬가지여서 구(區)는 '제3자뇌물제공죄의 제3자'가 될 수 있다(대판 2011.4.14. 2010도12313).

④ [×] 뇌물죄에 있어서의 직무라 함은 공무원이 법령상 관장하는 직무 그 자체뿐만 아니라 그 직무와 밀접한 관계가 있는 행위 또는 관례상이나 사실상 소관하는 직무행위 및 결정권자를 보좌하거나 영향을 줄 수 있는 직무행위도 포함된다(대판 1999.1.29. 98도3584).

⑤ [×] 수뢰자가 자기앞수표를 뇌물로 받아 이를 소비한 후 자기앞수표 상당액을 증뢰자에게 반환하였다 하더라도 뇌물 그 자체를 반환한 것은 아니므로 이를 증뢰자로부터 몰수할 수 없고 수뢰자로부터 그 가액을 추징하여야 할 것이다(대판 1999.1.29. 98도3584).

정답 ②

41 **뇌물죄에 관한 설명 중 옳지 않은 것은? (다툼이 있는 경우에는 판례에 의함)** [12 변호사]

① 자기앞수표를 뇌물로 받아 모두 소비한 후 액면 상당의 현금을 증뢰자에게 반환한 경우에도 수뢰자로부터 그 가액을 추징하여야 한다.

② 공무원이 투기적 사업에 참여할 기회를 뇌물로 제공받아 실제 참여하였으나 경제 사정의 변동 등으로 인하여 당초의 예상과는 달리 그 사업 참여로 인한 아무런 이득을 얻지 못한 경우에도 뇌물수수죄가 성립한다.

③ 공무원이 직접 뇌물을 받지 아니하고 증뢰자로 하여금 공무원 자신의 채권자에게 뇌물을 공여하도록 하여 공무원이 그만큼 지출을 면하게 되는 경우에는 뇌물수수죄가 아니라 제3자뇌물제공죄가 성립한다.

④ 증뢰물전달죄는 증뢰자나 수뢰자가 아닌 제3자가 증뢰자로부터 수뢰할 사람에게 전달될 금품이라는 정을 알면서 그 금품을 받으면 성립하고, 그 금품을 전달하였는지 여부는 증뢰물전달죄의 성립에 영향이 없다.

⑤ 뇌물공여죄가 성립되기 위해서는 반드시 상대방 측에서 뇌물수수죄가 성립되어야 할 필요는 없다.

해설

① [○] 수뢰자가 자기앞수표를 뇌물로 받아 이를 소비한 후 자기앞수표 상당액을 증뢰자에게 반환하였다 하더라도 뇌물 그 자체를 반환한 것은 아니므로 이를 몰수할 수 없고 수뢰자로부터 그 가액을 추징하여야 할 것이다(대판 1999.1.29. 98도3584).
② [○] 공무원이 뇌물로 투기적 사업에 참여할 기회를 제공받은 경우, 뇌물수수죄의 기수 시기는 투기적 사업에 참여하는 행위가 종료된 때로 보아야 하며, 그 행위가 종료된 후 경제사정의 변동 등으로 인하여 당초의 예상과는 달리 그 사업 참여로 인한 아무런 이득을 얻지 못한 경우라도 뇌물수수죄의 성립에는 아무런 영향이 없다(대판 2002.5.10. 2000도2251).
③ [×] 공무원이 직접 뇌물을 받지 아니하고 증뢰자로 하여금 다른 사람에게 뇌물을 공여하도록 한 경우, 그 다른 사람이 공무원의 사자 또는 대리인으로서 뇌물을 받은 경우나 그 밖에 예컨대, 평소 공무원이 그 다른 사람의 생활비 등을 부담하고 있었다거나 혹은 그 다른 사람에 대하여 채무를 부담하고 있었다는 등의 사정이 있어서 그 다른 사람이 뇌물을 받음으로써 공무원은 그만큼 지출을 면하게 되는 경우 등 사회통념상 그 다른 사람이 뇌물을 받은 것을 공무원이 직접 받은 것과 같이 평가할 수 있는 관계가 있는 경우에는 형법 제130조의 제3자 뇌물제공죄가 아니라, 형법 제129조 제1항의 뇌물수수죄가 성립한다(대판 2002.4.9. 2001도7056).
④ [○] 형법 제133조 제2항은 증뢰자가 뇌물에 공할 목적으로 금품을 제3자에게 교부하거나 또는 그 정을 알면서 교부받는 증뢰물전달행위를 독립한 구성요건으로 하여 이를 같은조 제1항의 뇌물공여죄와 같은 형으로 처벌하는 규정으로서, 제3자의 증뢰물전달죄는 제3자가 증뢰자로부터 교부받은 금품을 수뢰할 사람에게 전달하였는지 여부에 관계없이 제3자가 그 정을 알면서 금품을 교부받음으로써 성립하는 것이며, 나아가 제3자가 그 교부받은 금품을 수뢰할 사람에게 전달하였다고 하여 증뢰물전달죄 외에 별도로 뇌물공여죄가 성립하는 것은 아니다(대판 2007.7.27. 2007도3798).
⑤ [○] 뇌물공여죄가 성립되기 위하여서는 뇌물을 공여하는 행위와 상대방측에서 금전적으로 가치가 있는 그 물품 등을 받아들이는 행위(부작위 포함)가 필요할 뿐이지 반드시 상대방측에서 뇌물수수죄가 성립되어야만 한다는 것을 뜻하는 것은 아니다(대판 2006.2.24. 2005도4737).

정답 ③

42 뇌물죄에 관한 다음 설명 중 가장 적절하지 않은 것은? (다툼이 있으면 판례에 의함) [13 경찰승진]

① 공무원이 직무집행의 의사 없이 타인을 공갈하여 재물을 교부하게 한 경우에도 재물의 교부자는 뇌물공여죄로 처벌된다.
② 뇌물약속죄에 있어서 뇌물의 목적물인 이익은 약속 당시에 현존할 필요는 없고 약속 당시에 예견할 수 있는 것이라도 무방하며, 뇌물의 목적물이 이익인 경우에는 그 가액이 확정되어 있지 않아도 뇌물약속죄가 성립하는 데는 영향이 없다.
③ 뇌물을 수수한 자가 공동수수자가 아닌 교사범 또는 종범에게 뇌물 중 일부를 사례금 등의 명목으로 교부하였다면 이는 뇌물을 수수하는 데 따르는 부수적 비용의 지출 또는 뇌물의 소비행위에 지나지 아니하므로, 뇌물수수자에게서 수뢰액 전부를 추징하여야 한다.
④ 공무원이 직무에 관하여 금전을 무이자로 차용한 경우에는 차용 당시에 금융이익 상당의 뇌물을 수수한 것으로 보아야 하므로, 공소시효는 금전을 무이자로 차용한 때로부터 기산한다.

해설

① [×] 공무원이 직무집행의 의사 없이 또는 직무처리와 대가적 관계없이 타인을 공갈하여 재물을 교부하게 한 경우에는 공갈죄만이 성립하고, 이러한 경우 재물의 교부자가 공무원의 해악의 고지로 인하여 외포의 결과 금품을 제공한 것이라면 그는 공갈죄의 피해자가 될 것이고 뇌물공여죄는 성립될 수 없다(대판 1994.12.22. 94도2528).
② [○] 뇌물약속죄에 있어서 뇌물의 목적물인 이익은 약속 당시에 현존할 필요는 없고 약속 당시에 예견할 수 있는 것이라도 무방하며, 뇌물의 목적물이 이익인 경우에는 그 가액이 확정되어 있지 않아도 뇌물약속죄가 성립하는 데는 영향이 없다(대판 2001.9.18. 2000도5438).
③ [○] 뇌물을 수수한 자가 공동수수자가 아닌 교사범 또는 종범에게 뇌물 중 일부를 사례금 등의 명목으로 교부하였다면 이는 뇌물을 수수하는 데 따르는 부수적 비용의 지출 또는 뇌물의 소비행위에 지나지 아니하므로, 뇌물수수자에게서 수뢰액 전부를 추징하여야 한다(대판 2011.11.24. 2011도9585).

④ [O] 공무원이 직무에 관하여 금전을 무이자로 차용한 경우에는 차용 당시에 금융이익 상당의 뇌물을 수수한 것으로 보아야 하므로, 공소시효는 금전을 무이자로 차용한 때로부터 기산한다(대판 2012.2.23. 2011도7282).

정답 ①

43 **뇌물죄에 관한 다음 설명 중 가장 적절하지 않은 것은? (다툼이 있으면 판례에 의함)** [14 경찰채용]

① 경찰청 정보과에 근무하는 甲이 乙로부터 그가 경영하는 회사가 외국인산업연수생에 대한 국내관리업체로 선정되도록 중소기업협동조합중앙회 회장인 丙에게 힘써 달라는 부탁을 받고 각종 향응을 받은 경우 수뢰죄가 성립한다.

② 수뢰자가 자기앞수표를 뇌물로 받아 이를 소비한 후 자기앞수표 상당액을 증뢰자에게 반환하였다 하더라도 뇌물 그 자체를 반환한 것은 아니므로 이를 몰수할 수 없고 수뢰자로부터 그 가액을 추징하여야 할 것이다.

③ 구 해양수산부 소속 공무원인 피고인이 甲해운회사의 대표이사 등에게서 중국의 선박운항허가 담당부서가 관장하는 중국 국적선사의 선박에 대한 운항허가를 받을 수 있도록 노력해 달라는 부탁을 받고 돈을 받은 경우 뇌물수수죄가 성립하지 않는다.

④ 임용될 당시 공무원법상 임용결격자에 해당하여 임용행위는 무효였지만 그 후 공무원으로 계속 근무하면서 직무에 관하여 뇌물을 수수한 경우에 수뢰죄가 성립한다.

해설

① [×] 경찰청 정보과에 근무하는 경찰관인 피고인이 직무를 통하여 국내관리업체 선정에 어떠한 영향을 준다고는 할 수 없으므로 중소기업협동조합중앙회장의 국내관리업체 선정은 피고인의 직무와 관련성이 있다고 할 수 없다(대판 1999.6.11. 99도275).

② [O] 수뢰자가 자기앞수표를 뇌물로 받아 이를 소비한 후 자기앞수표 상당액을 증뢰자에게 반환하였다 하더라도 뇌물 그 자체를 반환한 것은 아니므로 이를 몰수할 수 없고 수뢰자로부터 그 가액을 추징하여야 할 것이다(대판 1999.1.29. 98도3584).

③ [O] 구 해양수산부 해운정책과 소속 공무원인 피고인이 甲 해운회사의 대표이사 등에게서 중국의 선박운항허가 담당부서가 관장하는 중국 국적선사의 선박에 대한 운항허가를 받을 수 있도록 노력해 달라는 부탁을 받고 돈을 받은 경우, 관련 규정에 의하면 해운정책과 업무에는 대한민국 국적선사의 선박에 관한 것만 포함되어 있을 뿐 외국 국적선사의 선박에 대한 행정처분에 관한 것은 포함되어 있지 않고, 또한 외국 국적선사의 선박에 대한 구체적인 행정처분은, 해운정책과 소속 공무원에게 이를 좌우할 수 있는 어떠한 영향력이 있다고 할 수도 없어 해운정책과 소속 공무원의 직무와 밀접한 관계에 있는 행위라거나 또는 그가 관여하는 행위에 해당한다고 볼 수 없으므로, 직무관련성이 없어 뇌물수수죄가 성립하지 않는다(대판 2011.5.26. 2009도2453).

④ [O] 법령에 기한 임명권자에 의하여 임용되어 공무에 종사하여 온 사람이 나중에 그가 임용결격자이었음이 밝혀져 당초의 임용행위가 무효라고 하더라도, 그가 임용행위라는 외관을 갖추어 실제로 공무를 수행한 이상 공무 수행의 공정과 그에 대한 사회의 신뢰 및 직무행위의 불가매수성은 여전히 보호되어야 한다. 따라서 이러한 사람은 형법 제129조에서 규정한 공무원으로 봄이 타당하고, 그가 그 직무에 관하여 뇌물을 수수한 때에는 수뢰죄로 처벌할 수 있다(대판 2014.3.27. 2013도11357).

정답 ①

44 뇌물죄에 대한 설명으로 옳지 않은 것은? (다툼이 있으면 판례에 의함)

[15 경찰간부]

① 형법 제133조 제2항의 제3자뇌물취득죄는 제3자가 증뢰자로부터 교부받은 금품을 수뢰할 사람에게 전달하였는지의 여부에 관계없이 제3자가 그 정을 알면서 금품을 교부받음으로써 성립한다.

② 뇌물을 여러 차례에 걸쳐 수수함으로써 그 행위가 여러 개이더라도 그것이 단일하고 계속된 범의에 의하여 이루어지고 동일법익을 침해한 때에는 포괄일죄로 처벌함이 상당하다.

③ 병역면제를 위하여 1억원의 뇌물을 받은 헌병수사관 甲이 독자적 판단에 따라 군의관 乙에게 5천만원을 공여한 경우 甲에게 추징해야 할 금액은 5천만원이다.

④ 피고인이 향응을 제공받는 자리에서 피고인 스스로 제3자를 초대하여 함께 접대를 받은 경우 그 제3자가 피고인과는 별도의 지위에서 접대를 받는 공무원이라는 등의 특별한 사정이 없는 한 그 제3자의 접대에 요한 비용도 피고인의 수뢰액으로 보아야 한다.

해설

① [○] 제3자의 증뢰물전달죄는 제3자가 증뢰자로부터 교부받은 금품을 수뢰할 사람에게 전달하였는지 여부에 관계없이 제3자가 그 정을 알면서 금품을 교부받음으로써 성립하는 것이며, 나아가 제3자가 그 교부받은 금품을 수뢰할 사람에게 전달하였다고 하여 증뢰물전달죄 외에 별도로 뇌물공여죄가 성립하는 것은 아니다(대판 2007.7.27. 2007도3798).

② [○] 뇌물을 여러 차례에 걸쳐 수수함으로써 그 행위가 여러 개이더라도 그것이 단일하고 계속된 범의에 의하여 이루어지고 동일법익을 침해한 때에는 포괄일죄로 처벌함이 상당하다(대판 1999.1.29. 98도3584).

③ [×] 공무원의 직무에 속한 사항의 알선에 관하여 금품을 받은 자가 그 금품 중의 일부를 다른 알선행위자에게 청탁의 명목으로 교부하였다 하더라도 당초 금품을 받을 당시 그와 같이 사용하기로 예정되어 있어서 그 받은 취지에 따라 그와 같이 사용한 것이 아니라, 범인의 독자적인 판단에 따라 경비로 사용한 것이라면 이는 범인이 받은 금품을 소비하는 방법의 하나에 지나지 아니하므로 그 가액 역시 범인으로부터 추징하지 않으면 안 된다(대판 1999.6.25. 99도1900).
▶ 甲으로부터 1억원을 추징해야 한다.

④ [○] 피고인이 향응을 제공받는 자리에서 피고인 스스로 제3자를 초대하여 함께 접대를 받은 경우 그 제3자가 피고인과는 별도의 지위에서 접대를 받는 공무원이라는 등의 특별한 사정이 없는 한 그 제3자의 접대에 요한 비용도 피고인의 수뢰액으로 보아야 한다(대판 2001.10.12. 99도5294).

정답 ③

45 뇌물죄에 관한 다음 설명 중 가장 잘못된 것은? (다툼이 있으면 판례에 의함)

[10 법원9급]

① 알선뇌물요구죄가 성립하려면 알선할 사항이 다른 공무원의 직무에 속하는 사항으로서 뇌물요구의 명목이 그 사항의 알선에 관련된 것임이 어느 정도 구체적으로 나타나야 하므로, 뇌물을 요구할 당시 상대방에게 알선에 의하여 해결을 도모하여야 할 현안이 존재할 것을 요한다.

② 뇌물공여죄가 성립되기 위하여서는 뇌물을 공여하는 행위와 상대방측에서 금전적으로 가치가 있는 그 물품 등을 받아들이는 행위(부작위 포함)가 필요할 뿐이지 반드시 상대방에서 뇌물수수죄가 성립되어야만 한다는 것을 뜻하는 것은 아니다.

③ 뇌물죄에서 말하는 직무는 공무원이 법령상 관장하는 직무 그 자체뿐만 아니라 직무와 밀접한 관계가 있는 행위 또는 관례상이나 사실상 관여하는 직무행위도 포함된다.

④ 뇌물죄에 있어서 금품을 수수한 장소가 공개된 공사현장이었고 금품을 수수한 공무원이 이를 공사현장 인부들의 식대 또는 동 공사의 홍보비 등으로 소비하였을 뿐 자신의 사리를 취한 바 없다 하더라도 그 뇌물성이 부인되지 않는다.

해설

① [×] 알선행위는 장래의 것이라도 무방하므로 알선뇌물요구죄가 성립하기 위하여는 뇌물을 요구할 당시 반드시 상대방에게 알선에 의하여 해결을 도모하여야 할 현안이 존재하여야 할 필요는 없다(대판 2013.4.11. 2012도16277).

② [○] 뇌물을 공여하는 행위와 상대방측에서 금전적으로 가치가 있는 그 물품 등을 받아들이는 행위(부작위 포함)가 필요할 뿐이지 반드시 상대방측에서 뇌물수수죄가 성립되어야만 한다는 것을 뜻하는 것은 아니다(대판 1987.12.22. 87도1699).

③ [○] 뇌물죄에서 직무라 함은 공무원이 법령상 관장하는 직무 그 자체뿐만 아니라 그 직무와 밀접한 관계가 있는 행위 또는 관례상이나 사실상 소관하는 직무행위 및 결정권자를 보좌하거나 영향을 줄 수 있는 직무행위도 포함된다(대판 2011.6.10. 2011도4260).

④ [○] 뇌물죄에 있어서 금품을 수수한 장소가 공개된 공사현장이었고 금품을 수수한 공무원이 이를 공사현장 인부들의 식대 또는 공사의 홍보비 등으로 소비하였을 뿐 자신의 사리를 취한 바 없다 하더라도 그 뇌물성이 부인되는 것은 아니다(대판 1985.5.14. 83도2050).

정답 ①

46 뇌물죄에 관한 설명 중 옳은 것(○)과 옳지 않은 것(×)을 올바르게 조합한 것은? (다툼이 있으면 판례에 의함)

[18 변호사]

> ㉠ 수수된 금품의 뇌물성을 인정하기 위하여는 그 금품이 개개의 직무행위와 대가적 관계에 있음이 증명되어야 한다.
> ㉡ 임용될 당시 「지방공무원법」상 임용결격자임에도 공무원으로 임용되어 계속 근무하던 중 직무에 관하여 뇌물을 수수한 경우, 임용행위의 무효에도 불구하고 뇌물수수죄의 성립을 인정할 수 있다.
> ㉢ 뇌물공여죄가 성립하기 위하여는 반드시 상대방 측에서 뇌물수수죄가 성립하여야 하는 것은 아니다.
> ㉣ 뇌물을 수수한 자가 공동수수자가 아닌 교사범 또는 종범에게 뇌물 중 일부를 사례금 등의 명목으로 교부한 경우, 실제 수익은 뇌물에서 사례금을 공제한 금액이므로, 전체 뇌물 액수에서 사례금 상당액을 공제한 금액을 뇌물수수자에게서 몰수·추징하여야 한다.
> ㉤ 공무원이 직접 뇌물을 받지 않고 증뢰자로 하여금 자신이 채무를 부담하고 있었던 제3자에게 뇌물을 공여하게 함으로써 자신의 지출을 면하였다면 「형법」 제130조의 제3자뇌물제공죄가 성립한다.

① ㉠ ○ ㉡ × ㉢ × ㉣ × ㉤ ○
② ㉠ ○ ㉡ × ㉢ × ㉣ ○ ㉤ ○
③ ㉠ × ㉡ × ㉢ ○ ㉣ ○ ㉤ ×
④ ㉠ × ㉡ ○ ㉢ ○ ㉣ × ㉤ ○
⑤ ㉠ × ㉡ ○ ㉢ ○ ㉣ × ㉤ ×

해설

㉠ [×] 뇌물죄는 공무원의 직무집행의 공정과 이에 대한 사회의 신뢰 및 직무행위의 불가매수성을 그 보호법익으로 하고 있고, 직무에 관한 청탁이나 부정한 행위를 필요로 하는 것은 아니기 때문에 수수된 금품의 뇌물성을 인정하는 데 특별한 청탁이 있어야만 하는 것은 아니며, 또한 금품이 직무에 관하여 수수된 것으로 족하고 개개의 직무행위와 대가적 관계에 있을 필요는 없다(대판 2014.10.15. 2014도8113).

㉡ [○] 법령에 기한 임명권자에 의하여 임용되어 공무에 종사하여 온 사람이 나중에 그가 임용결격자이었음이 밝혀져 당초의 임용행위가 무효라고 하더라도, 그가 임용행위라는 외관을 갖추어 실제로 공무를 수행한 이상 공무 수행의 공정과 그에 대한 사회의 신뢰 및 직무행위의 불가매수성은 여전히 보호되어야 한다. 따라서 이러한 사람은 형법 제129조에서 규정한 공무원으로 봄이 타당하고, 그가 그 직무에 관하여 뇌물을 수수한 때에는 수뢰죄로 처벌할 수 있다(대판 2014.3.27. 2013도11357).

㉢ [○] 뇌물공여죄가 성립하기 위하여는 뇌물을 공여하는 행위와 상대방 측에서 금전적으로 가치가 있는 그 물품 등을 받아들이는 행위가 필요할 뿐 반드시 상대방 측에서 뇌물수수죄가 성립하여야 하는 것은 아니다(대판 2013.11.28. 2013도9003).

㉣ [×] 뇌물을 수수한 자가 공동수수자가 아닌 교사범 또는 종범에게 뇌물 중의 일부를 사례금 등의 명목으로 교부하였다면 이는 뇌물을 수수하는 데에 따르는 부수적 비용의 지출 또는 뇌물의 소비행위에 지나지 아니하므로 뇌물수수자로부터 그 수뢰액 전부를 추징하여야 한다(대판 2011.11.24. 2011도9585).

㉤ [×] 공무원이 직접 뇌물을 받지 아니하고 증뢰자로 하여금 다른 사람에게 뇌물을 공여하도록 한 경우, 그 다른 사람이 공무원의 사자(使者) 또는 대리인으로서 뇌물을 받은 경우나 그 다른 사람이 뇌물을 받음으로써 공무원은 그만큼 지출을 면하게 되는 경우 등 사회통념상 그 다른 사람이 뇌물을 받은 것을 공무원이 직접 받은 것과 같이 평가할 수 있는 관계가 있는 경우에는 형법 제129조 제1항의 뇌물수수죄가 성립한다(대판 2009.10.15. 2009도6422).

정답 ⑤

47 뇌물죄에 대한 설명 중 옳지 않은 것은 모두 몇 개인가? (다툼이 있으면 판례에 의함)

[11 경찰간부]

㉠ 뇌물죄는 직무집행의 공정과 이에 대한 사회의 신뢰 및 직무행위의 불가매수성을 그 보호법익으로 하고 있고 직무에 관한 청탁이나 부정한 행위를 필요로 하는 것은 아니기 때문에 수수된 금품의 뇌물성을 인정하는데 특별한 청탁이 있어야만 하는 것은 아니다.
㉡ 뇌물의 내용에는 일체의 유형, 무형의 이익이 포함되므로 투기적 사업에 참여할 기회를 얻은 것도 이에 해당하며 이 경우 그 기수 시기는 투기적 사업에 참여하여 이익을 얻는 행위가 종료한 때로 보아야 한다.
㉢ 수뢰죄에 있어서 '직무에 관하여'라 함은 그 직무에 관련하여 사실상 처리하고 있는 행위까지도 포함한다.
㉣ 공무원이 직무와 관련하여 뇌물수수를 약속하고 퇴직 후 이를 수수하는 경우 뇌물수수죄가 성립한다.

① 1개
② 2개
③ 3개
④ 4개

해설

㉠ [○] 뇌물죄는 직무집행의 공정과 이에 대한 사회의 신뢰 및 직무행위의 불가매수성을 그 보호법익으로 하고 있고 직무에 관한 청탁이나 부정한 행위를 필요로 하는 것은 아니므로, 수수된 금품의 뇌물성을 인정하는데 특별한 청탁이 있어야만 하는 것은 아니다(대판 2008.2.1. 2007도5190).

㉡ [×] 공무원이 뇌물로 투기적 사업에 참여할 기회를 제공받은 경우 뇌물수수죄의 기수 시기는 투기적 사업에 참여하는 행위가 종료한 때로 보아야 한다(대판 2011.7.28. 2009도9122).

㉢ [○] 뇌물죄에서 말하는 직무에는 공무원이 법령상 관장하는 직무 그 자체뿐만 아니라 직무와 밀접한 관계가 있는 행위 또는 관례상이나 사실상 관여하는 직무행위도 포함된다(대판 2011.5.26. 2009도2453).

㉣ [×] 뇌물수수죄는 공무원 또는 중재인이 그 직무에 관하여 뇌물을 수수한 때에 성립하는 것이어서 그 주체는 현재 공무원 또는 중재인의 직에 있는 자에 한정되므로, 공무원이 직무와 관련하여 뇌물수수를 약속하고 퇴직 후 이를 수수하는 경우에는, 뇌물약속과 뇌물수수가 시간적으로 근접하여 연속되어 있다고 하더라도, 뇌물약속죄 및 사후수뢰죄가 성립할 수 있음은 별론으로 하고, 뇌물수수죄는 성립하지 않는다(대판 2008.2.1. 2007도5190).

정답 ②

48 **뇌물죄에 관한 다음 설명 중 가장 옳지 않은 것은? (다툼이 있으면 판례에 의함)** [13 법원9급]

① 공무원이 직무에 관하여 금전을 무이자로 차용한 경우에는 차용 당시에 금융이익 상당의 뇌물을 수수한 것으로 보아야 하므로, 공소시효는 금전을 무이자로 차용한 때로부터 기산한다.

② 뇌물공여죄가 성립하기 위하여는 반드시 상대방측에서 뇌물수수죄가 성립하여야 할 필요는 없다.

③ 수뢰자가 자기앞수표를 뇌물로 받아 이를 소비한 후 자기앞수표 상당액을 증뢰자에게 반환하였다 하더라도 뇌물 그 자체를 반환한 것은 아니므로 이를 몰수할 수 없고 수뢰자로부터 그 가액을 추징하여야 할 것이다.

④ 공무원이 직접 뇌물을 받지 아니하고 증뢰자로 하여금 공무원 자신의 채권자에게 뇌물을 공여하도록 하여 공무원이 그만큼 지출을 면하게 되는 경우에는 뇌물수수죄가 아니라 제3자뇌물제공죄가 성립한다.

해설

① [○] 공무원이 그 직무에 관하여 금전을 무이자로 차용한 경우에는 그 차용 당시에 금융이익 상당의 뇌물을 수수한 것으로 보아야 하므로 공소시효는 금전을 무이자로 차용한 때로부터 기산한다(대판 2012.2.23. 2011도7282).

② [○] 뇌물공여죄가 성립하기 위하여는 뇌물을 공여하는 행위와 상대방 측에서 금전적으로 가치가 있는 그 물품 등을 받아들이는 행위가 필요할 뿐 반드시 상대방 측에서 뇌물수수죄가 성립하여야 하는 것은 아니다(대판 2013.11.28. 2013도9003).

③ [○] 수뢰자가 자기앞수표를 뇌물로 받아 이를 소비한 후 자기앞수표 상당액을 증뢰자에게 반환하였다 하더라도 수뢰자로부터 그 가액을 추징하여야 한다(대판 1999.1.29. 98도3584).

④ [×] 공무원이 직접 뇌물을 받지 아니하고 증뢰자로 하여금 다른 사람에게 뇌물을 공여하도록 한 경우라도 다른 사람이 공무원의 사자(使者) 또는 대리인으로서 뇌물을 받은 경우 등과 같이 사회통념상 다른 사람이 뇌물을 받은 것을 공무원이 직접 받은 것과 같이 평가할 수 있는 관계가 있는 경우에는 형법 제129조 제1항 뇌물수수죄가 성립한다(대판 2011.11.24. 2011도9585).

정답 ④

49 **뇌물죄에 관한 다음 설명 중 가장 옳지 않은 것은? (다툼이 있으면 판례에 의함)** [15 법원9급]

① 뇌물죄에서 뇌물의 내용인 이익이라 함은 금전, 물품 기타의 재산적 이익뿐만 아니라 사람의 수요·욕망을 충족시키기에 족한 일체의 유형·무형의 이익을 포함하며, 제공된 것인 성적 욕구의 충족이라고 하여 달리 볼 것이 아니다.

② 뇌물죄에서 말하는 직무에는 공무원이 법령상 관장하는 직무 그 자체뿐만 아니라 직무와 밀접한 관계가 있는 행위 또는 관례상이나 사실상 관여하는 직무행위도 포함된다.

③ 임명권자에 의하여 임용되어 공무에 종사하여 온 사람이 나중에 임용결격자이었음이 밝혀져 당초의 임용행위가 무효인 경우에는, 그가 임용행위라는 외관을 갖추어 실제로 공무를 수행하였더라도 공무원이 아니므로 그가 그 직무에 관하여 뇌물을 수수한 때에는 수뢰죄로 처벌할 수 없다.

④ 형법 제132조의 알선뇌물요구죄가 성립하기 위하여는 뇌물을 요구할 당시 반드시 상대방에게 알선에 의하여 해결을 도모하여야 할 현안이 존재하여야 할 필요는 없다.

해설

① [○] 뇌물의 내용인 이익이라 함은 금전, 물품 기타의 재산적 이익뿐만 아니라 사람의 수요·욕망을 충족시키기에 족한 일체의 유형·무형의 이익을 포함하며 제공된 것이 성적 욕구의 충족이라고 하여 달리 볼 것이 아니다(대판 2014.1.29. 2013도13937).

② [○] 뇌물죄에서 직무라 함은 공무원이 법령상 관장하는 직무 그 자체뿐만 아니라 그 직무와 밀접한 관계가 있는 행위 또는 관례상이나 사실상 소관하는 직무행위 및 결정권자를 보좌하거나 영향을 줄 수 있는 직무행위도 포함된다(대판 2011.6.10. 2011도4260).

③ [×] 법령에 기한 임명권자에 의하여 임용되어 공무에 종사하여 온 사람이 나중에 그가 임용결격자이었음이 밝혀져 당초의 임용행위가 무효라고 하더라도, 그가 임용행위라는 외관을 갖추어 실제로 공무를 수행한 이상 공무 수행의 공정과 그에 대한 사회의 신뢰 및 직무행위의 불가매수성은 여전히 보호되어야 한다. 따라서 이러한 사람은 형법 제129조에서 규정한 공무원으로 봄이 타당하고, 그가 그 직무에 관하여 뇌물을 수수한 때에는 수뢰죄로 처벌할 수 있다(대판 2014.3.27. 2013도11357).

④ [○] 알선수뢰죄에서 '다른 공무원의 직무에 속한 사항의 알선에 관하여 뇌물을 수수한다'고 함은 다른 공무원의 직무에 속한 사항을 알선한다는 명목으로 뇌물을 수수하는 행위로서, 반드시 알선의 상대방인 다른 공무원이나 그 직무의 내용이 구체적으로 특정될 필요까지는 없다. 또한 여기서 말하는 알선행위는 장래의 것이라도 무방하므로 알선뇌물수수죄가 성립하기 위하여는 뇌물을 수수할 당시 반드시 상대방에게 알선에 의하여 해결을 도모하여야 할 현안이 존재하여야 할 필요가 없다(대판 2013.4.11. 2012도16277).

정답 ③

50 다음 설명 중 가장 옳지 않은 것은? (다툼이 있으면 판례에 의함)

[14 법원9급]

① 공무원이 그 직무의 대상이 되는 사람으로부터 금품 기타 이익을 받은 때에는 그것이 그 사람이 종전에 공무원으로부터 접대 또는 수수받은 것을 갚는 것으로서 사회상규에 비추어 볼 때에 의례상의 대가에 불과한 것이라고 여겨지거나, 개인적인 친분관계가 있어서 교분상의 필요에 의한 것이라고 명백하게 인정할 수 있는 경우 등 특별한 사정이 없는 한 직무와의 관련성이 없는 것으로 볼 수 없고, 공무원의 직무와 관련하여 금품을 수수하였다면 비록 사교적 의례의 형식을 빌어 금품을 주고받았다 하더라도 그 수수한 금품은 뇌물이 된다.

② 국가공무원이 지방자치단체의 업무에 관하여 전문가로서 위원 위촉을 받아 한시적으로 직무를 수행하는 경우와 같이 공무원이 그 고유의 직무와 관련이 없는 일에 관하여 별도의 위촉절차 등을 거쳐 다른 직무를 수행하게 된 경우에는 그 위촉이 종료되면 그 위원 등으로서 새로 보유하였던 공무원 지위는 소멸한다고 보아야 하므로, 그 이후에 종전에 위촉받아 수행한 직무에 관하여 금품을 수수하더라도 이는 사후수뢰죄에 해당할 수 있음은 별론으로 하고 일반 수뢰죄로 처벌할 수는 없다.

③ 형법 제130조의 제3자뇌물제공죄에 있어서 '부정한 청탁'은 명시적 의사표시에 의해서 뿐 아니라 묵시적 의사표시에 의해서도 가능하므로, 당사자 사이에 청탁의 대상이 되는 직무집행의 내용과 제3자에게 제공되는 금품이 그 직무집행에 대한 대가라는 점에 대하여 공통의 인식이나 양해가 존재하지 않더라도 막연히 선처하여 줄 것이라는 기대에 의하여 제3자에게 금품을 공여한 경우에는 묵시적 의사표시에 의한 부정한 청탁이 있다고 보아야 한다.

④ 여러 사람이 공동으로 뇌물을 수수한 경우 그 가액을 추징하려면 실제로 분배받은 금품만을 개별적으로 추징하여야 하고 수수금품을 개별적으로 알 수 없을 때에는 평등하게 추징하여야 하며 공동정범뿐 아니라 교사범 또는 종범도 뇌물의 공동수수자에 해당할 수 있다.

해설

① [○] 공무원이 그 직무의 대상이 되는 사람으로부터 금품 기타 이익을 받은 때에는 그것이 그 사람이 종전에 공무원으로부터 접대 또는 수수받은 것을 갚는 것으로서 사회상규에 비추어 볼 때에 의례상의 대가에 불과한 것이라고 여겨지거나, 개인적인 친분관계가 있어서 교분상의 필요에 의한 것이라고 명백하게 인정할 수 있는 경우 등 특별한 사정이 없는 한 직무와의 관련성이 없는 것으로 볼 수 없다. 공무원의 직무와 관련하여 금품을 수수하였다면 비록 사교적 의례의 형식을 빌려 금품을 주고받았다고 하더라도 그 수수한 금품은 뇌물이 된다(대판 2014.12.24. 2014도10199).

② [○] [1] 공무원이 그 고유의 직무와 관련이 없는 일에 관하여 별도의 위촉절차 등을 거쳐 다른 직무를 수행하게 된 경우에는 그 위촉이 종료되면 그 위원 등으로서 새로 보유하였던 공무원 지위는 소멸한다고 보아야 할 것이므로, 그 이후에 종전에 위촉받아 수행한 직무에 관하여 금품을 수수하더라도 이는 사후수뢰죄에 해당할 수 있음은 별론으로 하고 일반 수뢰죄로 처벌할 수 없다.

[2] 형법은 공무원이었던 자가 그 재직 중에 청탁을 받고 직무상 부정한 행위를 한 후 뇌물을 수수, 요구 또는 약속을 한 때에는 제131조 제3항에서 사후수뢰죄로 처벌하도록 규정하고 있으므로 뇌물의 수수 등을 할 당시 이미 공무원의 지위를 떠난 경우에는 제129조 제1항의 수뢰죄로는 처벌할 수 없고 사후수뢰죄의 요건에 해당할 경우에 한하여 그 죄로 처벌할 수 있을 뿐이다(대판 2013.11.28. 2013도10011).

③ [×] 형법 제130조의 제3자뇌물제공죄에서 '부정한 청탁'은 반드시 명시적 의사표시에 의해서뿐 아니라 묵시적 의사표시에 의해서도 가능하지만, 묵시적 의사표시에 의한 부정한 청탁이 있다고 하기 위하여는 청탁의 대상이 되는 직무집행의 내용과 제3자에게 제공되는 금품이 그 직무집행에 대한 대가라는 점에 대하여 당사자 사이에 공통의 인식이나 양해가 있어야 한다. 따라서 그러한 인식이나 양해 없이 막연히 선처하여 줄 것이라는 기대나 직무집행과는 무관한 다른 동기에 의하여 제3자에게 금품을 공여한 경우에는 묵시적 의사표시에 의한 부정한 청탁이 있다고 볼 수 없다(대판 2014.9.4. 2011도14482).

④ [○] 여러 사람이 공동으로 뇌물을 수수한 경우에 그 가액을 추징하려면 실제로 분배받은 금품만을 개별적으로 추징하여야 하고 수수금품을 개별적으로 알 수 없을 때에는 평등하게 추징하여야 하며 공동정범뿐 아니라 교사범 또는 종범도 뇌물의 공동수수자에 해당할 수 있다(대판 2011.11.24. 2011도9585).

정답 ③

51 **다음 설명 중 가장 옳지 않은 것은? (다툼이 있으면 판례에 의함)** [12 법원9급]

① 공무원의 직무에 속한 사항의 알선에 관하여 금품을 받고 그 금품 중의 일부를 받은 취지에 따라 청탁과 관련하여 관계 공무원에게 뇌물로 공여하거나 다른 알선행위자에게 청탁의 명목으로 교부한 경우에는 그 부분의 이익은 실질적으로 범인에게 귀속된 것이 아니어서 이를 제외한 나머지 금품만을 몰수하거나 그 가액을 추징하여야 한다.

② 뇌물로 받은 돈을 은행에 예금한 경우 그 예금행위는 뇌물의 처분행위에 해당하므로 그 후 수뢰자가 같은 액수의 돈을 증뢰자에게 반환하였다 하더라도 이를 뇌물 그 자체의 반환으로 볼 수 없으니 이러한 경우에는 수뢰자로부터 그 가액을 추징하여야 한다.

③ 공무원이 뇌물을 받음에 있어서 그 취득을 위하여 상대방에게 뇌물의 가액에 상당하는 금원의 일부를 비용의 명목으로 출연하거나 그 밖에 경제적 이익을 제공한 경우, 몰수·추징의 대상은 그 뇌물의 가액에서 위와 같은 지출을 공제한 나머지 가액에 상당한 이익이다.

④ 피고인(수뢰자)이 향응을 제공받는 자리에 피고인 스스로 제3자를 초대하여 함께 접대를 받은 경우, 그 제3자가 피고인과는 별도의 지위에서 접대를 받는 공무원이라는 등의 특별한 사정이 없는 한 그 제3자의 접대에 요한 비용도 피고인의 접대에 요한 비용에 포함시켜 피고인의 수뢰액으로 보아야 한다.

해설

① [○] 공무원의 직무에 속한 사항의 알선에 관하여 금품을 받고 그 금품 중의 일부를 받은 취지에 따라 청탁과 관련하여 관계 공무원에게 뇌물로 공여하거나 다른 알선행위자에게 청탁의 명목으로 교부한 경우에는 그 부분의 이익은 실질적으로 범인에게 귀속된 것이 아니어서 이를 제외한 나머지 금품만을 몰수하거나 그 가액을 추징하여야 한다(대판 2002.6.14. 2002도1283).

② [○] 뇌물로 받은 돈을 은행에 예금한 경우 그 예금행위는 뇌물의 처분행위에 해당하므로 그 후 수뢰자가 같은 액수의 돈을 증뢰자에게 반환하였다 하더라도 수뢰자로부터 그 가액을 추징하여야 한다(대판 1996.10.25. 96도2022).

③ [×] 공무원이 뇌물을 받음에 있어서 그 취득을 위하여 상대방에게 뇌물의 가액에 상당하는 금원의 일부를 비용의 명목으로 출연하거나 그 밖에 경제적 이익을 제공하였다 하더라도, 이는 뇌물을 받는 데 지출한 부수적 비용에 불과하다고 보아야 할 것이지, 이로 인하여 공무원이 받은 뇌물이 그 뇌물의 가액에서 위와 같은 지출액을 공제한 나머지 가액에 상당한 이익에 한정되는 것이라고 볼 수는 없으므로, 그 공무원으로부터 그 받은 뇌물 자체를 몰수하여야 하고, 그 뇌물의 가액에서 위와 같은 지출을 공제한 나머지 가액에 상당한 이익만을 몰수·추징할 것은 아니다(대판 1999.10.8. 99도1638).

④ [○] 피고인이 향응을 제공받는 자리에 피고인 스스로 제3자를 초대하여 함께 접대를 받은 경우에는, 그 제3자가 피고인과는 별도의 지위에서 접대를 받는 공무원이라는 등의 특별한 사정이 없는 한 그 제3자의 접대에 요한 비용도 피고인의 접대에 요한 비용에 포함시켜 피고인의 수뢰액으로 보아야 한다(대판 2001.10.12. 99도5294).

정답 ③

52 '공무원의 직무에 관한 죄'에 대한 설명으로 가장 적절한 것은? (다툼이 있으면 판례에 의함) [18 경찰승진]

① 교도소 계장이 재소자들을 호송함에 있어 호송교도관들에게 업무를 대강 지시하고 구체적인 감독을 하지 아니하여 피호송자들이 집단도주한 경우 직무유기죄가 성립한다.

② 정보통신부장관이 개인휴대통신 사업자선정과 관련하여 서류심사는 완결된 상태에서 직권을 남용하여 청문심사의 배점방식을 변경하였다면 직권남용죄가 성립한다.

③ 공무원이었던 자가 재직 중에 청탁을 받고 직무상 부정한 행위를 한 후 뇌물의 수수 등을 할 당시 이미 공무원의 지위를 떠난 경우에도, 「형법」 제129조 제1항의 수뢰죄로 처벌할 수 있다.

④ 공무원이 수수 · 요구 또는 약속한 금품에 그 직무행위에 대한 대가로서의 성질과 직무 외의 행위에 대한 사례로서의 성질이 불가분적으로 결합되어 있는 경우에는, 그 수수 · 요구 또는 약속한 금품 전부가 불가분적으로 직무행위에 대한 대가로서의 성질을 가진다.

해설

① [×] 교도소 보안과 출정계장과 감독교사가 호송지휘관 및 감독교사로서 호송교도관 5명을 지휘하여 재소자 25명을 전국의 각 교도소로 이감하는 호송업무를 수행함에 있어서, 시간이 촉박하여 호송교도관들이 피호송자 개개인에 대하여 검신 등의 절차를 철저히 이행하지 아니한 채 호송하는 데도 호송교도관들에게 호송업무 등을 대강 지시한 후 구체적인 확인, 감독을 하지 아니한 잘못으로 말미암아 피호송자들이 집단도주하는 결과가 발생한 경우, 출정계장과 감독교사가 성실하게 그 직무를 수행하지 아니하여 충근의무에 위반한 잘못은 인정되나 고의로 호송계호업무를 포기하거나 직무 또는 직장을 이탈한 것이라고는 볼 수 없으므로 직무유기죄를 구성하지 아니한다(대판 1991.6.11. 91도96).

② [×] 정보통신부 장관인 피고인이 PCS 사업자 선정 과정에서 통신위원회의 심의 · 의결 없이 청문회 심사 배정방식 등을 특정 회사에 유리하게 변경토록 지시하는 등 직권을 남용하였더라도, 청문 평가의 배점이 2.2점으로 정하여져 있는 상황에서 에버넷이 이전의 사업계획서의 심사결과에서 엘지텔레콤보다 0.38점 앞서 있었다는 사정만으로는 에버넷이 PCS 사업자로 선정될 수 있는 권리라는 것은 아직 구체화된 권리라고 볼 수 없어, 결국 에버넷이 가진 구체적인 권리의 현실적 행사가 방해되는 결과가 발생하지는 않은 것이므로 직권남용죄는 성립하지 아니한다(대판 2006.2.9. 2003도4599).

③ [×] 형법은 공무원이었던 자가 그 재직 중에 청탁을 받고 직무상 부정한 행위를 한 후 뇌물을 수수, 요구 또는 약속을 한 때에는 제131조 제3항에서 사후수뢰죄로 처벌하도록 규정하고 있으므로 뇌물의 수수 등을 할 당시 이미 공무원의 지위를 떠난 경우에는 제129조 제1항의 수뢰죄로는 처벌할 수 없고 사후수뢰죄의 요건에 해당할 경우에 한하여 그 죄로 처벌할 수 있을 뿐이다(대판 2013.11.28. 2013도10011).

④ [○] 공무원이 수수 · 요구 또는 약속한 금품에 그 직무행위에 대한 대가로서의 성질과 직무 외의 행위에 대한 사례로서의 성질이 불가분적으로 결합되어 있는 경우에는, 그 수수 · 요구 또는 약속한 금품 전부가 불가분적으로 직무행위에 대한 대가로서의 성질을 가진다(대판 2012.1.12. 2011도12642).

정답 ④

53 뇌물죄에 관한 설명으로 옳지 않은 것을 모두 고른 것은? (다툼이 있는 경우 판례에 의함)

[23 경찰채용]

> ㉠ 법령에 의한 임용권을 가지는 자에 의하여 임용되어 상당히 오랜 기간 동안 공무에 종사하여 온 사람이 나중에 그가 임용결격자이었음이 밝혀져 당초의 임용행위가 무효라고 하더라도 「형법」 제129조에서 규정한 공무원으로 봄이 타당하고, 그가 그 직무에 관하여 뇌물을 수수한 때에는 수뢰죄로 처벌할 수 있다.
> ㉡ 타인을 기망하여 뇌물을 수수한 경우 뇌물을 수수한 공무원에게는 뇌물죄와 사기죄가 성립하고 양 죄는 실체적 경합관계에 있다.
> ㉢ 공무원이 직무집행을 빙자하여 타인의 재물을 갈취한 경우 뇌물공여죄가 성립하지 않는다.
> ㉣ 알선수뢰죄에서 '공무원이 그 지위를 이용하여'라 함은 친구, 친족관계 등 사적인 관계를 이용하는 경우뿐만 아니라 다른 공무원이 취급하는 사무처리에 법률상이거나 사실상으로 영향을 줄 수 있는 관계에 있는 공무원이 그 지위를 이용하는 경우도 포함한다.

① ㉠, ㉡
② ㉡, ㉢
③ ㉡, ㉣
④ ㉢, ㉣

해설

㉠ [O] 법령에 의한 임용권을 가지는 자에 의하여 임용되어 상당히 오랜 기간 동안 공무에 종사하여 온 사람이 나중에 그가 임용결격자이었음이 밝혀져 당초의 임용행위가 무효라고 하더라도 「형법」 제129조에서 규정한 공무원으로 봄이 타당하고, 그가 그 직무에 관하여 뇌물을 수수한 때에는 수뢰죄로 처벌할 수 있다(대판 2014.3.27. 2013도11357).

㉡ [×] 뇌물을 수수함에 있어서 공여자를 기망한 점이 있다 하여도 뇌물수수죄, 뇌물공여죄의 성립에는 영향이 없고, 이 경우 뇌물을 수수한 공무원에 대하여는 한 개의 행위가 뇌물죄와 사기죄의 각 구성요건에 해당하므로, 형법 제40조에 의하여 상상적 경합으로 처단하여야 할 것이다(대판 2015.10.29. 2015도12838).

㉢ [O] 공무원이 직무집행의 의사 없이 또는 직무처리와 대가적 관계없이 타인을 공갈하여 재물을 교부하게 한 경우에는 공갈죄만이 성립하고, 이러한 경우 재물의 교부자가 공무원의 해악의 고지로 인하여 외포의 결과 금품을 제공한 것이라면 그는 공갈죄의 피해자가 될 것이고 뇌물공여죄는 성립될 수 없다고 하여야 할 것이다(대판 1994.12.22. 94도2528).

㉣ [×] 알선수뢰죄에서 '공무원이 그 지위를 이용하여'라 함은 친구, 친족관계 등 사적인 관계를 이용하는 경우에는 이에 해당한다고 할 수 없으나, 다른 공무원이 취급하는 사무의 처리에 법률상이거나 사실상으로 영향을 줄 수 있는 관계에 있는 공무원이 그 지위를 이용하는 경우에는 이에 해당하고, 그 사이에 상하관계, 협동관계, 감독권한 등의 특수한 관계가 있음을 요하지 않는다고 할 것이고, '다른 공무원의 직무에 속한 사항의 알선행위'는 그 공무원의 직무에 속하는 사항에 관한 것이면 되는 것이지 그것이 반드시 부정행위라거나 그 직무에 관하여 결제 권한이나 최종 결정권한을 갖고 있어야 하는 것이 아니다(대판 2006.4.27. 2006도735).

정답 ③

54 뇌물죄에 대한 설명 중 가장 적절하지 않은 것은? (다툼이 있는 경우 판례에 의함)

[23 경찰승진]

① 수의계약을 체결하는 공무원이 해당 공사업자와 적정한 금액 이상으로 계약금액을 부풀려서 계약하고 부풀린 금액을 자신이 되돌려 받기로 사전에 약정한 다음 그에 따라 수수한 돈은 뇌물이 아닌 횡령금에 해당한다.

② 공무원이 직무와 관련하여 뇌물수수를 약속하고 퇴직 후 이를 수수하는 경우 뇌물약속과 뇌물수수가 시간적으로 근접하여 연속되어 있다고 하더라도, 뇌물약속죄 및 사후수뢰죄가 성립할 수 있음은 별론으로 하고, 뇌물수수죄는 성립하지 않는다.

③ 금품의 무상차용을 통하여 위법한 재산상 이익을 취득한 경우 범인이 받은 부정한 이익은 그로 인한 금융이익 상당액이므로 추징의 대상이 되는 것은 무상으로 대여받은 금품 그 자체가 아니라 위 금융이익 상당액이다.

④ 제3자뇌물수수죄에서 제3자란 행위자와 공동정범 및 교사범 이외의 사람을 말하고, 종범은 제3자에 포함될 수 있다.

해설

① [○] 이 사건 공소사실 중 피고인이 2002.10.10. 500만 원, 2003.7.2. 500만 원, 2003.7.7. 1,000만 원을 각 공사업자 등으로부터 받아 뇌물을 수수하였다는 부분의 각 돈은 수의계약을 체결하는 공무원이 해당 공사업자와 적정한 금액 이상으로 계약상 금액을 부풀려서 계약하고 부풀린 금액을 자신이 되돌려 받기로 사전에 약정한 다음 그에 따라 수수한 돈에 해당하는바, 성격상 뇌물이 아닌 횡령금에 해당한다(대판 2007.10.12. 2005도7112).

② [○] 공무원이 직무와 관련하여 뇌물수수를 약속하고 퇴직 후 이를 수수하는 경우 뇌물약속과 뇌물수수가 시간적으로 근접하여 연속되어 있다고 하더라도, 뇌물약속죄 및 사후수뢰죄가 성립할 수 있음은 별론으로 하고, 뇌물수수죄는 성립하지 않는다(대판 2010.10.14. 2010도387).

③ [○] 금품의 무상 차용을 통하여 위법한 재산상 이익을 취득한 경우 범인이 받은 부정한 이익은 그로 인한 금융이익 상당액이므로 추징의 대상이 되는 것은 무상으로 대여받은 금품 그 자체가 아니라 위 금융이익 상당액이다(대판 2008.9.25. 2008도2590).

④ [×] 제3자뇌물수수죄에서 제3자란 행위자와 공동정범 이외의 사람을 말하고, 교사자나 방조자도 포함될 수 있다. 그러므로 공무원 또는 중재인이 부정한 청탁을 받고 제3자에게 뇌물을 제공하게 하고 제3자가 그러한 공무원 또는 중재인의 범죄행위를 알면서 방조한 경우에는 그에 대한 별도의 개별적인 처벌규정이 없더라도 방조범에 관한 형법총칙의 규정이 적용되어 제3자뇌물수수방조죄가 인정될 수 있다(대판 2017.3.15. 2016도19659).

정답 ④

제2절 | 공무방해의 죄

55 **공무집행방해죄에 대한 설명으로 옳은 것은? (다툼이 있는 경우 판례에 의함)** [16 경찰승진]

① 공무집행방해죄의 폭행은 사람에 대한 유형력의 행사이고 이는 반드시 신체에 대한 것임을 요하며, 본죄에서 '직무를 집행하는'이란 공무원이 직무수행에 직접 필요한 행위를 현실적으로 행하고 있는 때만을 가리킨다.

② 음주운전 신고를 받고 출동한 경찰관 P가 시동이 걸린 차량 운전석에 앉아있던 만취한 甲을 발견하고 음주측정을 위하여 하차를 요구하자 甲이 운전하지 않았다고 다투었고, 이에 P가 차량 블랙박스 확인을 위해 경찰서로 임의동행할 것을 요구하자, 甲이 차량에서 내리자마자 도주하여 P가 이미 착수한 음주측정 직무를 계속하기 위하여 甲을 10미터 정도 추격하여 도주를 제지한 것은 정당한 직무집행에 해당한다.

③ 위계에 의한 공무집행방해죄에서 '공무원의 직무집행'이란 법령의 위임에 따른 공무원의 적법한 직무집행으로서 공권력을 내용으로 하는 권력적 작용에 한정하므로, 사경제주체로서의 활동을 비롯한 비권력적 작용은 포함하지 아니한다.

④ 위력으로써 공무원이 직무상 수행하는 공무를 방해하는 행위에 대해서는 「형법」 제314조의 업무방해죄로 처단할 수 있다.

해설

① [×] 형법 제136조에서 정한 공무집행방해죄는 직무를 집행하는 공무원에 대하여 폭행 또는 협박한 경우에 성립하는 범죄로서 여기서의 폭행은 사람에 대한 유형력의 행사로 족하고 반드시 그 신체에 대한 것임을 요하지 아니하며, 또한 추상적 위험범으로서 구체적으로 직무집행의 방해라는 결과발생을 요하지도 아니한다. 한편 공무집행방해죄에서 '직무를 집행하는'이란 공무원이 직무수행에 직접 필요한 행위를 현실적으로 행하고 있는 때만을 가리키는 것이 아니라 공무원이 직무수행을 위하여 근무 중인 상태에 있는 때를 포괄하고, 직무의 성질에 따라서는 직무수행의 과정을 개별적으로 분리하여 부분적으로 각각의 개시와 종료를 논하는 것이 부적절하고 여러 종류의 행위를 포괄하여 일련의 직무수행으로 파악함이 상당한 경우가 있다(대판 2018.3.29. 2017도21537).

② [○] 대판 2020.8.20. 2020도7193.
③ [×] 위계에 의한 공무집행방해죄는 행위목적을 이루기 위하여 상대방에게 오인, 착각, 부지를 일으키게 하여 이를 이용함으로써 법령에 의하여 위임된 공무원의 적법한 직무에 관하여 그릇된 행위나 처분을 하게 하는 경우에 성립하고, 여기에서 공무원의 직무집행이란 법령의 위임에 따른 공무원의 적법한 직무집행인 이상 공권력의 행사를 내용으로 하는 권력적 작용뿐만 아니라 사경제주체로서의 활동을 비롯한 비권력적 작용도 포함되는 것으로 봄이 상당하다(대판 2003.12.26. 2001도6349).
④ [×] [1] [다수의견] 형법은 공무집행방해죄 외에도 여러 가지 유형의 공무방해행위를 처벌하는 규정을 개별적·구체적으로 마련하여 두고 있으므로, 이러한 처벌조항 이외에 공무의 집행을 업무방해죄에 의하여 보호받도록 하여야 할 현실적 필요가 적다. 또한 형법이 업무방해죄와는 별도로 공무집행방해죄를 규정하고 있는 것은 사적업무와 공무를 구별하여 공무에 관해서는 공무원에 대한 폭행·협박 또는 위계의 방법으로 그 집행을 방해하는 경우에 한하여 처벌하겠다는 취지라고 보아야 한다. 따라서 공무원이 직무상 수행하는 공무를 방해하는 행위에 대해서는 업무방해죄로 의율할 수는 없다고 해석함이 상당하다.
[2] 지방경찰청 민원실에서 민원인들이 진정사건의 처리와 관련하여 지방경찰청장과의 면담 등을 요구하면서 이를 제지하는 경찰관들에게 큰소리로 욕설을 하고 행패를 부린 행위에 대하여, 경찰관들의 수사 관련 업무를 방해한 것이라는 이유로 업무방해죄의 성립을 인정한 원심판결에, 업무방해죄의 성립범위에 관한 법리를 오해한 위법이 있다고 한 사례(대판(전) 2009.11.19. 2009도4166).

정답 ②

56 **공무방해에 관한 죄에 설명으로 가장 적절하지 않은 것은? (다툼이 있는 경우 판례에 의함)** [23 경찰간부]

① 국민권익위원회 운영지원과 소속 기간제근로자로서 청사 안전관리 및 민원인 안내 등의 사무를 담당한 A의 공무집행을 甲이 방해한 경우, A는 법령의 근거에 기하여 국가 등의 사무에 종사하는 「형법」상 공무원으로 보기 어려워, 甲을 공무집행방해죄로 처벌할 수 없다.
② 법령에서 일정한 행위를 금지하면서 이를 위반하는 행위에 대한 벌칙을 정하고 공무원 A로 하여금 그 금지규정의 위반 여부를 감시·단속하도록 한 경우, A의 감시·단속을 단순히 피하여 금지규정을 위반한 甲의 행위는 위계에 의한 공무집행방해죄에 해당한다.
③ 甲의 집이 소란스럽다는 주민들의 112신고를 받고 출동한 경찰관 A가 甲에게 인터폰으로 문을 열어달라고 하였으나 욕설을 하고 문을 열어주지 않아, A가 甲을 만나기 위해 전기 차단기를 내리자 화가 난 甲이 식칼을 들고 나와 욕설을 하면서 A를 향해 찌를 듯이 협박한 경우, 특수공무집행방해죄에 해당한다.
④ 도심광장에 무단설치된 천막에 대해 「행정대집행법」이 정한 계고 및 대집행영장에 의한 통지절차를 거치지 아니하고 행하는 공무원 A의 철거대집행에 대항하여, 甲이 A에게 폭행·협박을 가한 행위는 특수공무집행방해죄에 해당하지 않는다.

해설

① [○] 국민권익위원회 운영지원과 소속 기간제근로자인 갑은 국민권익위원회 위원장과 계약기간 1년의 근로계약을 체결한 점, 공무원으로 임용된 적이 없고 공무원연금이 아니라 국민연금에 가입되어 있는 점 등을 고려하면 갑을 공무집행방해죄에서 공무원에 해당한다고 할 수 없다(대판 2015.5.29. 2015도3430).
② [×] 법령에서 일정한 행위를 금지하면서 이를 위반하는 행위에 대한 벌칙을 정하고 공무원으로 하여금 금지규정의 위반 여부를 감시·단속하도록 한 경우 공무원에게는 금지규정 위반행위의 유무를 감시하여 확인하고 단속할 권한과 의무가 있으므로 구체적이고 현실적으로 감시·단속 업무를 수행하는 공무원에 대하여 위계를 사용하여 업무집행을 못하게 하였다면 위계에 의한 공무집행방해죄가 성립하지만, 단순히 공무원의 감시·단속을 피하여 금지규정을 위반한 것에 지나지 않는다면 그에 대하여 벌칙을 적용하는 것은 별론으로 하고 그 행위가 위계에 의한 공무집행방해죄에 해당한다고 할 수 없다(대판 2003.11.13. 2001도7045).

③ [○] 피고인은 평소 집에서 심한 고성과 욕설, 시끄러운 음악 소리 등으로 이웃 주민들로부터 수회에 걸쳐 112신고가 있어 왔던 사람인데, 피고인의 집이 소란스럽다는 112신고를 받고 출동한 경찰관 갑, 을이 인터폰으로 문을 열어달라고 하였으나 욕설을 하였고, 경찰관들이 피고인을 만나기 위해 전기차단기를 내리자 화가 나 식칼을 들고 나와 욕설을 하면서 경찰관들을 향해 찌를 듯이 협박함으로써 갑, 을의 112신고 업무 처리에 관한 직무집행을 방해하였다고 하여 특수공무집행방해로 기소된 사안에서, 공소사실을 무죄로 판단한 원심판결에 필요한 심리를 다하지 않은 채 논리와 경험의 법칙에 반하여 자유심증주의의 한계를 벗어나거나 경찰관 직무집행법의 해석과 적용, 공무집행의 적법성 등에 관한 법리를 오해한 잘못이 있다고 한 사례(대판 2018.12.13. 2016도19417).

④ [○] 도심광장으로서 '서울특별시 서울광장의 사용 및 관리에 관한 조례'에 의하여 관리되고 있는 '서울광장'에서, 서울시청 및 중구청 공무원들이 행정대집행법이 정한 계고 및 대집행영장에 의한 통지절차를 거치지 아니한 채 위 광장에 무단설치된 천막의 철거대집행에 착수하였고, 이에 피고인들을 비롯한 '광우병위험 미국산 쇠고기 전면 수입을 반대하는 국민대책회의' 소속 단체 회원들이 몸싸움을 하거나 천막을 붙잡고 이를 방해한 경우, 위 서울광장은 비록 공부상 지목이 도로로 되어 있으나 도로법 제65조 제1항 소정의 행정대집행의 특례규정이 적용되는 도로법상 도로라고 할 수 없으므로 위 철거대집행은 구체적 직무집행에 관한 법률상 요건과 방식을 갖추지 못한 것으로서 적법성이 결여되었고 따라서 피고인들이 위 공무원들에 대항하여 폭행·협박을 가하였더라도 특수공무집행방해죄는 성립되지 않는다(대판 2010.11.11. 2009도11523).

정답 ②

57 공무방해에 관한 죄에 대한 설명 중 가장 적절하지 않은 것은? (다툼이 있으면 판례에 의함) [16 경찰승진]

① 경찰관의 임의동행 요구에 이를 거절하고 자신의 방으로 피하여 문을 잠그고 면도칼로 가슴을 그어 피를 내어 죽어버리겠다고 한 경우 공무집행방해죄에 해당하지 않는다.
② 공무집행방해죄가 성립하기 위해서는 공무원의 직무집행이 적법해야 한다.
③ 불법주차 차량에 불법주차 스티커를 붙였다가 이를 다시 떼어 낸 직후에 있는 주차단속 공무원을 폭행한 경우, 공무집행방해죄가 성립한다.
④ 위계를 행사하여 공무집행을 방해한 경우에 위계에 의한 공무집행방해죄 이외에 별도로 업무방해죄가 성립한다.

해설

① [○] 경찰관의 임의동행을 요구받은 피고인이 자기집 안방으로 피하여 문을 잠그었다면 이는 임의동행 요구를 거절한 것이므로 피요구자의 승낙을 조건으로 하는 임의동행하려는 직무행위는 끝난 것이고 피고인이 문을 잠근 방안에서 면도칼로 앞가슴 등을 그어 피를 보이면서 자신이 죽어버리겠다고 불온한 언사를 농하였다 하여도 이는 자해자학행위는 될지언정 위 경찰관에 대한 유형력의 행사나 해악의 고지표시가 되는 폭행 또는 협박으로 볼 수 없다(대판 1976.3.9. 75도3779).
② [○] 공무원의 직무집행이 적법한 경우에만 공무집행방해죄가 성립할 수 있다(대판 1991.9.24. 91도1314).
③ [○] 불법주차 차량에 불법주차 스티커를 붙였다가 이를 다시 떼어 낸 직후에 있는 주차단속 공무원을 폭행한 경우, 폭행 당시 주차단속 공무원은 일련의 직무수행을 위하여 근무중인 상태에 있었다고 보아야 하므로 공무집행방해죄가 성립한다(대판 1999.9.21. 99도383).
④ [×] 형법이 업무방해죄와는 별도로 공무집행방해죄를 규정하고 있는 것은 사적 업무와 공무를 구별하여 공무에 관해서는 공무원에 대한 폭행, 협박 또는 위계의 방법으로 그 집행을 방해하는 경우에 한하여 처벌하겠다는 취지라고 보아야 한다. 따라서 공무원이 직무상 수행하는 공무를 방해하는 행위에 대해서는 업무방해죄로 의율할 수는 없다고 해석함이 상당하다(대판(전) 2009.11.19. 2009도4166). ▶ 판례 취지에 의하면 위계를 행사하여 공무집행을 방해한 경우에는 위계에 의한 공무집행방해죄만 성립하고 별도로 업무방해죄가 성립하지 아니한다.

정답 ④

58 공무집행방해죄에 대한 다음 설명 중 가장 타당하지 아니한 것은? (다툼이 있으면 판례에 의함) [13 경찰간부]

① 직무집행의 범위는 권력적 작용임을 요하지 아니하고 대외적 사무뿐만 아니라 대내적 사무도 포함한다.

② 폭행, 협박은 적극적 행위에 의할 것을 요하며 소극적인 거동이나 불복종만으로는 본 죄가 성립하지 않는다.

③ 공무를 집행하는 공무원의 수가 수인이라 할지라도 공무의 수가 1개이면 1개의 공무집행방해죄가 성립한다.

④ 국민기초생활보장법상 '자활근로자'로 선정되어 주민자치센터 사회복지담당 공무원의 복지도우미로 근무하던 사람을 협박하여 그 직무집행을 방해한 경우 공무집행방해죄가 성립하지 아니한다.

해설

① [○] 위계에 의한 공무집행방해죄는 행위목적을 이루기 위하여 상대방에게 오인, 착각, 부지를 일으키게 하여 이를 이용함으로써 법령에 의하여 위임된 공무원의 적법한 직무에 관하여 그릇된 행위나 처분을 하게 하는 경우에 성립하고, 여기에서 공무원의 직무집행이란 법령의 위임에 따른 공무원의 적법한 직무집행인 이상 공권력의 행사를 내용으로 하는 권력적 작용뿐만 아니라 사경제주체로서의 활동을 비롯한 비권력적 작용도 포함되는 것으로 봄이 상당하다(대판 2003.12.26. 2001도6349).

② [○] 차량을 일단 정차한 다음 경찰관의 운전면허증 제시요구에 불응하고 다시 출발하는 과정에서 경찰관이 잡고 있던 운전석 쪽의 열린 유리창 윗부분을 놓지 않은 채 어느 정도 진행하다가 차량속도가 빨라지자 더 이상 따라가지 못하고 손을 놓아버렸다면 이러한 사실만으로는 피고인의 행위가 공무집행방해죄에 있어서의 폭행에 해당한다고 할 수 없다(대판 1996.4.26. 96도281). ▶ 소극적인 불복종만으로는 폭행에 해당하지 아니한다는 취지이다.

③ [×] 동일한 공무를 집행하는 여럿의 공무원에 대하여 폭행·협박 행위를 한 경우에는 공무를 집행하는 공무원의 수에 따라 여럿의 공무집행방해죄가 성립하고, 위와 같은 폭행·협박 행위가 동일한 장소에서 동일한 기회에 이루어진 것으로서 사회관념상 1개의 행위로 평가되는 경우에는 여럿의 공무집행방해죄는 상상적 경합의 관계에 있다(대판 2009.6.25. 2009도3505).

④ [○] 형법상 공무원이라 함은 그 노무의 내용이 단순한 기계적 육체적인 것에 한정되어 있지 않은 자를 말한다(대판 2011.1.27. 2010도14484). ▶ 사회복지담당 공무원의 복지도우미는 노무의 내용이 단순한 기계적 육체적인 것에 한정되어 있는 자이므로 공무집행방해죄의 공무원에 해당하지 아니한다.

정답 ③

59 공무방해에 관한 죄에 대한 설명으로 가장 적절하지 않은 것은? (다툼이 있으면 판례에 의함) [21 경찰승진]

① 공무집행방해죄는 공무원의 적법한 공무집행이 전제로 되는데, 추상적인 권한에 속하는 공무원의 어떠한 공무집행이 적법한지 여부는 행위 당시의 구체적 상황에 기하여 객관적·합리적으로 판단하여야 하고 사후적으로 순수한 객관적 기준에서 판단할 것은 아니다.

② 불심검문을 하게 된 경위, 불심검문 당시의 현장상황과 검문을 하는 경찰관들의 복장, 피고인이 공무원증 제시나 신분 확인을 요구하였는지 여부 등을 종합적으로 고려하여, 검문하는 사람이 경찰관이고 검문하는 이유가 범죄행위에 관한 것임을 피고인이 충분히 알고 있었다고 보이는 경우에는 신분증을 제시하지 않았다고 하여 그 불심검문이 위법한 공무집행이라고 할 수 없다.

③ 음주운전을 하다가 교통사고를 야기한 후 그 형사처벌을 면하기 위하여 타인의 혈액을 자신의 혈액인 것처럼 교통사고 조사 경찰관에게 제출하여 감정하도록 한 행위는 위계에 의한 공무집행방해죄에 해당한다.

④ 외국 주재 한국영사관의 비자발급 업무와 같이 상대방에게서 신청을 받아 일정한 자격요건 등을 갖춘 경우에 한하여 그에 대한 수용 여부를 결정하는 업무는 신청서에 기재된 사유가 사실과 부합하지 않을 수 있는 것을 전제로 그 자격요건 등을 심사·판단하는 것이므로, 업무담당자가 사실을 충분히 확인하지 아니한 채 신청인이 제출한 허위의 신청사유나 허위의 소명자료를 가볍게 믿고 이를 수용하였더라도 신청인에게 위계에 의한 공무집행방해죄가 성립한다.

해설

① [○] 공무집행방해죄는 공무원의 적법한 공무집행이 전제로 되는데, 추상적인 권한에 속하는 공무원의 어떠한 공무집행이 적법한지 여부는 행위 당시의 구체적 상황에 기하여 객관적 · 합리적으로 판단하여야 하고 사후적으로 순수한 객관적 기준에서 판단할 것은 아니다(대판 2013.8.23. 2011도4763).

② [○] 검문하는 사람이 경찰관이고 검문하는 이유가 범죄행위에 관한 것임을 피고인이 충분히 알고 있었다고 보이는 경우에는 신분증을 제시하지 않았다고 하여 그 불심검문이 위법한 공무집행이라고 할 수 없다(대판 2014.12.11. 2014도7976).

③ [○] 음주운전을 하다가 교통사고를 야기한 후 그 형사처벌을 면하기 위하여 타인의 혈액을 자신의 혈액인 것처럼 교통사고 조사 경찰관에게 제출하여 감정하도록 한 행위는, 단순히 피의자가 수사기관에 대하여 허위사실을 진술하거나 자신에게 불리한 증거를 은닉하는 데 그친 것이 아니라 수사기관의 착오를 이용하여 적극적으로 피의사실에 관한 증거를 조작한 것으로서 위계에 의한 공무집행방해죄가 성립한다(대판 2003.7.25. 2003도1609).

④ [×] 외국 주재 한국영사관의 비자발급 업무와 같이, 상대방으로부터 신청을 받아 일정한 자격요건 등을 갖춘 경우에 한하여 그에 대한 수용 여부를 결정하는 업무에 있어서는 신청서에 기재된 사유가 사실과 부합하지 않을 수 있음을 전제로 하여 그 자격요건 등을 심사 · 판단하는 것이므로 그 업무담당자가 사실을 충분히 확인하지 아니한 채 신청인이 제출한 허위의 신청사유나 허위의 소명자료를 가볍게 믿고 이를 수용하였다면, 이는 업무담당자의 불충분한 심사에 기인한 것으로서 위계에 의한 공무집행방해죄를 구성하지 않는다고 할 것이다(대판 2011.4.28. 2010도14696).

정답 ④

60 공무집행방해죄에 관한 다음 설명 중 가장 적절하지 않은 것은? (다툼이 있으면 판례에 의함) [15 경찰채용]

① 공무집행방해죄는 공무원의 적법한 공무집행이 전제로 되는데, 추상적 권한에 속하는 공무원의 어떠한 공무집행이 적법한지 여부는 행위 당시의 구체적 상황에 기하여 객관적 · 합리적으로 판단하여야 하고 사후적으로 순수한 객관적 기준에서 판단할 것은 아니다.

② 직무수행에 직접 필요한 행위를 현실적으로 행하고 있는 공무원뿐만 아니라 직무수행을 위하여 근무 중인 공무원에 대한 폭행도 공무집행방해죄를 구성한다.

③ 직무를 집행하는 공무원에게 해악을 고지하였더라도 상대방이 전혀 개의치 않을 정도의 경미한 것인 때에는 공무집행방해죄를 구성하는 협박에 해당되지 않는다.

④ 동일한 공무를 집행하는 수인(數人)의 공무원에 대하여 폭행을 가한 경우에 그 폭행이 동일한 장소 및 기회에 이루어진 때에는 여럿의 공무집행방해죄는 실체적 경합의 관계에 있다 할 것이다.

해설

① [○] 공무집행방해죄는 공무원의 적법한 공무집행이 전제로 되는데, 추상적 권한에 속하는 공무원의 어떠한 공무집행이 적법한지 여부는 행위 당시의 구체적 상황에 기하여 객관적 · 합리적으로 판단하여야 하고 사후적으로 순수한 객관적 기준에서 판단할 것은 아니다(대판 2014.5.29. 2013도2285).

② [○] 형법 제136조 제1항에 규정된 공무집행방해죄에서 '직무를 집행하는'이라 함은 공무원이 직무수행에 직접 필요한 행위를 현실적으로 행하고 있는 때만을 가리키는 것이 아니라 공무원이 직무수행을 위하여 근무 중인 상태에 있는 때를 포괄한다(대판 2002.4.12. 2000도3485).

③ [○] [1] 공무집행방해죄에 있어서의 폭행 · 협박은 성질상 공무원의 직무집행을 방해할 만한 정도의 것이어야 하므로, 경미하여 공무원이 개의치 않을 정도의 것이라면 여기의 폭행 · 협박에는 해당하지 아니한다고 할 것이다.
[2] 경찰관 A 등이 게임장의 경영자를 설득하여 위 게임장 오락기계의 기판을 임의제출하도록 하여 의경 B가 오락실 밖에서 기판이 든 박스를 옮기자 甲이 의경 B를 뒤쫓아 가 '이 박스는 압수된 것이 아니다'라고 말하며 B의 손에 있던 박스를 수거한 행위는 공무집행을 방해할 만한 폭행 또는 협박에 해당하지 아니한다(대판 2007.6.1. 2006도4449).

④ [×] 동일한 공무를 집행하는 여럿의 공무원에 대하여 폭행 · 협박 행위를 한 경우에는 공무를 집행하는 공무원의 수에 따라 여럿의 공무집행방해죄가 성립하고, 위와 같은 폭행 · 협박 행위가 동일한 장소에서 동일한 기회에 이루어진 경우 여럿의 공무집행방해죄는 상상적 경합의 관계에 있다(대판 2009.6.25. 2009도3505).

정답 ④

61 **甲이 주점에서 술에 취하여 옆 자리 손님을 폭행하였는데, 이를 신고받은 경찰관 A와 B가 출동하였다. 甲은 경찰관 A와 B에게 욕설을 하며 경찰관 A의 얼굴을 주먹으로 때리고, 곧이어 이를 제지하는 B의 다리를 걷어차 폭행하였다. 위 사안과 관련한 다음 설명 중 가장 옳은 것은? (다툼이 있으면 판례에 의함)** [19 법원9급]

① 위 사안에서 甲의 폭행으로 경찰관 A가 상해를 입었다면, 공무집행방해치상죄가 성립한다.
② 공무집행방해죄에 있어서 '직무를 집행하는'이라 함은 공무원이 직무수행에 직접 필요한 행위를 현실적으로 행하고 있는 때만을 가리키므로, 출동만 한 상태의 경찰관 A, B에 대하여는 공무집행방해죄가 성립하지 않는다.
③ 공무집행방해죄는 국가적 법익에 관한 죄이나, 위 사안과 같이 甲이 같은 목적으로 출동한 경찰관 A, B를 폭행한 경우에, 두 개의 공무집행방해죄가 성립한다.
④ 위 사안과 같은 경우, 동일한 장소에서 동일한 기회에 폭행이 이루어졌으나, 두 명의 공무원에 대한 폭행은 실체적 경합관계이다.

해설

① [×] 형법상 공무집행방해치상죄는 인정되지 않는다. 따라서 甲은 공무집행방해죄와 상해죄(또는 폭행치상죄)의 죄책을 진다.
② [×] 형법 제136조 제1항에 규정된 공무집행방해죄에서 '직무를 집행하는'이라 함은 공무원이 직무수행에 직접 필요한 행위를 현실적으로 행하고 있는 때만을 가리키는 것이 아니라 공무원이 직무수행을 위하여 근무 중인 상태에 있는 때를 포괄한다(대판 2002.4.12. 2000도3485). ▶ 출동한 상태의 경찰관도 직무수행을 위한 근무중인 상태에 있으므로 A, B도 '직무를 집행하는 공무원'에 해당하고 공무집행방해죄가 성립한다.
③ [○], ④ [×] 동일한 공무를 집행하는 여럿의 공무원에 대하여 폭행·협박 행위를 한 경우에는 공무를 집행하는 공무원의 수에 따라 여럿의 공무집행방해죄가 성립하고, 위와 같은 폭행·협박 행위가 동일한 장소에서 동일한 기회에 이루어진 것으로서 여럿의 공무집행방해죄는 상상적 경합의 관계에 있다(대판 2009.6.25. 2009도3505).

정답 ③

62 **공무집행방해죄에 대한 설명 중 옳은 것을 모두 고른 것은? (다툼이 있으면 판례에 의함)** [17 경찰채용]

㉠ 공무원이 직무상 수행하는 공무를 방해하는 행위에 대해서는 업무방해죄로 의율할 수는 없다. ㉡ 법령에서 어떤 행위의 금지를 명하면서 이를 위반하는 행위에 대한 벌칙을 두는 한편, 공무원으로 하여금 그 금지규정의 위반 여부를 감시, 단속하게 하고 있는 경우 그 공무원에게는 금지규정 위반행위의 유무를 감시하여 확인하고 단속할 권한과 의무가 있으므로 단순히 공무원의 감시, 단속을 피하여 금지규정에 위반하는 행위를 한 것에 불과하다면 그에 대하여 벌칙을 적용하는 것은 별론으로 하고 그 행위가 위계에 의한 공무집행방해죄에 해당하는 것이라고는 할 수 없다. ㉢ 피의자나 참고인이 피의자의 무고함을 입증하는 등의 목적으로 적극적으로 허위의 증거를 조작하여 제출하였고 그 증거 조작의 결과 수사기관이 그 진위에 관하여 나름대로 충실한 수사를 하더라도 제출된 증거가 허위임을 발견하지 못하여 잘못된 결론을 내리게 될 정도에 이르렀다면, 이는 위계에 의하여 수사기관의 수사행위를 적극적으로 방해한 것으로서 위계에 의한 공무집행방해죄가 성립된다.

① ㉠, ㉡
② ㉠, ㉢
③ ㉡, ㉢
④ ㉠, ㉡, ㉢

해설

㉠ [○] 공무원이 직무상 수행하는 공무를 방해하는 행위에 대해서는 업무방해죄로 의율할 수는 없다(대판 2011.7.28. 2009도11104).

㉡ [○] 법령에서 어떤 행위의 금지를 명하면서 이를 위반하는 행위에 대한 벌칙을 두는 한편, 공무원으로 하여금 그 금지규정의 위반 여부를 감시, 단속하게 하고 있는 경우 그 공무원에게는 금지규정 위반행위의 유무를 감시하여 확인하고 단속할 권한과 의무가 있으므로 단순히 공무원의 감시, 단속을 피하여 금지규정에 위반하는 행위를 한 것에 불과하다면 그에 대하여 벌칙을 적용하는 것은 별론으로 하고 그 행위가 위계에 의한 공무집행방해죄에 해당하는 것이라고는 할 수 없다(대판 2004.4.9. 2004도272).

㉢ [○] 피의자나 참고인이 피의자의 무고함을 입증하는 등의 목적으로 적극적으로 허위의 증거를 조작하여 제출하였고 그 증거 조작의 결과 수사기관이 그 진위에 관하여 나름대로 충실한 수사를 하더라도 제출된 증거가 허위임을 발견하지 못하여 잘못된 결론을 내리게 될 정도에 이르렀다면, 이는 위계에 의하여 수사기관의 수사행위를 적극적으로 방해한 것으로서 위계에 의한 공무집행방해죄가 성립된다(대판 2003.7.25. 2003도1609).

정답 ④

63 공무방해에 관한 죄에 대한 설명 중 가장 적절하지 않은 것은? (다툼이 있으면 판례에 의함) [18 경찰채용]

① 동일한 공무를 집행하는 여럿의 공무원에 대하여 폭행·협박 행위를 한 경우에는 공무를 집행하는 공무원의 수에 따라 여럿의 공무집행방해죄가 성립하고, 위와 같은 폭행·협박 행위가 동일한 장소에서 동일한 기회에 이루어진 것으로서 사회관념상 1개의 행위로 평가되는 경우에는 여럿의 공무집행방해죄는 상상적 경합의 관계에 있다.

② 불법주차 차량에 불법주차 스티커를 붙였다가 이를 다시 떼어 낸 직후에 있는 주차단속 공무원을 폭행한 경우, 공무집행방해죄가 성립한다.

③ 음주운전을 하다가 교통사고를 야기한 후 그 형사처벌을 면하기 위하여 타인의 혈액을 자신의 혈액인 것처럼 교통사고 조사 경찰관에게 제출하여 감정하도록 한 경우, 위계에 의한 공무집행방해죄가 성립하지 않는다.

④ 변호사가 접견을 핑계로 수용자를 위하여 휴대전화와 증권거래용 단말기를 구치소 내로 몰래 반입하여 이용하게 한 행위는 위계에 의한 공무집행방해죄에 해당한다.

해설

① [○] 동일한 공무를 집행하는 여럿의 공무원에 대하여 폭행·협박 행위를 한 경우에는 공무를 집행하는 공무원의 수에 따라 여럿의 공무집행방해죄가 성립하고, 위와 같은 폭행·협박 행위가 동일한 장소에서 동일한 기회에 이루어진 것으로서 사회관념상 1개의 행위로 평가되는 경우에는 여럿의 공무집행방해죄는 상상적 경합의 관계에 있다(대판 2009.6.25. 2009도3505).

② [○] 불법주차 차량에 불법주차 스티커를 붙였다가 이를 다시 떼어 낸 직후에 있는 주차단속 공무원을 폭행한 경우, 폭행 당시 주차단속 공무원은 일련의 직무수행을 위하여 근무중인 상태에 있었다고 보아야 하므로 공무집행방해죄가 성립한다(대판 1999.9.21. 99도383).

③ [×] 피고인이 교통사고조사 담당 경찰관에게 타인의 혈액을 마치 자신의 혈액인 것처럼 건네주어 그것으로 국립과학수사연구소에 의뢰하여 혈중알콜농도를 감정하게 하고 그 결과에 따라 음주운전 혐의에 대하여 공소권 없음의 의견으로 송치하게 한 경우, 단순히 피의자가 수사기관에 대하여 허위사실을 진술하거나 자신에게 불리한 증거를 은닉하는 데 그친 것이 아니라 수사기관의 착오를 이용하여 적극적으로 피의사실에 관한 증거를 조작한 것이므로 위계에 의한 공무집행방해죄가 성립한다(대판 2003.7.25. 2003도1609).

④ [○] [1] 구체적이고 현실적으로 감시·단속업무를 수행하는 교도관에 대하여 그가 충실히 직무를 수행한다고 하더라도 통상적인 업무처리과정하에서는 사실상 적발이 어려운 위계를 적극적으로 사용하여 그 업무집행을 하지 못하게 하였다면 이에 대하여 위계에 의한 공무집행방해죄가 성립한다.

[2] 변호사가 접견을 핑계로 수용자를 위하여 휴대전화와 증권거래용 단말기를 구치소 내로 몰래 반입하여 이용하게 한 행위는 위계에 의한 공무집행방해죄에 해당한다(대판 2005.8.25. 2005도1731).

정답 ③

64 공무집행방해죄 및 업무방해죄에 관한 설명으로 가장 옳은 것은? (다툼이 있으면 판례에 의함) [14 법원9급]

① 피고인이 甲 등과 공모하여 위력으로 시장 乙 및 丙 회사관계자 등의 기자회견 업무를 방해하였을 경우, 공무원 乙의 기자회견 업무에 대하여 업무방해죄가 성립하지 아니한다.

② 경찰청 민원실에서 말똥을 책상 및 민원실 바닥에 뿌리고 소리를 지르는 등 난동을 부린 행위가 '위력'으로 경찰관의 민원접수 업무를 방해한 경우, 경찰청 민원실 근무 경찰공무원에 대하여 업무방해죄가 성립한다.

③ 공무원의 직무 수행에 대한 비판이나 시정 등을 요구하는 집회 · 시위 과정에서 일시적으로 상당한 소음이 발생하였다는 사정만으로도, 이를 공무집행방해죄에서의 음향으로 인한 폭행이 있었다고 할 수 있다.

④ 불법주차 차량에 불법주차 스티커를 붙였다가 이를 다시 떼어 낸 직후에 있는 주차단속 공무원을 폭행한 경우, 폭행 당시 주차단속 공무원은 불법주차 단속의 직무수행을 하고 있지 않았다고 보아야 하므로 공무집행방해죄가 성립하지 않는다.

해설

① [○] 공무원 乙의 기자회견 업무 즉 공무원이 직무상 수행하는 공무를 방해하는 행위에 대해서는 업무방해죄로 의율할 수는 없다(대판 2011.7.28. 2009도11104).

② [×] [1] 형법이 업무방해죄와는 별도로 공무집행방해죄를 규정하고 있는 것은 사적 업무와 공무를 구별하여 공무에 관해서는 공무원에 대한 폭행, 협박 또는 위계의 방법으로 그 집행을 방해하는 경우에 한하여 처벌하겠다는 취지라고 보아야 할 것이고, 따라서 공무원이 직무상 수행하는 공무를 방해하는 행위에 대해서는 업무방해죄로 의율할 수는 없다.
[2] 피고인이 위력으로 경찰관의 민원접수 업무를 방해한 것이라도 업무방해죄가 성립하지 아니한다(대판 2010.2.25. 2008도9049).

③ [×] 민주사회에서 공무원의 직무수행에 대한 시민들의 건전한 비판과 감시는 가능한 한 널리 허용되어야 한다는 점에서 볼 때, 공무원의 직무 수행에 대한 비판이나 시정 등을 요구하는 집회 · 시위 과정에서 일시적으로 상당한 소음이 발생하였다는 사정만으로는 공무집행방해죄에서의 음향으로 인한 폭행이 있었다고 할 수는 없다(대판 2009.10.29. 2007도3584).

④ [×] 불법주차 차량에 불법주차 스티커를 붙였다가 이를 다시 떼어 낸 직후에 있는 주차단속 공무원을 폭행한 경우, 폭행 당시 주차단속 공무원은 일련의 직무수행을 위하여 근무중인 상태에 있었다고 보아야 하므로 공무집행방해죄가 성립한다(대판 1999.9.21. 99도383). ▶ 공무집행방해죄가 성립한다.

정답 ①

65 공무집행방해죄에 관한 설명 중 가장 적절하지 않은 것은? (다툼이 있으면 판례에 의함) [17 경찰승진]

① 공무집행방해죄는 공무원의 적법한 공무집행이 전제로 된다 할 것이고, 그 공무집행이 적법하기 위하여는 그 행위가 당해 공무원의 추상적 직무 권한에 속할 뿐 아니라 구체적으로도 그 권한 내에 있어야 한다.

② 위계에 의한 공무집행방해죄에서의 공무원의 직무집행이란 법령의 위임에 따른 공무원의 적법한 직무집행인 이상 사경제주체로서의 활동을 비롯한 비권력적 작용도 포함된다.

③ 피고인이 노조원들과 함께 경찰관이 파업투쟁 중인 공장에 진입할 경우에 대비하여 그들의 부재중에 미리 윤활유나 철판조각을 바닥에 뿌려 놓아 위 경찰관들이 이에 미끄러져 넘어지거나 철판조각에 찔려 다쳤다면, 특수공무집행방해치상죄가 성립한다.

④ 위계에 의한 공무집행방해죄가 성립되려면 자기의 위계행위로 인하여 공무집행을 방해하려는 의사가 있어야 한다.

해설

① [○] 공무집행방해죄는 공무원의 적법한 공무집행이 전제로 된다 할 것이고, 그 공무집행이 적법하기 위하여는 그 행위가 당해 공무원의 추상적 직무 권한에 속할 뿐 아니라 구체적으로도 그 권한 내에 있어야 하며 또한 직무행위로서의 중요한 방식을 갖추어야 한다고 할 것이며, 추상적인 권한에 속하는 공무원의 어떠한 공무집행이 적법한지 여부는 행위 당시의 구체적 상황에

기하여 객관적 합리적으로 판단하여야 하고 사후적으로 순수한 객관적 기준에서 판단할 것은 아니라고 할 것이다(대판 1991. 5.10. 91도453).

② [○] 위계에 의한 공무집행방해죄는 행위목적을 이루기 위하여 상대방에게 오인, 착각, 부지를 일으키게 하여 이를 이용함으로써 법령에 의하여 위임된 공무원의 적법한 직무에 관하여 그릇된 행위나 처분을 하게 하는 경우에 성립하고, 여기에서 공무원의 직무집행이란 법령의 위임에 따른 공무원의 적법한 직무집행인 이상 공권력의 행사를 내용으로 하는 권력적 작용뿐만 아니라 사경제주체로서의 활동을 비롯한 비권력적 작용도 포함되는 것으로 봄이 상당하다(대판 2003.12.26. 2001도6349).

③ [×] 피고인이 노조원들과 함께 경찰관들이 파업투쟁 중인 공장에 진입할 경우에 대비하여 그들의 부재 중에 미리 윤활유나 철판조각을 바닥에 뿌려 놓아 경찰관들이 이에 미끄러져 넘어지거나 철판조각에 찔려 다친 경우, 피고인 등이 윤활유나 철판조각을 경찰관들의 면전에서 공무집행을 방해할 의도로 뿌린 것이라는 등의 특별한 사정이 있는 경우는 별론으로 하고 이를 가리켜 경찰관들에 대한 유형력의 행사, 즉 폭행에 해당하는 것으로 볼 수 없어 특수공무집행방해치상죄는 성립하지 아니한다(대판 2010.12.23. 2010도7412).

④ [○] 위계에 의한 공무집행방해죄가 성립되려면 자기의 위계행위로 인하여 공무집행을 방해하려는 의사가 있을 경우에 한한다고 보는 것이 상당하다(대판 1970.1.27. 69도2260).

정답 ③

66 위계에 의한 공무집행방해죄에 대한 설명 중 가장 적절한 것은? (다툼이 있으면 판례에 의함) [17 경찰채용]

① 상대방에게 오인, 착각, 부지를 일으키게 하는 행위가 구체적인 직무집행을 저지하거나 현실적으로 곤란하게 하는 데까지 이르지 않은 경우에도 위계에 의한 공무집행방해죄로 처벌할 수 있다.

② 법원에 가처분 신청 시 당사자가 허위의 주장을 하거나 허위의 증거를 제출하였다면 그 즉시 위계에 의한 공무집행방해죄가 성립한다.

③ 화물자동차 운송주선사업자인 피고인이 관할 행정청에 주기적으로 허가기준에 관한 사항을 신고하는 과정에서 가장납입에 의해 발급받은 허위의 예금잔액증명서를 제출하는 부정한 방법으로 허가를 받은 경우 위계에 의한 공무집행방해죄가 성립하지 않는다.

④ 위계에 의한 공무집행방해죄에서 공무원의 직무집행이란 법령의 위임에 따른 공무원의 적법한 공무집행인 이상 공권력의 행사를 내용으로 하는 권력적 작용뿐만 아니라 사경제주체로서의 활동을 제외한 비권력적 작용도 포함된다.

해설

① [×] 위계에 의한 공무집행방해죄에 있어서 위계라 함은, 행위자의 행위목적을 이루기 위하여 상대방에게 오인, 착각, 부지를 일으키게 하여 그 오인, 착각, 부지를 이용하는 것을 말하는 것으로 상대방이 이에 따라 그릇된 행위나 처분을 하여야만 이 죄가 성립하는 것이고, 만약 그러한 행위가 구체적인 직무집행을 저지하거나 현실적으로 곤란하게 하는 데까지는 이르지 않은 경우에는 위계에 의한 공무집행방해죄로 처벌할 수 없다(대판 2015.2.26. 2013도13217).

② [×] 법원은 당사자의 허위 주장 및 증거 제출에도 불구하고 진실을 밝혀야 하는 것이 그 직무이므로, 가처분신청시 당사자가 허위의 주장을 하거나 허위의 증거를 제출하였다 하더라도 그것만으로 법원의 구체적이고 현실적인 어떤 직무집행이 방해되었다고 볼 수 없으므로 이로써 바로 위계에 의한 공무집행방해죄가 성립한다고 볼 수 없다(대판 2012.4.26. 2011도17125).

③ [○] 이미 허가를 받아 적법하게 화물자동차 운송주선사업을 영위하는 피고인이 신고를 하는 과정에서 신고서에 허위사실을 기재하고 그에 관한 허위의 서류를 첨부하여 제출하였다고 하더라도 그로써 곧 구체적이고 현실적인 직무집행이 방해받았다고 볼 수 없을 뿐 아니라, 행정청이 신고내용의 진실성이나 첨부자료의 진위 여부를 조사하지 아니하여 허위신고에 대한 적정한 행정권의 행사에 나아가지 못하였다고 하더라도 그러한 결과가 허위신고로 인한 것이라고 보기도 어렵다(대판 2011.9.8. 2010도7034).

④ [×] 위계에 의한 공무집행방해죄에서 공무원의 직무집행이란 법령의 위임에 따른 공무원의 적법한 직무집행인 이상 공권력의 행사를 내용으로 하는 권력적 작용뿐만 아니라 사경제주체로서의 활동을 비롯한 비권력적 작용도 포함된다(대판 2003.12.26. 2001도6349).

정답 ③

67 다음 중 위계에 의한 공무집행방해죄가 성립하는 것을 모두 고른 것은? (다툼이 있으면 판례에 의함)

[11 법원행시]

> ㉠ 수사기관에 대하여 피의자가 허위자백한 경우
> ㉡ 피의자나 참고인이 아닌 자가 피의자를 가장하여 수사기관에 대하여 허위사실을 진술한 경우
> ㉢ 음주운전을 하다고 교통사고를 야기한 후 형사처벌을 면하기 위하여 타인의 혈액을 자신의 혈액인 것처럼 교통사고조사 경찰관에게 제출하여 감정하도록 한 경우
> ㉣ 민사소송을 제기하면서 피고의 주소를 허위기재하여 소송서류를 허위주소로 송달케 한 경우
> ㉤ 신청인이 허위의 자료를 첨부하여 비자발급 신청을 하였고, 이에 대하여 업무담당자가 충분히 심사하였으나 신청사유 및 소명자료가 허위인 것을 발견하지 못하여 이를 수리한 경우

① ㉡, ㉢
② ㉠, ㉣
③ ㉡, ㉤
④ ㉢, ㉣
⑤ ㉢, ㉤

해설

㉠ [불성립] 수사기관에 대하여 피의자가 허위자백을 한 것만으로는 위계에 의한 공무집행방해죄가 성립된다고 할 수 없다(대판 1971.3.9. 71도186).

㉡ [불성립] 피의자나 참고인이 아닌 자가 자발적이고 계획적으로 피의자를 가장하여 수사기관에 대하여 허위사실을 진술하였다 하여 바로 이를 위계에 의한 공무집행방해죄가 성립된다고 할 수 없다(대판 1977.2.8. 76도3685).

㉢ [성립] 음주운전을 하다가 교통사고를 야기한 후 그 형사처벌을 면하기 위하여 타인의 혈액을 자신의 혈액인 것처럼 교통사고조사 경찰관에게 제출하여 감정하도록 한 행위는, 단순히 피의자가 수사기관에 대하여 허위사실을 진술하거나 자신에게 불리한 증거를 은닉하는 데 그친 것이 아니라 수사기관의 착오를 이용하여 적극적으로 피의사실에 관한 증거를 조작한 것으로서 위계에 의한 공무집행방해죄가 성립한다(대판 2003.7.25. 2003도1609).

㉣ [불성립] 민사소송을 제기함에 있어 피고의 주소를 허위로 기재하여 법원공무원으로 하여금 변론기일소환장 등을 허위주소로 송달케 하였다는 사실만으로는 법원공무원의 구체적이고 현실적인 어떤 직무집행이 방해되었다고 할 수는 없으므로 위계에 의한 공무집행방해죄가 성립한다고 볼 수 없다(대판 1996.10.11. 96도312).

㉤ [성립] 외국 주재 한국영사관에 허위의 자료를 첨부하여 비자발급신청을 하고 이에 업무담당자가 충분히 심사하였으나 신청사유 및 소명자료가 허위임을 발견하지 못하여 신청을 수리한 경우, 위계에 의한 공무집행방해죄가 성립한다(대판 2011.4.28. 2010도14696).

정답 ⑤

68 甲에게 위계에 의한 공무집행방해죄가 성립하지 않는 경우는? (다툼이 있으면 판례에 의함) [16 경찰간부]

① 음주운전을 하다가 교통사고를 일으킨 甲은 형사처벌을 면하기 위하여 동승자인 아내 A의 혈액을 자신의 혈액인 것처럼 교통사고 조사 경찰관에게 제출하여 감정하도록 하였다.
② 甲은 자신의 발명품에 대한 특허출원을 위해 행정관청에 허위의 출원사유 및 소명자료를 제출하여 특허등록결정을 받았다.
③ 甲은 개인택시 운송사업면허를 받은지 5년이 경과되지 아니하여 원칙적으로 개인택시 운송사업을 양도할 수 없는 사람인 A로부터 개인택시 운송사업의 양도·양수를 받을 목적으로, 질병이 있는 노숙자 B로 하여금 A로 위장하게 하여 의사로부터 진료를 받게 한 후 발급받은 A명의의 허위진단서를 행정관청에 개인택시 운송사업의 양도·양수 인가신청을 하면서 이를 소명자료로 제출하여 진단서의 기재 내용을 신뢰한 행정관청으로부터 인가처분을 받았다.
④ 甲은 운전면허시험에 거듭 불합격하는 자신의 친구 A를 위하여 시험감독자를 속이고 자동차운전면허시험에 대리로 응시하였다.

해설

① [성립] 피고인이 교통사고조사 담당 경찰관에게 타인의 혈액을 마치 자신의 혈액인 것처럼 건네주어 그것으로 국립과학수사연구소에 의뢰하여 혈중알콜농도를 감정하게 하고 그 결과에 따라 음주운전 혐의에 대하여 공소권 없음의 의견으로 송치하게 한 경우, 단순히 피의자가 수사기관에 대하여 허위사실을 진술하거나 자신에게 불리한 증거를 은닉하는 데 그친 것이 아니라 수사기관의 착오를 이용하여 적극적으로 피의사실에 관한 증거를 조작한 것이므로 위계에 의한 공무집행방해죄가 성립한다(대판 2003.7.25. 2003도1609).

② [불성립] 행정관청이 출원에 의한 인·허가처분을 함에 있어서는 그 출원사유가 사실과 부합하지 아니하는 경우가 있음을 전제로 하여 인·허가할 것인지 여부를 심사·결정하는 것이므로, 행정관청이 사실을 충분히 확인하지 아니한 채 출원자가 제출한 허위의 출원사유나 허위의 소명자료를 가볍게 믿고 인가 또는 허가를 하였다면 이는 행정관청의 불충분한 심사에 기인한 것이어서 출원자의 위계가 결과 발생의 주된 원인이라 할 수 없어 위계에 의한 공무집행방해죄를 구성하지 않는다(대판 2010.10.28. 2008도9590).

③ [성립] 피고인들은 개인택시운송사업 면허를 받은 지 5년이 지나지 아니하여 원칙적으로 개인택시운송사업을 양도할 수 없는 사람 등과 공모하여, 질병이 있는 노숙자들로 하여금 그들이 개인택시운송사업을 양도하려고 하는 사람인 것처럼 위장하여 의사의 진료를 받게 한 뒤 의사로부터 개인택시운송사업의 양도인이 1년 이상의 질병에 걸려 있는 것으로 된 허위 진단서를 발급받고 이를 소명자료로 삼아 개인택시운송사업의 양도·양수 인가신청을 하여 행정청으로부터 인가처분을 받았다면, 피고인들의 위와 같은 행위는 위계에 의한 공무집행방해죄에 해당한다(대판 2002.9.10. 2002도2131).

④ [성립] 피고인이 마치 그의 형인 양 시험감독자를 속이고 원동기장치 자전거운전면허시험에 대리로 응시하였다면 피고인의 소위는 위계에 의한 공무집행방해죄가 성립한다(대판 1986.9.9. 86도1245).

정답 ②

69 공무집행방해죄(위계에 의한 공무집행방해죄 포함)가 성립하지 않는 것을 모두 고른 것은? (다툼이 있으면 판례에 의함)

[05 사시]

> ㉠ 불법주차 차량에 불법주차 스티커를 붙였다가 이를 다시 떼어 낸 직후에 있는 주차단속 공무원을 폭행한 경우
> ㉡ 음주운전을 하다가 교통사고를 야기한 후 그 형사처벌을 면하기 위하여 타인의 혈액을 자신의 혈액인 것처럼 교통사고 조사 경찰관에게 제출하여 감정하도록 한 경우
> ㉢ 자가용 차를 운전하다가 교통사고를 낸 사람이 경찰관서에 신고함에 있어 가해차량이 자가용일 경우 피해자와 합의하는데 불리하다고 생각하여 영업용 택시를 운전하다가 사고를 내었다고 허위신고를 한 경우
> ㉣ 교도관과 재소자가 상호 공모하여 재소자가 교도관으로부터 소지가 금지된 담배를 교부받아 이를 흡연하고 허가 없이 휴대폰을 교부받아 외부와 통화한 경우
> ㉤ 민사소송을 제기함에 있어 피고의 주소를 허위로 기재하여 법원공무원으로 하여금 변론기일소환장 등을 허위주소로 송달하게 한 경우

① ㉠, ㉡
② ㉡, ㉢, ㉣
③ ㉡, ㉤
④ ㉢, ㉣, ㉤
⑤ ㉣, ㉤

해설

㉠ [성립] 불법주차 차량에 불법주차 스티커를 붙였다가 이를 다시 떼어 낸 직후에 있는 주차단속 공무원을 폭행한 경우, 폭행 당시 주차단속 공무원은 일련의 직무수행을 위하여 근무중인 상태에 있었다고 보아야 한다는 이유로 공무집행방해죄의 성립을 인정한 사례(대판 1999.9.21. 99도383).

㉡ [성립] 음주운전을 하다가 교통사고를 야기한 후 그 형사처벌을 면하기 위하여 타인의 혈액을 자신의 혈액인 것처럼 교통사고 조사 경찰관에게 제출하여 감정하도록 한 행위는, 단순히 피의자가 수사기관에 대하여 허위사실을 진술하거나 자신에게 불리한 증거를 은닉하는 데 그친 것이 아니라 수사기관의 착오를 이용하여 적극적으로 피의사실에 관한 증거를 조작한 것으로서 위계에 의한 공무집행방해죄가 성립한다(대판 2003.7.25. 2003도1609).

㉢ [불성립] 자가용차를 운전하다가 교통사고를 낸 사람이 경찰관서에 신고함에 있어 가해차량이 자가용일 경우 피해자와 합의하는데 불리하다고 생각하여 영업용택시를 운전하다가 사고를 내었다고 허위신고를 하였다 하더라도 이 사실만으로 공무원의 직무집행을 방해할 의사가 있었다고 단정하기 어려우므로 위계로 인한 공무집행방해죄가 성립하지 않는다(대판 1974.12.10. 74도2841).

㉣ [불성립] [1] 법령에서 어떤 행위의 금지를 명하면서 이를 위반하는 행위에 대한 벌칙을 두는 한편, 공무원으로 하여금 그 금지규정의 위반 여부를 감시, 단속하게 하고 있는 경우 그 공무원에게는 금지규정 위반행위의 유무를 감시하여 확인하고 단속할 권한과 의무가 있으므로 단순히 공무원의 감시, 단속을 피하여 금지규정에 위반하는 행위를 한 것에 불과하다면 그에 대하여 벌칙을 적용하는 것은 별론으로 하고 그 행위가 위계에 의한 공무집행방해죄에 해당하는 것이라고는 할 수 없다.
[2] 교도관이 수용자의 규율위반행위를 알면서도 이를 방치하거나 도와주었더라도, 이를 다른 교도관 등에 대한 관계에서 위계에 의한 공무집행방해죄가 성립하는 것으로 볼 수는 없다(대판 2003.11.13. 2001도7045).

㉤ [불성립] 민사소송을 제기함에 있어 피고의 주소를 허위로 기재하여 법원공무원으로 하여금 변론기일소환장 등을 허위주소로 송달케 하였다는 사실만으로는 이로 인하여 법원공무원의 구체적이고 현실적인 어떤 직무집행이 방해되었다고 할 수는 없으므로, 이로써 바로 위계에 의한 공무집행방해죄가 성립한다고 볼 수는 없다(대판 1996.10.11. 96도312).

정답 ④

70 **공무집행에 관한 다음 설명 중 가장 옳지 않은 것은? (다툼이 있는 경우 판례에 의함)** [18 법원9급]

① 폭행 · 협박 · 위계가 아닌 방법으로 공무원이 직무상 수행하는 공무를 방해한 경우에는 공무집행방해죄는 물론 업무방해죄로도 처벌할 수 없다.

② 음주운전을 하다가 교통사고를 야기한 후 그 형사처벌을 면하기 위하여 타인의 혈액을 자신의 혈액인 것처럼 교통사고 조사 경찰관에게 제출하여 감정하도록 한 행위에 대하여 위계에 의한 공무집행방해죄가 성립한다.

③ 민사소송을 제기하면서 피고의 주소를 허위로 기재하여 법원공무원으로 하여금 변론기일소환장 등을 허위주소로 송달하게 하더라도 위계에 의한 공무집행방해죄가 성립하지 않는다.

④ 과속단속카메라에 촬영되더라도 불빛을 반사시켜 차량 번호판이 식별되지 않도록 하는 기능이 있는 제품('파워매직 세이퍼')을 차량 번호판에 뿌린 상태로 차량을 운행하여 교통단속 경찰공무원의 업무를 방해한 행위는 위계에 의한 공무집행방해죄를 구성한다.

해설

① [○] 형법이 업무방해죄와는 별도로 공무집행방해죄를 규정하고 있는 것은 사적 업무와 공무를 구별하여 공무에 관해서는 공무원에 대한 폭행, 협박 또는 위계의 방법으로 그 집행을 방해하는 경우에 한하여 처벌하겠다는 취지라고 보아야 할 것이고, 따라서 공무원이 직무상 수행하는 공무를 방해하는 행위에 대해서는 업무방해죄로 의율할 수는 없다(대판(전) 2009.11.19. 2009도4166).

② [○] 음주운전을 하다가 교통사고를 야기한 후 그 형사처벌을 면하기 위하여 타인의 혈액을 자신의 혈액인 것처럼 교통사고 조사 경찰관에게 제출하여 감정하도록 한 행위는, 단순히 피의자가 수사기관에 대하여 허위사실을 진술하거나 자신에게 불리한 증거를 은닉하는 데 그친 것이 아니라 수사기관의 착오를 이용하여 적극적으로 피의사실에 관한 증거를 조작한 것으로서 위계에 의한 공무집행방해죄가 성립한다(대판 2003.7.25. 2003도1609).

③ [○] 민사소송을 제기함에 있어 피고의 주소를 허위로 기재하여 법원공무원으로 하여금 변론기일소환장 등을 허위주소로 송달케 하였다는 사실만으로는 이로 인하여 법원공무원의 구체적이고 현실적인 어떤 직무집행이 방해되었다고 할 수는 없으므로, 이로써 바로 위계에 의한 공무집행방해죄가 성립한다고 볼 수는 없다(대판 1996.10.11. 96도312).

④ [×] 과속으로 인하여 과속단속카메라에 촬영되더라도 불빛을 반사시켜 차량 번호판이 식별되지 않도록 하는 기능이 있는 이 사건 '파워매직세이퍼'를 차량 번호판에 뿌린 상태로 차량을 운행한 행위만으로는 교통단속업무를 구체적이고 현실적으로 수행하는 경찰공무원에 대하여 그가 충실히 직무를 수행한다고 하더라도 통상적인 업무처리과정 하에서는 사실상 적발이 어려운 위계를 사용하여 그 업무집행을 하지 못하게 한 것이라고 보기 어렵다(대판 2010.4.15. 2007도8024).

정답 ④

71 **다음 공무집행방해죄 등에 관한 설명 중 가장 적절하지 않은 것은? (다툼이 있으면 판례에 의함)** [12 경찰채용]

① 과속단속카메라에 촬영되더라도 불빛을 반사시켜 차량 번호판이 식별되지 않도록 하는 기능이 있는 제품('파워매직세이퍼')을 차량 번호판에 뿌린 상태로 차량을 운행한 행위만으로는 위계에 의한 공무집행방해죄가 성립하지 않는다.

② 위계에 의한 공무집행방해죄가 성립되려면 자기의 위계 행위로 인하여 공무집행을 방해하려는 의사가 있어야 한다.

③ 폭행, 협박에 이르지 않는 정도의 위력으로 공무원이 직무상 수행하는 공무를 방해한 경우 공무집행방해죄는 물론 업무방해죄로도 처벌할 수 없다.

④ 추상적인 권한에 속하는 공무원의 어떠한 공무집행이 적법한지 여부는 사후적으로 순수한 객관적 기준에서 판단하여야 한다.

해설

① [○] 과속으로 인하여 과속단속카메라에 촬영되더라도 불빛을 반사시켜 차량 번호판이 식별되지 않도록 하는 기능이 있는 이 사건 '파워매직세이퍼'를 차량 번호판에 뿌린 상태로 차량을 운행한 행위만으로는 교통단속업무를 구체적이고 현실적으로 수행하는 경찰공무원에 대하여 그가 충실히 직무를 수행한다고 하더라도 통상적인 업무처리과정 하에서는 사실상 적발이 어려운 위계를 사용하여 그 업무집행을 하지 못하게 한 것이라고 보기 어렵다(대판 2010.4.15. 2007도8024).

② [○] 위계에 의한 공무집행방해죄가 성립되려면 자기의 위계행위로 인하여 공무집행을 방해하려는 의사가 있을 경우에 한한다고 보는 것이 상당하다(대판 1970.1.27. 69도2260).

③ [○] 형법이 업무방해죄와는 별도로 공무집행방해죄를 규정하고 있는 것은 사적 업무와 공무를 구별하여 공무에 관해서는 공무원에 대한 폭행, 협박 또는 위계의 방법으로 그 집행을 방해하는 경우에 한하여 처벌하겠다는 취지라고 보아야 할 것이고, 따라서 공무원이 직무상 수행하는 공무를 방해하는 행위에 대해서는 업무방해죄로 의율할 수는 없다(대판(전) 2009.11.19. 2009도4166).

④ [×] 공무집행방해죄는 공무원의 적법한 공무집행이 전제로 되는데, 추상적인 권한에 속하는 공무원의 어떠한 공무집행이 적법한지 여부는 행위 당시의 구체적 상황에 기하여 객관적·합리적으로 판단하여야 하고 사후적으로 순수한 객관적 기준에서 판단할 것은 아니다(대판 2013.8.23. 2011도4763).

정답 ④

72 **공무집행방해죄 등에 관한 다음 설명 중 가장 적절하지 않은 것은? (다툼이 있으면 판례에 의함)** [14 경찰채용]

① 甲 정당 당직자인 피고인들 등이 국회 외교통상 상임위원회 회의장 출입문 앞에 배치되어 출입을 막고 있던 국회 경위들을 밀어내기 위해 경위들의 옷을 잡아당기거나 밀치는 등의 행위를 한 경우, 피고인들의 행위는 적법성이 결여된 직무행위를 하는 공무원에게 대항하여 한 것에 지나지 아니하여 공무집행방해죄가 성립하지 않는다.

② 피고인이 甲 시청 옆 도로의 보도에서 철야농성을 위해 천막을 설치하던 중 이를 제지하는 甲 시청 소속공무원들을 폭행한 경우, 도로관리권에 근거한 공무집행을 하는 공무원에 대하여 폭행을 가한 피고인의 행위는 공무집행방해죄를 구성한다.

③ 불법주차 단속권한이 없는 야간 당직 근무 중인 구청 소속 청원경찰에게 불법주차 단속을 요구하였으나 그 청원경찰이 현장을 확인만 하고 주간 근무자에게 전달하여 단속하겠다고 했다는 이유로 민원인이 청원경찰을 폭행한 경우, 그 민원인에게는 공무집행방해죄가 성립하지 않는다.

④ 자가용차를 운전하다가 교통사고를 낸 사람이 경찰관서에 신고함에 있어 가해차량이 자가용일 경우 피해자와 합의하는데 불리하다고 생각하여 영업용 택시를 운전하다가 사고를 내었다고 허위신고를 한 경우 위계에 의한 공무집행방해죄가 성립하지 않는다.

해설

① [○] 피고인들이 甲 정당 소속 외통위 위원들을 회의장으로 들여보내기 위하여 그들과 함께 국회 경위들을 밀어내는 과정에서 경위들의 옷을 잡아당기는 등의 행위를 하였더라도, 이러한 행위는 적법성이 결여된 직무행위를 하는 공무원에게 대항하여 한 것에 지나지 아니하여 공무집행이 적법함을 전제로 하는 공무집행방해죄는 성립하지 않는다고 한 사례(대판 2013.6.13. 2010도13609).

② [○] 피고인이 甲 시청 옆 도로의 보도에서 철야농성을 위해 천막을 설치하던 중 이를 제지하는 甲 시청 소속공무원들을 폭행한 경우, 도로관리권에 근거한 공무집행을 하는 공무원에 대하여 폭행을 가한 피고인의 행위는 공무집행방해죄를 구성한다(대판 2014.2.13. 2011도10625).

③ [×] [1] 공무집행방해죄에 있어서 '직무를 집행하는'이라 함은 공무원이 직무수행에 직접 필요한 행위를 현실적으로 행하고 있는 때만을 가리키는 것이 아니라 공무원이 직무수행을 위하여 근무중인 상태에 있는 때를 포괄한다. 직무의 성질에 따라서는 그 직무수행의 과정을 개별적으로 분리하여 부분적으로 각각의 개시와 종료를 논하는 것이 부적절하거나, 여러 종류의 행위를 포괄하여 일련의 직무수행으로 파악함이 상당한 경우도 있다.
[2] 야간 당직 근무자는 불법주차 단속권한은 없지만 민원 접수를 받아 다음날 관련 부서에 전달하여 처리하고 있으므로 불법주차 단속업무는 야간 당직 근무자들의 민원업무이자 경비업무로서 공무집행방해죄의 '직무집행'에 해당한다(대판 2009.1.15. 2008도9919).

④ [○] 자가용차를 운전하다가 교통사고를 낸 사람이 경찰관서에 신고함에 있어 가해차량이 자가용일 경우 피해자와 합의하는데 불리하다고 생각하여 영업용택시를 운전하다가 사고를 내었다고 허위신고를 하였다 하더라도 이 사실만으로 공무원의 직무집행을 방해할 의사가 있었다고 단정하기 어려우므로 위계로 인한 공무집행방해죄가 성립하지 않는다(대판 1974.12.10. 74도2841).

정답 ③

73 다음 중 위계에 의한 공무집행방해죄가 성립하는 것은? (다툼이 있으면 판례에 의함) [11 경찰간부]

① 민사소송을 제기함에 있어 피고의 주소를 허위로 기재하여 법원공무원으로 하여금 변론기일소환장 등을 허위주소로 송달케 한 경우

② 병역법상 지정업체에서 전문연구요원으로 근무할 의사가 없음에도 허위내용의 편입신청서를 제출하여 관할관청으로부터 전문연구요원 편입을 승인받고 관할지방병무청장에게 허위의 공동연구 협약서를 작성·제출하여 파견근무를 신청하여 승인받은 경우

③ 건물점유자로서 명도집행을 저지할 수 있는 정당한 권능이 있는 자가 그 점유사실을 입증하기 위한 수단으로 임대차계약서 사본을 제시하면서 그 실효된 사실을 고지하지 아니하고 자신이 정당한 임차인인 것처럼 주장한 경우

④ 수용자가 교도관의 감시·단속을 피하여 규율위반행위를 하는 경우

해설

① [불성립] 민사소송을 제기함에 있어 피고의 주소를 허위로 기재하여 법원공무원으로 하여금 변론기일소환장 등을 허위주소로 송달케 하였다는 사실만으로는 이로 인하여 법원공무원의 구체적이고 현실적인 어떤 직무집행이 방해되었다고 할 수는 없으므로, 이로써 바로 위계에 의한 공무집행방해죄가 성립한다고 볼 수는 없다(대판 1996.10.11. 96도312).

② [성립] 관할관청의 불충분한 심사가 원인이 아니라 출원인의 위계행위가 원인이 된 것이어서 위계에 의한 공무집행방해죄가 성립한다(대판 2008.6.26. 2008도1011).

③ [불성립] 건물 점유자로서 명도집행을 저지할 수 있는 정당한 기능이 있는 자가 그 점유사실을 입증하기 위한 수단으로 임대차계약서 사본을 제시하면서 그 실효된 사실을 고지하지 아니하고 자신이 정당한 임차인인 것처럼 주장하였다고 하더라도 이로써 형법 제137조 소정의 위계에 해당한다고는 볼 수 없다(대판 1984.1.31. 83도2290).

④ [불성립] 수용자가 교도관의 감시·단속을 피하여 규율위반행위를 하는 것만으로는 단순히 금지규정에 위반되는 행위를 한 것에 지나지 아니할 뿐 이로써 위계에 의한 공무집행방해죄가 성립한다고는 할 수 없다(대판 2003.11.13. 2001도7045).

정답 ②

74 공무방해에 관한 죄에 대한 다음 설명 중 가장 옳지 않은 것은? (판례에 의함)

[11 경찰승진]

① 교도관과 재소자가 상호 공모하여 재소자가 교도관으로부터 담배를 교부받아 이를 흡연한 행위 및 휴대폰을 교부받아 외부와 통화한 행위 등은 위계에 의한 공무집행방해죄에 해당하지 않는다.

② 위계에 의한 공무집행방해죄에 있어서 범죄행위가 구체적인 공무집행을 저지하거나 현실적으로 곤란하게 하는 데까지는 이르지 아니하고 미수에 그친 경우에는 위계에 의한 공무집행방해죄의 미수죄로 처벌한다.

③ 민사소송을 제기함에 있어 피고의 주소를 허위로 기재하여 법원공무원으로 하여금 변론기일소환장 등을 허위주소로 송달케 하였다는 사실만으로는 이로 인하여 법원공무원의 구체적이고 현실적인 어떤 직무집행이 방해되었다고 할 수는 없으므로, 이로써 바로 위계에 의한 공무집행방해죄가 성립한다고 볼 수는 없다.

④ 범죄피해신고를 받고 출동한 두 명의 경찰관에게 욕설을 하면서 순차로 폭행을 하여 신고처리 및 수사업무에 관한 정당한 직무집행을 방해한 경우, 상상적 경합관계에 있는 두 개의 공무집행방해죄를 범한 것이 된다.

해설

① [○] 교도관과 재소자가 상호 공모하여 재소자가 교도관으로부터 담배를 교부받아 이를 흡연한 행위 및 휴대폰을 교부받아 외부와 통화한 행위 등이 위계에 의한 공무집행방해죄에 해당하지 않는다고 한 사례(대판 2003.11.13. 2001도7045).

② [×] 범죄행위가 구체적인 공무집행을 저지하거나 현실적으로 곤란하게 하는 데까지는 이르지 아니하고 미수에 그친 경우에는 위계에 의한 공무집행방해죄로 처벌할 수 없다(대판 2003.2.11. 2002도4293).

③ [○] 민사소송을 제기함에 있어 피고의 주소를 허위로 기재하여 법원공무원으로 하여금 변론기일소환장 등을 허위주소로 송달케 하였다는 사실만으로는 이로 인하여 법원공무원의 구체적이고 현실적인 어떤 직무집행이 방해되었다고 할 수는 없으므로, 이로써 바로 위계에 의한 공무집행방해죄가 성립한다고 볼 수는 없다(대판 1996.10.11. 96도312).

④ [○] 동일한 공무를 집행하는 여럿의 공무원에 대하여 폭행·협박 행위를 한 경우에는 공무를 집행하는 공무원의 수에 따라 여럿의 공무집행방해죄가 성립하고, 위와 같은 폭행·협박 행위가 동일한 장소에서 동일한 기회에 이루어진 것으로서 사회관념상 1개의 행위로 평가되는 경우에는 여럿의 공무집행방해죄는 상상적 경합의 관계에 있다(대판 2009.6.25. 2009도3505).

정답 ②

75 공무집행방해의 죄에 대한 다음 설명 중 판례의 태도에 합치되지 않는 것은 모두 몇 개인가?

[13 경찰간부]

㉠ 민사소송을 제기하면서 피고의 주소를 허위로 기재하여 법원 공무원으로 하여금 변론기일소환장 등을 허위주소로 송달케 한 행위는 위계에 의한 공무집행방해죄를 구성한다.
㉡ 위계에 의한 공무집행방해죄에 있어서 고의 이외에 직무집행을 방해할 의사는 요구되지 않는다.
㉢ 음주운전 중 교통사고를 내고 형사처벌을 면하기 위하여 타인의 혈액을 자신의 혈액인 것처럼 경찰관에게 제출하여 감정하도록 한 경우, 위계에 의한 공무집행방해죄가 성립한다.
㉣ 위계를 행사하여 공무집행을 방해한 경우에 위계에 의한 공무집행방해죄 이외에 별도로 업무방해죄가 성립한다.

① 1개
② 2개
③ 3개
④ 4개

제3편 | 국가적 법익에 관한 죄 2장

해설

㉠ [×] 피고의 주소를 허위로 기재하여 법원공무원으로 하여금 변론기일소환장 등을 허위주소로 송달케 하였다는 사실만으로는 이로 인하여 법원공무원의 구체적이고 현실적인 어떤 직무집행이 방해되었다고 할 수는 없으므로 위계에 의한 공무집행방해죄가 성립한다고 볼 수는 없다(대판 1996.10.11. 96도312).

㉡ [×] 위계에 의한 공무집행방해죄가 성립되려면 자기의 위계행위로 인하여 공무집행을 방해하려는 의사가 있을 경우에 한한다고 보는 것이 상당하다(대판 1970.1.27. 69도2260).

㉢ [○] 음주운전을 하다가 교통사고를 야기한 후 그 형사처벌을 면하기 위하여 타인의 혈액을 자신의 혈액인 것처럼 교통사고 조사 경찰관에게 제출하여 감정하도록 한 행위는, 단순히 피의자가 수사기관에 대하여 허위사실을 진술하거나 자신에게 불리한 증거를 은닉하는 데 그친 것이 아니라 수사기관의 착오를 이용하여 적극적으로 피의사실에 관한 증거를 조작한 것으로서 위계에 의한 공무집행방해죄가 성립한다(대판 2003.7.25. 2003도1609).

㉣ [×] 공무원이 직무상 수행하는 공무를 방해하는 행위에 대해서는 업무방해죄로 의율할 수는 없다고 해석함이 상당하다(대판(전) 2009.11.19. 2009도4166).

정답 ③

76 **위계에 의한 공무집행방해죄가 성립하는 것은 모두 몇 개인가? (다툼이 있으면 판례에 의함)** [14 경찰승진]

㉠ 감척어선 입찰자격이 없는 자가 제3자와 공모하여 제3자의 대리인 자격으로 제3자 명의로 입찰에 참가하고 낙찰받은 후 자신의 자금으로 낙찰대금을 지급하여 감척어선에 대한 실질적 소유권을 취득한 경우
㉡ 지방자치단체의 공사입찰에 있어서 허위서류를 제출하여 입찰참가자격을 얻고 낙찰자로 결정되어 계약을 체결한 경우
㉢ 민사소송을 제기함에 있어 피고의 주소를 허위로 기재하여 변론기일소환장 등 소송서류를 허위주소로 송달하게 한 경우
㉣ 음주운전을 하다가 교통사고를 야기한 후 형사처벌을 면하기 위하여 타인의 혈액을 자신의 혈액인 것처럼 교통사고 조사 경찰관에게 제출하여 감정하도록 한 경우

① 없음
② 1개
③ 2개
④ 3개

해설

㉠ [성립] 감척어선 입찰자격이 없는 자가 제3자와 공모하여 제3자의 대리인 자격으로 제3자 명의로 입찰에 참가하고, 낙찰받은 후 자신의 자금으로 낙찰대금을 지급하여 감척어선에 대한 실질적 소유권을 취득한 경우, 위계에 의한 공무집행방해죄가 성립한다(대판 2003.12.26. 2001도6349).

㉡ [성립] 지방자치단체의 공사입찰에 있어서 허위서류를 제출하여 입찰참가자격을 얻고 낙찰자로 결정되어 계약을 체결한 경우, 위계에 의한 공무집행방해죄가 성립한다(대판 2003.10.9. 2000도4993).

㉢ [불성립] 민사소송을 제기함에 있어 피고의 주소를 허위로 기재하여 법원공무원으로 하여금 변론기일소환장 등을 허위주소로 송달케 하였다는 사실만으로는 이로 인하여 법원공무원의 구체적이고 현실적인 어떤 직무집행이 방해되었다고 할 수는 없으므로, 이로써 바로 위계에 의한 공무집행방해죄가 성립한다고 볼 수는 없다(대판 1996.10.11. 96도312).

㉣ [성립] 음주운전을 하다가 교통사고를 야기한 후 그 형사처벌을 면하기 위하여 타인의 혈액을 자신의 혈액인 것처럼 교통사고 조사 경찰관에게 제출하여 감정하도록 한 행위는, 단순히 피의자가 수사기관에 대하여 허위사실을 진술하거나 자신에게 불리한 증거를 은닉하는 데 그친 것이 아니라 수사기관의 착오를 이용하여 적극적으로 피의사실에 관한 증거를 조작한 것으로서 위계에 의한 공무집행방해죄가 성립한다(대판 2003.7.25. 2003도1609).

정답 ④

77 **공무집행방해죄에 관한 다음 설명 중 옳지 않은 것은? (다툼이 있으면 판례에 의함)** [12 경찰간부]

① 화물자동차 운송주선사업자가 관할 행정청에 주기적으로 허가 기준에 관한 사항을 신고하는 과정에서 허위 사실을 신고하거나 허위의 소명자료를 첨부하는 부정한 방법으로 허가를 받는 행위는 원칙적으로 위계에 의한 공무집행방해죄를 구성하지 않는다.

② 신청인이 허위의 자료를 첨부하여 비자발급 신청을 하였고, 이에 대하여 외국 주재 한국영사관 업무 담장자가 충분히 심사하였으나 신청사유 및 소명자료가 허위인 것을 발견하지 못하여 이를 수리한 경우, 신청인에게 위계에 의한 공무집행방해죄가 성립한다.

③ 개인택시 운송사업면허 신청서에 허위의 소명자료를 첨부하여 개인택시면허를 받은 경우 위계에 의한 공무집행방해죄가 성립한다.

④ 집회 시위과정에서 음향을 이용하여 청각기관을 직접 자극하는 경우 그것이 의사전달수단으로서 합리적 범위를 넘어서 상대방에게 고통을 줄 의도로 음향을 이용하였다면 이를 공무집행방해죄의 폭행으로 인정할 수 있다.

해설

① [○] 행정청이 나름대로 충분히 사실관계를 확인하더라도 그 신고내용이 허위이거나 법령의 취지에 맞지 아니함을 발견할 수 없었던 경우가 아니라면 심사를 담당하는 행정청이 신고내용이나 자료의 진실성을 충분히 따져보지 않은 채 경솔하게 이를 믿고 어떠한 행위나 처분에 나아갔다고 하여 이를 신고인의 위계에 의한 결과로 볼 수 없으므로 위계에 의한 공무집행방해죄는 성립하지 아니한다(대판 2011.9.8. 2010도7034).

② [○] 신청인이 허위의 자료를 첨부하여 비자발급 신청을 하였고, 이에 대하여 외국 주재 한국영사관 업무 담장자가 충분히 심사하였으나 신청사유 및 소명자료가 허위인 것을 발견하지 못하여 이를 수리한 경우, 신청인에게 위계에 의한 공무집행방해죄가 성립한다(대판 2011.4.28. 2010도14696).

③ [×] 개인택시 운송사업면허 신청은 행정관청이 면허요건에 해당하는 여부를 심리하여 면허 여부를 결정하는 것이고 그 신청서에 첨부된 소명자료가 진실한 것인지를 가리지 않고 면허를 결정하는 것이 아니므로 그 면허신청서에 허위의 소명자료를 첨부한 소위는 위계에 의한 공무집행방해죄에 해당하지 않는다(대판 1988.9.27. 87도2174).

④ [○] 민주사회에서 공무원의 직무수행에 대한 시민들의 건전한 비판과 감시는 가능한 한 널리 허용되어야 한다는 점에서 볼 때, 공무원의 직무 수행에 대한 비판이나 시정 등을 요구하는 집회·시위 과정에서 일시적으로 상당한 소음이 발생하였다는 사정만으로는 이를 공무집행방해죄에서의 음향으로 인한 폭행이 있었다고 할 수는 없다. 그러나 의사전달수단으로서 합리적 범위를 넘어서 상대방에게 고통을 줄 의도로 음향을 이용하였다면 이를 폭행으로 인정할 수 있다(대판 2009.10.29. 2007도3584).

정답 ③

78 공무방해에 관한 죄에 관한 설명 중 가장 옳지 않은 것은? (판례에 의함) [11 경찰승진]

① 공무집행방해죄에 있어서 협박이라 함은 상대방에게 공포심을 일으킬 목적으로 해악을 고지하는 행위를 의미하는 것으로서 고지하는 해악의 내용이 그 경위, 행위 당시의 주위 상황, 행위자의 성향, 행위자와 상대방과의 친숙함의 정도, 지위 등의 상호관계 등 행위 당시의 여러 사정을 종합하여 객관적으로 상대방으로 하여금 공포심을 느끼게 하는 것이어야 한다.

② 동일한 공무를 집행하는 여럿의 공무원에 대하여 폭행·협박 행위가 이루어진 경우에는 공무를 집행하는 공무원의 수에 따라 여럿의 공무집행방해죄가 성립하고, 위와 같은 폭행·협박 행위가 동일한 장소에서 동일한 기회에 이루어진 것으로서 사회관념상 1개의 행위로 평가되는 경우에는 여럿의 공무집행방해죄는 상상적 경합의 관계에 있다고 할 것이다.

③ 부동산강제집행효용침해죄의 객체인 강제집행으로 명도 또는 인도된 부동산에는 강제집행으로 퇴거집행된 부동산은 포함되지 않는다.

④ 특수공무집행방해치상죄는 원래 결과적 가중범이기는 하지만, 이는 중한 결과에 대하여 예견가능성이 있었음에 불구하고 예견하지 못한 경우에 벌하는 진정결과적 가중범이 아니라 그 결과에 대한 예견가능성이 있었음에도 불구하고 예견하지 못한 경우뿐만 아니라 고의가 있는 경우까지도 포함하는 부진정결과적 가중범이다.

해설

① [O] 공무집행방해죄에 있어서 협박이라 함은 상대방에게 공포심을 일으킬 목적으로 해악을 고지하는 행위를 의미하는 것으로서 고지하는 해악의 내용이 그 경위, 행위 당시의 주위 상황, 행위자의 성향, 행위자와 상대방과의 친숙함의 정도, 지위 등의 상호관계 등 행위 당시의 여러 사정을 종합하여 객관적으로 상대방으로 하여금 공포심을 느끼게 하는 것이어야 한다(대판 2011.2.10. 2010도15986).

② [O] 동일한 공무를 집행하는 여럿의 공무원에 대하여 폭행·협박 행위를 한 경우에는 공무를 집행하는 공무원의 수에 따라 여럿의 공무집행방해죄가 성립하고, 위와 같은 폭행·협박 행위가 동일한 장소에서 동일한 기회에 이루어진 것으로서 사회관념상 1개의 행위로 평가되는 경우에는 여럿의 공무집행방해죄는 상상적 경합의 관계에 있다(대판 2009.6.25. 2009도3505).

③ [×] 부동산강제집행효용침해죄의 객체인 강제집행으로 명도 또는 인도된 부동산에는 강제집행으로 퇴거집행된 부동산을 포함한다(대판 2003.5.13. 2001도3212).

④ [O] 특수공무집행방해치상죄는 원래 결과적 가중범이기는 하지만, 이는 중한 결과에 대하여 예견가능성이 있었음에 불구하고 예견하지 못한 경우에 벌하는 진정결과적 가중범이 아니라, 그 결과에 대한 예견가능성이 있었음에도 불구하고 예견하지 못한 경우뿐만 아니라 고의가 있는 경우까지도 포함하는 부진정결과적 가중범이다(대판 1995.1.20. 94도2842).

정답 ③

79 공무방해의 죄에 대한 설명 중 가장 적절한 것은? (다툼이 있으면 판례에 의함) [20 경찰승진]

① 허위의 매매계약서 및 영수증을 소명자료로 첨부하여 가처분 신청을 한 후 법원으로부터 유체동산에 대한 가처분결정을 받은 경우 위계에 의한 공무집행방해죄가 성립하지 않는다.

② 과속단속카메라에 촬영되더라도 불빛을 반사시켜 차량 번호판이 식별되지 않도록 하는 기능의 제품을 차량 번호판에 뿌린 상태로 차량을 운행하는 경우 교통단속 경찰공무원이 충실히 직무를 수행하더라도 사실상 적발하기가 어려워 위계에 의한 공무집행방해죄가 성립한다.

③ 위계에 의한 공무집행방해죄에 있어서 범죄행위가 구체적인 공무집행을 저지하거나 현실적으로 곤란하게 하는 데까지는 이르지 아니하고 미수에 그친 경우 위계에 의한 공무집행방해죄의 미수죄가 성립한다.

④ 출동한 두 명의 경찰관에게 욕설을 하면서 차례로 폭행을 하여 신고처리 업무에 관한 정당한 직무집행을 방해한 경우, 동일한 장소에서 동일한 기회에 이루어진 폭행행위는 사회관념상 1개의 행위로 평가하는 것이 상당하므로 두 명의 경찰관에 대한 공무집행방해죄는 포괄일죄의 관계에 있다.

해설

① [○] 피고인들이 허위의 매매계약서 및 영수증을 소명자료로 첨부하여 가처분신청을 하여 법원으로부터 유체동산에 대한 가처분결정을 받은 경우, 피고인들의 행위로 인하여 법원의 가처분결정 업무의 적정성이 침해되었다고 볼 여지는 있으나 법원의 구체적이고 현실적인 어떤 직무집행이 방해되었다고 할 수는 없으므로, 피고인들의 기만적인 행위로 인하여 잘못된 가처분결정이 내려졌다는 이유만으로 바로 위계에 의한 공무집행방해죄가 성립하지는 않는다(대판 2012.4.26. 2011도17125).

② [×] 과속으로 인하여 과속단속카메라에 촬영되더라도 불빛을 반사시켜 차량 번호판이 식별되지 않도록 하는 기능이 있는 이 사건 '파워매직세이퍼'를 차량 번호판에 뿌린 상태로 차량을 운행한 행위만으로는 교통단속업무를 구체적이고 현실적으로 수행하는 경찰공무원에 대하여 그가 충실히 직무를 수행한다고 하더라도 통상적인 업무처리과정하에서는 사실상 적발이 어려운 위계를 사용하여 그 업무집행을 하지 못하게 한 것이라고 보기 어렵다(대판 2010.4.15. 2007도8024).

③ [×] 범죄행위가 구체적인 공무집행을 저지하거나 현실적으로 곤란하게 하는 데까지는 이르지 아니하고 미수에 그친 경우에는 위계에 의한 공무집행방해죄로 처벌할 수 없다(대판 2009.4.23. 2007도1554).

④ [×] 동일한 공무를 집행하는 여럿의 공무원에 대하여 폭행·협박 행위를 한 경우에는 공무를 집행하는 공무원의 수에 따라 여럿의 공무집행방해죄가 성립하고, 폭행·협박 행위가 동일한 장소에서 동일한 기회에 이루어진 것으로서 여럿의 공무집행방해죄는 상상적 경합의 관계에 있다(대판 2009.6.25. 2009도3505).

정답 ①

80 공무방해에 관한 죄에 대한 다음 설명 중 옳고 그름의 표시(○, ×)가 모두 바르게 된 것은? (다툼이 있는 경우 판례에 의함)

[22 경찰채용]

> ㉠ 형법 제136조에서 정한 공무집행방해죄는 직무를 집행하는 공무원에 대하여 폭행 또는 협박한 경우에 성립하는 범죄로서 여기서의 폭행은 사람에 대한 유형력의 행사로 족하고 반드시 그 신체에 대한 것임을 요하지 아니하며, 또한 추상적 위험범으로서 구체적으로 직무집행의 방해라는 결과발생을 요하지도 아니한다.
>
> ㉡ 甲이 노조원들과 함께 경찰관 P 등이 파업투쟁 중인 공장에 진입할 경우에 대비하여 미리 윤활유나 철판조각을 바닥에 뿌려 놓았고, P 등이 이에 미끄러져 넘어지거나 철판조각에 찔려 다친 경우, 설령 甲 등이 그 윤활유나 철판조각을 P 등의 면전에서 그들의 공무집행을 방해할 의도로 뿌린 것이 아니라 하더라도 甲의 행위는 특수공무집행방해치상죄에 해당한다.
>
> ㉢ 야간 당직 근무 중인 청원경찰이 불법주차 단속요구에 응하여 현장을 확인만 하고 주간 근무자에게 전달하여 단속하겠다고 했다는 이유로 민원인이 청원경찰을 폭행한 경우, 야간 당직 근무자는 불법주차 단속권한이 없기 때문에 민원인의 행위는 공무집행방해죄에 해당하지 않는다.
>
> ㉣ 집회를 주최하거나 참가하는 것이 형사처벌의 대상이 되는 위법한 집회·시위가 장차 특정지역에서 개최될 것이 예상되자, 경찰관 P가 이와 시간적·장소적으로 근접하지 않은 다른 지역에서 그 집회·시위에 참가하기 위하여 출발 또는 이동하는 행위를 제지한 경우, 이는 공무집행방해죄의 보호 대상이 되는 공무원의 적법한 직무집행에 해당하지 않는다.

① ㉠ ○ ㉡ ○ ㉢ × ㉣ ○
② ㉠ ○ ㉡ × ㉢ × ㉣ ○
③ ㉠ × ㉡ ○ ㉢ ○ ㉣ ○
④ ㉠ ○ ㉡ × ㉢ ○ ㉣ ×

해설

㉠ [O] 형법 제136조에서 정한 공무집행방해죄는 직무를 집행하는 공무원에 대하여 폭행 또는 협박한 경우에 성립하는 범죄로서 여기서의 폭행은 사람에 대한 유형력의 행사로 족하고 반드시 그 신체에 대한 것임을 요하지 아니하며, 또한 추상적 위험범으로서 구체적으로 직무집행의 방해라는 결과발생을 요하지도 아니한다(대판 2018.3.29. 2017도21537).

㉡ [×] 피고인이 노조원들과 함께 경찰관인 피해자들이 파업투쟁 중인 공장에 진입할 경우에 대비하여 그들의 부재 중에 미리 윤활유나 철판조각을 바닥에 뿌려 놓은 것에 불과하고, 위 피해자들이 이에 미끄러져 넘어지거나 철판조각에 찔려 다쳤다는 것에 지나지 않은 경우, 피고인 등이 위 윤활유나 철판조각을 위 피해자들의 면전에서 그들의 공무집행을 방해할 의도로 뿌린 것이라는 등의 특별한 사정이 있는 경우는 별론으로 하고 이를 가리켜 위 피해자들에 대한 유형력의 행사, 즉 폭행에 해당하는 것으로 볼 수 없으므로, 피고인의 위 행위를 특수공무집행방해치상죄로 의율할 수 없다(대판 2010.12.23. 2010도7412).

㉢ [×] 야간 당직 근무중인 청원경찰이 불법주차 단속요구에 응하여 현장을 확인만 하고 주간 근무자에게 전달하여 단속하겠다고 했다는 이유로 민원인이 청원경찰을 폭행한 사안에서, 야간 당직 근무자는 불법주차 단속권한은 없지만 민원 접수를 받아 다음날 관련 부서에 전달하여 처리하고 있으므로 불법주차 단속업무는 야간 당직 근무자들의 민원업무이자 경비업무로서, 공무집행방해죄의 '직무집행'에 해당하여 공무집행방해죄가 성립한다고 한 사례(대판 2009.1.15. 2008도9919).

㉣ [O] 집회를 주최하거나 참가하는 것이 형사처벌의 대상이 되는 위법한 집회·시위가 장차 특정지역에서 개최될 것이 예상되자, 경찰관 P가 이와 시간적·장소적으로 근접하지 않은 다른 지역에서 그 집회·시위에 참가하기 위하여 출발 또는 이동하는 행위를 제지한 경우, 이는 공무집행방해죄의 보호 대상이 되는 공무원의 적법한 직무집행에 해당하지 않는다(대판 2008.11.13. 2007도9794).

정답 ②

81 공무방해의 죄에 관한 설명 중 가장 적절하지 않은 것은? (다툼이 있는 경우 판례에 의함) [23 경찰채용]

① 형법 제136조에서 정한 공무집행방해죄는 직무를 집행하는 공무원에 대하여 폭행 또는 협박한 경우에 성립하는 범죄로서, 구체적으로 직무집행의 방해라는 결과가 발생할 것을 요하지는 않는다.

② 공용서류등무효죄의 '공무소에서 사용하는 서류 기타 전자기록'에는 공문서로서의 효력이 생기기 이전의 서류, 정식의 접수 및 결재 절차를 거치지 않은 문서, 결재 상신 과정에서 반려된 문서도 포함된다.

③ 타인의 소변을 마치 자신의 소변인 것처럼 수사기관에 건네주어 필로폰 음성반응이 나오게 한 경우, 수사기관의 착오를 이용하여 적극적으로 피의사실에 관한 증거를 조작한 것이므로 위계에 의한 공무집행방해죄를 구성한다.

④ 공무상표시무효죄는 공무원이 그 직무에 관하여 실시한 봉인 또는 압류 기타 강제처분의 표시를 적극적으로 손상 은닉하거나 기타 방법으로 그 효용을 해하는 것을 요건으로 하므로, 부작위에 의한 방법으로는 공무상표시무효죄를 범할 수 없다.

해설

① [O] 형법 제136조에서 정한 '공무집행방해죄'는 직무를 집행하는 공무원에 대하여 폭행 또는 협박한 경우에 성립하는 범죄로서, 구체적으로 직무집행의 방해라는 결과가 발생할 것을 요하지는 않는다(대판 2018.3.29. 2017도21537).

② [O] 공용서류 등 무효죄의 '공무소에서 사용하는 서류 기타 전자기록'에는 공문서로서의 효력이 생기기 이전의 서류, 정식의 접수 및 결재 절차를 거치지 않은 문서, 결재 상신 과정에서 반려된 문서도 포함된다(대판 2020.12.10. 2015도19296).

③ [O] 타인의 소변을 마치 자신의 소변인 것처럼 수사기관에 건네주어 필로폰 음성반응이 나오게 한 경우, 수사기관의 착오를 이용하여 적극적으로 피의사실에 관한 증거를 조작한 것이므로 위계에 의한 공무집행방해죄를 구성한다(대판 2007.10.11. 2007도6101).

④ [×] 압류된 골프장시설을 보관하는 회사의 대표이사가 위 압류시설의 사용 및 봉인의 훼손을 방지할 수 있는 적절한 조치 없이 골프장을 개장하게 하여 봉인이 훼손되게 한 경우, 부작위에 의한 공무상표시무효죄의 성립이 인정된다(대판 2005.7.22. 2005도3034).

정답 ④

82 **공무방해에 관한 죄에 대한 설명 중 가장 적절하지 않은 것은? (다툼이 있는 경우 판례에 의함)** [23 경찰승진]

① 공무원의 직무집행이 적법한지 여부는 행위 당시의 구체적인 상황을 토대로 객관적·합리적으로 판단해야 한다.

② 공무원의 직무수행에 대한 비판이나 시정 등을 요구하는 집회·시위 과정에서 상대방에게 고통을 줄 의도로 의사 전달 수단으로서 합리적인 범위를 넘어서는 정도의 음향을 이용하였다면 공무집행방해죄의 폭행에 해당할 수 있다.

③ 음주운전을 하다가 교통사고를 야기한 후 그 형사처벌을 면하기 위해 타인의 혈액을 자신의 혈액인 것처럼 교통사고 조사 경찰관에게 제출하여 감정하도록 한 경우 위계에 의한 공무집행방해죄가 성립한다.

④ 미결수용자 甲이 변호사 6명을 고용하여 총 51회에 걸쳐 변호인 접견을 가장해 변호사들로 하여금 甲의 개인적 업무와 심부름을 하도록 하고, 소송서류 외의 문서를 수수한 경우 변호인 접견 업무 담당 교도관의 직무집행을 대상으로 한 위계에 의한 공무집행방해죄가 성립한다.

해설

① [○] 공무원의 직무집행이 적법한지 여부는 행위 당시의 구체적인 상황을 토대로 객관적·합리적으로 판단해야 한다(대판 1991.5.10. 91도453).

② [○] 공무원의 직무수행에 대한 비판이나 시정 등을 요구하는 집회·시위 과정에서 상대방에게 고통을 줄 의도로 의사전달 수단으로서 합리적인 범위를 넘어서는 정도의 음향을 이용하였다면 공무집행방해죄의 폭행에 해당할 수 있다(대판 2009.10.29. 2007도3584).

③ [○] 피의자나 참고인이 피의자의 무고함을 입증하는 등의 목적으로 적극적으로 허위의 증거를 조작하여 제출하였고 그 증거 조작의 결과 수사기관이 그 진위에 관하여 나름대로 충실한 수사를 하더라도 제출된 증거가 허위임을 발견하지 못하여 잘못된 결론을 내리게 될 정도에 이르렀다면, 위계에 의한 공무집행방해죄가 성립한다고 하면서, 음주운전을 하다가 교통사고를 야기한 후 그 형사처벌을 면하기 위해 타인의 혈액을 자신의 혈액인 것처럼 교통사고 조사 경찰관에게 제출하여 감정하도록 한 경우, 위계에 의한 공무집행방해죄가 성립한다(대판 2003.7.25. 2003도1609).

④ [×] [1] 미결수용자의 변호인이 교도관에게 변호인 접견을 신청하는 경우 미결수용자의 형사사건에 관하여 변호인이 구체적으로 어떠한 변호 활동을 하는지, 실제 변호를 할 의사가 있는지 여부 등은 교도관의 심사대상이 되지 않는다. 따라서 이 사건 접견변호사들이 미결수용자의 개인적인 업무나 심부름을 위해 접견신청행위를 하였다는 이유만으로 교도관들에 대한 위계에 해당한다거나 그로 인해 교도관의 직무집행이 구체적이고 현실적으로 방해되었다고 볼 수 없다.

[2] 미결수용자와 접견 업무 간의 서신은 교정시설에서 상대방이 변호인임을 확인할 수 없는 경우를 제외하고는 검열할 수 없는바(구 형집행법 제84조 제3항), 그 취지에 비추어 보면 변호인이 접견에서 미결수용자와 어떤 '내용'의 서류를 주고받는지는 교도관의 심사대상에 속하지 않는다. 이 사건 접견변호사들이 피고인과 소송서류 이외의 서류를 주고받은 것이 교도관들에 대한 위계에 해당한다거나 그로 인해 교도관의 직무집행이 방해되었다고 할 수 없다(대판 2022.6.30. 2021도244).

정답 ④

83 공무방해에 관한 죄에 대한 설명으로 가장 적절한 것은? (다툼이 있는 경우 판례에 의함) [23 경찰채용]

① 불법체류를 이유로 강제출국 당한 중국 동포인 피고인이 중국에서 이름과 생년월일을 변경한 호구부를 발급받아 중국 주재 대한민국 총영사관에 제출하여 입국사증을 받은 다음, 다시 입국하여 외국인등록증을 발급받고 귀화허가신청서까지 제출한 경우, 출원인의 적극적인 위계에 의해 사증 및 외국인등록증이 발급되었던 것이므로 위계에 의한 공무집행방해죄가 성립하고, 귀화허가가 이루어지지 아니하였더라도 위 죄의 성립에 아무런 영향이 없다.

② 과속단속카메라에 촬영되더라도 불빛을 반사시켜 차량 번호판이 식별되지 않도록 하는 기능이 있는 제품을 차량 번호판에 뿌린 상태로 차량을 운행한 경우, 이는 공무원의 감시·단속업무를 적극적으로 방해한 것으로 위계에 의한 공무집행방해죄가 성립한다.

③ 마약범죄 피의자가 타인의 소변을 마치 자신의 소변인 것처럼 수사기관에 건네주어 필로폰 음성반응이 나오게 한 경우, 위계에 의한 공무집행방해죄는 성립하지 않는다.

④ 피의자나 참고인이 아닌 자가 자발적이고 계획적으로 피의자를 가장하여 수사기관에 대하여 허위사실을 진술한 경우 위계에 의한 공무집행방해죄가 성립한다.

해설

① [○] 불법체류를 이유로 강제출국 당한 중국 동포인 피고인이 중국에서 이름과 생년월일을 변경한 호구부를 발급받아 중국 주재 대한민국 총영사관에 제출하여 입국사증을 받은 다음, 다시 입국하여 외국인등록증을 발급받고 귀화허가신청서까지 제출한 경우, 출원인의 적극적인 위계에 의해 사증 및 외국인등록증이 발급되었던 것이므로 위계에 의한 공무집행방해죄가 성립하고, 귀화허가가 이루어지지 아니하였더라도 위 죄의 성립에 아무런 영향이 없다(대판 2011.4.28. 2010도14696).

② [×] 과속단속카메라에 촬영되더라도 불빛을 반사시켜 차량 번호판이 식별되지 않도록 하는 기능이 있는 제품('파워매직세이퍼')을 차량 번호판에 뿌린 상태로 차량을 운행한 행위만으로는, 교통단속 경찰공무원이 충실히 직무를 수행하더라도 통상적인 업무처리과정하에서 사실상 적발이 어려운 위계를 사용하여 그 업무집행을 하지 못하게 한 것으로 보기 어렵다고 한 사례(대판 2010.4.15. 2007도8024).

③ [×] 타인의 소변을 마치 자신의 소변인 것처럼 수사기관에 건네주어 필로폰 음성반응이 나오게 한 경우, 수사기관의 착오를 이용하여 적극적으로 피의사실에 관한 증거를 조작한 것이므로 위계에 의한 공무집행방해죄가 성립한다고 한 사례(대판 2007.10.11. 2007도6101).

④ [×] 수사기관이 범죄 사건을 수사함에 있어서는 피의자나 피의자로 자처하는 자 또는 참고인의 진술여하에 불구하고 피의자를 확정하고 그 피의사실을 인정할 만한 객관적인 제반증거를 수집 조사하여야 할 권리와 의무가 있는 것이라고 할 것이므로 피의자나 참고인이 아닌 자가 자발적이고 계획적으로 피의자를 가장하여 수사기관에 대하여 허위사실을 진술하였다 하여 바로 이를 위계에 의한 공무집행방해죄가 성립된다고 할 수 없다(대판 1977.2.8. 76도3685).

정답 ①

84 다음 중 공무상표시무효죄가 인정된 경우로 옳은 것을 모두 고르면? (다툼이 있으면 판례에 의함)

[20 경찰간부]

> ㉠ 출입금지가처분의 대상이 된 건조물 등에 가처분 채권자의 승낙을 얻어 출입했는데 가처분결정이나 그 결정의 집행으로서 집행관이 실시한 고시에는 그러한 취지가 명시되어 있지 않은 경우
> ㉡ 집행관이 채무자 겸 소유자의 건물에 대한 점유를 해제하고 이를 채권자에게 인도한 후 채무자의 출입을 봉쇄하기 위하여 출입문을 판자로 막아둔 것을 채무자가 뜯어내고 그 건물에 들어간 경우
> ㉢ 직접점유자(임차인)에 대한 점유이전금지가처분결정이 집행된 후 직접점유자가 그 가처분 목적물의 간접점유자(소유자)에게 그 점유를 이전한 경우
> ㉣ 변호사의 자문을 받아 문제가 없다는 말을 듣고 압류물을 집행관의 승인 없이 관할구역 밖으로 옮긴 경우
> ㉤ 압류된 골프장시설을 보관하는 회사의 대표이사가 압류 시설의 사용 및 봉인의 훼손을 방지할 수 있는 적절한 조치 없이 골프장을 개장하여 봉인이 훼손된 경우

① ㉠, ㉡
② ㉡, ㉢, ㉣
③ ㉢, ㉣, ㉤
④ ㉣, ㉤

해설

㉠ [불인정] 출입금지가처분은 그 성질상 가처분 채권자의 의사에 반하여 건조물 등에 출입하는 것을 금지하는 것이므로 비록 가처분결정이나 그 결정의 집행으로서 집행관이 실시한 고시에 그러한 취지가 명시되어 있지 않다고 하더라도 가처분 채권자의 승낙을 얻어 그 건조물 등에 출입하는 경우에는 출입금지가처분 표시의 효용을 해한 것이라고 할 수 없다(대판 2006.10.13. 2006도4740).

㉡ [불인정] 집달관이 채무자 겸 소유자의 건물에 대한 점유를 해제하고 이를 채권자에게 인도한 후 채무자의 출입을 봉쇄하기 위하여 출입문을 판자로 막아둔 것을 채무자가 이를 뜯어내고 그 건물에 들어갔다 하더라도, 이는 강제집행이 완결된 후의 행위로서 채권자들의 점유를 침범하는 것은 별론으로 하고 공무상표시무효죄에 해당하지는 않는다(대판 1985.7.23. 85도1092).

㉢ [인정] 직접점유자에 대한 점유이전금지가처분결정이 집행된 후 피신청인인 직접점유자가 가처분 목적물의 간접점유자에게 점유를 이전한 경우에는 가처분표시의 효용을 해한 것이 된다(대판 1980.12.23. 80도1963).

㉣ [인정] 압류물을 집달관의 승인없이 임의로 그 관할구역 밖으로 옮긴 경우에는 압류집행의 효용을 해하게 된다고 할 것이고, 변호사 등에게 문의하여 자문을 받았다는 사정만으로는 피고인의 행위가 죄가 되지 않는다고 믿는 데에 정당한 이유가 있다고 할 수 없다(대판 1992.5.26. 91도894).

㉤ [인정] 압류시설의 보관자 지위에 있는 회사로서는 압류시설을 선량한 관리자로서 보관할 주의의무가 있다 할 것이고, 그 대표이사로서 압류시설이 위치한 골프장의 개장 및 운영 전반에 걸친 포괄적 권한과 의무를 지닌 피고인으로서는 회사의 대외적 의무사항이 준수될 수 있도록 적절한 조치를 취할 위임계약 혹은 조리상의 작위의무가 존재한다고 보아야 할 것인데, 그럼에도 피고인이 그러한 조치 없이 골프장 개장 및 압류시설 작동을 의도적으로 묵인 내지 방치함으로써 예견된 결과를 유발한 경우에는 부작위에 의한 공무상표시무효죄의 성립을 인정할 수 있다(대판 2005.7.22. 2005도3034).

정답 ③

85 다음 설명 중 가장 옳은 것은? (다툼이 있으면 판례에 의함) [12 법원9급]

① 출입금지가처분이 집행되어 고시되어 있는 경우에는 가처분채권자의 승낙을 얻었다 하더라도 그 건조물에 출입하면 공무상 표시의 효용을 해하는 경우에 해당한다.

② 공무상표시무효죄의 경우에는, 행위 당시에 강제처분의 표시가 현존할 것을 요하지 않는다.

③ 형법 제140조의2에 규정된 부동산강제집행효용침해죄의 객체인 강제집행으로 명도 또는 인도된 부동산에는, 강제집행으로 퇴거 집행된 부동산이 포함되지 않는다.

④ 집행관이 법원으로부터 피신청인에 대하여 부작위를 명하는 가처분이 발령되었음을 고시하는 데 그치고 나아가 봉인 또는 물건을 자기의 점유로 옮기는 등의 구체적인 집행행위를 하지 아니하였다면, 단순히 피신청인이 위 가처분의 부작위명령을 위반하였다는 것만으로는 공무상 표시의 효용을 해하는 행위에 해당하지 않는다.

해설

① [×] 가처분 채권자의 승낙을 얻어 건조물 등에 출입하는 경우에는 출입금지가처분 표시의 효용을 해한 것이라고 할 수 없다(대판 2006.10.13. 2006도4740).

② [×] 공무상표시무효죄가 성립하기 위하여는 행위 당시에 강제처분의 표시가 현존할 것을 요한다(대판 1997.3.11. 96도2801).

③ [×] 부동산강제집행효용침해죄의 객체인 강제집행으로 명도 또는 인도된 부동산에는 강제집행으로 퇴거집행된 부동산을 포함한다(대판 2003.5.13. 2001도3212).

④ [○] 집행관이 법원으로부터 피신청인에 대하여 부작위를 명하는 가처분이 발령되었음을 고시하는 데 그치고 나아가 봉인 또는 물건을 자기의 점유로 옮기는 등의 구체적인 집행행위를 하지 아니하였다면, 단순히 피신청인이 가처분의 부작위명령을 위반하였다는 것만으로는 공무상표시의 효용을 해하는 행위에 해당하지 않는다(대판 2010.9.30. 2010도3364).

정답 ④

86 공무상표시무효죄에 관한 다음 설명 중 가장 틀린 것은? (다툼이 있으면 판례에 의함) [12 법원행시]

① 직접점유자에 대한 점유이전금지가처분결정이 집행된 후 그 피신청인인 직접점유자가 가처분 목적물의 간접점유자에게 그 점유를 이전한 경우에는 그 가처분표시의 효용을 해하였다고 볼 수 없다.

② 공무원이 직권을 남용하여 위법하게 실시한 봉인 또는 압류 기타 강제처분의 표시임이 명백하여 법률상 당연무효 또는 부존재라고 볼 수 있는 경우에는 그 봉인 등의 표시는 공무상표시무효죄의 객체가 되지 아니하여 이를 손상 또는 은닉하거나 기타 방법으로 그 효용을 해한다 하더라도 공무상표시무효죄가 성립하지 않는다.

③ 출입금지가처분은 그 성질상 가처분 채권자의 의사에 반하여 건조물 등에 출입하는 것을 금지하는 것이므로 비록 가처분결정이나 그 결정의 집행으로서 집행관이 실시한 고시에 그러한 취지가 명시되어 있지 않다고 하더라도 가처분채권자의 승낙을 얻어 그 건조물 등에 출입하는 경우에는 출입금지가처분 표시의 효용을 해한 것이라고 할 수 없다.

④ 집행관이 영업방해금지 가처분결정의 취지를 고시한 공시서를 게시하였지만, 구체적인 집행행위를 하지 않은 상태에서 피고인이 위 가처분에 의하여 부과된 부작위명령을 위반한 경우에는 공무상 표시의 효용을 해하는 행위를 하였다고 볼 수 없다.

⑤ 집행관이 채무자 겸 소유자의 건물에 대한 점유를 해제하고 이를 채권자에게 인도한 후 채무자의 출입을 봉쇄하기 위하여 출입문을 판자로 막아둔 것을 채무자가 이를 뜯어내고 그 건물에 들어갔다 하더라도 이는 강제집행이 완결된 후의 행위로서 공무상표시무효죄가 성립하지 않는다.

해설

① [×] 직접점유자에 대한 점유이전금지가처분결정이 집행된 후 그 피신청인인 직접점유자가 가처분 목적물의 간접점유자에게 그 점유를 이전한 경우에는 가처분표시의 효용을 해한 것이 된다(대판 1980.12.23. 80도1963).
② [○] 공무원이 직권을 남용하여 위법하게 실시한 봉인 또는 압류 기타 강제처분의 표시임이 명백하여 법률상 당연무효 또는 부존재라고 볼 수 있는 경우에는 그 봉인 등의 표시는 공무상표시무효죄의 객체가 되지 아니한다(대판 2007.3.15. 2007도312).
③ [○] 출입금지가처분은 가처분 채권자의 의사에 반하여 건조물 등에 출입하는 것을 금지하는 것이므로 비록 가처분결정이나 그 결정의 집행으로서 집행관이 실시한 고시에 그러한 취지가 명시되어 있지 않다고 하더라도 가처분 채권자의 승낙을 얻어 건조물 등에 출입하는 경우에는 출입금지가처분 표시의 효용을 해한 것이라고 할 수 없다(대판 2006.10.13. 2006도4740).
④ [○] 집행관이 법원으로부터 피신청인에 대하여 부작위를 명하는 가처분이 발령되었음을 고시하는 데 그치고 나아가 봉인 또는 물건을 자기의 점유로 옮기는 등의 구체적인 집행행위를 하지 아니하였다면, 단순히 피신청인이 가처분의 부작위명령을 위반하였다는 것만으로는 공무상 표시의 효용을 해하는 행위에 해당하지 않는다(대판 2010.9.30. 2010도3364).
⑤ [○] 집달관이 채무자 겸 소유자의 건물에 대한 점유를 해제하고 이를 채권자에게 인도한 후 채무자의 출입을 봉쇄하기 위하여 출입문을 판자로 막아둔 것을 채무자가 이를 뜯어내고 그 건물에 들어갔다 하더라도 이는 강제집행이 완결된 후의 행위로서 공무상표시무효죄에 해당하지 않는다(대판 1985.7.23. 85도1092).

정답 ①

87 **공무상 비밀표시무효죄에 관련된 다음 설명 중 옳지 않은 것은? (다툼이 있으면 판례에 의함)** [15 경찰간부]

① 공무상 비밀표시무효죄가 성립하기 위해서는 행위 당시에 강제처분의 표시가 현존할 것을 요한다.
② 집행관이 영업방해금지 가처분결정의 취지를 고시한 공시서를 게시하였을 뿐 구체적인 집행행위를 하지 아니하였다면 피신청인이 가처분의 부작위명령을 위반하였다는 것만으로는 공무상 표시의 효용을 해하는 행위에 해당하지 않는다.
③ 가처분의 채무자가 아닌 제3자가 가처분상의 부작위명령을 위반한 것은 가처분 집행 표시의 효용을 해한 행위에 해당하지 아니한다.
④ 채무자가 불가피한 사정으로 채권자의 승낙을 얻어 압류물을 이동시켰으나 집행관의 승인을 얻지 못한 경우 공무상 비밀표시무효죄가 성립한다.

해설

① [○] 공무상 비밀표시무효죄가 성립하기 위해서는 행위 당시에 강제처분의 표시가 현존할 것을 요한다(대판 1997.3.11. 96도2801).
② [○] 집행관이 법원으로부터 피신청인에 대하여 부작위를 명하는 가처분이 발령되었음을 고시하는 데 그치고 나아가 봉인 또는 물건을 자기의 점유로 옮기는 등의 구체적인 집행행위를 하지 아니하였다면, 단순히 피신청인이 가처분의 부작위명령을 위반하였다는 것만으로는 공무상 표시의 효용을 해하는 행위에 해당하지 아니한다(대판 2016.5.12. 2015도20322).
③ [○] 가처분의 채무자가 아닌 제3자가 가처분상의 부작위명령을 위반한 것은 가처분 집행 표시의 효용을 해한 행위에 해당하지 아니한다(대판 2007.11.16. 2007도5539).
④ [×] 집행관이 압류표시를 한 다음 채무자에게 보관을 명한 유체동산에 관하여 채무자가 이를 다른 장소로 이동시켜야 할 특별한 사정이 있고, 그 이동에 앞서 채권자에게 이동사실 및 이동장소를 고지하여 승낙을 얻은 때에는 비록 집행관의 승인을 얻지 못한 채 압류물을 이동시켰다 하더라도 형법 제140조 제1항 소정의 '기타의 방법으로 그 효용을 해한' 경우에 해당한다고 할 수 없다(대판 2004.7.9. 2004도3029).

정답 ④

제3절 | 도주 · 범인은닉의 죄

88 범인은닉(도피)죄에 대한 설명으로 틀린 것은? (다툼이 있으면 판례에 의함) [10 경찰승진]

① 범인도피죄는 범인을 도피하게 함으로써 기수에 이르게 되므로 공범자의 범인도피행위의 도중에 그 범행을 인식하면서 그와 공동의 범의를 가지고 기왕의 범인도피상태를 이용하여 스스로 범인도피행위를 계속한 자에 대하여는 범인도피죄의 종범이 성립한다.

② 범인은닉죄의 객체는 '벌금 이상의 형에 해당하는 죄를 범한 자'이다.

③ 범인이 기소중지자임을 알고도 범인의 부탁으로 다른 사람의 명의로 대신 임대차계약을 체결해 준 경우 범인도피죄가 성립한다.

④ 친족 또는 동거의 가족이 본인을 위하여 본죄(범인은닉 · 도피죄)를 범한 때에는 처벌하지 아니한다.

해설

① [×] 범인도피죄는 범인을 도피하게 함으로써 기수에 이르지만 범인도피행위가 계속되는 동안에는 범죄행위도 계속되고 행위가 끝날 때 비로소 범죄행위가 종료되고, 공범자의 범인도피행위의 도중에 그 범행을 인식하면서 그와 공동의 범의를 가지고 기왕의 범인도피상태를 이용하여 스스로 범인도피행위를 계속한 자에 대하여는 범인도피죄의 공동정범이 성립한다(대판 2012.8.30. 2012도6027).

② [○] 벌금 이상의 형에 해당하는 죄를 범한 자를 은닉 또는 도피하게 한 자는 3년 이하의 징역 또는 500만원 이하의 벌금에 처한다(제151조 제1항).

③ [○] 범인이 기소중지자임을 알고도 범인의 부탁으로 다른 사람의 명의로 대신 임대차계약을 체결해 준 경우, 비록 임대차계약서가 공시되는 것은 아니라 하더라도 수사기관이 탐문수사나 신고를 받아 범인을 발견하고 체포하는 것을 곤란하게 하여 범인도피죄에 해당한다(대판 2004.3.26. 2003도8226).

④ [○] 친족 또는 동거의 가족이 본인을 위하여 본죄(범인은닉 · 도피죄)를 범한 때에는 처벌하지 아니한다(제151조 제2항).

정답 ①

89 다음 설명 중 가장 옳지 않은 것은? (다툼이 있으면 판례에 의함) [12 법원9급]

① 형법 제127조는 공무원 또는 공무원이었던 자가 법령에 의한 직무상 비밀을 누설하는 행위만을 처벌하고 있을 뿐 직무상 비밀을 누설받은 상대방을 처벌하는 규정이 없는 점에 비추어, 직무상 비밀을 누설받은 자에 대하여는 공범에 관한 형법총칙 규정이 적용될 수 없다.

② 참고인이 수사기관에서 범인에 관하여 조사를 받으면서 그가 알고 있는 사실을 묵비하거나 허위로 진술하였다고 하더라도, 그것이 적극적으로 수사기관을 기만하여 착오에 빠지게 함으로써 범인의 발견 또는 체포를 곤란 내지 불가능하게 할 정도가 아닌 한 범인도피죄를 구성하지 않는다.

③ 범인이 기소중지자임을 알고도 범인의 부탁으로 다른 사람의 명의로 대신 임대차계약을 체결해 준 경우 범인도피죄에 해당한다.

④ 피고인 자신이 직접 형사처분이나 징계처분을 받게 될 것을 두려워한 나머지 자기의 이익을 위하여 증인이 될 사람을 도피하게 한 것이더라도, 그 행위가 동시에 다른 공범자의 형사사건이나 징계사건에 관한 증인을 도피하게 한 결과가 되는 경우 이를 증인도피죄로 처벌할 수 있다.

해설

① [○] 형법 제127조는 공무원 또는 공무원이었던 자가 법령에 의한 직무상 비밀을 누설하는 행위만을 처벌하고 있을 뿐 직무상 비밀을 누설받은 상대방을 처벌하는 규정이 없는 점에 비추어, 직무상 비밀을 누설받은 자에 대하여는 공범에 관한 형법총칙 규정이 적용될 수 없다(대판 2011.4.28. 2009도3642).

② [○] 참고인이 수사기관에서 범인에 관하여 조사를 받으면서 그가 알고 있는 사실을 묵비하거나 허위로 진술하였다고 하여도 그것이 적극적으로 수사기관을 기만하여 착오에 빠지게 함으로써 범인의 발견 또는 체포를 곤란 내지 불가능하게 할 정도의 것이 아니라면 범인도피죄를 구성하지 않는다(대판 2008.6.26. 2008도1059).

③ [○] 범인이 기소중지자임을 알고도 범인의 부탁으로 다른 사람의 명의로 대신 임대차계약을 체결해 준 경우, 비록 임대차계약서가 공시되는 것은 아니라 하더라도 수사기관이 탐문수사나 신고를 받아 범인을 발견하고 체포하는 것을 곤란하게 하여 범인도피죄에 해당한다(대판 2004.3.26. 2003도8226).

④ [×] 피고인 자신이 직접 형사처분이나 징계처분을 받게 될 것을 두려워한 나머지 자기의 이익을 위하여 증인이 될 사람을 도피하게 하였다면 그 행위가 동시에 다른 공범자의 형사사건이나 징계사건에 관한 증인을 도피하게 한 결과가 된다고 하더라도 증인도피죄로 처벌할 수 없다(대판 2003.3.14. 2002도6134).

정답 ④

90 범인도피죄에 대한 설명 중 옳은 것만을 모두 고른 것은? (다툼이 있으면 판례에 의함)

[21 경찰간부]

> ㉠ 범인 아닌 자가 수사기관에서 범인임을 자처하고 허위사실을 진술하여 진범의 체포와 발견에 지장을 초래하게 한 행위는 범인은닉죄에 해당한다.
>
> ㉡ 범인이 기소중지자임을 알고도 그의 부탁으로 다른 사람의 명의로 대신 임대차계약을 체결해 주는 데 그친 행위는 범인도피죄에 해당하지 않는다.
>
> ㉢ 폭행사건 현장의 참고인이 출동한 경찰관에게 범인의 이름 대신 허무인의 이름을 대면서 구체적인 인적사항에 대한 언급을 피한 경우 범인도피죄가 성립하지 않는다.
>
> ㉣ 참고인이 수사기관에서 진범이 아닐지 모른다고 생각하면서도 특정인을 범인으로 지목하는 허위진술을 하여 그 사람이 구속됨으로써 실제 범인이 용이하게 도피하는 결과를 초래한 경우, 그 참고인을 범인도피죄로 처벌할 수 있다.
>
> ㉤ 범인이 자신을 위하여 타인으로 하여금 허위자백을 하게 하여 범인도피죄를 범하게 하는 행위는 방어권 남용으로 범인도피교사죄에 해당하는바, 그 타인이 형법 제151조 제2항에 의하여 처벌을 받지 아니하는 친족에 해당한다 하여 달리볼 것은 아니다.

① ㉠, ㉡, ㉢
② ㉠, ㉢, ㉤
③ ㉠, ㉣, ㉤
④ ㉡, ㉣, ㉤

해설

㉠ [○] 범인 아닌 자가 수사기관에서 범인임을 자처하고 허위사실을 진술하여 진범의 체포와 발견에 지장을 초래하게 한 행위는 범인은닉죄에 해당한다(대판 1996.6.14. 96도1016).

㉡ [×] 범인이 기소중지자임을 알고도 범인의 부탁으로 다른 사람의 명의로 대신 임대차계약을 체결해 준 경우, 비록 임대차계약서가 공시되는 것은 아니라 하더라도 수사기관이 탐문수사나 신고를 받아 범인을 발견하고 체포하는 것을 곤란하게 하여 범인도피죄에 해당한다(대판 2004.3.26. 2003도8226).

㉢ [○] 폭행사건 현장의 참고인이 출동한 경찰관에게 범인의 이름 대신 허무인의 이름을 대면서 구체적인 인적사항에 대한 언급을 피한 사안에서, 범인도피죄가 성립하지 않는다고 한 사례(대판 2008.6.26. 2008도1059).

㉣ [×] 참고인이 실제의 범인이 누군지도 정확하게 모르는 상태에서 수사기관에서 실제의 범인이 아닌 어떤 사람을 범인이 아닐지도 모른다고 생각하면서도 그를 범인이라고 지목하는 허위의 진술을 한 경우에는 참고인의 허위 진술에 의하여 범인으로 지목된 사람이 구속기소됨으로써 실제의 범인이 용이하게 도피하는 결과를 초래한다고 하더라도 그것만으로는 참고인에게 적극적으로 실제의 범인을 도피시켜 국가의 형사사법의 작용을 곤란하게 할 의사가 있었다고 볼 수 없어 범인도피죄로 처벌할 수는 없다(대판 1997.9.9. 97도159).

㉤ [○] 범인이 자신을 위하여 타인으로 하여금 허위자백을 하게 하여 범인도피죄를 범하게 하는 행위는 방어권 남용으로 범인도피교사죄에 해당하는바, 그 타인이 형법 제151조 제2항에 의하여 처벌을 받지 아니하는 친족에 해당한다 하여 달리볼 것은 아니다(대판 2006.12.7. 2005도3707).

정답 ②

91 도주와 범인은닉(도피)죄에 관한 설명 중 가장 적절하지 않은 것은? (다툼이 있으면 판례에 의함) [16 경찰승진]

① 범인이 아닌 자가 수사기관에서 범인임을 자처하고 허위사실을 진술하여 진범의 체포와 발견에 지장을 초래하게 한 경우 범인은닉죄가 성립한다.

② 범인이 자신을 위하여 타인으로 하여금 허위의 자백을 하게 하여 범인도피죄를 범하게 하더라도 이는 자신을 방어하기 위한 것으로서 범인도피교사죄로 벌할 수 없다.

③ 범인이 기소중지자임을 알고도 범인의 부탁으로 다른 사람의 명의로 대신 임대차계약을 체결해 준 행위는 범인도피죄에 해당한다.

④ 참고인이 범인이 아닌 사람을 범인이 아닐지도 모른다고 생각하면서도 그가 범인이라고 지목하는 허위진술을 하여 구속기소되게 하였다면 범인도피죄가 성립하지 아니한다.

해설

① [○] 범인 아닌 자가 수사기관에서 범인임을 자처하고 허위사실을 진술하여 진범의 체포와 발견에 지장을 초래하게 한 행위는 범인은닉죄에 해당한다(대판 1996.6.14. 96도1016).

② [×] 범인이 자신을 위하여 타인으로 하여금 허위의 자백을 하게 하여 범인도피죄를 범하게 하는 행위는 방어권의 남용으로 범인도피교사죄에 해당한다(대판 2006.12.7. 2005도3707).

③ [○] 범인이 기소중지자임을 알고도 범인의 부탁으로 다른 사람의 명의로 대신 임대차계약을 체결해 준 경우, 비록 임대차계약서가 공시되는 것은 아니라 하더라도 수사기관이 탐문수사나 신고를 받아 범인을 발견하고 체포하는 것을 곤란하게 하여 범인도피죄에 해당한다(대판 2004.3.26. 2003도8226).

④ [○] 참고인이 실제의 범인이 누군지도 정확하게 모르는 상태에서 수사기관에서 실제의 범인이 아닌 어떤 사람을 범인이 아닐지도 모른다고 생각하면서도 그를 범인이라고 지목하는 허위의 진술을 한 경우에는 참고인의 허위 진술에 의하여 범인으로 지목된 사람이 구속기소됨으로써 실제의 범인이 용이하게 도피하는 결과를 초래한다고 하더라도 그것만으로는 참고인에게 적극적으로 실제의 범인을 도피시켜 국가의 형사사법의 작용을 곤란하게 할 의사가 있었다고 볼 수 없어 범인도피죄로 처벌할 수는 없다(대판 1997.9.9. 97도159).

정답 ②

92 다음 설명 중 옳은 것은 모두 몇 개인가? (다툼이 있으면 판례에 의함) [16 경찰채용]

㉠ 친족 또는 동거의 가족이 본인을 위하여 범인은닉 · 도피죄(형법 제151조 제1항)를 범한 때에는 처벌하지 아니한다.
㉡ 범인도피죄는 범인을 도피하게 함으로써 기수에 이르지만, 범인도피행위가 계속되는 동안에는 범죄행위도 계속되고 행위가 끝날 때 비로소 범죄행위가 종료된다. 따라서 공범자의 범인도피행위 도중에 그 범행을 인식하면서 그와 공동의 범의를 가지고 기왕의 범인도피상태를 이용하여 스스로 범인도피행위를 계속한 경우에는 범인도피죄의 공동정범이 성립한다.
㉢ 범인이 기소중지자임을 알고도 범인의 부탁으로 다른 사람의 명의로 대신 임대차계약을 체결해 준 경우, 비록 임대차계약서가 공시되는 것은 아니라 하더라도 수사기관이 탐문수사나 신고를 받아 범인을 발견하고 체포하는 것을 곤란하게 하여 범인도피죄에 해당한다.

① 0개　② 1개
③ 2개　④ 3개

해설

㉠ [○] 친족 또는 동거의 가족이 본인을 위하여 본죄(범인은닉 · 도피죄)를 범한 때에는 처벌하지 아니한다(제151조 제2항).
㉡ [○] 범인도피죄는 범인을 도피하게 함으로써 기수에 이르지만, 범인도피행위가 계속되는 동안에는 범죄행위도 계속되고 행위가 끝날 때 비로소 범죄행위가 종료된다. 따라서 공범자의 범인도피행위 도중에 그 범행을 인식하면서 그와 공동의 범의를 가지고 기왕의 범인도피상태를 이용하여 스스로 범인도피행위를 계속한 경우에는 범인도피죄의 공동정범이 성립한다(대판 1995.9.5. 95도577).
㉢ [○] 범인이 기소중지자임을 알고도 범인의 부탁으로 다른 사람의 명의로 대신 임대차계약을 체결해 준 경우, 비록 임대차계약서가 공시되는 것은 아니라 하더라도 수사기관이 탐문수사나 신고를 받아 범인을 발견하고 체포하는 것을 곤란하게 하여 범인도피죄에 해당한다(대판 2004.3.26. 2003도8226).

정답 ④

93 도주와 범인은닉의 죄에 관한 다음 설명 중 가장 적절하지 않은 것은? (다툼이 있으면 판례에 의함)

[14 경찰채용]

① 벌금 이상의 형에 해당하는 죄를 범한 자라는 것을 인식하면서도 도피하게 한 경우에는 그 자가 당시에는 아직 수사대상이 되어 있지 않았다고 하더라도 범인도피죄가 성립한다.
② 수사기관에서 조사받는 피의자가 사실은 게임장의 실제 업주가 아님에도 불구하고 자신이 실제 업주라고 허위로 진술하는 행위만으로도 범인도피죄를 구성한다.
③ 사실혼관계에 있는 처(妻)가 범인인 남편을 위하여 범인은닉죄를 범한 경우에는 처벌된다.
④ 참고인이 범인이 아닌 사람을 범인이 아닐지도 모른다고 생각하면서도 그가 범인이라고 지목하는 허위진술을 하여 구속기소되게 하였다면 범인도피죄가 성립하지 아니한다.

해설

① [○] 형법 제151조 제1항의 이른바, 죄를 범한 자라 함은 범죄의 혐의를 받아 수사대상이 되어 있는 자를 포함하며, 나아가 벌금 이상의 형에 해당하는 죄를 범한 자라는 것을 인식하면서도 도피하게 한 경우에는 그 자가 당시에는 아직 수사대상이 되어 있지 않았다고 하더라도 범인도피죄가 성립한다고 할 것이다(대판 2003.12.12. 2003도4533).
② [×] 참고인이 수사기관에서 범인에 관하여 조사를 받으면서 그가 알고 있는 사실을 묵비하거나 허위로 진술하였다고 하더라도, 그것이 적극적으로 수사기관을 기만하여 착오에 빠지게 함으로써 범인의 발견 또는 체포를 곤란 내지 불가능하게 할 정도의 것이 아니라면 범인도피죄를 구성하지 않는다.
이러한 법리는 게임장 등의 실제 업주가 아니라 종업원임에도 불구하고 자신이 실제 업주라고 허위로 진술하는 경우에도 마찬가지로서, 단순히 실제 업주라고 허위로 진술하는 것만으로는 부족하고 게임장 등의 운영 경위, 자금 출처, 게임기 등의 구입 경위, 점포의 임대차계약 체결 경위 등에 관해서까지 적극적으로 허위로 진술하거나 허위 자료를 제시하여 그 결과 수사기관이 실제 업주를 발견 또는 체포하는 것이 곤란 내지 불가능하게 될 정도에까지 이른 것으로 평가될 수 있어야 범인도피죄를 구성한다(대판 2013.1.10. 2012도13999).
③ [○] 형법 제151조 제2항 및 제155조 제4항은 친족, 호주 또는 동거의 가족이 본인을 위하여 범인도피죄, 증거인멸죄 등을 범한 때에는 처벌하지 아니한다고 규정하고 있는바, 사실혼관계에 있는 자는 민법 소정의 친족이라 할 수 없어 위 조항에서 말하는 친족에 해당하지 않는다(대판 2003.12.12. 2003도4533).
④ [○] 참고인이 실제의 범인이 누군지도 정확하게 모르는 상태에서 수사기관에서 실제의 범인이 아닌 어떤 사람을 범인이 아닐지도 모른다고 생각하면서도 그를 범인이라고 지목하는 허위의 진술을 한 경우에는 참고인의 허위 진술에 의하여 범인으로 지목된 사람이 구속기소됨으로써 실제의 범인이 용이하게 도피하는 결과를 초래한다고 하더라도 그것만으로는 참고인에게 적극적으로 실제의 범인을 도피시켜 국가의 형사사법의 작용을 곤란하게 할 의사가 있었다고 볼 수 없어 범인도피죄로 처벌할 수는 없다(대판 1997.9.9. 97도159).

정답 ②

94 **범인은닉 · 도피죄에 관한 설명으로 가장 적절하지 않은 것은? (다툼이 있으면 판례에 의함)** [20 경찰채용]

① 주점 개업식날 찾아온 범인에게 '도망다니면서 이렇게 와 주니 고맙다. 항상 몸조심하고 주의하여 다녀라. 열심히 살면서 건강에 조심해라'고 말한 것은 단순히 안부를 묻거나 통상적인 인사말에 불과하므로 범인도피죄에 해당하지 않는다.

② 범인이 타인으로 하여금 허위의 자백을 하게 하는 등으로 범인도피죄를 범하게 하는 경우와 같이 그것이 방어권의 남용으로 볼 수 있을 때에는 범인도피교사죄에 해당할 수 있다.

③ 범인도피죄는 그 자체로 도피시키는 것을 직접적인 목적으로 하였다고 보기 어려운 행위를 한 결과 간접적으로 범인이 안심하여 도피할 수 있게 한 경우도 포함된다.

④ 범인도피죄는 범인을 도피하게 함으로써 기수에 이르지만 범인도피 행위가 계속되는 동안에는 범죄행위도 계속되고 행위가 끝날 때 비로소 범죄행위가 종료되며, 공범자의 범인도피행위 도중에 그 범행을 인식하면서 그와 공동의 범의를 가지고 기왕의 범인도피상태를 이용하여 스스로 범인도피행위를 계속한 자에 대하여는 범인도피죄의 공동정범이 성립한다.

해설

① [○] 주점 개업식날 찾아온 범인에게 '도망다니면서 이렇게 와 주니 고맙다. 항상 몸조심하고 주의하여 다녀라. 열심히 살면서 건강에 조심해라'고 말한 것은 단순히 안부를 묻거나 통상적인 인사말에 불과하므로 범인도피죄에 해당하지 않는다(대판 1992.6.12. 92도736).

② [○] [1] 범인이 자신을 위하여 타인으로 하여금 허위의 자백을 하게 하여 범인도피죄를 범하게 하는 행위는 방어권의 남용으로 범인도피교사죄에 해당하는바, 이 경우 그 타인이 형법 제151조 제2항에 의하여 처벌을 받지 아니하는 친족 또는 동거 가족에 해당한다 하여 달리 볼 것은 아니다.

[2] 무면허 운전으로 사고를 낸 사람이 동생을 경찰서에 대신 출두시켜 피의자로 조사받도록 한 행위는 범인도피교사죄를 구성한다(대판 2006.12.7. 2005도3707).

③ [×] 범인도피죄는 위험범으로서 현실적으로 형사사법 작용을 방해하는 결과를 초래할 필요는 없으나 적어도 함께 규정되어 있는 은닉행위에 비견될 정도로 수사기관의 발견 · 체포를 곤란하게 하는 행위, 즉 직접 범인을 도피시키는 행위 또는 도피를 직접적으로 용이하게 하는 행위에 이르러야 성립하므로, 그 자체로는 도피시키는 것을 직접적인 목적으로 하였다고 보기 어려운 어떤 행위를 한 결과 간접적으로 범인이 안심하고 도피할 수 있게 한 경우는 여기에 포함되지 않는다(대판 2011.4.28. 2009도3642).

④ [○] 범인도피죄는 범인을 도피하게 함으로써 기수에 이르지만 범인도피 행위가 계속되는 동안에는 범죄행위도 계속되고 행위가 끝날 때 비로소 범죄행위가 종료되며, 공범자의 범인도피행위 도중에 그 범행을 인식하면서 그와 공동의 범의를 가지고 기왕의 범인도피상태를 이용하여 스스로 범인도피행위를 계속한 자에 대하여는 범인도피죄의 공동정범이 성립한다(대판 1995.9.5. 95도577).

정답 ③

95 **범인도피죄에 관한 다음 설명 중 가장 옳지 않은 것은? (다툼이 있는 경우 판례에 의함)** [18 법원9급]

① 범인 스스로 도피하는 행위는 처벌되지 않으므로 범인이 도피를 위하여 타인에게 도움을 요청하였고 실제 그 타인이 범인도피에 도움을 주었다 하더라도 타인에게 도움을 요청한 행위가 통상적 도피행위의 범주에 속하는 한 범인도피교사죄는 성립하지 않는다.

② 공범자의 범인도피 행위의 도중에 그 범행을 인식하면서 그와 공동의 범의를 가지고 기왕의 범인도피상태를 이용하여 스스로 범인도피행위를 계속한 경우에는 범인도피죄의 공동정범이 성립한다.

③ 피의자가 사실은 게임장 · 오락실 · 피씨방 등의 실제 업주가 아니라 그 종업원임에도 불구하고 자신이 실제 업주라고 허위로 진술하였다고 하더라도 그 자체만으로 범인도피죄를 구성하는 것은 아니다.

④ 신원보증인이 수사기관에 대하여 피의자의 신분, 직업, 주거 등을 보증하고 향후 수사기관이나 법원의 출석요구에 사실상 협조하겠다는 의사를 표시한 신원보증서에 피의자의 인적 사항을 허위로 기재하여 제출한 행위는 범인도피죄를 구성한다.

해설

① [○] 범인 스스로 도피하는 행위는 처벌되지 않으므로 범인이 도피를 위하여 타인에게 도움을 요청하였고 실제 그 타인이 범인도피에 도움을 주었다 하더라도 타인에게 도움을 요청한 행위가 통상적 도피행위의 범주에 속하는 한 범인도피교사죄는 성립하지 않는다(대판 2014.4.10. 2013도12079).

② [○] 범인도피죄는 범인을 도피하게 함으로써 기수에 이르지만 범인도피 행위가 계속되는 동안에는 범죄행위도 계속되고 행위가 끝날 때 비로소 범죄행위가 종료되며, 공범자의 범인도피행위 도중에 그 범행을 인식하면서 그와 공동의 범의를 가지고 기왕의 범인도피상태를 이용하여 스스로 범인도피행위를 계속한 자에 대하여는 범인도피죄의 공동정범이 성립한다(대판 1995.9.5. 95도577).

③ [○] 게임산업진흥에 관한 법률 위반, 도박개장 등의 혐의로 수사기관에서 조사받는 피의자가 사실은 게임장 · 오락실 · 피씨방 등의 실제 업주가 아니라 그 종업원임에도 불구하고 자신이 실제 업주라고 허위로 진술하였다고 하더라도, 그 자체만으로 범인도피죄를 구성하는 것은 아니다(대판 2010.2.11. 2009도12164).

④ [×] 수사절차에서 작성되는 신원보증서는 수사기관이나 재판정에의 출석 또는 형 집행 등 형사사법절차상의 편의를 도모하는 것에 불과하여 보증인에게 법적으로 진실한 서류를 작성 · 제출할 의무가 부과된 것은 아니므로, 신원보증서를 작성하여 수사기관에 제출하는 보증인이 피의자의 인적 사항을 허위로 기재하였다고 하더라도 그로써 적극적으로 수사기관을 기망한 결과 피의자를 석방하게 하였다는 등 특별한 사정이 없는 한, 그 행위만으로 범인도피죄가 성립되지 않는다(대판 2003.2.14. 2002도5374).

정답 ④

96 범인도피죄에 관한 다음 설명 중 옳은 것을 모두 고른 것은? (다툼이 있으면 판례에 의함)

[08 사시]

ㄱ. 범인도피죄에 있어서 '죄를 범한 자'에는 범죄의 혐의를 받아 수사 대상이 되어 있는 자도 포함되므로 그가 나중에 혐의없음 처분을 받거나 무죄판결을 선고받은 경우에도 범인도피죄의 성립에는 영향이 없으나, 아직 수사기관에 포착되지 않아 수사대상이 되어 있지 않은 자는 포함되지 않는다.
ㄴ. 범인이 자신을 위하여 타인으로 하여금 허위의 자백을 하게 하여 범인도피죄를 범하게 하는 행위는 방어권의 남용으로 범인도피교사죄에 해당한다.
ㄷ. 범인이 기소중지를 당하는 바람에 집에 들어갈 수 없다며 甲에게 값이 싼 방을 구하여 계약서를 대신 작성해 달라는 부탁을 하자, 甲이 자신의 처 명의로 오피스텔에 대한 임대차계약을 체결해 주었다 하더라도 수사기관의 범인 체포 가능성에는 차이가 없으므로 甲에게는 범인도피죄가 성립하지 않는다.
ㄹ. 甲이 수사기관에서 참고인으로 진술을 함에 있어 범인으로 체포된 사람과 자신이 목격한 범인이 동일함에도 불구하고 단순히 동일한 사람이 아니라고 허위진술을 하여 이로 말미암아 증거불충분으로 범인을 석방하게 되는 결과가 되었더라도 甲에게는 범인도피죄가 성립하지 않는다.
ㅁ. 범인 스스로가 도피한 때에는 범인도피죄가 성립하지 않으나, 공동정범 중의 한 사람이 다른 공범을 도피하게 한 때에는 범인도피죄가 성립한다.

① ㄱ, ㄴ, ㄹ
② ㄱ, ㄴ, ㅁ
③ ㄱ, ㄷ ,ㄹ
④ ㄴ, ㄷ, ㅁ
⑤ ㄴ, ㄹ, ㅁ

해설

ㄱ. [×] [1] 형법 제151조에서 규정하는 범인도피죄는 범인은닉 이외의 방법으로 범인에 대한 수사, 재판 및 형의 집행 등 형사사법의 작용을 곤란 또는 불가능하게 하는 행위를 말하는 것으로서 그 방법에는 어떠한 제한이 없고, 또 위 죄는 위험범으로서 현실적으로 형사사법의 작용을 방해하는 결과가 초래될 것이 요구되지 아니하므로, 형법 제151조 제1항의 이른바, 죄를 범한 자라 함은 범죄의 혐의를 받아 수사대상이 되어 있는 자를 포함하며, 나아가 벌금 이상의 형에 해당하는 죄를 범한 자라는 것을 인식하면서도 도피하게 한 경우에는 그 자가 당시에는 아직 수사대상이 되어 있지 않았다고 하더라도 범인도피죄가 성립한다고 할 것이고, 한편, 증거인멸죄에 관한 형법 제155조 제1항의 이른바 타인의 형사사건이란 인멸행위시에 아직 수사절차가 개시되기 전이라도 장차 형사사건이 될 수 있는 것까지 포함한다(대판 2003.12.12. 2003도4533).
[2] 형법 제151조 제1항 소정의 '죄를 범한 자'라 함은 범죄의 혐의를 받아 수사 대상이 되어 있는 자를 포함한다. 따라서 구속수사의 대상이 된 소송외인이 그 후 무혐의로 석방되었다 하더라도 범인도피죄의 성립에 영향이 없다(대판 1982.1.26. 81도1931).

ㄴ. [○] 범인이 자신을 위하여 타인으로 하여금 허위의 자백을 하게 하여 범인도피죄를 범하게 하는 행위는 방어권의 남용으로 범인도피교사죄에 해당한다(대판 2000.3.24. 2000도20).
참고판례 [1] 범인이 자신을 위하여 타인으로 하여금 허위의 자백을 하게 하여 범인도피죄를 범하게 하는 행위는 방어권의 남용으로 범인도피교사죄에 해당하는바, 이 경우 그 타인이 형법 제151조 제2항(친족간의 특례규정)에 의하여 처벌을 받지 아니하는 친족, 호주 또는 동거 가족에 해당한다 하여 달리 볼 것은 아니다.
[2] 무면허 운전으로 사고를 낸 사람이 동생을 경찰서에 대신 출두시켜 피의자로 조사받도록 한 행위는 범인도피교사죄를 구성한다(대판 2006.12.7. 2005도3707).

ㄷ. [×] 범인이 기소중지자임을 알고도 범인의 부탁으로 다른 사람 명의로 대신 임대차계약을 체결해 준 경우, 비록 임대차계약서가 공시되는 것은 아니라 하더라도 수사기관이 탐문수사나 신고를 받아 범인을 발견하고 체포하는 것을 곤란하게 하여 범인도피죄에 해당한다(대판 2004.3.26. 2003도8226).

ㄹ. [○] 참고인이 범인 아닌 다른 자를 진범이라고 내세우는 경우 등과 같이 적극적으로 허위의 사실을 진술하여 수사관을 기만, 착오에 빠지게 함으로써 범인의 발견 체포에 지장을 초래케 하는 경우와 달리 참고인이 수사기관에서 진술을 함에 있어 단순히 범인으로 체포된 사람과 동인이 목격한 범인이 동일함에도 불구하고 동일한 사람이 아니라고 허위진술을 한 정도의 것만으로는 참고인의 그 허위진술로 말미암아 증거가 불충분하게 되어 범인을 석방하게 되는 결과가 되었다 하더라도 바로 범인도피죄를 구성한다고는 할 수 없다(대판 1987.2.10. 85도897).

ㅁ. [○] 형법 제151조 제1항 소정의 범인도피죄에 있어서 공동정범 중의 1인이 타 공동정범인을 도피시킴에 대하여 동조 제2항과 같은 불처벌의 특례를 규정한바 없으므로 공동정범 중의 1인인 乙이 타 공동정범인인 소외 丙외 1인을 도피시킴은 범인도피의 죄책을 면치 못하고 따라서 피고인이 위 乙의 도피행위를 용이케 함은 동방조죄를 구성한다고 해석함이 타당하다(대판 1958.1.14. 4290형상393).

정답 ⑤

97 **범인도피죄에 대한 설명 중 가장 옳지 않은 것은? (다툼이 있으면 판례에 의함)** [11 경찰간부]

① 도로교통법위반으로 체포된 범인이 타인의 성명을 모용한다는 정을 알면서 신원보증인으로서 신원보증서에 자신의 인적사항을 허위로 기재하여 제출한 경우에는 범인을 도피하게 한 때에 해당하지 않는다.

② 범인도피행위는 범인을 도주하게 하는 행위 또는 도주하는 것을 직접적으로 용이하게 하는 행위뿐만 아니라 간접적으로 범인이 안심하여 도피할 수 있도록 하는 것과 같은 경우도 포함한다.

③ 범인이 자신을 위하여 타인으로 하여금 허위의 자백을 하게 하여 범인도피죄를 범하게 하는 행위는 방어권의 남용으로 범인도피교사죄에 해당한다.

④ 벌금 이상의 형에 해당하는 죄를 범한 자라는 것을 인식하면서도 도피하게 한 경우에는 그 자가 당시에는 아직 수사대상이 되어 있지 않았다고 하더라도 범인도피죄가 성립한다.

해설

① [○] 수사절차에서 작성되는 신원보증서는 수사기관이나 재판정에의 출석 또는 형 집행 등 형사사법절차상의 편의를 도모하는 것에 불과하여 보증인에게 법적으로 진실한 서류를 작성 · 제출할 의무가 부과된 것은 아니므로, 신원보증서를 작성하여 수사기관에 제출하는 보증인이 피의자의 인적 사항을 허위로 기재하였다고 하더라도 그로써 적극적으로 수사기관을 기망한 결과 피의자를 석방하게 하였다는 등 특별한 사정이 없는 한, 그 행위만으로 범인도피죄가 성립되지 않는다(대판 2003.2.14. 2002도5374).

② [×] 범인도피죄는 직접 범인을 도피시키는 행위 또는 도피를 직접적으로 용이하게 하는 행위에 이르러야 성립하므로, 그 자체로는 도피시키는 것을 직접적인 목적으로 하였다고 보기 어려운 어떤 행위를 한 결과 간접적으로 범인이 안심하고 도피할 수 있게 한 경우는 여기에 포함되지 않는다(대판 2011.4.28. 2009도3642).

③ [○] 범인이 자신을 위하여 타인으로 하여금 허위자백을 하게 하여 범인도피죄를 범하게 하는 행위는 방어권 남용으로 범인도피교사죄에 해당하는 바, 그 타인이 형법 제151조 제2항에 의하여 처벌을 받지 아니하는 친족에 해당한다 하여 달리볼 것은 아니다(대판 2006.12.7. 2005도3707).

④ [○] 형법 제151조 제1항의 이른바, 죄를 범한 자라 함은 범죄의 혐의를 받아 수사대상이 되어 있는 자를 포함하며, 나아가 벌금 이상의 형에 해당하는 죄를 범한 자라는 것을 인식하면서도 도피하게 한 경우에는 그 자가 당시에는 아직 수사대상이 되어 있지 않았다고 하더라도 범인도피죄가 성립한다고 할 것이다(대판 2003.12.12. 2003도4533).

정답 ②

98 **다음 설명 중 가장 적절한 것은? (다툼이 있으면 판례에 의함)** [12 경찰채용]

① 공동정범 중의 1인이 다른 공동정범을 은닉한 경우, 범인은닉죄는 성립하지 않는다.

② 소송사기는 허위의 주장과 입증으로 법원을 기망한다는 인식을 요하므로 허위의 주장만 있을 뿐 허위의 증거를 이용한 것이 아니라면 법원을 기망하였다고 말할 수 없다.

③ 범인이 아닌 자가 수사기관에서 범인임을 자처하고 허위사실을 진술하여 진범의 체포와 발견에 지장을 초래하게 한 경우 범인은닉죄가 성립한다.

④ 범인도피죄는 범인은닉 이외의 방법으로 범인에 대한 수사 · 재판 및 형의 집행 등 형사사법의 작용을 곤란 또는 불가능하게 하는 행위를 말하는 것으로서 현실적으로 형사사법의 작용을 방해하는 결과가 초래되지 않았다면 동죄를 인정할 수 없다.

해설

① [×] 형법 제151조 제1항 소정의 범인도피죄에 있어서 공동정범 중의 1인이 타 공동정범인을 도피시킴에 대하여 동조 제2항과 같은 불처벌의 특례를 규정한 바 없으므로 공동정범 중의 1인인 乙이 타 공동정범인인 소외 丙외 1인을 도피시킴은 범인도피죄의 죄책을 면치 못하고 따라서 피고인이 위 乙의 도피행위를 용이케 함은 동방조죄를 구성한다고 해석함이 타당하다(대판 1958.1.14. 4290형상393).

② [×] 허위의 내용으로 소송을 제기하여 법원을 기망한다는 고의가 있는 경우에 법원을 기망하는 것은 반드시 허위의 증거를 이용하지 않더라도 당사자의 주장이 법원을 기망하기에 충분한 것이라면 기망수단이 된다(대판 2011.9.8. 2011도7262).

③ [○] 범인 아닌 자가 수사기관에서 범인임을 자처하고 허위사실을 진술하여 진범의 체포와 발견에 지장을 초래하게 한 행위는 범인은닉죄에 해당한다(대판 1996.6.14. 96도1016).

④ [×] 범인도피죄는 위험범으로서 현실적으로 형사사법의 작용을 방해하는 결과를 초래할 필요는 없으나, 적어도 함께 규정되어 있는 은닉행위에 비견될 정도로 수사기관으로 하여금 범인의 발견·체포를 곤란하게 하는 행위, 즉 직접 범인을 도피시키는 행위 또는 도피를 직접적으로 용이하게 하는 행위에 한정된다고 해석함이 상당하다(대판 2013.1.10. 2012도13999).

정답 ③

99 도주와 범인은닉의 죄에 관한 설명 중 가장 적절하지 않은 것은? (다툼이 있으면 판례에 의함) [14 경찰승진]

① 범인도피죄에 있어서 벌금 이상의 형에 해당하는 자에 대한 인식은 실제로 벌금 이상의 형에 해당하는 범죄를 범한 자라는 것을 인식함으로써 족하고 그 법정형이 벌금 이상이라는 것까지 알 필요는 없는 것이다.

② 범인이 기소중지자임을 알고도 범인의 부탁으로 다른 사람의 명의로 대신 임대차계약을 체결해 준 행위는 범인도피죄에 해당한다.

③ 범인이 자신을 위하여 타인으로 하여금 허위의 자백을 하게 하여 범인도피죄를 범하게 하더라도 이는 자신을 방어하기 위한 것으로서 범인도피교사죄로 벌할 수 없다.

④ 참고인이 수사기관에서 진술을 함에 있어 단순히 범인으로 체포된 사람과 참고인이 목격한 범인이 동일함에도 불구하고 동일한 사람이 아니라고 허위진술을 하였고 그 허위진술로 말미암아 증거가 불충분하게 되어 범인을 석방하게 되는 결과가 되었다 하더라도 바로 범인도피죄를 구성한다고는 할 수 없다.

해설

① [○] 벌금 이상의 형에 해당하는 자에 대한 인식은 실제로 벌금 이상의 형에 해당하는 범죄를 범한 자라는 것을 인식함으로써 족하고 그 법정형이 벌금 이상이라는 것까지 알 필요는 없다(대판 2000.11.24. 2000도4078).

② [○] 범인이 기소중지자임을 알고도 범인의 부탁으로 다른 사람의 명의로 대신 임대차계약을 체결해 준 경우, 비록 임대차계약서가 공시되는 것은 아니라 하더라도 수사기관이 탐문수사나 신고를 받아 범인을 발견하고 체포하는 것을 곤란하게 하여 범인도피죄에 해당한다(대판 2004.3.26. 2003도8226).

③ [×] 범인이 자신을 위하여 타인으로 하여금 허위의 자백을 하게 하여 범인도피죄를 범하게 하는 행위는 방어권의 남용으로 범인도피교사죄에 해당한다(대판 2006.12.7. 2005도3707).

④ [○] 참고인이 범인이 아닌 다른 자를 진범이라고 내세우는 경우 등과 같이 적극적으로 허위의 사실을 진술하여 수사관을 기만, 착오에 빠지게 함으로서 범인의 발견 체포에 지장을 초래케 하는 경우와 달리, 참고인이 수사기관에서 진술을 함에 있어 단순히 범인으로 체포된 사람과 동인이 목격한 범인이 동일함에도 불구하고 동일한 사람이 아니라고 허위진술을 한 정도의 것만으로는 참고인의 그 허위진술로 말미암아 증거가 불충분하게 되어 범인을 석방하게 되는 결과가 되었다 하더라도 바로 범인도피죄를 구성한다고는 할 수 없다(대판 1987.2.10. 85도897).

정답 ③

100 도주와 범인은닉의 죄에 관한 다음 설명 중 가장 옳은 것은? (다툼이 있으면 판례에 의함) [13 경찰승진]

① 형법 제151조 제2항은 친족 또는 동거의 가족이 본인을 위하여 전항의 죄를 범한 때에는 처벌하지 아니한다고 규정하고 있는데 여기서 말하는 친족에는 사실혼관계에 있는 자도 포함된다.

② 범인도피죄에 있어서 '죄를 범한 자'라 함은 범죄의 혐의를 받아 수사 대상이 되어 있는 자도 포함되므로 그가 나중에 혐의없음 처분을 받거나 무죄판결을 선고받은 경우에도 성립에 영향이 없으나 아직 수사기관에 포착되지 않아 수사대상이 되어 있지 않은 자는 포함되지 아니한다.

③ 참고인이 수사기관에서 범인에 관하여 조사를 받으면서 그가 알고 있는 사실을 묵비하거나 허위로 진술하였다고 하더라도, 그것이 적극적으로 수사기관을 기만하여 착오에 빠지게 함으로써 범인의 발견 또는 체포를 곤란 내지 불가능하게 할 정도의 것이 아니라면 범인도피죄를 구성하지 않는다.

④ 도주죄의 범인이 도주행위를 하여 기수에 이른 이후에 범인의 도피를 도와주는 행위는 도주원조죄에 해당할 수 있을 뿐 범인도피죄에는 해당하지 않는다.

해설

① [×] 형법 제151조 제2항 및 제155조 제4항은 친족, 호주 또는 동거의 가족이 본인을 위하여 범인도피죄, 증거인멸죄 등을 범한 때에는 처벌하지 아니한다고 규정하고 있는바, 사실혼관계에 있는 자는 민법 소정의 친족이라 할 수 없어 위 조항에서 말하는 친족에 해당하지 않는다(대판 2003.12.12. 2003도4533).

② [×] 형법 제151조 제1항의 이른바, 죄를 범한 자라 함은 범죄의 혐의를 받아 수사대상이 되어 있는 자를 포함하며, 나아가 벌금 이상의 형에 해당하는 죄를 범한 자라는 것을 인식하면서도 도피하게 한 경우에는 그 자가 당시에는 아직 수사대상이 되어 있지 않았다고 하더라도 범인도피죄가 성립한다고 할 것이다(대판 2003.12.12. 2003도4533).

③ [○] 참고인이 수사기관에서 범인에 관하여 조사를 받으면서 그가 알고 있는 사실을 묵비하거나 허위로 진술하였다고 하더라도, 그것이 적극적으로 수사기관을 기만하여 착오에 빠지게 함으로써 범인의 발견 또는 체포를 곤란 내지 불가능하게 할 정도의 것이 아니라면 범인도피죄를 구성하지 않는다(대판 2013.1.10. 2012도13999).

④ [×] 도주죄의 범인이 도주행위를 하여 기수에 이른 이후에 범인의 도피를 도와주는 행위는 범인도피죄에 해당할 수 있을 뿐 도주원조죄에는 해당하지 아니한다(대판 1991.10.11. 91도1656).

정답 ③

101 범인도피(은닉)죄에 대한 다음 설명 중 옳은 것을 모두 고른 것은? (판례에 의함) [11 경찰승진]

㉠ 피고인이 절도사건과 관련하여 사법경찰리로부터 조사받는 과정에서 공범인 상피고인들 甲, 乙의 이름을 단순히 묵비하였다면 절도범인을 도피하게 하였다고 볼 수 있다.

㉡ 형법 제151조 제2항 및 제155조 제4항은 친족 또는 동거의 가족이 본인을 위하여 범인도피죄, 증거인멸죄 등을 범한 때에는 처벌하지 아니한다고 규정하고 있는바, 사실혼관계에 있는 자는 민법 소정의 친족이라 할 수 없어 위 조항에서 말하는 친족에 해당하지 않는다.

㉢ 부정수표단속법 제2조 제2항 위반의 범죄는 예금부족으로 인하여 제시일에 지급되지 아니할 것이라는 결과발생을 예견하고 수표를 발행한 때에 바로 성립하는 것이고 수표소지인의 제시일에 수표금의 지급이 거절된 때에 비로소 성립하는 것은 아니므로, 피고인이 수표발행인을 은닉한 것이 그 수표가 부도나기 전날이라고 하더라도 그 수표가 부도날 것이라는 사정과 수표발행인이 부정수표단속법 위반으로 수사관서의 수배를 받게 되리라는 사정을 알았다면 범인은닉에 관한 범의가 없다고 할 수는 없다.

㉣ 참고인이 수사기관에서 진술을 함에 있어 단순히 범인으로 체포된 사람과 동인이 목격한 범인이 동일함에도 불구하고 동일한 사람이 아니라고 허위진술을 하였고 그 허위진술로 말미암아 증거가 불충분하게 되어 범인을 석방하게 되는 결과가 되었다면 범인도피죄를 구성한다.

① ㉡, ㉢
② ㉠, ㉢, ㉣
③ ㉡, ㉣
④ ㉠, ㉡, ㉢

해설

㉠ [×] 피고인이 절도사건과 관련하여 사법경찰리로부터 조사받는 과정에서 공범인 상피고인들의 이름을 단순히 묵비하였다 하여 절도범인을 도피하게 하였다고는 볼 수 없다(대판 1984.4.10. 83도3288).

㉡ [○] 형법 제151조 제2항 및 제155조 제4항은 친족, 호주 또는 동거의 가족이 본인을 위하여 범인도피죄, 증거인멸죄 등을 범한 때에는 처벌하지 아니한다고 규정하고 있는바, 사실혼관계에 있는 자는 민법 소정의 친족이라 할 수 없어 위 조항에서 말하는 친족에 해당하지 않는다(대판 2003.12.12. 2003도4533).

㉢ [○] 부정수표단속법 제2조 제2항 위반의 범죄는 예금부족으로 인하여 제시일에 지급되지 아니할 것이라는 결과발생을 예견하고 수표를 발행한 때에 바로 성립하는 것이고 수표소지인의 제시일에 수표금의 지급이 거절된 때에 비로소 성립하는 것은 아니므로, 피고인이 수표발행인을 은닉한 것이 그 수표가 부도나기 전날이라고 하더라도 그 수표가 부도날 것이라는 사정과 수표발행인이 부정수표단속법 위반으로 수사관서의 수배를 받게 되리라는 사정을 알았다면 범인은닉에 관한 범의가 없다고 할 수는 없다(대판 1990.3.27. 89도1480).

㉣ [×] 참고인이 수사기관에서 진술을 함에 있어 단순히 범인으로 체포된 사람과 동인이 목격한 범인이 동일함에도 불구하고 동일한 사람이 아니라고 허위진술을 한 정도의 것만으로는 참고인의 그 허위진술로 말미암아 증거가 불충분하게 되어 범인을 석방하게 되는 결과가 되었다 하더라도 바로 범인도피죄를 구성한다고는 할 수 없다(대판 1987.2.10. 85도897).

정답 ①

102 도주와 범인은닉의 죄에 관한 설명 중 옳은 것은? (다툼이 있으면 판례에 의함) [15 사시]

① 벌금 이상의 형에 해당하는 죄를 범하고 도피 중이던 甲이 친구에게 그런 사실을 설명하고 수사기관의 추적을 피하기 위해 위 친구에게 요청하여 속칭 '대포폰'을 개설하여 받고, 위 친구를 전화로 불러 그가 운전하는 차를 타고 시내를 이동하여 다닌 경우, 범인도피교사죄가 성립하지 않는다.

② 검사로부터 필로폰 투약사범으로 지명수배된 자를 검거하라는 지시를 받은 경찰관이 오히려 범인으로부터 1,300만원을 받고 휴대전화를 제공해 도피를 권유하여 범인을 도피케 한 경우, 직무유기죄도 별도로 성립한다.

③ 범인이 기소중지자임을 알고도 범인의 부탁으로 다른 사람의 명의로 대신 임대차계약을 체결해 준 경우, 범인도피죄가 성립하지 않는다.

④ 음주운전 혐의로 체포되었다가 사안이 경미하다는 이유로 석방될 예정에 있었던 乙에 대한 신원보증인으로서 경찰서에 출석한 甲이, 당시 乙이 경찰에서 A의 성명을 모용한다는 사실을 알고 있었음에도 이를 묵비하고 신원보증서에 甲 자신의 인적사항을 B로 기재하여 제출한 경우, 당시 乙이 다른 범죄로 기소중지된 상태였다는 사실을 알지 못했다 하더라도 甲에 대해서는 범인도피죄가 성립한다.

⑤ 범죄의 혐의를 받고 수사의 대상이 되어 있는 乙을 甲이 은닉했는데 후에 乙이 무혐의로 석방되었다면 甲에 대하여는 범인은닉죄가 성립하지 않는다.

해설

① [○] [1] 범인 스스로 도피하는 행위는 처벌되지 아니하는 것이므로 범인이 도피를 위하여 타인에게 도움을 요청하는 행위 역시 도피행위의 범주에 속하는 한 처벌되지 아니하는 것이며, 범인의 요청에 응하여 범인을 도운 타인의 행위가 범인도피죄에 해당한다고 하더라도 마찬가지이다.
[2] 피고인 甲이 후배에게 요청하여 대포폰을 개설하여 받고, 그에게 전화를 걸어 자신이 있는 곳으로 오도록 한 다음 그가 운전하는 자동차를 타고 청주시 일대를 이동하여 다닌 행위는 형사사법에 중대한 장애를 초래한다고 보기 어려운 통상적 도피의 한 유형으로 볼 여지가 충분하다(대판 2014.4.10. 2013도12079).
▶ 지문의 경우 통상적 도피의 한 유형으로서 범인도피교사죄는 성립하지 아니한다.

② [×] 피고인이 검사로부터 범인을 검거하라는 지시를 받고서도 오히려 범인에게 전화로 도피하라고 권유하여 그를 도피케 하였다는 범죄사실만으로는 직무위배의 위법상태가 범인도피행위 속에 포함되어 있는 것으로 보아야 할 것이므로 작위범인 범인도피죄만이 성립하고 부작위범인 직무유기죄는 따로 성립하지 아니한다(대판 1996.5.10. 96도51).

③ [×] 범인이 기소중지자임을 알고도 범인의 부탁으로 다른 사람의 명의로 대신 임대차계약을 체결해 준 경우, 비록 임대차계약서가 공시되는 것은 아니라 하더라도 수사기관이 탐문수사나 신고를 받아 범인을 발견하고 체포하는 것을 곤란하게 하는 것이므로 범인도피죄에 해당한다(대판 2004.3.26. 2003도8226).

④ [×] 수사절차에서 작성되는 신원보증서는 수사기관이나 재판정에의 출석 또는 형 집행 등 형사사법절차상의 편의를 도모하는 것에 불과하여 보증인에게 법적으로 진실한 서류를 작성·제출할 의무가 부과된 것은 아니므로, 신원보증서를 작성하여 수사기관에 제출하는 보증인이 피의자의 인적 사항을 허위로 기재하였다고 하더라도 그로써 적극적으로 수사기관을 기망한 결과 피의자를 석방하게 하였다는 등 특별한 사정이 없는 한, 그 행위만으로 범인도피죄가 성립되지 않는다(대판 2003.2.14. 2002도5374).

⑤ [×] 범인은닉죄에서 '죄를 범한 자'라 함은 범죄의 혐의를 받아 수사대상이 되어 있는 자를 포함하므로 구속수사의 대상이 된 乙이 그 후 무혐의로 석방되었다 하더라도 피고인 甲에 대한 범인은닉죄의 성립에는 영향이 없다(대판 1982.1.26. 81도1931).

정답 ①

103 다음 설명 중 옳은 것은? (다툼이 있으면 판례에 의함)

[16 경찰간부]

① 공무원이 실시한 봉인 등의 표시에 절차상 또는 실체상의 하자가 있는 경우, 객관적·일반적으로 공무원이 그 직무에 관하여 실시한 봉인 등으로 인정할 수 있는 상태에 있더라도 공무상표시무효죄의 객체에 해당하지 않는다.

② 진술자의 서명·무인과 간인까지 받아 작성한 진술조서를 아직 상사에게 정식보고하지 않고 수사기록에 편철되지 아니한 채 보관하다가 휴지통에 자의로 폐기한 경우, 공용서류무효죄가 성립하지 않는다.

③ 불법체포(강제연행)로부터 6시간 경과한 후에 긴급체포된 자는 도주죄의 주체가 될 수 없다.

④ 도주죄의 범인이 도주행위를 하여 기수에 이른 이후에 범인의 도피를 도와주는 행위는 범인도피죄 외에도 도주원조죄가 성립한다.

해설

① [×] 공무원이 실시한 봉인 등의 표시에 절차상 또는 실체상의 하자가 있다고 하더라도 객관적·일반적으로 그것이 공무원이 그 직무에 관하여 실시한 봉인 등으로 인정할 수 있는 상태에 있다면 적법한 절차에 의하여 취소되지 아니하는 한 공무상표시무효죄의 객체로 된다(대판 2007.3.15. 2007도312).

② [×] 피고인이 작성한 진술조서가 상사에게 정식으로 보고되어 수사기록에 편철된 문서가 아니라거나 완성된 서류가 아니라 하여 공무소에서 사용하는 서류에 해당하지 않는 것이라고 할 수 없으니, 피고인이 진술자의 서명·무인과 간인까지 받아 작성한 진술조서를 수사기록에 편철하지 않은 채 보관하고 있다가 휴지통에 버려 폐기한 소위는 공용서류무효죄에 해당한다(대판 1982.10.12. 82도368).

③ [○] 사법경찰관이 피고인을 수사관서까지 동행한 것이 사실상의 강제연행, 즉 불법 체포에 해당하고, 불법 체포로부터 6시간 상당이 경과한 후에 이루어진 긴급체포 또한 위법하므로 피고인이 불법체포된 자로서 형법 제145조 제1항에 정한 '법률에 의하여 체포 또는 구금된 자'가 아니어서 도주죄의 주체가 될 수 없다고 한 사례(대판 2006.7.6. 2005도6810).

④ [×] 도주죄의 범인이 도주행위를 하여 기수에 이른 이후에 범인의 도피를 도와주는 행위는 범인도피죄에 해당할 수 있을 뿐 도주원조죄에는 해당하지 아니한다(대판 1991.10.11. 91도1656).

정답 ③

104 국가의 기능에 대한 죄에 관한 설명으로 가장 적절하지 않은 것은? (다툼이 있는 경우 판례에 의함)

[22 경찰채용]

① 범인도피죄는 타인을 도피하게 하는 경우에 성립할 수 있고 여기에서 타인에는 공범도 포함되므로, 공범 중 1인이 그 범행에 관한 수사절차에서 참고인 또는 피의자로 조사받으면서 자기의 범행을 구성하는 사실관계에 관하여 허위로 진술하고 허위 자료를 제출하는 행위가 다른 공범을 도피하게 하는 결과가 되는 경우 범인도피죄가 성립할 수 있다.

② 피의자 등이 적극적으로 허위의 증거를 조작하여 제출하고 그 증거 조작의 결과 수사기관이 그 진위에 관하여 나름대로 충실한 수사를 하더라도 제출된 증거가 허위임을 발견하지 못할 정도에 이르렀다면, 이는 위계에 의하여 수사기관의 수사행위를 적극적으로 방해한 것으로서 위계공무집행방해죄가 성립된다.

③ 사실의 증명을 위해 작성된 문서가 그 사실에 관한 내용이나 작성명의 등에 아무런 허위가 없다면 증거위조죄에서의 '증거위조'에 해당한다고 볼 수 없는 것이고, 설령 사실증명에 관한 문서가 형사사건 또는 징계사건에서 허위의 주장에 관한 증거로 제출되어 그 주장을 뒷받침하게 되더라도 마찬가지이다.

④ 경찰공무원이 지명수배 중인 범인을 발견하고도 직무상 의무에 따른 적절한 조치를 취하지 아니하고 오히려 범인을 도피하게 하는 행위를 한 경우, 범인도피죄만이 성립하고 직무유기죄는 따로 성립하지 아니한다.

해설

① [×] 범인도피죄는 타인을 도피하게 하는 경우에 성립할 수 있는데, 여기에서 타인에는 공범도 포함되나 범인 스스로 도피하는 행위는 처벌되지 않는다. 또한 공범 중 1인이 그 범행에 관한 수사절차에서 참고인 또는 피의자로 조사받으면서 자기의 범행을 구성하는 사실관계에 관하여 허위로 진술하고 허위 자료를 제출하는 것은 자신의 범행에 대한 방어권 행사의 범위를 벗어난 것으로 볼 수 없다. 이러한 행위가 다른 공범을 도피하게 하는 결과가 된다고 하더라도 범인도피죄로 처벌할 수 없다. 이때 공범이 이러한 행위를 교사하였더라도 범죄가 될 수 없는 행위를 교사한 것에 불과하므로 범인도피교사죄가 성립하지 않는다 (대판 2018.8.1. 2015도20396).

② [○] 피의자 등이 적극적으로 허위의 증거를 조작하여 제출하고 그 증거 조작의 결과 수사기관이 그 진위에 관하여 나름대로 충실한 수사를 하더라도 제출된 증거가 허위임을 발견하지 못할 정도에 이르렀다면, 이는 위계에 의하여 수사기관의 수사행위를 적극적으로 방해한 것으로서 위계공무집행방해죄가 성립된다(대판 2019.3.14. 2018도18646).

③ [○] 사실의 증명을 위해 작성된 문서가 그 사실에 관한 내용이나 작성 명의 등에 아무런 허위가 없다면 증거위조죄에서의 '증거위조'에 해당한다고 볼 수 없는 것이고, 설령 사실증명에 관한 문서가 형사사건 또는 징계사건에서 허위의 주장에 관한 증거로 제출되어 그 주장을 뒷받침하게 되더라도 마찬가지이다(대판 2021.1.28. 2020도2642).

④ [○] 경찰공무원이 지명수배 중인 범인을 발견하고도 직무상 의무에 따른 적절한 조치를 취하지 아니하고 오히려 범인을 도피하게 하는 행위를 한 경우, 범인도피죄만이 성립하고 직무유기죄는 따로 성립하지 아니한다(대판 2017.3.15. 2015도1456).

정답 ①

제4절 I 위증 · 증거인멸의 죄

105 위증죄에 해당하는 것은?

[01 사시]

① 민사소송의 당사자인 법인의 대표자가 위증한 경우

② 기억대로 진술하였으나 증언내용이 객관적 사실과 다른 경우

③ 허위의 진술을 한 증인이 신문종료 전에 이를 시정한 경우

④ 증언내용이 경험사실에 대하여 다소 오류가 있는 법률적 평가에 관한 경우

⑤ 요증사실도 아니고 판결결과에 영향을 미치지 않는 사실에 관하여 허위진술을 한 경우

해설

① [불해당] 민사소송의 당사자는 증인능력이 없으므로 증인으로 선서하고 증언하였다고 하더라도 위증죄의 주체가 될 수 없고, 이러한 법리는 민사소송에서의 당사자인 법인의 대표자의 경우에도 마찬가지로 적용된다(대판 1998.3.10. 97도1168).
② [불해당] 증인의 증언이 기억에 반하는 허위진술인지 여부는 그 증언의 단편적인 구절에 구애될 것이 아니라 당해 신문절차에 있어서의 증언 전체를 일체로 파악하여 판단하여야 할 것이고, 증언의 전체적 취지가 객관적 사실과 일치되고 그것이 기억에 반하는 공술이 아니라면 사소한 부분에 관하여 기억과 불일치하더라도 그것이 신문취지의 몰이해 또는 착오로인한 것이라면 위증이 될 수 없다(대판 1996.3.12. 95도2864).
③ [불해당] 증언의 전체취지에 비추어 원고대리인 신문시에 한 증언을 피고대리인과 재판장 신문시에 취소·시정한 것으로 보여진다면 앞의 증언부분만을 따로 떼어 위증이라고 보는 것은 위법하다(대판 1984.3.27. 83도2853).
④ [불해당] 대판 1984.2.14. 83도37.
⑤ [해당] 증인신문의 대상이 되는 것이면 요증사실이거나 재판에 영향을 미치는 진술이 아닐지라도 허위진술을 한 경우에는 위증죄가 성립한다(대판 1996.8.23. 95도192).

정답 ⑤

106 다음 중 甲에게 위증죄가 성립하지 않는 경우는? (다툼이 있으면 판례에 의함)

[16 경찰간부]

① 민사소송의 당사자인 A법인의 대표자 甲은 증인으로 선서한 후 허위의 증언을 하였다.
② 소송절차가 분리된 공범인 공동피고인 甲은 증언거부권을 고지받은 상태에서 자기의 범죄사실에 대하여 허위로 진술하였다.
③ 甲은 민사법정에서 증인으로 출석하여 자기의 기억에 반하는 사실을 증언하였는데, 그 내용이 객관적 사실과 부합하였다.
④ 형사법정에서 증인 甲은 자신의 기억에 반하는 허위의 진술을 하였는데, 그 내용이 당해 사건의 요증사실에 해당하지 않았으며 판결에 전혀 영향을 미치지 않았다.

해설

① [불성립] 민사소송의 당사자는 증인능력이 없으므로 증인으로 선서하고 증언하였다고 하더라도 위증죄의 주체가 될 수 없고, 이러한 법리는 민사소송에서의 당사자인 법인의 대표자의 경우에도 마찬가지로 적용된다(대판 2012.12.13. 2010도14360).
② [성립] 공범인 공동피고인은 당해 소송절차에서는 피고인의 지위에 있어 다른 공동피고인에 대한 공소사실에 관하여 증인이 될 수 없으나, 소송절차가 분리되어 피고인의 지위에서 벗어나게 되면 다른 공동피고인에 대한 공소사실에 관하여 증인이 될 수 있다(대판 2012.12.13. 2010도10028).
③ [성립] 위증죄에 있어서의 허위의 공술이란 증인이 자기의 기억에 반하는 사실을 진술하는 것을 말하는 것으로서 그 내용이 객관적 사실과 부합한다고 하여도 위증죄의 성립에 장애가 되지 않는다(대판 1989.1.17. 88도580).
④ [성립] 위증죄는 법률에 의하여 선서한 증인이 허위의 공술을 한 때에 성립하는 것으로서, 그 공술의 내용이 당해 사건의 요증사실에 관한 것인지의 여부나 판결에 영향을 미친 것인지의 여부는 위증죄의 성립과 아무런 관계가 없다(대판 1990.2.23. 89도1212).

정답 ①

107 위증죄에 관한 설명 중 옳지 않은 것은? (다툼이 있으면 판례에 의함) [19 변호사]

① 위증죄와 모해위증죄의 관계에서 '모해할 목적'을 가지고 있었는가 아니면 그러한 목적이 없었는가 하는 범인의 특수한 상태는 「형법」 제33조 단서 소정의 '신분관계'에 해당된다.

② 甲이 자신의 강도상해 범행을 일관되게 부인하였으나 유죄판결이 확정된 후, 별건으로 기소된 공범의 형사사건에서 자신의 강도상해 범행사실을 부인하는 위증을 한 경우, 甲에게 위증죄가 성립한다.

③ 하나의 사건에 관하여 한 번 선서한 증인 甲이 같은 기일에 여러 가지 사실에 관하여 기억에 반하는 허위의 진술을 하는 경우에는 포괄하여 1개의 위증죄를 구성한다.

④ 甲이 자기의 형사사건에서 허위의 진술을 하는 경우 위증죄로 처벌되지 않으나, 자기의 형사사건에 관하여 타인을 교사하여 위증죄를 범하게 하는 경우에는 위증교사범의 죄책을 부담한다.

⑤ 甲이 제9회 공판기일에 증인으로 출석하여 선서한 후 기억에 반하는 허위 진술한 것을 철회·시정한 바 없이 증인신문절차가 그대로 종료되었지만, 그 후 다시 증인으로 신청된 甲이 위 사건의 제21회 공판기일에 다시 출석하여 선서한 후 종전의 제9회 기일에서 한 진술이 허위 진술임을 시인하고 이를 철회하는 취지의 진술을 하였다면 甲에게 위증죄가 성립하지 않는다.

해설

① [○] [1] 형법 제152조는 위증을 한 범인이 형사사건의 피고인 등을 '모해할 목적'을 가지고 있었는가 아니면 그러한 목적이 없었는가 하는 범인의 특수한 상태의 차이에 따라 범인에게 과할 형의 경중을 구별하고 있으므로 이는 바로 형법 제33조 단서 소정의 '신분관계로 인하여 형의 경중이 있는 경우'에 해당한다.
[2] 甲이 A를 모해할 목적으로 乙에게 위증을 교사한 이상, 가사 정범인 乙에게 모해의 목적이 없었다고 하더라도 형법 제33조 단서의 규정에 의하여 甲을 모해위증교사죄로 처단할 수 있다(대판 1994.12.23. 93도1002).

② [○] 이미 유죄의 확정판결을 받은 경우에는 일사부재리의 원칙에 의해 다시 처벌되지 아니하므로 증언을 거부할 수 없는바, 이는 사실대로의 진술 즉 자신의 범행을 시인하는 진술을 기대할 수 있기 때문인 점 등에 비추어 보면 피고인은 강도상해죄로 이미 유죄의 확정판결을 받았으므로 그 범행에 대한 증언을 거부할 수 없을 뿐만 아니라 나아가 사실대로 증언하여야 한다(대판 2008.10.23. 2005도10101). ▶ 적법행위에 대한 기대가능성이 인정되므로 위증죄가 성립한다.

③ [○] 하나의 사건에 관하여 한 번 선서한 증인이 같은 기일에 여러 가지 사실에 관하여 기억에 반하는 허위의 진술을 한 경우 이는 하나의 범죄의사에 의하여 계속하여 허위의 진술을 한 것으로서 포괄하여 1개의 위증죄를 구성하는 것이고 각 진술마다 수 개의 위증죄를 구성하는 것이 아니다(대판 2007.3.15. 2006도9463).

④ [○] 피고인이 자기의 형사사건에 관하여 허위의 진술을 하는 행위는 피고인의 형사소송에 있어서의 방어권을 인정하는 취지에서 처벌의 대상이 되지 않으나, 법률에 의하여 선서한 증인이 타인의 형사사건에 관하여 위증을 하면 위증죄가 성립되므로 자기의 형사사건에 관하여 타인을 교사하여 위증죄를 범하게 하는 것은 이러한 방어권을 남용하는 것이라고 할 것이어서 교사범의 죄책을 부담케 함이 상당하다(대판 2004.1.27. 2003도5114).

⑤ [×] 증인이 1회 또는 수회의 기일에 걸쳐 이루어진 1개의 증인신문절차에서 허위의 진술을 하고 그 진술이 철회·시정된 바 없이 그대로 증인신문절차가 종료된 경우 그로써 위증죄는 기수에 달하고, 그 후 별도의 증인 신청 및 채택 절차를 거쳐 그 증인이 다시 신문을 받는 과정에서 종전 신문절차에서의 진술을 철회·시정한다 하더라도 그러한 사정은 형법 제153조가 정한 형의 감면사유에 해당할 수 있을 뿐, 이미 종결한 종전 증인신문절차에서 행한 위증죄의 성립에 어떤 영향을 주는 것은 아니다(대판 2010.9.30. 2010도7525). ▶ 甲에게 위증죄가 성립한다.

정답 ⑤

108 위증죄에 관한 다음 설명 중 가장 옳지 않은 것은? (다툼이 있으면 판례에 의함)

[20 법원행시]

① 형법 제152조 제2항의 모해위증죄에 있어서 모해할 목적은 허위의 진술을 함으로써 피고인에게 불리하게 될 것이라는 인식이 있으면 충분하고 그 결과의 발생을 희망할 필요까지는 없다.

② 증언의 내용인 사실의 전체적 취지가 객관적 사실에 일치하고 그것이 기억에 반하는 공술이 아니라면 그 사실을 구성하는 일부 사소한 부분에 다른 점이 있어도 그 진술의 취지가 기억에 일치하는 것이라면 그것만으로는 위증죄의 성립이 인정될 수 없다.

③ 모해위증의 죄를 범한 자가 그 진술한 사건의 재판 또는 징계처분이 확정되기 전에 자백 또는 자수한 때에는 그 형을 감경 또는 면제한다.

④ 친족 또는 동거의 가족이 본인을 위하여 모해위증의 죄를 범한 때에는 처벌하지 아니한다.

⑤ 피고인이 甲을 모해할 목적으로 乙에게 위증을 교사하였으나, 정범인 乙에게 모해의 목적이 없더라도 피고인을 모해위증교사죄로 처단할 수 있다.

해설

① [○] 형법 제152조 제2항의 모해위증죄에 있어서 모해할 목적은 허위의 진술을 함으로써 피고인에게 불리하게 될 것이라는 인식이 있으면 충분하고 그 결과의 발생을 희망할 필요까지는 없다(대판 2007.12.27. 2006도3575).

② [○] 증언의 내용인 사실의 전체적 취지가 객관적 사실에 일치하고 그것이 기억에 반하는 공술이 아니라면 그 사실을 구성하는 일부 사소한 부분에 다른 점이 있어도 그 진술의 취지가 기억에 일치하는 것이라면 그것만으로는 위증죄의 성립이 인정될 수 없다(대판 2007.10.26. 2007도5076).

③ [○] 모해위증의 죄를 범한 자가 그 진술한 사건의 재판 또는 징계처분이 확정되기 전에 자백 또는 자수한 때에는 그 형을 감경 또는 면제한다(제153조).

④ [×] 위증죄나 모해위증죄의 경우 친족간의 특례 규정이 없다. 따라서 친족 또는 동거의 가족이 본인을 위하여 모해위증의 죄를 범한 때에는 모해위증죄로 처벌한다(제152조 제2항).

⑤ [○] 피고인이 甲을 모해할 목적으로 乙에게 위증을 교사하였으나, 정범인 乙에게 모해의 목적이 없더라도 형법 제33조 단서의 규정에 의하여 피고인을 모해위증교사죄로 처단할 수 있다(대판 1994.12.23. 93도1002).

정답 ④

109 위증죄에 관한 다음 설명 중 가장 옳은 것은? (다툼이 있으면 판례에 의함)

[20 법원9급]

① 위증죄는 그 진술이 판결에 영향을 미쳤는지 여부나 지엽적인 사항인지 여부와 무관하게 성립하나, 경험한 사실에 대한 법률적 평가인 경우에는 위증죄가 성립하지 않는다.

② 위증죄에서의 허위의 진술이란 증인이 자신의 기억에 반하는 사실을 진술하는 것을 말하나, 그 내용이 객관적 사실과 부합하는 경우에는 위증죄가 성립하지 않는다.

③ 증인의 증언은 그 전부를 일체로 관찰 · 판단하는 것이므로 증인이 증인신문절차에서 허위의 진술을 하고 그 진술이 철회 · 시정된 바 없이 그대로 증인신문절차가 종료된 후, 별도의 증인 신청 및 채택 절차를 거쳐 그 증인이 다시 신문을 받는 과정에서 종전 신문절차에서의 진술을 철회 · 시정한 경우에는 위증죄가 성립되지 않는다.

④ 피고인이 자기의 형사사건에 관하여 타인을 교사하여 위증죄를 범하게 하는 것은 형사소송에 있어서의 방어권을 인정하는 취지상 처벌의 대상이 되지 않는다.

해설

① [○] [1] 증언이 기본적인 사항에 관한 것이 아니고 지엽적인 사항에 관한 진술이라 하더라도 그것이 허위 진술인 이상 위증죄 성립에는 영향이 없다(대판 2018.5.15. 2017도19499).
[2] 위증죄는 법률에 의하여 선서한 증인이 사실에 관하여 기억에 반하는 진술을 한 때에 성립하고, 증인의 진술이 경험한 사실에 대한 법률적 평가이거나 단순한 의견에 지나지 아니하는 경우에는 위증죄에서 말하는 허위의 공술이라고 할 수 없으며, 경험한 객관적 사실에 대한 증인 나름의 법률적·주관적 평가나 의견을 부연한 부분에 다소의 오류나 모순이 있더라도 위증죄가 성립하는 것은 아니라고 할 것이다(대판 2009.3.12. 2008도11007).

② [×] 위증죄에 있어서의 허위의 공술이란 증인이 자기의 기억에 반하는 사실을 진술하는 것을 말하는 것으로서 그 내용이 객관적 사실과 부합한다고 하여도 위증죄의 성립에 장애가 되지 않는다(대판 1989.1.17. 88도580).

③ [×] 증인의 증언은 그 전부를 일체로 관찰·판단하는 것이므로 선서한 증인이 일단 기억에 반하는 허위의 진술을 하였더라도 그 신문이 끝나기 전에 그 진술을 철회·시정한 경우 위증이 되지 아니한다고 할 것이나, 증인이 1회 또는 수회의 기일에 걸쳐 이루어진 1개의 증인신문절차에서 허위의 진술을 하고 그 진술이 철회·시정된 바 없이 그대로 증인신문절차가 종료된 경우 그로써 위증죄는 기수에 달하고, 그 후 별도의 증인 신청 및 채택 절차를 거쳐 그 증인이 다시 신문을 받는 과정에서 종전 신문절차에서의 진술을 철회·시정한다 하더라도 그러한 사정은 형법 제153조가 정한 형의 감면사유에 해당할 수 있을 뿐, 이미 종결된 종전 증인신문절차에서 행한 위증죄의 성립에 어떤 영향을 주는 것은 아니고, 위와 같은 법리는 증인이 별도의 증인신문절차에서 새로이 선서를 한 경우뿐만 아니라 종전 증인신문절차에서 한 선서의 효력이 유지됨을 고지 받고 진술한 경우에도 마찬가지로 적용된다(대판 2010.9.30. 2010도7525).

④ [×] 자기의 형사사건에 관하여 타인을 교사하여 위증죄를 범하게 하는 것은 이러한 방어권을 남용하는 것이라고 할 것이어서 교사범의 죄책을 부담한다(대판 2004.1.27. 2003도5114).

정답 ①

110 위증죄에 관한 설명 중 가장 적절하지 않은 것은? (다툼이 있으면 판례에 의함) [17 경찰승진]

① 제3자가 심문절차로 진행되는 가처분 신청사건에서 증인으로 출석하여 선서를 하고 허위의 진술을 한 경우 위증죄가 성립한다.

② 하나의 사건에 관하여 한 번 선서한 증인이 같은 기일에서 수개의 사실에 관하여 허위의 진술을 한 경우 한 개의 위증죄가 성립한다.

③ 민사소송의 당사자인 법인의 대표자가 선서하고 증언하였더라도 위증죄가 성립하지 아니한다.

④ 위증죄를 범한 자가 그 공술한 사건의 재판 또는 징계처분이 확정되기 전에 자백 또는 자수한 때에는 그 형을 감경 또는 면제한다.

해설

① [×] 제3자가 심문절차로 진행되는 '가처분신청사건'에서 증인으로 출석하여 선서를 하고 진술함에 있어서 허위의 공술을 하였다고 하더라도 그 선서는 법률상 근거가 없어 무효라고 할 것이므로 위증죄는 성립하지 않는다(대판 2003.7.25. 2003도180).

② [○] 하나의 사건에 관하여 한 번 선서한 증인이 같은 기일에 여러 가지 사실에 관하여 기억에 반하는 허위의 진술을 한 경우 이는 하나의 범죄의사에 의하여 계속하여 허위의 진술을 한 것으로서 포괄하여 1개의 위증죄를 구성하는 것이고 각 진술마다 수 개의 위증죄를 구성하는 것이 아니다(대판 1998.4.14. 97도3340).

③ [○] 민사소송의 당사자는 증인능력이 없으므로 증인으로 선서하고 증언하였다고 하더라도 위증죄의 주체가 될 수 없고, 이러한 법리는 민사소송에서의 당사자인 법인의 대표자의 경우에도 마찬가지로 적용된다(대판 2012.12.13. 2010도14360).

④ [○] 위증죄를 범한 자가 그 공술한 사건의 재판 또는 징계처분이 확정되기 전에 자백 또는 자수한 때에는 그 형을 감경 또는 면제한다(제153조).

정답 ①

111 위증죄에 대한 다음 설명 중 옳지 않은 것은? (다툼이 있으면 판례에 의함) [15 경찰간부]

① 증인이 선서를 하고서 진술한 증언내용이 자신이 그 증언내용사실을 잘 알지 못하면서도 잘 아는 것으로 증언한 것이라면 위증죄가 성립한다.

② 자기의 형사사건에 관하여 타인을 교사하여 위증죄를 범하게 한 경우에는 방어권남용으로서 위증죄의 교사범이 성립한다.

③ 이미 유죄판결이 확정된 증인이 증언에 앞서 증언거부권을 고지받지 못한 상황에서 허위진술을 하면 위증죄가 성립하지 아니한다.

④ 甲이 A를 모해할 목적으로 B에게 위증을 교사하여 B가 위증을 한 경우, B에게 모해의 목적이 없었던 경우에도 甲을 모해위증교사죄로 처단할 수 있다.

해설

① [○] 증인이 선서를 하고서 진술한 증언내용이 자신이 그 증언내용사실을 잘 알지 못하면서도 잘 아는 것으로 증언한 것이라면 그 증언은 기억에 반한 진술이어서 위증죄가 성립된다(대판 1986.9.9. 86도57).

② [○] 자기의 형사사건에 관하여 타인을 교사하여 위증죄를 범하게 한 경우에는 방어권남용으로서 위증죄의 교사범이 성립한다(대판 2004.1.27. 2003도5114).

③ [×] 이미 유죄의 확정판결을 받은 경우에는 일사부재리의 원칙에 의해 다시 처벌되지 아니하므로 증언을 거부할 수 없는바, 비록 증언에 앞서 증언거부권을 고지받지 못했다고 하더라도 허위의 진술을 하면 위증죄가 성립한다(대판 2008.10.23. 2005도10101).

④ [○] 甲이 A를 모해할 목적으로 B에게 위증을 교사하여 B가 위증을 한 경우, B에게 모해의 목적이 없었던 경우에도 甲을 모해위증교사죄로 처단할 수 있다(대판 1994.12.23. 93도1002).

정답 ③

112 다음 설명 중 적절하지 않은 것으로 묶인 것은? (다툼이 있으면 판례에 의함) [12 경찰채용]

㉠ 모해위증죄는 형법 제33조 단서 소정의 '신분관계로 인하여 형의 경중이 있는 경우'에 해당한다.
㉡ 위증죄와 무고죄에서의 '허위'의 개념은 동일하다.
㉢ 진술내용이 당해 사건의 요증사실에 관한 것인지 여부나 판결에 영향을 미친 것인지의 여부는 위증죄의 성립과 관계가 없다.
㉣ 피고인이 선서무능력자로서 범죄현장을 목격하지도 못한 사람으로 하여금 범죄현장을 목격한 것처럼 허위의 증언을 하도록 한 경우에는 증거위조죄가 성립한다.

① ㉠, ㉡
② ㉠, ㉢
③ ㉡, ㉢
④ ㉡, ㉣

해설

㉠ [○] 모해목적 위증죄의 '모해할 목적'은 형법 제33조 단서 소정의 '신분관계로 인하여 형의 경중이 있는 경우'에 해당한다고 봄이 상당하다(대판 1994.12.23. 93도1002).

㉡ [×] [1] 위증죄에 있어서의 허위의 공술이란 증인이 자기의 기억에 반하는 사실을 진술하는 것을 말하는 것으로서 그 내용이 객관적 사실과 부합한다고 하여도 위증죄의 성립에 장애가 되지 않는다(대판 1989.1.17. 88도580).
[2] 무고죄는 타인으로 하여금 형사처분이나 징계처분을 받게 할 목적으로 신고한 사실이 객관적 진실에 반하는 허위사실인 경우에 성립되는 범죄이다(대판 2014.2.13. 2011도15767). ▶ 위증죄와 무고죄에서의 '허위'의 개념은 동일하지 아니하다.

㉢ [○] 위증죄는 선서한 증인이 고의로 자신의 기억에 반하는 증언을 함으로써 성립하고, 그 진술이 당해사건의 요증사항인 여부 및 재판의 결과에 영향을 미친 여부는 위증죄의 성립에 아무 관계가 없다(대판 1981.8.25. 80도2783).

㉣ [×] 선서무능력자로서 범죄현장을 목격하지도 못한 사람으로 하여금 형사법정에서 범죄 현장을 목격한 양 허위의 증언을 하도록 하는 것은 증거위조죄를 구성하지 아니한다(대판 1998.2.10. 97도2961).

정답 ④

113 **위증죄에 대한 설명 중 옳지 않은 것은? (다툼이 있으면 판례에 의함)** [15 경찰간부]

① 제3자가 심문절차로 진행되는 가처분 신청사건에서 증인으로 출석하여 선서를 하고 진술함에 있어서 허위의 공술을 하였다고 하더라도 위증죄는 성립하지 않는다.

② 사촌관계에 있는 甲의 도박사실 여부에 관하여 증언거부사유가 발생하게 되었는데도 재판장으로부터 증언거부권을 고지 받지 못한 상태에서 허위 진술을 하게 된 경우 위증죄가 성립하지 않는다.

③ 민사소송의 당사자는 증인능력이 없으므로 증인으로 선서하고 증언하였다고 하더라도 위증죄의 주체가 될 수 없으나 민사소송에서의 당사자인 법인의 대표자의 경우에는 위증죄의 주체가 될 수 있다.

④ 민사소송절차에서 재판장이 증인에게 증언거부권을 고지하지 아니하였다 하여 절차위반이 위법이 있다고 할 수 없으므로 적법한 선서절차를 마쳤음에도 허위진술을 한 증인에 대해서는 달리 특별한 사정이 없는 한 위증죄가 성립한다.

해설

① [○] 제3자가 심문절차로 진행되는 가처분 신청사건에서 증인으로 출석하여 선서를 하고 진술함에 있어서 허위의 공술을 하였다고 하더라도 그 선서는 법률상 근거가 없어 무효라고 할 것이므로 위증죄는 성립하지 않는다(대판 2003.7.25. 2003도180).

② [○] 사촌관계에 있는 甲의 도박 사실 여부에 관하여 증언거부사유가 발생하게 되었는데도 재판장으로부터 증언거부권을 고지받지 못한 상태에서 허위 진술을 하게 된 경우 증언 당시 증언거부권을 고지받지 못함으로 인하여 피고인이 그 증언거부권을 행사하는 데 사실상 장애가 초래되었다고 볼 수 있어, 위증죄가 성립할 수 없다(대판 2010.2.25. 2009도13257).

③ [×] 민사소송의 당사자는 증인능력이 없으므로 증인으로 선서하고 증언하였다고 하더라도 위증죄의 주체가 될 수 없고, 이러한 법리는 민사소송에서의 당사자인 법인의 대표자의 경우에도 마찬가지로 적용된다(대판 2012.12.13. 2010도14360).

④ [○] 민사소송절차에서 재판장이 증인에게 증언거부권을 고지하지 아니하였다 하여 절차위반의 위법이 있다고 할 수 없고, 따라서 적법한 선서 절차를 마쳤음에도 허위진술을 한 증인에 대해서는 달리 특별한 사정이 없는 한 위증죄가 성립한다(대판 2011.7.28. 2009도14928). ▶ 민사소송절차에는 형사소송절차와는 달리 증언거부권 고지 규정을 두고 있지 않기 때문이다.

정답 ③

114 **위증죄에 관한 설명 중 옳지 않은 것은? (다툼이 있는 경우에는 판례에 의함)** [13 변호사]

① 허위의 진술이란 그 객관적 사실이 허위라는 것이 아니라 스스로 체험한 사실을 기억에 반하여 진술하는 것을 뜻한다.

② 경험한 사실에 대한 법률적 평가나 단순한 의견에 지나지 아니한 경우 다소의 오류가 있더라도 허위의 진술에 해당하지 아니한다.

③ 증인의 진술내용이 당해 사건의 요증사실에 관한 것인지, 판결에 영향을 미친 것인지 여부는 위증죄의 성립과 아무런 관계가 없다.

④ 하나의 사건에 관하여 한 번 선서한 증인이 수개의 사실에 관하여 허위의 진술을 한 경우 한 개의 위증죄가 성립한다.

⑤ 자기의 형사사건에 관하여 타인을 교사하여 위증을 하게 하는 것은 피고인의 형사사건의 방어권 행사와 동일한 의미이므로 위증교사의 책임을 지지 않는다.

해설

① [○] 위증죄에 있어서의 허위의 진술이란 증인이 자기의 기억에 반하는 사실을 진술하는 것을 말하는 것으로서 그 내용이 객관적 사실과 부합한다고 하여도 위증죄의 성립에 장애가 되지 않는다(대판 1989.1.17. 88도580).

② [○] 위증죄는 법률에 의하여 선서한 증인이 사실에 관하여 기억에 반하는 진술을 한 때에 성립하고, 증인의 진술이 경험한 사실에 대한 법률적 평가이거나 단순한 의견에 지나지 아니하는 경우에는 위증죄에서 말하는 허위의 공술이라고 할 수 없으며, 경험한 객관적 사실에 대한 증인 나름의 법률적·주관적 평가나 의견을 부연한 부분에 다소의 오류나 모순이 있더라도 위증죄가 성립하는 것은 아니라고 할 것이다(대판 2009.3.12. 2008도11007).

③ [○] 위증죄는 진술내용이 당해 사건의 요증사항이 아니거나 재판의 결과에 영향을 미친 바 없더라도 선서한 증인이 그 기억에 반하여 허위의 진술을 한 경우에는 성립되어 그 죄책을 면할 수 없다(대판 1989.9.26. 88도1533).

④ [○] 하나의 사건에 관하여 한 번 선서한 증인이 같은 기일에 여러가지 사실에 관하여 기억에 반하는 허위의 진술을 한 경우 이는 하나의 범죄의사에 의하여 계속하여 허위의 진술을 한 것으로서 포괄하여 1개의 위증죄를 구성하는 것이고 각 진술마다 수 개의 위증죄를 구성하는 것이 아니다(대판 1998.4.14. 97도3340).

⑤ [×] 피고인이 자기의 형사사건에 관하여 허위의 진술을 하는 행위는 피고인의 형사소송에 있어서의 방어권을 인정하는 취지에서 처벌의 대상이 되지 않으나, 법률에 의하여 선서한 증인이 타인의 형사사건에 관하여 위증을 하면 형법 제152조 제1항의 위증죄가 성립되므로 자기의 형사사건에 관하여 타인을 교사하여 위증죄를 범하게 하는 것은 이러한 방어권을 남용하는 것이라고 할 것이어서 교사범의 죄책을 부담케 함이 상당하다(대판 2004.1.27. 2003도5114).

정답 ⑤

115 **다음 위증죄에 관한 설명 중 가장 옳지 않은 것은? (다툼이 있으면 판례에 의함)** [14 법원9급]

① 심문절차로 진행되는 가처분 신청사건에서는 증인으로 선서를 하고 허위 진술을 하였다 하더라도 위증죄로 처벌받지 않는다.

② 선서한 증인이 기억에 반하는 허위의 진술을 하면 그 신문이 끝나기 전에 그 진술을 철회 시정하더라도 위증죄의 성립에 지장이 없다.

③ 증언내용이 요증사실이 아니고 지엽적인 사항에 관한 것이어서 판결결과에 영향을 미치지 아니한 경우에도 위증죄가 성립한다.

④ 증인이 기억에 반하는 진술을 한 경우 그 내용이 객관적 사실과 부합한다 하더라도 위증죄가 성립한다.

해설

① [○] 제3자가 심문절차로 진행되는 '가처분신청사건'에서 증인으로 출석하여 선서를 하고 진술함에 있어서 허위의 공술을 하였다고 하더라도 그 선서는 법률상 근거가 없어 무효라고 할 것이므로 위증죄는 성립하지 않는다(대판 2003.7.25. 2003도180).

② [×] 증인이 일단 기억에 반하는 허위의 진술을 하였더라도 그 신문이 끝나기 전에 그 진술을 철회 시정한 경우 위증이 되지 아니한다(대판 1993.12.7. 93도2510).

③ [○] 증언이 기본적인 사항에 관한 것이 아니고 지엽적인 사항에 관한 진술이라 하더라도 그것이 허위의 진술인 이상 위증죄의 성립에는 영향이 없다(대판 1982.6.8. 81도3069).

④ [○] 위증죄에 있어서의 허위의 공술이란 증인이 자기의 기억에 반하는 사실을 진술하는 것을 말하는 것으로서 그 내용이 객관적 사실과 부합한다고 하여도 위증죄의 성립에 장애가 되지 않는다(대판 1989.1.17. 88도580).

정답 ②

116 위증죄에 관한 다음 설명 중 판례의 태도와 일치하지 않는 것은? [16 법원9급]

① 선서한 증인이 기억에 반하는 허위의 진술을 하였더라도 그 진술을 철회·시정하면 위증이 되지 아니하므로, 증인이 증인신문절차에서 허위의 진술을 하고 증인신문절차가 종료된 후, 다시 증인신청 및 채택절차를 거쳐 신문을 받는 과정에서 종전 신문절차에서의 진술을 철회·시정하면 위증죄가 성립하지 아니한다.

② 민사소송의 당사자인 법인의 대표자가 선서하고 증언하였더라도 위증죄가 성립하지 아니한다.

③ 자기의 형사사건에 관하여 타인을 교사하여 위증죄를 범하게 하는 것은 방어권을 남용하는 것으로 위증교사죄가 성립한다.

④ 하나의 사건에 관하여 한 번 선서한 증인이 같은 기일에 여러 가지 사실에 관하여 기억에 반하는 허위의 진술을 한 경우, 이는 하나의 범죄의사에 의하여 계속하여 허위의 진술을 한 것으로서 포괄하여 1개의 위증죄를 구성한다.

해설

① [×] 증인이 1회 또는 수회의 기일에 걸쳐 이루어진 1개의 증인신문절차에서 허위의 진술을 하고 그 진술이 철회·시정된 바 없이 그대로 증인신문절차가 종료된 경우 그로써 위증죄는 기수에 달하고, 그 후 별도의 증인 신청 및 채택 절차를 거쳐 그 증인이 다시 신문을 받는 과정에서 종전 신문절차에서의 진술을 철회·시정한다 하더라도 그러한 사정은 형법 제153조가 정한 형의 감면사유에 해당할 수 있을 뿐, 이미 종결한 종전 증인신문절차에서 행한 위증죄의 성립에 어떤 영향을 주는 것은 아니다(대판 2010.9.30. 2010도7525).

② [○] 민사소송의 당사자는 증인능력이 없으므로 증인으로 선서하고 증언하였다고 하더라도 위증죄의 주체가 될 수 없고, 이러한 법리는 민사소송에서의 당사자인 법인의 대표자의 경우에도 마찬가지로 적용된다(대판 2012.12.13. 2010도14360).

③ [○] 자기의 형사사건에 관하여 타인을 교사하여 위증죄를 범하게 하는 것은 이러한 방어권을 남용하는 것이라고 할 것이어서 교사범의 죄책을 부담케 함이 상당하다(대판 2004.1.27. 2003도5114).

④ [○] 하나의 사건에 관하여 한 번 선서한 증인이 같은 기일에 여러 가지 사실에 관하여 기억에 반하는 허위의 진술을 한 경우 이는 하나의 범죄의사에 의하여 계속하여 허위의 진술을 한 것으로서 포괄하여 1개의 위증죄를 구성하는 것이고 각 진술마다 수 개의 위증죄를 구성하는 것이 아니다(대판 2007.3.15. 2006도9463).

정답 ①

117 **위증과 증거인멸의 죄에 관한 다음 설명 중 옳지 않은 것은 몇 개인가? (다툼이 있으면 판례에 의함)**

[17 경찰간부]

> ㉠ 민사소송절차에 증인으로 출석한 자가 재판장으로부터 증언거부권을 고지받지 않은 상태에서 허위의 증언을 하였다면 비록 증인으로서 적법하게 선서를 마치고 한 허위진술이라도 위증죄는 성립하지 않는다.
> ㉡ 형사소송절차에서 재판장이 신문 전에 증인에게 증언거부권을 고지하지 않은 경우, 자기부죄거부특권에 관한 것이거나 증언거부사유가 있음에도 증인이 증언거부권을 고지받지 못함으로 인하여 증언거부권을 행사하는 데 사실상 장애가 초래되었다면 위증죄는 성립하지 않는다.
> ㉢ 참고인이 타인의 형사사건에 관하여 제3자와 대화를 하면서 허위로 진술하고 그 진술이 담긴 대화 내용을 녹음한 녹음파일 또는 이를 녹취한 녹취록을 만들어 수사기관에 제출하는 행위는 증거위조죄를 구성한다.
> ㉣ 참고인이 타인의 형사사건에 관하여 직접 진술하기에 앞서 허위의 사실확인서나 진술서를 작성하여 수사기관에 제출한 것은 존재하지 않는 문서를 이전부터 존재하고 있는 것처럼 작출하는 방법으로 새로운 증거를 창조한 것이어서 증거위조죄를 구성한다.

① 1개
② 2개
③ 3개
④ 4개

해설

㉠ [×] 민사소송절차에서 재판장이 증인에게 증언거부권을 고지하지 아니하였다 하여 절차위반의 위법이 있다고 할 수 없고, 따라서 적법한 선서 절차를 마쳤음에도 허위진술을 한 증인에 대해서는 달리 특별한 사정이 없는 한 위증죄가 성립한다(대판 2011.7.28. 2009도14928). ▶ 민사소송절차에는 형사소송절차와는 달리 증언거부권 고지 규정을 두고 있지 않기 때문이다.

㉡ [○] 형사소송절차에서 재판장이 신문 전에 증인에게 증언거부권을 고지하지 않은 경우, 자기부죄거부특권에 관한 것이거나 증언거부사유가 있음에도 증인이 증언거부권을 고지받지 못함으로 인하여 증언거부권을 행사하는 데 사실상 장애가 초래되었다면 위증죄는 성립하지 않는다(대판(전) 2010.1.21. 2008도942).

㉢ [○] 참고인이 타인의 형사사건 등에 관하여 제3자와 대화를 하면서 허위로 진술하고 위와 같은 허위 진술이 담긴 대화 내용을 녹음한 녹음파일 또는 이를 녹취한 녹취록을 만들어 수사기관 등에 제출하는 것은, 참고인이 타인의 형사사건 등에 관하여 수사기관에 허위의 진술을 하거나 이와 다를 바 없는 것으로서 허위의 사실확인서나 진술서를 작성하여 수사기관 등에 제출하는 것과는 달리, 증거위조죄를 구성한다(대판 2013.12.26. 2013도8085).

㉣ [×] 참고인이 타인의 형사사건 등에서 직접 진술 또는 증언하는 것을 대신하거나 그 진술 등에 앞서서 허위의 사실확인서나 진술서를 작성하여 수사기관 등에 제출하거나 또는 제3자에게 교부하여 제3자가 이를 제출한 것은 존재하지 않는 문서를 이전부터 존재하고 있는 것처럼 작출하는 등의 방법으로 새로운 증거를 창조한 것이 아닐뿐더러, 참고인이 수사기관에서 허위의 진술을 하는 것과 차이가 없으므로 증거위조죄를 구성하지 않는다(대판 2015.10.29. 2015도9010).

정답 ②

118 **다음은 위증죄에 대한 설명이다. 가장 적절하지 않은 것은? (다툼이 있으면 판례에 의함)** [13 경찰채용]

① 위증죄는 법률에 의하여 선서한 증인 본인만이 행위주체가 되는 진정신분범이다.
② 전남편이 도로교통법 위반(음주운전)으로 기소된 사건에서 증인으로 출석한 전처가 증언거부권을 고지받지 않은 상태에서 전남편인 피고인의 변명을 두둔하는 허위의 진술을 적극적으로 행한 경우 증언거부권의 불고지, 가족관계에 기초한 애정적 관계를 고려할 때 기대가능성이 없어 위증죄가 성립되지 않는다.
③ 형사피고인이 자기의 형사사건에 관하여 타인을 교사하여 위증하게 한 경우에는 위증교사죄가 성립한다.
④ 증인이 설령 객관적인 사실과 일치하더라도, 자기의 기억에 반하는 진술을 하였다면 위증죄가 성립한다.

해설

① [○] 위증죄는 법률에 의하여 선서한 증인만이 행위주체가 되는 진정신분범이다.
② [×] 선서 전에 재판장으로부터 증언거부권을 고지받지 아니하였다 하더라도 이로 인하여 증언거부권이 사실상 침해당한 것으로 평가할 수는 없으므로 위증죄가 성립한다(대판 2010.2.25. 2007도6273).
③ [○] 전남편이 도로교통법 위반(음주운전)으로 기소된 사건에서 증인으로 출석한 전처가 증언거부권을 고지받지 않은 상태에서 전남편인 피고인의 변명을 두둔하는 허위의 진술을 적극적으로 행한 경우 증언거부권의 불고지, 가족관계에 기초한 애정적 관계를 고려할 때 기대가능성이 없어 위증죄가 성립되지 않는다(대판 2004.1.27. 2003도5114).
④ [○] 위증죄에 있어서의 허위의 공술이란 증인이 자기의 기억에 반하는 사실을 진술하는 것을 말하는 것으로서 그 내용이 객관적 사실과 부합한다고 하여도 위증죄의 성립에 장애가 되지 않는다(대판 1989.1.17. 88도580).

정답 ②

119 **위증과 증거인멸의 죄에 대한 설명 중 가장 적절하지 않은 것은? (다툼이 있으면 판례에 의함)** [17 경찰채용]

① 제3자가 심문절차로 진행되는 가처분 신청사건에서 증인으로 출석하여 선서를 하고 허위 공술을 한 경우 위증죄가 성립하지 않는다.
② 모해위증죄에서 모해의 목적은 허위의 진술을 함으로써 피고인에게 불리하게 될 것이라는 인식이 있으면 충분하고 그 결과의 발생까지 희망할 필요는 없다.
③ 증거위조죄에서 '타인의 형사사건'이란 증거위조 행위 시에 아직 수사절차가 개시되기 전이라도 장차 형사사건이 될 수 있는 것까지 포함하나 그 형사사건이 기소되지 아니하거나 무죄가 선고될 경우 증거위조죄가 성립하지 않는다.
④ 타인의 형사사건과 관련하여 수사기관이나 법원에 제출하거나 현출되게 할 의도로 법률행위 당시에는 존재하지 아니하였던 처분문서를 사후에 그 작성일을 소급하여 작성하는 것은 증거위조죄의 구성요건을 충족시키는 것이라고 보아야 하고, 비록 그 내용이 진실하다 하여도 국가의 형사사법기능에 대한 위험이 있다는 점은 부인할 수 없다.

해설

① [○] 제3자가 심문절차로 진행되는 '가처분신청사건'에서 증인으로 출석하여 선서를 하고 진술함에 있어서 허위의 공술을 하였다고 하더라도 그 선서는 법률상 근거가 없어 무효라고 할 것이므로 위증죄는 성립하지 않는다(대판 2003.7.25. 2003도180).
② [○] 모해위증죄에서 모해의 목적은 허위의 진술을 함으로써 피고인에게 불리하게 될 것이라는 인식이 있으면 충분하고 그 결과의 발생까지 희망할 필요는 없다(대판 2007.12.27. 2006도3575).
③ [×] 증거위조죄에서 타인의 형사사건이란 증거위조 행위시에 아직 수사절차가 개시되기 전이라도 장차 형사사건이 될 수 있는 것까지 포함하고, 그 형사사건이 기소되지 아니하거나 무죄가 선고되더라도 증거위조죄의 성립에 영향이 없다(대판 2011.2.10. 2010도15986).
④ [○] 타인의 형사사건과 관련하여 수사기관이나 법원에 제출하거나 현출되게 할 의도로 법률행위 당시에는 존재하지 아니하였던 처분문서, 즉 그 외형 및 내용상 법률행위가 그 문서 자체에 의하여 이루어진 것과 같은 외관을 가지는 문서를 사후에 그 작성일을 소급하여 작성하는 것은, 가사 그 작성자에게 해당 문서의 작성권한이 있고, 또 그와 같은 법률행위가 당시에 존재하였다거나 그 법률행위의 내용이 위 문서에 기재된 것과 큰 차이가 없다 하여도 증거위조죄의 구성요건을 충족시키는 것이라고 보아야 하고, 비록 그 내용이 진실하다 하여도 국가의 형사사법기능에 대한 위험이 있다는 점은 부인할 수 없다(대판 2007.6.28. 2002도3600).

정답 ③

120 **다음 설명 중 옳고 그름의 표시(○, ×)가 바르게 된 것은? (다툼이 있는 경우 판례에 의함)** [23 경찰채용]

> ㉠ 범죄 또는 징계사유의 성립 여부에 관한 것뿐만 아니라 형 또는 징계의 경중에 영향을 미치는 정상을 인정하는 데 도움이 될 자료까지도 증거위조죄에서 규정한 '증거'에 포함된다.
> ㉡ 자신이 직접 형사처분을 받게 될 것을 두려워한 나머지 자기의 이익을 위하여 그 증거가 될 자료를 은닉하였다면 증거은닉죄에 해당하지 않고, 제3자와 공동하여 그러한 행위를 하였더라도 마찬가지이다.
> ㉢ 모해위증죄에 있어서 甲이 A를 모해할 목적으로 그러한 목적이 없는 乙에게 위증을 교사한 경우, 공범종속성에 관한 일반규정인 형법 제31조 제1항이 공범과 신분에 관한 형법 제33조 단서에 우선하여 적용되므로 신분이 있는 甲이 신분이 없는 乙보다 무겁게 처벌된다.
> ㉣ 甲이 자기 자신을 무고하기로 乙과 공모하고 공동의 의사에 따라 乙과 함께 자신을 무고한 경우, 甲과 乙은 무고죄의 공동정범으로서의 죄책을 진다.

① ㉠ ○ ㉡ ○ ㉢ ○ ㉣ ×
② ㉠ ○ ㉡ ○ ㉢ × ㉣ ×
③ ㉠ × ㉡ ○ ㉢ ○ ㉣ ○
④ ㉠ × ㉡ × ㉢ ○ ㉣ ○

해설

㉠ [○] 증거위조죄상 '증거'에 범죄 또는 징계사유의 성립 여부에 관한 것뿐만 아니라 형 또는 징계의 경중에 영향을 미치는 정상을 인정하는 데 도움이 될 자료까지도 증거위조죄에서 규정한 '증거'에 포함된다(대판 2021.1.28. 2020도2642).
㉡ [○] 자신이 직접 형사처분을 받게 될 것을 두려워한 나머지 자기의 이익을 위하여 그 증거가 될 자료를 은닉하였다면 증거은닉죄에 해당하지 않고, 제3자와 공동하여 그러한 행위를 하였더라도 마찬가지이다(대판 2018.10.25. 2015도1000).
㉢ [×] 형법 제31조 제1항은 협의의 공범의 일종인 교사범이 그 성립과 처벌에 있어서 정범에 종속한다는 일반적인 원칙을 선언한 것에 불과하고, 신분관계로 인하여 형의 경중이 있는 경우에 신분이 있는 자가 신분이 없는 자를 교사하여 죄를 범하게 한 때에는 형법 제33조 단서가 형법 제31조 제1항에 우선하여 적용됨으로써 신분이 있는 교사범이 신분이 없는 정범보다 중하게 처벌된다(대판 1994.12.23. 93도1002).
㉣ [×] 형법 제156조에서 정한 무고죄는 타인으로 하여금 형사처분 또는 징계처분을 받게 할 목적으로 허위의 사실을 신고하는 것을 구성요건으로 하는 범죄이다. 자기 자신으로 하여금 형사처분 또는 징계처분을 받게 할 목적으로 허위의 사실을 신고하는 행위, 즉 자기 자신을 무고하는 행위는 무고죄의 구성요건에 해당하지 않아 무고죄가 성립하지 않는다. 따라서 자기 자신을 무고하기로 제3자와 공모하고 이에 따라 무고행위에 가담하였더라도, 이는 자기 자신에게는 무고죄의 구성요건에 해당하지 않아 범죄가 성립할 수 없는 행위를 실현하고자 한 것에 지나지 않아 무고죄의 공동정범으로 처벌할 수 없다(대판 2017.4.26. 2013도12592).

정답 ②

121 **증거인멸의 죄에 대한 설명 중 옳은 것은 모두 몇 개인가? (다툼이 있으면 판례에 의함)** [21 경찰간부]

> ㉠ 형법 제155조 제1항의 증거인멸 등 죄에서 말하는 '징계사건'에는 국가의 징계사건은 물론 사인 간의 징계사건도 포함된다.
> ㉡ 형법 제155조 제1항에서 타인의 형사사건에 관한 증거를 위조한다 함은, 증거 자체를 위조하는 것뿐 아니라 널리 참고인이 수사기관에서 허위의 진술을 하는 것까지를 포함하는 개념으로 보아야 한다.
> ㉢ 형법 제155조 제1항의 증거위조죄에서 '타인의 형사사건'이란 증거위조 행위시에 아직 수사절차가 개시되기 전이라도 장차 형사사건이 될 수 있는 것까지 포함하지만, 이후 그 형사사건이 기소되지 아니하거나 무죄가 선고된 경우 증거위조죄는 성립하지 않는다.
> ㉣ 형법 제155조 제3항의 모해목적 증거인멸 등 죄에서 '피의자'라고 하기 위해서는 수사기관에 의하여 수사가 개시되어 있을 것을 필요로 하고, 그 이전의 단계에서는 장차 형사입건될 가능성이 크다고 하더라도 피의자에 해당한다고 볼 수는 없다.

① 1개 ② 2개
③ 3개 ④ 4개

해설

㉠ [×] 증거인멸 등 죄는 위증죄와 마찬가지로 국가의 형사사법작용 내지 징계작용을 그 보호법익으로 하므로 '징계사건'이란 국가의 징계사건에 한정되고 사인 간의 징계사건은 포함되지 않는다(대판 2007.11.30. 2007도4191).
㉡ [×] 증거위조죄에서 '증거를 위조한다' 함은 증거 자체를 위조함을 말하는 것이고, 참고인이 수사기관에서 허위의 진술을 하는 것은 이에 포함되지 아니한다(대판 2017.10.26. 2017도9827).
㉢ [×] 증거위조죄에서 타인의 형사사건이란 증거위조 행위시에 아직 수사절차가 개시되기 전이라도 장차 형사사건이 될 수 있는 것까지 포함하고, 그 형사사건이 기소되지 아니하거나 무죄가 선고되더라도 증거위조죄의 성립에 영향이 없다(대판 2011.2.10. 2010도15986).
㉣ [○] 형법 제155조 제3항(모해증거인멸 등)에서 말하는 '피의자'라고 하기 위해서는 수사기관에 의하여 범죄의 인지 등으로 수사가 개시되어 있을 것을 필요로 하고, 그 이전의 단계에서는 장차 형사입건될 가능성이 크다고 하더라도 그러한 사정만으로 '피의자'에 해당한다고 볼 수는 없다(대판 2010.6.24. 2008도12127).

정답 ①

122 **위증과 증거인멸의 죄에 관한 설명 중 가장 적절한 것은? (다툼이 있으면 판례에 의함)** [14 경찰승진]

① 증인이 1회 또는 수회의 기일에 걸쳐 이루어진 1개의 증인신문절차에서 허위의 진술을 하고 그 진술이 철회·시정된 바 없이 그대로 증인신문절차가 종료된 경우 그로써 위증죄는 기수에 달하고 그 후 별도의 증인신청 및 채택절차를 거쳐 그 증인이 다시 신문을 받는 과정에서 종전 신문절차에서의 진술을 철회·시정한다 하더라도 이미 종결된 종전 증인신문절차에서 행한 위증죄의 성립에 어떤 영향을 주는 것은 아니다.
② 증언거부사유가 있음에도 증언거부권을 고지받지 못함으로 인하여 그 증언거부권을 행사하는데 사실상 장애가 초래되었다고 볼 수 있는 경우 위증죄가 성립한다.
③ 형법 제155조 제1항에서 말하는 '징계사건'이란 국가의 징계사건에 한정되는 것이 아니라 사인간의 징계사건도 포함한다.
④ 자기의 형사사건에 관한 증거를 인멸하기 위하여 타인을 교사하여 죄를 범하게 한 자에 대하여는 증거인멸죄의 교사범이 성립하지 아니한다.

해설

① [○] 증인이 1회 또는 수회의 기일에 걸쳐 이루어진 1개의 증인신문절차에서 허위의 진술을 하고 그 진술이 철회·시정된 바 없이 그대로 증인신문절차가 종료된 경우 그로써 위증죄는 기수에 달하고, 그 후 별도의 증인 신청 및 채택 절차를 거쳐 그 증인이 다시 신문을 받는 과정에서 종전 신문절차에서의 진술을 철회·시정한다 하더라도 그러한 사정은 형법 제153조가 정한 형의 감면사유에 해당할 수 있을 뿐, 이미 종결한 종전 증인신문절차에서 행한 위증죄의 성립에 어떤 영향을 주는 것은 아니다(대판 2010.9.30. 2010도7525). ▶ 甲에게 위증죄가 성립한다.

② [×] 사촌관계에 있는 甲의 도박 사실 여부에 관하여 증언거부사유가 발생하게 되었는데도 재판장으로부터 증언거부권을 고지받지 못한 상태에서 허위 진술을 하게 된 사안에서 증언 당시 증언거부권을 고지받지 못함으로 인하여 피고인이 그 증언거부권을 행사하는 데 사실상 장애가 초래되었다고 볼 수 있어, 위증죄가 성립할 수 없다(대판 2010.2.25. 2009도13257).

③ [×] 증거인멸 등 죄는 위증죄와 마찬가지로 국가의 형사사법작용 내지 징계작용을 그 보호법익으로 하므로 '징계사건'이란 국가의 징계사건에 한정되고 사인(私人) 간의 징계사건은 포함되지 않는다(대판 2007.11.30. 2007도4191).

④ [×] 자기의 형사사건에 관한 증거를 인멸하기 위하여 타인을 교사하여 죄를 범하게 한 자에 대하여는 증거인멸교사죄가 성립한다(대판 2000.3.24. 99도5275).

정답 ①

123 위증죄에 관한 다음 설명 중 옳지 않은 것은? (다툼이 있으면 판례에 의함)

[12 경찰간부]

① 원고대리인 신문시에 한 증언을 피고대리인과 재판장 신문시에 취소 시정한 경우, 앞의 증언부분만을 따로 떼어 위증이라고 보는 것은 적법하다.

② 형사소송절차에서 증언거부사유가 있음에도 증인이 증언거부권을 고지받지 못함으로 인하여 증언거부권을 행사하는 데 사실상 장애가 초래되었다면 위증죄는 성립하지 않는다.

③ 형사소송절차에서 별도의 증인채택절차를 거쳐 그 증인이 다시 신문을 받는 과정에서 종전 신문절차에서의 진술을 철회한 경우에도 종전 증인신문절차에서의 위증죄의 성립에는 영향을 미치지 않는다.

④ 같은 심급에서 변론기일을 달리하여 수차 증인으로 나가 최초 한 선서의 효력을 유지시킨 상태에서 검사의 질문에 대해 3번, 변호사의 질문에 대해 1번의 허위진술을 한 경우에 포괄하여 1개의 위증죄가 성립한다.

해설

① [×] 증언의 전체 취지에 비추어 원고대리인 신문시에 한 증언을 피고대리인과 재판장 신문시에 취소시정한 것으로 보여진다면 앞의 증언부분만을 따로 떼어 위증이라고 보는 것은 위법하다(대판 1984.3.27. 83도2853).

② [○] 사촌관계에 있는 甲의 도박 사실 여부에 관하여 증언거부사유가 발생하게 되었는데도 재판장으로부터 증언거부권을 고지받지 못한 상태에서 허위 진술을 하게 된 사안에서 증언 당시 증언거부권을 고지받지 못함으로 인하여 피고인이 그 증언거부권을 행사하는 데 사실상 장애가 초래되었다고 볼 수 있어, 위증죄가 성립할 수 없다(대판 2010.2.25. 2009도13257).

③ [○] 피고인으로부터 위증의 교사를 받은 甲이 관련사건의 제1심 제9회 공판기일에 증인으로 출석하여 한 허위 진술이 철회·시정된 바 없이 증인신문절차가 그대로 종료되었다가, 그 후 증인으로 다시 신청·채택된 甲이 위 관련사건의 제21회 공판기일에 다시 출석하여 종전 선서의 효력이 유지됨을 고지받고 증언하면서 종전 기일에 한 진술이 허위 진술임을 시인하고 이를 철회하는 취지의 진술을 한 경우, 甲의 위증죄는 이미 기수에 이른 것으로 보아야 하고, 그 후 다시 증인으로 신청·채택되어 종전 신문절차에서 한 허위 진술을 철회하였더라도 이미 성립한 위증죄에 영향을 미친다고 볼 수는 없다(대판 2010.9.30. 2010도7525).

④ [○] 같은 심급에서 변론기일을 달리하여 수차 증인으로 나가 최초 한 선서의 효력을 유지시킨 상태에서 수 개의 허위진술을 하는 경우 1개의 위증죄를 구성함에 그친다(대판 2007.3.14. 2006도9463).

정답 ①

124 **위증죄에 관한 설명 중 옳은 것은 모두 몇 개인가? (판례에 의함)** [11 경찰승진]

㉠ 피고인을 공동피고로 한 민사사건에서 피고인이 의제자백에 의해 분리되고, 공소외인만이 피고로 남은 사건에서 한 증언이 기억에 반한 것이라면 위증죄에 해당한다.
㉡ 타인으로부터 전해들은 금품의 전달사실을 마치 증인 자신이 전달한 것처럼 진술한 것은 증인의 기억에 반하는 허위진술이라고 할 것이므로 그 진술부분은 위증에 해당한다.
㉢ 상세한 내용의 증인심문사항에 대하여 증인이 그 상세한 심문사항내용을 파악하지 못하였거나 또는 기억하지 못함에도 불구하고 이를 그대로 긍정하는 취지의 답변을 하였다면 기억에 반하여 허위의 진술을 한 것이라고 볼 것이다.
㉣ 피고인 자신이 증언내용 사실을 잘 알지 못하면서도 잘 아는 것으로 증언했다면 피고인의 증언은 기억에 반한 진술이 될 것이고 위증죄가 성립되는 것이다.

① 1개 ② 2개
③ 3개 ④ 4개

해설

㉠ [○] 피고인을 공동피고로 한 민사사건에서 피고인이 의제자백에 의해 분리되고, 공소외인 만이 피고로 남았다면 이는 타인 사이의 사건이라고 할 것이므로 그 사건에서 한 증언이 기억에 반한 것인 이상 위증죄에 해당한다(대판 1983.10.25. 83도1318).
㉡ [○] 타인으로부터 전해 들은 금품의 전달사실을 마치 증인 자신이 전달한 것처럼 진술한 것은 증인의 기억에 반하는 허위진술이라고 할 것이므로 그 진술부분은 위증에 해당한다(대판 1990.5.8. 90도448).
㉢ [○] 상세한 내용의 증인신문사항에 대하여 증인이 그 상세한 신문사항내용을 파악하지 못하였거나 또는 기억하지 못함에도 불구하고 이를 그대로 긍정하는 취지의 답변을 하였다면 기억에 반하여 허위의 진술을 한 것이라고 볼 것이다(대판 1981.6.23. 81도118).
㉣ [○] 증인 선서를 하고서 진술한 증언내용이 자신이 그 증언내용사실을 잘 알지 못하면서도 잘 아는 것으로 증언한 것이라면 그 증언은 기억에 반한 진술이어서 위증죄가 성립된다(대판 1986.9.9. 86도57).

정답 ④

125 다음 중 옳은 것을 모두 고른 것은? (다툼이 있는 경우 판례에 의함)

[23 경찰채용]

> ㉠ 위증죄는 법률에 의하여 선서한 증인이 사실에 관하여 기억에 반하는 진술을 한 때에 성립하고, 증인의 진술이 경험한 사실에 대한 법률적 평가이거나 단순한 의견에 지나지 아니하는 경우에는 위증죄에서 말하는 허위의 공술이라고 할 수 없으나, 경험한 객관적 사실에 대한 증인 나름의 법률적·주관적 평가나 의견을 부연한 부분에 다소의 오류나 모순이 있는 경우 위증죄가 성립한다.
>
> ㉡ 피고인 자신이 직접 형사처분이나 징계처분을 받게 될 것을 두려워한 나머지 자기의 이익을 위하여 그 증거가 될 자료를 인멸하였다면, 그 행위가 동시에 다른 공범자의 형사사건이나 징계사건에 관한 증거를 인멸한 결과가 된다고 하더라도 이를 증거인멸죄로 다스릴 수 없다.
>
> ㉢ 피고인 자신을 위해 증인을 도피하게 한 행위가 동시에 다른 공범자의 형사사건이나 징계사건에 관한 증인을 도피하게 한 결과로 되는 경우 증인도피죄가 성립한다.
>
> ㉣ 참고인이 타인의 형사사건 등에 관하여 제3자와 대화를 하면서 허위로 진술하고 위와 같은 허위 진술이 담긴 대화 내용을 녹음한 녹음파일 또는 이를 녹취한 녹취록을 만들어 수사기관 등에 제출하는 것은 증거위조죄를 구성하지 아니한다.
>
> ㉤ 무고죄는 국가의 형사사법권 또는 징계권의 적정한 행사를 주된 보호법익으로 하고, 다만 개인의 부당하게 처벌 또는 징계받지 아니할 이익을 부수적으로 보호하는 죄이므로, 설사 무고에 있어서 피무고자의 승낙이 있었다고 하더라도 무고죄가 성립한다.

① ㉠, ㉡　　② ㉡, ㉣
③ ㉡, ㉤　　④ ㉢, ㉤

해설

㉠ [×] 위증죄는 법률에 의하여 선서한 증인이 사실에 관하여 기억에 반하는 진술을 한 때에 성립하고, 증인의 진술이 경험한 사실에 대한 법률적 평가이거나 단순한 의견에 지나지 아니하는 경우에는 위증죄에서 말하는 허위의 공술이라고 할 수 없으며, 경험한 객관적 사실에 대한 증인 나름의 법률적·주관적 평가나 의견을 부연한 부분에 다소의 오류나 모순이 있더라도 위증죄가 성립하는 것은 아니라고 할 것이다(대판 2009.3.12. 2008도11007).

㉡ [○] 피고인 자신이 직접 형사처분이나 징계처분을 받게 될 것을 두려워한 나머지 자기의 이익을 위하여 그 증거가 될 자료를 인멸하였다면, 그 행위가 동시에 다른 공범자의 형사사건이나 징계사건에 관한 증거를 인멸한 결과가 된다고 하더라도 이를 증거인멸죄로 다스릴 수 없다(대판 1995.9.29. 94도2608).

㉢ [×] 피고인 자신이 직접 형사처분이나 징계처분을 받게 될 것을 두려워한 나머지 자기의 이익을 위하여 증인이 될 사람을 도피하게 하였다면, 그 행위가 동시에 다른 공범자의 형사사건이나 징계사건에 관한 증인을 도피하게 한 결과가 된다고 하더라도 이를 증인도피죄로 처벌할 수 없다(대판 2003.3.14. 2002도6134).

㉣ [×] 참고인이 타인의 형사사건 등에 관하여 제3자와 대화를 하면서 허위로 진술하고 위와 같은 허위 진술이 담긴 대화 내용을 녹음한 녹음파일 또는 이를 녹취한 녹취록을 만들어 수사기관 등에 제출하는 것은, 참고인이 타인의 형사사건 등에 관하여 수사기관에 허위의 진술을 하거나 이와 다를 바 없는 것으로서 허위의 사실확인서나 진술서를 작성하여 수사기관 등에 제출하는 것과는 달리, 증거위조죄를 구성한다(대판 2013.12.26. 2013도8085).

㉤ [○] 무고죄는 국가의 형사사법권 또는 징계권의 적정한 행사를 주된 보호법익으로 하고 다만, 개인의 부당하게 처벌 또는 징계받지 아니할 이익을 부수적으로 보호하는 죄이므로, 설사 무고에 있어서 피무고자의 승낙이 있었다고 하더라도 무고죄가 성립한다(대판 2005.9.30. 2005도2712).

정답 ③

제5절 | 무고의 죄

126 무고죄에 대한 설명으로 옳은 것은? (다툼이 있으면 판례에 의함) [15 경찰간부]

① 무고죄가 성립하기 위해서는 신고자가 진실하다는 확신 없는 사실을 신고하면 족하고 신고사실이 허위라는 점을 확신할 필요까지는 없다.

② 피고인이 구타를 당했으나 입지 않은 상해사실을 포함하여 고소한 경우 무고죄에 해당한다.

③ 신고사실이 진실하더라도 형사책임을 부담할 자를 잘못 신고한 경우 무고죄에 해당한다.

④ 형사처분을 받게 할 목적으로 허위사실을 신고한 경우 그 사실 자체가 범죄가 되지 않는 경우에도 무고죄가 성립한다.

해설

① [○] 무고죄에 있어서의 범의는 반드시 확정적 고의임을 요하지 아니하고 미필적 고의로서도 족하다 할 것이므로 무고죄는 신고자가 진실하다는 확신 없는 사실을 신고함으로써 성립하고 그 신고사실이 허위라는 것을 확신함을 필요로 하지 않는다(대판 1997.3.28. 96도2417).

② [×] 피고인이 구타를 당했으나 입지 않은 상해사실을 포함하여 고소한 경우 고소내용의 정황의 과장에 지나지 않으므로 상해부분만이 따로이 무고죄를 구성한다고는 할 수 없다(대판 1973.12.26. 73도2771).

③ [×] 허위사실을 신고한 것이 아닌 이상 그 신고된 사실에 대한 형사책임을 부담할 자를 잘못 택하였다고 해도 무고죄는 성립하지 아니한다(대판 1982.4.27. 81도2341).

④ [×] 타인에게 형사처분을 받게 할 목적으로 '허위의 사실'을 신고한 행위가 무고죄를 구성하기 위하여는 신고된 사실 자체가 형사처분의 원인이 될 수 있어야 할 것이어서, 가령 허위의 사실을 신고하였다 하더라도 그 사실 자체가 형사범죄로 구성되지 아니한다면 무고죄는 성립하지 아니한다(대판 2002.6.28. 2001도2707).

정답 ①

127 무고죄에 관한 다음 설명 중 가장 옳지 않은 것은? (다툼이 있으면 판례에 의함) [19 법원9급]

① 타인으로 하여금 형사처분 또는 징계처분을 받게 할 목적으로 공무소 또는 공무원에 대하여 허위의 사실을 신고함으로써 성립한다.

② 허위의 사실을 신고하여야 하므로 신고 당시 그 사실 자체가 형사범죄를 구성하지 않으면 무고죄는 성립하지 않는다.

③ 무고죄를 범한 자가 그 신고한 사건의 재판 또는 징계처분이 확정되기 전에 자백 또는 자수한 때에는 그 형을 감경 또는 면제할 수 있다.

④ 상대방의 범행에 공범으로 가담한 사람이 자신의 가담 사실을 숨기고 상대방을 고소한 경우에는 무고죄가 성립하지 않는다.

해설

① [○] 제156조.

② [○] 허위로 신고한 사실이 무고행위 당시 형사처분의 대상이 될 수 있었던 경우에는 국가의 형사사법권의 적정한 행사를 그르치게 할 위험과 부당하게 처벌받지 않을 개인의 법적 안정성이 침해될 위험이 이미 발생하였으므로 무고죄는 기수에 이르고, 이후 그러한 사실이 형사범죄가 되지 않는 것으로 판례가 변경되었더라도 특별한 사정이 없는 한 이미 성립한 무고죄에는 영향을 미치지 않는다(대판 2017.5.30. 2015도15398).

③ [×] 무고죄를 범한 자가 그 신고한 사건의 재판 또는 징계처분이 확정되기 전에 자백 또는 자수한 때에는 그 형을 감경 또는 면제한다(제153조, 제157조).

④ [○] 피고인 자신이 상대방의 범행에 공범으로 가담하였음에도 자신의 가담사실을 숨기고 상대방만을 고소한 경우, 피고인의 고소내용이 상대방의 범행 부분에 관한 한 진실에 부합하므로 이를 허위의 사실로 볼 수 없고, 상대방의 범행에 피고인이 공범으로 가담한 사실을 숨겼다고 하여도 그것이 상대방에 대한 관계에서 독립하여 형사처분 등의 대상이 되지 아니하고 또한 전체적으로 보아 상대방의 범죄사실의 성립 여부에 직접 영향을 줄 정도에 이르지 아니하는 내용에 관계되는 것이므로 무고죄가 성립하지 않는다(대판 2010.2.25. 2009도1302).

정답 ③

128 **무고죄에 관한 다음 설명 중 가장 옳지 않은 것은? (다툼이 있으면 판례에 의함)** [21 법원9급]

① 성폭행 등의 피해를 입었다는 신고사실에 관하여 불기소처분 내지 무죄판결이 내려졌다고 하여, 그 자체를 무고를 하였다는 적극적인 근거로 삼아 신고내용을 허위라고 단정하여서는 아니 된다.

② 개별적, 구체적인 사건에서 성폭행 등의 피해자임을 주장하는 자가 처하였던 특별한 사정을 충분히 고려하지 아니한 채 진정한 피해자라면 마땅히 이렇게 하였을 것이라는 기준을 내세워 성폭행 등의 피해를 입었다는 점 및 신고에 이르게 된 경위 등에 관한 변소를 쉽게 배척하여서는 아니 된다.

③ 타인으로 하여금 형사처분을 받게 할 목적으로 공무소에 대하여 허위의 사실을 신고하였다면, 그 사실이 친고죄로서 그에 대한 고소기간이 경과하여 공소를 제기할 수 없음이 그 신고내용 자체에 의하여 분명한 경우에도 당해 국가기관의 직무를 그르치게 할 위험이 없다고 할 수 없으므로 무고죄가 성립한다.

④ 무고죄에서 신고한 사실이 객관적 진실에 반하는 허위사실이라는 요건은 적극적 증명이 있어야 하고, 신고사실의 진실성을 인정할 수 없다는 소극적 증명만으로 곧 그 신고사실이 객관적 진실에 반하는 허위의 사실이라 단정하여 무고죄의 성립을 인정할 수는 없다.

해설

① [○], ② [○] 성폭행 등의 피해를 입었다는 신고사실에 관하여 불기소처분 내지 무죄판결이 내려졌다고 하여, 그 자체를 무고를 하였다는 적극적인 근거로 삼아 신고내용을 허위라고 단정하여서는 아니 됨은 물론, 개별적, 구체적인 사건에서 피해자임을 주장하는 자가 처하였던 특별한 사정을 충분히 고려하지 아니한 채 진정한 피해자라면 마땅히 이렇게 하였을 것이라는 기준을 내세워 성폭행 등의 피해를 입었다는 점 및 신고에 이르게 된 경위 등에 관한 변소를 쉽게 배척하여서는 아니 된다(대판 2019.7.11. 2018도2614). ▶ 피해자임을 주장하는 자가 성폭행 등의 피해를 입었다고 신고한 사실에 대하여 증거불충분 등을 이유로 불기소처분되거나 무죄판결이 선고될 수도 있기 때문이다.

③ [×] 타인으로 하여금 형사처분을 받게 할 목적으로 공무소에 대하여 허위의 사실을 신고하였다고 하더라도, 그 사실이 친고죄로서 그에 대한 고소기간이 경과하여 공소를 제기할 수 없음이 그 신고내용 자체에 의하여 분명한 때에는 당해 국가기관의 직무를 그르치게 할 위험이 없으므로 무고죄는 성립하지 아니한다(대판 2018.7.11. 2018도1818).

④ [○] 무고죄는 타인으로 하여금 형사처분이나 징계처분을 받게 할 목적으로 신고한 사실이 객관적인 진실에 반하는 허위사실인 경우에 성립하는 범죄이므로, 신고한 사실이 객관적 진실에 반하는 허위사실이라는 요건은 적극적 증명이 있어야 하고, 신고사실의 진실성을 인정할 수 없다는 소극적 증명만으로 곧 그 신고사실이 객관적 진실에 반하는 허위의 사실이라 단정하여 무고죄의 성립을 인정할 수는 없으며, 신고내용에 일부 객관적 진실에 반하는 내용이 포함되어 있더라도 그것이 범죄의 성부에 영향을 미치는 중요한 부분이 아니고 단지 신고사실의 정황을 과장하는 데 불과하다면 무고죄는 성립하지 않는다(대판 2019.7.11. 2018도2614).

정답 ③

129 **무고죄에 관한 설명 중 옳지 않은 것을 모두 고른 것은? (다툼이 있으면 판례에 의함)** [20 변호사]

> ㉠ 甲의 교사·방조하에 乙이 甲에 대한 허위의 사실을 신고한 경우, 乙의 행위는 무고죄를 구성하고 乙을 교사·방조한 甲도 무고죄의 교사·방조범으로 처벌된다.
> ㉡ 甲이 자기 자신을 무고하기로 乙과 공모하고 이에 따라 무고행위에 가담한 경우, 甲과 乙은 무고죄의 공동정범으로 처벌된다.
> ㉢ 타인으로 하여금 형사처분을 받게 할 목적으로 공무소에 대하여 허위의 사실을 신고하였다고 하더라도 그 사실이 친고죄로서 그에 대한 고소기간이 경과하여 공소를 제기할 수 없음이 그 신고내용 자체에 의하여 분명한 경우에는 무고죄가 성립하지 아니한다.
> ㉣ 타인으로 하여금 형사처분을 받게 할 목적으로 공무소에 대하여 허위의 사실을 고소하면서 객관적으로 그 고소사실에 대한 공소시효가 완성되었음에도 마치 공소시효가 완성되지 아니한 것처럼 고소하였다면 형사소추의 실익이 없어 무고죄가 성립하지 아니한다.
> ㉤ 타인으로 하여금 형사처분을 받게 할 목적으로 공무소 또는 공무원에 대하여 허위로 신고한 사실이 무고행위 당시 형사처분의 대상이 될 수 있었던 경우에는 무고죄가 기수에 이르고, 이후 그 사실이 형사범죄가 되지 않는 것으로 판례가 변경되었더라도 특별한 사정이 없는 한 이미 성립한 무고죄에는 영향을 미치지 않는다.

① ㉡, ㉣
② ㉢, ㉤
③ ㉠, ㉡, ㉤
④ ㉠, ㉢, ㉣
⑤ ㉡, ㉣, ㉤

해설

㉠ [○] 피무고자의 교사·방조하에 제3자가 피무고자에 대한 허위의 사실을 신고한 경우에는 제3자의 행위는 무고죄의 구성요건에 해당하여 무고죄를 구성하므로, 제3자를 교사·방조한 피무고자도 교사·방조범으로서의 죄책을 부담한다(대판 2008.10.23. 2008도4852).

㉡ [×] [1] 자기 자신을 무고하기로 제3자와 공모하고 이에 따라 무고행위에 가담하였다고 하더라도 이는 자기 자신에게는 무고죄의 구성요건에 해당하지 않아 범죄가 성립할 수 없는 행위를 실현하고자 한 것에 지나지 않아 무고죄의 공동정범으로 처벌할 수 없다.
[2] 甲이 乙, 丙과 공모한 후, 乙이 그 공모에 따라 甲을 처벌하여 달라는 허위 내용의 고소장을 작성하여 제출하였더라도 甲을 乙, 丙과 함께 무고죄의 공동정범으로 처벌할 수 없다(대판 2017.4.26. 2013도12592).

㉢ [○] 타인으로 하여금 형사처분을 받게 할 목적으로 공무소에 대하여 허위의 사실을 신고하였다고 하더라도, 그 사실이 친고죄로서 그에 대한 고소기간이 경과하여 공소를 제기할 수 없음이 그 신고내용 자체에 의하여 분명한 때에는 당해 국가기관의 직무를 그르치게 할 위험이 없으므로 무고죄는 성립하지 아니한다(대판 2018.7.11. 2018도1818).

㉣ [×] 객관적으로 고소사실에 대한 공소시효가 완성되었더라도 고소를 제기하면서 마치 공소시효가 완성되지 아니한 것처럼 고소한 경우에는 국가기관의 직무를 그르칠 염려가 있으므로 무고죄를 구성한다(대판 1995.12.5. 95도1908).

㉤ [○] 허위로 신고한 사실이 무고행위 당시 형사처분의 대상이 될 수 있었던 경우에는 국가의 형사사법권의 적정한 행사를 그르치게 할 위험과 부당하게 처벌받지 않을 개인의 법적 안정성이 침해될 위험이 이미 발생하였으므로 무고죄는 기수에 이르고, 이후 그러한 사실이 형사범죄가 되지 않는 것으로 판례가 변경되었다고 하더라도 특별한 사정이 없는 한 이미 성립한 무고죄에는 영향을 미치지 않는다(대판 2017.5.30. 2015도15398).

정답 ①

130 무고죄에 관한 다음 설명 중 가장 옳은 것은? (다툼이 있으면 판례에 의함) [16 법원9급]

① 무고죄에서 형사처분 또는 징계처분을 받게 할 목적은 허위신고를 함에 있어서 다른 사람이 그로 인하여 형사 또는 징계처분을 받게 될 것이라는 인식이 있으면 족하고, 그 결과발생을 희망하는 것까지를 요하는 것은 아니다.

② 타인으로 하여금 형사처분을 받게 할 목적으로 허위의 사실을 신고한 이상, 그 사실 자체가 형사범죄로 구성되지 아니하더라도 무고죄가 성립한다.

③ 피고인 자신이 상대방의 범행에 공범으로 가담하였음에도 자신의 가담사실을 숨기고 상대방만을 고소한 경우에는 무고죄가 성립한다.

④ 무고죄에서의 허위사실 적시의 정도는 수사관서 또는 감독관서에 대하여 수사권 또는 징계권의 발동을 촉구하는 정도로는 부족하고 범죄구성요건 사실이나 징계요건 사실을 구체적으로 명시하여야 한다.

해설

① [○] 무고죄에서 형사처분 또는 징계처분을 받게 할 목적은 허위신고를 함에 있어서 다른 사람이 그로 인하여 형사 또는 징계처분을 받게 될 것이라는 인식이 있으면 족한 것이고 그 결과발생을 희망하는 것까지를 요하는 것은 아니므로, 고소인이 고소장을 수사기관에 제출한 이상 그러한 인식은 있었다고 보아야 한다(대판 2014.3.13. 2012도2468).

② [×] 타인에게 형사처분을 받게 할 목적으로 허위의 사실을 신고한 행위가 무고죄를 구성하기 위하여는 신고된 사실 자체가 형사처분의 원인이 될 수 있어야 할 것이어서, 가령 허위의 사실을 신고하였다 하더라도 그 사실 자체가 형사범죄로 구성되지 아니한다면 무고죄는 성립하지 아니한다(대판 2013.9.26. 2013도6862).

③ [×] 피고인 자신이 상대방의 범행에 공범으로 가담하였음에도 자신의 가담사실을 숨기고 상대방만을 고소한 경우, 피고인의 고소내용이 상대방의 범행 부분에 관한 한 진실에 부합하므로 이를 허위의 사실로 볼 수 없고, 상대방의 범행에 피고인이 공범으로 가담한 사실을 숨겼다고 하여도 그것이 상대방에 대한 관계에서 독립하여 형사처분 등의 대상이 되지 아니할뿐더러 전체적으로 보아 상대방의 범죄사실의 성립 여부에 직접 영향을 줄 정도에 이르지 아니하는 내용에 관계되는 것이므로 무고죄가 성립하지 않는다(대판 2010.2.25. 2009도1302).

④ [×] 무고죄에서의 허위사실 적시의 정도는 수사관서 또는 감독관서에 대하여 수사권 또는 징계권의 발동을 촉구하는 정도의 것이면 충분하고 반드시 범죄구성요건 사실이나 징계요건 사실을 구체적으로 명시하여야 하는 것은 아니다(대판 2014.12.24. 2012도4531).

정답 ①

131 무고죄에 관한 설명 중 가장 적절하지 않은 것은? (다툼이 있으면 판례에 의함) [16 경찰승진]

① 위증으로 고소, 고발한 사실 중 위증한 당해사건의 요증사항이 아니고 재판결과에 영향을 미친 바 없는 사실만이 허위라고 인정되는 경우, 무고죄는 성립하지 않는다.

② 피고인이 허위사실을 신고하였지만 신고된 범죄사실에 대한 공소시효가 완성되었음이 신고내용 자체에 의하여 분명한 경우 무고죄가 성립하지 않는다.

③ 피무고자의 승낙을 받아 허위사실을 기재한 고소장을 제출한 경우 무고죄가 성립한다.

④ 피고인이 최초에 작성한 허위내용의 고소장을 경찰관에게 제출한 이상 그 후에 그 고소장을 되돌려 받았다 하더라도 무고죄의 성립에 영향이 없다.

해설

① [×] 위증으로 고소, 고발한 사실 중 위증한 당해 사건의 요증사항이 아니고 재판결과에 영향을 미친 바 없는 사실만이 허위라고 인정되더라도 무고죄의 성립에는 영향이 없다(대판 1989.9.26. 88도1533).

② [○] 타인으로 하여금 형사처분을 받게 할 목적으로 공무소에 대하여 허위사실을 신고하였다고 하더라도, 신고된 범죄사실에 대한 공소시효가 완성되었음이 신고 내용 자체에 의하여 분명한 경우에는, 형사처분의 대상이 되지 않는 것이므로 무고죄가 성립하지 아니한다(대판 1994.2.8. 93도3445).

③ [○] 무고죄는 국가의 형사사법권 또는 징계권의 적정한 행사를 주된 보호법익으로 하고 다만, 개인의 부당하게 처벌 또는 징계받지 아니할 이익을 부수적으로 보호하는 죄이므로, 설사 무고에 있어서 피무고자의 승낙이 있었다고 하더라도 무고죄의 성립에는 영향을 미치지 못한다 할 것이다(대판 2005.9.30. 2005도2712).

④ [○] 피고인이 최초에 작성한 허위내용의 고소장을 경찰관에게 제출하였을 때 이미 허위사실의 신고가 수사기관에 도달되어 무고죄의 기수에 이른 것이라 할 것이므로 그 후에 그 고소장을 되돌려 받았다 하더라도 이는 무고죄의 성립에 아무런 영향이 없다(대판 1985.2.28. 84도2215).

정답 ①

132 **무고죄에 대한 설명으로 적절하지 않은 것을 모두 고른 것은? (다툼이 있으면 판례에 의함)** [21 경찰승진]

㉠ 무고죄에서의 허위사실 적시의 정도는 수사관서 또는 감독관서에 대하여 수사권 또는 징계권의 발동을 촉구하는 정도의 것이면 충분하고 반드시 범죄구성요건 사실이나 징계요건 사실을 구체적으로 명시하여야 하는 것은 아니다.

㉡ 신고한 사실이 객관적 진실에 반하는 허위사실이라는 점에 관하여는 적극적인 증명이 있어야 하며, 신고사실의 진실성을 인정할 수 없다는 점만으로 곧 그 신고사실이 객관적 진실에 반하는 허위사실이라고 단정하여 무고죄의 성립을 인정할 수는 없다.

㉢ 금원을 대여한 甲은 차용금을 갚지 않은 A를 'A가 변제의사와 능력도 없이 차용금 명목으로 돈을 편취하였으니 사기죄로 처벌해 달라'는 내용으로 고소하면서 대여금의 용도에 관하여 '도박자금'으로 빌려준 사실을 감추고 '내비게이션 구입에 필요한 자금'이라고 허위 기재한 경우 무고죄가 성립한다.

㉣ 甲이 자기 자신을 무고하기로 乙과 공모하고 이에 따라 무고행위에 가담하였다면 甲은 乙과 함께 무고죄의 공동정범으로 처벌된다.

① ㉠, ㉡
② ㉠, ㉣
③ ㉡, ㉢
④ ㉢, ㉣

해설

㉠ [○] 무고죄에 있어서 허위사실 적시의 정도는 수사관서 또는 감독관서에 대하여 수사권 또는 징계권의 발동을 촉구하는 정도의 것이면 충분하고 반드시 범죄구성요건 사실이나 징계요건 사실을 구체적으로 명시하여야 하는 것은 아니다(대판 2006.5.25. 2005도4642).

㉡ [○] 무고죄는 타인으로 하여금 형사처분이나 징계처분을 받게 할 목적으로 신고한 사실이 객관적 진실에 반하는 허위사실인 경우에 성립되는 범죄이므로 신고한 사실이 객관적 사실에 반하는 허위사실이라는 요건은 적극적인 증명이 있어야 하며, 신고사실의 진실성을 인정할 수 없다는 소극적 증명만으로 곧 그 신고사실이 객관적 진실에 반하는 허위사실이라고 단정하여 무고죄의 성립을 인정할 수는 없다(대판 2014.2.13. 2011도15767).

㉢ [×] 피고인 甲의 고소 내용은 A가 변제의사와 능력도 없이 차용금 명목으로 돈을 편취하였으니 사기죄로 처벌하여 달라는 것이고, A가 차용금의 용도를 속이는 바람에 대여하게 되었다는 취지로 주장한 사실은 없으므로, 비록 피고인이 도박자금으로 대여한 사실을 숨긴 채 고소장에 대여금의 용도에 관하여 허위로 기재하고 대여 일시·장소 등 변제의사나 능력의 유무와 관련성이 크지 아니한 사항에 관하여 사실과 달리 기재한 사정만으로는 사기죄 성립 여부에 영향을 줄 정도의 중요한 부분을 허위 신고하였다고 보기 어려워 무고죄는 성립하지 아니한다(대판 2011.9.8. 2011도3489).

㉣ [×] [1] 자기 자신을 무고하기로 제3자와 공모하고 이에 따라 무고행위에 가담하였다고 하더라도 이는 자기 자신에게는 무고죄의 구성요건에 해당하지 않아 범죄가 성립할 수 없는 행위를 실현하고자 한 것에 지나지 않아 무고죄의 공동정범으로 처벌할 수 없다.

[2] 甲이 乙, 丙과 공모한 후, 乙이 그 공모에 따라 甲을 처벌하여 달라는 허위 내용의 고소장을 작성하여 제출하였더라도 甲을 乙, 丙과 함께 무고죄의 공동정범으로 처벌할 수 없다(대판 2017.4.26. 2013도12592).

정답 ④

133 무고죄에 관한 다음 설명 중 옳은 것은 몇 개인가? (다툼이 있으면 판례에 의함) [17 경찰간부]

㉠ 무고죄는 부수적으로 개인이 부당하게 처벌받거나 징계를 받지 않을 이익도 보호하지만, 국가의 형사사법권 또는 징계권의 적정한 행사를 주된 보호법익으로 한다. ㉡ 허위의 사실을 신고하였더라도 신고 당시 그 사실 자체가 형사범죄를 구성하지 않으면 무고죄는 성립하지 않는다. ㉢ 허위로 신고한 사실이 무고행위 당시 형사처분의 대상이 될 수 있었던 경우라면, 이후 그러한 사실이 형사범죄가 되지 않는 것으로 판례가 변경되었더라도 특별한 사정이 없는 한 이미 성립한 무고죄에는 영향을 미치지 않는다. ㉣ 甲이 자기 자신을 무고하기로 乙·丙과 공모하고 이에 따라 무고행위에 가담하였더라도 甲을 무고죄의 공동정범으로 처벌할 수 없다.

① 1개　　② 2개
③ 3개　　④ 4개

해설

㉠ [○] 무고죄는 부수적으로 개인이 부당하게 처벌받거나 징계를 받지 않을 이익도 보호하나, 국가의 형사사법권 또는 징계권의 적정한 행사를 주된 보호법익으로 한다(대판 2017.5.30. 2015도15398).

㉡ [○] 타인에게 형사처분을 받게 할 목적으로 '허위의 사실'을 신고한 행위가 무고죄를 구성하기 위해서는 신고된 사실 자체가 형사처분의 대상이 될 수 있어야 하므로, 가령 허위의 사실을 신고하였더라도 신고 당시 그 사실 자체가 형사범죄를 구성하지 않으면 무고죄는 성립하지 않는다(대판 2017.5.30. 2015도15398).

㉢ [○] 허위로 신고한 사실이 무고행위 당시 형사처분의 대상이 될 수 있었던 경우에는 국가의 형사사법권의 적정한 행사를 그르치게 할 위험과 부당하게 처벌받지 않을 개인의 법적 안정성이 침해될 위험이 이미 발생하였으므로 무고죄는 기수에 이르고, 이후 그러한 사실이 형사범죄가 되지 않는 것으로 판례가 변경되었더라도 특별한 사정이 없는 한 이미 성립한 무고죄에는 영향을 미치지 않는다(대판 2017.5.30. 2015도15398).

㉣ [○] 자기 자신을 무고하기로 제3자와 공모하고 이에 따라 무고행위에 가담하였더라도 이는 자기 자신에게는 무고죄의 구성요건에 해당하지 않아 범죄가 성립할 수 없는 행위를 실현하고자 한 것에 지나지 않아 무고죄의 공동정범으로 처벌할 수 없다(대판 2017.4.26. 2013도12592).

정답 ④

134 **무고죄에 대한 다음 설명 중 가장 옳지 않은 것은? (다툼이 있으면 판례에 의함)** [20 경찰간부]

① 타인으로 하여금 형사처분을 받게 할 목적으로 공무소에 허위의 사실을 신고하였다면 신고사실이 친고죄로서 고소기간이 경과하였음이 분명할지라도 당해 국가기관의 직무를 그르치게 할 위험은 인정되므로 무고죄 성립에는 아무런 지장이 없다.

② 신고자가 신고내용을 허위로 믿었다 할지라도 신고내용이 객관적으로 진실한 사실과 부합할 때에는 허위사실의 신고에 해당하지 않으므로 무고죄는 성립하지 않는다.

③ 무고죄는 신고한 사실이 객관적 진실에 반하는 허위사실이라는 점에 관해 적극적인 증명이 있어야 하고 신고사실의 진실성을 인정할 수 없다는 점만으로는 무고죄의 성립을 인정할 수 없다.

④ 무고죄에 있어서 형의 필요적 감면사유인 형법 제153조의 '재판이 확정되기 전'에는 피고인의 고소사건 수사 결과 피고인의 무고혐의가 밝혀져 피고인에 대한 공소가 제기되고 피고소인에 대해서는 불기소결정이 내려져 재판절차가 개시되지 않은 경우도 포함된다.

해설

① [×] 타인으로 하여금 형사처분을 받게 할 목적으로 공무소에 대하여 허위의 사실을 신고하였다고 하더라도, 그 사실이 친고죄로서 그에 대한 고소기간이 경과하여 공소를 제기할 수 없음이 그 신고내용 자체에 의하여 분명한 때에는 당해 국가기관의 직무를 그르치게 할 위험이 없으므로 무고죄는 성립하지 아니한다(대판 2018.7.11. 2018도1818).

② [○] 무고죄는 타인으로 하여금 형사처분 등을 받게 할 목적으로 신고한 사실이 객관적 진실에 반하는 허위사실인 경우에 성립되는 범죄로서, 신고자가 그 신고내용을 허위라고 믿었다 하더라도 그것이 객관적으로 진실한 사실에 부합할 때에는 허위사실의 신고에 해당하지 않아 무고죄는 성립하지 않는 것이다(대판 1991.10.11. 91도1950).

③ [○] 무고죄는 타인으로 하여금 형사처분이나 징계처분을 받게 할 목적으로 신고한 사실이 객관적 진실에 반하는 허위사실인 경우에 성립되는 범죄이므로 신고한 사실이 객관적 사실에 반하는 허위사실이라는 요건은 적극적인 증명이 있어야 하며, 신고사실의 진실성을 인정할 수 없다는 소극적 증명만으로 곧 그 신고사실이 객관적 진실에 반하는 허위사실이라고 단정하여 무고죄의 성립을 인정할 수는 없다(대판 2014.2.13. 2011도15767).

④ [○] 무고죄에 있어서 형의 필요적 감면사유인 형법 제153조의 '재판이 확정되기 전'에는 피고인의 고소사건 수사 결과 피고인의 무고혐의가 밝혀져 피고인에 대한 공소가 제기되고 피고소인에 대해서는 불기소결정이 내려져 재판절차가 개시되지 않은 경우도 포함된다(대판 2018.8.1. 2018도7293).

정답 ①

135 **무고죄에 관한 다음 설명 중 가장 옳지 않은 것은? (다툼이 있으면 판례에 의함)** [15 법원9급]

① 피고인이 사립대학교 교수인 피해자로 하여금 학교 법인으로부터 징계처분을 받게 할 목적으로 국민권익위원회가 운영하는 국민신문고에 허위의 민원을 제기하였다면, 피고인의 행위는 무고죄에 해당한다.

② 객관적으로 고소사실에 대한 공소시효가 완성되더라도, 고소를 제기하면서 마치 공소시효가 완성되지 아니한 것처럼 고소하였다면 무고죄를 구성한다.

③ 자기무고는 무고죄를 구성하지 않으나, 피무고자의 교사하에 제3자가 피무고자에 대한 허위의 사실을 신고한 경우에는 제3자를 교사한 피무고자도 교사범으로서의 죄책을 부담한다.

④ 당초 고소장에 기재하지 않은 사실을 수사기관에서 고소보충조서를 받을 때 자진하여 진술하였다면 이러한 진술부분까지 신고한 것으로 보아야 한다.

해설

① [×] [1] 사립학교 교원에 대한 학교법인 등의 징계처분은 형법 제156조의 무고죄에 있어 '징계처분'에 포함되지 않는다고 해석함이 옳다.
[2] 피고인이 사립학교 교원들로 하여금 징계처분을 받게 할 목적으로 국민권익위원회에서 운영하는 범정부 국민포털인 국민신문고에 민원을 제기하였더라도 무고죄에 해당하지 않는다(대판 2014.7.24. 2014도6377).
② [○] 객관적으로 고소사실에 대한 공소시효가 완성되었더라도 고소를 제기하면서 마치 공소시효가 완성되지 아니한 것처럼 고소한 경우에는 국가기관의 직무를 그르칠 염려가 있으므로 무고죄를 구성한다(대판 1995.12.5. 95도1908).
③ [○] [1] 피무고자의 교사·방조하에 제3자가 피무고자에 대한 허위의 사실을 신고한 경우에는 제3자의 행위는 무고죄의 구성요건에 해당하여 무고죄를 구성하므로, 제3자를 교사·방조한 피무고자도 교사·방조범으로서의 죄책을 부담한다(대판 2008.10.23. 2008도4852).
④ [○] 무고죄에 있어서의 신고는 자발적인 것이어야 하고 수사기관 등의 추문에 대하여 허위의 진술을 하는 것은 무고죄를 구성하지 않는 것이지만, 당초 고소장에 기재하지 않은 사실을 수사기관에서 고소보충조서를 받을 때 자진하여 진술하였다면 이 진술부분까지 신고한 것으로 보아야 한다(대판 1996.2.9. 95도2652).

정답 ①

136 다음 무고죄에 관한 설명 중 가장 적절하지 않은 것은? (다툼이 있으면 판례에 의함) [12 경찰채용]

① 금원을 대여한 甲은 차용금을 갚지 않은 乙을 '乙이 변제의사와 능력도 없이 차용금 명목으로 돈을 편취하였으니 사기죄로 처벌하여 달라'는 내용으로 고소하면서, 대여금의 용도에 관하여 '도박자금'으로 빌려준 사실을 감추고 '내비게이션 구입에 필요한 자금'이라고 허위기재하였다. 甲이 차용금의 '용도'를 사실과 달리 기재한 사정만으로는 무고죄의 '허위사실 신고'에 해당하지 않는다.
② 甲이 변호사 乙로 하여금 징계처분을 받게 할 목적으로 서울지방변호사회에 허위 내용의 진정서를 제출한 경우 甲에 대하여는 무고죄가 성립한다.
③ 甲이 허위내용의 고소장을 경찰관에게 제출한 후 나중에 그 고소장을 되돌려 받았다 하더라도 무고죄의 성립에 아무런 영향이 없다.
④ 피무고자의 교사·방조 하에 제3자가 피무고자에 대한 허위의 사실을 신고한 경우 피무고자의 행위는 자기무고의 교사·방조에 불과하므로 무고죄의 교사·방조범으로서의 죄책을 부담하지 아니한다.

해설

① [○] 금원을 대여한 고소인이 차용금을 갚지 않는 차용인을 사기죄로 고소함에 있어서, [1] 피고소인이 차용금의 용도를 사실대로 이야기하였더라면 금원을 대여하지 않았을 것인데 차용금의 용도를 속이는 바람에 대여하였다고 주장하는 사안이라면 그 차용금의 실제용도는 사기죄의 성부에 영향을 미치는 것으로서 고소사실의 중요한 부분이 되고 따라서 그 실제용도에 관하여 고소인이 허위로 신고를 할 경우에는 그것만으로도 무고죄에 있어서의 허위의 사실을 신고한 경우에 해당한다 할 것이나, [2] 단순히 차용인이 변제의사와 능력의 유무에 관하여 기망하였다는 내용으로 고소한 경우에는 차용금의 용도와 무관하게 다른 자료만으로도 충분히 차용인의 변제의사나 능력의 유무에 관한 기망사실을 인정할 수 있는 경우도 있을 것이므로 그 차용금의 실제 용도에 관하여 사실과 달리 신고하였다 하더라도 그것만으로는 범죄사실의 성부에 영향을 줄 정도의 중요한 부분을 허위로 신고하였다고 할 수 없는 것이고, 이와 같은 법리는 고소인이 차용사기로 고소함에 있어서 묵비하거나 사실과 달리 신고한 차용금의 실제 용도가 도박자금이었다고 하더라도 달리 볼 것은 아니다(대판 2004.12.9. 2004도2212).
② [○] 피고인이 변호사인 피해자로 하여금 징계처분을 받게 할 목적으로 서울지방변호사회에 위 변호사회 회장을 수취인으로 하는 허위 내용의 진정서를 제출한 경우, 무고죄가 성립한다(대판 2010.11.25. 2010도10202).
③ [○] 피고인이 최초에 작성한 허위내용의 고소장을 경찰관에게 제출하였을 때 이미 허위사실의 신고가 수사기관에 도달되어 무고죄의 기수에 이른 것이라 할 것이므로 그 후에 그 고소장을 되돌려 받았다 하더라도 이는 무고죄의 성립에 아무런 영향이 없다(대판 1985.2.28. 84도2215).

④ [×] 피무고자의 교사 · 방조 하에 제3자가 피무고자에 대한 허위의 사실을 신고한 경우에는 제3자의 행위는 무고죄의 구성요건에 해당하여 무고죄를 구성하므로, 제3자를 교사 · 방조한 피무고자도 교사 · 방조범으로서의 죄책을 부담한다(대판 2008.10.23. 2008도4852).

정답 ④

137 **다음 설명 중 옳지 않은 것은? (판례에 의함)** [13 사시]

① 무고죄에서 무고는 '타인으로 하여금 형사처분 또는 징계처분'을 받게 할 목적으로 허위의 사실을 신고하는 행위를 말하며, '징계처분'에는 변호사에 대한 징계처분도 포함된다.

② 재산세 과세대장을 작성할 권한이 있던 자가 인사이동되어 그 권한이 없어진 후 그 기재내용을 변경한 경우, 공문서변조죄가 성립한다.

③ 자신의 강도상해 범행을 일관되게 부인하였으나 유죄판결이 확정된 甲이 별건으로 공소제기된 강도상해 공범 乙의 형사사건에서 범행 사실을 부인하는 증언을 한 경우, 甲에게는 사실대로 진술할 기대가능성이 있으므로 위증죄가 성립한다.

④ 돈을 갚지 않은 차용인을 사기죄로 고소하면서 변제의사와 능력의 유무에 관하여 기망하였다는 내용으로 고소한 경우, 고소인이 차용금의 '용도'를 묵비하거나 사실과 달리 신고하더라도 무고죄의 '허위사실신고'에 해당하지 않아 무고죄가 성립하지 않는다.

⑤ 증언거부권자가 증언거부권을 고지받지 못하고 허위진술한 경우라도 증언거부권을 고지받았어도 그와 같이 증언했을 것이라는 취지의 증언거부권자의 진술 내용이 있다면 위증죄가 성립하지 않는다.

해설

① [○] [1] 변호사에 대한 징계처분은 형법 제156조에서 정하는 '징계처분'에 포함된다고 봄이 상당하고, 구 변호사법 제97조의 2 등 관련 규정에 의하여 그 징계 개시의 신청권이 있는 지방변호사회의 장은 형법 제156조에서 정한 '공무소 또는 공무원'에 포함된다.
[2] 피고인이 변호사인 피해자로 하여금 징계처분을 받게 할 목적으로 서울지방변호사회에 위 변호사회 회장을 수취인으로 하는 허위 내용의 진정서를 제출한 경우, 무고죄가 인정된다(대판 2010.11.25. 2010도10202).

② [○] 재산세 과세대장의 작성 권한이 있던 자가 인사이동되어 그 권한이 없어진 후 그 기재내용을 변경한 경우, 공문서변조죄에 해당한다(대판 1996.11.22. 96도1862).

③ [○] 자신의 강도상해 범행을 일관되게 부인하였으나 유죄판결이 확정된 피고인이 별건으로 기소된 공범의 형사사건에서 자신의 범행사실을 부인하는 증언을 한 경우, 피고인에게 사실대로 진술할 것이라는 기대가능성이 있으므로 위증죄가 성립한다(대판 2008.10.23. 2005도10101).

④ [○] 금원을 대여한 고소인이 차용금을 갚지 않는 차용인을 사기죄로 고소함에 있어서, 피고소인이 차용금의 용도를 사실대로 이야기하였더라면 금원을 대여하지 않았을 것인데 차용금의 용도를 속이는 바람에 대여하였다고 주장하는 사안이라면 그 차용금의 실제용도는 사기죄의 성부에 영향을 미치는 것으로서 고소사실의 중요한 부분이 되고 따라서 그 실제용도에 관하여 고소인이 허위로 신고를 할 경우에는 그것만으로도 무고죄에 있어서의 허위의 사실을 신고한 경우에 해당한다 할 것이나, 단순히 차용인이 변제의사와 능력의 유무에 관하여 기망하였다는 내용으로 고소한 경우에는 차용금의 용도와 무관하게 다른 자료만으로도 충분히 차용인의 변제의사나 능력의 유무에 관한 기망사실을 인정할 수 있는 경우도 있을 것이므로 그 차용금의 실제 용도에 관하여 사실과 달리 신고하였다 하더라도 그것만으로는 범죄사실의 성부에 영향을 줄 정도의 중요한 부분을 허위로 신고하였다고 할 수 없는 것이고, 이와 같은 법리는 고소인이 차용사기로 고소함에 있어서 묵비하거나 사실과 달리 신고한 차용금의 실제 용도가 도박자금이었다고 하더라도 달리 볼 것은 아니다(대판 2004.12.9. 2004도2212).

⑤ [×] 전 남편에 대한 도로교통법 위반(음주운전) 사건의 증인으로 법정에 출석한 전처가 증언거부권을 고지받지 않은 채 공소사실을 부인하는 전 남편의 변명에 부합하는 내용을 적극적으로 허위 진술한 경우, 증인으로 출석하여 증언한 경위와 그 증언 내용, 증언거부권을 고지받았더라도 그와 같이 증언을 하였을 것이라는 취지의 진술 내용 등을 전체적·종합적으로 고려할 때 선서 전에 재판장으로부터 증언거부권을 고지받지 아니하였다 하더라도 이로 인하여 증언거부권이 사실상 침해당한 것으로 평가할 수는 없으므로 위증죄가 성립한다(대판 2010.2.25. 2007도6273).

정답 ⑤

138 **무고죄에 관한 설명 중 가장 적절하지 않은 것은? (다툼이 있으면 판례에 의함)**

[14 경찰승진]

① 무고죄에 있어서 허위사실 적시의 정도는 수사관서 또는 감독관서에 대하여 수사권 또는 징계권의 발동을 촉구하는 정도의 것이면 충분하고 반드시 범죄구성요건 사실이나 징계요건 사실을 구체적으로 명시하여야 하는 것은 아니다.

② 고소당한 범죄가 유죄로 인정되는 경우 고소를 당한 사람이 고소인에 대하여 '고소당한 죄의 혐의가 없는 것으로 인정된다면 고소인이 자신을 무고한 것에 해당하므로 고소인을 처벌해 달라'는 내용의 고소장을 제출하였다면 무고죄의 고의를 인정할 수 있다.

③ 피고인이 돈을 갚지 않는 甲을 차용금 사기로 고소하면서 대여금의 용도에 관하여 '도박자금'으로 빌려준 사실을 감추고 '내비게이션 구입에 필요한 자금'이라고 허위 기재하고 대여의 일시·장소도 사실과 달리 기재한 경우 무고죄가 성립한다.

④ 피무고자의 승낙을 받아 허위사실을 기재한 고소장을 제출한 경우 무고죄가 성립한다.

해설

① [○] 무고죄에 있어서 허위사실 적시의 정도는 수사관서 또는 감독관서에 대하여 수사권 또는 징계권의 발동을 촉구하는 정도의 것이면 충분하고 반드시 범죄구성요건 사실이나 징계요건 사실을 구체적으로 명시하여야 하는 것은 아니다(대판 2006.5.25. 2005도4642).

② [○] 무고죄의 허위신고에 있어서 다른 사람이 그로 인하여 형사처분 또는 징계처분을 받게 될 것이라는 인식이 있으면 족하므로, 고소당한 범죄가 유죄로 인정되는 경우에, 고소를 당한 사람이 고소인에 대하여 '고소당한 죄의 혐의가 없는 것으로 인정된다면 고소인이 자신을 무고한 것에 해당하므로 고소인을 처벌해 달라'는 내용의 고소장을 제출하였다면 설사 그것이 자신의 결백을 주장하기 위한 것이라고 하더라도 방어권의 행사를 벗어난 것으로서 고소인을 무고한다는 범의를 인정할 수 있다(대판 2007.3.15. 2006도9453).

③ [×] 피고인이 돈을 갚지 않는 甲을 차용금 사기로 고소하면서 대여금의 용도에 관하여 '도박자금'으로 빌려준 사실을 감추고 '내비게이션 구입에 필요한 자금'이라고 허위 기재하고, 대여의 일시·장소도 사실과 달리 기재하여 甲을 무고하였다는 내용으로 기소된 사안에서, 피고인의 고소 내용은 甲이 변제의사와 능력도 없이 차용금 명목으로 돈을 편취하였으니 사기죄로 처벌하여 달라는 것이라고 보아 무고죄가 성립할 수 없다고 본 사례(대판 2011.9.8. 2011도3489).

④ [○] 무고죄는 국가의 형사사법권 또는 징계권의 적정한 행사를 주된 보호법익으로 하고 다만, 개인의 부당하게 처벌 또는 징계받지 아니할 이익을 부수적으로 보호하는 죄이므로, 설사 무고에 있어서 피무고자의 승낙이 있었다고 하더라도 무고죄의 성립에는 영향을 미치지 못한다 할 것이다(대판 2005.9.30. 2005도2712).

정답 ③

139 무고죄에 대한 다음 설명 중 타당한 것은 모두 몇 개인가? (다툼이 있으면 판례에 의함) [13 경찰간부]

㉠ 타인 명의의 고소장을 대리하여 작성하고 제출하는 형식으로 고소가 이루어진 경우, 명의자를 대리한 자가 실제 고소의 의사를 가지고 고소행위를 주도했더라도 그 명의자를 무고죄의 주체로 보아야 한다.
㉡ 상대방의 범행에 공범으로 가담한 자가 자신의 가담사실을 숨기고 상대방만 고소한 경우에는 무고죄가 성립한다.
㉢ 허위사실의 신고가 공무소에 도달하였다면 신고사실에 대하여 수사에 착수하지 않았다 하더라도 무고죄는 기수에 해당한다.
㉣ 객관적으로 고소사실에 대한 공소시효가 완성되었더라도 고소를 제기하면서 공소시효가 완성되지 아니한 것처럼 고소한 경우에는 무고죄가 성립한다.

① 없음
② 1개
③ 2개
④ 3개

해설

㉠ [×] 외관상으로는 타인 명의의 고소장을 대리하여 작성하고 제출하는 형식으로 고소가 이루어진 경우라 하더라도 그 명의자는 고소의 의사가 없이 이름만 빌려준 것에 불과하고 명의자를 대리한 자가 실제 고소의 의사를 가지고 고소행위를 주도한 경우라면 그 명의자를 대리한 자를 신고자로 보아 무고죄의 주체로 인정하여야 할 것이다(대판 2007.3.30. 2006도6017).
㉡ [×] 피고인의 고소내용이 상대방의 범행 부분에 관한 한 진실에 부합하므로 이를 허위의 사실로 볼 수 없고, 상대방의 범행에 피고인이 공범으로 가담한 사실을 숨겼다고 하여도 그것이 상대방에 대한 관계에서 독립하여 형사처분 등의 대상이 되지 아니할 뿐더러 전체적으로 보아 상대방의 범죄사실의 성립 여부에 직접 영향을 줄 정도에 이르지 아니하는 내용에 관계되는 것이므로 무고죄가 성립하지 않는다(대판 2010.2.25. 2009도1302).
㉢ [○] 피고인이 최초에 작성한 허위내용의 고소장을 경찰관에게 제출하였을 때 이미 허위사실의 신고가 수사기관에 도달되어 무고죄의 기수에 이른 것이라 할 것이므로 그 후에 그 고소장을 되돌려 받았다 하더라도 이는 무고죄의 성립에 아무런 영향이 없다(대판 1985.2.28. 84도2215).
㉣ [○] 객관적으로 고소사실에 대한 공소시효가 완성되었더라도 고소를 제기하면서 마치 공소시효가 완성되지 않은 것처럼 고소한 경우에는 국가기관의 직무를 그르칠 염려가 있으므로 무고죄를 구성한다(대판 1995.12.5. 95도1908).

정답 ③

140 무고죄에 관한 설명 중 가장 적절하지 않은 것은? (다툼이 있으면 판례에 의함) [17 경찰승진]

① 신고사실의 일부에 허위의 사실이 포함되어 있다고 하더라도 그 허위부분이 범죄의 성부에 영향을 미치는 중요한 부분이 아니고, 단지 신고한 사실을 과장한 것에 불과한 경우에는 무고죄에 해당하지 아니하지만, 그 일부 허위인 사실이 국가의 심판작용을 그르치거나 부당하게 처벌을 받지 아니할 개인의 법적 안정성을 침해할 우려가 있을 정도로 고소사실 전체의 성질을 변경시키는 때에는 무고죄가 성립될 수 있다.
② 고소당한 범죄가 유죄로 인정되는 경우, 고소를 당한 사람이 자신을 고소한 사람에 대하여 "고소당한 죄의 혐의가 없는 것으로 인정된다면 고소인이 자신을 무고한 것에 해당하므로 고소인을 처벌해 달라"는 내용의 고소장을 수사기관에 제출하였다면 자신의 결백을 주장하기 위한 것이라고 하더라도 무고죄의 범의를 인정할 수 있다.
③ 무고죄에 있어 신고한 사실이 객관적 사실에 반하는 허위사실이라는 요건은 신고사실의 진실성을 인정할 수 없다는 소극적 증명으로도 충분하다.
④ 변호사에 대한 징계처분은 형법 제156조에서 정하는 '징계처분'에 포함되고, 그 징계 개시의 신청권이 있는 지방변호사회의 장은 형법 제156조에서 정한 '공무소 또는 공무원'에 포함된다.

해설

① [O] 신고사실의 일부에 허위의 사실이 포함되어 있다고 하더라도 그 허위부분이 범죄의 성부에 영향을 미치는 중요한 부분이 아니고, 단지 신고한 사실을 과장한 것에 불과한 경우에는 무고죄에 해당하지 아니하지만, 그 일부 허위인 사실이 국가의 심판작용을 그르치거나 부당하게 처벌을 받지 아니할 개인의 법적 안정성을 침해할 우려가 있을 정도로 고소사실 전체의 성질을 변경시키는 때에는 무고죄가 성립될 수 있다(대판 2012.5.24. 2011도11500).

② [O] 고소당한 범죄가 유죄로 인정되는 경우, 고소를 당한 사람이 자신을 고소한 사람에 대하여 "고소당한 죄의 혐의가 없는 것으로 인정된다면 고소인이 자신을 무고한 것에 해당하므로 고소인을 처벌해 달라"는 내용의 고소장을 수사기관에 제출하였다면 자신의 결백을 주장하기 위한 것이라고 하더라도 무고죄의 범의를 인정할 수 있다(대판 2007.3.15. 2006도9453).

③ [×] 무고죄는 신고한 사실이 객관적 진실에 반하는 허위사실이라는 점에 관하여는 적극적인 증명이 있어야 하며, 신고사실의 진실성을 인정할 수 없다는 점만으로 곧 그 신고사실이 객관적 진실에 반하는 허위사실이라고 단정하여 무고죄의 성립을 인정할 수 없다(대판 2014.2.13. 2011도15767).

④ [O] 변호사에 대한 징계처분은 형법 제156조에서 정하는 '징계처분'에 포함된다고 봄이 상당하고, 구 변호사법 제97조의2 등 관련 규정에 의하여 그 징계 개시의 신청권이 있는 지방변호사회의 장은 형법 제156조에서 정한 '공무소 또는 공무원'에 포함된다(대판 2010.11.25. 2010도10202).

정답 ③

141 위증죄 및 무고죄에 관한 설명 중 옳지 않은 것을 모두 고른 것은? (다툼이 있는 경우 판례에 의함) [14 사시]

ㄱ. 증인 甲이 증인신문절차에서 허위의 진술을 하고 그 진술이 철회·시정된 바 없이 그대로 증인신문절차가 종료되었고, 그 후 별도의 증인 신청 및 채택 절차를 거쳐 甲이 다시 신문을 받는 과정에서 종전 신문절차에서 한 진술을 철회·시정하여 진실한 사실을 진술한 경우, 甲의 행위는 위증죄의 기수범이 성립한다.
ㄴ. 증인 甲이 다른 사람으로부터 전해들은 금품의 전달 사실을 마치 甲 자신이 전달한 것처럼 진술하였을지라도 금품의 전달 사실이 객관적으로 진실이라면 위증이라고 할 수 없다.
ㄷ. 甲이 돈을 갚지 않는 A를 사기죄로 고소하면서 도박장에서 도박자금으로 빌려준 사실을 숨기고 단순히 변제의사와 능력의 유무에 관하여 기망하였다는 내용으로 고소하고 또한 A에게 대여장소를 묵비하도록 종용한 경우에는 '허위사실의 신고'에 해당하여 무고죄가 성립한다.
ㄹ. 甲이 "피고소인이 송이의 채취권을 이중으로 양도하여 손해를 입었으니 엄벌하여 달라."라는 내용으로 고소하였을 경우, 그 고소사실이 횡령죄나 배임죄 기타 형사범죄를 구성하지 않는 내용의 신고일지라도 그 신고 내용이 허위인 경우 무고죄가 성립한다.
ㅁ. 피해자로부터 고소를 당한 甲은 자신의 결백을 주장하기 위하여 '고소당한 죄의 혐의가 없는 것으로 인정된다면 고소인이 자신을 무고한 것에 해당하므로 고소인을 처벌해달라'는 내용의 고소장을 제출하였는데 甲이 고소당한 범죄가 유죄로 인정되는 경우, 무고죄가 성립한다.

① ㄱ, ㄴ, ㄷ, ㄹ
② ㄱ, ㄷ, ㅁ
③ ㄴ, ㄷ, ㄹ
④ ㄴ, ㄹ, ㅁ
⑤ ㄴ, ㄷ, ㄹ, ㅁ

해설

ㄱ. [○] 증인이 1회 또는 수회의 기일에 걸쳐 이루어진 1개의 증인신문절차에서 허위의 진술을 하고 그 진술이 철회·시정된 바 없이 그대로 증인신문절차가 종료된 경우 그로써 위증죄는 기수에 달하고, 그 후 별도의 증인 신청 및 채택 절차를 거쳐 그 증인이 다시 신문을 받는 과정에서 종전 신문절차에서의 진술을 철회·시정한다 하더라도 그러한 사정은 형법 제153조가 정한 형의 감면사유에 해당할 수 있을 뿐, 이미 종결된 종전 증인신문절차에서 행한 위증죄의 성립에 어떤 영향을 주는 것은 아니다 (대판 2010.9.30. 2010도7525).

ㄴ. [×] 타인으로부터 전해 들은 금품의 전달사실을 마치 증인 자신이 전달한 것처럼 진술한 것은 증인의 기억에 반하는 허위진술이라고 할 것이므로 그 진술부분은 위증에 해당한다(대판 1990.5.8. 90도448).

ㄷ. [×] 금원을 대여한 고소인이 차용금을 갚지 않는 차용인을 사기죄로 고소함에 있어서, 피고소인이 차용금의 용도를 사실대로 이야기하였더라면 금원을 대여하지 않았을 것인데 차용금의 용도를 속이는 바람에 대여하였다고 주장하는 사안이라면 그 차용금의 실제용도는 사기죄의 성부에 영향을 미치는 것으로서 고소사실의 중요한 부분이 되고 따라서 그 실제용도에 관하여 고소인이 허위로 신고를 할 경우에는 그것만으로도 무고죄에 있어서의 허위의 사실을 신고한 경우에 해당한다 할 것이나, 단순히 차용인이 변제의사와 능력의 유무에 관하여 기망하였다는 내용으로 고소한 경우에는 차용금의 용도와 무관하게 다른 자료만으로도 충분히 차용인의 변제의사나 능력의 유무에 관한 기망사실을 인정할 수 있는 경우도 있을 것이므로 그 차용금의 실제 용도에 관하여 사실과 달리 신고하였다 하더라도 그것만으로는 범죄사실의 성부에 영향을 줄 정도의 중요한 부분을 허위로 신고하였다고 할 수 없는 것이고, 이와 같은 법리는 고소인이 차용사기로 고소함에 있어서 묵비하거나 사실과 달리 신고한 차용금의 실제 용도가 도박자금이었다고 하더라도 달리 볼 것은 아니다(대판 2004.12.9. 2004도2212). 위 고소내용에 비추어, 차용금의 용도와 무관하게 다른 자료들을 토대로 피고소인들이 변제할 의사나 능력이 없이 금원을 차용하였는지 여부를 인정할 수도 있는 것이므로, 피고인이 고소장에 대여 장소를 허위기재함으로써 도박자금으로 대여한 사실을 숨기고, 피고소인들에게 강원랜드에서 금원을 빌린 사실을 묵비하도록 종용하였다는 사정만으로는 사기죄의 성립 여부에 영향을 줄 정도의 중요한 부분을 허위로 신고하였다고 보기는 어려울 것이다(대판 2011.1.13. 2010도14028).

ㄹ. [×] [1] 타인에게 형사처분을 받게 할 목적으로 '허위의 사실'을 신고한 행위가 무고죄를 구성하기 위하여는 신고된 사실 자체가 형사처분의 원인이 될 수 있어야 할 것이어서, 가령 허위의 사실을 신고하였다 하더라도 그 사실 자체가 형사범죄로 구성되지 아니한다면 무고죄는 성립하지 아니한다.

[2] "피고소인이 송이의 채취권을 이중으로 양도하여 손해를 입었으니 엄벌하여 달라"는 내용의 고소사실이 횡령죄나 배임죄 기타 형사범죄를 구성하지 않는 내용의 신고에 불과하여 그 신고 내용이 허위라고 하더라도 무고죄가 성립할 수 없다고 한 사례(대판 2007.4.13. 2006도558).

ㅁ. [○] 무고죄의 허위신고에 있어서 다른 사람이 그로 인하여 형사처분 또는 징계처분을 받게 될 것이라는 인식이 있으면 족하므로, 고소당한 범죄가 유죄로 인정되는 경우에, 고소를 당한 사람이 고소인에 대하여 '고소당한 죄의 혐의가 없는 것으로 인정된다면 고소인이 자신을 무고한 것에 해당하므로 고소인을 처벌해 달라'는 내용의 고소장을 제출하였다면 설사 그것이 자신의 결백을 주장하기 위한 것이라고 하더라도 방어권의 행사를 벗어난 것으로서 고소인을 무고한다는 범의를 인정할 수 있다(대판 2007.3.15. 2006도9453).

정답 ③

142 무고죄에 관한 설명으로 옳지 않은 것을 모두 고른 것은? (다툼이 있는 경우 판례에 의함) [22 경찰채용]

> ㉠ 자기 자신을 무고하기로 제3자와 공모하고 이에 따라 무고 행위에 가담한 경우 무고죄의 공동정범으로 처벌할 수 없다.
> ㉡ 신고사실의 일부에 허위의 사실이 포함되어 있다고 하더라도 그 허위부분이 범죄의 성부에 영향을 미치는 중요한 부분이 아니고 단지 신고한 사실을 과장한 것에 불과한 경우에는 무고죄에 해당하지 아니하지만, 그 일부 허위인 사실이 국가의 심판작용을 그르치거나 부당하게 처벌을 받지 아니할 개인의 법적 안정성을 침해할 우려가 있을 정도로 고소사실 전체의 성질을 변경시키는 때에는 무고죄가 성립될 수 있다.
> ㉢ 신고자가 진실이라고 확신하고 신고하였을 때에는 무고죄가 성립하지 않는다고 할 것이고, '진실이라고 확신한다' 함에는 신고자가 알고 있는 객관적 사실관계에 의하여 신고사실이 허위라거나 허위일 가능성이 있다는 인식을 하면서도 이를 무시한 채 무조건 자신의 주장이 옳다고 생각하는 경우까지 포함되는 것은 아니다.
> ㉣ 무고죄에 있어서의 신고는 자발적인 것이어야 하고 수사기관 등의 추문에 대하여 허위의 진술을 하는 것은 무고죄를 구성하지 않는 것이므로, 당초 고소장에 기재하지 않은 사실을 수사기관에서 고소보충조서를 받을 때 자진하여 진술하였다 하더라도 이 진술 부분까지 신고한 것으로 볼 수는 없다.
> ㉤ 타인에게 형사처분을 받게 할 목적으로 '허위의 사실'을 신고한 행위가 무고죄를 구성하기 위해서는 신고된 사실 자체가 형사처분의 대상이 될 수 있어야 하므로, 허위로 신고한 사실이 신고 당시에는 형사처분의 대상이 될 수 있었으나 이후 그러한 사실이 형사처분의 대상이 되지 않는 것으로 대법원 판례가 변경된 경우 무고죄는 성립하지 않는다.

① ㉠, ㉡
② ㉡, ㉢
③ ㉢, ㉣
④ ㉣, ㉤

해설

㉠ [O] 형법 제156조에서 정한 무고죄는 타인으로 하여금 형사처분 또는 징계처분을 받게 할 목적으로 허위의 사실을 신고하는 것을 구성요건으로 하는 범죄이다. 자기 자신을 무고하는 행위는 무고죄의 구성요건에 해당하지 않아 무고죄가 성립하지 않는다. 따라서 자기 자신을 무고하기로 제3자와 공모하고 이에 따라 무고행위에 가담하였더라도, 이는 자기 자신에게는 무고죄의 구성요건에 해당하지 않아 범죄가 성립할 수 없는 행위를 실현하고자 한 것에 지나지 않아 무고죄의 공동정범으로 처벌할 수 없다(대판 2017.4.26. 2013도12592).

㉡ [O] 신고사실의 일부에 허위의 사실이 포함되어 있다고 하더라도 그 허위부분이 범죄의 성부에 영향을 미치는 중요한 부분이 아니고 단지 신고한 사실을 과장한 것에 불과한 경우에는 무고죄에 해당하지 아니하지만, 그 일부 허위인 사실이 국가의 심판작용을 그르치거나 부당하게 처벌을 받지 아니할 개인의 법적 안정성을 침해할 우려가 있을 정도로 고소사실 전체의 성질을 변경시키는 때에는 무고죄가 성립될 수 있다(대판 2004.1.16. 2003도7178).

㉢ [O] 신고자가 진실이라고 확신하고 신고하였을 때에는 무고죄가 성립하지 않는다고 할 것이고, '진실이라고 확신한다' 함에는 신고자가 알고 있는 객관적 사실관계에 의하여 신고사실이 허위라거나 허위일 가능성이 있다는 인식을 하면서도 이를 무시한 채 무조건 자신의 주장이 옳다고 생각하는 경우까지 포함되는 것은 아니다(대판 2000.7.4. 2000도1908).

㉣ [×] 무고죄에 있어서의 신고는 자발적인 것이어야 하고 수사기관 등의 추문에 대하여 허위의 진술을 하는 것은 무고죄를 구성하지 않는 것이지만, 당초 고소장에 기재하지 않은 사실을 수사기관에서 고소보충조서를 받을 때 자진하여 진술하였다면 이 진술 부분까지 신고한 것으로 보아야 한다(대판 1996.2.9. 95도2652).

㉤ [×] 타인에게 형사처분을 받게 할 목적으로 '허위의 사실'을 신고한 행위가 무고죄를 구성하기 위해서는 신고된 사실 자체가 형사처분의 대상이 될 수 있어야 하므로, 가령 허위의 사실을 신고하였더라도 신고 당시 그 사실 자체가 형사범죄를 구성하지 않으면 무고죄는 성립하지 않는다. 그러나 허위로 신고한 사실이 무고행위 당시 형사처분의 대상이 될 수 있었던 경우에는 국가의 형사사법권의 적정한 행사를 그르치게 할 위험과 부당하게 처벌받지 않을 개인의 법적 안정성이 침해될 위험이 이미 발생하였으므로 무고죄는 기수에 이르고, 이후 그러한 사실이 형사 범죄가 되지 않는 것으로 판례가 변경되었더라도 특별한 사정이 없는 한 이미 성립한 무고죄에는 영향을 미치지 않는다(대판 2017.5.30. 2015도15398).

정답 ④

143 무고죄에 대한 설명 중 가장 적절하지 않은 것은? (다툼이 있는 경우 판례에 의함) [23 경찰승진]

① 스스로 본인을 무고하는 자기 무고행위는 무고죄의 구성요건에 해당하지 않는다.

② 무고죄에 있어서 허위사실 적시의 정도는 수사관서 또는 감독관서에 대하여 수사권 또는 징계권의 발동을 촉구하는 정도로는 충분하지 않고, 범죄구성요건 사실이나 징계요건 사실을 구체적으로 명시하여야 한다.

③ 甲이 허위내용의 고소장을 경찰관에게 제출하여 허위사실의 신고가 수사기관에 도달하였다면, 그 후에 해당 고소장을 되돌려 받았다 하더라도 무고죄 성립에 영향을 미치지 못한다.

④ 외관상 타인 명의의 고소장을 대리하여 작성하고 제출하는 형식으로 고소가 이루어진 경우, 그 명의자는 고소 의사 없이 이름만 빌려준 것에 불과하고 명의자를 대리한 자가 실제 고소의 의사를 가지고 고소행위를 주도한 경우라면 그 명의자를 대리한 자를 신고자로 보아 무고죄의 주체로 인정하여야 한다.

해설

① [○] 형법 제156조의 무고죄는 타인으로 하여금 형사처분 또는 징계처분을 받게 할 목적으로 공무소 또는 공무원에 대하여 허위의 사실을 신고한 자는 10년 이하의 징역 또는 1천500만원 이하의 벌금에 처한다고 규정하는바, 국가의 형사사법권 또는 징계권의 적정한 행사를 주된 보호법익으로 하는 죄이고, 다만 스스로 본인을 무고하는 '자기무고' 행위는 무고죄의 구성요건에 해당하지 않으므로, 무고죄가 성립하지 않는다(대판 2008.10.23. 2008도4852).

② [×] 무고죄에서의 '허위 사실 적시'의 정도는 수사관서 또는 감독관서에 대하여 수사권 또는 징계권의 발동을 촉구하는 정도의 것이면 충분하고, 반드시 범죄구성요건 사실이나 징계요건 사실을 구체적으로 명시하여야 하는 것은 아니다(대판 2014.12.24. 2012도4531).

③ [○] 피고인 甲이 허위내용의 고소장을 경찰관에게 제출하여 허위사실의 신고가 수사기관에 도달하였다면, 그 후에 해당 고소장을 되돌려 받았다 하더라도 무고죄 성립에 영향을 미치지 못한다(대판 1985.2.28. 84도2215).

④ [○] 외관상 타인 명의의 고소장을 대리하여 작성하고 제출하는 형식으로 고소가 이루어진 경우, 명의자는 고소 의사 없이 이름만 빌려준 것에 불과하고 명의자를 대리한 자가 실제 고소의 의사를 가지고 고소행위를 주도한 경우라면 그 명의자를 '대리한 자'를 신고자로 보아 무고죄의 주체로 인정하여야 한다(대판 2007.3.30. 2006도6017).

정답 ②

144 무고죄에 관한 설명 중 옳지 않은 것은? (다툼이 있으면 판례에 의함) [21 변호사]

① 타인으로 하여금 형사처분을 받게 할 목적으로 공무소에 대하여 허위의 사실을 신고하였다고 하더라도, 그 사실이 친고죄로 그에 대한 고소기간이 경과하여 공소를 제기할 수 없음이 그 신고내용 자체에 의하여 분명한 때에는 무고죄가 성립하지 아니한다.

② 신고한 사실이 객관적 진실에 반하는 허위사실이라는 요건은 적극적 증명이 있는 경우뿐만 아니라 신고사실의 진실성을 인정할 수 없다는 소극적 증명이 있어도 충족된다.

③ 甲이 A를 사기죄로 고소하였는데, 수사 결과 甲의 무고 혐의가 밝혀져 甲은 무고죄로 공소제기되고 A는 불기소결정되었다. 甲은 제1심에서 혐의를 부인하였으나 유죄가 선고되자 제1심의 유죄판결에 대하여 양형부당을 이유로 항소하면서 항소심 제1회 공판기일에서 양형부당의 항소 취지와 무고 사실을 모두 인정한다는 취지가 기재된 항소이유서를 진술하였다면, 甲은 「형법」 제157조(자백 · 자수)에 따른 형의 필요적 감면 조치를 받아야 한다.

④ 甲은 '채권담보를 위해 채무자인 A와 A 소유 부동산에 대해 대물변제예약을 체결하였는데 A가 이를 다른 사람에게 매도하였다'는 내용으로 허위 고소하였다. 甲의 고소 이후 대법원이 위와 같은 경우 배임죄가 성립하지 않는다고 판례를 변경하였어도, 甲의 행위는 무고죄의 기수에 해당한다.

⑤ 甲이 사립대학교 교수 A로 하여금 징계처분을 받게 할 목적으로 국민권익위원회에서 운영하는 범정부 국민포털인 국민신문고에 민원을 제기한 경우, 甲에게는 무고죄가 성립하지 않는다.

해설

① [○] 타인으로 하여금 형사처분을 받게 할 목적으로 공무소에 대하여 허위의 사실을 신고하였다고 하더라도, 그 사실이 친고죄로서 그에 대한 고소기간이 경과하여 공소를 제기할 수 없음이 그 신고내용 자체에 의하여 분명한 때에는 당해 국가기관의 직무를 그르치게 할 위험이 없으므로 무고죄는 성립하지 아니한다(대판 2018.7.11. 2018도1818).

② [×] 무고죄는 신고한 사실이 객관적 진실에 반하는 허위사실이라는 점에 관하여는 적극적인 증명이 있어야 하며, 신고사실의 진실성을 인정할 수 없다는 점만으로 곧 그 신고사실이 객관적 진실에 반하는 허위사실이라고 단정하여 무고죄의 성립을 인정할 수 없다(대판 2014.2.13. 2011도15767).

③ [○] [1] 형법 제157조, 제153조는 무고죄를 범한 자가 그 신고한 사건의 재판 또는 징계처분이 확정되기 전에 자백 또는 자수한 때에는 그 형을 감경 또는 면제한다고 하여 이러한 재판확정 전의 자백을 필요적 감경 또는 면제사유로 정하고 있다. 위와 같은 자백의 절차에 관해서는 아무런 법령상의 제한이 없으므로 그가 신고한 사건을 다루는 기관에 대한 고백이나 그 사건을 다루는 재판부에 증인으로 다시 출석하여 전에 그가 한 신고가 허위의 사실이었음을 고백하는 것은 물론 무고 사건의 피고인 또는 피의자로서 법원이나 수사기관에서의 신문에 의한 고백 또한 자백의 개념에 포함된다.
[2] 형법 제153조에서 정한 '재판이 확정되기 전'에는 피고인의 고소사건 수사 결과 피고인의 무고 혐의가 밝혀져 피고인에 대한 공소가 제기되고 피고소인에 대해서는 불기소결정이 내려져 재판절차가 개시되지 않은 경우도 포함된다(대판 2018.8.1. 2018도7293).

④ [○] 허위로 신고한 사실이 무고행위 당시 형사처분의 대상이 될 수 있었던 경우에는 국가의 형사사법권의 적정한 행사를 그르치게 할 위험과 부당하게 처벌받지 않을 개인의 법적 안정성이 침해될 위험이 이미 발생하였으므로 무고죄는 기수에 이르고, 이후 그러한 사실이 형사범죄가 되지 않는 것으로 판례가 변경되었다고 하더라도 특별한 사정이 없는 한 이미 성립한 무고죄에는 영향을 미치지 않는다(대판 2017.5.30. 2015도15398).

⑤ [○] [1] 학교법인 등의 사립학교 교원에 대한 인사권의 행사로서 징계 등 불리한 처분은 사법적 법률행위의 성격을 가지므로, 사립학교 교원에 대한 학교법인 등의 징계처분은 무고죄에서의 '징계처분'에 포함되지 않는다.
[2] 피고인이 사립대학교 교원들로 하여금 징계처분을 받게 할 목적으로 국민권익위원회에서 운영하는 범정부 국민포털인 국민신문고에 민원을 제기하였더라도 무고죄가 성립하지 아니한다(대판 2014.7.24. 2014도6377).

정답 ②

145 위증과 무고의 죄에 관한 설명으로 가장 적절하지 않은 것은? (다툼이 있는 경우 판례에 의함) [23 경찰간부]

① 무고죄의 범의는 반드시 확정적 고의일 필요가 없고 미필적 고의로도 충분하다. 이에 신고자가 허위라고 확신한 사실을 신고한 경우와 달리 진실하다는 확신 없는 사실을 신고한 경우에는 무고죄의 범의를 인정할 수 없다.

② 모해위증죄에 있어서 '모해할 목적'은 허위의 진술을 함으로써 피고인에게 불리하게 될 것이라는 인식이 있으면 충분하고, 그 결과의 발생까지 희망할 필요는 없다.

③ 증인신문절차에서 법률에 규정된 증인 보호를 위한 규정이 지켜진 것으로 인정되지 않은 경우라도, 당해 사건에서 증인보호에 사실상 장애가 초래되었다고 볼 수 없는 경우에까지 예외없이 위증죄의 성립이 부정되는 것은 아니다.

④ 성폭행 등의 피해를 입었다는 신고사실에 관하여 불기소처분 내지 무죄판결이 내려졌다고 하여, 그 자체를 무고를 하였다는 적극적인 근거로 삼아 신고내용을 허위라고 단정하여서는 아니 된다.

해설

① [×] 무고죄에 있어서의 범의는 반드시 확정적 고의임을 요하지 아니하고 미필적 고의로서도 족하다 할 것이므로 무고죄는 신고자가 진실하다는 확신 없는 사실을 신고함으로써 성립하고 그 신고사실이 허위라는 것을 확신함을 필요로 하지 않는다(대판 1988.2.9. 87도2366; 동지 대판 1997.3.28. 96도2417).

② [○] 형법 제152조 제2항의 모해위증죄에 있어서 '모해할 목적'이란 피고인 · 피의자 또는 징계혐의자를 불리하게 할 목적을 말하고, 허위진술의 대상이 되는 사실에는 공소 범죄사실을 직접, 간접적으로 뒷받침하는 사실은 물론 이와 밀접한 관련이 있는 것으로서 만일 그것이 사실로 받아들여진다면 피고인이 불리한 상황에 처하게 되는 사실도 포함된다. 그리고 이러한 모해의 목적은 허위의 진술을 함으로써 피고인에게 불리하게 될 것이라는 인식이 있으면 충분하고 그 결과의 발생까지 희망할 필요는 없다(대판 2007.12.27. 2006도3575).

③ [○] [1] 위증죄의 의의 및 보호법익, 형사소송법에 규정된 증인신문절차의 내용, 증언거부권의 취지 등을 종합적으로 살펴보면, 증인신문절차에서 법률에 규정된 증인 보호를 위한 규정이 지켜진 것으로 인정되지 않은 경우에는 증인이 허위의 진술을 하였다고 하더라도 위증죄의 구성요건인 "법률에 의하여 선서한 증인"에 해당하지 아니한다고 보아 이를 위증죄로 처벌할 수 없는 것이 원칙이다. 다만, 법률에 규정된 증인 보호 절차라 하더라도 개별 보호절차 규정들의 내용과 취지가 같지 아니하고, 당해 신문 과정에서 지키지 못한 절차 규정과 그 경위 및 위반의 정도 등 제반 사정이 개별 사건마다 각기 상이하므로, 이러한 사정을 전체적 · 종합적으로 고려하여 볼 때, 당해 사건에서 증인 보호에 사실상 장애가 초래되었다고 볼 수 없는 경우에까지 예외 없이 위증죄의 성립을 부정할 것은 아니라고 할 것이다.

[2] 재판장이 선서할 증인에 대하여 선서 전에 위증의 벌을 경고하지 않았다는 등의 사유는 그 증인신문절차에서 증인 자신이 위증의 벌을 경고하는 내용의 선서서를 낭독하고 기명날인 또는 서명한 이상 위증의 벌을 몰랐다고 할 수 없을 것이므로 증인 보호에 사실상 장애가 초래되었다고 볼 수 없고, 따라서 위증죄의 성립에 지장이 없다고 보아야 한다. 그리고 증언거부권 제도는 앞서 본 바와 같이 증인에게 증언의무의 이행을 거절할 수 있는 권리를 부여한 것이고, 형사소송법상 증언거부권의 고지 제도는 증인에게 그러한 권리의 존재를 확인시켜 침묵할 것인지 아니면 진술할 것인지에 관하여 심사숙고할 기회를 충분히 부여함으로써 침묵할 수 있는 권리를 보장하기 위한 것임을 감안할 때, 재판장이 신문 전에 증인에게 증언거부권을 고지하지 않은 경우에도 당해 사건에서 증언 당시 증인이 처한 구체적인 상황, 증언거부사유의 내용, 증인이 증언거부사유 또는 증언거부권의 존재를 이미 알고 있었는지 여부, 증언거부권을 고지받았더라도 허위 진술을 하였을 것이라고 볼 만한 정황이 있는지 등을 전체적 · 종합적으로 고려하여 증인이 침묵하지 아니하고 진술한 것이 자신의 진정한 의사에 의한 것인지 여부를 기준으로 위증죄의 성립 여부를 판단하여야 한다(대판(전) 2010.1.21. 2008도942).

④ [○] 성폭행 등의 피해를 입었다는 신고사실에 관하여 불기소처분 내지 무죄판결이 내려졌다고 하여, 그 자체를 무고를 하였다는 적극적인 근거로 삼아 신고내용을 허위라고 단정하여서는 아니 됨은 물론, 개별적, 구체적인 사건에서 피해자임을 주장하는 자가 처하였던 특별한 사정을 충분히 고려하지 아니한 채 진정한 피해자라면 마땅히 이렇게 하였을 것이라는 기준을 내세워 성폭행 등의 피해를 입었다는 점 및 신고에 이르게 된 경위 등에 관한 변소를 쉽게 배척하여서는 아니 된다(대판 2019.7.11. 2018도2614).

정답 ①

MEMO

MEMO

단기 합격을 위한

해커스  커리큘럼

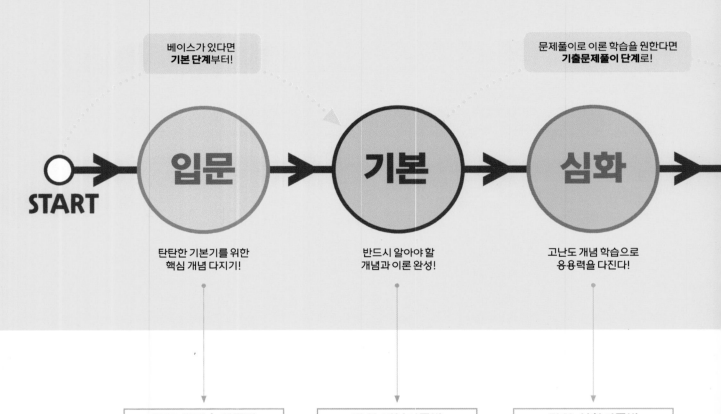

베이스가 있다면
기본 단계부터!

문제풀이로 이론 학습을 원한다면
기출문제풀이 단계로!

START → 입문 → 기본 → 심화 →

입문
탄탄한 기본기를 위한
핵심 개념 다지기!

기본
반드시 알아야 할
개념과 이론 완성!

심화
고난도 개념 학습으로
응용력을 다진다!

강의 쌩기초 입문반
이해하기 쉬운 개념 설명과 풍부한 연습문제 풀이로 부담 없이 기초를 다질 수 있는 강의

강의 기본이론반
반드시 알아야 할 기본 개념과 문제풀이 전략을 학습하여 핵심 개념 정리를 완성하는 강의

강의 심화이론반
심화이론과 중·상 난이도의 문제를 함께 학습하여 고득점을 위한 발판을 마련하는 강의

단계별 교재 확인 및
수강신청은 여기서!

police.Hackers.com

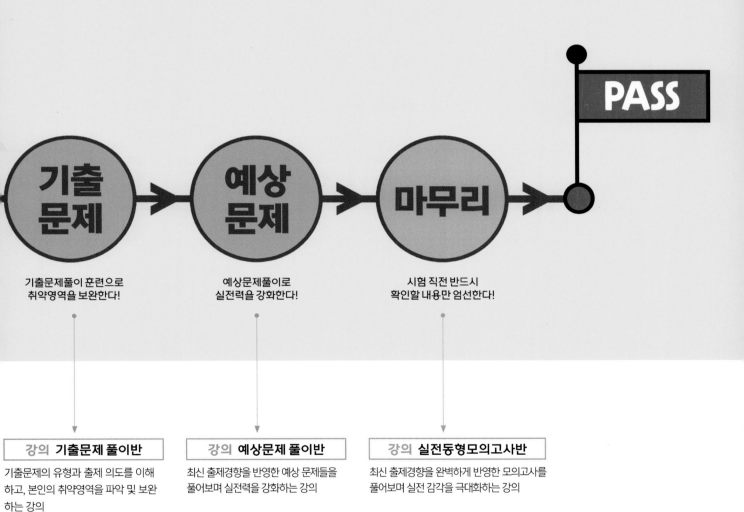

* 커리큘럼은 과목별·선생님별로 상이할 수 있으며, 자세한 내용은 해커스경찰 사이트에서 확인하세요.

기출문제 → **예상문제** → **마무리** → **PASS**

기출문제
기출문제풀이 훈련으로
취약영역을 보완한다!

강의 **기출문제 풀이반**

기출문제의 유형과 출제 의도를 이해하고, 본인의 취약영역을 파악 및 보완하는 강의

예상문제
예상문제풀이로
실전력을 강화한다!

강의 **예상문제 풀이반**

최신 출제경향을 반영한 예상 문제들을 풀어보며 실전력을 강화하는 강의

마무리
시험 직전 반드시
확인할 내용만 엄선한다!

강의 **실전동형모의고사반**

최신 출제경향을 완벽하게 반영한 모의고사를 풀어보며 실전 감각을 극대화하는 강의

강의 **봉투모의고사반**

시험 직전에 실제 시험과 동일한 형태의
모의고사를 풀어보며 실전력을 완성하는 강의